潍坊人大志

（1983—2023）

《潍坊人大志》编纂委员会　编

方志出版社
Publishing House of Local Records

图书在版编目（CIP）数据

潍坊人大志：1983—2023 /《潍坊人大志》编纂委员会编.—北京：方志出版社，2023.12

ISBN 978-7-5144-5807-7

Ⅰ.①潍… Ⅱ.①潍… Ⅲ.①地方各级人民代表大会—工作概况—潍坊—1983-2023 Ⅳ.①D624.534

中国国家版本馆CIP数据核字（2024）第001557号

责任编辑：李 静
责任校对：张玉霞
责任印制：赵 楚
出 版 者：方志出版社
地 址：北京市朝阳区潘家园东里9号（国家方志馆4层）
邮 编：100021
网 址：http://www.zgfzcb.cn
发 行：方志出版社图书营销中心（010-67110500）
印 刷：山东黄氏印务有限公司
开 本：889毫米×1194毫米 1/16
印 张：48.75
字 数：1329千字
版 次：2023年12月第1版
印 次：2023年12月第1次印刷
定 价：580.00元

《潍坊人大志》编纂委员会

《潍坊人大志》编纂委员会办公室

序

盛世修志，是中华民族传承文明的优良传统。在潍坊市人大常委会设立40周年之际，《潍坊人大志》在编纂委员会的统一指导下，经各方共同努力，数易其稿，杀青付梓。这既是新时代潍坊人大工作的一项重要成果，也是潍坊市民主法治建设进程中的一件大事，具有深远的历史意义。

“以史为鉴，可以知兴替”。人民代表大会制度是我国的根本政治制度，是实现人民当家作主的根本途径和最好形式。存史资政是推进新时代人大工作创新发展的有效举措。我们修志的目的就是给人民代表大会制度在我市的实践和发展提供借鉴，促进市人大及其常委会更好地履行国家权力机关职能，更加有效地服务全市高质量发展。本志遵循地方志编纂通则，坚持辩证唯物主义和历史唯物主义观点，纵述历史，横陈现状，略古详今，如实记述市人大设立40年来的发展历程和履行职责的历史轨迹，展示我市人民行使国家权力、参与管理国家事务的丰硕成果，反映历届人大及其常委会坚持党的领导、人民当家作主和依法治国有机统一，为推动经济发展、保障改善民生、维护和谐稳定、践行全过程人民民主等作出的重要贡献，显示了人民代表大会制度的巨大优越性和强大生命力。

“修史立典，存史启智，以文化人”。人民代表大会制度经历了长期探索和曲折发展的过程，如今已进入新的全面发展的时期。通过编纂《潍坊人大志》，把散存的相关资料挖掘整理出来，使之升华为较为全面、系统的历史文献，为潍坊市留下了政权建设方面的珍贵史料，对于帮助人们了解潍坊市人民政权建设的历史与经验，坚持和完善人民代表大会制度，进一步做好新时代人大工作，具有重要的启示和借鉴作用。

新时代人大工作面临着良好的发展机遇。希望市县两级人大和有关部门，认真总结、传承发扬人大工作的历史经验，守正创新，担当作为，锐意进取，讲好潍坊故事、传递人大声音，持续推动新时代人大工作高质量发展，努力为建设实力强品质优生活美的更好潍坊作出新的更大贡献！

值此付梓之际，向关心、支持本志出版和参与编纂的人员一并表示谢忱！

中共潍坊市委书记
市人大常委会主任

2023年12月

凡　例

一、本志以马克思列宁主义、毛泽东思想、邓小平理论、“三个代表”重要思想、科学发展观、习近平新时代中国特色社会主义思想为指导，坚持辩证唯物主义和历史唯物主义的立场、观点和方法，实事求是地记述潍坊市人民代表大会及其常委会的发展历史和现状。力求资料性、思想性、科学性有机统一，并充分体现时代特征和地方人大特色。

二、本志主要法律依据为《中华人民共和国宪法》《中华人民共和国全国人民代表大会和地方各级人民代表大会选举法》《中华人民共和国地方各级人民代表大会和地方各级人民政府组织法》《中华人民共和国全国人民代表大会和地方各级人民代表大会代表法》《中华人民共和国各级人民代表大会常务委员会监督法》《中华人民共和国立法法》等。

三、本志记述时限，上限为1983年8月，下限为 2023年3月。为保持事物的完整性，部分内容适当上溯或下延。

四、本志记述范围以2022年度潍坊市行政区域为准。个别事件记述范围遵从历史原貌。

五、本志采用章节体，共分六编，编下一般分章、节、目共三个层次，个别内容设子目。志首列照片、序、凡例、目录、概述、大事记，志末置人物、附录和后记。

六、本志采用述、记、志、传、图、表、录诸体裁，以志为主，图表随文。大事记以编年体为主，兼用纪事本末体。

七、本志遵循志书体例，行文采用语体文、记述体，语言力求严谨、朴实、简洁、流畅。除“概述”及编章之下的无题述之外，行文只记事实，一般不作评论。

八、本志采用公元纪年。文中不标明世纪的年代，均指20世纪的年代。

九、称谓除引用原文外均使用第三人称。机构、会议等名称用全称或规范简称。

十、计量单位采用1984年2月27日国务院公布的《中华人民共和国法定计量单位》，个别地方按习惯保留市制单位。数字及标点符号用法，分别执行2011年发布的《出版物上数字用法》（GB/T 15835—2011）和《标点符号用法》（GB/T 15834—2011）。

十一、去世人物按卒年排序，在世人物按生年排序。

十二、本志采用资料主要来源于档案、图书、报纸、统计资料及相关部门、单位提供的资料，所有资料均经认真考证、严格鉴别后采用，一般不注明出处。

1984 年 2 月 10—15 日，潍坊市第十届人民代表大会第一次会议召开

1990 年 1 月 12—16 日，潍坊市第十一届人民代表大会第三次会议召开

1993 年 3 月 10—16 日，潍坊市第十二届人民代表大会第一次会议召开

1999 年 2 月 25—28 日，潍坊市第十三届人民代表大会第二次会议召开

2003年2月21—26日，潍坊市第十四届人民代表大会第一次会议召开

2008年1月4—8日，潍坊市第十五届人民代表大会第一次会议召开

2012 年 2 月 10—14 日，潍坊市第十六届人民代表大会第一次会议召开

2017 年 2 月 24—28 日，潍坊市第十七届人民代表大会第一次会议召开

2022 年 4 月 13—15 日，潍坊市第十八届人民代表大会第一次会议召开

2022 年 12 月 27—29 日，潍坊市第十八届人民代表大会第二次会议召开

2023 年 3 月 30—31 日，潍坊市第十八届人民代表大会第三次会议召开

2016 年 2 月 20 日，潍坊市第十六届人民代表大会第五次会议，首次举行宪法宣誓仪式

2023 年 3 月 31 日，潍坊市委书记、市人大常委会主任刘运在市第十八届人民代表大会第三次会议上进行宪法宣誓

2023 年 3 月 31 日，潍坊市市长刘建军在市第十八届人民代表大会第三次会议上进行宪法宣誓

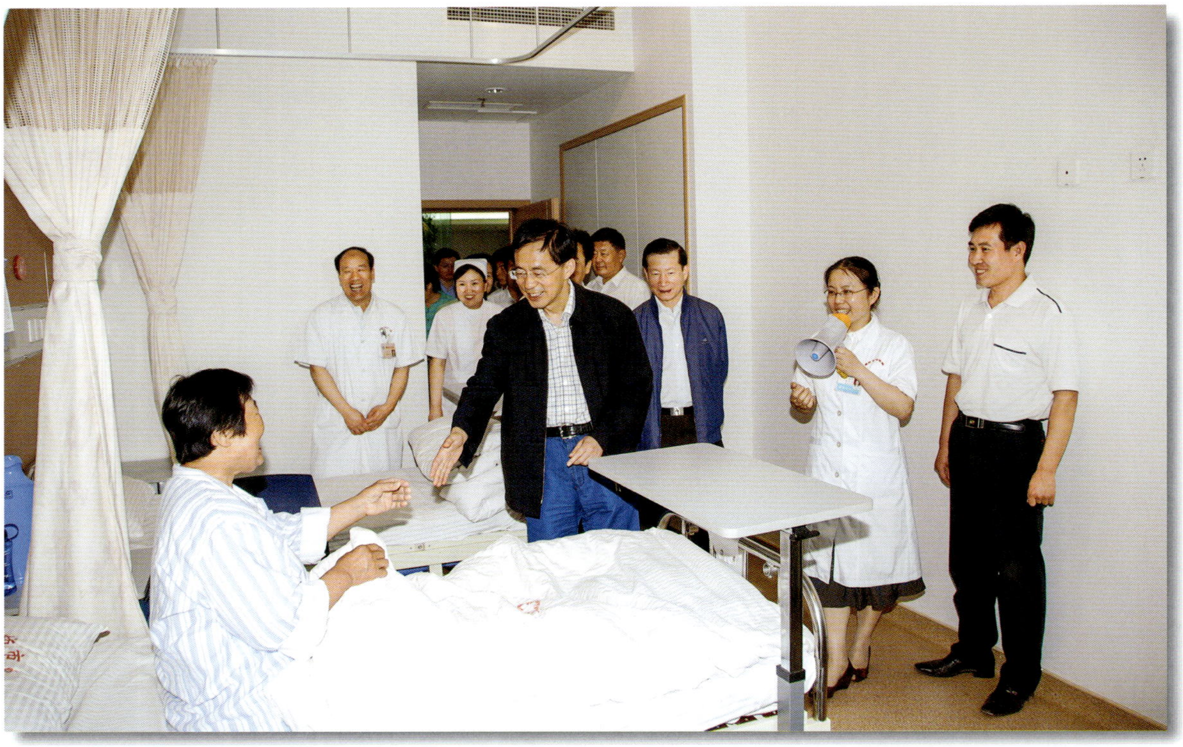

2007 年 6 月 19—21 日，全国人大教育科学文化卫生委员会副主任委员徐荣凯（左二）带队到潍坊调研城乡医疗卫生体制改革情况

2012 年 9 月 3—5 日，全国人大农业与农村委员会副主任委员李成玉（前排右二）等到潍坊检查贯彻实施农业法情况

2012 年 9 月 25—26 日，全国人大常委会委员、教育科学文化卫生委员会副主任委员宋法棠（左二）率领调研组到潍坊，对体育产业发展情况进行调研

2012 年 11 月 18—19 日，全国人大常委会委员、全国人大民族委员会主任委员马启智（左二）率领调研组，到潍坊就少数民族流动人口合法权益保护情况进行专题调研

2013 年 4 月 18—19 日，全国人大常委会委员、农业与农村委员会主任委员陈建国（左三）到潍坊调研农村金融改革发展工作情况

2013 年 4 月 19 日，全国人大常委会委员、法制工作委员会副主任信春鹰（左二）到潍坊就环境保护工作进行考察调研

2013年5月2日，全国人大常委会委员、财政经济委员会副主任委员辜胜阻（左二）到潍坊就城镇化问题进行专题调研

2014年7月23—24日，全国人大常委会委员、全国人大环资委副主任委员罗清泉（左五）到潍坊就大气污染防治法贯彻实施情况进行检查

2022 年 7 月 19—20 日，全国人大常委会委员、华侨委员会副主任委员罗保铭（左三）带领调研组到潍坊调研

2007 年 8 月 30 日，省人大常委会副主任朱正昌（左二）到潍坊检查指导换届选举工作

2009 年 12 月 23—25 日，省人大常委会副主任崔曰臣（左二）等到潍坊，就《山东省农民专业合作社条例（草案修改稿）》和《山东省地方税收保障条例（草案修改稿）》进行立法调研

2010 年 6 月 21—23 日，省人大常委会副主任鲍志强（左一）带领视察组到潍坊，对节能减排工作情况进行视察

2010年9月19日，省人大常委会常务副主任高新亭（左二）带队视察潍坊经济社会发展情况

2011年11月29日，省人大常委会副主任、省总工会主席刘玉功（左三）带队到潍坊视察指导县镇人大换届选举工作

2012 年 6 月 6—7 日，省人大常委会副主任宋远方（左二）带队到潍坊检查防震减灾“一法一条例”贯彻实施情况

2017 年 4 月 12—13 日，省人大常委会副主任尹慧敏（左二）到潍坊视察法院执行工作

2021 年 8 月 25 日，省人大常委会党组副书记、副主任王良（左二）到潍坊开展安全生产及应急管理“两法两条例”执法检查

2022 年 6 月 14 日，省人大常委会副主任、党组书记杨东奇（左三）带队到潍坊，就山东现代水网建设进行立法调研

2022 年 8 月 24 日，省人大常委会副主任、党组副书记孙立成（左二）到潍坊调研文物和文化遗产保护传承工作

2022 年 9 月 8 日，省人大常委会副主任、党组副书记张江汀（左三）到潍坊调研侨务工作

2023 年 5 月 4—5 日，省人大常委会副主任王随莲（左三）到潍坊，就《中华人民共和国反电信网络诈骗法》贯彻实施情况开展执法检查

1994 年 3 月 8 日，潍坊市人大常委会党组书记、主任孙嘉炼主持召开市第十二届人民代表大会第二次会议第一次全体会议

2005 年 3 月 30 日，潍坊市人大常委会党组书记、第一副主任毕可仁主持召开先进性教育征求意见建议座谈会

2006 年 8 月 24—25 日，潍坊市人大常委会党组书记、第一副主任王治华（中）参加理论学习中心组读书会并实地考察经济社会发展情况

2008 年 3 月 6 日，潍坊市人大常委会党组书记、第一副主任李守玉到奎文区就基层民主政治建设情况进行调研

2012 年 12 月 31 日，潍坊市委书记、市人大常委会主任许立全（左四）检查人代会筹备情况

2014年2月13日，潍坊市委书记、市人大常委会主任杜昌文（中）出席市十六届人大常委会第二十八次主任会议

2014年6月12日，潍坊市人大常委会党组书记、第一副主任胡岗（前排右）到潍城区调研

2021 年 10 月 14—15 日，潍坊市人大常委会党组书记、主任苏立科（前排右三）带领部分驻潍全国、省人大代表到东营开展调研

2022 年 8 月 17 日，潍坊市人大常委会党组副书记、副主任王兆辉（左三）到奎文区就城市更新推进情况及街道居民代表议事会制度相关情况进行调研

2023 年 4 月 11 日，潍坊市第十八届人大常委会第十四次主任会议召开，市委书记、市人大常委会主任刘运主持会议并讲话

2023 年 4 月 11 日，潍坊市委书记、市人大常委会主任刘运（中）到市人大常委会机关部分委室进行走访调研

2013 年 8 月 19—20 日，全省人大城乡建设与环境资源保护工作座谈会在潍坊召开

2014 年 7 月 1 日，潍坊市第十六届人大常委会第十七次会议专题询问会召开，首次就大气污染防治情况开展专题询问

2014 年 12 月 18 日，中共潍坊市委召开全市人大工作会议

2015 年 8 月 18—19 日，全市人大工作座谈会召开

2015 年 10 月 13 日，潍坊市人大工作理论研究会成立大会召开

2016 年 5 月 17—19 日，潍坊市县乡人大干部培训班举行

2016 年 11 月 28 日，潍坊市人大常委会举行新闻发布会，通报全市首批实体地方性法规情况

2017 年 6 月 25 日，潍坊市第十七届人大常委会第一次法制讲座举行

2021 年 3 月 12 日，潍坊市人大常委会及机关党史学习教育动员大会召开

2022 年 1 月 7 日，潍坊市委人大工作会议召开

2022 年 4 月 19 日，潍坊市第十八届人大常委会第一次主任会议召开

2022 年 4 月 27 日，潍坊市第十八届人大常委会第一次会议召开

2022 年 5 月 10 日，全市人大工作座谈会召开

2022 年 7 月 12 日，潍坊市人大代表“履职尽责、服务大局、争作表率”主题活动现场推进会召开

2022 年 8 月 15 日，潍坊市人大常委会开展“两院”案件质量评查工作动员部署会议召开

2023 年 8 月 2 日，全市街道人大工作规范化建设现场推进会在坊子区召开

2023 年 8 月 16 日，潍坊市第二期人大代表主题活动学习班开班式举行

2023 年 8 月 29 日，潍坊市第十八届人大常委会第十二次会议对优化营商环境进行专题询问

目 录

概 述 ……………………………………………1
大事记 ……………………………………………7

第一编 组织机构

第一章 潍坊市人民代表大会 ………………103
第一节 潍坊市人民代表大会职权 ……103
第二节 潍坊市人民代表大会会议主席团职权 ……………………………103
第三节 潍坊市人民代表大会代表职权 ……………………………………104
第二章 潍坊市历届人民代表大会会议主席团和秘书长 ………………………106
第一节 第十届人民代表大会会议主席团和秘书长 ………………………106
第二节 第十一届人民代表大会会议主席团和秘书长 ………………………108
第三节 第十二届人民代表大会会议主席团和秘书长 ………………………110
第四节 第十三届人民代表大会会议主席团和秘书长 ………………………113
第五节 第十四届人民代表大会会议主席团和秘书长 ………………………116
第六节 第十五届人民代表大会会议主席团和秘书长 ………………………119
第七节 第十六届人民代表大会会议主席团和秘书长 ………………………121
第八节 第十七届人民代表大会会议主席团和秘书长 ………………………123
第九节 第十八届人民代表大会会议主席团和秘书长 ………………………126
第三章 潍坊市人大常委会党组 ……………127
第一节 第十届人大常委会党组 ………127
第二节 第十一届人大常委会党组 ……128
第三节 第十二届人大常委会党组 ……128
第四节 第十三届人大常委会党组 ……128
第五节 第十四届人大常委会党组 ……128
第六节 第十五届人大常委会党组 ……129
第七节 第十六届人大常委会党组 ……129
第八节 第十七届人大常委会党组 ……129
第九节 第十八届人大常委会党组 ……129
第四章 潍坊市人民代表大会常务委员会…129
第一节 潍坊市人民代表大会常务委员会职权 ……………………………129
第二节 潍坊市人民代表大会常务委员会主任会议职权 ……………………130
第五章 潍坊市历届人大常委会组成人员…131
第一节 第十届人大常委会组成人员 …131
第二节 第十一届人大常委会组成人员 ……………………………………132
第三节 第十二届人大常委会组成人员 ……………………………………134
第四节 第十三届人大常委会组成人员 ……………………………………135
第五节 第十四届人大常委会组成人员 ……………………………………138
第六节 第十五届人大常委会组成人员 ……………………………………140

第七节　第十六届人大常委会组成人员 ……141
第八节　第十七届人大常委会组成人员 ……143
第九节　第十八届人大常委会组成人员 ……146
第六章　潍坊市人民代表大会专门委员会…147
第一节　专门委员会职责 ……147
第二节　专门委员会设立及组成人员 …152
第七章　潍坊市人民代表大会常务委员会机关 ……165
第一节　机关党组 ……165
第二节　机关党委　纪委 ……166
第三节　内设机构 ……168

第二编　潍坊市人民代表大会会议

第一章　潍坊市第十届人民代表大会会议…175
第一节　第一次会议 ……175
第二节　第二次会议 ……175
第三节　第三次会议 ……175
第四节　第四次会议 ……176
第二章　潍坊市第十一届人民代表大会会议 ……176
第一节　第一次会议 ……176
第二节　第二次会议 ……177
第三节　第三次会议 ……177
第四节　第四次会议 ……178
第五节　第五次会议 ……178
第三章　潍坊市第十二届人民代表大会会议 ……179
第一节　第一次会议 ……179
第二节　第二次会议 ……179
第三节　第三次会议 ……180
第四节　第四次会议 ……180
第五节　第五次会议 ……180
第四章　潍坊市第十三届人民代表大会会议 ……181
第一节　第一次会议 ……181
第二节　第二次会议 ……181
第三节　第三次会议 ……182
第四节　第四次会议 ……182
第五节　第五次会议 ……183
第五章　潍坊市第十四届人民代表大会会议 ……183
第一节　第一次会议 ……183
第二节　第二次会议 ……184
第三节　第三次会议 ……184
第四节　第四次会议 ……185
第五节　第五次会议 ……185
第六章　潍坊市第十五届人民代表大会会议 ……186
第一节　第一次会议 ……186
第二节　第二次会议 ……187
第三节　第三次会议 ……189
第四节　第四次会议 ……190
第七章　潍坊市第十六届人民代表大会会议 ……191
第一节　第一次会议 ……191
第二节　第二次会议 ……193
第三节　第三次会议 ……195
第四节　第四次会议 ……196
第五节　第五次会议 ……197
第八章　潍坊市第十七届人民代表大会会议 ……199
第一节　第一次会议 ……199
第二节　第二次会议 ……199
第三节　第三次会议 ……200
第四节　第四次会议 ……200
第五节　第五次会议 ……200
第六节　第六次会议 ……201
第九章　潍坊市第十八届人民代表大会会议 ……202

第一节 第一次会议 ……………………202
第二节 第二次会议 ……………………202
第三节 第三次会议 ……………………203

第三编 潍坊市人民代表大会常务委员会会议

第一章 潍坊市第十届人民代表大会常务委员会会议 ……………………………………207
第一节 第一至第八次常委会会议 ……207
第二节 第九至第十六次常委会会议 …209
第三节 第十七至第二十二次常委会会议 ……………………………………210
第四节 第二十三至第二十八次常委会会议 …………………………………212
第二章 潍坊市第十一届人民代表大会常务委员会会议 ……………………214
第一节 第一至第六次常委会会议 ……214
第二节 第七至第十二次常委会会议 …216
第三节 第十三至第二十次常委会会议 ……………………………………219
第四节 第二十一至第二十五次常委会会议 …………………………………221
第五节 第二十六至第三十一次常委会会议 …………………………………222
第三章 潍坊市第十二届人民代表大会常务委员会会议 ……………………224
第一节 第一至第九次常委会会议 ……224
第二节 第十至第十七次常委会会议 …225
第三节 第十八至第二十四次常委会会议 ……………………………………227
第四节 第二十五至第三十二次常委会会议 …………………………………228
第五节 第三十三至第三十九次常委会会议 …………………………………230
第四章 潍坊市第十三届人民代表大会常务委员会会议 ……………………231
第一节 第一至第六次常委会会议 ……231
第二节 第七至第十三次常委会会议 …233
第三节 第十四至第十九次常委会会议 ……………………………………235
第四节 第二十至第二十六次常委会会议 ……………………………………236
第五节 第二十七至第三十一次常委会会议 …………………………………238
第五章 潍坊市第十四届人民代表大会常务委员会会议 ……………………239
第一节 第一至第六次常委会会议 ……239
第二节 第七至第十三次常委会会议 …240
第三节 第十四至第十九次常委会会议 ……………………………………242
第四节 第二十至第二十六次常委会会议 ……………………………………245
第五节 第二十七至第三十二次常委会会议 …………………………………249
第六章 潍坊市第十五届人民代表大会常务委员会会议 ……………………252
第一节 第一至第七次常委会会议 ……252
第二节 第八至第十三次常委会会议 …255
第三节 第十四至第十九次常委会会议 ……………………………………258
第四节 第二十至第二十六次常委会会议 ……………………………………261
第七章 潍坊市第十六届人民代表大会常务委员会会议 ……………………265
第一节 第一至第七次常委会会议 ……265
第二节 第八至第十五次常委会会议 …268
第三节 第十六至第二十二次常委会会议 ……………………………………272
第四节 第二十三至第二十八次常委会会议 …………………………………275
第五节 第二十九至第三十七次常委会会议 …………………………………278

第八章　潍坊市第十七届人民代表大会常务委员会会议……281
第一节　第一至第八次常委会会议……281
第二节　第九至第十六次常委会会议…284
第三节　第十七至第二十一次常委会会议……286
第四节　第二十二至第三十一次常委会会议……288
第五节　第三十二至第四十二次常委会会议……291
第六节　第四十三至第五十一次常委会会议……295
第九章　潍坊市第十八届人民代表大会常务委员会会议……300
第一节　第一至第六次常委会会议……300
第二节　第七至第八次常委会会议……303

第四编　人大代表

第一章　潍坊市人民代表大会代表…………307
第一节　潍坊市第十届人民代表大会代表……307
第二节　潍坊市第十一届人民代表大会代表……310
第三节　潍坊市第十二届人民代表大会代表……313
第四节　潍坊市第十三届人民代表大会代表……316
第五节　潍坊市第十四届人民代表大会代表……319
第六节　潍坊市第十五届人民代表大会代表……322
第七节　潍坊市第十六届人民代表大会代表……325
第八节　潍坊市第十七届人民代表大会代表……328
第九节　潍坊市第十八届人民代表大会代表……332
第二章　潍坊市出席省人民代表大会代表…335
第一节　潍坊市（地区）出席山东省第六届人民代表大会代表（1983—1988）……335
第二节　潍坊市出席山东省第七届人民代表大会代表（1988—1993）……336
第三节　潍坊市出席山东省第八届人民代表大会代表（1993—1998）……336
第四节　潍坊市出席山东省第九届人民代表大会代表（1998—2003）……337
第五节　潍坊市出席山东省第十届人民代表大会代表（2003—2008）……337
第六节　潍坊市出席山东省第十一届人民代表大会代表（2008—2013）…338
第七节　潍坊市出席山东省第十二届人民代表大会代表（2013—2018）…339
第八节　潍坊市出席山东省第十三届人民代表大会代表（2018—2023）…339
第九节　出席山东省第十四届人民代表大会代表（2023—）……340
第三章　潍坊市出席全国人民代表大会代表…341
第一节　潍坊市（地区）出席第六届全国人民代表大会代表（1983—1988）…341
第二节　潍坊市出席第七届全国人民代表大会代表（1988—1993）……341
第三节　潍坊市出席第八届全国人民代表大会代表（1993—1998）……341
第四节　潍坊市出席第九届全国人民代表大会代表（1998—2003）……342
第五节　潍坊市出席第十届全国人民代表大会代表（2003—2008）……342
第六节　潍坊市出席第十一届全国人民代表大会代表（2008—2013）……342
第七节　潍坊市出席第十二届全国人民代表大会代表（2013—2018）……342

第八节　潍坊市出席第十三届全国人民代表大会代表（2018—2023）……342
第九节　出席第十四届全国人民代表大会代表（2023—）……………………342

第五编　重要工作

第一章　地方立法………………………………345
第一节　立法概况………………………………345
第二节　部分地方性法规简介…………………347
第三节　备案审查………………………………351
第二章　监督工作………………………………352
第一节　市人民代表大会监督工作……………352
第二节　市人大常委会监督工作………………358
第三章　决定重大事项…………………………365
第一节　市人民代表大会决定重大事项………………………………………365
第二节　市人民代表大会常务委员会决定重大事项………………………………370
第四章　选举与人事任免………………………380
第一节　市人民代表大会选举…………………380
第二节　市人民代表大会常务委员会人事任免……………………………………386
第五章　代表工作………………………………436
第一节　联系代表………………………………436
第二节　代表活动………………………………437
第三节　工作机制………………………………438
第四节　代表建议办理…………………………439
第六章　信访工作………………………………442
第一节　组织机构和制度建设…………………442
第二节　信访案件受理…………………………443

第六编　县市区及市属开发区人大工作概况

第一章　县市区人大工作概况…………………447
第一节　奎文区人大工作概况…………………447
第二节　潍城区人大工作概况…………………451
第三节　坊子区人大工作概况…………………455
第四节　寒亭区人大工作概况…………………459
第五节　青州市人大工作概况…………………464
第六节　诸城市人大工作概况…………………468
第七节　寿光市人大工作概况…………………472
第八节　安丘市人大工作概况…………………477
第九节　高密市人大工作概况…………………481
第十节　昌邑市人大工作概况…………………486
第十一节　临朐县人大工作概况………………491
第十二节　昌乐县人大工作概况………………495
第二章　市属开发区人大工作概况……………500
第一节　潍坊高新技术产业开发区人大工作概况………………………………………500
第二节　潍坊滨海经济技术开发区人大工作概况………………………………………501
第三节　潍坊峡山生态经济开发区人大工作概况………………………………………502

人　物

人物传略………………………………………505
人物简介………………………………………515

附　录

工作报告………………………………………541
文献选编………………………………………614
规范性文件选编…………………………………614
法规选编…………………………………………653

后　记…………………………………………733

概 述

一

潍坊，位于山东半岛西部，居半岛城市群中心位置，地理坐标为北纬 35°41′~37°26′，东经 108°10′~120°01′。东与青岛、烟台两市连接，西邻淄博和东营两市，南依峰峦起伏的泰沂山脉与临沂、日照两市相连，北濒碧波荡漾的渤海莱州湾。辖 4 个区 6 个市 2 个县，即奎文区、潍城区、坊子区、寒亭区、青州市、诸城市、寿光市、安丘市、高密市、昌邑市、临朐县、昌乐县；4 个市属开发区，即高新技术产业开发区、滨海经济技术开发区、综合保税区、峡山生态经济开发区；总面积 16197.6 平方千米，总人口 941.8 万人。2022 年，全市实现生产总值（GDP）7306.45 亿元，其中第一产业增加值 646.98 亿元、第二产业增加值 3066.61 亿元、第三产业增加值 3592.86 亿元；社会消费品零售总额 2745.3 亿元；全市金融机构本外币各项存款余额 12352.2 亿元；全年居民人均可支配收入 39365 元；一般公共预算收入 608.0 亿元，潍坊市拥有世界风筝都、全国文明城市、国家食品安全示范城市、国家卫生城市、国家环保模范城市、平安中国建设示范市、中国优秀旅游城市、国家园林城市、全国科技进步先进市、中国十佳品牌会展城市、中国摄影之乡、中国画都、国际动力城、国际和平城市、东亚文化之都等称号。

潍坊历史文化底蕴深厚。青州是古九州之一；上古贤君虞舜、经学大师郑玄、农圣贾思勰、《清明上河图》作者张择端、一代名相刘统勋、中国首位诺贝尔文学奖获得者莫言等历史文化名人均出生于潍坊；“建安七子”之一的孔融、“先天下之忧而忧，后天下之乐而乐”思想的倡导者范仲淹、“唐宋八大家”中的欧阳修和苏东坡、著名女词人李清照、“扬州八怪”代表人物郑板桥等都曾在潍坊执政理事、从艺为文；诸城恐龙化石群世界罕见，临朐山旺古化石被誉为“地质万卷书”。

潍坊区位交通优越。是全国重要的交通枢纽城市，高速、高铁纵横穿越，到青岛胶东国际机场只需 20 分钟，京沪高铁二通道建成后，到北京、上海的时间将分别缩短为 2 个小时以内和 3 个小时左右，潍坊机场开通 14 条航线，潍坊港年货物吞吐量 4657 万吨、集装箱 36.8 万标准箱。

潍坊产业基础雄厚。现代农业发展水平高，是农业产业化的发源地，习近平总书记两次肯定农村改革发展的“诸城模式”“潍坊模式”“寿光模式”，正在建设国家农业开放发展综合试验区。制造业比较发达，形成了机械、化工、纺织、食品、造纸 5 个千亿元级产业，新一代信息技术、高端装备、新能源新材料等产业快速发展，盛瑞传动 8AT、潍柴重型商用车动力总成关键技术及应用先后获得国家科技进步一等奖。

新时代、新征程，在市委、市政府正确领导下，全市上下紧密团结在以习近平同志为核心的党中央周围，坚持以习近平新时代中国特色社会主义思想为指导，深入贯彻落实党的二十大精神，全面落实中央决策和省委部署，坚持稳中求进工作总基调，完整、准确、全面贯彻新发展理念，积极服务和融入新发展格局，锚定“走在前、开新局”，以更加坚定的信心、更加昂扬的斗志、更加务实的作风，全力推动高质量发展，在现代化建设进程中阔步前行，努力建设一个实力强品质优生活美的更好潍坊，奋力谱写中国式现代化“潍坊篇章”。

二

人民代表大会制度是中国的根本政治制度。在中国实行同人民民主专政国体相适应的政权组织形式（政体）——人民代表大会制度，是中国共产党把马克思主义基本原理同中国具体实际相结合的伟大创造，是近代以来中国社会发展的必然选择，是中国共产党带领全国各族人民长期奋斗的重要成果，反映了全国各族人民的共同利益和共同愿望。

潍坊市同全国一样，早在抗日战争时期，为了扩大抗日民族统一战线，便在各抗日根据地建立了具有人民代表大会性质的参议会制度。1939年9月，中共益都县委在长秋村成立潍坊市第一个县参议会；10月8日，选举产生了益都县抗日民主政府（称县政委员会）。继后，寿光、潍县、昌邑、安丘、诸城等县陆续建立起县参议会和抗日民主政府。参议会确定：除反共分子和汉奸以外，所有抗日爱国阶层和人士都有选举权和被选举权，议员（代表）由根据地乡、区、县各级民主协商选举产生，参议会为最高政权机关，政府和法院是它的执行机关。参议会闭会期间，由参议会常驻会代行其职权。参议会制度一直延续到1948年潍坊全境解放。

1949年中华人民共和国成立后，根据中国人民政治协商会议制定的共同纲领和组织法，潍坊地区各县普遍实行各界人民代表会议制度。各界代表会以工人、农民和其他劳动人民为政权主体，联合民族资产阶级和爱国人士共同管理地方国家政权，把封建地主阶级和官僚资产阶级排除出政权机关之外。各界代表会建立初期，是人民民主统一战线性质的政治协商机关；1951年12月开始行使人民代表大会的职权。各界代表会闭会期间，由人民政府代行其职权。

1954年9月15日，全国人民代表大会第一次会议召开。根据这次会议通过的《中华人民共和国宪法》《中华人民共和国地方各级人民代表大会和地方各级人民委员会组织法》的规定，潍坊地区县乡各级在普遍选举的基础上，召开了首届第一次人民代表大会。从此，人民代表大会（以下简称人大）制度在潍坊市正式确立。开始，人大与政府实行议行合一制，人大闭会后，由人民委员会代行其职权。至1966年，县乡人民代表大会每届任期二年。县人民代表大会行使选举县长、副县长和县人民委员会委员，以及议决县政兴革事项等职权，在推动本行政区政权建设和恢复发展国民经济中发挥了重要作用。

1978年党的十一届三中全会后，人大工作进入新的历史发展时期。1979年7月，五届全国人大二次会议制定了全国人大和地方各级人大选举法、地方各级人大和地方各级政府组织法，规定县、乡两级人大代表实行直接选举；县以上地方各级人大设立常务委员会。到1980年，当时的潍坊地区各县市都设立了人大常委会。1982年12月，五届全国人大五次会议通过了新宪法。此后，又对选举法和地方组织法等作了进一步的修改和补充，进一步发展和完善了人民代表大会制度。

1983年8月30日，国务院批准撤销潍坊地区，组建省辖（地专级）潍坊市。根据省人大常委会《关于新设省辖市人民代表大会几个问题的决定》，潍坊市人大顺延了原潍坊市（县级）人大的届次。经过潍坊市人民代表大会筹备领导小组的认真筹备，由各县市区人民代表大会依法选举市人大代表。1984年2月10日至15日，召开潍坊市第十届人民代表大会第一次会议，选举产生市人大常委会、市政府、市中级人民法院和市人民检察院的组成人员；审议和决定政府工作、国民经济和社会发展计划、财政预决算等重大事项。至1987年，市十届人大共举行4次会议，市十届人大常委会共召开28次会议。市十一届人大的任期为1988年1月至1993年3月，共举行了5次会议，市十一届人大常委会共召开31次会议。市十二届人大的任期为1993年3月至1998年2月，共举行5次会议，市十二届人大常委会共召开39次会议。市十三届人大的任期为1998年2月至2003年2月，共举行5次会议，市十三届人大常委会共召开31次会议。市十四届人大的任期为2003年2月至2008年1月，共举行5次会议，市十四届人大常委会共召开32次会议。市十五届人大的任期为2008年1月至2012年2月，共举行4次会议，市十五届人大常委会共召开26次会议。市十六届人大的任期为2012年2月至2017年2月，共举行6次会议，市十六届人大常委会共召开37次会议。市十七届人大的任期为2017年2月至2022年4月，共举行6次会议，市十七届人大常委会共召开51次会议。2022年4月、12月和2023年3月，又分别召开潍坊市第十八届人大第一次、第二次、第三次会议；到2023年3月，市十八届人大常委会共召开8次会议。历届人大及其常委会，认真行使宪法和法律赋予的对全市重大事项的决定权、立法权、对宪法法律的贯彻实施和对“一府一委两院”工作的监督权，以及对地方国家机关工作人员的选举任免权，等等，各个方面的工作都卓有成效。人大在潍坊市的政权建设和政治、经济、文化生活中发挥着不可替代的越来越重要的作用。

三

进入新时代以来，市人大常委会在市委坚强领导下，围绕中心，服务大局，担当作为，狠抓落实，奋力推动各项工作走在前、开新局，为全市经济社会发展和民主政治建设作出了应有贡献。

扎实推进地方立法工作。自2015年8月设区市获得地方立法权以来，潍坊市人大及其常委会充分发挥在立法工作中的主导作用，扎实推进科学立法、民主立法、依法立法，不断完善党委领导、人大主导、政府依托、各方参与的立法工作格局，先后制定通过20多件地方性法规，为引领推动、服务保障经济社会高质量发展提供了有力法治保障。探索开展“小快灵”立法，制定出台《潍坊市出租汽车经营服务管理若干规定》等法规，以“小切口”解决大问题。拓展公众有序参与立法途径，建立4处地方立法研究服务基地、12处基层立法联系点，广泛征集民意、汇聚民智、凝聚共识。2021年5月，在全国人大地方立法培训班上就地方立法工作作了经验介绍。

依法做好监督工作。始终坚持寓支持于监督之中，综合运用调查、视察、执法检查等形式开展监督工作，积极采取“回头看”“二次审议”等方式，持续增强监督刚性。聚焦党委重要决策、政府着力推进、群众普遍关注的事项开展监督，推动重点工作加快落实，做到与中心工作同频共振，与改革发展同向而行，与人民愿望同心合拍。大力推进专题询问工作常态化，先后围绕“办好民生实事、打造宜居城市”、优化营商环境等开展专题询问，靶向发力推动相关领域问题解决。加强司法监督，探索开展“两院”案件质量评查和员额法官、检察官履职评议工作，增强全市人民群众的法治获得感。

大力支持保障代表履职尽责。及时修订代表履职守则，举办代表任职培训班，建立健全主任会议成员分工联系指导制度和常委会委员联系代表小组制度等，支持代表更好依法履职。规范提升代表联络站点，研发“代表履职系统”和手机APP，搭建网络履职平台，实现代表联系群众零距离，群众反映问题全天候。健全完善代表建议“全链条”办理机制，加大重点建议督办力度，解决了一批群众关心关注的热点难点问题。2022年5月开始，深入开展“履职尽责、服务大局、争作表率”代表主题活动，引导全市各级人大代表在加强学习、干事创业、联系群众、依法履职、建言献策、维护稳定等方面做到“六个带头、六个争一流”，为经济社会发展献计出力，让每名代表都成为一面旗帜、一支标杆。2023年9月，中共中央政治局常委、全国人大常委会委员长赵乐际到潍坊市调研代表联络站建设情况，对潍坊市积极发挥代表联络站作用，组织代表进站履职、接待选民、联系群众等工作给予充分肯定。

高质量做好重大事项决定和选举任免工作。围绕事关全局性、根本性、长远性的重大问题，以及人民普遍关心、迫切要求的问题，及时作出决议、决定，确保市委重大决策部署高效落实。坚持党管干部原则与人大依法任免相统一，确保通过法定程序使党组织推荐的人选成为国家机关领导人员。认真落实法律知识考试、颁发任命书、供职发言、宪法宣誓等制度，增强了被任命人员的法律意识和公仆意识。

全面加强自身建设。坚持党建统领，坚决扛牢全面从严治党政治责任，探索“党建+代表主题活动”“党建+文明机关创建”模式，规范常委会及机关“三会一课”、组织生活会和民主评议党员等工作，深化“一支部一特色”创建和党支部联建共建，推动党建工作与人大业务深度融合、互促共进。强化制度保障，坚持以制度管人、靠制度办事，及时修订常委会组成人员守则、议事规则等制度，立好履职标尺，确保常委会及机关运行依法有序、务实高效。深化创新创效，实施创新工作项目化管理，开展“一委室一品牌”创建，形成“动车党建”“两官”评议等创新项目，努力打造“人无我有、人有我优、人优我特”的人大工作品牌。夯实基层基础，制定出台《关于加强和改进街道人大工作的实施意见》，推动街道人大机构设置更加科学务实。提升能力素质，深入开展“作风能力提升年”等活动，通过举办法制讲座、开设“人大论坛”“干部大讲堂”等，教育引导人大干部、人大代表内强素质、外树形象，持续增强履职能力和本领，更好适应新时代人大工作需要。

大事记

1983—2023

潍坊人大志
WEIFANG RENDA ZHI

1983年

8月30日，国务院批复山东省人民政府，撤销潍坊地区和潍县建制。潍坊市组建为地专级省辖市，以市带县，辖潍城、坊子、寒亭3个区，益都、临朐、寿光、昌乐、安丘、昌邑、诸城、五莲、高密9个县。平度县划归青岛市。

9月19日，中共山东省委、山东省人民政府印发《关于地市党政机关机构改革有关问题的通知》，决定撤销潍坊地区，组建地专级省辖潍坊市。

10月10日，中共潍坊地委常委会议，传达省委关于济宁等8个地、市领导班子的通知，同意潍坊市委、市纪委、市人大、市政府、市政协领导班子人选提名，研究新老班子交接事宜。

1984年

2月9日，市第十届人大第一次会议召开预备会议，选举于成凤等51人组成大会主席团，通过大会议程。推定王树芳等11人为大会主席团常务主席，刘华民为大会秘书长（兼）。选举议案审查委员会、代表资格审查委员会和预算委员会的组成人员。

2月10—15日，市第十届人大第一次会议在市政府第一招待所召开。这是地专级潍坊市组建后的首次人民代表大会。

2月21日，中共潍坊市委公布市人大常委会党组组成成员名单。

2月27—29日，市十届人大常委会第一次会议在潍坊召开。

3月12日，市人大常委会机关刊物《人大工作通讯》创刊。

3月19日—4月1日，市人大常委会副主任刘华民等一行4人到武汉、郑州、洛阳、开封4市学习人大工作经验。

4月26—28日，市十届人大常委会第二次会议在潍坊召开。

5月4—11日，省人大常委会副主任高逢五到潍北劳改农场视察劳改工作。

5月17日，中共潍坊市人大常委会党组公布《关于改进作风的试行规定》。

6月26—30日，市十届人大常委会第三次会议在潍坊召开。

7月16日—8月4日，市人大常委会副主任王灿德一行到烟台、大连、沈阳、长春、吉林、哈尔滨等地学习人大工作经验。

7月23日，省人大常委会副主任张竹生一行到潍坊考察经济体制改革情况。

8月7—10日，省人大常委会主任秦和珍一行，到益都县视察工作。

8月28—29日，市十届人大常委会第四次会议在潍坊召开，会议决定潍坊市与青海省海东地区结为“姊妹地市”。

8月31日，市人大常委会主任于成凤等到西安、重庆、成都等市学习人大工作和城市经济体制改革经验。

10月26—27日，市十届人大常委会第五次会议在潍坊召开。

12月25—26日，市十届人大常委会第六次会议在市政府第二招待所召开。

1985年

2月2日，市十届人大常委会第七次会议在潍城区召开。

3月2日，市十届人大常委会第八次会议在潍城区召开。

3月13—17日，市第十届人民代表大会第二次会议在潍城区召开。

3月17日，市十届人大常委会第九次会议召开，通过《关于确定每年四月一日为潍坊市风筝节的决定》。

5 月 17—18 日，市十届人大常委会第十次会议在潍城区召开。

7 月 16—19 日，市人大常委会第一次组织部分全国、省、市人大代表及市政府有关部门负责人共 50 多人的视察团，对潍城、寒亭、坊子贯彻执行《中华人民共和国食品卫生法》情况进行视察。

7 月 29—30 日，市十届人大常委会第十一次会议在潍城区召开。

9 月 27—29 日，市十届人大常委会第十二次会议在潍城区召开。

11 月 16 日，日本日向市副议长松木一郎率日向市议会代表团到潍坊参观访问。

同日，市十届人大常委会第十三次会议在潍城区召开。

11 月 17—20 日，市人大常委会召开县市区人大常委会工作经验交流会议。

12 月 5—15 日，以于成凤为团长的潍坊市人大代表团赴日本进行友好访问和考察。

1986年

1 月 2 日，市人大常委会《人大工作信息》创刊。

1 月 16—17 日，市十届人大常委会第十四次会议在市政府第三招待所召开。会议决定同意潍坊市与日本宫崎县日向市结为友好城市关系；由市政府组成代表团于 1986 年 2 月 25 日在日向市正式签约。

3 月 11—13 日，市十届人大常委会第十五次会议在市政府第一招待所召开。

3 月 21 日，省人大常委会副主任高逢五一行，到潍坊调查普法工作。

5 月 24 日，市十届人大常委会第十六次会议在市政府招待所召开。

5 月 27—31 日，市第十届人民代表大会第三次会议在潍坊召开。

6 月 5 日，省人大常委会副主任高逢五到潍坊安排落实关于在潍坊召开全省普法工作经验交流会的有关事宜。

7 月 7 日，省人大常委会副主任萧寒到潍坊市寿光县座谈渔业法贯彻执行情况，并视察羊口镇对虾养殖场。

7 月 12 日，省人大常委会在潍城召开全省普法工作经验交流会。市人大常委会、潍城区人大常委会、诸城市人大常委会在会上作典型发言。

7 月 12—22 日，省人大常委会主任李振到潍城、安丘、诸城、临朐、青州等县市区进行调查视察。

7 月 14—15 日，市十届人大常委会第十七次会议在市政府招待所召开。

7 月 30 日，全国人大常委会法制工作委员会民法国家法室主任李仕伟等，到潍坊就修改地方组织法、选举法和人大常委会机关建设等问题进行座谈。

8 月 3—21 日，全国人大常委会委员裴昌会、黄荣昌等到潍坊进行视察和调查，并就全市贯彻义务教育法情况在向彭真委员长的报告中提出建议。

8 月 25 日—9 月 5 日，省人大常委会副主任萧寒到潍坊昌邑县征求对省制定的渔业法实施办法的意见。

9 月 11—13 日，市十届人大常委会第十八次会议在市政府招待所召开。

9 月 23—25 日，以板谷慎吉议员为团长的日本日向市议会访华团一行 14 人，到潍坊进行友好访问。

10 月 18—19 日，市十届人大常委会第十九次会议在市政府招待所召开。

11 月 10 日，省人大常委会副主任林萍等到潍坊调查人大工作。

12 月 16—19 日，市十届人大常委会第二十次会议在渤海宾馆召开。

12月19日，市人大常委会作出《关于建立市选举委员会的决定》《关于治理白浪河、建设白浪河公园的决定》。

1987年

1月17日，市人大常委会召开部分人大代表座谈会，学习中央1号文件和邓小平讲话要点。

2月17—19日，市十届人大常委会第二十一次会议在市政府招待所召开。

2月19日，市人大常委会通过《关于潍坊市与联邦德国福来星地区结为友好城市的决定》。

3月13—14日，市十届人大常委会第二十二次会议在市政府招待所召开。

3月16—20日，市第十届人民代表大会第四次会议在潍城区召开。

3月29—30日，全市首次县市区人大常委会工作联系会在寿光召开。

4月6日，市十届人大常委会第二十三次会议在市政府招待所召开。

5月26—28日，市十届人大常委会第二十四次会议在渤海宾馆召开。

7月28—30日，市十届人大常委会第二十五次会议在市政府招待所召开。

9月14日，省人大常委会主任李振到潍坊调查了解市级换届选举工作情况。

9月16日至10月11日，省人大常委会副主任许森先后3次到潍坊视察普法工作、小清河羊口港水质污染情况，参加中国民间工艺美术委员会年会。

9月28—30日，市十届人大常委会第二十六次会议在渤海宾馆召开。

10月11—14日，全国人大常委会委员徐运北到潍坊参加中国民间工艺美术年会。

10月16—18日，全国人大常委会办公厅研究室主任刘政、云南省人大常委会副主任任祁山、北京市崇文区人大常委会副主任盛绳武等到潍坊听取全市体制改革情况汇报。

10月20—24日，市人大常委会副主任王华民到烟台参加全国人大常委会财政经济委员会召开的全国十省市人大财政经济委员会负责同志座谈会。

11月26—28日，市十届人大常委会第二十七次会议在渤海宾馆召开。

12月28—29日，市十届人大常委会第二十八次会议在渤海宾馆召开。

1988年

1月5—11日，市十一届人大第一次会议在市政府招待所召开。

3月2—6日，全国十四城市人大工作座谈会第一次会议在福建泉州召开，市人大常委会主任于成凤参加会议。

3月15—19日，市十一届人大常委会第一次会议在渤海宾馆召开。

3月19日，市人大常委会作出《关于设立四个工作委员会的决定》《关于设立代表资格审查委员会的决定》《关于市十一届人大代表持证视察的决定》。

3月29日，市人大常委会召开住潍城、寒亭、坊子三区部分省、市、区人大代表座谈会。

5月3—4日，市人大常委会组织部分委员和人大代表，对城区执行城市总体规划情况进行视察。

5月6—7日，潍坊市县市区人大常委会第三次工作联系会议在安丘县召开。

5月10—11日，全国人大常委会副委员长、民革中央主席朱学范到潍坊检查指导工作。

5月19—21日，市十一届人大常委会第二次会议在渤海宾馆召开。

5月23日，市人大常委会组织参加城市总体规划视察的8位市人大代表，与市政府和有关部门的负责人一起，就规划执行中存在的问题进行民主对话。

6 月 22 日—7 月 8 日，市人大常委会副主任王鹤田、戴耀西先后到丹东、本溪、四平、长春、锦州等地学习人大工作经验。

7 月 26—29 日，市十一届人大常委会第三次会议在渤海宾馆召开。

8 月 11 日，市政府向全市印发《关于认真接受市人大代表持证视察的通知》。

9 月 13—17 日，全国二十城市人大工作座谈会第二次会议在甘肃省天水市举行。市人大常委会副主任王华民参加会议。

9 月 17—23 日，市人大常委会副主任王华民、财经工作委员会副主任刘惠远等，应邀到咸阳、洛阳和徐州市参观学习人大工作。

10 月 6—8 日，市十一届人大常委会第四次会议在渤海宾馆召开。

10 月 8 日，市人大常委会通过《关于依法治市的决议》《关于在全市开展执法大检查的决定》《关于与山西省阳泉市和河北省廊坊地区建立友好市地关系的决定》。

同日，市人大常委会根据全国部分城市市长学法用法座谈会精神和省人大常委会关于开展执法大检查的决定要求，就依法治市和开展执法大检查工作分别作出决议、决定。

10 月 17 日，省人大常委会主任李振、副主任王树芳及省引黄济青工程指挥部负责人，视察引黄济青工程输水线路在潍坊市昌邑境内的王耨泵站等。

10 月 26—27 日，市委、市人大常委会、市政府召开由各县市区委书记、分管法制工作的人大常委会副主任和副县市区长、市直各部门主要负责人参加的依法治市和执法大检查动员会议。

11 月 8—10 日，全市县市区人大常委会工作联系会第四次会议在昌乐县召开。

12 月 6—10 日，市十一届人大常委会第五次会议在渤海宾馆召开。

12 月 10 日，市人大常委会议定《关于代表和人民群众来信来访的处理办法（试行）》。

1989年

1 月 5 日，中共潍坊市委、市人大常委会、市政府召开全市执法大检查动员大会。决定从 1 月 6 日起，分 7 个组到全市 12 个县市区和市直机关、企业单位进行执法情况重点检查。

1 月 26—27 日，市十一届人大常委会第六次会议在市政府招待所召开。

2 月 13—17 日，市十一届人大第二次会议在市政府招待所召开。

2 月 17 日，市十一届人大二次会议通过《关于设立潍坊市人民代表大会法制委员会、财政经济委员会、农村经济委员会、教育科学文化卫生委员会、城乡建设环境保护委员会的决议》。

3 月 9 日，市委批转市人大常委会党组《关于认真贯彻全省人大工作经验交流会精神进一步加强人大常委会工作和建设的意见》的报告。

3 月 21—24 日，市十一届人大常委会第七次会议在渤海宾馆召开。

3 月 21—29 日，省人大常委会副主任林萍带领省执法大检查抽查组，到潍坊听取执法大检查情况汇报，抽查市税务局、市环保局、市工商局、市土地管理处和诸城、临朐、昌乐、寿光县的执法情况。

3 月 24 日，市人大常委会作出《关于实施潍坊市九年义务教育及十五年普教规划的决议》《关于撤销市人大常委会工作委员会的决定》。

4 月 15—17 日，全国二十城市人大工作座谈会第三次会议在河南省三门峡市召开，市人大常委会副主任滕司宪参加会议。

4 月中下旬，市人大常委会副主任滕司宪等到襄樊、黄石、九江市学习人大工作经验。

5 月 4 日，省人大常委会副主任徐建春、城建环保委副主任储建华等，到潍坊视察交通工作。

5 月 12—13 日，全市县市区人大常委会工作联系会第五次会议在临朐县召开。

5 月 18—20 日，市十一届人大常委会第八次会议在渤海宾馆召开。

5 月 20 日，市人大常委会通过《关于潍坊市与美国帕柏罗市结为友好城市的决定》《关于设立市人大常委会人事代表工作室的决定》。

7 月 17—18 日，市人大常委会组织全国、省、市人大代表 23 人，在渤海宾馆对市政府上半年工作进行民主评议。

7 月 18—22 日，市十一届人大常委会第九次会议在渤海宾馆召开。

7 月 24—29 日，省人大常委会副主任杨兴富等到潍坊，视察全市物价工作。

7 月 27—28 日，省人大常委会副主任王树芳到诸城市座谈县乡人大换届选举工作和民主与法制建设等问题。

7 月 31 日，市人大常委会在渤海宾馆召开会议，组织部分人大代表对市中级人民法院、市人民检察院上半年工作进行民主评议。

9 月 18—21 日，市十一届人大常委会第十次会议在渤海宾馆召开。

9 月 19—24 日，市人大常委会副主任韩理、秘书长常怀义等，参加由湖北省黄石市和江西省九江市人大常委会共同举办的全国二十城市人大工作座谈会第四次会议。

9 月 21 日，市人大常委会通过《关于潍坊市人民代表大会专门委员会工作的试行办法》。

9 月 22—23 日，市人大常委会在潍坊东郊宾馆召开全市人大工作座谈会。

10 月 27—28 日，市人大常委会在潍坊宾馆召开全市人大信访工作会议。

11 月 22—25 日，市十一届人大常委会第十一次会议在渤海宾馆召开。

12 月 11 日，省人大常委会副主任林萍带领检查组，到青州、诸城、高密等县市就开展以宪法为核心内容的法制宣传教育活动情况进行检查。

12 月 18 日，省人大常委会主任李振、副主任林萍等，在潍坊鸢飞大酒店听取市人大常委会、市政府的工作汇报，并到潍城区进行检查。

12 月 18—19 日，全市县市区人大常委会工作联系会第六次会议在昌邑县召开。

1990年

1 月 9—10 日，市十一届人大常委会第十二次会议在潍坊宾馆召开。

1 月 12—16 日，市十一届人民代表大会第三次会议在市政府招待所召开。

1 月 16 日，市十一届人大第三次会议通过《潍坊市人民代表大会议事规则》。

2 月 1—5 日，省人大常委会副主任王树芳到诸城、安丘、昌乐 3 个县市及市汽车运输公司，就交通管理乱扣车、乱罚款和农村乱集资、乱摊派等问题进行调查研究。

2 月 2 日，市人大常委会召集住潍的 10 名省人大代表，就省政府拟提交省七届人大三次会议的政府工作报告（征求意见稿）进行座谈讨论。

2 月 23 日，住潍坊市的省七届人大代表赴济出席省七届人大三次会议。

2 月 24 日，市人大常委会、市选举工作委员在潍坊宾馆召开全市县乡人大换届选举工作座谈会。

3 月 15—17 日，市十一届人大常委会第十三次会议在渤海宾馆召开。

3 月 18—30 日，省人大常委会原主任秦和珍，对全市及临朐、寿光两县贯彻落实国务院《关于切实减轻农民负担的通知》、农业生产发展和对今后十年第二个翻番的展望，以及基层党组织建设等情况进行调研。

4 月 10 日，历时 5 个月的全市县、乡两级人大换届选举工作圆满结束。

4月10—17日，全国二十城市人大工作座谈会第五次会议在广西柳州市和云南玉溪市举行。市人大常委会副主任王荆玉出席会议。

4月18日，市人大常委会在潍坊召开各县市区人大常委会新老主任座谈会。

5月15—16日，市十一届人大常委会第十四次会议在渤海宾馆召开。

5月16日，市人大常委会通过《关于确认潍坊市与牡丹江市结为友好城市的决定》。

5月17—18日，由省人大常委会组织召开的八市、地人大农经工作座谈会在潍坊召开。

5月18—19日，省人大常委会副主任王树芳在诸城市就农民经济负担问题进行调查。

5月22日，省人大城乡建设环境保护委员会副主任委员赵永贵、姜万禧，省人大常委会委员李本军等，对潍坊市电业工作进行视察。

5月22—23日，省人大常委会原主任秦和珍就农村经济发展和农村思想政治工作情况，到昌乐县进行调查研究。

5月28—29日，全市县市区人大常委会工作联系会第七次会议在青州市召开。

6月2—4日，市人大常委会副主任韩理、潍城区人大常委会副主任张祥荣，对城区防汛工作进行视察。

7月5—15日，市人大常委会组织对市直及潍城、青州、安丘、昌邑等县市区的15个内务司法部门的执法情况进行检查。

7月11—12日，市人大常委会在渤海宾馆召开全市人大代表工作会议。

7月16日，市人大常委会组织12名全国、省和市人大代表，对市政府上半年的工作进行评议。评议会在渤海宾馆进行。

7月19—21日，市十一届人大常委会第十五次会议在渤海宾馆召开。

7月25—27日，省人大常委会副主任萧寒、省人大财政经济委员会副主任委员于波海等到潍坊检查工作。

8月4—12日，全国二十城市人大工作座谈会第六次会议，先后在大庆市和牡丹江市召开。潍坊市人大常委会副主任王鹤田出席会议，并作《关于加强地方人大常委会自身建设的几个问题》的发言。

8月13日，省人大常委会主任李振到潍坊检查工作，听取潍坊市经济形势和人大工作情况的汇报。

8月14日，市人大常委会副主任李汉三主持召开在机关的主任和秘书长、委办室主任会议，传达学习全国人大常委会委员长万里在听取省人大常委会和青岛市人大常委会汇报工作时的讲话、省人大常委会主任李振在潍坊的讲话要点以及省人大常委会关于山东省地方人大常委会建立10年来人大工作的基本经验（起草提纲）。

9月7日，市人大常委会副主任王灿德、李汉三、滕司宪到潍坊十三中走访慰问全体教职工。

9月中旬，省人大常委会副主任王树芳在市人大常委会机关召开全国和省人大代表座谈会。

9月中旬，北京市人大常委会委员、市人大农村委员会副主任委员徐仁发和北京市土地管理局副局长谢书诚等，到青州、寿光、诸城3个县市，对农村经济发展和建立健全社会化服务体系以及土地管理法贯彻实施情况进行考察。

9月18—21日，市十一届人大常委会第十六次会议在渤海宾馆召开。

9月20—23日，省人大常委会副主任林萍到潍坊市高密县和寒亭区检查了解《中华人民共和国义务教育法》《山东省计划生育条例》的贯彻实施情况以及民间文化等工作情况。

10月6日，市委批转市人大常委会党组《关于开展潍坊人大工作十年总结宣传活动的报告》。

10月9—10日，全市县市区人大常委会工作联系会第八次会议在高密县召开。

10 月 11 日，市人大常委会在高密县召开县市区人大常委会主任会议，研究部署在全市开展“潍坊人大工作 10 年”总结宣传活动。市人大常委会副主任李汉三就如何搞好这次总结宣传活动讲话。

10 月 16 日，市人大常委会就开展“潍坊人大工作 10 年”总结宣传活动召开宣传部门和新闻单位负责人会议。

10 月 17—20 日，省人大常委会主任李振、省人大常委会研究室副主任王启信等，视察诸城、安丘、临朐等县市及部分乡镇，并走访农户。

10 月 18—20 日，市人大常委会在临朐县召开财经工作座谈会。

10 月 19 日，市人大常委会办公室召开各县市区人大常委会办公室主任会议，汇报交流开展“潍坊人大工作 10 年”总结宣传活动情况。

10 月 23 日，市人大常委会与日本日向市友好访华团部分成员举行旨在加深相互了解和友谊的恳谈会。

11 月 6—7 日，市十一届人大常委会第十七次会议在渤海宾馆召开。

11 月 13—18 日，市人大常委会在东郊宾馆召开全市乡镇人大工作会议。

11 月 20 日，市人大常委会在机关会议室召开老人大工作者座谈会。省人大常委会副主任王树芳应邀到会并讲话。

11 月 22 日，省人大常委会主任李振等到青州市视察工作。

11 月 29—30 日，市人大常委会举办由全市 12 个县市区人大常委会分别组队参加的“人大工作知识竞赛”。

12 月上、中旬，为配合正在开展的农村社会主义思想教育活动，市人大常委会驻会委员采取登门走访等形式，深入农村和基层单位走访联系代表。在 20 天的时间里，共联系代表 300 多名。

12 月 18—19 日，全市人大工作研讨会在潍坊宾馆召开。省人大常委会副主任、省人大工作理论研究会会长林萍，市委副书记孙嘉炼到会指导并讲话。

12 月，市人大常委会录制题为《奋进的历程　光辉的业绩》的电视专题片，形象地反映市人大常委会成立 7 年来所走过的历程。

1991年

1 月上旬，市人大常委会组织部分市人大代表，对城区春节市场供应情况进行视察。

1 月 18 日，省人大常委会副主任卢洪在潍坊市召开部分驻潍的省人大代表座谈会，就如何贯彻好中共十三届七中全会精神、发挥代表作用等问题与代表们进行座谈讨论。

1 月 18—19 日，市人大常委会在渤海宾馆会议厅召开贯彻全省人大工作经验交流会精神暨潍坊人大工作 10 年总结表彰大会。

1 月 19—23 日，省人大常委会副主任王树芳到坊子、寒亭和高密，走访部分省人大代表。

1 月 26—27 日，全国人大常委会委员、全国人大财政经济委员会委员、原航空工业部部长莫文祥，到潍坊视察棉花生产、分配、供应和纺织工业的情况。

1 月 28—30 日，市十一届人大常委会第十八次会议在潍坊召开。

1 月 30 日，市人大常委会作出《关于市树、市花的决定》，决定国槐为市树，月季和菊花为市花；还作出《关于确认潍坊市与北京市宣武区结为友好市区的决定》。

2 月 7—8 日，市人大常委会主任于成凤、秘书长常怀义，到市环卫处、东园街办振华居委会、潍城区供销社、健康旅馆等单位，走访慰问工作在第一线的市人大代表。

2 月下旬，省人大常委会副主任王树芳到诸城市和坊子区，就减轻农民负担问题进行调查。

3 月 4 日，市人大常委会与市政府、市中级人民法院、市人民检察院召开联席会议，商定市人大常委会 1991 年工作计划。

3 月 13—15 日，市人大常委会办公室召开市和县市区人大机关文字秘书工作座谈会。

3 月中旬，省人大常委会副主任林萍到潍坊，对寿光县职业技术教育工作进行调查。

3 月 21—23 日，市十一届人大常委会第十九次会议在潍坊召开。

3 月 28 日—4 月 1 日，省人大常委会委员、省人大农经委副主任委员于经清，省林业厅副厅长张德民等，到昌乐、临朐等县对森林法实施情况和棉花生产情况进行调查。

3 月 29 日—4 月 3 日，省人大常委会原主任秦和珍到潍坊市部分县区作调查，对贯彻落实中共十三届七中全会精神问题，提出指导性意见。

4 月 13 日，市委、市人大常委会在市政府礼堂召开干部大会，传达贯彻七届全国人大四次会议精神。

4 月 26—27 日，市十一届人大常委会第二十次会议在潍坊召开。

4 月下旬，市人大常委会副主任王荆玉等先后到坊子、昌邑等地，走访联系 34 名市人大代表，收集代表和群众的建议意见 42 条。

5 月 4—9 日，市十一届人大四次会议在市政府招待所召开。

5 月中旬，市人大常委会采取点面结合的方法，分组视察全市乡镇人大工作。

5 月 21 日，中共中央委员、河南省人大常委会主任杨析综到潍坊，对全市人大工作进行考察。

6 月 7—8 日，全市县市区人大常委会工作联系会第九次会议在五莲县召开。

6 月 24 日，市人大工作理论研究会成立大会在渤海宾馆召开。

6 月 25—26 日，市人大常委会副主任韩理带领市人大城建环保委的负责人，对城区部分人防工程的建设和利用情况进行视察。

6 月 27 日，市人大常委会在渤海宾馆会议厅召开庆祝中国共产党成立 70 周年座谈会。

7 月 1 日，省人大常委会主任李振在诸城市参加王尽美烈士纪念馆奠基仪式。

7 月 15—20 日，省人大常委会副主任萧寒带领计划生育视察组到潍坊进行视察。

7 月 16—19 日，市十一届人大常委会第二十一次会议在潍坊召开。

7 月 29 日，市人大常委会组织部分应邀列席市政府第七次全体会议的省、市人大代表，在听取市长邵桂芳工作报告的基础上，对市政府上半年的工作情况和下半年的工作安排进行座谈评议。

8 月 1 日，省人大常委会副主任王树芳参加住诸城市的省人大代表小组活动。

8 月 3—8 日，全国二十城市人大工作座谈会第八次会议，在吉林省辽源市召开。市人大常委会副主任李汉三一行 3 人出席会议，并作《坚持监督工作“四性”，保障和推进经济工作稳定发展》的发言。

8 月 9 日，市和潍城区人大常委会联合对城区贯彻实施《中华人民共和国食品卫生法》情况进行视察。

8 月 26—31 日，市人大常委会在市委党校举办由 93 人参加的乡镇人大主席团专职常务主席培训班。

9 月 5 日，市人大常委会主任于成凤、副主任滕司宪到寒亭第一、第六中学看望工作在教书育人第一线的教职员工。

9 月 10—15 日，省人大常委会委员张植萍等到潍坊视察贯彻执行义务教育法情况。

9 月 12—14 日，省人大常委会在青岛召开东片六市人大常委会主任座谈会。市人大常委会主任于成凤参加会议。

9 月 14—15 日，上海市人大常委会主任叶公琦、市委副书记陈铁迪、市人大常委会秘书长沈敏康等一行9人，在省人大常委会副主任徐建春等陪同下，到潍坊考察指导工作。

9月16—18日，烟台市人大常委会主任董传周等到潍坊市考察人大工作。

9月16—18日，市十一届人大常委会第二十二次会议在潍坊召开。

9月18日，市人大常委会作出《关于确认潍坊市与呼伦贝尔盟结为友好市盟的决定》。

9月24—25日，省人大常委会在潍坊市召开全省人大信访工作会议。

10月9—18日，应日本日向市议会的邀请，以市人大常委会副主任李汉三为团长的潍坊市友好代表团，到日本日向市进行为期10天的访问。

10月14—15日，烟台市人大常委会副主任王书臣带领市委宣传部、市广播电视局、烟台日报社、烟台广播电台、烟台电视台的负责人，到潍坊考察了解开展人民代表大会制度的宣传工作情况。

10月17—18日，全市人大财经工作座谈会在安丘县召开。

10月22日—11月5日，市人大常委会副主任韩理带领部分人大代表，对市十一届人大四次会议关于治理潍河和弥河水污染问题的三项议案的办理情况进行视察。

10月28—29日，全市县市区人大常委会工作联系会第十次会议在寒亭区召开。

11月初，省人大城建环保委员会副主任委员梁树威等一行5人，对全市蓝宝石和卤水资源的开采、利用和依法管理情况进行视察。

11月1—2日，省人大常委会副主任王树芳到诸城市视察工作，对《山东省农民负担管理条例》如何贯彻实施的问题进行调查研究。

11月2日，市人大常委会就贯彻落实中央和省、市委工作会议精神，召集9名驻国营大中型企业的全国和省、市人大代表进行座谈。座谈会由市人大常委会副主任王华民主持。

11月3日，以日本日向市议会副议长野别知秀为团长的友好代表团，在访问潍坊市期间，到市人大常委会机关进行拜访。

11月8—9日，全市人大信访工作会议在潍坊宾馆召开。

11月14—16日，省人大农经委副主任委员李永臣等一行10人，就《中华人民共和国乡村集体所有制企业条例》《山东省乡（镇）村集体工业企业管理条例》的贯彻实施情况进行调查。

11月15—18日，省人大常委会副主任李晔到潍坊调查林业特别是银杏树的开发情况。

11月23—29日，省人大常委会副主任王树芳率检查组，对全市“二五”普法规划的制定和实施、贯彻企业法和治理“三乱”等情况进行检查。

11月26—28日，市十一届人大常委会第二十三次会议在潍坊召开。

12月上旬，为迎接全国和省、市人民代表大会会议的召开，市人大常委会组织住潍坊市的全国和省人大代表以及市人大代表，在全市展开集中视察活动。

12月上旬，按照市普法领导小组关于在全市进行普法、依法治理和执法大检查的通知要求，市人大常委会副主任戴耀西、滕司宪、韩理分别带领检查小组，对各县市区、市直各部门进行检查。

12月12—13日，市人大工作理论研究会在渤海宾馆召开首次全市人大工作理论研究会。

1992年

1月9日，省人大常委会主任李振到潍坊寿光、昌邑、潍城等县区视察工作，并就人大工作进行座谈。

1月11—13日，市十一届人大常委会第二十四次会议在渤海宾馆召开。

3月15—16日，市十一届人大常委会第二十五次在渤海宾馆召开。

3月24—28日，市第十一届人民代表大会第五次会议在市政府招待所召开。

5月5—9日，全国二十城市人大工作座谈会第九次会议在湖南岳阳市召开，潍坊市人大常委会派员参加会议。

5月12—13日，安徽省人大常委会主任王光宇等到潍坊考察。

5月26—28日，市十一届人大常委会第二十六次会议在潍坊召开。

5月28日，市人大常委会作出《关于贯彻实施〈中华人民共和国全国人民代表大会和地方各级人民代表大会代表法〉的决议》《关于充分发挥职能作用保障和促进对外开放的决议》《关于潍坊市与延安地区结为友好市地的决定》。

6月4—7日，全国人大常委会副委员长、民盟中央主席费孝通到潍坊考察工作。

7月7—8日，全市县市区人大常委会工作联系会第十一次会议在潍城区十笏园宾馆召开。

7月22—24日，市十一届人大常委会第二十七次会议在渤海宾馆召开。

8月24日，省人大常委会主任李振、副主任徐学孟等到潍坊检查指导工作。

9月17—19日，市十一届人大常委会第二十八次会议在潍坊东郊宾馆召开。

9月19日，市人大常委会通过《关于〈潍坊市城镇住房制度改革实施方案〉的决定》《潍坊市选举工作委员会〈关于1993年全市各级人大换届选举工作安排意见〉》。

10月30日，驻中国香港、中国澳门的全国人大代表视察团到潍坊视察。

11月11—13日，市十一届人大常委会第二十九次会议在渤海宾馆召开。

1993年

1月7—9日，住潍坊市82名省人大代表赴济出席省七届人民代表大会第六次会议。会上，潍坊市有10人当选为第八届全国人大代表。

1月11—12日，省人大常委会副主任、省农业领导小组副组长王树芳，就棉花问题到潍坊调研。

1月12—14日，市十一届人大常委会第三十次会议在渤海宾馆召开。

1月14日，市人大常委会作出《关于潍坊市与新疆维吾尔自治区喀什地区结为友好市地的决定》《关于潍坊市与我省临沂地区结为友好市地的决定》。

2月27日，全市市、县、乡三级人大代表全部依法选举产生，其中选出市十二届人大代表623名。

3月5日，市十一届人大常委会第三十一次会议在渤海宾馆召开。

3月9日，住潍坊市的10名全国人大代表赴京出席第八届全国人民代表大会第一次会议。

3月10—16日，市第十二届人民代表大会第一次会议在市政府招待所召开。

3月19日，市人大常委会在机关会议室召开新老主任座谈会。

3月22—23日，省人大常委会副主任王树芳分别到寒亭区人大常委会和临朐县人大常委会，就“新班子怎样开创新局面”问题进行座谈。

4月7—9日，市十二届人大常委会第一次会议在渤海宾馆召开。

4月10日，市委、市人大常委会、市政府在市政府礼堂召开市直部门科以上干部大会，传达贯彻八届全国人大一次会议精神。

4月上旬，市人大常委会向全市人大代表发出公开信，就人大代表带头贯彻落实八届全国人大一次会议精神，做好本职工作提出要求。

4月14—27日，住潍坊市的省八届人大代表赴济出席省八届人大一次会议。

4月20—23日，全国人大常委会副委员长李沛瑶到潍坊视察工作，并参加第十届潍坊国际风筝会。

5月4—12日，市人大常委会副主任于洪吉、常怀义等出席在江苏省南通市和徐州市举行的全国二十城市人大工作座谈会第十一次会议，并作《强化四种意识增强人大工作效能》的发言。

5月11—12日，市人大常委会副主任刘远顺主持召开财经工作委员会第一次全体会议和与市政府财经部门的联席会议。

6月1—2日，全国人大华侨委员会副主任委员刘振华等到昌邑县检查归侨侨眷权益保护法执行情况。

6月3日，市十二届人大常委会第二次会议在渤海宾馆召开。

6月4—5日，市人大常委会在渤海宾馆召开各级人大换届后的首次全市人大工作座谈会。

6月10—13日，全国人大常委会副委员长王光英，在省人大常委会副主任马世忠陪同下到潍坊视察。

6月22—23日，全省人大教科文卫工作座谈会在潍坊市召开。

6月28—29日，市十二届人大常委会第三次会议在潍坊樱桃园宾馆召开。

7月7—11日，市人大常委会组织部分委员和人大代表对全市贯彻实施《中华人民共和国食品卫生法》情况进行视察。

7月7—20日，市人大常委会副主任于洪吉带领部分委员和人大代表，到昌邑、潍城、诸城、临朐、昌乐等县市区，就潍河、弥河、虞河、白浪河水污染防治方案实施及全市环保执法情况进行视察。

7月13—14日，市人大常委会在寒亭区召开全市人大信访工作会议。

7月14—15日，省人大城建环保委副主任委员孙宝珠等到潍坊，视察《中华人民共和国城市规划法》贯彻实施情况。

7月19—21日，省人大常委会主任李振等到临朐县和青州市视察工作。

7月21日，市人大常委会在渤海宾馆召开会议，就视察减轻农民负担工作情况进行部署。

7月23日，市人大常委会、市政府在渤海宾馆召开市直部门减轻农民负担动员大会。

8月5日，省人大常委会副主任王树芳到潍坊召开座谈会，就《山东省实施〈中华人民共和国工会法〉办法（草案）》征求意见。

8月6—7日，市人大常委会在渤海宾馆召开主任扩大会议，听取各视察组关于减轻农民负担视察情况的汇报。省人大常委会副主任王树芳、市委副书记刘峰岫、市人大常委会主任孙嘉炼到会听取汇报并作重要讲话。

8月11日，市委宣传部召开新闻联席会，市人大常委会副主任任柏榴在会上通报市人大常委会组织视察减轻农民负担工作情况。

8月25—26日，市十二届人大常委会第四次会议在渤海宾馆召开。

9月4—5日，中共中央委员、全国人大民族委员会主任委员王朝文带领视察组，到潍坊视察民族工作情况。

9月7—8日，中共中央政治局委员、全国人大常委会副委员长田纪云，到潍坊视察指导工作。

9月14—17日，全国二十城市人大工作座谈会第十二次会议在潍坊市召开。省人大常委会副主任王树芳，全国人大常委会办公厅新闻局、联络局有关负责人，市委有关领导到会并讲话。

9月22—29日，市人大常委会、市政协联合对《中华人民共和国妇女权益保障法》贯彻实施情况进行视察。

10月5—6日，省人大常委会主任李振，副主任郭松年、马世忠，秘书长赵林山和部分省人大常委会委员，到潍坊视察济青高速公路潍坊段建设情况。

10月6日，省人大常委会主任李振，副主任郭松年、马世忠等，到潍坊市人大机关看望市人大常委会领导成员和机关工作人员。

10月6—7日，市人大常委会主任孙嘉炼、副主任于洪吉等，到高密县就十二届人大常委会第五次会议将要审议的有关议题，同县委、县人大常委会、县政府及有关部门负责人进行座谈，征求意见。

10月18日，全国人大常委会委员、全国人大教育科学文化卫生委员会副主任委员聂大江到潍坊视察文物保护工作。

10月27—28日，市十二届人大常委会第五次会议在渤海宾馆召开。

11月8—20日，市人大常委会组织部分委员和人大代表到市直13个部门和潍城、坊子、安丘3个县区，对企业转换经营机制条例和市人大常委会所作有关决议的贯彻落实情况进行视察。

11月12—15日，由省人大城建环保委、省委宣传部、省广播电视厅和省环保局联合组织的“齐鲁环保世纪行”新闻采访团，到潍坊进行采访活动。

11月18日，全国和省宣传人民代表大会制度好新闻评选揭晓。《潍坊日报》刊登的《政府官员考法记》，分获全国第三届“宣传人民代表大会制度好新闻”二等奖、“山东省1993年宣传人民代表大会制度好新闻”一等奖。

11月24—25日，省人大财政经济委员会副主任委员赵军成等到潍坊考察股份制改革试点工作情况。

11月下旬，市人大常委会组织部分委员和人大代表，到市直13个部门和潍城、坊子、安丘等县区，对企业转换经营机制条例和市人大常委会所作有关决议的贯彻落实情况进行视察。

11月下旬，省人大财政经济委员会副主任委员赵军成等到潍坊考察股份制改革试点工作情况。

12月1日，市人大常委会在渤海宾馆召开全市人大代表工作座谈会。

12月2日，市人大常委会在渤海宾馆召开人大代表评议工作动员大会，部署对市政府18个职能部门和市中级人民法院、市人民检察院的工作进行评议。

12月20—21日，市人大常委会在渤海宾馆召开人大代表对行政、司法部门工作评议大会。

12月22—26日，市人大常委会组织住市直的全国和省人大代表开展视察活动。

12月27—29日，市十二届人大常委会第六次会议在渤海宾馆召开。

1994年

1月5—7日，省委在济南召开全省人大工作会议。市委书记齐乃贵、市人大常委会主任孙嘉炼出席会议，并分别作题为《加强和改善对人大工作的领导，充分发挥人大常委会的职能作用》《摆正位置、理顺关系、讲求实效、努力开创人大工作新局面》的发言。

1月15日，市人大常委会在昌邑县召开人民代表大会制度宣传暨“三得利杯”人大代表风采征文颁奖大会。

1月26日，市委在渤海宾馆召开人大工作会议，传达贯彻全省人大工作会议精神。

2月2日，市十二届人大常委会第七次会议在市人大机关会议室召开。

2月4日，市人大常委会在机关会议室召开老干部座谈会。

2月22—23日，市十二届人大常委会第八次会议在渤海宾馆召开。

2月28日—3月5日，住潍坊市的65名省人大代表赴济南出席山东省第八届人民代表大会第二次会议。

3月7日，市十二届人大常委会第九次会议在市人大机关会议室召开。

3月8—12日，市第十二届人民代表大会第二次会议在潍坊召开。

3月10—23日，住潍坊市的10名全国人大代表赴北京出席第八届全国人民代表大会第二次会议。

3月24日，市委、市人大常委会在市政府礼堂召开干部大会，传达贯彻八届全国人大二次会议精神。

3月28—31日，省人大常委会主任李振、副主任王树芳，就深化企业改革和依法减轻农民负担等问题，到潍坊市安丘、诸城、寒亭等县市区进行视察。

4月27日，由市人大常委会组织的环保执法视察活动和"风筝都环保世纪行"新闻采访活动动员会议在市人大常委会机关会议室举行。

4月28—29日，市十二届人大常委会第十次会议在渤海宾馆召开。

5月4—7日，市人大常委会组织部分委员和人大代表，对全市环保执法情况进行视察。

5月16—19日，省人大常委会副主任王树芳率领视察组，到潍坊对环保执法情况进行视察。

5月26日，市人大常委会在渤海宾馆召开评议整改工作汇报会议。

6月13—16日，全国二十城市人大工作座谈会第十三次会议在福建省三明市举行。市人大常委会主任孙嘉炼、副主任刘文聚等参加会议，并作《搞好代表评议工作，强化人大监督职能》的发言。

6月29—30日，市十二届人大常委会第十一次会议在渤海宾馆召开。

6月30日，市人大常委会作出《关于潍坊市与上海市虹口区结为友好市区的决定》《关于潍坊市与福建省厦门市结为友好城市的决定》。

7月5—14日，市人大常委会对贯彻实施农民负担管理法规情况进行视察。

7月上旬，市人大常委会组织部分委员和人大代表，对全市贯彻实施农民负担管理法规情况进行视察。

7月12—13日，省人大常委会副主任徐建春等到潍坊，就通信市场情况和《山东省通信市场管理条例（草案）》的可行性进行调查。

7月12—25日，市人大常委会组织部分委员和人大代表，对《中华人民共和国食品卫生法》《中华人民共和国地方病防治办法》贯彻实施情况进行视察。

7月20—21日，市政府邀请部分市人大代表列席政府全体会议，征求人大代表对市政府工作的建议意见。

8月5日，市十二届人大常委会第十二次会议在渤海宾馆召开。

8月上旬，市人大常委会组织部分委员，对全市贯彻执行水土保持法情况进行视察。

8月15日，由省《人民权利报》和省电视台主办、市人大常委会办公室和市电视台协办的山东省纪念人民代表大会成立40周年（潍坊赛区）知识竞赛预赛在潍坊市进行，潍坊代表队获得决赛权，并于9月2日在济南进行的决赛中获二等奖。

8月16—17日，省人大常委会副主任王树芳到潍坊市昌乐、寒亭两县区，就贯彻实施《中华人民共和国行政诉讼法》和依法减轻农民负担情况进行调查。

8月22日，市委书记齐乃贵带领市委、市人大常委会、市政府、市政协、市纪委领导，赴安丘、诸城现场办公，研究解决市区水源地保护和水污染治理的措施。市人大常委会主任孙嘉炼，副主任任柏榴、李惠信、于洪吉、常怀义参加现场办公。

8月29—31日，市十二届人大常委会第十三次会议在渤海宾馆召开。

8月31日，市人大常委会在渤海宾馆召开潍坊市1994年度宣传人民代表大会制度好新闻和贡献奖颁奖会。此为潍坊市首次开展这一活动。

9月2日，全省纪念人民代表大会成立40

周年知识竞赛决赛在济南举行，潍坊市代表队获二等奖。

9 月 7 日，市人大常委会主任孙嘉炼、副主任于洪吉对潍城、奎文的城市建设情况进行视察。

9 月 8—9 日，省人大常委会主任李振到潍坊检查指导工作。

9 月 12 日，潍坊市纪念人民代表大会成立 40 周年大会在渤海宾馆举行。

9 月 21—22 日，全国人大常委会委员、财政经济委员会委员何康率出席华东地区人大农村经济工作座谈会的代表共 70 余人，到潍坊考察农村经济发展情况。

9 月 22—24 日，全省人大财经工作座谈会在渤海宾馆召开。

10 月 8 日，市人大常委会主任孙嘉炼主持召开全市农村经济工作座谈会。

10 月 18—19 日，市人大常委会分别在安丘、青州两市召开全市人大信访工作会议。

10 月 21—24 日，全国二十城市人大工作座谈会第二轮第一次会议在江西省九江市举行。市人大常委会副主任任柏榴等参加会议，并作《新时期强化人大监督工作的认识与思考》的发言。

10 月 26—28 日，市十二届人大常委会第十四次会议在渤海宾馆召开。

10 月 28 日，市人大常委会作出《关于加强潍坊市市区水源地保护的决议》。

11 月 16—18 日，由全国人大常委会委员、环境资源委员会副主任委员杨振怀，全国人大常委会委员、财政经济委员会委员何康，全国人大常委会委员、外事委员会委员蒋顺学，山东省人大常委会副主任郭长才等组成的全国人大常委会赴山东执法检查组，到潍坊检查《中华人民共和国农业法》执行情况。

11 月 19 日，市人大常委会召开人大代表评议市行政执法部门动员大会。

12 月 13—19 日，省人大常委会副主任马仲才，市人大常委会主任孙嘉炼、副主任董建春，市政协副主席曾文戊、杨淑英等住省直和市直的 14 名全国和省人大代表到潍坊视察。

12 月 14 日，全市人大常委会办公室主任座谈会在潍坊宾馆召开。

12 月 26—27 日，市十二届人大常委会第十五次会议在渤海宾馆召开。

12 月 30 日，市人大代表对市行政执法部门工作评议会在渤海宾馆召开。

1995年

1 月 6—13 日，市人大常委会组织对全市社会治安综合治理情况进行视察。

1 月 24 日，市十二届人大常委会第十六次会议在市人大常委会机关会议室召开。

2 月 13 日，市十二届人大常委会第十七次会议在潍坊宾馆召开。

2 月 16—24 日，住潍坊市的 67 名省人大代表赴济南出席山东省第八届人民代表大会第三次会议。

3 月 1—19 日，住潍坊市的 10 名全国人大代表赴京出席第八届全国人民代表大会第三次会议。

3 月 2—6 日，市第十二届人民代表大会第三次会议在潍坊召开。

3 月上旬，市人大常委会主任孙嘉炼就农业生产和农村工作，先后到高密、昌乐、诸城等县市及部分乡镇和农村进行调研。

3 月 14—15 日，全省人大法制工作座谈会在渤海宾馆召开。

3 月 22 日，市人大常委会副主任任柏榴主持召开法制工作委员会扩大会议。

3 月 25 日，市委、市人大常委会、市政府在渤海宾馆会议厅召开大会，传达八届全国人大三次会议精神。

4月17—24日，省人大常委会副主任王树芳率领视察组到潍坊就《中华人民共和国农业法》贯彻实施情况进行视察。

4月19—21日，中共中央政治局候补委员、全国人大常委会副委员长王汉斌，全国人大常委会副委员长李锡铭，全国人大原常委会副委员长廖汉生到潍坊视察工作，并参加第十二届潍坊国际风筝会。

4月27—28日，市十二届人大常委会第十八次会议在潍坊宾馆召开。

5月上旬，市人大常委会副主任李惠信带领市直有关部门负责人，对潍城、奎文、寿光、临朐4个县市区贯彻实施《中华人民共和国著作权法》情况进行检查。

5月19日，市委、市人大常委会在渤海宾馆召开潍坊市国家机关实行执法责任制动员大会。

5月22日，市人大常委会主任孙嘉炼到临朐县视察环保工作。

5月23日，市人大常委会召开市直各新闻单位负责人座谈会。

5月23—24日，市人大常委会在羊口盐场招待所举办市人大代表组长培训班。

5月26日，市人大常委会在渤海宾馆召开会议，部署组织人大代表评议行政、司法部门的工作。

5月下旬，市人大常委会主任孙嘉炼到临朐县视察环保工作。

6月22—23日，市十二届人大常委会第十九次会议在渤海宾馆召开。

6月23日，市人大常委会通过《关于潍坊市与韩国安养市结为友好城市的决定》。

7月4—5日，市人大常委会主任孙嘉炼在昌邑市参加邵述衡烈士追悼会后，走访联系部分市人大代表，并出席昌邑市人大常委会组织召开的“人民代表话英雄”座谈会。

7月10—13日，省人大法制委、省总工会执法检查组，到昌邑、潍城和市直部门，对《中华人民共和国工会法》《山东省实施〈中华人民共和国工会法〉办法》的贯彻实施情况进行检查。

8月3—10日，由市人大常委会副主任李惠信、刘文聚、常怀义分别带领的三个视察组，先后对12个县市区的124个食品和碘盐加工销售单位及部分食用碘盐农户进行视察。

8月18日，为纪念抗日战争胜利50周年，市人大常委会机关举行报告会。

8月24日，市人大常委会会议首次设立公民旁听席，吸收公民旁听市人大常委会会议，共有6名公民参加旁听。

8月24—25日，市十二届人大常委会第二十次会议在渤海宾馆召开。

8月25日，市人大常委会在渤海宾馆召开1995年度潍坊市宣传人民代表大会制度好新闻和贡献奖颁奖会。

8月28日，市人大常委会主任孙嘉炼召集市人大常委会财经工作委员会全体成员，就发挥专职委员作用，加强财经监督工作进行座谈。

8月29日，市人大常委会在潍坊宾馆召开市直被评议部门自查自纠情况汇报会。

9月4日，市人大常委会中心组和各学习组组织学习江泽民在首都各界纪念抗日战争暨世界反法西斯战争胜利50周年大会上的讲话。

9月8日，市人大常委会在渤海宾馆隆重举行授勋大会，授予王建章和追授邵述衡“潍坊人民勋章”。

9月11日，全市人大财经工作座谈会在潍坊宾馆召开。

9月15—17日，省人大常委会主任李振带领视察组，到潍坊就环保工作情况进行视察。

9月29日，市人大常委会机关各学习组组织学习党的十四届五中全会精神。

10月24—25日，市十二届人大常委会第二十一次会议在渤海宾馆召开。

10月30日—11月2日，受全国人大常委会委托，省人大常委会委员孙英率执法检查组到潍坊，就贯彻实施台胞投资保护法情况进行检查。

10月30日—11月3日，省人大常委会副主任赵林山带领视察组到潍坊，就文化市场管理工作进行视察。

11月1日，全市乡镇人大换届选举工作会议在潍坊东郊宾馆召开。

11月7日，市人大常委会在渤海宾馆会议厅设立考场，对市人大常委会任命的131名“一府两院”干部集中进行法律知识闭卷考试。

11月13—14日，全国人大环境资源委员会副主任委员曲格平到潍坊调查环保工作情况。

12月19—20日，市人大常委会在市委会议厅召开人大代表对市行政、司法部门工作评议会，组织部分全国、省、市人大代表，对市政府7个部门和市中级人民法院、市人民检察院及其系统的工作进行评议。

12月25—26日，市十二届人大常委会第二十二次会议在渤海宾馆召开。

1996年

1月4日，市人大常委会在渤海宾馆召开全市人大信访工作会议。

1月8日，“得利斯杯”人大记事征文颁奖大会在诸城市召开。

1月底，《中华人民共和国地方各级人民代表大会和地方各级人民政府地方组织法》作重要修改后的首次全市乡镇人民代表大会换届选举工作圆满结束。

2月1日，市十二届人大常委会第二十三次会议在渤海宾馆召开。

2月6日，市人大常委会主任孙嘉炼、副主任常怀义到安丘市赵戈镇埠望庄村走访慰问部分贫困户。

2月7日，市人大常委会副主任任柏榴、常怀义到市新闻单位走访慰问，并与有关负责人进行座谈。

2月23日—3月3日，住潍坊市的63名省八届人大代表赴济南出席山东省第八届人民代表大会第四次会议。

2月26日，市十二届人大四次会议筹备工作领导小组召开第三次工作会议。

2月29日，市十二届人大常委会第二十四次会议在渤海宾馆召开。

3月4—9日，市第十二届人民代表大会第四次会议在潍坊召开。

3月5—18日，住潍坊市的10名全国人大代表赴京出席第八届全国人民代表大会第四次会议。

3月15日，市人大常委会在渤海宾馆会议厅召开市级国家机关执法责任制实施情况检查动员大会，部署对市人大常委会关于市级国家机关实行执法责任制的决定实施情况进行一次大规模检查活动。

3月28日，市委、市人大常委会、市政府在渤海宾馆会议厅召开领导干部大会，传达八届全国人大四次会议精神。

4月20—21日，全国人大常委会副委员长王光英到潍坊视察工作，并参加第十三届潍坊国际风筝会。

4月26日，市委、市人大常委会在渤海宾馆召开潍坊市国家机关实行执法责任制检查总结大会。

4月27日，市十二届人大常委会第二十五次会议在渤海宾馆召开。

4月27—29日，省人大常委会副主任马世忠带领视察组，对全市贯彻实施《中华人民共和国农业法》情况进行视察。

5月8日，市人大常委会副主任任柏榴、于洪吉、刘远顺、王在辉、黄存福等，分别到潍坊证券公司四平路营业部、潍坊市信托投资公司证券交易营业部和潍坊国际金鹏期货咨询有限公司进行视察。

5月14日，以黑木觉市为团长的日本日向市议会访华团，到市人大常委会机关进行拜会。

5月15—16日，市委、市人大常委会在渤海宾馆召开全市乡镇人大工作会议。

6月3—5日，省人大常委会委员、教育科学文化卫生委员会副主任于德普带领执法检查组，到潍坊检查药品管理法执行情况。

6月11日，市人大常委会在渤海宾馆会议厅召开视察全市“打假”工作动员大会，研究部署对全市打击生产和经销假冒伪劣商品违法行为情况的视察工作。

6月19日，市人大常委会主任孙嘉炼到安丘市赵戈、黄旗堡、南流、刘家尧等乡镇，检查麦收工作。

6月26—28日，市十二届人大常委会第二十六次会议在渤海宾馆召开。

7月12日，市十二届人大常委会第二十七次会议在潍坊市委会议厅召开。

7月17日，市委、市人大常委会在渤海宾馆召开人大代表评议市人大常委会工作动员会。

7月22—25日，市人大常委会组织部分委员和人大代表，对《中华人民共和国食品卫生法》贯彻实施情况进行视察。

7月25日，市人大常委会就“坚持依法治市，为建设现代化大潍坊提供法制保障”召开专题座谈会。

7月30日，市委、市人大常委会在渤海宾馆会议厅召开人大代表对市人大常委会工作评议会。

8月6日，市人大常委会召开主任扩大会议，对照代表对市人大常委会工作的评议意见，研究制定整改措施。

8月9日，市人大常委会在渤海宾馆召开全市人大信访工作理论研讨会。

8月12日，市人大常委会副主任隋华堂主持召开教育科学文化卫生委员会全体会议，对照代表对市人大常委会工作的有关评议意见，研究制定整改措施。

8月20日，市委宣传部和市人大常委会办公室在渤海宾馆联合召开全市人大宣传工作会议。

8月26—27日，市十二届人大常委会第二十八次会议在渤海宾馆召开。

9月2—6日，省人大常委会副主任马世忠带领视察组，到潍坊就《中华人民共和国教育法》《中华人民共和国教师法》及省教师法实施办法贯彻实施情况进行视察。市人大常委会主任孙嘉炼、副主任隋华堂陪同视察。

9月4日，市人大常委会在渤海宾馆召开视察“打假”工作会议，部署视察“打假”工作的有关事宜。

9月4—5日，省人大常委会《山东人大工作》《人大工作文摘》宣传工作会议在临朐县召开。省人大常委会副主任徐学孟出席会议。

9月12—14日，省人大城建环保委副主任王义德率环保执法检查组，到潍坊检查小清河流域重点污染源治理情况。

9月20—24日，市人大常委会责成农村经济工作委，对代表在评议中反映比较集中的贯彻执行国务院和省农民负担管理两个条例情况进行检查。

9月24—25日，省委在济南召开全省人大工作会议。市委副书记刘峰岫出席会议并作《深化认识、强化领导、支持和保障国家权力机关发挥职能作用》的发言；市人大常委会主任孙嘉炼向会议提交《突出“四个坚持”、积极实践探索、促进新形势下人大工作的不断发展》的书面发言。

10月21—23日，市十二届人大常委会第二十九次会议在渤海宾馆召开。

10月24日，以野别知秀为团长的日本日向市议会代表团，到市人大常委会机关进行拜会。

10月29—31日，全省市地人大秘书长、办公室（厅）主任座谈会在渤海宾馆召开。

11 月 16—19 日，由省人大常委会委员、法制委副主任委员王盛林、陈琪率领的执法检查组，对全市贯彻实施省消防管理办法情况进行检查。

11 月 17—18 日，市委在渤海宾馆召开全市人大工作会议。

11 月 26 日，全国人大常委会办公厅在烟台市举行首次全国人大信访工作先进集体和先进个人表彰会。潍坊市人大常委会机关被评为全国人大信访工作先进集体。

11 月 26—28 日，全省人大代表工作座谈会在潍坊市召开。

12 月 10 日，市人大常委会对任命的市中级人民法院、市人民检察院和市城郊地区检察院的 103 名法官、检察官进行新刑事诉讼法知识考试。

12 月 18—20 日，市十二届人大常委会第三十次会议在金利大厦召开。

12 月 26 日，市委、市人大常委会在渤海宾馆会议厅隆重举行授予王焕新、林开祥“潍坊人民勋章”大会。

12 月 27 日，市人大常委会在渤海宾馆召开全市人大办事机构工作会议。

1997年

1 月 2 日，市十二届人大常委会第三十一次会议在市人大常委会机关会议室召开。

1 月 14—15 日，市人大常委会主任孙嘉炼到临朐县、安丘市调查研究，走访慰问部分市人大代表和贫困户。

1 月 27 日，市十二届人大常委会第三十二次会议在渤海宾馆召开。

同日，市人大常委会通过《关于潍坊市与澳大利亚东吉普斯兰市结为友好城市的决定》。

同日，市人大常委会召开老干部座谈会。

2 月 13—20 日，住潍坊市的 62 名省人大代表赴济南出席山东省第八届人民代表大会第五次会议。

2 月 23—26 日，市第十二届人民代表大会第五次会议在潍洲剧场召开。

2 月 25 日—3 月 15 日，住潍坊市的 10 名全国人大代表赴京出席第八届全国人民代表大会第五次会议。

3 月 4 日，市人大常委会在渤海宾馆召开市级国家机关执法责任制检查动员大会。

3 月 18 日，市委、市人大常委会在渤海宾馆召开干部大会，传达贯彻八届全国人大五次会议精神。

3 月 19—21 日，省人大执法检查组到潍坊检查《山东省电视管理暂行条例》的宣传、贯彻实施情况，并征求对《条例》修改的建议和意见。

4 月 1 日，市人大常委会在东苑宾馆召开实行执法责任制自查情况汇报会，听取市政府和市中级人民法院、市人民检察院的工作汇报。

4 月上旬至中旬，市人大常委会组织部分委员和人大代表，分成 6 个组，分别由常委会副主任带队，对市直 61 个行政执法部门、单位和市中级人民法院、市人民检察院实行执法责任制情况进行全面检查。

4 月 20—21 日，全国人大常委会副委员长布赫到潍坊视察工作，并参加第十四届潍坊国际风筝会。

4 月 28—29 日，市十二届人大常委会第三十三次会议在渤海宾馆召开。

5 月 6 日，市人大常委会在渤海宾馆会议厅组织市直 63 个执法部门、单位的 152 名副县级以上领导骨干，进行以宪法、地方组织法、行政处罚法和各部门的 1～2 个专业法律为内容的法律知识考试。

5 月 16 日，市十二届人大常委会第三十四次会议在渤海宾馆召开。

5月19日，市人大常委会在东苑宾馆召开减轻农民负担工作情况视察动员会，部署开展视察活动的有关事项。

5月20日，市委、市人大常委会隆重召开市级国家机关实行执法责任制总结表彰大会。

6月6日，市人大常委会对全市贯彻中共中央国务院《关于减轻农民负担的决定》和减轻农民负担工作的视察活动结束。

6月17—18日，全省残疾人事业法制工作会议在渤海宾馆召开。

6月23—26日，市十二届人大常委会第三十五次会议在渤海宾馆召开。

6月26日，市人大常委会通过《关于授予杨淑英、陈宝昌“潍坊人民勋章”的决定》。

7月3日，市人大常委会主任孙嘉炼、副主任于洪吉等察看临朐县部分乡镇的旱情。

7月15日，市人大常委会在东苑宾馆召开人大代表联系户和“三个一”活动经验交流暨理论研讨会。

同日，市人大常委会召开会议，传达贯彻全省人大研究工作座谈会精神。

7月16日，市人大常委会主任孙嘉炼、副主任于洪吉，到潍坊恒信纸业集团公司视察水污染治理情况。

8月4—7日，市人大常委会组织部分委员和人大代表与潍城、奎文人大常委会联合对城区贯彻实施《中华人民共和国食品卫生法》情况进行视察。

8月6—12日，市人大常委会组织部分委员和“风筝都环保世纪行”的记者到诸城、安丘、昌邑、寿光、青州、临朐6个市县，对潍河流域和弥河流域的水污染防治情况进行检查和采访。

8月15日，全国人大常委会副委员长陈慕华到潍坊考察工作。

8月26—28日，市十二届人大常委会第三十六次会议在渤海宾馆召开。

8月28日，潍坊市1997年度“宣传人民代表大会制度好新闻”和“贡献奖”颁奖会在渤海宾馆举行。

8月29日，全国第七届宣传人民代表大会制度好新闻颁奖会在北京人民大会堂隆重举行。潍坊市人大常委会办公室和潍坊电视台联合录制的电视新闻片《监督，呼唤力度》获一等奖；《监督，向权力机关延伸》获二等奖。

9月5日，省人大法制委副主任委员陈琪等，到潍坊就刑事诉讼法的贯彻实施情况进行调查。

同日，市人大常委会调查研究室编纂的《前进中的潍坊人大（1993—1997）》出版。

9月7日，出席全国各省、自治区、直辖市人大农经工作座谈会的代表，到潍坊考察农村经济工作。

9月8日，市人大常委会主任孙嘉炼、原副主任李惠信，到潍坊医学院走访看望广大教职员工。

9月4—12日，市人大常委会副主任隋华堂带领部分委员和市人大代表，先后对青州、临朐、昌乐、安丘、寒亭等县市区及市直有关单位贯彻落实省旅游管理条例情况进行检查。

9月10—12日，全省人大城乡建设环境保护工作座谈会在潍坊信通大厦召开。

10月13日，由省人大城环委等部门组织的“齐鲁环保世纪行”保护耕地记者采访团到潍坊进行采访，重点考察临朐县保护耕地情况。

10月21—23日，市十二届人大常委会第三十七次会议在渤海宾馆召开。

10月28日，市人大常委会在渤海宾馆召开全市人大换届选举工作会议。

同日，潍坊市选举工作委员会在渤海宾馆举行第一次全体会议。

11月4日，市选举工作委员会召开市直新闻单位协调会议，研究部署换届选举宣传工作。

11月4—7日，全国二十城市人大工作座谈会第二轮第七次会议在四川省自贡市召开。市人大常委会副主任于洪吉等参加会议，并作《发挥国家权力机关职能推动依法治市深入开展》的发言。

11月7—10日，省人大法制委副主任委员王盛林带领检查组，到潍坊检查《中华人民共和国残疾人保障法》和省实施办法的贯彻执行情况。

11月17—21日，市人大常委会城建环保工作委、市规划国土局等部门联合组织的“风筝都环保世纪行”采访团开展第二阶段的采访活动，先后到临朐、寿光、寒亭、高密等县市区，就水污染防治、土地特别是耕地资源保护开发情况进行采访。

11月20日，住山东省的13名全国人大代表到潍坊视察小清河治理工程建设情况。

12月2—3日，市人大常委会主任孙嘉炼到昌邑、安丘两市检查指导人大换届选举工作，并实地察看部分试点乡镇。

12月3日，具有省级评审资格的市档案局评审组，对市人大常委会机关档案工作进行评审验收。同意市人大常委会机关晋升为山东省机关档案工作二级先进单位。

12月12日，市人大常委会主任孙嘉炼、副主任任柏榴到潍坊市换届选举工作试点单位诸城市朱解镇现场指导换届选举工作。

12月24日，市十二届人大常委会第三十八次会议在渤海宾馆召开。

1998年

1月5—9日，住潍坊市的61名省人大代表赴济南出席山东省第八届人民代表大会第六次会议。

1月15日，市人大常委会主任孙嘉炼、副主任于洪吉到临朐县五井镇茹家庄村，走访慰问群众。

2月9日，市十二届人大常委会第三十九次会议在渤海宾馆召开。

2月20—26日，市十三届人民代表大会第一次会议在潍洲剧场召开。

3月1—20日，住潍坊市的11名全国人大代表赴京出席第九届全国人民代表大会第一次会议。

3月3日，市人大常委会在机关会议室召开新老主任座谈会，并就开创人大工作的新局面交流意见。

3月18日，市人大常委会、市政府在东苑宾馆召开人大代表建议转办会议。

3月24日，市委、市人大常委会在渤海宾馆召开市直机关领导干部大会，传达九届全国人大一次会议精神。

4月3日，市人大常委会党组作出《关于切实转变作风的决定》。

4月6—17日，住潍坊市的68名省人大代表赴济南出席山东省第九届人民代表大会第一次会议。

4月21日，省人大常委会主任赵志浩到潍坊视察农村民主化、法制化管理情况，分别听取潍城区委、部分镇、街办和村的情况汇报，召开人大代表座谈会。

4月28—30日，市十三届人大常委会第一次会议在渤海宾馆召开。

5月15日，市人大常委会就贯彻落实市委《关于实施“民心工程”的意见》向全体市人大代表发信。

5月24—25日，全国人大常委会原副委员长王丙乾到潍坊视察。

5月26—28日，全省人大财经工作座谈会在潍坊会计师培训中心举行。

6月6—7日，市委、市人大常委会在潍坊会计师培训中心召开市、县两级人大换届后的第一次全市人大工作会议。

6月7日，市人大常委会在渤海宾馆会议厅

设立考场，组织对148名市人大常委会任命的市政府各部门负责人和市中级人民法院、市人民检察院的审判、检察干部进行法律知识闭卷考试。

6月11日，市委作出《关于进一步加强人大工作的决定》。

6月20—23日，全国二十城市人大工作座谈会第二轮第八次会议在吉林省白山市召开。市人大常委会主任孙嘉炼出席会议，并作《试论新形势下人大信访工作的正确定位》的发言。

6月22—23日，市十三届人大常委会第二次会议在渤海宾馆召开。

6月23日，由市委宣传部和市人大常委会办公室联合组织的潍坊市1998年度“宣传人民代表大会制度好新闻”和“贡献奖”评选活动圆满结束，30件作品分获一、二、三等奖，7人获潍坊市1998年度“宣传人民代表大会制度贡献奖”。

7月3—6日，省人大常委会副主任张瑞凤带领检查组到潍坊，检查全国人大常委会《关于加强社会治安综合治理的决定》贯彻实施情况。

7月16—17日，潍坊市人大代表小组长培训班在渤海宾馆举行。

7月23—24日，省人大常委会副主任王渭田带领视察组，到潍坊对环境保护工作进行视察。

8月6—7日，市人大常委会与潍城、奎文、坊子、寒亭4区人大常委会联合组织部分委员和人大代表，对城区贯彻实施《中华人民共和国食品卫生法》情况进行视察。

8月18—20日，省人大常委会副主任何宗贵带领检查组，对全市贯彻实施促进科技成果转化法情况进行检查。

8月24—25日，市十三届人大常委会第三次会议在潍坊会计师培训中心召开。

8月24—27日，住山东省的部分全国人大代表对全市的个体私营经济发展情况进行视察。

9月7日，市人大常委会主任孙嘉炼到潍坊医学院走访看望一线教职员工。

9月9—10日，全市各级人大常委会建立以来的第一次人大调研工作座谈会在潍城区十笏园宾馆召开。

9月11—19日，市人大常委会组织有关职能部门和省、市新闻单位的记者，开展环保执法检查，暨“风筝都环保世纪行”采访活动。

9月17—19日，全国人大常委会委员、全国人大教育科学文化卫生委员会委员聂大江带领立法调研组，到潍坊进行相关课题的调研。

10月2日，市人大常委会主任孙嘉炼到昌邑市检查秋收秋种工作。

10月11日，全国人大常委会副委员长蒋正华在省人大常委会副主任何宗贵的陪同下，到潍坊考察寿光市蔬菜大棚和蔬菜批发市场。

10月28日，针对潍坊床单厂治理水污染环保责任目标长达4年得不到落实、主管部门督促不力问题，5位市人大常委会委员，在市十三届人大常委会第四次会议期间，依法向市经济贸易委员会提出质询案。这是全市人大常委会首件质询案。

10月28—30日，市十三届人大常委会第四次会议在市级机关综合办公大楼会议室召开。会议首次启用具备会议报到、会议发言、议案表决、多屏显示、会议监控、录音录像、后期文档制作等多种自动化功能的“会议电子表决系统”。

10月30日，市人大常委会通过《潍坊市人大常委会关于市级司法、行政执法机关错案和执法过错责任追案的办法》《潍坊市人大常委会人事任免办法》。

11月3日，市人大常委会组织部分委员和潍城、奎文、坊子、寒亭4区人大常委会分管城建工作的副主任及部分人大代表，对市区城市建设情况进行视察。

11月5日，市人大常委会主任孙嘉炼视察潍城区个体私营企业发展情况。

11月5日—12月10日，市人大常委会采取市、县、乡人大三级联动的形式，组织人大代表对全市实施“民心工程”情况进行视察。

11月6日，市人大常委会主任孙嘉炼在市委党校举办的第三期县级、科级及乡镇干部培训班上，作《党的领导与人民代表大会制度和依法治国》辅导报告。

11月11日，市人大常委会召开全市乡镇人大换届选举工作会议，部署全市乡镇人大换届选举工作。

11月18—20日，全国二十城市人大工作座谈会第二轮第九次会议在福建省三明市召开。市人大常委会副主任隋华堂等参加会议，并作《简论人大宣传工作发展空间的拓展》的发言。

11月24—27日，市人大常委会副主任刘天佑带领部分委员，到潍城、奎文、青州、临朐、安丘、诸城等县市区，就公路法贯彻实施情况进行检查。

11月27—28日，全国人大常委会委员、全国人大财政经济委员会副主任委员葛洪升带领考察组，对全市财经工作进行考察。

12月4日，市人大常委会机关与潍坊日报社负责人，在机关会议室召开纪念《潍坊日报》“人大代表园地”栏目创办十周年座谈会。

12月7—11日，市人大常委会组织住市直的全国、省人大代表，进行人代会前的集中视察活动。

12月10日，市人大常委会对全市组织实施“民心工程”情况的集中视察活动结束。

12月19日，住北京市的77名九届全国人大代表，在全国人大常委会副秘书长师金城的陪同下，到潍坊视察工作。中共中央政治局委员、山东省委书记吴官正，省人大常委会主任赵志浩等陪同视察或参加座谈。

12月21—23日，市十三届人大常委会第五次会议在市级机关综合办公大楼会议室召开。

12月22日，市人大常委会在市级机关综合办公大楼贵宾厅召开全市各县市区人大常委会办公室主任座谈会。

1999年

1月1—31日，市人大常委会组织开展代表“联系月”活动。

1月4日，市人大常委会机关召开全体工作人员会议，对23名正科级以上干部进行述职评议。

1月11日，全国人大常委会副委员长何鲁丽到潍坊视察工作。

1月20—21日，市人大常委会副主任王在辉、孙守伏主持召开财经工作委会议。

1月22日，省人大常委会副主任李文全带领有关办事机构负责人，到潍坊走访联系代表并指导工作。

1月26日，由市人大常委会副主任徐鉴、刘天佑带队，组织部分市人大代表，对全市自来水供水工作进行视察。

1月27日，市人大常委会主任孙嘉炼、副主任刘天佑等到临朐县寺头镇黄崖根村进行调查研究，走访慰问贫困户。

1月30日—2月6日，住潍坊市的67名省九届人大代表赴济南出席山东省第九届人民代表大会第二次会议。

2月1日，全市历时3个月的乡镇人大换届选举工作圆满结束。

2月8日，市十三届人大常委会第六次会议在市级机关综合办公大楼会议室召开。

2月11日，省人大常委会副主任张瑞凤到潍坊走访联系省人大代表。

2月25—28日，市十三届人民代表大会第二次会议在潍洲剧场召开。

3月1—16日，住潍坊市的11名全国人大代表赴京出席第九届全国人民代表大会第二次会议。

3月9—10日，市人大常委会主任孙嘉炼，副主任徐鉴、刘天佑及城建环保工作委部分成员，对潍坊港的试运营情况和潍莱、东青高速公路的建设情况进行视察。

3 月 10 日，市人大常委会主任孙嘉炼、副主任刘天佑等深入临朐县寺头镇黄崖根村，检查指导抗旱“双保”工作。

3 月 10—13 日，省人大内务司法委员会副主任委员袁文光带领检查组，到潍坊就贯彻实施《中华人民共和国村民委员会组织法》《省村民委员会选举办法》情况进行检查。

3 月 19 日，市委、市人大常委会在市级机关综合办公大楼会议室召开市直机关领导干部大会，传达贯彻九届全国人大二次会议精神。

同日，市人大常委会、市政府在渤海宾馆召开人大代表建议转办工作会议，对市十三届人大二次会议期间代表所提建议意见进行转办。

3 月 24—26 日，全省人大农业和农村工作座谈会在潍坊齐鲁饭店举行。

3 月 25—27 日，省人大常委会副主任王克玉带领执法检查组，对全市贯彻实施《山东省实施〈归侨侨眷权益保护法〉办法》情况进行检查。

3 月 26—28 日，省人大常委会副主任何宗贵带领执法检查组，到潍坊检查文物保护法和省文物保护管理条例贯彻执行情况。

3 月 28 日，全国人大教育科学文化卫生委员会委员李宏规、杨伟率计划生育立法调研组到潍坊调研。

4 月 1 日，市人大常委会党组召开会议，学习讨论市委召开的市级领导机关和领导干部“三讲”教育动员大会精神，研究党组开展“三讲”教育的实施意见，部署开展“三讲”教育活动。

4 月 17 日，全国人大常委会副委员长、全国妇联主席彭珮云，到潍坊视察农村妇女工作。

4 月 20—24 日，省人大常委会副主任王渭田带领视察组，到潍坊视察贯彻实施《中华人民共和国农业法》《中华人民共和国村民委员会组织法》情况。

4 月 21—22 日，省人大常委会副主任张瑞凤到高密市视察省民政厅培训基地。

4 月 29—30 日，市十三届人大常委会第七次会议在市级机关综合办公大楼会议室召开。

4 月 30 日，市人大常委会通过《关于潍坊市与以色列贝尔谢巴市结为友好城市的决定》。

5 月 12—14 日，省人大常委会副主任何宗贵率领调研组，到潍坊就防震减灾立法工作进行调研。

5 月 14 日，市人大常委会主任孙嘉炼、副主任刘天佑到寺头镇黄崖根村检查指导山区建设。

5 月 17—18 日，中共中央政治局常委、全国人大常委会委员长李鹏，在中共中央政治局委员、山东省委书记吴官正，省人大常委会主任赵志浩等陪同下，到潍坊考察工作。

5 月 19 日，全国人大常委会委员、全国人大农业与农村委员会主任委员高德占，在省人大常委会副主任王道玉陪同下，到潍坊进行农业立法调研。

5 月 26 日，中共中央政治局委员、全国人大常委会副委员长姜春云到潍坊，对全市发展高产高效农业和农村建设情况进行考察。

5 月 27—28 日，全国人大常委会委员、全国人大财政经济委员会副主任委员曾宪林带领检查组到潍坊，检查《中华人民共和国产品质量法》贯彻实施情况。

6 月 21—23 日，全国二十城市人大工作座谈会第二轮第十次会议在吉林省辽源市召开。市人大常委会派人事工作室主任罗方照等参加会议，并作《指导县级人大搞好代表换届选举工作应当抓住重点和关键环节》的发言。

6 月 23—25 日，市十三届人大常委会第八次会议在市级机关综合办公大楼会议室召开。

6 月 25 日，由市委宣传部、市人大常委会办公室联合组织开展的潍坊市 1999 年度“宣传人民代表大会制度好新闻”和“贡献奖”评选活动圆满结束，48件作品分获一、二、三等奖，8名新闻工作者获“宣传人民代表大会制度贡献奖”。

6月27—29日，市人大常委会主任孙嘉炼先后到坊子、昌邑走访联系省、市人大代表，对部分企业和农业开发项目进行检查指导。

6月29日、7月5日，市人大常委会分别在临朐、高密两县市召开全市人大调研工作座谈会。

7月1日，市人大常委会党组在机关会议室召开“三讲”教育总结大会。

7月6—20日，市人大常委会副主任隋华堂、王在辉、李英文、王光明、王福金、刘天佑分别带领视察组，对全市贯彻落实《中共中央关于农业和农村工作若干重大问题的决定》情况进行视察。

8月4—5日，市人大常委会副主任隋华堂，带领市和奎文、潍城人大常委会视察组，对城区贯彻实施《中华人民共和国食品卫生法》情况进行视察。

8月19—20日，市十三届人大常委会第九次会议在市级机关综合办公大楼会议室召开。

8月23—24日，省人大常委会副主任王渭田率领视察组，到潍坊视察潍莱高速公路建设情况。

9月1—8日，市人大常委会副主任徐鉴、刘天佑带领部分委员，对全市水利、电业、电信、环保、工业等方面的17项重点工程建设情况进行检查。

9月6日，市人大常委会主任孙嘉炼到市人大常委会机关包村工作组所住地临朐县寺头镇检查指导工作。

9月7日，孙嘉炼主任在市政府有关负责人陪同下，到潍坊医学院进行走访。

9月9日，市人大常委会副主任徐鉴、王光明、王福金、刘天佑带领部分委员和住潍全国、省、市人大代表，对全市110建设情况进行视察。

9月17—20日，省人大内务司法委副主任委员李春田带领检查组，对全市贯彻实施法官法、检察官法情况进行检查。

9月19—20日，省人大常委会委员成希瑛、杨英昌带领省人大“科技型私营企业调查组”，到高密天达药业、诸城专利造纸机械厂进行调查。

9月21日，市委宣传部、市人大常委会办公室在市级机关综合办公大楼会议室联合召开全市人大宣传工作会议。

10月9—14日，市人大常委会副主任隋华堂带领执法检查组，到青州、临朐、安丘、寒亭等县市区，对贯彻实施《山东省旅游管理条例》情况进行检查。

10月14—15日，省人大常委会副主任李文全带领调研组，到潍坊就贯彻落实中共十五届四中全会精神、搞好国有企业改革情况进行调研。

10月16—18日，全国人大常委会副委员长蒋正华，率领国家保护、合理利用国土资源考察团，到潍坊就保护和合理利用国土资源情况进行考察。

10月25—28日，全国二十城市人大工作座谈会第二轮第十一次会议在广西壮族自治区柳州市召开。市人大常委会副主任王光明等出席会议，并作《强化个案监督的实践与思考》的发言。

10月27—29日，市十三届人大常委会第十次会议在市级机关综合办公大楼会议室召开。

11月1—10日，市人大常委会副主任徐鉴、刘天佑带领部分委员和参加“风筝都环保世纪行”采访活动的记者，在市政府有关部门负责人的陪同下，先后到诸城、安丘、高密等8个县市和市经贸系统，对水污染防治工作情况进行检查和采访。

11月3—4日，市人大常委会副主任隋华堂带领执法检查组，对全市贯彻实施归侨侨眷保护法和省实施办法情况进行检查。

11月15日，市人大常委会主任孙嘉炼在市政府有关部门负责人陪同下，视察市房地产交易市场。

11月19—21日，住省直和潍坊的部分全国人大代表在省人大常委会副主任李文全的带领下，重点就农业和国有企业改革问题在潍坊市开展视察。

11月26—28日，全国人大常委会原副委员长王丙乾视察潍坊嵌银厂和市林业局花卉基地、青州市博物馆、寿光市蔬菜批发市场等。

11月29日，省人大常委会副主任王玉玺带领立法调研组到潍坊，就制定《山东省农村集体资产管理条例》问题进行调研。

11月29—30日，省人大常委会副主任董凤基带领调研组，对全市贯彻实施高等教育法情况进行调研。

12月1—2日，省九届人大代表潍坊市直组就深化国有企业改革、促进农业和农村工作发展等进行集中视察，听取副市长王伯祥关于全市经济社会发展情况的汇报。

12月1—3日，市人大常委会副主任徐鉴带领部分委员和参加“风筝都环保世纪行”新闻采访活动的记者，在市政府有关部门负责人的陪同下，先后到青州、高密、昌邑等县市区和市经贸委系统，对大气污染防治工作情况进行检查和采访。

12月7—8日，全市人大信访工作会议在渤海宾馆召开。

12月28—29日，市十三届人大常委会第十一次会议在市级机关综合办公大楼会议室召开。

2000年

1月1—31日，市人大常委会组织开展代表“联系月”活动。

1月6日，市十三届人大常委会第十二次会议在市级机关综合办公大楼会议室召开。

1月10—14日，省人大常委会副主任王克玉到潍坊就民族侨务外事及旅游工作进行调研。

1月中旬，为纪念地方人大常委会设立20周年，市人大常委会组织市级各新闻单位开展人大制度宣传月活动。

1月20—22日，省人大常委会副主任王渭田带领调研组到潍坊，就制定《山东省城市房屋拆迁管理条例》进行调研。

1月26日，市人大常委会主任孙嘉炼到地处山区的临朐县寺头镇黄崖根村进行调查研究，走访慰问贫困户。

1月31日，市人大常委会召开老干部座谈会。

2月1日，历时半年的纪念地方人大常委会设立20周年征文活动揭晓，20件作品分获一、二、三等奖，3件作品获特别奖。

2月16—22日，住潍坊市的65名省人大代表赴济南出席山东省第九届人民代表大会第三次会议。

2月24日，市十三届人大常委会第十三次会议在市级机关综合办公大楼会议室召开。

2月25—28日，市十三届人民代表大会第三次会议在潍洲剧场召开。

3月1—15日，住潍坊市的9名全国人大代表赴京出席第九届全国人民代表大会第三次会议。

3月14—16日，市人大常委会副主任徐鉴带领部分委员和市人大代表到安丘、诸城，对贯彻落实市人大常委会《关于加强潍坊市市区水源地保护的决议》情况进行视察。

3月20日，市委、市人大常委会在市级机关综合办公大楼会议室召开市直机关干部大会，传达贯彻九届全国人大三次会议精神。

3月22日，市人大常委会调查研究室会同

昌邑市人大常委会，在昌邑市政府招待所举办人大宣传信息员培训班。

3 月 31 日，市人大常委会、市政府在市级机关综合办公大楼会议室召开人大代表建议转办工作会议。

4 月 8 日，市人大常委会组织潍坊市妇幼保健医院医务工作者，到临朐县寺头镇黄崖村进行义诊活动。

4 月 24—26 日，省人大常委会副主任何宗贵带领检查组到潍坊检查《中华人民共和国城市规划法》贯彻实施情况。

4 月 26—27 日，市十三届人大常委会第十四次会议在市级机关综合办公大楼会议室召开。

5 月 12—14 日，全国人大常委会委员、全国人大农业与农村委员会委员毛达如带领检查组，对全市贯彻实施《中华人民共和国乡镇企业法》情况进行检查。

5 月 15—16 日，省人大常委会委员、省人大内务司法委员会副主任委员袁文光带领检查组，对全市贯彻实施《山东省司法工作人员违法办案责任追究条例》情况进行检查。

5 月 15—17 日，省人大常委会副主任王道玉带领视察组，对全市贯彻落实中共十五届四中全会精神，推动国企改革与脱困目标的实现情况进行视察。住潍坊市的部分省人大代表参加视察。

6 月 8 日，市人大常委会主任孙嘉炼，副主任徐鉴、刘天佑带领部分委员，对全市在建的公路改造 10 个项目的建设情况进行视察。

6 月 10 日，市人大常委会在市信息中心举办计算和网络知识学习班。

6 月 19—20 日，市十三届人大常委会第十五次会议在市级机关综合办公大楼会议室召开。

6 月 26—29 日，全国二十城市人大工作座谈会第二轮第十二次会议在黑龙江省牡丹江市召开。市人大常委会副主任王福金等参加会议，并作《浅谈地方人大常委会行使决定权的几项原则》的发言。

6 月 28 日，市人大常委会在齐鲁饭店召开全市人大工作座谈会，总结交流换届以来人大工作的经验，研究部署做好人大工作的各项措施。

6 月底，市人大常委会网站正式开通。

7 月 8—10 日，省人大常委会副主任何宗贵带领检查组，对全市贯彻实施土地管理法情况进行检查。

7 月 10—12 日，市人大常委会副主任王在辉带领部分委员，对城区第三产业发展情况进行检查。

7 月 21 日，由市委宣传部和市人大常委会办公室联合组织的潍坊市 2000 年度“宣传人民代表大会制度好新闻”和“贡献奖”评选活动圆满结束。45 件作品分获一、二、三等奖，8 名新闻工作者获“贡献奖”。

8 月 7—9 日，市人大常委会副主任隋华堂带领执法检查组，对全市贯彻实施《中华人民共和国献血法》情况进行检查。

8 月 21 日，市委、市人大常委会在市级机关综合办公大楼会议室召开潍坊市国家机关实行执法责任制检查总结大会。

8 月 28—29 日，市十三届人大常委会第十六次会议在市级机关综合办公大楼会议室召开。

9 月 6 日，市人大常委会副主任隋华堂、徐鉴、王福金、刘天佑带领部分委员，对全市电业工作情况进行视察。

9 月 7 日，市人大常委会主任孙嘉炼、副主任隋华堂分别到潍坊医学院、山东省纺织工业学校走访慰问。

9 月 11—20 日，市人大常委会采取市、县、乡三级人大联动的方式，组织部分人大代表对全市招商引资工作情况进行视察。

9 月 20—21 日，全国人大常委会委员、全国人大教育科学文化卫生委员会主任委员朱开轩带领执法调研组到潍坊，就《中华人民共和国防震减灾法》贯彻实施情况进行调研。

9 月 20—22 日，省人大常委会副主任王渭田带领调研组到潍坊，就制定《山东省水污染防治条例》《山东省盐业管理条例》《山东省劳动和社会保障监察条例》进行立法调研。

9月25—27日，市人大常委会主任孙嘉炼到高密、安丘、昌乐等县市的开发区和部分乡镇，视察新投产和新开工建设的外资项目。

10月12日，市人大常委会主任孙嘉炼到临朐县，对招商引资项目开工建设和山区开发情况进行视察，提出指导性意见和建议。

10月13—20日，市人大常委会先后两次组织驻会成员和机关全体工作人员，集体学习《中共十五届五中全会公报》及《人民日报》社论。

10月18日，全国人大常委会副委员长铁木尔·达瓦买提到潍坊视察工作。

10月25—26日，市十三届人大常委会第十七次会议在市级机关综合办公大楼会议室召开。

10月30日—11月1日，市人大常委会副主任王福金、孙守伏带领部分委员和人大代表，先后到市煤气公司、恒信纸业集团、外贸基地公司等8个市属企业，对厂务公开情况进行视察。

10月30日—11月23日，市人大常委会主任孙嘉炼先后到昌邑、奎文、潍城、坊子、诸城、寒亭、青州7个县市区调查研究，实地察看招商引资和新上项目的建设、生产及经营情况。

11月5—6日，全国人大常委会副委员长成思危到潍坊，对全市贯彻实施《中华人民共和国职业教育法》情况进行视察。

11月6—7日，市人大常委会副主任王在辉带领视察组，对全市国税系统依法行政工作情况进行视察。

11月6—8日，省人大常委会委员薄振明带领检查组，对全市贯彻实施《中华人民共和国兵役法》情况进行检查。

11月7—8日，省人大常委会副主任墨文川带领调研组到潍坊，就制定《山东省实施〈中华人民共和国大气污染防治法〉办法》进行调研。

11月8—10日，全国二十城市人大工作座谈会第二轮第十三次会议在江苏省南通市召开。市人大常委会副主任刘天佑出席会议，并作《健全完善工作机制，依法行使好任免权》的发言。

11月20日，市人大常委会召开各县市区人大常委会办公室主任会议，就组织市、县、乡三级人大代表对全市实施民心工程情况进行视察作动员部署。

11月29日—12月1日，省人大常委会副主任何宗贵带领检查组到潍坊，对城区、农村电网改造及电力法实施情况进行检查。

12月4—7日，市人大常委会组织市以上人大代表，分6个组，分别由副主任隋华堂、王在辉、李英文、徐鉴、王光明、王福金带队，对"一府两院"及其所属部门实施"民心工程"情况进行视察。

12月5日，市人大常委会主任孙嘉炼到市直部分工业企业进行调查研究。

12月12—14日，市人大常委会组织住市直的部分全国和省人大代表开展会前的集中视察活动。

12月15—16日，省人大常委会副主任李文全到潍坊，对全市国民经济和社会发展情况进行视察。

12月19日，市人大常委会机关与市广播电视局、市广播电台的负责人举行纪念潍坊人民广播电台《人民代表之声》节目开办10周年座谈会。

12月25—26日，市十三届人大常委会第十八次会议在市级机关综合办公大楼会议室召开。

12月28日，市委、市人大常委会、市政府在渤海宾馆召开授予"潍坊人民勋章"大会，授予王乐义、林伟宁、陈永兴、王金友、陈华森5人"潍坊人民勋章"。

2001年

1月2日，市人大常委会副主任刘天佑带领

城环委的负责人等，到潍坊汽运总公司、汽车站、火车站和小商品城，就春运安全工作进行视察。

1月3日，市十三届人大四次会议筹备领导小组召开会议，研究部署市人代会筹备工作。

1月15日，市人大常委会副主任隋华堂到临朐县纸坊镇柳家圈村走访慰问老党员和特困群众。

1月19日，市人大常委会副主任隋华堂到潍坊日报社和市广播电视局及市广播电台、电视台、有线电视台、广播电视报社等新闻单位走访慰问。

2月8—18日，住潍坊市的67名省人大代表赴济南出席山东省第九届人民代表大会第四次会议。

2月13日，市十三届人大常委会第十九次会议在市级机关综合办公大楼会议室召开。

2月22—26日，市十三届人民代表大会第四次会议在潍洲剧场召开。

2月26日，市人大常委会在潍洲剧场举行表彰"潍坊市优秀人大代表"颁奖仪式，向评选出的50名"潍坊市优秀人大代表"颁奖。

3月1日，省人大教育科学文化卫生委员会副主任委员朱广新带领调研组，到潍坊就制定《山东省教育督导条例》进行立法调研。

3月1—16日，住潍坊市的9名全国人大代表赴北京出席第九届全国人民代表大会第四次会议。

3月14—16日，全省人大内务司法工作座谈会在潍坊举行。

3月21日，市委、市人大常委会在市级机关综合办公大楼会议室召开市直机关干部大会，传达贯彻九届全国人大四次会议精神。

3月22日，市人大常委会主任孙嘉炼到坊子区检查指导工作。

3月26—29日，省人大常委会主任赵志浩到潍坊视察工作。

3月27日，市人大常委会、市政府联合召开人大代表建议转办会议，研究部署市十三届人大四次会议期间代表所提建议意见的办理工作。

3月28日，市人大常委会副主任徐鉴、刘天佑带领部分委员和市人大代表，对市区主要街道拓宽改造情况和城区绿化工作进行视察。

4月2—4日，市人大常委会副主任赵凤池带领部分委员和人大代表，对全市贯彻实施《山东省禁止非医学需要鉴定胎儿性别和选择性终止妊娠的规定》情况进行检查。

4月11—12日，省人大常委会原副主任马仲才到潍坊进行工作考察。

4月12—13日，省人大常委会人事代表工作室主任殷鲁谦，就闭会期间组织指导代表开展活动、乡镇撤并后人代会召开等有关问题到潍坊进行调研。

4月16—27日，省人大常委会原主任李振、原副主任徐学孟到潍坊考察工作。

4月17—18日，省人大常委会副主任王渭田带领调研组到潍坊调研。

4月18—21日，省人大常委会副主任李文全到潍坊考察工作。

4月20日，省人大常委会副主任何宗贵到潍坊出席2001年中国（寿光）国际蔬菜博览会。

4月20—21日，全国人大常委会副委员长蒋正华，出席第十八届潍坊国际风筝会。

4月20—21日，省人大常委会副主任王克玉，出席2001年中国（寿光）国际蔬菜博览会和第十八届潍坊国际风筝会，并在寿光市进行考察。

4月20—22日，全国二十城市人大工作座谈会第二轮第十四次会议在河南省洛阳市召开。市人大常委会副主任王在辉出席会议，并作《认真履行职责，加强预算监督》的发言。

4月29—30日，市十三届人大常委会第二十次会议在市级机关综合办公大楼会议室召开。

5月14—18日，省人大常委会副主任董凤基带领检查组，对全市实施《中华人民共和国产品质量法》和开展打假工作情况进行检查。

5月23—24日，全省人大人事代表工作研讨会在潍坊举行。

5月29日，市人大常委会主任孙嘉炼到高密市对企业改革和农业结构调整情况进行考察。

6月11日，市人大常委会主任孙嘉炼到临朐县检查指导工农业发展和招商引资工作。

6月12—13日，市人大常委会组织部分委员和市人大代表，对全市公路建设情况进行视察。

6月13日、20日，市人大常委会组织潍坊眼科医院的专家先后到临朐县五井、纸坊和营子等乡镇，为患眼病的农民义诊。

6月26—27日，市十三届人大常委会第二十一次会议在市级机关综合办公大楼会议室召开。

7月8—10日，省人大常委会副主任何宗贵带领检查组，对全市贯彻实施《中华人民共和国土地管理法》情况进行检查。

7月10日，市人大常委会副主任刘天佑到淄博和泰安，视察潍坊市交通部门承建的高速公路施工现场，看望慰问干部职工。

7月24—26日，市人大常委会副主任赵凤池带领视察组，对潍城区、昌乐县、临朐县贯彻实施《中华人民共和国食品卫生法》情况进行视察。

7月27—28日，省人大常委会主任赵志浩到潍坊考察。

8月13—16日，市人大常委会副主任房忠昌、赵凤池、王在辉、孙守伏、刘天佑、葛吉平分别带队，对市中级人民法院、市人民检察院等24个部门单位贯彻实施《错案和执法过错责任追究办法》《个案监督暂行办法》情况进行检查。

8月20日，市人大常委会主任孙嘉炼、副主任刘天佑到潍坊港进行视察。

8月28—29日，市十三届人大常委会第二十二次会议在市级机关综合办公大楼会议室召开。

8月30日，市人大常委会副主任刘天佑带领部分委员和市人大代表，对全市贯彻实施水污染防治法和《山东省小清河流域水污染防治条例》的情况进行检查。

9月11—20日，市人大常委会组织部分委员和市人大代表组成6个视察组，对市人大常委会作出的《关于促进对外开放、搞好招商引资工作的决议》贯彻实施情况进行视察。

9月13—14日，省人大常委会副主任王克玉到晨鸣纸业集团和寿光现代中学进行考察。

9月18—21日，市人大常委会副主任刘天佑带领部分委员和参加“风筝都环保世纪行”采访活动的记者，到青州、安丘、诸城、昌邑、高密、昌乐、临朐等县市，对环境保护特别是水污染防治工作情况进行检查和采访。

10月11—14日，省人大常委会副主任王道玉带领调研组到潍坊，就制定《山东省动物防疫条例》进行调研。

10月14—16日，省人大常委会副主任王克玉带领调研组到潍坊，就侨务工作进行调研。

10月29—30日，市十三届人大常委会第二十三次会议在市级机关综合办公大楼会议室召开。

11月2—5日，省人大常委会秘书长王懿诚到潍坊进行调研。

11月7日，全国人大外事委员会办公室主任曹卫洲带领调研组，到潍坊就护照管理、外事接待等方面的工作进行调研。

11月15日，市人大常委会副主任刘天佑对潍坊市北环路改建工程和青州、昌乐、安丘、诸城、昌邑等县市区的公路新建和改建工程建设情况进行视察。

11月20—22日，全国二十城市人大工作座谈会第二轮第十五次会议在福建省泉州市召开。市人大常委会副主任王光明出席会议，并作《以强化个案监督为突破点，促进依法行政工作的实践与思考 》的发言。

11 月 26 日，市人大常委会主任孙嘉炼、副主任王在辉带领部分委员，对潍坊高新技术产业开发区的工作和建设情况进行视察。

11 月 27—28 日，省人大代表、市人大常委会主任孙嘉炼和副主任徐鉴、孙守伏，带领住市直的部分全国和省人大代表开展人代会前集中视察活动。

12 月 13—14 日，省人大常委会副主任李文全到潍坊视察，联系住潍坊市的全国和省人大代表。

12 月 13—18 日，市人大常委会组织部分委员和人大代表分 6 个组，对市直 36 个部门实施“民心工程”情况进行视察。

12 月 26 日，市人大常委会副主任房忠昌到安丘市走访联系人大代表，征求代表们对市人大常委会工作的建议意见。

12 月 28 日，市十三届人大常委会第二十四次会议在市级机关综合办公大楼会议室召开。

2002年

1 月 1—31 日，市人大常委会组织开展代表“联系月”活动。

1 月 10 日，潍坊市人大常委会机关刊物《潍坊人大工作》更名为《潍坊人大》。

1 月 15 日，市十三届人大五次会议筹备工作领导小组召开会议，研究部署市人代会筹备工作。

1 月 21 日，市人大常委会副主任王光明、葛吉平带领农业与农村工作委人员，到潍城、坊子、寒亭、奎文等地，就全市“43218 工程”中 8 条林带的建设情况进行检查。

1 月 25 日，市人大常委会副主任房忠昌到临朐县纸坊镇柳家圈村走访慰问老党员和贫困户。

1 月 29 日，市人大常委会副主任刘天佑看望慰问环卫战线的全国先进工作者、退休职工及工作在一线的环卫工人。

2 月 25 日，市十三届人大常委会第二十五次会议在市级机关综合办公大楼会议室召开。

2 月 28 日，市人大常委会主任孙嘉炼考察坊子区招商引资和企业发展情况。

3 月 1—16 日，住潍坊市的全国人大代表赴北京出席第九届全国人民代表大会第五次会议。

3 月 12—14 日，市人大常委会副主任赵凤池带领检查组，对全市贯彻实施《中华人民共和国文物保护法》《山东省文物保护管理条例》情况进行检查。

3 月 18 日，市委、市人大常委会在市级机关综合办公大楼会议室召开会议，传达贯彻九届全国人大五次会议精神。

3 月 19—27 日，市人大常委会副主任房忠昌、赵凤池、王在辉、刘天佑、葛吉平分头带领常委会组成人员和部分人大代表，对全市开展严打整治斗争工作情况进行视察。

3 月 21—28 日，住潍坊市的省九届人大代表赴济南出席山东省第九届人民代表大会第五次会议。

4 月 3 日，市人大常委会在齐鲁饭店举行纪念代表法颁布实施 10 周年座谈会。

4 月 15 日，省人大常委会副主任王道玉带领检查组到潍坊，就贯彻实施《中华人民共和国种子法》情况进行检查。

4 月 17—19 日，省人大常委会副主任何宗贵带领立法调研组到潍坊，就制定《山东省实施〈中华人民共和国固体废物污染环境防治法〉办法》《山东省物业管理条例》进行调研。

4 月 18 日，市十三届人大常委会第二十六次会议在市级机关综合办公大楼会议室召开。

4 月 25—28 日，市十三届人民代表大会第五次会议在潍洲剧场召开。

5 月 13—15 日，全国二十城市人大工作座谈会第二轮第十六次会议在陕西省宝鸡市召开。市人大常委会派员参加会议，并作《与时俱进，开拓创新，努力做好新形势下的人大代表工作》的发言。

5月19—21日，省人大常委会人事代表工作室主任殷鲁谦带领调研组到潍坊，就2003年县级以上人大换届选举的有关问题进行调研。

5月28日，市人大常委会、市政府在市级机关综合办公大楼会议室联合召开人大代表议案和建议意见转办会议。

5月30日，市委、市人大常委会召开全市乡镇人大工作会议。

6月10日，市委印发《关于进一步加强和改进乡镇人大工作的意见》。

6月10—12日，全国人大农业与农村委员会副主任委员柳随年带领调研组到潍坊，就制定农业机械化促进法进行调研。

6月24—25日，省人大常委会研究室副主任蔡世聪等到潍坊，就全国人大常委会组织新华社、人民日报社、中央电视台等中央新闻单位的记者到潍坊进行“地方人大工作巡礼”采访活动等事宜进行调查研究和安排。

6月26—27日，市十三届人大常委会第二十七次会议在市级机关综合办公大楼会议室召开。

7月9—11日，全国人大常委会办公厅组织由人民日报社、新华社、中央人民广播电台、中央电视台、法制日报社、中国新闻社等新闻单位记者组成的“地方人大工作巡礼”采访团，到潍坊采访人大工作。

7月17—18日，市人大常委会副主任赵凤池带领视察组，对奎文、潍城、坊子、寒亭4区贯彻实施《中华人民共和国食品卫生法》情况进行视察。

7月底，由市委宣传部、市人大常委会办公室联合组织开展的潍坊市2002年度宣传人民代表大会制度好新闻贡献奖评选活动揭晓。31件作品分获一、二、三等奖，7名新闻工作者获“宣传人民代表大会制度贡献奖”。

8月7日，市人大常委会在市级机关综合办公大楼会议室召开全市人大机关工作座谈会。

8月13—15日，市人大常委会组织3个组，对全市社区建设情况进行视察。

8月15—16日，省人大财政经济委员会副主任委员张敬茂带领检查组到潍坊，就贯彻实施《中华人民共和国中外合资经营企业法》《中华人民共和国中外合作经营企业法》《中华人民共和国外资企业法》情况进行检查。

8月28—29日，市十三届人大常委会第二十八次会议在市级机关综合办公大楼会议室召开。

8月29日，全市人大信访工作表彰会议在市级机关综合办公大楼会议室召开。

8月29—30日，省“齐鲁环保世纪行”组委会副主任、秘书长钱海骅带领省环保局和省级6家新闻单位的记者到潍坊，就小清河流域水污染防治工作进行采访报道和开展调研活动。

9月9日，市人大常委会副主任房忠昌、孙守伏，秘书长李刚及部分委员对潍坊柴油机厂生产经营和改制情况进行视察。

9月10—13日，市人大常委会副主任孙守伏带领检查组，对全市实施《中华人民共和国档案法》情况进行检查。

9月20—22日，全国人大常委会委员、全国人大内务司法委员会副主任委员顾金池、全国人大常委会委员贾志杰带领视察组，对全市公安队伍建设情况进行视察。

9月25—28日，市人大常委会副主任刘天佑带领部分委员和市级4家新闻单位的记者，分别到市直有关部门和高密、诸城、安丘等市，对《中华人民共和国水污染防治法》的实施情况进行调查。

10月9—11日，省人大常委会副主任莫振奎带领执法检查组到潍坊，对全市贯彻实施《中华人民共和国药品管理法》情况进行检查。

10月13—14日，辽宁省人大常委会主任王怀远到潍坊考察。

10月14—15日，省人大常委会副主任王渭田带领调研组到潍坊，就修订《山东省实施〈中华人民共和国渔业法〉办法》《山东省土地登记条例》进行调研。

10月14—16日，全国二十城市人大工作座谈会第二轮第十七次会议在湖北省黄石市召开。市人大常委会派员参加会议，并作《强化“四种意识”，抓好“四个环节”，不断提高人大常委会会议审议水平》的发言。

10月16—17日，市人大常委会采取市、县、乡三级人大联动、分别组织的方式，对“政府提速”工作情况进行视察。市人大常委会组织部分委员和人大代表分成5个组，对25个市直部门的“提速”工作情况进行视察。

10月25—27日，省人大常委会副主任何宗贵一行到潍坊，就《山东省城市房地产开发经营管理条例》贯彻实施情况进行调研。

10月29—30日，市十三届人大常委会第二十九次会议在市级机关综合办公大楼会议室召开。

10月31日，全市县级以上人大换届选举工作会议在齐鲁饭店召开，研究部署2003年全市县级以上人大换届选举工作。

同日，全国人大常委会信访局副局长狄济洪、助理巡视员李贵晓到潍坊进行信访工作调研。

11月8—11日，市人大常委会两次组织驻会成员及全体机关工作人员集体收看中共十六大电视直播，学习中共十六大报告和《人民日报》。

11月12—14日，市人大常委会组织部分委员和人大代表，对全市贯彻实施《中华人民共和国工会法》情况进行视察。

11月13—14日，市人大常委会副主任、市选举工作委员会主任孙守伏，先后到昌邑、高密市调查了解人大换届选举工作情况。

11月29日，全市县级人大换届选举工作调度会在昌邑市举行。

12月3日，市人大常委会与市委宣传部、市普法办联合在市级机关综合办公大楼会议室召开纪念宪法颁布实施20周年座谈会。

12月16日，市人大常委会副主任、市选举工作委员会主任孙守伏到安丘市检查指导换届选举工作。

12月23日，市十三届人大常委会第三十次会议在市级机关综合办公大楼会议室召开。

同日，市人大常委会召开优秀人大代表颁奖大会，对50名潍坊市优秀人大代表进行表彰。

2003年

1月10日，全市县级以上人大换届选举工作调度会在齐鲁饭店召开。

1月22日，市人大常委会副主任房忠昌、党组成员王永兴、秘书长李刚到临朐县纸坊镇柳家圈村走访慰问老党员和贫困户。

2月8日，在市人大常委会主任会议领导下，由市人大常委会调查研究室编辑的《前进中的潍坊人大（1998—2002）》一书印刷出版。

2月10日，市十三届人大常委会第三十一次会议在市级机关综合办公大楼会议室召开。

2月21—26日，市十四届人民代表大会第一次会议在潍洲剧场召开。

2月26日，市领导在齐鲁饭店为潍坊市出席十届全国人大一次会议的9名代表送行。

同日，市十四届人大常委会全体组成人员会议在市级机关综合办公大楼会议室召开。

3月18日，市人大常委会召开机关全体工作人员会议，市委书记、市人大常委会主任张传林出席会议并讲话。

3月19日，潍坊市出席十届全国人大一次会议的9名全国人大代表完成大会各项任务返回潍坊。

3月25日，住潍坊市的省人大代表赴济南出席山东省第十届人民代表大会第一次会议。

4月14—16日，市人大常委会副主任赵凤池带领部分委员和人大代表，对全市实施《中华人民共和国专利法》情况进行检查。

4月25日，市十四届人大常委会第一次会议在市级机关综合办公大楼会议室召开。

5月8—12日，市人大常委会副主任赵凤池带领部分委员和人大代表，对全市贯彻实施《中华人民共和国传染病防治法》情况及非典型肺炎防治工作进行调查和检查。

5月16日，市人大常委会副主任张建国带领城建环保工作委员会部分委员，对全市实施《中华人民共和国固体废物污染环境防治法》《山东省实施〈中华人民共和国固体废物污染环境防治法〉办法》情况进行检查。

5月20—22日，市人大常委会副主任张建国带领部分城环工作委员会成员，对全市贯彻实施市人大常委会《关于加强潍坊市市区水源地保护的决议》情况进行调查。

5月26日，市人大常委会在市级机关综合办公大楼会议室召开会议，听取副市长蒋文彩关于全市经济发展软环境治理情况的汇报，并对全市经济发展软环境治理情况开展视察活动做出具体部署。

5月28日，市人大常委会党组书记、第一副主任毕可仁到巨龙化纤集团就经济发展软环境建设问题进行专题调研。

6月3日，市人大常委会在潍坊柴油机厂召开部分企业负责人座谈会，专题就全市经济发展软环境建设问题听取意见和建议。

6月25日，市十四届人大常委会第二次会议在市级机关综合办公大楼会议室召开。

6月27日，市人大常委会组织参加对药品管理法实施情况进行视察的市人大常委会委员和市人大代表，在市人大常委会机关会议室集中听取市药品监督管理局负责人员关于贯彻实施药品管理法暨药品监督管理体制改革情况汇报。

6月28—29日，省人大常委会副主任李明先带领调研组到潍坊，就制定《山东省海域使用管理条例（草案）》进行立法调研。

6月30日—7月2日，市人大常委会副主任赵凤池、康凤英分别带队，组织部分委员和人大代表对全市贯彻实施药品管理法情况进行视察。

7月2—3日，全国人大农业与农村委员会法案室副主任姚敏扬率《中华人民共和国畜牧法》起草组，到潍坊就制定《中华人民共和国畜牧法》进行调研。

7月9—11日，省人大常委会副主任曹学成带领调研组到潍坊，就如何加快发展旅游业进行专题调研。

7月10日，市委、市人大常委会在渤海宾馆召开全市人大工作会议。

7月14—17日，市人大常委会对市十四届人大一次会议代表建议意见办理工作情况进行视察。

7月16日，市人大常委会党组书记、第一副主任毕可仁到潍坊外商投资开发区进行视察。

7月17—21日，市人大常委会党组书记、第一副主任毕可仁代表市人大常委会走访看望住市直的部分全国人大代表。

7月21日，由潍坊市委宣传部和潍坊市人大常委会办公室联合组织开展的潍坊市2003年度“宣传人民代表大会制度好新闻”和“贡献奖”评选活动揭晓。31件作品分获一、二、三等奖，7名新闻工作者获“宣传人民代表大会制度贡献奖”。

7月21—24日，市人大常委会副主任葛吉平带领部分市人大常委会法工委委员，对全市贯彻执行市人大常委会关于“四五”普法和“三五”依法治市两个决议的情况进行检查。

7月22—30日，市人大常委会对市属重点企业发展情况进行视察。

7月23日，市人大常委会党组书记、第一副主任毕可仁带领市人大常委会领导班子成员等到龙口市南山集团进行考察学习。

8月19—20日，省人大常委会副主任邵桂芳带领调研组到潍坊，就制定《山东省科学技术普及条例》进行调研。

8月20—22日，全国二十城市人大工作座谈会第二轮第十八次会议在陕西省咸阳市召开。市人大常委会派员参加，并作题为《新形势下地方人大行使决定权几个问题的思考》的发言。

8月26日，市十四届人大常委会第三次会议在市级机关综合办公大楼会议室召开。

9月8—10日，市人大常委会在潍坊富华大酒店国际会议中心举办市十四届人大代表第一期学习班，200名市人大代表参加培训。

9月22—24日，省人大城环委组织齐鲁环保世纪行记者团到潍坊，对全市生态农业建设情况进行采访。

9月23—24日，市人大常委会副主任葛吉平带领法制工作委员会的同志对全市贯彻实施老年人权益保障法情况进行检查。

9月23—25日，市人大常委会副主任赵凤池带领部分委员和市人大代表，对全市实施《国务院广播电视管理条例》《山东省电视管理暂行条例》情况进行检查。

9月27—29日，全省人大农业与农村工作座谈会在潍坊齐鲁饭店召开。

9月27日—10月4日，市人大常委会党组书记、第一副主任毕可仁率潍坊市友好代表团到友好城市韩国安养市参加建市30周年庆典活动。

10月13—16日，省人大常委会副主任黄可华率领视察组对全市民营经济发展情况进行视察。

10月16日，全市人大宣传工作座谈会在寿光召开。

10月20日，市人大常委会副主任孙守伏、原副主任徐鉴，到遭受特大风暴潮袭击的潍坊龙威实业有限公司看望市人大代表，对受灾单位表示慰问。

10月21日，市十四届人大常委会第四次会议在市级机关综合办公大楼会议室召开。

同日，市人大常委会在市级机关综合办公大楼会议室举行首次法律知识讲座，省人大常委会研究室主任作题为《人民代表大会制度与人大工作》的辅导报告。

10月27日，韩国安养市议会代表团到潍坊进行友好访问。

11月11日，市人大常委会副主任张建国带领城建环保工作委员会组成人员，对全市公路重点项目建设及实施村村通油路工程情况进行视察。

11月17日，市人大常委会党组书记、第一副主任毕可仁到市公共行政审批服务中心巡察办公。

11月17—19日，市人大常委会副主任张建国带领部分委员和市人大代表，深入各市县，对贯彻实施《中华人民共和国人民防空法》情况进行检查。

11月17—21日，市人大常委会副主任韩俊生带领财经工作委员会组成人员，对全市贯彻执行《山东省私营企业和个体工商户权益保护条例》和民营经济发展情况进行视察。

11月18日，市人大常委会党组书记、第一副主任毕可仁到诸城市检查泰薛路林带建设情况。

同日，全市人大信访系统工作会议在齐鲁饭店召开。

12月4日，市人大常委会党组书记、第一副主任毕可仁，市人大常委会副主任赵凤池、孙守伏、葛吉平、康凤英，秘书长王维盛等视察潍坊供电公司的工作。

12月5—6日，省人大常委会副主任王道玉带领检查组到潍坊检查科技进步法贯彻实施情况。

12月9—10日，市人大常委会副主任张建国带领部分常委会委员和市级新闻媒体的记者，开展2003年“风筝都环保世纪行”活动，对全市大气污染防治情况进行检查和集中宣传报道。

12月18—19日，市人大常委会组织住潍坊的全国和部分省人大代表开展视察活动。

12月22日，市人大常委会副主任孙守伏到市公共行政审批服务中心巡察办公。

12月24日，市十四届人大常委会第五次会议在市级机关综合办公大楼会议室召开。

12月31日，市人大常委会党组书记、第一副主任毕可仁到奎文区走访看望部分省、市人大代表。

2004年

1月1—31日，市人大常委会组织开展常委会组成人员联系代表、代表联系群众和会前调研活动。

1月6—13日，住潍坊市的省人大代表赴济南出席山东省第十届人民代表大会第二次会议。

1月8日，市人大常委会副主任王永兴、秘书长王维盛到市人大常委会包村点安丘市柘山镇西古庙村走访慰问。

1月15日，市十四届人大常委会第六次会议在市级机关综合办公大楼会议室召开。

1月30日，市人大常委会副主任赵风池带领大会筹备领导小组负责人对市十四届人大二次会议筹备情况进行检查。

2月1—4日，市十四届人民代表大会第二次会议在潍坊召开。

2月11日，市人大常委会第七次会议在市级机关综合办公大楼会议室召开。

2月17日，市人大常委会财经工作委员会召开对口联系部门主要负责人联席会议。

2月17—18日，市人大常委会副主任王永兴带领农业和农村工作委员会的人员，对全市防治高致病性禽流感工作进行检查。

3月1日，住潍坊市的全国人大代表赴北京出席第十届全国人民代表大会第二次会议。

3月15日，潍坊市出席第十届全国人民代表大会第二次会议的9名全国人大代表完成大会各项任务返回潍坊。

3月17日，市人大常委会副主任张建国带领城建环保工作委员会部分委员，到诸城市、安丘市实地察看新建的城市污水处理厂的试运行情况。

3月19日，市人大常委会在市级机关综合办公大楼会议室召开视察全市贯彻执行市人大常委会关于“四五”普法和“三五”依法治市决议实施情况汇报会。

3月19—31日，市人大常委会组成6个视察组，对全市贯彻执行市人大常委会“四五”普法和“三五”依法治市决议情况进行视察。

3月31日，市人大常委会党组书记、第一副主任毕可仁在市委党校会议室主持召开座谈会，征求各方面对市人大常委会关于“四五”普法和“三五”依法治市决议贯彻执行情况的建议意见。

4月7日，市人大常委会党组书记、第一副主任毕可仁视察高密市招商引资工作。

4月13—15日，省人大常委会副主任、内司委主任委员莫振奎带领检查组到潍坊，就贯彻实施《中华人民共和国监狱法》情况进行检查。

4月21—23日，全国人大常委会原副委员长周光召到潍坊考察调研。

4月22—23日，省人大常委会副主任委员林保义、于仁伯带领调研组到潍坊，就《山东省基本农田保护条例（草案修改稿）》《山东省计量条例（草案修改稿）》进行立法调研。

4月28日，市十四届人大常委会第八次会议在市级机关综合办公大楼会议室召开。

4月29日，市人大常委会在市级机关综合办公大楼会议室举行第二次法制讲座，全国人大常委会办公厅《中国人大》杂志社总编王文友作题为《我国宪法的修改与实施》的辅导报告。

5 月 9 日，市人大常委会副主任葛吉平到东营市人大常委会就个案监督、错案责任追究等工作进行学习考察。

5 月 10—12 日，市人大常委会在潍坊大酒店举办市十四届人大代表第二期学习班，180 多名市人大代表参加培训。

5 月 14 日，市人大常委会组织机关干部到高密、坊子进行考察学习。

5 月 14—24 日，市人大常委会副主任王永兴带领市人大常委会农业与农村工作委员会委员和部分市人大代表，对贯彻落实《中共中央、国务院关于加强林业发展的决定》情况进行视察。

5 月 16—18 日，全国人大常委会委员、全国人大环资委副主任委员叶如棠带领检查组到潍坊，就贯彻实施《中华人民共和国管理法》情况进行检查。

5 月 18—21 日，市人大常委会副主任葛吉平带领市人大常委会部分委员、法工委委员和部分市人大代表，对全市法院审判监督工作情况进行调查。

5 月 21—23 日，全国二十城市人大工作座谈会第二轮第十九次会议在福建省漳州市召开。市人大常委会党组书记、第一副主任毕可仁出席会议，并作《浅谈地方人大常委会的自身建设》的发言。

6 月 8 日，全市人大机关工作会议在市级机关综合办公大楼召开。

6 月 9 日，市人大常委会副主任葛吉平带领市人大常委会法制工作委员会的同志到市交警支队，就《中华人民共和国交通安全法》贯彻实施情况进行调研。

6 月 10—13 日，省人大常委会检查组到潍坊，就贯彻实施《中华人民共和国动物防疫法》《中华人民共和国进出境动植物检疫法》情况进行检查。

6 月 11 日，市人大常委会副主任葛吉平带领市人大常委会法制工作委员会的人员到市劳动教养所，就劳教工作进行调研。

6 月 17 日，市人大常委会副主任孙守伏带领有关工作人员到市中级人民法院，就如何进一步做好人大信访工作进行调研。

6 月 24 日，市十四届人大常委会第九次会议在市级机关综合办公大楼会议室召开。

同日，市人大常委会通过《关于建设生态市的决议》。

6 月 25 日，市人大常委会通过《潍坊日报》和其他新闻媒体向全市各级人大代表发出题为《认真履行代表职责，迎接人民代表大会成立 50 周年》的一封公开信。

6 月 30 日，市人大常委会办公室发出通知，就纪念人民代表大会成立 50 周年开展系列活动作出安排。

7 月 1—13 日，市人大常委会副主任孙守伏参加 2004 年全国人大干部培训班。

7 月 5—9 日，市人大常委会副主任王永兴带领市人大常委会农业与农村工作委员会、市委农村工作领导小组办公室及市劳动和社会保障局的有关人员，到临朐、青州、寿光、坊子等县市区，对全市农村劳动力转移就业情况进行调查。

7 月 6—9 日，市人大常委会在市级机关综合办公大楼举办纪念人民代表大会成立 50 周年“云门春”杯书画展。

7 月 7—8 日，市人大常委会分别在潍城区和安丘市召开各县市区人大常委会主要负责人座谈会。

7 月 13 日，市委宣传部和市人大常委会办公室联合组织开展的“潍坊市 2004 年度宣传人民代表大会制度好新闻和贡献奖”评选活动揭晓。30 件作品分获一、二、三等奖，7 名新闻工作者获“宣传人民代表大会制度贡献奖”。

7 月 13—15 日，市人大常委会副主任韩俊生带领市人大常委会财经工作委员会的人员，先后到市外经贸局和诸城、昌乐，对政府工作报告中涉及外经贸方面的重点工作进行了解和督查。

7月23日，市人大常委会召开人民代表大会成立50周年纪念活动调度会。

7月26—28日，市人大常委会副主任张建国带领部分委员和市级新闻单位记者，到临朐、青州、寿光3个县市开展“风筝都环保世纪行”新闻采访活动。

8月2—6日，全国人大信访工作经验交流会在贵州省贵阳市召开，市人大常委会副主任孙守伏参加会议，并作《充分履行监督职能，不断增强人大信访工作实效》的发言。

8月3—8日，山东省人大常委会党组理论学习中心组读书会在临沂市举办，市人大常委会党组书记、第一副主任毕可仁参加读书会。

8月4—6日，市人大常委会副主任赵凤池带领部分委员和市人大代表，对全市《中华人民共和国食品卫生法》贯彻实施情况，重点是城区集中供水和桶装水生产经营的卫生情况进行视察。

8月10日，市人大常委会在市级机关综合办公大楼会议室召开视察城市规划建设管理工作汇报会。

8月中旬，市人大常委会组织部分委员和人大代表，对市区城市规划、建设、管理情况进行视察。

8月13日，市人大常委会组织潍城、奎文、坊子、寒亭4个区人大常委会的主要负责人、有关专家和市直有关部门负责人进行座谈，听取对城市规划、建设和管理工作的建议意见。

8月20日，市人大常委会纪念人民代表大会成立50周年座谈会在齐鲁饭店举行。

8月24日，市人大常委会党组召开民主生活会。

8月25日，市十四届人大常委会第十次会议在市级机关综合办公大楼会议室召开。

同日，市人大常委会在市级机关综合办公大楼会议室举办第三次法制讲座。市委党校法学教研室副主任于志洁作题为《关于学习贯彻行政许可法》的辅导报告。

8月27日，市人大常委会纪念人民代表大会成立50周年活动领导小组召开工作调度会，专题就纪念人民代表大会成立50周年文艺晚会筹备工作进行研究和调度。

9月4日，全国人大常委会委员、农业与农村委员会副主任委员路明带领调研组，到潍坊就城乡二元结构调整和城乡统筹发展情况进行调研。

9月7—9日，市人大常委会党组在海化开发区举行理论学习中心组读书会。

9月7—9日，全国二十城市人大工作座谈会第二轮第二十次会议在吉林省通化市召开。市人大常委会副主任赵凤池等出席会议，并作《坚持“三关一服务”模式，保障和推动代表工作不断取得新突破》的发言。

9月13日，潍坊市纪念人民代表大会成立50周年大会在潍坊富华会展中心召开。

同日，由市人大常委会办公室、市文化局、市电视台联合主办的“辉煌历程——纪念人民代表大会成立50周年”文艺晚会在潍坊电视台演播大厅举行。

9月16—18日，全国人大常委会委员、全国人大农业与农村委员会副主任委员李春亭带领调研组，到潍坊就起草《农民专业合作经济组织法》进行立法调研。

9月23日，市人大常委会研究室在坊子区召开人大宣传工作座谈会。

9月26—27日，全国人大常委会办公厅信访局助理巡视员李桂晓带领调研组，到潍坊就信访督办工作进行调研。

10月10日，市人大常委会副主任韩俊生、市人大常委会财经工作委负责人等在安丘市人大常委会有关领导的陪同下，到市人大常委会机关包村点安丘柘山镇西古庙村进行调查研究。

10月11日，市人大常委会党组书记、第一副主任毕可仁，副主任王永兴，秘书长王维盛和部分委员深入到施工现场，视察“引牟入白”和高崖水库除险加固工程。

10月11—12日，市人大常委会副主任赵凤池带领市人大常委会教科文卫工作委部分成员，对市直有关部门落实2004年政府工作报告中列举的重大事项、重点工作情况进行监督检查，实地查看部分现场。

10月12日，市人大常委会副主任张建国带领市人大常委会城建环保工作委员会部分成员，到市房管局就落实政府工作报告中列举的部分重点工作进行监督检查。

10月12—16日，省人大常委会副主任、农业与农村委员会主任委员李明先带领执法检查组到潍坊，就贯彻实施《中华人民共和国农业法》的情况进行检查。

10月26—27日，市十四届人大常委会第十一次会议在市级机关综合办公大楼会议室举行。

10月27日，市人大常委会在市级机关综合办公大楼会议室召开人大代表评议垂直管理部门执法情况会议。

11月5日，市人大常委会党组书记、第一副主任毕可仁主持召开市十四届人大常委会第二十四次主任会议。

11月9日，市人大常委会在齐鲁饭店召开全市人大信访工作会议。

11月10—11日，省人大常委会检查组到潍坊对贯彻实施统计法情况进行检查。

11月11—13日，全国人大代表、致公党中央常委、省委主委、省政协副主席、山东师范大学副校长王志民，全国人大代表、山东大学教授、博士生导师、山东大学材料科学与工程学院院长、晶体材料国家重点实验学术委员会主任、中国科学院院士蒋民华，全国人大代表、中国人民银行参事白世春等住鲁部分全国人大代表到潍坊进行集中视察，为次年召开的十届全国人大三次会议作准备。

11月16—18日，市人大常委会副主任赵凤池带领检查组，对全市贯彻实施中华人民共和国著作权法和省著作权保护条例情况进行检查。

11月17—19日，市人大常委会副主任韩俊生带领部分委员和市人大代表，对全市贯彻实施安全生产法情况进行视察。

11月18日，美国康涅狄格州原众议院议长欧文·斯多伯格到潍坊进行友好访问。

11月23日，市人大常委会部分委员和法工委工作人员到市中级人民法院旁听四川宜宾天蓝化工有限责任公司与山东丽波日化股份有限公司买卖合同纠纷案的庭审。

12月9日，市人大常委会副主任张建国带领部分城建环保工作委员会委员和市新闻单位的记者，开展2004年第二次“风筝都环保世纪行”新闻采访活动。

12月10日，市人大常委会机关学习贯彻中共十六届四中全会精神演讲比赛在机关会议室举行。

12月16日，市人大常委会副主任张建国带领城建环保工作委员会部分委员对全市公路建设情况进行视察。

12月20—24日，省人大常委会原主任李振到潍坊视察工作，为即将召开的省十届人大三次会议作准备。

12月21日，市人大常委会党组书记、第一副主任毕可仁主持召开市十四届人大常委会第二十六次主任会议。

12月22—23日，省人大常委会副主任、城乡建设与环境资源保护委员会主任委员时立军带领立法调研组到潍坊，就《山东省测绘管理条例（修订草案）》进行立法调研。

12月22—23日，市人大常委会副主任韩俊生带领财经工作委员会部分委员和工作人员，到市高新技术开发区和市人民银行，对其落实市政府工作报告中确定的有关工作的情况进行督查。

12 月 28 日，市十四届人大常委会第十二次会议在市级机关综合办公大楼会议室举行。

2005年

1 月 7 日，市人大常委会党组书记、第一副主任毕可仁，秘书长王维盛等走访看望住安丘市的部分省、市人大代表。

1 月 9 日，全国人大代表、全国人大常委会原副秘书长、研究室主任周成奎，在省人大常委会有关负责人的陪同下到潍坊视察工作。

1 月 11 日，市人大常委会副主任韩俊生主持召开财经工作委员会成员和各工作委员会主任会议，听取拟提交市十四届人大三次会议审议的关于潍坊市 2004 年国民经济和社会发展计划执行情况与 2005 年计划草案的报告、关于潍坊市 2004 年预算执行情况和 2005 年预算草案的报告，并就两个报告的有关内容提出修改意见。

1 月 15 日，住潍坊市的省人大代表赴济南出席省十届人大三次会议，送行会在齐鲁饭店举行。

1 月 21 日、24 日，市人大常委会副主任赵凤池走访看望住高密、寿光两市的部分全国、省、市人大代表。

1 月 25 日，市十四届人大常委会在市级机关综合办公大楼会议室举行第十三次会议。

1 月 26 日，市人大常委会机关保持共产党员先进性教育活动动员大会在市级机关综合办公大楼会议室召开。

1 月 31 日，市人大常委会党组书记、第一副主任毕可仁到潍坊东方钢管有限公司走访慰问特困职工。

1 月，市人大常委会集中开展“代表联系月”活动。

2 月 1 日，市人大常委会党组书记、第一副主任毕可仁，秘书长王维盛，到市人大机关包村点安丘市柘山镇西古庙村走访慰问。

同日，市人大常委会副主任赵凤池到潍坊市港华燃气有限公司走访。

同日，市人大常委会副主任孙守伏到昌乐县北岩镇南村走访慰问部分特困户。

同日，市人大常委会副主任韩俊生和财经工作委员会负责人员走访慰问市环卫局部分困难职工家庭。

2 月 2 日，市人大常委会副主任赵凤池带领部分市人大常委会委员和人大代表，到潍坊四中走访看望师生并进行调研。

同日，市人大常委会副主任张建国走访坊子区南流镇于家村，了解该村的经济状况，看望贫困户。

2 月 19—22 日，市十四届人大三次会议在潍坊举行。

2 月 23 日，市人大常委会副主任葛吉平到潍坊华信锅炉氧舱制造有限公司进行调研。

2 月 26 日，市人大常委会机关举办保持共产党员先进性教育报告会，邀请全国人大代表、潍坊坤洲中草药发展有限公司董事长刘坤洲作专题报告。

2 月 28 日，市人大常委会党组书记、第一副主任毕可仁在市人民检察院举行的保持共产党员先进性教育报告会上，作题为《增强党性，提高素质，做一名合格的党员检察干部》的报告。

3 月 1 日，住潍坊市的全国人大代表赴京出席十届全国人大三次会议。

3 月 12 日，市人大常委会机关举办保持共产党员先进性党课辅导讲座。

3 月 14 日，市人大常委会党组书记、第一副主任毕可仁主持召开市人大常委会党组先进性教育活动专题讨论交流会。

3 月 14—25 日，市人大常委会组织部分委员和人大代表对全市“三农”工作情况进行视察。

3 月 15 日，市人大常委会机关组织全体党员到诸城市王尽美烈士纪念馆进行参观学习，接受革命传统教育。

同日，潍坊市出席十届全国人大三次会议的代表圆满完成大会的各项任务后返回潍坊。

3 月 19 日，市人大常委会机关保持共产党员先进性教育活动学习动员阶段考评会在市级机关综合办公大楼一楼第四会议室召开。

同日，市人大常委会机关召开保持共产党员先进性学习心得交流会。

3 月 21—25 日，市人大常委会副主任葛吉平带领法制工作委员会部分委员，对全市检察机关刑事检察工作情况进行调查。

3 月 26 日，市人大常委会机关保持共产党员先进性教育活动转入分析评议阶段会议在市级机关综合办公大楼一楼电视电话会议室召开。

3 月 28—29 日，市人大常委会副主任张建国带领部分常委会委员及城建环保工作委员会的同志，对市十四届人大三次会议《关于解决虞河下游污染的议案》有关情况进行调查。

3 月下旬，市人大常委会党组开展共产党员先进性教育征求意见建议活动。

4 月 6 日，市人大常委会党组书记、第一副主任毕可仁等到东营市考察学习“三农”工作情况。

4 月 11—12 日，市人大常委会副主任王永兴带领市人大常委会农业与农村工作委员会的负责人员到济宁市参加省人大农业与农村工作座谈会。

4 月 12—14 日，市人大常委会副主任赵凤池带领市人大常委会教科文卫工作委员会部分委员，到安丘、临朐、诸城等县市，对贯彻实施义务教育法情况进行检查。

4 月 12—14 日，市人大常委会副主任张建国等到江苏省徐州市出席全国二十城市人大工作座谈会第二轮第二十一次会议，提交的《突出四个坚持，切实提高人大常委会履职能力》文章获一等奖。

4 月 12—22 日，按照市委保持共产党员先进性教育活动办公室的要求，市人大常委会党组各成员分别深入到所联系部门参加民主生活会。

4 月 26 日，市人大常委会机关召开保持共产党员先进性教育活动分析评议阶段民主评议大会，对机关每一名党员进行民主评议。

4 月 27 日，市十四届人大常委会第十四次会议在市级机关综合办公大楼会议室召开。

4 月 28 日，市十四届人大常委会在市级机关综合办公大楼会议室举行第四次法制讲座，邀请原省人大常委会委员、法制委员会副主任委员杜忠臣作关于代表法和代表工作的辅导报告。

同日，市人大常委会机关保持共产党员先进性教育活动分析评议阶段民主测评大会在市级机关综合办公大楼会议室召开。

5 月 9—10 日，省人大常委会副主任、省人大内司委主任委员莫振奎带领检查组到潍坊，就贯彻实施律师法情况进行检查。

5 月 12 日，市人大常委会机关召开先进性教育活动转入整改提高阶段工作会议。

5 月 17—18 日，全国人大常委会委员、全国人大农业与农村委员会委员王太岚和全国人大农业与农村委员会委员韩新民率领调研组，到潍坊就起草产品质量安全法进行立法调研。

5 月 18 日，市人大常委会党组书记、第一副主任毕可仁视察昌乐县招商引资和企业发展情况。

5 月 18—20 日，市人大常委会副主任韩俊生带领部分常委会委员和市人大代表，对全市产品质量法贯彻实施情况进行检查。

5 月 20 日，市人大常委会在市级机关综合办公大楼会议室召开人大代表评议垂直管理部门执法情况会议。

5 月 23 日，市人大常委会副主任王永兴带领农业与农村工作委员会有关人员，到昌邑、寒亭、坊子、安丘四市区，对潍河峡山水库以下河道综合治理情况进行全面调查。

5月23—26日，市人大常委会副主任张建国带领市人大常委会城环工作委和市环保、市政、物价等部门负责人及市有关新闻单位记者，围绕城市污水处理厂的建设运行、市场化运作和污水处理费的收取主题，开展“风筝都环保世纪行”新闻采访活动。

5月24日，市人大常委会党组书记、第一副主任毕可仁，走访先进性教育活动联系点安丘市柘山镇西古庙村。

5月24—26日，市人大常委会副主任葛吉平带领部分常委会委员和人大代表，对全市道路交通安全法贯彻实施情况进行调查。

5月24—27日，市人大常委会副主任赵凤池带领部分常委会委员和人大代表，对全市贯彻实施档案法情况进行调查。

5月31日，市人大常委会在齐鲁饭店召开全市人大信访工作会议。

5月31日—6月1日，省人大常委会副主任、省人大城乡建设与环境资源保护委员会主任委员时立军带领调研组到潍坊，就《中华人民共和国邮政法》及山东省邮政条例贯彻实施情况进行调研。

5月下旬—6月上旬，市人大常委会组织7个调查组，对市政府副市长任职以来的工作情况进行评议前的调查。

6月3—4日，吉林省四平市人大常委会副主任赵连支到潍坊考察学习。

6月6日，市委宣传部和市人大常委会办公室联合组织开展的“潍坊市2004年度宣传人民代表大会制度好新闻和贡献奖”评选活动揭晓，共评选出“宣传人民代表大会制度好新闻”30件。

6月14日，市人大常委会机关召开先进性教育活动群众满意度测评大会。

6月23—24日，浙江省宁波市人大常委会党组副书记、副主任邵孝杰到潍坊考察学习。

6月29—30日，市十四届人大常委会在市级机关综合办公大楼会议室召开第十五次会议。

7月12—14日，市人大常委会副主任韩俊生带领视察组，对全市贯彻实施《中华人民共和国统计法》情况进行视察。

7月28日—8月3日，市人大常委会副主任韩俊生带领市人大常委会财经工作委员会及其办公室的人员对全市上半年计划和预算执行情况进行调查。

8月1—6日，市人大常委会党组副书记、副主任赵凤池到威海市参加省人大常委会党组理论学习中心组读书会。

8月2—4日，市人大常委会副主任张建国带领市人大常委会城建环保工作委员会及其办公室的人员，先后到潍城、奎文，对物业管理条例贯彻实施情况进行调查。

8月14—16日，省人大常委会副主任、财政经济委员会主任委员黄可华带领视察组到潍坊，视察全市生态市建设情况。

8月16—19日，市人大常委会副主任赵凤池带领部分委员和市人大代表，对《中华人民共和国食品卫生法》贯彻实施情况进行视察。

8月21—24日，市人大常委会党组副书记、副主任赵凤池等到烟台市参加省人大教育科学文化卫生委员会工作座谈会。

8月22—24日，江苏省镇江市人大常委会党组副书记、副主任张学东到潍坊市考察学习。

8月25日，市十四届人大常委会在市级机关综合办公大楼会议室举行第十六次会议。

8月28日，临沂市人大常委会第一副主任李荣强一行，到潍坊考察经济社会发展情况。

8月28—30日，市人大常委会党组在青州市举行理论学习中心组读书会，围绕加强和改进人大工作专题进行集中学习。

9月8—9日，市人大常委会副主任孙守伏等到临沂市学习考察人大人事代表等工作。

9月8—10日，市人大常委会副主任韩俊生等到烟台市出席全省人大财经工作座谈会。

9 月 9—10 日，全国人大常委会委员、全国人大民族委员会副主任委员隗福临到潍坊就散居民族工作情况进行调研。

9 月 11—12 日，以韩国安养市保社环境委员会委员、第 3 代安养市议会副议长朴荣杓为团长的议会议员代表团到潍坊访问。

9 月 13—15 日，市人大常委会副主任赵凤池带领教科文卫工作委的有关人员，对全市促进科技成果转化法贯彻实施情况进行调查。

9 月 19—23 日，全市人大信访干部培训班在潍坊金宝宾馆举办。

9 月 20—22 日，市人大常委会副主任张建国带领城建环保工作委的有关人员，对全市公路法贯彻实施情况进行调查。

9 月 20—22 日，市人大常委会副主任韩俊生带领财经工作委的有关人员，对全市民营经济发展情况进行调查。

9 月 20—29 日，市人大常委会副主任王永兴带领农业与农村工作委的有关人员，对全市农业综合开发情况进行调查。

9 月 21—22 日，全国人大常委会委员、全国人大教育科学文化卫生委员会主任委员朱丽兰带领执法调研组，对潍坊市贯彻实施《中华人民共和国食品卫生法》情况进行调研。

9 月 24—25 日，全国人大常委会委员、全国人大内务司法委员会副主任委员李新良带领立法调研组，到潍坊就修订城市居民委员会组织法进行专题调研。

9 月 26—27 日，市人大常委会组织住潍全国人大代表对全市鲜活农产品绿色通道建设情况进行专题调研。

10 月 18 日，市委在潍坊富华国际会议中心召开全市人大工作会议。

10 月 18—20 日，市人大常委会副主任赵凤池带领教科文卫工作委员会负责同志到东营市参加全省人大民侨外工作座谈会。

10 月 26 日，市十四届人大常委会在市级机关综合办公大楼会议室举行第十七次会议。

11 月 1—3 日，全国二十城市人大工作座谈会第二轮第二十二次会议在潍坊市召开。

11 月 7—9 日，省人大常委会副主任、教育科学文化卫生委员会主任委员王道玉带领调研组到潍坊，就《山东省农村初级卫生保健条例》贯彻实施情况进行调研。

11 月上旬，市人大常委会组织部分委员和人大代表对全市贯彻实施劳动法的情况进行检查。

11 月 11 日，市人大常委会副主任赵凤池带领教科文卫工作委员会部分委员和人大代表，对全市文物保护工作进行视察。

11 月 16—17 日，市人大常委会党组书记、第一副主任毕可仁，对菏泽鄄城（潍坊）工业园进行视察。

11 月 18 日，市人大常委会副主任王永兴带领农业与农村工作委员会委员，到昌邑市对防控高致病性禽流感工作情况进行视察。

11 月 22 日，市人大常委会副主任赵凤池带领教科文卫工作委员会部分委员和人大代表，对全市防震减灾工作进行视察。

12 月 1 日、16 日、20 日，市人大常委会副主任王永兴带领农业与农村工作委的有关人员，先后对全市林业、水利重点项目和农业龙头企业发展以及农村劳动力转移情况进行督查。

12 月上旬，市人大常委会副主任张建国带领部分委员，先后到寒亭、坊子、寿光、诸城、安丘等县市区和潍坊高新技术开发区，对人民防空法贯彻实施情况进行检查。

12 月上旬，省人大常委会法制工作委员会副主任刘卿带领调研组到潍坊，就山东省村务公开条例进行立法调研。

12 月 13—14 日，市人大常委会组织部分住潍全国人大代表、市直省人大代表对全市进行集中视察。

12 月 15 日，市人大常委会副主任张建国带领市人大常委会城环工作委、市环保局、市市政管理局等部门主要负责人和市新闻单位的记者，开展2005年度第二次“风筝都环保世纪行”新闻采访活动。

12月16日，市人大常委会法制工作委员会召开全体委员会议。

12月29—30日，市十四届人大常委会在市级机关综合办公大楼会议室举行第十八次会议。

2006年

1月6日，市人大常委会农业与农村工作委员会召开全体委员会议。

1月13日，住潍坊市的省人大代表赴济南出席省十届人大四次会议。

1月19日，市人大常委会副主任王永兴带领部分委员，对潍河峡山水库以下河段综合治理情况进行视察。

1月21日，市十四届人大常委会在市级机关综合办公大楼会议室举行第十九次会议。

1月，市人大常委会组织开展“代表联系月”活动。

2月8—12日，市十四届人大四次会议在潍坊举行。

2月17日，北京军区驻京全国人大代表到寿光市视察。

2月24日，市人大常委会机关全体工作人员会议在市级机关综合办公大楼召开。

3月1日，住潍坊市的全国人大代表赴京出席十届全国人大四次会议。

3月7—9日，省人大立法调研组到潍坊，就修订《山东省无线电管理条例》进行调研。

3月13—14日，市人大常委会党组书记、第一副主任王治华分别到奎文区、寿光市进行调研。

3月14—16日，市人大常委会党组副书记、副主任赵凤池带领检查组，对全市贯彻实施科学技术普及法情况进行检查。

3月14—17日，市人大常委会副主任吴元宝等对换届以来全市法院商事审判工作情况进行调查。

3月14—17日，市人大常委会副主任王永兴等对全市贯彻实施动物防疫法情况进行调查。

3月15日，潍坊市出席十届全国人大四次会议的全国人大代表完成大会各项任务后返回潍坊。

3月23—24日，市人大常委会党组书记、第一副主任王治华，分别到安丘市、昌乐县就建设社会主义新农村问题进行调查研究。

3月29—30日，全国人大常委会副委员长兼秘书长盛华仁，全国人大常委会委员、副秘书长何晔晖，全国人大法律委员会委员张春生等，到潍坊就县乡人大换届选举工作进行调研。

3月31日，市人大常委会副主任康凤英到潍坊市纺织职业学院向师生们传达十届全国人大四次会议精神。

4月6日，市十四届人大常委会在市级机关综合办公大楼会议室举办第六次法制讲座，邀请山东警察学院法律部教研室主任、副教授孙运利作关于学习和贯彻实施《中华人民共和国治安管理处罚法》的辅导报告。

4月7日，市十四届人大常委会在市级机关综合办公大楼会议室举行第二十次会议。

4月12日，厦门市人大常委会副主任曾国玲到潍坊，考察学习寿光三元朱村建设社会主义新农村情况。

4月17日，以全国人大常委会委员、华侨委员会副主任委员杜铁环为组长的全国人大常委会执法检查组到潍坊，检查《中华人民共和国归侨侨眷权益保护法》贯彻实施情况。

4月18日，市人大常委会法制工作委员会召开组成人员调整后的第一次全体会议。

4月19日，广西贵港市人大常委会副主任何畏到潍坊考察学习。

4月19—21日，全国人大常委会副委员长韩启德到潍坊调研。

4月22日，陕西省咸阳市人大常委会副主任应志治到潍坊考察学习。

4月22—24日，广东省人大内务司法委员会副主任委员许天祥到潍坊参观考察。

4月23日，市人大常委会副主任杨继生在寿光会见佛得角国民议会第一副议长马里奥·马托斯率领的佛得角国民议会代表团一行。

4月26日，市人大常委会党组书记、第一副主任王治华，到诸城市就代表工作进行调查研究。

5月9日，市人大常委会在高密召开座谈会，专题研究代表工作和乡镇人大工作。

5月10日，市人大常委会民侨外工作委员会召开工作委成员和对口联系部门负责人会议。

5月11—12日，市人大常委会分别在奎文、昌乐召开座谈会，市人大常委会副主任杨继生出席会议，并就加强代表工作和乡镇（街道）人大工作讲话。

5月14—17日，省人大常委会副主任王道玉带领执法检查组，到潍坊对《山东省全民体育健身条例》贯彻实施情况进行执法检查。

5月16日，市人大常委会召开会议，调度市十四届人大四次会议代表建议办理工作。

5月17—18日，省人大常委会法工委主任赵瑞林到潍坊考察立法联系点。

5月17—19日，市人大常委会副主任王永兴带领有关委室人员到陕西省渭南市参加全国二十城市人大工作座谈会第二轮第二十三次会议。潍坊市《坚持五个立足，落实五项制度，积极推进人大代表作用充分发挥》的论文获二等奖。

5月18—19日，省人大常委会副主任、省人大财政经济委员会主任委员黄可华带领调研组到潍坊，就社会审计机构运行情况进行调查研究。

5月19日，市人大常委会党组书记、第一副主任王治华，市人大常委会秘书长王维盛到潍城区对人大工作进行调研。

5月23—25日，市人大常委会党组副书记、副主任赵风池带领民侨外工作委员会有关人员，对全市《山东省旅游条例》贯彻实施情况进行调查。

5月25日，市人大常委会副主任李本跃带领财经工作委员会有关人员对市外经贸局局长任职情况进行述职评议调查。

6月2日，市人大常委会副主任吴元宝带领法制工作委员会有关人员，对市人民检察院副检察长赵克林的任职情况进行调查。

6月6—9日，市人大常委会党组副书记、副主任赵风池带领部分委员和市人大代表，对全市贯彻实施药品管理法情况进行视察。

6月8—13日，市人大常委会副主任吴元宝带领法制工作委员会有关人员，对全市“四五”普法和“三五”依法治市情况进行调查。

6月13日，市人大常委会党组书记、第一副主任王治华到济南参加山东省设区的市人大常委会主任座谈会。

6月21日，市人大常委会召开各县市区人大常委会主任座谈会，市人大常委会党组书记、第一副主任王治华传达全省设区的市人大常委会主任座谈会精神并讲话。

6月21—22日，市十四届人大常委会在市级机关综合办公大楼会议室举行第二十一次会议。

6月26—27日，市人大常委会副主任杨继生带领有关人员和人大代表到济南市参加全省人大代表工作会议，并作题为《落实机制，发挥作用，推动人大代表工作不断发展》的发言。

6月30日，市人大常委会副主任杨继生等到昌邑市对重点代表建议进行督办。

7月3—6日，市人大常委会副主任杨继生等到潍城、昌乐、青州、临朐、奎文对代表建议办理工作情况进行调查。

7月7—8日，省人大农委副主任委员乔秀仑、宋修武带领调研组到潍坊，就《山东省渔业港口和渔业船舶管理条例》进行立法调研。

7月11—18日，市人大常委会副主任王永兴带领农业与农村工作委员会有关委员，对全市贯彻实施防洪法情况进行调查。

7月11—20日，市人大常委会副主任吴元宝带领法制工作委员会有关委员，对市政府贯彻实施警察法的情况进行调查。

7月21日，全市人大代表工作会议在市级机关综合办公大楼召开。

7月25日，市人大常委会法制工作委员会和人事代表工作室组织刘坤洲、郭万欣等9名全国、省、市人大代表，对全市检察机关开展民事行政检察工作情况进行视察。

7月25—27日，市人大常委会副主任李本跃带领财经工作委员会部分委员和人大代表，对2006年上半年国民经济计划和财政预算执行情况进行调查。

8月2—4日，市人大常委会党组副书记、副主任赵凤池带领市人大常委会教科文卫工作委员会部分委员和人大代表，对全市贯彻实施《中华人民共和国体育法》工作情况进行调查。

8月3—4日，全国人大环境与资源保护委员会组织中华环保世纪行记者团，到潍坊对推进资源节约型、环境友好型社会建设情况进行采访报道。

8月8—17日，市人大常委会党组书记、第一副主任王治华到烟台市参加省人大常委会党组理论学习中心组读书会。

8月14—15日，陕西省汉中市人大常委会副主任徐登奎到潍坊，学习考察社会主义新农村建设情况。

8月22—23日，省政府特邀顾问张惠来等22名住鲁全国人大代表到潍坊，就建设社会主义新农村情况进行专题调研。

8月23—25日，省人大常委会副主任、法制委员会主任委员陈延明带领视察组到潍坊，对《中华人民共和国节能法》、节能条例贯彻实施及资源节约情况进行视察。

8月24—25日，市人大常委会党组在昌邑召开理论学习中心组读书会。

8月29日，市十四届人大常委会在市级机关综合办公大楼会议室举行第二十二次会议。

10月15—17日，全国人大常委会原副委员长曹志等到潍坊视察工作。

10月17—20日，市人大常委会副主任吴元宝等到河南省漯河市参加全国二十城市人大工作座谈会。潍坊市《树立和实践社会主义法治理念，促进经济社会全面发展》的论文获二等奖。

10月17—20日，市人大常委会副主任赵凤池带领市人大常委会民族侨务外事工作委员会的人员对《山东省地方史志工作条例》贯彻落实情况进行调查。

10月20日，市人大常委会副主任杨继生带领10名省、市人大代表，视察潍坊市城区“文明交通”活动的开展情况。

10月23日，全市人大宣传工作会议在市级机关综合办公大楼召开。

10月25日，市十四届人大常委会在市级机关综合办公大楼会议室举行第二十四次会议。

同日，市十四届人大常委会在市级机关综合办公大楼会议室举办第七次法制讲座，集体观看全国人大常委会委员、全国人大法律委员会主任委员杨景宇作的关于学习贯彻监督法的辅导报告录像。

10月28日—11月9日，市人大常委会副主任王永兴率领潍坊市友好城市访问团，访问日本日向市、大阪、京都、东京和韩国的首尔和安养市。

10月31日，市人大常委会党组书记、第一副主任王治华，市人大常委会秘书长王维盛到济南参加省人大常委会举办的监督法学习培训班。

11月7—9日，市人大常委会副主任赵凤池等对全市贯彻实施《中华人民共和国归侨侨眷权益保护法》情况进行检查。

11月8日，市人大常委会在齐鲁饭店举办监督法学习培训班。

11月9日，市人大常委会组织部分市人大代表对10件重点代表建议的办理工作进行视察。

11月13—15日，市人大常委会副主任赵凤池等到淄博市参加山东省旅游条例执法检查情况的汇报会。

11月16日，市人大常委会法制工作委员会在坊子区举办监督法培训班。

11月17日，市人大常委会党组书记、第一副主任王治华，秘书长王维盛到寒亭区进行调研。

11月23日，市人大常委会党组书记、第一副主任王治华在青州主持召开座谈会，就制定2007年市人大常委会的工作计划征求意见。

12月6日，全市人大常委会研究室主任座谈会在市级机关综合办公大楼召开。

12月12日，市人大常委会副主任张建国带领部分市人大常委会委员，对全市新建的高速公路、国省道和县乡公路建设情况进行视察。

12月12—14日，市人大常委会副主任康凤英等4名住潍全国人大代表及17名住潍坊市城区的省人大代表，在市人大常委会组织下，对全市工作进行集中视察。

12月15日，住潍全国人大代表刘坤洲、省人大代表于生等8名全国、省、市人大代表视察全市法院工作。

12月19日，市人大常委会人事代表工作室组织50名住潍坊市省、市人大代表对全市35个与经济发展和人民群众生产、生活密切相关的系统和行业进行民主评议。

12月26日，市人大常委会副主任杨继生召集全市12个县市区人大常委会人事代表的负责人会议，就有关工作进行部署。

12月27日，市十四届人大常委会在市级机关综合办公大楼会议室举行第二十五次会议。

2007年

1月8日，市十四届人大常委会在市级机关综合办公大楼会议室举行第二十六次会议。

1月8—9日，以韩国安养市议会副议长权火赫禄为团长的安养市议会代表团到潍坊考察访问。

2月7日，住潍坊市的省人大代表赴济南出席省十届人大五次会议。

2月9日，市人大常委会副主任王永兴等到市人大常委会机关帮扶村青州市庙子镇南后峪村走访。

2月12日，市人大常委会党组书记王治华主持召开党组专题民主生活会。

2月14日，潍坊市出席省十届人大五次会议的省人大代表完成大会各项任务后返回潍坊。

2月27日—3月3日，市十四届人大五次会议在潍坊举行。

3月1日，住潍坊市的全国人大代表赴北京出席十届全国人大五次会议。

3月1—2日，省人大农业与农村委员会副主任委员马洪顺到潍坊，对省十届人大五次会议第1号代表议案《关于尽快制定〈山东省农村可再生能源建设管理条例〉的议案》的有关情况进行调研。

3月13日，市人大常委会财经工作委员会召开对口部门联系工作座谈会。

3月13—16日，市人大常委会副主任吴元宝带领市人大常委会法制工作委员会人员对全市《中华人民共和国村民委员会组织法》贯彻实施情况进行检查。

3月16日，潍坊市出席十届全国人大五次会议的代表返回潍坊。

3月28—30日，省人大常委会副主任时立军到潍坊，就实施《中华人民共和国矿产资源法》等情况进行调研。

4 月 3 日，市人大常委会机关全体工作人员会议在市级机关综合办公大楼召开。

4 月 4—6 日，市人大常委会党组副书记、副主任程茂仁带领视察组，对全市贯彻实施《中华人民共和国人口与计划生育法》、省人口与计划生育条例情况进行视察。

4 月 12—13 日，市人大常委会党组副书记、副主任程茂仁带领市人大常委会教育科学文化卫生委员会到菏泽市参加全省人大教科文卫工作座谈会。

4 月 13—14 日，泰安市人大常委会副主任姜吉叩一行到潍坊考察学习。

4 月 16 日，全市人大信访工作会议在市级机关综合办公大楼会议室召开。

4 月 21—24 日，省人大常委会信访督查组到潍坊开展督查工作。

4 月 26—27 日，省人大城乡建设与环境资源保护委员会执法检查组，到潍坊对小清河流域水污染防治工作进行执法检查。

4 月 27 日，市十四届人大常委会在市级机关综合办公大楼会议室举行第二十七次会议。

4 月 30 日—5 月 1 日，青岛市人大常委会副主任、财政经济委员会主任委员张先平一行到潍坊考察学习。

5 月 9—10 日，市人大常委会党组副书记、副主任程茂仁带领检查组，对全市贯彻实施义务教育法情况进行执法检查，提出建议意见。

5 月 15—17 日，市人大常委会党组副书记、副主任程茂仁等到德州市参加全省人大民侨外工作会议，并作交流发言。

5 月 16—17 日，甘肃省兰州市人大常委会副主任胡洪章到潍坊考察学习。

5 月 18—22 日，市人大常委会副主任王永兴带领检查组，对全市贯彻实施森林法情况进行执法检查。

5 月 21 日，市人大常委会党组书记、第一副主任李守玉主持召开党组会议。

5 月 22—23 日，市人大常委会副主任张建国带领调查组，对潍坊市市区水源地保护情况进行调查，同时开展“风筝都环保世纪行”新闻采访活动。

5 月 27—30 日，市人大常委会副主任李本跃等到江西省九江市参加全国二十城市人大工作座谈会，并作《强化四个意识，用好三种形式，进一步加强和改进人大监督工作》的发言。

6 月 6—11 日，市人大常委会副主任吴元宝等对全市社会治安管理工作情况进行调查。

6 月 17—20 日，市人大常委会副主任张建国带领市人大常委会城乡建设环境保护工作委员会的有关人员，到德州市参加全省人大城乡建设与环境资源保护工作座谈会。

6 月 19 日，全市人大代表小组建设经验交流会在市级机关综合办公大楼会议室召开。

6 月 19—21 日，全国人大教育科学文化卫生委员会调研组，到潍坊对城乡医疗卫生体制改革情况进行调查研究。

6 月 21 日，市十四届人大常委会在市级机关综合办公大楼会议室举行第二十八次会议。

6 月 22 日，市十四届人大常委会在市级机关综合办公大楼会议室举办第八次法制讲座，邀请山东政法学院院长助理、法学教授刘和海讲授选举法的有关知识。

7 月 13 日，市人大常委会召开机关和谐创建动员大会。

7 月 15—17 日，全国人大常委会委员、内务司法委员会副主任委员杨兴富率四川省达州市人大考察团，到潍坊考察学习。

7 月 16—17 日，省人大城乡建设与环境资源保护委员会主任委员董昭和，到潍坊对《山东省风景名胜区管理条例》实施情况进行调研。

7 月 17—20 日，市人大常委会党组书记、第一副主任李守玉等到辽宁省辽阳市参加全国二十城市人大工作座谈会，潍坊市《听取审议专项工作报告的实践与思考》的论文被评为二等奖。

7月18—19日，市人大常委会党组副书记、副主任程茂仁带领检查组，对全市实施教师法情况进行执法检查。

7月20日，市人大常委会副主任杨继生等对市十四届人大常委会第十五次会议作出的《关于办理市十四届人大三次会议主席团交付的关于加强潍河综合治理的议案的决议》的贯彻执行情况进行调查。

7月25—27日，市人大常委会副主任李本跃等对全市上半年国民经济和社会发展计划执行情况及上半年财政预算执行情况进行调查。

7月30—31日，市人大常委会党组副书记、副主任程茂仁等对全市贯彻实施《中华人民共和国防震减灾法》情况进行调查。

8月6—14日，市人大常委会党组书记、第一副主任李守玉到威海市参加省人大常委会党组理论学习中心组读书会。

8月13—16日，市人大常委会副主任吴元宝等对山东省企业职工代表大会条例贯彻实施情况进行执法检查。

8月14日，市人大常委会组织部分市人大代表对部分代表建议办理情况进行视察。

8月16—17日，市人大常委会党组在安丘市举办理论学习中心组读书会。

8月20—21日，市人大常委会党组副书记、副主任程茂仁带领检查组，对全市贯彻实施《国务院广播电视管理条例》《山东省电视管理暂行条例》情况进行执法检查。

8月20—24日，全国人大农委调研室主任姚敏扬到潍坊对农村流通问题进行专题调研。

8月22—23日，市十四届人大常委会在市级机关综合办公大楼会议室举行第二十九次会议。

8月30日，省人大常委会副主任朱正昌到潍坊检查指导换届选举工作。

8月31日，市委召开全市县市区、乡镇人大、政府和县市区政协领导班子换届工作会议。

8月27日—9月6日，市人大常委会根据市委常委扩大会议精神，组织部分委员和人大代表分为4个组，对全市贯彻实施安全生产法律法规情况进行执法检查。

9月4日，省人大报刊宣传工作座谈会在齐鲁饭店召开。

9月5—6日，省人大教育科学文化卫生委员会副主任委员宫本欣到潍坊，对红十字会法和省实施红十字会法办法贯彻实施情况进行调研。

9月7日，市人大常委会党组书记、第一副主任李守玉主持召开市人大常委会党组民主生活会。

9月13日，市人大常委会副主任、市选举工作委员会主任杨继生到奎文区和昌乐县，对人大换届选举工作进行检查指导。

9月13—18日，市人大常委会副主任吴元宝带领市人大常委会法制工作委的有关人员，对全市检察机关监所检察工作情况进行调查。

9月19—21日，市人大常委会副主任李本跃带领市人大常委会农业与农村工作委的有关人员，到市农业局和高密、昌乐、寒亭等县市区对全市农产品质量安全工作情况进行调查。

9月24—27日，市人大常委会副主任程茂仁带领部分委员、人大代表及教科文卫工作委的有关人员，对全市标准化乡镇卫生院、村卫生室建设情况进行调查。

9月27日，市人大常委会在市人民检察院召开会议并举行人民监督员任命书颁发仪式。

9月27—28日，市人大常委会副主任李本跃带领市人大常委会财经工作委的有关人员，对全市劳动保障工作情况进行调查。

9月27—29日，市人大常委会副主任吴元宝带领市人大常委会法制工作委负责人员到滨州市参加全省人大内务司法工作座谈会，作题为《把握大局履行职责认真做好人大法制工作》的发言。

9月28日，市人大常委会党组书记、第一副主任李守玉带领部分委员和全国、省、市人大代表，对全市中心城区旧小区和背街小巷综合整治情况进行视察，同时对城区公交事业发展情况进行调查。

10月9日，全市人大换届选举工作试点现场会议在昌乐县召开。

10月16日，广东省广州市人大常委会副主任陶子基到寿光市学习考察农产品质量安全监管和现代农业发展情况。

10月19—20日，江西省南昌市人大常委会副主任戴和旺到寿光、寒亭、昌邑学习考察农产品加工基地建设情况。

10月23日，由省人大有关工作机构和省新闻单位组织的齐鲁环保世纪行记者团一行15人，到高密市注沟镇逄戈庄村，对户用沼气建设情况进行采访。

10月23—25日，市人大常委会党组书记、第一副主任李守玉先后到昌乐、昌邑和寒亭，对人大换届选举工作进行检查指导。

10月23—25日，市人大常委会党组副书记、副主任程茂仁带领调研组对全市文化信息资源共享工程建设情况进行调研。

10月23—29日，市人大常委会副主任杨继生到昌乐、坊子、高密，对人大换届选举工作进行检查指导。

10月30日，市十四届人大常委会在市级机关综合办公大楼会议室举行第三十次会议。

10月31日，市人大常委会党组理论学习中心组集体研读中共十七大报告，研究学习宣传贯彻中共十七大精神的措施。

11月1日，市人大常委会副主任、市选举工作委员会主任杨继生出席在昌乐县召开的全市人大换届选举工作第二次试点现场会议并讲话。

11月9—13日，市人大常委会党组书记、第一副主任李守玉，市人大常委会秘书长张军到全国人大常委会办公厅汇报信访工作情况。

11月15日，市人大常委会副主任、市选举工作委员会主任杨继生出席在昌乐县召开的全市人大换届选举工作第三次试点现场会议并讲话。

11月19日，市人大常委会党组书记、第一副主任李守玉到高密市检查指导人大换届选举工作。

11月21—26日，根据市委要求，市人大常委会党组书记、第一副主任李守玉等到江苏省、安徽省、浙江省考察学习基层民主政治建设情况。

11月30日，市十四届人大常委会在市级机关综合办公大楼会议室举行第三十一次会议。

同日，市人大常委会及机关举行学习中共十七大精神辅导报告会。市人大常委会党组书记、第一副主任李守玉作辅导报告。

12月12日，市人大常委会党组书记、第一副主任李守玉主持召开市人大常委会党组会议。

12月15日，市选举工作委员会召开会议，对全市县、乡人大换届选举工作进行总结。

12月19日，市十四届人大常委会在市级机关综合办公大楼举行第三十二次会议。

12月20日，市人大常委会副主任李本跃带领市人大常委会财经工作委员会全体组成人员对拟提交市十五届人大一次会议审议的潍坊市2007年国民经济和社会发展计划执行情况与2008年计划草案的报告、2007年预算执行情况和2008年预算草案的报告进行初审。

2008年

1月4—8日，市十五届人大一次会议在潍坊举行。

1月18日，住潍坊市的省人大代表，赴济南出席省十一届人大一次会议。

1月24—25日，市人大常委会副主任杨继生带领有关委室的负责人员到省人大常委会和济宁市人大常委会，对人大监督工作进行考察学习。

1月27日，潍坊市出席省十一届人大一次会议的省人大代表完成大会各项任务返回潍坊。

1月28日，市人大常委会党组书记、第一副主任李守玉到青州市东夏镇王母宫敬老院走访慰问。

1月29日，市人大常委会党组书记、第一副主任李守玉到市贸易系统走访慰问部分劳模和困难职工。

2月19日，市人大常委会副主任李本跃带领市人大内务司法委员会和信访室的有关人员，分别到市法院和市人民检察院走访看望全体干警。

2月20日，市人大农业与农村委员会召开第二次会议。

2月26日，市十五届人大常委会在市级机关综合办公大楼会议室举行第一次会议。

2月28日，住潍坊市的全国人大代表赴京出席十一届全国人大一次会议，送行会在富华大酒店举行。

3月3—13日，市人大常委会副主任杨继生带队到陕西省、山西省、辽宁省，就人大监督工作进行考察学习。

3月6日，市人大常委会党组书记、第一副主任李守玉，副主任李本跃，到奎文区就基层民主政治建设情况调研。

3月12—14日，市人大常委会党组副书记、副主任王永兴等到安丘、昌乐、临朐等地，对村村通油路工作情况进行调查。

3月14日，市人大常委会机关在市级机关综合办公大楼会议室召开总结表彰会议。

3月17—18日，市人大常委会组织3个视察组，视察潍城、奎文、坊子、寒亭4个区和高新技术开发区、滨海经济开发区、峡山生态经济发展区春季造林绿化工作情况。

3月19日，潍坊市出席十一届全国人大一次会议的代表返回潍坊。

3月28日，全市人大信访工作会议在齐鲁饭店会议室召开。

4月2日，市人大常委会党组书记、第一副主任李守玉等带领部分常委会委员及机关干部60余人到潍城区乐埠山生态林场开展义务植树活动。

4月8—9日，市人大常委会在潍坊市警官培训基地举办市十五届人大代表培训班，400多名市人大代表参加培训。

4月9—14日，市人大常委会副主任杨继生带领市人大教育科学文化卫生委员会部分委员和人大代表对全市文化建设情况进行调查。

4月10日，市人大常委会党组副书记、副主任王永兴带领市人大城建环保委的有关人员，到济南市参加齐鲁环保世纪行十五周年工作座谈会暨总结表彰会。

4月19—21日，全国人大常委会副委员长司马义·铁力瓦尔地到潍坊调研。

4月23日，枣庄市人大常委会党组副书记、副主任孙景瑞到潍坊学习考察人大民侨外工作。

4月23—24日，省人大常委会委员、财政经济委员会副主任委员杨金镜带队到潍坊，就《山东省消费者权益保护条例（草案）》进行立法调研。

4月29日，市十五届人大常委会在东方大酒店会议室举行第二次会议。

4月29—30日，德国巴伐利亚州议长，汉斯·赛德尔基金会副主席阿罗斯·格吕克到青州市考察访问。

5月7—14日，市人大常委会副主任李本跃等到湖北省武汉市、宜昌市考察社区民主政治建设情况。

5月15日，市人大常委会机关举行“抗震救灾”捐款活动。

5月20日，市人大常委会研究室在诸城市

密州宾馆举办全市人大宣传工作培训班。

5月23日，“风筝都环保世纪行”总结表彰暨2008年启动仪式会议在东方大酒店召开。

5月23—29日，市人大常委会执法检查组对全市贯彻实施《中华人民共和国农民专业合作社法》情况进行检查。

5月27—30日，市人大内务司法委员会组成执法检查组，对全市贯彻实施行政许可法的情况进行检查。

5月27—30日，市人大常委会副主任李本跃带领市人大财政经济委员会负责人员到天津市、东营市考察学习沿海开发建设情况。

6月4日，市人大常委会副主任、市人大民族侨务外事委员会主任委员杨继生带队，到市地震局进行调研。

6月5—7日，市人大常委会党组书记、第一副主任李守玉，市人大常委会秘书长张军等到云南省玉溪市参加全国二十城市人大工作座谈会第三轮第三次会议，潍坊市论文《明确方向深化措施以十七大精神指导推动人大监督工作》被评为二等奖。

6月11—12日，市人大常委会副主任杨继生等到济南市参加省人大代表小组召集人培训班。

6月16—18日，省人大常委会副主任鲍志强带队，到潍坊视察病险水库除险加固及重点河道治理情况。

6月19日，市人大常委会组织收看省人大常委会统一举办的全省各级人大常委会监督法集体学习视频会议。

6月20—23日，市人大常委会组成3个视察组对北部沿海发展情况进行专项视察。

6月24—26日，市人大常委会党组副书记、副主任王永兴等到烟台市参加全省人大城乡建设环境资源保护工作座谈会。

6月30日，市十五届人大常委会在市级机关综合办公大楼会议室举行第三次会议。

7月1日，市十五届人大常委会在市级机关综合办公大楼举办第一次法制讲座，邀请国家人力资源和社会保障部研究员王文珍就学习贯彻劳动合同法的有关问题作辅导报告。

7月3日，烟台市人大常委会副主任、内务司法委员会主任委员于旭华到潍坊，考察看守所建设工作。

7月4日，全市人大机关工作座谈会在市级机关综合办公大楼召开。

7月9日，全国人大常委会委员、全国人大环资委主任委员汪光焘带领执法检查组，到潍坊检查《中华人民共和国环境影响评价法》贯彻实施情况。

7月11—15日，市人大常委会副主任王永兴等对全市农村公共服务社区化工作情况进行调查。

7月16—17日，全省人大工作会议在潍坊富华大酒店召开。省委书记姜异康发表书面意见，省人大常委会常务副主任高新亭出席会议并讲话。

7月18日，市人大常委会副主任王永兴带领市人大城建环保委部分委员，视察潍坊联运客运总站、潍坊港万吨级码头、一类口岸开放基础设施、民航设施、疏港公路等交通重点工程建设情况。

7月22—24日，市人大常委会副主任李本跃带领执法检查组，就全市贯彻实施《中华人民共和国公务员法》情况进行执法检查。

7月24—26日，市人大常委会副主任王永兴带领市人大农业与农村委员会、研究室的有关人员，到内蒙古自治区通辽市参加全国二十城市人大工作座谈会，提交的《贯彻实施监督法改进和加强人大监督工作的实践与思考》论文获二等奖。

7月28日，市人大常委会秘书长张军带领机关有关人员，到临朐县看望机关包村帮扶干部。

7月29—31日，市人大常委会副主任李本跃等对全市上半年国民经济和社会发展计划及财政预算执行情况进行调查。

8月6日，市人大常委会党组书记、第一副主任李守玉等到临朐县和昌乐县视察工作。

8月7—8日，全市人大工作会议在寿光市召开。

8月12—18日，市人大常委会组织4个调查组，深入各县市区和市属各开发区、市出口加工区、峡山生态经济发展区，开展节能减排专项工作评议调查。

8月16—20日，市人大常委会党组举行理论学习中心组读书会。

8月19日，市人大常委会副主任杨继生到诸城市对人大代表进社区工作进行调研，察看部分农村社区，并召开人大代表座谈会。

8月28—29日，市十五届人大常委会在市级机关综合办公大楼会议室举行第四次会议。

9月2日，市人大常委会组织对全市现代烟草农业建设工作进行视察。

9月4—6日，省人大常委会组织部分全国人大代表到潍坊就增强企业科技自主创新能力问题开展专题调研。

9月6—8日，全国人大财政经济委员会委员、全国人大常委会办公厅研究室主任尹中卿到寿光、青州、临朐、诸城等县市调研。

9月17—19日，全国人大环境与资源保护委员会委员杨庚宇带领调研组到潍坊调研农村环境保护工作。

9月17—19日，市人大常委会组织部分住潍坊市直的省人大代表对全市加大高新技术投入工作情况进行专题调研。

9月24—26日，全国人大常委会副委员长桑国卫，到潍坊青州参加第四届中国生态健康论坛，并出席第八届中国（青州）花卉博览会。

9月25—27日，市人大常委会党组副书记、副主任王永兴带领调研组，对水污染防治情况进行调查。

9月下旬，市人大内务司法委员会在市人大常委会副主任李本跃带领下，到市公安局及安丘、昌乐、潍城等县市区对全市道路交通安全管理工作进行调查。

10月7—9日，市人大常委会副主任杨继生带领市人大教育科学文化卫生委员会组成人员及部分省、市人大代表，对全市贯彻实施《中华人民共和国科技进步法》情况进行检查。

10月16日，辽宁省辽阳市人大常委会副主任袁芝芬到潍坊，考察新农村建设情况。

10月17日，市人大民族侨务外事委员会在齐鲁饭店会议室召开全市旅游产业发展研讨会。

10月28日，市十五届人大常委会在市级机关综合办公大楼会议室举行第五次会议。

10月29日，市十五届人大常委会在市级机关综合办公大楼会议室举办第二次法制讲座，邀请全国人大常委会法制工作委员会民法室主任姚红，就学习贯彻物权法有关问题作辅导报告。

11月4日，全市基层民主政治建设现场会在市级机关综合办公大楼会议室召开。

11月17—18日，全国人大预算工作委员会副主任姚胜到潍坊，就建立县级财政最低支出保障机制进行专题调研。

11月21日，市人大城乡建设与环境资源保护委员会组织开展以城区大气污染防治为主题的"风筝都环保世纪行"活动。

11月23—24日，海南省人大教育科学文化卫生委员会副主任委员陈金文到潍坊考察基础教育情况。

11月25—27日，在市人大常委会副主任杨继生等对市政府落实市人大常委会关于抓好食品质量安全议案的决议和实施相关法律情况进行调查研究。

11月下旬，市人大常委会组织研发的人大代表信息管理系统开通试运行。

12月8—10日，市人大常委会组织住潍坊的部分全国、省、市人大代表开展人代会前集中视察活动。

12月16日，市人大常委会党组副书记、副主任王永兴到临朐县走访人大代表。

12月16—17日，市人大常委会党组书记、第一副主任李守玉到滨州市参加全省人大工作座谈会，并作题为《依法履职，注重实效，推动人大工作不断创新发展》的交流发言。

12月23日，市人大常委会副主任李本跃到寒亭区走访联系人大代表。

12月25日，市人大常委会秘书长张军到临朐县辛寨镇大辛中村检查指导包村帮扶工作，并为村小学送去电脑和书本等物资。

12月26—29日，市人大常委会党组书记、第一副主任李守玉，副主任李本跃带领调研组，就深入实施依法治市方略、推进民主政治建设问题进行调查研究。

12月30日，市十五届人大常委会第六次会议在市级机关综合办公大楼会议室举行。

同日，全市人大工作座谈会在市级机关综合办公大楼召开。

12月31日，市人大常委会副主任李本跃到临朐县辛寨镇大辛中村对市人大常委会机关包村帮扶工作进行检查指导。

2009年

1月5日，市十五届人大二次会议筹备工作会议在市级机关综合办公大楼会议室召开。

1月15日，市人大财政经济委员会对拟提交市十五届人大二次会议的计划、预算报告进行初审。

同日，市十五届人大常委会第七次会议在市级机关综合办公大楼会议室举行。

2月4—7日，市十五届人大二次会议在潍坊举行。

2月11日，住潍坊市的省人大代表赴济南出席省十一届人大二次会议。

2月23日，市人大常委会党组书记、第一副主任李守玉到峡山生态经济发展区联系指导工作。

3月1日，住潍全国人大代表赴京出席十一届全国人大二次会议。

3月11日，市人大机关深入学习实践科学发展观活动动员大会在市级机关综合办公大楼召开。

3月12日，市人大财政经济委员会在市移动公司会议室召开全体委员会议。

3月13日，潍坊市出席十一届全国人大二次会议的全国人大代表返回潍坊。

3月18—24日，市人大常委会副主任李本跃带队，对全市安全生产工作情况进行调研。

3月24—25日，枣庄市人大常委会副主任魏建国到青州、寿光、昌邑考察花卉产业发展情况。

3月25—27日，市人大常委会副主任李本跃带领调研组，对全市法院推动完善多元纠纷解决机制工作进行调查。

3月29—31日，井冈山市人大常委会副主任谢福才到潍坊，考察农业科技工作。

3月30日，市人大常委会机关2008年度总结表彰大会在市级机关综合办公大楼召开。

4月2日，市人大常委会党组书记、第一副主任李守玉到学习实践科学发展观活动联系点潍坊经济开发区，为党员干部作辅导报告。

4月12日，江苏省泰州市人大常委会副主任张正方到潍坊，考察农村合作经济组织发展情况。

4月13日，新疆维吾尔自治区乌鲁木齐市人大常委会代表人事工作委员会娄建民等到潍坊考察代表工作。

4月中下旬，市人大常委会副主任王永兴、康凤英、杨继生、李本跃等对全市工业经济运行情况进行调研。

4 月 20—21 日，市人大常委会副主任杨继生等到河南省洛阳市参加全国二十城市人大工作座谈会。潍坊市《人大工作贯彻落实科学发展观的几个问题》的发言，被评为二等奖。

4 月 23—24 日，市人大城乡建设与环境资源保护委员会组织开展以水源地生态保护为主题的风筝都环保世纪行新闻采访活动。

4 月 28 日，市十五届人大常委会第八次会议在市级机关综合办公大楼会议室举行。

4 月 29 日，市人大常委会在市级机关综合办公大楼会议室举办第三次法制讲座，邀请山东省卫生厅卫生监督所副所长、山东大学公共卫生学院硕士研究生导师张荣新，就学习贯彻实施《中华人民共和国食品安全法》有关问题作辅导报告。

5 月 6 日，市人大常委会召开全市工业经济运行情况汇报会。

5 月 13—15 日，市人大常委会先后召开离退休老干部、人大代表、县市区人大常委会负责人和机关干部职工等不同层面的座谈会，广泛征求对市人大常委会领导班子及市人大常委会机关贯彻落实科学发展观的意见建议。

5 月 19 日，全市人大代表工作经验交流会在诸城召开。

5 月 19—20 日，市人大常委会党组书记、第一副主任李守玉赴烟台参加全省部分市人大工作座谈会，并作《认真履行人大工作职能 努力促进经济社会又好又快发展》的发言。

5 月 22 日，市人大常委会党组召开专题民主生活会。

5 月 25—26 日，市人大城乡建设与环境资源保护委员会组织对全市交通重点项目建设工作进行调查。

5 月 25—27 日，市人大民族侨务外事委员会组织到潍城、寒亭、昌乐等县市区对《中华人民共和国台湾同胞投资保护法》贯彻情况进行执法检查。

6 月 1—2 日，市人大常委会党组书记、第一副主任李守玉到亚星集团、金宝集团、福田雷沃重工和寒亭区部分企业考察调研。

6 月 3 日，聊城市人大常委会副主任孙菁带队到潍坊考察人事代表工作。

6 月 6—8 日，南京市人大常委会农业和农村工作委员会副主任毛新平到潍坊考察农产品质量安全法实施情况同。

6 月上旬，按照市委关于集中开展“企业服务月”活动的要求，市人大常委会领导分别走访部分人大代表所在企业。

6 月 10—12 日，市人大内务司法委员会检查组，对全市贯彻实施《中华人民共和国律师法》的情况进行执法检查。

6 月 11 日，枣庄市人大常委会副主任杨家谊到潍坊考察城市建设工作。

同日，住潍坊的全国人大代表在市政府会议室召开座谈会，就换届以来住潍全国人大代表小组的建设和活动情况进行回顾总结。

6 月 11—17 日，市人大常委会党组书记、第一副主任李守玉率领慰问团，赴四川省北川县、西藏日喀则地区南木林县，看望慰问潍坊市派出的援川援建人员和援藏干部。

6 月 11—13 日，受全国人大常委会委托，省人大常委会委员、农业与农村委员会副主任委员宋继峰到潍坊对《中华人民共和国畜牧法》贯彻实施情况进行检查。

6 月 12 日，市人大财政经济委员会对潍坊市 2008 年市级财政决算进行初审。

6 月 13—14 日，省人大执法检查组到寿光市对《山东省小清河流域水污染防治条例》实施情况进行执法检查。

6 月 16 日，市人大常委会副主任王永兴带队对全市贯彻实施《中华人民共和国气象法》情况进行调研。

6 月 29 日，市十五届人大常委会第九次会议在市级机关综合办公大楼举行。

6月30日，全市人大工作座谈会在市级机关综合办公大楼召开。

7月8—9日，全国人大常委会委员、教育科学文化卫生委员会副主任委员、上将唐天标等，到潍坊对中央政府重大公共投资教育、卫生项目实施情况开展专题调研。

7月15—16日，受全国人大常委会委托，省人大常委会委员、内务司法委员会副主任委员毛春智等，到潍坊对《中华人民共和国工会法》贯彻实施情况进行执法检查。

7月16—17日，市人大常委会副主任李本跃带领市人大财政经济委员会人员对全市就业工作情况进行调查。

7月21—23日，市人大常委会副主任杨继生带领检查组，对全市贯彻实施体育法情况进行执法检查，副市长王桂英参加这次活动。

7月21—23日，市人大常委会组织部分市人大常委会委员、市人大代表对全市贯彻实施农产品质量安全法情况进行检查。

7月25—29日，市人大常委会党组举行理论学习中心组读书会。

8月4—8日，市人大常委会党组书记、第一副主任李守玉到淄博市参加省人大常委会党组理论学习中心组读书会。

8月13日，安徽省淮北市人大常委会副主任周西敏等到潍坊学习考察物业管理方面先进经验及相关做法。

8月14日，市人大委会党组暨机关领导班子学习实践活动群众满意度测评会在市级机关综合办公大楼举行。

8月16—24日，市人大常委会副主任杨继生等赴江苏省扬州、常州、无锡、苏州等市考察高新技术产业发展、企业自主创新和高科技人才引进情况。

8月17—21日，市人大常委会副主任李本跃等对全市2009年上半年国民经济计划和财政预算执行情况进行调查。

8月19—21日，省人大常委会副主任时立军带队到潍坊，就贯彻实施《中华人民共和国中小企业促进法》《山东省中小企业促进条例》情况进行执法检查。

8月25日，市十五届人大常委会第十次会议在市级机关综合办公大楼举行。

8月26—27日，市人大常委会副主任杨继生等到临沂市参加全省人大代表工作经验交流会。

8月28日，市人大常委会党组暨机关学习实践科学发展观活动总结大会在市级机关综合办公大楼召开。

9月10日，南昌市人大常委会副主任姚燕平等到潍坊学习考察旅游产业发展情况。

9月17—18日，市人大常委会组织对全市建筑法、建筑工程质量管理条例、建筑工程安全生产管理条例等法律法规贯彻实施情况进行执法检查。

9月18日，市人大常委会在市中级人民法院举行市中级人民法院执行监督员聘任大会。

9月22—24日，市人大常委会组织对全市农业基础设施建设情况进行视察。

9月22—24日，市人大常委会副主任杨继生带队，组织部分住潍市直省、市人大代表对“两区”建设情况进行专题调研。

9月25—27日，全国人大常委会副委员长桑国卫率全国人大执法检查组到潍坊，就《中华人民共和国食品安全法》贯彻实施情况进行执法检查。

9月27—29日，市人大常委会副主任杨继生带领调查组，对全市人口和计划生育工作情况进行调查。

10月8—16日，市人大常委会副主任李本跃带领财政经济委员会和研究室的有关人员到福建省三明市参加全国二十城市人大工作座谈会。

10月18—20日，辽宁省锦州市人大常委会副主任张国荣到潍坊考察农贸市场及新农村建设情况。

10 月 19 日，市十五届人大常委会第十一次会议在市级机关综合办公大楼会议室举行。

10 月 23 日，市人大常委会在市级机关综合办公大楼会议室举办第四次法制讲座，邀请国家发改委经济体制与管理研究所循环经济研究中心主任杨春平研究员，就学习贯彻《中华人民共和国循环经济促进法》的有关问题作辅导报告。

10 月 26—27 日，省人大常委会副主任鲍志强带领视察组，对全市农村住房建设与危房改造工作进行视察。

10 月 30 日，市人大常委会在昌乐县召开全市人大代表述职评议工作现场会。

11 月 5—6 日，市人大常委会副主任李本跃等对市政府融资情况进行调查。

11 月 9 日，江西省九江市人大常委会副主任彭群林一行，先后到寿光市考察蔬菜与农产品检测无缝隙对接情况，到安丘市考察农产品区域化管理模式。

11 月 27 日，市人大财政经济委员会对全市金融工作情况进行调查。

12 月 1 日，全市人大机关工作座谈会在市级机关综合办公大楼召开。

12 月 3 日，市人大城乡建设与环境资源保护委员会组织开展以大气污染防治为主题的风筝都环保世纪行新闻采访活动。

12 月 9 日，市人大常委会副主任杨继生等对全市防震减灾工作进行视察。

12 月 23—25 日，省人大常委会副主任崔曰臣到潍坊，就《山东省农民专业合作社条例（草案修改稿）》《山东省地方税收保障条例（草案修改稿）》进行立法调研。

12 月 30 日，市十五届人大常委会第十二次会议在市级机关综合办公大楼会议室举行。

2010年

1 月 22 日，市十五届人大常委会第十三次会议在市级机关综合办公大楼会议室举行。

1 月 23 日，住潍坊市的省人大代表赴济南出席省十一届人大三次会议。

2 月 22 日，市人大常委会党组副书记、副主任王永兴带领大会筹备工作领导小组负责人，对市十五届人大三次会议筹备情况进行检查并提出整改要求。

2 月 24—27 日，市十五届人大三次会议在潍坊举行。

3 月 1 日，住潍坊市的全国人大代表赴京出席十一届全国人大三次会议。

3 月 9—11 日，市人大常委会副主任、市人大教育科学文化卫生委员会主任委员杨继生带领调研组，就《关于建立潍坊市职业技能竞赛基地的议案》的办理工作进行调研。

3 月 14 日，潍坊市举行欢迎会，迎接潍坊市出席十一届全国人大三次会议的全国人大代表归来。

3 月 17 日，市人大农业与农村委员会组织召开关于市十五届人大三次会议第 1 号代表议案办理工作座谈会。

3 月 19 日，市人大常委会机关在市级机关综合办公大楼召开 2009 年度总结表彰会议。

3 月 22—23 日，市人大常委会党组书记、第一副主任李守玉，市人大常委会秘书长张军带领办公室、人事代表工作室的有关人员到四川省自贡市参加全国二十城市人大工作座谈会第三轮第七次会议。潍坊市《搭建“四个平台”推动代表工作创新发展》的发言，被评为二等奖。

3 月 23—25 日，市人大常委会副主任李本跃等就全市法院执行工作和全市检察机关法律监督工作进行调查。

3 月 30 日，市人大常委会副主任杨继生等到潍城区对食品安全法实施情况进行调研。

4 月 1 日，市人大农业与农村委员会召开第九次全体委员会议，研究关于市十五届人大三次会议确定的《关于加快发展现代畜牧业打造千亿级产业链推进强牧富民工程的议案》处理意见。

4 月 20—22 日，省人大常委会副主任崔曰臣等到潍坊，就《山东省知识产权促进条例（草案修改稿）》进行立法调研。

4 月 22 日，潍坊市荣誉市民授予仪式暨侨商投资企业协会成立大会在富华国际会议中心举行。

4 月 27 日，广东省人大常委会委员、环资委主任委员劳应勋等到潍坊考察污水处理厂和保障性住房建设项目，市人大常委会党组副书记、副主任王永兴陪同调研。

4 月 28—29 日，省人大常委会组织住德州、聊城、菏泽三市的部分省人大代表到潍坊，就发展现代农业、改善农村民生方面的情况开展专题调研活动。

4 月 29 日，市十五届人大常委会第十四次会议在市级机关综合办公大楼会议室举行。

4 月 30 日，市人大常委会在市级机关综合办公大楼会议室举办第五次法制讲座，邀请省人大常委会人事代表工作室副主任徐京信，就学习贯彻《中华人民共和国全国人民代表大会和地方各级人民代表大会选举法》作专题辅导报告。

5 月 5—10 日，市人大常委会组织部分市人大常委会委员和市人大代表对全市北部沿海地区开发建设中环境保护情况进行视察。

5 月 7—9 日，枣庄市人大常委会魏建国等到潍坊，考察供销社关于加快建设农村现代流通经营服务体系的情况。

5 月 9 日，吉林省延边朝鲜族自治州人大常委会农业与农村工作委员会主任南永男等到潍坊，考察蔬菜生产和农民专业合作社发展情况。

5 月 13—14 日，河南省洛阳市人大常委会副主任石海钦等到潍坊，考察蔬菜基地建设情况。

5 月 15 日，山西省晋城市人大常委会副主任廖军等到潍坊，考察城建环保工作情况。

5 月 17—18 日，河南省人大农业与农村委员会副主任委员王留柱等到潍坊，考察蔬菜生产情况。市人大常委会党组副书记、副主任王永兴陪同活动。

5 月 17—30 日，市人大常委会党组副书记、副主任王永兴等，对全市贯彻实施海域使用管理法情况进行检查，并到河北省唐山市、辽宁省葫芦岛市等环渤海六市进行考察学习。

5 月 19—20 日，四川省自贡市人大常委会副主任何卫平等到潍坊，考察农业产业化和蔬菜生产情况。

5 月 20 日，市人大常委会副主任杨继生等对市住房和城乡建设局、市公安局、市城市管理行政执法局三部门办理代表建议工作情况进行视察。

5 月 25 日，全市人大代表“转方式调结构，科学发展我先行”主题活动动员会在昌乐召开。

6 月 1—3 日，市人大常委会党组副书记、副主任王永兴等赴莱芜市参加全省人大农业与农村工作座谈会。

6 月 2—12 日，市人大常委会副主任杨继生等赴四川、山东两省部分城市学习考察防震减灾工作。

6 月 3 日，市人大常委会党组书记、第一副主任李守玉，副主任康凤英、李本跃，秘书长张军等组成视察组，到潍坊供电公司就公司发展、电网建设、电力供应情况视察。

6 月 12—13 日，市人大常委会党组书记、第一副主任李守玉赴莱芜市参加全省人大工作会议，并作《围绕大局、依法履职》的主题发言。

6 月 12—17 日，市人大常委会党组副书记、副主任王永兴等对全市病险水库除险加固工作进行调查。

6 月 18—19 日，信阳市人大常委会主任姚铁璜等到潍坊，学习考察蔬菜产业发展情况。

6 月 21—23 日，省人大常委会副主任鲍志强带领视察组到潍坊，对全市节能减排工作情况进行视察。

6月30日，市十五届人大常委会第十五次会议在市级机关综合办公大楼会议室举行。

7月上旬，市人大常委会党组副书记、副主任王永兴等对全市集体林权制度改革情况进行调研。

7月11—18日，市人大常委会副主任李本跃等赴青海省西宁市、甘肃省白银市、宁夏回族自治区银川市和固原市，就农村困难群众社会保障工作进行考察学习。

7月14日，市人大常委会党组书记、第一副主任李守玉到峡山生态经济发展区联系指导工作。

7月19—22日，市人大常委会副主任杨继生等对全市贯彻实施食品安全法情况进行执法检查。

7月23—28日，市人大常委会党组副书记、副主任王永兴等对市政管理工作情况进行调查。

7月26日—8月3日，市人大常委会党组书记、第一副主任李守玉等赴辽宁省大连市、丹东市，吉林省白山市，黑龙江佳木斯市、伊春市，就强化人大监督工作，推进转方式调结构等进行考察。

8月3—8日，市人大常委会党组书记、第一副主任李守玉，赴青岛市参加省人大常委会党组理论学习中心组读书会。

8月4—5日，市人大常委会党组副书记、副主任王永兴等赴黑龙江省大庆市参加全国二十城市人大工作座谈会。

8月8—10日，广西壮族自治区柳州市人大常委会副主任蔡小琪等，到潍坊学习考察农业产业化发展情况。

8月10日，市人大常委会党组副书记、副主任王永兴，到昌乐县乔官镇下庄村、鄌郚镇王家河洼村进行调研，并看望市人大机关及相关部门挂职人员。

8月11—12日，市人大常委会党组理论学习中心组读书会暨全市人大工作会议在诸城召开。

8月17日，市人大常委会组织部分市人大代表，对市政府交通部门办理市十五届人大三次会议代表所提建议的情况进行视察。

8月25日—9月1日，市人大常委会副主任康凤英赴上海市参加部分全国人大代表专题调研。

8月27日，市十五届人大常委会第十六次会议在市级机关综合办公大楼会议室举行。

8月30—31日，湖北省荆门市人大常委会副主任杨想森等，到潍坊学习考察农产品质量安全区域化建设情况。

9月5—6日，河南省许昌市人大常委会副主任陈绍光等，到潍坊学习考察城市建设与管理工作。

9月5—14日，市人大常委会副主任李本跃带领财政经济委员会人员，赴辽宁省沈阳市，吉林省长春市、延吉市，黑龙江省哈尔滨市考察人大预算监督工作。

9月7—8日，济宁市人大常委会党组副书记、第一副主任祝金焕率领人大考察团到潍坊，重点参观考察工业发展和城市建设管理工作。

9月13—15日，市人大常委会党组副书记、副主任王永兴带领检查组，对全市贯彻实施城市房地产管理法情况进行执法检查。

9月14日，福建省漳州市人大常委会副主任朱福涛等，到潍坊学习考察益民农产品购销服务合作社发展情况。

9月14—15日，市人大常委会组织部分住潍全国、省和市人大代表重点围绕“关于加快城镇化发展问题”进行专题调研。

9月15—17日，市人大常委会副主任杨继生带领部分委员和人大代表，对全市外事侨务工作情况进行调研。

9月19日，全国人大农业与农村委员会副主任委员尹成杰，到潍坊考察农业产业化发展情况。

同日，省人大常委会对潍坊市经济社会发展

情况进行视察。

9月19—20日，全省人大依法履职保障工作会议在潍坊市召开。

9月28日，市人大常委会组织部分市人大代表，对市政府教育、水利部门办理市人大代表建议的情况进行视察。

10月9—12日，市人大常委会副主任杨继生带领市人大教育科学文化卫生委员会组成人员，对全市教育工作情况进行调查。

10月11—14日，市人大常委会党组副书记、副主任王永兴等对全市现代畜牧业发展情况进行调查。

10月14日，全市人大宣传信息工作人员培训班在临朐县举办。

10月20—21日，烟台市人大常委会副主任于旭华等，到潍坊考察社区建设和新农村建设工作。

10月20—23日，省人大常委会副主任刘玉功带领执法检查组到潍坊，对全市贯彻实施《中华人民共和国食品安全法》《中华人民共和国农产品质量安全法》情况进行检查。

10月27日，市十五届人大常委会第十七次会议在市级机关综合办公大楼会议室举行。

10月28日，市十五届人大常委会在市级机关综合办公大楼会议室举办第六次法制讲座，邀请清华大学建筑学院城市规划系副教授张敏，就学习和贯彻实施《中华人民共和国城乡规划法》的有关问题作辅导报告。

11月8日，市人大常委会党组书记、第一副主任李守玉主持召开会议，就推进长青复合型老年社区项目等进行座谈。

11月10—11日，辽宁省阜新市人大常委会党组副书记、副主任周久才等，到潍坊考察教育工作。

11月23—25日，市人大常委会副主任李本跃等对全市农村困难群众社会保障工作进行调查。

12月2—3日，市人大城乡建设与环境资源保护委员会组织开展以大气污染防治为主题的风筝都环保世纪行新闻采访活动。

12月6—7日，市人大教育科学文化卫生委员会组织部分委员，对市政府及有关部门落实市人大常委会决议、办理代表议案情况进行调查。

12月7日，全市人大依法履职服务保障工作会议在市级机关综合办公大楼召开。

12月14—15日，市人大常委会组织住潍市直全国、省人大代表进行人代会前集中视察。

12月17日，市人大常委会组织部分住潍全国、省人大代表和住城区的市人大代表共51人，在市级机关综合办公大楼会议室对市发改委、经信委等61个部门、系统的政风行风状况进行民主评议。

12月31日，市十五届人大常委会第十八次会议在市级机关综合办公大楼会议室举行。

2011年

1月17日，市人大常委会党组书记、第一副主任李守玉到临朐县五井镇五井东村走访困难群众。

1月19日，市人大财政经济委员会组织对《潍坊市2010年国民经济和社会发展计划执行情况与2011年计划草案》《潍坊市2010年预算执行情况和2011年预算草案》进行审查。

1月20日，市人大常委会党组书记、第一副主任李守玉走访高新区敬老院和困难群众、劳模。

1月23日，市人大常委会党组书记、第一副主任李守玉出席峡山生态经济发展区2011年第一批重点项目集中开工奠基仪式。

1月28日，市十五届人大常委会第十九次会议在市级机关综合办公大楼会议室举行。

同日，市十五届人大四次会议筹备工作调度

会议在市级机关综合办公大楼会议室召开。市人大常委会党组副书记、副主任王永兴出席会议并讲话。

2 月 10 日，住潍坊市的省人大代表赴济南出席省十一届人大四次会议。

2 月 18 日，市人大常委会党组副书记、副主任王永兴带领市十五届人大四次会议筹备领导小组负责人，对会议筹备情况进行全面检查。

2 月 20—23 日，市第十五届人民代表大会第四次会议在潍坊举行。

2 月 24 日，市人大常委会党组书记、第一副主任李守玉主持召开第十六次党组会议。

3 月 1 日，住潍全国人大代表赴京出席十一届全国人大四次会议。

3 月 10 日，市人大常委会党组副书记、副主任刘明珂带领市人大教育科学文化卫生委员会部分委员和工作室人员，到市人民医院对医药卫生体制改革情况进行调研。

3 月 14 日，潍坊市举行欢迎会，迎接潍坊市出席十一届全国人大四次会议的全国人大代表归来。

3 月 17 日，市人大财政经济委员会对《关于加快建设潍坊“城市一卡通”的议案》办理准备情况进行调研。

3 月 22 日，市人大常委会党组书记、第一副主任李守玉到诸城市就代表活动进社区工作进行调研。

3 月 22—24 日，市人大常委会党组副书记、副主任王永兴带领检查组，对矿产资源法进行执法检查。

3 月 22—25 日，市人大常委会副主任李本跃带领市人大内务司法委员会组成人员及部分省、市人大代表，对《中华人民共和国人民警察法》进行执法检查。

3 月 23 日，市人大常委会党组书记、第一副主任李守玉到高密市就推进代表活动深入开展进行调研。

3 月 25 日，市人大常委会党组副书记、副主任刘明珂等到市畜牧局召开《关于积极推行畜禽粪便等污染物循环再利用加快生态有机农业发展的议案》办理意见座谈会。

3 月 29—30 日，烟台市人大常委会副主任于旭华带领考察组到潍坊，就财源建设情况进行考察。

4 月 12 日，市人大常委会党组副书记、副主任刘明珂等到寒亭区就城建和社会事业发展情况进行视察。

同日，市人大常委会副主任李本跃等到青岛市就“城市一卡通”建设情况进行考察学习。

4 月 13 日，市人大常委会党组书记、第一副主任李守玉到寿光市视察北部开发建设工作。

4 月 13—14 日，市人大常委会副主任杨继生就“转方式调结构，科学发展我先行”人大代表主题活动开展情况进行专题调研。

4 月 18 日，市十五届人大常委会第二十次会议在市级机关综合办公大楼会议室举行。

4 月 18—20 日，辽宁省沈阳市人大常委会副主任徐璐带领考察组，到潍坊就食品安全工作情况进行考察。

4 月 19 日，市十五届人大常委会在市级机关综合办公大楼会议室举办第七次法制讲座，邀请全国人大常委会法工委立法规划室主任吴高盛，就学习和贯彻实施《中华人民共和国村民委员会组织法》作专题辅导报告。

同日，东营市人大常委会副主任崔兆武带领考察组，到昌邑市就乡村环境综合整治情况进行考察。

4 月 20 日，聊城市人大常委会党组副书记、副主任郭秀华带领考察组到潍坊，就计划和预算审查监督工作情况进行考察。

4 月 21 日，市人大常委会副主任杨继生带领市人大民族侨务外事委员会委员，到潍坊高新区走访看望部分“潍坊市荣誉市民”。

4 月 21—22 日，河南省鹤壁市人大常委会副主任郭文涛带领考察组，到潍坊就医疗卫生资源提升与整合工作情况进行考察。

4 月 26 日，市人大常委会党组副书记、副主任刘明珂到潍坊经济开发区，就白浪河工程、工业园区、服务业、新农村建设等情况进行视察。

4 月 26—27 日，市人大常委会副主任杨继生带领督导组，对潍城区和部分市直部门创建文明城市工作进行督导。

5 月 4—6 日，市人大常委会副主任杨继生带领市人大民族侨务外事委员会，对全市旅游业发展情况进行调查。

5 月 5 日，湖南省郴州市人大常委会副主任李上德带领考察组，到潍坊对水利建设和“菜篮子”工程建设情况进行考察。

5 月 10—11 日，浙江省嘉兴市人大常委会副主任钱满程等到潍坊考察园林绿化工作。

5 月 10—11 日，四川省凉山彝族自治州人大常委会党组副书记、副主任洪长伟等到潍坊学习考察。

5 月 11—13 日，全国人大常委会委员、北京师范大学中国教育政策研究院执行院长庞丽娟等，到潍坊调研教育改革发展情况。

5 月 12—14 日，江西省赣州市人大常委会副主任夏天云等，到潍坊考察新能源汽车产业发展情况。

5 月 16—17 日，海南省三亚市人大常委会副主任王忠江等，到潍坊考察河道治理与管理工作。

5 月 17—19 日，市人大常委会副主任李本跃带领市人大内务司法委员会，对全市普法依法治理工作情况进行调查。

5 月 18 日，临沂市人大常委会副主任祖卫东带领考察组到潍坊，就蔬菜产业发展情况进行考察。

5 月 19—20 日，安徽省马鞍山市人大常委会副主任陈苏汉带领考察组到潍坊，考察农业龙头企业及农产品加工集中区发展情况。

5 月 20 日，吉林省人大常委会副主任杨绍明带领考察组，就棚膜经济和蔬菜市场发展情况进行考察。

5 月 26—27 日，市人大常委会副主任杨继生到河南省三门峡市出席全国二十城市人大工作座谈会。

6 月 3 日，全市人大代表“转方式调结构，科学发展我先行”主题活动经验交流会在高密市召开。

6 月 8 日，市人大常委会组织部分委员和市人大代表对全市文明城市创建工作进行视察。

6 月 10 日，市人大常委会组织对城区旅游工作进行视察。

6 月 21 日，市人大常委会党组副书记、副主任刘明珂等对全市水利工作进行视察。

6 月 27 日，市十五届人大常委会第二十一次会议在市级机关综合办公大楼会议室举行。

7 月 13 日，市人大常委会党组副书记、副主任刘明珂等到市中级人民法院督导信访案件办理工作。

7 月 14—15 日，市人大城乡建设与环境资源保护委员会组织开展“风筝都环保世纪行”新闻采访活动。

7 月 15—17 日，全国人大常委会办公厅地方联络局巡视员、代表资格审查委员会办公室主任李伯钧到潍坊考察代表工作及人大代表进社区情况。

7 月 18 日，市人大常委会党组副书记、副主任刘明珂等到市海洋渔业局调研海洋渔业工作。

8 月 2 日，全市人大信访工作会议在市级机关综合办公大楼会议室召开。

8 月 4 日，市人大常委会党组副书记、副主任刘明珂等对全市现代农业示范园区建设情况进行调查。

8 月 8—10 日，市人大常委会党组举行理论学习中心组读书会。

8 月 11—18 日，市人大常委会组织 2 个视察组，对全市贯彻实施食品安全法情况进行视察。

8 月 18 日，市人大常委会副主任杨继生会见韩国安养市议会代表团。

8 月 21—22 日，全国人大外事委员会主任委员、全国红军小学建设工程理事会名誉理事长李肇星等，到安丘市参加安丘革命英烈红军小学授旗授牌仪式系列活动。

8 月 29 日，市十五届人大常委会第二十二次会议在市级机关综合办公大楼会议室举行。

9 月 2 日，全市县镇两级人大换届选举工作学习班在市级机关综合办公大楼会议室举行。

9 月 5—7 日，市人大常委会副主任李本跃到湖南省岳阳市参加全国二十城市人大工作座谈会。

9 月 14—15 日，部分住潍全国和省人大代表分别到高新技术产业开发区和滨海经济开发区，就食品安全问题进行专题调研。

9 月 19—20 日，市人大常委会组织对全市城市地下空间开发规划情况进行调查。

9 月 19—22 日，市人大常委会副主任杨继生到枣庄市参加全省人大民侨外工作座谈会。

9 月 21—22 日，齐鲁环保世纪行组委会组织部分省直新闻媒体记者到潍坊，对全市湿地生态保护进行采访。

10 月 8—10 日，市人大常委会党组副书记、副主任刘明珂带领调查组，对全市文化产业发展情况进行调查。

10 月 17—19 日，市人大常委会副主任李本跃带领调查组，对全市新兴产业发展情况进行调查。

10 月 22 日，市人大常委会副主任杨继生到诸城市看望台湾基隆议会议长黄景泰带领的参访团。

10 月 31 日，市十五届人大常委会第二十三次会议在市级机关综合办公大楼会议室举行。

11 月 24 日，市人大常委会党组书记、第一副主任李守玉视察寿光市县镇人大换届选举工作和企业文化发展情况。

同日，市人大常委会党组副书记、副主任王永兴等到规划局听取《潍坊市火车站周边地区概念规划及城市设计》方案招标汇报和《潍坊市城市综合交通规划》汇报。

11 月 29 日，省人大常委会副主任、省总工会主席刘玉功带队到潍坊视察指导县镇人大换届选举工作。

11 月 29—30 日，市人大常委会组织住潍坊市直全国人大代表和省人大代表进行人代会前集中视察。

12 月 16 日，市人大常委会党组副书记、副主任刘明珂对市政府落实市人大常委会关于办理《关于全市城区中小学幼儿园规划布局和建设更加趋向合理的议案》的决议情况进行调查。

12 月 17 日，中共十七届中央委员、全国人大内务司法委员会副主任委员吴双战，全国人大内务司法委员会委员高新亭率领调研组到潍坊，就禁毒、监狱和户籍制度改革等工作情况开展专题调研。

12 月 20 日，市十五届人大常委会第二十四次会议在市级机关综合办公大楼会议室举行。

12 月 22 日，市十六届人大一次会议筹备工作会议在市级机关综合办公大楼会议室召开。

12 月 29 日，市十五届人大常委会第二十五次会议在市级机关综合办公大楼会议室举行。

2012年

1 月 5—6 日，市人大常委会秘书长张军等到文明共建单位潍城区南关街道西南关社区和临朐县五井镇五井东村走访慰问困难群众。

1 月 12 日，市人大财政经济委员会组织对拟提交市十六届人大一次会议审议的《潍坊市

2011年国民经济和社会发展计划执行情况与2012年计划草案》《潍坊市2011年预算执行情况和2012年预算草案》进行审查。

1月16日，市人大常委会组织部分住潍全国、省人大代表和住城区的市人大代表共50人，在市级机关综合办公大楼会议室对市发改委、经信委等61个部门、行业的政风行风状况进行民主评议。

1月18日，市十五届人大常委会第二十六次会议在市级机关综合办公大楼会议室举行。

2月10—14日，潍坊市第十六届人民代表大会第一次会议在潍坊举行。

2月17日，住潍坊市的省人大代表赴济南出席省十一届人大五次会议。

3月2日，住潍全国人大代表启程赴京出席十一届全国人大五次会议。

3月6日，市人大常委会党组书记、第一副主任胡岗到寿光市就如何发挥人大代表主体作用进行调研。

3月8日，市人大常委会党组书记、第一副主任胡岗到青州市，就如何围绕市委和全市大局开展工作进行调研。市人大常委会秘书长张军及有关工作机构负责人陪同调研。

3月13日，市人大常委会机关全体人员会议在市级机关综合办公大楼会议室召开。

3月14日，潍坊市举行欢迎会，迎接潍坊市出席十一届全国人大五次会议的全国人大代表归来。

3月15日，市人大常委会党组书记、第一副主任胡岗到诸城市，就人大常委会在“四个潍坊”建设中如何发挥作用进行调研。

3月16日，市人大常委会党组书记、第一副主任胡岗到高密市，就做好新形势下人大监督工作进行调研。

3月20日，市十六届人大常委会第一次会议在市级机关综合办公大楼会议室举行。

3月22—23日，市人大常委会党组书记、第一副主任胡岗先后到昌邑市和临朐县，就如何进一步做好人大工作进行调研。

3月28日，市人大常委会党组书记、第一副主任胡岗先后到昌乐县、安丘市，就乡镇人大工作进行调研。

3月28—30日，市人大常委会副主任李世光带队对潍坊市十六届人大一次会议主席团确定的“关于进一步推进农村水利工程建设管理的议案”处理情况进行调查。

3月30—31日，市人大常委会党组副书记、副主任刘明珂带领市人大城乡建设与环境资源保护委员会委员，对公路法贯彻实施情况进行检查。

3月30日—4月6日，市人大常委会副主任花兆贤带领市人大财政经济委员会组成人员，对全市工业企业品牌建设情况进行调查研究。

4月9日，市人大常委会副主任李世光带领市人大民族侨务外事委员会委员，对第29届潍坊国际风筝会的筹备工作进行视察。

4月9—10日，市人大常委会党组书记、第一副主任胡岗先后到坊子、寒亭、潍城、奎文4区，就城市经济和文化产业发展情况进行调研。

4月9—13日，市人大常委会副主任花兆贤带领内司委部分委员到深圳、宁波、苏州、无锡等地，就人才工作进行学习考察。

4月12—13日，市人大常委会在山东鲁能泰山足球学校培训中心举办潍坊市第十六届人大代表培训班。

4月17日，市人大常委会党组书记、第一副主任胡岗先后到高新技术产业开发区、滨海经济技术开发区，就开发区人大工作进行调研。

4月18日，山西省晋中市人大常委会副主任高增光等到潍坊市考察农业工作。

4月24日，市人大常委会党组书记、第一副主任胡岗到峡山生态经济发展区，对经济发展和人大工作开展情况进行调研。

4月26日，市十六届人大常委会第二次会

议在市级机关综合办公大楼会议室举行。

4月27日，市十六届人大常委会在市级机关综合办公大楼会议室举办第一次法制讲座，邀请全国人大常委会法制工作委员会国家法室巡视员、中央财经大学兼职教授郭林茂，就《我国宪法与人民代表大会制度》作辅导报告。

5月3—9日，市人大常委会党组副书记、副主任，市人大教育科学文化卫生委员会主任委员刘明珂带领调查组，对全市深化医药卫生体制改革情况进行调查。

5月8—9日，河北省石家庄市人大常委会副主任董文志等到潍坊考察寿光蔬菜生产情况。

5月15—17日，全国二十城市人大工作座谈会第三轮第十一次会议在甘肃省天水市举行。市人大常委会党组书记、第一副主任胡岗等参加会议。

5月18日，广东省肇庆市人大常委会副主任刘惠明等15人到潍坊考察学习人大预算审查监督工作经验。

5月22—24日，市人大内务司法委员会组织部分委员和人大代表，对全市检察机关贯彻实施检察官法情况进行调查。

5月25日，全市人事代表工作室主任座谈会在青州召开。

6月4日，市人大常委会“蓝黄”两区建设视察汇报会在市级机关综合办公大楼会议室召开。

6月4—7日，市人大常委会组织4个组到部分县市区及市属开发区，就“蓝黄”两区建设情况进行视察。

6月14日，市人大常委会党组书记、第一副主任胡岗到潍坊综合保税区视察工作。

6月16—17日，天津市人大常委会党组副书记、副主任荀利军带领考察组，到潍坊就食品安全工作情况进行考察。

6月21日，市十六届人大常委会第三次会议在市级机关综合办公大楼会议室举行。

6月26日，东营市人大常委会原主任刘怿、张万湖等32人到潍坊参观考察。

7月5日，市人大常委会党组书记、第一副主任胡岗到临朐县五井镇五井东村走访慰问老党员，并察看“包村联户”活动开展情况。

7月5—6日，华东六省一市人大民侨外考察团到潍坊参观考察。

7月17日，市人大常委会法律咨询员聘任仪式在市级机关综合办公大楼会议室举行。

7月20日，市人大常委会召开代表建议办理工作见面会，邀请部分提建议的代表，召集市政府督查室和部分承办单位参加会议。

7月24日，市人大常委会组织部分市人大代表，对市公安局、市市政局、市交通局3个部门答复办理代表建议工作进行视察。

8月1日，市人大常委会党组书记、第一副主任胡岗率团到潍坊对口支援的西藏南木林县考察援藏工作并看望慰问援藏干部。

8月1—8日，市人大常委会副主任花兆贤带领市人大财政经济委员会组成人员，对全市上半年国民经济和社会发展计划、预算执行情况，以及2011年财政决算、审计情况进行调查。

8月9—11日，全国人大常委会法工委国家法室主任许安标等到诸城市就农村社区建设情况进行调研。

8月13日，市人大常委会党组副书记、副主任刘明珂等到坊子区对创建文明城市迎测工作任务落实情况进行督导。

8月14—16日，市人大常委会党组理论学习中心组读书会暨全市人大工作座谈会在临朐县召开。

8月24日，市十六届人大常委会第四次会议在市级机关综合办公大楼会议室举行。

9月3—5日，全国人大农业与农村委员会副主任委员李成玉等到潍坊，对全市贯彻实施《中华人民共和国农业法》情况进行检查。

9月11日，市人大常委会党组书记、第一

副主任胡岗到市中级人民法院调研诉讼诚信体系建设情况。

9月12日，市人大常委会党组书记、第一副主任胡岗到市人民检察院调研全市检察工作。

9月14日，全市人大常委会办公室主任座谈会在市级机关综合办公大楼会议室召开。

9月25—26日，全国人大常委会委员、教育科学文化卫生委员会副主任委员宋法棠率领调研组到潍坊，对体育产业发展情况进行调研。

10月9—10日，市人大常委会党组副书记、副主任刘明珂带领市人大城乡建设与环境资源保护委员会部分委员和人大代表，对全市加强环境保护推进“生态潍坊”建设情况进行调查，并邀请“风筝都环保世纪行”记者参加调查采访。

10月16—17日，宁夏回族自治区人大常委会副主任冯炯华等到潍坊调研校园安全立法工作。

10月26日，市十六届人大常委会在市级机关综合办公大楼会议室举办第二次法制讲座，邀请全国人大常委会法工委行政法室副主任、行政强制法立法小组主持人童卫东，就《中华人民共和国行政强制法》作辅导报告。

10月30日，市十六届人大常委会第五次会议在市级机关综合办公大楼会议室举行。

11月7日，驻潍全国和省人大代表换届选举工作会议在市级机关综合办公大楼召开。

11月13日，市人大常委会党组书记、第一副主任胡岗到寿光市走访联系市人大代表。

11月18—19日，全国人大常委会委员、全国人大民族委员会主任委员马启智率领调研组，到潍坊就少数民族流动人口合法权益保护情况进行专题调研。

11月21日，全国人大常委会副委员长路甬祥等到潍坊考察。

11月21—23日，市人大常委会党组副书记、副主任刘明珂带领市人大教育科学文化卫生委员会部分委员和人大代表，对“文化潍坊”建设工作情况进行调查。

11月23日，市人大常委会党组书记、第一副主任胡岗主持召开主任会议，专题学习中共十八大精神和修改后的新党章。

12月19日，市人大常委会副主任花兆贤带领市人大财政经济委员会部分委员，对市政府拟提交市十六届人大二次会议审议的潍坊市2012年国民经济和社会发展计划执行情况与2013年计划（草案）报告、潍坊市2012年预算执行情况和2013年预算（草案）报告进行初审。

12月20日，市十六届人大常委会第六次会议在市级机关综合办公大楼会议室举行。

12月21日，市人大常委会党组副书记、副主任刘明珂调度市十六届人大二次会议筹备工作情况。

12月28日，市十六届人大常委会第七次会议在市级机关综合办公大楼会议室举行。

2013年

1月7—11日，潍坊市第十六届人民代表大会第二次会议在潍坊举行。

1月22日，市人大常委会党组书记、第一副主任胡岗到潍柴集团和峡山生态经济发展区走访慰问劳模和困难职工。

1月23日，住潍坊市的省人大代表赴济南出席省十二届人大一次会议。

2月27日，市十六届人大常委会第八次会议在市级机关综合办公大楼会议室举行。

同日，住潍坊市全国人大代表赴京出席全国人代会欢送会在富华大酒店举行。

3月14日，江西省人大财政经济委员会副主任委员、常委会预算工委主任张振球等到潍坊，就预算审查工作进行考察。

3月18日，市人大常委会党组书记、第一副主任胡岗到诸城市，对重点项目开工和社区建设情况进行调研。

3月19日、21日，市人大常委会党组书记、第一副主任胡岗先后到安丘市、高密市，就全市各级人大如何贯彻落实市委常委（扩大）会议精神、推进更高层次新发展进行调研。

3月19—22日，市人大常委会副主任花兆贤等对全市社会治安防控体系建设情况进行调查。

3月20日、22日，市人大常委会党组书记、第一副主任胡岗到奎文、潍城、坊子、寒亭四区，就如何提升中心城市价值、加快推进城镇化进行调研。

3月26日，市人大代表小组召集人和联络员学习班在市级机关综合办公大楼会议室举行。

3月25日—4月1日，市人大常委会组织对全市经济发展软环境和滨海区开发建设软环境建设情况进行调查。

4月7日，市委书记杜昌文到市人大常委会调研。

4月8—9日，市人大常委会党组书记、第一副主任胡岗先后到昌乐县、昌邑市，就优化经济发展软环境、加大招商工作力度进行调研。

4月18—19日，全国人大常委会委员、农业与农村委员会主任委员陈建国等到潍坊，就农村金融改革发展工作情况进行调研。

4月19日，全国人大常委会委员、法制工作委员会副主任信春鹰等到潍坊，就环境保护工作进行考察调研。

4月23日，市人大常委会党组书记、第一副主任胡岗到青州市、临朐县调研。

4月27日，市十六届人大常委会第九次会议在市级机关综合办公大楼会议室举行。

5月14—16日，全国二十城市人大工作座谈会第三轮第十三次会议在广西壮族自治区柳州市举行。市人大常委会党组副书记、副主任刘明珂参加会议。

5月17日，全市人大规范性文件备案审查工作座谈会召开。

5月20—21日，市人大常委会副主任李世光等对全市现代农业示范基地建设和提升农业保障水平工作进行调查。

5月22—27日，市人大常委会副主任花兆贤等对全市诉讼诚信体系建设情况进行调查。

5月22—27日，市人大常委会副主任李世光等对全市旅游业发展情况进行调查。

5月24日，市十六届人大常委会第十次会议在市级机关综合办公大楼会议室举行。

5月27日，市人大常委会组织部分省、市人大代表，就建设现代制造业基地开展专业代表小组活动。

5月27—31日，市人大常委会组织对全市推进新型城镇化体系建设情况进行调查。

5月28—31日，市人大常委会组织部分委员和省、市人大代表组成4个视察组，对全市工业项目转调创情况进行视察。

6月4—5日，市人大常委会党组副书记、副主任刘明珂等对全市贯彻实施《中华人民共和国体育法》情况进行检查。

6月6—7日，省人大常委会副主任宋远方带队到潍坊，对《中华人民共和国防震减灾法》《山东省防震减灾条例》贯彻实施情况进行检查。

6月25日，市人大常委会副主任李世光等对全市林业工作情况进行调研。

6月28日，市十六届人大常委会第十一次会议在市级机关综合办公大楼会议室举行。

7月8—10日，全国二十城市人大工作座谈会第三轮第十四次会议在吉林省白山市举行。市人大常委会党组书记、第一副主任胡岗，秘书长王秀禄参加会议。

7月15日，市人大常委会在市级机关综合办公大楼会议室召开市十六届人大二次会议以来代表建议办理工作见面会。

7月16—17日，市人大常委会组织部分委员和人大代表，对潍水文化生态保护实验区建设情况进行视察。

7月17日，市人大常委会组织部分提出建议的市人大代表，对代表建议办理工作进行视察。

7月18日，市人大常委会在市级机关综合办公大楼召开突破滨海招商引资代表座谈会，围绕加快滨海开发、招商引资等情况进行研讨交流。

7月24—26日，受省人大常委会委托，市人大常委会副主任花兆贤带领执法检查组，对全市贯彻实施《山东省地方税收保障条例》情况进行检查。

8月6—8日，市人大常委会党组书记、第一副主任胡岗率领调研课题组的同志，对协调推进城镇化与农业现代化课题进行调研。

8月8—9日，市人大常委会副主任李世光等先后到寿光市、诸城市，对全市种养业发展情况进行调研。

8月9日，市人大常委会党组会议在市级机关综合办公大楼召开。

8月19日，市人大常委会组织全国和省、市人大代表，对高新区创城工作进行专项视察。

8月23日，市十六届人大常委会第十二次会议在市级机关综合办公大楼会议室举行。

8月27—28日，省人大常委会组织部分驻鲁全国人大代表到潍坊，就“实施创新驱动战略，加快转变经济发展方式”进行专题调研。

9月4—6日，市人大常委会副主任花兆贤带领市人大财政经济委员会组成人员，对全市安全生产工作情况进行调查。

9月11—12日，全市人大工作座谈会在寿光市召开。

9月24—27日，市人大常委会党组副书记、副主任刘明珂等对全市大气污染防治法贯彻实施情况进行检查。

10月9—10日，市人大常委会副主任李世光等到寿光市、滨海区、昌邑市，对全市贯彻实施海域使用管理法情况进行检查。

10月11—12日，驻市直省人大代表就经济转型升级工作进行专题调研。

10月17日，市人大常委会党组书记、第一副主任胡岗到临朐县寺头镇石佛村走访联系群众。

10月21日，市人大常委会党组在市级机关综合办公大楼召开会议，集体学习习近平总书记一系列重要讲话。

10月22—23日，市人大常委会副主任毛秀凤到东营市参加全省人大教科文卫工作座谈会。

10月23日，市十六届人大常委会在市级机关综合办公大楼会议室举办第四次法制讲座，邀请省环保厅阳光政务中心主任张金智，就《中华人民共和国大气污染防治法》作辅导报告。

10月24日，市十六届人大常委会第十三次会议在市级机关综合办公大楼会议室举行。

10月29日，市人大常委会党组书记、第一副主任胡岗到群众路线教育实践活动联系点寒亭区开元街道走访调研。

11月7—8日，市人大常委会组织对人民防空法贯彻实施情况进行检查。

11月20日，住潍坊省人大代表开展代表小组活动，集体学习中共十八届三中全会精神。

11月22日，市人大常委会党组书记、第一副主任胡岗到青州市调研文化产业发展情况。

11月28日，市人大常委会党组副书记、副主任刘明珂带领市人大教育科学文化卫生委员会组成人员，对市政府落实市人大常委会《关于创新职业教育机制体制加快培养高技能实用人才的议案》的决议情况进行调查。

11月29日，市人大常委会副主任花兆贤带领市人大内务司法委员会委员和部分全国、省人大代表，对全市2013年惩治和预防职务犯罪工作情况进行调查。

12月12—13日，市人大常委会组织部分驻市直全国和省人大代表到诸城市和高密市开展人代会前的集中视察。

12月30日，市十六届人大常委会第十四次会议在市级机关综合办公大楼会议室举行。

2014年

1月14日，市人大常委会副主任、市人大财政经济委员会主任委员花兆贤带领财政经济委员会全体组成人员，对潍坊市2013年国民经济和社会发展计划执行情况与2014年计划草案的报告、潍坊市2013年预算执行情况和2014年预算草案的报告进行初步审查。

1月24日，市十六届人大常委会第十五次会议在市文化艺术中心大剧院三楼人大会议室举行。

1月26日，市人大常委会党组书记、第一副主任胡岗走访慰问部分市级老干部，看望山东潍坊拖拉机厂的全国劳模朱玉峰和困难职工吴克涛，走访峡山区郑公街道敬老院。

2月8日，市人大常委会党组副书记、副主任刘明珂带领市十六届人大三次会议筹备领导小组各组负责人，对会议筹备情况进行检查。

2月10—13日，潍坊市第十六届人民代表大会第三次会议在潍坊举行。

3月2日，住潍坊全国人大代表赴京出席十二届全国人大二次会议。

3月10日，市人大常委会机关党的群众路线教育实践活动动员大会在市级机关综合办公大楼会议室召开。

3月24日，市人大常委会党组召开群众路线专题讨论交流会议。

3月25—28日，市人大常委会党组副书记、副主任刘明珂带队，对全市药品管理法贯彻实施情况进行检查。

3月26—27日，全国人大常委会副委员长、民建中央主席陈昌智等到潍坊，就全市加大改革力度，建立解决产能过剩的长效机制工作进行考察调研。

3月31日，市人大常委会党组书记、第一副主任胡岗到诸城市调研。

同日，市人大常委会副主任花兆贤带领市人大财政经济委员会部分组成人员，对《关于加快建设潍坊“城市一卡通”的议案》《关于加快我市中心城区建设现代中介服务业集聚区的议案》《关于完善城乡社区（村庄）家政服务网络建设打造现代服务业知名品牌的议案》的办理情况进行调查督办。

4月1日，市人大常委会党组书记、第一副主任胡岗到寿光市走访联系基层群众，就开展党的群众路线教育实践活动征求意见。

4月8日，市人大常委会机关教育实践活动征求意见座谈会在市级机关综合办公大楼会议室召开。

4月14日，市人大常委会大气污染防治工作专题询问调研协调会在市级机关综合办公大楼会议室召开。

4月15日、17日，市人大常委会党组书记、第一副主任胡岗到青州市走访联系人大代表，到高密市参加代表联组活动。

4月28日，市十六届人大常委会第十六次会议在市文化艺术中心大剧院举行。

4月29日，市十六届人大常委会在市级机关综合办公大楼会议室举办第五次法制讲座，邀请省人大常委会预算工作委员会副主任张玉成就预算法作辅导报告。

5月15—17日，全国人大常委会环境与资源保护委员会调研室巡视员何嘉平带领中华环保世纪行新闻采访组到潍坊，就潍坊市生态环保工作和试行“大环保”工作格局情况进行采访报道。

5月28—29日，市人大常委会副主任花兆贤带领部分市人大常委会组成人员和省、市人大代表，对滨海经济技术开发区建设情况进行视察。

5月27—30日，市人大常委会副主任李世光带领市人大农业与农村委员会部分委员和市人大代表，对全市农村土地承包经营权确权登记颁证工作情况进行调研。

6月上中旬，市人大常委会党组书记、第一副主任胡岗在到寒亭、坊子、潍城三区调研。

6月30日—7月1日，市十六届人大常委会第十七次会议在潍坊举行，会议期间对大气污染防治工作进行专题询问。

7月9日，市人大常委会在青州市组织开展全国和省、市人大代表联组活动。

7月17日，市人大常委会党组召开专题民主生活会。

7月23—24日，全国人大常委会委员、全国人大环资委副主任委员罗清泉带领全国人大常委会执法检查组，到潍坊就大气污染防治法贯彻实施情况进行检查。

7月23—24日，市人大常委会副主任李世光带领市人大农业与农村委员会部分组成人员，对全市抗旱工作进行检查。

7月29—30日，市人大常委会副主任花兆贤带领部分市人大常委会委员和财政经济委员会组成人员，对潍坊市2014年上半年国民经济和社会发展计划及预算执行情况进行调查，对2013年财政决算情况进行初步审查。

8月5—7日，市人大常委会党组副书记、副主任刘明珂带领市人大教育科学文化卫生委员会部分委员和人大代表，对全市科技创新平台建设情况进行调查。市人大常委会副主任毛秀凤参加调查。

8月6日，全市人大工作座谈会在市直机关综合办公大楼召开。

8月6—8日，市人大常委会副主任李世光带领市人大农业与农村委员会部分委员，对全市农产品质量安全情况进行视察。

8月25日，市十六届人大常委会第十八次会议在市文化艺术中心大剧院举行。

8月26日，广东省人大常委会副主任雷于蓝等到潍坊，就代表工作进行考察。

8月27—29日，全省人大工作座谈会在济南召开。市人大常委会党组书记、第一副主任胡岗参加座谈会并作交流发言。

9月9—11日，市人大常委会副主任毛秀凤带领部分市直省人大代表到威海市，就基层医疗卫生机构综合改革情况进行专题调研。

9月10—18日，市人大常委会党组书记、第一副主任胡岗先后到高密、青州、寿光、奎文等县市区，就加强和改进新形势下镇街人大工作进行调研。

9月24日，市人大常委会党组书记、第一副主任胡岗到诸城市，就经济社会发展情况进行调研。

10月16日，市人大常委会机关党的群众路线教育实践活动总结大会在市级机关综合办公大楼召开。

10月21日，市十六届人大常委会在市级机关综合办公大楼会议室举办第六次法制讲座，邀请国家行政学院副教授、博士胡颖廉，就贯彻食品安全法、推进食品安全治理现代化作辅导报告。

10月22日，市十六届人大常委会第十九次会议在市文化艺术中心大剧院举行。

10月23日，淄博市人大常委会党组书记、第一副主任王顶岐率领考察组到潍坊，就金融工作进行考察学习。

11月11日，市人大常委会在市级机关综合办公大楼会议室举行预算审查监督咨询专家组专家聘任颁证仪式。

11月13日，全省人大工作会议在济南召开。市人大常委会党组书记、第一副主任胡岗，秘书长王秀禄参加会议。

11月20日，全市人大信访工作会议在高密市召开。

12月18日，潍坊市委在市工人文化宫召开全市人大工作会议。会议深入学习贯彻中共十八届四中全会精神，深入学习贯彻习近平总书记在庆祝全国人民代表大会成立60周年大会上的重要讲话和全省人大工作会议精神，就加强和改进全市人大工作，更好发挥人大在法治潍坊建设中的重要作用作出部署。

12月23日，市人大常委会分片在坊子区和昌乐县召开全市人大备案审查工作会议。

12月30日，市十六届人大常委会第二十次会议在市文化艺术中心大剧院举行。

2015年

1月7—8日，省人大法制委员会副主任委员程辉、李守玉等到潍坊就省人大南水北调条例（草案修改稿）开展立法调研。

1月21日，市人大常委会组织召开市十六届人大四次会议筹备工作会议。

1月24日，市人大常委会党组书记、第一副主任胡岗主持召开市十六届人大常委会第38次主任会议。

同日，市十六届人大常委会第二十一次会议在市文化艺术中心大剧院举行。

2月6日，省人大常委会副主任于建成等，到潍坊走访慰问省人大常委会委员等。

2月13日，市十六届人大常委会第二十二次会议在市文化艺术中心大剧院举行。

2月16日，市人大常委会党组书记、第一副主任胡岗走访慰问昌大建设集团有限公司劳模和困难职工。

2月27日—3月2日，潍坊市第十六届人民代表大会第四次会议举行。

3月10日，市人大常委会党组书记、第一副主任胡岗到寿光市，就转型发展工作和《潍坊市委关于进一步加强和改进人大工作的意见》落实情况进行调研。

3月12日，济宁市人大常委会党组书记、第一副主任陈民等到潍坊考察人大工作。

3月19日，市人大常委会党组书记、第一副主任胡岗到高密市，就新常态下经济转型发展进行调研。

3月17—20日，市人大常委会党组副书记、副主任刘明珂带领市人大财政经济委员会部分委员和市人大代表，对全市新兴产业发展情况进行调查。

3月18—20日，市人大常委会副主任王卫东带领市人大内务司法委员会部分委员，对全市法院司法公开工作情况进行调查。

3月25日，辽宁省铁岭市人大常委会副主任南毅等到潍坊考察职业教育工作。

3月26—30日，市人大常委会副主任王卫东带领市人大内务司法委员会部分组成人员和市人大代表，对市十六届人大四次会议确定的《关于构筑老年人关爱服务体系的议案》处理工作情况进行调查。

3月30—31日，辽宁省阜新市人大常委会副主任刘磊等到潍坊考察民办教育工作。

3月31日—4月2日，市人大常委会副主任李世光带领市人大农业与农村委员会组成人员和部分省、市人大代表，对全市贯彻实施农产品质量安全法情况进行检查。

4月1—2日，市人大常委会党组书记、第一副主任胡岗到诸城、安丘、昌邑三市，就新常态下发展情况进行调研。

4月8—9日，市人大常委会党组书记、第一副主任胡岗先后到昌乐、临朐两县进行调研。

4月8—10日，市人大常委会副主任毛秀凤带领部分市人大城乡建设与环境资源保护委员会委员、市人大代表、环保专家和风筝都环保世纪行活动记者，对全市生态环境安全情况进行专题调查和采访。

4月15—16日，德州市人大常委会党组成员祖传虎等到潍坊考察供销社改革发展、服务新型农业经营体系建设情况。

4 月 15—20 日，市人大常委会党组书记、第一副主任胡岗先后到寒亭、坊子、奎文、潍城四区，围绕新常态下如何更好地提升市区进行调研。

4 月 17 日，市人大常委会机关在市级机关综合办公大楼举办“守纪律、讲规矩、作表率”专题辅导报告会。

4 月 21—22 日，浙江省舟山市人大常委会副主任冯淑仙等到潍坊考察职业教育工作。

4 月 25 日，河南省安阳市人大常委会副主任史东林等到潍坊考察农产品质量安全和专题询问工作。

4 月 27 日，淄博市人大常委会副主任王树武等到潍坊考察特色农业发展情况。

4 月 29 日，市十六届人大常委会第二十三次会议在市文化艺术中心大剧院举行。

5 月 5—6 日，省人大常委会委员、财政经济委员会主任委员杜昌祚带领调研组到潍坊，就《山东省循环经济条例（草案）》进行立法调研。

5 月 14 日，市人大常委会党组书记、第一副主任胡岗主持召开党组会议。

5 月 18 日，市人大机关“三严三实”专题教育党课暨践行群众路线报告会在市级机关综合办公大楼举行。

5 月 21—22 日，市人大常委会党组书记、第一副主任胡岗等赴烟台市，考察学习立法筹备、预算审查监督、基层人大建设等工作。

6 月 4 日，市人大常委会党组书记、第一副主任胡岗主持召开全市深化行政体制改革促进现代服务业发展情况调研座谈会。

6 月 10—11 日，市人大常委会在金茂大酒店举办潍坊市第十六届人大代表第三期学习班。

6 月 10—11 日，安徽省马鞍山市人大常委会主任、党组书记靳林春等到潍坊，考察全市蔬菜产业化发展的成功经验。

6 月 11 日，来自广东、广西、黑龙江等 6 个代表团的 15 位全国人大代表到潍坊视察法院工作。

6 月 19 日，市人大常委会党组书记、第一副主任胡岗主持召开领导班子成员会议，就“三严三实”专题教育第一个专题进行集中交流研讨。

6 月 24 日，市委理论学习中心组辅导报告会暨市十六届人大常委会第七次法制讲座在市工人文化宫举行，全国人大常委会法制工作委员会国家法室副处长王正斌就《中华人民共和国立法法》的修改及对地方立法制度的影响作专题辅导报告。

6 月 26 日，市十六届人大常委会第二十四次会议在市文化艺术中心大剧院举行。

7 月 8 日，省人大代表驻寿光小组对寿光市农药经营监管工作进行专题调研。

7 月 28—29 日，日照市人大常委会党组书记、第一副主任黄金华等驻日照市省人大代表组成省人大代表专题调研组，到潍坊就“完善老年人社会保障机制、加快养老服务体系建设”情况进行专题调研。

8 月 2—8 日，全国人大常委会第一期立法法培训班在北京举办，市人大常委会副主任王卫东及市人大法制委有关负责人参加培训。

8 月 18—19 日，全市人大工作座谈会在潍坊召开。

8 月 24—25 日，烟台市人大常委会副主任高琦带领驻烟台市省人大代表到潍坊，就养老工作进行调研。

8 月 26 日，按照“三严三实”专题教育的安排，市人大常委会领导班子成员就“三严三实”专题教育第二个专题进行集中交流研讨。

8 月 27—28 日，市十六届人大常委会第二十五次会议在市文化艺术中心大剧院举行。

9 月 7—10 日，市人大常委会党组书记、第一副主任胡岗到呼和浩特，考察学习立法、全口径预算审查监督和县乡人大等工作。

9 月 15—16 日，烟台市人大常委会党组书记、第一副主任李淑芹等到潍坊，调研人大工作，考察城市建设及文化产业发展情况。

9月15—17日，市人大常委会副主任毛秀凤带领驻潍省人大代表赴菏泽，就“完善老年人社会保障机制、加快养老服务体系建设”工作进行调研。

9月22—24日，市人大常委会副主任王卫东带领市人大内务司法委员会部分委员和相关部门负责人，对全市检察机关控告申诉工作情况进行调研。

10月10日，市十六届人大常委会第二十六次会议在市文化艺术中心大剧院举行。

10月13日，潍坊市人大工作理论研究会成立大会在市级机关综合办公大楼召开。会议选举胡岗为潍坊市人大工作理论研究会理事长。

10月21—22日，省人大常委会副主任、党组副书记才利民等到潍坊，就《山东省特种设备安全条例（草案修改稿）》进行立法调研。

10月27—28日，西藏自治区日喀则市人大常委会副主任尼玛仓等到潍坊，就地方立法工作进行考察学习。

11月3日，市人大常委会在市级机关综合办公大楼举行立法咨询专家聘任仪式暨立法工作座谈会。

11月5日，市人大常委会副主任王卫东带领市人大内务司法委员会部分委员，到市中级人民法院进行案件旁听。

12月18日，市人大常委会党组书记、第一副主任胡岗到滨海区视察基础设施建设情况。

12月24日，市十六届人大常委会第二十七次会议在市文化艺术中心大剧院举行。

12月25日，市十六届人大常委会在市级机关综合办公大楼会议室举办第八次法制讲座，邀请全国人大常委会法制工作委员会国家法室一处处长李菊就地方组织法作辅导报告。

12月31日，市人大常委会党组召开“三严三实”专题民主生活会。

2016年

1月6日，市人大常委会党组副书记、副主任刘明珂主持召开市十六届人大五次会议筹备工作会议，研究部署人代会的各项筹备工作。

1月12日，聊城市人大常委会副主任朱加云等到潍坊，就地方立法工作进行考察学习。

1月19日，市人大常委会党组书记、第一副主任胡岗到市人大机关对口帮扶的临朐县辛寨镇盘阳村视察走访。

1月22日，市人大常委会党组副书记、副主任刘明珂带领市人大财政经济委员会，对潍坊市2015年国民经济和社会发展计划执行情况与2016年计划草案的报告、潍坊市2015年预算执行情况和2016年预算草案的报告进行初步审查。

2月3日，市十六届人大五次会议筹备工作调度会在市级机关综合办公大楼会议室召开。

同日，市十六届人大常委会第二十八次会议在市文化艺术中心大剧院举行。

2月17—20日，潍坊市第十六届人民代表大会第五次会议举行。

3月8—11日，市人大常委会副主任王卫东带领市人大执法检查组，对全市贯彻实施安全生产法情况进行检查。

3月17日，市人大常委会党组书记、第一副主任苏立科专题听取立法工作情况的汇报。

3月22日，市人大常委会党组书记、第一副主任苏立科专题听取市人大常委会人事代表工作情况汇报。

3月25日，市十六届人大常委会党组召开第19次会议，传达学习《中共中央组织部关于学习贯彻习近平总书记重要批示精神加强党委（党组）领导班子建设的通知》等。

3月29—30日，全国人大常委会委员、教育科学文化卫生委员会主任委员柳斌杰带领调研组，到潍坊调研食品安全法贯彻实施情况。

4 月 18—20 日，省人大常委会副主任尹慧敏带领执法检查组到潍坊，就贯彻实施《中华人民共和国大气污染防治法》情况进行检查。

4 月 19 日，市人大常委会党组会议召开。

4 月 21 日，市人大常委会党组书记、第一副主任苏立科到诸城、安丘，就做好新形势下的县乡人大工作进行调研。

4 月 27 日，市十六届人大常委会第二十九次会议在市文化艺术中心大剧院举行。

同日，市十六届人大常委会在市级机关综合办公大楼会议室举办第九次法制讲座，邀请省人大常委会法工委副主任江守涛，就“如何审议地方性法规草案”作辅导报告。

4 月 28 日，市人大常委会机关“两学一做”学习教育工作座谈会召开。

5 月 6 日，市人大常委会在市级机关综合办公大楼举行立法研究服务基地授牌仪式。

5 月 13 日，市人大常委会机关全体党员会议在市级机关综合办公大楼会议室召开。

5 月 17—19 日，全市县乡人大干部培训班在潍坊举行。

5 月 18 日，市人大常委会组织住潍坊市直、昌邑、寒亭的部分全国、省、市人大代表在昌邑市开展代表联组活动。

5 月 25—31 日，市人大常委会副主任王卫东带领立法调研组对市政府提交的《潍坊市电梯安全条例（草案）》进行立法调研。

5 月 31 日—6 月 3 日，市人大常委会副主任李世光带领视察组对全市农产品质量安全情况进行视察，并就《潍坊市剧毒高毒农药管理条例（草案）》听取相关部门和人大代表的建议意见。

6 月 14—15 日，全市人大预算审查监督培训暨专家聘任会议举行。

6 月 23—24 日，市十六届人大常委会第三十次会议在市文化艺术中心大剧院举行。

6 月 30 日，市人大常委会党组书记、第一副主任苏立科到寿光市看望慰问建国前老党员、生活困难党员，走访联系部分市级重点企业，到市人大机关对口帮扶的临朐县辛寨镇盘阳村走访调研。

7 月 15 日，受省人大城环委委托，市人大常委会副主任毛秀凤带领市人大城乡建设与环境资源保护委员会委员，就全市保障性安居工程建设情况进行调研。

7 月 20—21 日，由《人民日报》、新华社等 12 家中央媒体组成的中华环保世纪行新闻记者采访组到潍坊，开展以“加强环境治理、改善环境质量”为主题的专题采访活动。

7 月 25—27 日，菏泽市人大常委会副主任丁志刚带领驻菏泽市的部分省人大代表，到潍坊就农产品质量安全工作进行专题调研。

7 月 28 日，市人大常委会召开立法咨询专家工作座谈会，听取对《潍坊市剧毒高毒农药管理条例（草案）》《潍坊市电梯安全条例（草案）》两部法规案的意见建议。

8 月 12 日，市人大常委会办公室会同市委组织部、市委宣传部联合举办全市县镇两级人大换届选举工作学习班。

8 月 23—24 日，市十六届人大常委会第三十一次会议在市文化艺术中心大剧院举行。

9 月 18 日，市十六届人大常委会第三十二次会议在市文化艺术中心大剧院举行。

9 月 26—29 日，市人大常委会党组副书记、副主任刘明珂带领调查组，对全市供给侧结构性改革情况进行调查。

10 月 8—10 日，全国人大常委会副委员长张宝文率检查组，到潍坊就道路交通安全法贯彻实施情况开展执法检查。

10 月 18—19 日，市十六届人大常委会第三十三次会议在市文化艺术中心大剧院举行。

10 月 25 日，黑龙江省人大常委会党组书记、副主任符凤春等到寿光市就食品安全工作开展立法调研。

10月26日，市人大工作理论研究会理事会会议暨研讨会在市级机关综合办公大楼召开。市人大常委会党组书记、第一副主任苏立科出席会议并讲话，市人大工作理论研究会理事长胡岗作总结讲话。

10月31日，市十六届人大常委会第三十四次会议在市文化艺术中心大剧院举行。

11月1—3日，福建省厦门市人大常委会副主任刘育生等到潍坊学习考察园林绿化建设管理以及立法方面的经验和做法。

11月3日，市人大常委会党组召开会议，集中学习《关于新形势下党内政治生活的若干准则》《中国共产党党内监督条例》。

11月23日，市人大常委会党组召开会议，传达学习市委十一届十次全体会议精神。

11月28日，市人大常委会举行新闻发布会，通报《潍坊市禁用限用剧毒高毒农药条例》《潍坊市电梯安全条例》《潍坊市文物保护条例》等首批实体地方性法规有关情况。

12月14日，市人大常委会党组书记、第一副主任苏立科到寒亭区，就人大换届选举工作进行调研。

2017年

1月4—8日，市人大常委会党组副书记、副主任刘明珂带领考察组赴吉林省长春市、湖北省随州市考察化工产业发展情况。

1月15日，市十六届人大常委会第三十五次会议在市级机关综合办公大楼会议室举行。

1月16日，市人大常委会党组副书记、副主任刘明珂主持召开会议，研究部署市十七届人大一次会议筹备工作。

1月16—18日，市人大常委会党组书记、第一副主任苏立科到潍柴集团、寿光市，看望慰问劳动模范、老党员和困难群众，走访联系有关专家。

1月23日，市十六届人大常委会第三十六次会议在市级机关综合办公大楼会议室举行。

1月24日，市人大常委会党组召开2016年度民主生活会。

2月20日，市十六届人大常委会第三十七次会议在市文化艺术中心大剧院举行。

2月24—28日，潍坊市第十七届人民代表大会第一次会议在市文化艺术中心大剧院举行。

3月20日，市十七届人大常委会第一次会议在市文化艺术中心大剧院举行。

3月21—24日，市人大常委会副主任张新强带队赴长沙市，就中小学幼儿园规划建设立法情况进行学习考察。

3月23—28日，市人大常委会副主任范福生带队赴贵阳市、毕节市、遵义市、常德市等地就校地合作、饮用水源地保护管理立法项目、立法制度建设等进行学习考察。

4月5—7日，市人大常委会在潍坊举办市十七届人大代表培训班。

4月6—7日，市人大常委会副主任张新强带领调研组，到昌乐县、寿光市对《潍坊市中小学幼儿园规划建设条例（草案）》进行立法调研。

4月9—15日，市人大常委会预算工委组织在上海财经大学举办全市人大预算审查监督培训班。

4月12—13日，省人大常委会副主任尹慧敏带队，到潍坊对法院执行工作进行视察。

4月17日，市人大常委会副主任范福生带领调研组到市人大常委会立法研究服务基地——潍坊学院进行调研。

4月19日，市十七届人大常委会党组召开第一次会议，研究贯彻落实全市开展“作风建设年”活动动员大会精神。

4月20日，甘肃省兰州市人大常委会主任段玉茹到昌邑市考察梨园保护工作。

4月28日，市十七届人大常委会第二次会

议在市级机关综合办公大楼举行。

6月8日，市人大常委会组织部分全国、省、市人大代表开展代表联组活动，视察潍城区贯彻实施“科学发展、转型发展”情况。

6月15日，市十七届人大常委会在市级机关综合办公大楼会议室举办第一次法制讲座，邀请全国人大常委会委员、法律委员会副主任委员李连宁就“依法履行职责，做好人大工作”作辅导报告。

6月19—21日，黄石市人大常委会党组副书记、副主任汪斌到潍坊，学习考察居家养老服务和殡葬改革工作。

6月28日，市十七届人大常委会第三次会议在市文化艺术中心大剧院举行。

7月12日，市人大常委会副主任张新强带领市人大农业与农村委员会部分组成人员，对全市城区抗旱调水工作进行调研。

7月14日，市人大工作理论研究会在市级机关综合办公大楼召开会员大会和理事会会议。省人大财政经济委员会副主任委员、市人大工作理论研究会理事长胡岗等出席。

7月18—21日，市人大常委会副主任张新强带领市人大教育科学文化卫生委员会组成人员，对全市食品安全工作情况进行调查。

7月31日—8月2日，省人大常委会副主任温孚江带领执法检查组到潍坊，就贯彻实施《中华人民共和国安全生产法》《山东省安全生产条例》情况进行检查。

8月1日，市人大常委会副主任毛秀凤带领视察组，对“中国食品谷”重点项目建设推进情况进行视察。

8月15—17日，江苏省常州市人大常委会副主任盛建良到潍坊学习考察《潍坊市电梯安全条例》立法工作。

8月16—18日，市人大常委会副主任张新强带领调研组就人才环境建设情况开展调研。

8月21—25日，市人大常委会副主任范福生带领调研组就诚信环境建设情况开展调研。

8月22—23日，市人大常委会副主任毛秀凤带领调研组就政策环境建设情况进行调研。

8月29日，市十七届人大常委会第四次会议在市文化艺术中心大剧院举行。

9月12—14日，市人大常委会副主任毛秀凤带领市人大城乡建设与环境资源保护委员会，对全市重大交通基础设施建设管理情况进行调查，并以“加强扬尘污染防治”为主题开展风筝都环保世纪行活动。

9月20—21日、10月8—9日，市人大常委会副主任张新强带领视察组，对全市农业供给侧结构性改革工作进行视察。

10月21—22日，河南省漯河市人大常委会副主任焦红艳等到潍坊考察乡村旅游工作。

10月28—29日，市十七届人大常委会第五次会议在潍坊举行。

10月29日，市十七届人大常委会第五次会议关于优化经济发展软环境工作专题询问会在市级机关综合办公大楼召开。

11月6日，市十七届人大常委会第六次会议在市级机关综合办公大楼会议室举行。

11月13日，市人大常委会副主任范福生带领调查组，听取市政府有关部门关于贯彻实施《潍坊市电梯安全条例》情况的汇报。

12月6日，市十七届人大二次会议筹备工作领导小组会议在市级机关综合办公大楼会议室举行，研究部署市人代会筹备工作。

12月7日，市人大常委会党组召开会议，集中交流学习中共十九大精神心得体会。

12月8日，市十七届人大常委会在市级机关综合办公大楼会议室举办第二次法制讲座，邀请西南政法大学教授、博士生导师徐以祥就《地方环境立法的问题和对策》作辅导报告。

12月12日，市十七届人大常委会第七次会议在市文化艺术中心大剧院举行。

12月22日，全市人大规范性文件备案审查工作会议召开。

2018年

1月2日，市十七届人大常委会第八次会议在市级机关综合办公大楼会议室举行。

1月5—9日，潍坊市第十七届人民代表大会第二次会议在市文化艺术中心大剧院举行。

1月9日，市十七届人大常委会第九次会议在市文化艺术中心大剧院举行。

1月22日，中共山东省委党校教研基地揭牌仪式在潍坊市人大机关举行。

2月7日，市人大常委会党组召开民主生活会。

2月28日，市十七届人大常委会第十次会议在市文化艺术中心大剧院举行。

3月1日，市人大常委会党组召开扩大会议，集中学习中共十九届三中全会精神。

3月13日，市人大常委会党组召开扩大会议，集体学习习近平总书记在参加十三届全国人大一次会议山东代表团审议时的重要讲话。

3月13—16日，市人大常委会副主任毛秀凤等对“中国食品谷”发展情况进行集中调查研究。

3月13—16日，市人大常委会副主任范福生带领执法检查组，对全市贯彻实施安全生产法情况进行检查。

3月21日，市人大常委会副主任范福生在市人大机关会议室主持召开高质量发展研讨会。

3月22日，市人大法制委员会、市人大常委会法制工作委员会召开立法工作座谈会，就养犬管理和快递业管理立法项目进行调研论证。

3月22—23日，市人大城乡建设与环境资源保护委员会以“固体废弃物和垃圾无害化处置、资源化利用”为主题开展风筝都环保世纪行活动。

3月26—28日，市人大常委会在潍坊举办市十七届人大代表第二期学习班。

3月26日—4月1日，市人大常委会预算工作委员会在厦门国家会计学院举办潍坊市人大常委会预算审查监督培训班。

3月27日，全市领导干部宪法辅导报告会暨市十七届人大常委会第三次法制讲座在富华国际会议中心举行。

4月18日，省人大常委会副主任王云鹏带领检查组对全市贯彻实施大气污染防治法和山东省大气污染防治条例情况进行检查。

4月19日，市十七届人大常委会第十一次会议在市文化艺术中心大剧院举行。

4月23日，市人大常委会党组和机关党组务虚会召开。

5月3日，市人大常委会机关召开深化“作风建设年”活动暨开展“大学习、大调研、大改进”会议。

5月16日，市十七届人大常委会第十二次会议在市级机关综合办公大楼举行。

5月17—18日，全省人大内务司法工作座谈会在济南召开，潍坊市人大常委会作《聚焦热点破解难点以“五抓”推动内务司法工作不断发展》的发言。

5月23—25日，市人大常委会副主任范福生带领调查组，对全市新旧动能转换情况进行调查。

5月28日，市人大常委会党组理论学习中心组围绕《共产党宣言》和习近平总书记在中共中央政治局第五次集体学习时的讲话、在纪念马克思诞辰200周年大会上的讲话，进行集体学习研讨。

6月12日，市人大常委会在市级机关综合办公大楼会议室召开“放管服”改革座谈会。

6月12—14日，市人大常委会副主任毛秀凤带领城乡建设与环境资源保护委员会、民族侨务外事委员会和部分市人大代表对“品质城市”建设进行专题视察。

6月21—22日，省人大常委会党组副书记、副主任王良带领执法检查组到潍坊，就《中华人民共和国安全生产法》《山东省安全生产条例》“一法一条例”贯彻实施情况进行执法检查。

6月25日，市十七届人大常委会第十三次会议在市文化艺术中心大剧院举行。

6月26日，市人大常委会地方立法工作会议召开。

7月2日，全省人大城乡建设环境资源保护工作座谈会在济南召开。市人大常委会副主任毛秀凤参加会议，并作《强化责任担当、依法履职尽责，全力推进生态文明建设》的发言。

7月2—9日，市人大常委会副主任范福生带队到苏州、嘉兴、绍兴、扬州、南京等地市就《潍坊市青州古城保护条例（草案）》进行学习考察。

7月3日，市人大常委会党组召开（扩大）会议，集体学习市委十二届六次全体会议精神。

7月3—5日，省人大常委会副主任王随莲带领调研组到潍坊，就《山东省台湾同胞投资促进和权益保护条例（草案）》开展立法调研。

7月3—5日，市人大常委会副主任张新强带领视察组，对全市“文化名市”项目建设情况进行专题视察。

7月10日，全市人大预算审查监督工作会议在市级机关综合办公大楼召开。

7月11—13日，市人大常委会副主任范福生带领视察组，对全市“产业强市”项目建设情况进行视察。

7月12日，市人大常委会组织部分全国、省、市人大代表开展专题活动，对市公安局道路交通安全管理工作情况进行视察。

7月19—20日，滨州市人大常委会副主任吕德章到潍坊就人才战略、人才政策、人才载体平台及体制机制建设情况进行考察学习。

7月26日，市十七届人大常委会第十四次会议在市级机关综合办公大楼会议室举行。

8月7—9日，山西省长治市人大常委会副主任郭海英到潍坊就大气污染防治立法工作进行学习考察。

8月9日，市十七届人大三次会议秘书处各组负责人会议在市级机关综合办公大楼会议室举行，研究部署市人代会筹备工作。

8月20日，市十七届人大常委会第十五次会议在市文化艺术中心大剧院举行。

8月24日，市人大常委会副主任范福生带领调研组，对全市道路交通安全管理工作进行调研。

8月25日，市人大常委会副主任毛秀凤到寒亭区出席“发展智慧农业，助力乡村振兴”研讨会。

8月29日，市十七届人大常委会第十六次会议在市级机关综合办公大楼举行。

8月30日，市人大常委会副主任毛秀凤带领市人大城乡建设与环境资源保护委员会、民族侨务外事委员会部分委员，到市人大机关帮扶的临朐县山旺镇桃花村，察看抗灾救灾和恢复重建工作。

9月6日，市人大常委会副主任、市抗灾救灾指挥部副总指挥张新强，带领市人大农业与农村委员会委员、部分市人大代表，到寒亭区、青州市调研乡村振兴战略实施情况。

9月6—12日，市人大常委会秘书长王秀禄带领调研组，对全市实施乡村文化振兴战略工作情况进行专题调研。

9月17日，市人大常委会党组召开巡视整改专题民主生活会。

9月18日，潍坊市第十七届人民代表大会第三次会议在市文化艺术中心大剧院举行。

9月25—26日，市人大常委会副主任范福生带领调研组，对全市实施乡村振兴战略“人才振兴”工作情况进行专题调研。

9月27—28日，市人大常委会副主任范福生带领视察组，对全市商事制度改革工作情况进行视察。

10月10日，市人大工作理论研究会在潍坊召开理论研讨会。

10月19日，市人大民族侨务外事委员会召开全体会议，对《潍坊市会展业促进条例（草案）》进行初审。

10月31日，市十七届人大常委会第十七次会议分别在市文化艺术中心大剧院和市级机关综合办公大楼会议室举行。

同日，市十七届人大常委会第十七次会议关于全市实施乡村振兴战略情况专题询问会在市级机关综合办公大楼举行。

11月5—9日，市人大常委会副主任范福生带队到昆明、西安、上海就会展业促进条例立法进行学习考察。

11月13—15日，市人大常委会副主任毛秀凤带领城乡建设与环境资源保护委员会对全市实施棚户区改造、提升城市建设品质情况进行调查。

12月7日，潍坊市镇街人大工作经验交流会在潍坊举行。

12月20日，市人大民族侨务外事委员会召开全体委员会议，听取市外侨办关于潍坊市荣誉市民评选情况的汇报，审议《关于授予皮特·谭伯格等潍坊市荣誉市民称号的议案》。

12月21日，市十七届人大法制委员会召开第七次全体会议。

12月26日，市十七届人大常委会第十八次会议在市文化艺术中心大剧院举行。

2019年

1月21日，市十七届人大常委会第十九次会议在市级机关综合办公大楼会议室举行。

1月23日，市人大常委会党组召开2018年度民主生活会。

1月25日，市十七届人大常委会第二十次会议在市文化艺术中心大剧院举行。

1月28日，市十七届人大常委会第二十一次会议在市文化艺术中心大剧院举行。

1月29日—2月1日，潍坊市第十七届人民代表大会第四次会议在市文化艺术中心大剧院举行。

2月28日，市十七届人大常委会第二十二次会议在市文化艺术中心大剧院举行。

3月6日，市十七届人大常委会第二十三次会议在市级机关综合办公大楼举行。

4月1—2日，全国人大常委会委员、农业与农村委员会副主任委员王宪魁率调研组等，到潍坊就乡村产业发展情况进行调研。

4月10—11日，市人大常委会副主任顾建华带领视察组，对全市优化营商环境情况进行视察。

4月10—12日，省人大常委会副主任王华带领执法检查组到潍坊，就贯彻实施《中华人民共和国大气污染防治法》《山东省大气污染防治条例》情况开展执法检查。

4月12日，市人大监察和司法委员会召开市直监察司法部门单位工作联系会议。

4月16—18日，四川省德阳市人大常委会考察组，到潍坊就历史文物保护和非物质文化遗产保护进行学习考察。

4月20—21日，市人大常委会副主任张新强带领调研组，到青州市、临朐县、高密市、昌邑市，对全市红色文化资源保护情况进行调研。

4月25日，市十七届人大常委会第二十四次会议在市文化艺术中心大剧院举行。

5月29—31日，黑龙江省牡丹江市人大常委会副主任赵士元等到潍坊学习考察城市交通管理先进经验。

6月12日，市十七届人大常委会第二十五次会议在市文化艺术中心大剧院举行。

6月19—20日，省人大常委会党组副书记、副主任王良带领执法检查组到潍坊，就贯彻实施《中华人民共和国安全生产法》《山东省安全生产条例》情况开展执法检查。

6月25—26日，市人大常委会党组成员、机关党组书记杨建华带队赴威海开展对标学习。

6月28日，全市人大社会建设工作座谈会在市级机关综合办公大楼召开。

7月10日，市人大常委会党组成员、机关党组书记杨建华带领机关选派的结对帮扶干部，到临朐县龙山高新技术产业园马家辛兴村，对建档立卡之外的20户贫困家庭进行走访调研。

7月10—12日，市人大常委会副主任张新强带领调研组对全市脱贫攻坚工作开展情况进行调研。

7月16—17日，市人大常委会副主任顾建华带领调查组，对全市安全生产工作情况进行调查。

7月26日，市人大常委会副主任张新强带队，住潍部分全国和省、市人大代表到安丘、高密两市开展代表联组活动，调研参观乡村振兴、“双招双引”项目。

8月8日，住淄博市的省人大代表，由淄博市人大常委会副主任翟乃翠带队，到潍坊就“促进民营经济高质量发展相关政策落实落地问题”及“文化和旅游融合发展问题”进行专题调研。

8月13日，市人大常委会副主任张新强到高密市阚家镇兴隆官庄了解指导扶贫工作、走访贫困户。

8月16日，市人大常委会副主任张新强带领调研组，到滨海区调研环境整治工作情况。

8月21日，市人大常委会副主任毛秀凤带队到昌邑市就负责包靠的潍水田园综合体项目进行调研。

8月23日，市人大常委会副主任顾建华到临朐县寺头镇桃花村，对镇村脱贫攻坚工作情况进行联系指导，并走访慰问困难群众。

同日，市人大常委会副主任范福生带队到峡山区走访贫困户并调研脱贫攻坚工作。

8月27日，市十七届人大常委会第二十六次会议在市文化艺术中心大剧院举行。

9月4日，市人大常委会副主任毛秀凤带领部分住潍全国和省人大代表，到济南市就“促进民营经济高质量发展相关政策落实落地问题”进行专题调研。

9月12日，市人大常委会及机关“不忘初心、牢记使命”主题教育工作会议在市文化艺术中心大剧院召开。

9月25日，市人大常委会学习贯彻省委人大工作会议精神座谈会在市文化艺术中心大剧院召开。

9月下旬，市人大常委会副主任张新强带领视察组，对全市乡村产业振兴工作情况进行视察。

10月8日，市十七届人大常委会第五次法制讲座在市级机关综合办公大楼举行。

10月9—10日，市人大常委会副主任张新强带领调查组，对全市职业教育发展情况进行调查。

10月14—16日，吉林省人大常委会副主任张焕秋等7人，到寒亭区前阙庄、坊子区玉泉洼等地，考察乡村产业发展、美丽乡村建设、乡村人居环境建设等方面的经验和做法。

10月25日，市十七届人大常委会第二十七次会议在市文化艺术中心大剧院和潍坊金茂国际大酒店举行。

同日，市十七届人大常委会第二十七次会议环保督察问题整改情况专题询问会在潍坊金茂国际大酒店举行。

10月29日，市人大常委会党组调研成果交流会在市级机关综合办公大楼召开。

11月4日，市人大常委会党组召开（扩大）会议，传达学习中共十九届四中全会精神。

11月8日，市十七届人大常委会第二十八次会议在市级机关综合办公大楼举行。

11月8日，市人大常委会党组召开对照党章党规找差距专题会议。

11月28日，市人大常委会召开《潍坊市道路交通安全条例》立法协调会。

12月4日，市人大常委会举办国家宪法日座谈会。

12月5日，市人大常委会党组召开“不忘初心、牢记使命”专题民主生活会。

12月23日，市人大常委会机关在市级机关综合办公大楼举办中共十九届四中全会精神宣讲报告会。

12月24日，市十七届人大常委会第二十九次会议在市文化艺术中心大剧院举行。

同日，全市人大工作创新发展推进会议在市文化艺术中心大剧院召开。

12月30日，市十七届人大常委会第三十次会议在市文化艺术中心大剧院举行。

12月31日，市人大常委会党组召开（扩大）会议，传达学习市委十二届九次全体会议、市委经济工作会议精神，研究部署落实措施。

2020年

1月6日，市人大常委会领导现场检查主会场、代表驻地等场所，调度大会筹备工作情况。

1月8日，市十七届人大常委会第三十一次会议在市文化艺术中心大剧院举行。

1月9—12日，潍坊市第十七届人民代表大会第五次会议在市文化艺术中心大剧院举行。

1月13日，市人大常委会及机关“不忘初心、牢记使命”主题教育总结会议在市级机关综合办公大楼召开。

同日，市人大常委会领导到市委新华宿舍走访慰问离退休老干部。

同日，市人大常委会机关召开《潍坊市烟花爆竹管理条例（修正案）》宣传普及情况督查工作部署会议。

1月14日，市人大常委会副主任张新强率市拥军优属慰问团一分团，代表市委、市政府走访慰问驻潍部队。

1月16日，市人大常委会副主任顾建华到临朐县对联系的扶贫工作重点镇村、包靠的贫困户以及企业进行走访、调研。

2月17日，市人大常委会秘书长杨建华到安丘市，看望市人大常委会机关派出参加全市新型冠状病毒疫情防控流动人口信息核查督导的工作人员。

2月21日，市十七届人大常委会第三十二次会议在市级机关综合办公大楼举行。

3月23日，市人大常委会党组召开扩大会议，进行集体学习。

4月8日，市人大常委会党组理论学习中心组召开会议，进行集体学习研讨。

同日，市人大常委会法工委召开《山东省公共安全应急管理保障条例（草案）》（防汛抗旱应急保障部分）起草工作调度会。

4月9日，市十七届人大常委会第三十三次会议在市级机关综合办公大楼举行。

4月10日，市人大财政经济委员会在市级机关综合办公大楼召开全体会议。

4月14日，市人大社会建设委员会召开委员和联系部门工作座谈会。

4月23日，市人大监察和司法委员会召开全体会议。

5月8日，省人大常委会副主任王云鹏到潍坊开展信访积案化解工作。

5月9日，市人大常委会副主任毛秀凤带领市人大民族侨务外事委员会，对潍坊综合保税区工作和建设情况进行调查。

5月11日，市人大常委会副主任顾建华到临朐县，对联系的扶贫工作重点镇村、包靠的贫困户以及企业进行走访、调研。

5月19—20日，市人大常委会副主任顾建华带领视察组，对全市经济恢复和发展情况进行视察。

5月21—22日，市人大常委会副主任顾建华带领部分市人大常委会委员、市人大社会建设委员会委员、市人大代表，就全市贯彻实施《中华人民共和国就业促进法》《山东省就业促进条例》情况开展执法检查。

5月22日，市人大常委会副主任毛秀凤带领市人大城乡建设与环境资源保护委员会，到峡山区调查饮用水源地保护工作情况。

6月1日，市人大常委会党组召开扩大会议，集体学习习近平总书记在全国“两会”期间和中央政治局第二十次集体学习时的重要讲话精神，传达十三届全国人大三次会议精神和省、市委有关要求，研究贯彻落实意见。

同日，市委第四巡察组巡察市人大常委会机关党组工作动员会在市级机关综合办公大楼召开。

6月18日，市十七届人大常委会第三十四次会议在市文化艺术中心大剧院举行。

6月24日，市委全面依法治市委员会立法协调小组全体会议在市级机关综合办公大楼一楼第三会议室召开，市人大常委会副主任、市委全面依法治市委员会立法协调小组组长范福生主持会议并讲话。

6月29日，市人大常委会副主任张新强到高密市姜庄镇伊家长村，走访慰问所包靠的贫困户。

7月3日，市人大常委会党组理论学习中心组召开会议，传达学习省委十一届十一次全体会议精神，研究贯彻落实意见。

7月11—12日，安徽省安庆市人大常委会副主任童学军到潍坊考察学习非物质文化遗产保护工作。

7月14—16日，市人大常委会副主任张新强带领检查组，到寒亭区、昌邑市、昌乐县就贯彻实施《中华人民共和国农产品质量安全法》《山东省农产品质量安全条例》情况开展执法检查。

7月17日，市人大常委会在奎文区举行基层立法联系点授牌仪式现场会。

7月27日，东营市人大常委会副主任李永元等，到潍坊考察学习民办教育工作。

7月29日，市人大常委会副主任毛秀凤带队，组织部分住潍全国和省、市人大代表到临朐县开展专业代表小组活动。

7月31日，市人大常委会在市级机关综合办公大楼举行第六次法制讲座，中共山东省委党校（山东行政学院）教授、法学博士钟丽娟以“贯彻实施民法典，依法更好保障人民合法权益”为主题作辅导报告。

8月4—6日，全国人大常委会委员、全国人大财政经济委员会委员、常委会预算工委副主任朱明春带队到潍坊调研财政农业农村资金分配和使用情况。

8月14日，市人大常委会在市级机关综合办公大楼召开加强城市精细化管理、促进现代化高品质城市建设专题询问调研座谈会。

8月24日，市“重点工作攻坚年”第一督导评估专班组长、市人大常委会副主任顾建华带领第一督导专班全体成员，到潍城区就省市重点项目、流程再造、民生实事等攻坚任务推进情况进行督导。

8月26日，市十七届人大常委会第三十五次会议在市文化艺术中心大剧院举行。

9月1日，市人大常委会副主任毛秀凤主持召开加强城市精细化管理、促进现代化高品质城市建设情况调研座谈会。

9月8日，泰安市人大常委会副主任刘学保等到潍坊考察学习加强电梯安全管理有关工作。

9月10—17日，市人大常委会副主任张新强带领检查组，对全市贯彻实施《中华人民共和国传染病防治法》及其实施办法、《突发公共卫生事件应急条例》情况进行执法检查。

9 月 16—17 日，市人大常委会副主任顾建华带领调查组，对全市城乡社区工作情况开展调查。

9 月 16—18 日，市人大常委会副主任毛秀凤带领检查组，对全市贯彻实施《中华人民共和国归侨侨眷权益保护法》《山东省归侨侨眷权益保护条例》情况进行执法检查。

9 月 17—18 日，市人大常委会副主任顾建华带领调查组，对全市企业国有资产管理情况进行调查。

9 月 22—23 日，市人大常委会副主任顾建华带领视察组，对全市新旧动能转换重大工程推进情况进行视察。

9 月 24 日，市人大常委会机关召开思想作风整顿暨“百日攻坚”会战动员会议。

同日，市委第四巡察组向市人大常委会机关党组反馈巡察情况。

9 月 27 日，市人大常委会副主任范福生到寒亭区固堤街道固堤二村走访调研，慰问贫困群众，了解脱贫攻坚工作。

9 月 28 日，市“重点工作攻坚年”第一督导评估专班组长、市人大常委会副主任顾建华带领第一督导专班，到滨海区就开发区机制体制改革、企业改革等攻坚任务推进情况进行督导。

9 月 29 日，市人大常委会党组召开专题民主生活会。

9 月下旬至 10 月中旬，市人大常委会副主任顾建华带领调研组，对全市优化营商环境情况进行专题调研。

10 月 14—15 日，安徽省淮北市人大常委会党组书记、主任方宗泽带领考察组，到潍坊就提高常委会会议质量和审议意见办理质效情况进行考察学习。

10 月 22 日，市十七届人大常委会召开第三十六次会议。

同日，市十七届人大常委会第三十六次会议就加强城市精细化管理、促进现代化高品质城市建设情况进行专题询问，会议在金茂国际大酒店举行。

10 月 23 日，市人大常委会副主任顾建华带队调研全市养老服务体系建设工作。

10 月 28 日，省人大常委会副主任王华带领调研组到潍坊调研港口一体化改革发展情况。

11 月 6 日，全市人大预算联网监督暨预算审查监督工作会议在昌邑市召开。

11 月 13 日，市十七届人大常委会第三十七次会议在市文化艺术中心大剧院举行。

同日，市人大常委会召开部分人大代表座谈会，围绕如何深入贯彻落实中共十九届五中全会精神和省、市委工作要求，研究谋划全市“十四五”时期重点工作和重大项目征求意见建议。

11 月 18 日，省人大常委会党组书记、副主任于晓明到潍坊为歌尔股份有限公司干部职工宣讲中共十九届五中全会精神。

11 月 27 日，市委全面依法治市委员会立法协调小组第二次会议在市级机关综合办公大楼召开，会议传达学习中央全面依法治国工作会议精神，审议通过《潍坊市供热条例（草案表决稿）》及其汇报。

12 月 8 日，市十七届人大常委会第三十八次会议在市级机关综合办公大楼举行。

12 月 21 日，市十七届人大六次会议筹备工作调度会在市级机关综合办公大楼举行。

2021年

1 月 5 日，市人大财政经济委员会在市级机关综合办公大楼召开全体会议，对《潍坊市国民经济和社会发展第十四个五年规划和二〇三五年远景目标纲要（草案）》进行初步审查。

1 月 6 日，市人大常委会副主任范福生到滨海区督导检查寒潮应对防范工作。

1 月 13 日，市人大常委会党组召开 2020 年度民主生活会。

1 月 15 日，市十七届人大常委会第三十九次会议在市级机关综合办公大楼会议室举行。

1 月 28 日，市十七届人大常委会第四十次会议在市级机关综合办公大楼举行。

1 月 31 日，市人大常委会副主任张新强带队到峡山区指导检查安全生产、疫情防控、农民工工资支付保障工作。

2 月 1 日，市人大常委会副主任顾建华到临朐县对联系的扶贫工作重点镇村、包靠的贫困户以及企业进行走访调研。

同日，市人大常委会副主任范福生到滨海区督导检查疫情防控、安全生产、农民工工资保障等工作。

2 月 23 日，市人大常委会党组召开扩大会议，集体学习全省 2021 年工作动员大会、全市重点工作突破暨服务企业发展动员大会精神，研究贯彻落实意见。

2 月 25 日，潍坊市人大工作理论研究会换届会议在东方大酒店召开。

3 月 3 日，市人大常委会副主任顾建华到峡山区督导安保维稳工作。

同日，市人大常委会副主任范福生到滨海区督导安保维稳、安全生产及疫情防控工作。

3 月 14 日，市十七届人大常委会第四十一次会议在市级机关综合办公大楼举行。

3 月 16 日，市人大常委会召开座谈会，征求部分住潍全国和省、市人大代表对《政府工作报告（征求意见稿）》的意见建议。

3 月 18 日，市十七届人大常委会第四十二次会议在市级机关综合办公大楼举行。

3 月 23—26 日，潍坊市第十七届人民代表大会第六次会议在市文化艺术中心大剧院举行。

3 月 26 日，市十七届人大常委会第四十三次会议在市文化艺术中心大剧院举行。

3 月 31 日—4 月 1 日，省人大常委会副主任王随莲带领执法调研组到潍坊，就《山东省学生体质健康促进条例》《山东省学校安全条例》贯彻实施情况开展专题调研。

4 月上中旬，市人大常委会副主任张新强带领执法检查组，对全市贯彻实施《潍坊市文物保护条例》情况进行执法检查。

4 月 13 日，市人大常委会主任苏立科到市 12345 政务服务便民热线受理中心进行调研。

4 月 20 日，市人大常委会主任苏立科主持召开座谈会，就如何提升群众满意度工作进行交流研讨。

4 月 27 日，市人大常委会主任苏立科到昌乐县督导生态环境保护督察交办信访问题整改情况，走访所联系服务的企业项目，调研群众满意度提升工作。

4 月 28 日，市人大常委会在山东鸢都英合律师事务所办公楼举行新设立法研究服务基地授牌仪式。

4 月 29 日，市十七届人大常委会第四十四次会议在市文化艺术中心大剧院举行。

5 月 10 日，市人大常委会主任苏立科到高密市调研重点项目建设、人大亮点工作、12345 政务热线办理、群众满意度提升等情况。

5 月 10—14 日，全国人大常委会法工委在上海举办 2021 年第一期地方立法培训班。市人大常委会副主任范福生参加培训班并作为唯一设区的市人大常委会进行授课。

5 月 11 日，市人大常委会在市级机关综合办公大楼召开市国土空间总体规划成果汇报会。

5 月 13 日，贵州省人大常委会副主任何力等到潍坊调研民间文化保护情况。

5 月 16—17 日，山西省临汾市人大常委会副主任王金珍带领考察组，到潍坊就职业教育发展和非物质文化遗产保护与文物保护相关法律法规贯彻实施情况进行考察学习。

5 月 18—19 日，省人大常委会党组副书记、副主任王良带领执法检查组到潍坊，检查《中华人民共和国固体废物污染环境防治法》实施情况。

5月21—24日，市人大常委会副主任顾建华带领执法检查组，对全市贯彻实施食品安全法情况进行执法检查。

5月24日，全省人大工作座谈会在济南召开。市人大常委会主任苏立科参加会议，并围绕换届以来全市人大工作，作题为《求实重效、守正创新，奋力开创新时代人大工作新局面》的交流发言。

5月26日，青岛市人大常委会副主任张大勇等到潍坊，围绕贯彻落实省委关于推进胶东经济圈一体化发展的重要部署、加强人大协同立法等进行交流考察。

6月2日，市人大常委会主任苏立科带队到昌乐县督导检查经济社会发展情况和生态环保、安全生产等工作；到奎文区调研经济社会发展、服务民生改善、推动群众满意度提升以及人大亮点工作等情况。市人大常委会党组成员、机关党组书记田素英参加。

同日，市人大常委会副主任张新强带领市人大农业与农村委员会组成人员，对全市海洋经济发展情况进行调查。

6月8—9日，市人大法制委、常委会法工委组织部分委员和立法咨询专家，先后到昌邑市和昌乐县开展立法调研。

6月16—17日，山西省运城市人大常委会副主任贾爱珍等到潍坊考察学习乡村旅游发展情况。

6月17日，市人大常委会副主任张新强带队到诸城王尽美主题展馆和故居开展党史学习教育。

6月21日，全市群众满意度提升暨12345政务服务便民热线工作会议在潍坊召开。市人大常委会主任苏立科出席会议并讲话。

6月22日，市人大常委会主任苏立科走访慰问部分市人大常委会老干部，并在北海花园A区老干部活动中心出席市人大常委会机关“光荣在党50年”纪念章颁发仪式。

同日，市委全面依法治市委员会立法协调小组第四次会议在市级机关综合办公大楼会议室召开。

6月23日，市十七届人大常委会第四十五次会议在潍坊举行。

同日，全市人大工作座谈会在潍坊召开。

6月25日，市人大常委会主任苏立科到市委党校为主体班次学员作题为《人民代表大会制度的显著优势及生动实践》的辅导报告。

同日，市人大常委会主任苏立科到昌乐县开展“七一”走访慰问，并到联系服务的企业和项目现场进行走访调研。

7月1日，市人大常委会党组召开习近平总书记“七一”重要讲话精神学习研讨会，传达市委主要领导有关要求，并围绕学习贯彻讲话精神作交流发言。

7月2日，市人大常委会副主任张新强到青州市调研服务企业（项目）发展情况。

7月5日，市人大常委会主任苏立科到潍城区调研群众满意度提升和12345政务服务便民热线工作。

7月14日，安徽芜湖市人大常委会副主任董萍等到潍坊考察学习农机化工作。

7月15日，市人大常委会副主任、一级巡视员初宝杰带领市人大监司委到潍城区调研服务企业（项目）发展情况。

8月10日，市人大常委会党组书记、主任苏立科带领督导检查组到昌乐县就防汛备汛、疫情防控、国务院大督查及有关重点工作进行检查督导。

8月10—11日，市人大常委会副主任范福生带队到峡山区、高密市，就《潍坊市12345政务服务便民热线条例（草案修改稿）》开展立法调研。

8月12日，市人大常委会在市级机关综合办公大楼举行第七次法制讲座，集中观看县乡人大换届选举工作有关法律辅导视频和严肃换届纪律教育警示片《警钟长鸣》《红线》。

同日，全市县镇两级人大换届选举工作部署会议在潍坊召开。

8 月 13 日，全市群众满意度提升暨 12345 政务服务便民热线工作调度会议在市级机关综合办公大楼召开。市人大常委会党组书记、主任苏立科出席会议并讲话。

8 月 19 日，市人大常委会党组书记、主任苏立科与常委会领导班子成员和办公室负责同志就严肃换届纪律开展集体谈心谈话。

8 月 22 日，省人大常委会在青岛市召开胶东经济圈地方立法协同工作座谈会。市人大常委会主任苏立科作交流发言。

8 月 24—25 日，省人大常委会党组副书记、副主任王良带领执法检查组到潍坊，检查《中华人民共和国安全生产法》《山东省安全生产条例》《中华人民共和国突发事件应对法》《山东省突发事件应对条例》贯彻实施情况。

8 月 26—27 日，市十七届人大常委会第四十六次会议在潍坊举行。

8 月 27 日，市十七届人大常委会第四十六次会议就群众反映热点问题进行专题询问。

8 月 28—31 日，市人大常委会副主任张新强带队对全市种业创新发展情况开展调研。

9 月 1 日，市人大常委会党组书记、主任苏立科到昌乐县联系服务企业和包靠项目。

9 月 2 日，市人大常委会副主任范福生带队到滨海区就海洋牧场立法项目开展立法调研。

9 月 3 日，市人大常委会党组书记、主任苏立科到寒亭区调研 12345 政务服务便民热线、群众满意度提升、人大亮点工作及经济社会发展情况。

9 月 8 日，市人大常委会副主任范福生带领调研组到奎文区，就街道选民代表议事会制度开展情况进行调研。

9 月 9—11 日，全市人大系统“转作风强素质提能力”专题培训班在市委党校举办。

9 月 11—12 日，全国人大农业农村委副主任委员李春生到潍坊调研乡村振兴创新发展情况。

9 月 13—17 日，市人大常委会副主任毛秀凤带队对实施城市更新行动提升城市品质情况和生态环境群众满意度提升进行调研。

9 月 15—17 日，市人大常委会副主任张新强带队对全市基础教育、医疗卫生、文体服务工作提升情况进行专题调研。

9 月 15—16 日，烟台市人大常委会党组副书记、副主任刘洪波带领部分住烟台的全国、省人大代表，到潍坊就高端制造业发展、生态农业发展等情况，开展跨行政区域专题调研。

9 月 17 日，全市群众满意度提升工作调度会议在市级机关综合办公大楼召开。市人大常委会党组书记、主任苏立科出席会议并讲话。

同日，市人大常委会副主任顾建华带队对全市国有资产管理情况进行调查。

9 月 18 日，市十七届人大常委会第四十七次会议在潍坊举行。

9 月 23 日，市委全面依法治市委员会立法协调小组第五次会议在市级机关综合办公大楼会议室召开。市人大常委会副主任、市委全面依法治市委员会立法协调小组组长范福生主持会议。

9 月 23—24 日，市人大常委会副主任、一级巡视员初宝杰带领市人大监察和司法委员会调查组对全市“七五”普法、依法治市和“八五”普法规划情况进行调查。

9 月 26—27 日，市人大常委会副主任顾建华带领视察组，对全市制造业高质量发展情况进行视察。

9 月 28 日，市人大常委会党组书记、主任苏立科到临朐县调研 12345 政务服务便民热线和群众满意度提升工作以及经济社会发展情况。

9 月 30 日，全市群众满意度提升工作推进会议在市级机关综合办公大楼召开。市人大常委会党组书记、主任苏立科出席并讲话。

10 月 11 日，西藏自治区人大常委会副主任其美仁增带领调研组，到潍坊就农业现代化和乡村振兴工作进行调研。

10 月 14—15 日，根据省人大常委会安排，市人大常委会党组书记、主任苏立科带领部分驻潍全国、省人大代表到东营市，围绕黄河中下游生态保护和推进经济高质量发展开展跨行政区域专题调研。

10 月 21—22 日，市十七届人大常委会第四十八次会议在潍坊举行。

10 月 22 日，市十七届人大常委会第四十八次会议就群众满意度提升工作进行专题询问。

同日，全市群众满意度提升工作调度会议在潍坊召开。市委书记田庆盈和市委副书记、市长刘运分别就做好群众满意度提升工作作出批示。市人大常委会党组书记、主任苏立科出席会议并讲话。

10 月 27 日，市人大常委会党组书记、主任苏立科到山东工业技师学院宣讲习近平总书记“七一”重要讲话精神。

11 月 2—3 日，市人大常委会副主任范福生带领调研组到昌邑市、寿光市，就《潍坊市海洋牧场管理条例（草案）》开展立法调研。

11 月 12 日，市人大常委会党组召开会议，专题学习中共十九届六中全会精神，并结合人大工作实际研究贯彻落实意见。

11 月 15—18 日，市人大常委会副主任顾建华带领市人大社会建设委，对全市慈善事业发展情况进行调查。

11 月 16 日，全市群众满意度提升工作调度会议在潍坊召开。市人大常委会党组书记、主任苏立科出席会议并讲话。

11 月 16—23 日，市人大常委会副主任张新强带领市人大教育科学文化卫生委员会，对全市科技工作情况进行调查。

11 月 17—19 日，市人大常委会党组书记、主任苏立科带队赴滨海区、寿光市、昌邑市就全市高端化工产业链发展情况进行调研。

11 月 25 日，市人大常委会党组书记、主任苏立科赴诸城市、安丘市就县镇人大换届选举、群众满意度提升、人大亮点工作、高端化工产业链发展以及经济社会发展情况进行调研。

12 月 24 日，市人大常委会党组书记、主任苏立科到所在市人大常委会办公室党支部宣讲中共十九届六中全会精神。

12 月 28 日，市人大常委会机关在奎文区第十九届人民代表大会代表选举市直党群选区市人大常委会机关投票站召开会议，进行选举投票。

12 月 31 日，市十七届人大常委会第四十九次会议在潍坊举行。

2022年

1 月 13 日，市十八届人大一次会议筹备工作调度会举行。

1 月 18 日，市十七届人大常委会第五十次会议在潍坊举行。

1 月 29 日，市人大常委会及机关党史学习教育总结会议召开。

2 月 22 日，市十七届人大常委会第五十一次会议在潍坊举行。

3 月 3 日，省人大常委会潍坊寿光市洛城街道基层立法联系点授牌仪式在洛城街道举行。

3 月 9—10 日，安徽省宿州市人大常委会党组成员、副主任侯家春率考察组到潍坊考察调研新时代人大工作和建设情况。

3 月 10 日，市人大常委会副主任范福生带队到辛寨街道调研基层立法联系点工作情况。

3 月 21 日，市人大常委会召开市民限时免费停车立法调度会。

4 月 7—8 日，市人大常委会副主任毛秀凤带领市人大城乡建设与环境资源保护委员会，就全市 2021 年度环境状况和环境保护目标完成情况及中央和省环保督察问题整改情况进行调查。

4月8日，市十八届人大一次会议筹备工作调度会在市级机关综合办公大楼举行。

4月13—15日，潍坊市第十八届人民代表大会第一次会议在市文化艺术中心大剧院举行。

4月21日，市人大常委会机关全体会议召开。市人大常委会秘书长田素英主持会议并讲话。

4月22日，市十八届人大财政经济委员会召开第一次全体会议。市人大常委会党组副书记、副主任田民利主持会议并讲话。

同日，市十八届人大法制委员会召开第一次全体会议。市人大常委会副主任扈洪波出席会议并讲话。

4月25日，市人大常委会党组理论学习中心组召开会议，集体学习习近平总书记重要论述、党史学习教育指定教材以及中央和省委、市委有关会议文件精神，并围绕“讲政治”主题开展研讨交流。

同日，市十八届人大教育科学文化卫生委员会召开第一次全体会议。市人大常委会副主任韩幸福出席会议并讲话。

同日，市十八届人大农业与农村委员会召开第一次全体会议。市人大常委会副主任韩幸福出席会议并讲话。

4月26日，市十八届人大监察和司法委员会召开第一次全体会议暨对口联系部门座谈会。市人大常委会党组副书记、副主任王兆辉出席会议并讲话。

同日，市十八届人大社会建设委员会召开第一次全体会议暨对口联系部门座谈会。市人大常委会党组副书记、副主任田民利出席会议并讲话。

4月27日，市十八届人大常委会第一次会议在潍坊举行。

4月28日，市十八届人大民族侨务外事委员会召开第一次全体会议。市人大常委会副主任毛秀凤出席会议并讲话。

4月29日，市十八届人大城乡建设与环境资源保护委员会召开第一次全体会议。市人大常委会副主任毛秀凤出席会议并讲话。

5月7日，市人大常委会副主任毛秀凤带领城乡建设与环境资源保护委员会，对全市贯彻实施环境保护法情况开展执法检查。

5月10日，全市人大工作座谈会在潍坊召开。市人大常委会党组副书记、副主任王兆辉主持会议并讲话。

5月12—13日，市人大法制委员会、常委会法制工作委员会就《潍坊市出租汽车经营服务管理若干规定（草案）》开展立法调研。

5月12—17日，市人大常委会副主任韩幸福带领调查组，对全市文旅融合发展情况进行调查。

5月17日，市人大常委会党组副书记、副主任王兆辉到市信访局公开接访。

5月17—19日，市人大常委会执法检查组对全市贯彻实施《中华人民共和国乡村振兴促进法》《山东省乡村振兴促进条例》情况进行检查。市委常委、副市长吕珊珊向检查组介绍有关工作开展情况，市人大常委会副主任韩幸福参加检查。

5月18日，市人大常委会副主任毛秀凤带领市人大民族侨务外事委员会部分委员，对潍坊综合保税区工作和建设情况进行调查。

5月20日，市人大常委会机关举行抗疫先进典型报告会暨集体学习。

5月24日，市委全面依法治市委员会立法协调小组第一次会议召开。市人大常委会副主任扈洪波主持会议。

5月24—27日，河北省保定市人大常委会党组副书记、副主任崔坤军带队，到潍坊考察学习《潍坊市12345政务服务便民热线条例》。

5月25—26日，市人大常委会党组副书记、副主任田民利带队，对全市贯彻实施统计法情况进行执法检查。

5月26日，《潍坊人大志》编纂工作部署会议在潍坊召开。市人大常委会秘书长田素英主持并讲话。

5月27日，市人大常委会机关举行“奋斗者正青春”青年干部研讨交流会。

同日，市人大常委会副主任扈洪波带队到立法研究服务基地山东鸢都英和律师事务所、山东求是和信律师事务所、潍坊学院调研。

5月27—30日，市人大监察和司法委员会组织开展《潍坊市道路交通安全条例（修订草案）》立法调研。

5月31日，市人大常委会党组理论学习中心组召开会议，集体学习习近平总书记重要讲话和指示精神、党史学习教育指定教材以及中央和省委、市委有关会议文件精神，并围绕“创新”主题开展研讨交流。

同日，湖南省怀化市人大常委会副主任向建平带队到潍坊考察学习推进科技进步工作经验做法。

同日，市人大常委会副主任扈洪波带队到立法研究服务基地潍坊医学院调研。

5月31日—6月1日，市人大社会建设委员会组织开展《潍坊市志愿服务条例（草案）》立法调研。

6月1日，市人大常委会机关召开全体人员会议，传达学习市人大常委会党组理论学习中心组学习研讨会精神，部署开展“转作风、提标准、创一流”主题活动。

6月2日，市人大常委会召开会议，传达学习省第十二次党代会精神和市委常委扩大会议有关要求，研究贯彻落实意见。

6月9—10日，市人大常委会党组副书记、副主任田民利带队，对全市贯彻实施《中华人民共和国安全生产法》《山东省安全生产条例》中信息化、智能化、标准化有关规定情况进行执法检查。

6月14日，省人大常委会副主任、党组书记杨东奇带队到潍坊，就山东现代水网建设进行立法调研。

6月16日，市十八届人大常委会第二次会议在潍坊举行。

6月20—23日，市人大常委会副主任扈洪波带领市人大法制委员会、常委会法制工作委员会到安徽省芜湖市、江苏省宿迁市考察快递业立法工作。

6月21—24日，市人大常委会副主任毛秀凤带领城乡建设与环境资源保护委员会，对全市历史文化名城名镇名村保护工作情况开展调研，检查环保督察问题整改情况。

6月22日，淄博市人大常委会副主任董学武带队到潍坊，考察潍坊市公园城市建设及相关地方法规、规章制度制定情况。市人大常委会副主任毛秀凤陪同活动。

6月23日，市人大常委会机关举行“光荣在党50年”纪念章颁发仪式，市人大常委会党组副书记、副主任王兆辉出席。

同日，《潍坊人大志》编纂工作调度暨培训会议召开。市人大常委会秘书长田素英主持会议并讲话。

6月23—24日，省人大常委会副主任王华带队，到潍坊检查《中华人民共和国种子法》《山东省种子条例》贯彻实施情况，并调度包案信访事项化解情况。

6月24日，市人大常委会党组副书记、副主任王兆辉到昌乐县工作联系点、联系包靠的高校调研，走访慰问生活困难党员，联系服务企业，督导环保督察问题整改情况。

6月27日，市人大常委会在潍坊举行第一次法制讲座。

同日，市十八届人大常委会第三次会议在潍坊举行。

6月28日，市人大常委会党组理论学习中心组召开会议，集体学习习近平总书记重要讲话和指示精神、党史学习教育指定教材以及中央和省委、市委有关会议文件精神，并围绕“学习贯彻省第十二次党代会精神”主题开展研讨交流。

同日，市人大常委会副主任扈洪波到高密市督导包靠信访案件化解工作。

同日，市人大常委会副主任扈洪波到诸城市参加“人大代表网格通”开通仪式并致辞。

6月28—29日，市人大常委会副主任扈洪波到奎文区、诸城市、高密市、昌邑市，对潍坊市人大代表“履职尽责、服务大局、争作表率”主题活动开展情况进行调研督导。

6月29日，市人大常委会副主任韩幸福到坊子区、寿光市，对潍坊市人大代表“履职尽责、服务大局、争作表率”主题活动开展情况进行调研督导。

6月29—30日，市人大常委会副主任毛秀凤到安丘市、临朐县，对潍坊市人大代表“履职尽责、服务大局、争作表率”主题活动开展情况进行调研督导，并走访台资企业。

7月4日，市人大常委会副主任扈洪波带队到潍城区，参加市人大代表“履职尽责、服务大局、争作表率”主题活动推进会并开展调研。

7月5—6日，市人大常委会副主任扈洪波带队到寒亭区、安丘市、昌乐县，就市人大代表“履职尽责、服务大局、争作表率”主题活动开展情况和《潍坊市道路交通安全条例（修订草案）》《潍坊市快递条例（草案修改稿）》开展调研。

7月6—7日，内蒙古自治区人大常委会副主任和彦苓等到潍坊对志愿服务条例立法情况进行调研。

7月12—13日，市人大常委会副主任韩幸福带领教育科学文化卫生委员会，对全市中医药传承创新发展情况进行调研。

7月12—14日，市人大常委会法制工作委员会召集市公安局、交通局、生态环境局、司法局等部门相关人员，就《潍坊市道路交通安全条例（修订草案）》进行封闭式集中修改。

7月14日，市人大常委会党组理论学习中心组召开会议，集体学习习近平总书记重要讲话和指示精神、中央有关会议及文件精神、党史学习教育指定教材，并围绕“学习贯彻习近平法治思想”主题开展研讨交流。

7月14—15日，市人大常委会副主任韩幸福带队，对全市供销系统农村流通服务体系建设情况进行调查。

7月18日，市人大常委会副主任韩幸福带队，到青州市对种业发展情况进行调研。

7月19日，市人大常委会召开“两院”案件质量评查工作座谈会。

7月19—20日，全国人大常委会委员、华侨委员会副主任委员罗保铭带领调研组，到潍坊就侨务工作落实“发展全过程人民民主、扩大人民有序政治参与”情况开展调研。

7月20—21日，省人大常委会副主任、党组副书记王良带队到潍坊，就《山东省治理货物运输车辆超限超载条例（草案）》开展立法调研。

7月21日，市人大常委会副主任扈洪波到青州市调研潍坊市人大代表“履职尽责、服务大局、争作表率”主题活动开展情况。

7月22日，市人大代表“履职尽责、服务大局、争作表率”主题活动学习班在潍坊举办。

7月23日，市人大常委会党组副书记、副主任王兆辉到昌乐县督导检查防汛、疫情防控、安全生产、环保督察整改、信访积案化解等工作，赴安丘市联系服务包靠的企业项目。

7月27—29日，市人大常委会副主任毛秀凤带领调研组，赴寿光市、青州市、寒亭区对全市民族宗教工作开展调研。

8月2日，市人大常委会召开“两院”案件质量评查工作座谈会。

8月2—3日，省人大常委会党组成员、秘书长、机关党组书记惠新安等到潍坊看望省派

"加强农村基层党组织建设"工作队干部，调研人大代表企业发展情况。

8月3日，市人大常委会副主任韩幸福带队，到高密市对种业发展情况进行调研。

8月5日，市人大常委会副主任毛秀凤带队，对全市贯彻实施《山东省通信基础设施建设与保护条例》情况进行执法检查。

8月9日，青州市召开"履职尽责、服务大局、争作表率"代表主题活动经验交流暨现场推进会。潍坊市人大常委会副主任扈洪波到会指导。

8月10—11日，贵州省毕节市人大常委会副主任罗昌琪等到潍坊考察供热管理、物业管理立法及基层立法联系点等工作。

8月15日，市人大常委会开展"两院"案件质量评查工作动员部署会议召开。

8月16—19日，市人大常委会副主任毛秀凤带领城乡建设与环境资源保护委员会，围绕制定《潍坊市海绵城市建设管理条例》进行立法调研。

8月17日，市人大常委会党组理论学习中心组召开会议，集体学习习近平总书记重要讲话和指示精神、中央有关会议及文件精神、党史学习教育指定教材，并围绕学习贯彻习近平总书记在省部级主要领导干部专题研讨班上的重要讲话开展研讨交流。

同日，市人大常委会党组副书记、副主任王兆辉到奎文区就城市更新推进情况及街道居民代表议事会制度相关情况进行调研。

8月24—25日，省人大常委会副主任、党组副书记孙立成带领调研组到潍坊，就加强文物和文化遗产保护传承工作进行调研。

8月25—26日，省人大常委会法工委副主任王仲泉等到潍坊，就《山东省各级人民代表大会常务委员会规范性文件备案审查条例（专家建议稿初稿）》开展立法调研。

8月29—30日，烟台市人大常委会副主任潘士友等到潍坊考察学习港澳工作。

8月30日，市十八届人大常委会第四次会议在潍坊举行。

9月2日，市人大常委会青年工作委员会成立大会召开。市人大常委会秘书长田素英出席会议并讲话。

9月7—19日，市人大常委会副主任韩幸福带领教育科学文化卫生委员会，对基础教育、疫情防控和中小学幼儿园规划建设情况进行专题调研。

9月8日，省人大常委会副主任、党组副书记张江汀，省人大常委会秘书长惠新安，省委统战部副部长、省侨办主任孙传尚等到潍坊调研侨务工作。

9月13—15日，市人大常委会副主任毛秀凤带领市人大城乡建设与环境资源保护委员会，围绕城市更新开展专题调研。

9月15—16日，市人大常委会党组副书记、副主任田民利带领视察组，对全市推进重点项目建设情况进行视察。

9月19—21日，吉林省四平市人大常委会副主任陶立春等到潍坊就小型农田水利设施立法进行调研。

9月20—22日，市人大常委会副主任毛秀凤带领市人大城乡建设与环境资源保护委员会，围绕生态环境保护进行专题调研。

9月20—27日，市人大常委会副主任韩幸福带领市人大农业与农村委员会，对全市水利建设情况进行调查。

9月21日，市人大常委会副主任韩幸福到市信访局公开接访。

9月21—22日，市人大常委会党组副书记、副主任田民利带领市人大财政经济委员会、常委会预算工作委员会，对全市国有自然资源资产管理情况进行调查。

9月23日，市人大监察和司法委员会在市中级人民法院召开全市法院知识产权司法保护工作座谈会。

9 月 26—28 日，市人大常委会副主任毛秀凤带领民族侨务外事委员会部分委员，就全市贯彻实施《中华人民共和国台湾同胞投资保护法》《山东省台湾同胞投资保护条例》情况开展执法检查。

9 月 28 日，市人大常委会党组理论学习中心组召开会议，集体学习习近平总书记重要讲话和指示精神、中央有关会议及文件精神、党史学习教育指定教材，并围绕坚持党的全面领导开展研讨交流。

10 月 10 日，市人大常委会副主任韩幸福带队到潍城区督导检查维稳安保、疫情防控、安全生产等工作。

10 月 14 日，市人大常委会机关举办 2022 年度创新项目交流展示暨 PPT 设计制作大赛。

10 月 20—28 日，市人大常委会党组副书记、副主任田民利带领社会建设委员会，围绕全市推进新时期产业工人队伍建设改革工作开展调查。

10 月 26 日，市人大常委会党组召开扩大会议，传达中共二十大和二十届一中全会精神，研究学习贯彻意见。

同日，市十八届人大常委会第五次会议在潍坊举行。

同日，市十八届人大常委会第五次会议对办好民生实事打造宜居城市进行专题询问。

11 月 1 日，市人大常委会党组副书记、副主任王兆辉，副主任扈洪波、秘书长田素英，在潍坊以视频方式参加省人大常委会学习贯彻中共二十大精神暨 2022 年地方立法培训班开班式。

11 月 9 日，市人大常委会副主任韩幸福到潍城区参加浮烟山文旅发展暨白浪河绿地广场潍一广场提升工程调研。

11 月 29 日，市人大常委会党组理论学习中心组召开会议，集体学习习近平总书记重要讲话和指示精神、党史学习教育教材以及中央和省、市有关会议文件精神，并围绕“发扬延安精神和红旗渠精神”开展研讨交流。

12 月 13 日，市十八届人大二次会议筹备工作调度会在市级机关综合办公大楼举行。

12 月 21 日，市人大常委会党组理论学习中心组召开会议，集体学习习近平总书记重要讲话和指示精神、党史学习教育教材以及中央有关会、议文件精神，并围绕“深入学习贯彻习近平法治思想更好推进中国特色社会主义法治体系建设”开展研讨交流。

12 月 22 日，市十八届人大常委会第六次会议在潍坊举行。

12 月 25 日，市委全面依法治市委员会立法协调小组以视频方式举行全体会议。市人大常委会副主任、市委全面依法治市委员会立法协调小组组长扈洪波主持会议并讲话。

12 月 27—29 日，潍坊市第十八届人民代表大会第二次会议在市文化艺术中心大剧院举行。

2023年

1 月 10 日，市人大常委会党组理论学习中心组召开会议，集体学习习近平总书记重要讲话和指示精神、党史学习教育教材以及中央和省委、市委有关会议文件精神，并围绕贯彻落实中央八项规定精神开展研讨交流。

1 月 29 日，市人大常委会召开学习贯彻中共二十大精神宣讲会。

2 月 3 日，市人大常委会党组召开 2022 年度民主生活会。

2 月 7 日，市人大常委会党组副书记、副主任王兆辉到昌乐县参加指导县委常委会年度民主生活会。

2 月 9 日，市人大常委会机关“履职尽责、服务大局、争作表率”代表主题活动座谈会召开。

2月16日，市人大常委会组织驻潍十四届全国人大代表就“大力提升先进制造业、打造现代化产业体系”“加快推进乡村振兴、创新提升‘三个模式’”开展集中视察。

2月21—23日，市人大常委会副主任扈洪波带队，对全市“履职尽责、服务大局、争作表率”代表主题活动开展情况进行参观学习。

2月24日，市人大常委会党组理论学习中心组召开会议，集体学习2月21日中共中央政治局会议精神和习近平总书记在中共中央政治局第三次集体学习时的重要讲话精神，并围绕“贯彻落实全市工作动员大会精神，聚焦‘七个加力突破’”开展研讨交流。

2月28日，市十八届人大常委会第七次会议在潍坊举行。

3月9日，市人大工作理论研究会第二届理事会第二次会议在潍坊召开。市人大工作理论研究会会长胡岗，市人大常委会党组副书记、副主任王兆辉出席并讲话。

3月27—28日，全国人大常委会委员、全国人大农业与农村委主任委员杜家毫率调研组，到潍坊市就发展农村集体经济、建设和美乡村、促进粮食安全生产、产业振兴和人才振兴以及《中华人民共和国农村集体经济组织法（草案）》的修改完善开展调研。市委书记、市人大常委会党组书记刘运等陪同调研。

3月29日，市十八届人大常委会第八次会议在潍坊举行。

3月30—31日，潍坊市第十八届人民代表大会第三次会议在富华国际会议中心举行。刘运当选为潍坊市第十八届人民代表大会常务委员会主任，刘建军当选为潍坊市人民政府市长。刘运、刘建军分别进行宪法宣誓。

4月28日，市十八届人大常委会第九次会议在潍坊举行。

5月4—5日，省人大常委会副主任王随莲带队到潍坊，就《中华人民共和国反电信网络诈骗法》贯彻实施情况开展执法检查。

5月6日，全市人大代表主题活动现场推进会暨新增基层立法联系点授牌仪式在潍城区举行。

5月15—16日，省人大常委会副主任、党组书记杨东奇到潍坊，考察调研民营企业和重大项目，走访联系部分全国人大代表和省人大代表，并围绕省人大开展主题教育和地方人大推动全过程人民民主，听取基层人大和人大代表的意见建议。

6月25日，市十八届人大常委会第十次会议在潍坊举行。

7月18—20日，省人大常委会副主任王随莲带队到潍坊，开展《中华人民共和国科学技术进步法》执法检查及《山东省科学技术进步条例（修订草案）》立法调研。

7月26日，市十八届人大常委会第十一次会议在潍坊举行。

8月2日，全市街道人大工作规范化建设现场推进会在坊子区召开。

8月24—25日，省人大常委会副主任范华平带队到潍坊，开展《山东省民族工作条例》执法检查，并就宗教工作进行调研。

8月29日，市十八届人大常委会第十二次会议在潍坊举行。会上，听取了关于“两官”履职调查情况的报告，对市中级人民法院部分法官、市人民检察院部分检察官履职情况进行测评，测评结果均为满意，并对优化营商环境进行专题询问。

9月13—14日，省人大常委会党组副书记、副主任王良率住鲁全国人大代表调研组到潍坊，就发展壮大农村集体经济、促进乡村振兴工作进行调研并召开座谈会，并就《山东省职业教育条例（修订草案）》开展立法调研。

9月20—21日，中共中央政治局常委、全国人大常委会委员长赵乐际到潍坊调研并召开座谈会。

9月28日，全市人大代表联络站规范化建设现场推进会在潍坊经济开发区前阙庄村召开。

第一编

组织机构

潍坊市人民代表大会组织机构，均根据《中华人民共和国全国人民代表大会和地方各级人民代表大会选举法》《中华人民共和国地方各级人民代表大会和地方各级人民政府组织法》等有关规定设立。潍坊市人民代表大会选举产生选举工作机构并行使相应职权，根据代表投票，产生新一届潍坊市人民代表大会常务委员会机构。新一届人大常委会负责人代会选举、代表履职、监督、立法等一系列工作。

1983年8月，经国务院批准撤销昌潍地区，设立地级潍坊市。根据《中华人民共和国宪法》《中华人民共和国地方各级人民代表大会和地方各级人民政府组织法》的规定，借鉴全省其他市地关于地改市的做法，1984年2月召开地级潍坊市组建后首次人民代表大会，顺延原县级潍坊市人民代表大会的届数，地级潍坊市首届人民代表大会设定为市第十届人民代表大会。市第十届人民代表大会第一次会议选举产生潍坊市人民代表大会常务委员会，设立3个内部专门委员会。由此，潍坊市人大工作进入一个崭新的发展时期。

第一章　潍坊市人民代表大会

第一节　潍坊市人民代表大会职权

在潍坊市行政区域内，保证宪法、法律、行政法规和上级人民代表大会及其常务委员会决议的遵守和执行，保证国家计划和国家预算的执行。

审查和批准本行政区域内的国民经济和社会发展计划、预算以及它们执行情况的报告。

讨论、决定本行政区域内的政治、经济、教育、科学、文化、卫生、环境和资源保护、民政、民族等工作的重大事项。

选举市人大常委会的组成人员。

选举市长、副市长。

选举市中级人民法院院长和市人民检察院检察长；选出的市人民检察院检察长，须报经山东省人民检察院检察长提请山东省人大常委会批准。

选举山东省人大代表。

听取和审查市人大常委会的工作报告。

听取和审查市人民政府和市中级人民法院、市人民检察院的工作报告。

改变或者撤销市人大常委会的不适当的决议。

撤销市人民政府的不适当的决定和命令。

保护社会主义的全民所有的财产和劳动群众集体所有的财产，保护公民私人所有的合法财产，维护社会秩序，保障公民的人身权利、民主权利和其他权利。

保障各种经济组织的合法权益。

保障少数民族的权利。

保障宪法和法律赋予妇女的男女平等、同工同酬和婚姻自由等各项权利。

市人民代表大会根据本行政区域的具体情况和实际需要，在不同宪法、法律、行政法规相抵触的前提下，可以制定和颁布地方性法规，报山东省人大常委会备案。

市人民代表大会有权罢免市人民政府的组成人员、市人大常委会的组成人员、市中级人民法院院长、市人民检察院检察长。罢免市人民检察院检察长，须报经山东省人民检察院检察长提请山东省人大常委会批准。

第二节　潍坊市人民代表大会会议主席团职权

市人民代表大会举行会议的时候，由主席团主持会议。

决定大会副秘书长人选。

向市人民代表大会提出属于大会职权范围内的议案。对市人大常委会、各专门委员会、市人民政府向大会提出的议案，由主席团决定提交大会审议，或者交有关的专门委员会审议、提出报告再由主席团审议决定提交大会表决。

对市人大代表十人以上联名向大会提出属于大会职权范围内的议案，由主席团决定是否列入大会议程，或者先交有关的专门委员会审议，提出是否列入大会议程的意见，再由主席团决定是否列入大会议程。

列入会议议程的议案，在交付大会表决前，提案人要求撤回的，经主席团同意，会议对该项议案的审议即行终止。

向市人民代表大会提出市人大常委会的组成

人员、市长、副市长和市中级人民法院院长、市人民检察院检察长的候选人名单并如实介绍所提名的候选人的情况。对依照法律规定提名的候选人超过差额规定的，由主席团将全部候选人名单提交全体代表酝酿、讨论，根据较多数代表的意见，确定正式候选人名单。

对依照法律规定向大会提出的罢免案，提请大会审议。

对依照法律规定向大会提出的质询案，决定交由受质询机关在主席团会议、大会全体会议或者有关的专门委员会会议上口头答复，或者由受质询机关书面答复。

对市人民代表大会各专门委员会的主任委员、副主任委员和委员的人选，由主席团在代表中提名，提请大会通过。

主席团或者十分之一以上代表书面联名，可以向市人民代表大会提议组织关于特定问题的调查委员会，由主席团提请全体会议决定。

调查委员会由主任委员、副主任委员和委员组成，由主席团在代表中提名，提请全体会议通过。

第三节　潍坊市人民代表大会代表职权

根据《中华人民共和国地方各级人民代表大会和地方各级人民政府组织法》《中华人民共和国全国人民代表大会和地方各级人民代表大会选举法》《中华人民共和国全国人民代表大会和地方各级人民代表大会代表法》有关规定，市人大代表在市人民代表大会会议期间的工作和在市人民代表大会闭会期间的活动，都是执行代表职务，其主要职权包括：

市人大代表在市人民代表大会会议期间行使职权：

代表应当出席市人民代表大会会议，依法行使代表的职权。

代表参加大会全体会议、代表团全体会议、小组会议，审议列入大会议程的各项议案和报告。代表可以被推选或者受邀请列席主席团会议、专门委员会会议，发表意见。

代表有权依照法律规定的程序向市人民代表大会提出属于本级人民代表大会职权范围内的议案。议案应当有案由、案据和方案。

代表参加市人民代表大会的各项选举。代表有权依照法律规定的程序提出市人大常委会的组成人员，市人民政府领导人员，市中级人民法院院长，市人民检察院检察长以及省人大代表的人选，并有权对市人民代表大会会议主席团和代表依法提出的上述人员的人选提出意见。代表有权对市人民代表大会会议主席团的人选，提出意见。代表对确定的候选人，可以投赞成票，可以投反对票，可以另选他人，也可以弃权。

代表参加表决通过市人民代表大会各专门委员会组成人员的人选。

代表在审议议案和报告时，可以向市级有关国家机关提出询问。有关国家机关应当派负责人或者负责人员回答询问。

代表有权依照法律规定的程序提出对市人民政府及其所属各部门、市中级人民法院、市人民检察院的质询案。

代表有权依照法律规定的程序提出对市人大常委会组成人员、市人民政府组成人员、市中级人民法院院长、市人民检察院检察长的罢免案。

代表有权依法提议组织关于特定问题的调查委员会。

代表参加市人民代表大会表决，可以投赞成票，可以投反对票，也可以弃权。

代表有权向市人民代表大会提出对各方面工作的建议、批评和意见。有关机关、组织必须研究处理并负责答复。

市人大代表在市人民代表大会闭会期间行使职权：

代表在市级或者下级人大常委会协助下，可以按照便于组织和开展活动的原则组成代表小组。代表可以参加下级人民代表大会的代表小组活动。

代表根据市人大常委会的统一安排，对市级或者下级国家机关和有关单位的工作进行视察。代表进行视察，可以提出约见市级或者下级有关国家机关负责人。被约见的有关国家机关负责人或者由他委托的负责人员应当听取代表的建议、批评和意见。代表可以持代表证就地进行视察。市人大常委会根据代表的要求，联系安排本级或者上级的代表持代表证就地进行视察。代表视察时，可以向被视察单位提出建议、批评和意见，但不直接处理问题。

代表有权依照法律规定的程序提议临时召集市人民代表大会会议。

代表可以应邀列席市人大常委会会议和市人民代表大会各专门委员会会议。

代表可以列席原选举单位的人民代表大会会议，并可以应邀列席原选举单位的人大常委会会议。

代表应当采取多种方式经常听取人民群众的意见，回答原选区选民或者原选举单位对代表工作和代表活动的询问，协助市人民政府推行工作。

代表根据市人民代表大会或者市人大常委会的决定，参加关于特定问题的调查委员会。

代表有权向市人大常委会提出对各方面工作的建议、批评和意见。有关机关、组织必须研究处理并负责答复。

依据《中华人民共和国全国人民代表大会和地方各级人民代表大会代表法》，市人大代表执行职务时受到保障：

代表在人民代表大会各种会议上的发言和表决，不受法律追究。

代表非经市人民代表大会会议主席团许可，在市人民代表大会闭会期间，非经市人大常委会许可，不受逮捕或者刑事审判。如果因为是现行犯被拘留，执行拘留的机关应当立即向市人民代表大会会议主席团或者人大常委会报告。

对市人大代表，如果采取法律规定的其他限制人身自由的措施，应当经市人民代表大会会议主席团或者人大常委会许可。

代表在市人民代表大会闭会期间，参加由市人民代表大会或者市人大常委会安排的代表活动，代表所在单位必须给予时间保障。

代表按照规定执行代表职务，其所在单位按正常出勤对待，享受所在单位的工资和其他待遇。无固定工资收入的代表执行代表职务，根据实际情况由本级财政给予适当补贴。

代表的活动经费，应当列入市级财政预算。

市人大常委会应当采取多种方式同市人大代表保持联系。

市人大常委会应当为本行政区域内的代表执行代表职务提供必要的条件。

市人大常委会的办事机构应当为代表执行代表职务提供服务。

为了便于代表执行代表职务，市人民代表大会可以为市人大代表制发代表证。

少数民族代表执行代表职务时，有关部门应当在语言文字、生活习惯等方面给予必要的帮助和照顾。

一切组织和个人都必须尊重代表的权利，支持代表执行代表职务。有义务协助代表执行代表职务而拒绝履行义务的，有关单位应当予以批评教育，直至给予行政处分。阻碍代表依法执行代表职务的，根据情节，由所在单位或者上级机关给予行政处分，或者依照《中华人民共和国治安管理处罚条例》有关规定处罚；以暴力、威胁方法阻碍代表依法执行代表职务的，依照《中华人民共和国刑法》（简称《刑法》）有关规定追究刑事责任。对代表依法执行代表职务进行打击报复的，由所在单位或者上级机关责令改正或者给予行政处分；国家工作人员进行打击报复构成犯罪的，依照《刑法》有关规定追究刑事责任。

第二章　潍坊市历届人民代表大会会议主席团和秘书长

第一节　第十届人民代表大会会议主席团和秘书长

（1984 年 2 月至 1988 年 1 月）

第十届人民代表大会第一次会议

主席团成员

于成凤　于希柱　于　潮　马春扬　王汉兴
王会文　王克礼　王京津　王灿德
王金凤（女）　王金源　王洪光　王树芳
王鹤田　毛秀云（女）　卢星文　齐乃贵
刘玉兰（女）　刘华民　刘永庆　刘英宸
刘喜文　刘　健　刘翠亭　孙　易（女）
孙承志　孙嘉炼　孙增珠　吴永富　邵桂芳
杨延福　杨翠娥（女）　李兆荣（女）
李承普　李惠信　张金花（女）　宋希焕
芦锡德　郑在美　房忠昌　赵忠超　赵炳臣
宫锦升　段慧灵　贺炳忠　钟华德　徐天坤
常　溪　崔功甫　彭佃德　潘增贵

主席团常务主席

王树芳　邵桂芳　齐乃贵　孙嘉炼　于成凤
刘华民　王灿德　卢星文　刘英宸　王克礼
孙　易（女）

秘书长

刘华民（兼）

附：

副秘书长

王汉兴　常怀义　李国中　刘宗绥　王本理

议案审查委员会

主 任 委 员　刘英宸
副主任委员　孙　易（女）　姜　克
委　　　员　王世昌　王华民　刘永庆
李兆荣（女）　贺炳忠
常临川（女）　滕司宪
戴耀西

代表资格审查委员会

主 任 委 员　王灿德
副主任委员　刘玉兰（女）　张书修
委　　　员　王仁德　王金源　李敬民
杨翠娥（女，回族）
段慧灵　徐进先

预算委员会

主 任 委 员　王克礼
副主任委员　刘灿孔　李洪林
委　　　员　王金凤（女）　厉彦席
刘　健　孙增珠　曲山绪
杨延福　姜宗谟　彭佃德

第十届人民代表大会第二次会议

主席团成员

于成凤　于希柱　马春扬　王仁德　王汉兴
王克礼　王灿德　王树芳　毛秀云（女）
卢星文　齐乃贵　刘玉兰（女）　刘华民
刘兆坤　刘永庆　刘灿孔　刘英宸　刘　健
孙　易（女）　孙承志　孙嘉炼　孙增珠
任柏榴　朱维福　苏乃谦　杨占成
杨翠娥（女）　李兆荣（女）　李洪林
李承普　李泽祯　张文玉　宋希焕　芦锡德

郑在美　罗根深　赵忠超　段慧灵　贺炳忠
徐天坤　徐进先　常　溪　常临川（女）
崔功甫　董建春　董法进　彭佃德

主席团常务主席

王树芳　齐乃贵　孙嘉炼　于成凤　刘华民
王灿德　卢星文　刘英宸　王克礼
孙　易（女）

秘书长

刘华民（兼）

附：

副秘书长

王汉兴　李国中　常怀义　刘宗绥　王本理

第十届人民代表大会第三次会议

主席团成员

于成凤　于希柱　马春扬　王汉兴　王克礼
王灿德　王树芳　毛秀云（女）　卢星文
齐乃贵　刘玉兰（女）　刘华民　刘兆坤
刘永庆　刘永森　刘英宸　刘　健　刘惠远
冯友敬　孙同胜　孙　易（女）　孙嘉炼
孙增珠　朱维福　陈会江　苏乃谦　苏承章
杨翠娥（女）　李汉三　李兆荣（女）
李汝秀　李承普　李泽祯　芦锡德　孟宪荣
郑在美　罗根深　赵忠超　赵修道　段慧灵
贺炳忠　常　溪　常临川（女）　崔功甫
董建春　彭佃德　熊金洲

主席团常务主席

王树芳　齐乃贵　孙嘉炼　孟宪荣　于成凤
刘华民　王灿德　卢星文　刘英宸　王克礼
孙　易（女）

秘书长

刘华民（兼）

附：

副秘书长

王汉兴　李国中　常怀义　刘宗绥　王本理

议案审查委员会

主任委员　刘英宸
副主任委员　王华民　孙　易（女）
委　　员　王世昌　刘永庆　冯友敬
李兆荣（女）　陈会江
贺炳忠　常临川（女）
滕司宪

代表资格审查委员会

主任委员　王灿德
副主任委员　王汉兴　徐进先
委　　员　王仁德　李敬民　段慧灵
杨翠娥（女）

预算委员会

主任委员　王克礼
副主任委员　李汉三
委　　员　王　铭　王金凤（女）
刘　健　刘惠远　孙增珠
曲山绪　杨延福　彭佃德
熊金洲

第十届人民代表大会第四次会议

主席团成员

于成凤　于希柱　马春扬　王汉兴　王华民
王克礼　王灿德　王树芳　王　铭　王鹤田
毛秀云（女）　卢星文　冯友敬　朱维福
齐乃贵　刘玉兰（女）　刘永庆　刘永森
刘华民　刘兆坤　刘英宸　刘　健　刘惠远
任柏榴　孙　易（女）　孙嘉炼　孙增珠
李汉三　李兆荣（女）　李汝秀　李泽祯
李承普　李敬民　杨翠娥（女）　苏乃谦
苏承章　芦锡德　冷基华　陈会江　孟宪荣
赵忠超　赵修道　段慧灵　姜洪佩　贺炳忠
席兆恒　常临川（女）　崔功甫　崔佃臣
彭佃德　董建春　熊金洲　戴耀西

主席团常务主席

王树芳　齐乃贵　孙嘉炼　孟宪荣　于成凤
王灿德　刘英宸　孙　易（女）　王鹤田
赵忠超　戴耀西　王华民　李汉三

秘书长

王灿德（兼）

附：

副秘书长

王汉兴　李国中　常怀义　刘常宣　刘宗绥　王本理

议案审查委员会

主任委员　刘英宸

副主任委员　孙　易（女）

委　　员　王世昌　刘永庆　冯友敬　李兆荣（女）　陈会江　贺炳忠　常临川（女）　滕司宪

预算委员会

主任委员　王华民

副主任委员　李汉三

委　　员　王　铭　王金凤（女）　刘　健　刘惠远　孙增珠　曲山绪　杨延福　彭佃德　熊金洲

第二节　第十一届人民代表大会会议主席团和秘书长

（1988年1月至1993年3月）

第十一届人民代表大会第一次会议

主席团成员

于成凤　马春扬　王汉兴　王世昌　王华民　王光明　王灿德　王树芳　王　铭　王鹤田　尹忠显　毛秀云（女）　卢锡德　冯友敬　朱敬恪　任柏榴　刘玉兰（女）　刘兆坤　刘永庆　刘永森　刘英宸　刘峰岫　刘惠远　齐乃贵　孙　易（女）　孙增珠　孙嘉炼　牟振生　苏乃谦　苏承章　李汉三　李兆荣（女）　李承普　杨翠娥（女）　邹立健　张占博　张本诚　张克泰　张彦士　陈会江　周百福　孟宪荣　单昭明　赵修道　赵星增　贺炳忠　常临川（女）　崔功甫　彭佃德　董建春　满郭强（女）　熊金洲　戴耀西

主席团常务主席

王树芳　齐乃贵　孙嘉炼　孟宪荣　于成凤　王灿德　刘英宸　孙　易（女）　王鹤田　戴耀西　王华民　李汉三

秘书长

王灿德（兼）

附：

副秘书长

王汉兴　刘殿萱　常怀义　刘常宣　于洪吉　王本理

议案审查委员会

主任委员　李汉三

副主任委员　王汉兴　苏承章

委　　员　潘增贵　程美山　杨学荣　张玉芹（女）　郭立君　阎贵忠　马炳良　王　钦

预算委员会

主任委员　王华民

副主任委员　刘惠远　王　铭

委　　员　姜宗谟　潘　耀　王学昆　厉保廷　靳荣光　杜　凌（女）　宋仲泉　苏乃谦

第十一届人民代表大会第二次会议

主席团成员

丁　力（女）　于成凤　于洪吉　于　潮　王汉兴　王世昌　王立福　王华民　王光明　王灿德　王荆玉　王　钦　王　铭　王鹤田　冯友敬　冯展娟（女）　曲雅亮　朱敬恪　任柏榴　刘永森　刘兆坤　刘英宸　刘峰岫　刘惠远　齐乃贵　孙嘉炼　牟振生　苏乃谦　苏承章　李汉三　李兆荣（女）　李承普

李家冬（女） 杨翠娥（女，回族）
吴开和 吴楚湘 邵桂芳 邹立健 张占博
张本诚 张克泰 张彦士 陈会江 周百福
单昭明 赵修道 赵星增 贺炳忠
黄雪琦（女） 常怀义 常临川（女）
崔功甫 董建春 韩 理 靳荣光
满郭强（女） 熊金洲 滕司宪 戴耀西

主席团常务主席

于 潮 邵桂芳 齐乃贵 孙嘉炼 于成凤
王灿德 李汉三 王鹤田 戴耀西 王华民
滕司宪 董建春 韩 理 王荆玉

秘书长

王灿德（兼）

附：

副秘书长

常怀义 刘殿萱 刘宗绥 魏增芳 刘常宣
杨继生 王春民

第十一届人民代表大会第三次会议

主席团成员

丁 力（女） 于 潮 于成凤 于洪吉
马 奎 王 钦 王 铭 王汉兴 王玉芬
王世昌 王立福 王在辉 王华民 王光明
王灿德 王荆玉 王慨彰 王鹤田 冯友敬
冯展娟（女） 曲雅亮 朱敬恪 任柏榴
刘永森 刘兆坤 刘英宸 刘峰岫 刘惠远
齐乃贵 孙秀云（女） 孙绪敬 孙嘉炼
牟振生 苏乃谦 苏承章 李汉三
李兆荣（女） 李承普 李家冬（女）
肖乐章 杨翠娥（女，回族） 吴开和
吴楚湘 张占博 张本诚 张克泰 张曙光
陈 光 陈会江 周百福 赵修道 赵星增
贺炳忠 黄雪琦（女） 常怀义
常临川（女） 崔功甫 董建春 韩 理
靳荣光 满郭强（女） 熊金洲 滕司宪
戴耀西

主席团常务主席

于 潮 齐乃贵 孙嘉炼 于成凤 王灿德
李汉三 王鹤田 戴耀西 王华民 滕司宪
董建春 韩 理 王荆玉

秘书长

王灿德（兼）

附：

副秘书长

常怀义 刘殿萱 刘玉明 王海亭 刘常宣
杨继生 王春民

第十一届人民代表大会第四次会议

主席团成员

丁 力（女） 于 潮 于成凤 于洪吉
王 钦 王 铭 王汉兴 王玉芬 王世昌
王立福 王全义 王华民 王灿德 王国勋
王荆玉 王慨彰 王鹤田 卢荆芝 冯友敬
冯展娟（女） 曲雅亮 朱敬恪 任柏榴
刘玉兰（女） 刘永森 刘兆坤 刘英宸
刘峰岫 刘惠远 齐乃贵 孙秀云（女）
孙绪敬 孙嘉炼 牟振生 远 东 苏乃谦
苏承章 李汉三 李兆荣（女） 李芳桐
李承普 李家冬（女） 肖乐章
杨翠娥（女，回族） 吴开和 吴楚湘
张占博 张本诚 张克泰 张曙光 陈 光
陈会江 陈温和 单昭明 赵修道 赵星增
黄雪琦（女） 常怀义 常临川（女）
崔功甫 董建春 韩 理 韩清存 靳荣光
满郭强（女） 熊金洲 滕司宪 戴耀西

主席团常务主席

于 潮 齐乃贵 孙嘉炼 于成凤 王灿德
李汉三 王鹤田 戴耀西 王华民 滕司宪
董建春 韩 理 王荆玉

秘书长

王灿德（兼）

附：

副秘书长

常怀义　王本理　张继安　刘玉明　王海亭
刘常宣　杨继生

第十一届人民代表大会第五次会议

主席团成员

丁　力（女）　于　潮　于成凤　于洪吉
王　钦　王　铭　王玉芬　王世昌　王立福
王全义　王华民　王灿德　王国勋　王荆玉
王慨彰　王鹤田　卢荆芝　冯友敬
冯展娟（女）　曲雅亮　朱敬恪　任柏榴
刘玉兰（女）　刘永森　刘兆坤　刘英宸
刘峰岫　刘惠远　孙秀云（女）　孙绪敬
孙嘉炼　牟振生　远　东　苏乃谦　苏承章
李汉三　李兆荣（女）　李芳桐　李承普
李家冬（女）　肖乐章
杨翠娥（女，回族）　吴开和　吴楚湘
张文玉　张占博　张本诚　张克泰　张曙光
陈　光　陈会江　陈温和　单昭明　赵长凤
赵修道　赵星增　黄雪琦（女）　常怀义
崔功甫　董建春　韩　理　韩清存　靳荣光
满郭强（女）　熊金洲　滕司宪　戴耀西

主席团常务主席

赵长风　孙嘉炼　张文玉　于　潮　于成凤
王灿德　李汉三　王鹤田　戴耀西　王华民
滕司宪　董建春　韩　理　王荆玉

秘书长

王灿德（兼）

附：

副秘书长

常怀义　张继安　刘玉明　王海亭　刘常宣
杨继生　王金卓

第三节　第十二届人民代表大会会议主席团和秘书长

（1993 年 3 月至 1998 年 1 月）

第十二届人民代表大会第一次会议

主席团成员

于　潮　于成凤　于洪吉　王大海　王天德
王立福　王玉芬　王光淮　王华民　王灿德
王国勋　王鹤田　王德润　尹景尧
冯展娟（女）　卢荆芝　刘文聚
刘玉兰（女）　刘明珂　刘峰岫　刘惠远
刘景云　刘德仕　齐乃贵　朱敬恪　任柏榴
孙秀云（女）　孙嘉炼　牟振生　远　东
苏乃谦　杜永翔　李汉三　李光信　李英文
李惠民　杨翠娥（女，回族）　吴楚湘
迟昭厚　张廷彦　张启志　陈孔光　单昭明
周懋文　孟宪忠　赵为杰　赵长风
袁文坤（女）　袁英馥（女）
黄雪琦（女）　常怀义　董建春　韩　理
斯荣光　翟振序　滕司宪　滕修兰（女）
戴耀西

主席团常务主席

赵长风　于　潮　齐乃贵　王大海　孙嘉炼
刘景云　刘峰岫　王玉芬　王灿德　李汉三
王鹤田　戴耀西　王华民　滕司宪　董建春
韩　理　刘文聚　常怀义

秘书长

王灿德（兼）

附：

副秘书长

常怀义　杨卫东　张继安　刘玉明　王海亭
刘常宣　王金卓

议案审查委员会

主 任 委 员　刘文聚
副主任委员　刘常宣　张立华

委　　员　于　庄　于金桴　王长根
孙建设　李　刚　祖连圣
徐明春（女）　温志莲（女）

预算委员会

主任委员　王华民
副主任委员　刘惠远
委　　员　王钦法　曲山绪　李子长
李尔强　宋仲泉　张廷彦
欧道骞　靳荣光　臧振勋

第十二届人民代表大会第二次会议

主席团成员

于　潮　于成凤　于金桴　于洪吉　马光汉
王天德　王立福　王光淮　王华民　王灿德
王国勋　王照宏　王鹤田　王德润　尹世炘
尹景尧　卢荆芝　冯展娟（女）　曲山绪
朱敬格　任柏榴　刘文聚　刘玉兰（女）
刘丕墺　刘远顺　刘峰岫　刘常宣　刘惠远
刘景云　齐乃贵　孙秀云（女）　孙嘉炼
牟振生　远　东　苏乃谦　杜永翔　李汉三
李光信　李守民　李英文　李惠民　李惠信
李德章　杨翠娥（女，回族）　吴楚湘
迟昭厚　张启龙　张启志　陈孔光　周懋文
单昭明　赵为杰　赵顺年　袁文坤（女）
徐瑞荣　黄存福　黄雪琦（女）　常怀义
宿连池　董建春　韩　理　靳荣光　翟振序
滕司宪　滕修兰（女）　戴耀西

主席团常务主席

齐乃贵　孙嘉炼　刘景云　刘峰岫　任柏榴
李惠信　于洪吉　刘文聚　常怀义　董建春
刘远顺　黄存福

秘书长

任柏榴（兼）

附：

副秘书长

尹世炘　王金卓　杨卫东　张继安　刘玉明
王海亭　马光汉

议案审查委员会

主任委员　刘文聚
副主任委员　张立华
委　　员　于　庄　于金桴　孙建设
李　刚　祖连圣
徐明春（女）
温志莲（女）

预算委员会

主任委员　刘远顺
副主任委员　刘惠远
委　　员　刘丕墺　杜德富　吴楚湘
张廷彦　张树业　徐瑞荣
靳荣光

第十二届人民代表大会第三次会议

主席团成员

于　潮　于成凤　于金桴　于洪吉　马光汉
马金忠　王天德　王立福　王光淮　王华民
王灿德　王治华　王国勋　王洪杰（女）
王照宏　王鹤田　王德润　尹世炘　尹景尧
卢荆芝　冯展娟（女）　曲山绪　朱敬格
任柏榴　刘文聚　刘玉兰（女）　刘丕墺
刘远顺　刘峰岫　刘常宣　刘惠远　齐乃贵
孙秀云（女）　孙嘉炼　牟振生　远　东
苏乃谦　杜永翔　李汉三　李光信　李守民
李英文　李海德　李惠民　李惠信　李德章
吴楚湘　迟昭厚　张启龙　张启志　张金瑞
陈　光　陈孔光　周懋文　单昭明　赵为杰
赵顺年　柳玉焕　袁文坤（女）　徐瑞荣
黄存福　黄雪琦（女）　常怀义　宿连池
董建春　韩　理　鲍世举　翟振序　滕司宪
滕修兰（女）　戴耀西

主席团常务主席

齐乃贵　孙嘉炼　刘峰岫　任柏榴　李惠信
于洪吉　刘文聚　常怀义　董建春　刘远顺
黄存福

秘书长

任柏榴（兼）

附：

副秘书长

尹世炘　杨继生　孙长华　张继安　刘玉明
王海亭　马光汉　孙光耀

议案审查委员会

主任委员　刘文聚
副主任委员　张立华
委　　员　于　庄　于金桴　孙建设
　　　　　李　刚　祖连圣　徐明春（女）
　　　　　温志莲（女）

预算委员会

主任委员　刘远顺
副主任委员　刘惠远
委　　员　曲山绪　刘丕墺　杜德富
　　　　　吴楚湘　张树业　徐瑞荣
　　　　　鲍世举

第十二届人民代表大会第四次会议

主席团成员

于　潮　于成凤　于金桴　于洪吉　马光汉
马金忠　王天德　王立福　王光淮　王华民
王灿德　王治华　王国勋　王洪杰（女）
王海亭　王照宏　王鹤田　王德润　尹景尧
卢荆芝　冯展娟（女）　曲山绪　朱敬恪
任柏榴　刘文聚　刘玉兰（女）　刘丕墺
刘远顺　刘峰岫　刘常宣　刘惠远　齐乃贵
孙秀云（女）　孙嘉炼　远　东　苏乃谦
杜永翔　李汉三　李尔强　李光信　李守民
李英文　李海德　李惠民　李惠信　李德章
吴楚湘　迟昭厚　张兴邦　张启龙　张启志
张怀安　张金瑞　陈　光　陈孔光　周懋文
单昭明　赵顺年　胡　岗　柳玉焕
袁文坤（女）　徐瑞荣　黄存福
黄雪琦（女）　常怀义　宿连池　董建春
韩　理　程庆同　鲍世举　翟振序　滕司宪
滕修兰（女）　戴耀西

主席团常务主席

齐乃贵　孙嘉炼　刘峰岫　王立福　任柏榴
李惠信　于洪吉　刘文聚　常怀义　董建春
刘远顺　黄存福　李英文

秘书长

任柏榴（兼）

附：

副秘书长

王海亭　杨继生　孙长华　张继安　刘玉明
王利民　马光汉　孙光耀

议案审查委员会

主任委员　刘文聚
副主任委员　李英文　张立华
委　　员　于　庄　孙建设　李　刚
　　　　　祖连圣　徐明春（女）
　　　　　温志莲（女）

计划预算委员会

主任委员　刘远顺
副主任委员　刘惠远　李尔强　徐瑞荣
委　　员　于金桴　刘丕墺　刘常宣
　　　　　孙秀云（女）　杜德富
　　　　　吴楚湘　张廷彦　张启龙
　　　　　张树业　鲍世举

第十二届人民代表大会第五次会议

主席团成员

于　潮　于成凤　于金桴　于洪吉　马光汉
马金忠　王天德　王立福　王在辉　王光淮
王华民　王灿德　王治华　王国勋　王海亭
王照宏　王鹤田　王德润　尹景尧　卢荆芝
冯展娟（女）　曲山绪　朱敬恪　任柏榴
刘文聚　刘玉兰（女）　刘丕墺　刘汉富
刘远顺　刘峰岫　刘常宣　齐乃贵
孙秀云（女）　孙嘉炼　苏乃谦　杜永翔
李汉三　李尔强　李光信　李英文　李海德
李惠民　李惠信　李德章　吴楚湘　迟好信

迟昭厚　张兴邦　张启龙　张启志　张怀安
张金瑞　张洪林　陈　光　陈孔光　周懋文
单昭明　房忠昌　赵顺年　柳玉焕
袁文坤（女）　徐瑞荣　黄存福
黄雪琦（女）　常怀义　崔守国　隋华堂
宿连池　董建春　韩　理　程庆同　温钦祥
谢迎春　鲍世举　滕司宪　滕修兰（女）
戴耀西　魏元志

主席团常务主席

齐乃贵　孙嘉炼　刘峰岫　王立福　任柏榴
于洪吉　隋华堂　常怀义　董建春　刘远顺
黄存福　王在辉　李英文　王海亭

秘书长

任柏榴（兼）

附：

副秘书长

王海亭　杨继生　孙长华　张国华　张明海
杜国忠　孙光耀　王利民

议案审查委员会

主任委员　李英文
副主任委员　张立华
委　　员　于　庄　曲山绪　孙建设
苏乃谦　李　刚　张金瑞
柳玉焕　祖连圣
徐明春（女）　温志莲（女）
魏元志

计划预算审查委员会

主任委员　刘远顺
副主任委员　王在辉
委　　员　于金桴　刘丕墺　刘常宣
刘惠远　孙秀云（女）
杜德富　李尔强　吴楚湘
张廷彦　张启龙　张树业
徐瑞荣　鲍世举

第四节　第十三届人民代表大会会议主席团和秘书长

（1998 年 1 月—2003 年 2 月）

第十三届人民代表大会第一次会议

主席团成员

于　明　于金桴　于洪吉　王玉芬　王立福
王在辉　王伯祥　王治华　王海亭　王照宏
吕世荣　任柏榴　刘玉兰（女）　刘远顺
刘命信　孙秀云（女）　孙惠斌　孙嘉炼
毕可仁　李玉林　李尔强　李光信　李英文
李晓明　李德章　杨卫东　辛丕宏　迟昭厚
张怀安　张金瑞　张桂云（女）　张敦柏
房忠昌　柳玉焕　袁文坤（女）　高洪华
郭德启　黄存福　黄潍连　曹学成　常怀义
崔守国　隋华堂　宿连池　程庆同　温钦祥
鲍世举　潘心德　鞠法昌　鞠献宝　魏元志
等

主席团常务主席

曹学成　孙嘉炼　王玉芬　王立福　于　明
迟昭厚　任柏榴　于洪吉　隋华堂　常怀义
刘远顺　黄存福　王在辉　李英文　王海亭

秘书长

任柏榴（兼）

附：

副秘书长

王海亭　杨继生　张国华　张明海　王利民
杜国忠

议案审查委员会

主任委员　李英文
副主任委员　张立华
委　　员　丁守生　王　平　王新维
曲卫海　刘　伟　池瑞亮
张元茂　张金瑞　柳玉焕
郭德启　戴瑞德

计划预算审查委员会

主 任 委 员　刘远顺

副主任委员　王在辉

委　　　员　于金桴　齐忠礼

孙秀云（女）　毕孝圣

李玉林　李尔强　高洪华

黄存明　鲍世举　谭瑞田

魏元志

第十三届人民代表大会第二次会议

主席团成员

于　明　于金桴　于洪吉　王立福　王永兴

王在辉　王光明　王治华　王洪杰（女）

王继东　王焕新　王照宏　王福金

冯少英（女）　吕世荣　任柏榴　齐忠礼

刘天佑　刘玉兰（女）　刘远顺　刘明珂

刘命信　孙守伏　孙向林　孙秀云（女）

孙嘉炼　毕可仁　杜国忠　李玉林　李尔强

李光信　李英文　李晓明　李德章　杨卫东

辛丕宏　迟昭厚　张元茂　张明海　张金瑞

张桂云（女）　张敦柏　陈法信　明宝春

房忠昌　赵文禄　柳玉焕　袁文坤（女）

徐　鉴　郭德启　黄存福　黄潍连　曹学成

常怀义　宿连池　隋华堂　韩俊生　程庆同

温钦祥　鲍世举　鞠法昌　鞠献宝　魏元志

等

主席团常务主席

曹学成　孙嘉炼　王立福　于　明　迟昭厚

隋华堂　王在辉　李英文　徐　鉴　王光明

王福金　孙守伏　刘天佑

秘书长

隋华堂（兼）

附：

副秘书长

杨继生　张国华　张明海　姜言义　杜国忠

议案审查委员会

主 任 委 员　李英文

副主任委员　杜国忠

委　　　员　丁守生　王　平　曲卫海

刘　伟　池瑞亮　张元茂

张立华　张金瑞　郭德启

温钦祥　戴瑞德

计划预算审查委员会

主 任 委 员　王在辉

副主任委员　孙守伏

委　　　员　于金桴　王克强

孙秀云（女）　毕孝圣

李天庆　李玉林　李尔强

黄存明　柳玉焕　鲍世举

魏元志

第十三届人民代表大会第三次会议

主席团成员

于金桴　于洪吉　王立福　王永兴　王在辉

王光明　王治华　王洪杰（女）　王继东

王焕新　王照宏　王福金　冯少英（女）

吕世荣　任柏榴　齐忠礼　刘天佑

刘玉兰（女）　刘远顺　刘明珂　刘命信

刘洪清　孙守伏　孙向林　孙秀云（女）

孙嘉炼　毕可仁　杜国忠　李玉林　李尔强

李光信　李英文　李晓明　李德章　杨卫东

辛丕宏　迟昭厚　张元茂　张明海　张金瑞

张桂云（女）　张敦柏　陈法信　明宝春

罗方照　孟庆臣　房忠昌　赵文禄　柳玉焕

袁文坤（女）　徐　鉴　郭德启　黄存福

黄潍连　曹学成　常怀义　宿连池　隋华堂

韩俊生　程庆同　温钦祥　鲍世举　鞠法昌

鞠献宝　魏元志

主席团常务主席

曹学成　孙嘉炼　王立福　迟昭厚　隋华堂

王在辉　李英文　徐　鉴　王光明　王福金

孙守伏　刘天佑

秘书长

隋华堂（兼）

附：

副秘书长

杨继生　张国华　张明海　姜言义　杜国忠

议案审查委员会

主任委员　李英文

副主任委员　罗方照

委　　员　丁守生　王　平　曲卫海
刘　伟　池瑞亮　张元茂
张立华　张金瑞　郭德启
温钦祥　戴瑞德

计划预算审查委员会

主任委员　王在辉

副主任委员　孙守伏

委　　员　于金桴　王克强
孙秀云（女）　毕孝圣
李天庆　李玉林　李尔强
黄存明　柳玉焕　鲍世举
魏元志

第十三届人民代表大会第四次会议

主席团成员

于金桴　于洪吉　王元榜　王立福　王永兴
王在辉　王光明　王治华　王洪杰（女）
王继东　王焕新　王照宏　王福金
王　磊（女）　冯少英（女）　毕可仁
吕世荣　任柏榴　刘天佑　刘玉兰（女）
刘远顺　刘明珂　刘洪清　齐忠礼　孙向林
孙守伏　孙秀云（女）　孙嘉炼　杜国忠
杨卫东　花兆贤　李玉林　李本跃　李尔强
李光信　李英文　李德章　吴元宝　辛丕宏
迟昭厚　张元茂　张江汀　张明海　张金瑞
张桂云（女）　陈法信　明宝春　罗方照
房忠昌　孟庆臣　柳玉焕　赵文禄　侯法生
袁文坤（女）　徐振溪　徐　鉴　郭德启
黄潍连　曹学成　常怀义　宿连池　隋华堂
葛吉平　程庆同　温钦祥　鲍世举
满郭强（女）　鞠法昌　魏元志等

主席团常务主席

曹学成　孙嘉炼　迟昭厚　毕可仁　隋华堂
王在辉　李英文　徐　鉴　王光明　王福金
孙守伏　刘天佑　葛吉平

秘书长

隋华堂（兼）

附：

副秘书长

葛吉平　杨继生　张国华　张明海　姜言义
孙向林　罗方照

议案审查委员会

主任委员　李英文

副主任委员　罗方照

委　　员　丁守生　王　平　曲卫海
刘　伟　池瑞亮　张元茂
张立华　张金瑞　郭德启
温钦祥　戴瑞德

计划预算审查委员会

主任委员　王在辉

副主任委员　孙守伏

委　　员　于金桴　王克强　王照宏
孙秀云（女）　毕孝圣
李玉林　李尔强　黄存明
柳玉焕　鲍世举　魏元志

第十三届人民代表大会第五次会议

主席团成员

于洪吉　王元榜　王永兴　王在辉　王光明
王治华　王洪杰（女）　王继东　王焕新
王照宏　王福金　王　磊（女）
冯少英（女）　毕可仁　任柏榴　刘天佑
刘玉兰（女）　刘延禄　刘远顺　刘明珂
刘洪清　齐忠礼　孙文清　孙守伏
孙秀云（女）　孙嘉炼　杨卫东　花兆贤
李本跃　李尔强　李光信　李　刚　李英文
李增坡　李德章　吴元宝　辛丕宏　迟昭厚
张元茂　张江汀　张桂云（女）　明宝春

罗方照　房永安　房忠昌　孟庆臣　赵文禄
赵凤池　赵传圣　侯法生　袁文坤（女）
徐振溪　徐　鉴　郭德启　黄潍连　曹学成
常怀义　隋华堂　韩俊生　葛吉平　程庆同
满郭强（女）　鞠法昌

主席团常务主席

曹学成　孙嘉炼　迟昭厚　毕可仁　房忠昌
赵凤池　王在辉　徐　鉴　王光明　孙守伏
刘天佑　韩俊生　葛吉平　李　刚

秘书长

房忠昌（兼）

附：

副秘书长

李　刚　杨继生　孙金生　刘维国　罗方照
赵　东　王承策　孟　毅

议案审查委员会

主 任 委 员　孙守伏
副主任委员　罗方照
委　　　员　丁守生　王　平　曲卫海
　　　　　　刘　伟　池瑞亮　张元茂
　　　　　　张立华　张金瑞　郭德启
　　　　　　温钦祥　戴瑞德

计划预算审查委员会

主 任 委 员　王在辉
副主任委员　韩俊生
委　　　员　马连芹　王克强　王继东
　　　　　　王照宏　冯少英（女）
　　　　　　刘延禄　孙秀云（女）
　　　　　　毕孝圣　李尔强　赵传圣
　　　　　　魏元志

第五节　第十四届人民代表大会会议主席团和秘书长

（2003 年 2 月至 2008 年 1 月）

第十四届人民代表大会第一次会议

主席团成员

王元榜　王光明　王治华　王秀河　王承策
王照宏　毕可仁　刘天佑　刘明珂　刘洪清
刘德成　孙守伏　孙秀云（女）　孙嘉炼
杜国忠　杨卫东　花兆贤　李　刚　李世光
李本跃　吴元宝　迟昭厚　张传林
张桂云（女）　陈白峰　罗方照　房永安
房忠昌　赵　东　赵凤池　赵文禄　赵兴涛
赵伟宏　钟少林　钟耕民　袁文坤（女）
聂振萍（女）　徐　鉴　徐振溪　郭德启
韩俊生　葛吉平　满郭强（女）

主席团常务主席

张传林　王治华　赵兴涛　房忠昌　毕可仁
赵凤池　徐　鉴　王光明　孙守伏　刘天佑
韩俊生　葛吉平　李　刚

秘书长

房忠昌（兼）

附：

副秘书长

李　刚　杨继生　孙金生　刘维国　罗方照
赵　东　王承策　孟　毅

议案审查委员会

主 任 委 员　孙守伏
副主任委员　罗方照
委　　　员　马东宁　王利民　王琰方
　　　　　　李瑞阳　宋全正　邵宗水
　　　　　　房永安　戴瑞德　魏本芳

计划预算审查委员会

主任委员　韩俊生
委　　员　于德路　马连芹　王照宏

孙长华　孙秀云（女）
毕孝圣　吉昌荣　邹登顺
高赐伦　蔚严春

第十四届人民代表大会第二次会议

主席团成员

于德路　王元榜　王乐义　王永兴　王光明
王利民　王秀河　王治华　王承策　王维盛
卞长伟　田东流　毕可仁　毕孝圣　刘天佑
刘明珂　刘洪清　刘维国　刘德成　孙日贵
孙长华　孙守伏　孙秀云（女）　孙嘉炼
杜国忠　杨卫东　花兆贤　李本跃　李世光
李　刚　李守玉　李　波（女）　吴元宝
迟昭厚　邹邓顺　宋全正　张戈剑　张传林
张建国　张桂云（女）　张爱军　陈白峰
周玉芳（女）　房永安　房忠昌　胡　岗
赵风池　赵文禄　赵　东　赵伟宏　赵兴涛
钟少林　钟耕民　袁文坤（女）
聂振萍（女）　徐振溪　郭德启　高赐伦
崔爱信　康凤英（女）　韩俊生　葛吉平
满郭强（女）　戴瑞德　魏本芳

主席团常务主席

张传林　王治华　赵兴涛　毕可仁　赵凤池
孙守伏　张建国　韩俊生　葛吉平　王永兴
康凤英（女）　王维盛

秘书长

赵凤池（兼）

附：

副秘书长

王维盛　杨继生　孙金生　刘维国　赵　东
王承策　王振华　周晓钟　孟　毅

议案审查委员会

主 任 委 员　孙守伏
副主任委员　周晓钟
委　　　员　马东宁　王利民　王琰方
　　　　　　李瑞阳　宋全正　邵宗水
　　　　　　房永安　满郭强（女）
　　　　　　戴瑞德

计划预算审查委员会

主 任 委 员　韩俊生
副主任委员　魏本芳
委　　　员　马连芹　王有强　吉昌荣
　　　　　　毕孝圣　刘明生　孙日贵
　　　　　　孙秀云（女）　李　刚
　　　　　　吴少华（女）　邹登顺
　　　　　　张桂云（女）　周玉芳（女）
　　　　　　高赐伦

第十四届人民代表大会第三次会议

主席团成员

于德路　王义正　王元榜　王乐义　王永兴
王光明　王利民　王秀河　王治华　王承策
王维盛　卞长伟　田东流　毕可仁　毕孝圣
刘天佑　刘明珂　刘洪清　刘维国　刘德成
孙日贵　孙长华　孙守伏　孙秀云（女）
孙嘉炼　杜国忠　杨卫东　花兆贤　李本跃
李世光　李　刚　李守玉　李　波（女）
吴元宝　吴建民　迟昭厚　邹登顺　宋全正
张戈剑　张传林　张建国　张桂云（女）
张爱军　陈白峰　周玉芳（女）　周晓钟
房永安　房忠昌　胡　岗　赵凤池　赵文禄
赵　东　赵伟宏　赵兴涛　钟少林　钟耕民
袁文坤（女）　聂振萍（女）　徐振溪
郭德启　高赐伦　崔爱信　康凤英（女）
韩俊生　葛吉平　满郭强（女）　戴瑞德
魏本芳

主席团常务主席

张传林　王治华　赵兴涛　毕可仁　赵凤池
孙守伏　张建国　韩俊生　葛吉平　王永兴
康凤英（女）　王维盛

秘书长

赵凤池（兼）

附：

副秘书长

王维盛　杨继生　刘维国　赵　东　王承策
周晓钟　朱玉林　孟　毅

议案审查委员会

主 任 委 员　孙守伏
副主任委员　周晓钟
委　　　员　马东宁　王利民　王琰方
李瑞阳　宋全正　张爱军
邵宗水　房永安　聂振萍（女）
满郭强（女）　戴瑞德

计划预算审查委员会

主 任 委 员　韩俊生
副主任委员　魏本芳
委　　　员　马连芹　王有强　吉昌荣
毕孝圣　刘明生　孙日贵
孙秀云（女）　李　刚
吴少华（女）　邹登顺
张桂云（女）　周玉芳（女）
高赐伦

第十四届人民代表大会第四次会议

主席团成员

于德路　王义正　王元榜　王立胜　王乐义
王永兴　王光明　王利民　王秀河　王治华
王承策　王维盛　卞长伟　田东流　毕孝圣
刘天佑　刘明珂　刘洪清　刘维国　刘德成
孙日贵　孙长华　孙守伏　孙秀云（女）
孙嘉炼　杜国忠　杨卫东　花兆贤　李本跃
李世光　李　刚　李守玉　李　波（女）
吴建民　迟昭厚　邹登顺　宋全正　张戈剑
张传林　张建国　张桂云（女）　陈白峰
周玉芳（女）　周晓钟　房永安　房忠昌
胡　岗　赵凤池　赵文禄　赵　东　赵伟宏
赵兴涛　钟少林　钟耕民　袁文坤（女）
聂振萍（女）　徐振溪　郭德启　高赐伦
崔建平　崔爱信　康凤英（女）　韩俊生
葛吉平　满郭强（女）　戴瑞德　魏本芳

主席团常务主席

张传林　王治华　赵兴涛　崔建平　赵凤池
孙守伏　张建国　韩俊生　葛吉平　王永兴
康凤英（女）　王维盛

秘书长

赵凤池（兼）

附：

副秘书长

王维盛　杨继生　刘维国　赵　东　王承策
周晓钟　朱玉林　孟　毅

议案审查委员会

主 任 委 员　孙守伏
副主任委员　周晓钟
委　　　员　马东宁　王利民　王琰方
孙晓波　李瑞阳　宋全正
张爱军　房永安　聂振萍（女）
满郭强（女）　戴瑞德

计划预算审查委员会

主 任 委 员　韩俊生
副主任委员　魏本芳
委　　　员　王有强　吉昌荣　毕孝圣
刘明生　孙日贵　孙秀云（女）
李　刚　吴少华（女）
邹登顺　张桂云（女）
周玉芳（女）　高赐伦

第十四届人民代表大会第五次会议

主席团成员

丁志伟　于德路　王义正　王立胜　王乐义
王永兴　王光明　王利民　王秀河　王治华
王继怀　王继美　王维盛　卞长伟　毕孝圣
刘天佑　刘中会　刘明珂　刘建国　刘洪清
刘维国　刘德成　曲新佩　闫云田　孙日贵
孙长华　孙守伏　孙嘉炼　杜国忠　苏立科
杨卫东　杨继生　李文国　李本跃　李世光
李守玉　李　波（女）　李建泉　李晓明

吴元宝　吴建民　迟昭厚　邹庆忠　邹登顺
宋全正　张小梅（女）　张立华　张国华
张建国　张桂云（女）　陈白峰　国正平
周晓钟　房永安　房忠昌　赵凤池　赵　东
赵伟宏　赵兴涛　钟少林　袁文坤（女）
聂振萍（女）　郭德启　高赐伦　崔建平
崔爱信　康凤英（女）　韩书俭　韩俊生
葛吉平　解维俊　满郭强（女）　戴瑞德
魏本芳等

主席团常务主席

赵兴涛　崔建平　王治华　赵凤池　张建国
王永兴　康凤英（女）　杨继生　吴元宝
李本跃　王维盛等

秘书长

赵凤池（兼）

附：

副秘书长

王维盛　宋赤锋　刘维国　王利民　赵　东
周晓钟　朱玉林

议案审查委员会

主 任 委 员　杨继生
副主任委员　周晓钟
委　　　员　马东宁　王利民　王琰方
孙晓波　李春水　李瑞阳
宋全正　张树琛　张爱军
罗方照　房永安　聂振萍（女）
夏芳晨　韩书俭　戴瑞德

计划预算审查委员会

主 任 委 员　李本跃
副主任委员　魏本芳
委　　　员　王有强　毕孝圣　刘明生
闫云田　孙日贵　李建泉
吴少华（女）　邹登顺
张国华　张桂云（女）
张益军　周玉芳（女）
高赐伦

第六节　第十五届人民代表大会会议主席团和秘书长

（2008 年 1 月至 2012 年 2 月）

第十五届人民代表大会第一次会议

主席团成员

丁志伟　王立胜　王永兴　王利民　王秀河
王治华　王继怀　卞长伟　邢乐信　毕孝圣
吕珊珊（女）　刘中会　刘明珂　刘建国
刘德成　曲新佩　孙日贵　孙守伏　苏立科
杨继生　李云高　李文国　李本跃　李世光
李守玉　李　波（女）　李建泉　吴元宝
吴建民　邹庆忠　张小梅（女）　张庆吉
张　军　张国华　张建国　陈白峰　范西智
周晓钟　赵凤池　赵　东　赵兴涛　钟少林
聂振萍（女）　崔建平　康凤英（女）
韩书俭　韩俊生　葛吉平　蒋文彩　程茂仁
解维俊　戴瑞德等

主席团常务主席

崔建平　李守玉　程茂仁　张建国　王永兴
康凤英（女）　杨继生　吴元宝　李本跃
张　军等

秘书长

程茂仁（兼）

附：

副秘书长

张　军　宋赤锋　王利民　傅大军　赵　东
周晓钟　刘勤友　朱玉林

议案审查委员会

主 任 委 员　杨继生
副主任委员　周晓钟
委　　　员　马东宁　王利民　王琰方
李春水　李瑞阳　吴少华（女）
张国华　张树琛　范西智
夏芳晨　崔学选　韩书俭
戴瑞德

计划预算审查委员会

主任委员　李本跃

副主任委员　李建泉

委　　员　王万堂　孔宪俊　毕孝圣
刘明生　孙日贵　李文国
李　波（女）　李春良
邹立众　张益军　孟庆亮
袁义龙　聂振萍（女）

第十五届人民代表大会第二次会议

主席团成员

丁志伟　马兴华　马跃启　王立胜　王永兴
王利民　王治华　王继怀　王培竹（女）
卞长伟　尹兴明　孔宪俊　边　峰　邢乐信
毕孝圣　吕珊珊（女）　曲新佩　刘中会
刘明珂　刘建国　刘勤友　刘德成　衣光明
孙日贵　孙守伏　杨继生　苏立科　李云高
李化岗　李文国　李本跃　李守玉
李　波（女）　李建泉　吴元宝　吴建民
邹庆忠　张小梅（女）　张庆吉　张　军
张建国　张国华　张润国　陈　平　范西智
周晓钟　郑和平　孟庆亮　赵凤池　赵　东
赵　军　赵兴涛　赵连文　胡凝熙　钟少林
姜　滨　袁义龙　耿现江　聂振萍（女）
徐建明　郭万欣　桑自方　黄　进　崔建平
康凤英（女）　韩书俭　韩俊生　葛吉平
蒋文彩　程茂仁　傅大军　解维俊　戴瑞德
等

主席团常务主席

崔建平　李守玉　王永兴　康凤英（女）
杨继生　李本跃　张　军等

秘书长

王永兴（兼）

附：

副秘书长

张　军　宋赤锋　傅大军　赵　东　周晓钟
于均收　刘勤友　朱玉林　齐延升

第十五届人民代表大会第三次会议

主席团成员

丁志伟　马兴华　马跃启　王立胜　王永兴
王利民　王治华　王继怀　王培竹（女）
卞长伟　尹兴明　孔宪俊　边　峰　邢乐信
毕孝圣　吕珊珊（女）　曲新佩　刘明珂
刘建国　刘勤友　刘德成　衣光明　许立全
孙日贵　孙守伏　杨继生　苏立科　李云高
李化岗　李文国　李本跃　李守玉
李　波（女）　李建泉　吴元宝　吴建民
邹庆忠　张小梅（女）　张庆吉　张　军
张建国　张国华　张树琛　张润国　陈　平
陈兆信　范西智　周晓钟　郑和平　孟庆亮
赵凤池　赵　东　赵　军　赵兴涛　赵连文
胡凝熙　钟少林　姜　滨　袁义龙　耿现江
聂振萍（女）　徐建明　郭万欣　崔建平
康凤英（女）　韩书俭　韩俊生　葛吉平
蒋文彩　程茂仁　傅大军　解维俊　戴瑞德
等

主席团常务主席

崔建平　李守玉　王永兴　康凤英（女）
杨继生　李本跃　张　军等

秘书长

王永兴（兼）

附：

副秘书长

张　军　宋赤锋　傅大军　赵　东　周晓钟
于均收　刘勤友　朱玉林　齐延升

第十五届人民代表大会第四次会议

主席团成员

丁志伟　马跃启　王永兴　王利民　王治华
王继怀　王培竹（女）　王维盛　尹兴明
孔宪俊　边　峰　邢乐信　毕孝圣　刘汉杰
刘明珂　刘建国　刘勤友　刘德成　衣光明
许立全　孙日贵　孙守伏　孙忠礼　杨同光
杨继生　苏立科　李云高　李化岗　李文国

李本跃　李守玉　李　波（女）　李建泉
吴元宝　吴建民　邹庆忠　初宝杰
张小梅（女）　张宁东　张庆吉　张　军
张建国　张国华　张树琛　张润国　张新强
陈　平　陈兆信　陈汝孝　陈泽浦　范西智
周晓钟　郑和平　孟庆亮　赵凤池　赵　东
赵　军　赵兴涛　赵连文　胡凝熙　钟少林
姜　滨　袁义龙　耿现江　聂振萍（女）
徐建明　郭万欣　郭洪谦　崔建平
康凤英（女）　韩书俭　韩俊生　葛吉平
蒋文彩　程茂仁　傅大军　解维俊　戴瑞德
等

主席团常务主席

崔建平　李守玉　王永兴　康凤英（女）
杨继生　李本跃　张　军等

秘书长

王永兴（兼）

附：

副秘书长

张　军　宋赤锋　傅大军　赵　东　周晓钟
于均收　刘勤友　丁新杰　齐延升

第七节　第十六届人民代表大会会议主席团和秘书长

（2012 年 2 月至 2017 年 2 月）

第十六届人民代表大会第一次会议

主席团成员

丁志伟　马跃启　王永兴　王治华　王维盛
王献玲　毛秀凤（女）　孔宪俊
田素英（女）　邢乐信　毕孝圣　刘汉杰
刘兴明　刘明珂　刘勤友　刘曙光　衣光明
许立全　孙忠礼　杨继生　苏立科　李化岗
李本跃　李守玉　李进民　李　辉　谷兴利
邹庆忠　初宝杰　张小梅（女）　张　军
张建国　张新强　张韶华　陈汝孝　陈泽浦
范福生　周晓钟　郑和平　孟庆亮　孟祥志
赵　东　赵　军　赵志远　赵学坤　钟少林
姜　滨　耿现江　聂振萍（女）　贾有余
顾建华　徐玉军　徐建明　徐鹏强　郭万欣
崔建平　康凤英（女）　蒋文彩　傅大军
等

主席团常务主席

许立全　王献玲　李守玉　刘明珂　王永兴
康凤英（女）　杨继生　李本跃　张　军

秘书长

刘明珂（兼）

附：

副秘书长

张　军　宋赤锋　傅大军　周晓钟　刘勤友
王增宝　王福强　隋汝文　齐延升

议案审查委员会

主任委员　杨继生
副主任委员　周晓钟
委　　员　马东宁　王秀禄　衣光明
李进民　孟祥志　赵　东
秦伟堂　耿现江　聂振萍（女）
徐建明　徐鹏强

计划预算审查委员会

主任委员　李本跃
副主任委员　孟庆亮
委　　员　孔宪俊　毕孝圣　刘福毅
李春良　邹立众　张恒志
张益军　陈玉刚　秦学昌
徐玉军　蔡沥菖

第十六届人民代表大会第二次会议

主席团成员

丁汉邦　于　生　万伟锋　马跃启　王永兴
王永福　王兆辉　王秀河　王治华　王培福
王维盛　王　辉　王献玲　王新声　王潍政
王增宝　毛秀凤（女）　孔宪俊
田素英（女）　邢乐信　毕孝圣　任洪武

刘云江　刘　玉　刘汉杰　刘兴明　刘明珂
刘勤友　刘德成　刘曙光　衣光明　许立全
孙忠礼　孙金生　杜士忠　杨　明　杨继生
花兆贤　苏立科　李化岗　李本跃　李世光
李守玉　李进民　李　辉　邹庆忠　初宝杰
张小梅（女）　张　军　张建国　张新强
陈本林　陈汝孝　陈泽浦　范福生　周晓钟
孟庆亮　孟祥志　胡　岗　南秀霞（女）
赵　东　赵　军　赵志远　赵学坤　钟少林
姜　滨　秦学昌　耿现江　聂振萍（女）
贾有余　顾建华　徐玉军　徐松萃　徐建明
徐鹏强　郭万欣　黄潍连　崔建平
康凤英（女）　董　光　蒋文彩　傅大军
鞠献宝等

主席团常务主席

许立全　胡　岗　王献玲　刘明珂　花兆贤
李世光　毛秀凤（女）　张　军

秘书长

刘明珂（兼）

附：

副秘书长

张　军　宋立军　周晓钟　王增宝　王福强
毛洪涛　李静波　隋汝文　宫静波

第十六届人民代表大会第三次会议

主席团成员

丁汉邦　于　生　万伟锋　马跃启　王永兴
王永福　王兆辉　王秀河　王秀禄　王治华
王培福　王维盛　王　辉　王献玲　王新声
王潍政　王增宝　毛秀凤（女）　毛洪涛
孔宪俊　田素英（女）　邢乐信　毕孝圣
任洪武　刘云江　刘　玉　刘兴明　刘明珂
刘炳国　刘勤友　刘德成　刘曙光　衣光明
孙忠礼　孙金生　杜士忠　杜昌文　杨　明
杨继生　花兆贤　苏立科　李化岗　李本跃
李世光　李守玉　李进民　李　辉　邹庆忠
初宝杰　张小梅（女）　张　军　张建国
张新强　陈本林　陈汝孝　范福生　周晓钟
孟晓雷　孟祥志　胡　岗　郝树东
南秀霞（女）　赵　东　赵　军　赵学坤
钟少林　姜　滨　秦学昌　聂振萍（女）
贾有余　顾建华　徐玉军　徐松萃　徐建明
徐鹏强　郭万欣　黄潍连　崔建平
康凤英（女）　董　光　蒋文彩　鞠献宝
等

主席团常务主席

杜昌文　胡　岗　王献玲　刘明珂　花兆贤
李世光　毛秀凤（女）　王秀禄

秘书长

刘明珂（兼）

附：

副秘书长

王秀禄　张洪全　王增宝　毛洪涛　王福强
隋汝文　刘玉祥　徐军伟

第十六届人民代表大会第四次会议

主席团成员

丁汉邦　于　生　马跃启　王卫东　王永兴
王永福　王兆辉　王秀河　王秀禄　王治华
王培福　王维盛　王　辉　王献玲　王新声
王潍政　王增宝　毛秀凤（女）　毛洪涛
孔宪俊　尹凤来　田素英（女）　邢乐信
毕孝圣　朱乐凯　朱兰玺　朱振铎　任洪武
刘云江　刘　玉　刘汉杰　刘兴明　刘明珂
刘炳国　刘勤友　刘德成　刘曙光　衣光明
孙忠礼　孙金生　杜士忠　杜昌文　杨　明
杨继生　花兆贤　苏立科　李化岗　李本跃
李世光　李在武　李守玉　李进民　李　辉
邱尔臣　辛丕宏　初宝杰　张小梅（女）
张　军　张建国　张新强　陈本林　陈汝孝
范福生　周晓钟　孟晓雷　胡　岗　郝树东
南秀霞（女）　赵　东　赵　军　赵学坤
钟少林　姜　滨　秦学昌　贾有余　顾建华
徐松萃　徐建明　徐鹏强　郭万欣　黄潍连

崔建平　康凤英（女）　董　光　蒋文彩
鞠献宝等

主席团常务主席

杜昌文　胡　岗　王献玲　刘明珂　花兆贤
李世光　毛秀凤（女）　王秀禄

秘书长

刘明珂（兼）

附：

副秘书长

王秀禄　张洪全　邱尔臣　王增宝　毛洪涛
王福强　徐军伟　隋汝文　刘玉祥

第十六届人民代表大会第五次会议

主席团成员

丁汉邦　于　生　马跃启　王卫东　王永兴
王永福　王兆辉　王秀河　王秀禄　王治华
王培福　王维盛　王　辉　王献玲　王新声
王潍政　王增宝　毛秀凤（女）　毛洪涛
孔宪俊　尹凤来　田素英（女）　毕孝圣
朱乐凯　朱兰玺　朱振铎　任洪武　刘云江
刘升勤（女）　刘　玉　刘明珂　刘德成
刘曙光　孙忠礼　孙金生　杜士忠　杜昌文
杨　明　杨继生　花兆贤　苏立科　李化岗
李本跃　李世光　李在武　李守玉　李　峰
李　辉　邱尔臣　辛丕宏　初宝杰
张小梅（女）　张　军　张建国　张新强
陈本林　林红玉　范福生　周晓钟　油朝康
孟晓雷　胡　岗　郝树东　南秀霞（女）
赵　军　钟少林　姜　滨　秦学昌　顾建华
徐松萃　徐建明　徐鹏强　郭万欣　桑福岭
黄潍连　崔建平　康凤英（女）　韩幸福
董　光　蒋文彩　鞠献宝等

主席团常务主席

杜昌文　胡　岗　王献玲　刘明珂　王卫东
李世光　毛秀凤（女）　王秀禄

秘书长

刘明珂（兼）

附：

副秘书长

王秀禄　王增宝　毛洪涛　王福强　徐军伟
李玉祥　陈　强　刘玉祥

第八节　第十七届人民代表大会会议主席团和秘书长

（2017 年 2 月至 2022 年 4 月）

第十七届人民代表大会第一次会议

主席团成员

丁汉邦　王卫东　王兆辉　王秀禄　王福强
王增宝　毛秀凤（女）　毛洪涛　卞汉林
孔宪俊　田素英（女）　吕珊珊（女）
朱兰玺　刘云江　刘明珂　刘泮英
刘艳芳（女）　刘棣俭　刘曙光　花兆贤
苏立科　李世光　李兰祥　李在武　李守玉
李宽端　李　辉　李新阁　杨建华　邱尔臣
初宝杰　张小梅（女）　林红玉　赵　军
郝树东　胡　岗　南秀霞（女）　钟耕民
姜　滨　秦学昌　顾建华　徐鹏强　郭召义
桑福岭　扈洪波　韩幸福

主席团常务主席

刘曙光　苏立科　张小梅（女）　刘明珂
王卫东　李世光　毛秀凤（女）　王秀禄

秘书长

刘明珂（兼）

副秘书长

王秀禄　宋均圻　朱朝辉　王增宝　毛洪涛
王福强　徐军伟　陈　强　刘玉祥　刘棣俭

议案审查委员会

主 任 委 员　王秀禄
副主任委员　毛洪涛
委　　　员　马东宁　王志刚　王延泰
王承策　刘棣俭　杨锡广
李月淑（女）　张志勇

胡景东　赵刚毅　解　彬

计划预算审查委员会

主任委员　刘明珂

副主任委员　王福强

委　员　马永军　王曰普　王发庆　王瑞霞（女，回族）　文　斌　孔宪俊　田素英（女）　刘福毅　姜　滨　秦学昌

第十七届人民代表大会第二次会议

主席团成员

丁利民　马东宁　王卫东　王曰普　王发庆　王兆辉　王延泰　王志刚　王秀禄　王承策　王福强　王增宝　毛秀凤（女）　毛洪涛　卞汉林　孔宪俊　卢洪凯　田素英（女）　吕珊珊（女）　朱兰玺　刘明珂　刘泮英　刘建国　刘艳芳（女）　刘效伟　刘棣俭　刘曙光　孙　勇　孙起生　花兆贤　苏立科　李月淑（女）　李世光　李兰祥　李成军　李守玉　李宽端　李　辉　李新阁　杨建华　杨爱君（女）　杨锡广　邱尔臣　初宝杰　张小梅（女）　张志才　张志勇　张学文　张晓峰　张新强　范福生　林红玉　赵刚毅　赵　军　郝树东　胡　岗　胡景东　南秀霞（女）　钟耕民　姜　滨　秦学昌　顾建华　徐鹏强　郭召义　桑福岭　扈洪波　韩幸福　韩辅廉　傅廷伟等

主席团常务主席

刘曙光　张小梅（女）　毛秀凤（女）　顾建华　张新强　范福生　王秀禄等

附：

副秘书长

王秀禄　宋均圻　朱朝辉　宋立军　刘玉祥　王增宝　毛洪涛　王福强　刘棣俭　陈　强

第十七届人民代表大会第三次会议

主席团成员

丁利民　马东宁　王卫东　王曰普　王发庆　王兆辉　王延泰　王志刚　王秀禄　王承策　王福强　王增宝　毛秀凤（女）　毛洪涛　卞汉林　孔宪俊　卢洪凯　田庆盈　田素英（女）　吕珊珊（女）　刘明珂　刘泮英　刘建国　刘艳芳（女）　刘效伟　刘棣俭　刘曙光　孙　勇　孙起生　花兆贤　苏立科　李月淑（女）　李世光　李兰祥　李守玉　李新阁　杨建华　杨爱君（女）　邱尔臣　初宝杰　张志才　张志勇　张学文　张新强　范福生　林红玉　赵刚毅　赵　军　郝树东　胡　岗　胡景东　南秀霞（女）　钟耕民　姜　滨　秦学昌　顾建华　徐鹏强　高志秀（女）　郭召义　桑福岭　扈洪波　韩幸福　傅廷伟等

主席团常务主席

刘曙光　毛秀凤（女）　顾建华　张新强　范福生　王秀禄等

附：

副秘书长

王秀禄　宋均圻　宋立军　刘玉祥　王增宝　毛洪涛　王福强　刘棣俭　陈　强　童耀林

第十七届人民代表大会第四次会议

主席团成员

丁利民　丁　峰　马东宁　王卫东　王曰普　王发庆　王兆辉　王延泰　王志刚　王秀禄　王承策　王福强　王增宝　毛秀凤（女）　毛洪涛　卞汉林　孔宪俊　卢洪凯　田庆盈　吕珊珊（女）　刘明珂　刘泮英　刘建国　刘艳芳（女）　刘效伟　刘棣俭　孙　勇　孙起生　花兆贤　苏立科　李月淑（女）　李世光　李兰祥　李守玉　李新阁　杨建华　杨爱君（女）　邱尔臣　初宝杰　张志才　张志勇　张学文　张新强　范福生　林红玉

赵刚毅　赵　军　胡　岗　胡景东
南秀霞（女）　钟耕民　姜　滨　秦学昌
顾建华　徐鹏强　高志秀（女）　郭召义
桑福岭　扈洪波　韩幸福　惠新安　傅廷伟
童培友等

主席团常务主席

惠新安　林红玉　毛秀凤（女）　顾建华
张新强　范福生　王秀禄等

附：

副秘书长

王秀禄　宋均圻　宋立军　刘玉祥　吉宗合
王增宝　毛洪涛　王福强　刘棣俭　丁新杰

第十七届人民代表大会第五次会议

主席团成员

马中平　马东宁　王卫东　王曰普　王兆辉
王延泰　王志刚　王承策　王福强　王增宝
毛秀凤（女）　毛洪涛　卞汉林　孔宪俊
卢洪凯　田庆盈　白卫明　吕珊珊（女）
刘全平　刘国伟　刘明珂　刘泮英　刘效伟
刘跃东　刘棣俭　刘裕斌　孙　沂　孙　勇
孙起生　花兆贤　苏立科　杜建华
李月淑（女）　李世光　李兰祥　李守玉
李新阁　杨建华　杨爱君（女）　初宝杰
张守富　张志才　张志勇　张宝胜　张洪全
张新强　范福生　林红玉　赵　军　赵学坤
胡　岗　胡景东　南秀霞（女）　姜　滨
秦学昌　顾建华　徐鹏强　高成勇
高志秀（女）　郭召义　桑福岭　扈洪波
韩幸福　惠新安　傅廷伟　童培友　谭炳建
薛晓鹏等

主席团常务主席

惠新安　林红玉　毛秀凤（女）　顾建华
张新强　范福生等

附：

副秘书长

杨建华　宋均圻　宋立军　刘太福　刘玉祥
王增宝　毛洪涛　王福强　刘棣俭　丁新杰
张　杰

第十七届人民代表大会第六次会议

主席团成员

马中平　马东宁　王卫东　王曰普　王延泰
王兆辉　王志刚　王福强　王增宝
毛秀凤（女）　毛洪涛　孔宪俊　田庆盈
白卫明　吕珊珊（女）　刘玉祥　刘全平
刘　运　刘国伟　刘明珂　刘效伟　刘跃东
刘棣俭　刘裕斌　齐延升　孙　沂　孙　勇
花兆贤　苏立科　杜建华　李月淑（女）
李世光　李兰祥　李守玉　李新阁　杨建华
杨爱君（女）　宋立军　初宝杰　张守富
张宝胜　张新强　范福生　周　俊　赵中国
赵　军　赵学坤　赵绪春　胡　岗　胡景东
南秀霞（女）　姜　滨　秦学昌　顾建华
徐鹏强　高成勇　高志秀（女）　郭虎英
桑福岭　扈洪波　韩幸福　童培友　谭炳建
滕双兴　薛晓鹏

主席团常务主席

田庆盈　毛秀凤（女）　顾建华　张新强
范福生　杨建华

秘书长

顾建华（兼）

附：

副秘书长

杨建华　宋均圻　宋立军　刘玉祥　王增宝
毛洪涛　王福强　刘棣俭　李广懿　罗相贤
蔡　威

第九节　第十八届人民代表大会会议主席团和秘书长

（2022 年 4 月至今）

第十八届人民代表大会第一次会议

主席团成员

马东宁　王文琦　王延泰　王兆辉　王　骁
王福强　王增宝　毛秀凤（女）　毛洪涛
田庆盈　田素英（女）　吕珊珊（女）
刘玉祥　刘　运　刘金国　刘艳芳（女）
刘效伟　孙　刚　李月淑（女）　李玉祥
李兰祥　李树民　杨升岩　杨建华
杨爱君（女）　苏立科　宋立军
宋伟伟（女）　初宝杰　张永国　张建伟
张新强　范福生　周　俊　周洪刚　胡　岗
赵中国　赵绪春　姜　滨　秦学昌　贾勤清
顾建华　徐鹏强　高成勇　高志秀（女）
童培友　禚振鹤　滕双兴　薛晓鹏

主席团常务主席

田庆盈　苏立科　杨升岩　初宝杰
毛秀凤（女）　顾建华　张新强　范福生

秘书长

初宝杰（兼）

附：

副秘书长

田素英（女）　宋均圻　刘玉祥　庄　鹏
于为凯　马向东　吉宗合　闫凤林　毛洪涛

议案审查委员会

主 任 委 员　田素英（女）
副主任委员　毛洪涛
委　　　员　王延泰　王增宝　刘晓东
李月淑（女）　宋立军
张　文　陈延爱　胡　立
贺　建

计划预算审查委员会

主 任 委 员　顾建华
副主任委员　锡保平
委　　　员　于新华　马永军　刘肖宁
杜其强　李亚平　赵　鹏
秦学昌　高志秀（女）

潍坊市第十八届人民代表大会第二次会议

主席团成员

于进强　于新华　马东宁　马永军　王文琦
王延泰　王兆辉　王　骁　王福强　王增宝
毛秀凤（女）　毛洪涛　田民利
田素英（女）　刘玉祥　刘　运　刘肖宁
刘金凤（女）　刘金国　刘艳芳（女）
刘晓东　刘效伟　庄玉冰　闫凤林　江敦涛
孙　刚　李月淑（女）　李玉祥　李兰祥
李　伟　李振杰　李爱杰　杨升岩　杨建华
杨爱君（女）　苏立科　苏茂泉　肖振胜
宋立军　宋伟伟（女）　初宝杰　张　文
张永国　张建伟　张新强　陈延爱　范明涛
范福生　周　俊　周洪刚　胡　立　胡　岗
赵中国　赵本明　赵绪春　姜　滨　贺　建
秦学昌　贾勤清　顾建华　徐鹏强　高成勇
高志秀（女）　扈洪波　韩幸福　锡保平
禚振鹤　谭新政　滕双兴　薛晓鹏　戴明智
等

主席团常务主席

江敦涛　李兰祥　王兆辉　田民利
毛秀凤（女）　韩幸福　扈洪波
田素英（女）

秘书长

王兆辉（兼）

附：

副秘书长

田素英（女）　宋均圻　刘玉祥　庄　鹏
于为凯　赵珊珊（女）　葛金军　闫凤林
毛洪涛

潍坊市第十八届人民代表大会第三次会议

主席团成员

于进强　于新华　马东宁　马永军　王文琦
王延泰　王兆辉　王　骁　王福强　王增宝
毛秀凤（女）　毛洪涛　田民利
田素英（女）　刘玉祥　刘　运　刘肖宁
刘建军　刘金凤（女）　刘金国
刘艳芳（女）　刘晓东　刘效伟　庄玉冰
闫凤林　孙　刚　李月淑（女）　李玉祥
李　伟　李振杰　李爱杰　杨升岩　杨建华
杨爱君（女）　苏立科　苏茂泉　肖振胜
宋立军　宋伟伟（女）　初宝杰　张　文
张永国　张建伟　张新强　陈延爱　范明涛
范福生　周　俊　周洪刚　胡　立　胡　岗
赵中国　赵本明　赵绪春　姜　滨　贺　建
秦学昌　贾勤清　顾建华　徐鹏强　高成勇
高志秀（女）　扈洪波　韩幸福　锡保平
禚振鹤　谭新政　滕双兴　薛晓鹏　戴明智
等

主席团常务主席

刘　运　杨升岩　王兆辉　田民利
毛秀凤（女）　韩幸福　扈洪波
田素英（女）

秘书长

王兆辉（兼）

附：

副秘书长

田素英（女）　宋均圻　刘玉祥　庄　鹏
赵珊珊（女）　马向东　闫凤林

第三章　潍坊市人大常委会党组

中共潍坊市人大常委会党组是中共潍坊市委在市人大常委会设立的党的领导机构，在市委领导下开展工作，对市委负责，于 1984 年 2 月设立。党组讨论和决定本单位下列重大问题：贯彻落实党中央以及上级党组织决策部署的重大举措。制定法规和重要规范性文件中的重大事项。业务工作发展战略、重大部署和重大事项。重大改革事项。有关人事任免事项。大额资金使用、大额资产处置、预算安排。职能配置、机构设置、人员编制事项。有关审计、巡视巡察、督查检查、考核奖惩等重大事项。重大思想动态的政治引导。党的建设方面的重大事项。其他应当由党组讨论和决定的重大事项。

第一节　第十届人大常委会党组

（1984 年 2 月至 1988 年 1 月）

书　记　于成凤
副书记　刘华民（1984.2—1986.5）
　　　　王灿德
　　　　刘英宸（1986.5—1988.1）
成　员　卢星文（1984.2—1986.5）
　　　　刘英宸（1984.2—1986.5）
　　　　王克礼（1984.2—1986.5）
　　　　王鹤田（1986.5—1988.1）
　　　　赵忠超（1986.5—1987.11）
　　　　戴耀西（1986.5—1988.1）
　　　　王华民（1986.5—1988.1）

李汉三（1986.5—1988.1）
王汉兴

第二节　第十一届人大常委会党组

（1988 年 1 月—1993 年 3 月）

书　记　于成凤（1988.1—1992.3）
于　潮（1992.3—1993.3）
副书记　王灿德　李汉三
成　员　王鹤田　戴耀西　王华民
滕司宪　韩　理
王荆玉（1988.1—1992.12）
刘文聚（1992.3—1993.3）
常怀义

第三节　第十二届人大常委会党组

（1993 年 3 月—1998 年 2 月）

书　记　孙嘉炼
副书记　任柏榴
李惠信（1993.3—1996.3）
于洪吉
成　员　隋华堂（1996.3—1998.2）
刘文聚（1993.3—1996.3）
常怀义
刘远顺
黄存福
王在辉（1996.3—1998.2）
李英文（1995.3—1998.2）
尹世炘（1993.3—1995.4）
王海亭（1996.3—1998.2）

第四节　第十三届人大常委会党组

（1998 年 2 月—2003 年 2 月）

书　记　孙嘉炼（1998.2—2002.4）
曹学成（2002.6—2002.12）
张传林（2002.12—2003.2）
副书记　隋华堂（1998.2—2001.2）
房忠昌（2001.1—2003.2）
毕可仁（2002.12—2003.2）
成　员　赵凤池（2001.2—2003.2）
王在辉（1998.2—2002.4）
李英文（1998.2—2001.2）
王光明
王福金（1998.2—2001.2）
孙守伏
董泉才（1998.2—1999.2）
刘天佑
韩俊生（2001.2—2003.2）
葛吉平（2000.2—2001.2）
李　刚（2001.2—2003.2）

第五节　第十四届人大常委会党组

（2003 年 2 月—2008 年 1 月）

书　记　毕可仁（2003.2—2006.2）
王治华（2006.2—2007.1）
李守玉（2007.1—2008.1）
副书记　赵凤池（2003.2—2007.3）
程茂仁（2007.3—2008.1）
成　员　孙守伏（2003.2—2006.2）
韩俊生（2003.2—2006.2）
葛吉平（2003.2—2006.2）
张建国　王永兴
杨继生（2006.2—2008.1）
吴元宝（2006.2—2008.1）

李本跃（2006.2—2008.1）
王维盛（2003.2—2007.3）
张　军（2007.3—2008.1）

第六节　第十五届人大常委会党组

（2008 年 1 月—2012 年 2 月）

书　记　李守玉
副书记　王永兴
　　　　刘明珂（2011.2—2012.2）
成　员　杨继生　李本跃　张　军

第七节　第十六届人大常委会党组

（2012 年 2 月—2017 年 2 月）

书　记　胡　岗（2012.2—2016.2）
　　　　苏立科（2016.2—2017.2）
副书记　刘明珂
成　员　花兆贤（2012.2—2015.3）
　　　　李世光
　　　　王卫东（2015.3—2017.2）
　　　　张　军（2012.2—2013.1）
　　　　王秀禄（2013.1—2017.2）

第八节　第十七届人大常委会党组

（2017 年 2 月—2022 年 4 月）

书　记　刘曙光（2017.2—2019.1）
　　　　惠新安（2019.1—2021.1）
　　　　苏立科（2021.3—2022.4）
副书记　初宝杰（2021.3—2022.4）
成　员　顾建华　张新强　范福生
　　　　王秀禄（2017.2—2019.2）
　　　　杨建华（2019.2—2021.5）
　　　　田素英（2021.5—2022.4）

第九节　第十八届人大常委会党组

（2022 年 4 月—今）

书　记　田庆盈（2022.4—2022.8）
　　　　江敦涛（2022.8—2023.2）
　　　　刘　运（2023.2—今）
副书记　王兆辉　田民利
成　员　韩幸福　扈洪波
　　　　田素英（2022.4—2023.4）

第四章　潍坊市人民代表大会常务委员会

第一节　潍坊市人民代表大会常务委员会职权

在本市行政区域内，保证宪法、法律、行政法规和上级人民代表大会及其常务委员会决议的遵守和执行。

主持潍坊市人民代表大会代表的选举。

召集潍坊市人民代表大会会议。

讨论决定本市政治、经济、教育、科学、文化、卫生、环境和资源保护、民政、民族工作的重大事项；决定对本市国民经济和社会发展计划、预算的部分变更。

监督市人民政府、市中级人民法院和市人民

检察院的工作；撤销市人民政府不适当的决定和命令；撤销所辖县市区人民代表大会及其常务委员会不适当的决议；受理人民群众对潍坊市国家机关和国家工作人员的申诉和意见。

在潍坊市人民代表大会闭会期间，决定副市长的个别任免；在市长、市中级人民法院院长、市人民检察院检察长因故不能担任职务的时候，决定代理人选；决定市人民政府组成人员的任免；任免市中级人民法院审判人员、市人民检察院检察人员，批准任免下一级人民检察院检察长；决定撤销个别副市长的职务；决定撤销由它任命的市人民政府其他组成人员和市中级人民法院审判人员、市人民检察院检察人员的职务；补选潍坊市人民代表大会出缺的代表和罢免个别代表。

常务委员会主任、副主任和秘书长组成主任会议，主任会议处理常务委员会的重要日常工作。

常务委员会设立代表资格审查委员会。代表资格审查委员会的主任委员、副主任委员和委员的人选，由常务委员会主任会议在常务委员会组成人员中提名，常务委员会会议任免。代表资格审查委员会负责审查代表的选举是否符合法律规定。

常务委员会根据工作需要，设立办事机构和其他工作机构。

第二节　潍坊市人民代表大会常务委员会主任会议职权

潍坊市人大常务委员会主任会议由常委会主任、副主任和秘书长组成。

主任会议处理常委会的重要日常工作：

（一）讨论研究市人民代表大会会议的筹备工作，研究大会议程草案、日程草案、各项名单草案和常委会工作报告等；根据常委会授权，决定市人民代表大会会议召开时间，并予以公布；

（二）讨论研究常委会会议的筹备工作，决定会议日期，拟定会议议程草案和日程，研究有关议题的调查报告和提请常委会会议审议的决议、决定草案，研究下次常委会会议建议议题等；遇有特殊情况，决定可以通过网络视频方式召开会议；

（三）讨论研究向常委会提出的议案和质询案，决定交由有关的专门委员会审议或者提请常委会全体会议审议；

（四）研究决定是否将议案和决定草案、决议草案提请常委会全体会议表决，对暂不交付表决的，提出下一步处理意见；

（五）研究提出提请常委会会议决定的市长、监察委员会主任、人民法院院长、人民检察院检察长代理人选名单；研究提出提请常委会会议通过的市人大专门委员会个别副主任委员和部分委员名单；研究提出提请常委会会议任免的常委会代表资格审查委员会主任委员、副主任委员和委员名单、常委会副秘书长及工作机构主要负责人名单；研究提请常委会会议任免的地方国家机关工作人员名单；研究决定常委会机关工作机构、专门委员会工作机构负责人的任免；

（六）研究常委会执法检查组提出的执法检查报告，决定是否提请常委会审议；

（七）提议组织关于特定问题的调查委员会，提请常委会全体会议决定；

（八）研究提出撤职案，提请常委会审议；

（九）检查市人大及其常委会决议、决定贯彻落实和审议意见办理情况；

（十）检查代表议案和建议、批评、意见及重大信访案件的办理情况；

（十一）研究通过常委会年度工作计划等；

（十二）听取市人民政府、市监察委员会、市中级人民法院、市人民检察院及有关部门的专题工作汇报，提出建议和意见；

（十三）听取常委会有关工作机构关于备案审查工作的报告，提请常委会审议；

（十四）研究市人大专门委员会和常委会工

作机构有关事项；

（十五）研究决定常委会召开有关工作会议，开展视察、调查、评议和执法检查、专题询问等重大活动的方案；

（十六）研究决定常委会授权处理的事项；

（十七）研究其他重要日常工作。

第五章　潍坊市历届人大常委会组成人员

第一节　第十届人大常委会组成人员

（1984 年 2 月—1988 年 1 月）

1984 年 2 月，召开潍坊市第十届人民代表大会第一次会议，选举产生潍坊市第十届人民代表大会常务委员会。本届历任人大常委会组成人员有：

主　任　于成凤

副主任　刘华民　王灿德　卢星文　刘英宸　王克礼　孙　易（女）　王鹤田　赵忠超　戴耀西　王华民　李汉三

秘书长　王汉兴

委　员　马春扬（满族）　王　铭　王仁德　王世昌　毛秀云（女）　冯友敬　刘永庆　刘永森　刘灿孔　刘惠远　孙承志　孙增珠　芦锡德　苏乃谦　苏承章　李兆荣（女）　李承普　李洪林　李敬民　杨占成　杨翠娥（女，回族）　陈会江　赵修道　段慧灵　姜　克　徐进先　常临川（女）　崔佃臣　彭佃德　董建春　熊金洲

潍坊市第十届人民代表大会常务委员会主任会议组成人员一览表

表 1—5—1

届次	职　务	姓　名	任职时间	备　注
第十届	主　任	于成凤	1984.2—1988.1	
	副主任	刘华民	1984.2—1986.5	
		王灿德	1984.2—1988.1	
		卢星文	1984.2—1986.5	
		刘英宸	1984.2—1988.1	
		王克礼	1984.2—1986.5	
		孙　易（女）	1984.2—1988.1	不驻会
		王鹤田	1986.5—1988.1	

续表1—5—1

届次	职 务	姓 名	任 职 时 间	备 注
第十届	副主任	赵忠超	1986.5—1987.11	1987年11月逝世
		戴耀西	1986.5—1988.1	
		王华民	1986.5—1988.1	
		李汉三	1986.5—1988.1	
	秘书长	王汉兴	1984.2—1988.1	

注： 刘华民，1986 年 5 月 31 日，市第十届人民代表大会第三次会议接受其辞职请求。
卢星文，1986 年 5 月 31 日，市第十届人民代表大会第三次会议接受其辞职请求。
王克礼，1986 年 5 月 31 日，市第十届人民代表大会第三次会议接受其辞职请求。
王鹤田，1986 年 5 月 31 日，市第十届人民代表大会第三次会议补选。
赵忠超，1986 年 5 月 31 日，市第十届人民代表大会第三次会议补选，1987 年 11 月离职。
戴耀西，1986 年 5 月 31 日，市第十届人民代表大会第三次会议补选。
王华民，1986 年 5 月 31 日，市第十届人民代表大会第三次会议补选。
李汉三，1986 年 5 月 31 日，市第十届人民代表大会第三次会议补选。
王　铭，1986 年 5 月 31 日，市第十届人民代表大会第三次会议补选。
王仁德，1986 年 5 月 31 日，市第十届人民代表大会第三次会议接受其辞职请求。
王世昌，1987 年 3 月 20 日，市第十届人民代表大会第四次会议补选。
冯友敬，1986 年 5 月 31 日，市第十届人民代表大会第三次会议补选。
刘永森，1987 年 3 月 20 日，市第十届人民代表大会第四次会议补选。
刘灿孔，1986 年 5 月 31 日，市第十届人民代表大会第三次会议接受其辞职请求。
刘惠远，1986 年 5 月 31 日，市第十届人民代表大会第三次会议补选。
孙承志，1986 年 5 月 31 日，市第十届人民代表大会第三次会议接受其辞职请求。
苏承章，1986 年 5 月 31 日，市第十届人民代表大会第三次会议补选。
李洪林，1986 年 5 月 31 日，市第十届人民代表大会第三次会议接受其辞职请求。
杨占成，1986 年 5 月 31 日，市第十届人民代表大会第三次会议接受其辞职请求。
陈会江，1986 年 5 月 31 日，市第十届人民代表大会第三次会议补选。
姜　克，1986 年 5 月 31 日，市第十届人民代表大会第三次会议接受其辞职请求。
徐进先，1986 年 5 月 31 日，市第十届人民代表大会第三次会议接受其辞职请求。
熊金洲，1986 年 5 月 31 日，市第十届人民代表大会第三次会议补选。

第二节　第十一届人大常委会组成人员

（1988 年 1 月—1993 年 3 月）

1988 年 1 月，召开潍坊市第十一届人民代表大会第一次会议，选举产生潍坊市第十一届人民代表大会常务委员会。本届历任人大常委会组成人员有：

主　任　于成凤　于　潮

副主任　王灿德　李汉三　王鹤田　戴耀西
　　　　王华民　滕司宪　董建春　韩　理

王荆玉　刘文聚　常怀义

秘书长　常怀义

委　员　丁　力（女）　于洪吉　王　钦　王　铭　王汉兴　王世昌　王慨彰　冯友敬　冯展娟（女）　曲雅亮　刘永庆　刘永森　刘兆坤　刘惠远　孙绪敬　苏乃谦　苏承章　李兆荣（女）　李承普　李家冬（女）　杨翠娥(女,回族)　吴开和　吴楚湘　张启志　张曙光　陈会江　郑　华　赵修道　黄雪琦（女）　常临川（女）　崔功甫　靳荣光　满郭强（女）　熊金洲

潍坊市第十一届人民代表大会常务委员会主任会议组成人员一览表

表1—5—2

届次	职　务	姓　名	任 职 时 间	备　注
第十一届	主　任	于成凤	1988.1—1992.3	
		于　潮	1992.3—1993.3	
	副主任	王灿德	1988.1—1993.3	
		李汉三	1988.1—1993.3	
		王鹤田	1988.1—1993.3	
		戴耀西	1988.1—1993.3	
		王华民	1988.1—1993.3	
		滕司宪	1988.1—1993.3	
		董建春	1988.1—1993.3	不驻会
		韩　理	1988.1—1993.3	
		王荆玉	1988.1—1992.12	1992年12月因病去世
		刘文聚	1992.3—1993.3	
		常怀义	1992.3—1993.3	
	秘书长	常怀义	1988.1—1993.3	1992年3月至1993年3月任市人大常委会副主任兼任秘书长

注：于成凤，1992年3月28日，市第十一届人民代表大会第五次会议接受其辞职请求。

于　潮，1992年3月28日，市第十一届人民代表大会第五次会议补选。

王荆玉，1992年12月4日，因病去世。

刘文聚，1992年3月28日，市第十一届人民代表大会第五次会议补选。

常怀义，1992年3月28日，市第十一届人民代表大会第五次会议补选。

王汉兴，1992年1月13日，市第十一届人大常委会第二十四次会议接受其辞职请求。

王慨章，1989年2月17日，市第十一届人民代表大会第二次会议补选。

孙绪敬，1989年2月17日，市第十一届人民代表大会第二次会议补选。

张启志，1992年3月28日，市第十一届人民代表大会第五次会议补选。

张曙光，1989 年 2 月 17 日，市第十一届人民代表大会第二次会议补选；1992 年 1 月 13 日，市第十一届人民代表大会第二十四次会议接受其辞职请求。

郑　华，1992 年 3 月 28 日，市第十一届人民代表大会第五次会议补选。

常临川，1991 年 7 月 19 日，市第十一届人大常委会第二十一次会议接受其辞职请求。

第三节　第十二届人大常委会组成人员

（1993 年 3 月至 1998 年 1 月）

1993 年 3 月，召开潍坊市第十二届人民代表大会第一次会议，选举产生潍坊市第十二届人民代表大会常务委员会。本届历任人大常委会组成人员有：

主　任　孙嘉炼

副主任　任柏榴　李惠信　于洪吉　隋华堂　刘文聚　常怀义　董建春　刘远顺　黄存福　王在辉　李英文

秘书长　尹世炘　王海亭

委　员　于金桴　马光汉　王洪杰（女）　王照宏　王德润　尹景尧　冯展娟（女）　曲山绪　吕世荣　刘丕墺　刘明珂　刘常宣　刘惠远　孙秀云（女）　杨翠娥（女，回）　苏乃谦　李玉林　李尔强　李德章　吴楚湘　迟好信　张启龙　张启志　张金瑞　张洪林　周懋文　柳玉焕　袁文坤（女）　徐瑞荣　高洪华　黄雪琦（女）　宿连池　温钦祥　靳荣光　鲍世举　滕修兰（女）　潘景岫　魏元志

潍坊市第十二届人民代表大会常务委员会主任会议组成人员一览表

表 1—5—3

届次	职　务	姓　名	任 职 时 间	备　注
第十二届	主　任	孙嘉炼	1993. 3—1998. 2	
	副主任	任柏榴	1993. 3—1998. 2	
		李惠信	1993. 3—1996. 3	
		于洪吉	1993. 3—1998. 2	
		刘文聚	1993. 3—1996. 3	
		常怀义	1993. 3—1998. 2	
		董建春	1993. 3—1998. 2	不驻会
		刘远顺	1993. 3—1998. 2	
		黄存福	1993. 3—1998. 2	
		李英文	1995. 3—1998. 2	
		隋华堂	1996. 3—1998. 2	
		王在辉	1996. 3—1998. 2	
	秘书长	尹世炘	1993. 3—1995. 4	1995年4月因公去世
		王海亭	1996. 3—1998. 2	

注：李惠信，1996 年 3 月 7 日，市第十二届人民代表大会第四次会议决定接受其辞职请求。

隋华堂，1996 年 3 月 9 日，市第十二届人民代表大会第四次会议补选。

刘文聚，1996 年 3 月 7 日，市第十二届人民代表大会第四次会议决定接受其辞职请求。

王在辉，1996 年 3 月 9 日，市第十二届人民代表大会第四次会议补选。

李英文，1995 年 3 月 6 日，市第十二届人民代表大会第三次会议补选。

尹世炘，1995 年 4 月 20 日，因公逝世。

王海亭，1996 年 3 月 9 日，市第十二届人民代表大会第四次会议补选。

王洪杰，1995 年 3 月 6 日，市第十二届人民代表大会第三次会议补选；1996 年 12 月 20 日，市第十二届人大常委会第三十次会议决定接受其辞职请求。

吕世荣，1997 年 2 月 26 日，市第十二届人民代表大会第五次会议补选。

刘明珂，1993 年 12 月 29 日，市第十二届人民代表大会第六次会议决定接受其辞职请求。

刘惠远，1996 年 3 月 7 日，市第十二届人民代表大会第四次会议决定接受其辞职请求。

杨翠娥，1994 年 3 月 19 日，因病逝世。

李玉林，1997 年 2 月 26 日，市第十二届人民代表大会第五次会议补选。

李尔强，1995 年 3 月 6 日，市第十二届人民代表大会第三次会议补选。

迟好信，1996 年 3 月 9 日，市第十二届人民代表大会第四次会议补选；1997 年 4 月 29 日，市第十二届人大常委会第三十三次会议决定接受其辞职请求。

张金瑞，1994 年 3 月 12 日，市第十二届人民代表大会第二次会议补选。

张洪林，1997 年 2 月 26 日，市第十二届人民代表大会第五次会议补选。

柳玉焕，1994 年 3 月 12 日，市第十二届人民代表大会第二次会议补选。

高洪华，1996 年 3 月 9 日，市第十二届人民代表大会第四次会议补选。

温钦祥，1996 年 3 月 9 日，市第十二届人民代表大会第四次会议补选。

靳荣光，1994 年 4 月 29 日，市第十二届人大常委会第十次会议决定接受其辞职请求。

鲍世举，1994 年 3 月 12 日，市第十二届人民代表大会第二次会议补选。

潘景岫，1997 年 2 月 26 日，市第十二届人民代表大会第五次会议补选。

魏元志，1996 年 3 月 9 日，市第十二届人民代表大会第四次会议补选。

第四节　第十三届人大常委会组成人员

（1998 年 2 月至 2003 年 2 月）

1998 年 1 月，召开潍坊市第十三届人民代表大会第一次会议，选举产生潍坊市第十三届人民代表大会常务委员会。本届历任人大常委会组成人员有：

主　任　孙嘉炼　曹学成

副主任　隋华堂　房忠昌　赵凤池　王在辉　李英文　徐　鉴　王光明　王福金　孙守伏　董泉才　刘天佑　韩俊生　葛吉平

秘书长　葛吉平　李　刚

委　员　于金桴　王承策　王继东　王焕新　王照宏　王　磊（女）　冯少英（女）　吕世荣　刘延禄　齐忠礼　孙文清　孙向林　孙秀云（女）　杜国忠　李玉林

李尔强　李德章　张元茂　张立华　袁文坤（女）　郭德启　高洪华
张明海　张金瑞　张桂云（女）　宿连池　温钦祥　鲍世举
陈法信　明宝春　罗方照　房永安　满郭强（女）　魏元志
孟庆臣　赵　东　赵传圣　柳玉焕

潍坊市第十三届人民代表大会常务委员会主任会议组成人员一览表

表1—5—4

届次	职　务	姓　名	任职时间	备　注
第十三届	主　任	孙嘉炼	1998.2—2002.4	
		曹学成	2002.4—2003.2	
	副主任	隋华堂	1998.2—2001.2	
		王在辉	1998.2—2002.4	
		李英文	1998.2—2001.2	
		徐　鉴	1998.2—2003.2	
		王光明	1998.2—2003.2	
		王福金	1998.2—2001.2	
		孙守伏	1998.2—2003.2	
		董泉才	1998.2—1999.2	1999年2月因病去世
		刘天佑	1998.2—2003.2	
		房忠昌	2001.2—2003.2	
		赵凤池	2001.2—2003.2	
		韩俊生	2001.2—2003.2	
		葛吉平	2001.2—2003.2	
	秘书长	葛吉平	2000.2—2001.2	
		李　刚	2001.2—2003.2	

注：孙嘉炼，2002年4月27日，市第十三届人大常委会第五次会议接受其辞职请求。

曹学成，2002年4月28日，市第十三届人民代表大会第五次会议补选。

隋华堂，2001年2月25日，市第十三届人民代表大会第四次会议接受其辞职请求。

房忠昌，2001年2月26日，市第十三届人民代表大会第四次会议补选，自市第十三届人民代表大会第五次会议后主持日常工作。

赵凤池，2001年2月26日，市第十三届人民代表大会第四次会议补选。

王在辉，2002年4月27日，市第十三届人民代表大会第五次会议接受其辞职请求。

李英文，2001 年 2 月 25 日，市第十三届人民代表大会第四次会议接受其辞职请求。

王福金，2001 年 2 月 25 日，市第十三届人民代表大会第四次会议接受其辞职请求。

董泉才，1999 年 2 月 21 日因病逝世。

韩俊生，2001 年 2 月 26 日，市第十三届人民代表大会第四次会议补选。

葛吉平，2000 年 2 月 28 日，市第十三届人民代表大会第三次会议补选为秘书长；2001 年 2 月 25 日，市第十三届人民代表大会第四次会议接受其辞职请求。2001 年 2 月 26 日，市第十三届人民代表大会第四次会议补选。

李　刚，2001 年 2 月 26 日，市第十三届人民代表大会第四次会议补选。

于金桴，2001 年 2 月 25 日，市第十三届人民代表大会第四次会议接受其辞职请求。

王承策，2002 年 4 月 28 日，市第十三届人民代表大会第五次会议补选。

王　磊，2001 年 2 月 26 日，市第十三届人民代表大会第四次会议补选。

吕世荣，2001 年 2 月 25 日，市第十三届人民代表大会第四次会议接受其辞职请求。

刘延禄，2001 年 2 月 26 日，市第十三届人民代表大会第四次会议补选。

孙文清，2001 年 2 月 26 日，市第十三届人民代表大会第四次会议补选。

孙向林，2001 年 6 月 27 日，市第十三届人民代表大会第二十一次会议接受其辞职请求。

杜国忠，2001 年 2 月 25 日，市第十三届人民代表大会第四次会议接受其辞职请求。

李玉林，2001 年 2 月 25 日，市第十三届人民代表大会第四次会议接受其辞职请求。

张立华，1998 年 6 月 23 日，市第十三届人民代表大会第二次会议接受其辞职请求。

张明海，2001 年 6 月 27 日，市第十三届人大常委会第二十一次会议接受其辞职请求。

张金瑞，2001 年 2 月 25 日，市第十三届人民代表大会第四次会议接受其辞职请求。

陈法信，2001 年 2 月 25 日，市第十三届人民代表大会第四次会议接受其辞职请求。

罗方照，1999 年 2 月 28 日，市第十三届人民代表大会第二次会议补选。

房永安，2001 年 2 月 26 日，市第十三届人民代表大会第四次会议补选。

孟庆臣，1999 年 2 月 28 日，市第十三届人民代表大会第二次会议补选。

赵　东，2002 年 4 月 28 日，市第十三届人民代表大会第五次会议补选。

赵传圣，2001 年 2 月 26 日，市第十三届人民代表大会第四次会议补选。

柳玉焕，2001 年 2 月 25 日，市第十三届人民代表大会第四次会议接受其辞职请求。

高洪华，1999 年 6 月 25 日，市第十三届人大常委会第八次会议接受其辞职请求。

宿连池，2001 年 2 月 25 日，市第十三届人民代表大会第四次会议接受其辞职请求。

温钦祥，2001 年 2 月 25 日，市第十三届人民代表大会第四次会议接受其辞职请求。

鲍世举，2001 年 2 月 25 日，市第十三届人民代表大会第四次会议接受其辞职请求。

满郭强，2001 年 2 月 26 日，市第十三届人民代表大会第四次会议补选。

魏元志，2001 年 2 月 25 日，市第十三届人民代表大会第四次会议接受其辞职请求。

第五节 第十四届人大常委会组成人员

（2003 年 2 月至 2008 年 1 月）

2003 年 2 月，召开潍坊市第十四届人民代表大会第一次会议，选举产生潍坊市第十四届人民代表大会常务委员会。本届历任人大常委会组成人员有：

主　　任　张传林

第一副主任　毕可仁（正厅级）王治华　李守玉

副 主 任　赵凤池　孙守伏　陈茂仁　张建国　韩俊生　葛吉平　王永兴　康凤英（女）　杨继生　吴天宝　李本跃

秘 书 长　王维盛　张　军

委　　员　于德路　王乐义　王利民　王承策　王继美　卞长伟　毕孝圣　刘维国　孙日贵　孙长华　孙秀云（女）　邢乐信　李云高　李文国　李　刚　李　波（女）　李建泉　李晓明　邹登顺　宋全正　张戈剑　张丽华　张庆吉　张国华　张桂云（女）　张爱军　范西智　罗方照　国正平　周玉芳（女）　周晓钟　房永安　赵　东　赵伟宏　袁文坤（女）　聂振萍（女）　高赐伦　崔爱信　韩书俭　满郭强（女）　戴瑞德　魏本芳

潍坊市第十四届人民代表大会常务委员会主任会议组成人员一览表

表1—5—5

届次	职　务	姓　名	任职时间	备　注
第十四届	主　任	张传林	2003. 2—2006. 9	
	第一副主任	毕可仁	2003. 2—2006. 1	
		王治华	2006. 2—2007. 3	
		李守玉	2007. 3—2008. 1	
	副主任	赵凤池	2003. 2—2007. 3	
		孙守伏	2003. 2—2006. 2	
		韩俊生	2003. 2—2006. 2	
		葛吉平	2003. 2—2006. 2	
		张建国	2003. 2—2008. 1	
		王永兴	2003. 2—2008. 1	
		康凤英（女）	2003. 2—2008. 1	不驻会
		杨继生	2006. 2—2008. 1	
		吴元宝	2006. 2—2008. 1	
		李本跃	2006. 2—2008. 1	
		程茂仁	2007. 3—2008. 1	

续表1—5—5

届次	职　务	姓　名	任职时间	备　注
	秘书长	王维盛	2003.2—2007.3	
		张　军	2007.3—2008.1	

注：张传林，2006 年 9 月 19 日，市十四届人大常委会第二十三次会议接受其辞职请求。

毕可仁，2006 年 1 月 2 日，市十四届人大常委会第十九次会议接受其辞职请求。

王治华，2006 年 2 月 12 日，市第十四届人民代表大会第四次会议补选；2007 年 3 月 1 日，市第十四届人民代表大会第五次会议接受其辞职请求。

李守玉，2007 年 3 月 3 日，市第十四届人民代表大会第五次会议补选。

赵凤池，2007 年 3 月 1 日，市第十四届人民代表大会第五次会议接受其辞职请求。

孙守伏，2006 年 2 月 10 日，市十四届人民代表大会第四次会议接受其辞职请求。

程茂仁，2007 年 3 月 3 日，市第十四届人民代表大会第五次会议补选。

韩俊生，2006 年 2 月 10 日，市第十四届人民代表大会第四次会议接受其辞职请求。

葛吉平，2006 年 2 月 10 日，市第十四届人民代表大会第四次会议接受其辞职请求。

杨继生，2006 年 2 月 12 日，市第十四届人民代表大会第四次会议补选。

吴元宝，2006 年 2 月 12 日，市第十四届人民代表大会第四次会议补选。

李本跃，2006 年 2 月 12 日，市第十四届人民代表大会第四次会议补选。

王维盛，2007 年 3 月 1 日，市第十四届人民代表大会第五次会议接受其辞职请求。

张　军，2007 年 3 月 3 日，市第十四届人民代表大会第五次会议补选。

于德路，2007 年 3 月 1 日，市第十四届人民代表大会第五次会议接受其辞职请求。

王承策，2007 年 1 月 8 日，市十四届人大常委会第二十六次会议接受其辞职请求。

王继美，2006 年 2 月 12 日，市第十四届人民代表大会第四次会议补选。

卞长伟，2004 年 2 月 4 日，市第十四届人民代表大会第二次会议补选。

闫云田，2006 年 2 月 12 日，市第十四届人民代表大会第四次会议补。

孙秀云，2006 年 2 月 10 日，市第十四届人民代表大会第四次会议接受其辞职请求。

邢乐信，2007 年 3 月 3 日，市第十四届人民代表大会第五次会议补选。

李云高，2007 年 3 月 3 日，市第十四届人民代表大会第五次会议补选。

李文国，2006 年 2 月 12 日，市第十四届人民代表大会第四次会议补选。

李　刚，2006 年 2 月 10 日，市第十四届人民代表大会第四次会议接受其辞职请求。

李建泉，2006 年 2 月 12 日，市第十四届人民代表大会第四次会议补选。

李晓明，2006 年 2 月 12 日，市第十四届人民代表大会第四次会议补选。

宋全正，2007 年 3 月 1 日，市第十四届人民代表大会第五次会议接受其辞职请求。

张戈剑，2006 年 2 月 10 日，市第十四届人民代表大会第四次会议接受其辞职请求。

张立华，2006 年 2 月 12 日，市第十四届人民代表大会第四次会议补选。

张庆吉，2007 年 3 月 3 日，市第十四届人民代表大会第五次会议补选。

张国华，2006 年 2 月 12 日，市第十四届人民代表大会第四次会议补选。

张爱军，2005 年 6 月 29 日，市第十四届人大常委会第十五次会议接受其辞职请求。

范西智，2007 年 3 月 3 日，市第十四届人民代表大会第五次会议补选。
罗方照，2003 年 4 月 25 日，市第十四届人大常委会第一次会议接受其辞职请求。
国正平，2006 年 2 月 12 日，市第十四届人民代表大会第四次会议补选。
周玉芳，2006 年 2 月 10 日，市第十四届人民代表大会第四次会议接受其辞职请求。
周晓钟，2004 年 2 月 4 日，市第十四届人民代表大会第二次会议补选。
崔爱信，2007 年 3 月 1 日，市第十四届人民代表大会第五次会议接受其辞职请求。
韩书俭，2006 年 2 月 12 日，市第十四届人民代表大会第四次会议补选。
满郭强，2006 年 4 月 7 日，市十四届人大常委会第二十次会议接受其辞职请求。

第六节　第十五届人大常委会组成人员

（2008 年 2 月至 2012 年 1 月）

2008 年 2 月，召开潍坊市第十五届人民代表大会第一次会议，选举产生潍坊市第十五届人民代表大会常务委员会。本届历任人大常委会组成人员有：

第一副主任　李守玉
副　主　任　刘明珂　王永兴
　　　　　　康凤英（女）　杨继生
　　　　　　李本跃
秘　书　长　张　军
委　　　员　王利民　王培竹（女）
　　　　　　卞长伟　尹兴明　孔宪俊
　　　　　　邢乐信　毕孝圣
　　　　　　吕珊珊（女）　刘勤友
　　　　　　衣光明　孙日贵　杨同光
　　　　　　李化岗　李文国　李进民
　　　　　　李　波（女）　李建泉
　　　　　　李云高　陈兆信　张宁东
　　　　　　张庆吉　张国华　张树琛
　　　　　　范西智　周晓钟　郑和平
　　　　　　孟庆亮　孟祥志　赵　东
　　　　　　赵　军　赵连文　胡凝熙
　　　　　　姜　滨　袁义龙　耿现江
　　　　　　聂振萍（女）　徐玉军
　　　　　　徐建明　徐鹏强　郭万欣
　　　　　　郭洪谦　桑自方　黄　进
　　　　　　韩书俭　傅大军　戴瑞德

潍坊市第十五届人民代表大会常务委员会主任会议组成人员一览表

表1—5—6

届次	职　务	姓　名	任 职 时 间	备　注
第十五届	第一副主任	李守玉	2008. 1—2012. 2	
	副主任	刘明珂	2011. 2—2012. 2	
		王永兴	2008. 1—2012. 2	
		康凤英（女）	2008. 1—2012. 2	不驻会
		杨继生	2008. 1—2012. 2	
		李本跃	2008. 1—2012. 2	
	秘书长	张　军	2008. 1—2012. 2	

注： 刘明珂，2011 年 2 月 23 日，市第十五届人民代表大会第四次会议补选。

卞长伟，2010 年 1 月 22 日，市第十五届人大常委会常委会第十三次会议接受其辞职请求。

吕珊珊，2011 年 1 月 28 日，市第十五届人大常委会常委会第十九次会议接受其辞职请求。

杨同光，2010 年 2 月 27 日，市第十五届人民代表大会第三次会议补选。

李进民，2011 年 2 月 23 日，市第十五届人民代表大会第四次会议补选。

李云高，2011 年 2 月 22 日，市第十五届人民代表大会第四次会议接受其辞职请求。

陈兆信，2010 年 2 月 27 日，市第十五届人民代表大会第三次会议补选；2011 年 2 月 22 日，市第十五届人民代表大会第四次会议接受其辞职请求。

张宁东，2011 年 2 月 23 日，市第十五届人民代表大会第四次会议补选。

张庆吉，2011 年 2 月 22 日，市第十五届人民代表大会第四次会议接受其辞职请求。

张国华，2011 年 2 月 22 日，市第十五届人民代表大会第四次会议接受其辞职请求。

张树琛，2009 年 2 月 7 日，市第十五届人民代表大会第二次会议补选。

范西智，2011 年 2 月 22 日，市第十五届人民代表大会第四次会议接受其辞职请求。

孟祥志，2011 年 2 月 23 日，市第十五届人民代表大会第四次会议补选。

徐玉军，2011 年 2 月 23 日，市第十五届人民代表大会第四次会议补选。

徐鹏强，2011 年 2 月 23 日，市第十五届人民代表大会第四次会议补选。

郭洪谦，2010 年 2 月 27 日，市第十五届人民代表大会第三次会议补选。

桑自方，2009 年 12 月去世。

黄　进，2009 年 6 月 29 日，市第十五届人大常委会第九次会议接受其辞职请求。

第七节　第十六届人大常委会组成人员

（2012 年 2 月至 2017 年 2 月）

2012 年 2 月，召开潍坊市第十六届人民代表大会第一次会议，选举产生潍坊市第十六届人民代表大会常务委员会。本届历任人大常委会组成人员有：

主　　任　许立全　杜昌文

第一副主任　胡　岗　苏立科

副 主 任　刘明珂　花兆贤　王卫东　李世光　毛秀凤（女）

秘 书 长　张　军　王秀禄

委　　员　丁汉邦　万伟锋　王永福　王培福　王　辉　王新声　王福强　王潍政　王增宝　毛洪涛　孔宪俊　尹凤来　田素英（女）　邢乐信　毕孝圣　朱乐凯　朱振铎　任洪武　刘云江　刘　玉　刘艳芳（女）　刘勤友　衣光明　孙金生　杜士忠　杨　明　李化岗　李进民　邱尔臣　谷兴利　张　军　陈本林　周晓钟　油朝康　孟庆亮　孟祥志　南秀霞（女）　赵　东　赵　军　赵学坤　钟耕民　姜　滨　秦学昌　耿现江　聂振萍（女）　徐玉军　徐松萃　徐建明　徐鹏强　郭万欣　郭召义　董　光　傅大军

潍坊市第十六届人民代表大会常务委员会主任会议组成人员一览表

表1—5—7

届次	职　务	姓　名	任职时间	备　注
第十六届	主　任	许立全	2012. 2—2013. 4	
		杜昌文	2014. 2—2017. 2	
	第一副主任	胡　岗	2012. 2—2016. 2	
		苏立科	2016. 2—2017. 2	
	副主任	刘明珂	2012. 2—2017. 2	
		花兆贤	2012. 2—2015. 3	
		李世光	2012. 2—2017. 2	
		毛秀凤（女）	2012. 2—2017. 2	2012年2月至2015年3月不驻会
		王卫东	2015. 3—2017. 2	
	秘书长	张　军	2012. 2—2013. 1	
		王秀禄	2013. 1—2017. 2	

注： 许立全，2013 年 4 月 27 日，市第十六届人大常委会第九次会议接受其辞职请求。

杜昌文，2014 年 2 月 13 日，市第十六届人民代表大会第三次会议补选。

胡　岗，2016 年 2 月 19 日，市第十六届人民代表大会第五次会议接受其辞职请求。

苏立科，2016 年 2 月 20 日，市第十六届人民代表大会第五次会议补选。

花兆贤，2015 年 3 月 1 日，市第十六届人民代表大会第四次会议接受其辞职请求。

王卫东，2015 年 3 月 2 日，市第十六届人民代表大会第四次会议补选。

张　军，2013 年 1 月 8 日，市第十六届人民代表大会第二次会议接受其辞职请求。

王秀禄，2013 年 1 月 11 日，市第十六届人民代表大会第二次会议补选。

万伟锋，2013 年 1 月 11 日，市第十六届人民代表大会第二次会议补选。2015 年 2 月 13 日，市第十六届人大常委会第二十二次会议接受其辞去市人大代表职务，常委会委员职务相应终止。

王　辉，2017 年 1 月 23 日，市第十六届人大常委会第三十六次会议接受其辞职请求。

王福强，2016 年 2 月 20 日，市第十六届人民代表大会第五次会议补选。

毛洪涛，2013 年 1 月 11 日，市第十六届人民代表大会第二次会议补选。

尹凤来，2014 年 2 月 13 日，市第十六届人民代表大会第三次会议补选。

邢乐信，2015 年 12 月 24 日，市第十六届人大常委会第二十七次会议接受其辞职请求。

朱乐凯，2014 年 2 月 13 日，市第十六届人民代表大会第三次会议补选。

朱振铎，2014 年 2 月 13 日，市第十六届人民代表大会第三次会议补选。

刘艳芳，2016 年 2 月 20 日，市第十六届人民代表大会第五次会议补选。

刘勤友，2016 年 2 月 3 日，市第十六届人大常委会第二十八次会议接受其辞职请求。

衣光明，2016 年 2 月 3 日，市第十六届人大常委会第二十八次会议接受其辞职请求。

孙金生，2017 年 1 月 23 日，市第十六届人大常委会第三十六次会议接受其辞职请求。
李进民，2015 年 8 月 28 日，市第十六届人大常委会第二十五次会议接受其辞职请求。
邱尔臣，2014 年 2 月 13 日，市第十六届人民代表大会第三次会议补选。
谷兴利，2012 年 12 月 28 日，市第十六届人大常委会第七次会议接受其辞职请求。
张　军，2013 年 1 月 11 日，市第十六届人民代表大会第二次会议补选。
陈本林，2017 年 1 月 23 日，市第十六届人大常委会第三十六次会议接受其辞职请求。
油朝康，2015 年 3 月 2 日，市第十六届人民代表大会第四次会议补选。
孟庆亮，2013 年 12 月 30 日，市第十六届人大常委会第十四次会议接受其辞职请求。
孟祥志，2015 年 1 月 24 日，市第十六届人大常委会第二十一次会议接受其辞职请求。
赵　东，2015 年 8 月 28 日，市第十六届人大常委会第二十五次会议接受其辞职请求。
赵学坤，2016 年 2 月 3 日，市第十六届人大常委会第二十八次会议接受其辞职请求。
钟耕民，2016 年 2 月 20 日，市第十六届人民代表大会第五次会议补选。
耿现江，2013 年 12 月 30 日，市第十六届人大常委会第十四次会议接受其辞职请求。
聂振萍，2015 年 1 月 24 日，市第十六届人大常委会第二十一次会议接受其辞职请求。
徐玉军，2015 年 1 月 24 日，市第十六届人大常委会第二十一次会议接受其辞职请求。
郭召义，2016 年 2 月 20 日，市第十六届人民代表大会第五次会议补选。
傅大军，2013 年 12 月 30 日，市第十六届人大常委会第十四次会议接受其辞职请求。

第八节　第十七届人大常委会组成人员

（2017 年 2 月至 2022 年 4 月）

2017 年 2 月，召开潍坊市第十七届人民代表大会第一次会议，选举产生潍坊市第十七届人民代表大会常务委员会。本届历任人大常委会组成人员有：

主　任　刘曙光　惠新安　苏立科
副主任　初宝杰　毛秀凤（女）　顾建华
　　　　张新强　范福生
秘书长　王秀禄　杨建华
委　员　丁汉邦　丁利民　丁　峰　马中平
　　　　马东宁　王曰普　王汉成　王发庆
　　　　王延泰　王志刚　王承策　王　勇
　　　　王福强　王增宝　毛洪涛　孔宪俊
　　　　卢洪凯　田素英（女）　白卫明
　　　　皮先标　朱朝辉　刘玉祥　刘全平
　　　　刘艳芳（女）　刘效伟　刘跃东
　　　　齐延升　孙　沂　孙　勇
　　　　李月淑（女）　李成军
　　　　杨爱君（女）　杨锡广　吴海源
　　　　邱尔臣　宋立军　张守富　张志才
　　　　张志勇　张宝胜　张学文　张洪全
　　　　赵中国　赵刚毅　赵传江　赵　军
　　　　胡景东　南秀霞（女）　钟耕民
　　　　姜　滨　秦学昌　徐军伟　徐鹏强
　　　　高成勇　高志秀（女）　郭召义
　　　　郭虎英　康悦彬　韩辅廉　傅廷伟
　　　　谭炳建　禚振鹤　薛晓鹏

潍坊市第十七届人民代表大会常务委员会主任会议组成人员一览表

表1—5—8

届次	职　务	姓　名	任 职 时 间	备　注
第十七届	主　任	刘曙光	2017. 2—2019. 1	
		惠新安	2019. 2—2021. 1	
		苏立科	2021. 3—2022. 4	
	副主任	初宝杰	2021. 3—2022. 4	
		毛秀凤（女）	2017. 2—2022. 4	
		顾建华	2017. 2—2022. 4	
		张新强	2017. 2—2022. 4	
		范福生	2017. 2—2022. 4	
	秘书长	王秀禄	2017. 2—2019. 3	
		杨建华	2020. 1—2021. 6	

注：刘曙光，2019 年 1 月 21 日，市第十七届人大常委会第十九次会议接受其辞职请求。

惠新安，2019 年 2 月 1 日，市第十七届人民代表大会第四次会议补选。2021 年 1 月 28 日，市第十七届人大常委会第四十次会议接受其辞职请求。

苏立科，2021 年 3 月 26 日，市第十七届人民代表大会第六次会议补选。

初宝杰，2021 年 3 月 26 日，市第十七届人民代表大会第六次会议补选。

王秀禄，2019 年 3 月 6 日，市第十七届人大常委会第二十三次会议接受其辞职请求。

杨建华，2020 年 1 月 12 日，市第十七届人民代表大会第五次会议补选。2021 年 6 月 23 日，市第十七届人大常委会第四十五次会议接受其辞职请求。

丁汉邦，2017 年 10 月 29 日，市第十七届人大常委会第五次会议接受其辞职请求。

丁利民，2019 年 8 月 27 日，市第十七届人大常委会第二十六次会议接受其辞职请求。

丁　峰，2019 年 2 月 1 日，市第十七届人民代表大会第四次会议补选。2019 年 12 月 24 日，市第十七届人大常委会第二十九次会议接受其辞职请求。

马中平，2019 年 2 月 1 日，市第十七届人民代表大会第四次会议补选。

王汉成，2021 年 3 月 26 日，市第十七届人民代表大会第六次会议补选。

王发庆，2019 年 12 月 24 日，市第十七届人大常委会第二十九次会议接受其辞职请求。

王承策，2020 年 6 月 18 日，市第十七届人大常委会第三十四次会议接受其辞职请求。

王　勇，2021 年 3 月 26 日，市第十七届人民代表大会第六次会议补选。

卢洪凯，2020 年 4 月 9 日，市第十七届人大常委会第三十三次会议接受其辞职请求。

田素英，2019 年 1 月 25 日，市第十七届人大常委会第二十次会议接受其辞职请求。

白卫明，2019 年 2 月 1 日，市第十七届人民代表大会第四次会议补选。

皮先标，2017 年 10 月 29 日，市第十七届人大常委会第五次会议接受其辞职请求。

朱朝辉，2018 年 1 月 2 日，市第十七届人大常委会第八次会议接受其辞职请求。

刘玉祥，2020年1月12日，市第十七届人民代表大会第五次会议补选。

刘全平，2019年2月1日，市第十七届人民代表大会第四次会议补选。

刘艳芳，2019年10月25日，市第十七届人大常委会第二十七次会议接受其辞职请求。

刘跃东，2019年2月1日，市第十七届人民代表大会第四次会议补选。

齐延升，2020年1月12日，市第十七届人民代表大会第五次会议补选。2021年8月26日，市第十七届人大常委会第四十六次会议接受其辞职请求。

孙　沂，2019年2月1日，市第十七届人民代表大会第四次会议补选。

李成军，2018年8月20日，市第十七届人大常委会第十五次会议接受其辞职请求。

杨锡广，2018年8月20日，市第十七届人大常委会第十五次会议接受其辞职请求。

吴海源，2021年3月26日，市第十七届人民代表大会第六次会议补选。

邱尔臣，2019年10月25日，市第十七届人大常委会第二十七次会议接受其辞职请求。

宋立军，2020年1月12日，市第十七届人民代表大会第五次会议补选。

张守富，2019年2月1日，市第十七届人民代表大会第四次会议补选。2021年6月23日，市第十七届人大常委会第四十五次会议接受其辞职请求。

张志才，2021年3月14日，市第十七届人大常委会第四十一次会议接受其辞职请求。

张志勇，2020年4月9日，市第十七届人大常委会第三十三次会议接受其辞职请求。

张宝胜，2019年2月1日，市第十七届人民代表大会第四次会议补选。2021年12月31日，市第十七届人大常委会第四十九次会议接受其辞职请求。

张学文，2019年4月25日，市第十七届人大常委会第二十四次会议接受其辞职请求。

张洪全，2019年2月1日，市第十七届人民代表大会第四次会议补选。2021年3月14日，市第十七届人大常委会第四十一次会议接受其辞职请求。

赵中国，2021年3月26日，市第十七届人民代表大会第六次会议补选。

赵刚毅，2019年10月25日，市第十七届人大常委会第二十七次会议接受其辞职请求。

赵传江，2021年3月26日，市第十七届人民代表大会第六次会议补选。

钟耕民，2019年4月25日，市第十七届人大常委会第二十四次会议接受其辞职请求。

徐军伟，2017年6月28日，市第十七届人大常委会第三次会议接受其辞职请求。

高成勇，2019年2月1日，市第十七届人民代表大会第四次会议补选。

高志秀，2020年1月12日，市第十七届人民代表大会第五次会议补选。

郭召义，2020年8月26日，市第十七届人大常委会第三十五次会议接受其辞职请求。

郭虎英，2020年1月12日，市第十七届人民代表大会第五次会议补选。

康悦彬，2021年3月26日，市第十七届人民代表大会第六次会议补选。

韩辅廉，2018年6月25日，市第十七届人大常委会第十三次会议接受其辞职请求。

傅廷伟，2020年4月9日，市第十七届人大常委会第三十三次会议接受其辞职请求。

谭炳建，2019年2月1日，市第十七届人民代表大会第四次会议补选。2021年9月18日，市第十七届人大常委会第四十七次会议接受其辞职请求。

禚振鹤，2021年3月26日，市第十七届人民代表大会第六次会议补选。

薛晓鹏，2020年1月12日，市第十七届人民代表大会第五次会议补选。

第九节　第十八届人大常委会组成人员

2022 年 4 月，召开潍坊市第十八届人民代表大会第一次会议，选举产生潍坊市第十八届人民代表大会常务委员会。本届历任人大常委会组成人员有：

主　任　田庆盈　江敦涛　刘　运

副主任　王兆辉　田民利　毛秀凤（女）　韩幸福　扈洪波

秘书长　田素英（女）

委　员　于进强　于新华　马东宁　马永军　王延泰　王福强　王增宝　毛洪涛　刘玉祥　刘肖宁　刘金凤（女）　刘晓东　刘效伟　庄玉冰　闫凤林　李月淑（女）　李　伟　李振杰　杨爱君（女）　苏茂泉　肖振胜　宋立军　张　文　陈延爱　范明涛　胡　立　赵中国　赵本明　姜　滨　贺　建　秦学昌　徐鹏强　高成勇　高志秀（女）　锡保平　禚振鹤　谭新政　戴明智

潍坊市十八届人民代表大会常务委员会主任会议组成人员一览表

表1—5—9

届次	职　务	姓　名	任 职 时 间	备　注
第十八届	主　任	田庆盈	2022. 4—2022. 8	
		江敦涛	2023. 1—2023. 2	
		刘　运	2023. 3—	
	副主任	王兆辉	2022. 4—	
		田民利	2022. 4—	
		毛秀凤（女）	2022. 4—	
		韩幸福	2022. 4—	
		扈洪波	2022. 4—	
	秘书长	田素英（女）	2022. 4—2023. 4	

注：市第十八届人大常委会第一次会议至第二次会议期间，潍城区选举的田庆盈，青州市选举的李树民、丁珊珊、陈继明、马建平，临朐县选举的冉照坤，昌乐县选举的张少见，解放军选举的童培友调离本市；潍城区补选江敦涛，青州市补选李爱杰、高明芹，临朐县补选郑舒东为市十八届人大代表。

市第十八届人大常委会第二次会议至第三次会议期间，潍城区选举的江敦涛，寒亭区选举的李兰祥，解放军选举的马庆增调离本市；奎文区补选刘建军，解放军补选于宝东为市第十八届人大代表。

市第十八届人大常委会第三次会议以来，高密市选举的贺建去世；诸城市选举的刘志亮、赵琳、郭传庄辞去代表职务；潍城区补选高玉国，寒亭区补选刘新国为市第十八届人大代表。

第六章　潍坊市人民代表大会专门委员会

专门委员会是人民代表大会的常设机构，受人民代表大会领导；在大会闭会期间，受人民代表大会常务委员会领导，依据有关法律法规赋予的职责开展工作。潍坊市人民代表大会专门委员会的主要职责：向市人民代表大会或市人大常委会提出同本专门委员会相关的议案；审议市人民代表大会主席团或市人大常委会及其主任会议交付的议案，并提出审议报告；拟定和初审同本专门委员会相关的市人大及其常委会决定、决议草案；拟定和初审由本专门委员会提出的法规案。对市人民政府提出的法规案，相关专门委员会应当召开全体会议，进行先行审议，并提出审议报告；组织开展同本专门委员会相关问题的调查研究，写出调研报告，提出意见和建议；根据市人大常委会委托，在常委会听取和审议专项工作报告前，就相关议题组织开展视察或调研，提出视察或调研报告；在常委会听取和审议专项工作报告后，应按照“三审会商”机制及时形成审议意见，并跟踪督办；根据市人大常委会工作计划安排，组织实施同本专门委员会相关的执法检查、视察，具体负责其实施方案制定、相关报告起草、审议意见拟定、跟踪督办组织等工作；根据市人大及其常委会的委托，具体组织实施同本专门委员会相关议题的专题询问；审议相关质询案，听取受质询机关对质询案的答复，并提出审议报告；对相关特定问题组织调查，并提出调查报告；审查同本专门委员会相关的规范性文件，提出书面审查意见。对其中与宪法和法律法规相抵触的问题，提出处理意见报告；法制委员会具体负责地方立法计划的制定，协同其他专门委员会做好制定地方性法规的论证工作，统一审议向市人民代表大会或市人大常委会提出的法规案，提出审议结果的报告，并做好地方性法规的报批工作。法制委员会统一审议法规案时，可以邀请相关专门委员会人员列席会议，发表意见；财政经济委员会负责提出对市国民经济和社会发展计划及其执行情况的审查报告，提出市财政预算及其执行情况的审查报告，提出对市财政决算的审查报告，提出对市国民经济计划、市财政预算调整情况的审查报告，开展部门预算审查监督等。

第一节　专门委员会职责

监察司法委员会主要职责

根据市人大常委会的工作部署，制定本委员会年度工作计划。

向市人民代表大会主席团或者市人大常委会提出属于市人民代表大会或者市人大常委会职权范围内同监察和司法委员会有关的议案。

审议、处理市人民代表大会主席团或者市人大常委会交付的监察司法方面的议案，提出审议意见或者报告。

市人大常委会听取和审议市人民政府、市监察委员会、市中级人民法院、市人民检察院专项工作报告前，组织对有关监察司法方面的工作进行视察或者专题调查研究，形成视察或者调查报告，提交市人大常委会会议。

组织对有关法律法规实施情况开展执法检查，并向市人大常委会或者市人大常委会主任会议提出报告。

对属于市人大及其常委会职权范围内同监察和司法委员会有关的问题，进行调查研究，提出建议。

按照市人大常委会工作安排，听取市人民政府有关部门和市监察委员会、市中级人民法院、市人民检察院的专题汇报，提出建议。

对市人大常委会交付的有关监察司法方面的法规案，组织开展立法调研，并提出审议意见。审查市人大常委会交付的有关监察司法方面的规范性文件，并提出审查意见。

研究、办理市人民代表大会主席团或者市人大常委会交付的有关监察司法方面的质询案，并提出报告。

根据分工，走访联系人大代表，配合有关委室办理代表建议、批评和意见，做好涉及监察司法方面的人民群众来信来访工作。

办理全国人大和省人大交付的有关工作。按照分工，负责与市政府有关部门、市监察委员会、市中级人民法院、市人民检察院的工作联系。

办理市人民代表大会、市人大常委会和主任会议交办的其他工作。

财政经济委员会主要职责

根据市人大常委会的工作部署，制定本委员会的年度工作计划。

向市人民代表大会或市人民代表大会常务委员会提出属于市人民代表大会或市人民代表大会常务委员会职权范围内与财政经济委员会有关的议案。

研究、审议市人民代表大会主席团或常务委员会交付的财政经济方面的议案。向市人大常委会提交议案办理的建议及相关决议草案，并跟踪督办抓好落实，将议案办理情况按时向市人民代表大会作出书面报告。

研究、办理市人民代表大会主席团或常务委员会交付的有关财政经济方面的质询案，并提出报告。

审查全市国民经济和社会发展计划草案、全市财政预决算草案，审查国民经济和社会发展计划、预算的变更或调整方案草案，听取和审议市人民政府关于全市国民经济和社会发展计划、预算执行情况报告、关于预算执行和其他财政收支的审计工作报告、关于预算执行和其他财政收支审计查出问题整改情况的报告，向市人民代表大会或市人民代表大会常务委员会提出审查报告或审议意见，草拟有关决议草案。

根据市人大常务委员会的决定，承办、参加或组织关于财政经济方面的法律、法规和地方性法规的实施情况或工作情况的检查、视察活动，进行监督；适时听取审议市人民政府有关部门的专题工作汇报，了解分析全市经济运行情况；对全市财政经济方面的重大事项、人民群众反映强烈的重大问题进行调查，向常务委员会提出报告或意见和建议。

办理有关财政经济方面的立法议案，负责对市政府提交的涉及财政经济方面的立法条例草案进行初步审查，向市人民代表大会常务委员会提交初步审查报告。对市人民代表大会常务委员会交付的有关财政经济方面的规范性文件进行备案审查，并提出审查意见。

办理省人民代表大会财政经济委员会交付的有关财政经济方面的法律草案的征求意见工作。

办理省人民代表大会财政经济委员会委托开展的视察、调查和执法检查等事项。

对属于市人民代表大会或市人民代表大会常务委员会职权范围内与本委员会有关的问题进行调查研究，为市人民代表大会及其常务委员会审议、决定重大事项做准备。

研究处理属于本委员会职权范围内的市人民代表大会代表提出的建议、批评和意见。

承办市人民代表大会主席团、市人民代表大会常务委员会和常务委员会主任会议交办的其他事项。

教育科学文化卫生委员会主要职责

向市人民代表大会主席团或市人大常委会拟

订、提出属于市人大及其常委会职权范围内与本委员会有关的议案。

研究审议市人民代表大会主席团或市人大常委会交付的议案，提出报告。市人民代表大会期间，研究审议由代表团或市人大代表 10 人以上联名提出的属于本委员会的议案，向市人民代表大会主席团提出审议意见或报告。

组织或参与起草、修改、听证和审议市人民代表大会主席团或市人大常委会交付的与本委员会有关的立法决议、决定草案。

审议市人民代表大会主席团或市人大常委会主任会议交付审议的与本委员会有关的质询案，听取和审议被质询机关对质询案的答复。必要时向市人民代表大会主席团或市人大常委会主任会议提出审议意见或报告。

审议由市人大常委会主任会议交付审议的与本委员会有关的特定问题调查委员会组成事宜，提出审议意见或报告。参加市人大及其常委会组织的特定问题调查委员会的有关工作。

审议由市人大及其常委会或主任会议交付审议的由市人民政府作出的被认为同宪法、法律、行政法规、地方性法规相抵触的决议、决定和命令等，提出修改或撤销的审议意见。

审议本委员会职权范围内由市政府及有关部门和县（市、区）人大及其常委会作出的规范性文件，对其中同宪法、法律、行政法规和地方性法规相抵触的决议、决定、命令和超越法定权限制定的规定等，向市人大及其常委会或市人大常委会主任会议提出修改或撤销的报告。

初审本委员会职权范围内市政府工作报告草案中的有关事项，提出初审建议意见。

协助市人大常委会监督本委员会职责范围内的法律、法规及上级或市人大及其常委会的有关决议、决定在我市的实施情况，适时督促有关方面开展法律、法规的宣传教育；听取市政府及有关部门关于法律、法规的实施情况及执行市人大及其常委会有关决议、决定情况的汇报；组织开展执法检查，向市人大常委会或市人大常委会主任会议提出建议意见或报告，适时组织对市政府有关部门落实市人大常委会审议意见情况进行跟踪检查。

市人大常委会听取和审议市政府专项工作报告前，委员会先行听取专项工作汇报。对市政府送交的专项工作报告征求意见稿提出建议意见，对事关社会事业发展的重大事项和人民群众普遍关心的重大问题组织专门视察或调查，向市人大常委会或市人大常委会主任会议提出建议意见或报告。按计划组织委员和人大代表，对本委员会所联系的市政府有关部门的工作进行评议，向市人大常委会或市人大常委会主任会议提交评议意见或报告。

承办市人大常委会统一组织的调查研究、视察、执法检查活动，提出建议意见或报告。

承办全国、省人大常委会及有关专门委员会交办的与本委员会有关的法律、法规草案征求意见事宜，提出建议意见。

督办市人大代表提出的属于本委员会职责范围内的建议意见，向市人大常委会报告或向代表反馈督促办理情况。

联系人大代表和人民群众，听取与本委员会有关的建议意见。研究市人大代表和人民群众来信来访反映的属于本委员会职责范围内的重大问题，向市人大常委会或市人大常委会主任会议报告，提出处理建议意见。对市人大常委会或市人大常委会主任会议决定立案或直接调查的重大问题，本委员会协助进行调查，提出建议意见。其他来信来访送交市人大常委会信访工作部门统一处理。

承办全国、省人大有关委员会交办的其他事项。

办理市人大及其常委会，市人大常委会主任会议交办的其他有关事项。与县（市、区）人大常委会及有关委员会和办事机构进行工作联系。

城乡建设与环境资源保护委员会主要职责

承担属于市人民代表大会职权范围内有关自然资源、规划、城乡建设、城市管理、交通运输、生态环境、人防等方面的工作。

审议、办理市人民代表大会主席团或者常务委员会交付本委员会的议案和质询案，并提交报告。

向市人民代表大会主席团或者常务委员会提出属于本级人民代表大会或者常务委员会职权范围内同本委员会有关的议案，组织起草有关议案草案。

按照市人大常委会工作安排，组织开展与本委工作职责相关调查、视察、执法检查，并向主任会议或常委会会议提交相关报告。

围绕本委工作职责有关法规草案开展调查研究、征求修改意见，对有关法律法规贯彻实施情况开展执法检查。

办理全国人大和省人大有关专门委员会交付的有关法律法规草案征求意见工作，组织协调上级人大和外地人大来本市开展的调查、检查、视察和学习考察等活动。

听取市政府工作部门关于贯彻执行自然资源、规划、城乡建设、城市管理、交通运输、生态环境、人防等方面专题汇报，提出建议。

参加市人民代表大会常务委员会统一组织的调查、检查、视察、工作评议、专题询问等活动。按照分工，负责与市政府有关部门和上级对口部门的工作联系，进行情况交流、信息反馈、工作协调等。

审查市政府和下一级人民代表大会及其常务委员会有关自然资源、规划、城乡建设、城市管理、交通运输、生态环境、人防等方面的规范性文件，提出建议意见。

研究办理属于本委职责范围内代表建议、批评和意见，开展有关建议、批评和意见的督办工作。

组织开展风筝都环保世纪行活动。

协助处理与本委员会有关的人民来信来访。

承办市人民代表大会主席团、市人大常委会和主任会议交办的其他工作。

农业与农村委员会主要职责

审议市人民代表大会主席团或者市人民代表大会常务委员会交付的议案和质询案。

向市人民代表大会主席团或者市人民代表大会常务委员会提出属于市人民代表大会主席团或者市人民代表大会常务委员会职权范围内同本委员会有关的议案，组织起草有关议案草案。

承担市人民代表大会常务委员会听取和审议相关专项工作报告有关具体工作。

承担市人民代表大会常务委员会相关执法检查的具体组织实施工作。

承担市人民代表大会常务委员会相关专题询问具体工作。

按照市人民代表大会常务委员会工作安排，听取市政府有关部门专题汇报，提出建议。

对属于市人民代表大会或者市人民代表大会常务委员会职权范围内同本委员会有关的问题，进行调查研究，提出建议。

审查市政府和下一级人民代表大会及其常务委员会与本委员会工作相关的规范性文件，提出建议意见。

研究办理与本委员会相关的代表建议、批评和意见，开展有关建议、批评和意见的督促办理工作。

协助处理与本委员会相关的人民来信来访。

市人民代表大会及其常务委员会交办的其他工作。

民族侨务外事委员会主要职责

负责属于市人民代表大会职权范围内有关民族、宗教、侨务、外事、贸促、对港澳台事务、会展、综合保税区等方面的工作。

向市人民代表大会或常务委员会提出有关的议案。

审议、办理市人民代表大会主席团或常务委员会交付本委员会的议案和质询案，并提出报告。督促办理属于委员会职责范围内的代表建议意见。

办理全国人大和省人大有关委员会交付的有关法律草案征求意见工作和其他事项。

听取和审议市政府贯彻执行国家民族、宗教、侨务、外事、对港澳台事务、会展、综合保税区等方面的法律、法规和方针、政策的情况及重大问题的汇报。

参加市人民代表大会常务委员会统一组织的视察、检查活动。组织委员、代表对政府有关部门、单位的工作进行评议。对属本委员会职权范围内的有关重大问题和有关的法律法规的执行情况进行调查研究、检查或视察，并向常务委员会或主任会议提出报告。

审阅市政府和下一级人民代表大会及其常务委员会有关民族、宗教、侨务、外事、对港澳台事务、会展、综合保税区等方面的决议、决定和规定，对其中同宪法、法律和法规相抵触的问题，向常务委员会或主任会议提出报告。

参与市人民代表大会常务委员会的外事活动。

参与市政府对拟与本市缔结友好城市关系的外国城市的考察活动。审议市政府提交的关于本市与外国城市缔结友好城市关系的议案，并向主任会议报告。

接待处理本委员会职权范围内的人民来信来访。

完成市人民代表大会主席团、常务委员会和主任会议交办的其他任务。

法制委员会主要职责

市人大法制委员会是市人民代表大会的专门委员会，由代表大会产生并受其领导，对其负责；代表大会闭会期间，在市人大常委会领导下开展工作。

负责地方性法规案的统一审议工作，提出审议结果的报告、修改情况的报告、草案修改稿、草案表决稿。

根据需要，拟订地方性法规案。

向市人民代表大会及其常务委员会提出属于其职责范围内的议案。

研究、审议市人民代表大会主席团或者常务委员会交付的有关议案，提出审议结果的报告或者审议意见。

组织开展立法调研，研究地方立法的有关问题，进行有关的立法工作协调。

负责对属于市人民代表大会及其常务委员会职权范围内的同本委员会有关问题的调查研究，提出建议。

负责市人大常委会立法咨询专家的选聘和解聘工作。

完成市人民代表大会及其常务委员会交付的其他任务。

法律、法规规定的其他职责。

社会建设委员会主要职责

负责属于市人民代表大会职权范围内有关劳动就业、社会保障、民政事务、群团组织、安全生产等方面的工作。

根据市人大常委会的工作部署，制定本委员会的年度工作计划。

在市人大及其常委会的领导下，研究、审议和拟定有关社会建设方面的议案。

对属于市人大或市人大常委会职权范围内与本委员会有关的问题进行调查研究，提出建议，组织参与有关社会建设等审议议题的视察和检查，并向常委会主任会议或常委会作出报告。

研究、办理市人民代表大会主席团或常务委员会交付的有关社会建设方面的质询案，并提出报告。

协助市人大常委会行使监督权，对法律法规和有关法律问题的决议、决定贯彻实施的情况，开展执法检查，进行监督。

办理有关社会建设方面的立法议案，负责对涉及社会建设方面的立法条例草案进行初步审查，向市人大常委会提交初步审查报告。

办理省人大社会建设委员会交付的有关社会建设方面的法律草案的征求意见工作。

根据分工，走访联系代表，负责审查处理代表所提议案，配合有关委、室办理代表所提建议、批评、意见，协助处理与本委员会有关的群众来信来访。

按照分工，负责与市政府有关部门和上级对口部门的工作联系，进行情况交流、信息反馈、工作协调等。

负责市人代会有关问题的调查和初审工作，组织有关专题会议。

承办市人民代表大会主席团、市人大常委会和常委会主任会议交办的其他事项。

第二节　专门委员会设立及组成人员

监察和司法委员会

第十届人大常委会政法工作委员会设立及组成人员（1984.2—1988.1）

1984 年 2 月 27 日至 29 日，市十届人大常委会第一次会议在潍坊召开，会议通过了关于设立市人大常委会政法、财政经济、教育科学文化卫生 3 个工作委员会及其主任、副主任、委员名单的决议。1986 年 7 月 15 日，市十届人大常委会第十七次会议作出决定，将政法工作委员会更名为法制工作委员会。

主　任　王灿德　戴耀西

副主任　徐进先　陈会江

第十一届人大常委会法制工作委员会设立及组成人员（1988.1—1989.3）

1988 年 3 月 19 日，市十一届人大常委会第一次会议决定设立市人大常委会法制工作委员会；1989 年 3 月 24 日，市十一届人大常委会第七次会议决定撤销市人大常委会法制工作委员会。

主　任　戴耀西

副主任　陈会江

第十一届人大法制委员会设立及组成人员（1989.2—1993.3）

1989 年 2 月 17 日，潍坊市第十一届人民代表大会第二次会议通过了《关于设立潍坊市人民代表大会法制委员会、财政经济委员会、农村经济委员会、教育科学文化卫生委员会、城乡建设环境保护委员会的决议》。

主任委员　戴耀西

副主任委员　陈会江　张启志

委　　员　马本超　王　钦　王慨彰

李汝秀　李兆荣（女）

张克泰　赵学臣

第十二届人大常委会法制工作委员会设立及组成人员（1993.3—1998.1）

1993 年 4 月 9 日，市十二届人大常委会第一次会议通过了《关于设立法制、财经经济、农村经济、教育科学文化卫生、城市建设环境保护 5 个工作委员会的决定》。

主　任　任柏榴

副主任　张启志　曲山绪　孙秀云（女）

委　员　王国勋　王洪杰（女）　曲山绪

刘明珂　孙秀云（女）　周懋文

第十三届人大常委会法制工作委员会设立及组成人员（1998.1—2003.2）

主　任　孙秀云（女）

委　员　于曼平（女）　王继东　李海德

张元茂　张桂云（女）　郎　勇

郭德启

第十四届人大常委会法制工作委员会设立及组成人员（2003.2—2008.1）

主　任　孙秀云（女）　韩书俭

委　员　于曼平（女）　王志坤　孙长华　孙秀云（女）　李　波（女）　李文国　邢乐信　张戈剑　张爱军　陈景平

注：2006年4月7日，市十四届人大常委会在市级机关综合办公大楼会议室举行第二十次会议，根据市人大常委会主任会议的提名，免去：孙秀云的潍坊市人大常委会法制工作委员会主任职务，张爱军的潍坊市人大常委会法制工作委员会委员职务。

第十五届人大内务司法委员会设立及组成人员（2008.1—2012.2）

2008年1月5日，潍坊市第十五届人民代表大会第一次会议决定设立内务司法委员会。

主任委员　李本跃

副主任委员　韩书俭　李云高　孟祥志　徐玉军

委　　员　于曼萍（女）　马东宁　马炳来　王培竹（女）　孙俊华　张建民　陈　健　赵　军　姜远峰

第十六届人大内务司法委员会设立及组成人员（2012.2—2017.2）

2012年2月11日，潍坊市第十六届人民代表大会第一次会议决定设立内务司法委员会。

主任委员　花兆贤　王卫东

副主任委员　孟祥志　徐玉军　杜士忠　朱乐凯　李玉华

委　　员　于曼萍（女）　马东宁　王洪玲（女）　王　辉　刘　玉　杜士忠　李玉华　张凤梅（女）　张建民　房德业　赵　军　姜远峰

注：2015年1月24日，潍坊市第十六届人民代表大会常务委员会第二十一次会议决定：接受孟祥志、徐玉军辞去潍坊市第十六届人民代表大会常务委员会委员、潍坊市第十六届人民代表大会内务司法委员会副主任委员职务的请求。

2015年2月13日，潍坊市第十六届人民代表大会常务委员会第二十二次会议，根据市人大常委会主任会议的提请，免去：马东宁的潍坊市人民代表大会内务司法委员会委员职务；刘玉的潍坊市人民代表大会内务司法委员会委员职务。

2017年1月23日，潍坊市第十六届人民代表大会常务委员会第三十六次会议决定：接受王辉同志辞去潍坊市第十六届人民代表大会常务委员会委员、潍坊市第十六届人民代表大会内务司法委员会委员职务的请求。

2015年2月13日，潍坊市第十六届人民代表大会常务委员会第二十二次会议，根据市人大常委会主任会议的提请，任命：李玉华为潍坊市人民代表大会内务司法委员会委员。

第十七届人大内务司法委员会设立及组成人员（2017.2—2019.1）

2017年2月25日，潍坊市第十七届人民代表大会第一次会议决定设立内务司法委员会。

副主任委员　王延泰　傅廷伟　解　彬

委　　员　王洪玲（女）　王洪泉　刘效伟　张建民　房德业　赵　军　葛建民

第十七届人大监察和司法委员会设立及组成人员（2019.1—2022.4）

2019年1月31日，潍坊市第十七届人民代表大会第四次会议第二次全体会议通过潍坊市第十七届人民代表大会内务司法委员会更名为潍坊市第十七届人民代表大会监察和司法委员会的决定。

主任委员　初宝杰
副主任委员　王延泰　傅廷伟　刘效伟
　　　　　　赵传江　解　彬　丁卫东
委　　员　王洪玲（女）　王洪泉
　　　　　　张建民　房德业　赵　军
　　　　　　葛建民

注：2019 年 2 月 1 日，潍坊市第十七届人民代表大会第四次会议决定：刘效伟担任潍坊市第十七届人民代表大会监察和司法委员会副主任委员。

2019 年 12 月 30 日，潍坊市第十七届人民代表大会常务委员会第三十次会议通过潍坊市第十七届人民代表大会常务委员会代表资格审查委员会关于个别代表的代表资格的报告，解彬的市人大代表资格、市人大监察和司法委员会副主任委员职务终止。

2020 年 4 月 9 日，潍坊市第十七届人民代表大会常务委员会第三十三次会议决定：接受傅廷伟同志辞去潍坊市第十七届人民代表大会常务委员会委员、潍坊市第十七届人民代表大会监察和司法委员会副主任委员职务的请求。

2022 年 10 月 22 日，潍坊市第十七届人民代表大会常务委员会第三十六次会议，根据市人大常委会主任会议的提请，任命：赵传江为潍坊市第十七届人民代表大会监察和司法委员会副主任委员。

第十八届人大监察和司法委员会设立及组成人员（2022.4—）

2022 年 4 月 13 日，潍坊市第十八届人民代表大会第一次会议决定设立市人大监察和司法委员会。

主任委员　王兆辉
副主任委员　王延泰　刘效伟　禚振鹤
　　　　　　田素英（女）　谭会来
委　　员　王洪泉　刘　达　庄玉冰
　　　　　　李月淑（女）　李俊芹(女)
　　　　　　赵中国　徐鹏强

注：2023 年 4 月 28 日，潍坊市第十八届人民代表大会常务委员会第九次会议决定：接受赵中国同志辞去潍坊市第十八届人民代表大会常务委员会委员、潍坊市第十八届人民代表大会监察和司法委员会委员职务的请求，报潍坊市人民代表大会备案。根据市人大常委会主任会议的提请，任命：田素英为潍坊市第十八届人民代表大会监察和司法委员会副主任委员。

财政经济委员会

第十届人大财政经济工作委员会设立及组成人员（1984.2—1988.1）

1984 年 2 月 27 日至 29 日，市第十届人大常委会第一次会议在潍坊召开，会议通过关于设立市人大常委会政法、财政经济、教科文卫 3 个工作委员会及其主任、副主任、委员的决议。

主　任　王克礼
副主任　刘灿孔
委　员　刘永庆　李洪林　常临川（女）

第十一届人大财政经济工作委员会设立及组成人员（1988.1—1993.3）

1988 年 3 月 19 日，市第十一届人大常委会第一次会议决定设立市人大常委会财政经济工作委员会。

主　任　王华民
副主任　刘惠远　王　铭
委　员　丁　力（女）　冯展娟（女）
　　　　刘永庆　李家冬（女）　吴楚湘
　　　　常临川（女）

1989 年 2 月 13 日，市第十一届人民代表大会第二次会议通过了关于设立市人大财政经济委员会的决议。

主任委员　王华民
副主任委员　刘惠远

委　　员　丁　力（女）　王培仁
冯展娟（女）　江志学
孙绪敬　杜德富　周立亭

第十二届人大财政经济工作委员会设立及组成人员（1993.3—1998.2）

1993 年 4 月 9 日，市第十二届人大常委会第一次会议决定设立潍坊市人大常委会财政经济工作委员会。

主　任　刘远顺
副主任　刘惠远　李尔强
委　员　刘丕墺　杜德富　吴楚湘　张廷彦
张树业　徐瑞荣　靳荣光　鲍世举
潘景岫　魏元志

注：刘惠远，1996 年 3 月 7 日，市第十二届人大四次会议决定接受其辞职请求。靳荣光，1994 年 4 月 29 日，市第十二届人大常委会第 10 次会议决定接受其辞职请求。李尔强，1995 年 3 月 6 日，市十二届人大三次会议补选。

第十三届人大财政经济工作委员会设立及组成人员（1998.2—2003.2）

1997 年 3 月，市人大常委会机关实行机构改革，共设 3 室 5 委，其中有潍坊市人大常委会财政经济工作委员会。

主　任　李尔强
委　员　王照宏　曲卫海　杨广英　杨春湖
鲍世举　谭瑞田　魏元志

第十四届人大财政经济工作委员会设立及组成人员（2003.2—2008.1）

主　任　魏本芳
委　员　王有强　孙日贵　毕孝圣　李云高
李建泉　吴少华（女）　张益军
周玉芳（女）　高赐伦

第十五届人大财政经济委员会设立及组成人员（2008.1—2012.2）

主任委员　李本跃
副主任委员　李建泉　孟庆亮　李进民
委　　员　王万堂　孔宪俊　毕孝圣
刘福毅　孙日贵　李春良
邹立众　张恒志　张益军

注：李进民，2011 年 2 月 23 日，市十五届人民代表大会第四次会议补选。

第十六届人大财政经济委员会设立及组成人员（2012.2—2017.2）

主任委员　刘明珂　花兆贤
副主任委员　孟庆亮　李进民　刘勤友
朱振铎　张恒志
委　　员　孔宪俊　毕孝圣　刘福毅
李春良　李祥兵　邹立众
张恒志　张益军　秦学昌

注：花兆贤，2015 年 3 月 1 日，市第十六届人大四次会议接受其辞职请求。孟庆亮，2013 年 12 月 30 日，市第十六届人大常委会第十四次会议接受其辞职请求。李进民，2015 年 8 月 28 日，市十六届人大常委会第二十五次会议接受其辞职请求。刘勤友，2016 年 2 月 3 日，市第十六届人大常委会第二十八次会议接受其辞职请求。

第十七届人大财政经济委员会设立及组成人员（2017.2—2022.4）

2017 年 2 月 28 日，市第十七届人民代表大会第一次会议决定设立潍坊市人大财政经济委员会。

主任委员　顾建华　范福生
副主任委员　王发庆　王志刚　马中平
王曰普　王增宝　姜　滨
委　　员　马永军　王曰普　文　斌
孔宪俊　刘全平　刘福毅
李亚平　秦学昌

高志秀（女）

注：潍坊市第十七届人民代表大会第四次会议于2019年2月1日通过：顾建华为潍坊市第十七届人民代表大会财政经济委员会主任委员；范福生不再担任潍坊市第十七届人民代表大会财政经济委员会主任委员职务。2019年2月28日，潍坊市第十七届人民代表大会常务委员会第二十二次会议，根据市人大常委会主任会议的提请，任命：马中平为潍坊市第十七届人民代表大会财政经济委员会副主任委员。2020年2月21日，潍坊市第十七届人民代表大会常务委员会第三十二次会议，根据市人大常委会主任会议的提请，任命：王曰普为潍坊市第十七届人民代表大会财政经济委员会副主任委员。2021年3月18日，潍坊市第十七届人民代表大会常务委员会第四十二次会议，根据市人大常委会主任会议的提请，任命：王增宝为潍坊市第十七届人民代表大会财政经济委员会副主任委员。2019年12月24日，潍坊市第十七届人民代表大会常务委员会第二十九次会议决定：接受王发庆同志辞去潍坊市第十七届人民代表大会常务委员会委员、潍坊市第十七届人民代表大会财政经济委员会副主任委员职务的请求。2020年2月21日，潍坊市第十七届人民代表大会常务委员会第三十二次会议，根据市人大常委会主任会议的提请，任命：高志秀为潍坊市第十七届人民代表大会财政经济委员会委员；李亚平为潍坊市第十七届人民代表大会财政经济委员会委员。2019年2月28日，潍坊市第十七届人民代表大会常务委员会第二十二次会议，根据市人大常委会主任会议的提请，任命：刘全平为潍坊市第十七届人民代表大会财政经济委员会委员。根据市人大常委会人事任免办法的规定，2020年2月21日，王曰普由市人大财政经济委员会委员调整为本专门委员会副主任委员后，其专门委员会委员职务相应终止，不需办理免职手续。2019年1月25日，市第十七届人大常委会第二十次会议上，临朐县选举的刘福毅辞去潍坊市第十七届人民代表大会代表职务，临朐县人大常委会已接受其辞职请求，刘福毅的市人大代表资格终止。依照选举法的有关规定，刘福毅的市人大财政经济委员会委员职务相应终止。2019年12月30日，市第十七届人大常委会第三十次会议上，昌邑市选举的文斌，迁出潍坊市，文斌的市人大代表资格终止。依照选举法的有关规定，文斌的市人大财政经济委员会委员职务相应终止。

第十八届人大财政经济委员会设立及组成人员（2022.4—）

2022年4月15日，潍坊市第十八届人民代表大会第一次会议决定设立潍坊市人大财政经济委员会。

主任委员　田民利

副主任委员　锡保平　王增宝　刘肖宁
刘锡田　杜其强

委　　员　于新华　马永军　李亚平
赵　鹏　秦学昌
高志秀（女）

教育科学文化卫生委员会

第十届人大教育科学文化卫生工作委员会设立及组成人员（1984.2—1988.1）

1984年2月29日，市第十届人大常委会第一次会议决定成立教育科学文化卫生工作委员会等3个专门委员会。

主　任　刘英宸

副主任　王仁德　姜　克　冯友敬

委　员　李承普　赵修道　段慧灵　崔佃臣

注：王仁德，1986年5月31日，市第十届人民代表大会第三次会议接受其辞职请求。姜克，1986年5月31日，市第十届人民代表大会第三次会议接受其辞职请求。

第十一届人大教育科学文化卫生工作委员会设立及组成人员（1988.1—1993.3）

1988年3月19日，市第十一届人大常委会第一次会议决定，设立教育科学文化卫生工作委员会；1989年2月17日，市第十一届人民代表大会第二次会议通过了关于设立潍坊市人民代表大会教育科学文化卫生委员会的决议。1989年3月24日，市第十一届人大常委会第七次会议决定撤销教育科学文化卫生工作委员会。

主　任　滕司宪

副主任　冯友敬

委　员　苏乃谦　李承普　赵修道

　　　　黄雪琦（女）　靳荣光

1989年2月17日，市第十一届人民代表大会第二次会议通过了关于设立潍坊市人民代表大会教育科学文化卫生委员会的决议。

主任委员　滕司宪

副主任委员　冯友敬　郑　华

委　　员　苏乃谦　李承普　赵修道

　　　　　黄雪琦（女）　靳荣光

注：郑华，1992年5月18日，市第十一届人大常委会第二十六次会议任命为市人大教育科学文化卫生委员会副主任委员。

第十二届人大教育科学文化卫生工作委员会设立及组成人员（1993.3—1998.1）

1993年4月9日，市第十二届人大常委会第一次会议决定设立潍坊市人大常委会教育科学文化卫生工作委员会。

主　任　李惠信　隋华堂

副主任　刘常宣

委　员　王承智　尹景尧　苏乃谦　杜在忠

　　　　李玉林　黄雪琦　宿连池　韩子夫

注：李惠信，1996年3月7日，市第十二届人民代表大会第四次会议决定接受其辞职请求。隋华堂，1996年3月9日，市第十二届人民代表大会第四次会议补选。李玉林，1997年2月26日，市第十二届人民代表大会第五次会议补选。

第十三届人大教育科学文化卫生工作委员会设立及组成人员（1998.2—2003.2）

1997年3月，市人大常委会机关实行机构改革，共设3室5委，设有市人大常委会教育科学文化卫生工作委员会。

主　任　李玉林　赵传圣

委　员　王　滨　王焕新　冯少英（女）

　　　　李　平　明宝春　宿连池

注：李玉林，2001年2月25日，市第十三届人民代表大会第四次会议接受其辞职请求。赵传圣，2001年2月26日，市第十三届人人民代表大会第四次会议补选。宿连池，2001年2月25日，市第十三届人民代表大会第四次会议接受其辞职请求。

第十四届人大教育科学文化卫生工作委员会设立及组成人员（2003.2—2008.1）

2007年12月，设立市人大教育科学文化卫生委员会，下设委员会工作室，副县级规格，原设的工作委员会办公室同时撤销。

主　任　张桂云（女）

委　员　王义正　王利民　刘学忠　刘维国

　　　　邹登顺　国正平　赵伟宏

　　　　谭玉梅（女）

注：国正平，2006年2月12日，市第十四届人民代表大会第四次会补选。

第十五届人大教育科学文化卫生委员会设立及组成人员（2008.1—2012.2）

主任委员　杨继生　刘明珂

副主任委员　张国华　尹兴明

　　　　　王培竹（女）　杨同光

委　　员　王利民　石承志　吕珊珊（女）

　　　　　刘学忠　来永生　吴少华（女）

　　　　　姜　滨　徐建明　黄　进

注：刘明珂，2011年2月23日，市第十五届人民代表大会第四次会议补选。吕珊珊，2011年1月28日，市第十五届人大常委会第十九次会议接受其辞职请求。张国华，2011年2月22日，市第十五届人民代表大会第四次会议接受其辞职请求。黄进，2009年6月29日，市第十五届人大常委会第九次会议接受其辞职请求。

第十六届人大教育科学文化卫生委员会设立及组成人员（2012.2—2017.2）

主任委员　刘明珂

副主任委员　聂振萍（女）　陈本林　任洪武　李少亚

委　　员　丁汉邦　李少亚　来永生　南秀霞（女）　赵学坤　姜　滨　徐建明　董　光　傅大军

注：陈本林，2017年1月23日，市第十六届人大常委会第三十六次会议接受其辞职请求。赵学坤，2016年2月3日，市第十六届人大常委会第二十八次会议接受其辞职请求。聂振萍，2015年1月24日，市第十六届人大常委会第二十一次会议接受其辞职请求。傅大军，2013年12月30日，市第十六届人大常委会第十四次会议接受其辞职请求。李少亚，2015年2月13日，市第十六届人大常委会第二十二次会议任命为市人大教育科学文化卫生委员会委员；2016年8月24日，市十六届人大常委会第三十一次会议任命为市人大教育科学文化卫生委员会副主任委员，委员职务自行终止。

第十七届人大教育科学文化卫生委员会设立及组成人员（2017.2—2022.4）

2017年2月28日，市第十七届人民代表大会第一次会议决定设立市人大教育科学文化卫生委员会。

主任委员　张新强

副主任委员　杨锡广　张学文　张洪全　谭炳建　李少亚

委　　员　丁汉邦　王秋萍（女）　卢洪凯　邱尔臣　杨国儒　赵中国　南秀霞（女）　胡东文

注：杨锡广，2018年8月20日，市第十七届人大常委会第十五次会议接受其辞职请求。张学文，2019年4月25日，市第十七届人大常委会第二十四次会议接受其辞职请求。张洪全，2019年2月28日，市第十七届人大常委会第二十二次会议补选，2021年3月14日，市第十七届人大常委会第四十一次会议接受其辞职请求。谭炳建，2019年2月28日，市第十七届人大常委会第二十二次会议补选，2021年9月18日，市第十七届人大常委会第四十七次会议接受其辞职请求。邱尔臣，2019年10月25日，市第十七届人大常委会第二十七次会议接受其辞职请求。卢洪凯，2020年4月9日，市第十七届人大常委会第三十三次会议接受其辞职请求。赵中国，2021年4月29日，市第十七届人大常委会第四十四次会议补选。

第十八届人大教育科学文化卫生委员会设立及组成人员（2022.4—）

2022年4月15日，市第十八届人民代表大会第一次会议决定设立市人大教育科学文化卫生委员会。

主任委员　韩幸福

副主任委员　宋立军　范明涛　曹晓楠(女)　王秋萍（女）

委　　员　苏茂泉　宗剑飞　赵红梅　韩忠玉　甄曰菊　谭新政　戴明智

注：曹晓楠，2023年6月25日，市十八届人大常委会第十次会议补选。

城乡建设与环境资源保护委员会

第十届人大城乡建设工作委员会设立及组成人员（1984.2—1988.1）

1984年8月29日，潍坊市第十届人大常委会第四次会议决定设立城乡建设工作委员会。

主　任　刘华民　王鹤田

副主任　李洪林　苏承章

注：根据《关于建立市人大常委会城乡建设工作委员会的请示报告》，城乡建设工作委员会未配备委员。刘华民，1986年5月31日，潍坊市第十届人民代表大会第三次会议接受其辞职请求。王鹤田，1986年5月31日，市第十届人民代表大会第三次会议补选。李洪林，1986年5月31日，市第十届人民代表大会第三次会议接受其辞职请求。苏承章，1986年5月31日，市第十届人民代表大会第三次会议补选。

第十一届人大城乡建设工作委员会设立及组成人员（1988.1—1993.3）

1988年3月19日，市第十一届人大常委会第一次会议决定设立城乡建设工作委员会。1989年3月24日，市第十一届人大常委会第七次会议决定撤销城乡建设工作委员会。

主　任　韩　理

副主任　苏承章

委　员　马光汉　曲雅亮　熊金洲

1989年2月17日，市第十一届人民代表大会第二次会议通过关于设立潍坊市人民代表大会城乡建设环境保护委员会的决议。

主任委员　韩　理（兼）

副主任委员　苏承章

委　　员　马光汉　曲雅亮　熊金洲

第十二届人大城乡建设环境保护工作委员会设立及组成人员（1993.3—1998.2）

1993年4月9日，市第十二届人大常委会第一次会议决定设立潍坊市人大常委会城乡建设环境保护工作委员会，各工作委员会设办公室。

主　任　于洪吉

副主任　于金桴

委　员　马光汉　王其珍　冯展娟（女）
吕世荣　杨翠娥（女）　温钦祥
滕修兰（女）

注：杨翠娥，1994年3月19日，因病逝世。

第十三届人大城乡建设环境保护工作委员会设立及组成人员（1998.2—2003.2）

潍坊市第十三届人大常委会第一次会议决定设立潍坊市人大常委会城乡建设环境保护工作委员会。

主　任　于金桴　刘延禄

委　员　王新维　吕世荣　李寿德　张金瑞
郭军生　温钦祥　窦丽湘　潘　强

注：于金桴，2001年2月25日，市第十三届人民代表大会第四次会议接受其辞职请求。刘延禄，2001年2月26日，市第十三届人民代表大会第四次会议补选。

第十四届人大城乡建设环境保护工作委员会设立及组成人员（2003.2—2008.1）

潍坊市第十四届人大常委会决定设立城乡建设环境保护工作委员会。2007年12月，设立市人大城乡建设与环境资源保护委员会，下设委员会工作室，副县级规格，原设置的工作委员会办公室同时撤销。

主　任　李　刚　闫云田

委　员　于德路　王琰方　孙晓波　李　刚
张庆吉　宋国华　房永安　郭军生
崔爱信　满郭强（女）

注：李刚，2006年4月7日，市第十四届

人大常委会第二十次会议免去其工作委员会主任职务，任免为委员。闫云田，2006年4月7日，市第十四届人大常委会第二十次会议任职。于德路，2007年3月1日，市第十四届人民代表大会第五次会议接受其辞职请求。满郭强，2006年4月7日，市第十四届人大常委会第二十次会议接受其辞职请求。张庆吉，2007年3月，市第十四届人民代表大会第五次会议补选。

第十五届人大城乡建设与环境资源保护委员会设立及组成人员（2008.1—2012.2）

主任委员　王永兴

副主任委员　李文国　张庆吉　张树琛　赵　东

委　　员　王琰方　衣光明　李化岗　杜桂英（女）　郑忠甫　徐鹏强　傅大军　戴瑞德

注：张庆吉，2011年2月22日，市第十五届人大四次会议接受其辞职请求。

第十六届人大城乡建设与环境资源保护委员会设立及组成人员（2012.2—2017.2）

主任委员　刘明珂　毛秀凤（女）

副主任委员　赵　东　衣光明　王培福　王英华（女）

委　　员　王培福　刘云江　齐全胜　孙金生　杜桂英（女）　杨爱君（女）　李化岗　陈　强　郑忠甫　徐鹏强

注：潍坊市第十六届人民代表大会第四次会议，于2015年3月2日通过：毛秀凤为潍坊市第十六届人民代表大会城乡建设与环境资源保护委员会主任委员。刘明珂不再担任潍坊市第十六届人民代表大会城乡建设与环境资源保护委员会主任委员职务。

赵东，2015年8月28日，市第十六届人大常委会第二十五次会议接受其辞职请求。衣光明，2016年8月24日，市第十六届人大常委会第三十一次会议接受其辞职请求。王培福，2013年4月27日，市第十六届人大常委会第九次会议任命为市人大城乡建设与环境资源保护委员会副主任委员，委员职务自行终止。王英华，2016年8月24日，市第十六届人大常委会第三十一次会议任命为市人大城乡建设与环境资源保护委员会副主任委员。齐全胜，2015年2月13日，市第十六届人大常委会第二十二次会议任命为市人大城乡建设与环境资源保护委员会委员。孙金生，2012年8月24日，市第十六届人大常委会第四次会议任命为市人大农业与农村委员会副主任委员，免去市人大城乡建设与环境资源保护委员会委员。杨爱君，2016年8月24日，市第十六届人大常委会第三十一次会议任命为市人大城乡建设与环境资源保护委员会委员。

第十七届人大城乡建设与环境资源保护委员会设立及组成人员（2017.2—2022.4）

主任委员　毛秀凤（女）

副主任委员　张志勇　丁利民　张守富　齐延升　康悦彬　于继才　杨爱君（女）

委　　员　杜桂英（女）　范满国　季洪刚　郑忠甫　赵本明　徐鹏强　郭召义

注：张志勇，2020年4月9日，市第十七届人大常委会第三十三次会议接受其辞职请求。丁利民，2019年8月27日，市第十七届人大常委会第二十六次会议接受其辞职请求。张守富，2020年2月21日，市第十七届人大常委会第三十二次会议任命为市十七届人大城乡建设与环境资源保护委员会副主任委员。2021年6月23日，市第十七届人大常委会第四十五次会议接受其辞职请求。齐延升，2020年2月21日，市第十七届人大常委会第三十二次会议任命为市十七

届人大城乡建设与环境资源保护委员会副主任委员。2021年8月26日，市第十七届人大常委会第四十六次会议接受其辞职请求。康悦彬，2021年4月29日，市第十七届人大常委会第四十四次会议任命为市十七届人大城乡建设与环境资源保护委员会副主任委员。于继才，2020年10月22日，市第十七届人大常委会第三十六次会议任命为市十七届人大城乡建设与环境资源保护委员会副主任委员。郭召义，2019年1月31日，市第十七届人大四次会议，任命为市人大社会建设委员会副主任委员，免去市人大城乡建设与环境资源保护委员会委员。

第十八届人大城乡建设与环境资源保护委员会设立及组成人员（2022.4—）

主任委员　毛秀凤（女）

副主任委员　张　文　毛洪涛　于继才　杨爱君（女）

委　　员　杜桂英（女）　李东香（女）　李振杰　郑忠甫　赵本明　殷秀娥（女）　董磊杰

农业与农村委员会

第十一届农村经济委员会设立及组成人员（1988.1—1993.3）

1989年2月13日至17日，市第十一届人民代表大会第二次会议，通过《关于设立潍坊市人民代表大会法制委员会、财政经济委员会、农村经济委员会、教育科学文化卫生委员会、城乡建设环境保护委员会的决议》。

主任委员　李汉三

副主任委员　王　铭　张曙光

委　　员　王世昌　李承普　杨学荣　常临川（女）

第十二届农村经济工作委员会设立及组成人员（1993.3—1998.1）

主　任　黄存福

副主任　张启龙

委　员　王照宏　王德润　李德章　张洪林　柳玉焕　袁文坤　戴瑞德

第十三届农业与农村工作委员会设立及组成人员（1998.1—2003.2）

2001年4月30日，市第十三届人大常委会第二十次会议决定更名为农业与农村工作委员会。

主　任　柳玉焕　冯少英

委　员　齐忠礼　迟瑞亮　李德章　袁文坤　高洪华　戴瑞德

注：柳玉焕，2001年2月25日，市第十三届人大常委会第四次会议接受其辞职请求。高洪华，1999年6月25日，市第十三届人大常委会第八次会议接受其辞职请求。

第十四届农业与农村工作委员会设立及组成人员（2003.2—2008.1）

主　任　宋全正　范西智

委　员　王乐义　王继美　刘秋林　李绪民　宋全正　袁文坤（女）　高振涛　聂振萍（女）　戴瑞德

注：2006年4月7日，潍坊市第十四届人民代表大会常务委员会第二十次会议，任命王继美为潍坊市人大常委会农业与农村工作委员会委员。2007年4月27日，潍坊市第十四届人民代表大会常务委员会第二十七次会议，根据市人大常委会主任会议的提名，任命范西智为潍坊市人大常委会农业与农村工作委员会主任；宋全正为潍坊市人大常委会农业与农村工作委员会委员。免去宋全正的潍坊市人大常委会农业与农村工作委员会主任职务。

第十五届农业与农村委员会设立及组成人员（2008.1—2012.2）

主任委员　王永兴　刘明珂
副主任委员　范西智　袁义龙　耿现江
聂振萍（女）
委　　员　王成才　王俊国　刘秋林
李绪民　郑和平　徐立国
郭洪谦　桑自方

第十六届农业与农村委员会设立及组成人员（2012.2—2017.2）

主任委员　李世光
副主任委员　耿现江
徐松萃　孙金生
赵　萍（女）
委　　员　王新声　王潍政　杨　明
李绪民　辛国志
赵　萍（女）
秦伟堂　徐立国
董玉坤

注：2015年1月24日，潍坊市第十六届人民代表大会常务委员会第二十一次会议，免去耿现江的潍坊市人民代表大会农业与农村委员会副主任委员职务。2015年2月13日，潍坊市第十六届人民代表大会常务委员会第二十二次会议，任命辛国志为潍坊市人民代表大会农业与农村委员会委员。2017年1月23日，潍坊市第十六届人民代表大会常务委员会第三十六次会议，决定接受孙金生辞去潍坊市第十六届人民代表大会常务委员会委员、代表资格审查委员会委员、潍坊市第十六届人民代表大会农业与农村委员会副主任委员职务。

第十七届农业与农村委员会设立及组成人员（2017.2—2022.4）

主任委员　张新强
副主任委员　赵刚毅　李成军
赵　萍（女）　宫　智
孙　沂　禚振鹤　王　勇
委　　员　朱朝辉　刘明生
李月淑（女）
郭秀兰（女）　崔瑞福
韩立新　谭会来

注：2018年8月20日，潍坊市第十七届人民代表大会常务委员会第十五次会议，决定接受李成军辞去潍坊市第十七届人民代表大会常务委员会委员、潍坊市第十七届人民代表大会农业与农村委员会副主任委员职务。潍坊市第十七届人民代表大会常务委员会第二十二次会议，根据市人大常委会主任会议的提请，任命宫智为潍坊市第十七届人民代表大会农业与农村委员会副主任委员；孙沂为潍坊市第十七届人民代表大会农业与农村委员会副主任委员。2019年10月25日，潍坊市第十七届人民代表大会常务委员会第二十七次会议，接受赵刚毅辞去潍坊市第十七届人民代表大会常务委员会委员、潍坊市第十七届人民代表大会农业与农村委员会副主任委员职务的请求。禚振鹤为潍坊市第十七届人民代表大会农业与农村委员会副主任委员。潍坊市第十七届人民代表大会常务委员会第三十六次会议，根据市人大常委会主任会议的提请，任命王勇为潍坊市第十七届人民代表大会农业与农村委员会副主任委员。

第十八届农业与农村委员会设立及组成人员（2022.4—）

主任委员　韩幸福
副主任委员　贺　建　肖振胜　李兴盛
常祖领　刘新国
委　　员　于英智　于　斌　刘明生
孙守亮　张建民　赵　霞（女）
郭秀兰（女）　韩立新

民族侨务外事委员会

第十四届人大民族侨务外事委员会组成人员（2004.2-2008.1）

2004 年 2 月，市委批准了市人大机关新的机构改革方案，增设市人大常委会民族侨务外事工作委员会。

主　任　张国华

委　员　马东宁　王照宏　李晓明　齐晓政　张立华　陈建军　崔全华　程学民

第十五届人大民族侨务外事委员会组成人员（2008.1-2012.2）

主任委员　杨继生

副主任委员　李　波（女）　胡凝熙

委　　员　邢乐信　齐晓政　陈建军　赵连文　秦学昌　索　勇（回）　郭万欣　程学民

第十六届人大民族侨务外事委员会组成人员（2012.2—2017.2）

主任委员　李世光

副主任委员　王永福　邢乐信　周晓钟　脱安利（回）

委　　员　王玲玲（女）　田素英（女）　任洪武　刘月霞（女）　陈学俭　钟耕民　索　勇（回）　郭万欣　脱安利（回）

注：任洪武，2015 年 2 月 13 日，潍坊市第十六届人大常委会第二十二次会议，免去其潍坊市人民代表大会民族侨务外事委员会委员职务。邢乐信，2015 年 12 月 24 日，市第十六届人大常委会第二十七次会议接受其辞去市十六届人大民族侨务外事委员会副主任委员职务。索勇，2015 年 2 月 13 日，辞去市人大代表。

第十七届人大民族侨务外事委员会组成人员（2017.2—2022.4）

主任委员　毛秀凤（女）

副主任委员　王承策　韩辅廉　脱安利（回族）　刘跃东　王汉成　宋立军

委　　员　王晓晨　田素英（女）　刘云江　闫金亮　孙　勇　张民庆　钟耕民　赵红梅　殷好治

注：韩辅廉，2018 年 6 月 25 日，市第十七届人大常委会第十三次会议接受其辞职请求。田素英，2019 年 1 月 25 日，市第十七届人大常委会第二十次会议接受其辞职请求。刘跃东，2019 年 2 月 28 日，市第十七届人大常委会第二十二次会议任命为市第十七届人大民族侨务外事委员会副主任委员。王晓晨，2020 年 2 月 22 日，市第十七届人大常委会第三十二次会议接受其辞职请求。宋立军，2021 年 6 月 23 日，市第十七届人大常委会第四十五次会议任命为市十七届人大民族侨务外事委员会副主任委员。赵红梅，2020 年 2 月 22 日，市第十七届人大常委会第三十二次会议任命为市第十七届人大民族侨务外事委员会委员。殷好治，2020 年 2 月 22 日，市第十七届人大常委会第三十二次会议任命为市十七届人大民族侨务外事委员会委员。王承策，2020 年 6 月 18 日，市第十七届人大常委会第三十四次会议接受其辞职请求。王汉成，2020 年 10 月 22 日，市第十七届人大常委会第三十六次会议任命为市第十七届人大民族侨务外事委员会副主任委员。

第十八届人大民族侨务外事委员会组成人员（2022.4—）

主任委员　毛秀凤（女）

副主任委员　胡　立　刘金凤（女）　脱安利（回族）　王福强

委　　员　王　伟　刘子国　刘云江
　　　　　杨国儒　张民庆
　　　　　郑洪霞（女）　胥宏伟
　　　　　崔瑞福

人大法制委员会

第十六届人大法制委员会设立及组成人员（2015.3—2017.2）

2015 年 3 月，市第十六届人民代表大会第四次会议通过。

主任委员　王卫东
副主任委员　尹凤来　刘　玉
委　　员　马东宁　王瑞霞（女）
　　　　　许列云　李雪艳（女）
　　　　　肖沼泓　邱尔臣
　　　　　张素敏（女）　郭宝信

第十七届人大法制委员会设立及组成人员（2017.2—2022.4）

2017 年 2 月，市第十七届人民代表大会第一次会议通过，后有变动。

主任委员　范福生
副主任委员　胡景东　张志才　肖沼泓
委　　员　于英智　马东宁　王瑞霞(女)
　　　　　刘艳芳(女,2019 年 10 月辞职)
　　　　　许列云
　　　　　李祥兵（2019 年 3 月调离潍坊市，其代表资格和所任职务终止）
　　　　　陈　强（2019 年 2 月免）
　　　　　刘玉祥（2020 年 2 月任命）
　　　　　郭虎英（2019 年 2 月任命）

第十八届人大法制委员会设立及组成人员（2022.4 至今）

2022 年 4 月，市第十八届人民代表大会第一次会议通过人员组成。

主任委员　扈洪波
副主任委员　刘晓东　高成勇
　　　　　赵　萍（女）
委　　员　马东宁　考敏华　刘玉祥
　　　　　李良伟　李　斌　郭宪勇
　　　　　韩绍萍　蔡明君

社会建设委员会

第十七届人大社会建设委员会设立及组成人员（2017.2—2022.4）

2019 年 1 月，潍坊市第十七届人民代表大会第四次会议决定设立潍坊市人大社会建设委员会。

主任委员　顾建华
副主任委员　张宝胜　白卫明　郭召义
　　　　　邱　婷（女）　吴海源
委　　员　于光富　王维波　刘祥伍
　　　　　张玉强　陈序尧
　　　　　秦　玲（女）

注：张宝胜，2021 年 12 月 31 日，市第十七届人大常委会第四十九次会议接受其辞职请求。郭召义，2020 年 8 月 26 日，市第十七届人大常委会第三十五次会议接受其辞职请求。吴海源，2020 年 8 月 26 日，市第十七届人大常委会第三十五次会议任命为市十七届人大社会建设委员会副主任委员。陈序尧，2020 年 10 月 22 日，因去世市人大社会建设委员会委员职务相应终止。

第十八届人大社会建设委员会设立及组成人员（2022.4—）

2022 年 4 月，潍坊市第十八届人民代表大会第一次会议决定设立潍坊市人大社会建设委员会。

主任委员　田民利
副主任委员　陈延爱　李　伟

	邱　婷（女）　　高玉国	张玉强　张进兰（女）
委　　员	于光富　王　鹏	徐丽红（女）
	朱明香（女）　　杨学亭	常雅丽（女）

第七章　潍坊市人民代表大会常务委员会机关

第一节　机关党组

中共潍坊市人大常委会机关党组是中共潍坊市委在市人大常委会机关设立的党的领导机构，在市委和市人大常委会党组领导下开展工作，对市委和市人大常委会党组负责，于2016年5月设立。中共潍坊市人民代表大会常务委员会机关党组（以下简称机关党组），按照《关于设立中共潍坊市人民代表大会常务委员会机关党组的通知》要求，接受市委和市人大常委会党组领导，遵照《中国共产党党组工作条例》《中共潍坊市人大常委会机关党组工作规则》履行职能、开展工作。

机关党组职责

机关党组在市人大常委会机关发挥把方向、管大局、保落实的领导作用，全面履行领导责任，加强对市人大常委会机关业务工作和党的建设的领导，确保党的理论和路线方针政策的贯彻落实。

机关党组讨论和决定市人大常委会机关下列重大问题：认真学习贯彻习近平新时代中国特色社会主义思想，贯彻党的路线、方针、政策和上级党组织有关决定、部署、要求，研究制定具体落实措施；履行全面从严治党责任，研究决定市人大常委会机关党的建设、党风廉政建设和反腐败工作等方面的重要事项；研究决定市人大常委会机关党组向市委和市人大常委会党组请示报告的重要事项；按干部管理权限，加强对干部的教育、管理和监督，研究有关干部任免、调动、调整、交流和干部培养、后备、推荐等事项；研究市人大常委会机关重大项目安排；研究市人大常委会机关年度资金预算、大额资金使用、大宗国有资产采购和处置；研究干部职工考核、评先树优、奖惩等事项；研究协调和检查落实市人大常委会党组安排的重要工作任务；研究反馈给市人大常委会机关的巡视巡察、督查检查、审计等重大事项和相关问题的整改落实；研究讨论机关重大突发事件和紧急情况的处理意见；研究机关意识形态工作、精神文明创建、统战工作和工会、共青团、妇联等群团工作；研究其他应当由机关党组讨论和决定的重大问题。

机关党组必须坚持党建工作与市人大常委会机关业务工作同谋划、同部署、同推进、同考核，加强对市人大常委会机关党的建设的领导，落实新时代党的建设总要求，不断提高机关党的建设质量，具体包括：把党的政治建设摆在首位，提高政治站位，始终在政治立场、政治方向、政治原则、政治道路上同以习近平同志为核心的党中央保持高度一致；强化理论武装，组织学习习近平新时代中国特色社会主义思想，引导机关党员干部坚定理想信念，自觉加强党性锻炼；落实意识形态工作责任制，确保人大工作体现意识形态工作要求、维护意识形态安全；贯彻党管干部原则，按照德才兼备、以德为先的标准，加强机关干部队伍建设，完善人事相宜、人岗相适的干部培养选拔机制，加强干部教育培训，从严管理监督干部；指导加强机关党组织建设和党员队伍建设，适时讨论和决定市人大常委会机关党委、支部设置调整和发展党员、处分党员等重要事项；加强和改进机关作风，密切联系群众，严格落实中央八项规定精神及实施细则和省委、市委实施办法，坚决抵制和反对“四风”特别是形式主义、官僚主义；加强党的纪律建设，履行党风廉政建设主体责任，支持和配合驻机关纪检监察组和机关纪委履行监督和执纪责任；严肃党内政治生活，严格执行《关于新形势下党内政治生活的若干准则》，认真召开民主生活会，深入开展批评与自我批评。机关党组成员要严格执行双重组织生活制度，以普通党员身份参加所在党支部组织生活会；推进建章立制，建立健全体现党中央要求、符合市人大常委会机关特点、内容完备、务实管用的党建工作制度并抓好落实；机关党组书记必须认真履行抓党建第一责任人职责，机关党组其他成员按照“一岗双责”要求抓好职责范围内党的建设工作。

机关党组书记主持机关党组全面工作，负责召集和主持机关党组会议，组织机关党组活动，签发机关党组文件。机关党组成员根据机关党组研究决定，按照分工和授权负责有关工作，行使相应职权。

机关党组沿革

第十六届人大常委会机关党组（2016 年 5 月至 2017 年 2 月）

党组书记　王秀禄

成　　员　王增宝　毛洪涛　王福强

　　　　　徐军伟　王恒秋　胡景东

第十七届人大常委会机关党组（2017 年 2 月至 2022 年 4 月）

党组书记　王秀禄（2017.2—2019.2）

　　　　　杨建华（2019.2—2021.5）

　　　　　田素英（女，2021.5—2022.4）

成　　员　王增宝（2017.2—2020.11）

　　　　　闫凤林（2021.4—2022.4）

　　　　　毛洪涛　王福强

　　　　　徐军伟（2017.2—2017.6）

　　　　　王恒秋（2017.2—2017.6）

　　　　　胡景东（2017.2—2017.6）

　　　　　蔡相山（2017.6—2020.8）

　　　　　于继才（2017.6—2020.8）

　　　　　刘晓东（2017.6—2022.4）

　　　　　李广懿（2020.8—2022.4）

　　　　　锡保平（2020.8—2022.4）

第十八届人大常委会机关党组（2022 年 4 月至今）

党组书记　田素英（女，2022.4—2023.4）

　　　　　杜建华（2023.4—）

成　　员　闫凤林（2022.4—2023.6）

　　　　　毛洪涛（2022.4—2023.4）

　　　　　王福强（2022.4—2023.4）

　　　　　李广懿　刘晓东　锡保平

　　　　　于进强（2023.6—）

　　　　　孙振元（2023.6—）

　　　　　袁永青（2023.6—）

　　　　　孙宝春（2023.6—）

第二节　机关党委　纪委

中共潍坊市人民代表大会常务委员会机关委员会（以下简称机关党委）是市人大常委会机关党建的专责机构，于 1999 年 1 月经中共潍坊市委组织部同意成立，机关党委在市委市直机关工委和机关党组领导下开展工作，按照《中国共产党章程》《中国共产党基层组织选举工作条例》规定进行换届选举。

机关党委职责

坚持和落实中国特色社会主义根本制度、基本制度、重要制度，宣传和执行党的路线、方针、政策，宣传和执行党中央、党的上级组织和本组织的决议，充分发挥党组织战斗堡垒作用和党员先锋模范作用，积极创先争优，团结、组织党内外干部和群众，努力完成所担负的各项任务。

组织党员深入学习党的创新理论，学习党的路线、方针、政策和决议，学习党的基本知识和党史、新中国史、改革开放史，学习党章党规党纪和国家法律法规，学习业务知识和经济、政治、文化、社会、生态文明等各方面知识。

对党员进行教育、管理、监督和服务，严格党的组织生活，维护和执行党的纪律，监督党员切实履行义务，保障党员权利不受侵犯。监督党员干部职工严格遵守国家法律法规，加强党风廉政建设，坚决同各种违纪违法行为作斗争。

密切联系群众，经常了解群众对党员、党的工作的批评和意见，了解群众诉求，维护群众正当权利和利益。

对要求入党的积极分子进行教育、培养和考察，做好发展党员工作。

做好思想政治工作和意识形态工作，推进机关精神文明建设，培育和践行社会主义核心价值观。

协助市人大常委会机关党组落实好机关党建主体责任，指导督促机关党支部认真落实各项标准规范；配合人事部门对机关领导干部进行考察、考核和民主评议，对机关干部的选拔任用和奖惩提出意见。

领导机关工会、共青团、妇女组织等群团组织，支持这些组织依照各自的章程独立负责地开展工作。

及时向市委市直机关工委报告市人大常委会机关党建重点工作任务完成情况。

切实抓好机关党委自身建设。

机关党委 纪委沿革

第一届机关党委　纪委（1999 年 1 月）

机关党委组成人员

党委书记　葛吉平　李　刚　王维盛
副 书 记　杜国忠　周晓钟
委　　员　于修强　孙向林　罗方照
　　　　　刘惠远　孙秀云（女）
　　　　　赵　东

注：2000 年 3 月 10 日，经报请中共潍坊市委市直机关工委同意，增补葛吉平为中共潍坊市人大常委会机关委员会委员，任书记。2001 年 4 月 2 日，经报请中共潍坊市委市直机关工委批准，李刚任市人大常委会机关党委书记；葛吉平不再担任市人大常委会机关党委书记职务，杜国忠不再担任市人大常委会机关党委副书记职务。2001 年 7 月 16 日，经报请中共潍坊市委市直机关工委批准，赵东任机关党委副书记（列周晓钟之前），王承策、周其祥任机关党委委员。2002 年 2 月 4 日，经报请中共潍坊市委市直机关工委批准，夏东哲任机关党委委员，于修强不再担任机关党委委员职务。2003 年 3 月，经报请中共潍坊市委市直机关工委批准，增补王维盛为机关党委书记，李刚不再担任机关党委书记职务。

机关纪委组成人员

纪委书记　周晓钟
委　　员　丁利民　王增宝

第二届机关党委　纪委（2006 年 12 月）

机关党委组成人员

党委书记　王维盛　张　军
副 书 记　赵　东　丁利民
专职副书记　杨官松
委　　员　王承策　周晓钟　于均收
　　　　　刘惠远　夏东哲　李宏光
　　　　　庞世华

注：2007 年 3 月 19 日，报经中共潍坊市委市直机关工委批复，张军任中共潍坊市人大常委

会机关委员会书记；王维盛不再担任中共潍坊市人大常委会机关委员会书记、委员职务。2008年3月，增补刘勤友为机关党委委员，夏东哲不再担任机关党委委员职务。2008年7月，增补袁永青为机关党委委员。

机关纪委组成人员

书　记　丁利民

副书记　王增宝　胡景东

委　员　郑文东（女）　袁永青

注：2008年3月，增补吴鸣、杨官松为机关纪委委员。

第三届机关党委　纪委（2013年3月）

机关党委组成人员

党委书记　王秀禄

副　书　记　王增宝　郑文东（女）

专职副书记　秦义国

委　　员　周晓钟　王福强　毛洪涛
解智章　王连庆　许焕合
庞世华

机关纪委组成人员

纪委书记　郑文东（女）

副　书　记　李广懿　胡景东　徐军伟
王恒秋

委　　员　杨官松　解智章　秦义国
王连庆　张瑞新

第四届机关党委　机关纪委（2017年3月）

机关党委组成人员

党委书记　王增宝

副　书　记　杨官松

专职副书记　秦义国

委　　员　于继才　王海峰　蔡相山
锡保平　解智章
王筱磊（女）　王连庆
许焕合

机关纪委组成人员

纪委书记　杨官松

副　书　记　王筱磊（女）

委　　员　张慧萍（女）　张瑞新
张西科　刘月甫　王　兵

第五届机关党委　机关纪委（2021年5月）

机关党委组成人员

党委书记　闫凤林

副　书　记　袁永青

专职副书记　郭琳琳（女）

委　　员　李焕青（女）　徐文彦
张瑞新　徐培基　刘吉良
孔令喜

机关纪委组成人员

纪委书记　袁永青

副　书　记　张瑞新

委　　员　王筱磊（女）
张慧萍（女）
张西科　刘月甫　王　兵
杨小龙　傅光生

第三节　内设机构

机构设立

1984年2月10日至15日，潍坊市第十届人民代表大会第一次会议召开，潍坊市第十届人大常委会随之选举产生。本次人民代表大会是地改市后召开的第一次会议，届次沿用原潍坊市（县级）人民代表大会届次。潍坊市人大常委会建立后，随即设立市人大常委会办公室，作为市人大常委会机关的综合办事机构，下设秘书、行政、代表联络、政工、信访5个科。市人大常委会机关编制总人数为35人。

1984年2月29日，市第十届人大常委会第一次会议决定设立政法、财政经济、教育科学文化卫生3个工作委员会。

1984年4月28日，市第十届人大常委会第二次会议决定设立潍坊市选举工作办公室。

1984年8月29日，市第十届人大常委会第四次会议决定设立市人大常委会城乡建设工作委员会。

1984年12月29日，市人大常委会办公室增设调查研究科。

1986年4月7日，市人大常委会办公室撤销信访科，其职能合并于代表联络科。

1986年7月15日，市第十届人大常委会第十七次会议作出决定，将政法工作委员会更名为法制工作委员会。

1986年11月21日，设立潍坊市选举委员会办公室，为科级单位，增加行政编制2人。

1987年7月1日，重新设立信访科，并撤销调查研究科，设立政法、财政经济、城乡建设、教科文卫4个工作委员会工作科。至此，市人大常委会机关编制总人数为65人。

1988年3月19日，市第十一届人大常委会第一次会议决定，设立法制、财政经济、教育科学文化卫生、城乡建设4个工作委员会。

1989年2月13日，市第十一届人大第二次会议通过了设立潍坊市人民代表大会法制委员会、财政经济委员会、教育科学文化卫生委员会、城乡建设环境保护委员会、农村经济委员会5个专门委员会的决议。3月24日，市第十一届人大常委会第七次会议决定撤销市十一届人大常委会第一次会议决定设立的市人大常委会法制、财政经济、教育科学文化卫生、城乡建设4个工作委员会。5月18日，市第十一届人大常委会第八次会议决定设立市人大常委会人事代表工作室，作为市人大常委会的办事机构。将原设在市人大常委会办公室的代表联络科、信访科和选举工作办公室划归人事代表工作室，并增设人事任免科。至此，市人大常委会机关编制总人数为84人。

1990年11月23日，市人大常委会办公室增设车队，作为正科级事业单位；将办公室下设的行政科更名为秘书科，秘书科更名为综合科。

1993年4月9日，市第十二届人大常委会第一次会议决定设立潍坊市人大常委会法制、财政经济、教育科学文化卫生、城市建设环境保护、农村经济5个工作委员会，各工作委员会设办公室。

1996年10月23日，市第十二届人大常委会第二十九次会议决定设立市人大常委会调查研究室，下设综合科、宣传编辑科（新设）、调研信息科（新设）。

1997年3月，市人大常委会机关实行机构改革，办公室增设督查科、老干科，其他科室仍保留；人事代表工作室、调查研究室所设各科和各工作委办公室均保留。市人大常委会机关共设有3室（办公室、人事代表工作室、调查研究室）、5委（法制工作委、财经工作委、教科文卫工作委、城建环保工作委、农经工作委），下设16个科级机构。

2001年4月，市第十三届人大常委会第二十次会议决定，市人大常委会农村经济工作委员会更名为市人大常委会农业与农村工作委员会。

2004年2月，市委批准市人大机关新的机构改革方案，增设市人大常委会民族侨务外事工作委员会，信访科升格为副县级信访室（办公室内设机构）。市人大6个专门委员会设6个科级机构：财政经济委员会办公室、教育科学文化卫生人口委员会办公室、农业与农村委员会办公室、城乡建设环境保护委员会办公室、民族侨务外事委员会办公室、法制委员会办公室。常委会设办公室（秘书科、组织人事科、行政科、老干部工作科）、人事代表工作室（选举任免科、代表联络科）、研究室（综合科、调研信息科、宣传科）3个县级工作机构，信访室1个副县级内设机构。车队为正科级事业单位。至此，市人大常委会机关行政编制总额为64人（不包括常委会主任、副主任和车队司机）。

2007年9月16日，为适应人大机关信息化建设需要，成立潍坊市人大常委会办公室信息中心，为办公室所属事业单位，正科级规格，全额预算管理，核定人员编制5名，配主任1名、副主任1名。12月19日，市委决定，市人大常委会机关设立内务司法委员会工作室、财政经济委员会工作室、教育科学文化卫生委员会工作室、城乡建设与环境资源保护委员会工作室、农业与农村委员会工作室、民族侨务外事委员会工作室6个专门委员会工作机构，均为副县级规格，各配主任1名、副主任1名。市人大常委会机关原设置的6个工作委员会办公室同时撤销。

2008年1月，潍坊市第十五届人民代表大会第一次会议设立内务司法委员会、财政经济委员会、教育科学文化卫生委员会、城乡建设与环境资源保护委员会、农业与农村委员会、民族侨务外事委员会6个专门委员会。

2009年5月15日，市人大常委会机关车队增配副队长1名，该车队领导职数调整为1正3副。年11月20日，为加强人大代表议案和建议、批评、意见的督办工作，设立市人大代表建议督办科，为人事代表工作室内部机构，正科级规格，配备科长1名。

2010年4月30日，市人大常委会机关车队增配副队长1名，该车队领导职数调整为1正4副。

2012年4月1日，为加强规范性文件备案审查工作，在市人大内务司法委员会工作室设立备案审查科，正科级规格，增配正科级领导职数1名。

2013年9月30日，为进一步加强市人大常委会机关工作的督查落实力度，增设市人大常委会办公室督查科，负责市人大常委会会议决议、决定和审议、评议意见、重要文件和领导批示落实情况的督查工作；负责党组会议、主任会议、秘书长办公会议决定事项落实情况的督查工作；负责市人大常委会年度工作计划完成情况的督查工作。增加正科级领导职数1名。

2015年1月20日，设立市人大常委会预算工作委员会，为市人大常委会的工作机构，正县级规格，配主任1名，副主任1名。4月13日，市人大常委会办公室信息中心调剂增加事业编制5名（所需编制从市人大常委会机关车队划转），增加副科级领导职数1名。调整后，市人大常委会办公室信息中心编制由5名调整为10名，领导职数由1正1副调整为1正2副。市人大常委会机关车队编制由24名调整为19名，领导职数由1正4副调整为1正3副。7月9日，设立市人大常委会法制工作委员会，为市人大常委会的工作机构，正县级规格，配主任1名，副主任1名。8月15日，市人大常委会法制工作委员会增设立法协调科和法规科，市人大常委会预算工作委员会增设协调联络科和预决算审查科。增加行政编制6名，增设正科级领导职数4名，副科级领导职数1名。11月17日，市人大内务司法委员会工作室备案审查科调整为市人大常委会法制工作委员会内设科室，其他不变。12月17日，市人大常委会办公室信息中心加挂潍坊市人大常委会办公室民意征询中心牌子，增配副主任1名，其他不变。

2019年6月3日，设立市人大社会建设委员会工作室，作为市人大社会建设委员会的办事机构，负责市人大社会建设委员会的日常工作，副县级规格，配备主任1名，副主任1名。市人大内务司法委员会工作室更名为市人大监察和司法委员会工作室，其他机构编制事项不变。

2021年3月26日，潍坊市人大常委会办公室信息中心（潍坊市人大常委会办公室民意征询中心）更名为潍坊市人大常委会办公室民意征询中心，为市人大常委会办公室所属正科级公益一类事业单位，核定编制11名均为管理人员编制，设主任1名，副主任2名。潍坊市人大常委会机关车队更名为潍坊市人大常委会机关综合保障中心，为市人大常委会办公室所属正科级公益一类事业单位，核定暂核定事业编制13名，实行按人控编，其中管理人员编制5名、工勤技能人员编制8名，设主任1名，副主任 2 名。

至 2023 年 12 月 31 日，机构无变动。

内设机构工作职责

办公室职责

协调组织机关各部门、各科室为市人大常委会例会和其他工作会议做好服务工作。

负责党组会议、主任会议、机关党组会议、秘书长办公会议的通知、记录、整理纪要等。

负责常委会、主任会、党组会决定事项贯彻落实情况的督查和领导交办事项的落实工作。

负责机关党建和思想政治工作以及政治业务学习培训、精神文明建设、社会治安综合治理等有关事项。

负责机关科以下工作人员的管理、考核、测评、奖惩各项规章制度落实情况的监督检查。

负责机关工青妇等群团组织的工作。具体负责机关的经费管理、工资、统计、养老保险和接待等工作。

承办机关工作人员的办公、生活后勤服务工作。

协调安排机关的日常值班、卫生、保卫、保密等工作。

协调组织常委会领导的公务活动，并做好服务工作。

负责市人大常委会及机关有关文件的审核印发；机关公文的登记、传阅、立卷归档和档案管理；负责文件报刊的收发和文字材料的印发。

协调落实好老干部的政治生活待遇，为老干部的阅文、就医、参加必要的公务活动等提供服务。

具体负责机关车辆的使用管理。

负责对外工作联络和内部各委室工作协调及服务工作。

承办上级机关和有关部门安排的其他事项。

人事代表工作室职责

负责本行政区域内全国、省、市人大代表联络工作。

负责对市人大代表在人代会会议期间依法行使审议表决、提出议案、建议、质询、询问等各项职权的服务工作。

负责组织代表小组视察、调查、检查、评议等活动。

负责代表所提建议、批评和意见的办理工作。

负责代表资格审查委员会的日常工作。

负责全市各级人大代表选举工作的有关事宜。

承办市人大常委会有关任免工作的具体事宜。

承办被任命人员的法律知识考试及述职评议等人事监督工作方面的具体事宜。

研究室职责

负责市人大常委会工作计划、工作制度的组织起草和初步拟定。

承担常委会及党组和办公室、调研室重要文字材料的组织起草和审核修改等。

承办主任会议、常委会、人代会和其他重要会议的方案制定、文稿拟定、宣传报道、信息反馈等工作。

组织开展对人民代表大会履行职责等方面的宣传报道，承办有关人大宣传工作的会议、活动、评奖等事项。

组织整理上报信息、组编常委会信息刊物，收集保存有关资料，编写人大工作史志和年鉴等。

组织编辑常委会工作通讯刊物、组织完成人大工作理论研究和有关的调查活动，为常委会决策提供参谋、咨询服务。

承担全国和省人大常委会办事机构对口安排的工作任务，指导各县市区人大常委会办事机构宣传、信息、理论研究等方面的工作，保持对内对外、对上对下的工作联系。

信访室职责

负责受理公民、法人或者其他组织向市人大及其常委会反映问题的来信、来访，办理属于市人大常委会职责范围内的信访事项。

承办全国人大常委会、省人大常委会交办的信访事项。

负责向有关责任单位或组织转办、交办相关信访事项，并对重要来信、来访的办理情况实施督查督办。

开展人大信访工作研究，定期分析人民群众来信、来访情况，积极开展信访调研工作，并形成综合分析材料，为领导科学决策提供参考，为市人大常委会履行职责提供信息服务。

组织召开信访工作座谈会、联系会、协调会、经验交流会，研究处理重要信访案件，督办处理领导交办信访事项，并切实做好对人大信访工作的宣传，组织对人大信访干部的培训工作。

加强与省人大、各县区人大及有关部门的联系，传递和交流有关信访工作信息，积极配合，主动协调，共同做好人大信访工作。

加强信访档案管理，做好信访保密工作。做好日常信访材料收集、整理、归档工作，对重要的信访材料统一管理，切实做好信访保密工作。

做好市人大常委会领导交办的其他工作。

预算工作委员会主要职责

承担人民代表大会预算审查方面的具体工作；承担市人大常委会审查决算、预算调整方案、审议审计工作报告和监督预算执行方面的具体工作；对预算有关的财政、审计、税务等工作及经济运行情况进行调查分析，为财政经济委员会审查预算提供意见和建议；承办市人大常委会及主任会议交办和财政经济委员会需要协助办理的有关财政预算、审计、税务方面的具体事项；经市人大常委会主任会议批准，对各部门、各预算单位、重大建设项目资金使用和专项资金使用进行调查；受市人大常委会主任会议委托，承担有关地方性法规草案的起草工作，协助财政经济委员会承担有关地方性法规草案审议方面的具体工作；承办全国、省人大常委会交办的有关预算审查监督法律草案的征求意见工作；办理市人大代表有关预算审查监督的建议、批评、意见和政协委员有关提案的答复工作；负责市人大及其常委会交办的其他事宜。

法制工作委员会主要职责

负责拟定地方立法规划和年度计划（草案）；负责组织起草地方性法规（草案）；负责法规草案的审议提交、报批及备案有关工作；负责地方立法工作的联系、协调、调研、征求意见等事项，负责与基层立法联系点的联系沟通；负责对市人民政府的规章、决定、命令和各县市区人大及其常委会的决议、决定等规范性文件进行备案审查；负责地方性立法理论研究工作；承办上级人大常委会有关法律草案的征求意见工作；负责市人大及其常委会交办的其他事项。

办公室民意征询中心主要职责

承担民意网络调查、立法项目征集、法律法规草案征求意见的网络服务工作；承担向社会提供市人大及其常委会通过的地方性法规信息查询服务工作；承担为人大代表履职提供互联互通信息平台的工作；承担市人大常委会机关信息化建设方面的服务工作；承担市人代会电子表决系统、“潍坊人大”网站、“会议通”系统、代表履职系统等信息系统的技术维护和管理工作；承担市人大网络会议的技术服务工作；承担市人大常委会及机关的网络安全保障工作；完成市人大常委会办公室交办的其他任务。

机关综合保障中心主要职责

承担机关的综合保障工作；承担机关公务用车的协调、调度工作；承担对机关车辆的使用、检查、维修、保养、保管等工作；承担车辆年检年审、证件牌照换发、手续变更办理等有关工作;承担车船费、保险等费用的缴纳工作；完成市人大常委会办公室交办的其他任务。

第二编

潍坊市人民代表大会会议

1983—2023

潍坊人大志

WEIFANG RENDA ZHI

1983年8月30日，国务院批准撤销潍坊地区，组建省辖潍坊市（地专级）。10月，成立潍坊市人民政府，直接接受山东省人民政府领导。根据省人大常委会《关于新设省辖市人民代表大会几个问题的决定》，潍坊市沿用原潍坊市（县级）人大的届次。于1984年2月10日至15日，召开潍坊市第十届人大第一次会议，选举产生潍坊市人民代表大会常务委员会。根据《中华人民共和国地方各级人民代表大会和地方各级人民政府组织法》关于地方各级人民代表大会会议每年至少举行一次的规定，召开会议听取和审议市人民政府、市人大常委会、市中级人民法院、市人民检察院的工作报告，审查和批准市国民经济与社会发展计划、市财政预决算等例行报告。根据《中华人民共和国地方各级人民代表大会和地方各级人民政府组织法》关于地方各级人民代表大会每届任期的规定，每届人民代表大会第一次会议都进行人大常委会组成人员和国家机关领导人员的换届选举工作。从1984年2月10日至2023年3月31日，历经十届、十一届、十二届、十三届、十四届、十五届、十六届、十七届、十八届（未满），共9届、召开会议42次。

潍坊市人民代表大会制度建立之后，特别是1984年2月15日市十届人大一次会议设立市人民代表大会常务委员会后，在中共潍坊市委的领导下，依照宪法和法律，依法行使职权。随着人民代表大会制度的不断完善、发展，市人民代表大会及其常务委员会，努力贯彻中共十一届三中全会以来的路线、方针、政策，坚持四项基本原则，坚持改革开放，推进全市物质文明、精神文明建设和社会主义民主法治建设，发挥了地方国家权力机关的作用。

第一章 潍坊市第十届人民代表大会会议

第一节 第一次会议

1984 年 2 月 10 日至 15 日在市政府招待所召开。本次人民代表大会会议，是地改市后召开的第一次市人代会，届次沿用原潍坊市（县级，现潍城区）人民代表大会届次。本次会议应到代表 705 名，实到 670 名。12 名省人大代表和 353 名市政协委员列席会议。

本届市人大代表 705 名，其中，工农代表 268 名，占代表总数的 38%；干部代表 141 名，占 20%；知识分子代表 143 名，占 20.3%；民主党派和无党派爱国人士代表 124 名，占 17.6%；解放军代表 15 名，占 2.1%；少数民族代表 7 名，占 1%；归侨代表 7 名，占 1%。代表中，中共党员 458 名，占 65%；民主党派和非党人士 247 名，占 35%。妇女代表 154 名，占 21.8%。

大会听取审议代市长邵桂芳作的《关于潍坊市国民经济和社会发展第六个五年计划的报告》、市财政局局长许学海作的《关于潍坊市 1983 年财政决算和 1984 年财政预算（草案）的报告》、市中级人民法院院长高新亭作的《潍坊市中级人民法院工作报告》、市人民检察院检察长李学义作的《潍坊市人民检察院工作报告》。大会通过关于上述报告的相应决议。

大会采用无记名投票方式，选出市第十届人大常委会组成人员和市政府领导成员及市中级人民法院院长、市人民检察院检察长。市十届人大常委会主任：于成凤；副主任：刘华民、王灿德、卢星文、刘英宸、王克礼、孙易（女）；委员：马春扬等 24 人。市长：邵桂芳；副市长：于潮、房忠昌、王鹤田、钟华德、李惠信。市中级人民法院院长：高新亭；市人民检察院检察长：李学义。

第二节 第二次会议

1985 年 3 月 13 日至 17 日在市政府招待所召开。本次会议应到代表 706 名，实到代表 664 名。13 名省人大代表，市委、市人大常委会、市政府各部门负责人，出席市政协六届二次会议的全体委员列席会议。

大会听取审议市长邵桂芳作的《政府工作报告》，市计划委员会主任戴耀西作的《关于 1985 年国民经济和社会发展计划（草案）的报告》，市财政局局长许学海作的《潍坊市 1984 年财政决算和 1985 年财政预算（草案）的报告》，市人大常委会主任于成凤作的《潍坊市人民代表大会常务委员会工作报告》，市中级人民法院院长高新亭作的《潍坊市中级人民法院工作报告》，市人民检察院检察长李学义作的《潍坊市人民检察院工作报告》。大会通过关于上述报告的相应决议。

第三节 第三次会议

1986 年 5 月 27 日至 31 日在市政府招待所召开。本次会议应到代表 713 名，实到代表 618 名。市委、市人大常委会、市政府各部门负责人，部分省人大代表和出席市政协六届三次会议的全体委员列席会议。

大会听取审议市长邵桂芳作的《关于潍坊市国民经济和社会发展“七五”计划（草案）的报告》，市计委主任戴耀西作的《关于潍坊市 1986 年国民经济和社会发展计划（草案）的报告》，市财政局局长许学海作的《关于潍坊市 1985 年财政决算和 1986 年财政预算（草案）的报告》，市人大常委会主任于成凤作的《潍坊市人民代表大会常务委员会工作报告》，市中级人民法院院长高新亭作的《潍坊市中级人民法院工作报告》，市人民检察院检察长李学义作的《潍坊市人民检察院工作报告》。大会通过关于上述报告的相应决议。

大会决定：接受刘华民、卢星文、王克礼辞去市十届人大常委会副主任职务的请求；接受王仁德、刘灿孔、孙承志、李洪林、杨占成、姜克、徐进先辞去潍坊市第十届人民代表大会常务委员会委员职务的请求；接受王鹤田、钟华德辞去潍坊市副市长职务的请求。大会采用无记名投票方式，补选市第十届人大常委会副主任、委员和市政府副市长。其中，市人大常委会副主任 5 名：王鹤田、赵忠超、戴耀西、王华民、李汉三；委员 6 名（按姓氏笔画排名）：王铭、冯友敬、刘惠远、陈会江、苏承章、熊金洲；副市长 1 名：张文玉。

第四节　第四次会议

1987 年 3 月 16 日至 20 日在市政府招待所召开。本次会议应到代表 711 名，实到代表 620 名。部分省人大代表，市委、市人大常委会、市政府各部门负责人，出席市政协六届四次会议的全体委员，大专院校和全国、省驻潍单位的负责人，大会秘书处各组负责人列席会议。

大会听取审议副市长于潮作的《政府工作报告》，市计委主任徐瑞荣作的《关于潍坊市 1987 年国民经济和社会发展计划（草案）的报告》，市财政局局长许学海作的《关于潍坊市 1986 年财政决算和 1987 年财政预算（草案）的报告》，市人大常委会主任于成凤作的《潍坊市人民代表大会常务委员会工作报告》，市中级人民法院院长高新亭作的《潍坊市中级人民法院工作报告》，市人民检察院检察长李学义作的《潍坊市人民检察院工作报告》。大会通过关于上述报告的相应决议。大会采用无记名投票方式，补选王世昌、刘永森为潍坊市第十届人大常委会委员。

第二章　潍坊市第十一届人民代表大会会议

第一节　第一次会议

1988 年 1 月 5 日至 11 日在市政府招待所召开。本次会议应到代表 647 名，实到代表 612 名。部分全国及省人大代表，市委、市人大常委会、市政府、市政协各有关部门负责人及出席市政协七届一次会议的全体委员，大会秘书处各组负责人列席会议。

本届人大共有代表名额 657 名，实有代表 647 名。其中，工农代表 322 名，占代表总数的 49.8%；干部代表 165 名，占 25.5%；知识分子代表 143 名，占 22.1%；解放军代表 8 名，占 1.2%；归侨、台属代表 9 名，占 1.4%。代表中，中共党员 429 名，占代表总数的 66.3%；非中共党员 218 名，占 33.7%。民主党派和无党派爱国人士代表17名，占2.6%。女性代表138名，占21.3%。少数民族代表11名，占1.7%。

大会听取审议市长邵桂芳作的《政府工作报告》，市计委主任徐瑞荣作的《关于潍坊市1988年国民经济和社会发展计划（草案）的报告》，市财政局局长许学海作的《关于潍坊市1987年财政预算执行情况和1988年财政预算（草案）的报告》，市人大常委会主任于成凤作的《潍坊市人民代表大会常务委员会工作报告》，市中级人民法院院长高新亭作的《潍坊市中级人民法院工作报告》，市人民检察院检察长李学义作的《潍坊市人民检察院工作报告》。会议通过关于上述报告的相应决议。

大会以无记名投票方式，选举潍坊市第十一届人大常委会组成人员和市政府领导成员及市中级人民法院院长、市人民检察院检察长。市十一届人大常委会主任：于成凤；副主任：王灿德、李汉三、王鹤田、戴耀西、王华民、滕司宪、董建春、韩理、王荆玉；秘书长：常怀义；委员：丁力等29人。市长：邵桂芳；副市长（按姓氏笔画为序）：刘景云、宋希焕、张文玉、李惠信、房忠昌。市中级人民法院院长：高新亭；市人民检察院检察长：李学义。会议还选举潍坊市出席山东省第七届人民代表大会代表82名。

第二节　第二次会议

1989年2月13日至17日在市政府招待所召开。本次会议应到代表650名，实到代表599名。部分省人大代表，市委、市人大常委会、市政府、市政协各有关部门负责人及全国、省驻潍单位、大专院校、各群众团体负责人，出席市政协七届二次会议的全体委员，大会秘书处各组负责人列席会议。

大会听取审议市长邵桂芳作的《政府工作报告》，市计委主任徐瑞荣作的《关于潍坊市1989年国民经济和社会发展计划（草案）的报告》，市财政局局长许学海作的《关于潍坊市1988年财政决算和1989年财政预算（草案）的报告》，市人大常委会主任于成凤作的《潍坊市人民代表大会常务委员会工作报告》，市中级人民法院院长高新亭作的《潍坊市中级人民法院工作报告》，市人民检察院检察长李学义作的《潍坊市人民检察院工作报告》。会议通过关于上述报告的相应决议。

大会通过《关于设立潍坊市人民代表大会法制委员会、财政经济委员会、农村经济委员会、教育科学文化卫生委员会、城乡建设环境保护委员会的决议》；补选王慨彰、孙绪敬、张曙光3名同志为市人大常委会委员。

第三节　第三次会议

1990年1月12日至16日在市政府招待所召开。本次会议应到代表652名，实到代表610名。部分全国、省人大代表，出席市政协七届三次会议的全体委员，市委、市人大常委会、市政府、市政协各有关部门负责人及全国、省驻潍单位、大专院校、各群众团体负责人，大会秘书处各组负责人列席会议。

大会听取审议市长邵桂芳作的《政府工作报告》，市计委主任徐瑞荣作的《关于潍坊市1990年国民经济和社会发展计划（草案）的报告》，市财政局局长许学海作的《关于潍坊市1989年财政预算执行情况和1990年财政预算（草案）的报告》，市人大常委会主任于成凤作的《潍坊市人民代表大会常务委员会工作报告》，市中级人民法院院长高新亭作的《潍坊市中级人民法院工作报告》，市人民检察院检察长李学义作的《潍坊市人民检察院工作报告》。会议通过关于上述报告的相应决议。

大会还听取市人大常委会副主任王鹤田作的《关于潍坊市人民代表大会议事规则（草案）的说明》，并通过《潍坊市人民代表大会议事规则》。

第四节　第四次会议

1991 年 5 月 4 日至 9 日在市政府招待所召开。本届人大代表名额由原 657 名，经过二、三次会议后，调整增加到 677 名。本次会议应到代表 661 名，实到代表 610 名。市委、市人大常委会、市政府、市政协各有关部门负责人及全国、省驻潍单位、大专院校、各群众团体负责人，出席市政协七届四次会议的全体委员，大会秘书处各组负责人列席会议。

大会听取审议市长邵桂芳作的《潍坊市国民经济和社会发展十年规划和第八个五年计划纲要的报告》，市计划委员会主任徐瑞荣作的《关于潍坊市 1990 年国民经济和社会发展计划执行情况及 1991 年计划（草案）的报告》，市财政局局长董法进作的《关于潍坊市 1990 年财政决算和 1991 年财政预算（草案）的报告》，市人大常委会主任于成凤作的《潍坊市人民代表大会常务委员会工作报告》，市中级人民法院院长高新亭作的《潍坊市中级人民法院工作报告》，市人民检察院检察长李学义作的《潍坊市人民检察院工作报告》。会议通过关于上述报告的相应决议；审查、批准《潍坊市国民经济和社会发展十年规划和第八个五年计划纲要》及《潍坊市 1991 年国民经济和社会发展计划》《潍坊市 1990 年财政决算和 1991 年财政预算》。

第五节　第五次会议

1992 年 3 月 24 日至 28 日在市政府招待所召开。本次会议应到代表 677 名，实到代表 636 人。市委、市人大常委会、市政府、市政协各有关部门负责人及全国、省驻潍单位、大专院校、各群众团体负责人，出席市政协七届五次会议的全体委员，大会秘书处各组负责人列席会议。

大会听取审议代市长齐乃贵作的《政府工作报告》，市计划委员会主任徐瑞荣作的《关于潍坊市 1991 年国民经济和社会发展计划执行情况及 1992 年计划（草案）的报告》，市财政局局长董法进作的《关于潍坊市 1991 年财政决算和 1992 年财政预算（草案）的报告》，市人大常委会主任于成凤作的《潍坊市人民代表大会常务委员会工作报告》，市中级人民法院代院长隋华堂作的《潍坊市中级人民法院工作报告》，市人民检察院检察长李学义作的《潍坊市人民检察院工作报告》。会议通过关于上述报告的相应决议；审查、批准《潍坊市 1992 年国民经济和社会发展计划》《潍坊市 1991 年财政决算和 1992 年财政预算》。

大会决定接受于成凤辞去市人大常委会主任职务的请求；补选于潮为市人大常委会主任，刘文聚、常怀义为市人大常委会副主任；补选齐乃贵为市长；补选隋华堂为市中级人民法院院长；大会还补选 2 名市人大常委会委员。

第三章 潍坊市第十二届人民代表大会会议

第一节 第一次会议

1993年3月10日至16日在市政府招待所召开。本次会议应到代表623名，实到代表599名。部分全国、省人大代表，不是市人大代表的市委、市人大常委会、市政府、市政协各有关部门负责人，各群众团体、大专院校以及全国、省驻潍单位主要负责人，市十一届人大常委会组成人员，往届市人大常委会副主任，出席市政协八届一次会议的全体委员，大会秘书处各组负责人列席会议。

本届人大代表名额为633名，实有代表623名。代表构成比例为：工农及其他劳动者代表312名，占代表总数的50.1%；干部代表169名，占27.1%；知识分子代表123名，占19.7%；解放军代表10名，占1.6%；归侨、台属代表9名，占1.4%。代表中，中共党员443名，占71.1%；非中共党员180名，占28.9%。民主党派和无党派人士8名，占1.3%。女性代表164名，占26.3%。少数民族代表7名，占1.1%。代表平均年龄为45.4岁。

大会听取审议市长齐乃贵作的《政府工作报告》，市计划委员会主任徐瑞荣作的《关于潍坊市1992年国民经济和社会发展计划执行情况与1993年计划（草案）的报告》，市财政局局长董法进作的《关于潍坊市1992年财政决算和1993年财政预算（草案）的报告》，市人大常委会主任于潮作的《潍坊市人民代表大会常务委员会工作报告》，市中级人民法院院长隋华堂作的《潍坊市中级人民法院工作报告》，市人民检察院检察长李学义作的《潍坊市人民检察院工作报告》。大会通过关于上述报告的相应决议；审查、批准潍坊市1993年国民经济和社会发展计划、潍坊市1992年财政决算和1993年财政预算。

大会经过无记名投票方式，选举潍坊市第十二届人大常委会组成人员和市政府领导成员及市中级人民法院院长、市人民检察院检察长。市十二届人大常委会主任：孙嘉炼；副主任：任柏榴、李惠信、于洪吉、刘文聚、常怀义、董建春、刘远顺、黄存福；秘书长：尹世炘；委员：于金桴等25人。市长：王大海；副市长：王玉芬、王伯祥、房忠昌、徐鉴、王在辉、王秀娟（女）、王光明。市中级人民法院院长：隋华堂；市人民检察院检察长：王福金。大会还选举于建淑等78人为潍坊市出席山东省第八届人民代表大会代表。

第二节 第二次会议

1994年3月8日至12日在潍坊召开。本次会议应到代表623名，实到代表586名。不是市人大代表的市委、市人大常委会、市政府、市政协各有关部门负责人，各群众团体、大专院校以及全国、省驻潍单位主要负责人，出席市政协八届二次会议的全体委员，大会秘书处各组负责人列席会议。

大会听取审议市长王大海作的《政府工作报告》，市计划委员会主任作的《关于潍坊市1993年国民经济和社会发展计划执行情况与1994年计划（草案）的报告》，市财政局局长董法进作的《关于潍坊市1993年财政决算和1994年财政预算（草案）的报告》，市人大常委会主任孙嘉炼作的《潍坊市人民代表大会常务委员会工作报告》，市中级人民法院院长隋华堂作的《潍坊市中级人民法院工作报告》，市人民检察院检察长王福金作的《潍坊市人民检察院工作报告》。大会通过关于上述报告的相应决议；审查、批准潍坊市 1994 年国民经济和社会发展计划、潍坊市 1993 年财政决算和 1994 年财政预算。大会还补选鲍世举、张金瑞、柳玉焕为市人大常委会委员。

第三节　第三次会议

1995 年 3 月 2 日至 6 日在潍坊召开。本次会议应到代表 628 名，实到代表 594 名。不是市人大代表的市委、市人大常委会、市政府、市政协各有关部门负责人，各群众团体、大专院校以及全国、省驻潍单位主要负责人，出席市政协八届三次会议的全体委员，大会秘书处各组负责人列席会议。

大会听取审议市长王大海作的《政府工作报告》，市计划委员会主任作的《关于潍坊市 1994 年国民经济和社会发展计划执行情况与 1995 年计划（草案）的报告》，市财政局局长刘伟作的《关于潍坊市 1994 年财政预算执行情况和 1995 年财政预算（草案）的报告》，市人大常委会主任孙嘉炼作的《潍坊市人民代表大会常务委员会工作报告》，市中级人民法院院长隋华堂作的《潍坊市中级人民法院工作报告》，市人民检察院检察长王福金作的《潍坊市人民检察院工作报告》。大会通过关于上述报告的相应决议；审查、批准潍坊市 1995 年国民经济和社会发展计划，潍坊市 1994 年财政决算和 1995 年财政预算。大会补选李英文为市人大常委会副主任，李尔强、王洪杰为市人大常委会委员。

第四节　第四次会议

1996 年 3 月 4 日至 9 日在潍坊召开。本届人大代表名额由 633 名增加到 643 名。本次会议应到代表 641 名，实到代表 596 人。不是市人大代表的市委、市人大常委会、市政府、市政协各有关部门负责人，各群众团体、大专院校以及全国、省驻潍单位主要负责人，出席市政协八届四次会议的全体委员，大会秘书处各组负责人列席会议。

大会听取审议市长王大海作的《关于潍坊市国民经济和社会发展第九个五年计划及 2010 年远景目标纲要（草案）的报告》，市计划委员会主任作的《关于潍坊市 1995 年国民经济和社会发展计划执行情况与 1996 年计划（草案）的报告》，市财政局局长刘伟作的《关于潍坊市 1995 年财政预算执行情况和 1996 年财政预算（草案）的报告》，市人大常委会主任孙嘉炼作的《潍坊市人民代表大会常务委员会工作报告》，市中级人民法院院长隋华堂作的《潍坊市中级人民法院工作报告》，市人民检察院检察长王福金作的《潍坊市人民检察院工作报告》。大会通过关于上述报告的相应决议；审查、批准《潍坊市国民经济和社会发展第九个五年计划及 2010 年远景目标纲要》、潍坊市 1996 年国民经济和社会发展计划、潍坊市 1996 年市级财政预算。

大会决定接受李惠信、刘文聚辞去市人大常委会副主任职务的请求，刘惠远辞去市人大常委会委员职务的请求，隋华堂辞去市中级人民法院院长职务的请求；补选隋华堂、王在辉为市人大常委会副主任，王海亭为市人大常委会秘书长，温钦祥、魏元志、迟好信等为市人大常委会委员；程茂仁为市中级人民法院院长。

第五节　第五次会议

1997 年 2 月 23 日至 26 日在潍坊召开。本次会议应到代表 639 名，实到代表 586 人。不是市人大代表的市委、市人大常委会、市政府、市政协各有关部门负责人，各群众团体、大专院校以及全国、省驻潍单位主要负责人，出席市政协八届五次会议的全体委员，大会秘书处各组负责人列席会议。

大会听取审议市长王大海作的《政府工作报告》，市计划委员会主任作的《关于潍坊市1996年国民经济和社会发展计划执行情况与1997年国民经济和社会发展计划（草案）的报告》，市财政局局长刘伟作的《关于潍坊市1996年财政预算执行情况和1997年财政预算（草案）的报告》，市人大常委会主任孙嘉炼作的《潍坊市人民代表大会常务委员会工作报告》，市中级人民法院院长程茂仁作的《潍坊市中级人民法院工作报告》，市人民检察院检察长王福金作的《潍坊市人民检察院工作报告》。大会通过关于上述报告的相应决议。大会还补选4名市人大常委会委员。

第四章　潍坊市第十三届人民代表大会会议

第一节　第一次会议

1998年2月20日至26日在潍洲剧场召开。本次会议应到代表559名，实到代表552名。不是市人大代表的市委、市人大常委会、市政府、市政协各有关部门负责人，市十二届人大常委会组成人员，各社会团体、民主党派、大专院校以及全国、省驻潍单位主要负责人，出席市政协九届一次会议的全体委员，大会秘书处各组负责人列席会议。

本届人大代表名额为570名，实有代表559名。代表构成比例为：工农及其他劳动者266名，占47.6%；干部代表170名，占30.4%；知识分子代表108名，占19.3%；解放军代表10名，占1.8%；归侨、台属5名，占0.9%。代表中，中共党员424名，占75.8%；非中共党员135名，占24.2%。民主党派及无党派人士12名，占2.1%。妇女代表128名，占22.9%。少数民族代表6名，占1.1%。代表平均年龄45.7岁。

大会听取审议代市长王玉芬作的《政府工作报告》，市计划委员会副主任王天远作的《关于潍坊市1997年国民经济和社会发展计划执行情况与1998年计划（草案）的报告》，市财政局局长刘伟作的《关于潍坊市1997年财政预算执行情况和1998年财政预算草案的报告》，市人大常委会主任孙嘉炼作的《潍坊市人民代表大会常务委员会工作报告》，市中级人民法院院长程茂仁作的《潍坊市中级人民法院工作报告》，市人民检察院检察长王福金作的《潍坊市人民检察院工作报告》。大会通过关于上述报告的相应决议。

大会经过无记名投票方式，选举潍坊市第十三届人大常委会组成人员和市政府领导成员及市中级人民法院院长、市人民检察院检察长。市十三届人大常委会主任：孙嘉炼；副主任：隋华堂、王在辉、李英文、徐鉴、王光明、王福金、孙守伏、董泉才、刘天佑；秘书长1人；委员：于金桴等28人。市长：王玉芬；副市长：王伯祥、赵凤池、李守民、李守玉、张建国、姜绍华、胡岗。市中级人民法院院长：程茂仁；市人民检察院检察长：孙孺声。大会还选举潍坊市出席山东省第九届人民代表大会代表79名。

第二节　第二次会议

1999年2月25日至28日在潍洲剧场召开。

本次会议应到代表562名，实到代表540名。不是市人大代表的市委、市人大常委会、市政府、市政协各有关部门负责人，各社会团体、民主党派、大专院校以及全国、省驻潍单位主要负责人，出席市政协九届二次会议的全体委员，大会秘书处各组负责人列席会议。

大会听取审议市长王玉芬作的《政府工作报告》，市计划委员会主任于生作的《关于潍坊市1998年国民经济和社会发展计划执行情况与1999年计划（草案）的报告》，市财政局局长刘伟作的《关于潍坊市1998年财政预算执行情况和1999年财政预算（草案）的报告》，市人大常委会主任孙嘉炼作的《潍坊市人民代表大会常务委员会工作报告》，市中级人民法院院长程茂仁作的《潍坊市中级人民法院工作报告》，市人民检察院检察长孙孺声作的《潍坊市人民检察院工作报告》。大会通过关于上述报告的相应决议，补选孟庆臣、罗方照为市人大常委会委员。

第三节　第三次会议

2000年2月25日至28日在潍洲剧场召开。本次会议应到代表564名，实到代表547名。不是市人大代表的市委、市人大常委会、市政府、市政协各有关部门负责人，各社会团体、民主党派、大专院校以及全国、省驻潍单位主要负责人，出席市政协九届三次会议的全体委员，大会秘书处各组负责人列席会议。

大会听取审议代市长王伯祥所作《政府工作报告》，市计划委员会主任于生作的《关于潍坊市1999年国民经济和社会发展计划执行情况与2000年计划（草案）的报告》，市财政局局长刘伟作的《关于潍坊市1999年财政预算执行情况和2000年财政预算（草案）的报告》，市人大常委会主任孙嘉炼作的《潍坊市人民代表大会常务委员会工作报告》，市中级人民法院院长程茂仁作的《潍坊市中级人民法院工作报告》，市人民检察院检察长孙孺声作的《潍坊市人民检察院工作报告》。大会通过关于上述报告的相应决议。大会经过无记名投票方式，补选：王伯祥为市长；葛吉平为市人大常委会秘书长。

第四节　第四次会议

2001年2月22日至26日在潍洲剧场召开。本次会议应到代表570名，实到代表545名。不是市人大代表的市委、市人大常委会、市政府、市政协各有关部门负责人，各社会团体、民主党派、大专院校以及全国、省驻潍单位主要负责人，出席市政协九届四次会议的全体委员，大会秘书处各组负责人列席会议。

大会听取审议市长王伯祥作的《关于潍坊市国民经济和社会发展第十个五年计划纲要（草案）的报告》，市计划委员会主任于生作的《关于潍坊市2000年国民经济和社会发展计划执行情况与2001年计划（草案）的报告》，市财政局局长刘伟作的《关于潍坊市2000年财政预算执行情况和2001年财政预算（草案）的报告》，市人大常委会主任孙嘉炼作的《潍坊市人民代表大会常务委员会工作报告》，市中级人民法院院长程茂仁作的《潍坊市中级人民法院工作报告》，市人民检察院检察长孙孺声作的《潍坊市人民检察院工作报告》。大会通过关于上述报告的相应决议。

大会决定接受隋华堂、李英文、王福金辞去市人大常委会副主任职务的请求；接受葛吉平辞去市人大常委会秘书长职务的请求；接受于金桴、吕世荣、杜国忠、李玉林、张金瑞、陈法信、柳玉焕、宿连池、温钦祥、鲍世举、魏元志辞去市人大常委会委员职务的请求；接受于明、赵凤池、李守民辞去副市长职务的请求。

大会经过无记名投票方式，补选：房忠昌、赵凤池、韩俊生、葛吉平为市人大常委会副主任，李刚为市人大常委会秘书长，王磊、刘延禄、孙文清、房永安、赵传圣、满郭强为市人大常委会委员；刘命信、鞠献宝、赵润田等为副市长。

第五节　第五次会议

2002 年 4 月 25 日至 28 日在潍洲剧场召开。本次会议应到代表 565 名，实到代表 517 名。住潍坊市的部分省人大代表，不是市人大代表的市委、市人大常委会、市政府、市政协各部门和各民主党派、群众团体、大专院校以及全国、省驻潍单位主要负责人，出席市政协九届五次会议的全体委员，大会秘书处各组负责人列席会议。

大会听取审议《政府工作报告》，市计划委员会主任于生作的《关于潍坊市 2001 年国民经济和社会发展计划执行情况与 2002 年计划（草案）的报告》，市财政局局长刘伟作的《关于潍坊市 2001 年财政预算执行情况和 2002 年财政预算（草案）的报告》，市人大常委会主任孙嘉炼作的《潍坊市人民代表大会常务委员会工作报告》，市中级人民法院院长程茂仁作的《潍坊市中级人民法院工作报告》，市人民检察院检察长孙孺声作的《潍坊市人民检察院工作报告》。大会通过关于上述报告的相应决议。

大会决定接受孙嘉炼辞去市人大常委会主任职务的请求；接受王在辉辞去市人大常委会副主任职务的请求。

大会经过无记名投票方式，补选：曹学成（市委书记）为市人大常委会主任；赵东、王承策为市人大常委会委员。

第五章　潍坊市第十四届人民代表大会会议

第一节　第一次会议

2003 年 2 月 21 日至 26 日在潍洲剧场召开。本次会议应到代表 555 名，实到代表 549 名。不是市人大代表的市十三届人大常委会组成人员，市委、市人大常委会、市政府、市政协各部门主要负责人，各民主党派、社会团体、大专院校以及全国和省驻潍单位的主要负责人，出席市政协十届一次会议的全体委员，大会秘书处各组负责人列席会议。

本届人大共有代表名额为 570 名，实有代表 555 名。代表构成比例为：工农及其他劳动者 246 名，占 44.3%，干部 183 名，占 33%，知识分子 116 名，占 20.9%，解放军 10 名，占 1.8%。中共党员 425 名，占 76.6%，非中共党员 130 名，占 23.4%。妇女 116 名，占 20.9%。少数民族 5 名，占 0.9%。市十三届人大代表继续当选的 170 名，占 30.6%。代表中，具有大学本科以上文化程度的 240 名，占 43.3%；大专文化程度的 191 名，占 34.4%；高中文化程度的 96 名，占 17.3%；初中以下文化程度的 28 名，占 5%。代表的平均年龄为 46.3 岁。

大会听取审议《政府工作报告》，市发展计划委员会主任于生作的《关于潍坊市 2002 年国民经济和社会发展计划执行情况与 2003 年国民经济和社会发展计划（草案）的报告》，市财政局局长刘伟作的《关于潍坊市 2002 年财政预算执行情况和 2003 年财政预算（草案）的报告》，市人大常委会副主任房忠昌作的《潍坊市人民代表大会常务委员会工作报告》，市中级人民法院院长程茂仁作的《潍坊市中级人民法院工作报告》，市人民检察院代理检察长王卫东作的《潍坊市人民检察院工作报告》。大会通过关于上述报告的相应决议。

大会以无记名投票方式，选举张传林（市委书记）为市十四届人大常委会主任，毕可仁为第一副主任，赵凤池、孙守伏、张建国、韩俊生、葛吉平、王永兴、康凤英（女）为副主任，王维盛为秘书长；选举张江汀、蒋文彩、鞠献宝、王冰芬、辛丕宏、黄潍连、刘伟等为副市长；选举程茂仁为市中级人民法院院长，王卫东为市人民检察院检察长。大会还选举28名市十四届人大常委会委员和75名潍坊市出席山东省第十届人民代表大会代表。

第二节　第二次会议

2004年2月1日至4日在潍洲剧场召开。本次会议应到代表555名，实到代表543名。住潍坊市的部分省人大代表，不是市人大代表的市委、市人大常委会、市政府、市政协各部门主要负责人，各民主党派、社会团体、大专院校以及全国、省驻潍单位的主要负责人，出席市政协十届二次会议的全体委员，大会秘书处各组负责人列席会议。

大会听取审议《政府工作报告》，市发展计划委员会主任于生作的《关于潍坊市2003年国民经济和社会发展计划执行情况与2004年计划（草案）的报告》，市财政局局长夏芳晨作的《关于潍坊市2003年财政预算执行情况和2004年财政预算（草案）的报告》，市人大常委会党组书记、第一副主任毕可仁作的《潍坊市人民代表大会常务委员会工作报告》，市中级人民法院院长程茂仁作的《潍坊市中级人民法院工作报告》，市人民检察院检察长王卫东作的《潍坊市人民检察院工作报告》。大会通过关于上述报告的相应决议。

大会以无记名投票方式，补选卞长伟、周晓钟为市人大常委会委员。

第三节　第三次会议

2005年2月19日至22日，市十四届人大三次会议在潍坊举行。本届市人民代表大会共有代表名额570名，实有代表553名，实际出席会议的代表534名。住潍坊市的部分省人大代表，不是潍坊市人大代表的副市长、市政协副主席和市委、市人大常委会、市政府、市政协各部门和各民主党派、社会团体、大专院校以及全国和省驻潍单位的主要负责人，大会秘书处各组负责人，列席会议。出席市政协十届三次会议的全体委员列席市十四届人大三次会议第一次全体会议。

2月18日下午，大会举行预备会议。选举产生由70人组成的大会主席团和秘书长，通过大会议案审查委员会、计划预算审查委员会组成人员名单和大会议程。大会主席团第一次会议推选张传林、王治华、赵兴涛、毕可仁、赵凤池、孙守伏、张建国、韩俊生、葛吉平、王永兴、康凤英、王维盛等为大会主席团常务主席；决定王维盛、杨继生、刘维国、赵东、王承策、周晓钟、朱玉林、孟毅为大会副秘书长；通过大会日程和关于议案截止时间的决定等。

2月19日上午，大会在潍洲剧场开幕。时任市长代表潍坊市人民政府向大会作政府工作报告，书面印发潍坊市2004年国民经济和社会发展计划执行情况与2005年国民经济和社会发展计划草案的报告、潍坊市2004年预算执行情况和2005年预算草案的报告。

2月21日上午，大会举行第二次全体会议。市人大常委会党组书记、第一副主任毕可仁作潍坊市人民代表大会常务委员会工作报告，程茂仁院长作潍坊市中级人民法院工作报告，王卫东检察长作潍坊市人民检察院工作报告。

2月22日下午，大会举行第三次全体会议。

会议采用举手表决的方式，通过关于政府工作报告的决议、关于潍坊市2004年国民经济和社会发展计划执行情况与2005年国民经济和社会发展计划的决议、关于潍坊市2004年预算执行情况与2005年预算的决议、关于潍坊市人民代表大会常务委员会工作报告的决议、关于潍坊市中级人民法院工作报告的决议、关于潍坊市人民检察院工作报告的决议。会议期间，代表们共提出议案33件，建议、批评和意见120件。

第四节　第四次会议

2006年2月8日至12日，市十四届人大四次会议在潍坊举行。本届市人民代表大会共有代表名额570名，实有代表562名，实际出席会议的代表539名。住潍坊市的部分省人大代表，不是潍坊市人大代表的副市长、市政协副主席和市委、市人大常委会、市政府、市政协各部门和各民主党派、社会团体、大专院校以及全国和省驻潍单位的主要负责人，大会秘书处各组负责人，列席会议。出席市政协十届四次会议的全体委员列席市十四届人大四次会议第一次全体会议。

2月7日下午，大会举行预备会议。选举产生由68人组成的大会主席团和秘书长，通过大会议案审查委员会、计划预算审查委员会组成人员名单和大会议程。大会主席团第一次会议推选张传林、王治华、赵兴涛、崔建平、赵凤池、孙守伏、张建国、韩俊生、葛吉平、王永兴、康凤英、王维盛等为大会主席团常务主席；决定王维盛、杨继生、刘维国、赵东、王承策、周晓钟、朱玉林、孟毅为大会副秘书长；通过大会日程和关于议案截止时间的决定以及关于接受有关同志辞职的决定草案，提交代表酝酿、讨论的选举办法草案等。

2月8日上午，大会在潍洲剧场开幕。时任市长代表潍坊市人民政府向大会作政府工作报告，书面印发潍坊市国民经济和社会发展第十一个五年规划纲要、潍坊市2005年国民经济和社会发展计划执行情况与2006年国民经济和社会发展计划草案的报告、潍坊市2005年预算执行情况和2006年预算草案的报告。

2月10日上午，大会举行第二次全体会议。市人大常委会副主任赵凤池作潍坊市人民代表大会常务委员会工作报告，程茂仁作潍坊市中级人民法院工作报告，王卫东作潍坊市人民检察院工作报告；会议还表决通过关于接受孙守伏等辞去潍坊市第十四届人民代表大会常务委员会有关职务的请求的决定和大会选举办法。

2月12日上午，大会举行第三次全体会议。会议以无记名投票方式，补选王治华为市十四届人大常委会第一副主任，杨继生、吴元宝、李本跃为市十四届人大常委会副主任，王继美、闫云田、李文国、李建泉、李晓明、张立华、张国华、国正平、韩书俭为市十四届人大常委会委员。会议采用举手表决方式，通过关于政府工作报告的决议、关于潍坊市国民经济和社会发展第十一个五年规划纲要的决议、关于潍坊市2005年国民经济和社会发展计划执行情况与2006年国民经济和社会发展计划的决议、关于潍坊市2005年预算执行情况与2006年预算的决议、关于潍坊市人民代表大会常务委员会工作报告的决议、关于潍坊市中级人民法院工作报告的决议、关于潍坊市人民检察院工作报告的决议。会议期间，代表们共提出议案5件，建议、批评和意见105件。

第五节　第五次会议

2007年2月27日至3月3日，市十四届人大五次会议在潍坊举行。本届市人民代表大会共有代表名额570名，实有代表569名，实际出席会议的代表551名。住潍坊市的部分省人大代表，不是潍坊市人大代表的副市长、市政协副主席和市委、市人大常委会、市政府、市政协各部门和各民主党派、社会团体、大专院校以及全国和省驻潍单位的主要负责人，不是市人大代表的各县市区长，大会秘书处各组负责人，列席会议。出席市政协十届五次会议的全体委员列席市十四届人大五次会议第一次全体会议。

2 月 26 日下午，大会举行预备会议。选举产生由 76 人组成的大会主席团和秘书长，通过大会议案审查委员会、计划预算审查委员会组成人员名单和大会议程。大会主席团第一次会议推选赵兴涛、崔建平、王治华、赵凤池、张建国、王永兴、康凤英、杨继生、吴元宝、李本跃、王维盛等为大会主席团常务主席；决定王维盛、宋赤锋、刘维国、王利民、赵东、周晓钟、朱玉林为大会副秘书长；通过大会日程和关于议案截止时间的决定以及关于接受有关同志辞职的决定草案，提交代表酝酿、讨论的选举办法草案等。

2 月 27 日上午，大会在潍洲剧场开幕。代理市长许立全代表潍坊市人民政府向大会作政府工作报告，书面印发潍坊市 2006 年国民经济和社会发展计划执行情况与 2007 年计划草案的报告、潍坊市 2006 年预算执行情况和 2007 年预算草案的报告。

3 月 1 日下午，大会举行第二次全体会议。市人大常委会第一副主任王治华作潍坊市人民代表大会常务委员会工作报告，程茂仁作潍坊市中级人民法院工作报告，王卫东作潍坊市人民检察院工作报告；会议还表决通过关于接受王治华等辞去潍坊市第十四届人民代表大会常务委员会有关职务的请求的决定、关于接受程茂仁辞去潍坊市中级人民法院院长职务的请求的决定和大会选举办法。

3 月 3 日上午，大会举行第三次全体会议。会议以无记名投票方式，补选市委书记为市十四届人大常委会主任，许立全为市政府市长，李守玉为市十四届人大常委会第一副主任，程茂仁为市十四届人大常委会副主任，张爱云为市中级人民法院院长，张军为市十四届人大常委会秘书长，邢乐信、李云高、张庆吉、范西智为市十四届人大常委会委员。会议采用举手表决方式，通过关于政府工作报告的决议、关于潍坊市 2006 年国民经济和社会发展计划执行情况与 2007 年国民经济和社会发展计划的决议、关于潍坊市 2006 年预算执行情况与 2007 年预算的决议、关于潍坊市人民代表大会常务委员会工作报告的决议、关于潍坊市中级人民法院工作报告的决议、关于潍坊市人民检察院工作报告的决议。会议期间，代表们共提出议案 17 件，建议、批评和意见 133 件。

第六章　潍坊市第十五届人民代表大会会议

第一节　第一次会议

2008 年 1 月 4 日至 8 日，市十五届人大一次会议在潍坊举行。本届市人民代表大会共有代表名额 570 名，实有代表 566 名，实际出席会议的代表为 562 名。不是潍坊市第十五届人大代表的市十四届人大常委会组成人员，副市长，市政协副主席，其他市级领导同志，市委各工作部门主要负责人，市人大常委会各工作部门负责人，市政府组成人员和市政府其他有关部门、单位主要负责人，市政协有关部门主要负责人，各民主党派和社会团体主要负责人，各大专院校和全国及省驻潍单位主要负责人，大会秘书处各组负责人，列席会议。出席市政协十一届一次会议的全体委员，列席市十五届人大一次会议第一次全体会议。

1月3日下午，大会举行预备会议。选举产生由54人组成的大会主席团和秘书长，通过大会议案审查委员会、计划预算审查委员会组成人员名单和大会议程。预备会议结束后，市十五届人大一次会议主席团举行第一次会议。会议推选崔建平、李守玉、程茂仁、张建国、王永兴、康凤英、杨继生、吴元宝、李本跃、张军等为大会主席团常务主席；决定张军、宋赤锋、王利民、傅大军、赵东、周晓钟、刘勤友、朱玉林为大会副秘书长；通过大会日程和关于议案截止时间的决定。会议还通过提交代表审议的关于设立潍坊市人民代表大会专门委员会的决定草案，提交代表酝酿、讨论的大会选举办法草案和关于通过市人大专门委员会组成人员的办法草案。

1月4日上午，大会在潍洲剧场开幕。市长许立全代表潍坊市人民政府向大会作政府工作报告，书面印发潍坊市2007年国民经济和社会发展计划执行情况与2008年计划草案的报告、潍坊市2007年预算执行情况和2008年预算草案的报告。

1月5日下午，大会举行第二次全体会议。市人大常委会党组书记、第一副主任李守玉作潍坊市人民代表大会常务委员会工作报告，张爱云作潍坊市中级人民法院工作报告，王卫东作潍坊市人民检察院工作报告。会议还表决通过关于设立潍坊市人民代表大会专门委员会的决定、大会选举办法和关于通过潍坊市人民代表大会专门委员会组成人员的办法。

1月8日上午，大会举行第三次全体会议。会议以无记名投票方式，选举潍坊市出席山东省第十一届人民代表大会代表，市十五届人大常委会主任、副主任、秘书长、委员，市长、副市长，市中级人民法院院长，市人民检察院检察长。

1月8日下午，大会举行第四次全体会议。会议宣布上午全体会议的选举结果。李守玉当选为潍坊市第十五届人民代表大会常务委员会第一副主任，王永兴、康凤英（女）、杨继生、李本跃当选为潍坊市第十五届人民代表大会常务委员会副主任，张军当选为潍坊市第十五届人民代表大会常务委员会秘书长，王利民等38人当选为潍坊市第十五届人民代表大会常务委员会委员；许立全当选为潍坊市市长，胡岗、徐振溪、辛丕宏、刘伟、初宝杰、陈白峰、王桂英当选为潍坊市副市长；张爱云当选为潍坊市中级人民法院院长；王卫东当选为潍坊市人民检察院检察长（需依法报经省人民检察院检察长提请省人大常委会批准任命）。马金忠等77人当选为山东省第十一届人民代表大会代表（其代表资格，待报请省人大常委会代表资格审查委员会确认并提请省人大常委会审议通过）。大会还采用举手表决的方式，通过市十五届人民代表大会内务司法委员会、财政经济委员会、教育科学文化卫生委员会、城乡建设与环境资源保护委员会、农业与农村委员会、民族侨务外事委员会组成人员的人选名单；通过关于政府工作报告的决议、关于潍坊市2007年国民经济和社会发展计划执行情况与2008年国民经济和社会发展计划的决议、关于潍坊市2007年预算执行情况和2008年预算的决议、关于潍坊市人民代表大会常务委员会工作报告的决议、关于潍坊市中级人民法院工作报告的决议、关于潍坊市人民检察院工作报告的决议。会议期间，代表们共提出议案28件，建议、批评和意见118件。

第二节　第二次会议

2009年2月4日至7日，市十五届人大二次会议在潍坊举行。本届市人民代表大会共有代表名额570名，实有代表570名。住潍坊市的部分省人大代表；市政府副市长、市政协副主席以及其他市级领导；市委、市政府、市政协各部门主要负责人；各民主党派和社会团体主要负责人；各大专院校和全国及省驻潍单位主要负责人；大会秘书处各组负责人；市人大常委会工作机构和各专门委员会工作机构负责人列席会议。出席市政协十一届二次会议的全体委员，列席市十五届人大二次会议第一次和第二次全体会议。

2月3日下午，大会在潍洲剧场举行预备会议。会议由市人大常委会党组书记、第一副主任李守玉主持。出席预备会议的代表548名。会议通过大会议程，选举产生大会主席团和秘书长。大会主席团由76人组成，市人大常委会党组副书记、副主任王永兴兼任大会秘书长。预备会议结束后，市十五届人大二次会议主席团在潍洲剧场西会议室举行第一次会议。市委书记、市人大常委会主任主持会议。会议推选出大会主席团常务主席；决定大会副秘书长名单；通过市十五届人大二次会议日程和关于议案截止时间的决定。会议还通过提交代表酝酿、讨论的选举办法草案。

2月4日上午，市十五届人大二次会议在潍洲剧场开幕，出席会议的代表553名，大会主席团常务主席主持会议。会上，市长许立全代表潍坊市人民政府向大会作政府工作报告，书面印发潍坊市2008年国民经济和社会发展计划执行情况与2009年计划草案的报告，潍坊市2008年预算执行情况和2009年预算草案的报告等。

2月6日上午，市十五届人大二次会议在潍洲剧场举行第二次全体会议。出席会议的代表543名。大会主席团常务主席王永兴主持会议。会议听取市人大常委会党组书记、第一副主任李守玉作的潍坊市人民代表大会常务委员会工作报告、市中级人民法院院长张爱云作的潍坊市中级人民法院工作报告、市人民检察院检察长王卫东作的潍坊市人民检察院工作报告，表决通过大会选举办法。

2月6日上午，市十五届人大二次会议主席团在潍洲剧场西会议室举行第二次会议。大会主席团常务主席崔建平主持会议。会议听取大会副秘书长傅大军作的关于本次会议补选的有关候选人建议名单产生情况的说明，表决通过提交代表酝酿、讨论的候选人建议名单；听取大会副秘书长宋赤锋作的关于对政府工作报告审议修改情况的汇报，决定由大会秘书处对政府工作报告修改后，印发全体代表并提请大会批准；听取并通过大会主席团常务主席、市人大财政经济委员会主任委员李本跃作的关于潍坊市2008年国民经济和社会发展计划执行情况与2009年计划草案的审查报告、潍坊市2008年预算执行情况和2009年预算草案的审查报告。

2月7日上午，市十五届人大二次会议主席团第三次会议在鸢飞大酒店会议室举行，大会主席团常务主席王永兴主持会议。会议听取大会副秘书长傅大军作的关于各代表团酝酿、讨论补选的有关候选人名单情况的汇报，确定正式候选人名单和总监票人、监票人名单草案；听取并通过大会副秘书长周晓钟作的关于代表所提议案处理意见的报告。会议还通过提交代表审议的关于政府工作报告的决议草案、关于潍坊市2008年国民经济和社会发展计划执行情况与2009年国民经济和社会发展计划的决议草案、关于潍坊市2008年预算执行情况和2009年预算的决议草案、关于潍坊市人民代表大会常务委员会工作报告的决议草案、关于潍坊市中级人民法院工作报告的决议草案、关于潍坊市人民检察院工作报告的决议草案。

2月7日下午，市十五届人大二次会议举行闭幕会议。大会主席团常务主席李守玉主持会议，541名代表出席会议。会议在通过总监票人、监票人名单后，经过大会选举，补选张树琛为潍坊市第十五届人民代表大会常务委员会委员。大会还表决通过关于政府工作报告的决议、关于潍坊市2008年国民经济和社会发展计划执行情况与2009年国民经济和社会发展计划的决议、关于潍坊市2008年预算执行情况和2009年预算的决议、关于潍坊市人民代表大会常务委员会工作报告的决议、关于潍坊市中级人民法院工作报告的决议、关于潍坊市人民检察院工作报告的决议。会议期间，代表们共提出议案26件，建议、批评和意见109件。

第三节　第三次会议

2010年2月24日至27日，市十五届人大三次会议在潍坊举行。本届市人民代表大会共有代表名额570名，实有代表570名。住潍坊市的部分省人大代表，不是潍坊市人大代表的市委副书记，副市长，市政协副主席，其他市级领导，市委、市政府、市政协各部门和各民主党派、社会团体、大专院校以及全国、省驻潍单位的主要负责人，大会秘书处各组负责人，市人大常委会工作机构和各专门委员会工作机构负责人列席会议。出席市政协十一届三次会议的全体委员，列席市十五届人大三次会议第一次和第二次全体会议。

2月23日下午，市十五届人大三次会议在潍洲剧场举行预备会议。会议由市人大常委会党组书记、第一副主任李守玉主持，538名代表出席会议。会议通过大会议程，选举产生大会主席团和秘书长。大会主席团由77人组成，王永兴兼任大会秘书长。预备会议结束后，市十五届人大三次会议主席团在潍洲剧场西会议室举行第一次会议。会议推选出大会主席团常务主席；决定大会副秘书长名单；通过市十五届人大三次会议日程和关于议案截止时间的决定。会议还通过提交代表酝酿、讨论的选举办法草案。

2月24日上午，潍坊市第十五届人民代表大会第三次会议在潍洲剧场开幕。大会主席团常务主席主持会议，546名代表出席会议。会上，市长许立全代表潍坊市人民政府向大会作政府工作报告，书面印发潍坊市2009年国民经济和社会发展计划执行情况与2010年计划草案的报告，潍坊市2009年预算执行情况和2010年预算草案的报告。

2月26日上午，市十五届人大三次会议在潍洲剧场举行第二次全体会议。大会主席团常务主席王永兴主持会议，543名代表出席会议。会议听取李守玉作的潍坊市人民代表大会常务委员会工作报告、张爱云作的潍坊市中级人民法院工作报告、王卫东作的潍坊市人民检察院工作报告，表决通过大会选举办法。

2月26日上午，市十五届人大三次会议主席团在潍洲剧场西会议室举行第二次会议。大会主席团常务主席崔建平主持会议。会议听取大会副秘书长傅大军作的关于本次会议补选的有关候选人建议名单相关情况的说明，表决通过提交代表酝酿、讨论的候选人建议名单；听取大会副秘书长宋赤锋作的关于对政府工作报告审议修改情况的汇报，决定由大会秘书处对政府工作报告修改后，印发全体代表并提请大会批准；听取并通过大会主席团常务主席、市人大财政经济委员会主任委员李本跃作的关于潍坊市2009年国民经济和社会发展计划执行情况与2010年计划草案的审查报告、关于潍坊市2009年预算执行情况和2010年预算草案的审查报告。

2月27日上午，市十五届人大三次会议主席团第三次会议在鸢飞大酒店会议室举行。大会主席团常务主席王永兴主持会议。会议听取大会副秘书长傅大军作的关于各代表团酝酿、讨论补选的有关候选人名单情况的汇报，确定正式候选人名单和总监票人、监票人名单草案；听取并通过大会副秘书长周晓钟作的关于代表所提议案处理意见的报告。会议还通过提交代表审议的关于政府工作报告的决议草案、关于潍坊市2009年国民经济和社会发展计划执行情况与2010年国民经济和社会发展计划的决议草案、关于潍坊市2009年预算执行情况和2010年预算的决议草案、关于潍坊市人民代表大会常务委员会工作报告的决议草案、关于潍坊市中级人民法院工作报告的决议草案、关于潍坊市人民检察院工作报告的决议草案。

2月27日下午，市十五届人大三次会议在潍洲剧场举行闭幕会议。大会主席团常务主席李守玉主持会议，543名代表出席会议。会议在通过总监票人、监票人名单后，根据大会选举办法的规定，经过写票、投票、计票，补选3名潍坊市第十五届人民代表大会常务委员会委员。大会表决通过关于政府工作报告的决议、关于潍坊市2009年国民经济和社会发展计划执行情况与2010年国民经济和社会发展计划的决议、关于潍坊市2009年预算执行情况和2010年预算的决议、关于潍坊市人民代表大会常务委员会工作报告的决议、关于潍坊市中级人民法院工作报告的决议、关于潍坊市人民检察院工作报告的决议。会议期间，代表们共提出议案30件，建议、批评和意见121件。

第四节　第四次会议

2011年2月20日至23日，潍坊市第十五届人民代表大会第四次会议在潍坊举行。本届市人民代表大会共有代表名额570名，实有代表568名。住潍坊市的部分省人大代表，市委、市政府、市政协各部门和各民主党派、社会团体、大专院校以及全国、省驻潍单位的主要负责人，大会秘书处各组负责人，市人大常委会工作机构和各专门委员会工作机构负责人列席会议。出席市政协十一届四次会议的全体委员，列席市十五届人大四次会议第一次和第二次全体会议；部分潍坊市荣誉市民列席第一次全体会议。

2月19日下午，市十五届人大四次会议在潍洲剧场举行预备会议。会议由市人大常委会党组书记、第一副主任李守玉主持，538名代表出席会议。会议通过大会议程，选举产生大会主席团和秘书长。大会主席团由80人组成，王永兴兼任大会秘书长。预备会议结束后，市十五届人大四次会议主席团在潍洲剧场举行第一次会议。会议推选出大会主席团常务主席；决定大会副秘书长名单；通过市十五届人大四次会议日程和关于议案截止时间的决定。会议还通过关于接受有关同志辞职的决定草案和提交代表酝酿、讨论的大会选举办法草案及关于通过补充调整市人民代表大会有关专门委员会组成人员的办法草案。

2月20日上午，潍坊市第十五届人民代表大会第四次会议在潍洲剧场开幕。大会主席团常务主席主持会议，548名代表出席会议。市长许立全代表潍坊市人民政府向大会作政府工作报告，书面印发潍坊市国民经济和社会发展第十二个五年规划纲要草案及有关说明、潍坊市2010年国民经济和社会发展计划执行情况与2011年计划草案的报告、潍坊市2010年预算执行情况和2011年预算草案的报告等。

2月22日上午，市十五届人大四次会议在潍洲剧场举行第二次全体会议。大会主席团常务主席王永兴主持会议，539名代表出席这次全体会议。会议听取李守玉作的潍坊市人民代表大会常务委员会工作报告、张爱云作的潍坊市中级人民法院工作报告、王卫东作的潍坊市人民检察院工作报告，表决通过关于接受有关同志辞职的决定、大会选举办法和关于通过补充调整市人民代表大会有关专门委员会组成人员的办法。

2月22日上午，市十五届人大四次会议主席团在潍洲剧场举行第二次会议。大会主席团常务主席崔建平主持会议。会议听取大会副秘书长傅大军作的关于补选的有关候选人建议名单产生情况的说明，表决通过提交代表酝酿、讨论的候选人名单；表决通过提交代表酝酿、讨论并提请全体会议表决的市人民代表大会有关专门委员会组成人员补充调整人选名单；听取大会副秘书长宋赤锋作的关于对政府工作报告和“十二五”规划纲要草案审议修改情况的汇报，决定由大会秘书处对政府工作报告和“十二五”规划纲要草案修改后，印发全体代表并提请大会批准；听取并通过大会主席团常务主席、市人大财政经济委员会主任委员李本跃作的关于潍坊市国民经济和社会发展第十二个五年规划纲要草案的审查报告、关于潍坊市2010年国民经济和社会发展计划执行情况与2011年计划草案的审查报告、关于潍坊市2010年预算执行情况和2011年预算草案的审查报告。

2月23日上午，市十五届人大四次会议主席团第三次会议在鸢飞大酒店举行。大会主席团常务主席王永兴主持会议。会议听取大会副秘书长傅大军作的关于代表酝酿、讨论补选的有关候选人名单情况的汇报，确定正式候选人名单和总监票人、监票人名单草案；听取并通过大会副秘书长周晓钟作的关于代表所提议案处理意见的报告。会议还通过提交代表审议的关于政府工作报告的决议草案、关于潍坊市国民经济和社会发展第十二个五年规划纲要的决议草案、关于潍坊市2010年国民经济和社会发展计划执行情况与2011年国民经济和社会发展计划的决议草案、关于潍坊市2010年预算执行情况和2011年预算的决议草案、关于潍坊市人民代表大会常务委员会工作报告的决议草案、关于潍坊市中级人民法院工作报告的决议草案、关于潍坊市人民检察院工作报告的决议草案。

2月23日下午，市十五届人大四次会议在潍洲剧场举行第三次全体会议。大会主席团常务主席李守玉主持会议，534名代表出席会议。会议在通过总监票人、监票人名单后，根据大会选举办法的规定，经过写票、投票、计票，补选刘明珂为潍坊市第十五届人民代表大会常务委员会副主任，李进民、张宁东、孟祥志、徐玉军、徐鹏强为潍坊市第十五届人民代表大会常务委员会委员，表决通过市人民代表大会有关专门委员会组成人员补充调整人选名单。大会还表决通过关于政府工作报告的决议、关于潍坊市国民经济和社会发展第十二个五年规划纲要的决议、关于潍坊市2010年国民经济和社会发展计划执行情况与2011年国民经济和社会发展计划的决议、关于潍坊市2010年预算执行情况和2011年预算的决议、关于潍坊市人民代表大会常务委员会工作报告的决议、关于潍坊市中级人民法院工作报告的决议、关于潍坊市人民检察院工作报告的决议。会议期间，代表们共提出议案18件，建议、批评和意见110件。

第七章　潍坊市第十六届人民代表大会会议

第一节　第一次会议

2012年2月10日至14日，潍坊市第十六届人民代表大会第一次会议在潍坊举行。本届市人民代表大会共有代表名额570名，实有代表567名。住潍坊市的部分省人大代表，不是潍坊市第十六届人大代表的市十五届人大常委会组成人员，市政协主席，副市长，市政协副主席，其他市级领导，市委、市政府、市政协各部门和各民主党派、社会团体、大专院校以及全国、省驻潍单位的主要负责人，大会秘书处各组负责人，市人大常委会工作机构和各专门委员会工作机构负责人列席会议。出席市政协十二届一次会议的委员，列席第一次、第二次全体会议；潍坊市荣誉市民列席第一次全体会议。

2月9日下午，市十六届人大一次会议在潍洲剧场举行预备会议。会议由市人大常委会党组书记、第一副主任李守玉主持，540名代表出席会议。预备会议选举产生大会主席团和秘书长，通过大会议案审查委员会、计划预算审查委员会组成人员名单和大会议程。大会主席团由61人组成，刘明珂兼任大会秘书长。

2月9日下午预备会议结束后，市十六届人大一次会议主席团在潍洲剧场举行第一次会议。市委书记许立全主持会议。会议推选出大会主席团常务主席，负责召集、主持主席团会议；决定大会副秘书长名单。会议通过市十六届人大一次会议日程和关于议案截止时间的决定，决定2月12日下午2时为代表所提议案的截止时间。会议还通过提交代表审议的关于设立潍坊市第十六届人民代表大会专门委员会的决定草案，提交代表酝酿、讨论的选举办法草案和各专门委员会组成人员人选表决办法草案。

2月10日上午，潍坊市第十六届人民代表大会第一次会议在潍洲剧场开幕。大会主席团常务主席许立全主持会议，559名代表出席会议。代理市长刘曙光代表潍坊市人民政府向大会作政府工作报告。会议书面印发潍坊市2011年国民经济和社会发展计划执行情况与2012年计划草案的报告、潍坊市2011年预算执行情况和2012年预算草案的报告等。

2月11日下午，市十六届人大一次会议在潍洲剧场举行第二次全体会议。大会主席团常务主席刘明珂主持会议，553名代表出席会议。会议听取李守玉作的潍坊市人民代表大会常务委员会工作报告、张爱云作的潍坊市中级人民法院工作报告、杨洪旭作的潍坊市人民检察院工作报告，表决通过关于设立潍坊市第十六届人民代表大会专门委员会的决定、潍坊市第十六届人民代表大会第一次会议选举办法和关于潍坊市第十六届人民代表大会各专门委员会组成人员人选表决办法。

2月11日下午第二次全体会议结束后，市十六届人大一次会议主席团在潍洲剧场西会议室举行第二次会议。大会主席团常务主席王献玲主持会议。会议听取大会主席团成员陈泽浦作的关于市十六届人大一次会议选举的各项候选人建议名单产生情况的说明，表决通过提交代表酝酿、讨论的各项候选人名单和市人大各专门委员会组成人员的人选名单草案；听取大会副秘书长宋赤锋作的关于对政府工作报告审议修改情况的汇报，决定由大会秘书处对政府工作报告修改后，印发全体代表并提请大会批准。

2月12日下午，市十六届人大一次会议主席团在鸢飞大酒店会议室举行第三次会议。大会主席团常务主席王永兴主持会议。会议首先听取主席团成员、大会副秘书长傅大军作的关于各代表团酝酿讨论和依法提名的各项候选人名单、酝酿讨论市人大各专门委员会组成人员人选名单草案情况的汇报，确定正式候选人名单。会议听取并通过主席团成员、计划预算审查委员会副主任委员孟庆亮作的关于潍坊市2011年国民经济和社会发展计划执行情况与2012年计划草案的审查报告、关于潍坊市2011年预算执行情况和2012年预算草案的审查报告。会议还通过提交代表审议的关于政府工作报告的决议草案、关于潍坊市2011年国民经济和社会发展计划执行情况与2012年国民经济和社会发展计划的决议草案、关于潍坊市2011年预算执行情况与2012年预算的决议草案、关于潍坊市人民代表大会常务委员会工作报告的决议草案、关于潍坊市中级人民法院工作报告的决议草案、关于潍坊市人民检察院工作报告的决议草案。

2月13日下午，市十六届人大一次会议主席团在鸢飞大酒店会议室举行第四次会议。大会主席团常务主席刘明珂主持会议。会议听取并通过主席团成员、大会副秘书长、议案审查委员会副主任委员周晓钟作的关于代表所提议案处理意见的报告；听取主席团成员、大会副秘书长傅大军作的关于代表酝酿、讨论市十六届人大常委会主任、副主任、秘书长、委员，市长、副市长，市中级人民法院院长，市人民检察院检察长正式候选人名单及市人大各专门委员会组成人员的正式人选名单草案情况的汇报，确定将以上各项名单提交大会选举和表决；确定总监票人、监票人名单草案。

2 月 14 日上午，市十六届人大一次会议在潍洲剧场举行第三次全体会议，选举新一届市级国家机关领导成员。大会主席团常务主席李守玉主持会议。会议在通过总监票人、监票人名单后，根据大会选举办法的规定，经过写票、投票、计票，选举市十六届人大常委会主任、第一副主任、副主任、秘书长、委员，市长、副市长，市中级人民法院院长，市人民检察院检察长。

2 月 14 日下午，市十六届人大一次会议在潍洲剧场举行第四次全体会议。大会主席团常务主席许立全主持会议。会议首先公布上午全体会议的计票结果，宣布当选人名单。许立全当选为潍坊市第十六届人民代表大会常务委员会主任，胡岗当选为潍坊市第十六届人民代表大会常务委员会第一副主任，刘明珂、花兆贤、李世光、毛秀凤（女）当选为潍坊市第十六届人民代表大会常务委员会副主任，张军当选为潍坊市第十六届人民代表大会常务委员会秘书长，丁汉邦等 41 人当选为潍坊市第十六届人民代表大会常务委员会委员；刘曙光当选为潍坊市人民政府市长，陈白峰、孙起生、潘强、王桂英（女）、夏芳晨等当选为潍坊市人民政府副市长；张爱云当选为潍坊市中级人民法院院长；杨洪旭当选为潍坊市人民检察院检察长（须依法报经省人民检察院检察长提请省人民代表大会常务委员会批准任命）。大会表决通过潍坊市第十六届人民代表大会内务司法委员会、财政经济委员会、教育科学文化卫生委员会、城乡建设与环境资源保护委员会、农业与农村委员会、民族侨务外事委员会组成人员的人选名单。在充分审议的基础上，会议表决通过关于政府工作报告的决议、关于潍坊市 2011 年国民经济和社会发展计划执行情况与 2012 年国民经济和社会发展计划的决议、关于潍坊市 2011 年预算执行情况和 2012 年预算的决议、关于潍坊市人民代表大会常务委员会工作报告的决议、关于潍坊市中级人民法院工作报告的决议、关于潍坊市人民检察院工作报告的决议。大会期间，代表 10 人以上联名提出议案原案 13 件，其中，1 件作为议案处理，其余转为代表建议；另外，代表还提出建议、批评和意见 120 件。

第二节　第二次会议

2013 年 1 月 7 日至 11 日，潍坊市第十六届人民代表大会第二次会议在潍坊举行。本届市人民代表大会共有代表名额 570 名，实有代表 568 名。副市长，市政协副主席，其他市级领导，市委、市政府、市政协各部门和各民主党派、社会团体、大专院校以及全国、省驻潍单位的主要负责人，大会秘书处各组负责人，市人大常委会工作机构和各专门委员会工作机构负责人列席会议。出席市政协十二届二次会议的委员，列席第一次、第二次全体会议；潍坊市荣誉市民列席第一次全体会议。

1 月 6 日下午，市十六届人大二次会议在市文化艺术中心大剧院举行预备会议。会议由市人大常委会党组书记、第一副主任胡岗主持。预备会议选举产生大会主席团和秘书长，通过大会议程。大会主席团由 86 人组成，刘明珂兼任大会秘书长。

1 月 6 日下午预备会议结束后，市十六届人大二次会议主席团在城市规划艺术馆三楼会议室举行第一次会议。市委书记、市人大常委会主任许立全主持会议。会议推选出大会主席团常务主席，负责召集、主持主席团会议；决定大会副秘书长名单。会议通过市十六届人大二次会议日程和关于议案截止时间的决定，决定 1 月 9 日中午

12时为代表所提议案的截止时间。会议还通过关于接受有关同志辞职的决定草案和提交代表酝酿讨论的大会选举办法草案。

1月7日上午，市十六届人大二次会议在市文化艺术中心大剧院开幕。大会主席团常务主席许立全主持会议，529名代表出席会议。市长刘曙光代表潍坊市人民政府向大会作政府工作报告。会议书面印发潍坊市2012年国民经济和社会发展计划执行情况与2013年计划草案的报告、潍坊市2012年预算执行情况和2013年预算草案的报告等。

1月8日下午，市十六届人大二次会议在市文化艺术中心大剧院举行第二次全体会议。大会主席团常务主席刘明珂主持会议。会议听取市人大常委会第一副主任胡岗作的潍坊市人民代表大会常务委员会工作报告、市中级人民法院院长张爱云作的潍坊市中级人民法院工作报告、市人民检察院检察长杨洪旭作的潍坊市人民检察院工作报告，表决通过关于接受有关人员辞职的决定和大会选举办法。

1月8日下午第二次全体会议结束后，市十六届人大二次会议主席团在城市规划艺术馆三楼会议室举行第二次会议。大会主席团常务主席王献玲主持会议。会议听取大会副秘书长宋立军作的关于市十六届人大二次会议选举的各项候选人建议名单产生情况的说明，表决通过提交代表酝酿讨论的各项候选人名单；听取大会副秘书长李静波作的关于政府工作报告审议修改情况的汇报，决定由大会秘书处对政府工作报告修改后，印发全体代表并提请大会批准。

1月9日下午，市十六届人大二次会议主席团第三次会议在金茂国际大酒店三楼A会议室举行。大会主席团常务主席李世光主持会议。会议听取并通过主席团常务主席、市人大财政经济委员会主任委员花兆贤作的关于潍坊市2012年国民经济和社会发展计划执行情况与2013年计划草案的审查报告、关于潍坊市2012年预算执行情况和2013年预算草案的审查报告。会议还通过提交代表审议的关于政府工作报告的决议草案、关于潍坊市2012年国民经济和社会发展计划执行情况与2013年计划的决议草案、关于潍坊市2012年预算执行情况与2013年预算的决议草案、关于潍坊市人民代表大会常务委员会工作报告的决议草案、关于潍坊市中级人民法院工作报告的决议草案、关于潍坊市人民检察院工作报告的决议草案。

1月10日下午，市十六届人大二次会议主席团第四次会议在金茂国际大酒店三楼A会议室举行。大会主席团常务主席花兆贤主持会议。会议听取并通过主席团成员、大会副秘书长周晓钟作的关于代表所提议案处理意见的报告；听取大会副秘书长宋立军作的关于代表酝酿讨论各项候选人名单情况的汇报，确定将名单提交大会选举；确定总监票人、监票人名单草案。

1月11日上午，市十六届人大二次会议在市文化艺术中心大剧院举行第三次全体会议，进行投票选举。大会主席团常务主席胡岗主持会议。会议在通过总监票人、监票人名单后，根据大会选举办法的规定，选举市人大常委会秘书长、委员和潍坊市出席山东省第十二届人民代表大会代表。

1月11日下午，市十六届人大二次会议在市文化艺术中心大剧院举行第四次全体会议。大会主席团常务主席许立全主持会议。会议首先公布上午全体会议的计票结果，宣布当选人名单。补选王秀禄为潍坊市第十六届人民代表大会常务委员会秘书长，万伟锋、毛洪涛、张军为潍坊市第十六届人民代表大会常务委员会委员。选举的潍坊市出席山东省第十二届人民代表大会的代表，会后由市人大常委会报请省人大常委会代表资格审查委员会审查后，确认代表资格。在充分审议的基础上，会议表决通过关于政府工作报告的决议、关于潍坊市2012年国民经济和社会发展计划执行情况与2013年计划的决议、关于潍坊市2012年预算执行情况和2013年预算的决议、关于潍坊市人民代表大会常务委员会工作报告的决议、关于潍坊市中级人民法院工作报告的决议、关于潍坊市人民检察院工作报告的决议。大会期间，代表10人以上联名提出议案原案20件，其中，4件作为议案处理，其余转为代表建议；另外，代表还提出建议、批评和意见135件。

第三节　第三次会议

2014年2月10日至13日，潍坊市第十六届人民代表大会第三次会议在潍坊举行。本届市人民代表大会代表名额为570名，实有代表570名。副市长，市政协副主席，其他市级领导，部分省人大代表，市委、市政府、市政协各部门和各民主党派、社会团体、大专院校以及全国、省驻潍单位的主要负责人，大会秘书处各组负责人，市人大常委会工作机构和各专门委员会工作机构负责人列席会议。出席市政协十二届三次会议的全体委员、部分潍坊市荣誉市民列席第一次全体会议。

2月9日下午，市十六届人大三次会议在市文化艺术中心大剧院举行预备会议。会议由市人大常委会党组书记、第一副主任胡岗主持。会议选举产生大会主席团和秘书长，通过大会议程。大会主席团由84人组成，刘明珂兼任大会秘书长。

2月9日下午预备会议结束后，市十六届人大三次会议主席团在市文化艺术中心大剧院一楼国际会议中心举行第一次会议。市委书记杜昌文主持会议。会议推选出大会主席团常务主席，负责召集、主持主席团会议；决定大会副秘书长名单；通过市十六届人大三次会议日程和关于议案截止时间的决定，决定2月12日上午10时为代表所提议案的截止时间。会议还通过提交代表酝酿、讨论的大会选举办法草案。

2月10日上午，市十六届人大三次会议在市文化艺术中心大剧院开幕。大会主席团常务主席胡岗主持会议，552名代表出席会议。市长刘曙光代表潍坊市人民政府向大会作政府工作报告。会议书面印发《潍坊市2013年国民经济和社会发展计划执行情况与2014年计划草案的报告》《潍坊市2013年预算执行情况和2014年预算草案的报告》，一并提请代表审查。

2月12日上午，市十六届人大三次会议在市文化艺术中心大剧院举行第二次全体会议。大会主席团常务主席刘明珂主持会议。会议听取胡岗作的潍坊市人民代表大会常务委员会工作报告、姜树政作的潍坊市中级人民法院工作报告、杨洪旭作的潍坊市人民检察院工作报告，表决通过大会选举办法。

2月12日上午第二次全体会议结束后，市十六届人大三次会议主席团在市文化艺术中心大剧院一楼国际会议中心举行第二次会议。大会主席团常务主席胡岗主持会议。会议听取主席团成员刘炳国作的关于市十六届人大三次会议选举的各项候选人建议名单的说明，表决通过提交代表酝酿、讨论的候选人名单；听取并通过大会副秘书长张洪全作的关于对政府工作报告审议修改情况的汇报；听取并通过主席团常务主席、市人大财政经济委员会主任委员花兆贤作的关于潍坊市2013年国民经济和社会发展计划执行情况与2014年计划草案的审查报告、关于潍坊市2013年预算执行情况和2014年预算草案的审查报告。

2月13日上午，市十六届人大三次会议主席团在市文化艺术中心大剧院一楼国际会议中心举行第三次会议。大会主席团常务主席王献玲主持会议。会议表决通过提交代表审议的关于政府工作报告的决议草案、关于潍坊市2013年国民经济和社会发展计划执行情况与2014年计划的决议草案、关于潍坊市2013年预算执行情况与2014年预算的决议草案、关于潍坊市人民代表大会常务委员会工作报告的决议草案、关于潍坊市中级人民法院工作报告的决议草案、关于潍坊市人民检察院工作报告的决议草案。会议还听取大会副秘书长作的关于各代表团酝酿、讨论各项候选人名单情况的汇报，决定将名单提交大会选举；确定总监票人、监票人名单草案；听取并通过主席团成员、大会副秘书长毛洪涛作的关于代表所提议案处理意见的报告。

2月13日下午，市十六届人大三次会议在市文化艺术中心大剧院举行第三次全体会议。大会主席团常务主席胡岗主持会议并讲话。会议在通过总监票人、监票人名单后，根据大会选举办法的规定，补选杜昌文为潍坊市第十六届人民代表大会常务委员会主任，尹凤来、朱乐凯、朱振铎、邱尔臣为潍坊市第十六届人民代表大会常务委员会委员，姜树政为潍坊市中级人民法院院长。会议表决通过关于政府工作报告的决议、关于潍坊市2013年国民经济和社会发展计划执行情况与2014年计划的决议、关于潍坊市2013年预算执行情况和2014年预算的决议、关于潍坊市人民代表大会常务委员会工作报告的决议、关于潍坊市中级人民法院工作报告的决议、关于潍坊市人民检察院工作报告的决议。

第四节　第四次会议

2015年2月27日至3月2日，潍坊市第十六届人民代表大会第四次会议举行。本届市人民代表大会代表名额为570名，实有代表568名。不是潍坊市第十六届人大代表的副市长，市政协副主席，其他市级领导，部分省人大代表，市委、市政府、市政协各部门和各民主党派、社会团体、大专院校以及全国、省驻潍单位的主要负责人，大会秘书处各组负责人，市人大常委会工作机构和各专门委员会工作机构负责人列席会议。出席市政协十二届四次会议的全体委员、部分潍坊市荣誉市民列席第一次全体会议。

2月26日下午，市十六届人大四次会议在市文化艺术中心大剧院举行预备会议。市人大常委会党组书记、第一副主任胡岗主持会议并讲话。预备会议选举产生大会主席团和秘书长，通过大会议程。大会主席团由88人组成，刘明珂兼任大会秘书长。

2月26日下午预备会议结束后，市十六届人大四次会议主席团在市文化艺术中心大剧院一楼国际会议中心举行第一次会议。市委书记、市人大常委会主任杜昌文主持会议并讲话。会议推选出大会主席团常务主席，负责召集、主持主席团会议；决定大会副秘书长；通过市十六届人大四次会议日程和关于议案截止时间的决定，决定3月1日上午10时为代表所提议案的截止时间。会议还通过提交代表审议的关于接受有关同志辞职的决定草案、关于设立市人大法制委员会的决定草案，提交代表酝酿讨论的大会选举办法草案、关于通过市人大法制委员会组成人员和补充调整有关专门委员会组成人员的办法草案。

2月27日上午，市第十六届人民代表大会第四次会议在市文化艺术中心大剧院开幕。大会主席团常务主席杜昌文主持会议。市长刘曙光代表潍坊市人民政府向大会作政府工作报告。会议书面印发《潍坊市2014年国民经济和社会发展计划执行情况与2015年计划草案的报告》《潍坊市2014年预算执行情况和2015年预算草案的报告》，一并提请代表审查。

3月1日上午，市十六届人大四次会议在市文化艺术中心大剧院举行第二次全体会议。大会主席团常务主席刘明珂主持会议。会议听取胡岗作的潍坊市人民代表大会常务委员会工作报告、姜树政作的潍坊市中级人民法院工作报告、杨洪旭作的潍坊市人民检察院工作报告，表决通过关于接受有关人员辞职的决定、关于设立市人大法制委员会的决定、大会选举办法、关于通过市人大法制委员会组成人员和补充调整有关专门委员会组成人员的办法。

3月1日上午第二次全体会议结束后，市十六届人大四次会议主席团在市文化艺术中心大剧院一楼国际会议中心举行第二次会议。大会主席团常务主席胡岗主持会议。会议听取主席团成员、大会副秘书长邱尔臣作的关于市十六届人大四次会议选举的各项候选人建议名单的说明，表决通过提交代表酝酿讨论的候选人名单和市人大有关专门委员会组成人员的人选名单；听取并通过大会副秘书长张洪全作的关于对政府工作报告审议修改情况的汇报；听取并通过主席团常务主席、市人大财政经济委员会主任委员花兆贤作的关于潍坊市2014年国民经济和社会发展计划执行情况与2015年计划草案的审查报告、关于潍坊市2014年预算执行情况和2015年预算草案的审查报告。

3月2日上午，市十六届人大四次会议主席团在市文化艺术中心大剧院一楼国际会议中心举行第三次会议。大会主席团常务主席王献玲主持会议。会议表决通过关于政府工作报告的决议草案、关于潍坊市2014年国民经济和社会发展计划执行情况与2015年计划的决议草案、关于潍坊市2014年预算执行情况和2015年预算的决议草案、关于潍坊市人民代表大会常务委员会工作报告的决议草案、关于潍坊市中级人民法院工作报告的决议草案、关于潍坊市人民检察院工作报告的决议草案，决定将以上决议草案印发全体代表审议。会议还听取主席团成员、大会副秘书长邱尔臣作的关于各代表团酝酿讨论各项候选人名单情况的汇报，决定将名单作为正式候选人名单提交全体会议选举；确定总监票人、监票人名单草案；听取并通过主席团成员、大会副秘书长毛洪涛作的关于代表所提议案处理意见的报告。

3月2日下午，市十六届人大四次会议在市文化艺术中心大剧院举行第三次全体会议。大会主席团常务主席杜昌文主持会议并讲话。会议在通过总监票人、监票人名单后，根据大会选举办法的规定，补选王卫东为潍坊市第十六届人民代表大会常务委员会副主任，油朝康为潍坊市第十六届人民代表大会常务委员会委员。表决通过市人大有关专门委员会组成人员的人选名单、关于政府工作报告的决议、关于潍坊市2014年国民经济和社会发展计划执行情况与2015年计划的决议、关于潍坊市2014年预算执行情况和2015年预算的决议、关于潍坊市人民代表大会常务委员会工作报告的决议、关于潍坊市中级人民法院工作报告的决议、关于潍坊市人民检察院工作报告的决议。大会期间，代表10人以上联名提出的议案18件，其中，2件作为大会议案处理，其余16件转为代表建议；另外，代表还提出建议、批评和意见134件。

第五节　第五次会议

2016年2月17日至20日，潍坊市第十六届人民代表大会第五次会议举行。本届市人民代表大会代表名额为570名，实有代表568名。不是潍坊市第十六届人大代表的副市长，市政协副主席，其他市级领导，部分省人大代表，市委、市政府、市政协各部门和各民主党派、社会团体、大专院校以及全国、省驻潍单位的主要负责人，大会秘书处各组负责人，市人大常委会工作机构和各专门委员会工作机构负责人列席会议。出席市政协十二届五次会议的全体委员、部分潍坊市荣誉市民列席第一次全体会议。

2月16日下午，市十六届人大五次会议在市文化艺术中心大剧院举行预备会议。市人大常委会党组书记、第一副主任胡岗主持会议并讲话。预备会议选举产生大会主席团和秘书长，通过大会议程。大会主席团由83人组成，刘明珂兼任大会秘书长。

2月16日下午预备会议结束后，市十六届人大五次会议主席团在市文化艺术中心大剧院一楼国际会议中心举行第一次会议。市委书记、市人大常委会主任杜昌文主持会议。会议推选出大会主席团常务主席，决定大会副秘书长；通过市十六届人大五次会议日程和关于议案截止时间的决定，决定 2 月 19 日上午 10 时为代表所提议案的截止时间。会议还通过提交代表审议的关于接受有关同志辞职的决定草案、提交代表酝酿讨论的大会选举办法草案。

2 月 17 日上午，潍坊市第十六届人民代表大会第五次会议在市文化艺术中心大剧院开幕。大会主席团常务主席杜昌文主持会议。市长刘曙光代表潍坊市人民政府向大会作政府工作报告。会议书面印发潍坊市人民代表大会常务委员会关于提请审议《潍坊市制定地方性法规条例（草案）》的议案、潍坊市国民经济和社会发展第十三个五年规划纲要草案、潍坊市 2015 年国民经济和社会发展计划执行情况与 2016 年计划草案的报告、潍坊市 2015 年预算执行情况和 2016 年预算草案的报告，一并提请代表审议审查。

2 月 19 日上午，市十六届人大五次会议在市文化艺术中心大剧院举行第二次全体会议。大会主席团常务主席刘明珂主持会议。会议听取市人大常委会党组书记、第一副主任胡岗作的潍坊市人民代表大会常务委员会工作报告，市中级人民法院院长姜树政作的潍坊市中级人民法院工作报告，市人民检察院检察长杨洪旭作的潍坊市人民检察院工作报告，表决通过关于接受有关人员辞职的决定和大会选举办法。

2 月 19 日上午第二次全体会议结束后，市十六届人大五次会议主席团在市文化艺术中心大剧院一楼国际会议中心举行第二次会议。大会主席团常务主席胡岗主持会议。会议听取主席团成员林红玉作的关于市十六届人大五次会议选举的各项候选人建议名单的说明，逐一表决通过提交代表酝酿讨论的各项候选人名单；听取市政府秘书长张洪全作的关于对政府工作报告和“十三五”规划纲要草案审议修改情况的汇报，表决通过对政府工作报告和“十三五”规划纲要草案修改情况；听取并表决通过大会主席团常务主席、市人大财政经济委员会主任委员刘明珂作的关于潍坊市国民经济和社会发展第十三个五年规划纲要草案、关于潍坊市 2015 年国民经济和社会发展计划执行情况与 2016 年计划草案、关于潍坊市 2015 年预算执行情况和 2016 年预算草案的审查结果报告；听取大会主席团常务主席、市人大法制委员会主任委员王卫东作的关于《潍坊市制定地方性法规条例（草案）》审议结果的报告，表决通过这个报告和《潍坊市制定地方性法规条例（草案修改稿）》。

2 月 20 日上午，市十六届人大五次会议主席团在市文化艺术中心大剧院一楼国际会议中心举行第三次会议。大会主席团常务主席王献玲主持会议。会议表决通过提交大会表决的《潍坊市制定地方性法规条例（草案表决稿）》；表决通过提交代表审议的关于政府工作报告的决议草案、关于潍坊市国民经济和社会发展第十三个五年规划纲要的决议草案、关于潍坊市 2015 年国民经济和社会发展计划执行情况与 2016 年计划的决议草案、关于潍坊市 2015 年预算执行情况和 2016 年预算的决议草案、关于潍坊市人民代表大会常务委员会工作报告的决议草案、关于潍坊市中级人民法院工作报告的决议草案、关于潍坊市人民检察院工作报告的决议草案，决定将以上决议草案印发全体代表审议。会议还听取大会副秘书长作的关于各代表团酝酿讨论各项候选人名单情况的汇报，确定提交全体会议选举的正式候选人名单；确定总监票人、监票人名单草案；听取并表决通过主席团成员、大会副秘书长毛洪涛作的关于代表所提议案处理意见的报告。

2 月 20 日下午，市十六届人大五次会议在市文化艺术中心大剧院举行第三次全体会议。大会主席团常务主席杜昌文主持会议并讲话。会议在通过总监票人、监票人名单后，根据大会选举办法的规定，补选苏立科为潍坊市第十六届人民代表大会常务委员会第一副主任，王福强、刘艳芳、钟耕民、郭召义为潍坊市第十六届人民代表大会常务委员会委员。表决通过《潍坊市制定地方性法规条例》、关于政府工作报告的决议、关于潍坊市国民经济和社会发展第十三个五年规划纲要的决议、关于潍坊市 2015 年国民经济和社会发展计划执行情况与 2016 年计划的决议、关于潍坊市 2015 年预算执行情况和 2016 年预算的决议、关于潍坊市人民代表大会常务委员会工作报告的决议、关于潍坊市中级人民法院工作报告的决议、关于潍坊市人民检察院工作报告的决议。

大会期间，代表 10 人以上联名提出的议案 16 件，其中，2 件作为大会议案处理，其余 14 件转为代表建议；另外，代表还提出建议、批评和意见 111 件。

第八章　潍坊市第十七届人民代表大会会议

第一节　第一次会议

2017 年 2 月 24 日至 28 日在潍坊召开。本届市人民代表大会代表名额为 570 名，实有代表 566 名。会议听取审议代理市长李宽端作的政府工作报告，市人大常委会党组书记、第一副主任苏立科作的潍坊市人民代表大会常务委员会工作报告，市中级人民法院院长姜树政作的潍坊市中级人民法院工作报告，市人民检察院代理检察长王桂春作的潍坊市人民检察院工作报告。会议书面印发潍坊市 2016 年国民经济和社会发展计划执行情况与 2017 年计划草案的报告、潍坊市 2016 年预算执行情况和 2017 年预算草案的报告，一并提请代表审查。会议选举产生新一届市级国家机关领导成员。刘曙光当选为潍坊市第十七届人民代表大会常务委员会主任，毛秀凤（女）、顾建华、张新强、范福生等当选为潍坊市第十七届人民代表大会常务委员会副主任，王秀禄当选为潍坊市第十七届人民代表大会常务委员会秘书长，丁汉邦等 39 人当选为潍坊市第十七届人民代表大会常务委员会委员；李宽端当选为潍坊市人民政府市长，邹庆忠、李平（女）、吴磊、马清民、田民利等当选为潍坊市人民政府副市长；姜树政当选为潍坊市中级人民法院院长；王桂春当选为潍坊市人民检察院检察长，须依法报经省人民检察院检察长提请省人大常委会批准任命。表决通过潍坊市第十七届人民代表大会内务司法委员会、财政经济委员会、教育科学文化卫生委员会、城乡建设与环境资源保护委员会、农业与农村委员会、民族侨务外事委员会、法制委员会组成人员人选名单。表决通过关于政府工作报告的决议、关于潍坊市 2016 年国民经济和社会发展计划执行情况与 2017 年计划的决议、关于潍坊市 2016 年预算执行情况和 2017 年预算的决议、关于潍坊市人民代表大会常务委员会工作报告的决议、关于潍坊市中级人民法院工作报告的决议、关于潍坊市人民检察院工作报告的决议。新当选的人员与代表们见面，并举行向宪法宣誓仪式。

第二节　第二次会议

2018 年 1 月 5 日至 9 日，潍坊市第十七届人民代表大会第二次会议在市文化艺术中心大剧院举行。本届市人民代表大会代表名额为 570 名，实有代表 566 名。会议听取审议市长李宽端作的政府工作报告，市人大常委会副主任作的潍坊市人民代表大会常务委员会工作报告，市中级人民法院院长姜树政作的潍坊市中级人民法院工作报告，市人民检察院检察长王桂春作的潍坊市人民检察院工作报告。会议书面印发潍坊市2017年国民经济和社会发展计划执行情况与2018年计划草案的报告、潍坊市2017年预算执行情况和2018年预算草案的报告，一并提请代表审查。会议选举潍坊市出席山东省第十三届人民代表大会代表、潍坊市监察委员会主任。张晓峰当选为潍坊市监察委员会主任。选举的潍坊市出席山东省第十三届人民代表大会代表，会后由市人大常委会报请省人大常委会代表资格审查委员会审查后，确认其代表资格。表决通过关于政府工作报告的决议、关于潍坊市2017年国民经济和社会发展计划执行情况与2018年计划的决议、关于潍坊市2017年预算执行情况和2018年预算的决议、关于潍坊市人民代表大会常务委员会工作报告的决议、关于潍坊市中级人民法院工作报告的决议、关于潍坊市人民检察院工作报告的决议，并举行宪法宣誓仪式。

第三节　第三次会议

2018年9月18日，潍坊市第十七届人民代表大会第三次会议在市文化艺术中心大剧院举行。田庆盈当选潍坊市人民政府市长并进行宪法宣誓。

上午9时，市十七届人大三次会议举行第一次全体会议。会议表决通过市十七届人大三次会议选举办法。

第一次全体会议结束后，大会主席团第二次会议听取关于潍坊市人民政府市长候选人产生情况的说明，确定提请代表酝酿讨论的候选人名单。大会主席团第三次会议听取大会秘书处关于各代表团酝酿讨论候选人情况的汇报，确定提请全体会议选举的正式候选人名单和提请全体会议表决的总监票人、监票人名单草案。

下午，大会举行第二次全体会议。会议表决通过总监票人、监票人名单，经投票选举，补选田庆盈为潍坊市人民政府市长。根据宪法宣誓制度有关办法规定，田庆盈进行宪法宣誓。

第四节　第四次会议

2019年1月29日至2月1日，潍坊市第十七届人民代表大会第四次会议在市文化艺术中心大剧院举行。本届市人民代表大会代表名额为570名，实有代表559名。会议听取审议市长田庆盈作的政府工作报告，市人大常委会副主任作的潍坊市人民代表大会常务委员会工作报告，市中级人民法院院长姜树政作的潍坊市中级人民法院工作报告，市人民检察院检察长王桂春作的潍坊市人民检察院工作报告。会议书面印发潍坊市2018年国民经济和社会发展计划执行情况与2019年计划草案的报告、潍坊市2018年预算执行情况和2019年预算草案的报告，一并提请代表审查。会议补选惠新安为潍坊市第十七届人民代表大会常务委员会主任，丁峰等12人为潍坊市第十七届人民代表大会常务委员会委员。表决通过市人民代表大会有关专门委员会组成人员人选名单，表决通过关于政府工作报告的决议、关于潍坊市2018年国民经济和社会发展计划执行情况与2019年计划的决议、关于潍坊市2018年预算执行情况和2019年预算的决议、关于潍坊市人民代表大会常务委员会工作报告的决议、关于潍坊市中级人民法院工作报告的决议、关于潍坊市人民检察院工作报告的决议，并举行宪法宣誓仪式。

第五节　第五次会议

2020年1月9日至12日，潍坊市第十七届人民代表大会第五次会议在市文化艺术中心大剧院举行。本届市人民代表大会代表名额为570

名，实有代表561名。会议听取审议市长田庆盈作的政府工作报告，市人大常委会副主任作的潍坊市人民代表大会常务委员会工作报告，市中级人民法院代理院长李向阳作的潍坊市中级人民法院工作报告，市人民检察院代理检察长陶卫东作的潍坊市人民检察院工作报告。会议书面印发潍坊市2019年国民经济和社会发展计划执行情况与2020年计划草案的报告、潍坊市2019年预算执行情况和2020年预算草案的报告，一并提请代表审查。会议补选李向阳为潍坊市中级人民法院院长；陶卫东为潍坊市人民检察院检察长，须依法报经省人民检察院检察长提请省人大常委会批准任命；杨建华为潍坊市第十七届人民代表大会常务委员会秘书长，刘玉祥等7人为潍坊市第十七届人民代表大会常务委员会委员。表决通过关于政府工作报告的决议、关于潍坊市2019年国民经济和社会发展计划执行情况与2020年计划的决议、关于潍坊市2019年预算执行情况和2020年预算的决议、关于潍坊市人民代表大会常务委员会工作报告的决议、关于潍坊市中级人民法院工作报告的决议、关于潍坊市人民检察院工作报告的决议，并举行宪法宣誓仪式。

第六节 第六次会议

2021年3月23日至26日，潍坊市第十七届人民代表大会第六次会议在市文化艺术中心大剧院举行。本届市人民代表大会代表名额为570名，实有代表550名。会议听取审议代理市长刘运作的政府工作报告，市人大常委会副主任顾建华作的潍坊市人民代表大会常务委员会工作报告，市中级人民法院院长李向阳作的潍坊市中级人民法院工作报告，市人民检察院检察长陶卫东作的潍坊市人民检察院工作报告。会议书面印发潍坊市国民经济和社会发展第十四个五年规划和2035年远景目标纲要草案、潍坊市2020年国民经济和社会发展计划执行情况与2021年计划草案的报告、潍坊市2020年预算执行情况和2021年预算草案的报告，一并提请代表审查。会议补选苏立科为潍坊市第十七届人民代表大会常务委员会主任，初宝杰为潍坊市第十七届人民代表大会常务委员会副主任，王勇等7人为潍坊市第十七届人民代表大会常务委员会委员；刘运为潍坊市人民政府市长；高峰为潍坊市监察委员会主任；举行宪法宣誓仪式。会议表决通过潍坊市第十七届人民代表大会监察和司法委员会主任委员调整人选名单，关于政府工作报告的决议、关于潍坊市国民经济和社会发展第十四个五年规划和2035年远景目标纲要的决议、关于潍坊市2020年国民经济和社会发展计划执行情况与2021年计划的决议、关于潍坊市2020年预算执行情况和2021年预算的决议、关于潍坊市人民代表大会常务委员会工作报告的决议、关于潍坊市中级人民法院工作报告的决议、关于潍坊市人民检察院工作报告的决议。

第九章　潍坊市第十八届人民代表大会会议

第一节　第一次会议

2022 年 4 月 13 日至 15 日，潍坊市第十八届人民代表大会第一次会议在市文化艺术中心大剧院举行。本届市人民代表大会代表名额为 570 名，实有代表 559 名。会议听取审议市长刘运作的政府工作报告，市人大常委会主任苏立科作的潍坊市人民代表大会常务委员会工作报告，市中级人民法院代理院长孟祥刚作的潍坊市中级人民法院工作报告，市人民检察院代理检察长张敬艳作的潍坊市人民检察院工作报告。会议书面印发潍坊市 2021 年国民经济和社会发展计划执行情况与 2022 年计划草案的报告、潍坊市 2021 年预算执行情况和 2022 年预算草案的报告，一并提请代表审查。会议选举产生新一届市级国家机关领导成员。田庆盈当选为潍坊市第十八届人民代表大会常务委员会主任，王兆辉、田民利、毛秀凤（女）、韩幸福、扈洪波当选为潍坊市第十八届人民代表大会常务委员会副主任，田素英当选为潍坊市第十八届人民代表大会常务委员会秘书长，于进强等 41 人当选为潍坊市第十八届人民代表大会常务委员会委员；刘运当选为潍坊市人民政府市长，卞汉林、吕珊珊（女）、徐磊、狄波、陈端梅（女）、滕双兴等选为潍坊市人民政府副市长；高峰当选为潍坊市监察委员会主任；孟祥刚当选为潍坊市中级人民法院院长；张敬艳当选为潍坊市人民检察院检察长，须依法报经省人民检察院检察长提请省人大常委会批准任命。会议表决通过潍坊市第十八届人民代表大会监察和司法委员会、财政经济委员会、教育科学文化卫生委员会、城乡建设与环境资源保护委员会、农业与农村委员会、民族侨务外事委员会、法制委员会、社会建设委员会组成人员人选名单；表决通过关于政府工作报告的决议、关于潍坊市 2021 年国民经济和社会发展计划执行情况与 2022 年计划的决议、关于潍坊市 2021 年预算执行情况和 2022 年预算的决议、关于潍坊市人民代表大会常务委员会工作报告的决议、关于潍坊市中级人民法院工作报告的决议、关于潍坊市人民检察院工作报告的决议。

第二节　第二次会议

2022 年 12 月 27 日至 29 日，潍坊市第十八届人民代表大会第二次会议在市文化艺术中心大剧院举行。本届市人民代表大会代表名额为 570 名，实有代表 555 名。会议听取审议市长刘运作的政府工作报告，市人大常委会副主任王兆辉作的潍坊市人民代表大会常务委员会工作报告，市中级人民法院院长孟祥刚作的潍坊市中级人民法院工作报告，市人民检察院检察长张敬艳作的潍坊市人民检察院工作报告。会议书面印发潍坊市 2022 年国民经济和社会发展计划执行情况与 2023 年计划草案的报告、潍坊市 2022 年预算执行情况和 2023 年预算草案的报告，一并提请代表审查。会议补选江敦涛为潍坊市第十八届人民代表大会常务委员会主任；选举潍坊市出席山东省第十四届人民代表大会代表，会后由市人大常委会报请省人大常委会代表资格审查委员会审查后，确认其代表资格。会议表决通过关于政府工作报告的决议、关于潍坊市 2022 年国民经济和社会发展计划执行情况与2023年计划的决议、关于潍坊市2022年预算执行情况和2023年预算的决议、关于潍坊市人民代表大会常务委员会工作报告的决议、关于潍坊市中级人民法院工作报告的决议、关于潍坊市人民检察院工作报告的决议。

第三节　第三次会议

2023年3月30日至31日，潍坊市第十八届人民代表大会第三次会议在富华国际会议中心举行。刘运当选为潍坊市第十八届人民代表大会常务委员会主任，刘建军当选为潍坊市人民政府市长。刘运、刘建军分别进行宪法宣誓。

3月30日上午，市十八届人大三次会议预备会议在富华国际会议中心举行。会议选举产生大会主席团和秘书长，通过大会议程。大会主席团由73人组成，王兆辉兼任大会秘书长。

3月30日上午，市十八届人大三次会议主席团在富华国际会议中心举行第一次会议。会议推选出大会主席团常务主席，决定大会副秘书长，通过大会日程和提交代表酝酿讨论的大会选举办法草案。市委书记刘运主持会议。

3月30日下午，潍坊市第十八届人民代表大会第三次会议在富华国际会议中心开幕。会议表决通过潍坊市第十八届人民代表大会第三次会议选举办法。

3月30日下午，市十八届人大三次会议主席团在富华国际会议中心举行第二次会议。会议听取杨升岩作的关于市十八届人大三次会议选举的各项候选人产生情况的说明，表决通过提交代表酝酿讨论的潍坊市第十八届人民代表大会常务委员会主任、潍坊市人民政府市长候选人名单。

3月31日上午，市十八届人大三次会议主席团在富华国际会议中心举行第三次会议。会议听取关于代表酝酿讨论各项候选人名单情况的汇报，表决通过提请全体会议选举的正式候选人名单和提请全体会议表决的总监票人、监票人名单草案。

3月31日上午，市第十八届人民代表大会第三次会议完成大会议程，在富华国际会议中心闭幕。会议表决通过总监票人、监票人名单，进行投票选举，宣布当选人名单。刘运当选为潍坊市第十八届人民代表大会常务委员会主任，刘建军当选为潍坊市人民政府市长。根据宪法宣誓制度有关办法规定，刘运、刘建军分别进行宪法宣誓。

第三编

潍坊市人民代表大会常务委员会会议

1983—2023

潍坊人大志

WEIFANG RENDA ZHI

人民代表大会常务委员会，是县以上各级人民代表大会的常设机构。地方人大常委会是同级人民代表大会常设机关，在行使职权上保持权力机关工作的经常性和连续性。

地方人民代表大会常务委员会会议，是地方人大常委会依法行使职权的基本形式。常委会全体会议由常委会主任主持，也可委托副主任主持。全体会议的任务主要有：决定本次常委会会议议程；听取并审议本级人民政府、监察委员会、人民法院、人民检察院向常委会作的专项工作报告；对地方性法规案、人事任免案和其他议案进行审议表决；对常委会代表资格审查委员会、本级人大各专门委员会向常委会所作的报告进行审议表决；对常委会所作的决议、决定草案进行表决等。地方人大常委会会议每两个月至少举行 1 次。

1984 年 2 月 15 日，潍坊市第十届人民代表大会开始设立常务委员会。从 1984 年 2 月 27 日市十届人大常委会第一次会议至 2023 年 3 月 29 日市十八届人大常委会第八次会议止，潍坊市人大常委会共召开 283 次会议。其中，十届人大常委会 28 次、十一届人大常委会 31 次、十二届人大常委会 39 次、十三届人大常委会 31 次、十四届人大常委会 32 次、十五届人大常委会 26 次、十六届人大常委会 37 次、十七届人大常委会 51 次、十八届人大常委会（未满）8 次。

第一章　潍坊市第十届人民代表大会常务委员会会议

潍坊市第十届人大常委会共召开全体会议28次。其中，市十届人大第一次会议闭幕后至市十届人大第二次会议开幕前共召开8次；市十届人大第二次会议闭幕后至市十届人大第三次会议开幕前共召开8次；市十届人大第三次会议闭幕后至市十届人大第四次会议开幕前共召开6次；市十届人大第四次会议闭幕后至市十一届人大第一次会议开幕前共召开6次。

第一节　第一至第八次常委会会议

第一次常委会会议

1984年2月27日至29日在潍坊召开。会议学习彭真委员长在纪念新宪法颁布实施一周年时发表的谈话、地方组织法有关条款和省人大常委会1984年工作要点。听取并讨论主任于成凤的讲话，听取审议副市长于潮作的《关于市政府机构改革问题的报告》，听取副主任王灿德作的《关于设立市人大常委会政法、财政经济、教育科学文化卫生3个工作委员会的说明》。通过《关于设立市人大常委会政法、财政经济、教育科学文化卫生3个工作委员会的决议》和3个工作委员会组成人员名单。王灿德作《关于市中级人民法院高新亭院长、市人民检察院李学义检察长任职的说明》。经请示省人大常委会答复：原选举继续有效，高新亭任潍坊市中级人民法院院长，李学义任潍坊市人民检察院检察长。根据于成凤的提议，任命：王汉兴为潍坊市人大常委会秘书长，常怀义为副秘书长兼办公室主任，杨继生为市人大常委会办公室副主任。根据市中级人民法院院长高新亭、市人民检察院检察长李学义的提请，任命：程茂仁、张廷智为潍坊市中级人民法院副院长；王福金、李源一为潍坊市人民检察院副检察长。根据市长邵桂芳的提议，任命：滕司宪为潍坊市人民政府秘书长。会议还通过市政府其他人事任免事项。

第二次常委会会议

1984年4月26日至28日在潍坊召开。会议听取审议市教育局局长郑华受市政府委托作的《关于全市教育工作的报告》，市商业局局长李尔强受市政府委托作的《关于当前蔬菜生产供应工作的报告》，市政府秘书长滕司宪受市政府委托作的《关于全市乡镇工作的报告》，市人大常委会秘书长王汉兴受市人大常委会委托作的《关于全市县乡人民代表大会换届选举工作的报告》。会议还听取市人大常委会副主任刘华民作的《关于赴洛阳等四市学习人大工作经验的情况汇报》和市赴日经济考察团成员、市外事办公室主任宋作升作的《关于访问日本宫崎县日向市情况的报告》。会议根据省人大常委会的有关规定，决定成立潍坊市选举工作办公室，决定任命樊安龙为潍坊市副市长，并通过其他人事任免事项。

第三次常委会会议

1984年6月26日至30日在潍坊召开。会议听取六届全国人大代表于潮作的《关于六届全国人大二次会议基本情况和主要精神的汇报》；学习国务院总理作的《政府工作报告》；学习讨论中央文件和彭真委员长的有关讲话以及陈丕显副委员长作的全国人大常委会工作报告；听取并审议副市长钟华德作的《关于贯彻中央一号文件、发展农村商品生产情况的报告》；审议并原则通过《潍坊市人民代表大会常务委员会工作试行条例》和《潍坊市人民代表大会常务委员会联系人民代表和群众的试行办法》。会议根据市人民检察院检察长李学义的提请，批准任命县区检察院检察长；会议还通过其他人事任免事项。

第四次常委会会议

1984 年 8 月 28 日至 29 日在潍坊召开。会议听取审议市政府《关于 1984 年财政预算上半年执行情况的报告》，市政府《关于市十届人大一次会议代表议案和建议、意见处理情况的报告》；讨论市政府《关于城市环境卫生、园林绿化、水资源方面的行政管理规定》。听取市长邵桂芳作的《关于赴青海省海东地区进行经济技术协作考察情况的汇报》，副主任刘华民传达的省人大常委会主任秦和珍在潍坊市及部分县区人大常委会负责人座谈会上的讲话，副主任王灿德作的《关于赴烟台和东北五市学习人大工作经验的情况汇报》。会议还根据省人大常委会《关于增加本届省人大代表名额的决定》，补选市人大常委会主任于成凤为省六届人大代表；通过《关于设立市人大常委会城乡建设工作委员会的决定》和城乡建设工作委员会主任、副主任名单，关于《潍坊市 1984 年财政预算上半年执行情况的报告》的决议，关于《潍坊市与青海省海东地区结为姊妹地市的决定》。会议决定人事任免事项。省六届人大代表谭绪生、李寿德列席本次会议。

第五次常委会会议

1984 年 10 月 26 日至 27 日在潍坊召开。会议学习中共十二届三中全会公报和《中共中央关于经济体制改革的决定》；听取全省市县人大常委会工作经验交流会议精神的传达；听取市政府《关于全市法制教育工作情况的汇报》和《关于严厉打击严重刑事犯罪活动斗争的情况汇报》；通过人事任免事项。

第六次常委会会议

1984 年 12 月 25 日至 26 日在潍坊召开。会议听取副市长于潮作的《关于潍坊市经济体制改革的情况报告》，市工商行政管理局副局长张玉明受市政府委托作的《关于贯彻执行〈经济合同法〉的情况汇报》。听取市人大常委会副秘书长常怀义作的《关于赴西安、成都、重庆三市学习人大常委会工作经验的情况汇报》，并进行分组审议。会议通过《关于继续广泛深入地进行经济体制改革的决议》和《进一步贯彻执行〈经济合同法〉的决议》以及人事任免事项，作出《关于推迟召开潍坊市第十届人民代表大会第二次会议的决定》。

第七次常委会会议

1985 年 2 月 2 日在潍坊召开。会议听取审议市人大常委会副主任刘华民作的《关于增加本届代表名额和补选代表的决定》《关于设立代表资格审查委员会的说明》。委员们分组就相应的决定、决议和建议名单草案进行审议。议定市人大常委会 1985 年工作要点。通过《关于增加本届代表名额和补选代表的决定》《关于设立代表资格审查委员会的决议》及组成人员名单；决定人事任免事项。

第八次常委会会议

1985 年 3 月 2 日在潍坊召开。会议听取审议市人大常委会秘书长王汉兴作的《关于市十届人大二次会议筹备工作情况的报告》《关于代表变动情况和增补代表资格的审查报告》。通过《关于潍坊市第十届人民代表大会第二次会议召开日期的决定》和市人大常委会代表资格审查委员会《关于代表变动情况和增补代表资格的审查报告》。

原则通过《潍坊市人民代表大会常务委员会工作报告》，决定提交市十届人大二次会议审议。

第二节　第九至第十六次常委会会议

第九次常委会会议

1985年3月17日在潍坊召开。会议根据市政府的提议，通过《关于每年四月一日为潍坊市风筝节的决定》和人事任免事项。

第十次常委会会议

1985年5月17日至18日在潍坊召开。会议听取审议市司法局副局长张春玉受市政府委托作的《关于全市法制宣传情况和在五年左右普及法律常识规划的汇报》，市人大常委会委员、市妇联主任李兆荣作的《关于维护妇女儿童合法权益情况的汇报》，市财委主任姜宗谟受市政府委托作的《关于商业服务业发展情况及今后意见的报告》。会议通过《关于加强法制宣传普及法律常识的决议》《关于维护妇女儿童合法权益的决议》。

第十一次常委会会议

1985年7月29日至30日在潍坊召开。会议听取审议副市长李惠信作的《关于我市贯彻实施〈中华人民共和国食品卫生法〉情况的汇报》；市政府秘书长滕司宪作的《关于市十届人大二次会议代表议案和建议、意见处理情况的汇报》。会议通过《关于在全市继续深入贯彻执行〈中华人民共和国食品卫生法〉的决议》以及人事任免事项。

第十二次常委会会议

1985年9月27日至29日在潍坊召开。会议听取审议市教育局局长郑华受市政府委托作的《关于全市教育工作情况的汇报》，市林业局局长任敦峰受市政府委托作的《关于潍坊市贯彻实施〈森林法〉情况的汇报》，市政府秘书长、地方史志编纂委员会副主任滕司宪受市政府委托作的《关于我市地方史志工作情况的汇报》。会议还听取市人大常委会秘书长王汉兴作的《关于调查〈森林法〉贯彻执行情况》的发言，市人大常委会教科文卫工作委员会副主任王仁德作的《关于调查安丘县教育工作情况》的发言。经过审议，会议作出《关于进一步加强教育工作的决议》《关于继续深入贯彻执行〈森林法〉的决议》《关于加强地方史志工作的决议》。会议根据市长邵桂芳的提议，决定任命宋希焕为潍坊市副市长。

第十三次常委会会议

1985年11月16日在潍坊召开。会议听取审议市人大常委会秘书长王汉兴作的《关于县区人大常委会工作经验交流会议筹备情况的汇报》；通过人事任免事项。

第十四次常委会会议

1986年1月16日至17日在潍坊召开。会议听取市公安局局长刘会聚受市政府委托作的《关于潍坊市当前社会治安情况的汇报》、市财委主任姜宗谟受市政府委托作的《关于潍坊市春节期间市场安排情况的汇报》；市人大常委会主任于成凤作的《关于访问日本宫崎县日向市的情况汇报》；市长邵桂芳作的《关于潍坊市与日本国日向市结为友好城市关系的报告》；市人大常委会副秘书长常怀义作的《关于学习天津市人大常委会制发代表工作证和代表持证检查工作经验的情况汇报》。市长邵桂芳和市中级人民法院院长高新亭提请人事任免名单。会议分组审议上述汇报、报告和有关决定草案，酝酿人事任免名单。经过审议，会议通过《关于潍坊市与日本国宫崎县日向市结为友好城市关系的决定》《关于召开潍坊市第十届人民代表大会第三次会议的决定》《关于潍坊市第十届人民代表大会持证视察的决定》以及人事任免事项。

第十五次常委会会议

1986年3月11日至13日在潍坊召开。会议听取市司法局副局长张春玉受市政府委托作的《关于全市普及法律常识工作的情况汇报》，市中级人民法院院长高新亭作的《关于打击经济犯罪活动和开展经济审判工作的情况汇报》，市人民检察院检察长李学义作的《关于全市检察机关打击严重经济犯罪活动情况的汇报》；听取市人大常委会副主任王灿德作的《关于普及法律常识工作调查情况》的发言，市林业局局长任敦峰受市政府委托作的《关于全市林业工作的情况汇报》，市市政建设管理局副局长黄宝泉受市政府委托作的《关于市区1985年植树绿化情况和今年绿化工作意见的汇报》；听取市长邵桂芳作的《关于潍坊市与日向市结缔友好城市协议的情况汇报》，市人大常委会副主任王灿德作的《关于增加潍坊市第十届人民代表大会名额和补选代表的说明》，市人大常委会秘书长王汉兴作的《关于推迟召开潍坊市第十届人民代表大会第三次会议的说明》。市人大常委会主任于成凤、市长邵桂芳和市中级人民法院院长高新亭分别提请人事任免名单。会议分组和联组审议各项汇报、说明和有关决定草案，酝酿人事任免名单。经过讨论审议，会议通过《关于增加本届代表名额和补选代表的决定》《关于推迟召开潍坊市第十届人民代表大会第三次会议的决定》，通过人事任免事项。

第十六次常委会会议

1986年5月24日在潍坊召开。会议听取审议市人大常委会秘书长王汉兴作的《关于市十届人大三次会议筹备工作情况的报告》、市人大常委会代表资格审查委员会主任委员王灿德作的《关于增补代表的代表资格的审查报告》。经过审议，会议通过《关于市十届人大三次会议召开日期的决定》《关于增补代表的代表资格的审查报告》；原则通过提交市十届人大三次会议的市人大常委会工作报告和提交市十届人大三次会议预备会议通过的大会主席团、秘书长建议名单和议案审查委员会、预算委员会组成人员调整的建议名单（草案）；决定人事任免事项。

第三节　第十七至第二十二次常委会会议

第十七次常委会会议

1986年7月14日至15日在潍坊召开。会议听取市审计局局长曲山绪、市税务局局长王功民受市政府委托分别作的《关于潍坊市审计工作的报告》和《关于潍坊市贯彻工商税收法规情况的汇报》，市人大常委会副主任王鹤田作的《关于调整市人大常委会代表资格审查委员会委员和将市人大常委会政法工作委员会改名为市人大常委会法制工作委员会的说明》。市人大常委会副主任王灿德、副市长于潮分别受主任于成凤和市长邵桂芳的委托，向会议提请人事任免名单。会议分组对上述报告、汇报、说明及相关的决议、决定草案、人事任免名单等进行审议和酝酿。经过审议，会议以举手表决的方式，一致通过《关于加强审计工作的决议》《关于认真贯彻国家税收法规加强税务工作的决议》和《关于调整代表资格审查委员会的决定》《关于将政法工作委员会改名为法制工作委员会的决定》；通过人事任免事项。

第十八次常委会会议

1986年9月11日至13日在市政府招待所召开。市人大常委会主任于成凤首先传达《中共中央关于全党必须坚决维护社会主义法制的通知》精神，并就主任会议学习文件的情况和意见讲话，分组学习中央文件。会议听取市统计局局长孙绪敬、市政府秘书长滕司宪、市市政建设管理局局长于德路受市政府委托分别作的《关于贯彻执行〈统计法〉情况的汇报》《关于市十届人大三次会议代表议案和建议意见办理情况的汇报》和《关于潍坊市城市总体规划修订方案的报告》。市市政建设管理局副局长黄宝泉将城市总体规划图向委员们作介绍和说明。副市长李惠信受市长邵桂芳委托，市中级人民法院院长高新亭，市人民检察院副检察长王福金受检察长李学义委托，分别向会议提请人事任免名单。市人大常委会财经工作委员会副主任刘惠远、城乡建设工作委员会副主任苏承章和副秘书长兼办公室主任常怀义，分别就市政府的3个工作汇报作调查情况的发言。会议分组对上述报告、汇报、人事任免名单及相关的决议、决定草案等进行审议和酝酿。经过讨论审议，会议以举手表决的方式，一致通过《关于继续深入贯彻实施〈中华人民共和国统计法〉的决议》《关于潍坊市城市总体规划修订方案的决定》。会议决定免去樊安龙潍坊市副市长职务。会议还根据中央文件精神和地方组织法的规定，采用无记名投票方式，决定任命：高新亭、程茂仁、张廷智、钟安江、王毓峰、马忠和、时承章、王增亮、孙岚芳、邱自远为潍坊市中级人民法院审判委员会委员；原审判委员会委员的职务一律免去。李学义、王福金、李源一、朱汉民、李奎金、李和欣、丁国鹏为潍坊市人民检察院检察委员会委员。

第十九次常委会会议

1986年10月18日至19日在市政府招待所召开。市人大常委会副主任王灿德就召开这次会议的指导思想作说明，并分组学习中共十二届六中全会决议。会议听取审议副市长宋希焕作的《关于潍坊市市级经济管理机构改革工作情况和改革方案（草案）的汇报》。市体改委办公室负责人列席会议，听取委员们审议的意见，答复委员们提出的问题。经过审议，会议通过《关于〈潍坊市市级经济管理机构改革方案〉的决定》；经过无记名投票表决，通过人事任免事项。

第二十次常委会会议

1986年12月16日至19日在渤海宾馆召开。会议听取市中级人民法院院长高新亭作的《关于学习宣传〈民法通则〉的情况和贯彻实施意见的汇报》；市财政局局长许学海、市文化局局长李巍、市公安局局长刘会聚受市政府委托分别作的《关于贯彻执行〈会计法〉情况的汇报》《关于贯彻执行〈文物保护法〉情况的汇报》和《关于潍坊市学习宣传〈治安管理处罚条例〉的情况和贯彻实施意见的汇报》；市人大常委会副主任李汉三作的《关于县乡两级人民代表大会换届选举工作的情况汇报》；市建委主任韩理、市外办主任宋作升受市政府委托分别作的《关于治理白浪河建设白浪河公园方案的汇报》和《关于赴联邦德国福来星地区考察访问情况的汇报》。市人大常委会财经、教科文卫两个工作委员会负责人分别就对有关议题的调查情况发言。副市长于潮受市长邵桂芳委托，提请人事任免名单。会议分组和联组对上述汇报及决议、决定草案等进行审议和酝酿。陈会江、常临川、李敬民、赵修道、马春扬、毛秀云委员先后作联组审议发言。经过审议，会议以举手表决的方式，通过《关于认真贯彻实施民法通则的决议》《关于继续贯彻实施会计法加强会计工作的决议》《关于深入贯彻执行文物保护法的决议》《关于贯彻执行治安管理处罚条例的决议》《关于建立市选举委员会的决定》《关于治理白浪河、建设白浪河公园的决议》。会议以无记名投票表决的方式，任命政府工作人员。

第二十一次常委会会议

1987年2月17日至19日在市政府招待所召开。会议学习中共中央关于坚持四项基本原则，反对资产阶级自由化的文件，分组学习全国人大常委会《关于加强法制教育维护安定团结的决定》，讨论并审议市人大常委会《关于学习贯彻〈决定〉的决议草案》。在联组会议上，委员们联系中国的历史、个人成长史及本地区本单位的实际，畅谈学习《决定》的认识和体会。会议听取市乡镇企业局局长马相勤、市财政局副局长冯守业、市人民检察院检察长李学义和副市长宋希焕分别作的《关于乡镇企业工作情况的汇报》《关于我市1986年财政预算收支执行情况的报告》《关于全市法纪检察工作情况的报告》和《关于潍坊市与联邦德国福来星地区建立友好城市的汇报》；市人大常委会秘书长王汉兴作的《关于召开市十届人大四次会议日期的说明》。会议还提请人事任免名单。会议分组对上述汇报、报告、说明和相应的决议、决定草案、人事任免名单以及市人大常委会1987年工作意见和工作计划等进行审议和酝酿。经过审议，会议以举手表决的方式，通过《关于认真学习坚决贯彻全国人大常委会〈关于加强法制教育维护安定团结的决定〉的决议》《关于召开市十届人大四次会议日期的决定》《关于潍坊市与联邦德国福来星地区结为友好城市的决定》。会议以无记名投票表决的方式，通过人事任免事项。

第二十二次常委会会议

1987年3月13日至14日上午在市政府招待所召开。会议听取市司法局局长张春玉受市政府委托作的《关于1986年全市普及法律常识工作情况和1987年安排意见的汇报》；市人大常委会秘书长、代表资格审查委员会副主任委员王汉兴先后作的《关于市十届人大四次会议筹备工作情况的汇报》《关于代表变动情况的报告》；市人大常委会财政经济工作委员会副主任王铭作的《关于对徐福堂等五位代表提出的“建立坊子区蔬菜基地议案”办理结果的报告》。会议分组审议市政府普法工作汇报，分组对市人大常委会工作报告（议定稿）、市十届人大四次会议主席团、秘书长及各委员会组成人员调整名单（草案）、《关于建立坊子区蔬菜基地议案》办理结果的报告进行讨论、酝酿和审议。经过审议，会议以举手表决的方式，通过市十届人大四次会议主席团、秘书长名单（草案）和预算、议案两个审查委员会调整名单（草案）；通过市人大常委会财经工作委员会《关于建立坊子区蔬菜基地议案办理结果的报告》。会议决定，将以上名单草案和报告，提交市十届人大四次会议预备会议通过和审议。会议还议定市人大常委会工作报告，确定委托于成凤主任代表市人大常委会向市十届人大四次会议报告工作。

第四节　第二十三至第二十八次常委会会议

第二十三次常委会会议

1987年4月6日下午在市政府招待所召开。市人大常委会主任于成凤主持会议并作《关于补选山东省第六届人民代表大会代表的说明》。会议根据选举法、地方组织法的有关规定和省人大常委会提名，经过审议，以举手表决的方式，决定补选崔凤举为省六届人大代表。

第二十四次常委会会议

1987年5月26日至28日在渤海宾馆召开。会议听取市环境保护局局长孙守伏、市民政局局长马祝年、市农业委员会主任潘增贵、市工商行政管理局局长张玉明受市政府委托分别作的《关于贯彻执行环境保护法（试行）情况的汇报》《关于农村五保工作和残疾人福利生产情况的汇报》《关于宣传贯彻实施土地管理法情况的汇报》和《关于市人大常委会所作实施经济合同法决议贯彻情况的汇报》；市选举委员会副主任李汉三作的《关于县乡两级人民代表大会换届选举工作情况的汇报》。市人大常委会城乡建设、法制、财政经济3个工作委员会负责人分别作《关于市政府有关工作调查情况》的发言。副市长于潮受市长邵桂芳委托、市人民检察院检察长李学义分别向会议提请人事任免名单。会议分组、联组审议上述各项报告、汇报、说明和决议草案，酝酿人事任免名单。市人大常委会主任于成凤和委员刘永庆、王世昌、李兆荣、王铭就市政府的工作汇报作审议发言。经过审议，会议以举手表决的方式，通过《关于进一步贯彻实施环境保护法（试行）的决议》《关于认真贯彻实施土地管理法的决议》和《关于加强农村五保工作发展残疾人福利事业的决议》。会议以无记名投票表决的方式，批准任命寿光、昌乐、诸城、五莲、高密、安丘、临朐、昌邑、青州、潍城、寒亭、坊子12个县市区检察院检察长；通过其他人事任免事项。

第二十五次常委会会议

1987年7月28日至30日上午在市政府招待所召开。会议听取市计委主任徐瑞荣、市财政局副局长潘耀贵、市司法局局长张春玉和市科委主任李海德受市政府委托分别作的《关于潍坊市1987年上半年国民经济和社会发展计划执行情况的汇报》《关于潍坊市1987年上半年财政收支预算执行情况的汇报》《关于潍坊市律师、公证工作情况的汇报》《关于潍坊市科技工作情况的汇报》。会议分组、联组审议上述汇报。市人大常委会主任于成凤，副主任刘英宸、戴耀西和市人大常委会委员陈会江、王世昌、常临川、董建春作审议发言。会议原则同意市政府的4项工作汇报。市长邵桂芳在联组会上发言。

第二十六次常委会会议

1987年9月28日至30日上午在渤海宾馆召开。会议听取市教委主任郑华、市标准计量局局长孙振邦、市政府秘书长滕司宪受市政府委托分别作的《关于潍坊市贯彻落实义务教育法情况的汇报》《关于潍坊市贯彻执行计量法情况的汇报》《关于市十届人大第四次会议议案和代表建议、意见办理情况的汇报》；市中级人民法院院长高新亭作的《关于全市民事审判工作情况的汇报》；市人大常委会副主任李汉三作的《关于潍坊市第十一届人民代表大会代表名额和选举问题的决定（草案）的说明》。市人大常委会教科文卫、财政经济、法制3个工作委员会负责人分别作有关工作调查情况的发言。市人大常委会副主任刘英宸受于成凤主任委托，市中级人民法院院长高新亭，市人民检察院副检察长李源一受李学义检察长委托，分别向会议提请人事任免名单。会议分组审议市政府的3项工作汇报和市中级人民法院的工作汇报，对有关决议、决定草案和人事任免名单进行审议、酝酿。经过审议，会议以举手表决的方式，通过《关于市十届人大四次会议七项议案问题的决议》和《关于潍坊市第十一届人民代表大会代表名额和选举问题的决定》；以无记名投票表决的方式，通过人事任免事项。

第二十七次常委会会议

1987年11月26日至28日在渤海宾馆召开。会议听取关于学习中共十三大报告的辅导讲话（录音），分组学习中共十三大报告原文。在联组会议上，冯友敬、王世昌、刘惠远、陈会江、李兆荣、刘永庆、常临川、马春扬等委员发言，畅谈学习十三大文件的体会；主任于成凤就认真贯彻中共十三大精神、全面加强人大常委会的工作和建设问题，作总结性发言。会议听取市公安局局长刘会聚、市农委副主任刘新良受市政府委托分别作的《关于全市社会治安工作情况的汇报》《关于贯彻实施渔业法情况的汇报》，市人大常委会副主任李汉三作的《关于增加潍坊市第十一届人民代表大会代表名额的决定（草案）的说明》，副市长于潮作的《关于当前副食品供应情况的汇报》。副市长李惠信受市长邵桂芳委托，市中级人民法院副院长程茂仁受高新亭院长委托，分别向会议提请人事任免名单。会议分组、联组审议市政府、市人大常委会的汇报、说明及决定草案，酝酿人事任免名单。经过审议，会议以举手表决的方式，通过《关于增加潍坊市第十一届人民代表大会代表名额的决定》；以无记名投票表决的方式，通过人事任免事项。

第二十八次常委会会议

1987 年 12 月 28 日至 29 日在渤海宾馆召开。会议听取市人大常委会副主任李汉三作的《关于市十一届人民代表大会代表选举工作情况的汇报》，市人大常委会秘书长王汉兴作的《关于市十一届人大一次会议筹备工作情况的汇报》，以及市人大常委会代表资格审查委员会提交的《关于市十一届人民代表大会代表资格的审查报告》，市人大常委会《关于召开市十一届人大一次会议的决定（草案）》。副市长李惠信受市长邵桂芳委托提请人事任命名单。会议分组审议上述各项汇报、报告，酝酿市十一届人大一次会议议程（草案）和主席团、秘书长、各委员会组成人员名单（草案），市政府提请的人事任命名单，议定市人大常委会工作报告。经过审议，会议以举手表决的方式，通过《关于市十一届人民代表大会代表资格的审查报告》《关于召开市十一届人大一次会议的决定》和人事任命事项。

第二章　潍坊市第十一届人民代表大会常务委员会会议

潍坊市第十一届人大常委会共召开全体会议 31 次。其中，市十一届人大第一次会议闭幕后至市十一届人大第二次会议开幕前共召开 6 次；市十一届人大第二次会议闭幕后至市十一届人大第三次会议开幕前共召开 6 次；市十一届人大第三次会议闭幕后至市十一届人大第四次会议开幕前共召开 8 次；市十一届人大第四次会议闭幕后至市十一届人大第五次会议开幕前共召开 5 次；市十一届人大第五次会议闭幕后至市十二届人大第一次会议开幕前共召开 6 次。

第一节　第一至第六次常委会会议

第一次常委会会议

1988 年 3 月 15 日至 19 日在渤海宾馆召开。会议分组学习宪法和地方组织法、选举法；听取审议市人大常委会副主任王灿德作的《关于设立市人大常委会法制、财政经济、教育科学文化卫生、城乡建设 4 个工作委员会和代表资格审查委员会的说明》，市人大常委会副主任王鹤田作的《关于制定市人大常委会议事规则、联系代表试行办法、人事任免试行办法（草案）的说明》，市人大常委会副主任王荆玉作的《关于市十一届人大代表持证视察的决定（草案）的说明》，市财政局局长许学海受市政府委托作的《关于潍坊市 1987 年财政决算和 1988 年财政预算（草案）的报告》；酝酿市人大常委会主任于成凤、市长邵桂芳和市中级人民法院院长高新亭分别提请的人事任免名单。会议还审议市人大常委会 1998 年工作要点和工作计划。18 日下午会议举行的全体会议，范围扩大到市委、市政府所属各部门以及市直其他部门、单位的主要负责人，总计近 200 人。市委副书记于潮、市人大常委会主任于成凤、市长邵桂芳分别作讲话，并分组进行讨论。在审议的基础上，会议以举手表决的方式，通过《市人大常委会议事规则》《市人大常委会联系市人大代表试行办法》《市人大常委会人事任免试行办法》，市人大常委会《关于设立 4 个工作委员会的决定》《关于设立代表资格审查委员会的决定》《关于市十一届人大代表持证视察的决定》《关于批准潍坊市 1987 年财政决算和 1988 年财政预算的决议》；以无记名投票表决的方式，通过部分人事任免名单（提请任命的 36 名市政府序列部门主要负责人，通过任命 33 名，有 3 名未通过任命）。

第二次常委会会议

1988 年 5 月 19 日至 21 日在渤海宾馆召开。会议听取审议受市政府委托，市外经委副主任耿建巨作的《关于全市发展外向型经济的情况汇报》，市司法局局长张春玉作的《关于全市普法工作情况的汇报》，市计划生育委员会副主任郑汝海作的《关于全市计划生育工作情况的汇报》，市卫生局副局长张炳恒作的《关于农村卫生体制改革情况的汇报》，市城乡建设委员会主任于金桴作的《关于峡山水库给水工程建设筹备情况的汇报》。副市长张文玉受市长邵桂芳委托，提请人事任命名单，市人事局副局长丁志仁介绍被提请任命人员的考察情况。会议酝酿人事任命名单，对市政府的五项汇报进行分组和联组审议；以无记名投票表决的方式，通过人事任命事项。

第三次常委会会议

1988 年 7 月 26 日至 29 日在渤海宾馆召开。会议传达学习中央政治局第九次会议精神，传达万里委员长在七届全国人大常委会第二次会议上的讲话并进行讨论。会议听取审议受市政府委托，市计委主任徐瑞荣作的《关于潍坊市 1988 年上半年国民经济和社会发展计划执行情况的汇报》，市财政局局长许学海作的《关于潍坊市 1988 年上半年财政预算执行情况的汇报》，市政府秘书长王本理作的《关于市十一届人大一次会议代表建议意见办理情况的汇报》，市人民检察院检察长李学义作的《关于全市检察机关打击严重经济犯罪活动情况的汇报》。副市长李惠信受邵桂芳市长委托提请人事任命名单，市人事局局长李玉林介绍被提请任命人员的考察情况；市人民检察院检察长李学义提请人事任命名单并介绍被提请任命人员的考察情况。会议分组审议市政府和市人民检察院的汇报，酝酿人事任命名单，对市政府和市人民检察院的四项汇报进行联组审议；以无记名投票表决的方式，通过人事任命事项。

第四次常委会会议

1988 年 10 月 6 日至 8 日在渤海宾馆召开。会议传达市委、市政府《关于加强民主与法制建设开展依法治市的规划方案（试行）》；听取审议市人大常委会副主任李汉三作的《关于开展依法治市的决议（草案）和执法大检查的决定（草案）的说明》，副市长刘景云作的《关于物价工作情况的汇报》。会议还听取审议受市政府委托，市水利局局长许明忠作的《关于全市宣传贯彻实施水法和水利工作情况的汇报》，市政府民族宗教事务处主任田会哲作的《关于潍坊市民族工作情况的汇报》；市长邵桂芳作的《关于和山西省阳泉市结为友好城市、与河北省廊坊地区建立友好市地关系的情况汇报》；市人大常委会秘书长常怀义作的《关于市人大常委会主任会议同意潍坊市与阳泉市结为友好城市和与廊坊地区建立友好市地关系的说明》；市人大常委会副主任王华民作的《关于二十城市人大工作座谈会第二次会议情况的汇报》。邵桂芳提请人事任命名单。会议在议定市人大常委会主任会议《关于改进市人大常委会人事任免工作的几点意见》后，市人事局局长李玉林介绍被提请任命人员的考察情况，被提请任命人员作任职发言。会议分组审议有关决议、决定草案和各项汇报及说明，酝酿人事任命名单。全体会议就各项议题进行联组审议。会议以举手表决的方式，通过《关于依法治市的决议》《关于在全市进行执法大检查的决定》《关于进一步加强民族工作的决议》《关于确认潍坊市与阳泉市结为友好城市、与廊坊地区建立友好市地关系的决定》；以无记名投票表决的方式，通过人事任命事项。

第五次常委会会议

1988 年 12 月 6 日至 10 日在渤海宾馆召开。会议分组学习中国共产党十三届三中全会讲话精神，全国人大常委会《关于加强民主法制，维护安定团结，保障改革和建设顺利进行的决定》以及省人大常委会的决议，审议市人大常委会《关于加强民主法制，保障治理经济环境，整顿经济秩序，全面深化改革顺利进行的决议（草案）》。会议听取审议受市政府委托，市工委主任刘远顺作的《关于贯彻执行企业法情况的汇报》，市民政局局长马祝年作的《关于贯彻执行〈中华人民共和国村民委员会组织法（试行）〉情况的汇报》，市卫生局副局长赵传圣作的《关于实施〈中华人民共和国药品管理法〉情况的汇报》，市教委副主任王法延作的《关于全市职业技术教育发展情况的汇报》，市商委副主任李尔强作的《关于 1989 年新年、春节生活物资安排情况的汇报》；受市人大常委会主任会议委托，副主任王荆玉作的《关于〈潍坊市人大常委会关于代表和人民群众来信来访的处理办法（试行）〉的说明》和《关于增选省七届人大代表的说明》，秘书长常怀义作的《关于召开潍坊市第十一届人民代表大会第二次会议日期的说明》。市人大常委会副主任滕司宪和委员刘惠远、吴楚湘、曲雅亮、刘兆坤、李兆荣、陈会江、冯友敬、王钦、苏乃谦，王铭作联组会议发言。经过审议，会议以举手表决的方式，通过市人大常委会《关于加强民主法制保障治理经济环境、整顿经济秩序、全面深化改革顺利进行的决议》《关于贯彻实施村民委员会组织法（试行）的决议》《关于进一步贯彻执行药品管理法的决议》《关于召开潍坊市第十一届人民代表大会第二次会议日期的决定》；增选张文玉为省七届人大代表。会议确定，对市人大常委会《关于代表和人民群众来信来访的处理办法（试行）》，作为议定稿，由市人大常委会办公室根据委员们审议的意见进行修改后，提请主任会议批准印发。

第六次常委会会议

1989 年 1 月 26 日至 27 日在市政府招待所召开。市人大常委会副主任王灿德、李汉三、王鹤田分别主持全体会议。会议传达学习全省人大工作经验交流会精神，听取审议市人大常委会副主任王荆玉作的市人大常委会代表资格审查委员会《关于补选代表的代表资格审查报告》和《关于补选省七届人大代表的说明》，秘书长常怀义作的《关于市十一届人大二次会议筹备工作情况的报告》。酝酿副主任王鹤田受主任于成凤委托提请的人事任免名单。在分组审议上述报告、说明及相关的决定草案后，议定市人大常委会在市十一届人大二次会议上的工作报告；酝酿审议市十一届人大二次会议建议议程、大会主席团和秘书长建议名单（草案）。经过审议，会议以举手表决的方式，通过《市人大常委会代表资格审查委员会关于补选代表的代表资格的审查报告》《关于调整召开潍坊市第十一届人民代表大会第二次会议日期的决定》、市十一届人大二次会议建议议程、市十一届人大二次会议主席团和秘书长建议名单（草案），补选李春亭、贺迎昌为省七届人大代表。会议以无记名投票表决的方式，通过人事任免事项。于成凤向被任命干部颁发任命书。会议还议定市人大常委会在市十一届人大二次会议上的工作报告，委托于成凤届时向大会作报告。

第二节　第七至第十二次常委会会议

第七次常委会会议

1989 年 3 月 21 日至 24 日在渤海宾馆召开。市人大常委会主任于成凤、副主任王灿德分别主持全体会议。会议在通过议程和日程之后，副主任董建春传达省七届人大二次会议精神。听取审议副市长张文玉代表市政府作的《关于开展执法大检查情况的汇报》；受市政府委托，市司法局局长张春玉作的《关于全市普法教育和依法治市工作情况的汇报》，市计委副主任潘寿海作的《关于清理在建项目压缩固定资产投资规模工作的情况汇报》，市教委副主任王卫东作的《关于〈潍坊市九年制义务教育及十五年普教规划（草案）〉的说明》。副市长张文玉受市长邵桂芳委托，提请人事任免名单。会议根据市人大常委会主任会议《关于改进市人大常委会会议组织工作的几点意见》，分组学习义务教育法和国务院有关清理在建项目、压缩基建规模的文件，审阅有关调查材料。在分组审议市政府的各项汇报、说明及相关的决议草案后，会议还审议市中级人民法院、市人民检察院关于开展执法大检查情况的汇报（书面）；讨论省七届人大二次会议精神的汇报和市人大常委会 1989 年工作计划；审议《关于撤销市人大常委会工作委员会的决定（草案）》；酝酿人事任免名单。市人大常委会主任于成凤，副主任滕司宪、韩理和委员苏乃谦、陈会江、吴开和、满郭强、刘惠远、曲雅亮分别作联组审议发言。经过审议，会议以举手表决的方式，通过《关于实施〈潍坊市九年制义务教育及十五年普教规划〉的决议》《关于撤销市人大常委会工作委员会的决定》；以无记名投票表决的方式，通过人事任免事项。会议还议定市人大常委会 1989 年工作计划。

第八次常委会会议

1989 年 5 月 18 日至 20 日在渤海宾馆召开。市人大常委会主任于成凤、副主任王灿德分别主持全体会议。会议听取审议副市长宋希焕作的《关于潍坊市与美国帕柏罗市建立友好城市关系的汇报》，副市长张文玉作的《关于全市农业生产情况的汇报》；受市政府委托，市公安局局长刘会聚作的《关于全市社会治安工作情况的汇报》，市工商局局长张玉明作的《关于清理整顿公司情况的汇报》；受市人大常委会主任会议委托，副主任王鹤田作的《关于设立市人大常委会人事代表工作室的说明》，副主任王荆玉作的《关于批准逮捕市人大代表翟召生问题的说明》。会议还听取副主任滕司宪作的《关于全国二十城市人大工作座谈会精神和到襄樊、黄石、九江三市学习人大工作经验的情况汇报》，分组学习上级有关清理整顿公司的文件，阅读市人大各专门委员会就有关议题提交的调查报告。市中级人民法院院长高新亭提请人事任命名单。

会议期间，参加会议的全体委员和列席人员，还参加市委召开的市直机关党员干部会议，听取李鹏、杨尚昆在首都党政军干部大会上的讲话录音和市委书记于潮的讲话。会后，于成凤主持召开全体会议，进行座谈讨论。崔功甫、刘兆坤、吴开和、苏乃谦、王钦等委员和于成凤先后发言。

会议联组审议市政府的各项工作汇报，于成凤，王荆玉，委员王铭、常临川、刘惠远、孙绪敬、王世昌、陈会江先后就有关议题发言。经过审议，会议以举手表决的方式，通过《关于潍坊市与美国帕柏罗市结为友好城市的决定》《关于设立市人大常委会人事代表工作室的决定》《关于批准逮捕市人大代表翟召生的决定》以及人事任命事项。

第九次常委会会议

1989 年 7 月 18 日至 22 日在渤海宾馆召开。会议学习讨论中共十三届四中全会文件和中央领导同志的重要讲话以及省、市委全委（扩大）会议精神。市人大常委会副主任李汉三、王鹤田、戴耀西分别传达邓小平的重要讲话、李鹏在四中全会上的报告、江泽民在四中全会闭幕时的讲话以及市委书记于潮在市委六届七次全委（扩大）会议上的讲话。听取市公安局、市中级人民法院、市人民检察院关于潍坊市制止动乱情况的汇报。分组学习讨论四中全会文件和中央领导同志的讲话，审议修改市人大常委会《关于学习贯彻党的十三届四中全会精神的决议（草案）》。委员们就学习贯彻四中全会精神进行联组讨论。市人大常委会副主任王华民、董建春和委员熊金洲、王钦、王慨彰、冯友敬、靳荣光畅谈学习四中全会文件的感想和体会。因病请假的杨翠娥委员向会议提交书面发言。

会议听取审议受市政府的委托，市计委主任徐瑞荣作的《关于上半年潍坊市国民经济和社会发展计划执行情况的汇报》，市财政局局长许学海作的《关于潍坊市1989年财政预算部分变更和上半年财政收支预算执行情况的汇报》，市农委主任潘增贵作的《关于贯彻实施市人大常委会所作〈关于认真贯彻实施土地管理法的决议〉的汇报》，市环保局局长孙守伏作的《关于贯彻执行水污染防治法情况的汇报》，市政府秘书长王本理作的《关于市十一届人大二次会议代表所提建议、批评和意见办理情况的汇报》。会议进行联组审议，市人大常委会副主任王华民和委员孙绪敬、张曙光、刘兆坤、苏承章以及列席会议的刘远东先后就有关议题发言。经过审议，会议以举手表决的方式，通过市人大常委会《关于学习贯彻党的十三届四中全会精神的决议》《关于批准潍坊市1989年财政预算部分变更的决议》《关于进一步贯彻实施水污染防治法的决议》。

第十次常委会会议

1989年9月18日至21日在渤海宾馆召开。会议听取副市长宋希焕作的《关于市政府廉政建设情况的汇报》，市人民检察院检察长李学义作的《关于全市检察机关打击严重经济犯罪情况的汇报》，市中级人民法院院长高新亭作的《关于打击严重经济犯罪情况的汇报》；受市政府委托，市水利局副局长杨佃俊作的《关于贯彻实施水法情况的汇报》，市外经委副主任于锡京作的《关于贯彻实施中外合资经营企业法和中外合作经营企业法情况的汇报》；市人大常委会副主任王鹤田作的《关于制定市人大专门委员会工作（试行）办法的说明》，副主任王荆玉作的《关于潍坊市选举委员会易名和调整其组成人员的说明》。市人大常委会主任会议、市政府分别提请人事任命名单。会议分组审议市政府、市中级人民法院、市人民检察院的工作汇报及相应的决议草案和市人大常委会的有关办法、决议、决定草案，酝酿人事任命名单。在分组审议的基础上，会议联组审议市政府、市中级人民法院、市人民检察院的工作汇报，市人大常委会副主任王荆玉、戴耀西和委员熊金洲、常临川、曲雅亮、刘惠远先后就有关议题发言。经过审议，会议以举手表决的方式，通过市人大常委会《关于进一步贯彻实施水法的决议》《关于潍坊市人民代表大会专门委员会工作的试行办法》《关于潍坊市选举委员会易名为选举工作委员会和调整其组成人员的决定》；以无记名投票表决的方式，通过人事任命事项。

第十一次常委会会议

1989年11月22日至25日在渤海宾馆召开。会议传达中共十三届五中全会文件，进行分组学习讨论，并审议市人大常委会《关于认真学习贯彻党的十三届五中全会精神的决议（草案）》。会议听取受市政府委托，市沿海经济综合开发办公室主任于庆璋作的《关于沿海经济综合开发情况的汇报》，市工商局局长张玉明作的《关于贯彻实施商标法情况的汇报》，市科委主任李海德作的《关于贯彻实施专利法情况的汇报》，副市长房忠昌作的《关于我市与牡丹江市友好交往情况的汇报》；市人大常委会副主任王荆玉作的《关于召开潍坊市第十一届人民代表大会第三次会议的说明》。市审计局局长曲山绪、市监察局局长张启志分别作述职报告。会议分组审议市政府的各项工作汇报及相应的决议草案、市人大常委会的说明及决定草案，评议两位局长的述职报告；联组审议市政府的工作汇报，委员张曙光、苏承章、刘惠远、陈会江、冯友敬先后在联组会上作审议发言。经过审议，会议以举手表决的方式，通过市人大常委会《关于认真学习贯彻党的十三届五中全会精神的决议》《关于进一步贯彻实施〈中华人民共和国商标法〉的决议》《关于召开潍坊市第十一届人民代表大会第三次会议的决定》。

第十二次常委会会议

1990年1月9日至10日上午在潍坊宾馆召开。会议听取审议市人大常委会秘书长常怀义作的《关于市十一届人大三次会议筹备工作情况的汇报》，市人大常委会副主任王鹤田作的《关于潍坊市人民代表大会议事规则草案的说明》，副主任王荆玉作的《市人大常委会代表资格审查委员会关于增补代表的代表资格审查报告》《关于增补省七届人大代表的说明》。市长邵桂芳提请人事任免名单。会议分组讨论议定市人大常委会在市十一届人大三次会议上的工作报告，讨论修改《潍坊市人民代表大会议事规则（草案）》，审议市十一届人大三次会议议程（草案）和各项汇报、说明及相关的决定（草案），市十一届人大三次会议日程（草案）、大会主席团和秘书长名单（草案）及增补省七届人大代表名单和人事任免名单。经过审议，会议以举手表决的方式，通过市十一届人大三次会议议程（草案），市十一届人大三次会议主席团及秘书长名单（草案），市人大常委会代表资格审查委员会《关于增补代表的代表资格审查报告》《潍坊市人民代表大会议事规则（草案）》；以无记名投票的方式，通过增补的两名省七届人大代表，决定人事任免事项。会议还议定市人大常委会在市十一届人大三次会议上的工作报告，委托主任于成凤届时向大会作报告。

第三节　第十三至第二十次常委会会议

第十三次常委会会议

1990年3月15日至17日在渤海宾馆召开。会议分组学习中共十三届六中全会精神。市人大常委会副主任董建春传达省七届人大三次会议精神。会议听取审议受市政府委托，市计委副主任王天远作的《关于潍坊市1990年国民经济和社会发展计划（草案）的说明》，市财政局副局长潘耀贵作的《关于潍坊市1989年财政决算和1990年财政预算（草案）的说明》，市司法局局长张春玉作的《关于1989年全市普法教育和依法治市工作情况及1990年安排意见的汇报》；市人大常委会副主任王荆玉作的《关于补选代表的代表资格的审查报告》；副市长邹立健作的《关于市级工业管理机构深化改革意见的说明》。受市长邵桂芳委托，副市长邹立健提请人事任免名单；市人民检察院检察长李学义提请拟批准任命的部分县区检察长名单。经过审议，会议采用举手表决的方式，通过《关于批准潍坊市1990年国民经济和社会发展计划的决议》《关于批准潍坊市1989年财政决算和1990年财政预算的决议》；通过《市人大常委会代表资格审查委员会关于补选代表资格的审查报告》。会议采用无记名投票表决的方式，通过人事任免事项。

第十四次常委会会议

1990年5月15日至16日在渤海宾馆召开。会议听取审议受市政府委托，市科委主任李海德作的《关于“科技兴潍”战略纲要的说明》，市矿产资源管理局局长吕世荣作的《关于贯彻实施矿产资源法及其配套法规的情况汇报》；市人大常委会副主任、市选举工作委员会副主任王荆玉作的《关于全市县乡两级人民代表大会换届选举工作情况的汇报》。副市长邹立健提交《关于潍坊市与牡丹江市缔结友好城市的情况汇报（书面）》。会上，市人大常委会、市政府、市中级人民法院、市人民检察院分别提请人事任免名单。会议在对各项议题和人事任免名单进行审议和酝酿的基础上，以举手表决的方式，通过《关于进一步贯彻实施〈中华人民共和国矿产资源法〉的决议》《关于确认潍坊市与牡丹江市结为友好城市的决定》；采用无记名投票表决的方式，决定人事任免事项。副主任王灿德受主任于成凤的委托，向被任命干部颁发任命书。被任命的市商业委员会主任李尔强、市第二轻工业局局长杜世兴、市中级人民法院副院长李清树作任职发言。

第十五次常委会会议

1990年7月19日至21日在渤海宾馆召开。会议听取审议受市政府委托，市计划委员会主任徐瑞荣作的《关于潍坊市1990年上半年国民经济和社会发展计划执行情况的报告》，市财政局局长董法进作的《关于潍坊市1990年上半年财政预算执行情况的报告》，市乡镇企业管理局局长马相勤作的《关于我市乡镇企业情况和今后意见的汇报》，市环境保护局局长孙守伏作的《贯彻落实市人大常委会〈关于进一步贯彻实施水污染防治法的决议〉的情况的汇报》，市政府秘书长王本理作的《关于市十一届人大三次会议代表议案及建议、批评、意见办理情况的汇报》；市人大财政经济委员会副主任委员刘惠远作的《关于赴九江、无锡等地学习考察对财政预决算监督和管理经验情况的汇报》。市中级人民法院、市人民检察院分别提请人事任免名单。会议在对市政府的各项工作汇报和人事任免名单进行审议和酝酿的基础上，以无记名投票表决的方式，通过人事任免事项。

第十六次常委会会议

1990年9月18日至21日在渤海宾馆召开。会议听取副市长张文玉作的《关于〈中华人民共和国行政诉讼法〉实施前准备工作情况的汇报》，市中级人民法院院长高新亭作的《关于学习宣传行政诉讼法及实施意见的汇报》；受市政府委托，市经委主任刘远顺作的《关于工业产品结构调整情况的汇报》，市建委主任于金桴作的《关于学习宣传和贯彻实施中华人民共和国城市规划法情况的汇报》，市卫生局副局长赵传圣作的《关于传染病防治法贯彻实施情况的汇报》；市人大常委会副主任王鹤田作的《关于修改〈潍坊市人民代表大会常务委员会人事任免试行办法〉部分条款的说明》。市人大教育科学文化卫生委员会、市政府分别提交《关于市十一届人大第三次会议主席团交付的第六号议案审议结果的报告》《关于对部分代表建议意见办理情况的汇报》。市经委主任刘远顺、市公安局局长刘会聚分别作述职报告。市人大常委会、市政府和市中级人民法院分别提请人事任免名单。会议分组学习有关法律和文件材料；分组审议各项汇报、报告和决议、决定草案；评议述职报告；酝酿人事任免名单。经过审议，会议以举手表决的方式，通过《关于贯彻实施行政诉讼法的决议》《关于市十一届人大第三次会议主席团交付的第六号议案审议结果的报告》《关于修改〈潍坊市人民代表大会常务委员会人事任免试行办法〉部分条款的决定》；以无记名投票表决的方式，通过人事任免事项。

第十七次常委会会议

1990年11月6日至7日在渤海宾馆召开。会议听取审议市科委主任李海德受市政府委托作的《关于“科技兴潍”战略纲要（草案）修改情况的说明》，市人大财政经济委员会副主任委员刘惠远作的《关于潍坊市人大常委会关于财政预决算监督的暂行办法（草案）的说明》，市人大常委会副主任王荆玉作的《关于潍坊市乡镇人民代表大会主席团工作试行办法（草案）的说明》，副市长邹立健作的《关于进一步加强和完善市级农业管理机构方案的汇报》。市人大常委会、市政府、市中级人民法院、市人民检察院分别提请人事任免名单。经过审议，会议以举手表决的方式，通过《关于潍坊市“科技兴潍”战略纲要的决议》《关于财政预决算监督的暂行办法》《潍坊市乡镇人民代表大会主席团工作试行办法》；以无记名投票表决的方式，通过人事任免事项。市人大常委会主任于成凤向被任命干部颁发任命书。被任命的 8 名市政府组成人员分别作供职发言。会议结束时，市人大常委会秘书长常怀义就开展“潍坊人大工作十年”总结宣传活动的情况，向与会人员作通报。

第十八次常委会会议

1991 年 1 月 28 日至 30 日在潍坊召开。会议听取审议市政府《关于 1990 年农村经济工作情况的汇报》《关于潍坊市 1990 年财政预算执行情况的汇报》《关于春节节日市场安排情况的汇报》《关于潍坊市市树、市花评定情况的汇报》《关于潍坊市与北京市宣武区建立友好市区关系的情况汇报》。经过审议，会议作出《关于市树、市花的决定》，决定国槐为市树，月季和菊花为市花；作出《关于确认潍坊市与北京市宣武区结为友好市区的决定》；通过《关于增补代表的代表资格审查报告》。会议补选严明仁为山东省第七届人民代表大会代表，决定人事任免事项。

第十九次常委会会议

1991 年 3 月 21 日至 23 日在潍坊召开。会议听取审议市政府《关于治理乱收费、乱罚款和各种摊派工作情况的汇报》《关于第一个五年普法工作情况和第二个五年法制宣传教育规划的汇报》。经过审议，会议作出《关于坚决制止乱收费、乱罚款和各种摊派的决议》《关于在全市公民中进行第二个五年法制宣传教育的决议》《关于召开潍坊市第十一届人民代表大会第四次会议的决定》。会议决定任命徐鉴为副市长，还通过其他人事任免事项。

第二十次常委会会议

1991 年 4 月 26 日至 27 日在潍坊召开。会议听取审议市人大常委会《关于市十一届人大四次会议筹备工作情况的汇报》；议定市人大常委会在市十一届人大四次会议上的工作报告，通过市十一届人大四次会议议程（草案）、大会主席团和秘书长名单（草案），原则通过会议列席人员名单。

第四节　第二十一至第二十五次常委会会议

第二十一次常委会会议

1991 年 7 月 16 日至 19 日在潍坊召开。会议听取审议市政府《关于全市计划生育工作情况的汇报》《关于库区移民工作情况的汇报》《关于贯彻落实市人大常委会关于进一步贯彻实施矿产资源法的决议情况的汇报》《关于潍坊市 1991 年上半年国民经济和社会发展计划执行情况的汇报》《关于潍坊市 1991 年上半年财政预算执行情况的汇报》；市人民检察院《关于全市反贪污贿赂斗争情况的汇报》；市人大常委会《关于办理市十一届人大四次会议代表所提三项议案的说明》。经过审议，会议作出《关于学习贯彻江泽民同志在庆祝中国共产党成立七十周年大会上的讲话的决议》《关于进一步加强计划生育工作的决议》《关于办理市十一届人大四次会议代表所提三项议案的决定》。会议决定接受常临川辞去市人大常委会委员职务的请求，决定任命綦敦祥为副市长，还通过其他人事任免事项。

第二十二次常委会会议

1991 年 9 月 16 日至 18 日在潍坊召开。会议开始前，新任中共潍坊市委书记赵长风、副书记张文玉到会讲话。会议听取审议市政府《关于建立健全农村社会化服务体系情况的汇报》《关于贯彻执行文物保护法情况的汇报》《关于当前公安工作和社会治安情况的汇报》《关于市十一届人大四次会议代表议案及建议、批评和意见办理情况的汇报》《关于潍坊市与内蒙古呼伦贝尔盟缔结友好市盟协议的情况汇报》。经过审议，会议作出《关于确认潍坊市与呼伦贝尔盟结为友好市盟的决定》。会议决定接受邵桂芳辞去市长职务、张文玉辞去副市长职务、高新亭辞去市中级人民法院院长职务的请求；决定任命齐乃贵为潍坊市副市长、代理市长，王伯祥为副市长，隋华堂为市中级人民法院副院长、代理院长，并决定其他人事任免事项。新任命的副市长、代理市长齐乃贵作表态发言。

第二十三次常委会会议

1991年11月26日至28日在潍坊召开。会议听取审议市政府《关于搞好大中型企业情况的汇报》《关于贯彻实施技术合同法和山东省技术市场管理条例情况的汇报》《关于贯彻实施残疾人保障法情况的汇报》《关于畜牧业生产发展情况的汇报》《关于开展打击卖淫嫖娼和拐卖妇女儿童斗争情况的汇报》《关于市十一届人大四次会议代表所提三项议案办理情况的汇报》；听取评议市商委主任、市教委主任的述职报告。经过审议，会议作出《关于认真贯彻实施技术合同法的决议》《关于贯彻实施残疾人保障法的决议》《关于贯彻实施全国人大常委会〈关于严禁卖淫嫖娼的决定〉和〈关于严惩拐卖绑架妇女儿童的犯罪分子的决定〉的决议》。会议确定，下次会议再次听取市政府关于代表所提三项议案办理情况的汇报，并作出相应的决议。会议还决定人事任免事项。

第二十四次常委会会议

1992年1月11日至13日在潍坊召开。会议听取审议市政府《关于贯彻实施种子管理条例情况的汇报》《关于贯彻实施归侨侨眷权益保护法情况的汇报》《关于市十一届人大四次会议代表所提三项议案办理情况的汇报》；市中级人民法院《关于经济审判工作情况的汇报》。经过审议，会议作出《关于认真贯彻落实〈中共中央关于进一步加强农业和农村工作的决定〉的决议》《关于办理市十一届人大四次会议第1号、第11号、第12号议案的决议》《关于召开潍坊市第十二届人民代表大会第五次会议的决定》；通过《关于补选代表的代表资格审查报告》；原则通过关于治理潍河、白浪河、虞河、弥河水污染的方案。会议补选谢金城为山东省第七届人民代表大会代表；决定接受王汉兴、张曙光辞去市人大常委会委员职务的请求；决定任命王玉芬为副市长。

第二十五次常委会会议

1992年3月15日至16日在潍坊召开。会议听取审议市人大常委会《关于市十一届人大五次会议筹备工作情况的汇报》。经过审议，会议作出《关于潍坊市第十一届人民代表大会第五次会议召开日期的决定》；通过关于补选刘文聚为市人大代表的资格审查报告，市十一届人大五次会议议程（草案）、大会主席团和秘书长名单（草案）及列席人员名单；议定市人大常委会在市十一届人大五次会议上的工作报告。会议决定任命赵凤池、肖长华为副市长，并决定其他人事任免事项。

第五节　第二十六至第三十一次常委会会议

第二十六次常委会会议

1992年5月26日至28日在潍坊召开。会议听取审议市政府《关于潍坊市对外开放情况及今后意见的汇报》《关于1991年普法教育依法治市工作情况和1992年工作意见的汇报》《关于制定预算外资金管理暂行办法情况的汇报》《关于潍坊市拟与延安地区结为友好市地的情况汇报》。经过审议，会议作出《关于贯彻实施代表法的决议》《关于充分发挥职能作用保障和促进对外开放的决议》《关于潍坊市与延安地区结为友好市地的决定》《关于增补市人大法制委员会等组成人员的决定》。会议还决定人事任免事项。

第二十七次常委会会议

1992年7月22日至24日在潍坊召开。会议听取审议市政府《关于建设高新技术产业开发区情况的汇报》《关于贯彻实施企业法情况的汇报》《关于贯彻实施行政诉讼法情况的汇报》；听取评议市农委主任、市建委主任的述职报告。经过审议，会议作出《关于深入贯彻实施全民所有制工业企业法的决议》，决定人事任免事项。

第二十八次常委会会议

1992年9月17日至19日在潍坊东郊宾馆召开。会议听取审议市政府《关于潍坊市城镇住房制度改革实施方案（草案）的说明》《关于潍坊市乡镇企业发展情况的汇报》《关于市十一届人大五次会议代表所提议案及建议批评和意见办理情况的汇报》《关于贯彻实施海关法情况的汇报》；听取评议市交委主任、市科委主任的述职报告。经过审议，会议作出《关于潍坊市城镇住房制度改革实施方案的决定》《关于潍坊市第十二届人民代表大会代表名额和选举问题的决定》《关于调整市选举工作委员会组成人员的决定》《关于调整市人大常委会代表资格审查委员会组成人员的决定》；通过《关于潍坊市选举工作委员会关于1993年全市各级人大换届选举工作安排意见》。

第二十九次常委会会议

1992年11月11日至13日在潍坊召开。会议听取审议市政府《关于全市农业和农村工作情况的汇报》《关于贯彻实施全民所有制工业企业转换经营机制条例情况的汇报》；听取评议市财政局局长的述职报告；决定人事任免事项。会议结束时，市人大常委会主任于潮就学习贯彻中共十四大精神讲话。

第三十次常委会会议

1993年1月12日至14日在潍坊召开。会议听取审议市政府《关于全市发展第三产业情况的汇报》《关于潍坊市拟与韩国安养市结为友好城市关系、拟与新疆维吾尔自治区喀什地区和山东省临沂地区结为友好市地的情况汇报》；听取评议市税务局局长、市技术监督局局长的述职报告。经过审议，会议作出《关于加快发展第三产业的决议》《关于召开潍坊市第十二届人民代表大会第一次会议的决定》《关于潍坊市与新疆维吾尔自治区喀什地区结为友好市地的决定》《关于潍坊市与我省临沂地区结为友好市地的决定》；议定市人大常委会在市十二届人大一次会议上的工作报告。会议决定任命王大海、王秀娟为副市长，决定接受邹立健辞去副市长职务的请求，并决定其他人事任免事项。

第三十一次常委会会议

1993年3月5日在潍坊召开。会议听取审议市人大常委会《关于全市各级人大换届选举工作情况的汇报》《关于市十二届人大一次会议筹备工作情况的汇报》。经过审议，会议通过《关于市十二届人民代表大会代表资格的审查报告》，市十二届人大一次会议议程（草案）、大会主席团和秘书长名单（草案）、议案审查委员会和预算委员会名单（草案）、列席人员名单等。会议还决定人事任免事项。

第三章 潍坊市第十二届人民代表大会常务委员会会议

潍坊市第十二届人大常委会共召开全体会议 39 次。其中，市十二届人大第一次会议闭幕后至市十二届人大第二次会议开幕前共召开 9 次；市十二届人大第二次会议闭幕后至市十二届人大第三次会议开幕前共召开 8 次；市十二届人大第三次会议闭幕后至市十二届人大第四次会议开幕前共召开 7 次；市十二届人大第四次会议闭幕后至市十二届人大第五次会议开幕前共召开 8 次；市十二届人大第五次会议闭幕后至市十三届人大第一次会议开幕前共召开 7 次。

第一节 第一至第九次常委会会议

第一次常委会会议

1993 年 4 月 7 日至 9 日在渤海宾馆召开。会议学习宪法和地方组织法、代表法等法律，研究决定人大常委会自身建设问题。经过审议，会议通过《市人大常委会主任会议议事规则》《市人大常委会议事规则》《市人大常委会联系代表办法》《市人大常委会人事任免办法》《关于设立法制、财政经济、农村经济、教育科学文化卫生、城市建设环境保护 5 个工作委员会的决定》《关于设立代表资格审查委员会的决定》。会议决定任命孙志明为副市长，还决定其他人事任免事项。会议结束时，孙嘉炼就加强人大常委会的自身建设讲话，同时向被任命的地方国家机关工作人员提出希望和要求。

第二次常委会会议

1993 年 6 月 3 日在渤海宾馆召开。会议酝酿人事任免名单。经过表决，会议决定任命赵凤池为副市长，并决定其他人事任免事项。会议结束时，孙嘉炼就认真学习贯彻江泽民同志关于人大工作的重要讲话、推动人大工作不断发展等讲话。

第三次常委会会议

1993 年 6 月 28 日至 29 日在潍坊樱桃园宾馆召开。会议听取审议市政府《关于全市农业和农村工作情况的汇报》《关于贯彻落实全民所有制工业企业转换经营机制条例情况的汇报》《关于全市体育工作情况的汇报》。经过审议，会议作出《关于坚决维护农民利益切实减轻农民负担的决议》《关于进一步贯彻实施全民所有制工业企业转换经营机制条例的决议》《关于进一步加强市人大常委会自身建设的决定》；通过《市人大常委会信访处理办法》。会议还决定人事任免事项。会议结束时，孙嘉炼就贯彻落实好本次会议所作的有关决议讲话。

第四次常委会会议

1993 年 8 月 25 日至 26 日在渤海宾馆召开。会议听取审议市政府《关于市十二届人大一次会议代表所提议案和建议意见办理工作情况的汇报》《关于潍坊市 1993 年上半年国民经济和社会发展计划执行情况的汇报》《关于潍坊市 1993 年上半年财政预算执行情况的汇报》；市中级人民法院《关于经济审判工作情况的汇报》；市人民检察院《关于全市反贪污贿赂斗争情况的汇报》。会议结束时，孙嘉炼就做好新形势下的监督工作讲话。

第五次常委会会议

1993年10月27日至28日在渤海宾馆召开。会议听取审议市政府《关于对外经贸工作情况的汇报》《关于全市发展乡镇企业工作情况的汇报》《关于全市社会治安综合治理工作情况的汇报》《关于全市普法教育和依法治理工作情况的汇报》。经过审议，会议通过《市人大常委会关于加强对所作决议决定和审议意见落实情况的检查监督办法》。会议决定任命周少华为副市长，并决定其他人事任免事项。会议结束时，孙嘉炼就进一步做好代表工作讲话。

第六次常委会会议

1993年12月27日至29日在渤海宾馆召开。会议听取审议市政府《关于全市工业生产发展情况的汇报》《关于全市实施"科教兴潍"战略纲要情况的汇报》《关于全市深入开展反腐败斗争加强廉政建设情况的汇报》《关于贯彻执行市人大常委会〈关于坚决维护农民利益切实减轻农民负担的决议〉情况的汇报》《关于全市城镇住房制度改革工作情况的汇报》；听取评议市交委主任、市环保局局长、市物价局局长、市民政局局长、市广播电视局局长的述职报告。经过审议，会议作出《关于召开潍坊市第十二届人民代表大会第二次会议的决定》。会议补选赵为杰、朱荣为山东省第八届人民代表大会代表；决定接受刘明珂辞去市人大常委会委员职务的请求；决定任命刘彬忠、仇日华为副市长，并决定其他人事任免事项。会议结束时，孙嘉炼就加强对被任命干部监督以及市人大常委会换届以来的工作情况讲话。

第七次常委会会议

1994年2月2日在市人大机关会议室召开。会议补选齐乃贵为山东省第八届人民代表大会代表。

第八次常委会会议

1994年2月22日至23日在渤海宾馆召开。会议听取市人大常委会《关于市十二届人大二次会议筹备工作情况的汇报》。经过审议，会议通过《关于补选代表的代表资格审查报告》，市十二届人大二次会议议程（草案）、会议主席团和秘书长名单（草案）、议案审查委员会和预算委员会名单（草案）及列席人员名单；议定市人大常委会在市十二届人大二次会议上的工作报告。

第九次常委会会议

1994年3月7日在市人大机关会议室召开。会议听取审议市政府《关于变更1993年财政支出预算的建议》。经过审议，会议作出《关于变更全市1993年财政支出预算的决定》。

第二节　第十至第十七次常委会会议

第十次常委会会议

1994年4月28日至29日在渤海宾馆召开。会议听取审议市政府《关于潍坊市城市远景规划编制情况的汇报》《关于全市个体私营经济发展情况的汇报》；市人民检察院《关于在反腐败斗争中查办大案要案工作情况的汇报》。经过审议，会议作出《关于大力发展个体私营经济的决议》。会议决定接受靳荣光辞去市人大常委会委员职务的请求，并决定其他人事任免事项。 会议结束时，孙嘉炼就做好维护社会稳定工作讲话。

第十一次常委会会议

1994年6月29日至30日在渤海宾馆召开。会议听取审议市政府《关于贯彻实施〈中华人民共和国农业法〉情况的汇报》《关于贯彻实施会计法情况的汇报》《关于潍坊市高新技术产业开发区工作情况的汇报》《关于加快城镇住房制度改革实施意见（试行）制订情况的汇报》《关于潍坊市与上海市虹口区缔结友好市区的情况汇报》《关于潍坊市与福建省厦门市缔结友好城市的情况汇报》；市中级人民法院《关于民事审判工作情况的汇报》。经过审议，会议作出《关于潍坊市与上海市虹口区结为友好市区的决定》《关于潍坊市与厦门市结为友好城市的决定》。会议还决定人事任免事项。

第十二次常委会会议

1994年8月5日在渤海宾馆召开。会议听取审议市政府《关于设立奎文区工作情况的汇报》。经过审议，会议作出《关于设立奎文区变动行政规划中有关人民代表大会几个问题的决定》。会议还决定人事任免事项。

第十三次常委会会议

1994年8月29日至31日在渤海宾馆召开。会议听取审议市政府《关于潍坊市1994年上半年国民经济和社会发展计划执行情况的汇报》《关于潍坊市1994年上半年财政预算执行情况的汇报》《关于全市扫黄打非工作情况的汇报》《关于市十二届人大二次会议代表所提议案和建议意见办理工作情况的汇报》；听取评议市教委主任、市司法局局长、市水利局局长的述职报告。会议还决定人事任免事项。

第十四次常委会会议

1994年10月26日至28日在渤海宾馆召开。会议听取审议市政府《关于市区水源地保护工作情况的汇报》《关于全市企业公司制改造情况的汇报》《关于全市乡镇企业工作情况的汇报》《关于贯彻实施教师法情况的汇报》；听取评议市建委主任、市计生委主任、市畜牧局局长的述职报告。经过审议，会议作出《关于加强潍坊市市区水源地保护的决议》。会议还决定人事任免事项。会议结束时，孙嘉炼就学习贯彻中共十四届四中全会精神、进一步做好人大工作讲话。

第十五次常委会会议

1994年12月26日至27日在渤海宾馆召开。会议听取审议市政府《关于贯彻实施反不正当竞争法情况的汇报》《关于潍坊市1994年财政预算变更情况的汇报》《关于农村经济发展和减轻农民负担工作情况的汇报》。经过审议，会议作出《关于变更全市1994年财政预算的决定》《关于召开潍坊市第十二届人民代表大会第三次会议的决定》《关于对赵玉芝一案设立特定问题调查委员会的决定》。会议结束时，孙嘉炼就市人大常委会1994年的工作情况和1995年的工作安排讲话。

第十六次常委会会议

1995年1月24日在市人大常委会机关会议室召开。会议听取审议市人大常委会副主任刘文聚作的《关于补选省八届人大代表的说明》。会议补选赵锦良为山东省第八届人民代表大会代表。

第十七次常委会会议

1995年2月13日在潍坊宾馆召开。会议听取审议市人大常委会秘书长尹世炘作的《关于市十二届人大三次会议筹备工作情况的汇报》，市人大常委会副主任刘文聚作的《关于补选代表的代表资格审查报告》，副主任任柏榴作的《关于赵玉芝等人刑讯逼供一案调查情况的汇报》。经过审议，会议通过《市人大常委会代表资格审查委员会关于补选代表的代表资格审查报告》；拟定将要提交市十二届人大三次会议预备会议通过的市十二届人大三次会议议程（草案）、主席团和秘书长名单（草案）、预算委员会和议案审查委员会名单（草案）；决定市十二届人大三次会议列席人员；议定市人大常委会在市十三届人大三次会议上的工作报告。会议还表决通过《关于对赵玉芝一案特定问题调查处理的决定》。

第三节　第十八至第二十四次常委会会议

第十八次常委会会议

1995年4月27日至28日在潍坊宾馆召开。会议听取审议市政府《关于全市利用外资发展“三资”企业工作情况的汇报》《关于建立执法责任制情况的汇报》《关于潍坊市与海南省海口市缔结友好城市的情况汇报》《关于潍坊市与新疆哈密地区缔结友好市地的情况汇报》，以及市中级人民法院、市人民检察院《关于建立执法责任制工作情况的汇报》；会议还听取市政府《关于贯彻实施城市市容和环境卫生管理条例情况的汇报》。经过审议，会议通过《关于市级国家机关实行执法责任制的决定》《潍坊市人大常委会对司法机关实行错案责任追究的试行办法》《关于潍坊市与海南省海口市结为友好城市的决定》《关于潍坊市与新疆维吾尔自治区哈密地区结为友好市地的决定》。会议还决定人事任免事项。会议结束时，孙嘉炼就国家机关中实行执法责任制讲话。

第十九次常委会会议

1995年6月22日至23日在渤海宾馆召开。会议听取审议市政府《关于潍坊市1994年市级财政决算〈草案〉的报告》《关于全市加强廉政建设和纠正行业不正之风工作情况的汇报》《关于贯彻实施科学技术进步法和省科学技术进步条例情况的汇报》《关于贯彻实施水法情况的汇报》《关于教育、计划生育、民政部门纠正行业不正之风制止乱收费情况的汇报》《关于潍坊市与韩国安养市缔结友好城市的情况汇报》；会议还听取市政府《关于贯彻实施矿产资源法和矿产资源补偿费征收管理规定情况的汇报》。经过审议，会议通过《关于批准潍坊市1994年市级财政决算的决议》《关于潍坊市与韩国安养市结为友好城市的决定》。会议还决定人事任免事项。

第二十次常委会会议

1995年8月24日至25日在渤海宾馆召开。会议听取审议市政府《关于市十二届人大三次会议代表所提议案和建议意见办理工作情况的汇报》《关于潍坊市1995年上半年国民经济和社会发展计划执行情况的汇报》《关于潍坊市1995年上半年财政预算执行情况的汇报》；市中级人民法院《关于行政审判工作情况的汇报》；市人大常委会《关于授予“潍坊人民勋章”的办法（草案）的说明》《关于终止实施〈潍坊市乡镇人民代表大会主席团工作试行办法〉的说明》。市人大常委会主任会议书面提交《关于授予王建章和追授邵述衡“潍坊人民勋章”的议案》。会议还听取评议市经委主任辛丕宏、市人事局局长安德仁的述职报告。经过审议，会议通过《关于授予“潍坊人民勋章”的办法》《关于终止实施潍坊市乡镇人民代表大会主席团工作试行办法的决定》《关于授予王建章和追授邵述衡“潍坊人民勋章”的决定》。会议还决定人事任免事项。本次会议首次设立公民旁听席，共有6名公民参加会议旁听。

第二十一次常委会会议

1995年10月24日至25日在渤海宾馆召开。会议听取审议市政府《关于贯彻市人大常委会〈关于加强潍坊市市区水源地保护的决议〉和治理水污染情况的汇报》《关于贯彻实施土地管理法情况的汇报》《关于贯彻实施义务教育法情况的汇报》；市人民检察院《关于全市法纪检察工作情况的汇报》。会议还听取市政府《关于搞好国有大中型企业工作情况的汇报》；听取评议市监察局局长刘延禄、市劳动局局长刘启俊、市广播电视局局长李广志的述职报告。会议结束时，孙嘉炼就学习贯彻中共十四届五中全会精神讲重要意见。

第二十二次常委会会议

1995年12月25日至26日在渤海宾馆召

开。会议听取审议市政府《关于贯彻实施劳动法情况的汇报》《关于全市开展打击严重刑事犯罪斗争情况的汇报》；市人大常委会主任会议书面提交的《关于召开潍坊市第十二届人民代表大会第四次会议的决定（草案）》和市人大常委会1996年工作计划（讨论稿）。经过审议，会议通过《关于召开潍坊市第十二届人民代表大会第四次会议的决定》，议定市人大常委会1996年工作计划。会议结束时，孙嘉炼就常委会1995年工作情况和1996年的工作安排讲话。

第二十三次常委会会议

1996年2月1日在渤海宾馆召开。会议听取审议《市人大常委会关于推迟召开市十二届人大四次会议的说明》。经过审议，会议通过《关于推迟召开潍坊市第十二届人民代表大会第四次会议的决定》；议定市人大常委会在市十二届人大四次会议上的工作报告；决定人事任免事项。

第二十四次常委会会议

1996年2月29日在渤海宾馆召开。会议听取审议市人大常委会副秘书长王海亭作的《关于市十二届人大四次会议筹备工作情况的汇报》，听取审议并通过市人大常委会代表资格审查委员会《关于补选代表的代表资格审查报告》；拟定市十二届人大四次会议议程（草案）、会议主席团和秘书长名单（草案）、会议议案审查委员会和计划预算委员会名单（草案）；决定市十二届人大四次会议列席人员；通过《关于撤销祝培信的潍坊市化学工业局局长职务的决定》。

第四节　第二十五至第三十二次常委会会议

第二十五次常委会会议

1996年4月27日在渤海宾馆召开。会议听取审议市政府《关于贯彻执行税收征收管理法情况的汇报》《关于贯彻实施山东省禁止赌博条例情况的汇报》《关于全市乡镇企业工作情况的汇报》。会议决定人事任免事项。

第二十六次常委会会议

1996年6月26日至28日在渤海宾馆召开。会议听取审议市政府《关于潍坊市1995年市级财政决算（草案）的报告》《关于潍坊市1995年市级财政预算执行和其他财政收支的审计工作报告》；《市人大常委会关于深入开展依法治市的决议草案的说明》；市农委、市教委、市计生委、市卫生局、市民政局、市公安局、市司法局和市中级人民法院、市人民检察院《关于评议整改工作情况的汇报》；审议市人大常委会主任会议书面提交的《关于向代表述职并接受代表评议的安排意见（讨论稿）》和市人大常委会述职报告（议定稿）。经过审议，会议通过《关于批准潍坊市1995年市级财政决算的决议》《关于深入开展依法治市的决议》，市人大常委会《关于向代表述职并接受代表评议的安排意见》，议定市人大常委会述职报告，并决定人事任免事项。

第二十七次常委会会议

1996年7月12日在潍坊市委会议厅召开。会议听取审议市政府《关于潍坊市政府机构改革有关情况的报告》。会议决定人事任免事项。

第二十八次常委会会议

1996年8月26日至27日在渤海宾馆召开。会议听取审议市政府《关于市十二届人大第四次会议代表所提议案和建议意见办理工作情况的汇报》《关于潍坊市1996年上半年国民经济和社会发展计划执行情况的汇报》《关于潍坊市1996年上半年财政预算执行情况的汇报》《关于贯彻实施城市房地产管理法情况的汇报》；市人民检察院《关于全市检察机关反腐败查办大案要案工作情况的汇报》；审议市人大常委会主任会议提交的潍坊市人大常委会整改工作意见（草案）。经过审议，会议通过《潍坊市人大常委会整改工作意见》。会议还决定人事任免事项。

第二十九次常委会会议

1996 年 10 月 21 日至 23 日在渤海宾馆召开。会议听取审议市政府《关于打击生产和经销假冒伪劣商品违法行为工作情况的汇报》《关于潍坊市“二五”普法规划的汇报》《关于全市贯彻实施“科教兴潍”战略纲要情况的汇报》《关于贯彻实施体育法情况的汇报》《关于贯彻实施森林法情况的汇报》；市人大常委会《关于视察打击生产和经销假冒伪劣商品违法行为工作情况的报告》《关于设立市人大常委会调查研究室的说明》；市中级人民法院《关于执行工作情况的汇报》。会议听取评议市政府秘书长、市科委主任、市规划国土局局长、市工商局局长的述职报告。经过审议，会议作出《关于坚决打击生产和经销假冒伪劣商品违法行为的决议》《关于在全市公民中开展第三个五年法制宣传教育的决议》《关于设立市人大常委会调查研究室的决定》。议定《关于认真学习贯彻中共十四届六中全会精神的通知》。会议还决定人事任免事项。会议结束时，市人大常委会副主任任柏榴就学习贯彻中共十四届六中全会精神讲话。

第三十次常委会会议

1996 年 12 月 18 日至 20 日在金利大厦召开。会议听取审议市政府《关于全市水污染防治工作情况的汇报》《关于贯彻实施经济合同法情况的汇报》《关于预算外资金管理使用情况的汇报》《关于全市农村经济发展情况的汇报》；市人大常委会《关于讨论决定重大事项的暂行规定（草案）的说明》《关于授予王焕新、林开祥“潍坊人民勋章”的议案》。会议听取评议副市长王光明和市外经贸委主任、市审计局局长、市地质矿产局局长、市农业机械管理局局长的述职报告。经过审议，会议作出《关于加强预算外资金监督管理的决议》《关于召开潍坊市第十二届人民代表大会第五次会议的决定》；通过《关于讨论决定重大事项的暂行规定》；议定《潍坊市人大常委会 1997 年工作计划》。会议决定授予王焕新、林开祥“潍坊人民勋章”；补选刘伟为山东省第八届人民代表大会代表；决定人事任免事项。会议结束时，孙嘉炼就市人大常委会 1996 年的工作情况和 1997 年的工作安排讲话。

第三十一次常委会会议

1997 年 1 月 2 日在市人大机关会议室召开。会议听取审议临朐县检察院《关于拟对市人大代表徐元福刑事拘留的情况报告》。经过审议表决，会议通过《关于停止市人大代表徐元福代表职务并许可对其刑事拘留的决定》。

第三十二次常委会会议

1997 年 1 月 27 日在渤海宾馆召开。会议听取审议市政府《关于潍坊市与澳大利亚东吉普斯兰市缔结友好城市的汇报》；市人大常委会秘书长王海亭作的《关于市十二届人大五次会议筹备工作情况的汇报》，市人大常委会代表资格审查委员会《关于补选代表的代表资格审查报告》。经过审议，会议表决通过《关于潍坊市与澳大利亚东吉普斯兰市结为友好城市的决定》《关于补选代表的代表资格审查报告》；议定市人大常委会在市十二届人大五次会议上的工作报告；拟定市十二届人大五次会议议程（草案）、会议主席团和秘书长名单（草案）、会议议案审查委员会和计划预算审查委员会名单（草案）；决定列席市十二届人大五次会议人员范围。

第五节 第三十三至第三十九次常委会会议

第三十三次常委会会议

1997年4月28日至29日在渤海宾馆召开。会议听取审议市政府《关于全市小城镇建设情况的汇报》《关于全市畜牧业发展情况的汇报》；听取评议市体改委主任、市地税局局长、市农业局局长、市政府侨务办公室主任的述职报告；决定人事任免事项。

第三十四次常委会会议

1997年5月16日在渤海宾馆召开。会议听取审议市人大常委会《关于对市级国家机关实行执法责任制工作检查情况的报告》。经过审议表决，会议通过《关于表彰1995—1996年执法工作先进单位的决定》。

第三十五次常委会会议

1997年6月23日至26日在渤海宾馆召开。会议听取审议市政府《关于潍坊市1996年市级财政预算执行和其他财政收支的审计工作报告》《关于潍坊市1996年市级财政决算（草案）的报告》《关于市级预算外资金管理检查情况和1997年收支预算的汇报》《关于贯彻实施教育法、教师法和省实施教师法办法情况的汇报》《关于市十二届人大五次会议代表所提第9号议案办理情况的汇报》《关于全市交通基础设施建设情况的汇报》；市人大常委会《关于对贯彻〈中共中央国务院关于切实做好减轻农民负担工作的决定〉和减轻负担工作视察情况的报告》《关于潍坊市1996年市级财政决算的审查报告》；市司法局、市乡镇企业局、市新闻出版局、市盐务局、市总工会《关于落实市人大常委会执法责任制检查意见情况的汇报》。会议听取并评议市计委主任、市公安局局长、市环保局局长的述职报告。经过审议，会议通过《关于批准潍坊市1996年市级财政决算的决议》《关于授予杨淑英、陈宝昌“潍坊人民勋章”的决定》。会议还决定人事任免事项。

第三十六次常委会会议

1997年8月26日至28日在渤海宾馆召开。会议听取审议市政府《关于潍坊市1997年上半年国民经济和社会发展计划执行情况的汇报》《关于潍坊市1997年上半年财政预算执行情况的汇报》《关于贯彻落实市人大常委会〈关于加强潍坊市市区水源地保护的决议〉情况的汇报》《关于市十二届人大五次会议代表所提议案和建议意见办理情况的汇报》；市人民检察院《关于提请许可对市十二届人大代表任大文采取强制措施的报告》。会议听取评议市政府农业办公室主任、市民政局局长、市文化局局长、市粮食局局长、市海洋与水产局局长、市技术监督局局长的述职报告。经过审议表决，会议通过《关于停止任大文市人大代表职务并许可对其采取强制措施的决定》。

第三十七次常委会会议

1997年10月21日至23日在潍坊召开。会议学习江泽民在中国共产党第十五次全国代表大会上的报告；听取审议市政府《关于治理向企业乱收费、乱罚款和各种摊派等问题情况的汇报》《关于贯彻实施行政处罚法情况的汇报》《关于贯彻实施渔业法情况的汇报》《关于贯彻实施省计划生育条例情况的汇报》；市人大常委会《关于1998年市县两级人大换届选举工作安排意见的报告》《关于市十三届人民代表大会代表名额和选举问题的决定（草案）的说明》《关于补选省八届人大代表的说明》。会议听取评议市贸易局局长、市统计局局长、市乡镇企业管理局局长的述职报告。经过审议，会议通过《关于认真学习贯彻中共十五大精神的决议》《关于潍坊市第十三届人民代表大会代表名额和选举问题的决定》《关于1998年市县两级人大换届选举工作安排意见》。会议还补选2名省八届人大代表；决定人事任免事项。会议结束时，孙嘉炼就学习贯彻中共十五大精神讲话。

第三十八次常委会会议

1997年12月24日在渤海宾馆召开。会议听取审议市政府《关于进一步办理市十二届人大五次会议代表所提建立“三北”养牛基地议案情况的汇报》《关于城市规划实施情况的汇报》；市人大常委会《关于评选“潍坊市优秀人大工作者”的意见（草案）的说明》。经过审议，会议通过《关于办理市十二届人大五次会议代表所提建立“三北”养牛基地议案的决议》《关于评选“潍坊市优秀人大工作者”的意见》《关于召开潍坊市第十三届人民代表大会第一次会议的决定》，议定市十二届人大常委会在市十三届人大一次会议上的工作报告。会议决定接受王大海辞去市长职务的请求，王秀娟辞去副市长职务的请求；决定任命：王玉芬为代理市长，李守玉为副市长。会议还决定其他人事任免事项。会议结束时，孙嘉炼就市人大常委会1997年的工作情况和当前应着力抓好的几项工作等讲话。

第三十九次常委会会议

1998年2月9日在渤海宾馆召开。会议听取审议市人大常委会副主任任柏榴作的《关于县级以上人大换届选举工作情况的汇报》，市人大常委会秘书长王海亭作的《关于市十三届人大一次会议筹备工作情况的汇报》；市人大常委会副主任李英文作的《关于潍坊市第十三届人民代表大会代表的代表资格审查报告》，市人大常委会副主任常怀义作的《关于评选“潍坊市优秀人大工作者”情况的汇报》。经过审议，会议通过《关于潍坊市第十三届人民代表大会代表资格的审查报告》，通过拟表彰的51名“潍坊市优秀人大工作者”名单，并作出《关于表彰“潍坊市优秀人大工作者”的决定》；拟定提请市十三届人大一次会议预备会议通过的大会议程（草案）、主席团和秘书长名单（草案）、议案审查委员会和计划预算审查委员会名单（草案）；决定列席市十三届人大一次会议人员范围。

第四章　潍坊市第十三届人民代表大会常务委员会会议

潍坊市第十三届人大常委会共召开全体会议31次。其中，市十三届人大第一次会议闭幕后至市十三届人大第二次会议开幕前共召开6次；市十三届人大第二次会议闭幕后至市十三届人大第三次会议开幕前共召开7次；市十三届人大第三次会议闭幕后至市十三届人大第四次会议开幕前共召开6次；市十三届人大第四次会议闭幕后至市十三届人大第五次会议开幕前共召开7次；市十三届人大第五次会议闭幕后至市十四届人大第一次会议开幕前共召开5次。

第一节　第一至第六次常委会会议

第一次常委会会议

1998年4月28日至30日在渤海宾馆召开。会议听取审议市政府《关于推进农业产业化工作情况的汇报》《关于贯彻实施“三五”普法规划和市人大常委会〈关于在全市公民中开展第三个五年法制宣传教育的决议〉情况的汇报》《关于贯彻实施药品管理法情况的汇报》；学习宪法、地方组织法和市人大常委会的各项工作制度；议定市人大常委会1998年工作计划；决定人事任免事项。会议结束时，孙嘉炼向被任命干部颁发任命书，就搞好本届人大常委会的工作和建设讲话，并代表市人大常委会对被任命干部提出要求。

第二次常委会会议

1998年6月22日至23日在渤海宾馆召开。会议听取审议市政府《关于潍坊市1997年财政决算（草案）的报告》《关于贯彻执行市人大常委会〈关于加强预算外资金监督管理的决议〉情况的汇报》《关于潍坊市1997年市级财政预算执行和其他财政收支的审计工作报告》《关于贯彻执行市人大常委会〈关于大力发展个体私营经济的决议〉情况的汇报》《关于贯彻实施〈山东省建设工程招标投标管理条例〉情况的汇报》；市人大常委会财经工作委员会《关于潍坊市1997年市级财政决算的审查报告》。会议表决通过《关于批准潍坊市1997年市级财政决算的决议》《关于批准潍坊市市级预算外资金1997年收支决算和1998年预算的决议》；决定人事任免事项。

第三次常委会会议

1998年8月24至25日在潍坊会计师培训中心召开。会议听取审议市政府《关于潍坊市1998年上半年国民经济和社会发展计划执行情况的汇报》《关于潍坊市1998年上半年财政预算执行情况的汇报》《关于市十三届人大一次会议代表所提议案和建议意见办理工作情况的汇报》；市人民检察院《关于全市检察机关反腐败查办大案要案工作情况的汇报》。会议结束时，市人大常委会副主任隋华堂就深入学习邓小平理论讲话。

第四次常委会会议

1998年10月28日至30日在市级机关综合办公大楼会议室召开。会议学习中共十五届三中全会通过的《中共中央关于农业和农村工作若干重大问题的决定》；听取审议市政府《关于贯彻实施〈中华人民共和国农业法〉情况的汇报》《关于贯彻实施环境保护法情况的汇报》《关于贯彻实施国务院广播电视管理条例和省电视管理暂行条例情况的汇报》《关于贯彻实施商业银行法情况的汇报》，市中级人民法院《关于刑事审判工作情况的汇报》《关于全市法院开展集中教育整顿工作情况的汇报》，市人民检察院《关于全市检察机关开展集中教育整顿工作情况的汇报》，市人大常委会副主任王福金作的《关于〈潍坊市人大常委会对司法机关实行错案责任追究的试行办法〉修订情况的说明》，市人大常委会副主任李英文作的《关于〈潍坊市人大常委会人事任免办法〉修订情况的说明》。经过审议，会议表决通过《潍坊市人民代表大会常务委员会关于市级司法、行政执法机关错案和执法过错责任追究的办法》《潍坊市人民代表大会常务委员会人事任免办法》；决定人事任免事项。会议期间，还听取评议市中级人民法院刑事审判第二庭庭长、执行庭庭长，市人民检察院检察委员会委员、检察员等4名被任命干部的述职报告。针对潍坊床单厂治理水污染环保责任目标长达4年得不到落实、主管部门督促不力问题，于金桴等5名市人大常委会委员依法向市经贸委提出质询案，市经贸委主要负责人到会作答复。

第五次常委会会议

1998年12月21日至23日在市级机关综合办公大楼会议室召开。会议听取审议市人大常委会主任孙嘉炼作题为《党的领导与人民代表大会制度和依法治国》的专题辅导报告；集体收看全国人大法律委员会委员刘政、省委党校政法部主任李永清的辅导报告录相；听取市政府《关于潍坊市国有企业改革情况的汇报》，市人大常委会副主任李英文作的《关于对全市组织实施“民心工程”情况的视察报告》；听取评议市中级人民法院副院长、经济审判第二庭庭长、审判监督庭庭长，市人民检察院副检察长、检察委员会委员、检察员等6名被任命干部的述职报告。经过审议，会议表决通过《关于召开潍坊市第十三届人民代表大会第二次会议的决定》；议定市人大常委会1999年工作计划；决定人事任免事项。会议结束时，孙嘉炼就纪念中共十一届三中全会二十周年和换届以来常委会的工作情况以及当前需要抓好的几项工作等讲话。

第六次常委会会议

1999年2月8日在市级机关综合办公大楼会议室召开。会议听取审议市人大常委会秘书长作的《关于市十三届人大二次会议筹备工作情况的汇报》，市人大常委会副主任、代表资格审查委员会主任委员李英文作的《关于补选代表的代表资格审查报告》。经过审议，会议通过《关于补选代表的代表资格审查报告》，确认补选的7名代表的代表资格有效；拟定提请市十三届人大二次会议预备会议通过的大会议程（草案）、主席团和秘书长名单（草案）、议案审查委员会和计划预算审查委员会名单（草案）；决定列席市十三届人大二次会议人员范围。会议还议定市人大常委会在市十三届人大二次会议上的工作报告。

第二节 第七至第十三次常委会会议

第七次常委会会议

1999年4月29日至30日在市级机关综合办公大楼会议室召开。会议听取审议市政府《关于潍坊市与以色列贝尔谢巴市缔结友好城市关系的汇报》《关于全市企业下岗职工基本生活保障和再就业工作情况的汇报》《关于贯彻实施水法情况的汇报》；听取市政府《关于全市外事工作情况的汇报》。会议还分组学习讨论九届全国人大二次会议通过的中华人民共和国宪法修正案。经过审议，会议表决通过《关于潍坊市与贝尔谢巴市结为友好城市的决定》；决定人事任免事项。会议结束时，市人大常委会副主任隋华堂就深入学习贯彻宪法和开展以“讲学习、讲政治、讲正气”为主要内容的党性党风教育讲话。

第八次常委会会议

1999年6月23日至25日在市级机关综合办公大楼会议室召开。会议听取审议市政府《关于潍坊市1998年市级财政决算（草案）的报告》《关于潍坊市市级预算外资金1998年收支计划执行情况和1999年收支计划安排意见的汇报》《关于潍坊市1998年市级财政预算执行和其他财政收支的审计工作报告》《关于贯彻实施建筑法情况的汇报》《关于贯彻实施文物保护法和省文物保护管理条例情况的汇报》，市人大常委会财经工作委员会《关于潍坊市1998年市级财政决算（草案）的审查报告》，市总工会《关于贯彻实施中华人民共和国工会法情况的汇报》，市人大常委会副主任王福金作的《关于〈潍坊市人民代表大会常务委员会关于对市级司法和行政执法机关实行个案监督的暂行办法（草案）〉的说明》，市人大常委会副主任李英文作的《关于〈潍坊市人民代表大会常务委员会述职评议工作暂行办法（草案）〉的说明》。会议还听取市教育委员会主任、市水利局局长的述职报告，并进行评议和投票测评。经过审议，会议表决通过《关于批准潍坊市1998年市级财政决算的决议》《关于批准潍坊市市级预算外资金1998年收支计划执行情况和1999年收支计划安排意见的决议》《潍坊市人民代表大会常务委员会关于对市级司法和行政执法机关实行个案监督的暂行办法》《潍坊市人民代表大会常务委员会述职评议工作暂行办法》；

决定人事任免事项。

第九次常委会会议

1999年8月19日至20日在市级机关综合办公大楼会议室召开。会议听取审议市政府《关于潍坊市1999年上半年国民经济和社会发展计划执行情况的汇报》《关于潍坊市1999年上半年财政预算执行情况的汇报》《关于市十三届人大二次会议代表所提议案和建议意见办理工作情况的汇报》，市人大常委会副主任王光明作的《关于对全市贯彻实施十五届三中全会〈决定〉情况的视察报告》；听取市规划国土局局长、市中级人民法院副院长、市人民检察院副检察长等5名被任命干部的述职报告，并进行评议和投票测评。

第十次常委会会议

1999年10月27日至29日在市级机关综合办公大楼会议室召开。会议分组学习《中共中央关于国有企业改革和发展若干重大问题的决定》；听取审议市政府《关于贯彻实施产品质量法情况的汇报》《关于贯彻实施人民警察法情况的汇报》《关于贯彻实施森林法情况的汇报》《关于贯彻实施山东省道路运输管理条例情况的汇报》《关于贯彻实施山东省计划生育条例情况的汇报》，市中级人民法院《关于全市法院执行工作情况的汇报》；听取市经济贸易委员会主任、市对外经济贸易委员会主任、市计划生育委员会主任等3名被任命干部的述职报告，并进行评议和投票测评。经过审议，会议表决通过《关于加强人民法院执行工作的决议》；决定人事任免事项。会议结束时，市人大常委会主任孙嘉炼就深入学习和贯彻落实中共十五届四中全会精神讲话。

第十一次常委会会议

1999年12月28日至29日在市级机关综合办公大楼会议室召开。会议分组学习全国人大常委会委员长李鹏在省、自治区、直辖市人大常委会负责人座谈会上的讲话；听取审议市政府《关于潍坊市1999年市级财政预算变更情况的报告》《关于今年以来教育工作情况的汇报》《关于贯彻实施个人所得税法情况的汇报》；听取市中级人民法院副院长、市人民检察院副检察长等4名被任命干部的述职报告，并进行评议和投票测评。经过审议，会议表决通过《关于变更潍坊市1999年市级财政预算的决定》，议定市人大常委会2000年工作计划，决定人事任免事项。会议结束时，市人大常委会主任孙嘉炼就市人大常委会1999年的工作和建设情况、2000年工作的指导思想和当前应着力抓好的几项工作讲话。

第十二次常委会会议

2000年1月6日在市级机关综合办公大楼会议室召开。会议听取市人大常委会副主任隋华堂作的《关于市十三届人大三次会议筹备工作情况的汇报》，听取审议并通过市人大常委会副主任、代表资格审查委员会主任委员李英文作的《关于补选代表的代表资格审查报告》，确认补选的于生、陈春和、王深鹏、孙日贵、刘洪春、张文才6名市人大代表的代表资格全部有效。经过审议，会议表决通过《关于召开潍坊市第十三届人民代表大会第三次会议的决定》；拟定提请市十三届人大三次会议预备会议通过的大会议程（草案）、主席团和秘书长名单（草案）、议案审查委员会和计划预算审查委员会名单（草案）；决定列席市十三届人大三次会议人员范围；议定市人大常委会在市十三届人大三次会议上的工作报告。会议决定接受王玉芬辞去市长职务的请求；根据市人大常委会主任会议的提请，决定任命王伯祥为代理市长；根据市政府的提请，决定任命于明为副市长。

第十三次常委会会议

2000年2月24日在市级机关综合办公大楼

会议室召开。会议听取审议并通过市人大常委会副主任、代表资格审查委员会主任委员李英文作的《关于补选代表的代表资格审查报告》，确认补选的葛吉平代表的代表资格有效。

第三节　第十四至第十九次常委会会议

第十四次常委会会议

2000 年 4 月 26 日至 27 日在市级机关综合办公大楼会议室召开。会议听取审议市政府《关于贯彻执行市人大常委会〈关于加强潍坊市市区水源地保护的决议〉情况的汇报》《关于贯彻实施律师法情况的汇报》《关于全市滩涂贝类管护开发工作情况的汇报》《关于全市民族宗教工作情况的汇报》；听取市政府外事办公室主任、市环保局局长的述职报告，并进行评议和投票测评；分组学习全国人大常委会《关于加强经济工作监督的决定》《关于加强中央预算审查监督的决定》。会议还决定人事任免事项。

第十五次常委会会议

2000 年 6 月 19 日至 20 日在市级机关综合办公大楼会议室召开。会议听取审议市政府《关于潍坊市 1999 年市级财政决算（草案）的报告》《关于潍坊市市级预算外资金 1999 年收支计划执行情况和 2000 年收支计划安排意见的汇报》《关于潍坊市 1999 年市级财政预算执行和其他财政收支的审计工作报告》《关于贯彻实施土地管理法情况的汇报》《关于贯彻实施农业技术推广法情况的汇报》，市人大常委会财经工作委员会《关于潍坊市 1999 年市级财政决算（草案）的审查报告》；听取市公安局局长、市政府侨务办公室主任的述职报告，并进行评议和测评。经过审议，会议表决通过《关于批准潍坊市 1999 年市级财政决算的决议》《关于批准潍坊市市级预算外资金 1999 年收支计划执行情况和 2000 年收支计划安排意见的决议》；决定人事任免事项。

第十六次常委会会议

2000 年 8 月 28 日至 29 日在市级机关综合办公大楼会议室召开。会议听取审议市政府《关于全市招商引资工作情况的汇报》《关于潍坊市 2000 年上半年国民经济和社会发展计划执行情况的汇报》《关于潍坊市 2000 年上半年财政预算执行情况的汇报》《关于贯彻实施矿产资源法情况的汇报》《关于贯彻实施动物防疫法情况的汇报》《关于贯彻实施献血法情况的汇报》《关于市十三届人大三次会议代表所提议案和建议意见办理工作情况的汇报》。经过审议，会议表决通过《关于促进对外开放、搞好招商引资工作的决议》。根据市长王伯祥的提请，会议决定任命：蒋文彩为副市长。会议还决定其他人事任免事项。

第十七次常委会会议

2000 年 10 月 25 日至 26 日在市级机关综合办公大楼会议室召开。会议分组学习《中共中央关于制定国民经济和社会发展第十个五年计划的建议》；听取审议市政府《关于全市教育工作情况的汇报》《关于贯彻实施统计法情况的汇报》；听取市建设委员会主任、市林业局局长的述职报告，并进行评议和测评。会议还决定人事任免事项。会议结束时，孙嘉炼就深入学习贯彻中共十五届五中全会精神讲话。

第十八次常委会会议

2000 年 12 月 25 日至 26 日在市级机关综合办公大楼会议室召开。会议听取审议市政府《关于市直国有企业改革发展情况的汇报》《关于贯彻实施行政监察法情况的汇报》，市人大常委会《关于对全市组织实施“民心工程”视察情况的报告》《关于评选“潍坊市优秀人大代表”情况的汇报》；审议市人大常委会主任会议向会议提出的《关于授予有关人员“潍坊人民勋章”的议案》。经过审议，会议作出《关于表彰潍坊市优秀人大代表的决定》《关于授予王乐义等5名同志"潍坊人民勋章"的决定》，对丁立华等50名潍坊市优秀人大代表予以表彰，授予王乐义、林伟宁、陈永兴、王金友、陈华森5名同志"潍坊人民勋章"。会议还表决通过《关于召开潍坊市第十三届人民代表大会第四次会议的决定》；议定市人大常委会2001年工作计划。会议结束时，孙嘉炼就常委会一年来的主要工作情况和2001年工作总的指导思想以及当前的工作重点讲话。

第十九次常委会会议

2001年2月13日在市级机关综合办公大楼会议室召开。会议听取审议市人大常委会《关于市十三届人大四次会议筹备工作情况的汇报》，听取审议并通过市人大常委会代表资格审查委员会《关于补选代表的代表资格审查报告》，确认补选的12名市人大代表的代表资格全部有效。经过审议，会议通过拟提请市十三届人大四次会议预备会议通过的大会议程（草案）、主席团和秘书长名单（草案）、议案审查委员会和计划预算审查委员会名单（草案）；决定列席市十三届人大四次会议人员范围；议定市人大常委会在市十三届人大四次会议上的工作报告。会议还表决通过市人大常委会主任会议提请的人事任免事项。

第四节　第二十至第二十六次常委会会议

第二十次常委会会议

2001年4月29日至30日在市级机关综合办公大楼会议室召开。会议听取审议市政府《关于贯彻实施公司法情况的汇报》《关于贯彻实施消费者权益保护法情况的汇报》《关于贯彻实施〈山东省农业机械管理条例〉情况的汇报》；审议市人大常委会主任会议提请的《关于市人大常委会农村经济工作委员会更改名称的议案》。经过审议，会议表决通过《关于市人大常委会农村经济工作委员会更名为农业与农村工作委员会的决定》；决定人事任免事项。会议结束时，孙嘉炼就市人大常委会组成人员特别是兼职委员加强对宪法法律及人大工作知识的学习、积极依法行使职权等讲话。

第二十一次常委会会议

2001年6月26日至27日在市级机关综合办公大楼会议室召开。会议听取审议市政府《关于潍坊市2000年市级财政决算（草案）的报告》《关于潍坊市市级预算外资金2000年收支计划执行情况和2001年收支计划安排意见的汇报》《关于潍坊市2000年市级财政预算执行和其他财政收支的审计工作报告》《关于潍坊市"三五"普法情况及"四五"普法规划的汇报》《关于潍坊市"二五"依法治市情况及〈潍坊市2001-2005年依法治市规划〉的汇报》《关于贯彻实施城市房地产管理法情况的汇报》《关于贯彻实施促进科技成果转化法情况的汇报》，市人大常委会财经工作委员会《关于潍坊市2000年市级财政决算（草案）的审查报告》，市人大常委会副主任孙守伏作的《关于〈潍坊市人民代表大会常务委员会信访处理办法〉修订情况的说明》，市中级人民法院《关于行政审判工作情况的汇报》。经过审议，会议表决通过《关于批准潍坊市2000年市级财政决算的决议》《关于批准潍坊市市级预算外资金2000年收支计划执行情况和2001年收支计划安排意见的决议》《关于在全市公民中开展第四个五年法制宣传教育的决议》《关于进一步开展依法治市的决议》《关于批准撤销李绍文职务的决定》《关于接受孙向林等同志辞职的决定》以及《潍坊市人民代表大会常务委员会信访工作暂行办法》；决定人事任免事项。

第二十二次常委会会议

2001年8月28日至29日在市级机关综合办公大楼会议室召开。会议听取审议市政府《关于潍坊市2001年上半年国民经济和社会发展计划执行情况的汇报》《关于潍坊市2001年上半年财政预算执行情况的汇报》《关于贯彻实施〈种子法〉情况的汇报》《关于市十三届人大四次会议代表所提议案和建议意见办理工作情况的汇报》《关于贯彻实施档案法情况的汇报》；听取市交通局局长的述职报告，并进行投票测评；决定人事任免事项。

第二十三次常委会会议

2001年10月29日至30日在市级机关综合办公大楼会议室召开。会议听取审议市政府《关于贯彻执行市人大常委会〈关于促进对外开放、搞好招商引资工作的决议〉情况的汇报》，市人大常委会《关于对全市贯彻实施促进对外开放、搞好招商引资工作的决议情况的视察报告》，市人民检察院《关于民事行政检察工作情况的汇报》，市邮政局局长傅俊杰作的《关于贯彻实施邮政法情况的汇报》；听取市审计局局长、市海洋与渔业局局长的述职报告，并进行评议和投票测评；决定人事任免事项。会议结束时，孙嘉炼就深入学习贯彻中共十五届六中全会精神讲话。

第二十四次常委会会议

2001年12月28日在市级机关综合办公大楼会议室召开。会议听取审议市政府《关于2001年度全市教育工作情况的汇报》，市人大常委会《关于对全市组织实施“民心工程”情况的视察报告》《关于补选省九届人大代表的说明》。在分组审议的基础上，市人大常委会委员冯少英、王焕新、房永安分别作联组审议发言。经过审议，会议表决通过《关于召开潍坊市第十三届人民代表大会第五次会议的决定》；补选蔡秋芳为山东省第九届人民代表大会代表。会议还议定市人大常委会2002年工作计划；决定人事任免事项。会议结束时，孙嘉炼回顾总结常委会一年来的工作，对当前应着力抓好的几项工作提出要求。

第二十五次常委会会议

2002年2月25日在市级机关综合办公大楼会议室召开。会议听取审议市人大常委会《关于市十三届人大五次会议筹备工作情况的汇报》《关于推迟召开市十三届人大五次会议的说明》；听取审议并通过市人大常委会代表资格审查委员会《关于补选代表的代表资格审查报告和关于补选省九届人大代表的说明》，确认补选的赵东、王承策、王勇、王申宁4名市人大代表资格全部有效。经过审议，会议通过拟提请市十三届人大五次会议预备会议通过的大会议程（草案）、主席团和秘书长名单（草案）、议案审查委员会和计划预算审查委员会名单（草案）；决定列席市十三届人大五次会议人员范围；通过《关于推迟召开市十三届人大五次会议的决定》；议定市人大常委会在市十三届人大五次会议上的工作报告；补选王科三为山东省第九届人民代表大会代表。会议根据市中级人民法院院长程茂仁的提请，决定人事任免事项。

第二十六次常委会会议

2002年4月18日在市级机关综合办公大楼会议室召开。会议听取审议市政府《关于贯彻实施中外合资经营企业法情况的汇报》；听取市民政局局长、市劳动和社会保障局局长、市房产管理局局长的述职报告，并进行评议和投票测评。市人大常委会代表资格审查委员会向会议提交关于潍坊市第十三届人民代表大会代表变动情况的书面报告。会议根据市中级人民法院院长程茂仁的提请，决定人事任免事项。

第五节　第二十七至第三十一次常委会会议

第二十七次常委会会议

2002 年 6 月 26 日至 27 日在市级机关综合办公大楼会议室召开。会议传达学习江泽民“5·31”重要讲话和山东省第八次党代会精神；听取审议市政府《关于潍坊市 2001 年市级财政决算（草案）的报告》《关于潍坊市 2001 年市级财政预算执行和其他财政收支的审计工作报告》《关于贯彻实施中华人民共和国城市规划法情况的汇报》《关于贯彻实施村民委员会组织法情况的汇报》《关于贯彻实施防洪法情况的汇报》《关于贯彻实施省旅游管理条例情况的汇报》，市人大常委会财经工作委员会《关于潍坊市 2001 年市级财政决算（草案）的审查报告》。经过审议，会议表决通过《关于批准潍坊市 2001 年市级财政决算的决议》。会议结束时，市委书记、市人大常委会主任曹学成就深入学习贯彻江泽民“5·31”重要讲话和省党代会精神提出要求。

第二十八次常委会会议

2002 年 8 月 28 日至 29 日在市级机关综合办公大楼会议室召开。会议听取审议市政府《关于潍坊市 2002 年上半年国民经济和社会发展计划执行情况的汇报》《关于潍坊市 2002 年上半年财政预算执行情况的汇报》《关于市十三届人大五次会议代表所提议案和建议批评意见办理工作情况的汇报》《关于贯彻实施公路法情况的汇报》；听取市政府《关于贯彻实施气象法情况的汇报》；听取市文化局局长的述职报告，并进行评议和投票测评；决定人事任免事项。

第二十九次常委会会议

2002 年 10 月 29 日至 30 日在市级机关综合办公大楼会议室召开。会议审议市人大常委会《关于 2003 年市、县两级人大换届选举工作的安排意见》《关于潍坊市第十四届人民代表大会代表名额和选举问题的决定（草案）的说明》《关于进一步加强代表工作，充分发挥代表作用的意见》；听取审议市政府《关于水污染防治法和省环境保护条例贯彻实施情况的汇报》《关于全市社会保障体系建设和劳动就业再就业主要工作情况的汇报》；听取市政府《关于贯彻执行市人大常委会关于在全市公民中开展第四个五年法制宣传教育的决议情况的汇报》《关于招商引资工作情况的汇报》，市人大常委会《关于对“政府提速”工作情况的视察报告》；听取市农业局局长、市粮食局局长的述职报告，并进行评议和投票测评。经过审议，会议表决通过《关于 2003 年市县两级人大换届选举工作的安排意见》《关于潍坊市第十四届人民代表大会代表名额和选举问题的决定》《关于进一步加强代表工作，充分发挥代表作用的意见》。会议还根据市中级人民法院院长程茂仁的提请，决定人事任免事项。

第三十次常委会会议

2002 年 12 月 23 日在市级机关综合办公大楼会议室召开。会议学习中共十六大报告并作出《关于认真学习贯彻党的十六大精神的决议》；听取审议市人大常委会《关于评选潍坊市优秀人大代表情况的汇报》，市政府《关于潍坊市 2002 年市级财政预算变更情况的报告》《关于 2002 年度全市教育工作情况的汇报》；听取市政府《关于贯彻实施人民防空法情况的汇报》。经过审议，会议表决通过《关于变更潍坊市 2002 年市级财政预算的决定》《关于表彰潍坊市优秀人大代表的决定》《关于召开潍坊市第十四届人民代表大会第一次会议的决定》。会议还表决通过关于接受王伯祥辞去市长职务的请求，刘命信、赵润田辞去副市长职务的请求，孙孺声辞去市人民检察院检察长职务的请求。根据市人大常委会主任会议的提请，决定代理市长，任命王卫东为市人民检察院副检察长、检察委员会委员，决定王卫东为市人民检察院代理检察长。市人大常委会副主任房忠昌在会议结束时讲话，回顾总结2002年常委会工作和建设情况，部署当前着力抓好的工作。

第三十一次常委会会议

2003年2月10日在市级机关综合办公大楼会议室召开。会议听取审议市人大常委会副主任孙守伏作的《关于县级以上人大换届选举工作情况的汇报》《关于潍坊市第十四届人民代表大会代表资格的审查报告》，市人大常委会秘书长李刚作的《关于市十四届人大一次会议筹备工作情况的汇报》。经过审议，会议通过《关于潍坊市第十四届人民代表大会代表资格的审查报告》，确认当选的555名代表的代表资格全部有效。会议还拟定提请市十四届人大一次会议预备会议通过的大会议程（草案）、主席团和秘书长名单（草案）、议案审查委员会和计划预算审查委员会名单（草案）；决定列席市十四届人大一次会议人员范围；议定市人大常委会在市十四届人大一次会议上的工作报告。会议还根据市中级人民法院院长程茂仁、市人民检察院代理检察长王卫东的提请，决定人事任免事项。

第五章　潍坊市第十四届人民代表大会常务委员会会议

潍坊市第十四届人大常委会共召开全体会议32次。其中，市十四届人大第一次会议闭幕后至市十四届人大第二次会议开幕前共召开6次；市十四届人大第二次会议闭幕后至市十四届人大第三次会议开幕前共召开7次；市十四届人大第三次会议闭幕后至市十四届人大第四次会议开幕前共召开6次；市十四届人大第四次会议闭幕后至市十四届人大第五次会议开幕前共召开7次；市十四届人大第五次会议闭幕后至市十五届人大第一次会议开幕前共召开6次。

第一节　第一至第六次常委会会议

第一次常委会会议

2003年4月25日在潍坊召开。会议听取审议市政府关于贯彻实施价格法情况的汇报；市人大常委会2003年工作计划。市人大常委会秘书长王维盛就市十四届人大常委会议事规则（草案）作说明。副市长张江汀受市长委托提请人事任免名单，市委常委、组织部部长钟少林向会议介绍被提请任命干部的有关情况；市人大常委会副主任孙守伏就市人大常委会代表资格审查委员会和各工作委员会组成人员建议名单作说明，并提请人事任免名单。会议表决通过市十四届人大常委会议事规则，市人大常委会2003年工作计划，关于接受罗方照辞职的决定。

第二次常委会会议

2003年6月25日在潍坊召开。会议听取审议副市长王冰芬作的关于贯彻实施传染病防治法、开展非典型肺炎防治工作情况的汇报，市财政局局长夏芳晨作的关于潍坊市2002年市级财政决算草案的报告，市审计局局长孟庆亮作的关于潍坊市2002年市级财政预算执行情况和其他财政收支情况的审计工作报告，市公安局局长王振华作的关于贯彻实施治安管理处罚条例情况的汇报，市环保局局长曹学芹作的关于贯彻实施市人大常委会《关于加强市区水源地保护决议》情况的汇报，市人大常委会财经工作委员会主任魏本芳作的关于潍坊市 2002 年市级财政决算草案的审查报告。会议还审议副市长王冰芬受市长委托提请的人事任免名单；市人事局局长杨同光介绍被提请任命干部的情况，被任命干部作供职发言。会议通过关于批准潍坊市 2002 年市级财政决算的决议。

第三次常委会会议

2003 年 8 月 26 日在潍坊召开。会议听取审议市政府关于潍坊市 2003 年上半年国民经济和社会发展计划执行情况的汇报，关于潍坊市 2003 年上半年财政预算执行情况的汇报，关于贯彻实施职业病防治法情况的汇报，关于开展城市管理相对集中行政处罚权试点工作情况的汇报，关于市十四届人大一次会议代表所提建议、批评和意见办理工作情况的汇报；市人大常委会主任会议关于潍坊市人民代表大会常务委员会人事任免办法修订情况的说明。听取市人大常委会财经工作委员会关于市属重点企业发展情况的视察报告，市政府关于全市畜牧业发展情况的汇报。会议表决通过《潍坊市人民代表大会常务委员会人事任免办法》。

第四次常委会会议

2003 年 10 月 21 日在潍坊召开。会议听取审议市政府关于贯彻实施渔业法情况的汇报，市人民检察院关于全市检察机关查办职务犯罪大要案工作情况的汇报，市人大常委会主任会议关于《潍坊市人民代表大会常务委员会述职评议工作办法修订草案》的说明。会议通过《潍坊市人民代表大会常务委员会述职评议工作办法》。会议决定免去周晓钟的市人大常委会办公室副主任职务，丁利民的市人大常委会人事代表工作室副主任职务；任命周晓钟为市人大常委会人事代表工作室主任，丁利民为市人大常委会办公室副主任。

第五次常委会会议

2003 年 12 月 24 日在潍坊召开。会议听取审议市中级人民法院关于全市法院刑事审判工作情况的汇报，市政府关于贯彻实施归侨侨眷权益保护法情况的汇报。听取评议市经济贸易委员会主任、市卫生局局长、市林业局局长作的述职报告，并进行投票测评。会议通过关于召开潍坊市第十四届人民代表大会第二次会议的决定和市人大常委会 2004 年工作计划。

第六次常委会会议

2004 年 1 月 15 日上午在潍坊召开。会议听取审议市人大常委会副主任孙守伏作的关于补选代表的代表资格审查报告，市人大常委会秘书长王维盛作的关于市十四届人大二次会议筹备工作情况的汇报。会议通过关于补选代表的代表资格审查报告，确认补选的市十四届人民代表大会代表的代表资格有效；通过市十四届人大二次会议议程草案，主席团和秘书长名单草案，议案审查委员会和计划预算审查委员会名单草案，列席人员范围草案；议定市人大常委会在市十四届人大二次会议上的工作报告。

第二节　第七至第十三次常委会会议

第七次常委会会议

2004 年 2 月 11 日在潍坊召开。会议听取审议市长、市人大常委会副主任分别向会议提请的人事任免名单。部分被任命干部作供职发言。市委书记、市人大常委会主任张传林向被任命干部颁发任命书。

第八次常委会会议

2004 年 4 月 28 日在潍坊召开。会议听取审议市劳动和社会保障局局长李静波受市政府委托作的关于贯彻实施《中华人民共和国劳动法》、促进就业再就业情况的汇报；听取评议市教育局局长、市规划与国土资源局局长、市水利局局长、市环境保护局局长的述职报告，并进行投票测评。市人民检察院检察长王卫东向大会提请人事任命名单。

第九次常委会会议

2004 年 6 月 24 日在潍坊召开。会议听取审议市财政局局长夏芳晨作的关于潍坊市 2003 年市级财政决算草案的报告，市审计局局长孟庆亮作的关于潍坊市 2003 年市级财政预算执行和其他财政收支的审计工作报告，市人大常委会财经工作委员会主任魏本芳作的关于潍坊市 2003 年市级财政决算草案的审查报告，市林业局局长袁义龙作的关于贯彻落实《中共中央、国务院关于加快林业发展的决定》情况的汇报，市环保局局长曹学芹作的关于全面启动生态市建设情况的汇报，市计生委主任李建泉作的关于贯彻实施人口与计划生育法、山东省人口与计划生育条例情况的汇报，市中级人民法院院长程茂仁作的关于审判监督工作情况的汇报。会议通过关于批准潍坊市 2003 年市级财政决算的决议和关于建设生态市的决议。

第十次常委会会议

2004 年 8 月 25 日在潍坊召开。会议听取审议副市长刘伟作的关于市十四届人大二次会议以来代表建议办理工作情况的汇报，市发展计划委员会主任陈仁杰作的关于潍坊市 2004 年上半年国民经济和社会发展计划执行情况的汇报，市财政局负责人作的关于潍坊市 2004 年上半年财政预算执行情况的汇报。市人大常委会副主任孙守伏受主任会议委托，提请人事任命名单。

第十一次常委会会议

2004 年 10 月 26 日至 27 日，在市级机关综合办公大楼会议室举行。市委书记、市人大常委会主任张传林出席会议。市人大常委会党组书记、第一副主任毕可仁，副主任赵凤池分别主持会议。市人大常委会副主任张建国、葛吉平、王永兴，秘书长王维盛和委员共 32 人出席会议。副市长刘伟，市中级人民法院院长程茂仁，市人民检察院负责人，市人大常委会办事机构、市政府有关部门和各县市区人大常委会的负责人列席会议。3 名公民旁听会议。会上，副市长黄潍连作关于城市规划建设管理情况的汇报，市体改办主任李云高作关于贯彻实施《公司法》和加快市属企业改革情况的汇报，市水利局副局长刘振杰作关于贯彻实施水土保持法情况的汇报，市旅游局局长高永贤作关于贯彻实施山东省旅游管理条例情况的汇报；市人大常委会法制工作委主任孙秀云作关于个案监督办法和错案责任追究办法修订情况的说明，市人大常委会副主任孙守伏宣读主任会议关于授予邢慧娜“潍坊人民勋章”的议案。分组审议后，市人大常委会委员满郭强、魏本芳、宋全正分别作联组审议发言。会议以无记名投票方式表决通过授予 “潍坊人民勋章”的人选名单，决定授予邢慧娜“潍坊人民勋章”，张传林向邢慧娜颁发“潍坊人民勋章”和证书；会议以举手方式表决通过《潍坊市人民代表大会常务委员会个案监督办法》《潍坊市市级行政司法机关错案和违法办案责任追究办法》。会议结束时，毕可仁就深入学习贯彻中共十六届四中全会精神讲话。

第十二次常委会会议

2004 年 12 月 28 日，在市级机关综合办公大楼会议室举行。市委书记、市人大常委会主任张传林出席会议并讲话。市人大常委会党组书记、第一副主任毕可仁，副主任赵凤池分别主持会议。毕可仁在会上回顾一年来常委会的工作情况，并就近期着重抓的有关工作讲意见。市人大常委会副主任孙守伏、张建国、韩俊生、葛吉平、王永兴、康凤英，秘书长王维盛和委员共 37 人出席会议。副市长辛丕宏，市人大常委会办事机构的负责人，市政府有关部门和各县市区人大常委会的主要负责人列席会议。3 名公民旁听会议。会上，市人事局局长杨同光作关于贯彻实施《国家公务员暂行条例》情况的汇报；市计划生育委员会主任李建泉、市统计局局长王福亭、市中级人民法院副院长王军、市人民检察院副检察长王建明分别作述职报告；市人大常委会副主任孙守伏作关于评选优秀市人大代表的情况汇报和关于补选省十届人大代表的说明；市中级人民法院院长程茂仁、市人民检察院检察长王卫东分别提请人事任免名单。分组审议后，市人大常委会委员孙日贵、孙秀云、张桂云分别作联组审议和评议发言。会议以按电子表决器的方式表决通过关于召开潍坊市第十四届人民代表大会第三次会议的决定、关于表彰优秀市人大代表的决定、市人大常委会 2005 年工作计划，补选省十届人大代表，对述职的干部进行测评；以无记名投票的方式通过人事任免事项。张传林在会议结束时的讲话中，充分肯定市人大常委会一年来所作的工作，并就今后进一步履行好各项职责，创造性地做好人大工作提出要求。

第十三次常委会会议

2005 年 1 月 25 日，在市级机关综合办公大楼会议室召开。市委书记、市人大常委会主任张传林出席会议，并向被任命干部颁发任命书。市人大常委会党组书记、第一副主任毕可仁主持会议。市人大常委会副主任赵凤池、张建国、韩俊生、葛吉平、王永兴、康凤英和委员共 36 人出席会议。市政府秘书长杨继生，市中级人民法院院长程茂仁，市人民检察院负责人，市人大常委会办事机构、市政府有关部门和各县市区人大常委会的负责人员列席会议。在通过会议的议程和日程后，市委副书记、市长提请人事任免名单，市人事局局长杨同光介绍被提请任命干部的有关情况，部分被任命干部作供职发言；市人大常委会副主任孙守伏作关于补选代表的代表资格的审查报告，市人大常委会秘书长王维盛作关于市十四届人大三次会议筹备工作情况的汇报。会议表决通过市人大常委会代表资格审查委员会关于补选代表的代表资格的审查报告、拟提请市十四届人大三次会议预备会议通过的大会议程草案、主席团和秘书长名单草案、议案审查委员会和计划预算审查委员会名单草案，议定市人大常委会在市十四届人大三次会议上的工作报告，决定列席市十四届人大三次会议人员范围和人事任免事项。会议决定任命：黄潍连为潍坊市公安局局长，陈仁杰为潍坊市发展和改革委员会主任；刘洪源为潍坊市城市管理行政执法局局长，李建泉为潍坊市人口和计划生育委员会主任，高华忠为潍坊市安全生产监督管理局局长。决定免去：王振华的潍坊市公安局局长职务。

第三节　第十四至第十九次常委会会议

第十四次常委会会议

2005 年 4 月 27 日，在市级机关综合办公大楼会议室召开。市人大常委会党组书记、第一副主任毕可仁，市人大常委会副主任赵凤池分别主持会议。市人大常委会副主任孙守伏、张建国、韩俊生、葛吉平、王永兴，秘书长王维盛及委员共 34 人出席会议。市中级人民法院院长程茂仁、市人民检察院检察长王卫东、市人大常委会办事机构、市政府有关部门和各县市区人大常委会的负责人列席会议。市人大常委会农业与农村工作委员会主任宋全正作关于发展农村经济、推进“三农”工作情况的视察报告；市人民检察院检察长王卫东作关于刑事检察工作情况的汇报；市民政局局长孟祥志、市农业局局长范西智、市审计局局长孟庆亮、市中级人民法院副院长宋金星、市人民检察院副检察长刘勤作述职报告；市中级人民法院院长程茂仁向会议提请人事任免名单。会议对各项汇报和报告进行分组审议和评议，对有关人事任免名单进行酝酿讨论。市人大常委会委员张爱军、魏本芳、邹登顺分别作联组审议和评议发言。会议以无记名投票的方式对述职干部进行测评，通过人事任免事项。会议根据市中级人民法院院长程茂仁的提请，任命：李述胜、张长秀为潍坊市中级人民法院审判委员会委员；张明清为潍坊市中级人民法院审判监督庭庭长；吴昌格为潍坊市中级人民法院立案庭副庭长；宋保华为潍坊市中级人民法院刑事审判第一庭副庭长；韩旭东为潍坊市中级人民法院刑事审判第二庭副庭长；薛培忠、李欣红为潍坊市中级人民法院民事审判第一庭副庭长；杨培峰、刘景芝为潍坊市中级人民法院民事审判第二庭副庭长；钟元林为潍坊市中级人民法院民事审判第三庭副庭长；于宏伟为潍坊市中级人民法院行政审判庭副庭长；韩增茂为潍坊市中级人民法院审判监督庭副庭长；张弘涛、孙绍军为潍坊市中级人民法院执行一庭副庭长；孙鹏、吕宜民为潍坊市中级人民法院执行二庭副庭长；王克田、张秀祥、陈永升、韩崇华、金利民、王益林、赵金军、张剑、路志明、吴进元、何波、徐伟东、秦海涛、王夕瑞、鞠建华、陈庆、郭金棣、尹洪阳、汪岚、李鲁民为潍坊市中级人民法院审判员。免去：卢卫国的潍坊市中级人民法院审判员职务；孟中洋的潍坊市中级人民法院审判委员会委员、审判员职务；纪庆忠的潍坊市中级人民法院审判监督庭庭长职务；张筱玲的潍坊市中级人民法院民事审判第二庭副庭长职务；张明清的潍坊市中级人民法院刑事审判第一庭副庭长职务；薛培忠的潍坊市中级人民法院刑事审判第二庭副庭长职务；杨培峰的潍坊市中级人民法院民事审判第三庭副庭长职务；于宏伟的潍坊市中级人民法院民事审判第一庭副庭长职务；张弘涛的潍坊市中级人民法院执行二庭副庭长职务；孙鹏的潍坊市中级人民法院行政审判庭副庭长职务。

第十五次常委会会议

2005 年 6 月 29 日至 30 日，在市级机关综合办公大楼会议室召开。市委书记、市人大常委会主任张传林出席并讲话，市人大常委会党组书记、第一副主任毕可仁，副主任赵凤池分别主持会议。市财政局局长夏芳晨作关于潍坊市 2004 年市级财政决算草案的报告，市审计局局长孟庆亮作关于潍坊市 2004 年市级预算执行和其他财政收支的审计工作报告，市人大常委会财经工作委员会主任魏本芳作《关于潍坊市 2004 年市级财政决算草案的审查报告》，市人大常委会城建环保工作委员会主任李刚作《关于解决虞河下游污染问题议案的调查研究及处理意见的报告》，市人大常委会农业与农村工作委员会主任宋全正作《关于加强潍河综合治理议案的调查研究及处理意见的报告》，副市长、市公安局局长黄潍连作《关于贯彻实施道路交通安全法情况的汇报》，市档案局局长徐智刚作《关于贯彻实施档案法情况的汇报》。副市长黄潍连受市长委托提请人事任免名单，市人事局局长杨同光介绍被提请任免干部的有关情况；市人民检察院检察长王卫东提请人事任免名单，并汇报有关情况。被提请任命的干部作供职发言。会议对各项汇报、报告、有关决议、决定草案进行分组审议，酝酿人事任免名单。市人大常委会委员高赐伦、房永安、王利民分别作联组审议发言。会议表决通过《潍坊市人民代表大会常务委员会关于批准潍坊市 2004 年市级财政决算的决议》《潍坊市人民代表大会常务委员会关于办理市十四届人大三次会议主席团交付的关于解决虞河下游污染问题的议案的决议》《潍坊市人民代表大会常务委员会关于办理市十四届人大三次会议主席团交付的关于加强潍河综合治理的议案的决议》《潍坊市人民代表大会常务委员会关于接受张爱军辞职的决定》，决定有关人事任免事项。会议根据市长的提名，决定免去杜长明的潍坊市海洋与渔业局局长职务，任命徐松萃为潍坊市海洋与渔业局局长。会议根据市人民检察院检察长王卫东的提请，免去：李文国的潍坊市人民检察院副检察长、检察委员会委员职务；任命：张爱军为潍坊市人民检察院副检察长、检察委员会委员；王乐田、刘乐生、马庆国、李一龙、赵光锘、王俊丽、冯雁、荣世平、谭斌、刘法玉、邵长远、闫曙光、周长军、崔玉珍、李林增、陈晓云为潍坊市人民检察院检察员；李广杰为潍坊市城郊地区人民检察院检察委员会委员；潘同周为潍坊市城郊地区人民检察院检察员。6 月 30 日上午，在分组评议后，市人大常委会委员孙秀云、张桂云、王承策、魏本芳、李刚、宋全正、周晓钟代表市人大常委会分别对蒋文彩等 7 名副市长任职以来的工作情况作大会评议发言。市委副书记、市长和接受评议的副市长到会听取评议意见。会议结束时，市委书记、市人大常委会主任张传林作重要讲话，充分肯定这次评议的重要意义，同时就搞好评议整改工作和发挥各方面的积极性，努力把潍坊的事情办实办好，推动全市经济社会更快更好发展提出要求。市人大常委会副主任孙守伏、张建国、韩俊生、葛吉平、王永兴、康凤英，秘书长王维盛和委员共 36 人出席会议。市政府副市长鞠献宝、王冰芬、辛丕宏、黄潍连、刘伟等和秘书长杨继生，市人民检察院检察长王卫东，市中级人民法院副院长刘亚宁，市人大常委会办事机构、市政府有关部门和各县市区人大常委会的负责人，部分市人大代表列席会议。3 名公民旁听会议。

第十六次常委会会议

2005 年 8 月 25 日，在市级机关综合办公大楼会议室召开。市人大常委会党组书记、第一副主任毕可仁，副主任赵凤池分别主持会议。在通过会议议程和日程后，副市长王冰芬作关于市十四届人大三次会议以来代表所提议案和建议批评意见办理工作情况的汇报，市发展和改革委员会主任陈仁杰作关于潍坊市 2005 年上半年国民经济和社会发展计划执行情况的汇报，市财政局副局长李树范作关于潍坊市 2005 年上半年财政预算执行情况的汇报，市司法局副局长朱平贵作关于贯彻执行市人大常委会关于“四五”普法和“三五”依法治市两个决议情况的汇报，市农机局局长张振之作关于贯彻实施《农业机械化促进法》情况的汇报。在对各项汇报进行分组审议的基础上，市人大常委会委员周玉芳、聂振萍、周晓钟分别作联组审议发言。市人大常委会副主任孙守伏、张建国、韩俊生、葛吉平、王永兴、康凤英，秘书长王维盛和委员共 34 人出席会议。市中级人民法院院长程茂仁，市人民检察院检察长王卫东，市人大常委会办事机构、市政府有关部门和各县市区人大常委会的负责人，部分市人大代表列席会议。6 名公民旁听会议。

第十七次常委会会议

2005 年 10 月 26 日，在市级机关综合办公大楼会议室召开。市人大常委会党组书记、第一副主任毕可仁，副主任赵凤池、张建国分别主持会议。上午，在通过会议议程和日程后，市中小企业局局长韩书俭作《关于加快民营经济发展情况的汇报》，市科技局局长作《关于贯彻实施促进科技成果转化法情况的汇报》，市交通局局长闫云田作《关于贯彻实施公路法情况的汇报》。毕可仁就学习贯彻中共十六届五中全会精神讲意见。在对各项汇报进行分组审议的基础上，市人大常委会委员高赐伦、邹登顺、崔爱信分别作联组审议发言。下午，市人大常委会举办第五次法制讲座。山东行政学院公务员培训部副主任、副教授杜江先就学习贯彻《公务员法》的有关问题，作题为《〈公务员法〉的立法思想和基本框架》的辅导报告。市人大常委会副主任韩俊生、葛吉平、王永兴、康凤英，秘书长王维盛和委员共 33 人出席会议。副市长鞠献宝、市中级人民法院院长程茂仁，市人民检察院检察长王卫东，市人大常委会办事机构、市政府有关部门和各县市区人大常委会的负责人员，部分市人大代表列席会议。3 名公民旁听会议。

第十八次常委会会议

2005 年 12 月 29 日至 30 日，在市级机关综合办公大楼会议室召开。市委书记、市人大常委会主任张传林出席会议，市人大常委会党组书记、第一副主任毕可仁，副主任赵风池分别主持会议。市人大常委会副秘书长、人事代表工作室主任周晓钟作关于潍坊市人民代表大会代表议案处理办法草案与代表建议、批评和意见处理办法草案的说明；孙秀云、魏本芳、张桂云、李刚、宋全正分别作关于换届以来工作情况的汇报；市劳动和社会保障局局长、市文化局局长、市中级人民法院副院长、市人民检察院副检察长分别作述职报告；市中级人民法院院长程茂仁提请人事任免名单，并介绍被提请任免干部的有关情况。会议表决通过《潍坊市人民代表大会代表议案处理办法》《潍坊市人民代表大会代表建议、批评和意见处理办法》和潍坊市人大常委会 2006 年工作计划。

第十九次常委会会议

2006 年 1 月 21 日，在市级机关综合办公大楼会议室召开。市委书记、市人大常委会主任张传林出席会议并讲话，市人大常委会党组书记、第一副主任毕可仁，副主任赵风池分别主持会议。在通过会议的议程和日程后，市人大常委会副主任孙守伕作关于补选代表的代表资格的审查报告，市人大常委会秘书长王维盛作关于市十四届人大四次会议筹备工作情况的汇报。经过审议，会议表决通过市人大常委会关于召开潍坊市第十四届人民代表大会第四次会议的决定，决定市十四届人大四次会议于 2006 年 2 月 8 日召开。会议还表决通过市人大常委会代表资格审查委员会关于补选代表的代表资格的审查报告，确认补选的潍坊市第十四届人民代表大会代表的代表资格有效；表决通过拟提请市十四届人大四次会议预备会议通过的大会议程草案、主席团和秘书长名单草案、议案审查委员会和计划预算审查委员会名单草案；决定列席市十四届人大四次会议人员范围；议定市人大常委会在市十四届人大四次会议上的工作报告。张传林在讲话中对市人大常委会的工作给予充分肯定，还就市人大常委会组成人员贯彻落实好市委决策部署，履行好宪法法律赋予的各项职责，加强民主法制建设，推动全市经济社会又快又好发展等提出希望和要求。市人大常委会副主任张建国、韩俊生、葛吉平、王永兴、康凤英和委员共 34 人出席会议，副市长刘伟，市中级人民法院、市人民检察院的负责人员，市人大常委会办事机构的负责人列席会议。

第四节　第二十至第二十六次常委会会议

第二十次常委会会议

2006 年 4 月 7 日，在市级机关综合办公大楼会议室召开。市委书记、市人大常委会主任张传林出席会议并讲话。市人大常委会党组书记、第一副主任王治华，副主任赵风池分别主持会议。在通过会议的议程和日程后，市人大常委会副主任杨继生受主任会议委托，提请人事任免名单并介绍被提请任免干部的有关情况；市委副书记、副市长张江汀受市长委托提请人事任免名单，市人事局局长杨同光介绍市政府被提请任命干部的有关情况；市人民检察院检察长王卫东提请人事任免名单并介绍被提请任命干部的有关情况；市政府被提请任命的干部作供职发言；市科技局局长作关于贯彻实施科学技术普及法情况的汇报；市中级人民法院院长程茂仁作关于全市法院商事审判工作情况的汇报。会议对各项汇报、有关议案和决定草案进行分组审议，对有关人事任免名单进行酝酿讨论。市人大常委会委员李文国、张桂云、房永安分别作联组审议发言。会议以无记名投票的方式通过人事任免事项；以按表决器的方式，表决通过市人大常委会关于调整市人大常委会代表资格审查委员会组成人员的议案和关于接受满郭强辞职的决定。会议根据市人大常委会主任会议的提名，决定：杨继生为潍坊市人大常委会代表资格审查委员会主任委员，李建泉、周晓钟为潍坊市人大常委会代表资格审查委员会委员；孙守伏不再担任潍坊市人大常委会代表资格审查委员会主任委员职务，孙秀云不再担任潍坊市人大常委会代表资格审查委员会委员职务。根据市人大常委会主任会议的提名，任命：韩书俭为潍坊市人大常委会法制工作委员会主任，王志坤、孙秀云、李文国为潍坊市人大常委会法制工作委员会委员，李建泉、张益军为潍坊市人大常委会财政经济工作委员会委员，王义正为潍坊市人大常委会教育科学文化卫生工作委员会委员，闫云田为潍坊市人大常委会城乡建设环境保护工作委员会主任，王琰方、李刚为潍坊市人大常委会城乡建设环境保护工作委员会委员，王继美为潍坊市人大常委会农业与农村工作委员会委员，张国华为潍坊市人大常委会民族侨务外事工作委员会主任，马东宁、王照宏、齐晓政、李晓明、张立华、陈建军、崔全华、程学民为潍坊市人大常委会民族侨务外事工作委员会委员，于均收为潍坊市人大常委会办公室副主任；免去：孙秀云的潍坊市人大常委会法制工作委员会主任职务，张爱军、邵宗水的潍坊市人大常委会法制工作委员会委员职务，马连芹的潍坊市人大常委会财政经济工作委员会委员职务，李刚的潍坊市人大常委会城乡建设环境保护工作委员会主任职务，满郭强的潍坊市人大常委会城乡建设环境保护工作委员会委员职务。根据市长的提名，决定任命：宋赤锋为潍坊市人民政府秘书长，张树琛为潍坊市交通局局长，杨锡广为潍坊市人口和计划生育委员会主任，李春水为潍坊市环境保护局局长，侯方武为潍坊市统计局局长，王桂英为潍坊市人民政府外事与侨务办公室主任；决定免去：杨继生的潍坊市人民政府秘书长职务，闫云田的潍坊市交通局局长职务，李建泉的潍坊市人口和计划生育委员会主任职务，曹学芹的潍坊市环境保护局局长职务，王福亭的潍坊市统计局局长职务，李静波的潍坊市人民政府外事与侨务办公室主任职务。根据市人民检察院检察长王卫东的提请，任命：宋修栋为潍坊市人民检察院检察委员会委员，郭晓英、乔雷为潍坊市人民检察院检察员，吕学智为潍坊市城郊地区人民检察院检察员；免去：李爱国的潍坊市人民检察院检察委员会委员、检察员职务，徐以曾的潍坊市城郊地区人民检察院检察委员会委员、检察员职务。张传林向被任命的干部颁发任命书。会议结束时张传林、王治华分别讲话。赵凤池对贯彻会议精神讲意见。市人大常委会副主任张建国、王永兴、康凤英、杨继生、吴元宝、李本跃，秘书长王维盛和委员共40人出席会议，副市长辛丕宏，市人大常委会办事机构的负责人，市政府有关部门主要负责人，各县市区人大常委会负责人，部分市人大代表列席会议，3名公民旁听会议。

第二十一次常委会会议

2006年6月21日至22日，在市级机关综合办公大楼会议室召开。市人大常委会党组书记、第一副主任王治华，副主任赵凤池分别主持会议。市财政局局长夏芳晨作关于潍坊市2005年市级财政决算草案的报告，市审计局局长孟庆亮作关于潍坊市2005年市级预算执行和其他财政收支的审计工作报告，市人大常委会财经工作委员会主任魏本芳作关于潍坊市2005年市级财政决算草案的审查报告，市规划局局长作《关于潍坊市城市总体规划（2006—2020）草案编制情况的报告》，市人大常委会城建环保工作委员会主任闫云田作《关于潍坊市城市总体规划（2006—2020）草案的审查报告》，市司法局局长郭步坤作关于潍坊市“四五”普法、依法治市情况及“五五”普法规划的汇报和潍坊市2006—2010年依法治市规划草案的说明，市旅游局局长高永贤作关于贯彻实施《山东省旅游条例》

情况的汇报。下午，市人大常委会副主任杨继生受主任会议委托提请人事任免名单并介绍被提请任命干部的有关情况，市中级人民法院院长程茂仁提请人事任免名单并介绍被提请任免干部的有关情况，市人大常委会副秘书长、人事代表工作室主任周晓钟作关于评选优秀市人大代表情况的说明，市建设局局长崔学选、市对外贸易经济合作局局长王保贤、市人民检察院副检察长赵克林作述职报告。会议在审议的基础上，表决通过《潍坊市人民代表大会常务委员会关于批准潍坊市2005年市级财政决算的决议》《潍坊市人民代表大会常务委员会关于同意〈潍坊市城市总体规划（2006—2020）草案〉的决议》《潍坊市人民代表大会常务委员会关于在全市公民中开展第五个五年法制宣传教育的决议》《潍坊市人民代表大会常务委员会关于〈潍坊市2006—2010年依法治市规划〉的决议》《潍坊市人民代表大会常务委员会关于表彰优秀市人大代表的决定》。会议在评议和酝酿讨论的基础上，以无记名投票的方式，测评述职干部的任职情况，表决通过人事任免名单。会议根据市人大常委会主任会议的提请，任命于均收为潍坊市人大常委会副秘书长，免去于均收的潍坊市人大常委会办公室副主任职务。会议根据程茂仁院长的提请，任命赵绪斌、李金鹏为潍坊市中级人民法院审判委员会委员；李福海为潍坊市中级人民法院刑事审判第二庭庭长、审判委员会委员；杨培锋为潍坊市中级人民法院民事审判第二庭庭长、审判委员会委员；张金川为潍坊市中级人民法院民事审判第四庭庭长、审判委员会委员；韩昆亮为潍坊市中级人民法院刑事审判第二庭副庭长；张金华为潍坊市中级人民法院民事审判第二庭副庭长；薛明友为潍坊市中级人民法院民事审判第三庭副庭长；孙绍军为潍坊市中级人民法院民事审判第四庭副庭长；吕宜民为潍坊市中级人民法院行政审判庭副庭长；张同升、李华为潍坊市中级人民法院执行一庭副庭长；徐伟东为潍坊市中级人民法院执行二庭副庭长；魏焕才为潍坊市中级人民法院审判员。免去韩亮的潍坊市中级人民法院刑事审判第二庭庭长、审判委员会委员职务；赵绪斌的潍坊市中级人民法院民事审判第二庭庭长职务；谌祖龙的潍坊市中级人民法院民事审判第四庭庭长、审判委员会委员职务；钟元林的潍坊市中级人民法院民事审判第三庭副庭长职务；张同升的潍坊市中级人民法院行政审判庭副庭长职务；赵琴的潍坊市中级人民法院审判监督庭副庭长职务；孟强、孙绍军的潍坊市中级人民法院执行一庭副庭长职务；吕宜民的潍坊市中级人民法院执行二庭副庭长职务。市人大常委会党组书记、第一副主任王治华受市人大常委会主任张传林的委托，向被任命的部分干部颁发任命书。会议结束时，王治华就人大常委会讨论决定重大事项问题讲意见。市人大常委会副主任张建国、王永兴、康凤英、吴元宝、李本跃，秘书长王维盛和委员共38人出席会议。副市长黄潍连、刘伟，市人民检察院检察长王卫东，市人大常委会办事机构的负责人员，市政府有关部门主要负责人，各县市区人大常委会主任或第一副主任，部分市人大代表列席会议，3名公民旁听会议。

第二十二次常委会会议

2006年8月29日，在市级机关综合办公大楼会议室召开。市委书记、市人大常委会主任张传林出席会议并向被任命干部颁发任命书；市人大常委会党组书记、第一副主任王治华，副主任赵凤池分别主持会议。在本次会议上，市人大常委会秘书长王维盛受主任会议委托提请人事任免名单；副市长受市长委托提请人事任免名单，市人事局局长杨同光介绍市政府被提请任命干部的情况；市中级人民法院院长程茂仁、市人民检察院检察长王卫东分别提请人事任免名单；副市长作关于市十四届人大四次会议代表所提建议批评意见办理工作情况的汇报；市长助理、市发展和改革委员会主任陈仁杰作《关于潍坊市2006年上半年国民经济和社会发展计划执行情况的汇报》；市财政局局长夏芳晨作《关于潍坊市2006年市级预算调整方案（草案）的报告》《关于潍坊市2006年上半年财政预算执行情况的汇报》；市公安局政委、常务副局长朱玉林作《关于贯彻实施人民警察法情况的汇报》；市体育局副局长赵志廉作《关于贯彻实施体育法情况的汇报》；市水利局局长作《关于贯彻实施防洪法情况的汇报》；被提请任命干部董胜勇、王贤臣、陈曦作供职发言。会议分组审议有关报告、汇报、决定草案，酝酿人事任免名单。市人大常委会委员韩书俭、高赐伦、国正平作联组审议发言。以按表决器的方式表决通过《潍坊市人民代表大会常务委员会关于批准潍坊市2006年市级预算调整方案的决定》，以无记名投票的方式表决通过人事任免名单。会议根据市人大常委会主任会议的提请，任命胡景东为潍坊市人大常委会研究室副主任；根据市长的提请，决定任命董胜勇为潍坊市城市管理行政执法局局长，决定免去刘洪源的潍坊市城市管理行政执法局局长职务；根据市中级人民法院院长程茂仁的提请，任命王贤臣为潍坊市中级人民法院副院长、审判委员会委员；根据市人民检察院检察长王卫东的提请，任命陈曦为潍坊市人民检察院副检察长、检察委员会委员，马言圣为潍坊市人民检察院检察员、检察委员会委员，批准免去马言圣的安丘市人民检察院检察长职务，免去王洪广、周金明的潍坊市人民检察院检察委员会委员、检察员职务。市人大常委会副主任张建国、王永兴、康凤英、吴元宝、李本跃和委员共39人出席会议，市人大常委会办事机构、市政府有关部门和各县市区人大常委会的负责人员，部分市人大代表列席会议。

第二十三次常委会会议

2006年9月19日在潍坊召开。市人大常委会党组书记、第一副主任王治华受主任会议委托提请人事任命名单，并介绍被提请任命干部的情况。会议以无记名投票的方式，表决通过潍坊市人民代表大会常务委员会关于接受张传林辞去潍坊市第十四届人民代表大会常务委员会主任职务请求的决定，潍坊市人民代表大会常务委员会关于接受潍坊市市长辞去职务请求的决定；表决通过许立全为潍坊市副市长、代理市长的任命。

第二十四次常委会会议

2006年10月25日上午，在市级机关综合办公大楼会议室召开。市人大常委会党组书记、第一副主任王治华，副主任赵凤池分别主持会议。会上，市农业局局长范西智作关于贯彻实施农村土地承包法情况的汇报；市科学技术局局长、市安全生产监督管理局局长、市中级人民法院副院长作述职报告。在对有关汇报、报告、决定草案进行分组审议、评议的基础上，市人大常委会委员王继美、邹登顺、李文国分别作联组审议、评议发言。会议以无记名投票的方式对述职的干部进行测评，表决通过关于接受张江汀辞去潍坊市副市长职务的请求的决定。市人大常委会副主任张建国、王永兴、康凤英、杨继生，秘书长王维盛和委员共33人出席会议，市中级人民法院院长程茂仁，市人民检察院检察长王卫东，市人大常委会办事机构、各县市区人大常委会的负责人，部分市人大代表列席会议。

第二十五次常委会会议

2006年12月27日，在市级机关综合办公大楼会议室召开。市人大常委会党组书记、第一副主任王治华，副主任赵凤池分别主持会议。在通过会议议程后，市政府外事与侨务办公室主任王桂英作关于贯彻实施《中华人民共和国归侨侨眷权益保护法》情况的汇报；市中级人民法院院长程茂仁提请人事任免名单。会议分组审议有关汇报和决定草案，讨论、修改市人大常委会2007年工作计划，酝酿人事任免名单。市人大常委会委员张国华、李建泉、韩书俭分别作联组审议发言。会议以按表决器的方式表决通过《潍坊市人民代表大会常务委员会关于召开潍坊市第十四届人民代表大会第五次会议的决定》；议定市人大常委会 2007 年工作计划；以无记名投票的方式表决通过人事任免名单。会议根据程茂仁院长的提请，免去刘亚宁的潍坊市中级人民法院副院长、审判委员会委员职务。会议结束时，王治华讲话，回顾总结一年来市人大常委会的工作情况，并就近期需着力抓好的几项主要工作提出要求。市人大常委会副主任张建国、王永兴、康凤英、杨继生、李本跃，秘书长王维盛和委员共 35 人出席会议，副市长王冰芬，市人民检察院负责人，市人大常委会办事机构的负责人员，市政府有关部门主要负责人，各县市区人大常委会主任或第一副主任列席会议。

第二十六次常委会会议

2007 年 1 月 8 日，在市级机关综合办公大楼会议室召开。市人大常委会党组书记、第一副主任王治华，副主任赵凤池分别主持会议。在通过会议议程后，市委副书记、代理市长许立全提请人事任免名单，并介绍被提请任命的两位副市长的情况，市人事局局长杨同光介绍被提请任命的市政府部门负责人的情况；市人大常委会副主任杨继生作关于补选代表的代表资格审查报告，受主任会议委托作关于补选省十届人大代表的说明、提请人事任免名单；市人大常委会秘书长王维盛作关于市十四届人大五次会议筹备工作情况的汇报；市中级人民法院院长程茂仁提请人事任免名单，并介绍被提请任命干部的有关情况。经过分组审议，会议以按表决器的方式，表决通过市人大常委会代表资格审查委员会关于补选代表的代表资格的审查报告，确认补选的潍坊市第十四届人民代表大会代表的代表资格有效；表决通过拟提请市十四届人大五次会议预备会议通过的大会议程草案、主席团和秘书长名单草案、议案审查委员会和计划预算审查委员会名单草案；决定列席市十四届人大五次会议人员范围；议定市人大常委会在市十四届人大五次会议上的工作报告。以无记名投票的方式，补选许立全为山东省第十届人民代表大会代表，会后由市人大常委会报请山东省人大常委会代表资格审查委员会审查确认其代表资格；决定任命胡岗、徐振溪为潍坊市副市长；因工作变动，决定接受王承策辞去潍坊市人大常委会委员职务的请求；还决定其他人事任免事项。王治华向被任命的政府部门负责人颁发任命书。市人大常委会副主任张建国、王永兴、康凤英、吴元宝、李本跃和委员共 35 人出席会议，副市长蒋文彩，市人民检察院负责人，市人大常委会办事机构的负责人，市政府有关部门主要负责人列席会议。

第五节　第二十七至第三十二次常委会会议

第二十七次常委会会议

2007 年 4 月 27 日，在市级机关综合办公大楼会议室召开。市委书记、市人大常委会主任出席会议并讲话。市人大常委会党组书记、第一副主任李守玉主持会议。在通过会议议程后，市委常委、常务副市长胡岗受市长许立全委托提请人事任免名单，市人事局局长杨同光介绍市政府被提请任命干部的情况；市人大常委会副主任程茂仁受主任会议委托提请人事任免名单；市人民检察院检察长王卫东提请人事任免名单；市政府被提请任命干部作供职发言；市长助理、市经贸委主任李瑞阳作关于节能降耗工作情况的报告；市水利局局长作关于村村通自来水工程实施情况的报告。会议对各项报告、有关决定草案进行分组审议，酝酿讨论人事任免名单。市人大常委会委员毕孝圣、王继美、韩书俭分别作联组审议发言。会议以举手表决的方式，表决通过关于调整市人大常委会代表资格审查委员会组成人员的决定；以无记名投票的方式，表决通过关于接受蒋文彩辞去潍坊市副市长职务请求的决定和有关人事任免名单，向被任命干部颁发任命书，对新形势下市人大常委会的工作提出要求。市人大常委会副主任张建国、王永兴、康凤英、吴元宝、李本跃，秘书长张军和委员共 36 人出席会议，市中级人民法院院长张爱云，市人大常委会办事机构的负责人，市政府有关部门主要负责人，各县市区人大常委会主任或主持工作的第一副主任，部分市人大代表列席会议。

第二十八次常委会会议

2007 年 6 月 21 日，在市级机关综合办公大楼会议室召开。市人大常委会党组书记、第一副主任李守玉，副主任程茂仁分别主持会议。在通过会议议程后，市财政局副局长王志刚作关于潍坊市 2006 年市级财政决算草案的报告；市审计局副局长刘福忠作关于潍坊市 2006 年市级预算执行和其他财政收支的审计工作报告；市人大常委会财经工作委员会主任魏本芳作关于潍坊市 2006 年市级财政决算草案的审查报告；市环保局局长李春水作关于市区水源地保护工作情况的报告；市公安局政委、常务副局长朱玉林作关于全市社会治安管理工作情况的报告；市人大常委会法制工作委员会主任韩书俭作关于加强人民监督员工作的意见草案的说明；市中级人民法院院长张爱云、市人民检察院检察长王卫东分别提请人事任免名单，并介绍被提请任命人员的情况。会议对各项报告和有关决议、意见、守则草案进行分组审议，酝酿讨论人事任免名单。市人大常委会委员高赐伦、李波、房永安分别作联组审议发言。会议以举手表决的方式，表决通过关于批准潍坊市 2006 年市级财政决算的决议草案、关于加强人民监督员工作的意见草案和潍坊市人大常委会组成人员出席常委会会议守则草案；以无记名投票的方式，表决通过有关人事任免名单。市人大常委会副主任张建国、王永兴、康凤英、杨继生、吴元宝、李本跃，秘书长张军和委员共 38 人出席会议；副市长王冰芬、刘伟，市人大常委会办事机构的负责人，市政府有关部门主要负责人，各县市区人大常委会负责人，部分市人大代表列席会议；3 名公民旁听会议。

第二十九次常委会会议

2007 年 8 月 22 日至 23 日，在市级机关综合办公大楼会议室召开。市人大常委会党组书记、第一副主任李守玉，副主任程茂仁分别主持会议。在通过会议议程后，市人大常委会副主任杨继生受主任会议委托提请市人大常委会关于 2007—2008 年全市人大换届选举工作安排意见的议案并报告相应的安排意见，副市长辛丕宏作关于市十四届人大五次会议代表建议意见办理工作情况的报告，市长助理、市发改委主任陈仁杰作关于潍坊市 2007 年上半年国民经济和社会发展计划执行情况的报告，市财政局副局长夏永波作关于潍坊市 2007 年上半年财政预算执行情况的报告，市水利局局长作贯彻执行市人大常委会关于加强潍河综合治理的议案的决议情况的报告，市地震局局长朱乐凯作关于防震减灾工作情况的报告，市中级人民法院院长张爱云作关于民事审判工作情况的报告，市人大常委会秘书长张军受主任会议委托提请潍坊市人民检察院人民监督员任命名单。会议对各项报告和有关意见及相应的议案进行分组审议，酝酿讨论潍坊市人民检察院人民监督员任命名单。市人大常委会委员李云高、聂振萍、邢乐信分别作联组审议发言。会议以举手表决的方式，表决通过市人大常委会关于 2007—2008 年全市人大换届选举工作安排意见；以无记名投票的方式，表决通过潍坊市人民检察院人民监督员任命名单。市人大常委会副主任张建国、吴元宝、李本跃和委员共 34 人出席会议；市人民检察院检察长王卫东，市长助理花兆贤，市人大常委会办事机构的负责人，市政府有关部门主要负责人，各县市区人大常委会负责人列席会议。

第三十次常委会会议

2007 年 10 月 30 日，在市级机关综合办公大楼会议室召开。市人大常委会党组书记、第一副主任李守玉，副主任程茂仁分别主持会议。在通过会议议程后，市人大常委会秘书长张军受主任会议委托作关于潍坊市第十五届人民代表大会代表选举问题的决定草案的说明；市劳动和社会保障局局长李静波作关于全市劳动保障工作情况的报告；市市政管理局副局长作关于城区公交事业发展情况的报告；市农业局局长考继佳作关于农产品质量安全工作情况的报告；市卫生局副局长李长祥作关于标准化乡镇卫生院和村级卫生室建设情况的报告；市人民检察院检察长王卫东作关于全市监所检察工作情况的报告，提请人事任免名单，并介绍被提请任命干部的有关情况；市人大常委会副主任杨继生受主任会议委托提请人事任命名单，介绍被提请任命干部的有关情况。市人大常委会视察组书面报告关于视察潍坊市中心城区旧小区和背街小巷综合整治的情况，市人大常委会执法检查组书面报告关于检查全市贯彻实施《国务院广播电视管理条例》《山东省电视管理暂行条例》的情况、关于检查《老年人权益保障法》贯彻实施的情况、关于检查《安全生产法律法规》贯彻实施的情况。会议学习中共十七大报告，分组审议各项报告、有关决议和决定草案，酝酿讨论人事任免名单。市人大常委会委员房永安、袁文坤、国正平分别作联组审议发言。会议表决通过市人大常委会关于认真学习贯彻中共十七大精神的决议、关于潍坊市第十五届人民代表大会代表选举问题的决定和人事任免事项。会议任命刘勤友为潍坊市人大常委会副秘书长、研究室主任，王钦杰挂职任潍坊市人民检察院副检察长、检察委员会委员。李守玉向被任命干部颁发任命书。市人大常委会副主任康凤英、吴元宝、李本跃和委员共 35 人出席会议；副市长王冰芬，市中级人民法院院长张爱云，市长助理花兆贤，市人大常委会办事机构的负责人，市政府有关部门主要负责人，各县市区人大常委会负责人，部分人大代表列席会议。

第三十一次常委会会议

2007 年 11 月 30 日，在市级机关综合办公大楼会议室召开。市人大常委会党组书记、第一副主任李守玉，副主任程茂仁分别主持会议。在通过会议议程后，副市长辛丕宏受市长许立全委托提请人事任命名单，并介绍被提请任命干部的有关情况；市中级人民法院院长张爱云提请人事任免名单，并介绍被提请任免干部的有关情况。在分组酝酿讨论的基础上，会议以无记名投票的方式，表决通过有关人事任免名单，决定任命初宝杰为潍坊市副市长；任命尹凤来为潍坊市中级人民法院副院长、审判委员会委员；免去杜士忠的潍坊市中级人民法院副院长、审判委员会委员职务。市人大常委会副主任张建国、王永兴、杨继生、吴元宝、李本跃，秘书长张军和委员共 32 人出席会议；市人民检察院检察长王卫东，市人大常委会办事机构、市政府有关部门和各县市区人大常委会负责人列席会议。

第三十二次常委会会议

2007 年 12 月 19 日，在市级机关综合办公大楼召开。市人大常委会党组书记、第一副主任李守玉，副主任程茂仁分别主持会议。在通过会议议程后，市人大常委会副主任杨继生作关于全市县、乡人大换届选举工作情况的汇报和关于潍坊市第十五届人民代表大会代表的代表资格审查报告；市人大常委会秘书长张军作关于市十五届人大一次会议筹备工作情况的汇报。经过分组审议讨论，会议表决通过市人大常委会代表资格审查委员会关于潍坊市第十五届人民代表大会代表的代表资格审查报告，关于召开潍坊市第十五届人民代表大会第一次会议的决定，拟提请市十五届人大一次会议预备会议通过的大会议程草案、主席团和秘书长名单草案、议案审查委员会和计划预算审查委员会名单草案，关于设立潍坊市人民代表大会专门委员会的决定草案；决定列席市十五届人大一次会议人员范围；议定市人大常委会在市十五届人大一次会议上的工作报告。市人大常委会副主任张建国、王永兴、康凤英、吴元宝、李本跃和委员共35人出席会议；市委常委、常务副市长胡岗，副市长王冰芬，市中级人民法院院长张爱云，市人民检察院检察长王卫东，市人大常委会办事机构负责人，各县市区人大常委会主要负责人列席会议。

第六章　潍坊市第十五届人民代表大会常务委员会会议

潍坊市第十五届人大常委会共召开全体会议26次。其中，市十五届人大第一次会议闭幕后至市十五届人大第二次会议开幕前共召开7次；市十五届人大第二次会议闭幕后至市十五届人大第三次会议开幕前共召开6次；市十五届人大第三次会议闭幕后至市十五届人大第四次会议开幕前共召开6次；市十五届人大第四次会议闭幕后至市十六届人大第一次会议开幕前共召开7次。

第一节　第一至第七次常委会会议

第一次常委会会议

2008年2月26日，在市级机关综合办公大楼会议室召开。市委书记、市人大常委会主任出席会议，向被任命的市政府组成人员颁发任命书，并讲话。市人大常委会党组书记、第一副主任李守玉主持会议。在通过会议议程后，市长许立全提请人事任免名单，市委组织部常务副部长傅大军介绍被提请任命干部的有关情况；市人大常委会副主任杨继生受主任会议委托作关于市人大常委会代表资格审查委员会组成人员名单草案的说明；市人大常委会秘书长张军受主任会议委托提请人事任免名单并介绍有关情况，还作关于修订市人大常委会议事规则的说明；市人民检察院检察长王卫东提请批准任命人员名单并介绍有关情况；副市长王桂英作关于提请设立“潍坊市冬季植树日”的报告。会议对各项报告和规则、决定、决议及工作计划草案等进行分组审议，酝酿人事任免名单。会议议定市人大常委会2008年工作计划，以举手的方式表决通过市人大常委会议事规则、市人大常委会关于加强自身建设的决定、关于设立“潍坊市冬季植树日”的决议和市人大常委会代表资格审查委员会组成人员名单，以无记名投票的方式表决通过各项人事任免名单。李守玉就贯彻本次会议精神讲意见。市人大常委会副主任王永兴、康凤英、李本跃和委员共43人出席会议；市中级人民法院负责人，市人大常委会办事机构、市人大各专门委员会工作机构的负责人，各县市区人大常委会主要负责人列席会议。

第二次常委会会议

2008年4月29日，在东方大酒店会议室召开。市人大常委会党组书记、第一副主任李守玉，副主任王永兴分别主持会议。在通过会议议程后，市司法局局长郭步坤作关于法律援助工作情况的报告；市文化局局长盛兆辉作关于加强文化建设、开创文化建设新局面情况的报告；市交通局副局长王耀光作关于“村村通油路”工作情况的报告；市人大常委会秘书长张军作关于制定《潍坊市人民代表大会常务委员会关于强化监督职能推进重点工作的意见》的说明；市人大常委会副秘书长、人事代表工作室主任周晓钟分别作关于修订《潍坊市人民代表大会常务委员会联系市人大代表办法》《潍坊市人民代表大会代表议案处理办法》《潍坊市人民代表大会代表建议、批评和意见处理办法》的说明和关于修订《潍坊市人民代表大会常务委员会人事任免办法》的说明；市中级人民法院院长张爱云提请人事任命名单并介绍被提请任命干部的有关情况。会议对各项报告和说明、决议、意见、办法草案等进行分组审议，酝酿讨论人事任命名单。市人大常委会委员王培竹、张国华、张庆吉分别作联组审议发言。会议以举手的方式表决通过市人大常委会关于加强文化建设的决议，关于强化监督职能推进重点工作的意见，市人大常委会联系市人大代表办法，潍坊市人民代表大会代表议案处理办法，潍坊市人民代表大会代表建议、批评和意见处理办法，市人大常委会人事任免办法；以无记名投票的方式表决通过各项人事任命名单。市人大常委会副主任康凤英、杨继生、李本跃和委员共39人出席会议；副市长刘伟、王桂英，市人民检察院检察长王卫东，市人大常委会办事机构、市人大各专门委员会工作机构的负责人，各县市区人大常委会负责人，部分市人大代表列席会议。

第三次常委会会议

2008年6月30日，在市级机关综合办公大楼会议室召开。市人大常委会党组书记、第一副主任李守玉，副主任王永兴分别主持会议。在通过会议议程后，市人大常委会副主任、代表资格审查委员会主任委员杨继生作关于补选代表的代表资格审查报告；市财政局副局长李树范作关于潍坊市2007年市级决算草案的报告，市审计局副局长刘福忠作关于潍坊市2007年市级预算执行和其他财政收支的审计工作报告，市人大常委会委员、市人大财政经济委员会副主任委员孟庆亮作关于潍坊市2007年市级决算草案的审查报告；市人大常委会委员、市人大教育科学文化卫生委员会副主任委员尹兴明作关于从源头上抓好食品质量安全议案的调查研究及处理意见的报告；市人大常委会委员、市人大财政经济委员会副主任委员李建泉作关于视察北部沿海发展情况的报告；市人大常委会委员、市人大内务司法委员会副主任委员韩书俭作关于检查全市贯彻实施行政许可法情况的报告；市人大常委会委员、市人大农业与农村委员会副主任委员范西智作关于检查全市贯彻实施农民专业合作社法情况的报告。会议对各项报告和有关决议草案进行分组审议。市人大常委会委员孔宪俊、姜滨、赵军分别作联组审议发言。会议以举手表决的方式通过市人大常委会代表资格审查委员会关于补选代表的代表资格审查报告，确认补选的潍坊市第十五届人民代表大会代表的代表资格有效；通过市人大常委会关于批准潍坊市2007年市级决算的决议、关于办理《关于从源头上抓好食品质量安全的议案》的决议。市人大常委会副主任康凤英、李本跃，秘书长张军和委员共39人出席会议；副市级干部、市长助理王秀河，市中级人民法院、市人民检察院负责人，市人大常委会办事机构、市人大专门委员会工作机构负责人，市政府有关部门和单位负责人，各县市区人大常委会负责人，部分市人大代表列席会议。

第四次常委会会议

2008年8月28日至29日，在市级机关综合办公大楼会议室召开。市人大常委会党组书记、第一副主任李守玉，副主任王永兴分别主持会议。在通过会议议程后，市委常委、常务副市长胡岗受市长许立全委托提请人事任免名单，市人事局局长杨同光介绍被提请任命干部的有关情况；市中级人民法院院长张爱云、市人民检察院检察长王卫东分别提请人事任免名单，并介绍被提请任命干部的有关情况；市长助理、市经济贸易委员会主任李瑞阳作关于节能减排工作情况的报告；市长助理、市发展和改革委员会主任陈仁杰作关于潍坊市 2008 年上半年国民经济和社会发展计划执行情况的报告；市财政局副局长李树范作关于潍坊市 2008 年上半年预算执行情况的报告；市民政局局长孟祥志作关于农村公共服务社区化工作情况的报告；市政府副秘书长、督查室主任谭炳建作关于市十五届人大一次会议以来代表所提建议意见办理工作情况的报告；市人大内务司法委员会副主任委员韩书俭作关于检查全市贯彻实施《公务员法》情况的报告。会议对市政府节能减排工作进行评议，以无记名投票、打分的方式，对节能减排工作 12 项重点内容分别进行满意度测评，汇总后的结果为满意（80.5 分）。会议对其他各项报告进行分组审议，酝酿有关人事任免名单。市人大常委会委员孟庆亮、耿现江、胡凝熙分别作联组审议、评议发言。会议还以无记名投票的方式，通过有关人事任免名单。市人大常委会副主任康凤英、杨继生、李本跃，秘书长张军和委员共 37 人出席会议；副市级干部王秀河，市人大常委会办事机构、市人大各专门委员会工作机构负责人，市政府有关部门主要负责人，各县市区人大常委会负责人，部分市人大专门委员会委员和市人大代表列席会议。

第五次常委会会议

2008 年 10 月 28 日，在市级机关综合办公大楼会议室召开。市人大常委会党组书记、第一副主任李守玉，副主任王永兴分别主持会议。在通过会议议程后，市长助理、市发展和改革委员会主任陈仁杰作关于全市商务服务业发展情况的报告；市环境保护局局长王秀禄作关于全市水污染防治工作情况的报告；市交警支队支队长李树平作关于全市道路交通安全管理工作情况的报告；市人大教育科学文化卫生委员会副主任委员张国华作关于检查科技进步法实施情况的报告；市人大常委会秘书长张军作关于市人大常委会组成人员守则草案的说明，宣读市人大常委会主任会议关于授予有关人员“潍坊人民勋章”的议案；市人民检察院检察长王卫东提请人事任命名单并介绍被提请任命干部的有关情况。会议对全市商务服务业发展情况进行分组和联组评议，以无记名投票、打分的方式，对商务服务业发展 4 项重点内容分别进行满意度测评，汇总后的结果为满意（81.98 分）。会议对其他各项报告、议案、决定草案及有关守则草案进行分组审议，酝酿有关人事任命名单。市人大常委会委员孙日贵、李化岗、王培竹分别作联组审议、评议发言。会议以举手表决的方式，通过《潍坊市人民代表大会常务委员会组成人员守则》。会议以无记名投票的方式，通过授予“潍坊人民勋章”的人选名单，决定授予奚爱华“潍坊人民勋章”；李守玉向奚爱华颁发“潍坊人民勋章”和证书；通过有关人事任命名单。市人大常委会副主任康凤英、杨继生、李本跃和委员共 36 人出席会议；市政府副市级干部、市长助理王秀河，市中级人民法院负责人，市政府有关部门主要负责人，市人大常委会办事机构、市人大各专门委员会工作机构的负责人，各县市区人大常委会负责人，参加商务服务业调查的市人大有关专门委员会委员和人大代表列席会议。

第六次常委会会议

2008 年 12 月 30 日，在市级机关综合办公大楼会议室召开。市人大常委会党组书记、第一副主任李守玉，副主任王永兴分别主持会议。在通过会议议程后，副市长王桂英受许立全市长委托提请人事任免名单，市人事局局长杨同光介绍被提请任命干部的有关情况；市中级人民法院院长张爱云提请人事任免名单并介绍被提请任命干部的有关情况；市政府被提请任命干部作供职发言；王桂英作关于落实市人大常委会关于抓好食品质量安全的议案的决议和实施相关法律情况的报告；市人大常委会副主任、代表资格审查委员会主任委员杨继生作关于补选代表的代表资格审查报告。会议对各项报告和有关决定草案、列席人员范围草案等进行分组审议，酝酿有关人事任免名单。市人大常委会委员徐建明、袁义龙、张庆吉分别作联组审议发言。会议以举手表决的方式，通过市人大常委会代表资格审查委员会关于补选代表的代表资格审查报告，确认补选的潍坊市第十五届人民代表大会代表的代表资格有效；通过《潍坊市人民代表大会常务委员会关于召开潍坊市第十五届人民代表大会第二次会议的决定》和列席市十五届人大二次会议的人员范围。会议以无记名投票的方式，通过有关人事任免名单。市人大常委会副主任康凤英、李本跃，秘书长张军和委员共 38 人出席会议；市人民检察院检察长王卫东，市政府有关部门主要负责人，市人大常委会办事机构、市人大各专门委员会工作机构的负责人，各县市区人大常委会主要负责人，部分市人大代表列席会议。

第七次常委会会议

2009 年 1 月 15 日，在市级机关综合办公大楼会议室召开。市人大常委会党组书记、第一副主任李守玉，副主任王永兴分别主持会议。在通过会议议程后，市人大常委会副主任、代表资格审查委员会主任委员杨继生作关于补选代表的代表资格审查报告；市人大常委会秘书长张军作关于市十五届人大二次会议筹备工作情况的汇报；市中级人民法院院长张爱云提请人事任免名单并介绍被提请任命干部的有关情况。会议分组审议有关报告、汇报、会议议程草案和名单草案，讨论、修改有关工作报告，酝酿人事任免名单。会议议定市人大常委会在市十五届人大二次会议上的工作报告；以举手表决的方式，通过市人大常委会代表资格审查委员会关于补选代表的代表资格审查报告，拟提请市十五届人大二次会议预备会议通过的大会议程草案、大会主席团和秘书长名单草案；以无记名投票的方式，通过有关人事任免名单。市人大常委会副主任康凤英、李本跃和委员共 40 人出席会议；市人民检察院检察长王卫东，市政府副市级干部、市长助理花兆贤，市人大常委会工作机构和各专门委员会工作机构的负责人列席会议。

第二节　第八至第十三次常委会会议

第八次常委会会议

2009 年 4 月 28 日，在市级机关综合办公大楼会议室召开。市人大常委会党组书记、第一副主任李守玉，副主任王永兴、康凤英分别主持会议。在通过会议议程后，市人大常委会副主任杨继生受主任会议委托提请人事任免名单；副市长初宝杰受许立全市长委托提请人事任免名单，市人事局负责人介绍被提请任命干部的有关情况；市中级人民法院院长张爱云、市人民检察院检察长王卫东分别提请人事任免名单并介绍被提请任命干部的有关情况；部分被提请任命干部作供职发言；市安全生产监督管理局局长王永福受市政府委托作关于全市安全生产工作情况的报告；市中级人民法院院长张爱云作关于全市法院完善多元纠纷解决机制工作情况的报告；市人大内务司法委员会副主任委员韩书俭作关于潍坊市人民代表大会常务委员会规范性文件备案审查办法的说明。会议分组对有关报告、说明和办法草案进行评议、审议，酝酿人事任免名单。市人大常委会委员孔宪俊、赵军、张庆吉分别作联组评议、审议发言。会议以举手表决的方式，通过《潍坊市人民代表大会常务委员会规范性文件备案审查办法》；以无记名投票、打分的方式，对安全生产工作的 6 项重点内容分别进行满意度测评，汇总后的结果为满意（90.08 分）；以无记名投票的方式，表决通过有关人事任免名单。市人大常委会党组书记、第一副主任李守玉向被任命干部颁发任命书。市人大常委会副主任杨继生、李本跃，秘书长张军和委员共 37 人出席会议；市政府有关部门主要负责人、市人大常委会及各专门委员会工作机构负责人、各县市区人大常委会负责人、部分市人大代表列席会议。

第九次常委会会议

2009 年 6 月 29 日，在市级机关综合办公大楼会议室召开。市人大常委会党组书记、第一副主任李守玉，副主任王永兴分别主持会议。在通过会议议程后，副市长陈白峰受许立全市长委托提请人事任免名单，市人事局负责同志介绍被提请任命干部的有关情况，被提请任命干部作了供职发言;市财政局局长夏芳晨作了关于潍坊市 2008 年市级决算草案的报告；市审计局副局长高宝强作了关于潍坊市 2008 年市级预算执行和其他财政收支的审计工作报告；市人大财政经济委员会副主任委员孟庆亮作了关于潍坊市 2008 年市级决算草案的审查报告；市科技局局长作了关于全市高新技术产业发展情况的报告；市交通局局长作了关于全市交通重点项目建设工作情况的报告；市台湾事务办公室主任刘衍信作了关于全市对台经济工作情况的报告。会议分组对有关工作和报告进行了评议、审议，酝酿了人事任免名单。市人大常委会委员李文国、李建泉、徐建明分别作了联组评议、审议发言。会议以举手表决的方式，通过了关于批准潍坊市 2008 年市级决算的决议；以无记名投票、打分的方式，对高新技术产业发展工作的 3 项重点内容分别进行了满意度测评，汇总后的结果为满意（89、92 分）；以无记名投票表决的方式，通过了有关人事任免名单。市人大常委会党组书记、第一副主任李守玉向被任命干部颁发了任命书。市人大常委会副主任康凤英、杨继生、李本跃，秘书长张军和委员共 42 人出席了会议。副市长刘伟、市中级人民法院院长张爱云、市人民检察院检察长王卫东、市政府有关部门主要负责同志、市人大常委会及各专门委员会工作机构负责同志、各县市区人大常委会负责同志、部分市人大代表列席了会议。

第十次常委会会议

2009 年 8 月 25 日，在市级机关综合办公大楼会议室召开。市人大常委会党组书记、第一副主任李守玉，副主任王永兴分别主持会议。在通过会议议程后，市发展和改革委员会副主任张树高作了关于潍坊市 2009 年上半年国民经济和社会发展计划执行情况的报告；市财政局局长夏芳晨作了关于潍坊市 2009 年上半年预算执行情况的报告;副市长刘伟作了关于市十五届人大二次会议代表所提建议、批评和意见办理工作情况的报告;市劳动和社会保障局局长李静波作了关于全市就业工作情况的报告；市人大农业与农村委员会副主任委员袁义龙作了关于检查全市贯彻实施农产品质量安全法情况的报告；市人大教育科学文化卫生委员会副主任委员张国华作了关于检查全市贯彻实施体育法情况的报告；市人大民族侨务外事委员会副主任委员李波作了《关于授予潍坊市荣誉市民称号的办法（草案）》的说明。会议分组对有关工作和报告进行了评议、审议。市人大常委会委员毕孝圣、聂振萍、尹兴明分别作了联组评议、审议发言。会议以举手表决的方式，通过了《潍坊市人民代表大会常务委员会关于授予潍坊市荣誉市民称号的办法》；以无记名投票打分的方式，对全市就业工作的 4 项重点内容分别进行了满意度测评，汇总后的结果为满意（93.5 分）。市人大常委会副主任李本跃，秘书长张军和委员共 32 人出席了会议。市中级人民法院、市人民检察院负责同志，市政府有关部门主要负责同志，市人大常委会及各专门委员会工作机构负责同志各县市区人大常委会负责同志，部分市人大代表列席了会议。

第十一次常委会会议

2009 年 10 月 19 日，在市级机关综合办公大楼会议室召开。市人大常委会党组书记、第一副主任李守玉，副主任王永兴分别主持会议。在通过会议议程后，市人大常委会副主任李本跃作《关于推进深化经济体制综合配套改革试点工作的决议（草案）》的说明；市中级人民法院院长张爱云提请人事任命名单，并介绍被提请任命人员的有关情况；市人民检察院副检察长张爱军受王卫东检察长的委托，提请人事任免名单并介绍被提请任命人员的有关情况，作关于查办和预防职务犯罪工作情况的报告；市人口和计划生育委员会主任杨锡广作关于全市人口和计划生育工作情况的报告；市人大农业与农村委员会副主任委员袁义龙作关于视察全市农业基础设施建设情况的报告；市人大城乡建设与环境资源保护委员会副主任委员李文国作关于检查全市贯彻实施建筑法情况的报告。会议分组学习潍坊市深化经济体制综合配套改革试点总体方案，评议人口和计划生育工作，审议有关报告、决议草案及相应的说明，酝酿人事任免名单。市人大常委会委员王利民、赵军、张庆吉分别作联组评议、审议发言。会议采用举手的方式，表决通过《潍坊市人民代表大会常务委员会关于推进深化经济体制综合配套改革试点工作的决议》；以无记名投票、打分的方式，对全市人口和计划生育工作的 4 项重点内容分别进行满意度测评，汇总后的结果为满意（95.75 分）；以无记名投票的方式，表决通过有关人事任免名单；会议最后就学习贯彻中共十七届四中全会精神和省、市委全委会议精神做部署。市人大常委会副主任康凤英、杨继生，秘书长张军和委员共 37 人出席会议。副市长王桂英，市政府顾问、党组成员黄潍连，市政府有关部门主要负责人，市人大常委会及各专门委员会工作机构负责人，各县市区人大常委会负责人，部分市人大代表列席会议。

第十二次常委会会议

2009 年 12 月 30 日，在市级机关综合办公大楼会议室召开。市人大常委会党组书记、第一副主任李守玉，副主任王永兴分别主持会议。在通过议程后，会议分组对市人大常委会有关决定草案、列席人员范围草案以及人事任免事项进行审议或酝酿讨论。会议以举手表决的方式，通过《潍坊市人民代表大会常务委员会关于召开潍坊市第十五届人民代表大会第三次会议的决定》《列席潍坊市第十五届人民代表大会第三次会议人员范围》；以无记名投票方式，通过有关人事任免事项。市人大常委会副主任康凤英、杨继生、李本跃，秘书长张军和委员共 40 人出席会议。副市长初宝杰，市中级人民法院院长张爱云，市人民检察院检察长王卫东，市人大常委会及各专门委员会工作机构负责人，各县市区人大常委会主要负责人列席会议。

第十三次常委会会议

2010 年 1 月 22 日，市十五届人大常委会第十三次会议在市级机关综合办公大楼会议室举行。市委书记、市人大常委会主任出席会议，并向被任命的市政府部门主要负责人颁发任命书；市人大常委会党组书记、第一副主任李守玉，副主任王永兴分别主持会议。在通过会议议程后，市长许立全提请人事任免名单，市人事局局长杨同光介绍被提请任命人员的有关情况，部分被提请任命人员作供职发言；市政府外事侨务办公室主任受市政府委托提请授予祖笔等“潍坊市荣誉市民”称号并作相应的说明；市人大常委会副主任、代表资格审查委员会主任委员杨继生作关于补选代表的代表资格审查报告；市人大常委会秘书长张军作关于市十五届人大三次会议筹备工作情况的汇报。会议分组审议有关议案、报告、汇报、决定草案及有关说明、市人代会议程草案和有关名单草案，讨论、修改市人大常委会工作报告，酝酿人事任免名单。会议采用举手表决的方式，表决通过市人大常委会关于授予祖笔等“潍坊市荣誉市民”称号的决定、市人大常委会代表资格审查委员会关于补选代表的代表资格审查报告、拟提请市十五届人大三次会议预备会议通过的大会议程草案、大会主席团和秘书长名单草案；议定市人大常委会在市十五届人大三次会议上的工作报告；以无记名投票的方式，表决通过有关人事任免名单。市人大常委会副主任康凤英、李本跃和委员共 44 人出席会议。副市长初宝杰，市中级人民法院院长张爱云，市人民检察院检察长王卫东，市政府有关部门主要负责人，市人大常委会及各专门委员会工作机构的负责人，各县市区人大常委会负责人列席会议。

第三节　第十四至第十九次常委会会议

第十四次常委会会议

2010 年 4 月 29 日，在市级机关综合办公大楼会议室召开。市人大常委会党组书记、第一副主任李守玉，副主任王永兴分别主持会议。在通过会议议程后，市人大常委会秘书长张军受主任会议委托提请人事任命名单；副市长陈白峰受市长许立全委托提请人事任免名单，市人力资源和社会保障局局长李静波介绍被提请任命干部的有关情况；市中级人民法院院长张爱云、市人民检察院检察长王卫东分别提请人事任免名单并介绍被提请任命干部的有关情况；部分被提请任命干部作供职发言；李静波作《关于引进高层次创新创业人才工作情况的报告》；张爱云作《关于全市法院执行工作情况的报告》；王卫东作《关于全市检察机关开展法律监督工作情况的报告》；市人大内务司法委员会副主任委员韩书俭作《关于加强和规范人民法院执行工作的决议（草案）的说明》《关于加强人民检察院法律监督工作的决议（草案）的说明》；市人大农业与农村委员会副主任委员袁义龙作关于市十五届人大三次会议确定的《关于加快发展现代畜牧业打造千亿级产业链推进强牧富民工程的议案》处理意见的报告；市人大教育科学文化卫生委员会副主任委员张国华作关于市十五届人大三次会议确定的《关于建立潍坊市职业技能竞赛基地的议案》处理意见的报告。会议分组对有关报告、说明和决议草案进行审议，酝酿人事任免名单。市人大常委会委员李云高、范西智、徐建明分别作联组审议发言。会议以举手的方式，表决通过《潍坊市人民代表大会常务委员会关于加强和规范人民法院执行工作的决议》《潍坊市人民代表大会常务委员会关于加强人民检察院法律监督工作的决议》《潍坊市人民代表大会常务委员会关于办理〈关于加快发展现代畜牧业打造千亿级产业链推进强牧富民工程的议案〉的决议》《潍坊市人民代表大会常务委员会关于办理〈关于建立潍坊市职业技能竞赛基地的议案〉的决议》；以无记名投票表决的方式，通过有关人事任免名单。市人大常委会党组书记、第一副主任李守玉向部分被任命干部颁发任命书。市人大常委会副主任康凤英、杨继生、李本跃和委员共 39 人出席会议；副市级干部、市长助理花兆贤，市政府有关部门主要负责人，市人大常委会及各专门委员会工作机构负责人，各县市区人大常委会负责人，部分市人大代表列席会议。

第十五次常委会会议

2010 年 6 月 30 日，在市级机关综合办公大楼会议室召开。市人大常委会党组书记、第一副主任李守玉，副主任王永兴分别主持会议。在通过会议议程后，市人大常委会秘书长张军受主任会议委托提请人事任命名单，并介绍被提请任命人员的有关情况；副市长夏芳晨受市长许立全委托提请人事任命名单，市人力资源和社会保障局局长李静波介绍被提请任命干部的有关情况；市财政局局长王有亭作《关于潍坊市2009年市级决算草案的报告》，市审计局局长宫智作《关于潍坊市2009年市级预算执行和其他财政收支的审计工作报告》，市人大财政经济委员会副主任委员李建泉作《关于潍坊市2009年市级决算草案的审查报告》；市人大农业与农村委员会副主任委员袁义龙作《关于检查全市贯彻实施海域使用管理法情况的报告》。会议分组对有关报告和决议草案进行审议，酝酿人事任命名单。市人大常委会委员毕孝圣、耿现江、赵连文分别作联组审议发言。会议以举手的方式，表决通过《关于批准潍坊市2009年市级决算的决议》；以无记名投票表决的方式，通过有关人事任命名单。市人大常委会副主任康凤英、杨继生、李本跃和委员共38人出席会议；市中级人民法院院长张爱云，市人民检察院检察长王卫东，市政府有关部门主要负责人，市人大常委会及各专门委员会工作机构的负责人，各县市区人大常委会负责人，部分市人大代表列席会议。

第十六次常委会会议

2010年8月27日，在市级机关综合办公大楼会议室召开。市人大常委会党组书记、第一副主任李守玉，副主任王永兴分别主持会议。在通过会议议程后，副市长刘伟作关于市十五届人大三次会议代表建议意见办理情况的报告；市城市管理行政执法局党委书记董胜勇作关于市政管理工作情况的报告；市长助理、市发展和改革委员会主任陈仁杰作《关于潍坊市2010年上半年国民经济和社会发展计划执行情况的报告》；市财政局局长王有亭作关于潍坊市2010年上半年预算执行情况的报告；市人大常委会委员、市人大教育科学文化卫生委员会副主任委员张国华作关于检查全市贯彻实施《食品安全法》情况的报告。会议分组对有关报告进行审议。市人大常委会委员李文国、孔宪俊、王培竹分别作联组审议发言。市人大常委会副主任杨继生、李本跃，秘书长张军和委员共37人出席会议；市人民检察院检察长王卫东，市中级人民法院负责人，市政府有关部门的主要负责人，市人大常委会及各专门委员会工作机构的负责人，各县市区人大常委会的负责人，部分市人大代表列席会议。

第十七次常委会会议

2010年10月27日，在市级机关综合办公大楼会议室召开。市人大常委会党组书记、第一副主任李守玉，副主任王永兴分别主持会议。在通过会议议程后，受市政府委托，市长助理、市发展和改革委员会主任陈仁杰作《关于全市转方式、调结构工作情况的报告》，市教育局局长张国华作关于全市教育工作情况的报告，市畜牧局局长王承策作关于贯彻执行市人大常委会关于办理《关于加快发展现代畜牧业打造千亿级产业链推进强牧富民工程的议案》的决议情况的报告，市外事与侨务办公室主任作关于全市外事侨务工作情况的报告。市人大常委会委员、市人大城乡建设与环境资源保护委员会副主任委员李文国作关于检查全市贯彻实施城市房地产管理法情况的报告，市人大常委会副秘书长、人事代表工作室主任周晓钟作关于评选优秀潍坊市人大代表情况的说明。市中级人民法院院长张爱云、市人民检察院检察长王卫东分别提请人事任命名单，并介绍被提请任命人员的有关情况。会议以无记名投票、打分的方式，对教育工作4项重点内容分别进行满意度测评，汇总后的结果为满意（95.46分）。会议对其他各项报告、有关情况说明和决定草案进行分组审议，酝酿有关人事任命名单。市人大常委会委员邢乐信、孙日贵、聂振萍分别作联组审议、评议发言。会议以举手的方式，表决通过《潍坊市人民代表大会常务委员会关于表彰优秀潍坊市人大代表的决定》，向评选出的优秀市人大代表颁发证书；以无记名投票的方式，通过有关人事任命名单。市人大常委会副主任杨继生、李本跃，秘书长张军和委员共 38 人出席会议；市委常委、副市长王献玲，市政府有关部门的主要负责人，市人大常委会及各专门委员会工作机构的负责人，各县市区人大常委会的负责人，部分市人大代表列席会议。

第十八次常委会会议

2010 年 12 月 31 日，在市级机关综合办公大楼会议室召开。市人大常委会党组书记、第一副主任李守玉，副主任王永兴分别主持会议。在通过会议议程后，市财政局局长王有亭作关于潍坊市 2010 年市级预算调整方案草案的报告，市民政局局长孟祥志作关于全市农村困难群众社会保障工作情况的报告，市教育局局长张国华作关于落实市人大常委会关于办理《关于建立潍坊市职业技能竞赛基地的议案》的决议情况的报告，市人大常委会秘书长、市人大常委会代表资格审查委员会副主任委员张军受主任会议委托作关于补选省十一届人大代表的说明，市委常委、常务副市长胡岗受许立全市长委托提请人事任免名单，市人力资源和社会保障局局长李静波介绍被提请任命干部的有关情况，市人民检察院检察长王卫东提请人事任免名单并介绍被提请任命干部的有关情况，市政府被提请任命干部作供职发言。会议以无记名投票、打分的方式，对全市农村困难群众社会保障工作 5 项重点内容分别进行满意度测评，汇总后的结果为：满意（90.5 分）。会议对其他各项报告、有关情况说明、有关决定草案和列席人员范围草案进行分组审议，酝酿有关人事任免名单。市人大常委会委员赵军、李建泉、尹兴明分别作联组审议、评议发言。会议以举手的方式，表决通过《潍坊市人民代表大会常务委员会关于批准潍坊市 2010 年市级预算调整方案的决定》《潍坊市人民代表大会常务委员会关于召开潍坊市第十五届人民代表大会第四次会议的决定》《列席潍坊市第十五届人民代表大会第四次会议人员范围》，决定潍坊市第十五届人民代表大会第四次会议于 2011 年 2 月中旬在潍坊召开。会议以无记名投票的方式，通过有关人事任免名单和补选的省人大代表名单，补选吴鹏飞、李春忠为山东省第十一届人民代表大会代表，会后依法报请省人大常委会审查确认。李守玉向有关被任命干部颁发任命书。市人大常委会副主任康凤英、杨继生、李本跃和委员共 40 人出席会议；市政府副市级干部王秀河，市中级人民法院的负责人，市政府有关部门的主要负责人，市人大常委会及各专门委员会工作机构的负责人，各县市区人大常委会的主要负责人列席会议。

第十九次常委会会议

2011 年 1 月 28 日，在市级机关综合办公大楼会议室召开。市人大常委会党组书记、第一副主任李守玉，副主任王永兴分别主持会议。在通过会议议程后，市人大常委会秘书长、代表资格审查委员会副主任委员张军作关于补选代表的代表资格审查报告、关于市十五届人大四次会议筹备工作情况的汇报；市委常委、副市长王献玲受许立全市长委托提请人事任免名单，市人力资源和社会保障局局长李静波介绍被提请任命干部的有关情况；市中级人民法院院长张爱云提请人事任命名单并介绍被提请任命干部的有关情况；部分被提请任命干部作供职发言。会议分组审议有关报告、汇报、市人代会议程草案和有关名单草案，讨论、修改市人大常委会工作报告，酝酿人事任免名单。会议采用举手表决的方式，通过市人大常委会代表资格审查委员会关于补选代表的代表资格审查报告，拟提请市十五届人大四次会议预备会议通过的大会议程草案、大会主席团和秘书长名单草案；议定市人大常委会在市十五届人大四次会议上的工作报告；以无记名投票的方式，表决通过人事任免名单。李守玉向被任命干部颁发任命书。市人大常委会副主任康凤英、杨继生、李本跃和委员共37人出席会议。市人民检察院负责人，市政府有关部门主要负责人，市人大常委会及各专门委员会工作机构的负责人列席会议。

第四节　第二十至第二十六次常委会会议

第二十次常委会会议

2011年4月18日，在市级机关综合办公大楼会议室召开。市人大常委会党组书记、第一副主任李守玉，副主任刘明珂分别主持会议。在通过会议议程后，市人大内务司法委员会副主任委员韩书俭作关于检查全市贯彻实施人民警察法情况的报告；市人大城乡建设与环境资源保护委员会副主任委员张树琛作关于检查全市贯彻实施矿产资源法情况的报告；市人大财政经济委员会副主任委员李建泉作关于市十五届人大四次会议确定的《关于加快建设潍坊“城市一卡通”的议案》处理意见的报告；市人大教育科学文化卫生委员会副主任委员王培竹作关于市十五届人大四次会议确定的《关于全市城区中小学、幼儿园规划布局和建设更加趋向合理的议案》处理意见的报告；市人大农业与农村委员会副主任委员耿现江作关于市十五届人大四次会议确定的《关于积极推行畜禽粪便等污染物循环再利用加快生态有机农业发展的议案》处理意见的报告；副市长王桂英受市长许立全委托提请人事任命名单，市人力资源和社会保障局局长李静波介绍被提请任命干部的有关情况；市中级人民法院院长张爱云提请人事任命名单并介绍被提请任命干部的有关情况；部分被提请任命干部作供职发言。会议分组对有关报告进行审议，酝酿人事任命名单。市人大常委会委员赵军、杨同光、徐鹏强分别作联组审议发言。会议以举手的方式，表决通过《潍坊市人民代表大会常务委员会关于办理〈关于加快建设潍坊“城市一卡通”的议案〉的决议》《潍坊市人民代表大会常务委员会关于办理〈关于全市城区中小学、幼儿园规划布局和建设更加趋向合理的议案〉的决议》《潍坊市人民代表大会常务委员会关于办理〈关于积极推行畜禽粪便等污染物循环再利用加快生态有机农业发展的议案〉的决议》；以无记名投票表决的方式，通过有关人事任命名单。副主任王永兴、康凤英、杨继生、李本跃，秘书长张军和委员共40人出席会议；副市级干部王秀河，市人民检察院检察长王卫东，市政府有关部门主要负责人，市人大常委会及各专门委员会工作机构负责人，各县市区人大常委会负责人，部分市人大代表列席会议。

第二十一次常委会会议

2011年6月27日，在市级机关综合办公大楼会议室召开。市人大常委会党组书记、第一副主任李守玉，副主任王永兴分别主持会议。在通过会议议程后，副市级干部李世光作关于全市“五五”普法、依法治市情况和“六五”普法规划的报告；市司法局局长尹凤来作关于《潍坊市2011—2015年依法治市规划（草案）》的说明；市人大内务司法委员会副主任委员徐玉军作关于在全市公民中深入开展第六个五年法制宣传教育的决议草案和关于《潍坊市2011—2015年依法治市规划》的决议草案的说明；市旅游局局长于慰杰作关于全市旅游产业发展情况的报告；市人大农业与农村委员会副主任委员聂振萍作关于检查全市贯彻实施《动物防疫法》情况的报告；市人民检察院检察长王卫东提请人事任命名单并介绍被提请任命干部的有关情况。副市长王立胜书面向市人大常委会提交辞呈。会议分组审议有关报告、辞呈、说明、规划和决议草案，酝酿讨论人事任免名单。市人大常委会委员孟祥志、袁义龙、郭万欣分别作联组审议发言。会议以举手的方式，表决通过《潍坊市人民代表大会常务委员会关于在全市公民中深入开展第六个五年法制宣传教育的决议》《潍坊市人民代表大会常务委员会关于〈潍坊市 2011—2015 年依法治市规划〉的决议》；以无记名投票表决的方式，通过有关人事任免名单。市人大常委会副主任康凤英、杨继生、李本跃，秘书长张军和委员共 37 人出席会议；市中级人民法院负责人，市政府有关部门主要负责人，市人大常委会及各专门委员会工作机构负责人，各县市区人大常委会负责人，部分市人大代表列席会议。

第二十二次常委会会议

2011 年 8 月 29 日，在市级机关综合办公大楼会议室召开。市人大常委会党组书记、第一副主任李守玉，副主任刘明珂分别主持会议。在通过会议议程后，副市长夏芳晨先后作《关于市十五届人大四次会议以来代表所提建议、批评和意见办理情况的报告》《关于全市现代农业示范园区建设情况的报告》；市政府党组成员、市发展和改革委员会主任陈仁杰作关于潍坊市 2011 年上半年国民经济和社会发展计划执行情况的报告；市财政局局长王有亭作关于潍坊市 2010 年市级财政决算和 2011 年上半年预算执行情况的报告；市审计局局长宫智作关于潍坊市 2010 年市级预算执行和其他财政收支的审计工作报告；市人大财政经济委员会副主任委员李建泉作关于潍坊市 2010 年市级财政决算的审查报告；市人大教育科学文化卫生委员会副主任委员杨同光作关于视察全市贯彻实施食品安全法情况的报告；市人大常委会秘书长张军受主任会议委托提请人事任免名单，并介绍被提请任命干部的有关情况；副市长夏芳晨受市长许立全委托提请人事任免名单，市人力资源和社会保障局局长李静波介绍被提请任命干部的有关情况；部分被提请任命干部作供职发言。会议对全市现代农业示范园区建设工作情况进行评议。市人大常委会组成人员总的认为，近年来，市政府坚持把现代农业示范园区建设作为转变农业发展方式，推动全市现代农业更好更快发展的重要举措，立足高起点规划，高标准建设，规范化管理，现代农业示范园区发展强劲，态势良好，成效显著。会议以无记名投票、打分的方式，对全市现代农业示范园区建设工作 5 项重点内容分别进行满意度测评，汇总后的结果为：满意（91.1 分）。会议对其他各项报告、有关决议草案进行分组审议，酝酿讨论人事任免名单。市人大常委会委员聂振萍、王利民、孔宪俊分别作联组审议、评议发言。会议以举手的方式，表决通过《潍坊市人民代表大会常务委员会关于批准潍坊市 2010 年市级财政决算的决议》；以无记名投票表决的方式，通过有关人事任免名单。李守玉向部分被任命干部颁发任命书。市人大常委会副主任王永兴、康凤英、杨继生、李本跃和委员共 40 人出席会议；市人民检察院检察长王卫东，市中级人民法院负责人，市政府有关部门主要负责人，市人大常委会及各专门委员会工作机构负责人，各县市区人大常委会负责人，部分市人大代表列席会议。

第二十三次常委会会议

2011 年 10 月 31 日，在市级机关综合办公大楼会议室召开。市人大常委会党组书记、第一副主任李守玉，副主任刘明珂分别主持会议。在通过会议议程后，市文化广电新闻出版局局长盛兆辉作《关于全市文化产业发展情况的报告》；市政协副主席、市经济和信息化委员会主任李传恒作关于全市新兴产业发展情况的报告；市规划局副局长孙守勤作关于全市城市地下空间开发规划情况的报告；市人大常委会秘书长张军作关于潍坊市第十六届人民代表大会代表选举问题的决定（草案）的说明；市人大常委会副秘书长、人事代表工作室主任周晓钟作关于评选优秀潍坊市人大代表情况的说明。会议对全市文化产业发展情况进行评议。市人大常委会组成人员认为，近年来，市政府及有关部门大力优化文化产业发展环境，深化文化体制改革，加快文化产业重点项目和基地园区建设，搭建文化产业发展平台，全市文化产业发展迅速，成效显著。会议以无记名投票、打分的方式，对全市文化产业发展的3项重点内容分别进行满意度测评，汇总后的结果为：满意（90.7分）。会议对其他各项报告、决定草案及说明进行分组审议。市人大常委会委员李建泉、王培竹、李化岗分别作联组审议、评议发言。会议以举手的方式，表决通过《关于潍坊市第十六届人民代表大会代表选举问题的决定》《关于表彰优秀潍坊市人大代表的决定》，并向部分优秀潍坊市人大代表颁发证书。市人大常委会副主任王永兴、康凤英、杨继生、李本跃和委员共37人出席会议；副市长王桂英，市中级人民法院院长张爱云，市人民检察院检察长王卫东，市政府有关部门主要负责人，市人大常委会及各专门委员会工作机构负责人，各县市区人大常委会负责人，部分市人大代表列席会议。

第二十四次常委会会议

2011年12月20日，在市级机关综合办公大楼会议室召开。市委副书记、市政府党组书记刘曙光，市委常委、副市长王献玲列席会议。市人大常委会党组书记、第一副主任李守玉，副主任刘明珂分别主持会议。市人大常委会副主任康凤英、杨继生、李本跃，秘书长张军和委员共37人出席会议。市政府有关部门主要负责人、市人大常委会及各专门委员会工作机构负责人、各县市区人大常委会主持日常工作的第一副主任以及部分潍坊市人大代表列席会议。在通过会议议程后，市人大常委会党组书记、第一副主任李守玉受主任会议委托提请人事任命名单并介绍被提请任命干部的有关情况；市中级人民法院院长张爱云、市人民检察院检察长王卫东分别提请人事任免名单并介绍被提请任命干部的有关情况；部分被提请任命干部作供职发言；市经济和信息化委员会副主任武明志作关于落实市人大常委会关于办理《关于加快建设潍坊“城市一卡通”的议案》的决议情况的报告；市教育局局长张国华作关于落实市人大常委会关于办理《关于全市城区中小学幼儿园规划布局和建设更加趋向合理的议案》的决议情况的报告；市畜牧局局长王承策作关于贯彻执行市人大常委会关于办理《关于积极推行畜禽粪便等污染物循环再利用加快生态有机农业发展的议案》的决议情况的报告；市中级人民法院院长张爱云作关于全市法院加强诉讼诚信体系建设推进社会信用管理情况的报告；潍坊国际风筝会办公室主任张崇高作关于调整潍坊国际风筝会开幕时间的汇报；市人大教育科学文化卫生委员会副主任委员王培竹作关于调整潍坊国际风筝会开幕时间的决定草案的说明；市财政局副局长李树范作关于潍坊市2011年市级预算调整方案草案和国有资本经营预算的报告。会议分组对有关报告、汇报、说明、辞呈、决定草案和列席市十六届人大一次会议人员范围草案进行审议，酝酿人事任免名单。市人大常委会委员孟祥志、毕孝圣、耿现江分别作联组审议发言。会议以举手表决的方式，通过《潍坊市人民代表大会常务委员会关于调整潍坊国际风筝会开幕时间的决定》《潍坊市人民代表大会常务委员会关于批准潍坊市2011年市级预算调整方案和国有资本经营预算的决定》《潍坊市人民代表大会常务委员会关于召开潍坊市第十六届人民代表大会第一次会议的决定》《列席潍坊市第十六届人民代表大会第一次会议人员范围》。以无记名投票表决方式，通过关于接受潍坊市人大常委会主任辞去职务的请求、许立全辞去潍坊市市长职务的请求和人事任免事项，决定任命刘曙光为副市长、代理市长。市人大常委会党组书记、第一副主任李守玉向部分被任命干部颁发任命书。

第二十五次常委会会议

2011年12月29日下午，在市级机关综合办公大楼会议室召开。市人大常委会党组书记、第一副主任李守玉主持会议。副主任王永兴、康凤英、杨继生、李本跃和委员共 39 人出席会议。市人大常委会及各专门委员会工作机构负责人列席会议。在通过会议议程后，市人大常委会秘书长、代表资格审查委员会副主任委员张军受主任会议委托作关于补选省十一届人大代表的说明；市人大常委会副主任刘明珂受主任会议委托提请人事任命名单，并介绍被提请任命干部的有关情况；市人民检察院检察长王卫东提请人事任免名单，并介绍被提请任命干部的有关情况。会议分组对有关说明、辞呈和决定草案进行审议，酝酿补选的省人大代表名单和人事任免名单。以无记名投票表决的方式，补选刘曙光、温守信为山东省第十一届人民代表大会代表，由市人大常委会报请山东省人大常委会代表资格审查委员会审查确认其代表资格。通过关于接受王卫东辞去潍坊市人民检察院检察长职务的请求，报经山东省人民检察院提请山东省人民代表大会常务委员会批准，并报潍坊市人民代表大会备案。通过人事任免事项，决定任命孙起生、潘强为潍坊市副市长；任命杨洪旭为潍坊市人民检察院检察员、检察委员会委员、副检察长；决定杨洪旭为潍坊市人民检察院代理检察长，由市人民检察院、市人大常委会分别报山东省人民检察院、山东省人大常委会备案。

第二十六次常委会会议

2012 年 1 月 18 日，在市级机关综合办公大楼会议室召开。市人大常委会党组书记、第一副主任李守玉，副主任刘明珂分别主持会议。副主任王永兴、康凤英、李本跃和委员共 36 人出席会议。市中级人民法院院长张爱云、市政府有关部门主要负责人、市人大常委会及各专门委员会工作机构负责人列席会议。在通过会议议程后，市人大常委会副秘书长、人事代表工作室主任、市县镇人大换届选举工作联席会议办公室主任周晓钟作关于全市县镇人大换届选举工作情况的汇报；市人大常委会副主任、代表资格审查委员会主任委员杨继生作关于潍坊市第十六届人民代表大会代表的代表资格审查报告；市人大常委会秘书长张军作关于市十六届人大一次会议筹备工作情况的汇报，并受市人大常委会主任会议委托提请人事任命名单、介绍被提请任命干部有关情况；副市长潘强受代理市长刘曙光委托提请人事任免名单，市人力资源和社会保障局局长李静波介绍被提请任命干部有关情况；市人民检察院代理检察长杨洪旭提请人事任命名单，并介绍被提请任命干部有关情况。会议分组审议有关报告、汇报及市十六届人大一次会议议程草案、有关名单草案，讨论、修改市人大常委会在市十六届人大一次会议上的工作报告，酝酿人事任免名单。以举手表决方式，通过市人大常委会代表资格审查委员会关于潍坊市第十六届人民代表大会代表的代表资格审查报告，拟提请市十六届人大一次会议预备会议通过的大会议程草案、大会主席团和秘书长名单草案、计划预算审查委员会名单草案和议案审查委员会名单草案。以无记名投票表决的方式，通过有关人事任免名单。市人大常委会党组书记、第一副主任李守玉向部分被任命干部颁发任命书。

第七章　潍坊市第十六届人民代表大会常务委员会会议

潍坊市第十六届人大常委会共召开全体会议 37 次。其中，市十六届人大第一次会议闭幕后至市十六届人大第二次会议开幕前共召开 7 次；市十六届人大第二次会议闭幕后至市十六届人大第三次会议开幕前共召开 8 次；市十六届人大第三次会议闭幕后至市十六届人大第四次会议开幕前共召开 7 次；市十六届人大第四次会议闭幕后至市十六届人大第五次会议开幕前共召开 6 次；市十六届人大第五次会议闭幕后至市十七届人大第一次会议开幕前共召开 9 次。

第一节　第一至第七次常委会会议

第一次常委会会议

2012 年 3 月 20 日在市级机关综合办公大楼会议室召开。市委书记、市人大常委会主任许立全向被任命干部颁发任命书并讲话。市人大常委会党组书记、第一副主任胡岗主持会议并讲话。副主任刘明珂主持第二次全体会议。副主任花兆贤、李世光、毛秀凤和委员共 45 人出席会议。市中级人民法院院长张爱云，市人民检察院检察长杨洪旭，各县市区人大常委会主持日常工作的第一副主任，市属各开发区人大工作室主要负责人，市人大常委会及各专门委员会工作机构负责人列席会议。在通过会议议程后，常务副市长陈白峰受市长刘曙光委托提请人事任命名单，市委组织部常务副部长傅大军介绍被提请任命干部的有关情况，部分被提请任命干部作供职发言；市人大常委会秘书长张军受主任会议委托提请人事任免名单、介绍被提请任命干部的有关情况，并作关于潍坊市人民代表大会常务委员会代表资格审查委员会组成人员名单（草案）和关于《潍坊市人民代表大会常务委员会组成人员守则（修订草案）》《潍坊市人民代表大会常务委员会议事规则（修订草案）》《潍坊市人民代表大会常务委员会信访工作办法（修订草案）》的说明；市人大常委会副秘书长、人事代表工作室主任周晓钟受主任会议委托作关于《潍坊市人民代表大会常务委员会人事任免办法（修订草案）》的说明。会议分组审议有关决定、守则、规则、办法、名单草案及其说明，酝酿人事任免名单。会议以举手的方式表决通过《潍坊市人民代表大会常务委员会关于加强自身建设的决定》《潍坊市人民代表大会常务委员会组成人员守则》《潍坊市人民代表大会常务委员会议事规则》《潍坊市人民代表大会常务委员会人事任免办法》《潍坊市人民代表大会常务委员会信访工作办法》和潍坊市人民代表大会常务委员会代表资格审查委员会组成人员名单；以无记名投票的方式表决通过各项人事任免名单。

第二次常委会会议

2012 年 4 月 26 日，在市级机关综合办公大楼会议室召开。市人大常委会党组书记、第一副主任胡岗，副主任刘明珂分别主持会议。副主任花兆贤、李世光、毛秀凤，秘书长张军和委员共 37 人出席会议。市委常委、常务副市长陈白峰，市人民检察院检察长杨洪旭，市政府有关部门和上属单位主要负责人，各县市区人大常委会、市属各开发区人大工作室负责人，市人大常委会及各专门委员会工作机构负责人，部分市人大代表列席会议。在通过会议议程后，市质量技术监督局局长岳尧作关于全市工业企业品牌建设情况的报告；市人力资源和社会保障局局长李静波作关于全市人才工作情况的报告；市人大农业与农村委员会副主任委员耿现江作关于市十六届人大一次会议确定的《进一步推进农村水利工程建设管理的议案》处理意见的报告；市人大城乡建设与环境资源保护委员会副主任委员赵东作关于检查全市贯彻实施《公路法》情况的报告；市中级人民法院副院长受院长张爱云委托，提请人事任免名单，并介绍被提请任命干部的有关情况。会议分组对有关报告和决议草案进行评议、审议，酝酿人事任免名单。市人大常委会委员赵军、孟庆亮、孙金生分别作联组评议、审议发言。会议采用举手的方式，表决通过市人大常委会关于办理《进一步推进农村水利工程建设管理的议案》的决议；以无记名投票、打分的方式，对全市工业企业品牌建设情况、全市人才工作情况进行测评，其中，全市工业企业品牌建设情况评议得分为 88.06，全市人才工作情况评议得分为 87.01，结果均为满意；以无记名投票表决的方式，通过有关人事任免名单。

第三次常委会会议

2012 年 6 月 21 日，在市级机关综合办公大楼会议室召开。市人大常委会党组书记、第一副主任胡岗，副主任刘明珂分别主持会议。副主任花兆贤、李世光、毛秀凤，秘书长张军和委员共 44 人出席会议。市人民检察院检察长杨洪旭，市委、市政府有关部门和单位主要负责人，市中级人民法院负责人，各县市区人大常委会、市属各开发区人大工作室负责人，市人大常委会及各专门委员会工作机构负责人，部分省、市人大代表列席会议。在通过会议议程后，市委常委、副市长杜业栋作关于全市深化医药卫生体制改革情况的报告；市民族宗教事务局局长李亚军作关于全市民族工作情况的报告；市人大财政经济委员会副主任委员孟庆亮作关于视察全市蓝黄“两区”建设情况的报告。会议分组对有关报告进行审议、评议。市人大常委会委员孔宪俊、徐建明、邢乐信分别作联组审议、评议发言。会议以无记名投票、打分的方式，对全市深化医药卫生体制改革情况的满意度进行测评，汇总后的结果为满意（80.22 分）。会议结束时，胡岗就加强人大常委会作风建设讲意见。

第四次常委会会议

2012 年 8 月 24 日，在市级机关综合办公大楼会议室召开。市人大常委会党组书记、第一副主任胡岗，副主任刘明珂分别主持会议。副主任花兆贤、李世光、毛秀凤和委员共 47 人出席会议。市政府有关部门主要负责人，各县市区人大常委会、市属各开发区人大工作室负责人，市人大常委会及各专门委员会工作机构的负责人，部分市人大代表列席会议。市城市管理行政执法局局长张志勇作关于城市管理行政执法工作情况的报告；市发改委主任作关于潍坊市 2012 年上半年国民经济和社会发展计划执行情况的报告；市财政局局长田民利作关于潍坊市 2011 年市级财政决算和 2012 年上半年预算执行情况的报告；市审计局局长宫智作关于潍坊市 2011 年市级预算执行和其他财政收支的审计工作报告；市人大财政经济委员会副主任委员孟庆亮作关于潍坊市 2011 年市级财政决算的审查报告；副市长夏芳晨作关于市十六届人大一次会议以来代表所提建议、批评和意见办理情况的报告；市人大农业与农村委员会副主任委员耿现江作关于检查全市贯彻实施《农业机械化促进法》情况的报告；市人大常委会秘书长张军受主任会议委托作关于《潍坊市人民代表大会代表履职守则（草案）》的说明，并提请人事任免名单、介绍被提请任命干部的有关情况；夏芳晨受市长刘曙光委托提请人事任免名单，市人力资源和社会保障局局长李静波介绍被提请任命干部的有关情况；市中级人民法院院长张爱云提请人事任免名单并介绍被提请任命干部的有关情况；市人民检察院副检察长赵克林受检察长杨洪旭委托提请人事任免名单并介绍被提请任命干部的有关情况。部分被提请任命干部作供职发言。会议分组对有关报告和决议、守则草案进行评议、审议，酝酿人事任免名单。市人大常委会委员秦学昌、刘云江、徐松萃分别作联组审议、评议发言。会议采用举手的方式，表决通过潍坊市人民代表大会常务委员会关于批准潍坊市 2011 年市级决算的决议，潍坊市人民代表大会代表履职守则；以无记名投票打分的方式，对城市管理行政执法工作情况进行测评，汇总后的结果为满意（88.3 分）；以无记名投票表决的方式，通过有关人事任免名单。胡岗向部分被任命干部颁发任命书。

第五次常委会会议

2012 年 10 月 30 日，在市级机关综合办公大楼会议室召开。市人大常委会党组书记、第一副主任胡岗，副主任刘明珂分别主持会议。副主任花兆贤、毛秀凤，秘书长张军和委员共 44 人出席会议。副市长王桂英，市政府有关部门主要负责人，各县市区人大常委会、市属各开发区人大工作室负责人，市人大常委会及各专门委员会工作机构的负责人，部分市人大代表列席会议。在通过会议议程后，市环境保护局局长王秀禄作关于加强环境保护推进“生态潍坊”建设情况的报告；市人大教育科学文化卫生委员会副主任委员聂振萍作关于视察全市贯彻实施食品安全法情况的报告；市人大内务司法委员会副主任委员徐玉军作关于检查全市贯彻实施消防法情况的报告；市人大内务司法委员会副主任委员孟祥志作关于检查全市贯彻实施老年人权益保障法情况的报告；市中级人民法院院长张爱云提请人事任免名单并介绍被提请任命干部的有关情况；市人民检察院检察长杨洪旭提请人事任免名单并介绍被提请任命干部的有关情况。会议分组对有关报告进行审议、评议，酝酿人事任免名单。市人大常委会委员赵军、赵学坤、徐鹏强分别作联组审议、评议发言。会议以无记名投票打分的方式，对加强环境保护推进“生态潍坊”建设情况进行测评，汇总后的结果为满意（85.28 分）；以无记名投票表决的方式，通过有关人事任免名单。

第六次常委会会议

2012 年 12 月 20 日，在市级机关综合办公大楼会议室召开。市人大常委会党组书记、第一副主任胡岗，副主任刘明珂分别主持会议。在通过会议议程后，市水利局局长赵刚毅作落实市人大常委会关于办理《进一步推进农村水利工程建设管理的议案》决议情况的报告；市文化广电新闻出版局局长孙俐君作关于全市“文化潍坊”建设情况的报告；市人大常委会秘书长、代表资格审查委员会主任委员张军作关于个别代表的代表资格的报告和关于市十六届人大二次会议筹备工作情况的汇报；市委常委、副市长孙起生受市长刘曙光委托提请人事任免名单，市人力资源和社会保障局局长李静波介绍提请任命干部的有关情况；市人民检察院检察长杨洪旭提请人事任免名单并介绍提请任命干部的有关情况；部分被任命干部作供职发言。会议分组对有关决议、决定、报告、汇报及市十六届人大二次会议议程草案、主席团和秘书长名单草案进行审议、评议，讨论、修改市人大常委会工作报告，酝酿人事任免名单。市人大常委会委员赵军、丁汉邦、耿现江分别作联组审议、评议发言。会议以举手表决的方式，通过市人大常委会关于深入学习宣传贯彻党的十八大精神的决议，市人大常委会关于召开市十六届人大二次会议的决定，列席市十六届人大二次会议人员范围，拟提请市十六届人大二次会议预备会议通过的大会议程草案、大会主席团和秘书长名单草案，市人大常委会代表资格审查委员会关于个别代表的代表资格的报告。以无记名投票打分的方式，对落实市人大常委会关于办理“进一步推进农村水利工程建设管理的议案”决议情况进行测评，汇总后的结果为满意（82.39 分）。以无记名投票表决的方式，通过有关人事任免名单。胡岗向部分被任命干部颁发任命书。市人大常委会副主任花兆贤、李世光、毛秀凤和委员共 44 人出席会议。市中级人民法院院长张爱云，市政府有关部门主要负责人，各县市区人大常委会、市属各开发区人大工作室负责人，市人大常委会及各专门委员会工作机构的负责人，部分市人大代表列席会议。

第七次常委会会议

2012 年 12 月 28 日，在市级机关综合办公大楼会议室召开。市人大常委会党组书记、第一副主任胡岗主持会议。在通过会议议程后，市人大常委会秘书长、代表资格审查委员会主任委员张军作关于个别代表的代表资格的报告。会议对有关报告、辞呈进行审议。以举手表决的方式，通过市人大常委会代表资格审查委员会关于个别代表的代表资格的报告。以无记名投票方式，表决通过人事任免名单。市人大常委会副主任刘明珂、花兆贤、李世光、毛秀凤和委员共 40 人出席会议。市人大常委会及各专门委员会工作机构的负责人列席会议。

第二节　第八至第十五次常委会会议

第八次常委会会议

2013 年 2 月 27 日，在市级机关综合办公大楼会议室召开。市人大常委会党组书记、第一副主任胡岗，副主任刘明珂分别主持会议。副主任花兆贤、李世光、毛秀凤，秘书长王秀禄和委员共 49 人出席会议。市中级人民法院院长张爱云，市人民检察院负责人，市政府有关部门主要负责人，各县市区人大常委会、市属各开发区人大工作室负责人，市人大常委会及各专门委员会工作机构负责人，部分市人大代表列席会议。在通过会议议程后，市人大财政经济委员会副主任委员孟庆亮作《关于加快我市中心城区建设现代中介服务业集聚区的议案》处理意见的报告；市人大财政经济委员会副主任委员刘勤友作“关于完善城乡社区（村庄）家政服务网络建设打造现代服务业知名品牌的议案”处理意见的报告；市人大教育科学文化卫生委员会副主任委员聂振萍作《关于创新职业教育机制体制加快培养高技能实用人才的议案》处理意见的报告；市人大城乡建设与环境资源保护委员会副主任委员衣光明作《关于加快推进城市公交发展的议案》处理意见的报告；副市长潘强受市长刘曙光委托提请人事任免名单，市人力资源和社会保障局局长李静波介绍被提请任命干部的有关情况；被提请任命干部作供职发言。会议分组对有关报告、决议草案进行审议，酝酿人事任免名单。市人大常委会委员毕孝圣、徐建明、王培福分别作联组审议发言。会议采用举手的方式，表决通过市人大常委会关于办理《加快我市中心城区建设现代中介服务业集聚区的议案》的决议，关于办理《完善城乡社区（村庄）家政服务网络建设打造现代服务业知名品牌的议案》的决议，关于办理《创新职业教育机制体制加快培养高技能实用人才的议案》的决议，关于办理《加快推进城市公交发展的议案》的决议；以无记名投票表决的方式，通过有关人事任免名单。胡岗向被任命干部颁发任命书。会议结束时，胡岗就做好常委会工作讲了意见。

第九次常委会会议

2013 年 4 月 27 日，在市级机关综合办公大楼会议室召开。市人大常委会党组书记、第一副主任胡岗，副主任刘明珂分别主持会议。副主任花兆贤、李世光、毛秀凤和委员共 46 人出席会议。市人民检察院检察长杨洪旭，市政府有关部门主要负责人，各县市区人大常委会、市属各开发区人大工作室负责人，市人大常委会及各专门委员会工作机构负责人，部分市人大代表列席会议。在通过会议议程后，受市政府委托，市科学技术局副局长李金刚作关于全市实施创新驱动战略推进转调创情况的报告，市公安局局长于永生作关于全市社会治安防控体系建设情况的报告；市人大财政经济委员会副主任委员刘勤友作关于全市经济发展软环境、滨海区开发建设软环境的调查报告，市人大常委会副秘书长、人事代表工作室主任周晓钟作关于《潍坊市人民代表大会常务委员会联系市人大代表办法（修订草案）》的说明；市人大常委会秘书长王秀禄受主任会议委托提请人事任免名单，并介绍提请任命干部的有关情况；副市长孙起生受市长刘曙光委托提请人事任免名单，市人力资源和社会保障局局长李静波介绍提请任命干部的有关情况；市中级人民法院院长张爱云提请人事任免名单，并介绍提请任命干部的有关情况；部分提请任命干部作供职发言。会议分组对有关报告、办法草案和说明进行审议，酝酿人事任免名单。市人大常委会委员赵军、孔宪俊、赵学坤分别作联组审议、评议发言。会议采用举手的方式，表决通过修订的《潍坊市人民代表大会常务委员会联系市人大代表办法》；以无记名投票打分的方式，对全市实施创新驱动战略推进转调创情况、全市社会治安防控体系建设情况进行测评，其中全市实施创新驱动战略推进转调创情况评议得分为 80.37 分，全市社会治安防控体系建设情况评议得分为 81.56 分，结果均为满意。以无记名投票表决的方式，通过有关人事任免名单。胡岗向部分被任命干部颁发任命书。

第十次常委会会议

2013 年 5 月 24 日，在市级机关综合办公大楼会议室召开。市人大常委会党组书记、第一副主任胡岗，副主任刘明珂分别主持会议。在通过会议议程后，市人大常委会秘书长王秀禄受主任会议委托作关于补选省十二届人大代表的说明；副市长王桂英受市长刘曙光委托提请人事任免名单，市人力资源和社会保障局局长李静波介绍提请任命干部的有关情况；市人民检察院检察长杨洪旭提请人事任免名单，并介绍提请任命干部的有关情况；部分提请任命干部作供职发言。会议分组对有关说明进行审议，酝酿补选的省人大代表候选人名单和人事任免名单。采用无记名投票的方式，补选省十二届人大代表，通过有关人事任免名单。胡岗向部分任命干部颁发任命书。市人大常委会副主任花兆贤、李世光、毛秀凤和委员共 45 人出席会议。市中级人民法院院长张爱云，市人大常委会及各专门委员会工作机构负责人列席会议。

第十一次常委会会议

2013 年 6 月 28 日，在市级机关综合办公大楼会议室召开。市人大常委会党组书记、第一副主任胡岗主持会议。副主任刘明珂、花兆贤、李世光、毛秀凤，秘书长王秀禄和委员共 45 人出席会议。在通过会议议程后，市政府副秘书长于为凯受市政府委托作关于全市旅游业发展情况的报告；副市长王桂英作关于全市推进新型城镇化体系建设情况的报告；市人大财政经济委员会副主任委员孟庆亮作关于视察全市工业项目转调创情况的报告；市人大教育科学文化卫生委员会副主任委员聂振萍作关于检查全市贯彻实施《中华人民共和国体育法》情况的报告；市人大常委会秘书长王秀禄先后作市人大常委会关于鼓励各县市区、市属开发区在滨海经济技术开发区建设产业园区有关问题的决议草案的说明和市人大常委会专题询问办法草案的说明；市中级人民法院副院长受院长张爱云委托，提请人事任免名单，并介绍提请任命干部的有关情况；市人大常委会副主任刘明珂受主任会议委托提请人事任命名单。会议分组对有关决议、报告、办法、辞呈及说明进行审议、评议，酝酿人事任免名单。市人大常委会委员刘勤友、李化岗、田素英分别作联组审议、评议发言。会议采用举手的方式，表决通过潍坊市人民代表大会常务委员会关于鼓励各县市区、市属开发区在滨海经济技术开发区建设产业园区有关问题的决议，潍坊市人民代表大会常务委员会专题询问办法；以无记名投票打分的方式，对全市旅游业发展情况进行测评，汇总后的结果为满意（82.11 分）。以无记名投票表决的方式，通过人事任免名单，决定接受张爱云辞去潍坊市中级人民法院院长职务的请求，并报潍坊市人民代表大会备案；任命姜树政为潍坊市中级人民法院审判员、审判委员会委员、副院长；决定姜树政任潍坊市中级人民法院代理院长。市委常委、常务副市长陈白峰，市人民检察院检察长杨洪旭，市政府有关部门主要负责人，各县市区人大常委会、市属各开发区人大工作室负责人，市人大常委会及各专门委员会工作机构负责人，部分市人大代表列席会议。

第十二次常委会会议

2013 年 8 月 23 日，在市级机关综合办公大楼会议室召开。市人大常委会党组书记、第一副主任胡岗，副主任刘明珂分别主持会议。在通过会议议程后，市农业局局长王汉成作关于全市种养业发展情况的报告；市监察局局长李元忠作关于全市经济发展软环境建设情况的报告；市人大教育科学文化卫生委员会副主任委员聂振萍作关于视察潍水文化生态保护实验区建设情况的报告；市发展和改革委员会主任作关于潍坊市 2013 年上半年国民经济和社会发展计划执行情况的报告；市财政局局长田民利作关于潍坊市 2012 年财政决算和 2013 年上半年预算执行情况的报告；市人大财政经济委员会副主任委员刘勤友作关于潍坊市 2012 年市级财政决算的审查报告；市审计局局长宫智作关于潍坊市 2012 年市级预算执行和其他财政收支的审计工作报告；市委常委、常务副市长陈白峰作关于市十六届人大二次会议以来代表所提建议、批评和意见的办理工作情况的报告；陈白峰受市长刘曙光委托提请人事任命名单，市人力资源和社会保障局局长李静波介绍提请任命干部的有关情况。会议分组对有关报告和决议草案进行审议、评议，酝酿人事任命名单。市人大常委会委员秦学昌、赵学坤、孙金生分别作联组审议、评议发言。会议以无记名投票打分的方式，对全市种养业发展情况进行测评，汇总后的结果为满意（83.22 分）。以无记名投票表决的方式，通过人事任命名单，决定任命秦维强、张望军为潍坊市人民政府副市长。采用举手的方式，表决通过潍坊市人民代表大会常务委员会关于批准潍坊市 2012 年市级财政决算的决议。市人大常委会副主任花兆贤、李世光，秘书长王秀禄和委员共 43 人出席会议。市中级人民法院代理院长姜树政，市人民检察院检察长杨洪旭，市政府有关部门主要负责人，各县市区人大常委会、市属各开发区人大工作室负责人，市人大常委会及各专门委员会工作机构负责人，部分市人大代表列席会议。

第十三次常委会会议

2013 年 10 月 24 日，在市级机关综合办公大楼会议室召开。市人大常委会党组书记、第一副主任胡岗，副主任李世光、毛秀凤，秘书长王秀禄出席会议。副主任刘明珂、花兆贤分别主持会议。在通过会议议程后，市安全生产监督管理局局长尹文林作关于全市安全生产工作情况的报告；副市长秦维强作关于全市食品安全工作情况的报告；市人大城乡建设与环境资源保护委员会副主任委员衣光明作关于贯彻实施《中华人民共和国大气污染防治法》情况的检查报告；市人大常委会秘书长王秀禄作关于评选优秀市人大代表情况的说明；市人大常委会副秘书长、人事代表工作室主任、代表资格审查委员会副主任委员周晓钟受代表资格审查委员会主任委员张军委托，作关于个别代表的代表资格的报告；市人大民族侨务外事委员会副主任委员王永福作关于授予潍坊市荣誉市民称号办法修订草案的说明；市中级人民法院代理院长姜树政提请人事任免名单，并介绍提请任命干部的有关情况；市人民检察院副检察长马言圣受检察长杨洪旭委托，提请人事任免名单，并介绍提请任命干部的有关情况。会议分组审议、评议有关报告、说明、办法修订草案和决定草案，酝酿人事任免名单。市人大常委会委员孔宪俊、徐建明、王培福分别作联组评议、审议发言。会议采用举手的方式，表决通过有关报告、新修订的办法和决定，向优秀市人大代表颁发证书；以无记名投票、打分的方式，对全市安全生产工作情况进行测评，汇总结果为满意(84.58 分)；以无记名投票表决的方式，通过有关人事任免名单。内蒙古自治区呼和浩特市人大常委会副主任、挂职潍坊市人大常委会顾问张红霞，副市长张望军，市政府有关部门负责人，各县市区人大常委会、市属各开发区人大工作室负责人，市人大常委会及各专门委员会工作机构负责人，部分市人大代表列席会议。

第十四次常委会会议

2013 年 12 月 30 日，在市级机关综合办公大楼会议室召开。市人大常委会党组书记、第一副主任胡岗，副主任刘明珂分别主持会议。在通过会议议程后，副市长潘强作落实市人大常委会关于办理市十六届人大二次会议确定的议案决议情况的报告；市人大城乡建设与环境资源保护委员会副主任委员王培福作市人大常委会执法检查组关于贯彻实施人民防空法情况的检查报告；市人大常委会代表资格审查委员会主任委员张军作关于个别代表的代表资格的报告；市人大常委会秘书长王秀禄受主任会议委托提请人事任免名单，并介绍提请任命干部的有关情况；潘强受市长刘曙光委托提请人事任免名单，市人力资源和社会保障局局长李静波介绍提请任命干部的有关情况；部分提请任命干部作供职发言。会议分组对有关报告、辞呈和决定草案进行审议，酝酿人事任免名单。市人大常委会委员孔宪俊、徐建明、徐鹏强分别作联组审议发言。会议采用举手的方式，表决通过市人大常委会关于召开市十六届人大三次会议的决定，列席市十六届人大三次会议人员范围，市人大常委会代表资格审查委员会关于个别代表的代表资格的报告。以无记名投票表决的方式，通过人事任免名单。胡岗向部分任命干部颁发任命书。市人大常委会副主任花兆贤、李世光、毛秀凤和委员共 43 人出席会议。市中级人民法院代理院长姜树政，市人民检察院检察长杨洪旭，市政府有关部门主要负责人，各县市区人大常委会、市属各开发区人大工作室负责人，市人大常委会及各专门委员会工作机构的负责人，部分市人大代表列席会议。

第十五次常委会会议

2014 年 1 月 24 日，在市文化艺术中心大剧院三楼人大会议室召开。市人大常委会党组书记、第一副主任胡岗主持会议并讲话。在通过会议议程后，市人大常委会秘书长王秀禄作关于市十六届人大三次会议筹备工作情况的汇报；市人大常委会代表资格审查委员会主任委员张军作关于个别代表的代表资格的报告；副市长夏芳晨受市政府委托提请授予潍坊市荣誉市民称号并介绍候选人的有关情况。会议围绕有关议题进行审议，议定市人大常委会工作报告，表决通过拟提请市十六届人大三次会议预备会议通过的大会议程草案、大会主席团和秘书长名单草案，市人大常委会代表资格审查委员会关于个别代表的代表资格的报告，人事任免名单和市人大常委会关于授予潍坊市荣誉市民称号的决定，并向荣誉市民颁发证书。胡岗就切实改进作风、提高常委会工作质量讲了意见。副主任刘明珂、花兆贤、李世光、毛秀凤和委员共 44 人出席会议。市中级人民法院代理院长姜树政，市人民检察院检察长杨洪旭，市政府有关部门主要负责人，各县市区人大常委会主任或主持日常工作的第一副主任、市属各开发区人大工作室负责人，市人大常委会及各专门委员会工作机构的负责人，部分潍坊市荣誉市民候选人和市人大代表列席会议。

第三节　第十六至第二十二次常委会会议

第十六次常委会会议

2014 年 4 月 28 日，在市文化艺术中心大剧院召开。市委书记、市人大常委会主任杜昌文向被任命干部颁发任命书并讲话。市人大常委会党组书记、第一副主任胡岗，副主任刘明珂分别主持会议。在通过会议议程后，副市长夏芳晨作关于全市社会救助体系建设情况的报告、关于全市现代服务业发展情况的报告；市人大教育科学文化卫生委员会副主任委员聂振萍作市人大常委会执法检查组关于检查全市贯彻实施《中华人民共和国药品管理法》情况的报告；市人大常委会秘书长王秀禄作关于潍坊市人民代表大会代表议案处理办法修订草案的说明；夏芳晨受市长刘曙光委托提请人事任免名单，市人力资源和社会保障局局长李静波介绍提请任命干部的有关情况；市中级人民法院院长姜树政、市人民检察院检察长杨洪旭分别提请人事任免名单，介绍提请任命干部有关情况；部分被提请任命干部作供职发言。会议分组审议有关报告、办法和说明，酝酿人事任免名单。市人大常委会委员赵军、王辉、孔宪俊、郭万欣、董光分别作联组审议、评议发言。会议对全市社会救助体系建设情况、全市现代服务业发展情况进行测评，得分分别为 85 分、80.33 分，结果均为满意。会议还表决通过潍坊市人民代表大会代表议案处理办法和人事任免名单。杜昌文结合群众路线教育实践活动，就如何做好人大工作讲了意见。胡岗就学习好、领会好、落实好杜昌文讲话精神提出要求。市人大常委会副主任李世光、毛秀凤和委员共 47 人出席会议。市政府有关部门主要负责人，各县市区人大常委会主任或主持日常工作的第一副主任、市属各开发区人大工作室负责人，市人大常委会及各专门委员会工作机构的负责人，部分市人大代表列席会议。

第十七次常委会会议

2014 年 6 月 30 日—7 月 1 日，在潍坊召开，会议期间对大气污染防治工作进行专题询问。市委书记、市人大常委会主任杜昌文，市委副书记、市长刘曙光出席专题询问会。市人大常委会党组书记、第一副主任胡岗，副主任刘明珂分别主持会议。在通过会议议程后，市委常委、副市长孙起生作关于全市大气污染防治工作情况的报告；市人大财政经济委员会副主任委员刘勤友作市人大常委会视察组关于滨海建设情况的视察报告；市农业局局长王汉成作关于全市农村土地承包经营权确权登记颁证工作情况的报告；市中级人民法院院长姜树政作关于全市法院审判监督工作情况的报告；市民族宗教事务局局长李亚军作关于全市宗教管理工作情况的报告；市人大常委会秘书长王秀禄作关于开展专题询问有关情况的说明。会议分组审议各项报告，对大气污染防治工作情况进行专题询问，这是市人大常委会首次开展专题询问。市人大常委会委员毕孝圣、李进民、徐松萃、赵军、任洪武分别作审议、评议发言。会议对全市农村土地承包经营权确权登记颁证工作情况进行测评，结果为满意（85.26 分）。市人大常委会副主任花兆贤、李世光、毛秀凤和委员共 47 人出席会议。市人民检察院检察长杨洪旭，市政府有关部门主要负责人，各县市区人大常委会主任或主持日常工作的第一副主任、市属各开发区人大工作室负责人，市人大常委会及各专门委员会工作机构的负责人列席会议。专题询问会上，杜士忠、王培福、赵东、刘勤友、徐松萃、周晓钟、高明芹、李学海、徐鹏强、郭万欣、杜桂英、郑忠甫、刘金然 13 名委员和代表，围绕工业废气、机动车尾气、燃煤锅炉脱硫脱硝和“煤改气”、城市扬尘、畜禽养殖异味等方面问题进行询问，市中级人民法院、检察院、经信委、公安局、财政局、规划局、建设局、市政局、交通局、农业局、环保局、畜牧局、工商局、质监局负责人到会接受询问。孙起生代表市政府作发言。

第十八次常委会会议

2014 年 8 月 25 日，在市文化艺术中心大剧院召开。市人大常委会党组书记、第一副主任胡岗，副主任刘明珂分别主持会议。在通过会议议程后，副市长王桂英作关于市十六届人大三次会议以来代表所提建议、批评和意见办理工作情况的报告；市人力资源和社会保障局局长李静波作关于全民创业就业工作情况的报告；市科技局局长张宝胜作关于全市科技创新平台建设情况的报告；市人大农业与农村委员会副主任委员徐松萃作关于全市农产品质量安全情况的视察报告；市发展和改革委员会主任作关于潍坊市 2014 年上半年国民经济和社会发展计划执行情况的报告；市财政局局长田民利作关于潍坊市 2013 年财政决算和 2014 年上半年预算执行情况的报告；市审计局局长宫智作关于潍坊市 2013 年市级预算执行和其他财政收支的审计工作报告；市人大财政经济委员会副主任委员刘勤友作关于潍坊市 2013 年市级财政决算审查结果暨潍坊市 2014 年上半年预算执行情况初审意见的报告。会议分组审议、评议有关报告和决议草案。市人大常委会委员赵学坤、刘玉、姜滨、刘勤友、秦学昌，市人大代表秦伟堂、肖沼泓分别作联组审议、评议发言。会议对全民创业就业工作情况，市十六届人大三次会议以来代表所提建议、批评和意见办理工作情况进行测评，得分分别为 83.71 分、82.41 分，结果均为满意。会议还表决通过潍坊市人民代表大会常务委员会关于批准潍坊市 2013 年市级财政决算的决议。市人大常委会副主任花兆贤、李世光、毛秀凤，秘书长王秀禄和委员共 45 人出席会议。市中级人民法院院长姜树政，市人民检察院负责人，市政府有关部门主要负责人，各县市区人大常委会、市属各开发区人大工作室负责人，市人大常委会及各专门委员会工作机构负责人，部分市人大代表列席会议。

第十九次常委会会议

2014 年 10 月 22 日，在市文化艺术中心大剧院召开。市人大常委会党组书记、第一副主任胡岗，副主任花兆贤分别主持会议。在通过会议议程后，市人民检察院检察长杨洪旭作全市检察系统检务公开工作情况的报告；市政协副主席、市经济和信息化委员会主任李传恒作关于全市工业技术改造、提升传统产业情况的报告；市食品药品监督管理局局长李平作关于全市食品安全基层基础工作情况的报告；市人大农业与农村委员会副主任委员徐松萃作关于检查全市贯彻实施农民专业合作社法情况的报告；副市长潘强受市长刘曙光委托提请人事任免名单，市人力资源和社会保障局局长李静波介绍提请任命干部的有关情况；被提请任命干部作供职发言。会议分组审议、评议有关报告，酝酿人事任免名单。市人大常委会委员刘云江、徐玉军、毕孝圣、聂振萍、孙金生分别作联组审议、评议发言。会议对全市工业技术改造、提升传统产业工作情况进行测评，结果为满意（82.14 分）。会议还表决通过人事任免名单。胡岗向被任命干部颁发任命书。市人大常委会副主任李世光、毛秀凤，秘书长王秀禄和委员共 44 人出席会议。市中级人民法院院长姜树政，市政府有关部门主要负责人，各县市区人大常委会、市属各开发区人大工作室负责人，市人大常委会及各专门委员会工作机构负责人，部分市人大代表列席会议。

第二十次常委会会议

2014 年 12 月 30 日，在市文化艺术中心大剧院召开。市人大常委会党组书记、第一副主任胡岗，副主任刘明珂分别主持会议。在通过会议议程后，副市长潘强作关于办理落实市人大常委会对全市大气污染防治工作审议意见情况的报告；市农业局局长王汉成作关于全市品牌农业发展情况的报告；市人大常委会秘书长王秀禄作关于《潍坊市人民代表大会常务委员会质询办法（草案）》的说明；潘强受市长刘曙光委托提请人事任免名单，市人力资源和社会保障局局长李静波介绍提请任命干部的有关情况；市中级人民法院院长姜树政、市人民检察院检察长杨洪旭分别提请人事任免名单，并介绍提请任命干部的有关情况；部分被提请任命干部作供职发言。会议还书面印发市中级人民法院、市人民检察院关于办理落实市人大常委会对全市大气污染防治工作审议意见情况的报告。会议分组审议、评议有关报告、说明、办法草案、决定草案和市十六届人大四次会议列席人员范围草案，酝酿人事任免名单。市人大常委会委员徐松萃、市人大代表董玉坤分别作联组审议、评议发言。会议表决通过《潍坊市人民代表大会常务委员会质询办法》，市人大常委会关于召开市十六届人大四次会议的决定和列席市十六届人大四次会议人员范围。会议对全市品牌农业发展情况进行测评，结果为满意(83.42 分)。会议还表决通过人事任免名单，胡岗向部分被任命干部颁发任命书。市人大常委会副主任花兆贤、李世光、毛秀凤和委员共 47 人出席会议。副市长王桂英，市政府有关部门主要负责人，各县市区人大常委会、市属各开发区人大工作室负责人，市人大常委会及各专门委员会工作机构负责人，部分市人大代表列席会议。

第二十一次常委会会议

2015 年 1 月 24 日下午，在市文化艺术中心大剧院召开。市人大常委会党组书记、第一副主任胡岗主持会议。在通过会议议程后，副市长夏芳晨受市长刘曙光委托提请人事任命名单，市人力资源和社会保障局局长李静波介绍提请任命干部的有关情况；市人大常委会秘书长王秀禄受主任会议委托提请人事任免名单，并介绍提请任命干部的有关情况；市人民检察院检察长杨洪旭提请人事任免名单，并介绍提请任命干部的有关情况；部分被提请任命干部作供职发言。会议分组审议有关辞呈、决定，酝酿人事任免名单。采用无记名投票的方式，表决通过人事任免名单，决定接受孟祥志等辞去潍坊市人民代表大会常务委员会委员及有关专门委员会副主任委员职务的请求，并报潍坊市人民代表大会备案。胡岗向部分被任命干部颁发任命书。副主任刘明珂、花兆贤、李世光、毛秀凤和委员共 45 人出席会议。市中级人民法院院长姜树政，市政府有关部门主要负责人，市人大常委会及各专门委员会工作机构的负责人列席会议。

第二十二次常委会会议

2015 年 2 月 13 日，在市文化艺术中心大剧院召开。市人大常委会党组书记、第一副主任胡岗主持会议。在通过会议议程后，市人大常委会秘书长王秀禄作关于市十六届人大四次会议筹备工作情况的汇报；市人大常委会代表资格审查委员会主任委员张军作关于个别代表的代表资格的报告；王秀禄受主任会议委托提请人事任免名单，并介绍提请任命干部的有关情况；副市长潘强受市长刘曙光委托提请人事任免名单，市人力资源和社会保障局局长李静波介绍提请任命干部的有关情况；市中级人民法院、市人民检察院负责人分别提请人事任免名单，并介绍提请任命干部的有关情况；部分被提请任命干部作供职发言。在分组审议的基础上，会议议定市人大常委会在市十六届人大四次会议上的工作报告，表决通过拟提请市十六届人大四次会议预备会议通过的大会议程草案、大会主席团和秘书长名单草案，市人大常委会代表资格审查委员会关于个别代表的代表资格的报告和人事任免名单。胡岗向部分被任命干部颁发任命书。胡岗在讲话中充分肯定市人大常委会去年以来的工作，并就加强常委会自身建设提高履职水平、做好本年工作讲了意见。副主任刘明珂、花兆贤、李世光、毛秀凤和委员共41人出席会议。各县市区人大常委会主任或主持日常工作的第一副主任、市属各开发区人大工作室负责人，市人大常委会及各专门委员会工作机构负责人列席会议。

第四节　第二十三至第二十八次常委会会议

第二十三次常委会会议

2015年4月29日，在市文化艺术中心大剧院召开。市人大常委会党组书记、第一副主任胡岗，副主任刘明珂分别主持会议。在通过会议议程后，市委常委、常务副市长邹庆忠作关于全市新兴产业发展情况的报告；市中级人民法院院长姜树政作关于全市法院司法公开工作情况的报告；市人大农业与农村委员会副主任委员徐松萃作市人大常委会执法检查组关于检查全市贯彻实施《农产品质量安全法》情况的报告；市人大内务司法委员会副主任委员杜士忠作《关于构筑老年人关爱服务体系的议案》处理意见的报告；市人大教育科学文化卫生委员会副主任委员陈本林作《关于加强食品安全检验检测体系建设的议案》处理意见的报告；姜树政提请人事任命名单，并介绍提请任命干部的有关情况；市人民检察院检察长杨洪旭提请人事任命名单，并介绍提请任命干部的有关情况。会议分组评议、审议有关报告和决议草案，酝酿人事任命名单。市人大常委会委员邢乐信、孔宪俊、赵军、王辉、董光和市人大代表赵萍，分别作联组审议、评议发言。会议对全市新兴产业发展情况进行测评，结果为满意（84.61分）。会议还表决通过人事任命名单，潍坊市人民代表大会常务委员会关于办理《关于构筑老年人关爱服务体系的议案》的决议、《关于加强食品安全检验检测体系建设的议案》的决议。市人大常委会副主任王卫东、李世光、毛秀凤，秘书长王秀禄和委员共40人出席会议。市政府有关部门主要负责人，各县市区人大常委会、市属各开发区人大工作室负责人，市人大常委会及各专门委员会工作机构的负责人，部分市人大代表列席会议。

第二十四次常委会会议

2015年6月26日，在市文化艺术中心大剧院召开。市人大常委会党组书记、第一副主任胡岗，副主任刘明珂分别主持会议。 在通过会议议程后，市人大内务司法委员会副主任委员杜士忠作市人大常委会执法检查组关于检查全市贯彻实施道路交通安全法情况的报告；市教育局局长徐友礼作关于全市深化中小学管理体制改革工作情况的报告；市规划局局长孙守勤作关于贯彻实施《中华人民共和国城乡规划法》、推进城乡一体化发展情况的报告；市外事与侨务办公室主任王浩作关于全市发挥侨务资源优势、助推经济转型发展情况的报告。会议分组审议有关报告。市人大常委会委员王辉、朱乐凯、徐建明、徐鹏强、周晓钟分别作联组审议发言。市人大常委会副主任王卫东、李世光、毛秀凤，秘书长王秀禄和委员共43人出席会议。副市长夏芳晨，市人民检察院检察长杨洪旭，市中级人民法院负责人，市政府有关部门主要负责人，各县市区人大常委会、市属各开发区人大工作室负责人，市人大常委会及各专门委员会工作机构的负责人，部分市人大代表列席会议。

第二十五次常委会会议

2015年8月27日至28日，在市文化艺术中心大剧院召开。市人大常委会党组书记、第一副主任胡岗，副主任王卫东分别主持会议。在通过会议议程后，副市长作关于市十六届人大四次会议以来代表所提建议、批评和意见办理工作情况的报告；市发展和改革委员会主任作关于潍坊市 2015 年上半年国民经济和社会发展计划执行情况的报告；市财政局局长田民利作关于潍坊市 2014 年财政决算和 2015 年上半年预算执行情况的报告；市审计局局长宫智作关于潍坊市 2014 年市级预算执行和其他财政收支的审计工作报告；市人大财政经济委员会副主任委员刘勤友作关于潍坊市 2014 年市级财政决算审查结果的报告暨潍坊市 2015 年上半年预算执行情况和 2014 年度审计工作报告的初审意见；市人大法制委员会副主任委员尹凤来作关于《潍坊市制定地方性法规条例（草案）》的说明；市中级人民法院院长姜树政提请人事任免名单，并介绍提请任命干部的有关情况。会议分组审议、评议有关报告、意见和条例草案，审查 2014 年市级决算草案，酝酿人事任免名单。市人大常委会委员孔宪俊、朱振铎、秦学昌和市人大代表王致娟分别作联组审议、评议发言。会议对市政府办理代表建议工作情况进行测评，结果为满意（83.98 分）。会议表决通过潍坊市人民代表大会常务委员会关于批准潍坊市 2014 年市级财政决算的决议和人事任免名单。市人大常委会副主任李世光、毛秀凤，秘书长王秀禄和委员共 39 人出席会议。市人民检察院检察长杨洪旭，市政府有关部门主要负责人，各县市区人大常委会、市属各开发区人大工作室负责人，市人大常委会及各专门委员会工作机构的负责人，部分市人大代表列席会议。

第二十六次常委会会议

2015 年 10 月 10 日，在市文化艺术中心大剧院召开。市人大常委会党组书记、第一副主任胡岗，副主任王卫东分别主持会议。在通过会议议程后，副市长潘强作关于市级国有资产管理情况的报告，受市长刘曙光委托提请人事任免案；市人大农业与农村委员会副主任委员徐松萃作关于“两河”流域农业面源污染治理情况的视察报告；市财政局局长田民利作关于潍坊市 2015 年市级预算调整方案（草案）的报告；市人民检察院副检察长法云江受检察长杨洪旭委托，作关于全市检察机关控告申诉工作情况的报告；市人社局局长李静波介绍提请任命干部的有关情况。会议分组审议有关报告、决议草案、人事任免案和《潍坊市制定地方性法规条例（草案修改稿）》。市人大常委会委员赵学坤、朱振铎、朱乐凯和市人大代表辛国志分别作联组审议发言。会议采用电子表决的方式，表决通过潍坊市人民代表大会常务委员会关于批准潍坊市 2015 年市级预算调整方案的决议；采用无记名投票的方式，表决通过人事任免案。市人大常委会副主任李世光、毛秀凤，秘书长王秀禄和委员共 40 人出席会议。市政府有关部门主要负责人，各县市区人大常委会、市属各开发区人大工作室负责人，市人大常委会工作机构负责人，部分市人大代表列席会议。

第二十七次常委会会议

2015 年 12 月 24 日，在市文化艺术中心大剧院召开。市人大常委会党组书记、第一副主任胡岗，副主任刘明珂分别主持会议。在通过会议议程后，市人大法制委员会副主任委员刘玉作关于《潍坊市制定地方性法规条例（草案）》审议意见的报告；市人大城乡建设与环境资源保护委员会副主任委员衣光明作市人大常委会执法检查组关于全市贯彻实施《中华人民共和国环境保护法》、推进“三八六”决策部署落实情况的报告；副市长刘建国作落实市人大常委会关于办理构筑老年人关爱服务体系的议案、关于加强食品安全检验检测体系建设的议案决议情况的报告；市人大常委会秘书长王秀禄受主任会议委托作关于评选潍坊市第十六届人民代表大会优秀人大代表情况的说明，并提请人事任免名单、介绍提请任命干部的有关情况；市中级人民法院党组副书记、副院长受院长姜树政委托提请人事任免名单，并介绍提请任命干部的有关情况；市人大常委会代表资格审查委员会主任委员张军作关于个别代表的代表资格的报告；部分被提请任命干部作供职发言。会议分组审议有关报告、条例草案、决定草案和人事任免案。市人大常委会委员徐鹏强、刘云江、杜士忠、南秀霞分别作联组审议发言。会议表决通过市人大常委会关于提请市十六届人大五次会议审议《潍坊市制定地方性法规条例（草案）》的议案、关于召开市十六届人大五次会议的决定、关于表彰潍坊市第十六届人民代表大会优秀人大代表的决定，向评选出的优秀市人大代表颁发证书。会议还表决通过市人大常委会代表资格审查委员会关于个别代表的代表资格的报告和人事任免案。胡岗向部分被任命干部颁发任命书。市人大常委会副主任王卫东、李世光、毛秀凤和委员共39人出席会议。市人民检察院负责人，市政府有关部门主要负责人，各县市区人大常委会、市属各开发区人大工作室负责人，市人大常委会及各专门委员会工作机构负责人，部分市人大代表列席会议。

第二十八次常委会会议

2016年2月3日，在市文化艺术中心大剧院召开。市人大常委会党组书记、第一副主任胡岗主持会议并讲话。会议首次举行任命干部向宪法宣誓仪式。通过会议议程后，市人大常委会秘书长王秀禄受主任会议委托作关于市十六届人大五次会议筹备工作情况的汇报，并提请人事任免名单、介绍提请任命干部的有关情况；市人大常委会代表资格审查委员会主任委员张军作关于个别代表的代表资格的报告；市委常委、副市长孙起生受市长刘曙光委托提请人事任免名单，市人社局局长李静波介绍提请任命干部的有关情况；市中级人民法院院长姜树政提请人事任免名单，并介绍提请任命干部的有关情况；部分被提请任命干部作供职发言。在分组审议的基础上，市人大常委会委员徐松萃作联组审议发言。会议议定市人大常委会在市十六届人大五次会议上的工作报告，表决通过拟提请市十六届人大五次会议预备会议通过的大会议程草案、大会主席团和秘书长名单草案，表决通过关于个别代表的代表资格的报告、列席市十六届人大五次会议人员范围草案和人事任免案。胡岗向部分被任命干部颁发任命书。胡岗在讲话中说，本届人大常委会已履职四年，在市委的坚强领导下，紧紧围绕全市大局，认真行使宪法法律赋予的职权，探索实践，团结实干，各项工作取得重要进展。一是认真贯彻中央和省、市委决策部署，始终保持人大工作的正确方向。自觉把人大工作放到全市大局中谋划，统筹安排立法、监督等各项工作，全力推动市委重大决策部署贯彻落实，为推动全市经济社会发展和民主法治建设作出重大贡献。二是始终坚持人民主体地位，注重发挥代表作用。紧紧依靠人大代表做好人大工作，全力支持保障代表依法履职，一切工作注重调动代表的积极性，一切活动注重发挥代表的主体作用，激发代表依法履职的积极性。三是始终坚持提高工作质量和水平，依法维护人大工作严肃性。在宪法法律框架内，深入研究人大工作的特点和规律，勇于探索实践，推动人大工作不断创新发展。实现工作评议常态化，首次开展专题询问，制定出台质询办法，探索建立人大主导立法的体制机制，工作实效明显增强。四是始终重视加强作风建设，不断提高履职能力。把思想政治建设放在首位，加强理论武装，坚持讲政治、顾大局、守纪律，严格执行政治纪律和政治规矩，扎实开展党的群众路线教育实践活动和“三严三实”专题教育，树立严谨庄重、依法办事、履职为民、公正清廉、求真务实的良好形象。市人大常委会副主任刘明珂、王卫东、李世光、毛秀凤和委员共41人出席会议。市人民检察院检察长杨洪旭，市政府有关部门主要负责人，市人大常委会及各专门委员会工作机构负责人列席会议。

第五节 第二十九至第三十七次常委会会议

第二十九次常委会会议

2016 年 4 月 27 日，在市文化艺术中心大剧院召开。市人大常委会党组书记、第一副主任苏立科主持会议并讲话。在通过会议议程后，市人大财政经济委员会副主任委员朱振铎作市人大常委会执法检查组关于检查全市贯彻实施《中华人民共和国安全生产法》情况的报告；市人大常委会秘书长王秀禄作关于《潍坊市乡镇人民代表大会工作规范（草案）》的说明；副市长王桂英受市长刘曙光委托，提请人事任免名单；市中级人民法院副院长受院长姜树政委托，提请人事任免名单，并介绍提请任命干部的有关情况；市人民检察院检察长杨洪旭提请人事任免名单，并介绍提请任命干部的有关情况。会议分组审议有关报告、工作规范草案和人事任免案。市人大常委会委员田素英、毕孝圣分别作联组审议发言。会议采用电子表决的方式，表决通过《潍坊市乡镇人民代表大会工作规范》和人事任免案。副主任刘明珂、王卫东、李世光、毛秀凤和委员共 38 人出席会议。市政府有关部门主要负责人，各县市区人大常委会主任或主持日常工作的第一副主任、市属开发区人大工作室负责人，市人大常委会及专门委员会工作机构负责人，部分市人大代表列席会议。

第三十次常委会会议

2016 年 6 月 23 日至 24 日，市十六届人大常委会第三十次会议在市文化艺术中心大剧院举行。市人大常委会党组书记、第一副主任苏立科，副主任王卫东分别主持会议。在通过会议议程后，副市长潘强作关于全市“六五”普法、依法治市情况和“七五”普法规划的报告；市司法局局长王立杰作关于《潍坊市 2016—2020 年依法治市规划（草案）》的说明；市市政局局长张志勇作关于全市节水型城市建设工作情况的报告；市人大农业与农村委员会副主任委员徐松萃作关于全市农产品质量安全工作情况的视察报告；市人大民族侨务外事委员会副主任委员王永福作关于检查全市贯彻实施旅游法和山东省旅游条例情况的报告；市农业局局长王汉成作关于《潍坊市剧毒高毒农药管理条例（草案）》的说明，书面印发市人大农业与农村委员会关于该条例草案审议情况的报告；市质监局局长陈勇作关于《潍坊市电梯安全条例（草案）》的说明，书面印发市人大财政经济委员会关于该条例草案审议情况的报告；潘强受市长刘曙光委托提请人事任免名单，市人社局局长李静波介绍提请任命干部的有关情况，被提请任命干部作供职发言；市中级人民法院院长姜树政提请人事任免名单，并介绍提请任命干部的有关情况。会议对潍坊市剧毒高毒农药管理条例和电梯安全条例草案进行初次审议，审议有关报告、规划草案和人事任免案。市人大常委会委员刘玉、朱乐凯、徐鹏强、钟耕民、孔宪俊和代表赵萍、秦伟堂分别作联组审议发言。会议采用电子表决的方式，表决通过市人大常委会关于在全市公民中开展第七个五年法治宣传教育的决议、关于《潍坊市 2016—2020 年依法治市规划》的决议和人事任免案，苏立科向部分被任命干部颁发任命书，并举行向宪法宣誓仪式。市人大常委会副主任刘明珂、李世光、毛秀凤，秘书长王秀禄和常委会委员出席会议。市人民检察院负责人，市政府有关部门主要负责人，各县市区人大常委会、市属开发区人大工作室负责人，市人大常委会及各专门委员会工作机构负责人，部分市人大代表列席会议。

第三十一次常委会会议

2016 年 8 月 23 日至 24 日，在市文化艺术中心大剧院召开。市人大常委会党组书记、第一副主任苏立科，副主任刘明珂分别主持会议。在通过会议议程后，市委常委、常务副市长邹庆忠作关于市十六届人大五次会议以来代表所提建议、批评和意见办理工作情况的报告；市发改委主任作关于潍坊市2016年上半年国民经济和社会发展计划执行情况的报告；市财政局局长田民利作关于潍坊市2015年财政决算和2016年上半年预算执行情况、2016年市级预算调整方案（草案）的报告；市人大财政经济委员会副主任委员朱振铎作关于潍坊市2015年市级财政决算审查结果的报告暨潍坊市2016年上半年预算执行情况和2016年市级预算调整方案（草案）报告的初审意见；市审计局局长宫智作关于潍坊市2015年市级预算执行和其他财政收支的审计工作报告；市中级人民法院院长姜树政作关于全市法院行政审判工作情况的报告；市人大法制委员会副主任委员尹凤来作关于《潍坊市剧毒高毒农药管理条例（草案）》修改情况的汇报；市文广新局局长孙俐君作关于《潍坊市文物保护条例（草案）》的说明；市人大常委会秘书长王秀禄受主任会议委托提请人事任免名单，并介绍提请任命人员的有关情况；邹庆忠受市长刘曙光委托提请人事任免名单，市人社局局长李静波介绍提请任命干部的有关情况；市人民检察院负责人受检察长杨洪旭委托提请人事任免名单，并介绍提请任命干部的有关情况；部分被提请任命干部作供职发言。会议分组审议、评议、审查有关报告、汇报和决议草案，审议两个条例草案，酝酿人事任免名单。市人大常委会委员朱乐凯、赵军、朱振铎、秦学昌、徐建明和市人大代表赵维芳分别作联组审议、评议发言。会议表决通过潍坊市人民代表大会常务委员会关于批准潍坊市2015年市级财政决算的决议、关于批准潍坊市2016年市级预算调整方案的决议和人事任免名单。会议对市政府办理代表建议工作情况进行测评，结果为满意（85.39分）。苏立科向部分被任命干部颁发任命书。会上举行向宪法宣誓仪式。市人大常委会副主任王卫东、李世光、毛秀凤和委员共39人出席会议。市政府有关部门主要负责人，各县市区人大常委会、市属开发区人大工作室负责人，市人大常委会及各专门委员会工作机构负责人，部分专门委员会组成人员、市人大代表，部分预算审查监督专家咨询委员会、立法咨询专家组成员列席会议。

第三十二次常委会会议

2016年9月18日，在市文化艺术中心大剧院召开。市人大常委会党组书记、第一副主任苏立科主持会议；副主任刘明珂、王卫东、李世光、毛秀凤，秘书长王秀禄出席会议。在通过会议议程后，姜树政提请人事任命名单，并介绍提请任命干部的有关情况。在分组审议的基础上，会议表决通过人事任免名单，决定接受潘强辞去潍坊市人民政府副市长职务的请求，报潍坊市人民代表大会备案。市委常委、常务副市长邹庆忠，市人民检察院负责人，市人大常委会及各专门委员会工作机构负责人列席会议。

第三十三次常委会会议

2016年10月18日至19日，在市文化艺术中心大剧院召开。市人大常委会党组书记、第一副主任苏立科，副主任刘明珂分别主持会议。在通过会议议程后，副市长刘建国作关于全市供给侧结构性改革情况的报告；市人大城乡建设与环境资源保护委员会副主任委员王培福作关于检查全市贯彻实施矿产资源法情况的报告；市人大常委会秘书长王秀禄受主任会议委托，作关于潍坊市第十七届人民代表大会代表选举问题的决定草案的说明，宣读关于授予谭旭光“潍坊人民勋章”的议案。会议书面印发市人大法制委员会关于《潍坊市剧毒高毒农药管理条例（草案二次审议稿）》《潍坊市电梯安全条例（草案）》《潍坊市文物保护条例（草案）》审议结果的报告；市人大农业与农村委员会关于全市森林城市建设情况的视察报告、市人大民族侨务外事委员会关于全市会展工作情况的调查报告等。会议分组审议有关报告、说明、议案和决定草案，审议《潍坊市剧毒高毒农药管理条例（草案修改稿）》《潍坊市电梯安全条例（草案修改稿）》《潍坊市文物保护条例（草案）修改稿》。市人大常委会委员孔宪俊、朱振铎、刘云江分别作联组审议发言。会议表决通过潍坊市人民代表大会常务委员会关于潍坊市第十七届人民代表大会代表选举问题的决定、关于授予谭旭光“潍坊人民勋章”的决定。市人大常委会副主任王卫东、李世光、毛秀凤和委员共 34 人出席会议。市中级人民法院院长姜树政，市人民检察院负责人，市政府有关部门主要负责人，各县市区人大常委会、市属开发区人大工作室负责人，市人大常委会及各专门委员会工作机构负责人，部分专门委员会组成人员、市人大代表、预算审查监督咨询专家和立法咨询专家列席会议。

第三十四次常委会会议

2016 年 10 月 31 日，在市文化艺术中心大剧院召开。市人大常委会党组书记、第一副主任苏立科主持会议。会议听取市人大法制委员会副主任委员刘玉作的关于《潍坊市禁用限用剧毒高毒农药条例》等法规草案修改情况的说明；表决通过《潍坊市禁用限用剧毒高毒农药条例》《潍坊市电梯安全条例》《潍坊市文物保护条例》。这三件地方性法规报经省人大常委会批准后，由市人大常委会发布公告予以公布。市人大常委会副主任刘明珂、王卫东、李世光、毛秀凤，秘书长王秀禄和委员共 37 人出席会议。市人民检察院检察长杨洪旭，市中级人民法院负责人，市政府及有关部门负责人，市人大常委会及各专门委员会工作机构负责人，市人大法制委员会组成人员，部分立法咨询专家列席会议。

第三十五次常委会会议

2017 年 1 月 15 日，在市级机关综合办公大楼会议室召开。市人大常委会党组书记、第一副主任苏立科主持会议。在通过会议议程后，市人大常委会秘书长王秀禄受主任会议委托作关于补选省十二届人大代表的说明。会议酝酿有关候选人名单；以无记名投票的方式，补选部分省十二届人民代表大会代表，报请省人大常委会审查确认。市人大常委会副主任刘明珂、王卫东、李世光、毛秀凤和委员共 34 人出席会议。副市长刘建国，市中级人民法院、市人民检察院负责人，市人大常委会及各专门委员会工作机构负责人列席会议。

第三十六次常委会会议

2017 年 1 月 23 日，在市级机关综合办公大楼会议室召开。市人大常委会党组书记、第一副主任苏立科主持会议。在通过会议议程后，市委常委、常务副市长邹庆忠受市长刘曙光委托提请人事任免名单，市人社局局长李静波介绍提请任命干部的有关情况；市人民检察院党组副书记、副检察长马言圣受检察长杨洪旭委托提请人事任免名单，并介绍提请任命干部的有关情况；苏立科受主任会议委托提请人事任免名单。会议分组审议有关决定草案、有关辞职的请求和人事任免案。以无记名投票的方式，决定接受刘曙光辞去潍坊市市长职务的请求，报潍坊市人民代表大会备案；决定接受杨洪旭辞去潍坊市人民检察院检察长等相关职务的请求，报经省检察院检察长提请省人大常委会批准，报潍坊市人民代表大会备案。通过人事任免案，决定任命李宽端为市政府副市长，决定李宽端为潍坊市代理市长；任命王桂春为市人民检察院检察员、检察委员会委员、副检察长，决定王桂春为潍坊市人民检察院代理检察长，由市人民检察院、市人大常委会分别报省检察院、省人大常委会备案；决定任命吴磊为市公安局局长；决定接受王辉等辞去潍坊市人民代表大会常务委员会委员及有关专门委员会相关职务的请求，报潍坊市人民代表大会备案。会议还表决通过市人大常委会关于召开市十七届人大一次会议的决定，举行向宪法宣誓仪式。苏立科向部分被任命干部颁发任命书。市人大常委会副主任刘明珂、王卫东、李世光、毛秀凤，秘书长王秀禄和委员共 36 人出席会议。市中级人民法院院长姜树政，市人大常委会及各专门委员会工作机构负责人列席会议。

第三十七次常委会会议

2017 年 2 月 20 日，在市文化艺术中心大剧院召开。市人大常委会党组书记、第一副主任苏立科主持会议并讲话。市人大常委会秘书长王秀禄受主任会议委托，作关于市十七届人大一次会议筹备工作情况的汇报；市人大常委会委员、代表资格审查委员会主任委员张军作关于潍坊市第十七届人民代表大会代表的代表资格审查报告；市人大常委会副秘书长、人事代表工作室主任、市县镇人大换届选举工作联席会议办公室主任毛洪涛作关于全市县镇人大换届选举工作情况的汇报。会议分组审议有关汇报、报告及市十七届人大一次会议议程草案、有关名单草案和列席人员范围；表决通过关于潍坊市第十七届人民代表大会代表的代表资格审查报告，列席市十七届人大一次会议人员范围，拟提请市十七届人大一次会议预备会议通过的大会议程草案、大会主席团和秘书长名单草案、计划预算审查委员会名单草案和议案审查委员会名单草案，议定市人大常委会在市十七届人大一次会议上的工作报告。市人大常委会副主任刘明珂、王卫东、李世光、毛秀凤和委员共 37 人出席会议。副市长王桂英，市中级人民法院院长姜树政，市人民检察院代理检察长王桂春，市人大常委会及各专门委员会工作机构负责人列席会议。

第八章　潍坊市第十七届人民代表大会常务委员会会议

潍坊市第十七届人大常委会共召开全体会议 51 次。其中，市十七届人大第一次会议闭幕后至市十七届人大第二次会议开幕前共召开 8 次；市十七届人大第二次会议闭幕后至市十七届人大第三次会议开幕前共召开 8 次；市十七届人大第三次会议闭幕后至市十七届人大第四次会议开幕前共召开 5 次；市十七届人大第四次会议闭幕后至市十七届人大第五次会议开幕前共召开 10 次；市十七届人大第五次会议闭幕后至市十七届人大第六次会议开幕前共召开 11 次；市十七届人大第六次会议闭幕后至市十八届人大第一次会议开幕前共召开 9 次。

第一节　第一至第八次常委会会议

第一次常委会会议

2017 年 3 月 20 日，在市文化艺术中心大剧院召开。在通过会议议程后，市人大常委会秘书长王秀禄作关于《潍坊市第十七届人民代表大会常务委员会代表资格审查委员会组成人员名单（草案）》的说明，关于个别代表的代表资格的报告。会议审议有关报告、名单草案及其说明，表决通过潍坊市第十七届人民代表大会常务委员会代表资格审查委员会组成人员名单和关于个别代表的代表资格的报告。市人大常委会副主任毛秀凤、张新强、范福生和委员共 38 人出席会议。

第二次常委会会议

2017 年 4 月 28 日，在市级机关综合办公大楼召开。在通过会议议程后，副市长受市长李宽端委托提请人事任免名单，市委组织部常务副部长介绍提请任命人员的有关情况；市中级人民法院院长姜树政提请人事任免名单、介绍提请任命人员的有关情况，并作关于全市法院执行工作情况的报告；市人民检察院检察长王桂春提请人事任免名单，介绍提请任命人员的有关情况；市人大常委会秘书长王秀禄受主任会议委托作关于《潍坊市人民代表大会常务委员会组成人员守则（修订草案）》《潍坊市人民代表大会常务委员会议事规则（修订草案）》的说明；市科技局局长张宝胜受市政府委托作关于《山东潍坊国家农业科技园区总体规划（草案）》的说明；部分提请任命干部作供职发言。会议还书面印发《潍坊市中级人民法院关于员额法官履行法律程序的报告》《潍坊市人民检察院关于首批员额检察官履行法律程序的报告》等。会议分组审议有关报告、守则修订草案、议事规则修订草案、规划草案及决议草案和人事任免案。市人大常委会委员王发庆、张学文、傅廷伟分别作联组审议发言。会议表决通过《潍坊市人民代表大会常务委员会组成人员守则》《潍坊市人民代表大会常务委员会议事规则》、潍坊市人大常委会关于批准潍坊市人民政府关于《山东潍坊国家农业科技园区总体规划》的决议和人事任免案，举行向宪法宣誓仪式。刘曙光向部分被任命干部颁发任命书。刘曙光就做好新一届人大常委会的工作讲意见。市人大常委会副主任毛秀凤、张新强、范福生和委员共 39 人出席会议。

第三次常委会会议

2017 年 6 月 28 日，在市文化艺术中心大剧院召开。在通过会议议程后，市人大常委会秘书长王秀禄受主任会议委托作关于推进“四个城市”建设的决议（草案）的说明，提请人事任免名单并介绍被提请任命人员的有关情况；市人大财政经济委员会副主任委员王发庆作关于视察全市化工产业发展情况的报告；副市长马清民作关于全市农产品质量安全工作情况的报告，受市长李宽端委托提请人事任免名单，市人社局局长陈汝孝介绍被提请任命人员的有关情况；市旅游发展委员会主任于慰杰作关于全市旅游业发展情况的报告；市财政局副局长王金祥作关于潍坊市 2017 年市级预算调整方案（草案）的报告；市人大常委会副秘书长、人事代表工作室主任毛洪涛作关于《潍坊市人民代表大会常务委员会人事任免办法（修订草案）》的说明；部分被提请任命干部作供职发言。会议分组审议有关决议草案、报告、办法修订草案和人事任免案。市人大常委会委员赵军、王志刚、王承策和市人大代表赵萍分别作联组审议发言。会议表决通过潍坊市人民代表大会常务委员会关于推进“四个城市”建设的决议、关于批准潍坊市 2017 年市级预算调整方案的决议，《潍坊市人民代表大会常务委员会人事任免办法》和人事任免案，举行向宪法宣誓仪式。刘曙光向被任命干部颁发任命书。市人大常委会副主任毛秀凤、张新强、范福生和委员共 38 人出席会议。

第四次常委会会议

2017 年 8 月 29 日，在市文化艺术中心大剧院召开。在通过会议议程后，市政府党组成员、市人社局局长陈汝孝作关于全市就业工作情况的报告，市发改委主任作关于潍坊市 2017 年上半年国民经济和社会发展计划执行情况的报告，市财政局局长王金祥作关于潍坊市 2016 年财政决算和 2017 年上半年预算执行情况的报告，市人大财政经济委员会副主任委员王志刚作关于潍坊市 2016 年财政决算审查结果的报告暨潍坊市

2017 年上半年预算执行情况的初审意见，市审计局局长宫智作关于潍坊市 2016 年度市级预算执行和其他财政收支的审计工作报告，市食药监局局长张长坤作关于全市食品安全工作情况的报告，市环保局、市公安局负责人分别作关于《潍坊市大气污染防治条例（草案）》《潍坊市城区燃放烟花爆竹管理条例（草案）》的说明。会议分组审议有关报告、决议草案、初审意见和条例草案。市人大常委会委员刘效伟、孔宪俊、秦学昌、张学文分别作联组审议发言。会议采用电子表决的方式，表决通过潍坊市人民代表大会常务委员会关于批准潍坊市 2016 年市级财政决算的决议。市人大常委会副主任张新强、范福生，秘书长王秀禄和委员共 36 人出席会议。市政府副市长、市公安局局长吴磊，市中级人民法院院长姜树政、市人民检察院检察长王桂春，市政府有关部门主要负责人，各县市区人大常委会、市属开发区人大工作室负责人，市人大常委会及各专门委员会工作机构负责人，部分专门委员会组成人员、市人大代表，部分预算审查监督专家咨询委员会、立法咨询专家组成员列席会议。

第五次常委会会议

2017 年 10 月 28 日至 29 日，在潍坊召开。市委书记、市人大常委会主任刘曙光出席专题询问会并讲话，市委副书记、市长李宽端出席专题询问会并就进一步优化经济发展软环境作表态发言。会上，市委常委、市政府常务副市长邹庆忠分别作关于优化经济发展软环境工作情况的报告和市十七届人大一次会议以来代表所提建议、批评和意见办理工作情况的报告，市交通运输局局长作关于全市重大交通基础设施建设管理情况的报告，市人大农业与农村委员会副主任委员赵刚毅作关于视察全市农业供给侧结构性改革情况的报告，市人大法制委员会副主任委员胡景东、张志才分别作关于《潍坊市大气污染防治条例（草案）》《潍坊市燃放烟花爆竹管理条例（草案）》审议结果的报告，市人大常委会秘书长王秀禄受主任会议委托，宣读关于授予杨方旭“潍坊人民勋章”的议案，市中级人民法院院长姜树政提请人事任免名单，并介绍提请任命干部的有关情况。会议分组审议评议各项报告、条例草案、决定草案和人事任免事项。对优化经济发展软环境工作进行专题询问。市人大常委会委员张学文、杨爱君、朱朝辉和市人大代表李俊芹分别作联组审议评议发言。会议采用电子表决的方式，表决通过关于授予杨方旭“潍坊人民勋章”的决定和人事任免事项，对市政府优化经济发展软环境工作情况和市十七届人大一次会议以来代表所提建议、批评和意见办理工作情况进行测评。为杨方旭颁发“潍坊人民勋章”。市人大常委会副主任毛秀凤、顾建华、张新强、范福生和委员共 39 人出席会议。市人民检察院检察长王桂春，市政府有关部门主要负责人，各县市区人大常委会、市属开发区人大工作室负责人，市人大常委会及各专门委员会工作机构的负责人，部分专门委员会组成人员、市人大代表、立法咨询专家组成员列席会议。

第六次常委会会议

2017 年 11 月 6 日，在市级机关综合办公大楼会议室召开。会议召开前，市人大常委会主任会议研究本次会议的有关事项。在通过会议议程后，市人大常委会秘书长、代表资格审查委员会主任委员王秀禄作关于个别代表的代表资格的报告。会议审议关于个别代表的代表资格的报告，表决通过这个报告。市人大常委会副主任毛秀凤、顾建华、张新强和委员共 31 人出席会议。

第七次常委会会议

2017 年 12 月 12 日，在市文化艺术中心大剧院召开。市人大常委会副主任毛秀凤、顾建华、张新强、范福生和秘书长王秀禄出席会议。会议听取市人大农业与农村委员会副主任委员赵刚毅作的关于检查全市贯彻实施《潍坊市禁用限用剧毒高毒农药条例》情况的报告，在分组审议的基础上，议定市人大常委会在市十七届人大二次会议上的工作报告，表决通过市人大常委会关于深入学习贯彻中共十九大精神的决议、关于召开市十七届人大二次会议的决定和《潍坊市大气污染防治条例》《潍坊市燃放烟花爆竹管理条例》。市人大常委会委员李成军作联组审议发言。会议决定，2018 年 1 月上旬在潍坊召开市十七届人大二次会议。市委常委、常务副市长邹庆忠，市中级人民法院院长姜树政，市政府有关部门主要负责人，市人民检察院负责人，各县市区人大常委会、市属开发区人大工作室负责人，市人大常委会及各专门委员会工作机构负责人列席会议。

第八次常委会会议

2018 年 1 月 2 日，在市级机关综合办公大楼会议室召开。市委书记、市人大常委会主任刘曙光主持会议。在通过会议议程后，市人大常委会秘书长王秀禄受主任会议委托，作关于市十七届人大二次会议筹备工作情况的汇报、关于个别代表的代表资格的报告。在分组审议的基础上，会议表决通过市十七届人大常委会代表资格审查委员会关于个别代表的代表资格的报告，关于提请市十七届人大二次会议预备会议通过的大会议程草案、大会主席团和秘书长名单草案，决定列席市十七届人大二次会议人员范围，通过人事任免事项。市人大常委会副主任毛秀凤、顾建华、张新强、范福生和委员共 40 人出席会议。副市长马清民，市政协副主席、市中级人民法院副院长王贤臣，市人民检察院负责人，市人大常委会及各专门委员会工作机构负责人列席会议。

第二节　第九至第十六次常委会会议

第九次常委会会议

2018 年 1 月 9 日，在市文化艺术中心大剧院召开。市委书记、市人大常委会主任刘曙光主持并讲话；副主任毛秀凤、顾建华、张新强、范福生，秘书长王秀禄出席会议。在通过会议议程后，市委常委、市纪委书记，市监察委员会主任张晓峰提请人事任命名单，并介绍被提请任命人员的有关情况；部分被提请任命人员作供职发言。在分组审议的基础上，会议采用电子表决的方式，表决通过人事任免案，举行宪法宣誓仪式。刘曙光向被任命人员颁发任命书。市委常委、常务副市长邹庆忠，市中级人民法院院长姜树政，市人民检察院检察长王桂春，市人大常委会及各专门委员会工作机构负责人列席会议。

第十次常委会会议

2018 年 2 月 28 日，在市文化艺术中心大剧院召开。市人大常委会副主任毛秀凤、顾建华、张新强、范福生，秘书长王秀禄和委员共 36 人出席会议。在通过会议议程后，市环境保护局副局长李国秀作关于潍坊市 2017 年环境质量状况和环境保护目标完成情况的报告；市人大民族侨务外事委员会副主任委员王承策作关于《潍坊市人民代表大会常务委员会关于授予潍坊市荣誉市民称号的办法（修订草案）》的说明。会议分组审议有关办法修订草案，表决通过《潍坊市人民代表大会常务委员会关于授予潍坊市荣誉市民称号的办法》。市委常委、市纪委书记、市监察委员会主任张晓峰，市政府、市中级人民法院、市人民检察院负责人，市政府有关部门主要负责人，各县市区人大常委会、市属开发区人大工作室负责人，市人大常委会及各专门委员会工作机构负责人列席会议。

第十一次常委会会议

2018 年 4 月 19 日，在市文化艺术中心大剧院召开。市人大常委会副主任毛秀凤、顾建华、张新强、范福生，秘书长王秀禄和委员共 36 人出席会议。在通过会议议程后，市人大财政经济委员会副主任委员王志刚作关于检查全市贯彻实施《中华人民共和国安全生产法》情况的报告；潍坊食品谷协调推进办公室党组书记王守全作关于“中国食品谷”发展情况的报告；市人民检察院检察长王桂春提请人事任免名单，并介绍被提请任命人员的有关情况。会议分组审议有关报告和人事任免案。市人大常委会委员郭召义、孔宪俊、钟耕民分别作联组审议发言。会议采用电子表决的方式，表决通过人事任免案。市中级人民法院院长姜树政，市政府、市监察委员会负责人，市政府有关部门主要负责人，各县市区人大常委会、市属开发区人大工作室负责人，市人大常委会及市人大各专门委员会工作机构负责人，部分市人大代表列席会议。

第十二次常委会会议

2018年5月16日，在市级机关综合办公大楼召开。副主任毛秀凤、张新强、范福生，秘书长王秀禄出席会议。在通过议程后，会议审议人事任免案。采用无记名投票的方式，决定接受李宽端辞去潍坊市市长职务的请求，报潍坊市人民代表大会备案。市委常委、常务副市长邹庆忠，市监察委员会、市中级人民法院、市人民检察院负责人列席会议。

第十三次常委会会议

2018年6月25日，在市文化艺术中心大剧院召开。在通过会议议程后，市中级人民法院院长姜树政作关于全市法院全面深化司法体制改革工作情况的报告，提请人事任免名单并介绍有关情况；市人民检察院检察长王桂春作关于全市检察机关全面深化司法体制改革情况的报告；市发改委主任作关于全市新旧动能转换情况的报告；市人大农业与农村委员会副主任委员李成军作关于全市农田水利基本建设情况的视察报告；市人大教育科学文化卫生委员会副主任委员杨锡广作关于《潍坊市青州古城保护条例（草案）》的说明。会议分组审议有关报告、条例草案和人事任免案。市人大常委会委员李月淑、赵军、王发庆分别作联组审议发言。会议采用电子表决的方式，表决通过人事任免案。市人大常委会副主任毛秀凤、顾建华、张新强、范福生，秘书长王秀禄和委员共37人出席会议。副市长马清民，市监察委员会负责人，市政府有关部门主要负责人，各县市区人大常委会、市属开发区人大工作室负责人，市人大常委会及市人大各专门委员会工作机构负责人列席会议。

第十四次常委会会议

2018年7月26日，市委书记、市人大常委会主任刘曙光主持会议。在通过会议议程后，刘曙光受市人大常委会主任会议委托提请人事任命名单，并介绍提请任命干部的有关情况。会议在酝酿审议的基础上，以无记名投票的方式，决定任命田庆盈为潍坊市人民政府副市长、代理市长。会议表决通过市人大常委会关于召开市十七届人大三次会议的决定，决定8月下旬在潍坊召开市十七届人大三次会议。会议举行宪法宣誓仪式。市人大常委会副主任顾建华、张新强、范福生和委员共35人出席会议。市委常委、市纪委书记、市监察委主任张晓峰，市中级人民法院院长姜树政，市人民检察院检察长王桂春，市政府负责人，市人大常委会及各专门委员会工作机构负责人列席会议。

第十五次常委会会议

2018年8月20日，在市文化艺术中心大剧院召开。在通过会议议程后，市人大常委会秘书长、代表资格审查委员会主任委员王秀禄作关于个别代表的代表资格的报告，市人大财政经济委员会副主任委员王志刚作关于视察产业强市项目建设情况的报告，市人大教育科学文化卫生委员会副主任委员杨锡广作关于视察文化名市项目建设情况的报告，市人大内司委副主任委员王延泰作关于视察活力城市项目建设情况的报告，市人大城乡建设与环境资源保护委员会副主任委员张志勇作关于视察品质城市项目建设情况的报告，市发改委副主任王淮清作关于潍坊市2018年上半年国民经济和社会发展计划执行情况的报告，市财政局局长王金祥作关于潍坊市2017年财政决算和2018年上半年预算执行情况的报告、关于潍坊市2018年市级预算调整方案（草案）的报告，市人大财政经济委员会委员秦学昌作关于潍坊市2017年财政决算审查结果的报告暨潍坊市2018年上半年预算执行情况和2018年市级预算调整方案（草案）报告的初审意见，市审计局局长宫智作关于潍坊市2017年度市级预算执行和其他财政收支的审计工作报告，市人大法制委副主任委员胡景东作关于《潍坊市青州古城保护条例（草案）》审议结果的报告，市人大常委会副秘书长、办公室主任王增宝作关于市十七届人大三次会议筹备工作情况的汇报。会议审议有关报告、决议草案、初审意见、条例草案修改稿、人事任免案及市十七届人大三次会议议程草案、主席团和秘书长名单草案、列席会议人员范围。市人大常委会委员王福强、王志刚、秦学昌分别作联组审议发言。会议表决通过关于个别代表的代表资格的报告，关于批准潍坊市2017年市级财政决算的决议，关于批准潍坊市2018年市级预算调整方案的决议和人事任免案，拟提请市十七届人大三次会议预备会议通过的大会议程草案、主席团和秘书长名单草案，决定列席会议人员范围。市人大常委会副主任毛秀凤、顾建华、张新强、范福生和委员共33人出席会议。市人民检察院检察长王桂春，市监察委员会、市中级人民法院负责人，市“四个城市”建设协调推进办公室及各专项委员会办公室负责人，各县市区人大常委会、市属开发区人大工作室负责人，市人大常委会及各专门委员会工作机构负责人，部分法制委委员、立法咨询专家组成员列席会议。

第十六次常委会会议

2018年8月29日，在市级机关综合办公大楼召开。会议表决通过潍坊市人大常委会关于推迟召开市十七届人大三次会议的决定。市人大常委会副主任毛秀凤、张新强、范福生，秘书长王秀禄和委员共27人出席会议。

第三节　第十七至第二十一次常委会会议

第十七次常委会会议

2018年10月31日，在市文化艺术中心大剧院和市级机关综合办公大楼会议室召开。市委书记、市人大常委会主任刘曙光出席专题询问会并讲话。在通过会议议程后，副市长田民利作关于全市实施乡村振兴战略情况的报告，关于市十七届人大二次会议以来代表所提建议、批评和意见办理工作情况的报告，并提请人事任免名单；市海洋与渔业局局长李承源作关于全市现代渔业发展情况的报告；市人大财政经济委员会副主任委员王志刚作关于视察全市深化商事制度改革情况的报告；市人大教育科学文化卫生委员会副主任委员张学文作关于检查全市贯彻实施《中华人民共和国献血法》情况的报告；潍坊风筝办主任张建伟作关于全市会展业发展情况的报告和关于《潍坊市会展业促进条例（草案）》的说明。会议审议有关报告、条例草案、人事任免案，对全市实施乡村振兴战略情况进行专题询问。市人大常委会委员钟耕民、王曰普和市人大代表韩绍萍作联组审议发言。会议采用电子表决的方式，表决通过《潍坊市青州古城保护条例》、人事任免案。市人大常委会副主任毛秀凤、张新强、范福生，秘书长王秀禄和委员共33人出席会议。市中级人民法院院长姜树政，市监察委员会、市人民检察院负责人，市委市政府相关部门及各县市区人大常委会、市属开发区人大工作室负责人，部分市人大法制委员会组成人员和全国、省、市人大代表列席会议。

第十八次常委会会议

2018 年 12 月 26 日，在市文化艺术中心大剧院召开。在通过会议议程后，市财政局局长王金祥作关于潍坊市 2018 年市级预算调整方案草案的报告。市住建局局长作关于全市实施棚户区改造、提升城市建设品质情况的报告。市外侨办主任王浩作关于提请授予皮特·谭伯格等潍坊市荣誉市民称号议案的说明。市人大法制委副主任委员胡景东作关于《潍坊市会展业促进条例草案》审议结果的报告。副市长吴磊受市长田庆盈委托提请人事任免名单，市人社局局长陈汝孝介绍提请任命干部的有关情况；市中级人民法院院长姜树政提请人事任免名单，并介绍提请任命干部的有关情况；市人民检察院副检察长任光武受检察长王桂春委托提请人事任免名单；部分被提请任命同志作供职发言。会议分组审议有关报告、议案、决议决定草案、初审意见、条例草案修改稿和人事任免案，审查市级预算调整方案草案。市人大常委会委员赵军、徐鹏强分别作联组审议发言。会议表决通过市人大常委会关于召开市十七届人大四次会议的决定、关于批准潍坊市 2018 年市级预算调整方案的决议、关于授予皮特·谭伯格等潍坊市荣誉市民称号的决定和人事任免案，举行宪法宣誓仪式，并向被任命干部颁发任命书。市人大常委会副主任毛秀凤、顾建华、张新强、范福生，秘书长王秀禄和委员共 34 人出席会议。市监察委员会负责人，市委、市政府相关部门负责人，各县市区人大常委会、市属开发区人大工作室负责人列席会议。

第十九次常委会会议

2019 年 1 月 21 日，在市级机关综合办公大楼会议室召开。在通过会议议程后，市人大常委会秘书长王秀禄受主任会议委托，作关于补选省十三届人大代表和接受有关同志辞去省人大代表职务的说明，并介绍候选人的基本情况。会议在酝酿讨论的基础上，以无记名投票的方式，表决通过有关名单。市人大常委会副主任毛秀凤、顾建华、张新强、范福生和委员共 36 人出席会议。副市长马清民，市监察委员会、市中级人民法院、市人民检察院负责人，市人大常委会及各专门委员会工作机构负责人列席会议。

第二十次常委会会议

2019 年 1 月 25 日，在市文化艺术中心大剧院召开。在通过会议议程后，市人大常委会秘书长、代表资格审查委员会主任委员王秀禄作关于个别代表的代表资格的报告、关于市十七届人大四次会议筹备工作情况的汇报；副市长田民利受市长田庆盈委托提请人事任免名单，市人社局局长陈汝孝介绍提请任命干部的有关情况；市委常委、市纪委书记、市监察委员会主任张晓峰提请人事任免名单，并介绍提请任命干部的有关情况；部分被提请任命人员作供职发言。在分组审议基础上，会议表决通过市十七届人大常委会代表资格审查委员会关于个别代表的代表资格的报告，议定市人大常委会在市十七届人大四次会议上的工作报告，表决通过提请市十七届人大四次会议预备会议通过的大会议程草案、主席团和秘书长名单草案，决定列席市十七届人大四次会议人员范围，表决通过人事任免名单，举行宪法宣誓仪式，并向任命人员颁发任命书。会议书面审议市人大教育科学文化卫生委员会关于市十七届人大二次会议代表所提《关于制定潍坊市青州古城保护条例的议案》处理情况的报告，决定在市十七届人大四次会议上印发全体代表。市人大常委会副主任毛秀凤、顾建华、张新强、范福生和委员共 35 人出席会议。市中级人民法院、市人民检察院负责人，各县市区人大常委会、市属开发区人大工作室负责人，市人大常委会及各专门委员会工作机构负责人列席会议。

第二十一次常委会会议

2019 年 1 月 28 日，在市文化艺术中心大剧院召开。会议表决通过提请市十七届人大四次会议预备会议通过的大会主席团和秘书长名单草案。市人大常委会副主任毛秀凤、顾建华、张新强、范福生和委员共 35 人出席会议。

第四节　第二十二至第三十一次常委会会议

第二十二次常委会会议

2019 年 2 月 28 日，在市文化艺术中心大剧院召开。在通过会议议程后，市人大常委会副主任毛秀凤传达省十三届人大二次会议精神及贯彻落实意见，市人大常委会副主任顾建华传达省委书记、省人大常委会主任刘家义参加省十三届人大二次会议潍坊代表团审议时的讲话精神，市人大常委会秘书长王秀禄受主任会议委托提请人事任免名单，并介绍被提请任命人员的有关情况。会议分组学习有关会议和讲话精神，审议人事任免名单，采用无记名投票的方式，表决通过人事任免名单，举行宪法宣誓仪式。市政府及市监察委员会、市中级人民法院、市人民检察院负责人，各县市区人大常委会、市属开发区人大工作室负责人，市人大常委会及各专门委员会工作机构负责人，部分市人大专门委员会委员和市人大代表列席会议。

第二十三次常委会会议

2019 年 3 月 6 日，在市级机关综合办公大楼召开。市委书记、市人大常委会主任惠新安主持会议并讲话。在通过会议议程后，副市长受市长田庆盈委托，提请人事任免名单，市人社局局长陈勇介绍被提请任命人员的有关情况，部分被提请任命人员作供职发言。会议在酝酿审议的基础上，以无记名投票的方式，表决通过人事任免案，举行宪法宣誓仪式。惠新安向被任命干部颁发任命书。市人大常委会副主任顾建华、张新强，秘书长王秀禄和委员共 40 人出席会议。市中级人民法院院长姜树政，市人民检察院检察长王桂春，市监察委员会负责人，市人大常委会及各专门委员会工作机构负责人列席会议。

第二十四次常委会会议

2019 年 4 月 25 日，在市文化艺术中心大剧院召开。副主任张新强、范福生和委员共 43 人出席。在通过会议议程后，市生态环境局局长罗相贤作关于潍坊市 2018 年度环境状况和环境保护目标完成情况的报告，市人大财政经济委员会副主任委员王发庆作关于视察全市优化营商环境情况的报告，市人大法制委副主任委员张志才作关于《潍坊市禁用限用剧毒高毒农药条例》等六件地方性法规修正案草案的说明，市人民检察院副检察长任光武受检察长王桂春委托提请人事任免名单，并介绍有关情况。会议分组审议有关报告、法规修正案及相关决定草案、人事任免案。市人大常委会委员马中平、丁利民分别作联组审议发言。会议采用电子表决的方式，表决通过《潍坊市会展业促进条例》、关于修改《潍坊市禁用限用剧毒高毒农药条例》等六件地方性法规的决定和人事任免案。市委常委、副市长、市委秘书长刘建国，市监察委员会、市中级人民法院负责人，市政府有关部门负责人，各县市区人大常委会、市属开发区人大工作室负责人，市人大常委会及各专门委员会工作机构负责人，部分市人大代表列席会议。

第二十五次常委会会议

2019 年 6 月 12 日，在市文化艺术中心大剧院召开。在通过会议议程后，市人大财政经济委员会副主任委员马中平作关于视察全市民营经济发展情况的报告，市农业农村局局长常祖领作关于全市田园综合体工作开展情况的报告，市文化和旅游局副局长邱兆水作关于贯彻实施《中华人民共和国旅游法》情况的报告，市民政局局长王汉成作关于全市多层次养老服务体系建设工作情况的报告，市人大常委会副秘书长王福强作关于《潍坊市海岸带保护条例草案》的说明，市城管局局长钟光文作关于《潍坊市城市绿化条例草案》的说明。副市长田民利受市长田庆盈委托提请人事任免名单，市人社局局长陈勇介绍提请任命干部的有关情况；市委常委、市纪委书记、市监察委员会主任张晓峰和市中级人民法院院长姜树政分别提请人事任免名单，并介绍有关情况。部分被提请任命人员作供职发言。会议分组审议有关报告、条例草案、人事任免案。市人大常委会委员张洪全、王发庆、孙沂、张宝胜分别作联组审议发言。会议采用无记名按表决器的方式，表决通过人事任免案，举行宪法宣誓仪式。向被任命干部颁发任命书。会议结束时指出，2019年，市人大常委会坚持以习近平新时代中国特色社会主义思想为指导，认真贯彻中央决策部署和省、市委要求，深入开展“工作落实年”活动，不断健全立法工作机制，寓支持于监督之中，依法选举任免国家机关工作人员，强化代表履职管理，深入开展“对标先进”活动，用心用力包靠企业和全市重点项目，积极参与“万名干部下基层”和“服务一线集中攻坚”行动，有力推动各项工作开展。就做好下步工作，他要求进一步提高站位，切实增强政治自觉、思想自觉和行动自觉，做到重要工作超前谋划、重要情况提前研究、重要问题及时解决、重要节点牢牢把握，保证各项工作顺利推进。要坚持高标准、严要求，大力弘扬严实作风，每个阶段、每个环节的工作，都要思考得周全一些、谋划细致一些，力求高质量、体现高水平。要加强协调、密切配合，通力合作、主动作为，确保圆满完成全年目标任务。市人大常委会副主任毛秀凤、顾建华、张新强、范福生和委员共42人出席会议。市人大常委会党组成员、机关党组书记杨建华，市人民检察院、市政府有关部门负责人，各县市区人大常委会、市属开发区人大工作室负责人，市人大常委会及各专门委员会工作机构负责人，部分市人大专门委员会组成人员、立法咨询专家组成员、市人大代表列席会议。

第二十六次常委会会议

2019年8月27日，在市文化艺术中心大剧院召开。在通过会议议程后，市政府副市长马清民受市长田庆盈委托提请人事任免名单，市人社局局长陈勇介绍提请任命干部的有关情况。市公安局政委丁新杰作关于开展扫黑除恶专项斗争情况的报告，市发改委副主任王淮清作关于潍坊市2019年上半年国民经济和社会发展计划执行情况的报告，市财政局局长王金祥作关于潍坊市2018年财政决算和2019年上半年预算执行情况的报告、关于潍坊市2019年市级预算调整方案草案的报告，市人大财政经济委员会副主任委员王志刚作关于潍坊市2018年财政决算审查结果的报告暨潍坊市2019年上半年预算执行情况和2019年市级预算调整方案草案报告的初审意见，市审计局局长张祖钊作关于潍坊市2018年度市级预算执行和其他财政收支的审计工作报告、关于潍坊市2017年度市级预算执行和其他财政收支审计查出问题整改情况的报告。市人大法制委副主任委员胡景东作关于《潍坊市海岸带保护条例草案》审议结果的报告，市人大法制委副主任委员高成勇作关于《潍坊市城市绿化条例草案》审议结果的报告。市中级人民法院副院长卢卫国受院长姜树政委托提请人事任免名单并介绍有关情况，市人民检察院副检察长任光武受检察长王桂春委托提请人事任免名单并介绍有关情况。部分被提请任命人员作供职发言。会议审议有关报告、决议草案、初审意见、条例草案修改稿、人事任免案，市人大常委会委员刘效伟、王志刚、秦学昌分别作联组审议发言。会议采用无记名按表决器的方式，表决通过关于批准潍坊市2018

年市级财政决算的决议、关于批准潍坊市2019年市级预算调整方案的决议和人事任免案，举行宪法宣誓仪式。向被任命干部颁发任命书。市人大常委会副主任毛秀凤、顾建华、张新强和委员共45人出席会议。市人大常委会党组成员、机关党组书记杨建华，市监察委员会、市政府有关部门负责人，各县市区人大常委会、市属开发区人大工作室负责人，市人大常委会及各专门委员会工作机构负责人，部分法制委委员、立法咨询专家组成员、市人大代表列席会议。

第二十七次常委会会议

2019年10月25日，在市文化艺术中心大剧院和潍坊金茂国际大酒店召开。在通过会议议程后，副市长田民利作关于全市环保整治工作情况的报告，关于市十七届人大四次会议以来代表所提建议、批评和意见办理工作情况的报告；市财政局二级调研员马进礼作关于2018年度潍坊市行政事业性国有资产管理情况的报告；市人大农业农村委副主任委员孙沂作关于视察全市乡村产业振兴工作情况的报告；市人大监察司法委副主任委员傅廷伟作关于检查《潍坊市燃放烟花爆竹管理条例》实施情况的报告；市人大法制委副主任委员张志才作关于《〈潍坊市禁用限用剧毒高毒农药条例〉等六件地方性法规修正案草案》的说明。会议审议有关报告、决定草案、法规修正案草案和人事任免案，对环保督察问题整改情况进行专题询问。会议采用无记名按表决器的方式，表决通过《潍坊市人大常委会关于表扬履职优秀潍坊市第十七届人大代表的决定》《潍坊市海岸带保护条例》和人事任免案。为履职优秀潍坊市第十七届人大代表颁发证书。市人大常委会副主任毛秀凤、张新强、范福生和委员共39人出席会议。副市长马清民，市人大常委会党组成员、机关党组书记杨建华，市监察委员会、市中级人民法院、市人民检察院及市政府有关部门负责人，各县市区人大常委会、政府及市属开发区人大工作室、管委会负责人，市人大常委会及各专门委员会工作机构负责人，部分市人大法制委委员、人大代表列席会议。

第二十八次常委会会议

2019年11月8日，在市级机关综合办公大楼召开。会议召开前，市人大常委会召开主任会议专题研究本次会议的有关事项。在通过会议议程后，市人大常委会党组副书记、副主任受主任会议委托提请人事任免名单；市委常委、副市长刘建国受市长田庆盈委托，提请人事任免名单，市人社局局长陈勇介绍被提请任命人员的有关情况。会议在酝酿审议的基础上，以无记名投票的方式，表决通过人事任免案，举行宪法宣誓仪式，并向被任命干部颁发任命书。市人大常委会副主任毛秀凤、张新强、范福生和委员共37人出席会议。市人大常委会党组成员、机关党组书记杨建华，市监察委员会、市中级人民法院、市人民检察院负责人，市人大常委会及各专门委员会工作机构负责人列席会议。

第二十九次常委会会议

2019年12月24日，在市文化艺术中心大剧院召开。会上，市委常委、市纪委书记、市监察委员会主任张晓峰提请人事任免名单，并介绍提请任命干部的有关情况；市人民检察院副检察长马言圣受检察长王桂春委托提请人事任免名单，并介绍提请任命干部的有关情况；市人大常委会党组副书记、副主任受主任会议委托提请人事任免名单；部分被提请任命干部作供职发言。市财政局局长王金祥作关于潍坊市2019年市级预算调整方案草案的报告，市商务局副局长王好田作关于全市外贸工作情况的报告，市人大民族侨务外事委员会副主任委员刘跃东作关于检查《中华人民共和国台湾同胞投资保护法》《山东省台湾同胞投资保护条例》贯彻实施情况的报告，市公安局交警支队党委副书记、政委赵玉德作关于《潍坊市道路交通安全条例草案》的说明。会议分组审议有关报告、条例草案、决议决定草案和人事任免案，审查市级预算调整方案草案。会议表决通过市人大常委会关于召开市十七届人大五次会议的决定、关于批准潍坊市2019年市级预算调整方案的决议、《潍坊市城市绿化条例草案》、关于修改《潍坊市禁用限用剧毒高毒农药条例》等六件地方性法规的决定和人事任免案，举行宪法宣誓仪式，并向被任命干部颁发任命书。市人大常委会副主任毛秀凤、顾建华、张新强、范福生和委员共40人出席会议。副市长孙刚，市中级人民法院代理院长李向阳，市人大常委会党组成员、机关党组书记杨建华，各县市区人大常委会和市属开发区人大工作室主要负责人，市人大常委会及各专门委员会工作机构负责人，部分市人大法制委委员、立法咨询专家组成员、市人大代表列席会议。

第三十次常委会会议

2019年12月30日，在市文化艺术中心大剧院召开。在通过会议议程后，市人大常委会代表资格审查委员会副主任委员毛洪涛作关于个别代表的代表资格的报告；市人大常委会党组成员、机关党组书记杨建华受主任会议委托，作关于市十七届人大五次会议筹备工作情况的汇报。在分组审议基础上，会议议定市人大常委会在市十七届人大五次会议上的工作报告；表决通过关于个别代表的代表资格的报告，提请市十七届人大五次会议预备会议通过的大会议程草案、主席团和秘书长名单草案；决定列席人员范围。市人大常委会副主任毛秀凤、顾建华、张新强和委员共30人出席会议。市政府、市监察委员会、市中级人民法院、市人民检察院负责人，市人大常委会及各专门委员会工作机构负责人列席会议。

第三十一次常委会会议

2020年1月8日，在市文化艺术中心大剧院召开。市人大常委会副主任毛秀凤、顾建华、张新强、范福生和委员共40人出席会议。市人大常委会党组成员、机关党组书记杨建华列席会议。在通过会议议程后，市人大常委会党组副书记、副主任受主任会议委托，就补选省十三届人大代表作说明。会议在酝酿讨论的基础上，以无记名投票的方式，补选张圣中为省十三届人大代表。

第五节　第三十二至第四十二次常委会会议

第三十二次常委会会议

2020年2月21日，在市级机关综合办公大楼召开。通过会议议程后，会议审议并表决通过市人大常委会关于贯彻落实《山东省人民代表大会常务委员会关于依法加强新型冠状病毒肺炎疫情防控工作的决定》的实施意见、市人大常委会关于发挥职能作用推进全市重点工作攻坚落实的意见。市人大常委会党组副书记、副主任受主任会议委托提请人事任免名单；市委常委、副市长刘建国受市长田庆盈委托，提请人事任免名单；市中级人民法院院长李向阳提请人事任免名单并介绍有关情况；市人民检察院陶卫东提请人事任免名单。会议审议并表决通过人事任免案。市人大常委会副主任毛秀凤、顾建华、张新强、范福生，秘书长杨建华和委员共47人出席会议。市监察委员会负责人列席会议。

第三十三次常委会会议

2020年4月9日，在市级机关综合办公大楼召开。在通过会议议程后，市委常委、副市长刘建国作关于全市新冠肺炎疫情防控工作情况的报告；市生态环境局局长罗相贤作关于全市2019年度环境状况和环境保护目标完成情况的报告；潍坊国际风筝会综合服务中心主任张建伟作关于推迟举办第37届潍坊国际风筝会建议的报告；部分住潍省人大代表作履职报告；市人民检察院检察长陶卫东提请人事任免名单，并介绍有关情况。会议分组审议有关报告、决定草案和人事任免案，表决通过相关决定、人事任免案，对31名住潍省人大代表履职情况进行测评。市人大常委会副主任毛秀凤、顾建华、张新强，秘书长杨建华和委员共45人出席会议。市中级人民法院院长李向阳，市监察委员会和市直有关部门负责人列席会议。

第三十四次常委会会议

2020年6月18日，在市文化艺术中心大剧院召开。在通过会议议程后，市人大财政经济委员会副主任委员王志刚作关于视察全市经济恢复和发展情况的报告，市人大社会建设委副主任委员郭召义作关于检查《中华人民共和国就业促进法》《山东省就业促进条例》实施情况的报告，副市长李平作关于全市脱贫攻坚工作情况的报告，潍坊综合保税区党工委书记朱兰玺作关于保税区工作和建设情况的报告，市人大民族侨务外事委员会副主任委员刘跃东作关于《潍坊市人民代表大会常务委员会关于授予潍坊市荣誉市民称号的办法（修订草案）》的说明，市人大法制委副主任委员张志才作关于《潍坊市道路交通安全条例（草案）》审议结果的报告。李平受市长田庆盈委托提请人事任免名单，市人社局局长陈勇介绍提请任命干部的有关情况；市中级人民法院院长李向阳、市人民检察院检察长陶卫东分别提请人事任免名单，并介绍有关情况；部分被提请任命干部作供职发言。会议分组审议有关报告、办法修订草案、条例草案修改稿和人事任免案，表决通过新修订的《潍坊市人民代表大会常务委员会关于授予潍坊市荣誉市民称号的办法》、人事任免案，举行宪法宣誓仪式，并向被任命干部颁发任命书。市人大常委会副主任毛秀凤、顾建华，秘书长杨建华和委员共38人出席会议。市监察委员会负责人，市直有关部门主要负责人，市人大常委会及各专门委员会工作机构负责人，部分法制委员会组成人员、立法咨询专家组成员列席会议。

第三十五次常委会会议

2020年8月26日，在市文化艺术中心大剧院召开。在通过会议议程后，市中级人民法院院长李向阳作关于全市法院加强刑事审判工作情况的报告，市人大农业与农村委副主任委员孙沂作关于检查《中华人民共和国农产品质量安全法》《山东省农产品质量安全条例》实施情况的报告，市发改委副主任陈强作关于潍坊市2020年上半年国民经济和社会发展计划执行情况的报告，市财政局局长王金祥作关于潍坊市2019年财政决算和2020年上半年预算执行情况的报告、关于潍坊市2020年市级预算调整方案（草案）的报告，市人大财政经济委员会副主任委员王曰普作关于潍坊市2019年财政决算审查结果的报告暨潍坊市2020年上半年预算执行情况和2020年市级预算调整方案（草案）报告的初审意见，市审计局局长张祖钊作关于潍坊市2019年度市级预算执行和其他财政收支的审计工作报告、关于潍坊市2018年度市级预算执行和其他财政收支审计查出问题整改情况的报告，市城管局副局长张贵森作关于《潍坊市供热条例（草案）》的说明。市人大常委会秘书长杨建华受主任会议委托提请人事任免名单，并介绍提请任命干部的有关情况；副市长田民利受市长田庆盈委托提请人事任免名单，市人社局局长陈勇介绍提请任命干部的有关情况；李向阳提请人事任免名单，并介绍有关情况。部分被提请任命人员作供职发言。会议审议有关报告、决议草案、初审意见、条例草案、人事任免案，表决通过潍坊市人民代表大会常务委员会关于批准潍坊市2019年市级财政决算的决议、关于批准潍坊市2020年市级预算调整方案的决议、人事任免案，举行宪法宣誓仪式，并向被任命干部颁发任命书。市人大常委会副主任毛秀凤、顾建华、张新强、范福生和委员共37人出席会议。市人民检察院检察长陶卫东，市监察委员会负责人，市直有关部门主要负责人，市人大常委会及各专门委员会工作机构负责人，部分法制委员会组成人员、立法咨询专家组成员列席会议。

第三十六次常委会会议

2020年10月22日，在潍坊召开。上午在市文化艺术中心大剧院举行第一、第二次全体会议，下午在潍坊金茂国际大酒店举行第三次全体会议，进行专题询问。市人大常委会副主任毛秀凤主持会议。在通过会议议程后，副市长马清民作关于加强城市精细化管理、促进现代化高品质城市建设情况的报告及关于市十七届人大五次会议以来代表所提建议、批评和意见办理工作情况的报告，市人大常委会秘书长、代表资格审查委员会主任委员杨建华作关于个别代表的代表资格的报告，市人大财政经济委员会副主任委员王志刚作关于视察全市新旧动能转换重大工程推进情况的报告，市人大教育科学文化卫生委员会副主任委员张洪全作关于检查全市贯彻实施《中华人民共和国传染病防治法》及其实施办法和《突发公共卫生事件应急条例》情况的报告，市人大民族侨务外事委员会副主任委员刘跃东作关于检查《中华人民共和国归侨侨眷权益保护法》《山东省归侨侨眷权益保护条例》贯彻实施情况的报告，市国资委主任张长坤作关于2019年度全市及市级企业国有资产管理情况的专项报告，潍坊国家农综区推进办常务副主任王龙堂作关于潍坊国家农业开放发展综合试验区建设工作情况的报告，市人大法制委副主任委员胡景东作关于《潍坊市供热条例草案》审议结果的报告。杨建华受主任会议委托提请人事任免名单，并介绍提请任命干部的有关情况；马清民受市长田庆盈委托提请人事任免名单，市人社局局长陈勇介绍提请任命干部的有关情况；市中级人民法院院长李向阳提请人事任免名单，并介绍有关情况；市人民检察院副检察长任光武受检察长陶卫东委托提请人事任免名单，并介绍有关情况。部分被提请任命人员作供职发言。会议审议有关报告、决定草案、条例草案修改稿、人事任免案，对加强城市精细化管理、促进现代化高品质城市建设情况进行专题询问。会议表决通过潍坊市人大常委会关于贯彻落实习近平总书记重要指示精神厉行节约反对浪费的决定、关于表扬履职优秀潍坊市第十七届人大代表的决定、《潍坊市道路交通安全条例》、人事任免案，举行宪法宣誓仪式，并向被任命干部颁发任命书。市人大常委会副主任顾建华、范福生和委员共33人出席会议。副市长田民利，市监察委员会负责人，市直有关部门负责人，有关县市区政府及市属开发区管委会负责人，市人大常委会办事机构、市人大各专门委员会工作机构负责人，部分法制委员会组成人员、立法咨询专家组成员、市人大代表列席会议。

第三十七次常委会会议

2020年11月13日，在市文化艺术中心大剧院召开。在通过会议议程后，市人大常委会秘书长、代表资格审查委员会主任委员杨建华作关于个别代表的代表资格的报告，副市长马清民受市长田庆盈委托提请人事任免名单。会议在酝酿讨论的基础上，表决通过有关报告、人事任免案。市人大常委会副主任顾建华、范福生和委员共29人出席会议。市人民检察院检察长陶卫东，市监察委员会和市中级人民法院负责人列席会议。

第三十八次常委会会议

2020年12月8日，在市级机关综合办公大楼召开。在通过会议议程后，市人大常委会秘书长、代表资格审查委员会主任委员杨建华作关于个别代表的代表资格的报告，市财政局副局长李立东作关于潍坊市2020年市级预算调整方案（草案）的报告，市文化和旅游局副局长高增光作关于《潍坊市红色文化资源保护条例（草案）》的说明，市住建局局长钟光文作关于《潍坊市物业管理条例（草案）》的说明。市人大常委会党组副书记、副主任受主任会议委托提请人事任免名单，并介绍提请任命干部的有关情况；副市长田民利受市长田庆盈委托提请人事任免名单，市人社局副局长高维义介绍提请任命干部的有关情况；市中级人民法院副院长杨维波受院长李向阳委托提请人事任免名单，并介绍有关情况；市人民检察院检察长陶卫东提请人事任免名单，并介绍有关情况。部分被提请任命人员作供职发言。会议审议有关报告、决议决定草案、办法修订草案、条例草案、人事任免案；审查市级预算调整方案草案；表决通过潍坊市人大常委会关于召开市十七届人大六次会议的决定，关于表扬潍坊市第十七届人民代表大会优秀代表建议、代表建议办理先进单位和先进个人的决定，关于批准潍坊市2020年市级预算调整方案的决议；表决通过《潍坊市供热条例》、新修订的《潍坊市人民代表大会常务委员会专题询问办法》和人事任免案；举行宪法宣誓仪式，并向被任命干部颁发任命书。市人大常委会副主任毛秀凤、顾建华、范福生和委员共38人出席会议。市监察委员会负责人，市直有关部门主要负责人，不是常委会组成人员的常委会副秘书长、市人大有关专门委员会副主任委员，市人大常委会办事机构、市人大各专门委员会工作机构负责人，部分立法咨询专家组成员列席会议。

第三十九次常委会会议

2021年1月15日，在市级机关综合办公大楼会议室召开。在通过会议议程后，杨建华受主任会议委托，作关于接受有关人员辞去省人大代表职务的说明。会议在酝酿讨论的基础上，表决通过有关事项。市人大常委会副主任毛秀凤、顾建华、张新强、范福生，秘书长杨建华和委员共39人出席会议。市委常委、副市长刘建国，市人民检察院检察长陶卫东，市监察委员会、市中级人民法院负责人，不是常委会组成人员的常委会副秘书长、市人大有关专门委员会副主任委员，市人大常委会办事机构、市人大各专门委员会工作机构负责人列席会议。

第四十次常委会会议

2021年1月28日，在市级机关综合办公大楼召开。在通过会议议程后，副市长田民利受市长田庆盈委托，提请人事任免名单，市人社局局长陈勇介绍提请任命干部的有关情况。会议审议市人大常委会关于调整市十七届人大六次会议时间的决定草案，酝酿人事任免名单，表决通过有关决定和人事任免案，举行宪法宣誓仪式。市人大常委会副主任毛秀凤、顾建华、张新强、范福生，秘书长杨建华和委员共37人出席会议。市人民检察院检察长陶卫东，市监察委员会、市中级人民法院负责人，不是常委会组成人员的常委会副秘书长、市人大有关专门委员会副主任委员，市人大常委会办事机构、市人大各专门委员会工作机构负责人列席会议。

第四十一次常委会会议

2021年3月14日，在市级机关综合办公大楼召开。市人大常委会副主任顾建华主持会议。在通过会议议程后，市委常委、副市长刘建国受市长田庆盈委托提请人事任免名单，市人社局局长陈勇介绍提请任命干部的有关情况。顾建华受主任会议委托提请人事任免名单。部分被提请任命人员作供职发言。会议在酝酿讨论的基础上，决定任命刘运、詹在平为潍坊市人民政府副市长，决定刘运为潍坊市人民政府代理市长，还表决通过其他人事任免案。会议举行宪法宣誓仪式。顾建华向被任命干部颁发任命书。会上，传达学习十三届全国人大四次会议精神。市人大常委会副主任毛秀凤、张新强、范福生，秘书长杨建华和委员共33人出席会议。市监察委员会、市中级人民法院、市人民检察院负责人，不是常委会组成人员的常委会副秘书长、市人大有关专门委员会副主任委员，市人大常委会办事机构、市人大各专门委员会工作机构负责人列席会议。

第四十二次常委会会议

2021年3月18日，在市级机关综合办公大楼召开。市人大常委会副主任顾建华主持会议。在通过会议议程后，市人大常委会秘书长、代表资格审查委员会主任委员杨建华作关于个别代表的代表资格的报告、关于市十七届人大六次会议筹备工作情况的汇报，提请人事任免名单，并介绍提请任命干部的有关情况；市人大法制委副主任委员高成勇作关于《潍坊市红色文化资源保护条例草案》审议结果的报告。会议在分组审议有关报告、草案、条例草案修改稿后，议定市人大常委会在市十七届人大六次会议上的工作报告，表决通过关于个别代表的代表资格的报告和提请市十七届人大六次会议预备会议通过的大会议程草案、主席团和秘书长名单草案，决定列席市十七届人大六次会议人员范围，表决通过人事任免案，举行宪法宣誓仪式。市人大常委会副主任毛秀凤、张新强、范福生和委员共34人出席会议。副市长詹在平，市人民检察院检察长陶卫东，市中级人民法院负责人，不是常委会组成人员的常委会副秘书长、市人大有关专门委员会副主任委员，市人大常委会办事机构、市人大各专门委员会工作机构负责人列席会议。

第六节　第四十三至第五十一次常委会会议

第四十三次常委会会议

2021年3月26日，在市文化艺术中心大剧院召开。市人大常委会党组书记、主任苏立科主持会议并讲话。在通过会议议程后，副市长马清民受市长刘运委托提请人事任免名单，市人社局局长陈勇介绍提请任命干部的有关情况，部分被提请任命人员作供职发言。会议表决通过有关人事任免案，举行宪法宣誓仪式。苏立科向部分被任命干部颁发任命书。苏立科就充分发挥常委会组成人员作用、依法做好人大工作讲意见。市人大常委会副主任、市委宣传部部长、一级巡视员初宝杰，市人大常委会副主任毛秀凤、顾建华、张新强、范福生，秘书长杨建华和委员共47人出席会议。市人民检察院检察长陶卫东，市监察委员会、市中级人民法院负责人，不是常委会组成人员的常委会副秘书长、市人大有关专门委员会副主任委员，市人大常委会办事机构、市人大各专门委员会工作机构负责人列席会议。

第四十四次常委会会议

2021年4月29日，在市文化艺术中心大剧院召开。市人大常委会党组书记、主任苏立科主持会议；市人大常委会副主任、市委宣传部部长、一级巡视员初宝杰，市人大常委会副主任毛秀凤、顾建华、张新强、范福生，秘书长杨建华和委员共42人出席会议。在通过会议议程后，市生态环境局二级调研员姜在杰作关于全市2020年度环境状况和环境保护目标完成情况的报告，市人大教育科学文化卫生委员会副主任委员谭炳建作关于检查《潍坊市文物保护条例》实施情况的报告，市审计局局长张祖钊作关于2019年度市级预算执行和其他财政收支审计查出问题整改情况的报告。部分住潍省人大代表作履职报告。杨建华受主任会议委托提请人事任免名单，介绍提请任命干部的有关情况，作关于提请审议有关人员辞去省人大代表职务请求的报告；副市长詹在平受市长刘运委托提请人事任免名单，市人社局局长陈勇介绍提请任命干部的有关情况；市中级人民法院院长李向阳、市人民检察院检察长陶卫东分别提请人事任免名单，并介绍提请任命干部的有关情况。部分被提请任命人员作供职发言。会议分组审议有关报告、人事任免案，对28名住潍省人大代表履职情况进行测评，表决通过《潍坊市红色文化资源保护条例》和有关人事任免案，举行宪法宣誓仪式。苏立科向部分被任命干部颁发任命书。市监察委员会、市直有关部门负责人，不是常委会组成人员的常委会副秘书长、市人大有关专门委员会副主任委员，市人大常委会办事机构、市人大各专门委员会工作机构负责人列席会议。

第四十五次常委会会议

2021年6月23日，在潍坊召开。市人大常委会党组书记、主任苏立科主持会议。在通过会议议程后，市人民检察院检察长陶卫东作关于全市检察机关适用认罪认罚从宽制度情况的报告，市人大常委会副秘书长王福强受主任会议委托作关于开放公共场所限时免费供市民停车的决定草案的说明，市人大财政经济委员会副主任委员王曰普作关于检查《中华人民共和国食品安全法》实施情况的报告，市人大民族侨务外事委员会副主任委员刘跃东作关于检查《潍坊市会展业促进条例》实施情况的报告，市海渔局副局长叶林作关于全市海洋经济发展情况的报告，市政府研究室副主任戴向波作关于《潍坊市12345政务服务便民热线条例（草案）》的说明。苏立科受主任会议委托提请人事任免名单，介绍提请任命干部的有关情况；市政府副市长卞汉林受市长刘运委托提请人事任免名单，市人社局局长陈勇介绍提请任命干部的有关情况；市监察委员会副主任吉宗合受主任高峰委托提请人事任免名单。部分被提请任命人员作供职发言。会议分组审议有关报告、草案和人事任免案，表决通过潍坊市人大常委会关于开放公共场所限时免费供市民停车的决定和有关人事任免案，举行宪法宣誓仪式。苏立科向部分被任命干部颁发任命书。市人大常委会副主任毛秀凤、顾建华、张新强、范福生和委员共38人出席会议。市人大常委会党组成员、机关党组书记田素英，市中级人民法院、市政府办公室负责人，市直有关部门主要负责人，不是常委会组成人员的常委会副秘书长、市人大有关专门委员会副主任委员，市人大常委会办事机构、市人大各专门委员会工作机构负责人，部分法制委员会组成人员、立法咨询专家组成员列席会议。

第四十六次常委会会议

2021年8月26日至27日，在潍坊召开。市人大常委会党组书记、主任苏立科主持会议；副主任、一级巡视员初宝杰，副主任毛秀凤、顾建华、张新强、范福生和委员共43人出席会议。在通过会议议程后，市监察委员会主任高峰作关于开展脱贫攻坚监察监督工作情况的报告，市人大社会建设委副主任委员张宝胜作关于检查《中华人民共和国安全生产法》《山东省安全生产条例》《中华人民共和国突发事件应对法》《山东省突发事件应对条例》实施情况的报告，市发改委主任王富作关于潍坊市2021年上半年国民经济和社会发展计划执行情况的报告，市财政局局长王金祥作关于潍坊市2020年财政决算和2021年上半年预算执行情况的报告、关于潍坊市2021年市级预算调整方案（草案）的报告，市审计局局长张祖钊作关于潍坊市2020年度市级预算执行和其他财政收支的审计工作报告，市人大财政经济委员会副主任委员王曰普作关于潍坊市2020年财政决算审查结果的报告暨潍坊市2021年上半年预算执行情况和2021年市级预算调整方案（草案）报告的初审意见，市人大法制委副主任委员高成勇作关于《潍坊市12345政务服务便民热线条例（草案）》审议结果的报告，市人大法制委副主任委员胡景东作关于《潍坊市物业管理条例（草案）》审议结果的报告，市司法局局长孙淑芳作关于《潍坊市文明行为促进条例（草案）》的说明。苏立科受主任会议委托提请人事任免名单，介绍提请任命干部的有关情况；市中级人民法院院长李向阳提请人事任免名单，介绍有关情况；市人民检察院检察长陶卫东提请人事任免名单，介绍提请任命干部的有关情况。会议分组审议有关报告、初审意见、决定草案、条例草案修改稿、条例草案和人事任免案，审查市级决算、预算调整方案草案及相关决议草案，对群众反映热点问题进行专题询问。会议表决通过市人大常委会关于批准潍坊市2020年市级财政决算的决议、关于批准潍坊市2021年市级预算调整方案的决议、关于表扬履职优秀潍坊市第十七届人大代表的决定和人事任免案，举行宪法宣誓仪式。苏立科向部分被任命干部颁发任命书。市委常委、副市长李兰祥，副市长詹在平，市人大常委会党组成员、机关党组书记田素英，市直有关部门主要负责人，不是常委会组成人员的常委会副秘书长、市人大有关专门委员会副主任委员，市人大常委会办事机构、市人大专门委员会工作机构有关负责人，部分法制委员会组成人员、立法咨询专家组成员列席会议。

第四十七次常委会会议

2021年9月18日，在潍坊召开。市人大常委会党组书记、主任苏立科主持会议；副主任、一级巡视员初宝杰，副主任毛秀凤、顾建华、张新强、范福生和委员共42人出席会议。在通过会议议程后，市人大常委会副秘书长王福强受主任会议委托，作关于《潍坊市人大常委会关于深入实施〈潍坊市道路交通安全条例〉进一步规范电动车驾乘人佩戴头盔确保安全的意见草案》的说明；苏立科受主任会议委托提请人事任免名单；副市长田民利受市长刘运委托提请人事任免名单，市人社局副局长高维义介绍提请任命干部的有关情况；部分被提请任命人员作供职发言。会议分组审议有关意见草案和人事任免案，表决通过《潍坊市人大常委会关于深入实施〈潍坊市道路交通安全条例〉进一步规范电动车驾乘人佩戴头盔确保安全的意见》和人事任免案，举行宪法宣誓仪式。苏立科向被任命干部颁发任命书。市中级人民法院院长李向阳，市人民检察院检察长陶卫东，市人大常委会党组成员、机关党组书记田素英，市监察委员会负责人，不是常委会组成人员的常委会副秘书长、市人大有关专门委员会副主任委员，市人大常委会办事机构、市人大各专门委员会工作机构负责人列席会议。会议召开前，市人大常委会主任会议专题研究本次会议的有关事项。

第四十八次常委会会议

2021年10月21日至22日，在潍坊召开。市人大常委会党组书记、主任苏立科主持会议。市人大常委会副主任、一级巡视员初宝杰，副主任毛秀凤、顾建华、张新强、范福生和委员共37人出席会议。在通过会议议程后，顾建华传达中央人大工作会议精神；市政府副市长马清民作关于市十七届人大六次会议以来代表所提建议、批评和意见办理工作情况的报告；市人大常委会副秘书长王福强受主任会议委托，作关于《潍坊市人民代表大会常务委员会关于推动和保障胶东经济圈一体化发展的决定草案》的说明；市人大常委会副秘书长毛洪涛受主任会议委托，作关于《潍坊市人民代表大会常务委员会关于潍坊市第十八届人民代表大会代表选举问题的决定草案》的说明；市人大民族侨务外事委员会副主任委员宋立军作关于全市提升基础教育、医疗卫生工作情况的调查报告；市人大城乡建设与环境资源保护委员会副主任委员康悦彬作关于全市提升生态环境工作情况的调查报告；市人大社会建设委副主任委员吴海源作关于全市提升社会保障工作情况的调查报告；市人大常委会副秘书长闫凤林作关于全市提升文体服务工作情况的调查报告；市人大监察司法委副主任委员王延泰作关于全市提升社会治安工作情况的调查报告；市人大财政经济委员会副主任委员王增宝作关于视察全市推进制造业高质量发展情况的报告；市司法局局长孙淑芳作关于全市“七五”普法、依法治市情况和“八五”普法规划的报告，关于《潍坊市峡山水库饮用水水源保护条例草案》的说明；市住建局局长钟光文作关于实施城市更新行动、提升城市品质情况的报告；市自然资源和规划局局长刘建成作关于《潍坊市坊子区“两规”一致性修改方案》的报告；市农业农村局副局长、市乡村振兴局常务副局长李宏德作关于全市脱贫攻坚和乡村振兴有效衔接情况的报告；市海渔局局长王大伟作关于《潍坊市海洋牧场管理条例草案》的说明；市财政局副局长李立东作关于2020年度潍坊市国有资产管理情况的综合报告；苏立科受主任会议委托，提请补选省十三届人大代表事项；马清民受市长刘运委托提请人事任免名单，市人社局局长王守全介绍提请任命干部的有关情况；市中级人民法院院长李向阳提请人事任免名单，介绍有关情况；市人民检察院检察长陶卫东提请人事任免名单，介绍有关情况；部分被提请任命人员作供职发言。会议分组审议有关报告、决定草案、决议草案、条例草案和人事任免案，对群众满意度提升工作进行专题询问。会议表决通过市人大常委会关于推动和保障胶东经济圈一体化发展的决定、关于潍坊市第十八届人民代表大会代表选举问题的决定、关于在全市开展第八个五年法治宣传教育的决议、关于批准《潍坊市坊子区“两规”一致性修改方案》的决议，表决通过《潍坊市12345政务服务便民热线条例》、补选省十三届人大代表事项和人事任免案，对市政府落实市十七届人大常委会第四十六次会议审议意见和专题询问问题整改情况进行测评，举行宪法宣誓仪式。苏立科向部分被任命干部颁发任命书。市委常委、副市长李兰祥，市人大常委会党组成员、机关党组书记田素英，市监察委员会负责人，市直有关部门主要负责人，各县市区人大常委会、市属开发区人大工作室主要负责人，不是常委会组成人员的常委会副秘书长、市人大有关专门委员会副主任委员，市人大常委会办事机构、市人大各专门委员会工作机构负责人，部分立法咨询专家组成员列席会议。

第四十九次常委会会议

2021年12月31日，在潍坊召开。市人大常委会党组书记、主任苏立科主持会议。市人大常委会副主任、一级巡视员初宝杰，副主任毛秀凤、顾建华、张新强、范福生和委员共39人出席会议。在通过会议议程后，顾建华传达省委人大工作会议精神和有关省市领导的批示意见；市外办主任葛英煜作关于提请授予优丽雅·恰希娜等潍坊市荣誉市民的议案的说明；市人大监察司法委副主任委员王延泰受主任会议委托，作关于《潍坊市人民代表大会常务委员会关于深入实施〈中华人民共和国网络安全法〉依法惩治利用信息网络实施诈骗、诬告陷害、寻衅滋事等违法行为的意见（草案）》的说明；市人大常委会法工委主任刘晓东受主任会议委托，作关于《潍坊市各级人民代表大会常务委员会规范性文件备案审查规定（草案）》的说明；市财政局局长王金祥作关于潍坊市2021年市级预算调整方案草案的报告；市科技局局长高玉国作关于全市科技工作情况的报告；市邮政管理局局长徐光辉作关于《潍坊市快递业促进条例（草案）》的说明；市人大常委会副秘书长王福强作关于《潍坊市海洋牧场管理条例（草案）》审议结果的报告；苏立科受主任会议委托，提请人事任免名单，介绍提请任命干部的有关情况；市监察委员会副主任吉宗合受主任高峰委托提请人事任免名单，并介绍有关情况；市中级人民法院院长李向阳提请人事任免名单，并介绍有关情况；市人民检察院副检察长任光武受检察长陶卫东委托提请人事任免名单，并介绍有关情况；部分被提请任命人员作供职发言。会议分组审议有关报告、人事任免案、法规草案修改稿和有关草案，审查市级预算调整方案草案。会议审议并表决通过市人大常委会代表资格审查委员会副主任委员毛洪涛作的关于个别代表的代表资格的报告，表决通过市人大常委会关于召开潍坊市第十八届人民代表大会第一次会议的决定、关于授予优丽雅·恰希娜等潍坊市荣誉市民的决定、关于批准潍坊市 2021 年市级预算调整方案的决议，表决通过关于深入实施《中华人民共和国网络安全法》依法惩治利用信息网络实施诈骗、诬告陷害、寻衅滋事等违法行为的意见和《潍坊市各级人民代表大会常务委员会规范性文件备案审查规定》，表决通过《潍坊市物业管理条例》《潍坊市海洋牧场管理条例》和人事任免案，举行宪法宣誓仪式。苏立科向部分荣誉市民颁发荣誉证书，向部分被任命干部颁发任命书。市政府副市长詹在平，市人大常委会党组成员、机关党组书记田素英，市直有关部门主要负责人，不是常委会组成人员的常委会副秘书长、市人大有关专门委员会副主任委员，市人大常委会办事机构、市人大各专门委员会工作机构负责人，市人大法制委员会组成人员列席会议。

第五十次常委会会议

2022 年 1 月 18 日，在潍坊召开。市人大常委会党组书记、主任苏立科主持会议。市人大常委会副主任、一级巡视员初宝杰，副主任毛秀凤、张新强、范福生和委员共 39 人出席会议。在通过会议议程后，初宝杰受主任会议委托，作关于补选省十三届人大代表的报告；市委常委、副市长李兰祥受市长刘运委托提请人事任免名单，市人社局局长王守全介绍提请任命干部的有关情况；市监察委员会副主任吉宗合受主任高峰委托提请人事任免名单，并介绍有关情况；市中级人民法院副院长杨维波受院长李向阳委托提请人事任免名单，并介绍有关情况；市人民检察院副检察长任光武受检察长陶卫东委托提请人事任免名单，并介绍有关情况；苏立科受主任会议委托，提请人事任免名单。会议在酝酿讨论的基础上，表决通过补选省十三届人大代表事项和人事任免案，举行宪法宣誓仪式。苏立科向部分被任命干部颁发任命书。市人大常委会党组成员、机关党组书记田素英，市直有关部门主要负责人，不是常委会组成人员的常委会副秘书长、市人大有关专门委员会副主任委员，市人大常委会办事机构、市人大各专门委员会工作机构负责人列席会议。会议召开前，市人大常委会主任会议专题研究本次会议的有关事项。

第五十一次常委会会议

2022 年 2 月 22 日，在潍坊召开。省人大监察和司法委员会副主任委员，市人大常委会党组书记、主任苏立科主持会议。在通过会议议程后，市人大常委会党组成员、机关党组书记田素英受主任会议委托，作关于市十八届人大一次会议筹备工作情况的汇报；市人大常委会副秘书长、人事代表工作室主任毛洪涛作关于全市县镇人大换届选举工作情况的汇报、关于潍坊市第十八届人民代表大会代表的代表资格审查报告；市委常委、市纪委书记、市监察委员会主任高峰提请人事任免名单，并介绍有关情况；市中级人民法院代理院长孟祥刚提请人事任免名单，并介绍有关情况；市人民检察院副检察长任光武受代理检察长张敬艳委托提请人事任免名单，并介绍有关情况；部分被提请任命人员作供职发言。会议在分组审议的基础上，议定市人大常委会在市十八届人大一次会议上的工作报告；表决通过关于潍坊市第十八届人民代表大会代表的代表资格审查报告，列席市十八届人大一次会议人员范围，提请市十八届人大一次会议预备会议通过的大会议程草案、大会主席团和秘书长名单草案、大会计划预算审查委员会名单草案、大会议案审查委员会名单草案；表决通过人事任免案，举行宪法宣誓仪式。苏立科向部分被任命干部颁发任命书。市委常委、潍坊军分区司令员薛晓鹏，市人大常委会副主任、一级巡视员初宝杰，副主任毛秀凤、顾建华、张新强、范福生和委员共41人出席会议。市政府副市长詹在平，不是常委会组成人员的常委会副秘书长、市人大有关专门委员会副主任委员，市人大常委会办事机构主要负责人列席会议。会议召开前，市人大常委会主任会议专题研究本次会议的有关事项。

第九章　潍坊市第十八届人民代表大会常务委员会会议

潍坊市第十八届人大常委会（未满）至市十八届人大第三次会议开幕前共召开全体会议8次。其中，市十八届人大第一次会议闭幕后至市十八届人大第二次会议开幕前共召开6次；市十八届人大第二次会议闭幕后至市十八届人大第三次会议开幕前共召开2次。

第一节　第一至第六次常委会会议

第一次常委会会议

2022年4月27日，在潍坊召开。市人大常委会党组副书记、副主任王兆辉主持会议并讲话。市人大常委会副主任田民利、毛秀凤、韩幸福、扈洪波，秘书长田素英和委员共43人出席会议。通过会议议程后，田素英受主任会议委托，作关于《潍坊市人民代表大会常务委员会组成人员守则修订草案》《潍坊市人民代表大会常务委员会议事规则修订草案》的说明；市人大常委会副秘书长、人事代表工作室主任毛洪涛受主任会议委托，作关于《潍坊市人民代表大会代表履职守则修订草案》的说明；市人大法制委副主任委员、市人大常委会法工委主任刘晓东受主任会议委托，作关于《潍坊市人大常委会关于加强公共场所限时免费停车管理的决定草案》的说明；市生态环境局局长孙吉海作关于全市2021年度环境状况和环境保护目标完成情况及中央和省环保督察问题整改情况的报告；市退役军人局局长刘超作关于全市退役军人保障工作情况的报告；市交通局局长于世文作关于《潍坊市出租汽车经营服务管理若干规定草案》的说明；市人大法制委副主任委员高成勇作关于《潍坊市文明行为促进条例草案》审议结果的报告；市中级人民法院院长孟祥刚提请人事任免名单，并介绍有关情况；王兆辉受主任会议委托提请人事任免名单，并介绍被提请任命人员的有关情况。会议分组审议有关报告、守则修订草案、规则修订草案、决定草案、规定草案、条例草案修改稿和人事任免案，表决通过《潍坊市人民代表大会常务委员会组成人员守则修订案》《潍坊市人民代表大会常务委员会议事规则修订案》《潍坊市人民代表大会代表履职守则修订案》，表决通过潍坊市人大常委会关于加强公共场所限时免费停车管理的决定和人事任免案。市政府副市长、公安局局长徐磊，市人民检察院检察长张敬艳，市监察委员会负责人，市直有关部门主要负责人，不是常委会组成人员的常委会副秘书长、市人大有关专门委员会副主任委员，市人大常委会办事机构、市人大各专门委员会工作机构负责人，部分法制委员会组成人员、立法咨询专家组成员列席会议。

第二次常委会会议

2022年6月16日，在潍坊召开。市人大常委会党组副书记、副主任王兆辉主持会议；副主任田民利、毛秀凤、韩幸福、扈洪波，秘书长田素英和委员共42人出席会议。在通过会议议程后，市人大财政经济委员会副主任委员刘肖宁作关于检查《中华人民共和国统计法》实施情况的报告；市人大农业与农村委副主任委员贺建作关于检查《中华人民共和国乡村振兴促进法》《山东省乡村振兴促进条例》实施情况的报告；市审计局局长张祖钊作关于潍坊市2020年度市级预算执行和其他财政收支审计查出问题整改情况的报告；市人社局局长王守全、市卫健委主任张晓乙、市医保局局长刘棣俭分别作关于2020年度审计查出问题整改情况的报告；市文化和旅游局局长权文松作关于全市文旅融合发展情况的报告；潍坊综合保税区党工委书记王龙堂作关于潍坊综合保税区工作和建设情况的报告；市公安局政委罗相贤作关于《潍坊市道路交通安全条例（修订草案）》的说明；市民政局局长鞠立强作关于《潍坊市志愿服务条例（草案）》的说明；市人大法制委副主任委员、常委会法工委主任刘晓东作关于《潍坊市出租汽车经营服务管理若干规定（草案）》审议结果的报告；市委常委、副市长吕珊珊受市长刘运委托提请人事任免名单，市中级人民法院院长孟祥刚提请人事任免名单，并介绍有关情况；部分被提请任命人员作供职发言。会议分组审议有关报告、条例草案、条例修订草案、规定草案和人事任免案，表决通过《潍坊市出租汽车经营服务管理若干规定》和人事任免案，举行宪法宣誓仪式。会议对市政府、市人社局、市卫健委、市医保局2020年度市级预算执行和其他财政收支审计查出问题整改情况进行满意度测评，结果均为满意。王兆辉向部分被任命干部颁发任命书。市人民检察院检察长张敬艳，市监察委员会负责人，市直有关部门主要负责人，不是常委会组成人员的常委会副秘书长、市人大有关专门委员会副主任委员，市人大常委会办事机构、市人大各专门委员会工作机构负责人，部分法制委员会组成人员、立法咨询专家组成员列席会议。

第三次常委会会议

2022年6月27日，在潍坊召开。市人大常委会党组副书记、副主任王兆辉主持。副主任毛秀凤、韩幸福、扈洪波，秘书长田素英和委员共42人出席。在通过会议议程后，市自然资源和规划局局长刘建成作关于潍坊市潍城区、坊子区（峡山经济区）、寒亭区“两规”一致性修改方案的报告。会议审议有关报告、修改方案和决议草案，表决通过市人大常委会关于批准《潍坊市潍城区“两规”一致性修改方案》的决议、关于批准《潍坊市坊子区（峡山经济区）“两规”一致性修改方案》的决议、关于批准《潍坊市寒亭区“两规”一致性修改方案》的决议。副市长、市公安局局长徐磊，市中级人民法院院长孟祥刚，市监察委员会、市人民检察院负责人，不是常委会组成人员的常委会副秘书长、市人大有关专门委员会副主任委员，市人大常委会办事机构、市人大各专门委员会工作机构负责人列席会议。会议召开前，市人大常委会主任会议研究本次会议的有关事项，传达全省地方立法工作会议精神，对深入推进“履职尽责、服务大局、争作表率”代表主题活动作部署安排。

第四次常委会会议

2022年8月30日，在潍坊召开。市人大常委会党组副书记、副主任王兆辉主持会议；副主任田民利、毛秀凤、韩幸福、扈洪波，秘书长田素英和委员共42人出席会议。在通过会议议程后，市人大社会建设委副主任委员李伟作关于检查《中华人民共和国残疾人保障法》《山东省实施〈中华人民共和国残疾人保障法〉办法》实施情况的报告；市发改委主任王万信作关于潍坊市2022年上半年国民经济和社会发展计划执行情况的报告；市财政局局长王金祥作关于潍坊市

2021年财政决算和2022年上半年预算执行情况的报告、关于潍坊市2022年市级预算调整方案草案的报告；市审计局局长张祖钊作关于潍坊市2021年度市级预算执行和其他财政收支的审计工作报告；市人大财政经济委员会副主任委员、常委会预工委主任锡保平作关于潍坊市2021年财政决算审查结果的报告暨潍坊市2022年上半年预算执行情况和2022年市级预算调整方案草案报告的初审意见；市农业农村局副局长云增忠作关于全市乡村振兴促进工作情况的报告；市住建局副局长卢波作关于《潍坊市海绵城市建设管理条例草案》的说明；市人大法制委副主任委员高成勇作关于《潍坊市道路交通安全条例修订草案》审议结果的报告；市人大法制委副主任委员、常委会法工委主任刘晓东作关于《潍坊市快递业促进条例草案》审议结果的报告；市中级人民法院副院长杨维波受院长孟祥刚委托，提请人事任免名单，并介绍有关情况；市人民检察院副检察长任光武受检察长张敬艳委托，提请人事任免名单，并介绍有关情况。会议分组审议有关报告、条例草案、条例修订草案修改稿、条例草案修改稿、条例草案三次审议稿和人事任免案，表决通过市人大常委会关于批准潍坊市2021年市级财政决算的决议、关于批准潍坊市2022年市级预算调整方案的决议、《潍坊市文明行为促进条例》和人事任免案。市政府副市长、市公安局局长徐磊，市政府副市长狄波，市监察委员会负责人，市直有关部门主要负责人，不是常委会组成人员的常委会副秘书长、市人大有关专门委员会副主任委员，市人大常委会办事机构、市人大各专门委员会工作机构负责人，市人大法制委员会组成人员、立法咨询专家组成员列席会议。

第五次常委会会议

2022年10月26日，在潍坊召开。市人大常委会党组副书记、副主任王兆辉主持会议；副主任田民利、毛秀凤、韩幸福、扈洪波，秘书长田素英和委员共43人出席会议。在通过会议议程后，田民利传达中国共产党第二十次全国代表大会精神；市政府副市长狄波作关于市十八届人大一次会议以来代表所提建议、批评和意见办理工作情况的报告，受市长刘运委托提请人事任免名单，市人社局局长王守全介绍提请任命人员的有关情况；市中级人民法院院长孟祥刚作关于全市法院知识产权司法保护工作情况的报告，提请人事任免名单，并介绍有关情况；市人大财政经济委员会副主任委员王增宝作关于视察全市推进重点项目建设情况的报告；市人大民族侨务外事委员会副主任委员胡立作关于检查《中华人民共和国台湾同胞投资保护法》《山东省台湾同胞投资保护条例》实施情况的报告；市住建局局长钟光文作关于全市城市更新工作情况的报告；市生态环境局局长孙吉海作关于全市生态环境保护工作情况的报告；市教育局局长杜全平作关于全市基础教育工作情况的报告、关于全市中小学幼儿园规划建设情况的报告；市卫健委主任张晓乙作关于全市疫情防控工作情况的报告；市水利局局长田元君作关于全市水利建设情况的报告；市自然资源和规划局局长刘建成作关于2021年度全市国有自然资源资产管理情况的专项报告；市人民检察院检察长张敬艳提请人事任免名单，并介绍有关情况；部分被提请任命人员作供职发言。会议分组审议有关决定草案、报告和人事任免案，表决通过市人大常委会关于召开潍坊市第十八届人民代表大会第二次会议的决定和人事任免案，举行宪法宣誓仪式。王兆辉向部分被任命干部颁发任命书。会议还就办好民生实事打造宜居城市开展专题询问，对市直部门应询情况进行打分测评。副市长刘玉在专题询问会议上代表市政府作表态发言。会议要求，要把学习宣传贯彻中共二十大精神作为当前和今后一个时期的首要政治任务，列为党组理论学习“第一议题”，坚持深学细悟笃行，切实把思想统一到中共二十大精神上来、把力量凝聚到中共二十大确定的各项任务上来。要按照中央和省委、市委部署要求，紧密结合人大工作实际，迅速掀起学习宣传贯彻热潮，持续推动大会精神落地生根见效。市监察委员会负责人，市直有关部门主要负责人，不是常委会组成人员的常委会副秘书长、市人大有关专门委员会副主任委员，市人大常委会办事机构、市人大各专门委员会工作机构负责人列席会议。

第六次常委会会议

2022年12月22日，在潍坊召开。市人大常委会党组副书记、副主任王兆辉主持会议；副主任毛秀凤、韩幸福、扈洪波，秘书长田素英及委员出席会议。在通过会议议程后，市人大常委会秘书长、代表资格审查委员会主任委员田素英作关于个别代表的代表资格的报告，受主任会议委托作关于市十八届人大二次会议筹备工作情况的汇报；市人大法制委副主任委员、常委会法工委主任刘晓东作关于2022年规范性文件备案审查工作情况的报告。会议还推送市政府关于2022年潍坊市市级第二次预算调整方案草案的报告、关于《潍坊市消防条例（草案）》的说明、关于《潍坊市防汛条例（草案）》的说明。会议审议有关决议草案、报告、汇报、条例草案、条例草案表决稿，审查2022年市级第二次预算调整方案草案，表决通过市十八届人大常委会代表资格审查委员会关于个别代表的代表资格的报告，表决通过市人大常委会关于深入学习贯彻中共二十大精神推动新时代人大工作高质量发展的决议、关于批准2022年潍坊市市级第二次预算调整方案的决议，表决通过提请市十八届人大二次会议预备会议通过的大会议程草案、大会主席团和秘书长名单草案，表决通过《潍坊市快递条例》《潍坊市道路交通安全条例》，议定市人大常委会在市十八届人大二次会议上的工作报告，决定列席市十八届人大二次会议人员范围。

第二节　第七至第八次常委会会议

第七次常委会会议

2023年2月28日，在潍坊召开。市人大常委会党组副书记、副主任王兆辉主持会议并讲话；副主任田民利、毛秀凤、韩幸福、扈洪波，秘书长田素英及委员共43人出席会议。在通过会议议程后，市人大社会建设委副主任委员陈延爱作关于视察全市新时期产业工人队伍建设改革工作情况的报告；市科技局局长高玉国作关于全市科技创新体系建设情况的报告；市生态环境局局长孙吉海作关于全市2022年度环境状况和环境保护目标完成情况的报告；市农业农村局局长常祖领作关于全市种业发展情况的报告；市委常委、副市长卞汉林受市长刘运委托提请人事任免名单，市人社局局长王守全介绍提请任命人员的有关情况；市中级人民法院院长孟祥刚提请人事任免名单，并介绍有关情况；市人民检察院检察长张敬艳提请人事任免名单，并介绍有关情况；王兆辉受主任会议委托，提请人事任免名单。部分被提请任命人员作供职发言。会议分组审议有关报告和人事任免案，表决通过关于接受江敦涛辞去潍坊市第十八届人民代表大会常务委员会主任职务的请求的决定、关于接受刘运辞去潍坊市人民政府市长职务的请求的决定，决定任命刘建军为潍坊市人民政府副市长，决定刘建军为潍坊市人民政府代理市长。会议还表决通过其他人事任免名单，举行宪法宣誓仪式。王兆辉向部分被任命干部颁发任命书。王兆辉就更好发挥常委会作用，不断推动人大工作再上新台阶讲了意见。会议要求，要旗帜鲜明讲政治，坚持用习近平新时代中国特色社会主义思想统揽和指导人大工作，全面学习宣传贯彻中共二十大精神，把学习成效转化为坚定拥护“两个确立”、坚决做到“两个维护”的实际行动，确保人大工作的正确政治方向。要紧扣中心履职尽责，聚焦“七个加力突破”，高质量做好地方立法工作，高效能履行监督职责，高标准做好决定和任免工作，更好发挥代表主体作用。要切实加强作风建设，持之以恒纠治“四风”，坚决兜牢底线、不越红线；以“作风建设提升年”为抓手，不断提升境界标准、推进创新发展、打造工作品牌；深入基层开展全方位、多层次的调研，推动工作落细落实、落地见效，为加快建设新时代社会主义现代化强市更好地贡献人大力量。市监察委员会负责人，市直有关部门主要负责人，各县市区人大常委会、市属开发区人大工作室主要负责人，不是常委会组成人员的常委会副秘书长、市人大有关专门委员会副主任委员，市人大常委会办事机构、市人大各专门委员会工作机构负责人列席会议。

第八次常委会会议

2023 年 3 月 29 日，在潍坊召开。市人大常委会党组副书记、副主任王兆辉主持会议；副主任田民利、韩幸福、扈洪波，秘书长田素英及委员共 40 人出席会议。在通过会议议程后，市人大常委会秘书长、代表资格审查委员会主任委员田素英作关于个别代表的代表资格的报告，受主任会议委托作关于市十八届人大三次会议筹备工作情况的汇报。会议审议有关决定草案、报告、汇报、议程草案、名单草案、列席会议人员范围，表决通过市人大常委会关于召开市十八届人大三次会议的决定，市十八届人大常委会代表资格审查委员会关于个别代表的代表资格的报告，拟提请市十八届人大三次会议预备会议通过的大会议程草案、主席团和秘书长名单草案，决定列席会议人员范围。市政府副市长、市公安局局长徐磊，市监察委员会、市中级人民法院、市人民检察院负责人，不是常委会组成人员的常委会副秘书长、市人大有关专门委员会副主任委员，市人大常委会办事机构、市人大各专门委员会工作机构主要负责人列席会议。

第四编

1983—2023

人大代表

潍坊人大志
WEIFANG RENDA ZHI

国家和地方各级人民代表大会代表是本级国家权力机关组成人员，代表人民的利益和意志，依照宪法和法律赋予本级人民代表大会的各项职权，参加行使国家权力。人大代表受原选区选民或者原选举单位的监督。

根据《中华人民共和国全国人民代表大会和地方各级人民代表大会选举法》的有关规定，全国人民代表大会的代表，省、自治区、直辖市、设区的市、自治州的人大代表，由下一级人民代表大会选举。不设区的市、市辖区、县、自治县、乡、民族乡、镇的人民代表大会的代表，由选民直接选举。中华人民共和国年满十八周岁的公民，不分民族、种族、性别、职业、家庭出身、宗教信仰、教育程度、财产状况和居住期限，都有选举权和被选举权。依照法律被剥夺政治权利的人没有选举权和被选举权。人民解放军单独进行选举。潍坊作为设区的市，市人大代表实行间接选举，由县（市、区）人民代表大会和驻潍解放军和武警部队选举产生。本志编写从第十届人民代表大会写起，共选举产生9届潍坊市人大代表，各届代表符合法定要求。

潍坊市人民代表大会代表依法通过民主选举产生，有一定任期，受原选举单位监督，肩负着代表人民行使管理国家事务的权力，实现人民当家作主的神圣使命，对国家、社会和人民承担一定的义务。

第一章 潍坊市人民代表大会代表

第一节 潍坊市第十届人民代表大会代表

潍坊市第十届人民代表大会任期为1984年2月至1988年1月。根据《中华人民共和国全国人民代表大会和地方各级人民代表大会选举法》的有关规定和山东省人民代表大会常务委员会的安排意见，潍坊市第十届人民代表大会代表名额为700名左右。市第十届人大一次会议实有代表705名；市第十届人大二次会议实有代表706名；市第十届人大三次会议实有代表713名；市第十届人大四次会议实有代表711名。

潍坊市第十届人民代表大会第一次会议代表名单

五莲县（38名）

于　潮　王万起　王玉英（女）
王庆秀（女）　王京津　王治三
王治秀（女）　王桂友　王　彬　王慨彰
孔宪香（女）　田蔼晖（女）　冯志新
曲业祥　任敦峰　刘加双　齐忠礼
汤兆喜　李业部　李华月　李学义　李承普
李增涌　杨志礼　杨冠候　张万传　张正双
张崇芬（女）　林玉美　周林科　孟庆树
荆翠珍　贺炳忠　袁兆亮　郭明令　曹福谦
董立荣　鞠洪德

安丘县（71名）

于兆勤　于作棠　马春扬（满族）
马桂香（女）　王太然　王文言　王玉斗
王本理　王世孝　王法政　王树森　王洪章
王　洲　王桂兰（女）　王　甡（女）
王淑兰（女）　牛绍斌　田文美
白秀英（女，回族）　邢秀峰　刘玉瑞
刘永森　刘英宸　刘桂芬（女）
刘真玉（女）　刘焕文　刘增孟　刘德仕
安世民　安呈惠（女）　孙仕学　孙延瑞
李宗泽　李学信　李彦芳　李　智　李善道
杨树正（女）　肖文华　吴永富　吴金波
辛桂英（女）　宋廷廉　宋焕彩
张秀娟（女）　张星国　张晓政　张　淇
陈铭礼　苑法宗　和兰英（女）　周荣祥
周福敏　郑升才　房忠昌　娄秀金　徐进先
徐宝鹏　高天民　高天财　高桂臻（女）
唐爱兰（女）　曹冠美　曹彩先（女）
葛文培　傅鸿儒　臧臣民　潘　耀
薛淑兰（女）　薛瑞章　戴玉风

寿光县（72名）

于兰英（女）　于洪顺　于锡京
马竹平（女）　马新亭　马德符　亓仁厚
王仁德　王存辉　王会才　王兴荣
王秀荣（女）　王茂荣（女）
王金凤（女）　王洪范　王洪亮　王效森
贝贤英（女）　尹福臻　冯佩美(女,回族)
朱凤辉　朱明春　伦修武　向孝仁　刘玉亭
刘庆勇　许佩贞（女）　孙承志　李永善
李庆云（女）　李　勇　李家尚　李敬民
李登坦　李福明　杨金贵　何俊卿
张云英（女）　张书修　张廷彦　张治国
张树扬　张厚福　张信一　陈效荣（女）
罗根深　国永香　郑明杰　郑瑞珍（女）
郎丰功　柳会英（女）　赵光远　钟华德
姜洪佩　徐金龙　徐砚香（女）　徐道三

郭光跃　郭泗清　桑永言　曹开田　寇福会
扈文和　尉凤彩（女）　董乐津　董春寿
傅相莲　鲍世举　蔺嘉德　潘增贵　穆福忱
魏新智

昌乐县（39名）

于汇文　王世铎　王光明　王竹云（女）
王明才　王桂香（女）　王瑞田
孔令芬（女）　尹玉玲（女）
石　慧（女）　石德成　卢星文　任增顺
刘文聚　刘明江　刘金忠　刘炳林　刘海亮
孙业坤　李宪柱　李惠信　杨子田　杨延福
辛作孝　宋仲泉　宋善慧（女）　张文玉
张乐文　张砚农　张桂芬（女）　郑在美
赵良金　姜曰绍　徐肖梅（女）　席兆恒
黄衔富　阎智慧（女）　韩文亮　魏春萼

昌邑县（48名）

于钦霞（女）　马龙华　马炳良　王光尧
王灿德　王维盛　邓怀存　尹治宏　卢锡德
曲山绪　朱本增　任柏榴　刘寿山　刘洪奎
刘爱珍（女）　刘新良　孙同胜　孙庆尧
孙安洪　孙福臣　杜　岚　李凤祥（女）
李奎明　肖明仁　吴秀英（女）　张凤云
张正明　张秀文（女）　张翠华（女）
陈百法　周效和　孟兆贞（女）
胡秀霞（女）　赵守安　赵炳臣　姜曰新
姜言臣　姜惠贞（女）　姚世昌　钱会庆
徐坤州　陶勋章　常怀义　韩　芝（女）
董正坤　董法进　程清潭　翟照生

临朐县（56名）

于文学　马同英（女）　马学声　马树怀
王汉兴　王光庭　王会文　王学军（女）
王树平　王星兰（女）　王　修
王爱兰（女）　王魁元　车玉玲（女）
申传录　史长文　史学新　冯学忠　冯新忠
刘曰录　刘岂凡　刘华民　刘　健　刘景林
衣华珍　许文梓　孙启恒　孙帮同　孙德俊
李广亭　李文策　杨庆城　肖玉和（回族）

张世华　张兆美（女）　张志兰（女）
张来平　张恩贞（女）　张益祥　陈正浩
苗长海　郑才龙　郑美红（女）　郎益贵
孟庆春　赵永达　赵学美（女）　赵恒安
侯忠花（女）　耿延山　贾洪蓉（女）
郭继伦　高月美（女）　常　溪　崔佃臣
惠锡勤

诸城县（72名）

马建民　王木仁　王玉敬　王沛伦　王国顺
王治华　王树芳　王清美（女）
王淑兰（女）　王鹤田　左凤美（女）
朱普俊　刘方香　刘玉年　刘　权　刘武声
刘相兰（女）　刘铭汝（女）　江志学
江培科　安丰芝（女）　孙质文
李兆荣（女）　李其舜　李忠民　李学斌
李荣庆　李培德　李梅香（女）
李锡英（女）　杨育仁　杨科元　杨　鹏
吴秀花（女）　吴清雷　辛广仁　冷基华
宋正梅（女）　张玉芹（女）　张永进
张述才　陈云德　陈丰泉　陈光煜　陈孟明
陈景珊（女）　林相彩　周百福　郑　华
单际华　孟庆兰（女）　孟繁聚
赵振江（满族）　侯希春　俞宾辉
逄淑美（女）　姜宗漠　徐夕明　徐天坤
郭贤明　高林彩　曹崇芬　崔功甫　梁启铎
隋万友　彭佃德　董全恩　嵇传仁
温志莲（女）　臧启运　臧家合　管延明

高密县（65名）

马美兰（女）　王世昌　王圣元　王兆兰
王克礼　王宗泽　王建国　王钦尧　王笃善
王瑞琴　毛秀云（女）　厉颜席　田明三
田金在　仪秀美（女）　仪策道　乔光林
朱维福　任宪英（女）　刘玉兰（女）
刘玉祥　刘乐田　刘连仁　刘桂美（女）
刘益三　刘喜文　许明忠　孙永顺　孙同道
孙秀花（女）　孙秀爱（女）　孙振邦
孙绪敬　孙嘉炼　李万河　李观行

李希花（女） 李洪奎 李振来 李符伟
杨树松 肖世忠 邹龙友 宋立香（女）
宋林茂 宋德河 张聿文 张 捷 张瑞周
张辑五 迟昭厚 苗立俊（女） 范照君
胡 岳 赵玉琴（女） 赵多蓉（女）
钟銮先 徐宝华 徐俊升 郭东一 高月桂
高玉美（女） 阎方明 隋明慧（女）
戴耀西

益都县（65名）

于瑞生 马福堂 王传秀（女） 王兆明
王兴善 王厚桂（女） 王振元 王境业
王嘉梅 石金岭（满族） 叶家裕 吕学明
庄建臣 刘永庆 刘会聚 刘兆坤
刘金美（女） 刘宝玉 刘学聪 刘振浩
孙友良 孙玉堂 李玉兰（女） 李玉德
李永泽 李成玉 杨汝标（回族）
杨翠娥（女，回族） 苏尔歆（女）
岑士榜 宋希焕 宋爱萍（女）
张秀清（女） 张忠平 张鸿秋（女）
陈元华（女） 陈天佐 陈翠娥（女）
林庆民 岳崇法 金 军 郑庆彬（女）
房德兴 孟祥爱（女） 郝文郁 赵长基
赵树松 赵清来 钟志富 侯孝昌 宫锦升
费红娟（女） 夏有恒 郭聿升 高新亭
海寿宝（回族） 龚明良 崔广英（女）
阎贵忠 梁作普 隋华堂 董玉美 蒋云瑞
薛立义 鞠瑞全

坊子区（23名）

于秀兰（女） 王立敬 王同安 王洪光
刘云会 刘志中 刘祥疃 刘善进 刘翠亭
李永祺 李学勤 李春明 李福玉 杨占德
杨兆云 吴凤英（女） 张金荣 范立德
姜桂臻（女） 秦书强 徐福堂 郭守福
郭魁武

寒亭区（39名）

于延孝 于 庄 于希柱 于桂香（女）
马祝年 王汉文 王友增 王 铭 尹长福
田金栋 申永华 邢云山 毕玉寿 朱忠德
刘万利 刘丕墺 刘远顺 齐 力 许学海
牟相华 孙曰兰（女） 孙龙茂 孙法春
肖元花（女） 吴世明 张守廷 张奇文
张明会 张金花（女） 张金瑞
张玲亭（女） 张振亭 林之花（女）
范俊之 赵庆洪 赵忠超 袁英馥（女）
韩福令 滕司宪

潍城区（117名）

丁 力（女） 丁晓民 于成凤 于宝法
于桂荣（女） 马玉甲 马 俊（回族）
王长臣 王文苑 王世奎 王吉文 王存义
王华民 王全智 王兆江 王志超 王松林
王范九 王昌秀（女） 王金萍（女）
王金源 王振水 王振水 王智慧 王禄庆
叶其训 台学信 乔宝仁 朱大德 朱绪贤
刘在成 刘全起 刘秀文 刘灿孔 刘国文
刘秉图 刘桂香（女） 齐乃贵 江观培
米寿珍（女，回族） 孙兰芳（女）
孙秀文（女） 孙 易（女）
孙桂兰（女） 孙焕奎 孙琪林
孙福梅（女） 孙增珠 杜在海 李尔强
李传玲（女） 李传信 李茂杰 李洪林
李家冬（女） 李 巍 杨占成 杨永宝
杨献春 苏乃谦 肖乐章 吴大明 吴小增
吴从贵 吴秀英（女） 余宣扬 汪伯瑞
宋作升 宋春明 张一龙 张玉云 张兆广
张桂芬（女） 张晓荣（女） 陈传礼
陈叔通 陈建信（女） 邵桂芳 武胶南
易家亮 罗吉林 竺雪军 周立亭 周学信
炎恩堂 官佃柱 胡英伟（女）
胡润芝（女） 郝湘莪 赵和生 赵学臣
赵修道 赵德凤（女） 侯延明 侯启桓
段慧灵 姜 克 姜素芬（女）
夏龙美（女） 徐文耀 徐洪星
高丽娟（女） 高 勇 龚以行（女）
常临川（女） 韩 理 韩金正 葛茂光

董玉太　董建春　蒋恩芳（女）
管同真（女）　谭文礼　谭会娟（女）
谭希哲　谭宝慧（女）　谭建国

潍坊市第十届人民代表大会代表变动情况

潍坊市第十届人民代表大会第一次会议至第二次会议期间，胡润芝、吴秀英、张奇文调离潍坊市；补选李汝秀、李泽祯、吴文经、魏海珍为市第十届人民代表大会代表。

市第十届人民代表大会第二次会议至第三次会议期间，向孝仁、马竹平、刘洪奎、李宪柱调离潍坊市；张砚农、陈效荣被罢免代表资格；补选杨树木、张兰英、魏爱芹、刘佃甲、张建文、王乐德、孟宪荣、李汉三、陈会江、冯友敬、刘惠远、苏承章、熊金洲为市第十届人民代表大会代表。

市第十届人民代表大会第三次会议至第四次会议期间，徐俊升去世；赵良金调离潍坊市。

第二节　潍坊市第十一届人民代表大会代表

潍坊市第十一届人民代表大会任期为 1988 年 1 月至 1993 年 3 月。根据山东省人大常委会《关于山东省设区的市人民代表大会换届和代表名额的决议》，潍坊市第十一届人民代表大会代表名额为 597 名。根据省第六届人大常委会第二十八次会议通过的《关于再次增加各市人大代表名额的决议》，潍坊市第十一届人民代表大会代表名额增加 60 名，增加后代表名额为 657 名。省第七届人大常委会第十七次会议决定，给予潍坊市增加 20 个代表名额，增加后的代表总名额为 677 名。市第十一届人民代表大会第一次会议实有代表 647 名；市第十一届人民代表大会第二次会议实有代表 650 名；市第十一届人民代表大会第三次会议实有代表 650 名；市第十一届人民代表大会第四次会议实有代表 661 名；市第十一届人民代表大会第五次会议实有代表 677 名。

潍坊市第十一届人民代表大会第一次会议代表名单

五莲县（35 名）

于　潮　王秀清（女）　王杰海　王振香
王桂友　王慨彰　王　燕（女）　厉保廷
田蔼晖（女）　冯志新　朱树森　刘云发
李秉廉（女）　李宜秀（女）　李学义
李增涌　杨守吉　何义民　辛绮雯（女）
张立华（女）　张在伟　岳奎文　周林科
胡兆功　胡宗坤　贺炳忠　贾世清　徐茂泉
徐善来　徐瑞荣　郭明令　桑明廷　韩清存
潘兆欣　潘维义

安丘县（67 名）

于开文　马本超　马春扬（满族）
马淑芬（女）　云兴邦　王文言
王玉清（女）　王青梅（女）　王建增
王奎斌　王　钦　王洪贞（女）
王淑兰（女）　牛绍斌　孔祥森　巴相歧
田文美　冯友敬　朱兆礼　任乐军　刘永森
刘西训　刘英宸　刘海燕（女）　刘培臻
安呈惠（女）　安建春　李长春
李　丽（女）　李志宏　李　治
李建科（女）　李俊成　李焕奎　李清池
吴树学　宋金义　张文玉　张仕臻　张志衡
张怀梅（女）　张环英（女）
张美英（女）　张　淇　张瑞丰　张新民
陈桂花（女）　卓鸿禧　尚钦佐　罗来康
郑　华　郑洪发　郑维龙　房忠昌　柳星良
赵星增　姚炳夕　徐宝鹏　郭成年　高光春
黄存福　曹兴邦　曹始富　葛文培　葛吉平
董献英（女）　程玉丰

寿光县（68 名）

于洪顺　于锡京　马德堂　王天德　王明圣
王金凤（女）　王金忠　王法文
王俊英（女）　王洪凡　王效森　尹福臻
田家珍　冯佩美（女，回族）　任大文
刘玉亭　刘庆勇　刘金芝（女）　刘爱国

刘静之 汤泽然 孙乐举 李友春 李中智
李汉三 李明亭 李金林 李 虹（女）
李德丰（满族） 杨学荣 杨树木 杨益茂
杨德钧 吴书欣 宋国强 张云英（女）
张化东 张以官 张本诚 张兰英（女）
张廷彦 张治国 张信一 陈东恒 陈守仁
陈丽君（女） 陈亭山 林宗华
周克云（女） 郑瑞珍（女） 孟宪荣
姜洪佩 祖连圣 徐金龙 徐砚香（女）
郭光耀 郭绍红（女） 郭德丰 高彬祥
曹开田 寇福会 扈文和 董乐津 董建春
童剑浩 蔺嘉德 潘增贵 燕文秀（女）

坊子区（23 名）

王承智 王道英（女） 田金英（女）
宁洪伦 曲雅亮 刘乃元 许学海 牟春涛
牟振生 孙中华 孙在京 李金城
李翠英（女） 杨兆云 吴凤英（女）
张寿令 张春玉 张祚连 欧道骞 单孟和
贾乐起 郭立君 郭其昌

青州市（64 名）

于瑞生 王月娥（女） 王延禧 王治华
王春泉 王咸华 王家春 尹忠显 叶家裕
田立标 有祥玉 吕学明 朱协云
刘艺娟（女） 刘永庆 刘廷杰 刘会聚
刘兆坤 刘芳俊（女） 刘 俊 刘振浩
刘爱兰（女） 刘祥智 刘新生 关庆社
牟恒芳（女） 李万忠 李玉德 李永泽
李 刚 李全基 李守安 李 玫（女）
杨玉玲（女） 杨贵宗（回族）
杨淑长（女） 杨翠娥（女，回族）
苏尔歆（女） 吴宗凯（满族） 岑士榜
邱家智 谷广文 邹绪超 宋希焕 张义勇
张文斗 张汉民 张继红（女）
郑庆彬（女） 房德兴 孟凡成
郝玉风（女） 赵书梅（女）
赵武军（回族） 赵金修 徐好生
郭佩英（女） 高新亭 崔广英（女）

阎贵忠 董玉美 舒昆平（女，满族）
靳荣光 穆文成

昌乐县（39 名）

王元桂 王孝瑞 王树春 王继东 王清喜
王瑞田 孔令芬（女） 石德成 田敬顺
任洪喜 任景国 刘风林 刘绍信 江元勋
孙东宏（女） 孙业坤 孙学弟
李兆荣（女） 李茂珍（女） 李惠信
吴昌荣 宋仲泉 张克泰 张国栋 张金生
张桂芬（女） 郑玉华（女） 胡佃隆
赵修道 姜玉国 秦学宽 徐肖梅（女）
徐金堂 唐芳英（女） 黄雪琦（女）
黄衔富 韩文亮 滕云祥 戴耀西

昌邑县（48 名）

马炳良 王吉兰（女） 王秀卿（女）
王灿德 王昌令 王福顺 牛 娜（女）
邓怀存 卢锡德 史建廷 朱启芳
朱楠楠（女） 任柏榴 刘寿山 齐乃贵
齐桂英（女） 孙安洪 李风祥（女）
李邦书 李奎明 李增武 宋冬梅（女）
张占博 张同泽 张志远 张孝孔 陈百法
陈效功 林庆军 周效和 郑爱玲（女）
姜曰新 姜言臣 姜惠贞（女） 姚世昌
徐立本 徐林胜 郭建立 陶勋章 常怀义
宿连池 董书斗 董法进 傅学莹 鲁顺杰
谢龙元 翟照生 潘爱芹（女）

临朐县（54 名）

马同英（女） 马树怀 马 奎 王汉兴
王会文 王兴法 王其敬 王学礼 王树官
王星兰（女） 王 修 王洪生 巨德义
牛文庭 卢同元 申传录 史长文 冯学忠
刘友贞 刘岂凡 刘复山 许文梓 孙开荣
孙世恩 纪同欣 李海德 吴维和 辛承乾
宋玉成 宋作升 张风桐 张玉芹（女）
张乐永 张兆美（女） 张国瑞 张彦士
陈万宝 陈正浩 苗长海 郑美红（女）
郎益贵 郝素珍（女） 赵永达

赵学美（女）　钟读篆　侯孝中　祝长远
姚美芹（女）　贾宏蓉（女）　夏恒信
徐元福　郭金才　常临川（女）
满郭强（女）

诸城市（68名）

丁洪望　于金花（女）　于洪吉
万培兰（女）　王太华　王金聚　王承恩
王树芳　王培德　王鹤田　牛夕山　吕方亭
吕鸿达　刘　权　刘武声　刘常宣
刘铭汝（女）　江志学　孙质文　孙思清
杜　凌（女）　李元高　李其舜　李树江
李梅香（女）　李淑秋（女）　杨奎元
杨炳超　杨　鹏　吴世文　吴秀花（女）
吴青雷　宋正梅（女）　张永进　张则杰
张宝善　张敬堂　陈广强　陈云德　陈光煜
陈延明　陈明建　陈景珊（女）
邵秀芹（女）　武桂森　范存华　周保山
单际华　孟庆兰（女）　孟繁聚　赵金胜
赵建平　姜宗谟　贾玉林　徐夕明　殷克昌
郭贤明　高林彩　曹崇芬　崔功甫
阎　健（女）　彭佃德　惠启祥
温志莲（女）　臧运升　臧利运　管恩宴
潘忠禄

高密县（60名）

丁源鸿　马美兰（女）　王心盛　王世昌
王在辉　王百祥　王庆光　王兆兰　王治贵
王建国　王修明　王培森　毛秀云（女）
邓梅香（女）　仪秀美（女）
任宪英（女）　刘玉兰（女）
刘玉贞（女）　刘玉忠　刘玉祥　刘峰岫
刘菊芳（女）　孙龙海　孙秀爱（女）
孙国钧　孙嘉炼　杜平阶　李万春　李升堂
李合建　李符伟　李敬友　李德章　吴元金
宋德合　张子敬　张　捷　张淑美（女）
张德君　陈会江　苗立俊（女）　苑　滋
范立训　郑大维　单昭明　孟宪英（女）
胡　岳　郝景春　赵玉琴（女）　赵福安
柴洪瑞　徐延峰　郭东一　郭会英（女）
高月桂　高赐才　展美华（女）
尉迟衍平（女）　潘　耀　薛加治

寒亭区（28名）

于　庄　于桂香（女）　王友增
王中美（女）　王仁山　王乐堂　王乐德
王汉文　王光明　王全义　王助邻
王秀玲（女）　王作义　王学昆　王　铭
邢云山　孙龙茂　孙承志　孙悦兰（女）
李桂香（女）　苏承章　吴开和
宋珑彩（女）　张振亭　陈恒纪　郭大壮
韩玉玺　滕司宪

潍城区（85名）

丁　力（女）　丁万洪　丁培锡　于长江
于玉潭　于成凤　马成芳（女）　马爱国
马瑞麒　王世奎　王兰放　王华民　王兆江
王守君　王志勇　王作坤　王明哲　王春堂
王树喜　王荆玉　王保友　王洪涛　王振水
王培仁　王道福　王禄庆　冯展娟（女）
朱大德　朱绪贤　向　阳　刘允洲
刘守兰（女）　刘胜之　刘淑刚　刘惠远
安育才　米寿珍（女，回族）
孙　易（女）　孙淑惠（女）　孙增珠
杜在忠　杜德富　李乃江　李曰玺　李永安
李汝秀　李茂杰　李贤杰　李金香（女）
李承普　李家冬（女）　苏乃谦
肖义仙（女）　吴小增　吴圣杨
吴秀英（女）　吴楚湘　邹立健　张玉云
张传绅　张学英（女）　张晓荣（女）
张廉洁　张德高　陈宗芬（女）　陈皓嶂
邵桂芳　武际成　易家亮　周立亭　周百福
赵学臣　赵春华（满族）　贾洪香（女）
郭丰祥　郭铭三　曹桂先（女）　韩学康
韩　理　韩增祥　葛伟玲（女）　董德清
谭文礼　冀玉瑞

解放军（8名）

王海鹰（女）　冯义占　朱敬恪　宋广有

崔相根（朝鲜族）提　祥　程美山　熊金洲

潍坊市第十一届人民代表大会代表变动情况

潍坊市第十一届人民代表大会第一次会议至第二次会议期间，诸城市选举的丁洪望、青州市选举的刘永庆去世；诸城市选举的王树芳，青州市选举的尹忠显、邹绪超，高密县选举的刘玉忠，寿光县选举的孟宪荣调离潍坊市；诸城市补选刘景云，潍城区补选王本理、刘远顺，坊子区补选王立福、张曙光，寿光县补选曲山绪、孙绪敬、张启志，济南军区驻潍坊生产经营管理局补选何久耀，海军驻潍坊离职干部休养所补选郝子乔为市第十一届人民代表大会代表。

市第十一届人民代表大会第二次会议至第三次会议期间，五莲县选举的刘云发、昌邑县选举的李风祥、寒亭区选举的宋珑彩、青州市选举的宋希焕调离潍坊市；昌邑县选举的翟照生、临朐县选举的陈万宝被罢免代表资格；潍城区补选王玉芬、肖乐章，寒亭区补选陈光、孙秀云，诸城市补选杨继生、孙光耀为市第十一届人民代表大会代表。

市第十一届人民代表大会第三次会议至第四次会议期间，安丘县选举的张环英，解放军选举的提祥、王海鹰调离潍坊市；安丘县选举的刘锡训被罢免代表资格；临朐县补选远东、卢荆芝、王庆德，诸城市补选陈温和，青州市补选隋华堂、李芳桐，高密县补选姜玉生，昌邑县补选赵俭，昌乐县补选于生，安丘县补选李宗步，寿光县补选马金忠，五莲县补选张庆吉，潍城区补选王国勋，寒亭区补选李英文，坊子区补选李育林，坦克八师补选王长根，八十九医院补选汤龙山为市第十一届人民代表大会代表。（因档案资料缺失，代表变动情况不完整。）

市第十一届人民代表大会第四次会议至第五次会议期间，潍城区选举的邵桂芳，青州市选举的高新亭，诸城市选举的陈延明，临朐县选举的常临川调离潍坊市；青州市补选赵长风、徐鉴、张成全、陈美玲，寿光县补选王伯祥、丁立华，潍城区补选韩子夫、刘守敬、戴瑞德，诸城市补选王纪亮、姜在升，临朐县补选王秀芹、孟昭欣，五莲县补选李宗东，高密县补选张光兴，安丘县补选李福仁，昌邑县补选潘学法、刘文聚，寒亭区补选李顺义，昌乐县补选周晓辉，坊子区补选雷普华为市第十一届人民代表大会代表。（因档案资料缺失，代表变动情况不完整。）

第三节　潍坊市第十二届人民代表大会代表

潍坊市第十二届人民代表大会任期为1993年3月至1998年2月。根据山东省人大常委会《关于山东省设区的市人民代表大会换届选举和代表名额的决议》，潍坊市第十二届人民代表大会代表名额为660名。五莲县划归日照市后划出市人大代表名额27名，潍坊市第十二届人民代表大会代表名额为633名。省第八届人大常委会第十次会议决定潍坊市增加代表名额10名，增加后代表名额为643名。市第十二届人民代表大会第一次会议实有代表623名；市第十二届人民代表大会第二次会议实有代表623名；市第十二届人民代表大会第三次会议实有代表628名；市第十二届人民代表大会第四次会议实有代表641名；市第十二届人民代表大会第五次会议实有代表640名。

潍坊市第十二届人民代表大会第一次会议代表名单

安丘县（69名）

于金桴　马莲花（女）　马淑芬（女）
王成志　王好平　王爱英（女）　王登才
王新棣　王福金　牛丙会　牛绍斌　孔祥森
尹世炘　田文美　田科富　朱兆礼　朱　荣
任延刚　刘玉英（女）　刘汉启　刘国忠
刘泽才　刘增业　刘德仕　齐熙英　安建春
孙玉池　杜永翔　李广芬（女）　李中荣

李玉华（女）　李玉林　李尔强　李永升
李守民　李守科　李丽梅（女）　李绍志
李　勇　李　桂　李福仁　杨仁昌
杨连志（女）　吴桂英（女）
宋春梅（女）　宋锦义　张秀珍（女）
张美英（女）　张晓义　张景太
张瑞丰　陈加秋　尚钦佐　周明娥（女）
庞世华　郑维龙　房忠昌　赵星增　姚炳锡
徐宝鹏　高光春　高守振　曹兴邦
崔桂英（女）　韩乃和　韩书俭　韩国光
鲁太英（女）　臧振勋

寿光县（69名）

丁立华　于洪顺　马玉梅（女）　马温厚
马德堂　王天德　王　江　王志珍（女）
王伯祥　王鸣圣　王明圣　王炳富　王洪绪
王淑玲（女）　王景辉　王善增
毛淑梅（女）　文秀芹（女）　尹福臻
田云峰　田爱云（女）　冯佩美（女，回族）
曲山绪　朱凤英（女）　任大文
刘凤君（女）　刘　会（女）
刘金凤（女）　刘金芝（女）　刘树甲
刘景之　孙子正　李汉三　李光信　李明亭
李忠智　李桂清（女）　杨连佐　杨益茂
吴书欣　张云英（女）　张本诚　张廷彦
张启龙　张启志　张恩荣　张焕然　陈春荣
国乐斌　郑瑞珍（女）　单培文　郝俊惠
侯文儒　祖连圣　耿英香（女）
袁　瑛（女）　徐金龙　郭学凤（女）
郭德丰　高炳春　黄五端　黄西安　曹开田
崔敬谦　董延梅（女）　董建春　蔺嘉德
鞠法昌　魏美云（女）

坊子区（22名）

王大海　王立福　王承智　王维玲（女）
王道英（女）　刘乃元　刘明珂　牟春涛
牟振生　李之源　李金城　李翠英（女）
杨兆云　吴凤英（女）　张兴邦　欧道骞
庞希民　单孟和　赵金之　侯淑芳（女）

蓝晓明　雷普华

青州市（64名）

刁恩德　于瑞生　王月胶　王月娥（女）
王明英（女）　王金富　王美荣（女）
孔宪恕　史永祥　吕忠花（女）　曲殿魁
朱协云　刘文聚　刘廷杰　刘芳俊（女）
刘　俊　刘益平　刘新生　汲光亭
汤学珍（女）　孙文曼（女）　孙玉洲
李玉德　李永泽　李　刚　李洪霞（女）
李德广　杨桂霞（女，回族）　杨博庆
杨翠娥（女，回族）　宋传仁　张文斗
张成全　张秀云（女）　张忠慧(女,回族)
张晓军　张继红（女）　陈孔光
陈美玲（女）　陈福成　邵子丰
郇秀芝（女）　郑庆彬（女）
赵长风　赵华南　段忠信　袁洪举　党传家
徐好生　徐金芳（女）　徐　鉴　隋华堂
韩其敬　韩宝光　董玉美　蒋在华　傅建水
舒昆平（女，满族）　靳荣光　翟俊成
穆文成　魏东奎　魏帮助等

昌乐县（42名）

于　生　于秀山　于英丽（女）　王孝瑞
王继东　尹德成　石德成　丛湘梅（女）
吕凤翔　任景国　刘成东　刘全友　刘绍信
刘效弟　刘瑞香（女）　江元勋
孙东宏（女）　孙洪喜　李文学
李　军（女）　李忠真（女）　李惠信
宋仲泉　张立华　张克泰　张春香（女）
张桂芬（女）　周晓辉　郑玉华（女）
孟宪胜　胡殿隆　赵为杰　赵顺年　姜玉国
姜光显　耿舒玲（女）　黄雪琦（女）
黄衔富　崔建平　解国全　戴耀西等

昌邑县（48名）

于安春　于新民　马光汉　马金凤（女）
马炳良　王吉兰（女）　王兴涛
王秀卿（女）　王灿德　王昌令　王钦法
王福顺　王福森　邓怀存　史玉文　朱启芳

朱楠楠（女） 任柏榴 刘智修 齐乃贵
李文忠 李邦书 李振山 杨素珍（女）
宋冬梅（女） 张凤云 张爱芹（女）
张敦柏 陈效功 周悦华（女） 姜曰新
姜言臣 姜瑞华（女） 夏坤明 陶勋章
常怀义 宿连池 董占胜 董法进 傅其中
鲁顺杰 谢龙元 臧法孝 翟秀芝（女）
翟春先 翟振序 潘学法 潘爱芹（女）

临朐县（55名）

王永兴 王兆贞 王秀芹（女） 王其敬
王金生 王 修 丰慧艳（女） 巨德义
牛文庭 卢同元 卢荆芝 申传录 史长文
刘友贞 刘文同 刘丕墺 刘合忠 刘安昌
刘复山 刘恒阁 刘桂生 刘瑞霞（女）
衣胜春 许桂兰（女） 孙开荣 孙建设
远 东 李海德 吴维和 辛承乾 张凤桐
张乐永 张兆美（女） 张忠来 迟昭厚
陈孝瑾（女） 范志莲（女）
郑美红（女） 郎益贵 孟昭欣 孟繁民
郝素珍（女） 赵传孔 侯孝忠 宫德荣
袁世明 夏恒信 倪忠仁 徐广春 徐元福
高世钦 高乐众 席甲英（女） 常复兴
满郭强（女）

诸城市（69名）

丁兆新 于金花（女） 于洪吉 于 潮
万培兰（女） 王 刚 王木忠 王光淮
王纪亮 王秀娟（女） 王明义 王明本
王学明 王德润 王鹤田 牛锡山 尹洪荪
尹景尧 左德亭 乔益福 刘建英（女）
刘相军 刘常宣 刘景云 刘嘉良 许家祥
孙质文 孙思清 杜 凌（女） 李士来
李世梅（女） 李志诚 李其舜 李树江
李淑秋（女） 杨大章 杨琳章
吴秀花（女） 吴青雷 宋正梅（女）
张则杰 张 铭 陆致弟 陈 光 陈光煜
陈温和 邵秀芹（女） 武桂森 周家田
郑汝才 孟庆兰（女） 孟祥友 赵术言
赵旭明 赵培芳 赵绪洪 钟秀云（女）
姜在升 袁增廷 徐汝光 高林彩 黄存福
曹崇芬 阎 健（女） 彭佃德 惠立群
温志莲（女） 潘忠禄 鞠献宝

高密县（58名）

马美兰（女） 王心盛 王玉田 王在辉
王百祥 王建国 王致民 王维华 尹化深
田桂英（女） 吕尧金 任红梅（女）
任宪英（女） 刘玉兰（女） 刘玉祥
刘廷基 刘峰岫 刘维芬（女）
刘瑞欣（女） 孙凤俊（女） 孙希东
孙昌瑞 孙景运 孙嘉炼 李世涛 李继强
李敬友 李德章 吴元金 邱温源 宋锡亮
张日庆 张乐宝 张光兴 张庆友 张好敏
张德君 郑大维 郑存阶 单昭明 单既明
孟宪忠 赵凤池 赵修春（女） 柳帮功
贾义丰 徐长胜 徐明春（女） 徐瑞荣
郭加武 郭会英（女） 郭炳桥 高月桂
高金龙 尉迟衍平（女） 隋立升
董希芳（女） 谭洪喜

寒亭区（29名）

丁孟玉（女） 于 庄 于瑞英（女）
王中美（女） 王汉文 王光明 王全义
王秀玲（女） 王作义 王学昆
朱群玉（女） 刘远顺 孙龙茂
孙秀云（女） 孙悦兰（女） 杜学古
李英文 李顺义 李惠民 胡 岗 赵泽庆
袁英馥（女） 徐世吉 徐振忠 郭大壮
梁余江 滕司宪 滕修兰（女）
潘素霞（女）

潍城区（88名）

丁 力（女） 丁培锡 于长江 于成凤
马风勇 马成芳（女） 马新荣(女,回族)
王之文 王玉芬 王兰放 王华民 王延寿
王志勇 王作坤 王其珍 王国勋 王培仁
王 强（女） 王瑞芬（女） 王照宏
田霭晖（女） 冯展娟（女） 玄恩海

朱大德　向　阳　刘华江　刘守敬　刘兴华
刘建华（女）　刘树芹（女）　刘振德
刘惠远　孙甲美（女）　孙承志　孙思忠
孙淑惠（女）　杜在忠　杜宝起
杜　玲（女）　杜爱玲（女）　杜德富
李子长　李寿德　李秀英（女）　李贤杰
李明祥　李建忠　李家冬（女）
李照英（女）　杨继生　苏乃谦　吴小增
吴文经　吴秀英（女）　吴楚湘　谷葆衡
邹洪珍（女）　张元茂　张凤图　张伟亮
张宝勇　张学英（女）　张学寅（女）
张建萍（女）　张树业　张培英（女）
陈宗芬（女）　陈爱玲（女）
武淑真（女）　季星亮　官洪超　胡世刚
赵成杰　姜传美（女）　袁文坤（女）
贾洪香（女）　徐　军（女）　郭铭三
郭福华（女）　席红珍（女，满族）
韩子夫　韩　理　傅同英（女）
谭秀功（女）　谭念艾（女）　戴瑞德
魏德真（女）等

解放军（10名）

王长根　王学颜　王殿华　朱敬恪　任开平
孙鹤山　幸胜标　周懋文　赵建义　蒋绪惠

潍坊市第十二届人民代表大会代表变动情况

潍坊市第十二届人民代表大会第一次会议至第二次会议期间，昌乐县选举的张克泰、安丘县选举的刘德仕去世；青州市选举的赵长风、解放军选举的王长根调离潍坊市；昌乐县补选鲍世举、崔爱祯，潍城区补选张金瑞、柳玉焕为市第十二届人民代表大会代表。

市第十二届人民代表大会第二次会议至第三次会议期间，青州市选举的杨翠娥去世；青州市选举的靳荣光、解放军选举的任开平、潍城区选举的杜宝起、诸城市选举的刘景云调离潍坊市；青州市补选王治华、李怀忠，寿光市补选马金忠、王洪杰，潍城区补选韩俊生、吕熙祥，奎文区补选李晓明、刘伟，中国人民解放军54960部队补选康凤仁，第八十九医院补选徐建斌为市第十二届人民代表大会代表。（1994年，国务院批准成立奎文区，区划变动后，随行政区域划入奎文区的潍坊市人大代表组成奎文代表团。）

市第十二届人民代表大会第三次会议至第四次会议期间，安丘市选举的尹世炘，诸城市选举的杨大章，临朐县选举的徐广春、卢同元，青州市选举的王月娥去世；奎文区选举的孙承志，解放军选举的幸胜标调离潍坊市；临朐县补选王海亭，昌邑市补选滕泽利、刘汉富，高密市补选吴元宝，寿光市补选李群、黄存明，青州市补选崔爱信，寒亭区补选黄潍连、崔守国，坊子区补选张树琛、程茂仁、迟好信，奎文区补选陈华森、高洪华，潍城区补选温钦祥、魏元志，昌乐县补选张怀安，安丘市补选谢迎春，潍坊军分区补选程庆同，中国人民解放军54691部队补选吴甫民为市第十二届人民代表大会代表。

市第十二届人民代表大会第四次会议至第五次会议期间，昌乐县选举的赵为杰、刘全友、吕凤翔，临朐县选举的远东，潍城区选举的杜在忠、季星亮去世；寿光市选举的李群，解放军选举的王殿华调离潍坊市；寿光市补选刘命信，青州市补选潘景岫、吕世荣，潍坊军分区补选张洪林，驻潍39764部队补选冯义占，55085部队补选张福庆，武警潍坊市支队补选王玉国为市第十二届人民代表大会代表。

第四节　潍坊市第十三届人民代表大会代表

潍坊市第十三届人民代表大会任期为1998年2月至2003年2月。山东省第八届人民代表大会常务委员会第二十九次会议作出的《关于山东省市、县（区）人民代表大会换届时间和代表及常务委员会组成人员名额的决议》，决定潍坊市第十三届人民代表大会代表名额为570名。市第十三届人民代表大会第一次会议实有代表 559 名；市第十三届人民代表大会第二次会议实有代表 563 名；市第十三届人民代表大会第三次会议实有代表 564 名；市第十三届人民代表大会第四次会议实有代表 570 名；市第十三届人民代表大会第五次会议实有代表 565 名。

潍坊市第十三届人民代表大会第一次会议代表名单

潍城区（38 名）

丁守生　于　明　马连芹　王　群（女）
王克斌　王秀河　王英华（女）
王宝云（女）　王晓真（女）　王联吉
毛成兰（女）　方承林　玄恩海　曲卫海
朱文政　刘兴华　池瑞亮　李乃俭　李文忠
李　红（女）　李寿德　李明国　杨卫东
杨爱荣（女）　杨继臣　张金瑞
张建萍（女）　陈爱玲（女）　陈景和
季原生　岳战春　郎　勇　赵亦农（女）
袁文坤（女）　郭军生　黄存福　谭瑞田
等

坊子区（22 名）

王　平　王立魁　王培宏（女）
尹桂香（女）　刘乃元　刘玉文　刘学忠
刘炳奎　孙桂香（女）　李炳泉
张　华（女）　张树琛　张恒志　张祚连
单孟和　段孝刚　姜传会　高洪德　黄存明
黄潍连　魏元志等

寒亭区（26 名）

丁孟玉（女）　于　庄　于金钟
于瑞英（女）　王中美（女）　王作义
王坤明　王效华　冯少英（女）　朱明敬
朱群玉（女）　刘伟宏　孙秀云（女）
李　平（女）　李世光　李英文　李忠廉
张辉忠　陈法信　陈惠芹（女）　明宝春
袁英馥（女）　徐连富　曹瑞丰　崔守国
潘素霞（女）

奎文区（41 名）

于曼平（女）　马正允　王宝琴（女）
王　强（女）　王照宏　王颖红（女）
王新维　王　滨　毕孝圣　刘　伟
刘秋林　许景伟　孙在信　孙　萍（女）
李明祥　李宗步　李晓明　李海德　杨广英
杨春湖　沈力耘（女）　邵宗水　武学法
周　静（女）　房永安　胡世刚　赵汝林
侯方恒　徐宝福　郭铭三　高立在　高兆升
黄爱国（女）　梁文道　窦丽湘（女）
谭玉芹（女）　谭玉梅（女）　潘　强
戴瑞德　魏德真（女）等

青州市（57 名）

丁忠平（回族）　王金富　王治华　王美林
王效成　牛景云　田立胜　冯蜂鸣　有祥玉
吕长胜　曲殿魁　朱协云　刘远顺
刘瑞颖（女，回族）　汲淑玲（女）
汤学珍（女）　那凤鑫（女，满族）
李天庆　李玉林　李传明　杨云华(女,回族)
杨博庆　杨鲁平　吴克平　邱家智　辛丕宏
张永津　张成全　张常生　张群利（回族）
陈仁杰　陈福成　邵子丰　邵智光　尚宗新
岳保利　郇庆华（女）　郑庆彬（女）
赵志贵　俞泽航　夏玉新　夏良庆　党传家
徐好生　徐金芳（女）　徐健生（女）
徐　鉴　曹威平　崔安永　隋华堂　董玉美
董良娟（女）　蒋曰宏　程茂仁
舒昆平（女，满族）　蔚严春　翟俊成

诸城市（58 名）

马煜芝（女）　王玉芬　王成才　王光林
王　刚　王明义　王佳斌　王金玉　王学明
王　俊　王振霞（女）　王晓萍（女）
牛锡山　毕可仁　乔益福　朱伯顺　许家祥
孙方洲　孙守伏　孙质文　孙焕香（女）
孙孺声　李广福　李文欣　李兰奎（女）
李延吉　李明君　李绍安　李春芳（女）
李增坡　严光友　吴建智　张江汀　张海轶

张　铭　张瑞波　陆致弟　陈玉贞（女）
陈忠义　邵秀芹（女）　武桂森
周　勇（女）　郑汝才　赵术言　赵绪洪
逄桂洪　徐增芳（女）　郭桂滋　曹崇芬
阎　健（女）　彭佃德　蒋　红（女）
温志莲（女）　窦金海　窦宝荣　臧恒望
鞠献宝等

寿光市（63 名）

丁玉英（女）　丁立华　马　林　马景海
马温厚　马德堂　王　江　王天德　王永春
王在辉　王克强　王志珍（女）　王伯祥
王茂奎　王明圣　王金栋　王金香（女）
王春梅（女）　王焕新　王惠贞　王景辉
王善增　田云峰　田爱云（女）
冯佩美（女，回族）　朱凤英（女）
刘凤君（女）　刘命信　刘建安　刘树甲
刘德成　孙福荣　李光信　李明亭　李宪春
李常德　吴书欣　吴高亭　张乃起
张云英（女）　张凤云　张立英（女）
张守兰（女）　张秀文（女）　张明海
张恩荣　张绳贤　周杰三　郑瑞珍（女）
单培文　柳玉焕　赵培信　侯文儒　祖连圣
贺　瑛（女）　郭元亮　郭洪谦
黄凤岩（女）　曹开田　常德生　董宜顺
董泉才　鞠法昌

安丘市（62 名）

于金桴　于宗云　于洪吉　马永秀（女）
马廷高　马金元　王汝江　王兆常　王尚元
王金泉　王新棣　王福金　牛绍斌　孔祥森
刘双芬（女）　刘相周　刘爱华（女）
齐希英　孙连政　杜国忠　李玉梅（女）
李世丰　李尔强　李旭光　李江林
李丽梅（女）　李英喜　李金才　李绍志
李香莲（女）　杨连志（女）　肖文华
辛纪选　宋金义　张世臣　张庆余
张　涛（女）　陈桂花（女）
苗振红（女）　尚钦佐　周中瑾　周建平
郑维龙　郑福姬（女，朝鲜族）　房忠昌
赵可金　翁瑞花（女）　高玉衡　高立合
栾蔚为（女）　曹学芹　寇德俊　宿献斌
韩乃和　韩永忠　董桂芹（女）　程仕升
程学民　谢迎春　魏敬元等

高密市（54 名）

马美兰（女）　王心盛　王玉田　王立福
王传聪　王增华　毛丽萍（女）　毛志厚
邓兆发　邓秀梅（女）　田忠爱　田绍龙
吕尧金　刘玉兰（女）　孙凤俊（女）
孙时英　孙洪菊（女）　孙惠斌　孙嘉炼
李庆喜　李希贵　李桂荣　李惠兰（女）
李德章　吴元宝　邹希贞（女）　宋锡明
宋锡亮　张元茂　张成富　张来光
张继萍（女）　张德君　陈光聚　陈华启
周会云　郑存阶　单际贵　柳帮功　胡宝平
赵文禄　姚增锦　徐长胜　徐玉丽（女）
徐明春（女）　郭加武　郭会英（女）
高月桂　高绪美（女）　葛瑞云
董希芳（女）　鲍世举　谭洪喜　薛令山

昌邑市（43 名）

马志鹏　马言圣　王兴涛　王希凤（女）
王福顺　邓怀存　史玉文　任柏榴　刘汉富
刘秀美（女）　刘智修　孙凤友
孙业香（女）　孙仲富　孙其义
纪淑芹（女）　李邦书　李希河　李绪民
杨素珍（女）　张凤云　张宗华
张桂云（女）　张敦柏　宫兆臣　姜维志
夏坤明　徐百泉　徐学珍（女）　曹永胜
曹学成　常怀义　宿连池　董凤杰　董占胜
鲁顺杰　温钦祥　谢龙元　臧法孝
翟秀芝（女）　翟春仙　滕泽利　潘学法

昌乐县（37 名）

丁同山　王光明　王进一　王孝瑞　王继东
牛桂英（女）　石德成　丛湘梅（女）
任晓日　刘天佑　刘守义　刘效弟　刘培文
孙希荣　孙洪喜　杜国平　花兆贤　沈孝业

张立华 张兆田 张怀安 张宝峰
张春香（女） 苗开喜 周晓辉 孟宪胜
胡殿隆 侯希龙 姜玉国 姜光显 秦汶民
崔建平 崔爱祯 韩守义 韩国平 路来谦
解国全

临朐县（48名）

马长科 马光珍（女） 马军梅（女）
王玉亮 王玉棠（女） 王兆祯 王其敬
王京霞（女） 王海亭 冯宪宝 吕世荣
刘文同 刘占山 刘田云（女） 刘学圣
刘洪涛 刘景润 齐忠礼 衣胜春 孙向林
李文镇 李超香（女） 杨宪军 吴维和
何连爱（女） 辛承乾 初 杰
张文美（女） 张良升 张恕福 迟昭厚
陈爱芬（女） 范永民 郑美红（女）
郝素珍（女） 赵现美（女） 赵学锋
赵洪昌 钟耕民 侯孝忠 宫怀元 黄玉瑞
常复兴 傅绍玉 傅绍业 窦京兴 翟云亭
潘心德

解放军（10名）

丁兆军 冯义占 李建桂 李祥斌 吴甫民
张福庆 郝德伟 秦日午 郭德启 程庆同

潍坊市第十三届人民代表大会代表变动情况

潍坊市第十三届人民代表大会第一次会议至第二次会议期间，奎文区选举的王新维、昌邑市选举的滕泽利去世；寿光市选举的李常德调离潍坊市；潍城区补选孟庆臣、罗方照，寒亭区补选王永兴，高密市补选韩俊生，昌邑市补选孟祥志，昌乐县补选刘明珂，临朐县补选王洪杰为市第十三届人民代表大会代表。

市第十三届人民代表大会第二次会议至第三次会议期间，寿光市选举的董泉才、高密市选举的高月桂去世；诸城市选举的王玉芬、寿光市选举的吴高亭调离潍坊市；潍城区补选葛吉平，奎文区补选于生、陈春和，寿光市补选王深鹏，高密市补选孙日贵，解放军补选刘洪清、张文才为市第十三届人民代表大会代表。

市第十三届人民代表大会第三次会议至第四次会议期间，潍城区选举的黄存福去世；潍城区选举的于明，奎文区选举的赵汝林，解放军选举的冯义占、李祥斌调离潍坊市；潍城区选举的谭瑞田辞去代表职务；潍城区补选王磊，奎文区补选王元榜、李刚，寿光市补选徐振溪、刘延禄，安丘市补选李本跃、赵传圣，高密市补选赵凤池、满郭强，昌乐县补选侯法生、孙文清为市第十三届人民代表大会代表。

市第十三届人民代表大会第四次会议至第五次会议期间，坊子区选举的李炳泉，安丘市选举的刘相周、寇德俊，高密市选举的王立福去世；坊子区选举的黄存明，诸城市选举的王金玉，解放军选举的张文才、秦日午，青州市选举的陈福成调离潍坊市；潍城区补选赵东、王承策，解放军补选王勇、王申宁为市第十三届人民代表大会代表。

第五节 潍坊市第十四届人民代表大会代表

潍坊市第十四届人民代表大会任期为2003年2月至2008年1月。山东省第九届人民代表大会常务委员会第三十一次会议作出的《关于山东省设区的市、县（市、区）人民代表大会换届时间和新一届代表及常务委员会组成人员名额的决定》中，确定潍坊市第十四届人民代表大会代表名额为570名。市第十四届人民代表大会第一次会议实有代表555名；市第十四届人民代表大会第二次会议实有代表555名；市第十四届人民代表大会第三次会议实有代表553名；市第十四届人民代表大会第四次会议实有代表563名；市第十四届人民代表大会第五次会议实有代表570名。

潍坊市第十四届人民代表大会第一次会议代表名单

潍城区（36名）

马东宁 马连芹 王永峰 王仲美（女）

王克斌　王志坤　王利民　王秀河
王晓真（女）　方承林　尹来清　冯延东
吕镇山　朱文政　刘晓华　孙万奎　孙晓波
李守玉　李　红（女）　李淑杰（女）
苏胜新　吴少华（女）　宋纪明　张文军
陈建军　陈景平　季元升　封新宽　赵广庆
赵仁增　姜连国　袁文坤（女）
贾曰玲（女）　郭军生　葛吉平　潘立东

坊子区（19 名）

于宪海　王义正　王曰江　王延孝　王明峰
王承策　王振华　刘明生　刘学忠　刘炳奎
孙桂香（女）　杜国忠　李伟平（女）
张恒志　张清生　郝秀珍（女）　赵文禄
徐文全等

寒亭区（23 名）

于信元　王治华　王建岗　王俊国　刘全福
刘维国　孙成志　孙秀云（女）　李世光
李忠廉　宋孝恩　张小梅（女）
张美荣（女）　庞　琴（女）　逄奉建
徐丽伟（女）　高　岩　高振涛
黄爱国（女）　崔全华　崔守国
康凤英（女）　葛爱军

奎文区（45 名）

于曼平（女）　王元榜　王曰华（女）
王立魁　王有强　王玲玲（女）　王维盛
王琰方　王　强（女）　王照宏　毕孝圣
刘天佑　刘秋林　刘海东　刘智平　齐晓政
杜桂英（女）　李良田　李　莉（女）
邱和平　沈孝纲　宋国华　张文智　张和平
张建民　张树琛　武际宝　胡世刚　胡　岗
赵传孔　侯方恒　贾振能　徐传孝　徐寿海
徐　波　徐洪龙　高立在　高兆升
高瑞杰（女）　曹　龙　戚其祝　葛茂盛
谭玉梅（女）　戴瑞德等

青州市（55 名）

王云祥　王玉璋　王国健　王金富
王瑞霞（女，回族）　丰建艺（女）
石维云　付玉花（女）　有祥玉　吕长胜
吕晓燕（女）　刘岚岚（女）　刘序景
汲英民　那凤鑫（女，满族）　孙广宝
李　刚　李传明　李春水　李新安
杨云华（女，回族）　杨玉溱
苏光华（女）　吴学春　张太平　张立忠
张秀玲（女）　张洪全　尚宗新　岳保利
房永安　房德业　赵　东　钟爱玲（女）
俞泽航　秦文彬　夏良庆　党世杰
徐健生（女）　徐　鉴　高大汉　高传福
曹威平　崔华岗（女）　崔安永　阎金亮
韩俊生　董华友　程金亭　满郭强（女）
蔚严春　薛光太　冀全惠等

诸城市（61 名）

于　生　于英霞（女）　王玉丽（女）
王仕林　王克田　王树军　王桂波
王淑琴（女）　王维娟（女）　尤进京
古立欣　冯展修　吕光明　吕洪雨　乔益福
朱佰勋　刘作光　刘金杰　刘新建　刘德成
许传弟　孙　友　孙方洲　孙焕香（女）
李文欣　李永祥　李庆章　李进方　李明君
李耀武　杨玉法　杨旭亮　杨彦新　时培东
邹庆忠　张戈剑　张玉德　张建国　张爱军
张瑞波　陈忠义　邵秀芹（女）　武桂森
苗美兰（女）　周　勇（女）　胡希星
赵兴涛　赵治国　宫献银　姜秀玲（女）
徐建奎　殷玉梅（女）　郭东平　郭桂滋
彭佃德　蒋　红（女）　蒋德华　窦宝荣
臧恒望　鞠德民　魏本芳

寿光市（63 名）

丁　伟　于益增　于德路　马景海　王平金
王乐义　王金英（女）　王金栋　毛德荣
方秀梅（女）　尹效敏　田云峰　田其祥
冯佩美（女，回族）　刘云龙　刘中会
孙文章　孙承志　孙福荣　李明亭　李金龙
李法曾　李学海　李冠庆　李维东　杨志强
杨茂森　杨国富　杨维国　肖庆周　宋全正

张风太 张传林 张志才 张秀文（女）
张美莲（女） 张桂云（女）
张莉英（女） 张恩荣 周绍瀚（女）
郑道明 胡素霞（女） 赵秀玉（女）
赵景昌 钟少林 侯文儒 贺 瑛（女）
秦中廷 袁训兰（女） 袁荫龙 徐振溪
郭延顺 郭笃华 郭洪谦 郭锡禄
桑瑞莲（女） 黄凤岩（女） 黄俊生
曹开田 崔效杰 韩清梅（女） 董宜顺
舒 安

安丘市（61名）

于宗云 于桂云（女） 马方茂 马言圣
王光顺 王汝江 王克生 王克学 王贤臣
王洪书 王桂兰（女） 王继怀 王蓬莱
王新建 王德义 车春蕾（女） 牛绍斌
毕可仁 朱凤兰（女） 刘友树 刘兴军
刘爱华（女） 刘福勋 刘 燕（女）
孙业增 孙建德 李广庆 李本跃 李旭光
李丽梅（女） 李志明 李金才
李 波（女） 杨德润 邹登顺
辛桂灵（女） 宋金义 张世臣 张庆余
罗建秀（女） 岳俊强 周子顺 周明津
郑学军 房忠昌 封金栋 赵德玉 郭万欣
栾光斗 黄桂玲（女） 曹文利
韩永忠 董桂芹（女） 程仕升 程茂仁
程学民 谢迎春 窦金光 潘炳孝等

高密市（53名）

丁元芬（女） 丁维国 于明信 于德升
王发亮 王者松 王艳霞（女）
王清华（女） 王增华 王 燕（女）
毛丽萍（女） 毛志厚 邓兆发 邓其华
田立甫 毕兆利 刘永瑞 刘利宁
刘金萍（女） 刘宝昌 刘经文 孙日贵
孙嘉炼 李玉平 李庆喜 李桂荣
李惠兰（女） 李瑞阳 李翠英（女）
肖 瑛（女） 吴元宝 吴建民 宋允厚
张江汀 张聿嘉 张 红（女） 张作栋

国正平 赵仁东 赵凤池 赵廷莲（女）
赵伟宏 赵洪喜 郭宗祥 栾仁霞（女）
栾林清 常明华 崔红旗
崔海英（女，朝鲜族） 葛瑞云
董兰香（女） 薛令山 鞠志华

昌邑市（41名）

于彩芹（女） 马泮玉 马跃启 王卫东
王成伦 王传法 邓怀存 吉昌荣
刘秀美（女） 刘明珂 刘国田 孙长华
孙业香（女） 孙秀珍（女） 孙其义
李邦书 李绪民 杨素珍（女） 张天辉
张其智 张宗华 陈白峰 范素美（女）
孟凡广 柳秉洪 赵 文 宫召臣 姜维志
聂振萍（女） 徐百泉 郭明华 黄继勇
崔爱信 韩良忠 葛天伟 董凤杰 董占胜
董瑞训 鲁顺杰 臧法孝 潘学法

昌乐县（36名）

王立胜 王光明 王秀丽（女） 王建军
孔凡升 左玉琴（女） 刘 伟 刘培文
刘清太 孙守伏 孙希荣 杜国平 花兆贤
肖联芳 沈孝业 宋延平 张永连 张兆田
张怀安 张宝峰 迟昭厚 罗洪德
周晓玲（女） 孟凡霞（女） 赵笃学
钟砚禄 侯月峰（女） 秦日盈 秦汶民
夏云国 钱文亭 徐仕祥 高 峰 高赐伦
韩守义 滕春富

临朐县（52名）

于永波 马广艳（女） 马军梅（女）
王永兴 石汝军 石 颖（女） 白文道
考继佳 吕传美 吕 伟 刘文利 刘占山
刘田云（女） 刘守富 刘明福 刘学海
刘景润 闫云田 安德仁 许孝新 李元俊
李东明 李庆芝 李守民 杨卫东 杨宪军
吴顺红（女） 辛承乾 张文美（女）
张玉芹（女） 张美春 张维明
陈爱芬（女） 范永民 罗方照
周玉芳（女） 郝素珍（女）

赵现美（女）　赵洪昌　钟耕民
侯文梅（女）　侯孝忠　商　奇　董京升
傅少祜　傅东生　傅光永　傅绍山　窦京兴
颜世富　潘心德　魏守吉

解放军（10 名）

井传明　王　勇　刘龙宝　刘同福　刘洪清
许　民　李祥斌　杨继东　房崇跃　郭德启

潍坊市第十四届人民代表大会代表变动情况

潍坊市第十四届人民代表大会第一次会议至第二次会议期间，青州市选举的徐鉴，诸城市选举的徐建奎、彭佃德去世；潍城区选举的宋纪明，奎文区选举的王立魁，解放军选举的刘龙宝、王勇调离潍坊市；潍城区补选周立章、董清虎，坊子区补选夏芳晨，奎文区补选白桦，临朐县补选周晓钟，解放军补选卞长伟、田东流为市第十四届人民代表大会代表。

市第十四届人民代表大会第二次会议至第三次会议期间，潍城区选举的朱文政、临朐县选举的刘占山去世；潍城区选举的苏胜新、坊子区选举的王振华，奎文区选举的赵传孔、解放军选举的许民调离潍坊市；潍城区补选孔宪俊，坊子区补选丁志伟，诸城市补选高崇臻，寿光市补选苏立科为市第十四届人民代表大会代表。

市第十四届人民代表大会第三次会议至第四次会议期间，诸城市选举的冯展修去世；潍城区选举的赵广庆，奎文区选举的邵宗水、白桦，解放军选举的李祥斌调离潍坊市；潍城区选举的马连芹辞去代表职务；潍城区补选韩书俭、张俊才、张益军，奎文区补选杨继生、邹立众，诸城市补选张国华、李建泉、郑世金，高密市补选王继美、赵志远，昌乐县补选崔建平、张立华，临朐县补选李晓明、李文国，解放军补选徐桂明、马志昌为市第十四届人民代表大会代表。

市第十四届人民代表大会第四次会议至第五次会议期间，奎文区选举的王元榜，青州市选举的蔚严春，寿光市选举的张传林，安丘市选举的毕可仁，高密市选举的张江汀，解放军选举的田东流、刘同福调离潍坊市；昌邑市选举的吉昌荣辞去代表职务；坊子区补选解维俊、张军、赵伟，寿光市补选许立全、范西智、邢乐信，安丘市补选蒋文彩、李云高、王乃平，昌乐县补选张爱云、张庆吉、张德政，临朐县补选马兴华、刘建国、许孝义，解放军补选曲新佩为市第十四届人民代表大会代表。

第六节　潍坊市第十五届人民代表大会代表

潍坊市第十五届人民代表大会任期为 2008 年 1 月至 2012 年 2 月。根据省十届人大常委会第二十七次会议《关于山东省设区的市、县（市区）人民代表大会换届选举时间和新一届代表及常务委员会组成人员名额的决定》，潍坊市第十五届人民代表大会代表名额为 570 名。市第十五届人民代表大会第一次会议实有代表 566 名；市第十五届人民代表大会第二次会议实有代表 570 名；市第十五届人民代表大会第三次会议实有代表 570 名；市第十五届人民代表大会第四次会议实有代表 570 名。

潍坊市第十五届人民代表大会第一次会议代表名单

奎文区（50 名）

于均收　于曼萍（女）　马东宁　王万堂
王夕尧　王艾君　王成才　王建奎
王玲玲（女）　王洪玲（女）　王琰方
孔宪俊　尹兴明　邢乐信　向维凯　刘秋林
齐晓政　杜桂英（女）　李　兰（女）
李庆芝　李守玉　李春良　李　辉　李善洪
肖振峰　邹立众　张小梅（女）　张仁科
张有渠　张建民　胡君章　胡凝熙　赵志远
赵维芳（女）　侯方恒　姜　滨　秦学昌
贾振能　徐世殿　徐寿海　徐鹏强　郭生业
高立在　黄潍连　韩玉珍（女）　韩国庆

葛茂胜 颜 诺（女） 戴瑞德等

潍城区（38名）

丁 莹（女） 于光兴 马炳来 马 健
王卫东 王永峰 王秀河 王荣强 王培福
吕镇山 刘夕恩 刘岚岚（女） 刘利宁
刘德成 孙俊华 李化岗 李文忠
李 红（女） 李 璇（女） 杨学亭
吴少华（女） 宋书爱 张庆吉 张润国
张益军 陈建军 季元升 季书斌 金 鑫
郑忠甫 赵仁增 赵 萍（女） 姜连国
徐红军 韩书俭 葛吉平 滕春富 潘立东

坊子区（25名）

丁志伟 马清民 王曰江 王胜军 考继佳
毕孝圣 刘明生 刘学忠 刘勤友
刘 燕（女） 许列云 孙洪业
孙美娥（女） 孙桂香（女） 李中元
李桂清（女） 杨进军 张世昌 张 军
张恒志 陈序尧 胡 岗 赵 伟 赵 军
程学民

寒亭区（27名）

王兆丰 王俊国 王培照 王敬信
王瑞花（女） 石承志 刘月霞（女）
刘全福 李世光 李 波（女） 李建泉
李瑞丰 苏立科 肖沼泓 张爱云（女）
陈 平 陈丽霞（女） 陈 健 逄奉建
袁荫龙 徐建明 葛爱军 董清虎 傅大军
蔡沥蓸 蔡俊忠 魏瑞菊（女）

青州市（56名）

王立胜 丰建艺（女） 史春晓 冯先家
吕珊珊（女） 吕晓燕（女） 朱德伟
刘希玉 刘春娟（女） 刘振海 汲英民
许立全 许永明 孙广军 孙广宝 孙忠礼
杜纪俊 李九光 李云高 李玉芹（女）
李金鹏 李春水 李春明（回族） 杨玉光
苏光华（女） 吴学春 辛卫东 张太平
张传法 张建富 张俊玲（女） 岳生学
岳保利 岳俊强 房德业 赵 东 赵 伟
钟爱玲（女） 索 勇（回族）
聂振萍（女） 贾爱霞（女） 夏良庆
党世杰 徐健生（女） 高大汉 高佃怀
崔忠香（女） 崔学选 阎金亮 董阔军
程金亭 舒昆坪（女，满族）
甄曰菊（女） 薛光太 鞠程和 魏志强

诸城市（62名）

于 生 于英霞（女） 王术全 王 伟
王启鹏 王 栋（女） 王树军 王家增
王培臣 王淑琴（女） 王维娟（女）
王 磊 尤进京 卢卫国 刘季江 刘家宝
许传弟 孙世平 李文欣 李叶銮（女）
李 宁 李永明 李永祥 李进芳 李忠春
李洪滨（女） 杨玉法 杨旭亮 杨彦新
时培东 邹庆忠 宋修栋 张国华 张建国
张瑞波 张 磊 陈汝孝
苗永琴（女） 苗美兰（女）
周 勇（女） 郑世金 郑兆怀 郑和平
郑 健 单亦聚 赵兴涛 赵根祥 赵绪阳
姜秀玲（女） 殷玉梅（女） 郭东平
郭慧敏（女） 高成玉 崔建平
康凤英（女） 蒋 红（女） 臧恒望
管恩玉 鞠献宝 鞠德民 魏显莲（女）等

寿光市（60名）

丁 伟 于 进 万 莉（女） 马清礼
马景海 王士红（女） 王平金 王学清
王清汉 尹效敏 付士祥 刘中会 刘水明
刘永华 刘爱武（女） 许美荣（女）
孙文勇 孙文章 孙承志 孙桂兰（女）
孙德华 李玉华 李贡金 李泮德 李冠庆
杨茂森 杨国富 杨晓红（女）
杨淑华（女） 杨德峰 张风太 张永成
张国华 张俊才 张耀亮 陈仁杰 陈明智
陈艳君（女） 范西智 范学祖 周杰三
孟庆亮 孟祥志 贺 瑛（女） 耿现江
郭秀安 郭洪谦 郭锡禄 桑自方 桑国德
桑惜雯（女） 曹开田 崔效杰

韩清梅（女）　董宜顺　舒　安
褚爱玲（女）　薛茂林等

安丘市（55 名）

王乃平　王玉梅（女）　王发亮　王光顺
王　军　王克治　王忠奎　王保贤　王洪书
王美玲（女）　王桂兰（女）
王海云（女）　王继怀　王　彬　王新建
王德义　车春蕾（女）　牛绍斌
朱凤兰（女）　刘子庆　刘友树　刘全平
刘桂英（女）　刘爱华（女）　刘海清
刘继堂　刘崇香（女）　刘福勋　衣光明
孙业增　孙建德　杜凤霞（女）　李本跃
李旭光　李志明　吴树云　辛桂灵（女）
张大伟（女）　张世臣　张庆余　张金灵
张韶华　周子顺　周金明　周彩香（女）
郑学江　赵　伟　赵连文　钟少林　郭万欣
栾光斗　盛万波　程仕升　程茂仁
焦玉贞（女）

高密市（54 名）

于道河　于德升　王者松　王治华
王　艳（女）　王艳霞（女）　邓其华
邓树刚　巴连成　刘永瑞　刘　伟　庄　政
闫联华　孙日贵　李文国　李玉平　李　勇
李善鹏　李瑞阳　肖　瑛（女）　吴元宝
吴建民　宋允厚　张宜宗　张　群（女）
陈松华　陈雪梅（女）　范福生　明连安
罗相明　单百平　单际田　单际庆　赵凤池
赵廷莲（女）　赵树智　侯宗凯
施玉梅（女）　姚中强　袁义龙　徐庆涛
徐振溪　高志芳（女）　栾仁霞（女）
栾林江　栾林清　唐屹立　崔红旗
崔海英（女，朝鲜族）　韩俊生　葛月殿
董兰香（女）　谢永平　鞠志华

昌邑市（39 名）

于彩芹（女）　马跃启　王　云　王元莱
王玉增　王成伦　王传法　王利民
王桂香（女）　王培竹（女）　吕继贤
任光武　刘介松　刘明珂　刘国田
孙业香（女）　孙孝工　孙俊成
李巧莲（女）　李绪民　宋执船　张天辉
张其智　张树琛　陈白峰　范素美（女）
钟耕民　宫召臣　徐百泉　黄继勇　曹昕庆
韩良忠　葛天伟　董凤杰　傅春峰　谭炳禄
翟秀芝（女）　潘永贵等

临朐县（53 名）

于永波　马广艳（女）　马云忠　马兴华
马爱军　王子升　王永兴　王兆连　邓世华
尹兴团　叶东生　吕传美　朱　骅
刘世花（女）　刘光庆　刘会堂　刘学海
刘建国　许光仑　许孝义　许孝新　孙传坤
李守民　李　萍（女）　杨宪军　杨锡广
肖明胜　吴玉萍（女）　吴伟叶　辛承乾
张欣欣（女）　张春梅（女）
张爱霞（女）　陈学俭　陈德胜　周晓钟
赵景德　侯文梅（女）　夏芳晨　郭太瑞
高美玲（女）　黄　进　梁明祥　董京升
傅光永　傅绍卓　傅绍祐　解维俊　褚学胜
谭士章　谭金兰（女）　鞠洪明　魏守吉

昌乐县（37 名）

王光才　王秀丽（女）　王建军　王昱力
孔凡升　田本义　刘文霞（女）
刘雪梅（女）　刘清太　孙守伏　李国欣
李学军　李新东　杨同光　杨继生　来永生
吴明敏　沈孝业　张文华　张佃芝　张德政
罗洪德　周晓玲（女）　孟凡霞（女）
赵丰平　赵笃学　钟砚录　姜国骏　秦汶民
夏云国　郭明文　高　峰　曹晓楠（女）
葛凤杰　蒋文彩等

解放军（10 名）

马志昌　卞长伟　邢立忠　曲新佩　刘汉杰
孙新铭　宋长林　金立诚　赵满勤　董治光

潍坊市第十五届人民代表大会代表变动情况

潍坊市第十五届人民代表大会第一次会议至

第二次会议期间，潍城区选举的吴少华去世；潍城区选举的孙俊华、青州市选举的刘振海、解放军选举的董治光调离潍坊市；寿光市选举的杨茂森、陈明智，临朐县选举的许孝义辞去代表职务；奎文区补选边峰、李春忠，潍城区补选赵伟宏、刘普成、姜远峰，青州市补选刘福毅，寿光市补选韩文国、桑文军，昌邑市补选张新强，临朐县补选王晋成，解放军补选梁玉华为市第十五届人民代表大会代表。

市第十五届人民代表大会第二次会议至第三次会议期间，青州市选举的崔学选、寿光市选举的桑自方去世；奎文区选举的王成才、李庆芝，寿光市选举的刘中会，解放军选举的邢立忠、金立诚调离本市；寒亭区选举的董清虎、青州市选举的吕晓燕、寿光市选举的孙德华、解放军选举的宋长林辞去代表职务；奎文区补选辛丕宏、徐立国，寒亭区补选阚洪明，青州市补选褚玉国，寿光市补选朱兰玺、王春吉、魏金明，昌邑市补选石增立，解放军补选陈兆信、马树江、宋恒为市第十五届人民代表大会代表。

市第十五届人民代表大会第三次会议至第四次会议期间，奎文区选举的向维凯，潍城区选举的宋书爱、李文忠，寿光市选举的张俊才，高密市选举的徐振溪调离潍坊市；奎文区选举的王建奎、王万堂，坊子区选举的李中元，青州市选举的李春水、丰建艺、鞠程和，诸城市选举的杨旭亮、李永祥，寿光市选举的桑文军，临朐县选举的朱骅，解放军选举的梁玉华辞去代表职务；寒亭区选举的葛爱军被罢免代表职务；奎文区补选徐玉军、刘克志、张磊，潍城区补选万中杰、考敏华，坊子区补选李进民，寒亭区补选孟晓雷，青州市补选初宝杰、王维盛、韩幸福，诸城市补选张洪全、王学功，寿光市补选陈泽浦、杨明，高密市补选王献玲，临朐县补选顾建华，解放军补选张宁东为市第十五届人民代表大会代表。

第七节 潍坊市第十六届人民代表大会代表

潍坊市第十六届人民代表大会任期为 2012 年 2 月至 2017 年 2 月。根据省十一届人大常委会第二十六次会议《关于山东省设区的市和新一届人民代表大会代表及常务委员会组成人员名额的决定》，潍坊市第十六届人民代表大会代表名额为 570 名。市第十六届人民代表大会第一次会议实有代表 567 名；市第十六届人民代表大会第二次会议实有代表 568 名；市第十六届人民代表大会第三次会议实有代表 570 名；市第十六届人民代表大会第四次会议实有代表 568 名；市第十六届人民代表大会第五次会议实有代表 568 名。

潍坊市第十六届人民代表大会第一次会议代表名单

奎文区（50 名）

于曼萍（女） 王秀刚 王学伟
王玲玲（女） 王秋萍（女）
王洪玲（女） 王致娟（女） 孔宪俊
冯天韬 邢乐信 刘云江 刘克志 刘祥伍
杜桂英（女） 李少亚 李守玉 李进民
李春良 李春忠 李 辉 杨国儒
杨爱君（女） 花兆贤 邹立众 辛丕宏
宋均圻 张向芹（女） 张建民 张 磊
陈玉刚 陈 强 胡君章 胡晓敏（女）
南秀霞（女） 赵天宝 赵志远
赵维芳（女） 姜 滨 秦伟堂 秦学昌
徐玉军 徐立国 徐寿海 徐鹏强 高立峰
韩立新 傅大军 颜 诺（女）等

潍城区（38 名）

丁卫东 丁 莹（女） 于光兴 王兆辉
王秀河 王茂善 王荣强 王钟和
考敏华（女） 吕 强 吕镇山 朱国宝
任 佳（女） 刘夕恩 刘德成 齐全胜

庄明良　李化岗　李世光　李香红（女）
杨学亭　张凤梅（女）　张顺涛　张益军
张韶华　季书斌　郑忠甫　项　阳　赵文元
赵　萍（女）　姜远峰　姜连国　秦光林
徐红军　郭际水　郭宝信　梁君生　董　光

坊子区（31 名）

马贤春　王永芹（女）　王英华（女）
王胜军　王效臣　王新声　毕孝圣
刘升勤（女）　刘文平　刘明生　刘敬森
刘勤友　许列云　孙业香（女）　孙洪业
李桂清（女）　杨进军　辛国志
张永梅（女）　张　军　张恒志　陈白峰
陈序尧　胡　岗　赵　伟　贾有余　黄潍连
梁启荣　董玉坤　褚学胜等

寒亭区（27 名）

王全江　王培福　王敬信　丛云川
刘月霞（女）　刘玉华（女）　李传孝
李荣亮　李瑞丰　苏立科　肖沼泓　邹庆忠
张爱云（女）　陈丽霞（女）　孟庆升
孟晓雷　赵连东　宫　智
姜丽波（女，回族）　徐松萃　徐建明
谢俊德　蔡沥菅　蔡俊忠　阚洪明
魏瑞菊（女）等

青州市（56 名）

马　胜（回族）　王秀禄　王　健（女）
王维盛　王瑞霞（女，回族）　尹洪阳
史春晓　冯先家　刘希玉　刘序景
刘建玲（女）　刘福毅　刘曙光　闫金亮
汲英民　孙广军　孙忠礼　杜纪俊
杨云生（回族）　杨玉光　杨希涛　杨洪旭
吴晓林　辛卫东　沈铁玲（女）　张允森
张玉玲（女）　张传法　张建富　岳保利
单连娟（女）　房德业　赵　东　赵　伟
赵英春（女）　赵淑华（女）
钟彩云（女）　段文博　姚忠修
索　勇（回族）　聂振萍（女）　夏永军
夏良庆　党世杰　徐健生（女）　郭　伟
高文军　高佃怀　崔　杰（女）　韩幸福
董崇岭　董阔军　甄曰菊（女）　褚玉国
潘炳国等

诸城市（61 名）

于　生　王　芳（女）　王克田　王启鹏
王金鹏　王学功　王建伟　王　栋（女）
王重国　王　彬　王舜昌　王潍政
王　慧（女）　王增宝　王　磊　刘树亮
齐艳红（女）　孙乐华　孙志山　孙起生
孙福纪　李玉伦　李　宁　李　良
李洪滨（女）　李海梅（女）　李培彦
杨连富　张建国　张洪全　张培彩
张福秀（女）　张　磊　陈汝孝　陈忠义
陈瑞田　苗永琴（女）　郑兆怀　郑和平
单亦辉　单亦聚　赵　凤（女）　赵根祥
赵绪阳　钟明华　侯跃亮　徐奎英（女）
郭焕伟　高云德　高成玉　高崇臻
曹秀敏（女）　崔建平　康凤英（女）
韩金军　惠增玉　谢瑞凤（女）　窦宝森
管金平　谭洪美（女）　鞠献宝

寿光市（60 名）

于　进　万　莉（女）　马东宁　马清礼
王平金　王光才　王红杰（女）　王学清
王清汉　王　琳（女）　尹效敏
尹　静（女）　田长伟　田素英（女）
付学勇　朱兰玺　刘水明　刘永华
刘爱武（女）　许立全　许美荣（女）
孙文勇　孙文章　孙　炜　孙承志　李玉华
李玉明　李贡金　李宗宝　李冠庆　杨　明
杨晓红（女）　杨淑华（女）　杨德峰
张风太　张永成　张建芳　陈艳君（女）
苗乃升　范学祖　周杰三　周晓钟　孟庆亮
孟祥志　赵世龙　耿现江　袁景亮　袁德洪
郭百礼　郭锡禄　崔建强　董宜顺　程效明
慈建华（女）　褚爱玲（女）　黎　明
薛茂林　魏华山　魏金明等

安丘市（54名）

于建立 于振法 马庆荣（女） 马金建
王 军 王忠奎 王学才 王美玲（女）
王桂兰（女） 王海云（女）
任海燕（女） 刘全平 刘兴明 刘宗满
刘海清 刘继堂 刘崇香（女） 衣光明
孙业润 孙连武 孙建德 杜士忠 李本跃
李永升 李全忠 李国华 李宜才
李晓文（女） 杨德峰 吴树云 何彤斌
邹智文（女） 辛建军 张大伟（女）
张建明 陈本林 陈泽浦 周彩香（女）
周新发 孟令堂 赵文贵 钟少林 贺成波
柴成林 郭万欣 桑福岭 盛万波 韩天鹏
韩辅长 葛建民 蔡凤群 翟 鑫 潘建河
薛 涛

高密市（53名）

于道河 于德升 王者松 王治华 王学忠
王钦峰 王 艳（女） 王艳霞（女）
王 辉 王 赓 王献玲 王福正 巴连成
朱相中 朱 奎 刘 玉 刘永瑞 刘志刚
闫希军 孙金生 孙 波 孙美莹（女）
孙 勇 纪德花（女） 李 勇
李雪艳（女） 李鲁民 杨建华 张宜宗
张新和 张 群（女） 范福生 明连安
罗相明 单百平 单亦刚 单际庆 荆汝泉
赵云贤 赵术智 赵廷莲（女） 钟亮成
侯宗凯 徐林收 高志芳（女） 栾林江
黄玉远 常保华 崔世兰（女） 隋国华
褚秀娟（女） 蔡 静（女）
臧延琪（女）

昌邑市（37名）

丁汉邦 于彩芹（女） 马跃启 王 云
王元莱 王玉增 王成伦 王京海 王振星
石增立 田立辉 付乃波 吕珊珊（女）
任洪武 刘介松 刘明珂 刘国田
刘荣芬（女） 齐乃源 孙秀珍（女）
孙俊成 李巧莲（女） 李寿岩
李 敏（女） 李绪民 初宝杰 张友彪
张 杰 张其智 周 娟（女） 钟耕民
宫召臣 姜连勇 徐广平 曹昕庆 韩良忠
谭炳禄

临朐县（53名）

马广艳（女） 马爱军 王永兴 王永福
王晋成 王温阳 毛京亮 邓中华 邓世华
孔凡红（女） 叶东生 田民利 申祥生
西玉玲（女） 刘文静（女） 刘裕斌
许光仑 许孝新 孙传坤 孙晓帆（女）
杜全平 李守民 李咏梅（女） 杨兆华
吴玉萍（女） 吴维叶 沈明新
张小梅（女） 张素敏（女） 陈学俭
林淑艳（女） 孟祥平 赵 军 赵学坤
赵景德 侯文梅（女） 侯 勇 段会强
段 清 顾建华 郭太瑞 郭生业 郭兴海
黄 进 梁志礼 董 刚 傅绍卓 甄学臣
谭士章 谭占廷 鞠洪明 鞠新坤
魏林卿（女）

昌乐县（37名）

丁志伟 王东兴 王秀丽（女） 王忠善
王 备 毛秀凤（女） 田本义
刘文霞（女） 刘秀德 刘良玉 刘国庆
刘修华 刘雪梅（女） 刘清太 李世勇
李国欣 杨继生 杨培锋 来永生 吴明敏
张正民 张佃芝 张新强 罗洪德
周晓玲（女） 郑爱之 孟凡霞（女）
赵丰平 赵东日 赵笃学 赵继斌 姜国骏
殷好治 郭明文 高立伯 蒋文彩等

解放军（10名）

马志昌 马怀明 吕运成 刘乃纲 刘汉杰
许振辉 孙新铭 谷兴利 宋 恒
董 珊（女）

潍坊市第十六届人民代表大会代表变动情况

潍坊市第十六届人民代表大会第一次会议至第二次会议期间，奎文区选举的徐立国，潍城区选举的吕强、姜远峰，寒亭区选举的阚洪明，青州市选举的辛卫东，寿光市选举的黎明，安丘市选举的杨德峰，昌邑市选举的徐广平，解放军选举的谷兴利调离潍坊市；奎文区补选曹红祥，潍城区补选孙敬国、赵月强，寒亭区补选左建山，青州市补选徐新民，安丘市补选毛洪涛、孙长庚，昌邑市补选王福强、张扬，解放军补选万伟锋为市第十六届人民代表大会代表。

市第十六届人民代表大会第二次会议至第三次会议期间，昌邑市选举的王成伦去世；奎文区选举的赵志远、邹立众，潍城区选举的张韶华、郭际水、梁君生，寒亭区选举的张爱云，寿光市选举的许立全、崔建强，安丘市选举的陈泽浦，高密市选举的闫希军，解放军选举的马怀明、宋恒调离潍坊市；坊子区选举的马贤春，诸城市选举的王金鹏，寿光市选举的孙文勇，安丘市选举的李宜才，临朐县选举的黄进辞去代表职务；奎文区补选宋赤锋、李祥兵，潍城区补选邱尔臣、朱振铎、刘泮英、杨晓丽，坊子区补选孙晖，寒亭区补选姜树政、李兰祥，诸城市补选李峰，寿光市补选杜昌文、尹凤来、韩荣桓，安丘市补选刘炳国、秦玉彬，高密市补选于永生，昌邑市补选王敬伟，临朐县补选朱乐凯，解放军补选郝树东、李贻国为市第十六届人民代表大会代表。

市第十六届人民代表大会第三次会议至第四次会议期间，坊子区选举的陈白峰去世；潍城区选举的赵月强、孙敬国，高密市选举的黄玉远，昌乐县选举的来永生，解放军选举的马志昌调离潍坊市；坊子区选举的孙晖，青州市选举的索勇、段文博，寿光市选举的魏华山，解放军选举的万伟锋辞去代表职务；潍城区补选朱玉春，坊子区补选李在武、袁义东，青州市补选王彦彬、脱安利，寿光市补选赵绪春，高密市补选王卫东，解放军补选油朝康、韩冰为市第十六届人民代表大会代表。

市第十六届人民代表大会第四次会议至第五次会议期间，坊子区选举的贾有余，青州市选举的杜纪俊、王彦彬，安丘市选举的刘炳国、刘兴明，高密市选举的于永生，解放军选举的许振辉、刘汉杰、刘乃纲调离潍坊市；诸城市选举的王舜昌，寿光市选举的刘水明，安丘市选举的孙建德辞去代表职务；坊子区补选刘艳芳、扈洪波，青州市补选杨晓辉、李卫华，诸城市补选刘峰梅，寿光市补选张中山，安丘市补选林红玉、郭召义、席敦升，解放军补选张玉礼、周巍、董雷为市第十六届人民代表大会代表。

第八节　潍坊市第十七届人民代表大会代表

潍坊市第十七届人民代表大会任期为2017年2月至2022年4月。根据省第十二届人大常委会第二十三次会议《关于设区的市新一届人民代表大会代表及常务委员会组成人员名额的决定》，潍坊市第十七届人民代表大会代表名额为570名。市第十七届人民代表大会第一次会议实有代表566名；市第十七届人民代表大会第二次会议实有代表565名；市第十七届人民代表大会第三次会议实有代表558名；市第十七届人民代表大会第四次会议实有代表559名；市第十七届人民代表大会第五次会议实有代表561名；市第十七届人民代表大会第六次会议实有代表550名。

潍坊市第十七届人民代表大会第一次会议代表名单

奎文区（50名）

于光富　马永军　王秋萍（女）
王洪玲（女）　王洪泉　王致娟（女）
孔宪俊　卢洪凯　冯天韬　朱金禄　刘云江
刘祥伍　刘棣俭　杜桂英（女）　李少亚
李东香（女）　李守玉　李春忠
李俊芹（女）　李银凤（女）　李　辉

李德宝 杨国儒 杨爱君（女）
邱 婷（女） 宋赤锋 初宝杰 张民庆
张志勇 张建民 张晓琦（女） 陈 强
金 玮（女） 周玉东 南秀霞（女）
赵红梅（女） 姜 滨 秦学昌 袁义东
徐鹏强 徐德成 郭龙海 郭虎英 高立峰
高志秀（女） 韩立新 董传宇 解 彬
颜 诺（女）等

潍城区（38名）

丁卫东 马跃启 王小妹（女） 王训杰
王秀禄 王忠刚 王钟和 王 配（女）
王道奎 王 毅 考敏华（女） 朱玉春
任 佳（女） 任春娥（女） 刘志刚
刘泮英 庄明良 孙守亮 杨学亭 杨晓辉
杨瑞军 张顺涛 张洪全 季洪刚 郑忠甫
郑悦云（女） 胡东文 胡 岗
赵 萍（女） 秦光林 秦 玲（女）
徐红军 徐金明 郭秀兰（女） 崔瑞福
程 倩（女） 蔡明君等

坊子区（31名）

马东宁 王英华（女） 王建庆 王 强
王福强 方永福 刘明生 刘敬森 许列云
孙业香（女） 李月淑（女） 李在武
李良伟 杨小塑（女） 杨进军 邱尔臣
邱新证 张玉强 张龙江 张发义 陈序尧
单秀丽（女） 赵 军 赵 霞（女）
钟晓华（女） 梁启荣 扈洪波 韩忠玉
韩绍萍（女） 潘振东等

寒亭区（27名）

丁利民 于 乐（女） 于英智
王红宁（女） 王春青 王维波 申孝忠
刘国敏 刘淑香（女） 孙丽丽（女）
纪素霞（女） 李兰祥 苏立科 肖沼泓
陈 龙 郤占生 孟庆升 赵学坤 宫 智
姜树政 常雅丽（女） 韩国礼
董兴梅（女） 蔡沥菖 谭会来等

青州市（56名）

于光民 马建平 马 胜（回族） 王 丙
王玉平 王兆生 王志刚 王志坚（女）
王建强 王桂春 王晓红（女）
王 健（女） 王惠英（女）
王瑞霞（女，回族） 公茂军
刘建玲（女） 闫金亮 汲英民
关春红（女） 李卫华 李全富 李庆凯
李兴盛 李宽端 杨云生（回族） 杨国光
肖明胜 宋保华（女） 张玉玲（女）
张志才 张茂国 张学文 张洪刚 张新英
岳保利 单连娟（女） 房德业 赵本明
赵 伟 赵 强 钟彩云（女） 姚忠修
夏良庆 徐广艳（女） 郭 伟 郭庆刚
高东亮 高秀英（女） 高维生
脱安利（回族） 韩幸福 葛英煜 董崇岭
鞠立强 鞠新坤等

诸城市（61名）

丁洪亮 马永芳（女） 马煜平 马耀勤
王玉邦 王东明 王发庆 王金武 王学伟
王建伟 王承策 王树松 王 亮 王彦青
王 彬 王 慧（女） 王增宝
邓 杰（女） 朱兆霞（女）
刘飞龙（女） 刘会华 刘金明
刘峰梅（女） 刘效伟 刘培民 刘焕仁
齐光慧 闫翔宇 孙成云 孙培芹（女）
孙福纪 李妍君（女） 李海梅（女）
李盛林 李朝阳 李增强 李德忠 杨海磊
肖 捷 张小梅（女） 陈 文（女）
陈 浩 苗晓峰 范福生 周华绪
郑红缨（女） 郑思敏（女）
郑洪霞（女） 赵 凤（女） 钟明华
秦 丽（女） 郭焕伟 高成勇 桑福岭
寇 叶（女） 梁光辉 韩旭东 韩金军
惠增玉 管金平 滕春富

寿光市（60名）

丁俊洋 于素凤（女） 马千鹏 王延泰

王秀清 王星堂 王清汉 田太卿 田长伟
田素英（女） 付学勇 朱兰玺 刘志臣
刘国明 刘福昌 刘曙光 孙文亮 孙 炜
孙承志 孙洪坤 李传民 李秀珍（女）
李 明（女，满族） 李 朋 李宝华
李 胜 李美芹（女） 李桂华（女）
李 锋 杨艳萍（女） 杨晓红（女）
杨锡广 杨 磊 何 艳（女） 张天成
张风太 张东升 张秀文（女）
张秀香（女） 张建芳 张树芝（女）
张新强 国洋德 郑连元 赵世龙 赵绪春
侯利福 耿光林 夏保周 徐军伟 郭百礼
郭红梅（女） 郭志茹（女） 郭晓伟
曹建国 韩佩璋 董伟涛 魏华中等

安丘市（54 名）

丁长显 丁汉邦 于建立 马金建 马振波
王发亮 王守明 王 军 王明艳（女）
王学才 王美玲（女） 王海云（女）
毛秀凤（女） 毛洪涛 申爱华（女）
任海燕（女） 刘世东 刘世杰 刘 伟
刘海清 孙业润 杜建华 李志刚 李国栋
李学海 李星梅（女） 李晓文（女）
李新阁 李德云（女） 吴国荣（女）
何彤斌 邹智文（女） 张大伟（女）
张玉连（女） 张玉荣（女） 张济武
林红玉 单日强 孟令堂 柳晓东 赵刚毅
赵 勇 秦玉彬 郭召义 高焕智 席敦升
葛建民 董连玉 傅廷伟 褚玉国 蔡凤群
潘建河 薛 涛 魏文滨

高密市（53 名）

于德升 万 丽（女） 王卫东
王 飞（女） 王文琦 王旭东
王秀娟（女） 王者松 王钦峰
王衍明（回族） 王 艳（女） 王晓晨
巴连成 田立向 朱朝辉 任成森 刘永瑞
刘宏伟 刘建国 孙美莹（女） 孙 勇
李丹平 李成军 李 勇 杨建华 严凤辉

邱介福 邱 慧（女） 陈汝孝
张付霞（女） 张庆利 张绍森 罗相明
单百平 单亦刚 单美华（女） 荆汝泉
赵 阳（女） 姜雪琴（女） 徐庆涛
徐林收 徐 波 徐翠云（女）
郭晓燕（女） 栾林江 黄 龙
崔世兰（女） 隋国华 韩金洲 韩泓冰
韩辅廉 葛孝江 雷向敏

昌邑市（37 名）

于彩芹（女） 王兆辉 文 斌 田立辉
付乃波 吕珊珊（女） 朱希昌 刘明珂
刘国田 刘艳芳（女） 刘焕荣（女）
孙淑芹（女） 李中福 李巧莲（女）
李玉祥 李旭忠 李旭辉 李建军 李 秋
宋 波 宋教德 张 扬 张 越
陈莲莲（女） 范满国 岳俊强 郑仁宗
钟耕民 逄新民 姜雪梅（女） 徐金江
高爱萍（女） 董磊杰 管英俊（女）
谭炳禄 魏永杰 魏建峰

临朐县（52 名）

马广艳（女） 马春玉 王曰普 王立杰
王学鹏 王晋成 王晓辉（女）
孔凡红（女） 白云涛 西玉玲（女）
刘际中 刘裕斌 刘福毅 许光仑 许孝新
孙好欣 孙绍军 孙起生 李守成
李咏梅（女） 李祥兵 李 瑜 杨兆华
花兆贤 吴海源 宋作爱（女） 张传圣
张兆伟 张连太 张秀华（女） 张良科
张学红（女） 陈小辉（女） 林绍志
季运忠 孟祥法 赵园园（女） 赵洪滨
侯文梅（女） 段会强 段 清 姜国骏
顾建华 高万东 高凤芳（女） 崔大伟
谭士章 谭学政 颜世良 鞠洪明
鞠海梅（女）等

昌乐县（37 名）

丁志伟 于 勇 王冰心 王 坤 王 备
王泽钢 卞汉林 刘良玉 刘国庆

刘雪梅（女） 刘清太 齐延升
许慧敏（女） 李世光 李国欣
李晓丽（女） 时红梅（女） 邱 旺
邹庆忠 汪立波 张丽娟（女） 张国伟
陈 伟 郑爱之 孟凡霞（女） 胡景东
赵丰平 赵允安 赵连东 赵 君（女）
夏光富 殷好治 郭明文 韩昆亮
董 青（女） 窦 青（女）等

解放军（10名）

王建伟 皮先标 孙新铭 张玉礼
武虹妃（女） 周 巍 郝树东 秦道平
董 雷 韩 冰

潍坊市第十七届人民代表大会代表变动情况

潍坊市第十七届人民代表大会第一次会议至第二次会议期间，奎文区选举的袁义东、金玮，坊子区选举的李在武，寒亭区选举的刘国敏，青州市选举的公茂军，临朐县选举的高万东，解放军选举的皮先标、周巍、董雷调离潍坊市；诸城市选举的李朝阳，安丘市选举的薛涛，高密市选举的葛孝江、韩金洲，临朐县选举的孟祥法辞去代表职务；奎文区补选李东峰、董兴磊，坊子区补选张晓峰，寒亭区补选朱传强，青州市补选李继东，诸城市补选张磊，安丘市补选刘全平，高密市补选邱昌禹、陈余彬，临朐县补选王中华、胡福东，解放军补选钟京波、周全法为市第十七届人民代表大会代表。

市第十七届人民代表大会第二次会议至第三次会议期间，奎文区选举的李辉，寒亭区选举的朱传强，青州市选举的李宽端、李卫华，诸城市选举的张小梅，昌乐县选举的邹庆忠，解放军选举的秦道平调离潍坊市；青州市补选田庆盈为市第十七届人民代表大会代表。

市第十七届人民代表大会第三次会议至第四次会议期间，寿光市选举的刘曙光，高密市选举的朱朝辉、韩泓冰，临朐县选举的李祥兵、刘际中，解放军选举的韩冰、张玉礼调离潍坊市；潍城区选举的杨晓辉、朱玉春，诸城市选举的寇叶，寿光市选举的徐军伟、杨锡广，高密市选举的李成军、韩辅廉、于德升、王旭东，昌邑市选举的张越，临朐县选举的刘福毅，昌乐县选举的邱旺，解放军选举的王建伟辞去代表职务；潍城区补选梁爱民，寒亭区补选陈宁，诸城市补选何金波，寿光市补选惠新安、张守富、马中平，高密市补选张宝胜、孙沂、刘跃东、孔晓明、高中杰、王福正，昌邑市补选杨炳文，临朐县补选谭炳建、吴金忠，昌乐县补选白卫明，解放军补选丁峰、童培友、武仲良、刘洪胜、冯晓为市第十七届人民代表大会代表。

市第十七届人民代表大会第四次会议至第五次会议期间，奎文区选举的李东峰、董兴磊、解彬，寒亭区选举的姜树政，青州市选举的王桂春，诸城市选举的王学伟，昌邑市选举的岳俊强、文斌，解放军选举的武仲良调离潍坊市；奎文区选举的陈强，潍城区选举的王秀禄，坊子区选举的邱尔臣，寒亭区选举的宫智、丁利民、刘淑香，青州市选举的鞠新坤、张学文、王丙，诸城市选举的王发庆、钟明华、韩金军，寿光市选举的刘国明，安丘市选举的赵刚毅、李德云，高密市选举的邱介福，昌邑市选举的钟耕民、刘艳芳、李建军，解放军选举的丁峰、冯晓，辞去代表职务；奎文区补选刘达、高永千、刘华东、薛林、李茂富，潍城区补选宋立军、孙修炜，坊子区补选刘玉祥，寒亭区补选李向阳、禚振鹤、张祖钊、刘金国，青州市补选陶卫东、田立军、陈继明，诸城市补选李亚平、王术海、杨连河、张维平，寿光市补选林立星，安丘市补选贾勤清，高密市补选陈连军，昌邑市补选刘国伟、韩鹏、丁新杰、李英博，临朐县补选田元君，昌乐县补选张建伟，解放军补选薛晓鹏、马庆增、郑立平为市第十七届人民代表大会代表。

市第十七届人民代表大会第五次会议至第六次会议期间，坊子区选举的陈序尧、刘敬森去世；奎文区选举的薛林、朱金禄、周玉东，潍城区选举的王训杰、梁爱民、刘泮英、孙修炜，坊子区选举的张晓峰，寒亭区选举的陈宁、陈龙，诸城市选举的刘峰梅、张维平、陈文，寿光市选举的李锋、惠新安，安丘市选举的林红玉、刘世杰，高密市选举的王晓晨、雷向敏、孔晓明，昌邑市选举的杨炳文，临朐县选举的孙起生，解放军选举的周全法、孙新铭调离潍坊市；奎文区选举的卢洪凯、张志勇，潍城区选举的任春娥、张洪全、徐金明，青州市选举的张志才、张洪刚，诸城市选举的王承策、王玉邦，寿光市选举的朱兰玺，安丘市选举的傅廷伟、郭召义、任海燕，高密市选举的张付霞、荆汝泉，临朐县选举的王立杰、李守成，昌乐县选举的王备、卞汉林辞去代表职务；奎文区补选王勇、张海军、周俊、袁菲，潍城区补选田永全、刘运、李振杰、吴涛、潘立东，坊子区补选孙吉海、陈良、高峰，寒亭区补选王波、赵中国、滕双兴，青州市补选宋伟伟、陈延爱，诸城市补选王汉成、王浩、乔宏宇、刘冰、赵治国，寿光市补选李鹏、范勋成，安丘市补选赵传江、于继才、刘兴军、康悦彬，高密市补选王效刚、纪兵、李培礼，临朐县补选冉照坤、刘艳芳，昌乐县补选张少见、张金涛，解放军补选于云岚、于平为市第十七届人民代表大会代表。

市第十七届人民代表大会第六次会议至市第十八届人民代表大会第一次会议期间，寿光市选举的张秀文去世；奎文区选举的高永干，昌邑市选举的韩鹏调离潍坊市；寿光市选举的张守富，高密市选举的张宝胜，临朐县选举的谭炳建，昌乐县选举的齐延升辞去代表职务。

第九节　潍坊市第十八届人民代表大会代表

潍坊市第十八届人民代表大会于 2022 年 4 月换届。2021 年 5 月，山东省第十三届人民代表大会常务委员会第二十八次会议审议通过《山东省人民代表大会常务委员会关于设区的市、县（市、区）新一届人民代表大会代表及常务委员会组成人员名额的决定》，确定潍坊市第十八届人民代表大会代表名额为 570 名。市第十八届人民代表大会第一次会议实有代表 559 名；市第十八届人民代表大会第二次会议实有代表 555 名；市第十八届人民代表大会第三次会议实有代表 554 名。

潍坊市第十八届人民代表大会第一次会议代表名单

奎文区（51 名）

于光富　马永军　王龙堂　王庆鹏　王要军
王秋萍（女）　王洪泉　王海英（女）
朱庆梅（女）　刘云江　刘　达　刘延波
刘建安　庄玉冰　闫凤林　孙文玲（女）
杜其强　杜桂英（女）　李天祥
李东香（女）　李光明　李茂富
李俊芹（女）　李　斌　李瑞平　杨国儒
杨爱君（女）　连文玉　邱　婷（女）
初宝杰　张民庆　张建民　张洪香（女）
张海军　周　俊　赵文君（女）
赵红梅（女）　赵春霞（女）　姜　滨
秦学昌　袁　菲　徐鹏强　高　峰　韩立新
韩　丽（女）　董广明　董海燕（女）
曾凡良　谭新政　戴明智等

潍城区（37 名）

王洪伟　王晓娟（女）　王　鹏　王　毅
车北春　田庆盈　考敏华（女）
刘金凤（女）　刘金国　孙守亮　李连平
李振杰　李祥啟　杨学亭　杨瑞军
何希娟（女）　张进兰（女）
张维芬（女）　武法栋　范　彬　郑忠甫
郑悦云（女）　胡　岗　赵　萍（女）
施长亮　胥宏伟　姚美洁（女）
秦　玲（女）　聂　丽（女）
徐会玉（女）　郭秀兰（女）　崔瑞福
程　倩（女）　程　锦（女）　锡保平
蔡明君　潘敬峰（女）

坊子区（30名）

马东宁　王洪亮　王福强　卢之顺　田大永
刘玉祥　刘明生　刘增俊（女）
牟伟峰（女）　孙业香（女）
李月淑（女）　李玉亮　李良伟　李良华
李海萍（女）　李鹏先　李　毅　杨建华
张玉强　张龙江　张可伟　陈丽芝（女）
陈娜娜（女）　金　钧　周洪刚
赵　霞（女）　韩幸福　韩忠玉
韩绍萍（女）　潘振东

寒亭区（28名）

于英智　于　斌　王永刚　王　波　王　勇
王海明　田民利　付秀玲（女）
吉晓丽（女）　孙丽丽（女）
李文佳（女）　李兰祥　杨致亭
杨皓茹（女）　吴兴安　张祖钊　郑　伟
孟凡斌　赵中国　党林林（女）　郭宪勇
郭素英（女）　常雅丽（女）　蔡沥蓓
禚振鹤　谭会来　滕双兴等

青州市（55名）

丁珊珊（女）　于进强　马云茂　马建平
马　胜（回族）　马爱娟（女，回族）
王玉平　王美香（女）　王惠英（女）
王　燕（女）　田永全　刘丽丽（女）
刘志芳（女）　刘建玲（女）　刘　强
闫名琛　闫金亮　汲英民　李亚平　李兴盛
李树民　杨国光　吴晓林　宋伟伟（女）
张永国　张金华　张春岳　张新英　陈同洲
陈继明　单连娟（女）　宗剑飞（女）
孟小菲（女）　赵本明　赵　伟　赵　强
段会强　姜　东　姚忠修　顾文平　夏良庆
徐丽红（女）　郭　凯　高东亮　高立伯
唐宝红（女，满族）　曹晓楠（女）
崔好林　脱安利（回族）　韩正琦　董阔军
甄曰菊（女）　潘广寻　冀国霞（女）等

诸城市（60名）

丁洪亮　于云智　马煜平　王玉梅（女）
王伟明　王　亮　王炳晓　王洪珍（女）
王　勇　王　浩　王　翠（女）　王增宝
王镜燕（女）　邓　杰（女）　巩海东
朱佰平　刘飞龙（女）　刘水平　刘正光
刘伟华（女）　刘　冰　刘　运　刘志亮
刘柏胜　刘培民　刘焕春　刘锡田　闫翔宇
许传良　孙广涛　李　东　李盛林　李增强
杨海磊　杨培勇　肖宏波（女）　谷　蕾
宋文洋　宋均圻　张同文　张延明
张金玲（女）　张建伟　迟名闻　范明涛
范福生　季彩凤（女）　周华绪
郑洪霞（女）　房　湄（女）　胡治荣
赵　莉（女）　赵　琳（女）　姜砚军
秦福运　柴瑞芳（女）　郭传庄
曹　君（女）　解　君（女）　臧方运

寿光市（59名）

丁华玉　丁俊洋　王永涛　王秀清　王　凯
王清汉　田友强　付学勇　冯滨鲁　吉孟国
朱天平　刘永香（女）　刘　巡
刘　玲（女）　刘效伟　牟泽强　孙　刚
孙承志　孙珊珊（女）　孙洪坤　李成林
李传民　李昌全　李学明　李春梅（女）
李　胜　李美芹（女）　李桂华（女）
李　鹏　杨兰林　杨晓红（女）
邴守香（女）　肖振胜　何志强　宋教德
张仁科　张秀香（女）　张茂海　张明荣
张树芝（女）　张新强　陈延爱　武治强
国　玲（女）　柳晓东　赵俊娥（女）
赵绪春　郭百礼　郭红梅（女）
郭志茹（女）　高玲燕（女）
唐兰华（女）　桑洪涛　曹建国　崔玉禄
韩奎成　董伟涛　潘乐泉　薛明亮

安丘市（52名）

丁　亮　丁晓翠（女）　于继才　马全云
王兰玲（女）　王延泰　王守明
王　芳（女）　王　钊　王秀珍（女）
王明艳（女）　王　艳（女）　王海龙

王海鹏　毛秀凤（女）　冯启波
边　瑜（女）　吕珊珊（女）　乔日升
朱淑莲（女）　刘世东　刘肖宁　刘海清
闫永政　池　泉　孙启娜（女）
李　文（女）　李志刚　李学海　李　峡
苏茂泉　何朝明　张大伟（女）
张玉连（女）　张金全　张建农　张维涛
林桂芝（女）　郑红岩　郎贤增　孟令堂
孟祥军　赵延福　赵　勇　赵　鹏　贾勤清
徐　艳（女）　殷秀娥（女）
高志秀（女）　唐思敏（女）　蔡凤群
潘建河

高密市（52 名）

于新华　王大伟　王文琦　王兆辉
王秀娟（女）　王金语　王金祥　王钦峰
王　勇　王　艳（女）　王晓栋　王效刚
王　熠（女）　毛洪涛　田立向　任成森
刘永森　刘洪坤（女）　刘　莉（女）
孙业宗　孙　玺　纪　兵　杜光辉
杜玥瑶（女）　李大勇　李　勇
李雪艳（女）　杨成东　严凤辉　肖茂昌
宋立军　张庆利　张红梅（女）
张宏伟（女）　张绍森　张跃鑫　张维兵
张敬艳　周海涛　单美华（女）　单鸿坤
姜雪琴（女）　贺　建　徐召智　徐林收
徐翠云（女）　郭晓燕（女）　栾小龙
黄　龙　蔡洪信　管　强　鞠　静（女）

昌邑市（37 名）

马永平　元晓婕（女）　王　伟　王晓光
王晓明　王　梅（女）　卢立功　冯海忠
朱言波　刘晓东　孙明兴　孙　波
孙珊珊（女）　孙　健　孙淑芹（女）
杜欣欣（女）　李正良　李玉祥　李　伟
李旭辉　杨升岩　杨伟伟（女）　张恩海
陈莲莲（女）　郑仁宗　胡筱芹（女）
姜雪梅（女）　姚玉风　徐国良　营凤国
曹　昆（女）　常祖领　扈洪波　隋国华
董凤章　董磊杰　管英俊（女）

临朐县（51 名）

于为凯　马学彬　马建波（女）
马瑛杰（回族）　王中华　王英军　王　前
王德玉（女）　卞汉林　田立军　冉照坤
付　廷（女）　付廷军　朱明香（女）
刘兴伟（女）　刘艳芳（女）　许光仑
孙好欣　李咏梅（女）　步砚伟　肖永富
吴金忠　吴海廷（女）　吴　瑶（女）
张　文　张兆伟　张连刚　张洪忠
张素霞（女）　陈　丽（女）
陈秀梅（女）　陈　诚　林绍志　郑　强
胡福东　赵洪滨　侯文梅（女）　段会强
秦学森　顾建华　郭　诚　高　东（女）
高成勇　陶兰英（女）　崔大伟
寇光艳（女）　谭　波　谭学政　颜世良
潘　祎（女）　鞠洪明

昌乐县（37 名）

丁雪莹（女）　于晓东　马凤霞（女）
王兆生　王冰心　王国鑫　王　骁　王家厚
田素英（女）　刘子国　刘国庆
刘景芝（女）　杜建华　李彦轩　李鹏军
李慧玲（女）　杨　娟（女）　苏立科
吴德香（女）　张少见　张金涛　陈金领
罗小刚　周蓬勃（女）　孟祥刚　胡　立
南红润（女）　赵丰平　赵允安　赵华涛
赵　君（女）　秦君临　贾志鹏　桑海强
崔晓燕（女）　梁其安　葛建禄

解放军和武警部队（10 名）

于　平　马庆增　李　娇（女）　郑立平
钟京波　姜建新　黄树珊（女）
韩振宅（回族）　童培友　薛晓鹏

潍坊市第十八届人民代表大会代表变动情况

潍坊市第十八届人民代表大会第一次会议至第二次会议期间，潍城区选举的田庆盈，青州市选举的李树民、丁珊珊、陈继明、马建平，临朐县选举的冉照坤，昌乐县选举的张少见，解放军选举的童培友调离潍坊市；潍城区补选江敦涛，青州市补选李爱杰、高明芹，临朐县补选郑舒东为市第十八届人民代表大会代表。

市第十八届人民代表大会第二次会议至第三次会议期间，潍城区选举的江敦涛，寒亭区选举的李兰祥，解放军选举的马庆增调离潍坊市；奎文区补选刘建军，解放军补选于宝东为市第十八届人民代表大会代表。

市第十八届人民代表大会第三次会议以来，高密市选举的贺建去世；寒亭区选举的滕双兴调离潍坊市；青州市选举的徐丽红，诸城市选举的刘志亮、赵琳、郭传庄辞去代表职务；潍城区补选高玉国，寒亭区补选刘新国，昌乐县补选肖明胜为市第十八届人民代表大会代表。

第二章　潍坊市出席省人民代表大会代表

第一节　潍坊市（地区）出席山东省第六届人民代表大会代表（1983—1988）

1983 年 4 月，潍坊地区出席山东省第六届人民代表大会第一次会议代表 99 名。

潍坊地区出席山东省第六届人民代表大会第一次会议代表名单

李启万　刘兆坤　赵书梅（女）　杨乐山
杨贵宗（回族）　郝玉凤（女）
颜士会（满族）　张彦士　张兆吉　刘永章
朱云桂（女）　陆可永（女）　马俊芝
李文亮　张本诚　周克云（女）　刘怀盛
孙占歧　锡桂英（女）　楼华皋　王金中
李春年　王乐泉　孙涌泉　王华民　于希宁
郎咸芬（女）　于建淑　许慰祖　陈荫森
董建春　方广文　谭玉珍（女）
孙　易（女）　李寿德　高金芳　谭绪生
张斗生　吴楚湘　郎丰岗　张玉清　尹世炘
王致敬　宋锡亮　张奎生　梁秀英（女）
滕裕玲（女）　李　振　石　涛　周民春
李世杰　李惠民　戴耀西　葛凤洲　张瑞丰
陈金香（女）　李金贞（女）　王建民
董呈祥　张景武　崔功甫　丁洪望
张立萍（女）　陈其藻　施秀珠（女）
王业世　王传忠　刘直飞　钊安洲　田洪本
史素芬（女）　金继藩　宋一民　张模忠
单承志　周君敏（女）　辛显令
黄雪琦（女）　徐功力　胡慎德　满庆智
孙学中　张新华（女）　陈瑞志（女）
王立福　王瑞荣（女）　杨淑媛（女）
张　栋　刘洪恩　赵洪君　马瑞麒　郭大壮
吴开和　王风秀（女）　赵为杰　白昭卓
袁瑞卿（女）　徐士成　吕秀兰（女）

省人大代表变动情况

山东省第六届人民代表大会第二次会议至第三次会议期间，1984 年 8 月，潍坊市第十届人大常委会第四次会议补选于成凤为省第六届人民代表大会代表。

省第六届人民代表大会第三次会议至第四次会议期间，张兆吉去世。

省第六届人民代表大会第四次会议至第五次会议期间，1987 年 4 月，市第十届人大常委会第二十三次会议补选崔凤举为省第六届人民代表大会代表。

第二节　潍坊市出席山东省第七届人民代表大会代表（1988—1993）

1988 年 1 月，潍坊市第十一届人民代表大会第一次会议选举潍坊市出席山东省第七届人民代表大会代表 79 名。

潍坊市出席山东省第七届人民代表大会第一次会议代表名单

杨雪梅（女）　刘建华（女）
谭玉珍（女）　王进芳（女）　李全忠
苏爱莲（女）　关谦祥（满族）　陈其藻
张丽萍（女）　刘怀盛　郭金华
李玉兰（女）　赵美兰（女）　谭绪生
杨淑媛（女）　夏培泉　刘相州
陈桂花（女）　杨高之　阎贵忠　胡瑞刚
国永香　李明义　刘永章　李德章　宋锡亮
刘守义　李　振　苗枫林　崔凤举　梁　丰
韩西琦　张植萍　江仁宝　徐学孟　李惠民
王树芳　于成凤　于　潮　徐瑞荣　王国勋
刘汉富　孙长华　刘德仕　赵洪君　刘兆坤
崔功甫　张本诚　张彦士　单昭明　牟振生
张克泰　郎咸芬（女）　孙　易（女）
于建淑　董建春　陈荫森　吴楚湘
贾曰玲（女）　张　栋　金继藩　张景武
王兆美（女）　王焕新　陆可永（女）
张奎生　张斗生　白昭卓　冯中一　张玉清
尹惠令　李瑞芬（女）　吴开和　邱家智
刘直飞　李秀芳（女）　郝湘榛
徐立贞（女）　王照宏

省人大代表变动情况

山东省第七届人民代表大会第一次会议至第二次会议期间，1988 年 12 月，潍坊市第十一届人大常委会第五次会议补选张文玉为省第七届人民代表大会代表；1989 年 1 月，市第十一届人大常委会第六次会议补选李春亭、贺迎昌为省第七届人民代表大会代表。

省第七届人民代表大会第二次会议至第三次会议期间，崔凤举、陈荫森去世；1990 年 1 月，市第十一届人大常委会第十二次会议补选刘汉彬、韩信昌为省第七届人民代表大会代表。

省第七届人民代表大会第三次会议至第四次会议期间，1991 年 1 月，市第十一届人大常委会第十八次会议补选严明仁为省第七届人民代表大会代表。

省第七届人民代表大会第四次会议至第五次会议期间，刘汉彬调离山东省；1992 年 1 月，市第十一届人大常委会第二十四次会议补选谢金城为省第七届人民代表大会代表。

第三节　潍坊市出席山东省第八届人民代表大会代表（1993—1998）

1993 年 3 月，潍坊市第十二届人民代表大会第一次会议选举潍坊市出席山东省第八届人民代表大会代表 78 名。

潍坊市出席山东省第八届人民代表大会第一次会议代表名单

李　振　王树芳　王懿诚　李春亭　袁　波
赵长风　邵桂芳　胡玉亮　刘守璞　冯中一
郎咸芬（女）　贺迎昌　孙嘉炼　王玉芬
李惠民　董建春　隋华堂　董法进　潘景岫
张存三　李照英（女）　刘　辉（女）
杨雪梅（女）　吴楚湘　严明仁
张舜莉（女）　于建淑　王长生　刘德仕
王兰香（女）　王国才　刘相周　李福仁
陈桂花（女）　王天德　王焕新　李明义
国永香　栾玉芬（女）　谭玉明（女）
牟振生　陈孔光　吕成法　邱家智　阎贵忠
颜玉珠（女，满族）　张克泰　白昭卓
刘守义　翟振序　马秉信　杨淑媛（女）
张　栋　翟秀芝（女）　卢荆芝　王法照

张继升 郭金华 王光淮 于承兰（女）
刘爱民 张丽萍（女） 郑和平 徐海林
臧丽茜（女） 单昭明 姚增锦 崔守国
孙 娟（女） 杨高之 袁英馥（女）
王国勋 王照宏 冯展娟（女） 李寿德
李树德 盛泉茂

省人大代表变动情况

山东省第八届人民代表大会第一次会议至第二次会议期间，刘德仕、张克泰去世；1993年12月，市第十二届人大常委会第六次会议补选赵为杰、朱荣为省第八届人民代表大会代表；1994年2月，市第十二届人大常委会第七次会议补选齐乃贵为省第八届人民代表大会代表。

省第八届人民代表大会第二次会议至第三次会议期间，冯中一去世；1995年1月，市第十二届人大常委会第十六次会议补选赵锦良为省第八届人民代表大会代表。

省第八届人民代表大会第四次会议至第五次会议期间，赵为杰去世；1996年12月，市第十二届人大常委会第三十次会议补选刘伟为省第八届人民代表大会代表。

省第八届人民代表大会第五次会议至第六次会议期间，李照英、董法进去世；1997年10月，市第十二届人大常委会第三十七次会议补选刘汉富、谢迎春为省第八届人民代表大会代表。

第四节 潍坊市出席山东省第九届人民代表大会代表（1998—2003）

1998年2月，潍坊市第十三届人民代表大会第一次会议选举潍坊市出席山东省第九届人民代表大会代表79名。

潍坊市出席山东省第九届人民代表大会第一次会议代表名单

李文全 谭福德 邵桂芳 赵长风 李 振
马长贵 王树芳 高新亭 齐乃贵 王懿诚
曹学成 孙嘉炼 王玉芬 王伯祥 徐 鉴
程茂仁 刘 伟 王长生 王国才 韩子夫
张其凤 牟泽富 郭万欣 李培环 苗再良
王会红（女） 王云兴 杨卫东 李传恒
王家禔（女） 王清华 冯展娟（女）
黄潍连 赵绍增 李玉兰（女） 崔守国
杨高之 李海德 陈立宝 戴瑞德
周 静（女） 吕长胜 邱家智
舒昆坪（女，满族） 李天庆
汤学珍（女） 李增坡 臧丽茜（女）
王金友 张丽萍（女） 彭佃德 王天德
王焕新 薛茂林 丁立华 谭玉明（女）
汤文香（女） 谢迎春 赵可金 曹洪昌
徐凤英（女） 孙惠斌 李桂荣 李希贵
薛令山 邓秀梅（女） 刘汉富 马秉信
翟秀芝（女） 张俊同 张怀安 沈孝业
苗开喜 刘守义 潘心德 王其敬
李超香（女） 张兆美（女） 孙铭元

省人大代表变动情况

山东省第九届人民代表大会第四次会议至第五次会议期间，2001年12月，市第十三届人大常委会第二十四次会议补选蔡秋芳为省第九届人民代表大会代表；2002年2月，市第十三届人大常委会第二十五次会议补选王科三为省第九届人民代表大会代表。

省第九届人民代表大会第五次会议至第六次会议期间，李文全去世。

第五节 潍坊市出席山东省第十届人民代表大会代表（2003—2008）

2003年2月，潍坊市第十四届人民代表大会第一次会议选举潍坊市出席山东省第十届人民代表大会代表75名。

潍坊市出席山东省第十届人民代表大会第一次会议代表名单

高新亭　蔡秋芳（女）　李　振　国家森
莫振奎　李　戈　王科三　刘　静（女）
张传林　毕可仁　程茂仁　王卫东　于　生
刘　伟　肖庆周　郭万欣　明平平（女）
高明芹（女）　韩子夫　徐　伟（女）
张　晶　王振华（女）　宿明明　孙万奎
方承林　赵亦农（女）　滕玉云（女）
王义正　王金富　赵绍增　张小梅（女）
杨春彬　杨高之　侯方恒　王照宏　武际宝
戴瑞德　李春水　刘国平（回族）
汤学珍（女）　舒昆平（女，满族）
蔚严春　邹庆忠　郤纪娥（女）　郑和平
曹秀敏（女）　窦宝荣　刘中会　丁立华
王金栋　高文浩　薛茂林　王继怀
于桂云（女）　王贤臣　郑学江　赵德玉
吴建民　孙日贵　李庆喜　李惠兰（女）
马跃启　孙秀珍（女）　张俊同
翟秀芝（女）　王立胜　孔凡升　沈孝业
周晓玲（女）　考继佳　于永波　孙铭元
李超香（女）　张兆美（女）等

省人大代表变动情况

山东省第十届人民代表大会第一次会议至第二次会议期间，李戈去世。

省第十届人民代表大会第二次会议至第三次会议期间，2004 年 12 月，市第十四届人大常委会第十二次会议补选杨文胜为省第十届人民代表大会代表。

省第十届人民代表大会第三次会议至第四次会议期间，蔡秋芳去世。

省第十届人民代表大会第四次会议至第五次会议期间，2007 年 1 月，市第十四届人大常委会第二十六次会议补选许立全为省第十届人民代表大会代表。

第六节　潍坊市出席山东省第十一届人民代表大会代表（2008—2013）

2008 年 1 月，潍坊市第十五届人民代表大会第一次会议选举潍坊市出席山东省第十一届人民代表大会代表 77 名。

潍坊市出席山东省第十一届人民代表大会第一次会议代表名单

李　振　李　群　林廷生　国家森　陈明甫
孙增良　马金忠　刘　静（女）　仪平策
崔连群　许立全　李守玉　张爱云（女）
王卫东　王守伦　王秋杰（女）　陈仁杰
夏芳晨　王义正　陈福成　马士林　王新声
孙晓波　肖庆周　郭万欣　刘云江　王道奎
宿明明　明平平（女）　曹春英（女）
张　虹（女）　张彦伟　李　辉　武际宝
韩立昌　张润国　滕玉云（女）　陈景平
马清民　王明峰　李金娥（女）　陈　平
逄奉建　杨春彬　孙忠礼　丁忠平（回族）
董华友　陈汝孝　王金友　郑和平
曹秀敏（女）　张秀玲（女）　王金栋
田其祥　李学海　杨志强　张韶华　李绍志
王汝江　赵新生　范福生　孙日贵
李惠兰（女）　李庆喜　马跃启
孙秀珍（女）　邓贵德　肖明胜　孙铭元
尹培农　李超香（女）　曹晓楠（女）
夏云国　沈孝业　孔凡升等

省人大代表变动情况

山东省第十一届人民代表大会第一次会议至第二次会议期间，2009 年 1 月，丁忠民由枣庄代表团调入潍坊代表团。

省第十一届人民代表大会第三次会议至第四次会议期间，2010 年 11 月，李群由潍坊代表团调入青岛代表团；2010 年 12 月，市第十五届人大常委会第十八次会议补选吴鹏飞、李春忠为省第十一届人民代表大会代表；马士林调往北京工作，2011 年 1 月代表资格终止。

省第十一届人民代表大会第四次会议至第五次会议期间，2011 年 2 月，夏云国去世；2011 年 6 月，陈平由潍坊代表团调入泰安代表团；2011 年 12 月，孙起生由德州代表团调入潍坊代表团；2011 年 12 月，张润国由潍坊代表团调入东营代表团；2011 年 12 月，市第十五届人大常委会第二十五次会议补选温守信、刘曙光为省第十一届人民代表大会代表。

第七节 潍坊市出席山东省第十二届人民代表大会代表（2013—2018）

2013 年 1 月，潍坊市第十六届人民代表大会第二次会议选举潍坊市出席山东省第十二届人民代表大会代表 76 名。

潍坊市出席山东省第十二届人民代表大会第一次会议代表名单

李　振　李法泉　夏　耕　齐乃贵　周玉华
吴鹏飞　于　刚（女）　杨焕彩　王建华
仪平策　周惠敏（女）　许立全　刘曙光
胡　岗　李守玉　毛秀凤（女）
张爱云（女）　杨洪旭　王守伦
张　虹（女）　王道奎　王秋杰（女）
孙晓波　马东宁　王祖玉　李月淑（女）
李春忠　杨春彬　刘金然　宋均圻　韩立昌
王玲玲（女）　王兆辉　滕玉云（女）
陈景平　刘升勤（女）　王明峰
王英华（女）　孟晓雷　李瑞丰　于英智
韩幸福　丁忠平（回族）　董华友
甄曰菊（女）　王淑琴（女，回族）
张洪全　王金友　郑和平　张秀玲（女）
吕映红（女）　朱兰玺　杨志强　田其祥
李学海　褚爱玲（女）　桑福岭　刘全平
王汝江　李绍志　马海红（女）　杨建华
孙　勇　毛进兰（女）　徐林收　巴连成
吕珊珊（女）　王元莱　高志伟　刘裕斌
尹培农　陈德胜　谭宏伟（女）　高立伯
沈孝业　孔凡升

省人大代表变动情况

山东省第十二届人民代表大会第一次会议至第二次会议期间，2013 年 5 月，市第十六届人大常委会第十次会议补选杜昌文为省第十二届人民代表大会代表。

省第十二届人民代表大会第四次会议至第五次会议期间，2015 年 12 月，林红玉由威海代表团调入潍坊代表团。

省第十二届人民代表大会第五次会议至第六次会议期间，2017 年 1 月，市第十六届人大常委会第三十五次会议补选倪明元、李宽端为省第十二届人民代表大会代表；2017 年 1 月，吴磊由枣庄代表团调入潍坊代表团；2017 年 1 月，李新阁由聊城代表团调入潍坊代表团；2017 年 1 月，刘升勤由潍坊代表团调入聊城代表团。

省第十二届人民代表大会第六次会议至第七次会议期间，2017 年 4 月，张爱云由潍坊代表团调入济南代表团，2017 年 4 月，孟晓雷由潍坊代表团调入滨州代表团。

第八节 潍坊市出席山东省第十三届人民代表大会代表（2018—2023）

2018 年 1 月，潍坊市第十七届人民代表大会第二次会议选举潍坊市出席山东省第十三届人民代表大会代表 75 名。

潍坊市出席山东省第十三届人民代表大会第一次会议代表名单

赵志浩　杨东奇　才利民（满族）　贾万志
周　杰　丛大鸣　李兴钰　刘兴云　商志晓
田兴松　刘曙光　李宽端　张晓峰
毛秀凤（女）　姜树政　王桂春

王秋杰（女）　马东宁　李月淑（女）
孙晓波　徐鹏强　牟作峰（女）
谭　稳（女）　曲军旗　方　勇
单秀丽（女）　高志秀（女）　戴瑞德
赵鲁强　杨晓辉　秦　玲（女）
张晓梅（女）　张龙江　梁启荣
王英华（女）　赵学坤　于英智
常雅丽（女）　鞠立强　丁忠平（回族）
王淑琴（女，回族）　李兴盛　赵本明
刘峰梅（女）　王绪平　郑思敏（女）
刘玉伟　王　慧（女）　王泳中　赵绪春
杨志强　田其祥　郑景东　李美芹（女）
李桂华（女）　杜建华　马海红（女）
刘海清　吴国荣（女）　王文琦　孙　勇
徐林收　单美华（女）　李玉祥　刘国田
张树生　史国良　刘裕斌　尹培农
西玉玲（女）　许丰武　邱　旺　张国伟
刘良玉

省人大代表变动情况

山东省第十三届人民代表大会第一次会议至第二次会议期间，2018 年 12 月，李宽端由潍坊代表团调入东营代表团；2019 年 1 月，刘曙光由潍坊代表团调入青岛代表团；2019 年 1 月，惠新安由泰安代表团调入潍坊代表团；2019 年 1 月，市第十七届人大常委会第十九次会议接受杨晓辉、邱旺辞去省第十三届人大代表职务，补选孙建功、田庆盈为省第十三届人民代表大会代表。

省第十三届人民代表大会第二次会议至第三次会议期间，2020 年 1 月，市第十七届人大常委会第三十一次会议补选张圣中为省第十三届人民代表大会代表。

省第十三届人民代表大会第三次会议至第四次会议期间，2020 年 7 月，滕双兴由德州代表团调入潍坊代表团。

省第十三届人民代表大会第四次会议至第五次会议期间，2020 年 11 月，王桂春由潍坊代表团调入威海代表团；2020 年 11 月，刘峰梅由潍坊代表团调入日照代表团；2021 年 1 月，惠新安由潍坊代表团调入临沂代表团；2021 年 1 月，市第十七届人大常委会第三十九次会议接受牟作峰辞去省第十三届人民代表大会代表职务。

省第十三届人民代表大会第五次会议至第六次会议期间，2021 年 10 月，市第十七届人大常委会第四十八次会议补选曾赞荣、刘运为省第十三届人民代表大会代表。

省第十三届人民代表大会第六次会议至第七次会议期间，2022 年 1 月，市第十七届人大常委会第五十次会议补选孙可奇、肖龙沧、苏立科为省第十三届人民代表大会代表；2022 年 1 月，杨升岩由烟台代表团调入潍坊代表团；2022 年 1 月，王骁由济宁代表团调入潍坊代表团；2022 年 1 月，刘兴明由临沂代表团调入潍坊代表团；2022 年 1 月，孟祥刚由德州代表团调入潍坊代表团；2022 年 1 月，赵学坤由潍坊代表团调入德州代表团；2022 年 1 月，刘裕斌由潍坊代表团调入滨州代表团。

省第十三届人民代表大会第七次会议后，2022 年 7 月，田庆盈调往四川省任职；2022 年 7 月，江敦涛由淄博代表团调入潍坊代表团。

第九节　出席山东省第十四届人民代表大会代表（2023—）

2022 年 12 月，潍坊市第十八届人民代表大会第二次会议选举潍坊市出席山东省第十四届人民代表大会代表 76 名。山东省第十三届人大常委会代表资格审查委员会审查前，李学民、江敦涛调离山东，省人大常委会确认潍坊市选举的 74 名省人大代表的代表资格有效。

潍坊市出席山东省第十四届人民代表大会第一次会议代表名单

葛慧君（女）　刘家义　李　猛　李兴钰

张海波 张德平 侯成君 孙可奇
岳 鹏（女） 刘 运 苏立科 李兰祥
高 峰 王兆辉 孟祥刚 张敬艳
李月淑（女） 徐鹏强 谭 稳（女）
苏茂泉 于光富 汤善香（女）
杨爱君（女） 宋光辉 王立峰
王建环（女） 田茂英（女） 刘建安
王学伟 张光辉 程 锦（女） 刘桂书
张晓梅（女） 秦 玲（女） 李良华
李春德 赵 霞（女） 王 勇 于英智
常雅丽（女） 田永全 马 胜（回族）
李兴盛 赵本明 董 鹏 王 浩 王绪平
朱明霞（女，满族） 刘 剑（女）
郭传庄 李 鹏 王学清 李桂华（女）
张树芝（女） 崔玉禄 乔日升
刘春艳（女） 孙瑞春 赵 鹏 王大伟
肖茂昌 单美华（女） 孙 波 吕继贤
孙 健 孙珊珊（女） 陈 诚
西玉玲（女） 许丰武 吴维光 桑海强
刘良玉 秦君临 滕玉香（女）

省人大代表变动情况

山东省第十四届人民代表大会第一次会议前，2023年1月，李兰祥由潍坊代表团调入泰安代表团。

第三章 潍坊市出席全国人民代表大会代表

第一节 潍坊市（地区）出席第六届全国人民代表大会代表（1983—1988）

1983年，经选举产生潍坊地区出席第六届全国人民代表大会代表共9名。

潍坊市（地区）出席第六届全国人民代表大会代表名单

于 潮 冯展娟（女） 陈玉广
陈金香（女） 丁洪望 李钟平 童剑浩
王 钦 曾文戊

第二节 潍坊市出席第七届全国人民代表大会代表（1988—1993）

1988年，经选举产生潍坊市出席第七届全国人民代表大会代表共10名。

潍坊市出席第七届全国人民代表大会代表名单

邵桂芳 李钟平 杨淑英（女） 王 钦
曾文戊 冯展娟（女） 赵笃学
丁桂英（女，回族） 陈金香（女）
彭佃德

第三节 潍坊市出席第八届全国人民代表大会代表（1993—1998）

1993年，经选举产生潍坊市出席第八届全国人民代表大会代表共10名。

潍坊市出席第八届全国人民代表大会代表名单

王大海 杨淑英（女） 曾文戊 李贤杰
杜德富 向 阳 杜爱玲（女）
丁桂英（女，回族） 彭佃德 李德章

第四节 潍坊市出席第九届全国人民代表大会代表（1998—2003）

1998 年，经选举产生潍坊市出席第九届全国人民代表大会代表共 11 名。

潍坊市出席第九届全国人民代表大会代表名单

王玉芬 杜德富 杨淑英（女） 陈宝昌
周百凤（女） 康凤英（女）
解家英（女） 丁忠平（回族） 郑和平
李德章 陈永兴

第五节 潍坊市出席第十届全国人民代表大会代表（2003—2008）

2003 年，经选举产生潍坊市出席第十届全国人民代表大会代表共 9 名。

潍坊市出席第十届全国人民代表大会代表名单

康凤英（女） 张振兴 陈华森 谭旭光
刘坤洲 丁忠平（回族） 王金友
李雪芹（女）等

第六节 潍坊市出席第十一届全国人民代表大会代表（2008—2013）

2008 年，经选举产生潍坊市出席第十一届全国人民代表大会代表共 9 名。

潍坊市出席第十一届全国人民代表大会代表名单

许立全 康凤英（女） 陈华森
高明芹（女） 谭旭光 王金富 王桂波
李雪芹（女） 戴瑞德

第七节 潍坊市出席第十二届全国人民代表大会代表（2013—2018）

2013 年，经选举产生潍坊市出席第十二届全国人民代表大会代表共 10 名。

潍坊市出席第十二届全国人民代表大会代表名单

刘曙光 谭旭光 王 辉 高明芹（女）
戴瑞德 王桂波 李雪芹（女）
王瑞霞（女，回族） 王钦峰 刘国田

第八节 潍坊市出席第十三届全国人民代表大会代表（2018—2023）

2018 年，经选举产生潍坊市出席第十三届全国人民代表大会代表共 10 名。

潍坊市出席全国第十三届人民代表大会代表名单

李宽端 谭旭光 高明芹（女） 苏成云
王新杰 王瑞霞（女，回族） 王桂波
李雪芹（女） 李学海 王钦峰

第九节 出席第十四届全国人民代表大会代表（2023—）

2023 年 1 月，经选举产生潍坊市出席第十四届全国人民代表大会代表共 9 名。

潍坊市出席第十四届全国人民代表大会代表名单

刘 运 赵绪春 王钦峰 李学海
王瑞霞（女，回族） 李永胜
郑婉华（女） 姜 滨 郑思敏（女）

1983—2023

潍坊人大志

WEIFANG RENDA ZHI

第五编

重要工作

第一章　地方立法

制定地方性法规是2015年新修订的《中华人民共和国立法法》赋予设区的市人民代表大会及其常务委员会的一项重要职权。2016年2月20日至2023年3月31日，潍坊市人民代表大会制定地方性法规1件；潍坊市人民代表大会常务委员会制定地方性法规18件。

第一节　立法概况

市第十六届人民代表大会立法工作

2016年2月20日，市十六届人大第五次会议审议通过《潍坊市制定地方性法规条例》；2016年3月30日，省十二届人大常委会第二十次会议批准。

市第十六届人民代表大会常务委员会立法工作

2016年10月31日，市十六届人大常委会第三十四次会议表决通过《潍坊市禁用限用剧毒高毒农药条例》；2016年11月26日，省十二届人大常委会第二十四次会议批准。根据2019年12月24日市十七届人大常委会第二十九次会议通过并经2020年1月15日省十三届人大常委会第十六次会议批准的《潍坊市人民代表大会常务委员会关于修改〈潍坊市禁用限用剧毒高毒农药条例〉等六件地方性法规的决定》修正。

2016年10月31日，市十六届人大常委会第三十四次会议表决通过《潍坊市电梯安全条例》；2016年11月26日，省十二届人大常委会第二十四次会议批准。根据2019年12月24日市十七届人大常委会第二十九次会议通过并经2020年1月15日省十三届人大常委会第十六次会议批准的《潍坊市人民代表大会常务委员会关于修改〈潍坊市禁用限用剧毒高毒农药条例〉等六件地方性法规的决定》修正。

2016年10月31日，市十六届人大常委会第三十四次会议表决通过《潍坊市文物保护条例》；2016年11月26日，省十二届人大常委会第二十四次会议批准。根据2019年12月24日市十七届人大常委会第二十九次会议通过并经2020年1月15日省十三届人大常委会第十六次会议批准的《潍坊市人民代表大会常务委员会关于修改〈潍坊市禁用限用剧毒高毒农药条例〉等六件地方性法规的决定》修正。

市第十七届人民代表大会常务委员会立法工作

2017年12月12日，市十七届人大常委会第七次会议表决通过《潍坊市大气污染防治条例》；2018年1月23日，省十二届人大常委会第三十五次会议批准。根据2019年12月24日市十七届人大常委会第二十九次会议通过并经2020年1月15日省十三届人大常委会第十六次会议批准的《潍坊市人民代表大会常务委员会关于修改〈潍坊市禁用限用剧毒高毒农药条例〉等六件地方性法规的决定》修正。

2017年12月12日，市十七届人大常委会第七次会议表决通过《潍坊市燃放烟花爆竹管理条例》；2018年1月23日，省十二届人大常委会第三十五次会议批准。根据2019年12月24日市十七届人大常委会第二十九次会议通过并经

2020 年 1 月 15 日省十三届人大常委会第十六次会议批准的《潍坊市人民代表大会常务委员会关于修改〈潍坊市禁用限用剧毒高毒农药条例〉等六件地方性法规的决定》修正。

2018 年 10 月 31 日，市十七届人大常委会第十七次会议表决通过《潍坊市青州古城保护条例》；2018 年 11 月 30 日，省十三届人大常委会第七次会议批准。根据 2019 年 12 月 24 日市十七届人大常委会第二十九次会议通过并经 2020 年 1 月 15 日省十三届人大常委会第十六次会议批准的《潍坊市人民代表大会常务委员会关于修改〈潍坊市禁用限用剧毒高毒农药条例〉等六件地方性法规的决定》修正。

2019 年 4 月 25 日，市十七届人大常委会第二十四次会议表决通过《潍坊市会展业促进条例》；2019 年 5 月 31 日，省十三届人大常委会第十二次会议批准。

2019 年 10 月 25 日，市十七届人大常委会第二十七次会议表决通过《潍坊市海岸带保护条例》；2019 年 11 月 29 日，省十三届人大常委会第十五次会议批准。

2019 年 12 月 24 日，市十七届人大常委会第二十九次会议表决通过《潍坊市城市绿化条例》；2020 年 1 月 15 日，省十三届人大常委会第十六次会议批准。

2019 年 12 月 24 日，市十七届人大常委会第二十九次会议作出关于修改《潍坊市禁用限用剧毒高毒农药条例》等六件地方性法规的决定；2020 年 1 月 15 日，省十三届人大常委会第十六次会议批准。

2020 年 10 月 22 日，市十七届人大常委会第三十六次会议表决通过《潍坊市道路交通安全条例》；2020 年 11 月 27 日，省十三届人大常委会第二十四次会议批准。根据 2022 年 12 月 22 日市十八届人大常委会第六次会议通过并经 2023 年 1 月 10 日省十三届人大常委会第四十一次会议作出的《关于批准〈潍坊市道路交通安全条例〉的决定》修订。

2020 年 12 月 8 日，市十七届人大常委会第三十八次会议表决通过《潍坊市供热条例》；2021 年 1 月 28 日，省十三届人大常委会第二十五次会议批准。

2021 年 4 月 29 日，市十七届人大常委会第四十四次会议表决通过《潍坊市红色文化资源保护条例》；2021 年 5 月 27 日，省十三届人大常委会第二十八次会议批准。

2021 年 10 月 21 日，市十七届人大常委会第四十八次会议表决通过《潍坊市 12345 政务服务便民热线条例》；2021 年 12 月 3 日，省十三届人大常委会第三十二次会议批准。

2021 年 12 月 31 日，市十七届人大常委会第四十九次会议表决通过《潍坊市物业管理条例》；2022 年 1 月 21 日，省十三届人大常委会第三十三次会议批准。

2021 年 12 月 31 日，市十七届人大常委会第四十九次会议表决通过《潍坊市海洋牧场管理条例》；2022 年 1 月 21 日，省十三届人大常委会第三十三次会议批准。

市第十八届人民代表大会常务委员会立法工作

2022 年 6 月 16 日，市十八届人大常委会第二次会议表决通过《潍坊市出租汽车经营服务管理若干规定》；2022 年 7 月 28 日，省十三届人大常委会第三十六次会议批准。

2022 年 8 月 30 日，市十八届人大常委会第四次会议表决通过《潍坊市文明行为促进条例》；2022 年 9 月 21 日，省十三届人大常委会第三十八次会议批准。

2022 年 12 月 22 日，市十八届人大常委会第六次会议表决通过《潍坊市快递条例》；2023 年 1 月 10 日，省十三届人大常委会第四十一次会议批准。

第二节 部分地方性法规简介

《潍坊市制定地方性法规条例》简介

根据《中华人民共和国立法法》的规定，以地方性法规的形式，对地方立法工作各个环节以及有关事项作出明确具体的规定。《潍坊市制定地方性法规条例》共八章七十二条，对地方立法工作应当遵循的基本原则、地方立法权限和范围、市人民代表大会及其常务委员会制定地方性法规程序、地方性法规的报批、公布与解释、市人民政府规章的备案审查等问题，作出明确规定。

《潍坊市禁用限用剧毒高毒农药条例》简介

潍坊市委、市政府高度重视农药管理工作，2006年至2016年，先后出台文件，在全市范围内全面禁止销售使用“六六六”等高毒农药，但剧毒高毒农药流动经营、用户违规使用、监管缺乏有效措施等问题依然存在。制定出台《潍坊市禁用限用剧毒高毒农药条例》（以下简称《条例》），对于保障农产品质量安全，保护生态环境，维护公众健康，进一步树立潍坊市农产品良好声誉，促进全市农业农村经济持续健康发展，具有重要意义。该条例为全国首部关于剧毒高毒农药管理方面的专门地方性法规，属创制性立法。《条例》共五章四十二条，主要对剧毒高毒农药主管部门及其他有关部门的职责、剧毒高毒农药的储备、经营和使用、监督管理措施、法律责任等作出明确规定，形成全市对剧毒高毒农药统一采购、统一储备、统一服务、统一监管、定点经营和确保每瓶剧毒高毒农药都管好、确保需用药时提供及时有效的服务的“四统一定两确保”的管理格局。

《潍坊市电梯安全条例》简介

潍坊市电梯保有量快速增长，电梯安全管理工作的压力不断加大，电梯使用管理责任不清，电梯日常维护保养不到位，部分电梯的更新、改造、修理费用得不到有效保障等问题亟待解决。制定《潍坊市电梯安全条例》（以下简称《条例》），对于加强电梯安全工作，预防电梯事故、保障人身和财产安全、促进全市经济和社会发展具有重要意义。《条例》共八章五十三条，主要对有关部门的职责及其他有关方面的义务、电梯的生产和经营、使用和维护保养、电梯的乘用、电梯的检验检测和安全评估、监督管理以及法律责任等作出明确规定。《条例》单独设章节规定乘客乘用规范，这在立法体例上属国内首创。

《潍坊市文物保护条例》简介

保护好、传承好、利用好全市文物资源，对于充分发挥地区文化优势，弘扬优秀传统文化，推动文化产业大发展大繁荣，加快向文化旅游城市迈进，具有重要而深远的意义。根据全市文物保护工作的实际需要，制定有针对性、可操作性的地方性法规，十分必要和迫切。《潍坊市文物保护条例》共五章四十条，明确各级各部门保护责任，形成市、县、乡、村四级保护体系；加强对地下文物和水下文物的保护，创造性地划定地下文物保护区和水下文物保护区，将文物保护“关口”前移；理顺相关部门在文物保护工作中的关系；对具有较高历史文化价值或者鲜明地域特色的农业遗产、工业遗产、商业老字号、传统村落、革命遗址、历史文化街区等文化遗存进行前瞻性保护，为未来利用传承预留空间。

《潍坊市大气污染防治条例》简介

《潍坊市大气污染防治条例》（以下简称《条例》）共五章四十条，围绕源头治理，针对燃煤、工业废气、餐饮油烟、机动车尾气、扬尘等不同类别的污染源，规定不同的大气污染防治措施，力求从根本上推动大气污染问题的解决。围绕完善体制机制，明确各级政府以及环境保护主管部门和其他相关职能部门的职责，实行市、县、镇、村四级网格化监管机制。《条例》还从全市实际需要出发，在实行排污协议制度、推行雨污分流、推广使用新能源或者清洁能源机动车、城区道路、景观绿化地和市政工程应当按照海绵城市的要求逐步实施改造等方面，进行一些创新性、前瞻性制度设计，以适应城市未来发展趋势。

《潍坊市燃放烟花爆竹管理条例》简介

燃放烟花爆竹活动是我国传统民间习俗的重要组成部分，但同时也给大气环境治理带来较大压力，对人民群众的生命、财产安全构成一定威胁。每年春节期间由于燃放烟花爆竹，全市空气质量连续呈现严重污染状态，并造成一定人身伤害或财产损失。《潍坊市燃放烟花爆竹管理条例》（以下简称《条例》）共十八条，规定市、县市区人民政府根据实际情况依法合理确定禁止燃放烟花爆竹的区域，并逐步扩大；明确禁止燃放烟花爆竹的场所；规定在重污染天气预警期间，本市行政区域内全面禁止燃放烟花爆竹；明确市、县市区政府及其有关部门、镇街、村居以及其他各方面的职责和义务；规定禁止燃放区域内不得新增烟花爆竹批发企业和零售网点，现有批发企业和零售网点逐步退出，具体办法由市人民政府制定。《条例》还对燃放烟花爆竹的禁止行为和相关法律责任作出规定。

《潍坊市青州古城保护条例》简介

青州被国务院授予“历史文化名城”，青州古城距今已有2200多年的建城史，仍完整保留着山、水、城一体的传统格局和历史风貌，现存古街巷上百条，其中昭德古街2009年被列为全国首批十大历史文化名街。此外，还有120多处古建筑遗存。2017年2月，青州古城旅游区获批国家AAAAA级旅游景区。随着旅游产业的快速发展、古城保护区内人口的增长，迫切需要通过地方立法理顺体制机制，规范权利义务，明确执法依据，提高古城保护的法治化水平。《潍坊市青州古城保护条例》共七章四十一条，对青州古城的规划、保护、管理和利用等作出规定，明确青州古城管理委员会是青州市政府具体负责古城保护和管理工作的派出机构及其职责，规定设立青州古城保护议事协调机构，负责研究、决定保护工作中的重大事项，明确青州市人大及其常委会对规划等重大事项的决定权，明确古城保护的资金保障及使用，对划定古城保护对象范围、明确保护措施、禁止破坏性行为以及合理利用古城等提出要求。

《潍坊市会展业促进条例》简介

加强会展业立法，对于进一步理顺全市会展业管理体制机制、提升展会的水平和层次，依法保障和促进会展业与其他产业相互融合，做强会展业，推动经济社会实现高质量发展具有重要意义。《潍坊市会展业促进条例》共四章四十二条，规定全市会展业发展应当遵循政府引导、市场运作、公平竞争、行业自律的原则，市政府及各县市区政府应当明确会展业主管部门及其职责，明确促进和扶持会展业发展的措施和路径，规范会展活动的相关服务与管理，并规定市政府应当制定配套的实施细则。

《潍坊市海岸带保护条例》简介

潍坊市拥有海岸线143公里，管辖海域面积1421平方公里。为落实好中央和省、市委关于渤海生态保护政策要求，更好地依法妥善处理保护与利用的关系，尽可能用足用好海岸带资源，推动各项建设活动从优从快开展，需要发挥立法的引领规范作用，以地方性法规的形式为开发建设活动设定约束性底线、提供合法性遵循。《潍坊市海岸带保护条例》共六章五十五条，厘清规划、资源保护和利用、污染防治等环节的政府部门职责边界；明确海岸带保护专项规划的地位、主要内容和编制程序；完善相关制度规定，对海岸带范围内重要资源予以保护和规范利用；为加强海岸带范围内污染防治工作，规定相关措施等。

《潍坊市城市绿化条例》简介

随着城市化进程的加快，城市绿化面临重建轻管、绿化养护投入不足、开发项目侵占公共绿地、公园景区日常管理缺乏法律依据等诸多问题，迫切需要通过地方立法加以规范和保障。《潍坊市城市绿化条例》共五章四十五条，确定城市绿化应当遵循以人为本、生态优先，政府主导、全民参与，科学规划、严格保护，建管并重、共建共享的基本原则，明确各级政府及其有关部门的职责，对城市绿地系统规划编制、绿线划定和调整、重大事项审议、异地补建、绿色图章、海绵型绿地建设、立体绿化等作出规定；明确城市绿化保护和管理措施，对确定各类城市绿地的养护责任人、设立永久性绿地制度、加强绿道建设等提出要求，对损害城市绿化及绿化设施的行为以及擅自迁移和砍伐树木作出禁止性规定，并设定相应的法律责任。

《潍坊市道路交通安全条例》简介

打造安全、有序、畅通的道路交通环境，不仅能够提升人民群众的生活品质和城市的品位，更事关人民群众的人身和财产安全。《潍坊市道路交通安全条例》共七章六十七条，注重解决民生问题，对非经营性停车泊位管理、公交专用车道使用、城市快速路通行等作出了规定，对停车泊位不足的街区，规定交警部门可以施划非主干道路停车泊位；在道路停车泊位上持续停车的时间不得超过二十四小时等。注重源头治堵，规定前期编制大型建筑物和建筑群详细规划应当征求有关部门交通影响方面意见，具体出让或者划拨土地前应当进行道路交通影响评价，大型建筑改变用途前应当征求交通影响方面的意见。针对一些机动三轮车、四轮车和摩托车在质量不达标的情况下上路行驶且无法上牌监管，极易引发交通事故的情况，规定政府有权划定禁行路段。围绕保障道路交通安全，对电动车驾乘人员出行不佩戴头盔、渣土车运输过程中物料遗撒等问题，依法规范并设立法律责任，并建立有奖举报、严重精神障碍患者信息共享、毒驾行为报告、快递外卖车辆规范管理等制度。

《潍坊市供热条例》简介

潍坊是北方城市，供热事业是一项关系人民群众生活幸福指数的重大民生工程，也是社会普遍关注的热点、焦点问题，亟需通过地方立法加以规范。《潍坊市供热条例》共七章四十六条，明确供热主管部门和管理体制，坚持以规划引领、规范供热总体布局，明确供热、用热设施的建设主体及责任，对采暖供热期、供用热合同、供热温度标准、供热费收取和既有建筑供热管网接入以及小区供热需达到的入住率和例外情形作出规定，明确供热全流程运行有关规则、用户用热责任、设施管理维护责任，以及供热投诉和测温、退费等争议处理规则等。

《潍坊市红色文化资源保护条例》简介

红色文化资源凝结着中国共产党的光荣历史，记载着中国革命的伟大历程和感人事迹，是革命文化的重要载体，是激发爱国热情、振奋民族精神的深厚滋养，是中国共产党团结带领中国人民不忘初心、继续前进的力量源泉。潍坊作为山东革命老区的一部分，有着光荣的革命传统和深厚的革命历史，拥有和留存下丰富的文化遗存和宝贵的精神财富。亟需通过地方立法保护好全市珍贵的红色文化资源，解决红色文化资源保护中面临的新情况、新问题。《潍坊市红色文化资源保护条例》共六章三十九条，对红色文化资源的调查认定、保护管理、传承利用以及法律责任等作出规定，明确红色文化资源的范畴，建立红色文化资源名录管理和保护责任人等保护制度，细化红色文化资源保护措施，并对加强红色文化资源传承利用，深入挖掘、研究和展示“王尽美革命精神”“渤海走廊”“潍县战役”“三个模式”等重要红色文化资源的社会教育功能，打造红色文化资源品牌，推进红色文化和旅游融合发展等作出规定。

《潍坊市12345政务服务便民热线条例》简介

通过制定地方性法规建立长效机制，确保12345政务服务便民热线依法有序运行，是体现市委、市政府着力为群众和企业办实事的重要方式，也是提高政务服务水平、推进依法行政的重要举措，更是建设人民满意的现代化品质城市的重要支撑。《潍坊市12345政务服务便民热线条例》（以下简称《条例》）共七章四十一条，规范办理流程，有利于提高办事效率；明确承办单位职责，避免出现推诿扯皮、配合不力现象；明确热线受理范围，确保合法合理使用热线资源。《条例》还对市政府应当出台配套考核办法，以推动热线工作依法有序开展等作出规定。

《潍坊市物业管理条例》简介

物业管理涉及千家万户，是群众关注的焦点，也是社会治理的难点。《潍坊市物业管理条例》共七章七十九条，明确物业管理应当遵循的原则，推动在物业服务人、业主委员会中设立党的基层组织，开展党的活动，发挥党建引领作用，大力发展“红色物业”。厘清市、县、镇街、社区的责任边界，明确政府层面建立综合协调工作机制，将物业管理纳入社区治理体系。针对业委会成立难问题，对不具备成立条件的住宅小区，规定可以组建物业管理委员会，组织业主共同决定物业管理事项。对电动车的停放和充电进行明确规定，并增设相应的法律责任。对新建小区、老旧小区车位的规划、建设、管理以及人防车位等不同类型车位（车库）的管理作出规定。明确物业服务区域内规划用于停放汽车的车位（车库）应当优先满足业主、物业使用人停车需要，对建设单位“只售不租”的行为增设相应的处罚措施等。

《潍坊市海洋牧场管理条例》简介

2018年6月，习近平总书记视察山东时强调“海洋牧场是发展趋势，山东可以搞试点”。2021年5月，中共中央国务院《关于发展海洋经济推进建设海洋强国的意见》提出“高标准建设海洋牧场”。潍坊市深入学习贯彻习近平总书记关于建设海洋强国、做好经略海洋大文章等重要指示精神，充分发挥海域滩涂资源丰富的优势，把海洋牧场建设作为推进渔业转型升级的重要举措，带动全市海洋渔业高质量发展。但在海洋牧场的建设过程中，也面临着一些突出的矛盾和问题。为切实提高海洋牧场管理水平，充分发挥海洋牧场的生态、经济和社会效益，制定出台海洋牧场管理条例是十分必要的。2021年，胶东五市按照省人大常委会的要求，对海洋牧场管理开展协同立法。该条例也是胶东五市首次开展的协同立法项目。《潍坊市海洋牧场管理条例》共七章三十七条，厘清相关部门的职责，明确科学编制海洋牧场规划，规定建立多渠道、多层次、多元化长效投入机制，注重解决海洋牧场建设财政资金投入不足的问题，明确建设运营的主体责任，对上位法没有规定或不明确的罚则进行细化。同时，围绕与胶东其他设区的市协同立法，从立法目的、监管标准、行政处罚标准、规划衔接、执法联动与协作、信息共享与重大事件通报、安全和生态保护、科研和人才合作等方面作相应规定和要求。

《潍坊市出租汽车经营服务管理若干规定》简介

2021年7月，在市委召开的出租汽车行业专题调研座谈会上，有关人员提出进一步放宽出租汽车驾驶员从业年龄等建议。合理放宽出租汽车驾驶员从业年龄有利于稳就业、保民生和维护社会稳定，也与国家延迟退休改革方向相一致。聚焦出租汽车驾驶员从业年龄等突出问题，制定出台符合全市实际的出租汽车经营服务管理地方性法规是十分必要的。《潍坊市出租汽车经营服务管理若干规定》（以下简称《规定》）是全市出台的首部“小快灵”法规。《规定》共十条，明确立法目的和适用范围，不仅适用于巡游车，也适用于网约车。明确从事出租汽车客运服务的驾驶员需要具备的条件，重点将出租汽车驾驶员的从业年龄放宽至65周岁，同时规定驾驶员应当取得出租汽车驾驶员从业资格证并按照规定办理注册后，方能从事出租汽车客运服务。明确出租汽车车费收取标准和方式，并对出租汽车运营车辆条件、服务质量监督渠道、乘客遗失物查找、客流集散地揽客秩序、服务设施保护等方面存在的其他突出问题作出相应规定。

《潍坊市文明行为促进条例》简介

开展文明行为促进立法，通过立法的引领和价值传导作用，树立文明标尺，明确价值导向，引导公民崇德向善，促进社会文明进步。同时，发挥法律规范国家强制力保证实施的特点，对不文明行为予以约束、制裁，通过惩恶扬善巩固文明城市创建成果。《潍坊市文明行为促进条例》共六章五十三条。规定“政府+社会”的文明行为促进管理模式，强化政府主导、社会共治的作用，构建党委领导、政府主导、各方配合、公众参与的工作机制。建立文明行为规范体系，规定在维护公共卫生环境、公共场所秩序、交通出行、文明健康生活方式、垃圾处理等方面应当遵守的文明行为基本规范。同时，对重点治理的部分不文明行为设立法律责任。坚持问题导向，对解决群众反映强烈的城区养犬、电动车安全、餐饮浪费、乡村文明、适老服务等突出问题进行制度设计。细化文明行为促进保障措施，建立文明行为表扬奖励机制和文明行为促进工作考核评价制度，完善公共设施，健全不文明行为投诉举报处理机制，加强全民阅读设施建设，充分发挥社会各方面力量，促进文明行为工作。

《潍坊市快递条例》简介

潍坊市快递业在持续快速发展的过程中，发展不平衡、服务地方产业有效供给不足的问题仍较为突出，与快递相关的消费者投诉和矛盾纠纷时有发生，为此制定了该条例。《潍坊市快递条例》共二十五条，明确快递监管部门和职责，规定县市区邮政管理部门负责本辖区内快递业监督管理工作；未设立邮政管理部门的，由市邮政管理部门与县市区政府协商确定的部门负责本县市区内快递业相关监督管理工作。加强快递基础设施的规划和建设，规定市、县市区政府应当将快递业发展纳入本级国民经济和社会发展规划，编制快递业专项规划应当充分衔接国土空间总体规划，合理安排快递基础设施的布局和建设。鼓励快递业与先进制造业、商贸业、现代农业、电子商务等关联产业和业态建立协同发展机制，推动融合发展。规范快递行为及其监督管理活动，对快递业主管部门以及其他相关部门加强对快递业的监管提出了要求，并针对有关操作不规范的快递行为增设相应的法律责任。

第三节 备案审查

2008年，市人大常委会备案审查规范性文件2件。

2009年，市人大常委会备案审查规范性文件4件；向省人大常委会报备规范性文件1件。

2010年，市人大常委会备案审查规范性文件2件；向省人大常委会报备规范性文件2件。

2011年，市人大常委会备案审查规范性文件4件；向省人大常委会报备规范性文件1件。

2012年，市人大常委会备案审查规范性文件 2 件；向省人大常委会报备规范性文件 2 件。

2013 年，市人大常委会备案审查规范性文件 3 件；向省人大常委会报备规范性文件 2 件。

2014 年，市人大常委会备案审查规范性文件 4 件。

2015 年，市人大常委会备案审查规范性文件 6 件。

2016 年，市人大常委会备案审查规范性文件 5 件，其中，市政府规章 1 件，其他规范性文件 4 件；向省人大常委会报备规范性文件 1 件。

2017 年，市人大常委会备案审查规范性文件 26 件，其中，县市区人大及其常委会规范性文件 11 件，其他规范性文件 15 件；向省人大常委会报备规范性文件 3 件。

2018 年，市人大常委会备案审查规范性文件 28 件，其中，市政府规章 3 件，县市区人大及其常委会规范性文件 4 件，其他规范性文件 21 件。

2019 年，市人大常委会备案审查规范性文件 19 件，其中，市政府规章 2 件，其他规范性文件 17 件。

2020 年，市人大常委会备案审查规范性文件 47 件，其中，市政府规章 6 件，其他规范性文件 41 件；向省人大常委会报备规范性文件 3 件。

2021 年，市人大常委会备案审查规范性文件 28 件，其中，市政府规章 1 件，县市区人大及其常委会规范性文件 6 件，其他规范性文件 21 件；向省人大常委会报备规范性文件 6 件。市、县两级人大常委会备案审查工作机构向本级人大常委会报告规范性文件备案审查工作实现全覆盖。

2022 年，市人大常委会备案审查规范性文件 18 件，其中，市政府规章 1 件，县市区人大及其常委会规范性文件 6 件，其他规范性文件 11 件；向省人大常委会报备规范性文件 4 件。

第二章　监督工作

第一节　市人民代表大会监督工作

市第十届人民代表大会监督工作

1984 年 2 月 10 日至 15 日，人大第一次会议听取并审议代市长邵桂芳作的关于潍坊市国民经济和社会发展第六个五年计划的报告、市财政局局长许学海作的关于潍坊市 1983 年财政决算和 1984 年财政预算（草案）的报告、市中级人民法院院长高新亭作的潍坊市中级人民法院工作报告、市人民检察院检察长李学义作的潍坊市人民检察院工作报告。

1985 年 3 月 13 日至 17 日，人大第二次会议听取并审议市长邵桂芳作的政府工作报告，市计划委员会主任戴耀西作的关于 1985 年国民经济和社会发展计划（草案）的报告，市财政局局长许学海作的潍坊市 1984 年财政决算和 1985 年财政预算（草案）的报告，市人大常委会主任于成凤作的潍坊市人民代表大会常务委员会工作报告，市中级人民法院院长高新亭作的潍坊市中级人民法院工作报告，市人民检察院检察长李学义作的潍坊市人民检察院工作报告。

1986 年 5 月 27 日至 31 日，人大第三次会议听取并审议市长邵桂芳作的关于潍坊市国民经济和社会发展“七五”计划（草案）的报告，市计委主任戴耀西作的关于潍坊市 1986 年国民经济和社会发展计划（草案）的报告，市财政局局长许学海作的关于潍坊市1985年财政决算和1986年财政预算（草案）的报告，市人大常委会主任于成凤作的潍坊市人民代表大会常务委员会工作报告，市中级人民法院院长高新亭作的潍坊市中级人民法院工作报告，市人民检察院检察长李学义作的潍坊市人民检察院工作报告。

1987年3月16日至20日，人大第四次会议听取并审议副市长于潮作的政府工作报告，市计委主任徐瑞荣作的关于潍坊市1987年国民经济和社会发展计划（草案）的报告，市财政局局长许学海作的关于潍坊市1986年财政决算和1987年财政预算（草案）的报告，市人大常委会主任于成凤作的潍坊市人民代表大会常务委员会工作报告，市中级人民法院院长高新亭作的潍坊市中级人民法院工作报告，市人民检察院检察长李学义作的潍坊市人民检察院工作报告。

市第十一届人民代表大会监督工作

1988年1月5日至11日，人大第一次会议听取并审议市长邵桂芳作的政府工作报告，市计委主任徐瑞荣作的关于潍坊市1988年国民经济和社会发展计划（草案）的报告，市财政局局长许学海作的关于潍坊市1987年财政预算执行情况和1988年财政预算（草案）的报告，市人大常委会主任于成凤作的潍坊市人民代表大会常务委员会工作报告，市中级人民法院院长高新亭作的潍坊市中级人民法院工作报告，市人民检察院检察长李学义作的潍坊市人民检察院工作报告。

1989年2月13日至17日，人大第二次会议听取并审议市长邵桂芳作的政府工作报告，市计委主任徐瑞荣作的关于潍坊市1989年国民经济和社会发展计划（草案）的报告，市财政局局长许学海作的关于潍坊市1988年财政决算和1989年财政预算（草案）的报告，市人大常委会主任于成凤作的潍坊市人民代表大会常务委员会工作报告，市中级人民法院院长高新亭作的潍坊市中级人民法院工作报告，市人民检察院检察长李学义作的潍坊市人民检察院工作报告。

1990年1月12日至16日，人大第三次会议听取并审议市长邵桂芳作的政府工作报告，市计委主任徐瑞荣作的关于潍坊市1990年国民经济和社会发展计划（草案）的报告，市财政局局长许学海作的关于潍坊市1989年财政预算执行情况和1990年财政预算（草案）的报告，市人大常委会主任于成凤作的潍坊市人民代表大会常务委员会工作报告，市中级人民法院院长高新亭作的潍坊市中级人民法院工作报告，市人民检察院检察长李学义作的潍坊市人民检察院工作报告，市人大常委会副主任王鹤田作的关于潍坊市人民代表大会议事规则（草案）的说明。

1991年5月4日至9日，人大第四次会议听取并审议市长邵桂芳作的潍坊市国民经济和社会发展十年规划和第八个五年计划纲要的报告，市计划委员会主任徐瑞荣作的关于潍坊市1990年国民经济和社会发展计划执行情况及1991年计划（草案）的报告，市财政局局长董法进作的关于潍坊市1990年财政决算和1991年财政预算（草案）的报告，市人大常委会主任于成凤作的潍坊市人民代表大会常务委员会工作报告，市中级人民法院院长高新亭作的潍坊市中级人民法院工作报告，市人民检察院检察长李学义作的潍坊市人民检察院工作报告。

1992年3月24日至28日，人大第五次会议听取并审议代市长齐乃贵作的政府工作报告，市计划委员会主任徐瑞荣作的关于潍坊市1991年国民经济和社会发展计划执行情况及1992年计划（草案）的报告，市财政局局长董法进作的关于潍坊市1991年财政决算和1992年财政预算（草案）的报告，市人大常委会主任于成凤作的潍坊市人民代表大会常务委员会工作报告，市中级人民法院代院长隋华堂作的潍坊市中级人民法院工作报告，市人民检察院检察长李学义作的潍坊市人民检察院工作报告。

市第十二届人民代表大会监督工作

1993年3月10日至16日，人大第一次会议听取并审议市长齐乃贵作的政府工作报告，市计划委员会主任徐瑞荣作的关于潍坊市1992年国民经济和社会发展计划执行情况与1993年计划（草案）的报告，市财政局局长董法进作的关于潍坊市1992年财政决算和1993年财政预算（草案）的报告，市人大常委会主任于潮作的潍坊市人民代表大会常务委员会工作报告，市中级人民法院院长隋华堂作的潍坊市中级人民法院工作报告，市人民检察院检察长李学义作的潍坊市人民检察院工作报告。

1994年3月8日至12日，人大第二次会议听取并审议市长王大海作的政府工作报告，市计划委员会主任作的关于潍坊市1993年国民经济和社会发展计划执行情况与1994年计划（草案）的报告，市财政局局长董法进作的关于潍坊市1993年财政决算和1994年财政预算（草案）的报告，市人大常委会主任孙嘉炼作的潍坊市人民代表大会常务委员会工作报告，市中级人民法院院长隋华堂作的潍坊市中级人民法院工作报告，市人民检察院检察长王福金作的潍坊市人民检察院工作报告。

1995年3月2日至6日，人大第三次会议听取并审议市长王大海作的政府工作报告，市计划委员会主任作的关于潍坊市1994年国民经济和社会发展计划执行情况与1995年计划（草案）的报告，市财政局局长刘伟作的关于潍坊市1994年财政预算执行情况和1995年财政预算（草案）的报告，市人大常委会主任孙嘉炼作的潍坊市人民代表大会常务委员会工作报告，市中级人民法院院长隋华堂作的潍坊市中级人民法院工作报告，市人民检察院检察长王福金作的潍坊市人民检察院工作报告。

1996年3月4日至9日，人大第四次会议听取并审议市长王大海作的关于潍坊市国民经济和社会发展第九个五年计划及2010年远景目标纲要（草案）的报告，市计划委员会主任作的关于潍坊市1995年国民经济和社会发展计划执行情况与1996年计划（草案）的报告，市财政局局长刘伟作的关于潍坊市1995年财政预算执行情况和1996年财政预算（草案）的报告，市人大常委会主任孙嘉炼作的潍坊市人民代表大会常务委员会工作报告，市中级人民法院院长隋华堂作的潍坊市中级人民法院工作报告，市人民检察院检察长王福金作的潍坊市人民检察院工作报告。

1997年2月23日至26日，人大第五次会议听取并审议市长王大海作的政府工作报告，市计划委员会主任作的关于潍坊市1996年国民经济和社会发展计划执行情况与1997年国民经济和社会发展计划（草案）的报告，市财政局局长刘伟作的关于潍坊市1996年财政预算执行情况和1997年财政预算（草案）的报告，市人大常委会主任孙嘉炼作的潍坊市人民代表大会常务委员会工作报告，市中级人民法院院长程茂仁作的潍坊市中级人民法院工作报告，市人民检察院检察长王福金作的潍坊市人民检察院工作报告。

市第十三届人民代表大会监督工作

1998年2月20日至26日，人大第一次会议听取并审议代市长王玉芬作的政府工作报告，市计划委员会副主任王天远代表主任作的关于潍坊市1997年国民经济和社会发展计划执行情况与1998年计划（草案）的报告，市财政局局长刘伟作的关于潍坊市1997年财政预算执行情况和1998年财政预算（草案）的报告，市人大常委会主任孙嘉炼作的潍坊市人民代表大会常务委员会工作报告，市中级人民法院院长程茂仁作的潍坊市中级人民法院工作报告，市人民检察院检察长王福金作的潍坊市人民检察院工作报告。

1999年2月25日至28日，人大第二次会议议听取并审议市长王玉芬作的政府工作报告，市计划委员会主任于生作的关于潍坊市 1998 年国民经济和社会发展计划执行情况与 1999 年计划（草案）的报告，市财政局局长刘伟作的关于潍坊市 1998 年财政预算执行情况和 1999 年财政预算（草案）的报告，市人大常委会主任孙嘉炼作的潍坊市人民代表大会常务委员会工作报告，市中级人民法院院长程茂仁作的潍坊市中级人民法院工作报告，市人民检察院检察长孙孺声作的潍坊市人民检察院工作报告。

2000 年 2 月 25 日至 28 日，人大第三次会议听取并审议代市长王伯祥作的政府工作报告，市计划委员会主任于生作的关于潍坊市 1999 年国民经济和社会发展计划执行情况与 2000 年计划（草案）的报告，市财政局局长刘伟作的关于潍坊市 1999 年财政预算执行情况和 2000 年财政预算（草案）的报告，市人大常委会主任孙嘉炼作的潍坊市人民代表大会常务委员会工作报告，市中级人民法院院长程茂仁作的潍坊市中级人民法院工作报告，市人民检察院检察长孙孺声作的潍坊市人民检察院工作报告。

2001 年 2 月 22 日至 26 日，人大第四次会议听取并审议市长王伯祥作的关于潍坊市国民经济和社会发展第十个五年计划纲要（草案）的报告，市计划委员会主任于生作的关于潍坊市 2000 年国民经济和社会发展计划执行情况与 2001 年计划（草案）的报告，市财政局局长刘伟作的关于潍坊市 2000 年财政预算执行情况和 2001 年财政预算（草案）的报告，市人大常委会主任孙嘉炼作的潍坊市人民代表大会常务委员会工作报告，市中级人民法院院长程茂仁作的潍坊市中级人民法院工作报告，市人民检察院检察长孙孺声作的潍坊市人民检察院工作报告。

2002 年 4 月 25 日至 28 日，人大第五次会议听取并审议政府工作报告，市计划委员会主任于生作的关于潍坊市 2001 年国民经济和社会发展计划执行情况与 2002 年计划（草案）的报告，市财政局局长刘伟作的关于潍坊市 2001 年财政预算执行情况和 2002 年财政预算（草案）的报告，市人大常委会主任孙嘉炼作的潍坊市人民代表大会常务委员会工作报告，市中级人民法院院长程茂仁作的潍坊市中级人民法院工作报告，市人民检察院检察长孙孺声作的潍坊市人民检察院工作报告。

市第十四届人民代表大会监督工作

2003 年 2 月 21 日至 26 日，人大第一次会议听取并审议政府工作报告，市发展计划委员会主任于生作的关于潍坊市 2002 年国民经济和社会发展计划执行情况与 2003 年国民经济和社会发展计划（草案）的报告，市财政局局长刘伟作的关于潍坊市 2002 年财政预算执行情况和 2003 年财政预算（草案）的报告，市人大常委会副主任房忠昌作的潍坊市人民代表大会常务委员会工作报告，市中级人民法院院长程茂仁作的潍坊市中级人民法院工作报告，市人民检察院代理检察长王卫东作的潍坊市人民检察院工作报告。

2004 年 2 月 1 日至 4 日，人大第二次会议听取并审议政府工作报告，市发展计划委员会主任于生作的关于潍坊市 2003 年国民经济和社会发展计划执行情况与 2004 年计划（草案）的报告，市财政局局长夏芳晨作的关于潍坊市 2003 年财政预算执行情况和 2004 年财政预算（草案）的报告，市人大常委会党组书记、第一副主任毕可仁作的潍坊市人民代表大会常务委员会工作报告，市中级人民法院院长程茂仁作的潍坊市中级人民法院工作报告，市人民检察院检察长王卫东作的潍坊市人民检察院工作报告。

2005 年 2 月 19 日至 23 日，人大第三次会议听取并审议政府工作报告，市人大常委会党组书记、第一副主任毕可仁作的潍坊市人民代表大会常务委员会工作报告，市中级人民法院院长程茂仁作的潍坊市中级人民法院工作报告，市人民检察院检察长王卫东作的潍坊市人民检察院工作报告；审查市人民政府关于潍坊市2004年国民经济和社会发展计划执行情况与2005年计划（草案）的报告，关于潍坊市2004年财政预算执行情况和2005年财政预算（草案）的报告。

2006年2月8日至12日，人大第四次会议听取并审议政府工作报告、潍坊市国民经济和社会发展第十一个五年规划纲要草案，市人大常委会副主任赵凤池作的潍坊市人民代表大会常务委员会工作报告，市中级人民法院院长程茂仁作的潍坊市中级人民法院工作报告，市人民检察院检察长王卫东作的潍坊市人民检察院工作报告；审查市人民政府关于潍坊市2005年国民经济和社会发展计划执行情况与2006年计划（草案）的报告，关于潍坊市2005年财政预算执行情况和2006年财政预算（草案）的报告。

2007年2月27日至3月3日，人大第五次会议听取并审议代市长许立全作的政府工作报告，市人大常委会第一副主任王治华作的潍坊市人民代表大会常务委员会工作报告，市中级人民法院院长程茂仁作的潍坊市中级人民法院工作报告，市人民检察院检察长王卫东作的潍坊市人民检察院工作报告；审查市人民政府关于潍坊市2006年国民经济和社会发展计划执行情况与2007年计划（草案）的报告，关于潍坊市2006年财政预算执行情况和2007年财政预算（草案）的报告。

市第十五届人民代表大会监督工作

2008年1月4日至8日，人大第一次会议听取并审议市长许立全作的政府工作报告，市人大常委会第一副主任李守玉作的潍坊市人民代表大会常务委员会工作报告，市中级人民法院院长张爱云作的潍坊市中级人民法院工作报告，市人民检察院检察长王卫东作的潍坊市人民检察院工作报告；审查市人民政府关于潍坊市2007年国民经济和社会发展计划执行情况与2008年计划（草案）的报告，关于潍坊市2007年财政预算执行情况和2008年财政预算（草案）的报告。

2009年2月4日至7日，人大第二次会议听取并审议市长许立全作的政府工作报告，市人大常委会第一副主任李守玉作的潍坊市人民代表大会常务委员会工作报告，市中级人民法院院长张爱云作的潍坊市中级人民法院工作报告，市人民检察院检察长王卫东作的潍坊市人民检察院工作报告；审查市人民政府关于潍坊市2008年国民经济和社会发展计划执行情况与2009年计划（草案）的报告，关于潍坊市2008年财政预算执行情况和2009年财政预算（草案）的报告。

2010年2月24日至27日，人大第三次会议听取并审议市长许立全作的政府工作报告，市人大常委会第一副主任李守玉作的潍坊市人民代表大会常务委员会工作报告，市中级人民法院院长张爱云作的潍坊市中级人民法院工作报告，市人民检察院检察长王卫东作的潍坊市人民检察院工作报告；审查市人民政府关于潍坊市2009年国民经济和社会发展计划执行情况与2010年计划（草案）的报告，关于潍坊市2009年财政预算执行情况和2010年财政预算（草案）的报告。

2011年2月20日至23日，人大第四次会议听取并审议市长许立全作的政府工作报告，市人大常委会第一副主任李守玉作的潍坊市人民代表大会常务委员会工作报告，市中级人民法院院长张爱云作的潍坊市中级人民法院工作报告，市人民检察院检察长王卫东作的潍坊市人民检察院工作报告；审查潍坊市国民经济和社会发展第十二个五年规划纲要草案，市人民政府关于潍坊市2010年国民经济和社会发展计划执行情况与2011年计划（草案）的报告，关于潍坊市2010年财政预算执行情况和2011年财政预算（草案）的报告。

市第十六届人民代表大会监督工作

2012年2月10日至14日，人大第一次会议听取并审议代市长刘曙光作的政府工作报告，市人大常委会第一副主任李守玉作的潍坊市人民代表大会常务委员会工作报告，市中级人民法院院长张爱云作的潍坊市中级人民法院工作报告，市人民检察院代理检察长杨洪旭作的潍坊市人民检察院工作报告；审查市人民政府关于潍坊市2011年国民经济和社会发展计划执行情况与2012年计划（草案）的报告，关于潍坊市2011年财政预算执行情况和2012年财政预算（草案）的报告。

2013年1月7日至11日，人大第二次会议听取并审议市长刘曙光作的政府工作报告，市人大常委会第一副主任胡岗作的潍坊市人民代表大会常务委员会工作报告，市中级人民法院院长张爱云作的潍坊市中级人民法院工作报告，市人民检察院检察长杨洪旭作的潍坊市人民检察院工作报告；审查市人民政府关于潍坊市2012年国民经济和社会发展计划执行情况与2013年计划（草案）的报告，关于潍坊市2012年财政预算执行情况和2013年财政预算（草案）的报告。

2014年2月10日至13日，人大第三次会议听取并审议市长刘曙光作的政府工作报告，市人大常委会第一副主任胡岗作的潍坊市人民代表大会常务委员会工作报告，市中级人民法院代院长姜树政作的潍坊市中级人民法院工作报告，市人民检察院检察长杨洪旭作的潍坊市人民检察院工作报告；审查市人民政府关于潍坊市2013年国民经济和社会发展计划执行情况与2014年计划（草案）的报告，关于潍坊市2013年财政预算执行情况和2014年财政预算（草案）的报告。

2015年2月27日至3月2日，人大第四次会议听取并审议市长刘曙光作的政府工作报告，市人大常委会第一副主任胡岗作的潍坊市人民代表大会常务委员会工作报告，市中级人民法院院长姜树政作的潍坊市中级人民法院工作报告，市人民检察院检察长杨洪旭作的潍坊市人民检察院工作报告；审查市人民政府关于潍坊市2014年国民经济和社会发展计划执行情况与2015年计划（草案）的报告，关于潍坊市2014年财政预算执行情况和2015年财政预算（草案）的报告。

2016年2月17日至20日，人大第五次会议听取并审议市长刘曙光作的政府工作报告，市人大常委会第一副主任胡岗作的潍坊市人民代表大会常务委员会工作报告，市中级人民法院院长姜树政作的潍坊市中级人民法院工作报告，市人民检察院检察长杨洪旭作的潍坊市人民检察院工作报告；审查潍坊市国民经济和社会发展第十三个五年规划纲要草案，市人民政府关于潍坊市2015年国民经济和社会发展计划执行情况与2016年计划（草案）的报告，关于潍坊市2015年财政预算执行情况和2016年财政预算（草案）的报告。

市第十七届人民代表大会监督工作

2017年2月24日至28日，人大第一次会议听取并审议代市长李宽端作的政府工作报告，市人大常委会第一副主任苏立科作的潍坊市人民代表大会常务委员会工作报告，市中级人民法院院长姜树政作的潍坊市中级人民法院工作报告，市人民检察院代理检察长王桂春作的潍坊市人民检察院工作报告；审查市人民政府关于潍坊市2016年国民经济和社会发展计划执行情况与2017年计划（草案）的报告，关于潍坊市2016年财政预算执行情况和2017年财政预算（草案）的报告。

2018年1月5日至9日，人大第二次会议听取并审议市长李宽端作的政府工作报告，市人大常委会副主任作的潍坊市人民代表大会常务委员会工作报告，市中级人民法院院长姜树政作的潍坊市中级人民法院工作报告，市人民检察院检察长王桂春作的潍坊市人民检察院工作报告；审查市人民政府关于潍坊市2017年国民经济和社会发展计划执行情况与2018年计划（草案）的报告，关于潍坊市2017年财政预算执行情况和

2018年财政预算（草案）的报告。

2019年1月29日至2月1日，人大第四次会议听取并审议市长田庆盈作的政府工作报告，市人大常委会副主任作的潍坊市人民代表大会常务委员会工作报告，市中级人民法院院长姜树政作的潍坊市中级人民法院工作报告，市人民检察院检察长王桂春作的潍坊市人民检察院工作报告；审查市人民政府关于潍坊市2018年国民经济和社会发展计划执行情况与2019年计划（草案）的报告，关于潍坊市2018年财政预算执行情况和2019年财政预算（草案）的报告。

2020年1月9日至12日，人大第五次会议听取并审议市长田庆盈作的政府工作报告，市人大常委会副主任作的潍坊市人民代表大会常务委员会工作报告，市中级人民法院代院长李向阳作的潍坊市中级人民法院工作报告，市人民检察院代检察长陶卫东作的潍坊市人民检察院工作报告；审查市人民政府关于潍坊市2019年国民经济和社会发展计划执行情况与2020年计划（草案）的报告，关于潍坊市2019年财政预算执行情况和2020年财政预算（草案）的报告。

2021年3月23日至26日，人大第六次会议听取并审议代理市长刘运作的政府工作报告，市人大常委会副主任顾建华作的潍坊市人民代表大会常务委员会工作报告，市中级人民法院院长李向阳作的潍坊市中级人民法院工作报告，市人民检察院检察长陶卫东作的潍坊市人民检察院工作报告；审查市人民政府关于潍坊市国民经济和社会发展第十四个五年规划和2035年远景目标纲要，关于潍坊市2020年国民经济和社会发展计划执行情况与2021年计划（草案）的报告，关于潍坊市2020年财政预算执行情况和2021年财政预算（草案）的报告。

市第十八届人民代表大会监督工作

2022年4月13日至15日，人大第一次会议听取并审议市长刘运作的政府工作报告，市人大常委会主任苏立科作的潍坊市人民代表大会常务委员会工作报告，市中级人民法院代院长孟祥刚作的潍坊市中级人民法院工作报告，市人民检察院代检察长张敬艳作的潍坊市人民检察院工作报告；审查市人民政府关于潍坊市2021年国民经济和社会发展计划执行情况与2022年计划（草案）的报告，关于潍坊市2021年财政预算执行情况和2022年财政预算（草案）的报告。

2022年12月27日至29日，人大第二次会议听取并审议市长刘运作的政府工作报告，市人大常委会副主任王兆辉作的潍坊市人民代表大会常务委员会工作报告，市中级人民法院院长孟祥刚作的潍坊市中级人民法院工作报告，市人民检察院检察长张敬艳作的潍坊市人民检察院工作报告；审查市人民政府关于潍坊市2022年国民经济和社会发展计划执行情况与2023年计划（草案）的报告，关于潍坊市2022年财政预算执行情况和2023年财政预算（草案）的报告。

第二节　市人大常委会监督工作

市十届人大常委会监督工作

监督法律实施　市十届人大常委会根据改革、建设的需要，先后听取市农委关于贯彻实施土地管理法和关于贯彻实施渔业法情况的汇报，市环保局关于贯彻实施环境保护法情况的汇报，市教委关于贯彻实施义务教育法情况的汇报，市标准计量局关于贯彻实施计量法情况的汇报，市工商局关于市人大常委会所作经济合同法决议贯彻执行情况的汇报。通过听取审议汇报，监督、支持政府部门的执法工作，推动法律的贯彻实施。

检查法律实施和执法部门工作　市十届人大常委会采取视察、调查的形式，检查法律实施和执法部门的工作情况。对涉及面广、与生产建设密切相关的法律，做到调查研究、例会审议、组织视察“三管齐下”，强化监督工作。为了推

动土地管理法的实施，常委会于4月组织调查研究，形成调查报告。听取市政府关于宣传贯彻实施土地管理法情况的汇报，作出相应的决议。6月，又组织视察，效果比较明显，为土地管理法的实施打下基础。对市和潍城区公安、检察、法院机关及潍北劳改支队等9个单位的执法情况进行视察。听取各机关和单位的工作汇报，察看看守、拘留、劳改场所，审阅20份刑事申诉案卷。

监督国民经济和社会发展计划的实施等 市十届人大常委会依据法律规定的职权，先后听取市计委关于国民经济和社会发展计划执行情况的汇报，市财政局关于财政收支预算执行情况的汇报，市民政局关于农村五保工作和残疾人福利生产情况的汇报、并作出相应的决议，市司法局关于律师公证工作情况的汇报，市科委关于科技工作情况的汇报，市公安局关于社会治安工作情况的汇报，市中级人民法院关于民事审判工作情况的汇报。在监督工作中，常委会还先后围绕开展“双增双节”运动、增强农业发展后劲、小清河和弥河水质污染、城市管理、公路建设、农村卫生体制改革、发展城区教育、乡镇企业、城市建设计划安排等事项组织调查或视察，提出有针对性的建议。

市十一届人大常委会监督工作

监督国民经济和社会发展计划的实施 市十一届人大常委会对年度计划和预算执行、审计等工作，每年听取审议工作汇报，并作出相应决定。组织省、市人大代表应邀参加市政府全体会议，听取市政府工作汇报，着重对计划执行情况进行座谈评议。

监督国营大中型企业改革 市十一届人大常委会向全体市人大代表发信，要求代表们认真贯彻中央工作会议精神，监督支持政府搞好国营大中型企业。召开国营大中型企业中的部分全国和省、市人大代表座谈会，听取意见建议。组成专门调查组，深入到市直部门和国营大中型企业进行调查研究。听取审议市政府关于搞好国营大中型企业的情况汇报。

监督农业和农村工作 市十一届人大常委会先后听取审议市政府关于库区移民工作、建立健全农村社会化服务体系和畜牧业生产发展、乡镇企业发展等情况的汇报。就发展高产高效农业等进行了调查研究。作出关于认真贯彻落实《中共中央关于进一步加强农业和农村工作的决定》的决议。与市政府联合召开农民负担监督管理工作会议，着重就国务院有关条例贯彻执行问题作了研究。

监督经济建设的法制保障 市十一届人大常委会听取审议市政府关于公安工作和社会治安情况的汇报，市人民检察院关于反贪污贿赂斗争情况的汇报，市中级人民法院关于经济审判工作情况的汇报。围绕法制建设进行监督。参与组织举办全市县级以上领导干部“二五”普法培训班。与市委普法领导小组共同组织普法执法大检查。先后听取审议市政府关于贯彻执行文物保护法等6部法律法规贯彻实施情况的汇报，对环境保护法等10余项法律法规的贯彻实施情况进行视察、检查和调查。积极参与立法工作，先后就代表法和省农民负担管理条例等9个法律法规草案，提出并上报修改意见。

市十二届人大常委会监督工作

监督保障“两个文明”建设 市十二届人大常委会对年度计划和预算执行、审计等工作，每年听取审议工作汇报，并作出相应决定。就加强预算外资金的监督管理作出决议。对市级预算外资金清理检查和收支预算情况进行审议。对实施农业产业化、推进小城镇建设、搞好国有大中型企业、振兴高新技术产业和第三产业及实施科教兴潍战略等工作，综合运用调查、视察和听取汇报等多种方式持续进行监督。对加快发展个体私营经济和依法治理水污染作出相应决议。着眼于监督抓好事关各项改革的重大问题，听取审议市政府关于全市经济体制改革、建立现代企业制度、财税和金融体制改革、城镇住房制度改革、职工医疗保障和城乡居民保险制度改革、政府机构改革等工作汇报；就深化农村改革、科技教育体制改革和证券期货市场建设等进行视察。着眼于监督抓好事关扩大对外开放的重大问题，就加强外事和外经外贸工作、促进“三资”企业健康发展等进行监督，先后就潍坊市与韩国安养市、澳大利亚东吉普斯兰市和国内4个市区建立友好关系作出决定，与国外友好城市开展互访活动。着眼于监督抓好事关加强精神文明建设的重大问题，监督市政府认真贯彻实施《中华人民共和国教育法》《中华人民共和国教师法》《中华人民共和国体育法》及省禁止赌博条例等法律法规，督促司法机关坚决扫除“黄、赌、毒”等社会丑恶现象。制定关于授予“潍坊人民勋章”的办法，先后决定向邵述衡、王建章、陈宝昌、王焕新、杨淑英、林开祥6名英雄模范人物授勋。

监督法制建设进程 1995年，市十二届人大常委会作出在市级国家机关实行执法责任制的决定，将546件现行法律法规按执法责任分解落实到各执法、司法部门和单位。1997年，对市级国家机关实行执法责任制工作组织全面检查，对23个执法工作先进单位进行表彰。听取审议5个部门落实执法责任制检查意见情况的汇报。听取审议行政处罚法等26项法律法规贯彻实施情况的汇报，开展对公司法等54项法律法规的执法检查、视察或调查活动。听取市政府关于进行普法和依法治理工作情况的汇报，开展实施普法和依法治市五年规划、加强司法队伍建设、预防青少年犯罪等专项调查活动，分别作出在全市公民中开展第三个五年法制宣传教育和深入开展依法治市的决议。对“一府两院”提请任命的干部事先进行法律考试。连续三年组织已任命的行政、审判、检察干部进行法律知识考试。1997年将应考单位由政府序列部门扩大到上属执法单位和有执法任务的群团组织，应考人员由常委会任命的干部扩大到部门副职以上领导成员。就省房地产经营管理条例等20多项法规草案，组织开展座谈讨论和征询意见工作。

监督工作创新 自1993年开始，市十二届人大常委会先后对市级45个行政部门和法院、检察院的工作开展评议活动。实行对被任命干部进行述职评议，对任命的43名政府组成人员，要求其及时提交任职报告，在本届任期内分批组织述职并进行评议。听取评议1名副市长的述职报告。实行对社会热点难点问题进行专题监督，通过依法成立特定问题调查委员会的形式，监督处理久拖未决的案件；运用重点视察与新闻单位舆论监督相结合的方式，对环境保护、食品卫生、打击生产和经销假冒伪劣商品违法行为等工作进行重点监督。把减轻农民负担作为监督的重点，换届之初即作出专门决议，随后每年都进行调查或视察，听取审议市政府汇报。1997年，组织视察市直65个部门，监督其对照中央减轻农民负担工作的决定和办法认真加以解决。

市十三届人大常委会监督工作

市十三届人大常委会共听取审议“一府两院”工作汇报107项，组织开展各类调查、视察、执法检查253次；督促办结代表建议、批评和意见835件；处理人民来信来访9324件次。

社会发展监督 市十三届人大常委会围绕贯彻落实中共十五大和中共十五届三中、四中、五中全会精神，对农业结构调整、国有企业改革、发展个体私营经济、开发园区建设、发展小城镇、重点工程建设等，进行视察、检查或调查。对《关于促进对外开放搞好招商引资工作的决议》贯彻实施情况进行视察。督促抓好“民心工程”实施、“政府提速”、经营城市、社区建设等工作，优化发展环境。

社会稳定监督 市十三届人大常委会先后听取审议就业和再就业、规范和整顿市场经济秩序、刑事审判和案件执行、反腐败查办大案要案等工作情况汇报，连续两年对严打整治斗争进行视察；坚持常委会主任会议成员和驻会委员定期公开接访制度，并开通信访工作8条渠道、聘请150名人大代表担任控申信息员、设立法律咨询小组等，加大信访工作力度。每年组织开展“风筝都环保世纪行”活动，督促市区水源地保护决议的落实。1998年，首次采用质询形式，就有关企业长期向市区河道超标排污问题，对其主管部门提出质询案，促进问题的有效解决。审议批准“四五”普法规划和“三五”依法治市规划，作出相关决议。先后对《中华人民共和国农业》法等81部法律法规的贯彻实施情况进行监督检查。把监督市级国家机关实行执法责任制列入重要议事日程，制定并完善“错案和执法过错责任追究办法”“个案监督暂行办法”，并通过对重大违法案件的监督，启动和督促行政执法和司法机关运用自我监督的机制，及时发现和纠正错案。通过审查把关、法律知识考试、作供职发言、提交任职报告、年终报告工作和述职评议等措施，加强对被任命干部的监督。

市十四届人大常委会监督工作

市十四届人大常委会共听取审议“一府两院”专项工作报告75个，组织开展视察、调查活动156次，对72部法律法规进行执法检查。

监督计划和预算的执行 市十四届人大常委会坚持每年听取审议计划预算执行和审计工作情况报告；对全市重大项目建设、财政重点支出和集中支付等工作开展专题调查；扩大部门预算审查范围，多次听取市级城建资金筹集使用情况的汇报。先后就优化经济发展软环境、“三农”工作、服务业发展、城市建设等组织开展视察。通过组织人大代表视察、专题调查等形式，对旧城区改造、现代农业发展、沿海经济开发、节能减排等工作开展监督。

监督民生改善 市十四届人大常委会先后就禽流感防治、土地承包、农村税费改革、就业再就业、义务教育、社会治安、老年人权益保障、旅游业发展等，深入开展执法检查和调查，组织开展6次食品药品安全视察、12次“风筝都环保世纪行”活动。2007年，集中开展落实《中华人民共和国生产法》《中华人民共和国消防法》《中华人民共和国道路交通安全法》《中华人民共和国危险化学品管理条例》《省安全生产条例》等法律法规情况的执法检查。

促进司法公正 市十四届人大常委会听取审议商事审判、民事审判、刑事审判、查办职务犯罪等方面的工作汇报。支持司法部门改革创新，制定关于加强人民监督员工作的意见，任命9名人民监督员。做好人大信访工作，共受理群众来信来访12288件次，处结率99%。

市十五届人大常委会监督工作

推动转方式调结构 2008年，市十五届人大常委会对北部沿海发展情况开展专项视察，2010年先后就北部沿海地区环境污染治理、海域使用管理情况进行视察、检查，2011年组织专题视察。2009年就引进高层次人才、促进高新技术产业发展到外地学习调研，2010年听取审议市政府专项报告。对节能减排工作进行专项工作评议，听取市政府关于水污染防治情况的报告，每年两次组织开展“风筝都环保世纪行”新闻采访活动。先后对现代农业示范园区建设和高新技术产业、商务服务业、文化产业发展等进行专项工作评议，听取审议市政府关于新兴产业发展、交通重点项目建设、城市地下空间开发规划、旅游业、对台经济等工作报告，就工业经济运行、农业基础设施建设、金融安全与发展、房地产开发管理等进行调研和视察。2010年专题听取审议市政府关于全市转方式调结构工作情况的报告。

保障和改善民生 市十五届人大常委会先后对安全生产、劳动就业、人口与计划生育、教育工作、农村困难群众社会保障等进行工作评议，听取审议市政府关于道路交通安全管理、农村公共服务社区化、村村通油路、法律援助、外事侨务等工作报告。2008 年汶川特大地震发生后，对全市防震工作开展专题调研，听取市政府有关部门汇报，实地察看部分学校和应急避难场所。听取审议市政府相关工作报告，对创城工作进行专题视察。每年都安排食品安全相关议题，2008 年，认真督促办理代表提出的关于从源头上抓好食品质量安全的议案，2009 年至 2011 年，先后对全市农产品质量安全状况进行调研，对全市食品安全法律法规贯彻实施情况开展检查，对食品安全工作进行视察。

民主法治建设 市十五届人大常委会审议通过潍坊市“六五”普法和“五五”依法治市规划并作出相应的决议。加强对市中级人民法院和市人民检察院工作的监督支持，先后听取审议关于完善多元化纠纷解决机制、加强诉讼诚信体系建设、查办和预防职务犯罪等报告，作出关于加强和规范人民法院执行工作的决议、关于加强人民检察院法律监督工作的决议。先后就行政许可法等 16 部法律法规的贯彻实施情况进行执法检查。认真开展规范性文件备案审查工作，共备案审查规范性文件 69 件。届内共接待群众来访 4397 人次，受理群众来信 4736 件。

市十六届人大常委会监督工作

市十六届人大常委会坚持紧扣大局、贴近民生、注重实效，依法行使监督职权，共听取审议“一府两院”专项工作报告 66 项，组织调查、视察、执法检查 370 余次。

促进经济持续健康发展 围绕供给侧结构性改革，常委会对产业项目投资方向、品牌建设、现代服务业、农村金融、旅游业等开展调查或视察。2016 年 10 月，听取审议全市供给侧结构性改革情况的报告，强调坚持创新、协调、绿色、开放、共享的发展理念，强化要素支撑，完善政策措施，推动“三去一降一补”重点任务落实。围绕创新驱动发展战略的实施，监督推进经济转型发展、战略性新兴产业、大众创业万众创新、人才与科技等工作，建议加快以科技创新为核心的全面创新，推动战略性新兴产业蓬勃发展，注重用新技术新业态全面改造提升传统产业。围绕区域协调发展，听取审议全市推进城乡一体化、城镇化发展情况的报告，全面客观分析全市区域发展的现状和问题，提出有针对性的建议意见。全力推动“海城河”重大战略实施，对滨海开发建设、城市品质提升、潍水文化生态保护实验区建设、“两河”流域农业面源污染治理情况进行调查或视察。围绕现代农业发展，听取审议全市农村土地承包经营权确权登记颁证工作、品牌农业、种植养殖业发展情况的报告，督促进一步稳定和完善农村土地承包关系，狠抓农产品标准化生产和品牌创建，推动现代农业提质增效。

加强计划和预算决算审查监督 坚持全面审查和重点审查相结合、审查的专业性和广泛性相结合、人大监督与审计监督相结合，迈出由程序性监督向实质性监督的重要一步。每年听取和审议市政府关于计划和预算执行。财政审计等工作情况的报告。审查批准年度市级财政决算和 2015 年、2016 年市级预算调整方案。依法加强对政府全口径预算决算的审查监督，自 2014 年起，把一般公共预算、政府性基金预算、国有资本经营预算、社会保险基金预算全部纳入审查范围。建立预算审查专家咨询制度，成立由 71 名专家组成的预算审查监督专家咨询委员会。组织代表参加预算草案的预先审查和初步审查。对全市改进预算管理制度、国有资产管理情况进行调查，从完善预算体系、健全国企管理机制等方面提出意见。加大对审计整改工作的监督力度，从 2015 年起将审计整改情况报告书面印发常委会会议，督促认真整改、严肃问责，建立长效机制。

推动民生改善 常委会把保障公共安全放在重要位置，对食品药品安全、农产品质量安全、生态环境安全、安全生产等进行跟踪监督，推动强化安全责任意识，健全监管体系，提高防范化解风险能力，增强群众安全感、满意度。2013年和2016年，两次听取审议全市立体化社会治安防控体系建设情况的报告，要求抓好统筹规划，强化督导检查，全面提升整体防控效能。围绕群众关心的教育、医疗、就业、民族、社会保障等开展持续监督，先后就全市深化中小学管理体制改革、医药卫生体制改革、全民创业就业、宗教管理、民族工作、残疾人保障、社会救助体系建设等进行调查。跟进推动政府“民生实事”落实，有关专门委员会多次召开座谈会，征求群众意见，实地查看，加强调度，主任会议专门听取督查情况的汇报，推动把事关群众切身利益的好事办实。

推进生态文明建设 2015年，围绕“三八六”环保行动、聚焦大气污染防治，常委会听取关于节能减排大气污染防治工作情况的报告，启动开展专题询问。询问前，集中3个多月深入调研，5个专题小组明察暗访，全市6300多名各级人大代表参与，收集各方面建议意见3万多条；询问会上，12个应询单位回答询问，全程电视直播；对询问提出的问题，常委会跟踪抓好整改落实。围绕水源地保护、消灭污水直排等主题，开展“风筝都环保世纪行”活动10次，倡树绿色循环低碳发展理念保护和改善生态环境。常委会还对创建国家森林城市工作进行视察，对全市林业发展、节水型城市建设情况进行调查。

保障法律法规实施 常委会加强司法工作监督，听取全市法院司法公开、行政审判、诉讼诚信体系建设和全市人民检察院检务公开、控告申诉、刑罚执行监督等工作情况的报告，保障公正司法，提高司法公信力。组织对《中华人民共和国行政许可法》《中华人民共和国环境保护法》《中华人民共和国体育法》《中华人民共和国旅游法》《中华人民共和国农业机械化促进法》等34部法律法规开展执法检查。加强备案审查制度和能力建设，召开全市人大规范性文件备案审查工作座谈会，对139件规范性文件进行合法性审查。依法做好信访工作，接待群众来信来访7076件（次），推动化解一批涉法信访案件。

市十七届人大常委会监督工作

围绕中心强化监督 市十七届人大常委会紧扣党委工作中心主动作为，及时跟进，在把握大局、融入大局、服务大局中更好履职尽责。五年来，召开常委会会议51次，听取审议“一府一委两院”专项工作报告86项，开展调查、视察、执法检查204次，组织专题询问6次，全力监督推动党委决策不折不扣贯彻落实。聚焦推动“三个模式”创新提升，就潍坊国家农业开放发展综合试验区建设、农业供给侧结构性改革、田园综合体、“中国食品谷”、农田水利基础设施建设等情况进行调查视察，开展乡村振兴战略实施情况专题询问，推动乡村振兴齐鲁样板先行区建设取得重要进展。聚焦推动高质量发展，就新旧动能转换、“放管服”改革等重大课题开展调研，监督推动化工、文旅、现代渔业、会展业等产业健康发展，对优化经济发展软环境进行专题询问和工作评议，助力全市在贯彻新发展理念、增创经济发展新优势上走在前列。聚焦推动改革开放全面深化，积极服务和融入“双循环”，对“双招双引”及重大项目建设、民营经济发展、优化营商环境等进行调查或视察，听取审议深化商事制度改革、外贸工作等情况报告，积极推动形成高水平对外开放新格局。聚焦推动城市品质提升，听取审议实施棚户区改造、提升城市建设品质、重大交通基础设施建设管理情况报告，监督推进“三区一中心”建设、老旧小区改造等工作，有效提升城市精细化管理水平。聚焦推动打好疫情防控阻击战，听取审议疫情防控工作情况报告，视察经济恢复和发展情况，开展传染病防治、突发公共卫生事件应急等执法检查，在推动统筹疫情防控和经济社会发展方面取得明显成效。

切实维护人民群众根本利益 市十七届人大常委会围绕民生改善，连续五年监督推动教育、医疗、就业等工作，听取审议养老服务体系建设、就业工作情况报告，对职业教育发展情况进行调查，开展就业促进"一法一条例"实施情况执法检查，督促有关方面把好事办实。围绕生态环保，每年听取全市环境质量状况和保护目标完成情况，先后10次开展"风筝都环保世纪行"活动，聚焦中央和省环保督察反馈问题整改情况并开展专题询问，推动生态环境持续改善。围绕公共安全，先后15次就农产品质量安全、安全生产、食品安全等进行调查或执法检查，听取审议有关工作情况报告，与省人大常委会联动开展安全生产专题询问，促进提高重点行业领域安全防范治理能力，筑牢公共安全防线。围绕司法监督，就法院执行、刑事审判、发挥审判职能服务企业发展和检察机关公益诉讼、未成年人检察以及扫黑除恶专项斗争等开展调查，听取审议"两院"深化司法体制改革工作情况报告。做好人大信访工作，累计受理来信来访3500件（次），对313件案件进行重点督办。

推进改革创新，有效激发工作活力 市十七届人大常委会深入研究人大工作特点和规律，坚持以创新为动力，以创优为目标，推动工作创新发展。地方立法方面。认真贯彻市委深改委部署，圆满完成承担的民主法制领域改革和立法协调任务。完善制度机制，建立5项立法工作制度规范，健全法规立项、起草、论证、审议、修改、表决、实施、评估等工作机制，推动地方立法科学高效、规范有序运转。广泛借智借脑，成立立法咨询专家组、立法学研究会两家智库机构，与3所院校建立合作关系，设立4处基层立法联系点，有效提高立法质效。坚持急用先行，注重有效管用，制定出台大气污染防治、供热条例等12件地方性法规，对禁用限用剧毒高毒农药条例等6件法规进行集中修改。依法对133件规范性文件进行备案审查，维护法制的统一和尊严。监督工作方面。加强计划和预决算监督，深化全口径预算、国有资产管理和审计查出问题整改情况监督。圆满完成所承担的全市重点改革任务。积极探索"专题询问+工作评议"模式，对整改情况进行测评打分，有效增强监督刚性。代表工作方面。在全省率先制定代表履职守则，严明纪律要求，届内市人大代表全部完成述职评议。加快代表小组规范化建设，指导371个代表接待站和住潍43个各级代表小组达到"六有"标准。接续开展"牢记使命、履职为民"主题活动，通过"双联系"、跨区域专题调研、集中视察等方式，增强代表闭会期间活动实效，代表参加"一府一委两院"及有关部门座谈会、听证会、旁听庭审等520余次。注重提升代表履职能力，采用线上线下相结合的方式，举办3期代表学习培训班，实现代表培训全覆盖。完善代表议案建议办理机制，约谈部门负责人、满意度测评、开展"回头看"成为常态化督办方式，代表提出的743件建议已全部办复。全体代表立足岗位、积极奉献，围绕疫情防控、抗灾救灾、脱贫攻坚等捐款捐物超过191亿元，以实际行动践行人大代表的光荣使命和社会责任。

第三章　决定重大事项

按照宪法和法律规定，县级以上地方各级人民代表大会讨论、决定本行政区域内的政治、经济、教育、科学、文化、卫生、生态环境保护、自然资源、城乡建设、民政、社会保障、民族等工作的重大事项和项目。县级以上地方各级人民代表大会常务委员会讨论、决定本行政区域内的政治、经济、教育、科学、文化、卫生、生态环境保护、自然资源、城乡建设、民政、社会保障、民族等工作的重大事项和项目；根据本级人民政府的建议，审查和批准本行政区域内的国民经济和社会发展规划纲要、计划和本级预算的调整方案。

潍坊市人民代表大会及其常务委员会紧紧围绕国家改革开放和社会主义现代化建设各项事业的发展目标与任务，按照中共潍坊市委的决策部署，根据全市经济社会发展的需要，对关系全市各项事业发展和人民群众普遍关注的重大事项，适时听取有关国家机关的报告或汇报，进行讨论和审议，作出决议和决定，全力推动依法治市和社会各项事业健康发展。1996年12月20日，市十二届人大常委会第三十次会议通过《潍坊市人民代表大会常务委员会关于讨论决定重大事项的暂行规定》，就市人大常委会决定重大事项的指导思想、原则、内容和程序等方面作出规定，提供制度上的保证。市人大及其常委会贴近中心，围绕大局，对事关全局的重大事项，作出一系列的决议和决定，对全市改革开放和现代化建设各项事业的发展，起到重要作用。

第一节　市人民代表大会决定重大事项

市第十届人民代表大会决定重大事项

1984年2月15日，市十届人大第一次会议作出关于批准潍坊市国民经济和社会发展第六个五年计划决议，关于潍坊市1983年财政决算和1984年财政预算的决议，并分别通过市中级人民法院、市人民检察院工作报告。

1985年3月17日，市十届人大第二次会议作出关于批准潍坊市1985年国民经济和社会发展计划的决议，关于潍坊市1984年财政决算和1985年财政预算的决议，并分别通过市人民政府、市人大常委会、市中级人民法院、市人民检察院工作报告。

1986年5月31日，市十届人大第三次会议作出关于批准潍坊市国民经济和社会发展“七五”计划的决议，关于批准潍坊市1986年国民经济和社会发展计划的决议，关于潍坊市1985年财政决算和1986年财政预算的决议，并分别通过市人民政府、市人大常委会、市中级人民法院、市人民检察院工作报告。大会决定：接受刘华民、卢星文、王克礼辞去市十届人大常委会副主任职务的请求；接受王仁德、刘灿孔、孙承志、李洪林、杨占成、姜克、徐进先辞去潍坊市第十届人民代表大会常务委员会委员职务的请求；接受王鹤田、钟华德辞去潍坊市副市长职务的请求。

1987年3月20日，市十届人大第四次会议作出关于批准潍坊市1987年国民经济和社会发展计划的决议，关于潍坊市1986年财政决算和1987年财政预算的决议，并分别通过市人民政府、市人大常委会、市中级人民法院、市人民检察院工作报告。

市第十一届人民代表大会决定重大事项

1988年1月11日，市十一届人大第一次会议作出关于批准潍坊市1988年国民经济和社会发展计划的决议，关于潍坊市1987年财政预算执行情况和1988年财政预算的决议，并分别通过市人民政府、市人大常委会、市中级人民法院、市人民检察院工作报告。

1989年2月17日，市十一届人大第二次会议作出关于批准潍坊市1989年国民经济和社会发展计划的决议，关于潍坊市1988年财政预算执行情况和1989年财政预算的决议，关于设立潍坊市人民代表大会法制委员会、财政经济委员会、农村经济委员会、教育科学文化卫生委员会、城乡建设环境保护委员会的决议，并分别通过市人民政府、市人大常委会、市中级人民法院、市人民检察院工作报告。

1990年1月16日，市十一届人大第三次会议作出关于批准潍坊市1990年国民经济和社会发展计划的决议，关于潍坊市1989年财政预算执行情况和1990年财政预算的决议，并分别通过市人民政府、市人大常委会、市中级人民法院、市人民检察院工作报告，通过《潍坊市人民代表大会议事规则》。

1991年5月9日，市十一届人大第四次会议作出关于潍坊市国民经济和社会发展十年规划及第八个五年计划纲要和关于纲要报告的决议，关于潍坊市1990年国民经济和社会发展计划执行情况及1991年国民经济和社会发展计划的决议，关于潍坊市1990年财政预算执行情况和1991年财政预算的决议，并分别通过市人民政府、市人大常委会、市中级人民法院、市人民检察院工作报告。

1992年3月28日，市十一届人大第五次会议作出关于潍坊市1991年国民经济和社会发展计划执行情况及1992年国民经济和社会发展计划的决议，关于潍坊市1991年财政预算执行情况和1992年财政预算的决议，并分别通过市人民政府、市人大常委会、市中级人民法院、市人民检察院工作报告，大会决定接受于成凤辞去市人大常委会主任职务的请求。

市第十二届人民代表大会决定重大事项

1993年3月16日，市十二届人大第一次会议作出关于潍坊市1992年国民经济和社会发展计划执行情况及1993年国民经济和社会发展计划的决议，关于潍坊市1992年财政预算执行情况和1993年财政预算的决议，并分别通过市人民政府、市人大常委会、市中级人民法院、市人民检察院工作报告。

1994年3月12日，市十二届人大第二次会议作出关于潍坊市1993年国民经济和社会发展计划执行情况及1994年国民经济和社会发展计划的决议，关于潍坊市1993年财政预算执行情况和1994年财政预算的决议，并分别通过市人民政府、市人大常委会、市中级人民法院、市人民检察院工作报告。

1995年3月6日，市十二届人大第三次会议作出关于潍坊市1994年国民经济和社会发展计划执行情况及1995年国民经济和社会发展计划的决议，关于潍坊市1994年财政预算执行情况和1995年财政预算的决议，并分别通过市人民政府、市人大常委会、市中级人民法院、市人民检察院工作报告。

1996年3月9日，市十二届人大第四次会议作出关于潍坊市国民经济和社会发展第九个五年计划及2010年远景目标纲要的决议，关于潍坊市1995年国民经济和社会发展计划执行情况及1996年国民经济和社会发展计划的决议，关于潍坊市1995年财政预算执行情况和1996年财政预算的决议，并分别通过市人民政府、市人大常委会、市中级人民法院、市人民检察院工作报告，大会决定接受李惠信、刘文聚辞去市人大常委会副主任职务的请求，刘惠远辞去市人大常委会委员职务的请求，隋华堂辞去市中级人民法院院长职务的请求。

1997年2月26日，市十二届人大第五次会议作出关于潍坊市1996年国民经济和社会发展计划执行情况及1997年国民经济和社会发展计划的决议，关于潍坊市1996年财政预算执行情况和1997年财政预算的决议，并分别通过市人民政府、市人大常委会、市中级人民法院、市人民检察院工作报告。

市第十三届人民代表大会决定重大事项

1998年2月26日，市十三届人大第一次会议作出关于潍坊市1997年国民经济和社会发展计划执行情况及1998年国民经济和社会发展计划的决议，关于潍坊市1997年财政预算执行情况和1998年财政预算的决议，并分别通过市人民政府、市人大常委会、市中级人民法院、市人民检察院工作报告。

1999年2月28日，市十三届人大第二次会议作出关于潍坊市1998年国民经济和社会发展计划执行情况及1999年国民经济和社会发展计划的决议，关于潍坊市1998年财政预算执行情况和1999年财政预算的决议，并分别通过市人民政府、市人大常委会、市中级人民法院、市人民检察院工作报告。

2000年2月28日，市十三届人大第三次会议作出关于潍坊市1999年国民经济和社会发展计划执行情况及2000年国民经济和社会发展计划的决议，关于潍坊市1999年财政预算执行情况和2000年财政预算的决议，并分别通过市人民政府、市人大常委会、市中级人民法院、市人民检察院工作报告。

2001年2月26日，市十三届人大第四次会议作出关于潍坊市国民经济和社会发展第十个五年计划纲要的决议，关于潍坊市2000年国民经济和社会发展计划执行情况及2001年国民经济和社会发展计划的决议，关于潍坊市2000年财政预算执行情况和2001年财政预算的决议，并分别通过市人民政府、市人大常委会、市中级人民法院、市人民检察院工作报告。大会决定接受隋华堂、李英文、王福金辞去市人大常委会副主任职务的请求；接受葛吉平辞去市人大常委会秘书长职务的请求；接受于金桴、吕世荣、杜国忠、李玉林、张金瑞、陈法信、柳玉焕、宿连池、温钦祥、鲍世举、魏元志辞去市人大常委会委员职务的请求；接受于明、赵风池、李守民辞去副市长职务的请求。

2002年4月28日，市十三届人大第五次会议作出关于潍坊市2001年国民经济和社会发展计划执行情况及2002年国民经济和社会发展计划的决议，关于潍坊市2001年财政预算执行情况和2002年财政预算的决议，并分别通过市人民政府、市人大常委会、市中级人民法院、市人民检察院工作报告，大会决定接受孙嘉炼辞去市人大常委会主任职务的请求；接受王在辉辞去市人大常委会副主任职务的请求。

市第十四届人民代表大会决定重大事项

2003年2月26日，市十四届人大第一次会议作出关于潍坊市2002年国民经济和社会发展计划执行情况及2003年国民经济和社会发展计划的决议，关于潍坊市2002年财政预算执行情况和2003年财政预算的决议，并分别通过市人民政府、市人大常委会、市中级人民法院、市人民检察院工作报告。

2004年2月4日，市十四届人大第二次会议作出关于潍坊市2003年国民经济和社会发展计划执行情况及2004年国民经济和社会发展计划的决议，关于潍坊市2003年财政预算执行情况和2004年财政预算的决议，并分别通过市人民政府、市人大常委会、市中级人民法院、市人民检察院工作报告。

2005年2月22日，市十四届人大第三次会议作出关于潍坊市2004年国民经济和社会发展计划执行情况及2005年国民经济和社会发展计划的决议，关于潍坊市2004年财政预算执行情况和2005年财政预算的决议，并分别通过市人民政府、市人大常委会、市中级人民法院、市人民检察院工作报告。

2006年2月12日，市十四届人大第四次会议作出关于潍坊市国民经济和社会发展第十一个五年规划纲要的决议，关于潍坊市2015年国民经济和社会发展计划执行情况及2016年国民经济和社会发展计划的决议，关于潍坊市2015年财政预算执行情况和2016年财政预算的决议，并分别通过市人民政府、市人大常委会、市中级人民法院、市人民检察院工作报告。

2007年3月3日，市十四届人大第五次会议作出关于潍坊市2006年国民经济和社会发展计划执行情况及2007年国民经济和社会发展计划的决议，关于潍坊市2006年财政预算执行情况和2007年财政预算的决议，并分别通过市人民政府、市人大常委会、市中级人民法院、市人民检察院工作报告。

市第十五届人民代表大会决定重大事项

2008年1月8日，市十五届人大第一次会议作出关于潍坊市2007年国民经济和社会发展计划执行情况及2008年国民经济和社会发展计划的决议，关于潍坊市2007年财政预算执行情况和2008年财政预算的决议，并分别通过市人民政府、市人大常委会、市中级人民法院、市人民检察院工作报告。

2009年2月7日，市十五届人大第二次会议作出关于潍坊市2008年国民经济和社会发展计划执行情况及2009年国民经济和社会发展计划的决议，关于潍坊市2008年财政预算执行情况和2009年财政预算的决议，并分别通过市人民政府、市人大常委会、市中级人民法院、市人民检察院工作报告。

2010年2月27日，市十五届人大第三次会议作出关于潍坊市2009年国民经济和社会发展计划执行情况及2010年国民经济和社会发展计划的决议，关于潍坊市2009年财政预算执行情况和2010年财政预算的决议，并分别通过市人民政府、市人大常委会、市中级人民法院、市人民检察院工作报告。

2011年2月23日，市十五届人大第四次会议作出关于潍坊市国民经济和社会发展第十二个五年规划纲要的决议，关于潍坊市2010年国民经济和社会发展计划执行情况及2011年国民经济和社会发展计划的决议，关于潍坊市2010年财政预算执行情况和2011年财政预算的决议，并分别通过市人民政府、市人大常委会、市中级人民法院、市人民检察院工作报告。

市第十六届人民代表大会决定重大事项

2012年2月14日，市十六届人大第一次会议作出关于潍坊市2011年国民经济和社会发展计划执行情况及2012年国民经济和社会发展计划的决议，关于潍坊市2011年财政预算执行情况和2012年财政预算的决议，并分别通过市人民政府、市人大常委会、市中级人民法院、市人民检察院工作报告。

2013年1月11日，市十六届人大第二次会议作出关于潍坊市2012年国民经济和社会发展计划执行情况及2013年国民经济和社会发展计划的决议，关于潍坊市2012年财政预算执行情况和2013年财政预算的决议，并分别通过市人民政府、市人大常委会、市中级人民法院、市人民检察院工作报告。

2014年2月13日，市十六届人大第三次会议作出关于潍坊市2013年国民经济和社会发展计划执行情况及2014年国民经济和社会发展计划的决议，关于潍坊市2013年财政预算执行情况和2014年财政预算的决议，并分别通过市人民政府、市人大常委会、市中级人民法院、市人民检察院工作报告。

2015年3月2日，市十六届人大第四次会议作出关于潍坊市2014年国民经济和社会发展计划执行情况及2015年国民经济和社会发展计划的决议，关于潍坊市2014年财政预算执行情况和2015年财政预算的决议，并分别通过市人民政府、市人大常委会、市中级人民法院、市人民检察院工作报告。

2016年2月20日，市十六届人大第五次会议作出关于潍坊市国民经济和社会发展第十三个五年规划纲要的决议，关于潍坊市2014年国民经济和社会发展计划执行情况及2015年国民经济和社会发展计划的决议，关于潍坊市2014年财政预算执行情况和2015年财政预算的决议，并分别通过《潍坊市制定地方性法规条例》、市人民政府、市人大常委会、市中级人民法院、市人民检察院工作报告。

市第十七届人民代表大会决定重大事项

2017年2月28日，市十七届人大第一次会议作出关于潍坊市2016年国民经济和社会发展计划执行情况及2017年国民经济和社会发展计划的决议，关于潍坊市2016年财政预算执行情况和2017年财政预算的决议，并分别通过市人民政府、市人大常委会、市中级人民法院、市人民检察院工作报告。

2018年1月9日，市十七届人大第二次会议作出关于潍坊市2017年国民经济和社会发展计划执行情况及2018年国民经济和社会发展计划的决议，关于潍坊市2017年财政预算执行情况和2018年财政预算的决议，并分别通过市人民政府、市人大常委会、市中级人民法院、市人民检察院工作报告。

2019年2月1日，市十七届人大第四次会议作出关于潍坊市2018年国民经济和社会发展计划执行情况及2019年国民经济和社会发展计划的决议，关于潍坊市2018年财政预算执行情况和2019年财政预算的决议，会议决定增设潍坊市第十七届人民代表大会社会建设委员会，潍坊市第十七届人民代表大会内务司法委员会更名为潍坊市第十七届人民代表大会监察和司法委员会，并分别通过市人民政府、市人大常委会、市中级人民法院、市人民检察院工作报告。

2020年1月12日，市十七届人大第五次会议作出关于潍坊市2019年国民经济和社会发展计划执行情况及2020年国民经济和社会发展计划的决议，关于潍坊市2019年财政预算执行情况和2020年财政预算的决议，并分别通过市人民政府、市人大常委会、市中级人民法院、市人民检察院工作报告。

2021年3月26日，市十七届人大第六次会议作出关于潍坊市国民经济和社会发展第十四个五年规划和2035年远景目标纲要的决议，关于潍坊市2020年国民经济和社会发展计划执行情况及2021年国民经济和社会发展计划的决议，关于潍坊市2020年财政预算执行情况和2021年财政预算的决议，并分别通过市人民政府、市人大常委会、市中级人民法院、市人民检察院工作报告。

市第十八届人民代表大会决定重大事项

2022年4月15日，市十八届人大第一次会议作出关于潍坊市2021年国民经济和社会发展计划执行情况及2022年国民经济和社会发展计划的决议，关于潍坊市2021年财政预算执行情况和2022年财政预算的决议，并分别通过市人民政府、市人大常委会、市中级人民法院、市人民检察院工作报告。

2022年12月29日，市十八届人大第二次会议作出关于潍坊市2022年国民经济和社会发展计划执行情况及2023年国民经济和社会发展计划的决议，关于潍坊市 2022 年财政预算执行情况和 2023 年财政预算的决议，并分别通过市人民政府、市人大常委会、市中级人民法院、市人民检察院工作报告。

第二节 市人民代表大会常务委员会决定重大事项

市第十届人民代表大会常务委员会决定重大事项

1984 年 2 月 27 日至 29 日，常委会第一次会议通过《关于设立市人大常委会政法、财政经济、教育科学文化卫生 3 个工作委员会的决议》和 3 个工作委员会组成人员名单。

1984 年 4 月 26 日至 28 日，常委会第二次会议根据省人大常委会的有关规定，决定成立潍坊市选举工作办公室。

1984 年 8 月 28 日至 29 日，常委会第四次会议通过《关于设立市人大常委会城乡建设工作委员会的决定》和城乡建设工作委员会主任、副主任名单，关于《潍坊市 1984 年财政预算上半年执行情况的报告》的决议，关于《潍坊市与青海省海东地区结为姊妹地市的决定》。

1984 年 12 月 25 日至 26 日，常委会第六次会议通过《关于继续广泛深入地进行经济体制改革的决议》和《进一步贯彻执行〈经济合同法〉的决议》以及人事任免事项，作出《关于推迟召开潍坊市第十届人民代表大会第二次会议的决定》。

1985 年 2 月 2 日，常委会第七次会议通过《关于增加本届代表名额和补选代表的决定》《关于设立代表资格审查委员会的决议》及组成人员名单。

1985 年 3 月 17 日，常委会第九次会议通过《关于每年四月一日为潍坊市风筝节的决定》。

1985 年 5 月 17 日至 18 日，常委会第十次会议通过《关于加强法制宣传普及法律常识的决议》《关于维护妇女儿童合法权益的决议》。

1985 年 7 月 29 日至 30 日，常委会第十一次会议通过《关于在全市继续深入贯彻执行〈中华人民共和国食品卫生法〉的决议》。

1985 年 9 月 27 日至 29 日，常委会第十二次会议作出《关于进一步加强教育工作的决议》《关于继续深入贯彻执行〈森林法〉的决议》《关于加强地方史志工作的决议》。

1986 年 1 月 16 日至 17 日，常委会第十四次会议通过《关于潍坊市与日本国宫崎县日向市结为友好城市关系的决定》《关于召开潍坊市第十届人民代表大会第三次会议的决定》《关于潍坊市第十届人民代表大会持证视察的决定》。

1986 年 3 月 11 日至 13 日，常委会第十五次会议通过《关于增加本届代表名额和补选代表的决定》《关于推迟召开潍坊市第十届人民代表大会第三次会议的决定》。

1986 年 5 月 24 日，常委会第十六次会议通过《关于市十届人大三次会议召开日期的决定》。

1986 年 7 月 14 日至 15 日，常委会第十七次会议通过《关于加强审计工作的决议》《关于认真贯彻国家税收法规加强税务工作的决议》和《关于调整代表资格审查委员会的决定》《关于将政法工作委员会改名为法制工作委员会的决定》。

1986 年 9 月 11 日至 13 日，常委会第十八次会议通过《关于继续深入贯彻实施〈中华人民共和国统计法〉的决议》《关于潍坊市城市总体规划修订方案的决定》。

1986 年 10 月 18 日至 19 日，常委会第十九次会议通过《关于〈潍坊市市级经济管理机构改革方案〉的决定》。

1986 年 12 月 16 日至 19 日，常委会第二十次会议通过《关于认真贯彻实施民法通则的决议》《关于继续贯彻实施会计法加强会计工作的决议》《关于深入贯彻执行文物保护法的决议》《关于贯彻执行治安管理处罚条例的决议》《关于建立市选举委员会的决定》和《关于治理白浪河、建设白浪河公园的决议》。

1987年2月17日至19日，常委会第二十一次会议通过《关于认真学习坚决贯彻全国人大常委会〈关于加强法制教育维护安定团结的决定〉的决议》《关于召开市十届人大四次会议日期的决定》和《关于潍坊市与联邦德国福来星地区结为友好城市的决定》。

1987年5月26日至28日，常委会第二十四次会议通过《关于进一步贯彻实施环境保护法（试行）的决议》《关于认真贯彻实施土地管理法的决议》和《关于加强农村五保工作发展残疾人福利事业的决议》。

1987年9月28日至30日，常委会第二十六次会议通过《关于市十届人大四次会议七项议案问题的决议》和《关于潍坊市第十一届人民代表大会代表名额和选举问题的决定》。

1987年11月26日至28日，常委会第二十七次会议通过《关于增加潍坊市第十一届人民代表大会代表名额的决定》。

1987年12月28日至29日，常委会第二十八次会议通过《关于市十一届人民代表大会代表资格的审查报告》《关于召开市十一届人大一次会议的决定》。

市第十一届人民代表大会常务委员会决定重大事项

1988年3月15日至19日，常委会第一次会议通过市人大常委会《关于设立法制、财政经济、教育科学文化卫生、城乡建设工作委员会的决定》《关于设立代表资格审查委员会的决定》《关于市十一届人大代表持证视察的决定》《关于批准潍坊市1987年财政决算和1988年财政预算的决议》。

1988年10月6日至8日，常委会第四次会议通过《关于依法治市的决议》《关于在全市进行执法大检查的决定》《关于进一步加强民族工作的决议》《关于确认潍坊市与阳泉市结为友好城市、与廊坊地区建立友好市地关系的决定》。

1988年12月6日至10日，常委会第五次会议通过市人大常委会《关于加强民主法制保障治理经济环境整顿经济秩序全面深化改革顺利进行的决议》《关于贯彻实施村民委员会组织法（试行）的决议》《关于进一步贯彻执行药品管理法的决议》《关于召开潍坊市第十一届人民代表大会第二次会议日期的决定》。

1989年1月26日至27日，常委会第六次会议通过《市人大常委会代表资格审查委员会关于补选代表的代表资格的审查报告》《关于调整召开潍坊市第十一届人民代表大会第二次会议日期的决定》。

1989年3月21日至24日，常委会第七次会议通过《关于实施〈潍坊市九年制义务教育及十五年普教规划〉的决议》《关于撤销市人大常委会工作委员会的决定》。

1989年5月18日至20日，常委会第八次会议通过《关于潍坊市与美国帕柏罗市结为友好城市的决定》《关于设立市人大常委会人事代表工作室的决定》等。

1989年7月18日至22日，常委会第九次会议通过市人大常委会《关于学习贯彻党的十三届四中全会精神的决议》《关于批准潍坊市1989年财政预算部分变更的决议》和《关于进一步贯彻实施水污染防治法的决议》。

1989年9月18日至21日，常委会第十次会议通过市人大常委会《关于进一步贯彻实施水法的决议》《关于潍坊市人民代表大会专门委员会工作的试行办法》和《关于潍坊市选举委员会易名为选举工作委员会和调整其组成人员的决定》。

1989年11月22日至25日，常委会第十一次会议通过市人大常委会《关于认真学习贯彻党的十三届五中全会精神的决议》《关于进一步贯彻实施〈中华人民共和国商标法〉的决议》和《关于召开潍坊市第十一届人民代表大会第三次会议的决定》。

1990年3月15日至17日，常委会第十三次会议通过《关于批准潍坊市1990年国民经济和社会发展计划的决议》《关于批准潍坊市1989年财政决算和1990年财政预算的决议》。

1990年5月15日至16日，常委会第十四次会议通过《关于进一步贯彻实施〈中华人民共和国矿产资源法〉的决议》《关于确认潍坊市与牡丹江市结为友好城市的决定》。

1990年9月18日至21日，常委会第十六次会议通过《关于贯彻实施行政诉讼法的决议》《关于市十一届人大第三次会议主席团交付的第六号议案审议结果的报告》和《关于修改〈潍坊市人民代表大会常务委员会人事任免试行办法〉部分条款的决定》。

1990年11月6日至7日，常委会第十七次会议通过《关于潍坊市“科技兴潍”战略纲要的决议》《关于财政预决算监督的暂行办法》《潍坊市乡镇人民代表大会主席团工作试行办法》。

1991年1月28日至30日，常委会第十八次会议作出《关于市树、市花的决定》，决定国槐为市树，月季和菊花为市花；作出《关于确认潍坊市与北京市宣武区结为友好市区的决定》。

1991年3月21日至23日，常委会第十九次会议作出《关于坚决制止乱收费、乱罚款和各种摊派的决议》《关于在全市公民中进行第二个五年法制宣传教育的决议》《关于召开潍坊市第十一届人民代表大会第四次会议的决定》。

1991年7月16日至19日，常委会第二十一次会议作出《关于学习贯彻江泽民同志在庆祝中国共产党成立七十周年大会上的讲话的决议》《关于进一步加强计划生育工作的决议》《关于办理市十一届人大四次会议代表所提三项议案的决定》。

1991年9月16日至18日，常委会第二十二次会议作出《关于确认潍坊市与呼伦贝尔盟结为友好市盟的决定》。

1991年11月26日至28日，常委会第二十三次会议作出《关于认真贯彻实施技术合同法的决议》《关于贯彻实施残疾人保障法的决议》《关于贯彻实施全国人大常委会〈关于严禁卖淫嫖娼的决定〉和〈关于严惩拐卖绑架妇女儿童的犯罪分子的决定〉的决议》。

1992年1月11日至13日，常委会第二十四次会议作出《关于认真贯彻落实〈中共中央关于进一步加强农业和农村工作的决定〉的决议》《关于办理市十一届人大四次会议第1号、第11号、第12号议案的决议》《关于召开潍坊市第十二届人民代表大会第五次会议的决定》，原则通过关于治理潍河、白浪河、虞河、弥河水污染的方案。

1992年3月15日至16日，常委会第二十五次会议作出《关于潍坊市第十一届人民代表大会第五次会议召开日期的决定》。

1992年5月26日至28日，常委会第二十六次会议作出《关于贯彻实施代表法的决议》《关于充分发挥职能作用保障和促进对外开放的决议》《关于潍坊市与延安地区结为友好市地的决定》《关于增补市人大法制委员会等组成人员的决定》。

1992年7月22日至24日，常委会第二十七次会议作出《关于深入贯彻实施全民所有制工业企业法的决议》。

1992年9月17日至19日，常委会第二十八次会议作出《关于潍坊市城镇住房制度改革实施方案的决定》《关于潍坊市第十二届人民代表大会代表名额和选举问题的决定》《关于调整市选举工作委员会组成人员的决定》《关于调整市人大常委会代表资格审查委员会组成人员的决定》；通过《关于潍坊市选举工作委员会关于1993年全市各级人大换届选举工作安排意见》。

1993年1月12日至14日，常委会第三十次会议作出《关于加快发展第三产业的决议》《关于召开潍坊市第十二届人民代表大会第一次会议的决定》《关于潍坊市与新疆维吾尔自治区喀什地区结为友好市地的决定》《关于潍坊市与我省临沂地区结为友好市地的决定》。

市第十二届人民代表大会常务委员会决定重大事项

1993 年 4 月 7 日至 9 日，常委会第一次会议通过《关于设立法制、财政经济、农村经济、教育科学文化卫生、城市建设环境保护 5 个工作委员会的决定》《关于设立代表资格审查委员会的决定》。

1993 年 6 月 28 日至 29 日，常委会第三次会议作出《关于坚决维护农民利益切实减轻农民负担的决议》《关于进一步贯彻实施全民所有制工业企业转换经营机制条例的决议》《关于进一步加强市人大常委会自身建设的决定》。

1993 年 10 月 27 日至 28 日，常委会第五次会议通过《市人大常委会关于加强对所作决议决定和审议意见落实情况的检查监督办法》。

1993 年 12 月 27 日至 29 日，常委会第六次会议作出《关于召开潍坊市第十二届人民代表大会第二次会议的决定》。

1994 年 3 月 7 日，常委会第九次会议作出《关于变更全市 1993 年财政支出预算的决定》。

1994 年 4 月 28 日至 29 日，常委会第十次会议作出《关于大力发展个体私营经济的决议》。

1994 年 6 月 29 日至 30 日，常委会第十一次会议作出《关于潍坊市与上海市虹口区结为友好市区的决定》《关于潍坊市与厦门市结为友好城市的决定》。

1994 年 8 月 5 日，常委会第十二次会议作出《关于设立奎文区变动行政规划中有关人民代表大会几个问题的决定》。

1994 年 10 月 26 日至 28 日，常委会第十四次会议作出《关于加强潍坊市市区水源地保护的决议》。

1994 年 12 月 26 日至 27 日，常委会第十五次会议作出《关于变更全市 1994 年财政预算的决定》《关于召开潍坊市第十二届人民代表大会第三次会议的决定》《关于对赵玉芝一案设立特定问题调查委员会的决定》。

1995 年 2 月 13 日，常委会第十七次会议表决通过《关于对赵某某一案特定问题调查处理的决定》。

1995 年 4 月 27 日至 28 日，常委会第十八次会议通过《关于市级国家机关实行执法责任制的决定》《潍坊市人大常委会对司法机关实行错案责任追究的试行办法》《关于潍坊市与海口市结为友好城市的决定》《关于潍坊市与哈密地区结为友好市地的决定》。

1995 年 6 月 22 日至 23 日，常委会第十九次会议通过《关于批准潍坊市 1994 年市级财政决算的决议》《关于潍坊市与韩国安养市结为友好城市的决定》。

1995 年 8 月 24 日至 25 日，常委会第二十次会议通过《关于授予“潍坊人民勋章”的办法》《关于终止实施潍坊市乡镇人民代表大会主席团工作试行办法的决定》《关于授予王建章和追授邵述衡“潍坊人民勋章”的决定》。

1995 年 12 月 25 日至 26 日，常委会第二十二次会议通过《关于召开潍坊市第十二届人民代表大会第四次会议的决定》。

1996 年 2 月 1 日，常委会第二十三次会议通过《关于推迟召开潍坊市第十二届人民代表大会第四次会议的决定》。

1996 年 2 月 29 日，常委会第二十四次会议通过《关于撤销祝培信的潍坊市化学工业局局长职务的决定》。

1996 年 6 月 26 日至 28 日，常委会第二十六次会议通过《关于批准潍坊市 1995 年市级财政决算的决议》《关于深入开展依法治市的决议》。

1996 年 10 月 21 日至 23 日，常委会第二十九次会议作出《关于坚决打击生产和经销假冒伪劣商品违法行为的决议》《关于在全市公民中开展第三个五年法制宣传教育的决议》《关于设立市人大常委会调查研究室的决定》。

1996年12月18日至20日，常委会第三十次会议作出《关于加强预算外资金监督管理的决议》《关于召开潍坊市第十二届人民代表大会第五次会议的决定》；决定授予王焕新、林开祥“潍坊人民勋章”。

1997年1月27日，常委会第三十二次会议表决通过《关于潍坊市与东吉普斯兰市结为友好城市的决定》。

1997年5月16日，常委会第三十四次会议表决通过《关于表彰1995—1996年执法工作先进单位的决定》。

1997年6月23日至26日，常委会第三十五次会议通过《关于批准潍坊市1996年市级财政决算的决议》《关于授予杨淑英、陈宝昌“潍坊人民勋章”的决定》。

1997年10月21日至23日，常委会第三十七次会议通过《关于认真学习贯彻中共十五大精神的决议》《关于潍坊市第十三届人民代表大会代表名额和选举问题的决定》《关于1998年市县两级人大换届选举工作安排意见》。

1997年12月24日，常委会第三十八次会议通过《关于办理市十二届人大五次会议代表所提建立“三北”养牛基地议案的决议》《关于召开潍坊市第十三届人民代表大会第一次会议的决定》。

1998年2月9日，常委会第三十九次会议作出《关于表彰“潍坊市优秀人大工作者”的决定》。

市第十三届人民代表大会常务委员会决定重大事项

1998年6月22日至23日，常委会第二次会议表决通过《关于批准潍坊市1997年市级财政决算的决议》《关于批准潍坊市市级预算外资金1997年收支决算和1998年预算的决议》。

1998年12月21日至23日，常委会第五次会议表决通过《关于召开潍坊市第十三届人民代表大会第二次会议的决定》。

1999年4月29日至30日，常委会第七次会议表决通过《关于潍坊市与贝尔谢巴市结为友好城市的决定》。

1999年6月23日至25日，常委会第八次会议表决通过《关于批准潍坊市1998年市级财政决算的决议》《关于批准潍坊市市级预算外资金1998年收支计划执行情况和1999年收支计划安排意见的决议》。

1999年10月27日至29日，常委会第十次会议表决通过《关于加强人民法院执行工作的决议》。

1999年12月28日至29日，常委会第十一次会议表决通过《关于变更潍坊市1999年市级财政预算的决定》。

2000年1月6日，常委会第十二次会议表决通过《关于召开潍坊市第十三届人民代表大会第三次会议的决定》。

2000年6月19日至20日，常委会第十五次会议表决通过《关于批准潍坊市1999年市级财政决算的决议》《关于批准潍坊市市级预算外资金1999年收支计划执行情况和2000年收支计划安排意见的决议》。

2000年8月28日至29日，常委会第十六次会议表决通过《关于促进对外开放、搞好招商引资工作的决议》。

2000年12月25日至26日，常委会第十八次会议作出《关于表彰潍坊市优秀人大代表的决定》和《关于授予王乐义等5名同志“潍坊人民勋章”的决定》，对丁立华等50名潍坊市优秀人大代表予以表彰，授予王乐义、林伟宁、陈永兴、王金友、陈华森5人“潍坊人民勋章”。会议还表决通过《关于召开潍坊市第十三届人民代表大会第四次会议的决定》。

2001年4月29日至30日，常委会第二十次会议表决通过《关于市人大常委会农村经济工作委员会更名为农业与农村工作委员会的决定》。

2001年6月26日至27日，常委会第二十一次会议表决通过《关于批准潍坊市2000年市级财政决算的决议》《关于批准潍坊市市级预算外资金2000年收支计划执行情况和2001年收支计划安排意见的决议》《关于在全市公民中开展第四个五年法制宣传教育的决议》《关于进一步开展依法治市的决议》《关于批准撤销李绍文职务的决定》。

2001年12月28日，常委会第二十四次会议表决通过《关于召开潍坊市第十三届人民代表大会第五次会议的决定》。

2002年6月26日至27日，常委会第二十七次会议表决通过《关于批准潍坊市2001年市级财政决算的决议》。

2002年10月29日至30日，常委会第二十九次会议表决通过《关于2003年市县两级人大换届选举工作的安排意见》《关于潍坊市第十四届人民代表大会代表名额和选举问题的决定》《关于进一步加强代表工作，充分发挥代表作用的意见》。

2002年12月23日，常委会第三十次会议表决通过《关于变更潍坊市2002年市级财政预算的决定》《关于表彰潍坊市优秀人大代表的决定》《关于召开潍坊市第十四届人民代表大会第一次会议的决定》。

市第十四届人民代表大会常务委员会决定重大事项

2003年6月25日，常委会第二次会议通过《关于批准潍坊市2002年市级财政决算的决议》。

2003年12月24日，常委会第五次会议通过《关于召开潍坊市第十四届人民代表大会第二次会议的决定》。

2004年6月24日，常委会第九次会议通过《关于批准潍坊市2003年市级财政决算的决议》和《关于建设生态市的决议》。

2004年10月26日至27日，常委会第十一次会议表决通过授予“潍坊人民勋章”的人选名单，决定授予邢慧娜“潍坊人民勋章”；表决通过《潍坊市人民代表大会常务委员会个案监督办法》和《潍坊市市级行政司法机关错案和违法办案责任追究办法》。

2004年12月28日，常委会第十二次会议表决通过关于召开潍坊市第十四届人民代表大会第三次会议的决定、关于表彰优秀市人大代表的决定。

2005年6月29日至30日，常委会第十五次会议表决通过《潍坊市人民代表大会常务委员会关于批准潍坊市2004年市级财政决算的决议》《潍坊市人民代表大会常务委员会关于办理市十四届人大三次会议主席团交付的关于解决虞河下游污染问题的议案的决议》《潍坊市人民代表大会常务委员会关于办理市十四届人大三次会议主席团交付的关于加强潍河综合治理的议案的决议》。

2006年4月7日，常委会第二十次会议表决通过市人大常委会关于调整市人大常委会代表资格审查委员会组成人员的议案。

2006年6月22日，常委会第二十一次会议表决通过《潍坊市人民代表大会常务委员会关于批准潍坊市2005年市级财政决算的决议》《潍坊市人民代表大会常务委员会关于同意〈潍坊市城市总体规划（2006—2020）草案〉的决议》《潍坊市人民代表大会常务委员会关于在全市公民中开展第五个五年法制宣传教育的决议》《潍坊市人民代表大会常务委员会关于〈潍坊市2006—2010年依法治市规划〉的决议》《潍坊市人民代表大会常务委员会关于表彰优秀市人大代表的决定》。

2006年8月29日，常委会第二十二次会议表决通过《潍坊市人民代表大会常务委员会关于批准潍坊市2006年市级预算调整方案的决定》。

2006年12月27日，常委会第二十五次会议表决通过《潍坊市人民代表大会常务委员会关于召开潍坊市第十四届人民代表大会第五次会议的决定》。

2007年4月27日，常委会第二十七次会议表决通过关于调整市人大常委会代表资格审查委员会组成人员的决定。

2007年6月21日，常委会第二十八次会议表决通过关于批准潍坊市2006年市级财政决算的决议。

2007年8月22日至23日，常委会第二十九次会议表决通过市人大常委会关于2007—2008年全市人大换届选举工作安排意见。

2007年10月30日，常委会第三十次会议表决通过市人大常委会关于认真学习贯彻中共十七大精神的决议、关于潍坊市第十五届人民代表大会代表选举问题的决定。

2007年12月19日，常委会第三十二次会议关于召开潍坊市第十五届人民代表大会第一次会议的决定。

市第十五届人民代表大会常务委员会决定重大事项

2008年2月26日，常委会第一次会议表决通过市人大常委会关于加强自身建设的决定、关于设立“潍坊市冬季植树日”的决议。

2008年4月29日，常委会第二次会议表决通过市人大常委会关于加强文化建设的决议、关于强化监督职能推进重点工作的意见。

2008年6月30日，常委会第三次会议表决通过市人大常委会关于批准潍坊市2007年市级决算的决议、关于办理《关于从源头上抓好食品质量安全的议案》的决议。

2008年10月28日，常委会第五次会议表决通过授予“潍坊人民勋章”的人选名单，决定授予奚爱华“潍坊人民勋章”。

2008年12月30日，常委会第六次会议表决通过《潍坊市人民代表大会常务委员会关于召开潍坊市第十五届人民代表大会第二次会议的决定》。

2009年6月29日，常委会第九次会议表决通过关于批准潍坊市2008年市级决算的决议。

2009年8月25日，常委会第十次会议表决通过《潍坊市人民代表大会常务委员会关于授予潍坊市荣誉市民称号的办法》。

2009年10月19日，常委会第十一次会议表决通过《潍坊市人民代表大会常务委员会关于推进深化经济体制综合配套改革试点工作的决议》。

2009年12月30日，常委会第十二次会议表决通过《潍坊市人民代表大会常务委员会关于召开潍坊市第十五届人民代表大会第三次会议的决定》。

2010年1月22日，常委会第十三次会议表决通过《市人大常委会关于授予祖笔等“潍坊市荣誉市民”称号的决定》。

2010年4月29日，常委会第十四次会议表决通过《潍坊市人民代表大会常务委员会关于加强和规范人民法院执行工作的决议》《潍坊市人民代表大会常务委员会关于加强人民检察院法律监督工作的决议》《潍坊市人民代表大会常务委员会关于办理〈关于加快发展现代畜牧业打造千亿级产业链推进强牧富民工程的议案〉的决议》《潍坊市人民代表大会常务委员会关于办理〈关于建立潍坊市职业技能竞赛基地的议案〉的决议》。

2010年6月30日，常委会第十五次会议表决通过《关于批准潍坊市2009年市级决算的决议》。

2010年10月27日，常委会第十七次会议表决通过《潍坊市人民代表大会常务委员会关于表彰优秀潍坊市人大代表的决定》。

2010年12月31日，常委会第十八次会议表决通过《潍坊市人民代表大会常务委员会关于批准潍坊市2010年市级预算调整方案的决定》

《潍坊市人民代表大会常务委员会关于召开潍坊市第十五届人民代表大会第四次会议的决定》。

2011 年 4 月 18 日，常委会第二十次会议表决通过《潍坊市人民代表大会常务委员会关于办理〈关于加快建设潍坊“城市一卡通”的议案〉的决议》《潍坊市人民代表大会常务委员会关于办理〈关于全市城区中小学、幼儿园规划布局和建设更加趋向合理的议案〉的决议》《潍坊市人民代表大会常务委员会关于办理〈关于积极推行畜禽粪便等污染物循环再利用加快生态有机农业发展的议案〉的决议》。

2011 年 6 月 27 日，常委会第二十一次会议表决通过《潍坊市人民代表大会常务委员会关于在全市公民中深入开展第六个五年法制宣传教育的决议》《潍坊市人民代表大会常务委员会关于〈潍坊市 2011—2015 年依法治市规划〉的决议》。

2011 年 8 月 29 日，常委会第二十二次会议表决通过《潍坊市人民代表大会常务委员会关于批准潍坊市 2010 年市级财政决算的决议》。

2011 年 10 月 31 日，常委会第二十三次会议表决通过《关于潍坊市第十六届人民代表大会代表选举问题的决定》《关于表彰优秀潍坊市人大代表的决定》。

2011 年 12 月 20 日，常委会第二十四次会议表决通过《潍坊市人民代表大会常务委员会关于调整潍坊国际风筝会开幕时间的决定》《潍坊市人民代表大会常务委员会关于批准潍坊市 2011 年市级预算调整方案和国有资本经营预算的决定》《潍坊市人民代表大会常务委员会关于召开潍坊市第十六届人民代表大会第一次会议的决定》。

市第十六届人民代表大会常务委员会决定重大事项

2012 年 3 月 20 日，常委会第一次会议表决通过《潍坊市人民代表大会常务委员会关于加强自身建设的决定》。

2012 年 4 月 26 日，常委会第二次会议表决通过《市人大常委会关于办理“进一步推进农村水利工程建设管理的议案”的决议》。

2012 年 8 月 24 日，常委会第四次会议表决通过《潍坊市人民代表大会常务委员会关于批准潍坊市 2011 年市级决算的决议》。

2012 年 12 月 20 日，常委会第六次会议表决通过市人大常委会关于深入学习宣传贯彻中共十八大精神的决议，市人大常委会关于召开市十六届人大二次会议的决定。

2013 年 2 月 27 日，常委会第八次会议表决通过市人大常委会关于办理“加快潍坊市中心城区建设现代中介服务业集聚区的议案”的决议，关于办理“完善城乡社区（村庄）家政服务网络建设打造现代服务业知名品牌的议案”的决议，关于办理“创新职业教育机制体制加快培养高技能实用人才的议案”的决议，关于办理“加快推进城市公交发展的议案”的决议。

2013 年 6 月 28 日，常委会第十一次会议表决通过潍坊市人民代表大会常务委员会关于鼓励各县市区、市属开发区在滨海经济技术开发区建设产业园区有关问题的决议。

2013 年 8 月 23 日，常委会第十二次会议表决通过潍坊市人民代表大会常务委员会关于批准潍坊市 2012 年市级财政决算的决议。

2013 年 12 月 30 日，常委会第十四次会议表决通过市人大常委会关于召开市十六届人大三次会议的决定。

2014 年 1 月 24 日，常委会第十五次会议表决通过市人大常委会关于授予潍坊市荣誉市民称号的决定。

2014 年 8 月 25 日，常委会第十八次会议表决通过潍坊市人民代表大会常务委员会关于批准潍坊市 2013 年市级财政决算的决议。

2014 年 12 月 30 日，常委会第二十次会议表决通过市人大常委会关于召开市十六届人大四次会议的决定。

2015 年 4 月 29 日，常委会第二十三次会议表决通过潍坊市人民代表大会常务委员会关于办理《关于构筑老年人关爱服务体系的议案》的决议、《关于加强食品安全检验检测体系建设的议案》的决议。

2015 年 8 月 28 日，常委会第二十五次会议表决通过潍坊市人民代表大会常务委员会关于批准潍坊市 2014 年市级财政决算的决议。

2015 年 10 月 10 日，常委会第二十六次会议表决通过潍坊市人民代表大会常务委员会关于批准潍坊市 2015 年市级预算调整方案的决议。

2015 年 12 月 24 日，常委会第二十七次会议表决通过关于召开市十六届人大五次会议的决定、关于表彰潍坊市第十六届人民代表大会优秀人大代表的决定。

2016 年 6 月 24 日，常委会第三十次会议表决通过市人大常委会关于在全市公民中开展第七个五年法治宣传教育的决议、关于《潍坊市 2016-2020 年依法治市规划》的决议。

2016 年 8 月 24 日，常委会第三十一次会议表决通过潍坊市人民代表大会常务委员会关于批准潍坊市 2015 年市级财政决算的决议、关于批准潍坊市 2016 年市级预算调整方案的决议。

2016 年 10 月 19 日，常委会第三十三次会议表决通过潍坊市人民代表大会常务委员会关于潍坊市第十七届人民代表大会代表选举问题的决定、关于授予谭旭光“潍坊人民勋章”的决定。

市第十七届人民代表大会常务委员会决定重大事项

2017 年 4 月 28 日，常委会第二次会议表决通过潍坊市人大常委会关于批准潍坊市人民政府关于《山东潍坊国家农业科技园区总体规划》的决议。

2017 年 6 月 28 日，常委会第三次会议表决通过潍坊市人民代表大会常务委员会关于推进“四个城市”建设的决议、关于批准潍坊市 2017 年市级预算调整方案的决议。

2017 年 8 月 29 日，常委会第四次会议表决通过潍坊市人民代表大会常务委员会关于批准潍坊市 2016 年市级财政决算的决议。

2017 年 10 月 28 日至 29 日，常委会第五次会议表决通过关于授予杨方旭“潍坊人民勋章”的决定。

2017 年 12 月 12 日，常委会第七次会议表决通过市人大常委会关于深入学习贯彻党的十九大精神的决议、关于召开市十七届人大二次会议的决定。

2018 年 7 月 26 日，常委会第十四次会议表决通过市人大常委会关于召开市十七届人大三次会议的决定。

2018 年 8 月 20 日，常委会第十五次会议表决通过关于批准潍坊市 2017 年市级财政决算的决议，关于批准潍坊市 2018 年市级预算调整方案的决议。

2018 年 12 月 26 日，常委会第十八次会议表决通过市人大常委会关于召开市十七届人大四次会议的决定、关于批准潍坊市 2018 年市级预算调整方案的决议、关于授予皮特·谭伯格等潍坊市荣誉市民称号的决定。

2019 年 8 月 27 日，常委会第二十六次会议表决通过关于批准潍坊市 2018 年市级财政决算的决议、关于批准潍坊市 2019 年市级预算调整方案的决议。

2019 年 10 月 25 日，常委会第二十七次会议表决通过《潍坊市人大常委会关于表扬履职优秀潍坊市第十七届人大代表的决定》。

2019 年 12 月 24 日，常委会第二十九次会议表决通过市人大常委会关于召开市十七届人大五次会议的决定、关于批准潍坊市 2019 年市级预算调整方案的决议。

2020 年 2 月 21 日，常委会第三十二次会议表决通过市人大常委会关于贯彻落实《山东省人民代表大会常务委员会关于依法加强新型冠状病毒肺炎疫情防控工作的决定》的实施意见、市人大常委会关于发挥职能作用推进全市重点工作攻坚落实的意见。

2020年4月9日，常委会第三十三次会议表决通过关于推迟举办第37届潍坊国际风筝会的决定。

2020年8月26日，常委会第三十五次会议表决通过潍坊市人民代表大会常务委员会关于批准潍坊市2019年市级财政决算的决议、关于批准潍坊市2020年市级预算调整方案的决议。

2020年10月22日，常委会第三十六次会议表决通过潍坊市人大常委会关于贯彻落实习近平总书记重要指示精神厉行节约反对浪费的决定、关于表扬履职优秀潍坊市第十七届人大代表的决定。

2020年12月8日，常委会第三十八次会议表决通过潍坊市人大常委会关于召开市十七届人大六次会议的决定，关于表扬潍坊市第十七届人民代表大会优秀代表建议、代表建议办理先进单位和先进个人的决定，关于批准潍坊市2020年市级预算调整方案的决议。

2021年1月28日，常委会第四十次会议表决通过关于调整市十七届人大六次会议时间的决定。

2021年6月23日，常委会第四十五次会议表决通过潍坊市人大常委会关于开放公共场所限时免费供市民停车的决定。

2021年8月26日至27日，常委会第四十六次会议表决通过市人大常委会关于批准潍坊市2020年市级财政决算的决议、关于批准潍坊市2021年市级预算调整方案的决议、关于表扬履职优秀潍坊市第十七届人大代表的决定。

2021年9月18日，常委会第四十七次会议表决通过《潍坊市人大常委会关于深入实施〈潍坊市道路交通安全条例〉进一步规范电动车驾乘人佩戴头盔确保安全的意见》。

2021年10月21日至22日，常委会第四十八次会议表决通过市人大常委会关于推动和保障胶东经济圈一体化发展的决定、关于潍坊市第十八届人民代表大会代表选举问题的决定、关于在全市开展第八个五年法治宣传教育的决议、关于批准《潍坊市坊子区“两规”一致性修改方案》的决议。

2021年12月31日，常委会第四十九次会议表决通过市人大常委会关于召开潍坊市第十八届人民代表大会第一次会议的决定、关于授予优丽雅·恰希娜等潍坊市荣誉市民的决定、关于批准潍坊市2021年市级预算调整方案的决议，表决通过关于深入实施《中华人民共和国网络安全法》依法惩治利用信息网络实施诈骗、诬告陷害、寻衅滋事等违法行为的意见。

市第十八届人民代表大会常务委员会决定重大事项

2022年4月27日，常委会第一次会议表决通过潍坊市人大常委会关于加强公共场所限时免费停车管理的决定。

2022年6月27日，常委会第三次会议表决通过市人大常委会关于批准《潍坊市潍城区“两规”一致性修改方案》的决议、关于批准《潍坊市坊子区（峡山经济区）“两规”一致性修改方案》的决议、关于批准《潍坊市寒亭区“两规”一致性修改方案》的决议。

2022年8月30日，常委会第四次会议表决通过市人大常委会关于批准潍坊市2021年市级财政决算的决议、关于批准潍坊市2022年市级预算调整方案的决议。

2022年10月26日，常委会第五次会议表决通过市人大常委会关于召开潍坊市第十八届人民代表大会第二次会议的决定。

2022年12月22日，常委会第六次会议表决通过市十八届人大常委会代表资格审查委员会关于个别代表的代表资格的报告，表决通过市人大常委会关于深入学习贯彻中共二十大精神推动新时代人大工作高质量发展的决议、关于批准2022年潍坊市市级第二次预算调整方案的决议。

第四章　选举与人事任免

第一节　市人民代表大会选举

市第十届人民代表大会选举

1984 年 2 月 14 日，市十届人大一次会议选举于成凤为市十届人大常委会主任，刘华民、王灿德、卢星文、刘英宸、王克礼、孙易（女）为副主任。选举常委会委员 24 名：马春扬（满族）、王仁德、王汉兴、刘永庆、李承普、李洪林、芦锡德、杨翠娥（女，回族）、赵修道、段慧灵、常临川（女）、毛秀云（女）、刘灿孔、孙承志、李敬民、苏乃谦、杨占成、董建春、李兆荣（女）、徐进先、崔佃臣、彭佃德、孙增珠、姜克。

选举邵桂芳为市长，于潮、房忠昌、王鹤田、钟华德、李惠信为副市长。

1986 年 5 月 31 日，市十届人大三次会议决定接受刘华民、卢星文、王克礼辞去市十届人大常委会副主任职务，接受王仁德、刘灿孔、孙承志、李洪林、杨占成、姜克、徐进先辞去市十届人大常委会委员职务。

决定接受王鹤田、钟华德辞去副市长职务。

补选王鹤田、赵忠超、戴耀西、王华民、李汉三为市十届人大常委会副主任。

补选张文玉为副市长。

补选王铭、冯友敬、刘惠远、陈会江、苏承章、熊金洲为市十届人大常委会委员。

1987 年 3 月 20 日，市十届人大四次会议补选王世昌、刘永森为市十届人大常委会委员。

市第十一届人民代表大会选举

1988 年 1 月 11 日，市十一届人大一次会议选举于成凤为市十一届人大常委会主任，王华民、王灿德、王荆玉、王鹤田、李汉三、董建春、韩理、滕司宪、戴耀西为副主任，常怀义为秘书长。选举常委会委员 29 名：丁力（女）、于洪吉、王钦、王铭、王汉兴、王世昌、冯友敬、冯展娟（女）、曲雅亮、刘永庆、刘永森、刘兆坤、刘惠远、苏乃谦、苏承章、李兆荣（女）、李承普、李家冬（女）、杨翠娥（女，回族）、吴开和、吴楚湘、陈会江、赵修道、黄雪琦（女）、常临川（女）、崔功甫、靳荣光、满郭强（女）、熊金洲。

选举邵桂芳为市长，刘景云、宋希焕、张文玉、李惠信、房忠昌为副市长。

选举高新亭为市中级人民法院院长。

选举李学义为市人民检察院检察长。

选举潍坊市出席山东省第七届人民代表大会代表 79 名。

1989 年 2 月 13—17 日，市十一届人大二次会议补选王慨彰、孙绪敬、张曙光为市十一届人大常委会委员。

通过市十一届人大有关专门委员会组成人员名单。法制委员会主任委员戴耀西，副主任委员陈会江，委员马本超、王钦、王慨彰、李汝秀、李兆荣（女）、张克泰、赵学臣；财政经济委员会主任委员王华民，副主任委员刘惠远，委员丁力（女）、王培仁、冯展娟（女）、江志学、孙绪敬、杜德富、周立亭；教育科学文化卫生委员会主任委员滕司宪，副主任委员冯友敬，委员杜在忠、赵修道、郭大壮、黄雪琦（女）、靳荣光；城乡建设环境保护委员会主任委员韩理，副主任委员苏承章，委员曲雅亮、牟振生、郭丰祥、惠启祥、熊金洲；农村经济委员会主任委员李汉三，副主任委员王铭、张曙光，委员王世昌、李承普、杨学荣、常临川（女）。

1992年3月28日，市十一届人大五次会议决定接受于成凤辞去市十一届人大常委会主任职务。

补选于潮为市十一届人大常委会主任，补选刘文聚、常怀义为市十一届人大常委会副主任。

补选齐乃贵为市长。

补选隋华堂为市中级人民法院院长。

补选郑华、张启志为市十一届人大常委会委员。

市第十二届人民代表大会选举

1993年3月15—16日，市十二届人大一次会议选举孙嘉炼为市十二届人大常委会主任，任柏榴、李惠信、于洪吉、刘文聚、常怀义、董建春、刘远顺、黄存福为副主任，尹世炘为秘书长。选举常委会委员25名：于金桴、马光汉、王照宏、王德润、尹景尧、冯展娟（女）、曲山绪、刘丕墺、刘明珂、刘常宣、刘惠远、孙秀云（女）、杨翠娥（女，回族）、苏乃谦、李德章、吴楚湘、张启龙、张启志、周懋文、袁文坤（女）、徐瑞荣、黄雪琦（女）、宿连池、靳荣光、滕修兰（女）。

选举王大海为市长，王玉芬、王伯祥、房忠昌、徐鉴、王在辉、王秀娟（女）、王光明为副市长。

选举隋华堂为市中级人民法院院长。

选举王福金市人民检察院检察长。

选举潍坊市出席山东省第八届人民代表大会代表78名。

1994年3月12日，市十二届人大二次会议补选鲍世举、张金瑞、柳玉焕为市十二届人大常委会委员。

1995年3月6日，市十二届人大三次会议补选李英文为市十二届人大常委会副主任，补选李尔强、王洪杰（女）为市十二届人大常委会委员。

1996年3月7—9日，市十二届人大四次会议决定接受李惠信、刘文聚辞去市十二届人大常委会副主任职务；刘惠远辞去市十二届人大常委会委员职务；隋华堂辞去市中级人民法院院长职务。

补选隋华堂、王在辉为市十二届人大常委会副主任。

补选王海亭为市十二届人大常委会秘书长。

补选程茂仁为市中级人民法院院长。

补选温钦祥、魏元志、迟好信、高洪华为市十二届人大常委会委员。

1997年2月26日，市十二届人大五次会议补选张洪林、李玉林、吕世荣、潘景岫为市十二届人大常委会委员。

市第十三届人民代表大会选举

1998年2月25—26日，市十三届人大一次会议选举孙嘉炼为市十三届人大常委会主任，隋华堂、王在辉、李英文、徐鉴、王光明、王福金、孙守伏、董泉才、刘天佑为副主任，选举秘书长1人，选举常委会委员28名：于金桴、王继东、王焕新、王照宏、冯少英（女）、吕世荣、齐忠礼、孙向林、孙秀云（女）、杜国忠、李玉林、李尔强、李德章、张元茂、张立华、张明海、张金瑞、张桂云（女）、陈法信、明宝春、柳玉焕、袁文坤（女）、郭德启、高洪华、宿连池、温钦祥、鲍世举、魏元志。

选举王玉芬为市长，王伯祥、赵凤池、李守玉、李守民、张建国、姜绍华、胡岗为副市长。

选举程茂仁为市中级人民法院院长。

选举孙孺声为市人民检察院检察长。

选举潍坊市出席山东省第九届人民代表大会代表79名。

1999年2月28日，市十三届人大二次会议补选孟庆臣、罗方照为市十三届人大常委会委员。

2000 年 2 月 28 日，市十三届人大三次会议补选王伯祥为市长。

补选葛吉平为市十三届人大常委会秘书长。

2001 年 2 月 25—26 日，市十三届人大四次会议，决定接受隋华堂、李英文、王福金辞去市十三届人大常委会副主任职务；葛吉平辞去市十三届人大常委会秘书长职务；于金桴、吕世荣、杜国忠、李玉林、张金瑞、陈法信、柳玉焕、宿连池、温钦祥、鲍世举、魏元志辞去市十三届人大常委会委员职务；于明、赵凤池、李守民辞去副市长职务。

补选房忠昌、赵凤池、韩俊生、葛吉平为市十三届人大常委会副主任。

补选李刚为市十三届人大常委会秘书长。

补选王磊（女）、刘延禄、孙文清、房永安、赵传圣、满郭强（女）为市十三届人大常委会委员。

补选刘命信、鞠献宝、赵润田等为副市长。

2002 年 4 月 27—28 日，市十三届人大五次会议，决定接受孙嘉炼辞去市十三届人大常委会主任职务；王在辉辞去市十三届人大常委会副主任职务。

补选曹学成为市十三届人大常委会主任。

补选赵东、王承策为市十三届人大常委会委员。

市第十四届人民代表大会选举

2003 年 2 月 25—26 日，市十四届人大一次会议，选举张传林为市十四届人大常委会主任，毕可仁、赵凤池、孙守伏、张建国、韩俊生、葛吉平、王永兴、康凤英（女）为副主任；王维盛为秘书长。选举常委会委员 28 名：于德路、王乐义、王利民、王承策、毕孝圣、刘维国、孙日贵、孙长华、孙秀云（女）、李刚、李波（女）、邹登顺、宋全正、张戈剑、张桂云（女）、张爱军、罗方照、周玉芳（女）、房永安、赵东、赵伟宏、袁文坤（女）、聂振萍（女）、高赐伦、崔爱信、满郭强（女）、戴瑞德、魏本芳。

选举市长 1 人，选举张江汀、蒋文彩、鞠献宝、王冰芬（女）、辛丕宏、黄潍连、刘伟等为副市长。

选举程茂仁为市中级人民法院院长。

选举王卫东为市人民检察院检察长。

选举潍坊市出席山东省第十届人民代表大会代表 75 名。

2004 年 2 月 4 日，市十四届人大二次会议补选卞长伟、周晓钟为市十四届人大常委会委员。

2006 年 2 月 10—12 日，市十四届人大四次会议，决定接受孙守伏、韩俊生、葛吉平辞去市十四届人大常委会副主任职务；孙秀云（女）、李刚、张戈剑、周玉芳（女）辞去市十四届人大常委会委员职务。

补选王治华为市十四届人大常委会第一副主任。

补选杨继生、吴元宝、李本跃为市十四届人大常委会副主任。

补选王继美、闫云田、李文国、李建泉、李晓明、张立华、张国华、国正平、韩书俭为市十四届人大常委会委员。

2007 年 3 月 1—3 日，市十四届人大五次会议，决定接受王治华辞去市十四届人大常委会第一副主任职务；赵凤池辞去市十四届人大常委会副主任职务；王维盛辞去市十四届人大常委会秘书长职务；于德路、宋全正、崔爱信辞去市十四届人大常委会委员职务。

接受程茂仁辞去市中级人民法院院长职务。

补选市十四届人大常委会主任。

补选李守玉为市十四届人大常委会第一副主任、程茂仁为副主任。

补选张军为市十四届人大常委会秘书长。

补选邢乐信、李云高、张庆吉、范西智为市十四届人大常委会委员。

补选许立全为市长。

补选张爱云（女）为市中级人民法院院长。

市第十五届人民代表大会选举

2008 年 1 月 8 日，市十五届人大一次会议选举市十五届人大常委会主任 1 人，选举李守玉为第一副主任，王永兴、康凤英（女）、杨继生、李本跃为副主任；选举张军为秘书长。选举常委会委员 38 名：王利民、王培竹（女）、卞长伟、尹兴明、孔宪俊、邢乐信、毕孝圣、吕珊珊（女）、刘勤友、衣光明、孙日贵、李云高、李化岗、李文国、李波（女）、李建泉、张庆吉、张国华、范西智、周晓钟、郑和平、孟庆亮、赵东、赵军、赵连文、胡凝熙、姜滨、袁义龙、耿现江、聂振萍（女）、徐建明、郭万欣、桑自方、黄进、韩书俭、傅大军、戴瑞德等。

选举许立全为市长，胡岗、徐振溪、辛丕宏、刘伟、初宝杰、陈白峰、王桂英（女）为副市长。

选举张爱云（女）为市中级人民法院院长。

选举王卫东为市人民检察院检察长。

选举潍坊市出席山东省第十一届人民代表大会代表 77 名。

通过市十五届人大有关专门委员会组成人员名单。内务司法委员会主任委员李本跃，副主任委员韩书俭、李云高，委员于曼萍（女）、马东宁、王培竹（女）、孙俊华、张建民、陈健、赵军等。财政经济委员会主任委员李本跃，副主任委员李建泉、孟庆亮，委员王万堂、孔宪俊、毕孝圣、孙日贵、李春良、邹立众、张恒志、张益军。教育科学文化卫生委员会主任委员杨继生，副主任委员张国华、尹兴明，委员王利民、吕珊珊（女）、刘学忠、来永生、吴少华（女）、姜滨、徐建明、黄进。城乡建设与环境资源保护委员会主任委员王永兴，副主任委员李文国、张庆吉，委员王琰方、衣光明、李化岗、杜桂英（女）、郑忠甫、徐鹏强、傅大军、戴瑞德。农业与农村委员会主任委员王永兴，副主任委员范西智、袁义龙，委员王成才、王俊国、刘秋林、李绪民、郑和平、耿现江、聂振萍（女）、桑自方。民族侨务外事委员会主任委员杨继生，副主任委员李波（女）、胡凝熙，委员邢乐信、齐晓政、陈建军、赵连文、秦学昌、索勇（回族）、郭万欣、程学民。

2009 年 2 月 7 日，市十五届人大二次会议补选张树琛为市十五届人大常委会委员。

2010 年 2 月 27 日，市十五届人大三次会议补选杨同光、陈兆信、郭洪谦为市十五届人大常委会委员。

2011 年 2 月 22—23 日，市十五届人大四次会议，决定接受李云高辞去市人大常委会委员、市人大内务司法委员会副主任委员职务，张庆吉辞去市人大常委会委员、市人大城乡建设与环境资源保护委员会副主任委员职务，张国华辞去市人大常委会委员、市人大教育科学文化卫生委员会副主任委员职务，陈兆信辞去市人大常委会委员职务，范西智辞去市人大常委会委员、市人大农业与农村委员会副主任委员职务。

补选刘明珂为市十五届人大常委会副主任，李进民、张宁东、孟祥志、徐玉军、徐鹏强为市十五届人大常委会委员。

补充调整：孟祥志为市十五届人大内务司法委员会副主任委员；徐玉军为市十五届人大内务司法委员会副主任委员；李进民为市十五届人大财政经济委员会副主任委员；刘明珂为市十五届人大教育科学文化卫生委员会主任委员；杨同光为市十五届人大教育科学文化卫生委员会副主任委员；杨继生不再担任市十五届人大教育科学文化卫生委员会主任委员；刘明珂为市十五届人大农业与农村委员会主任委员；耿现江为市十五届人大农业与农村委员会副主任委员；聂振萍为市十五届人大农业与农村委员会副主任委员；王永兴不再担任市十五届人大农业与农村委员会主任委员。

市第十六届人民代表大会选举

2012年2月14日，市十六届人大一次会议，选举许立全为市十六届人大常委会主任，胡岗为市十六届人大常委会第一副主任，刘明珂、花兆贤、李世光、毛秀凤（女）为副主任；张军为秘书长。选举常委会委员41名：丁汉邦、王永福、王培福、王辉、王新声、王潍政、王增宝、孔宪俊、田素英（女）、邢乐信、毕孝圣、任洪武、刘云江、刘玉、刘勤友、衣光明、孙金生、杜士忠、杨明、李化岗、李进民、谷兴利、陈本林、周晓钟、孟庆亮、孟祥志、南秀霞（女）、赵东、赵军、赵学坤、姜滨、秦学昌、耿现江、聂振萍（女）、徐玉军、徐松萃、徐建明、徐鹏强、郭万欣、董光、傅大军。

选举刘曙光为市长，陈白峰、孙起生、潘强、王桂英（女）、夏芳晨等为副市长。

选举张爱云（女）为市中级人民法院院长。

选举杨洪旭为市人民检察院检察长。

通过各专门委员会组成人员名单。内务司法委员会主任委员花兆贤，副主任委员孟祥志、徐玉军，委员于曼萍（女）、马东宁、王辉、刘玉、杜士忠、张建民、赵军、姜远峰。财政经济委员会主任委员花兆贤，副主任委员孟庆亮、李进民，委员孔宪俊、毕孝圣、刘福毅、李春良、邹立众、张恒志、张益军、秦学昌。教育科学文化卫生委员会主任委员刘明珂，副主任委员聂振萍（女）、陈本林，委员丁汉邦、来永生、南秀霞（女）、赵学坤、姜滨、徐建明、董光、傅大军。城乡建设与环境资源保护委员会主任委员刘明珂，副主任委员赵东、衣光明，委员王培福、刘云江、孙金生、杜桂英（女）、李化岗、陈强、郑忠甫、徐鹏强。农业与农村委员会主任委员李世光，副主任委员耿现江、徐松萃，委员王新声、王潍政、杨明、李绪民、赵萍（女）、秦伟堂、徐立国、董玉坤。民族侨务外事委员会主任委员李世光，副主任委员王永福、邢乐信，委员王玲玲（女）、田素英（女）、任洪武、刘月霞（女）、陈学俭、钟耕民、索勇（回族）、郭万欣。

2013年1月8—11日，市十六届人大二次会议决定，接受张军辞去市十六届人大常委会秘书长职务。

补选王秀禄为市十六届人大常委会秘书长，补选万伟锋、毛洪涛、张军为市十六届人大常委会委员。

选举潍坊市出席山东省第十二届人民代表大会代表76名。

2014年2月13日，市十六届人大三次会议补选杜昌文为市十六届人大常委会主任，补选尹凤来、朱乐凯、朱振铎、邱尔臣为市十六届人大常委会委员。

补选姜树政为潍坊市中级人民法院院长。

2015年3月1—2日，市十六届人大四次会议决定接受花兆贤辞去市十六届人大常委会副主任职务。

补选王卫东为市十六届人大常委会副主任，油朝康为市十六届人大常委会委员。

通过潍坊市第十六届人民代表大会法制委员会主任委员、副主任委员、委员。主任委员：王卫东，副主任委员：尹凤来、刘玉，委员：马东宁、王瑞霞（女，回族）、许列云、李雪艳（女）、肖沼泓、邱尔臣、张素敏（女）、郭宝信。

调整有关专门委员会组成人员名单：王卫东为市十六届人大内务司法委员会主任委员；朱乐凯为市十六届人大内务司法委员会副主任委员；花兆贤不再担任市十六届人大内务司法委员会主任委员职务。刘明珂为市十六届人大财政经济委员会主任委员；朱振铎为市十六届人大财政经济委员会副主任委员；花兆贤不再担任市十六届人大财政经济委员会主任委员职务。任洪武为市十六届人大教育科学文化卫生委员会副主任委员。毛秀凤（女）为市十六届人大城乡建设与环境资源保护委员会主任委员；刘明珂不再担任市十六届人大城乡建设与环境资源保护委员会主任委员职务。

2016年2月19—20日，市十六届人大五次会议，决定接受胡岗辞去市十六届人大常委会第一副主任职务。

补选苏立科为市十六届人大常委会第一副主任，王福强、刘艳芳（女）、钟耕民、郭召义为市十六届人大常委会委员。

市第十七届人民代表大会选举

2017年2月28日，市十七届人大一次会议，选举刘曙光为市十七届人大常委会主任，毛秀凤（女）、顾建华、张新强、范福生等为副主任；选举王秀禄为秘书长。选举常委会委员39名：丁汉邦、丁利民、马东宁、王曰普、王发庆、王延泰、王志刚、王承策、王福强、王增宝、毛洪涛、孔宪俊、卢洪凯、田素英（女）、皮先标、朱朝辉、刘艳芳（女）、刘效伟、孙勇、李月淑（女）、李成军、杨爱君（女）、杨锡广、邱尔臣、张志才、张志勇、张学文、赵刚毅、赵军、胡景东、南秀霞（女）、钟耕民、姜滨、秦学昌、徐军伟、徐鹏强、郭召义、韩辅廉、傅廷伟。

选举李宽端为市长，邹庆忠、李平（女）、吴磊、马清民、田民利等为副市长。

选举姜树政为潍坊市中级人民法院院长。

选举王桂春为潍坊市人民检察院检察长。

表决通过潍坊市第十七届人民代表大会各专门委员会主任委员、副主任委员、委员。内务司法委员会主任委员1人，副主任委员王延泰、傅廷伟、解彬，委员王洪玲（女）、王洪泉、刘效伟、张建民、房德业、赵军、葛建民。财政经济委员会主任委员范福生，副主任委员王发庆、王志刚、姜滨，委员马永军、王曰普、文斌、孔宪俊、刘福毅、秦学昌。教育科学文化卫生委员会主任委员张新强，副主任委员杨锡广、张学文、李少亚，委员丁汉邦、王秋萍（女）、卢洪凯、杨国儒、邱尔臣、胡东文、南秀霞（女）。城乡建设与环境资源保护委员会主任委员毛秀凤（女），副主任委员张志勇、丁利民、杨爱君（女），委员杜桂英（女）、范满国、季洪刚、郑忠甫、赵本明、徐鹏强、郭召义。农业与农村委员会主任委员张新强，副主任委员赵刚毅、李成军、赵萍（女），委员朱朝辉、刘明生、李月淑（女）、郭秀兰（女）、崔瑞福、韩立新、谭会来。民族侨务外事委员会主任委员毛秀凤（女），副主任委员王承策、韩辅廉、脱安利（回族），委员王晓晨、田素英（女）、刘云江、闫金亮、孙勇、张民庆、钟耕民。法制委员会主任委员范福生，副主任委员胡景东、张志才、肖沼泓，委员于英智、马东宁、王瑞霞（女，回族）、刘艳芳（女）、许列云、李祥兵、陈强。

2018年1月9日，市十七届人大二次会议选举张晓峰为市监察委员会主任。

选举潍坊市出席山东省第十三届人民代表大会代表75名。

2018年9月18日，市十七届人大三次会议补选田庆盈为市长。

2019年2月1日，市十七届人大四次会议补选惠新安为市十七届人大常委会主任。

补选市十七届人大常委会委员12名：丁峰、马中平、白卫明、刘全平、刘跃东、孙沂、张守富、张宝胜、张洪全、高成勇、谭炳建等。

通过有关专门委员会名单：监察和司法委员会主任委员1人，副主任委员王延泰、傅廷伟、刘效伟、解彬，委员王洪玲（女）、王洪泉、张建民、房德业、赵军、葛建民。社会建设委员会主任委员顾建华，副主任委员张宝胜、白卫明、郭召义、邱婷（女），委员于光富、王维波、刘祥伍、张玉强、陈序尧、秦玲（女）。

通过顾建华为市十七届人大财政经济委员会主任委员；范福生不再担任市十七届人大财政经济委员会主任委员职务。

2020年1月12日，市十七届人大五次会议补选杨建华为市十七届人大常委会秘书长。

补选市十七届人大常委会委员7名：刘玉祥、齐延升、宋立军、高志秀（女）、郭虎英、薛晓鹏等。

补选李向阳为市中级人民法院院长。

补选陶卫东为市人民检察院检察长。

2021 年 3 月 26 日，市十七届人大六次会议补选苏立科为市十七届人大常委会主任，补选初宝杰为市十七届人大常委会副主任，补选委员 7 名：王勇、王汉成、吴海源、赵中国、赵传江、康悦彬、禚振鹤。

补选刘运为市长。

补选高峰为市监察委员会主任。

通过初宝杰为市十七届人大监察和司法委员会主任委员。

市第十八届人民代表大会选举

2022 年 4 月 15 日，市十八届人大一次会议，选举田庆盈为市十八届人大常委会主任，王兆辉、田民利、毛秀凤（女）、韩幸福、扈洪波为副主任；选举田素英（女）为秘书长。选举常委会委员 41 名：于进强、于新华、马东宁、马永军、王延泰、王福强、王增宝、毛洪涛、刘玉祥、刘肖宁、刘金凤（女）、刘晓东、刘效伟、庄玉冰、闫凤林、李月淑（女）、李伟、李振杰、杨爱君（女）、苏茂泉、肖振胜、宋立军、张文、陈延爱、范明涛、胡立、赵中国、赵本明、姜滨、贺建、秦学昌、徐鹏强、高成勇、高志秀（女）、童培友、锡保平、禚振鹤、谭新政、戴明智等。

选举刘运为市长，卞汉林、吕珊珊（女）、徐磊、狄波、陈端梅（女）、滕双兴等为副市长。

选举高峰为市监察委员会主任。

选举孟祥刚为市中级人民法院院长。

选举张敬艳为市人民检察院检察长。

通过潍坊市第十八届人民代表大会各专门委员会主任委员、副主任委员、委员。监察和司法委员会主任委员王兆辉，副主任委员王延泰、刘效伟、禚振鹤、谭会来，委员王洪泉、刘达、庄玉冰、李月淑（女）、李俊芹（女）、赵中国、徐鹏强。财政经济委员会主任委员田民利，副主任委员锡保平、王增宝、刘肖宁、杜其强，委员于新华、马永军、李亚平、赵鹏、秦学昌、高志秀（女）。教育科学文化卫生委员会主任委员韩幸福，副主任委员宋立军、范明涛、王秋萍（女），委员苏茂泉、宗剑飞（女）、赵红梅（女）、韩忠玉、甄曰菊（女）、谭新政、戴明智等。城乡建设与环境资源保护委员会主任委员毛秀凤（女），副主任委员张文、毛洪涛、于继才、杨爱君（女），委员杜桂英（女）、李东香（女）、李振杰、郑忠甫、赵本明、殷秀娥（女）、董磊杰。农业与农村委员会主任委员韩幸福，副主任委员贺建、肖振胜、李兴盛，委员于英智、于斌、刘明生、孙守亮、张建民、赵霞（女）、郭秀兰（女）、韩立新。民族侨务外事委员会主任委员毛秀凤（女），副主任委员胡立、刘金凤（女）、脱安利（回族），委员王伟、刘子国、刘云江、杨国儒、张民庆、郑洪霞（女）、胥宏伟、崔瑞福。法制委员会主任委员扈洪波，副主任委员刘晓东、高成勇、赵萍（女），委员马东宁、考敏华（女）、刘玉祥、李良伟、李斌、郭宪勇、韩绍萍（女）、蔡明君。社会建设委员会主任委员田民利，副主任委员陈延爱、李伟、邱婷（女），委员于光富、王鹏、朱明香（女）、杨学亭、张玉强、张进兰（女）、徐丽红（女）、常雅丽（女）。

2022 年 12 月 29 日，市十八届人大二次会议补选江敦涛为市十八届人大常委会主任。

选举潍坊市出席山东省第十四届人民代表大会代表 76 名。

2023 年 3 月 31 日，市十八届人大三次会议选举刘运为市十八届人大常委会主任。

选举刘建军为市长。

第二节　市人民代表大会常务委员会人事任免

市第十届人民代表大会常务委员会人事任免

1984 年 2 月 29 日，市十届人大常委会第一次会议决定：政法工作委员会主任王灿德，副主任徐进先，委员孙承志、李兆荣、李敬民；财政经济工作委员会主任王克礼，副主任刘灿孔，委员刘永庆、李洪林、常临川；教育科学文化卫生工作委员会主任刘英宸，副主任王仁德、姜克，委员李承普、赵修道、段慧灵、崔佃臣。

决定任命：王汉兴为潍坊市人大常委会秘书长；常怀义为潍坊市人大常委会副秘书长兼办公室主任；杨继生为潍坊市人大常委会办公室副主任。

决定任命：滕司宪为潍坊市人民政府秘书长；戴耀西为潍坊市计划委员会主任；王华民为潍坊市经济委员会主任；孙嘉炼为潍坊市农业委员会主任；赵良金为潍坊市科学技术委员会主任；俞宾辉为潍坊市城乡建设环境保护委员会主任；王国顺为潍坊市计划生育委员会主任；马祝年为潍坊市民政局局长；刘文聚为潍坊市劳动局局长；许学海为潍坊市财政局局长；王功民为潍坊市税务局局长；曲山绪为潍坊市审计局局长；孙绪敬为潍坊市统计局局长；王松林为潍坊市物资局局长；李尔强为潍坊市商业局局长；刘丕墺为潍坊市对外贸易局局长；周百福为潍坊市机械工业局局长；刘远顺为潍坊市第一轻工业局局长；张金瑞为潍坊市第二轻工业局局长；王世铎为潍坊市交通局局长；孙振邦为潍坊市标准计量局局长；韩理为潍坊市市政建设管理局局长；任敦峰为潍坊市林业局局长；许明忠为潍坊市水利局局长；王铭为潍坊市粮食局局长；郑华为潍坊市教育局局长；张奇文为潍坊市卫生局局长；迟昭厚为潍坊市社队企业管理局局长。

决定任命：程茂仁为潍坊市中级人民法院副院长；张廷智为潍坊市中级人民法院副院长。

决定任命：王福金为潍坊市人民检察院副检察长；李源一为潍坊市人民检察院副检察长。

1984 年 4 月 28 日，市十届人大常委会第二次会议决定任命：崔乃元为市人大常委会副秘书长。

决定成立潍坊市选举工作办公室，并决定任命：马祝年为潍坊市选举工作办公室主任；崔乃元为潍坊市选举工作办公室副主任；李真元为潍坊市选举工作办公室副主任。

决定任命：樊安龙为潍坊市副市长、魏光璧为潍坊市农业局局长、刘会聚为潍坊市公安局局长、李巍为潍坊市文化局局长、刘洪奎为潍坊市广播电视局局长。

决定任命：孙岚芳为潍坊市中院刑事审判第一庭庭长；孙书昌为潍坊市中院刑事审判第一庭副庭长；杜士忠为潍坊市中院刑事审判第一庭副庭长；时成章为潍坊市中院刑事审判第二庭庭长；何德启为潍坊市中院刑事审判第二庭副庭长；王增亮为潍坊市中院民事审判庭庭长；李桂林为潍坊市中院民事审判庭副庭长；邱自远为潍坊市中院经济审判庭庭长；李国庆为潍坊市中院行政执行庭副庭长；张洪彬为潍坊市中院行政执行庭副庭长；徐乐凡为潍坊市中院审判员。

1984 年 6 月 30 日，市十届人大常委会第三次会议批准任命：鞠金范为诸城县人民检察院检察长；梁光鹏为高密县人民检察院检察长；王建增为安丘县人检察院检察长；刘廷杰为益都县人民检察院检察长；尹世荣为五莲县人民检察院检察长；于溪滨为昌乐县人民检察院检察长；王希功为昌邑县人民检察院检察长；张兆仁为寿光县人民检察院检察长；张乐臣为临朐县人民检察院检察长；陈象宝为潍城区人民检察院检察长；王志昌为寒亭区人民检察院检察长；王景芳为坊子区人民检察院检察长。

决定任命：李奎金、王来成、白金玉、孙国贞为潍坊市人民检察院检察员。

1984 年 8 月 29 日，市十届人大常委会第四次会议决定设立潍坊市人大常委会城乡建设工作委员会，并决定任命：刘华民为市人大常委会城乡建设工作委员会主任；李洪林为市人大常委会城乡建设工作委员会副主任。

决定免去：李洪林的市人大常委会财经工作

委员会委员职务。

1984年10月27日，市十届人大常委会第五次会议，决定任命姜宗谟为潍坊市财政贸易委员会主任。

决定任命：刘乃庆、于庆勋、张昭传、王从国、黄学伦、张炳泉为潍坊市人民检察院检察员。

1984年12月26日，市十届人大常委会第六次会议决定任命：吕永惠、郝学昌、杨新标、滕俊豪、吕永暖为潍坊市中级人民法院审判员。

1985年2月2日，市十届人大常委会第七次会议决定任命：宋作升为潍坊市人民政府外事办公室主任。

1985年3月17日，市十届人大常委会第九次会议决定任命：韩理为潍坊市城乡建设委员会主任。

决定免去：俞宾辉的潍坊市城乡建设委员会主任职务；韩理的潍坊市市政建设管理局局长职务。

1985年7月30日，市十届人大常委会第十一次会议决定任命：李玉林为潍坊市人事局局长。

1985年9月29日，市十届人大常委会第十二次会议决定任命：宋希焕为潍坊市副市长。

1985年11月16日，市十届人大常委会第十三次会议决定任命：孙守伏为潍坊市环境保护局局长；于德路为潍坊市市政建设管理局局长；王慨彰为潍坊市国家安全局局长；王聚先为潍坊市粮食局局长；刘佃甲为潍坊市广播电视局局长。

决定免去：王铭的潍坊市粮食局局长职务；刘洪奎的潍坊市广播电视局局长职务；张奇文的潍坊市卫生局局长职务。

1986年1月17日，市十届人大常委会第十四次会议决定任命：张玉明为潍坊市工商行政管理局局长。

决定任命：李兴隆为潍坊市中级人民法院审判员；王立慈为潍坊市中级人民法院行政执行庭副庭长。

决定免去：李国庆的潍坊市中级人民法院行政执行庭副庭长职务。

1986年3月13日，市十届人大常委会第十五次会议决定任命：陈会江为潍坊市人大常委会政法工作委员会副主任。

决定免去：崔乃元的潍坊市人大常委会副秘书长职务。

决定任命：张慕传为潍坊市物价局局长。

决定免去：迟昭厚的潍坊市乡镇企业管理局局长职务。

决定任命：李清树为潍坊市中级人民法院刑事审判二庭副庭长。

1986年5月24日，市十届人大常委会第十六次会议决定任命：刘惠远、王铭为潍坊市人大常委会财政经济工作委员会副主任；冯友敬为潍坊市人大常委会教育科学文化卫生工作委员会副主任；苏承章为潍坊市人大常委会城乡建设工作委员会副主任；孙光耀为潍坊市人大常委会办公室副主任。

决定免去：徐进先的潍坊市人大常委会政法工作委员会副主任职务；刘灿孔的潍坊市人大常委会财政经济工作委员会副主任职务；王仁德、姜克的潍坊市人大常委会教育科学文化卫生工作委员会副主任职务；李洪林的潍坊市人大常委会城乡建设工作委员会副主任职务；孙承志的潍坊市人大常委会政法工作委员会委员职务。

决定任命：刘玉忠为潍坊市交通局局长；张春玉为潍坊市司法局局长。

决定免去：王世铎的潍坊市交通局局长职务。

批准任命：王泰为潍坊市潍城区人民检察院检察长。

1986年7月15日，市十届人大常委会第十七次会议决定任命：王鹤田为潍坊市人大常委会城乡建设工作委员会主任；戴耀西为潍坊市人大常委会法制工作委员会主任；王华民为潍坊市人大常委会财政经济工作委员会主任；孙增珠、董建春、熊金洲、马光汉为潍坊市人大常委会城乡建设工作委员会委员。

决定免去：刘华民的潍坊市人大常委会城乡建设工作委员会主任职务；王灿德的潍坊市人大常委会政法工作委员会主任职务；王克礼的潍坊市人大常委会财政经济工作委员会主任职务。

决定任命：王荆玉为潍坊市经济委员会主任；徐瑞荣为潍坊市计划委员会主任。

决定免去：戴耀西的潍坊市计划委员会主任职务、王华民的潍坊市经济委员会主任职务。

市十届人大常委会第十八次会议决定免去：樊安龙的潍坊市副市长职务。

决定任命：高新亭、程茂仁、张廷智、钟安江、王毓峰、马忠和、时承章、王增亮、孙岚芳、邱自远为潍坊市中级人民法院审判委员会委员；孟庆兴、纪庆忠、朱春森、朱加太、梁善祥为潍坊市中级人民法院审判员。

决定任命：李学义、王福金、李源一、朱汉明、李奎金、李和欣、丁国鹏为潍坊市人民检察院检察委员会委员；王斌杰、谭承霖、梁栩、赵继明、侯明万、孙润芝、孙伟、崔成举为潍坊市人民检察院检察员。

1986 年 10 月 19 日，市十届人大常委会第十九次会议决定任命：潘增贵为潍坊市农业委员会主任；刘玉瑞为潍坊市卫生局局长；郑明杰为潍坊市档案局局长；王荆玉为潍坊市工业委员会主任；姜宗谟为潍坊市商业委员会主任；刘玉忠为潍坊市交通委员会主任。

决定免去：孙嘉炼的潍坊市农业委员会主任职务；王荆玉的潍坊市经济委员会主任职务；姜宗谟的潍坊市财政贸易委员会主任职务；刘玉忠的潍坊市交通局局长职务。

决定免去：王泰、庄恒聪、穆乃广的潍坊市人民检察院检察员职务。

批准免去：鞠金范的诸城县人民检察院检察长职务。

1986 年 12 月 19 日，市十届人大常委会第二十次会议决定任命：马相勤为潍坊市乡镇企业管理局局长。

1987 年 2 月 19 日，市十届人大常委会第二十一次会议决定任命：刘常宣为潍坊市人大常委会副秘书长。

决定任命：李海德为潍坊市科学技术委员会主任；郑华为潍坊市教育委员会主任；宿连池为潍坊市体育委员会主任。

决定免去：魏光璧的潍坊市农业局局长职务；郑华的潍坊市教育局局长职务；赵良金的潍坊市科学技术委员会主任职务。

1987 年 5 月 28 日，市十届人大常委会第二十四次会议决定任命：于锡京为潍坊市对外经济贸易委员会主任；朱传敏为潍坊市人民政府侨务办公室主任。

决定免去：周百福的潍坊市机械工业局局长职务；任敦峰的潍坊市林业局局长职务。

批准任命：郝新阶为寿光县人民检察院检察长；刘风德为昌乐县人民检察院检察长；孙增田为诸城县人民检察院检察长；尹世荣为五莲县人民检察院检察长；张正立为高密县人民检察院检察长；王建增为安丘县人民检察院检察长；张乐臣为临朐县人民检察院检察长；王希功为昌邑县人民检察院检察长；刘廷杰为青州市人民检察院检察长；王泰为潍城区人民检察院检察长；王志昌为寒亭区人民检察院检察长；王景芳为坊子区人民检察院检察长。

1987 年 9 月 30 日，市十届人大常委会第二十六次会议决定任命：王明玉为潍坊市人大常委会办公室副主任。

决定任命：王毓峰、马忠和、时成章、王增亮、孙岚芳、王明秀、郑含贵、李清树为潍坊市中级人民法院审判员。

决定任命：王善政、王省云、王洪广、李壮

立为潍坊市人民检察院检察员。

1987年11月28日，市十届人大常委会第二十七次会议决定任命：吕世荣为潍坊市矿产资源管理局局长。

决定任命：李国庆、徐诚学、王少南、韩一民、王万军、陈志忠、王尊拭为潍坊市中级人民法院审判员。

决定免去：邱自远的潍坊市中级人民法院审判委员会委员、经济审判庭庭长职务；孟庆兴的潍坊市中级人民法院审判员职务。

1987年12月29日，市十届人大常委会第二十八次会议决定任命：张启志为潍坊市监察局局长。

市第十一届人民代表大会常务委员会人事任免

1988年3月19日，市十一届人大常委会第一次会议决定任命：王本理为潍坊市人民政府秘书长；徐瑞荣为潍坊市计划委员会主任；刘远顺为潍坊市工业委员会主任；潘增贵为潍坊市农业委员会主任；姜宗谟为潍坊市商业委员会主任；刘玉忠为潍坊市交通委员会主任；于金桴为潍坊市城乡建设委员会主任；郑华为潍坊市教育委员会主任；李海德为潍坊市科学技术委员会主任；于锡京为潍坊市对外经济贸易委员会主任；宿连池为潍坊市体育运动委员会主任；李玉林为潍坊市人事局局长；张启志为潍坊市监察局局长；马祝年为潍坊市民政局局长；刘文聚为潍坊市劳动局局长；刘会聚为潍坊市公安局局长；张春玉为潍坊市司法局局长；刘佃甲为潍坊市广播电视局局长；曲山绪为潍坊市审计局局长；许学海为潍坊市财政局局长；张慕传为潍坊市物价局局长；张玉明为潍坊市工商行政管理局局长；王功民为潍坊市税务局局长；王松林为潍坊市物资局局长；孙振邦为潍坊市标准计量质量监督局局长；孙守伏为潍坊市环境保护局局长；许明忠为潍坊市水利局局长；刘玉瑞为潍坊市卫生局局长；郑明杰为潍坊市档案局局长；马相勤为潍坊市乡镇企业管理局局长；吕世荣为潍坊市矿产资源管理局局长；宋作升为潍坊市人民政府外事办公室主任；朱传敏为潍坊市人民政府侨务办公室主任。

决定任命：郑含贵为潍坊市中级人民法院经济审判庭庭长；张笃友、宋金星为潍坊市中级人民法院经济审判庭副庭长；李清树为潍坊市中级人民法院行政审判庭庭长；吕永惠为潍坊市中级人民法院刑事审判第二庭副庭长。

决定免去：李清树的潍坊市中级人民法院刑事审判第二庭副庭长职务。

1988年5月21日，市十一届人大常委会第二次会议决定任命：郑汝海为潍坊市计划生育委员会主任；魏元志为潍坊市统计局局长。

1988年7月29日，市十一届人大常委会第三次会议决定任命：杨玉林为潍坊市国家安全局局长。

决定任命：李洪文、于长安、李建恩、王建明为潍坊市人民检察院检察员。

1988年10月8日，市十一届人大常委会第四次会议决定任命：张金瑞为潍坊市经济体制改革委员会主任。

1989年1月27日，市十一届人大常委会第六次会议决定任命：马光汉为潍坊市人大常委会办公室副主任。

决定免去：马光汉的潍坊市人大常委会城乡建设工作委员会委员职务。

1989年3月24日，市十一届人大常委会第七次会议决定任命：潘希文为潍坊市交通委员会主任。

决定免去：刘玉忠的潍坊市交通委员会主任职务。

1989年5月20日，市十一届人大常委会第八次会议决定任命：王明秀为潍坊市中级人民法院告诉申诉庭庭长。

1989年9月21日，市十一届人大常委会第十次会议决定任命：王荆玉为潍坊市人大常委会人事代表工作室主任；张立华为潍坊市人大常委会人事代表工作室副主任。

决定任命：王继东为潍坊市交通委员会主任。

1990年1月10日，市十一届人大常委会第十二次会议决定任命：邹立健为潍坊市副市长；于效群为潍坊市科技副市长；姜洪佩为潍坊市农业委员会主任。

决定免去：宋希焕的潍坊市副市长职务；潘增贵的潍坊市农业委员会主任职务。

1990年3月17日，市十一届人大常委会第十三次会议决定任命：董法进为潍坊市财政局局长；乔宝仁为潍坊市机械工业局局长；鲍世举为潍坊市纺织工业局局长；贾乐起为潍坊市第一轻工业局局长；刘安昌为潍坊市化学工业局局长；陆鸣人为潍坊市人民政府外事办公室主任。

决定免去：许学海的潍坊市财政局局长职务；宋作升的潍坊市人民政府外事办公室主任职务。

批准任命：郝新阶为寿光县人民检察院检察长；王希功为昌邑县人民检察院检察长；王建增为安丘县人民检察院检察长；张元茂为潍城区人民检察院检察长；王景芳为坊子区人民检察院检察长。

1990年5月16日，市十一届人大常委会第十四次会议决定免去：孙光耀的潍坊市人大常委会办公室副主任职务。

决定任命：李尔强为潍坊市商业委员会主任；杜世兴为潍坊市第二轻工业局局长。

决定免去：姜宗谟的潍坊市商业委员会主任职务。

决定任命：李清树为潍坊市中级人民法院副院长、审判委员会委员。

批准任命：张正立为高密县人民检察院检察长；刘凤德为昌乐县人民检察院检察长；李文国为临朐县人民检察院检察长；尹世荣为五莲县人民检察院检察长；孙增田为诸城市人民检察院检察长；刘廷杰为青州市人民检察院检察长；王志昌为寒亭区人民检察院检察长。

1990年7月21日，市十一届人大常委会第十五次会议任命：李桂林为潍坊市中级人民法院告诉申诉庭庭长；王立慈为潍坊市中级人民法院行政执行庭庭长；王明秀为潍坊市中级人民法院行政审判庭庭长；韩一民为潍坊市中级人民法院告诉申诉庭副庭长；刘亚宁为潍坊市中级人民法院民事审判庭副庭长。

决定免去：李桂林的潍坊市中级人民法院民事审判庭副庭长职务；王明秀的潍坊市中级人民法院告诉申诉庭庭长职务。

决定任命：唐保华、窦玉花为潍坊市人民检察院检察员。

1990年9月21日，市十一届人大常委会第十六次会议决定任命：杨继生为市人大常委会办公室主任。

决定免去：常怀义的市人大常委会办公室主任职务。

决定任命：栾守明为潍坊市对外贸易局局长；赵传圣为潍坊市卫生局局长。

决定免去：刘玉瑞的潍坊市卫生局局长职务。

决定任命：雷普照为潍坊市中级人民法院副院长、审判委员会委员。

经主任会议研究，决定任命：尹苏本为市人大常委会办公室副主任。

1990年11月7日，市十一届人大常委会第十七次会议决定任命：祖连圣为市人大农村经济委员会委员。

决定免去：杨学荣的市人大农村经济委员会委员职务。

决定任命：柳玉焕为潍坊市农业局局长；任敦峰为潍坊市林业局局长；刘新良为潍坊市水产局局长；王洪义为潍坊市畜牧局局长；田永纪为潍坊市土地管理局局长；曲维孝为潍坊市农业机械管理局局长；刘国良为潍坊市乡镇企业管理局局长；董泉才为潍坊市民政局局长。

决定免去：马祝年的潍坊市民政局局长职

务；马相勤的潍坊市乡镇企业管理局局长职务。

决定免去：徐受庆、徐乐帆、李兴隆、童宁华的潍坊市中级人民法院审判员职务。

决定任命：滕世和为潍坊市人民检察院检察委员会委员；刘启发、王泰为潍坊市人民检察院检察员、检察委员会委员。

决定免去：朱汉明的潍坊市人民检察院检察委员会委员职务；殷茂仁、郑云、周福恩、郎丰翱、王克仁、王省云的潍坊市人民检察院检察员职务。

1991 年 1 月 30 日，市十一届人大常委会第十八次会议决定任命：宋全正为潍坊市水利局局长。

决定免去：许明忠的潍坊市水利局局长职务。

决定任命：逄建学为市中院行政审判庭副庭长。

1991 年 3 月 23 日，市十一届人大常委会第十九次会议决定任命：徐鉴为潍坊市副市长。

决定任命：李勇、孙惠智、李桂欣为潍坊市人民检察院检察员。

1991 年 7 月 19 日，市十一届人大常委会第二十一次会议决定：接受常临川辞去市人大常委会委员职务。

决定免去：常临川的市人大农村经济委员会委员职务。

决定任命：綦敦祥为潍坊市副市长；葛吉平为潍坊市粮食局局长。

决定免去：王毓峰的潍坊市中级人民法院审判委员会委员、审判员职务。

批准任命：吕尧胜任高密县人民检察院检察长。

决定免去：尹世荣的五莲县人民检察院检察长职务。

1991 年 9 月 18 日，市十一届人大常委会第二十二次会议决定任命：齐乃贵为潍坊市副市长、代理市长；王伯祥为潍坊市副市长。

决定：接受邵桂芳辞去潍坊市市长职务、张文玉辞去潍坊市副市长职务。

决定任命：隋华堂为潍坊市中级人民法院副院长、代理院长。

决定免去：钟安江的潍坊市中级人民法院审判委员会委员职务。

决定：接受高新亭辞去潍坊市中级人民法院院长、审判委员会委员职务。

决定任命：孙忠国为潍坊市人民检察院检察员。

1991 年 11 月 28 日，市十一届人大常委会第二十三次会议任命：谭法贤为潍坊市中级人民法院审判员。

1992 年 1 月 13 日，市十一届人大常委会第二十四次会议决定：接受王汉兴辞去市人大常委会委员、代表资格审查委员会副主任委员职务，张曙光辞去市人大常委会委员、市人大农村经济委员会副主任委员职务。

决定任命：王玉为潍坊市副市长。

1992 年 3 月 16 日，市十一届人大常委会第二十五次会议，决定任命：赵凤池为潍坊市副市长、肖长华为潍坊市副市长。

决定免去：孙守伏的潍坊市环境保护局局长职务。

决定任命：孙岚芳为潍坊市中级人民法院行政审判庭庭长、吕永惠为潍坊市中级人民法院刑事审判一庭庭长、刘亚宁为潍坊市中级人民法院经济审判庭庭长、孙书昌为潍坊市中级人民法院执行庭庭长、万泽训为潍坊市中级人民法院刑事审判一庭副庭长、纪庆忠为潍坊市中级人民法院民事审判庭副庭长、赵绪彬为潍坊市中级人民法院执行庭副庭长。

决定免去：孙岚芳的潍坊市中级人民法院刑事审判一庭庭长职务、吕永惠的潍坊市中级人民法院刑事审判二庭副庭长职务、刘亚宁的潍坊市中级人民法院民事审判庭副庭长职务，孙书昌的潍坊市中级人民法院刑事审判一庭副庭长职务，时成章的潍坊市中级人民法院刑事审判二庭庭长职务，王立慈的潍坊市中级人民法院行政执行庭庭长职务，郑含贵的潍坊市中级人民法院经济审判庭庭长、审判员职务，王明秀的潍坊市中级人民法院行政审判庭庭长、审判员职务，韩一民的潍坊市中级人民法院告诉申诉庭副庭长、审判员职务，徐诚学的潍坊市中级人民法院审判员职务，吕永暖的潍坊市中级人民法院审判员职务。

决定任命：刘建亭为潍坊市人民检察院检察员、高明怀为潍坊市人民检察院检察员。

1992 年 5 月 28 日，市十一届人大常委会第二十六次会议决定任命：张启志为潍坊市第十一届人民代表大会法制委员会副主任委员；郑华为潍坊市第十一届人民代表大会教育科学文化卫生委员会副主任委员；王乐堂为潍坊市第十一届人民代表大会农村经济委员会委员；李增武为潍坊市第十一届人民代表大会农村经济委员会委员。

决定任命：温钦祥为潍坊市环境保护局局长；李晓明为潍坊市体育运动委员会主任。

决定免去：宿连池的潍坊市体育运动委员会主任职务；刘文聚的潍坊市劳动局局长职务；郑华的潍坊市教育委员会主任职务；张启志的潍坊市监察局局长职务。

决定任命：李钊荣为潍坊市中级人民法院审判员。

决定任命：滕世和为潍坊市人民检察院副检察长；李奎金为潍坊市人民检察院副检察长；陈秀清为潍坊市人民检察院检察员。

决定免去：李和欣的潍坊市人民检察院检察委员会委员、检察员职务。

批准任命：郑昭曦为五莲县人民检察院检察长。

1992 年 7 月 24 日，市十一届人大常委会第二十七次会议决定任命：杜宝起为潍坊市对外经济贸易委员会主任；王法延为潍坊市教育委员会主任；刘延禄为潍坊市监察局局长；于德路为潍坊市规划国土局局长。

1992 年 11 月 13 日，市十一届人大常委会第二十九次会议决定任命：刘启俊为潍坊市劳动局局长。

决定任命：冯广林、刘芝兰、李慎斋、钟方仁为潍坊市中级人民法院审判员。

决定免去：时成章的潍坊市中级人民法院审判委员会委员、审判员职务。

1993 年 1 月 14 日，市十一届人大常委会第三十次会议决定任命：王大海为潍坊市副市长；王秀娟为潍坊市副市长；王培竹为潍坊市文化局局长。

决定：接受邹立健辞去潍坊市副市长职务的请求。

决定任命：李树胜、王建平、高思广、胥元茂、张瑞芝、孙世和为潍坊市中级人民法院审判员。

决定任命：薛峥嵘、李湑、陈嘉峰、牛洪勋、吴桂云为潍坊市人民检察院检察员。

1993 年 3 月 5 日，市十一届人大常委会第三十一次会议决定免去：杨继生的市人大常委会副秘书长、办公室主任职务。

经市人大主任会议研究决定免去：尹苏本的市人大常委会办公室副主任职务。

批准任命：赵继明为潍城区人民检察院检察长；王志昌为寒亭区检察院检察长；魏常禄为坊子区检察院检察长；尹庆和为昌邑县检察院检察长；吕尧胜为高密县检察院检察长；孙增田为诸城市人民检察院检察长；李文国为安丘县检察院检察长；王建增为临朐县检察院检察长；刘廷杰为青州市人民检察院检察长；刘金昌为昌乐县检察院检察长；郝新阶为寿光县检察院检察长。

决定免去：赵继明、姜立章的潍坊市人民检察院检察员职务。

市第十二届人民代表大会常务委员会人事任免

1993 年 4 月 9 日，市十二届人大常委会第一次会议决定任命：马光汉为市人大常委会副秘书长、办公室主任。

决定免去：刘常宣的市人大常委会副秘书长职务。

市人大常委会主任会议决定：郇延国、孙向林为市人大常委会办公室副主任。

决定任命：孙志明为副市长；王金卓为市人民政府秘书长；辛丕宏为市经济委员会主任；李刚为市农业委员会主任；李尔强为市商业委员会主任；于德路为市城乡建设委员会主任兼规划国土局局长；刘天佑为市交通委员会主任；李海德为市科学技术委员会主任；王法延为市教育委员会主任；李晓明为市体育运动委员会主任；冯少英为市计划生育委员会主任；于生为市对外经济贸易委员会主任；张金瑞为市经济体制改革委员会主任；李玉林为市人事局局长；董泉才为市民政局局长；刘延禄为市监察局局长；刘启俊为市劳动局局长；魏元志为市统计局局长；董法进为市财政局局长；王功民为市税务局局长；姜耕田为市审计局局长；张玉明为市工商行政管理局局长；孙振邦为市技术监督局局长；张慕传为市物价局局长；温钦祥为市环境保护局局长；王培竹为市文化局局长；赵传圣为市卫生局局长；刘佃甲为市广播电视局局长；陆鸣人为市人民政府外事办主任。

决定任命：隋明善为潍坊市中级人民法院副院长、审判委员会委员。

1993 年 6 月 3 日，市十二届人大常委会第二次会议决定任命：鲍世举为市人大常委会副秘书长；张立华为市人大常委会人事代表工作室主任。

决定任命：赵凤池为副市长；马兴华为市公安局局长；李作仁为市国家安全局局长；李明忠为市司法局局长；乔法尧为市规划国土局局长；乔宝仁为市机械工业局局长；贾乐起为市第一轻工业局局长；王联吉为市第二轻工业局局长；杜德富为市化学工业局局长；潘景岫为市纺织工业局局长；柳玉焕为市农业局局长；王洪义为市畜牧局局长；任敦峰为市林业局局长；宋全正为市水利局局长；韩俊生为市水产局局长；张春华为市农业机械管理局局长；刘国良为市乡镇企业管理局局长；吕世荣为市矿产资源管理局局长；吕秀彩为市档案局局长。

决定免去：于德路兼任的市规划国土局局长职务。

1993 年 6 月 29 日，市十二届人大常委会第三次会议决定任命：王景芳为潍坊市人民检察院检察员；刘风德为潍坊市人民检察院检察员。

1993 年 8 月 9 日，经市人大常委会主任会议研究决定，杜国忠、李进宗任市人大常委会办公室副主任，免去王明玉的市人大常委会办公室副主任职务。

1993 年 10 月 28 日，市十二届人大常委会第五次会议决定任命：曲山绪为市人大常委会法制工作委员会副主任。

决定任命：周少华为副市长；安德仁为市房地产管理局局长；明宝春为市政府侨务办公室主任。

1993 年 12 月 29 日，市十二届人大常委会第六次会议决定免去：刘明珂的市人大常委会委员、法制工作委员会委员、代表资格审查委员会委员职务。

决定任命：刘彬忠为副市长；仇日华为科技副市长。

决定任命：宋金星为潍坊市中级人民法院经济审判二庭庭长；谌祖龙为潍坊市中级人民法院审判员。

决定免去：王万军的潍坊市中级人民法院审判员职务；滕俊豪的潍坊市中级人民法院审判员职务；唐赞的潍坊市中级人民法院审判员职务；周世洪的潍坊市中级人民法院审判员职务；王同春的潍坊市中级人民法院审判员职务。

1994 年 4 月 15 日，经市人大常委会主任会议研究，决定任命：罗方照为市人大常委会人事代表工作室副主任。

1994年4月29日，市十二届人大常委会第十次会议决定任命：鲍世举为市人大常委会财政经济工作委员会委员；柳玉焕为市人大常委会农村经济工作委员会委员；张金瑞为市人大常委会城乡建设环境保护工作委员会委员。

决定免去：鲍世举的市人大常委会副秘书长职务；靳荣光的市人大财政经济工作委员会委员职务。

决定：接受靳荣光辞去市十二届人大常委会委员职务。

决定任命：马鸣棠为市经济体制改革委员会主任；刘伟为市财政局局长；贾玉良为市工商行政管理局局长。

决定免去：董法进的市财政局局长职务；张金瑞的市经济体制改革委员会主任职务；柳玉焕的市农业局局长职务；张玉明的市工商行政管理局局长职务。

1994年6月30日，市十二届人大常委会第十一次会议决定任命：李爱国、刘建华、王世善、张福全、李洪早、丁诗亮为市检察院检察员。

1994年8月5日，市十二届人大常委会第十二次会议决定任命：杨继生为市政府秘书长；王宝平为市科学技术委员会主任；潘耀贵为市地税局局长。

决定免去：王金卓的市政府秘书长职务；李海德的市科学技术委员会主任职务；刘佃甲的市广播电视局局长职务；韩俊生的市水产局局长职务；李晓明的市体育运动委员会主任职务；王功民的市税务局局长职务。

1994年8月31日，市十二届人大常委会第十三次会议决定任命：孙世和为潍坊市中级人民法院刑事审判庭副庭长；冯广林为潍坊市中级人民法院告诉申诉审判庭副庭长；石维云为潍坊市中级人民法院经济审判二庭副庭长；王义民、孟令东、赵芹、李广兴、张筱玲、孟强、闫东为潍坊市中级人民法院审判员。

决定免去：宋金星的潍坊市中级人民法院经济审判二庭庭长职务；陈志忠、郝学昌、李慎斋、刘芝兰潍坊市中级人民法院审判员职务。

批准任命：李洪文为奎文区检察院检察长。

决定免去：李洪文、李勇的市人民检察院检察员职务。

1994年10月28日，市十二届人大常委会第十四次会议决定任命：王业世为市水产局局长；张贵善为市农业局局长；李广志为市广播电视局局长；茅树森为市体育运动委员会主任。

决定任命：于丰年、崔成举、王同生、王洪广、姜玉华、张昭传为市人民检察院检察委员会委员；王景芳、王桂禄为市城郊地区检察院副检察长。

决定免去：丁国鹏的市人民检察院检察委员会委员职务；王景芳、王桂禄、陈秀清的市人民检察院检察员职务。

1995年4月2日，经市人大常委会主任会议研究决定，尹攀、郑华利任市人大常委会办公室副主任，赵东任市人大常委会办公室副县级秘书。

1995年4月28日，市十二届人大常委会第十八次会议决定任命：孙秀云为市人大常委会法制工作委员会副主任；李尔强为市人大常委会财政经济工作委员会副主任。

决定任命：陈宏发为副市长；李育林为市商业委员会主任；魏本芳为市民政局局长；祝培信为市化学工业局局长；崔守国为市林业局局长。

决定免去：李尔强的市商业委员会主任职务；董泉才的市民政局局长职务；杜德富的市化学工业局局长职务；任敦峰的市林业局局长职务；张慕传的市物价局局长职务。

决定任命：朱洪泰为潍坊市中级人民法院审判员；张长秀为潍坊市中级人民法院审判员。

批准任命：夏玉新为青州市人民检察院检察长。

批准免去：刘廷杰的青州市人民检察院检察长职务。

决定任命：国同豹为市人民检察院检察员，孙忠国、李湑、徐以曾、李培玉、李广杰为市城郊地区人民检察院检察员。

决定免去：孙忠国的市人民检察院检察员职务；李湑的市人民检察院检察员职务。

1995 年 6 月 23 日，市十二届人大常委会第十九次会议决定任命：王海亭为市人大常委会副秘书长。

决定免去：潘景岫的市纺织工业局局长职务。

1995 年 8 月 25 日，市十二届人大常委会第二十次会议决定任命：孟庆才、周玉宝、王杰婷、王丽云、王清顺、田佃成为市人民检察院检察员。

1996 年 2 月 1 日，市十二届人大常委会第二十三次会议决定任命：高华忠为市环境保护局局长；孟庆亮为市物价局局长；李云高为市体育运动委员会主任；崔爱信为市乡镇企业管理局局长；潘寿海为市统计局局长；李本跃为市林业局局长。

决定免去：温钦祥的市环境保护局局长职务；魏元志的市统计局局长职务；刘国良的市乡镇企业管理局局长职务；茅树森的市体育运动委员会主任职务；崔守国的市林业局局长职务。

决定任命：李桂林为潍坊市中级人民法院民事审判庭庭长。

决定免去：李桂林的潍坊市中级人民法院告诉申诉审判庭庭长职务；王少南的潍坊市中级人民法院审判员职务。

批准任命：宋瑞亮为诸城市人民检察院检察长。

批准免去：孙增田的诸城市人民检察院检察长职务。

批准免去：高明怀的市人民检察院检察员职务。

1996 年 2 月 29 日，市十二届人大常委会第二十四次会议决定撤销：祝培信的市化学工业局局长职务。

1996 年 4 月 27 日，市十二届人大常委会第二十五次会议决定任命：隋华堂为市人大常委会教育科学文化卫生工作委员会主任；王洪杰为市人大常委会法制工作委员会委员；魏元志为市人大常委会财政经济工作委员会委员；温钦祥为市人大常委会城乡建设环境保护工作委员会委员；李英文为市人大常委会代表资格审查委员会主任委员；王海亭为市人大常委会代表资格审查委员会副主任委员；迟好信为市人大常委会代表资格审查委员会委员。

决定免去：李惠信的市人大常委会教育科学文化卫生工作委员会主任职务；刘惠远的市人大常委会财政经济工作委员会副主任职务。

决定：接受王在辉辞去副市长职务的请求。

决定任命：王建增为市人民检察院检察员、检察委员会委员；吕尧胜为市城郊地区检察院副检察长。

批准任命：李为升为寒亭区检察院检察长；张庆坚为高密市人民检察院检察长；张在益为临朐县检察院检察长。

批准免去：王志昌的寒亭区检察院检察长职务；吕尧胜的高密市人民检察院检察长职务；王建增的临朐县检察院检察长职务。

1996 年 6 月 28 日，市十二届人大常委会第二十六次会议决定任命：肖长华为副市长。

决定任命：吕永惠为潍坊市中级人民法院审判委员会委员；李桂林为潍坊市中级人民法院审判委员会委员；刘亚宁为潍坊市中级人民法院审判委员会委员。

1996 年 7 月 12 日，市十二届人大常委会第二十七次会议决定免去：马光汉的市人大常委会副秘书长、办公室主任职务。

经市人大常委会主任会议研究，决定免去李进宗的市人大常委会办公室副主任。

决定任命：李刚为市政府农业办公室主任；辛丕宏为市经济贸易委员会主任；于德路为市建设委员会主任；安德仁为市房产管理局局长；胡嘉新为市贸易局局长；齐忠礼为市海洋与水产局局长；邹登顺为市粮食局局长；王振民为市文化局局长。

决定免去：李刚的市农业委员会主任职务；辛丕宏的市经济委员会主任职务；于德路的市城乡建设委员会主任职务；安德仁的市房地产管理局局长职务；王法延的市教育委员会主任职务；李育林的市商业委员会主任职务；王培竹的市文化局局长职务；王业世的市水产局局长职务。

决定免去：李清树的潍坊市中级人民法院副院长职务。

1996 年 8 月 27 日，市十二届人大常委会第二十八次会议决定任命：潘锡海为市人民检察院副检察长、检察委员会委员。

1996 年 10 月 23 日，市十二届人大常委会第二十九次会议决定任命：杜国忠为市人大常委会副秘书长、办公室主任；孙向林为市人大常委会副秘书长、调查研究室主任。

决定免去：孙向林的市人大常委会办公室副主任职务。

决定：接受房忠昌辞去副市长职务的请求。

决定任命：姜言林为市国家安全局局长。

决定任命：刘亚宁为潍坊市中级人民法院副院长；杜士忠为潍坊市中级人民法院副院长、审判委员会委员。

决定任命：王景芳为市人民检察院检察员、检察委员会委员；王建增为市城郊地区检察院检察长；王建增、吕尧胜、王桂禄、孙忠国、李湑、徐以曾、李培玉为市城郊地区检察院检察委员会委员。

决定免去：于丰年、王建增的市人民检察院检察委员会委员职务；王景芳的市城郊地区检察院副检察长职务。

1996 年 12 月 20 日，市十二届人大常委会第三十次会议决定：接受王洪杰辞去市人大常委会委员职务的请求。

决定免去：王洪杰的市人大常委会法制工作委员会委员职务。

决定免去：陆鸣人的市人民政府外事办公室主任职务。

决定任命：逄建学为潍坊市中级人民法院经济审判第一庭庭长；石维云为潍坊市中级人民法院经济审判第二庭庭长；孙世和为潍坊市中级人民法院告诉申诉审判庭庭长；王惠为潍坊市中级人民法院经济审判第一庭副庭长；郑建勇为潍坊市中级人民法院执行庭副庭长；张明清为潍坊市中级人民法院刑事审判庭副庭长；李广兴为潍坊市中级人民法院刑事审判庭副庭长；卢卫国为潍坊市中级人民法院审判员。

决定免去：逄建学的潍坊市中级人民法院行政审判庭副庭长职务；孙世和的潍坊市中级人民法院刑事审判庭副庭长职务。

1997 年 3 月 12 日，经市人大常委会主任会议研究，决定任命：郇延国为市人大常委会人事代表工作室副主任；赵东为市人大常委会调查研究室副主任。决定免去：郇延国的市人大常委会办公室副主任职务；赵东的市人大常委会办公室副县级秘书职务。

1997 年 4 月 29 日，市十二届人大常委会第三十三次会议决定任命：张立华为市人大常委会副秘书长；李玉林为市人大常委会教育科学文化卫生工作委员会委员；吕世荣为市人大常委会城乡建设环境保护工作委员会委员；张洪林为市人大常委会农村经济工作委员会委员；潘景岫为市人大常委会财政经济工作委员会委员。

决定：接受迟好信辞去市人大常委会委员职务。

决定免去：迟好信的市人大常委会代表资格审查委员会委员职务。

决定任命：迟好信为市人事局局长；王慧汉为市教育委员会主任；张庆吉为市地质矿产局

局长。

决定免去：李玉林的市人事局局长职务；吕世荣的市地质矿产局局长职务。

决定任命：李文国为市人民检察院副检察长、检察委员会委员；陈方忠、彭守福、周世松、刘利宁、刘永杰、徐光明、崔伦武、韩国荣、赵建宇、于玲、姜其尧、任光武、周松涛为市人民检察院检察员。

批准任命：李汝才为安丘市人民检察院检察长。

决定免去：李源一的市人民检察院副检察长职务。

批准免去：李文国的安丘市人民检察院检察长职务。

1997 年 5 月 23 日，经市人大常委会主任会议研究，决定任命：王承策为市人大常委会调查研究室副主任。

1997 年 6 月 26 日，市十二届人大常委会第三十五次会议决定任命：吕永惠为潍坊市中级人民法院刑事审判第二庭庭长；李广兴为潍坊市中级人民法院刑事审判第一庭庭长；张筱玲为潍坊市中级人民法院刑事审判第二庭副庭长；郑清义为潍坊市中级人民法院民事审判庭副庭长；王惠为潍坊市中级人民法院经济审判第一庭庭长；李金鹏为潍坊市中级人民法院经济审判第一庭副庭长；张圣平为潍坊市中级人民法院经济审判第二庭副庭长；赵绪斌为潍坊市中级人民法院行政审判庭庭长；闫东为潍坊市中级人民法院行政审判庭副庭长；孙世和为潍坊市中级人民法院立案庭庭长；冯广林为潍坊市中级人民法院立案庭副庭长；纪庆忠为潍坊市中级人民法院审判监督庭庭长；赵芹为潍坊市中级人民法院审判监督庭副庭长；逄建学为潍坊市中级人民法院执行庭庭长；孟强为潍坊市中级人民法院执行庭副庭长；杨国明、官定智、黄卫国、张金川、赵健为潍坊市中级人民法院审判员。

决定免去：吕永惠的潍坊市中级人民法院刑事审判第一庭庭长职务；何德启的潍坊市中级人民法院刑事审判第二庭副庭长职务；纪庆忠的潍坊市中级人民法院民事审判庭副庭长职务；逄建学的潍坊市中级人民法院经济审判第一庭庭长职务；张笃友的潍坊市中级人民法院经济审判第二庭副庭长职务、孙岚芳的潍坊市中级人民法院行政审判庭庭长；审判委员会委员职务；孙世和的潍坊市中级人民法院告诉申诉审判庭庭长职务；冯广林的潍坊市中级人民法院告诉申诉庭副庭长职务；孙书昌的潍坊市中级人民法院执行庭庭长职务。

1997 年 10 月 23 日，市十二届人大常委会第三十七次会议决定任命：王建明、窦玉花、薛峥嵘市人民检察院检察委员会委员；解连尧、郑树忠、王文亭、林洪斌、李有生为市人民检察院检察员。

决定免去：崔成举、王同生的市人民检察院检察委员会委员职务。

批准免去：赵继明的潍城区检察院检察长职务。

1997 年 12 月 24 日，市十二届人大常委会第三十八次会议决定：接受王大海辞去潍坊市市长职务；王秀娟辞去潍坊市副市长职务。

决定任命：王玉芬为潍坊市代理市长；李守玉为潍坊市副市长。

决定任命：孙孺声为市人民检察院副检察长、检察委员会委员；陈华为市人民检察院检察员。

决定免去：潘锡海的市人民检察院副检察长、检察委员会委员职务。

市第十三届人民代表大会常务委员会人事任免

1998 年 4 月 30 日，市十三届人大常委会第一次会议决定任命：杨继生为潍坊市人民政府秘书长；于生为潍坊市计划委员会主任；王玉璐为潍坊市经济贸易委员会主任；马鸣棠为潍坊市经济体制改革委员会主任；姜耕田为潍坊市教育委员会主任；王宝平为潍坊市科学技术委员会主任；贾玉良为潍坊市对外经济贸易委员会主任；王振华为潍坊市公安局局长；姜言林为潍坊市国家安全局局长；刘延禄为潍坊市监察局局长；魏本芳为潍坊市民政局局长；李明忠为潍坊市司法局局长；刘伟为潍坊市财政局局长；迟好信为潍坊市人事局局长；刘启俊为潍坊市劳动局局长；于德路为潍坊市建设委员会主任；张庆吉为潍坊市地质矿产局局长；闫云田为潍坊市交通委员会主任；宋全正为潍坊市农业局局长；李本跃为潍坊市林业局局长；袁义龙为潍坊市农业机械管理局局长；王绍森为潍坊市畜牧局局长；蔺燕春为潍坊市海洋与水产局局长；胡嘉新为潍坊市贸易局局长；闫华为潍坊市粮食局局长；王振民为潍坊市文化局局长；李广志为潍坊市广播电视局局长；赵传圣为潍坊市卫生局局长；李云高为潍坊市体育运动委员会主任；李建泉为潍坊市计划生育委员会主任；孟庆亮为潍坊市审计局局长；潘寿海为潍坊市统计局局长；张春华为潍坊市工商行政管理局局长；乔法尧为潍坊市技术监督局局长；崔爱信为潍坊市乡镇企业管理局局长；高华忠为潍坊市环境保护局局长；安德仁为潍坊市规划国土局局长；马奎升为潍坊市地方税务局局长；张立华为潍坊市房产管理局局长；李刚为潍坊市人民政府农业办公室主任；尹苏本为潍坊市人民政府侨务办公室主任。

决定任命：宋金星为潍坊市中级人民法院副院长、审判委员会委员。

决定免去：雷普照的潍坊市中级人民法院副院长职务。

1998 年 5 月 4 日，经市人大常委会主任会议研究，决定：刘勤友、周晓钟、丁利民任潍坊市人大常委会办公室助理调研员。

免去：尹攀的潍坊市人大常委会办公室副主任职务。

1998 年 6 月 23 日，市十三届人大常委会第二次会议决定：接受张立华辞去潍坊市人大常委会委员职务的请求，并免去其潍坊市人大常委会副秘书长、人事代表工作室主任职务。

决定任命：赵克林为潍坊市人民检察院副检察长、检察委员会委员；王景芳为潍坊市人民检察院副检察长。

批准任命：张在益为临朐县人民检察院检察长；李汝才为安丘市人民检察院检察长；夏玉新为青州市人民检察院检察长；张庆坚为高密市人民检察院检察长；魏常禄为寒亭区人民检察院检察长；刘金昌为坊子区人民检察院检察长；李咸奎为奎文区人民检察院检察长；刘来源为潍城区人民检察院检察长；尹凤来为诸城市人民检察院检察长；刘勤为寿光市人民检察院检察长；于大海为昌邑市人民检察院检察长；李树伟为昌乐县人民检察院检察长。

决定免去：王桂禄的潍坊市城郊地区人民检察院副检察长、检察委员会委员职务。

1998 年 10 月 30 日，市十三届人大常委会第四次会议任命：韩亮为潍坊市中级人民法院刑事审判第一庭副庭长；李福海为潍坊市中级人民法院刑事审判第二庭副庭长；赵立政、宋执船、杨维波、王光才、吴新明、李志良、杨向超、郭良军为潍坊市中级人民法院审判员。

免去：孙世和的潍坊市中级人民法院立案庭庭长职务。

1998 年 12 月 23 日，市十三届人大常委会第五次会议决定任命：罗方照为潍坊市人大常委会副秘书长、人事代表工作室主任；赵东为潍坊市人大常委会办公室副主任；刘勤友为潍坊市人大常委会调查研究室副主任；周晓钟为潍坊市人大常委会办公室副主任；丁利民为潍坊市人大常委会人事代表工作室副主任。

决定免去：赵东的潍坊市人大常委会调查研究室副主任职务。

任命：刘乃庆为潍坊市人民检察院检察委员会委员；周金明、李书江为潍坊市人民检察院检察员。

免去：于丰年、李秀岐、王丽云的潍坊市人民检察院检察员职务。

1999 年 4 月 30 日，市十三届人大常委会第七次会议免去：宋观群、李德林、高思广、何德启的潍坊市中级人民法院审判员职务。

任命：高学全、徐则毅、王焕利为潍坊市人民检察院检察员。

1999 年 6 月 25 日，市十三届人大常委会第八次会议决定：接受高洪华辞去潍坊市人大常委会委员职务的请求，并免去其潍坊市人大常委会农村经济工作委员会委员职务。

1999 年 10 月 29 日，市十三届人大常委会第十次会议任命：赵绪斌为潍坊市中级人民法院经济审判第一庭庭长；谌祖龙为潍坊市中级人民法院经济审判第二庭庭长；王惠为潍坊市中级人民法院立案庭庭长；逄建学为潍坊市中级人民法院民事审判庭庭长；石维云为潍坊市中级人民法院行政审判庭庭长；卢卫国为潍坊市中级人民法院执行庭庭长；韩亮为潍坊市中级人民法院立案庭副庭长；刘德平为潍坊市中级人民法院审判员。

免去：赵绪斌的潍坊市中级人民法院行政审判庭庭长职务；王惠的潍坊市中级人民法院经济审判第一庭庭长职务；逄建学的潍坊市中级人民法院执行庭庭长职务；石维云的潍坊市中级人民法院经济审判第二庭庭长职务；韩亮的潍坊市中级人民法院刑事审判第一庭副庭长职务；冯广林的潍坊市中级人民法院立案庭副庭长职务；李桂林的潍坊市中级人民法院审判委员会委员、民事审判庭庭长职务。

免去：国同豹、杨文亮的潍坊市人民检察院检察员职务。

1999 年 12 月 29 日，市十三届人大常委会第十一次会议任命：姜玉华为潍坊市城郊地区人民检察院检察长；王建增为潍坊市人民检察院检察员、检察委员会委员。

免去：姜玉华的潍坊市人民检察院检察委员会委员、检察员职务；王建增的潍坊市城郊地区人民检察院检察长职务；吴桂云、周世松的潍坊市人民检察院检察员职务。

2000 年 1 月 6 日，市十三届人大常委会第十二次会议决定：接受王玉芬辞去潍坊市市长职务的请求。

决定：王伯祥任潍坊市代理市长；于明为潍坊市副市长。

2000 年 4 月 27 日，市十三届人大常委会第十四次会议决定任命：呙智义为潍坊市药品监督管理局局长。

任命：王相金为潍坊市中级人民法院经济审判第一庭副庭长；张忠诚为潍坊市中级人民法院审判员。

批准任命：薛峥嵘为奎文区人民检察院检察长。

任命：孟庆才、陈方忠、李爱国为潍坊市人民检察院检察委员会委员；李振富为潍坊市人民检察院检察员。

免去：薛峥嵘的潍坊市人民检察院检察委员会委员、检察员职务；张昭传的潍坊市人民检察院检察委员会委员职务；于民先、李洪早的潍坊市人民检察院检察员职务。

2000 年 6 月 20 日，市十三届人大常委会第十五次会议决定任命：王继美为潍坊市粮食局局长。

决定免去：闫华的潍坊市粮食局局长职务。

2000 年 8 月 29 日，市十三届人大常委会第十六次会议决定任命：蒋文彩为潍坊市人民政府副市长；李静波为潍坊市劳动和社会保障局局长。

决定免去：刘启俊的潍坊市劳动局局长职务。

任命：王军为潍坊市中级人民法院副院长、审判委员会委员；李浩为潍坊市中级人民法院立案庭副庭长。

任命：王建明为潍坊市人民检察院副检察

长；马利昌、冯玉忠、方振通、魏瑞金、宋教德为潍坊市城郊地区人民检察院检察员。

免去：刘乃庆、李源一的潍坊市人民检察院检察委员会委员职务；田佃成、侯明万的潍坊市人民检察院检察员职务。

2000 年 10 月 26 日，市十三届人大常委会第十七次会议决定任命：韩书俭为潍坊市乡镇企业管理局局长。

决定免去：崔爱信的潍坊市乡镇企业管理局局长职务。

任命：刘明为潍坊市人民检察院副检察长、检察委员会委员。

免去：郑仁榜、王同生的潍坊市人民检察院检察员职务。

2001 年 2 月 13 日，市十三届人大常委会第十九次会议免去：杜国忠的潍坊市人大常委会副秘书长、办公室主任职务。

2001 年 4 月 30 日，市十三届人大常委会第二十次会议通过：孙守伏为潍坊市人大常委会代表资格审查委员会主任委员；李刚、罗方照为潍坊市人大常委会代表资格审查委员会副主任委员；刘延禄为潍坊市人大常委会代表资格审查委员会委员。李英文不再担任潍坊市人大常委会代表资格审查委员会主任委员职务；于金桴、杜国忠不再担任潍坊市人大常委会代表资格审查委员会委员职务。

决定任命：王磊、岳战春等为潍坊市人大常委会法制工作委员会委员；王继东、张元茂为潍坊市人大常委会财政经济工作委员会委员；赵传圣为潍坊市人大常委会教育科学文化卫生工作委员会主任；满郭强、于金钟、王颖红、梁文道为潍坊市人大常委会教育科学文化卫生工作委员会委员；刘延禄为潍坊市人大常委会城乡建设环境保护工作委员会主任；孙文清、房永安、于金桴、陈春和为潍坊市人大常委会城乡建设环境保护工作委员会委员；冯少英为潍坊市人大常委会农业与农村工作委员会主任；齐忠礼、李德章、袁文坤、方承林、刘秋林、池瑞亮、柳玉焕、戴瑞德为潍坊市人大常委会农业与农村工作委员会委员。

决定免去：王继东、张元茂、陈法信的潍坊市人大常委会法制工作委员会委员职务；鲍世举、谭瑞田的潍坊市人大常委会财政经济工作委员会委员职务；李玉林的潍坊市人大常委会教育科学文化卫生工作委员会主任职务；冯少英、宿连池的潍坊市人大常委会教育科学文化卫生工作委员会委员职务；于金桴的潍坊市人大常委会城乡建设环境保护工作委员会主任职务；吕世荣、张金瑞、温钦祥的潍坊市人大常委会城乡建设环境保护工作委员会委员职务。

任命：王义民为潍坊市中级人民法院审判委员会委员；于宏伟为潍坊市中级人民法院审判员。

免去：隋明善的潍坊市中级人民法院副院长、审判委员会委员职务；雷普照的潍坊市中级人民法院审判委员会委员、审判员职务；李桂林、裴修启、杨新标的潍坊市中级人民法院审判员职务。

批准任命：孟庆才为坊子区人民检察院检察长；马言圣为安丘市人民检察院检察长。

免去：孟庆才的潍坊市人民检察院检察委员会委员、检察员职务。

批准免去：刘金昌的坊子区人民检察院检察长职务；李汝才的安丘市人民检察院检察长职务；于大海的昌邑市人民检察院检察长职务；尹凤来的诸城市人民检察院检察长职务。

2001 年 6 月 27 日，市十三届人大常委会第二十一次会议任命：赵东为潍坊市人大常委会副秘书长、办公室主任；王承策为潍坊市人大常委会副秘书长、调查研究室主任；于修强为潍坊市人大常委会人事代表工作室副主任；赵伟为潍坊市人大常委会调查研究室副主任；周其祥为潍坊市人大常委会办公室副主任。

免去：孙向林的潍坊市人大常委会副秘书

长、调查研究室主任职务；郇延国的潍坊市人大常委会人事代表工作室副主任职务。

决定：接受孙向林、张明海辞去潍坊市人大常委会委员的职务的请求，并不再担任潍坊市人大常委会代表资格审查委员会委员职务。

2001 年 6 月 27 日，经市人大常委会主任会议，决定王增宝任潍坊市人大常委会办公室助理调研员。

2001 年 6 月 27 日，市十三届人大常委会第二十一次会议决定任命：张军为潍坊市监察局局长；张明海为潍坊市人事局局长；李瑞阳为潍坊市经济贸易委员会主任；李希贵为潍坊市教育局局长；陈仁杰为潍坊市科学技术局局长；张成珂为潍坊市司法局局长；安德仁为潍坊市规划与国土资源局局长；张庆吉为潍坊市建设局局长；闫云田为潍坊市交通局局长；马安宁为潍坊市卫生局局长；曹学芹为潍坊市环境保护局局长；隋拥军为潍坊市体育局局长；袁义龙为潍坊市林业局局长；王名聪为潍坊市市级机关事务管理局局长；张世臣为潍坊市市政管理局局长；于生为潍坊市发展计划委员会主任；蔺燕春为潍坊市海洋与渔业局局长。

决定免去：高华忠的潍坊市环境保护局局长职务；刘延禄的潍坊市监察局局长职务；迟好信的潍坊市人事局局长职务；王玉璐的潍坊市经济贸易委员会主任职务；李明忠的潍坊市司法局局长职务；赵传圣的潍坊市卫生局局长职务；李本跃的潍坊市林业局局长职务。

任命：谭清花为潍坊市中级人民法院副院长、审判委员会委员。

决定免去：马忠和的潍坊市中级人民法院审判委员会委员、审判员职务；吕永惠的潍坊市中级人民法院审判委员会委员、刑二庭庭长、审判员职务；石维云的潍坊市中级人民法院行政庭庭长、审判员职务；齐百成、谭法贤的潍坊市中级人民法院审判员职务。

批准撤销：李绍文的高密市人民法院院长职务。

批准任命：吕光明为诸城市人民检察院检察长；王培福为昌邑市人民检察院检察长。

任命：李培玉为潍坊市城郊地区人民检察院副检察长。

免去：王景芳的潍坊市人民检察院副检察长、检察委员会委员职务；刘乃庆、张炳泉、唐保华、张昭传、刘风德、高久昌、高学全的潍坊市人民检察院检察员职务；吕尧胜的潍坊市城郊地区人民检察院副检察长、检察委员会委员职务。

2001 年 8 月 29 日，市十三届人大常委会第二十二次会议决定任命：尹苏本为潍坊市人民政府外事与侨务办公室主任。

2001 年 10 月 30 日，市十三届人大常委会第二十三次会议免去：刘明的潍坊市人民检察院副检察长、检察委员会委员职务。

2001 年 12 月 28 日，市十三届人大常委会第二十四次会议任命：郑建勇为潍坊市中级人民法院执行二庭庭长；韩亮为潍坊市中级人民法院刑事审判第二庭庭长；闫东为潍坊市中级人民法院行政审判庭庭长；孙鹏为潍坊市中级人民法院行政审判庭副庭长；孙月琴、张弘涛、孟中洋、张建国、李萍、韩增茂、钟元林、邢伟明、崔旭为潍坊市中级人民法院审判员。

决定免去：郑建勇的潍坊市中级人民法院执行庭副庭长职务；韩亮的潍坊市中级人民法院立案庭副庭长职务；刘德平的潍坊市中级人民法院审判员职务。

任命：刘勤为潍坊市人民检察院副检察长、检察委员会委员；李生洲、焦方善、刘文华、王常青、王玉美、王兆生、王庆东、宋修栋、王淑华、高培文为潍坊市人民检察院检察员。

免去：李壮立的潍坊市人民检察院检察员职务。

2002 年 2 月 25 日，市十三届人大常委会第二十五次会议任命：郑青义为潍坊市中级人民法院民事审判第一庭庭长；赵绪斌为潍坊市中级人民法院民事审判第二庭庭长；李金鹏为潍坊市中级人民法院民事审判第三庭庭长；谌祖龙为潍坊市中级人民法院民事审判第四庭庭长；何彤斌为潍坊市中级人民法院立案庭副庭长；尹福山为潍坊市中级人民法院刑事审判第一庭副庭长；薛培忠为潍坊市中级人民法院刑事审判第二庭副庭长；于宏伟为潍坊市中级人民法院民事审判第一庭副庭长；张筱玲为潍坊市中级人民法院民事审判第二庭副庭长；王相金为潍坊市中级人民法院民事审判第二庭副庭长；杨培峰为潍坊市中级人民法院民事审判第三庭副庭长；张胜平为潍坊市中级人民法院民事审判第四庭副庭长；张金川为潍坊市中级人民法院民事审判第四庭副庭长；孟强为潍坊市中级人民法院执行局执行一庭副庭长；张弘涛为潍坊市中级人民法院执行局执行二庭副庭长。

免去：王尊拭、杨长存、刘效和、官定智、朱加太、张瑞芝的潍坊市中级人民法院审判员职务。

2002 年 4 月 18 日，市十三届人大常委会第二十六次会议任命：李广兴、韩亮、郑青义、谌祖龙、纪庆忠、王惠、宋执船为潍坊市中级人民法院审判委员会委员。

批准任命：王春吉为寿光市人民检察院检察长。

批准免去：刘勤的寿光市人民检察院检察长职务。

2002 年 8 月 29 日，市十三届人大常委会第二十八次会议决定任命：王福亭为潍坊市统计局局长。

决定免去：潘寿海的潍坊市统计局局长职务。

2002 年 10 月 30 日，市十三届人大常委会第二十九次会议任命：王明泽为潍坊市中级人民法院民事审判第三庭副庭长；张同升为潍坊市中级人民法院行政审判庭副庭长。

2002 年 12 月 23 日，市十三届人大常委会第三十次会议决定：接受王伯祥辞去潍坊市市长职务的请求；接受刘命信、赵润田辞去潍坊市副市长职务的请求。

任命：王卫东为潍坊市人民检察院副检察长、检察委员会委员。

决定：接受孙孺声辞去潍坊市人民检察院检察长职务的请求。

决定：王卫东任潍坊市人民检察院代理检察长。

2003 年 2 月 10 日，市十三届人大常委会第三十一次会议任命：张子辉为潍坊市中级人民法院审判委员会委员、刑事审判第一庭庭长；李传军为潍坊市中级人民法院审判员。

免去：李广兴的潍坊市中级人民法院审判委员会委员、刑事审判第一庭庭长、审判员职务；宋执船的潍坊市中级人民法院审判委员会委员、审判员职务；逄建学、李钊荣、钟方仁的潍坊市中级人民法院审判员职务。

免去：王建增、窦玉花的潍坊市人民检察院检察委员会委员、检察员职务；李有生、丁诗亮、于长安、袁福庆、王善政、黄学伦、王丛国、徐则毅、李桂欣、陈嘉峰、彭守福、周玉宝、周松涛、孙润之、刘利宁的潍坊市人民检察院检察员职务；姜玉华的潍坊市城郊地区人民检察院检察长职务；李胥、孙忠国的潍坊市城郊地区人民检察院检察委员会委员、检察员职务。

批准任命：刘来源为潍城区人民检察院检察长；孟庆才为坊子区人民检察院检察长；魏常禄为寒亭区人民检察院检察长；薛峥嵘为奎文区人民检察院检察长；高大汉为青州市人民检察院检察长；吕光明为诸城市人民检察院检察长；王春吉为寿光市人民检察院检察长；马言圣为安丘市人民检察院检察长；刘利宁为高密市人民检察院检察长；王培福为昌邑市人民检察院检察长；李树伟为昌乐县人民检察院检察长；法云江为临朐县人民检察院检察长。

市第十四届人民代表大会常务委员会人事任免

2003年4月25日，市十四届人大常委会第一次会议通过代表资格审查委员会组成人员：主任委员孙守伏，副主任委员王维盛，委员王承策、刘维国、孙秀云、李波、房永安、赵东。

任命：孙秀云为市人大常委会法制工作委员会主任，孙长华、李波、张爱军、张戈剑、于曼平、邵宗水、陈景平为市人大常委会法制工作委员会委员；魏本芳为市人大常委会财政经济工作委员会主任，高赐伦、毕孝圣、孙日贵、周玉芳、马连芹、王有强、吴少华为市人大常委会财政经济工作委员会委员；张桂云为市人大常委会教育科学文化卫生工作委员会主任，刘维国、王利民、邹登顺、赵伟宏、国正平、刘学忠、谭玉梅为市人大常委会教育科学文化卫生工作委员会委员；李刚为市人大常委会城乡建设环境保护工作委员会主任，于德路、房永安、崔爱信、满郭强、孙晓波、宋国华、郭军生为市人大常委会城乡建设环境保护工作委员会委员；宋全正为市人大常委会农业与农村工作委员会主任，聂振萍、王乐义、袁文坤、戴瑞德、刘秋林、李绪民、高振涛为市人大常委会农业与农村工作委员会委员。

决定：接受罗方照辞去潍坊市第十四届人大常委会委员职务的请求。

免去：罗方照的潍坊市人大常委会副秘书长、人事代表工作室主任职务。

决定任命：杨继生为潍坊市人民政府秘书长；于生为潍坊市发展计划委员会主任；李瑞阳为潍坊市经济贸易委员会主任；李希贵为潍坊市教育局局长；陈仁杰为潍坊市科学技术局局长；王振华为潍坊市公安局局长；张军为潍坊市监察局局长；孟祥志为潍坊市民政局局长；郭步坤为潍坊市司法局局长；夏芳晨为潍坊市财政局局长；杨同光为潍坊市人事局局长；李静波为潍坊市劳动和社会保障局局长；安德仁为潍坊市规划与国土资源局局长；张庆吉为潍坊市建设局局长；闫云田为潍坊市交通局局长；范西智为潍坊市农业局局长；蔺燕春为潍坊市海洋与渔业局局长；王振民为潍坊市文化局局长；马安宁为潍坊市卫生局局长；李建泉为潍坊市计划生育委员会主任；孟庆亮为潍坊市审计局局长；曹学芹为潍坊市环境保护局局长；隋拥军为潍坊市体育局局长；王福亭为潍坊市统计局局长；袁义龙为潍坊市林业局局长；王继美为潍坊市粮食局局长；张立华为潍坊市房产管理局局长；张世臣为潍坊市市政管理局局长；王名聪为潍坊市市级机关事务管理局局长；李静波为潍坊市政府外事与侨务办公室主任。

2003年6月25日，市十四届人大常委会第二次会议决定任命：耿文为潍坊市体育局局长。

决定免去：隋拥军的潍坊市体育局局长职务。

2003年10月21日，市十四届人大常委会第四次会议任命：周晓钟为潍坊市人大常委会人事代表工作室主任；丁利民为潍坊市人大常委会办公室副主任。

免去：周晓钟的潍坊市人大常委会办公室副主任职务；丁利民的潍坊市人大常委会人事代表工作室副主任职务。

任命：梁栩为潍坊市城郊地区人民检察院检察长；毛伟岭为潍坊市城郊地区人民检察院检察员。

免去：梁栩、任光武、李建恩的潍坊市人民检察院检察员职务。

批准免去：王培福的昌邑市人民检察院检察长职务。

2003年12月24日，市十四届人大常委会第五次会议任命：孟中洋为潍坊市中级人民法院审判委员会委员；张永明为潍坊市中级人民法院审判监督庭副庭长；吴昌格、黄金海、王亚平、王少燕、贾向辉、徐金江、张福进为潍坊市中级人民法院审判员。

免去：王相金的潍坊市中级人民法院民事审判第二庭副庭长职务。

2004年2月11日，市十四届人大常委会第七次会议任命：王增宝为潍坊市人大常委会人事代表工作室副主任。

决定任命：陈仁杰为潍坊市发展计划委员会主任；崔学选为潍坊市建设局局长；杜长明为潍坊市海洋与渔业局局长；王保贤为潍坊市对外贸易经济合作局局长；潘强为潍坊市市政管理局局长；张世臣为潍坊市市级机关事务管理局局长。

决定免去：于生的潍坊市发展计划委员会主任职务；陈仁杰的潍坊市科学技术局局长职务；张庆吉的潍坊市建设局局长职务；蔺燕春的潍坊市海洋与渔业局局长职务；张世臣的潍坊市市政管理局局长职务；王名聪的潍坊市市级机关事务管理局局长职务。

2004年4月28日，市十四届人大常委会第八次会议任命：徐光明为潍坊市人民检察院检察委员会委员；周金明为潍坊市人民检察院检察委员会委员；于建立、孙炜、王重国、张素敏、张立华、任骁萌、宋宝林、孙文德、张杰、范立忠、王维红、张春岳为潍坊市人民检察院检察员；高文军为潍坊市城郊地区人民检察院副检察长、检察委员会委员。

批准任命：任光武为昌邑市人民检察院检察长。

2004年8月25日，市十四届人大常委会第十次会议任命：周晓钟为潍坊市人大常委会副秘书长。

2004年7月19日，经主任会议研究，任命：毛洪涛为潍坊市人大常委会信访室主任。

2004年7月19日，接市委任免通知：许兴国、张荣平、王恒秋任潍坊市人大常委会办公室助理调研员。

2004年12月28日，市十四届人大常委会第十二次会议任命：闫东为潍坊市中级人民法院审判委员会委员。

免去：朱洪泰、胥元茂的潍坊市中级人民法院审判员职务；李浩的潍坊市中级人民法院立案庭副庭长职务。

免去：孙会智、王清顺、王杰婷、姜其尧、王文亭、王焕利的潍坊市人民检察院检察员职务。

2005年1月25日，市十四届人大常委会第十三次会议决定任命：黄潍连为潍坊市公安局局长；陈仁杰为潍坊市发展和改革委员会主任；张恒道为潍坊市规划局局长；刘洪源为潍坊市城市管理行政执法局局长；李建泉为潍坊市人口和计划生育委员会主任；高华忠为潍坊市安全生产监督管理局局长。

决定免去：王振华的潍坊市公安局局长职务。

2005年4月27日，市十四届人大常委会第十四次会议任命：李述胜、张长秀为潍坊市中级人民法院审判委员会委员；张明清为潍坊市中级人民法院审判监督庭庭长；吴昌格为潍坊市中级人民法院立案庭副庭长；宋保华为潍坊市中级人民法院刑事审判第一庭副庭长；韩旭东为潍坊市中级人民法院刑事审判第二庭副庭长；薛培忠为潍坊市中级人民法院民事审判第一庭副庭长；李欣红为潍坊市中级人民法院民事审判第一庭副庭长；杨培峰为潍坊市中级人民法院民事审判第二庭副庭长；刘景芝为潍坊市中级人民法院民事审判第二庭副庭长；钟元林为潍坊市中级人民法院民事审判第三庭副庭长；于宏伟为潍坊市中级人民法院行政审判庭副庭长；韩增茂为潍坊市中级人民法院审判监督庭副庭长；张弘涛为潍坊市中级人民法院执行一庭副庭长；孙绍军为潍坊市中级人民法院执行一庭副庭长；孙鹏为潍坊市中级人民法院执行二庭副庭长；吕宜民为潍坊市中级人民法院执行二庭副庭长；王克田、张秀祥、陈永升、韩崇华、金利民、王益林、赵金军、张剑、路志明、吴进元、何波、徐伟东、秦海涛、王夕瑞、鞠建华、陈庆、郭金棣、尹洪阳、汪岚、李鲁民为潍坊市中级人民法院审判员。

免去：卢卫国的潍坊市中级人民法院审判员职务；孟中洋的潍坊市中级人民法院审判委员会委员、审判员职务；纪庆忠的潍坊市中级人民法院审判监督庭庭长职务；张筱玲的潍坊市中级人民法院民事审判第二庭副庭长职务；张明清的潍坊市中级人民法院刑事审判第一庭副庭长职务；薛培忠的潍坊市中级人民法院刑事审判第二庭副庭长职务；杨培峰的潍坊市中级人民法院民事审判第三庭副庭长职务；于宏伟的潍坊市中级人民法院民事审判第一庭副庭长职务；张弘涛的潍坊市中级人民法院执行二庭副庭长职务；孙鹏的潍坊市中级人民法院行政审判庭副庭长职务。

2005 年 6 月 29 日，市十四届人大常委会第十五次会议决定：接受张爱军辞去潍坊市第十四届人大常委会委员职务的请求。

决定任命：徐松萃为潍坊市海洋与渔业局局长。

决定免去：杜长明的潍坊市海洋与渔业局局长职务。

任命：张爱军为潍坊市人民检察院副检察长、检察委员会委员；王乐田、刘乐生、马庆国、李一龙、赵光锘、王俊丽、冯雁、荣世平、谭斌、刘法玉、邵长远、闫曙光、周长军、崔玉珍、李林增、陈晓云为潍坊市人民检察院检察员；李广杰为潍坊市城郊地区人民检察院检察委员会委员；潘同周为潍坊市城郊地区人民检察院检察员。

免去：李文国的潍坊市人民检察院副检察长、检察委员会委员职务。

2005 年 12 月 30 日，市十四届人大常委会第十八次会议任命：张明清为潍坊市中级人民法院审判委员会委员。

免去：纪庆忠的潍坊市中级人民法院审判委员会委员、审判员职务。

2006 年 1 月 21 日，市十四届人大常委会第十九次会议决定：接受毕可仁辞去潍坊市第十四届人大常委会第一副主任职务的请求。

2006 年 4 月 7 日，市十四届人大常委会第二十次会议决定：杨继生为潍坊市人大常委会代表资格审查委员会主任委员；李建泉、周晓钟为潍坊市人大常委会代表资格审查委员会委员。孙守伏不再担任潍坊市人大常委会代表资格审查委员会主任委员职务；孙秀云不再担任潍坊市人大常委会代表资格审查委员会委员职务。

任命：韩书俭为潍坊市人大常委会法制工作委员会主任；王志坤、孙秀云、李文国为潍坊市人大常委会法制工作委员会委员；李建泉、张益军为潍坊市人大常委会财政经济工作委员会委员；王义正为潍坊市人大常委会教育科学文化卫生工作委员会委员；闫云田为潍坊市人大常委会城乡建设环境保护工作委员会主任；王琰方、李刚为潍坊市人大常委会城乡建设环境保护工作委员会委员；王继美为潍坊市人大常委会农业与农村工作委员会委员；张国华为潍坊市人大常委会民族侨务外事工作委员会主任；马东宁、王照宏、齐晓政、李晓明、张立华、陈建军、崔全华、程学民为潍坊市人大常委会民族侨务外事工作委员会委员；于均收为潍坊市人大常委会办公室副主任。

免去：孙秀云的潍坊市人大常委会法制工作委员会主任职务；张爱军、邵宗水的潍坊市人大常委会法制工作委员会委员职务；马连芹的潍坊市人大常委会财政经济工作委员会委员职务；李刚的潍坊市人大常委会城乡建设环境保护工作委员会主任职务；满郭强的潍坊市人大常委会城乡建设环境保护工作委员会委员职务；赵伟的潍坊市人大常委会研究室副主任职务。

决定：接受满郭强辞去潍坊市第十四届人大常委会委员职务的请求。

决定任命：宋赤锋为潍坊市人民政府秘书长；张树琛为潍坊市交通局局长；杨锡广为潍坊市人口和计划生育委员会主任；李春水为潍坊市环境保护局局长；侯方武为潍坊市统计局局长；

王桂英为潍坊市人民政府外事与侨务办公室主任。

决定免去：杨继生的潍坊市人民政府秘书长职务；闫云田的潍坊市交通局局长职务；李建泉的潍坊市人口和计划生育委员会主任职务；曹学芹的潍坊市环境保护局局长职务；王福亭的潍坊市统计局局长职务；李静波的潍坊市人民政府外事与侨务办公室主任职务。

任命：宋修栋为潍坊市人民检察院检察委员会委员；郭晓英、乔雷为潍坊市人民检察院检察员；吕学智为潍坊市城郊地区人民检察院检察员。

免去：李爱国的潍坊市人民检察院检察委员会委员、检察员职务；徐以曾的潍坊市城郊地区人民检察院检察委员会委员、检察员职务。

2006 年 6 月 22 日，市十四届人大常委会第二十一次会议任命：于均收为潍坊市人大常委会副秘书长。

免去：于均收的潍坊市人大常委会办公室副主任职务。

任命：赵绪斌、李金鹏为潍坊市中级人民法院审判委员会委员；李福海为潍坊市中级人民法院刑事审判第二庭庭长、审判委员会委员；杨培锋为潍坊市中级人民法院民事审判第二庭庭长、审判委员会委员；张金川为潍坊市中级人民法院民事审判第四庭庭长、审判委员会委员；韩昆亮为潍坊市中级人民法院刑事审判第二庭副庭长；张金华为潍坊市中级人民法院民事审判第二庭副庭长；薛明友为潍坊市中级人民法院民事审判第三庭副庭长；孙绍军为潍坊市中级人民法院民事审判第四庭副庭长；吕宜民为潍坊市中级人民法院行政审判庭副庭长；张同升、李华为潍坊市中级人民法院执行一庭副庭长；徐伟东为潍坊市中级人民法院执行二庭副庭长；魏焕才为潍坊市中级人民法院审判员。

免去：韩亮的潍坊市中级人民法院刑事审判第二庭庭长、审判委员会委员职务；赵绪斌的潍坊市中级人民法院民事审判第二庭庭长职务；谌祖龙的潍坊市中级人民法院民事审判第四庭庭长、审判委员会委员职务；钟元林的潍坊市中级人民法院民事审判第三庭副庭长职务；张同升的潍坊市中级人民法院行政审判庭副庭长职务；赵琴的潍坊市中级人民法院审判监督庭副庭长职务；孟强、孙绍军的潍坊市中级人民法院执行一庭副庭长职务；吕宜民的潍坊市中级人民法院执行二庭副庭长职务。

2006 年 8 月 29 日，市十四届人大常委会第二十二次会议任命：胡景东为潍坊市人大常委会研究室副主任。

决定任命：董胜勇为潍坊市城市管理行政执法局局长。

决定免去：刘洪源的潍坊市城市管理行政执法局局长职务。

任命：王贤臣为潍坊市中级人民法院副院长、审判委员会委员。

任命：陈曦为潍坊市人民检察院副检察长、检察委员会委员；马言圣为潍坊市人民检察院检察员、检察委员会委员。

免去：王洪广的潍坊市人民检察院检察委员会委员、检察员职务；周金明的潍坊市人民检察院检察委员会委员、检察员职务。

批准免去：马言圣的安丘市人民检察院检察长职务。

2006 年 9 月 19 日，市十四届人大常委会第二十三次会议决定：接受张传林辞去潍坊市第十四届人大常委会主任职务的请求。

决定任命：许立全为潍坊市副市长、代理市长。

2006 年 10 月 25 日，市十四届人大常委会第二十四次会议决定：接受张江汀辞去潍坊市副市长职务的请求。

2006 年 12 月 27 日，市十四届人大常委会第二十五次会议免去：刘亚宁的潍坊市中级人民法院副院长、审判委员会委员职务。

2007年1月8日，市十四届人大常委会第二十六次会议决定：接受王承策辞去潍坊市第十四届人大常委会委员职务的请求。

免去：王承策的潍坊市人大常委会副秘书长、研究室主任职务。

决定任命：胡岗、徐振溪为潍坊市副市长；张国华为潍坊市教育局局长；孙万奎为潍坊市市政管理局局长；考继佳为潍坊市农业局局长；盛兆辉为潍坊市文化局局长；王永福为潍坊市安全生产监督管理局局长。

决定免去：李希贵的潍坊市教育局局长职务；潘强的潍坊市市政管理局局长职务；范西智的潍坊市农业局局长职务；王振民的潍坊市文化局局长职务；高华忠的潍坊市安全生产监督管理局局长职务。

任命：李学谦、孙世和、石维云、王蓬莱为潍坊市中级人民法院审判员。

免去：王光才、杨维波的潍坊市中级人民法院审判员职务；李金鹏的潍坊市中级人民法院民事审判第三庭庭长、审判委员会委员职务。

2007年4月27日，市十四届人大常委会第二十七次会议决定：张军为潍坊市人大常委会代表资格审查委员会副主任委员；张庆吉为潍坊市人大常委会代表资格审查委员会委员。王维盛不再担任潍坊市人大常委会代表资格审查委员会副主任委员职务；王承策不再担任潍坊市人大常委会代表资格审查委员会委员职务。

任命：范西智为潍坊市人大常委会农业与农村工作委员会主任；邢乐信为潍坊市人大常委会法制工作委员会委员；李云高为潍坊市人大常委会财政经济工作委员会委员；张庆吉为潍坊市人大常委会城乡建设环境保护工作委员会委员；宋全正为潍坊市人大常委会农业与农村工作委员会委员。

决定免去：宋全正的潍坊市人大常委会农业与农村工作委员会主任职务；王志坤的潍坊市人大常委会法制工作委员会委员职务。

决定：接受蒋文彩辞去潍坊市副市长职务的请求。

决定任命：陈本林为潍坊市监察局局长。

决定免去：张军的潍坊市监察局局长职务。

任命：高培文为潍坊市人民检察院检察委员会委员；吕光明为潍坊市人民检察院检察员、检察委员会委员；李树伟为潍坊市人民检察院检察员；赵建宇为潍坊市城郊地区人民检察院检察员、检察委员会委员、副检察长。

免去：王常青、赵建宇的潍坊市人民检察院检察员职务；宋修栋的潍坊市城郊地区人民检察院检察委员会委员、检察员职务；李培玉的潍坊市城郊地区人民检察院副检察长、检察委员会委员职务。

批准任命：王常青为奎文区人民检察院检察长；刘利宁为潍城区人民检察院检察长；李俊杰为寒亭区人民检察院检察长；宋修栋为诸城市人民检察院检察长；周金明为安丘市人民检察院检察长；邓树刚为高密市人民检察院检察长；李学军为昌乐县人民检察院检察长。

批准免去：薛峥嵘的奎文区人民检察院检察长职务；刘来源的潍城区人民检察院检察长职务；魏常禄的寒亭区人民检察院检察长职务；吕光明的诸城市人民检察院检察长职务；刘利宁的高密市人民检察院检察长职务；李树伟的昌乐县人民检察院检察长职务。

2007年6月21日，市十四届人大常委会第二十八次会议免去：赵绪斌的潍坊市中级人民法院审判委员会委员职务。

任命：王涛、贾箫宇、辛丽芳、孙绪红、柳振龙、刘伟、孙爱芹、韩伟、田仁升、王锡洪、高玉之、孙涛、戴守青、李源江、刘兴福、姜德崇、李红旭、李国荣、季中刚、邹兴政为潍坊市人民检察院检察员。

2007年10月30日，市十四届人大常委会第三十次会议任命：刘勤友为潍坊市人大常委会副秘书长、研究室主任。

任命：王钦杰为潍坊市人民检察院副检察长、检察委员会委员。

2007 年 11 月 30 日，市十四届人大常委会第三十一次会议决定任命：初宝杰为潍坊市人民政府副市长。

任命：尹凤来为潍坊市中级人民法院副院长、审判委员会委员。

免去：杜士忠的潍坊市中级人民法院副院长、审判委员会委员职务。

市第十五届人民代表大会常务委员会人事任免

2008 年 2 月 26 日，市十五届人大常委会第一次会议通过市人大常委会代表资格审查委员会组成人员：主任委员杨继生，副主任委员张军，委员王利民、邢乐信、吕珊珊、衣光明、李波、周晓钟、赵东、赵连文、聂振萍、傅大军等。

决定任命：宋赤锋为潍坊市人民政府秘书长；陈仁杰为潍坊市发展和改革委员会主任；李瑞阳为潍坊市经济贸易委员会主任；张国华为潍坊市教育局局长；黄潍连为潍坊市公安局局长；陈本林为潍坊市监察局局长；孟祥志为潍坊市民政局局长；郭步坤为潍坊市司法局局长；夏芳晨为潍坊市财政局局长；杨同光为潍坊市人事局局长；李静波为潍坊市劳动和社会保障局局长；安德仁为潍坊市国土资源局局长；张恒道为潍坊市规划局局长；崔学选为潍坊市建设局局长；孙万奎为潍坊市市政管理局局长；董胜勇为潍坊市城市管理行政执法局局长；张树琛为潍坊市交通局局长；赵刚毅为潍坊市水利局局长；考继佳为潍坊市农业局局长；徐松萃为潍坊市海洋与渔业局局长；王保贤为潍坊市对外贸易经济合作局局长；盛兆辉为潍坊市文化局局长；马安宁为潍坊市卫生局局长；杨锡广为潍坊市人口和计划生育委员会主任；宫智为潍坊市审计局局长；李春水为潍坊市环境保护局局长；耿文为潍坊市体育局局长；侯方武为潍坊市统计局局长；郑华利为潍坊市林业局局长；王永福为潍坊市安全生产监督管理局局长等。

任命：于修强为潍坊市人大内务司法委员会工作室主任，免去其潍坊市人大常委会人事代表工作室副主任职务；周其祥为潍坊市人大财政经济委员会工作室主任，免去其潍坊市人大常委会办公室副主任职务；毛洪涛为潍坊市人大常委会研究室副主任，免去其潍坊市人大常委会信访室主任职务；孙显顺为潍坊市人大农业与农村委员会工作室主任；许兴国为潍坊市人大常委会办公室副主任；王恒秋为潍坊市人大教育科学文化卫生委员会工作室主任；于继才为潍坊市人大城乡建设与环境资源保护委员会工作室主任；王海峰为潍坊市人大常委会人事代表工作室副主任；郑文东为潍坊市人大常委会信访室主任；夏东哲为潍坊市人大民族侨务外事委员会工作室主任。

批准任命：王常青为奎文区人民检察院检察长；刘利宁为潍城区人民检察院检察长；王建利为坊子区人民检察院检察长；李俊杰为寒亭区人民检察院检察长；高大汉为青州市人民检察院检察长；宋修栋为诸城市人民检察院检察长；王春吉为寿光市人民检察院检察长；周金明为安丘市人民检察院检察长；任光武为昌邑市人民检察院检察长；邓树刚为高密市人民检察院检察长；法云江为临朐县人民检察院检察长；李学军为昌乐县人民检察院检察长。

2008 年 4 月 29 日，市十五届人大常委会第二次会议任命：李学谦、孙世和、石维云、王蓬莱为潍坊市中级人民法院审判委员会委员。

2008 年 8 月 29 日，市十五届人大常委会第四次会议决定任命：王秀禄为潍坊市环境保护局局长。

决定免去：李春水的潍坊市环境保护局局长职务。

任命：杨景达、李玉信为潍坊市中级人民法院审判员。

任命：孟庆才为潍坊市城郊地区人民检察院

检察员、检察委员会委员、副检察长；仉杰为潍坊市人民检察院检察员。

免去：赵建宇的潍坊市城郊地区人民检察院副检察长、检察委员会委员职务。

2008 年 10 月 28 日，市十五届人大常委会第五次会议任命：李桂霞、张中朝、刘振胜、王永瑞、隋宝玲、孙明霞、纪兵、吕国峰、潘月明、陈雁、张观方、殷江泉、李学良为潍坊市人民检察院检察员，宿波、李建华、郝三庆为潍坊市城郊地区人民检察院检察员。

2008 年 12 月 30 日，市十五届人大常委会第六次会议决定任命：刘树亮为潍坊市国土资源局局长。

决定免去：安德仁的潍坊市国土资源局局长职务。

任命：王鹏飞为潍坊市中级人民法院审判员。

免去：王明泽的潍坊市中级人民法院民事审判第三庭副庭长职务。

2009 年 1 月 15 日，市十五届人大常委会第七次会议任命：王义民为潍坊市中级人民法院副院长；王建平为潍坊市中级人民法院审判委员会委员；宋允厚为潍坊市中级人民法院副院长、审判委员会委员、审判员；杨维波为潍坊市中级人民法院审判委员会委员、审判员。

免去：王惠的潍坊市中级人民法院立案庭庭长职务。

2009 年 4 月 28 日，市十五届人大常委会第八次会议任命：王培竹为潍坊市人大教育科学文化卫生委员会副主任委员；张树琛为潍坊市人大城乡建设与环境资源保护委员会副主任委员。

免去：王培竹的潍坊市人大内务司法委员会委员职务。

决定任命：盛兆辉为潍坊市文化新闻出版局局长。

决定免去：张树琛的潍坊市交通局局长职务。

任命：张子辉为潍坊市中级人民法院立案庭庭长、审判员；尹福山为潍坊市中级人民法院刑事审判第一庭庭长、审判员；韩旭东为潍坊市中级人民法院刑事审判第三庭庭长、审判员；薛培忠为潍坊市中级人民法院民事审判第一庭庭长、审判员；郑青义为潍坊市中级人民法院民事审判第二庭庭长、审判员；薛明友为潍坊市中级人民法院民事审判第三庭庭长、审判员；闫东为潍坊市中级人民法院民事审判第四庭庭长；吕宜民为潍坊市中级人民法院行政审判庭庭长、审判员；张弘涛为潍坊市中级人民法院执行一庭庭长；刘序滨为潍坊市中级人民法院立案庭副庭长；刘勇为潍坊市中级人民法院刑事审判第一庭副庭长；韩增茂为潍坊市中级人民法院刑事审判第二庭副庭长；于宏伟为潍坊市中级人民法院刑事审判第三庭副庭长；徐伟东为潍坊市中级人民法院刑事审判第三庭副庭长；马海兰为潍坊市中级人民法院民事审判第一庭副庭长；钟元林为潍坊市中级人民法院民事审判第三庭副庭长；陈伟为潍坊市中级人民法院民事审判第三庭副庭长；秦海涛为潍坊市中级人民法院民事审判第四庭副庭长；孟强为潍坊市中级人民法院行政审判庭副庭长；王夕瑞为潍坊市中级人民法院行政审判庭副庭长；李传军为潍坊市中级人民法院审判监督庭副庭长；马怀国为潍坊市中级人民法院执行一庭副庭长；赵建为潍坊市中级人民法院执行二庭副庭长；李正良为潍坊市中级人民法院审判员；何彤斌为潍坊市中级人民法院审判员；孙绍军为潍坊市中级人民法院审判员；谭清花为潍坊市中级人民法院审判员。

免去：张子辉的潍坊市中级人民法院刑事审判第一庭庭长职务；尹福山的潍坊市中级人民法院刑事审判第一庭副庭长职务；韩旭东的潍坊市中级人民法院刑事审判第二庭副庭长职务；薛培忠的潍坊市中级人民法院民事审判第一庭副庭长职务；郑青义的潍坊市中级人民法院民事审判第一庭庭长职务；薛明友的潍坊市中级人民法院民

事审判第三庭副庭长职务；闫东的潍坊市中级人民法院行政审判庭庭长职务；吕宜民的潍坊市中级人民法院行政审判庭副庭长职务；张弘涛的潍坊市中级人民法院执行一庭副庭长职务；韩增茂的潍坊市中级人民法院审判监督庭副庭长职务；于宏伟的潍坊市中级人民法院行政审判庭副庭长职务；徐伟东的潍坊市中级人民法院执行二庭副庭长职务；何彤斌的潍坊市中级人民法院立案庭副庭长职务；孙绍军的潍坊市中级人民法院民事审判第四庭副庭长职务；谭清花的潍坊市中级人民法院副院长、审判委员会委员职务；张金川的潍坊市中级人民法院民事审判第四庭庭长职务；杨培峰的潍坊市中级人民法院民事审判第二庭庭长、审判委员会委员职务；李鲁民的潍坊市中级人民法院审判员职务。

任命：马言圣为潍坊市人民检察院副检察长；任光武为潍坊市人民检察院检察员、检察委员会委员；孟中洋为潍坊市人民检察院检察员、检察委员会委员；张素敏为潍坊市人民检察院检察委员会委员。

免去：李奎金的潍坊市人民检察院副检察长、检察委员会委员职务；王建明的潍坊市人民检察院副检察长、检察委员会委员职务；王钦杰的潍坊市人民检察院副检察长、检察委员会委员职务；张杰的潍坊市人民检察院检察员职务。

批准任命：张杰为昌邑市人民检察院检察长。

批准免去：任光武的昌邑市人民检察院检察长职务。

2009 年 6 月 19 日，经主任会议研究决定：免去于修强的潍坊市人大内务司法委员会工作室主任职务。

2009 年 6 月 29 日，市十五届人大常委会第九次会议决定：接受黄进辞去潍坊市第十五届人民代表大会常务委员会委员职务的请求。

决定任命：黄进为潍坊市卫生局局长。

决定免去：马安宁的潍坊市卫生局局长职务。

2009 年 10 月 19 日，市十五届人大常委会第十一次会议任命：尹福山、韩旭东、薛培忠、薛明友、吕宜民、孙绍军为潍坊市中级人民法院审判委员会委员。

任命：毛伟岭为潍坊市城郊地区人民检察院检委会委员；李建华为潍坊市人民检察院检察员。

免去：李建华的潍坊市城郊地区人民检察院检察员职务。

2009 年 12 月 30 日，市十五届人大常委会第十二次会议决定：接受辛丕宏辞去潍坊市副市长职务的请求。

2010 年 1 月 22 日，市十五届人大常委会第十三次会议决定：接受卞长伟辞去潍坊市第十五届人民代表大会常务委员会委员职务的请求。

决定任命：王献玲、夏芳晨为潍坊市副市长；李传恒为潍坊市经济和信息化委员会主任；徐玉军为潍坊市司法局局长；李静波为潍坊市人力资源和社会保障局局长；孙万奎为潍坊市城市管理行政执法局局长；王保贤为潍坊市商务局局长；盛兆辉为潍坊市文化广电新闻出版局局长；于来刚为潍坊市民族宗教事务局局长；杨子正为潍坊市国有资产监督管理委员会主任；呙智义为潍坊市食品药品监督管理局局长；于慰杰为潍坊市旅游局局长；韩国庆为潍坊市政府法制办公室主任；李传顺为潍坊市金融工作办公室主任。

决定免去：郭步坤的潍坊市司法局局长职务；董胜勇的潍坊市城市管理行政执法局局长职务。

2010 年 4 月 29 日，市十五届人大常委会第十四次会议任命：姜远峰为潍坊市人民代表大会内务司法委员会委员；刘福毅为潍坊市人民代表大会财政经济委员会委员；徐立国、郭洪谦为潍坊市人民代表大会农业与农村委员会委员。

决定任命：胡延新为潍坊市副市长；王有亭为潍坊市财政局局长。

决定免去：夏芳晨的潍坊市财政局局长职务。

任命：卢卫国为潍坊市中级人民法院副院长、审判委员会委员、审判员；韩昆亮为潍坊市中级人民法院刑事审判第二庭庭长、审判委员会委员、审判员；宋保华为潍坊市中级人民法院审判监督庭庭长、审判委员会委员、审判员；尹洪阳为潍坊市中级人民法院审判委员会委员；何彤斌为潍坊市中级人民法院执行一庭庭长；李欣红为潍坊市中级人民法院执行二庭庭长、审判员；张玉娟为潍坊市中级人民法院刑事审判第一庭副庭长；吴进元为潍坊市中级人民法院刑事审判第二庭副庭长；张剑为潍坊市中级人民法院民事审判第一庭副庭长；马瑛杰为潍坊市中级人民法院民事审判第二庭副庭长；丁合清、马海兰、马怀国、刘勇、朱奉纲、王宝成、安庆甲、张金华、李金增、耿启明、冯海玲、雷向敏、郭群吉、栾桂秀、蔡霞、冉青松、刘宁、侯延峰、李福海、刘景芝、郑建勇、王军为潍坊市中级人民法院审判员。

免去：王军的潍坊市中级人民法院副院长、审判委员会委员职务；尹凤来的潍坊市中级人民法院副院长、审判委员会委员职务；韩昆亮的潍坊市中级人民法院刑事审判第二庭副庭长职务；宋保华的潍坊市中级人民法院刑事审判第一庭副庭长职务；李欣红的潍坊市中级人民法院民事审判第一庭副庭长职务；李福海的潍坊市中级人民法院刑事审判第二庭庭长职务；刘景芝的潍坊市中级人民法院民事审判第二庭副庭长职务；郑建勇的潍坊市中级人民法院执行二庭庭长职务；张明清的潍坊市中级人民法院审判委员会委员、审判监督庭庭长职务；张弘涛的潍坊市中级人民法院执行一庭庭长职务；朱洪泰的潍坊市中级人民法院审判员职务。

任命：孟中洋为潍坊市人民检察院副检察长；刘勤、高大汉、李景香为潍坊市人民检察院检察员。

免去：刘勤的潍坊市人民检察院副检察长、检察委员会委员职务；高文军的潍坊市城郊地区人民检察院副检察长、检察委员会委员职务。

批准任命：高文军为青州市人民检察院检察长。

批准免去：高大汉的青州市人民检察院检察长职务。

2010 年 6 月 30 日，市十五届人大常委会第十五次会议任命：马炳来为潍坊市人大内务司法委员会委员；石承志为潍坊市人大教育科学文化卫生委员会委员。

决定任命：王立胜为潍坊市副市长。

2010 年 9 月 8 日，经市十五届人大常委会第三十二次主任会议研究决定：王增宝任潍坊市人大常委会办公室副主任，免去潍坊市人大常委会人事代表工作室副主任职务；郑文东任潍坊市人大常委会办公室副主任，免去潍坊市人大常委会信访室主任职务；胡景东任潍坊市人大常委会人事代表工作室副主任，免去潍坊市人大常委会研究室副主任职务；周春宝任潍坊市人大财政经济委员会工作室主任；吴鸣任潍坊市人大内务司法委员会工作室主任；徐军伟任潍坊市人大常委会研究室副主任；陈平任潍坊市人大常委会信访室主任。

2010 年 10 月 27 日，市十五届人大常委会第十七次会议任命：王鹏飞为潍坊市中级人民法院审判委员会委员。

任命：宋教德为潍坊市城郊地区人民检察院检察委员会委员、副检察长。

2010 年 12 月 31 日，市十五届人大常委会第十八次会议决定：接受徐振溪、初宝杰辞去潍坊市副市长职务的请求。

决定任命：闫希军为潍坊市公安局局长。

决定免去：黄潍连的潍坊市公安局局长职务；王保贤的潍坊市商务局局长职务。

任命：法云江为潍坊市人民检察院检察员、检察委员会委员；孙立波、李玉华、李民为潍坊市人民检察院检察员；徐慧为潍坊市城郊地区人民检察院检察员。

免去：张素敏的潍坊市人民检察院检察委员会委员、检察员职务。

批准任命：张素敏为临朐县人民检察院检察长。

批准免去：法云江的临朐县人民检察院检察长职务。

2011 年 1 月 28 日，市十五届人大常委会第十九次会议决定：接受吕珊珊辞去潍坊市第十五届人大常委会委员、代表资格审查委员会委员、市人大教育科学文化卫生委员会委员职务的请求。

决定任命：吴海源为潍坊市民政局局长；尹凤来为潍坊市司法局局长。

决定免去：孟祥志的潍坊市民政局局长职务；徐玉军的潍坊市司法局局长职务。

任命：崔德志为潍坊市中级人民法院审判员；张振显为潍坊市中级人民法院审判员。

2011 年 4 月 18 日，市十五届人大常委会第二十次会议决定任命：王浩为市外事与侨务办公室主任。

任命：何彤斌为潍坊市中级人民法院审判委员会委员；李欣红为潍坊市中级人民法院审判委员会委员。

2011 年 6 月 27 日，市十五届人大常委会第二十一次会议决定：接受王立胜辞去潍坊市副市长职务的请求。

任命：王宝宗为潍坊市人民检察院检察员；刘晓红为潍坊市人民检察院检察员。

2011 年 8 月 29 日，市十五届人大常委会第二十二次会议任命：赵东为潍坊市人民代表大会城乡建设与环境资源保护委员会副主任委员；王增宝为潍坊市人大常委会副秘书长、办公室主任。

免去：赵东的潍坊市人大常委会副秘书长、办公室主任职务；于均收的潍坊市人大常委会副秘书长职务。

决定任命：张志勇为潍坊市城市管理行政执法局局长，李亚军为潍坊市民族宗教事务局局长。

决定免去：于来刚的潍坊市民族宗教事务局局长职务。

2011 年 12 月 20 日，市十五届人大常委会第二十四次会议决定：接受许立全辞去潍坊市市长职务的请求。

决定任命：刘曙光为潍坊市副市长、代理市长。

任命：高怀礼、李金鹏、马健、宋执船、李广兴为潍坊市中级人民法院审判委员会委员、审判员；孙光利为潍坊市中级人民法院审判员；杨维波为潍坊高新技术产业开发区人民法院院长、审判委员会委员、审判员；王彬为潍坊高新技术产业开发区人民法院副院长、审判委员会委员、审判员；王明泽为潍坊高新技术产业开发区人民法院审判委员会委员、审判员；周昭福为潍坊高新技术产业开发区人民法院审判员。

免去：杨维波的潍坊市中级人民法院审判委员会委员、审判员职务；纪庆忠、胥元茂、谌祖龙的潍坊市中级人民法院审判员职务。

任命：任光武为潍坊市人民检察院副检察长；王常青为潍坊市人民检察院检察员、检察委员会委员；梁栩、宋修栋、李俊杰、李学军为潍坊市人民检察院检察员；周金明为潍坊市城郊地区人民检察院检察长；刘利宁为潍坊高新技术产业开发区人民检察院检察长。

免去：孟中洋的潍坊市人民检察院副检察长、检察委员会委员、检察员职务；王重国、孙炜、于建立的潍坊市人民检察院检察员职务；梁栩的潍坊市城郊地区人民检察院检察长职务。

批准免去：王常青的奎文区人民检察院检察长职务；刘利宁的潍城区人民检察院检察长职务；王建利的坊子区人民检察院检察长职务；李俊杰的寒亭区人民检察院检察长职务；宋修栋的

诸城市人民检察院检察长职务；王春吉的寿光市人民检察院检察长职务；周金明的安丘市人民检察院检察长职务；邓树刚的高密市人民检察院检察长职务；李学军的昌乐县人民检察院检察长职务。

2011 年 12 月 29 日，市十五届人大常委会第二十五次会议决定任命：孙起生、潘强为潍坊市副市长。

任命：杨洪旭为潍坊市人民检察院检察员、检察委员会委员、副检察长。

免去：张爱军的潍坊市人民检察院副检察长、检察委员会委员职务。

决定：接受王卫东辞去潍坊市人民检察院检察长职务的请求。

决定：杨洪旭为潍坊市人民检察院代理检察长。

2012 年 1 月 18 日，市十五届人大常委会第二十六次会议任命：王福强为潍坊市人大常委会副秘书长。

决定任命：田民利为潍坊市财政局局长；白卫明为潍坊市商务局局长；孙俐君为潍坊市文化广电新闻出版局局长；王志刚为潍坊市国有资产监督管理委员会主任；张金玉为潍坊市林业局局长；尹文林为潍坊市安全生产监督管理局局长。

决定免去：陈仁杰的潍坊市发展和改革委员会主任职务；王有亭的潍坊市财政局局长职务；徐松萃的潍坊市海洋与渔业局局长职务；盛兆辉的潍坊市文化广电新闻出版局局长职务；杨子正的潍坊市国有资产监督管理委员会主任职务；郑华利的潍坊市林业局局长职务；王永福的潍坊市安全生产监督管理局局长职务。

批准任命：徐军为奎文区人民检察院检察长；朱国宝为潍城区人民检察院检察长；于清友为坊子区人民检察院检察长；邓树刚为寒亭区人民检察院检察长；高文军为青州市人民检察院检察长；王重国为诸城市人民检察院检察长；孙炜为寿光市人民检察院检察长；于建立为安丘市人民检察院检察长；隋国华为高密市人民检察院检察长；张杰为昌邑市人民检察院检察长；张素敏为临朐县人民检察院检察长；郑爱之为昌乐县人民检察院检察长。

市第十六届人民代表大会常务委员会人事任免

2012 年 3 月 20 日，市十六届人大常委会第一次会议任命：刘勤友为潍坊市人民代表大会财政经济委员会副主任委员，免去其潍坊市人大常委会副秘书长、研究室主任职务。

通过市人大常委会代表资格审查委员会组成人员：主任委员张军；副主任委员周晓钟；委员丁汉邦、王增宝、田素英、任洪武、刘玉、孙金生、杜士忠、赵学坤、傅大军。

决定任命：杜业栋为潍坊市人民政府副市长；宋赤锋为潍坊市人民政府秘书长；李传恒为潍坊市经济和信息化委员会主任；张国华为潍坊市教育局局长；闫希军为潍坊市公安局局长；许华为潍坊市监察局局长；吴海源为潍坊市民政局局长；尹凤来为潍坊市司法局局长；田民利为潍坊市财政局局长；李静波为潍坊市人力资源和社会保障局局长；刘树亮为潍坊市国土资源局局长；张恒道为潍坊市规划局局长；张志勇为潍坊市城市管理行政执法局局长；赵刚毅为潍坊市水利局局长；考继佳为潍坊市农业局局长；白卫明为潍坊市商务局局长；孙俐君为潍坊市文化广电新闻出版局局长；黄进为潍坊市卫生局局长；杨锡广为潍坊市人口和计划生育委员会主任；宫智为潍坊市审计局局长；王秀禄为潍坊市环境保护局局长；王浩为潍坊市外事与侨务办公室主任；李亚军为潍坊市民族宗教事务局局长；王志刚为潍坊市国有资产监督管理委员会主任；耿文为潍坊市体育局局长；马中平为潍坊市统计局局长；张金玉为潍坊市林业局局长；尹文林为潍坊市安全生产监督管理局局长；呙智义为潍坊市食品药品监督管理局局长；于慰杰为潍坊市旅游局局

长；韩国庆为潍坊市人民政府法制办公室主任；李传顺为潍坊市金融工作办公室主任。

2012 年 4 月 26 日，市十六届人大常委会第二次会议任命：刘景芝为潍坊市中级人民法院行政审判庭庭长、审判委员会委员；张同文为潍坊市中级人民法院审判员、执行一庭庭长、审判委员会委员；雷向敏为潍坊市中级人民法院民事审判第四庭副庭长；周爱云为潍坊市中级人民法院审判员；张胜平为潍坊市中级人民法院审判员。

免去：韩旭东的潍坊市中级人民法院审判委员会委员、刑事审判第三庭庭长、审判员职务；吕宜民的潍坊市中级人民法院审判委员会委员、行政审判庭庭长、审判员职务；尹洪阳的潍坊市中级人民法院审判委员会委员、审判员职务；孙绍军的潍坊市中级人民法院审判委员会委员、审判员职务；何彤斌的潍坊市中级人民法院审判委员会委员、执行一庭庭长、审判员职务；张金华的潍坊市中级人民法院民事审判第二庭副庭长、审判员职务；张胜平的潍坊市中级人民法院民事审判第四庭副庭长职务；秦海涛的潍坊市中级人民法院民事审判第四庭副庭长、审判员职务。

2012 年 8 月 24 日，市十六届人大常委会第四次会议任命：孙金生为潍坊市人民代表大会农业与农村委员会副主任委员；毛洪涛为潍坊市人大常委会副秘书长、研究室主任。

免去：孙金生的潍坊市人民代表大会城乡建设与环境资源保护委员会委员职务。

决定任命：陈勇为潍坊市食品药品监督管理局局长。

决定免去：呙智义的潍坊市食品药品监督管理局局长职务。

任命：李乐海为潍坊市中级人民法院审判员；蔡献平为潍坊市中级人民法院审判员；周昭福为潍坊高新技术产业开发区人民法院审判委员会委员；石慧昉为潍坊高新技术产业开发区人民法院审判员、审判委员会委员；赵伟贞为潍坊高新技术产业开发区人民法院审判员、审判委员会委员；李行道为潍坊高新技术产业开发区人民法院审判员、审判委员会委员；武法焕为潍坊高新技术产业开发区人民法院审判员；李吉为潍坊高新技术产业开发区人民法院审判员；刘华兵为潍坊高新技术产业开发区人民法院审判员；张培泉为潍坊高新技术产业开发区人民法院审判员。

免去：魏焕才的潍坊市中级人民法院审判员职务。

任命：陈永朝为潍坊市人民检察院检察员；李学生为潍坊高新技术产业开发区人民检察院检察员、检察委员会委员；王萍为潍坊高新技术产业开发区人民检察院检察员、检察委员会委员；张金川为潍坊高新技术产业开发区人民检察院检察员、检察委员会委员；邱勇为潍坊高新技术产业开发区人民检察院检察员、检察委员会委员；李常兴为潍坊高新技术产业开发区人民检察院检察员；王磊为潍坊高新技术产业开发区人民检察院检察员；武建设为潍坊高新技术产业开发区人民检察院检察员；张建国为潍坊高新技术产业开发区人民检察院检察员；王淑华为潍坊高新技术产业开发区人民检察院检察员；姚建太为潍坊高新技术产业开发区人民检察院检察员；李全德为潍坊高新技术产业开发区人民检察院检察员；于新录为潍坊高新技术产业开发区人民检察院检察员；刘霞为潍坊高新技术产业开发区人民检察院检察员；杜崇胜为潍坊高新技术产业开发区人民检察院检察员；刘杰为潍坊高新技术产业开发区人民检察院检察员；宋伟为潍坊高新技术产业开发区人民检察院检察员。

免去：李奎金的潍坊市人民检察院检察员职务；王世善的潍坊市人民检察院检察员职务；李培玉的潍坊市城郊地区人民检察院检察员职务。

2012 年 10 月 30 日，市十六届人大常委会第五次会议任命：周爱云为潍坊高新技术产业开发区人民法院审判员、审判委员会委员、副院长；宋金星为潍坊市中级人民法院审判员。

免去：周爱云的潍坊市中级人民法院审判员

职务；宋金星的潍坊市中级人民法院副院长、审判委员会委员职务。

任命：高大汉为潍坊市人民检察院检察委员会委员；苗新生为潍坊市人民检察院检察员；娄风才为潍坊市人民检察院检察员；刘永杰为潍坊高新技术产业开发区人民检察院检察员、检察委员会委员、副检察长；宋教德为潍坊高新技术产业开发区人民检察院检察员、检察委员会委员、副检察长；王彦青为潍坊高新技术产业开发区人民检察院检察员、检察委员会委员；郑兆乾为潍坊高新技术产业开发区人民检察院检察员、检察委员会委员。

免去：吕光明的潍坊市人民检察院检察委员会委员职务；陈方忠的潍坊市人民检察院检察委员会委员职务；刘永杰的潍坊市人民检察院检察员职务；谭斌的潍坊市人民检察院检察员职务；吕国峰的潍坊市人民检察院检察员职务；宋教德的潍坊市城郊地区人民检察院副检察长、检察委员会委员、检察员职务；冯玉忠的潍坊市城郊地区人民检察院检察员职务。

2012 年 12 月 20 日，市十六届人大常委会第六次会议决定任命：孙守勤为潍坊市规划局局长。

决定免去：张恒道的潍坊市规划局局长职务。

任命：宋修栋为潍坊市人民检察院检察委员会委员；马庆国为潍坊市人民检察院检察委员会委员；张春岳为潍坊市人民检察院检察委员会委员；娄风才为潍坊市人民检察院检察委员会委员；焦方善为潍坊市人民检察院检察委员会委员；王淑华为潍坊市人民检察院检察委员会委员；冯雁为潍坊市人民检察院检察委员会委员；刘文华为潍坊市人民检察院检察委员会委员；韩国荣为潍坊市城郊地区人民检察院检察员、检察委员会委员、副检察长；孙文德为潍坊市城郊地区人民检察院检察员。

免去：赵克林的潍坊市人民检察院副检察长、检察委员会委员职务；韩国荣的潍坊市人民检察院检察员职务；孙文德的潍坊市人民检察院检察员职务。

2012 年 12 月 28 日，市十六届人大常委会第七次会议决定：接受谷兴利辞去潍坊市第十六届人民代表大会常务委员会委员职务的请求。

2013 年 2 月 27 日，市十六届人大常委会第八次会议决定任命：于永生为潍坊市公安局局长。

决定免去：宋赤锋的潍坊市人民政府秘书长职务；闫希军的潍坊市公安局局长职务；王秀禄的潍坊市环境保护局局长职务。

2013 年 4 月 27 日，市十六届人大常委会第九次会议决定：接受许立全辞去潍坊市第十六届人民代表大会常务委员会主任职务的请求。

任命：杜士忠为潍坊市人民代表大会内务司法委员会副主任委员；王培福为潍坊市人民代表大会城乡建设与环境资源保护委员会副主任委员。

决定任命：张宝胜为潍坊市科学技术局局长；王汉成为潍坊市农业局局长；郑金来为潍坊市环境保护局局长。

决定免去：考继佳的潍坊市农业局局长职务。

任命：张国良为潍坊市中级人民法院审判员、民事审判第四庭庭长。

免去：王义民的潍坊市中级人民法院副院长、审判委员会委员职务；谭清花的潍坊市中级人民法院审判员职务；李学谦的潍坊市中级人民法院审判委员会委员职务；闫东的潍坊市中级人民法院民事审判第四庭庭长职务；郑青义的潍坊市中级人民法院民事审判第二庭庭长职务；张子辉的潍坊市中级人民法院审判委员会委员、立案庭庭长职务；王蓬莱的潍坊市中级人民法院审判委员会委员职务；于宏伟的潍坊市中级人民法院刑事审判第三庭副庭长职务；张剑的潍坊市中级人民法院民事审判第一庭副庭长、审判员职务；雷向敏的潍坊市中级人民法院民事审判第四庭副庭长、审判员职务。

2013年5月24日，市十六届人大常委会第十次会议决定任命：李元忠为潍坊市监察局局长。

决定免去：许华的潍坊市监察局局长职务。

任命：法云江为潍坊市人民检察院副检察长；房卫红为潍坊市人民检察院检察员。

免去：王建明的潍坊市人民检察院检察员职务；赵建宇的潍坊市城郊地区人民检察院检察员职务。

2013年6月28日，市十六届人大常委会第十一次会议任命：姜树政为潍坊市中级人民法院审判员、审判委员会委员、副院长。

决定：接受张爱云辞去潍坊市中级人民法院院长职务的请求。

决定：姜树政任潍坊市中级人民法院代理院长。

2013年8月23日，市十六届人大常委会第十二次会议决定任命：秦维强、张望军为潍坊市人民政府副市长。

2013年10月24日，市十六届人大常委会第十三次会议任命：张国良为潍坊市中级人民法院审判委员会委员；李正良为潍坊市中级人民法院审判委员会委员；张玉娟为潍坊市中级人民法院审判员、立案一庭庭长、审判委员会委员；张金川为潍坊市中级人民法院立案二庭庭长；徐伟东为潍坊市中级人民法院刑事审判第三庭庭长、审判委员会委员；马海兰为潍坊市中级人民法院民事审判第二庭庭长、审判委员会委员；邱金山为潍坊市中级人民法院审判员、审判委员会委员；马淑华为潍坊市中级人民法院审判员、审判委员会委员；王效刚为潍坊市中级人民法院审判员；徐艳为潍坊市中级人民法院审判员；马瑛杰为潍坊市中级人民法院审判员；吴昌格为潍坊市中级人民法院立案一庭副庭长；刘序滨为潍坊市中级人民法院立案一庭副庭长；丁合清为潍坊市中级人民法院立案二庭副庭长；周建明为潍坊市中级人民法院立案二庭副庭长；王兆来为潍坊高新技术产业开发区人民法院审判员、审判委员会委员；李吉为潍坊高新技术产业开发区人民法院审判委员会委员；马海泉为潍坊高新技术产业开发区人民法院审判员；张超为潍坊高新技术产业开发区人民法院审判员；韩清美为潍坊高新技术产业开发区人民法院审判员；姜琪砚为潍坊高新技术产业开发区人民法院审判员；苏显楠为潍坊高新技术产业开发区人民法院审判员；孙希佳为潍坊高新技术产业开发区人民法院审判员；曹玉玲为潍坊高新技术产业开发区人民法院审判员；李红为潍坊高新技术产业开发区人民法院审判员；高鹏为潍坊高新技术产业开发区人民法院审判员；杨岩为潍坊高新技术产业开发区人民法院审判员。

免去：张玉娟的潍坊市中级人民法院刑事审判第一庭副庭长职务；徐伟东的潍坊市中级人民法院刑事审判第三庭副庭长职务；马海兰的潍坊市中级人民法院民事审判第一庭副庭长职务；马瑛杰的潍坊市中级人民法院民事审判第二庭副庭长职务；王夕瑞的潍坊市中级人民法院行政审判庭副庭长职务；石维云的潍坊市中级人民法院审判委员会委员职务；张忠诚的潍坊市中级人民法院审判员职务。

任命：孟庆才为潍坊市人民检察院检察员；刘水平为潍坊市人民检察院检察员；赵萌为潍坊市人民检察院检察员；寇文倩为潍坊市人民检察院检察员；吕凤阁为潍坊市人民检察院检察员；李冰为潍坊市人民检察院检察员；周颖飞为潍坊市人民检察院检察员；刘瑞鹏为潍坊市人民检察院检察员；侯丰田为潍坊市人民检察院检察员；穆文华为潍坊市人民检察院检察员；康旭峰为潍坊市人民检察院检察员；郭蕾为潍坊市人民检察院检察员；张毅为潍坊市人民检察院检察员；高跃前为潍坊市人民检察院检察员；庄晓艳为潍坊市人民检察院检察员；朱红明为潍坊市人民检察院检察员；刘延国为潍坊市城郊地区人民检察院检察员；刘有杰为潍坊市城郊地区人民检察院检

察员；王晓南为潍坊市城郊地区人民检察院检察员。

免去：孟庆才的潍坊市城郊地区人民检察院副检察长、检察委员会委员、检察员职务；于玲的潍坊市人民检察院检察员职务。

2013 年 12 月 30 日，市十六届人大常委会第十四次会议决定：接受孟庆亮、耿现江辞去潍坊市第十六届人民代表大会常务委员会委员，傅大军辞去潍坊市第十六届人民代表大会常务委员会委员、代表资格审查委员会委员职务的请求。

任命：周晓钟为潍坊市人民代表大会民族侨务外事委员会副主任委员；毛洪涛为潍坊市人大常委会人事代表工作室主任。

免去：周晓钟的潍坊市人大常委会副秘书长、人事代表工作室主任职务；毛洪涛的潍坊市人大常委会研究室主任职务。

决定任命：张洪全为潍坊市人民政府秘书长；陈忠民为潍坊市工商行政管理局局长；岳尧为潍坊市质量技术监督局局长；李平为潍坊市食品药品监督管理局局长。

2014 年 1 月 24 日，市十六届人大常委会第十五次会议决定：接受秦维强辞去潍坊市人民政府副市长职务的请求。

2014 年 4 月 28 日，市十六届人大常委会第十六次会议决定任命：王立杰为潍坊市司法局局长。

决定免去：尹凤来的潍坊市司法局局长职务。

任命：徐伟东为潍坊市中级人民法院未成年人案件审判庭庭长。

任命：张福全为潍坊市人民检察院检察委员会委员；李大欣为潍坊高新技术产业开发区人民检察院检察员、检察委员会委员、副检察长；王淑华为潍坊高新技术产业开发区人民检察院检察员。

免去：高大汉的潍坊市人民检察院检察委员会委员职务；刘勤的潍坊市人民检察院检察员职务；陈华的潍坊市人民检察院检察员职务。

2014 年 10 月 22 日，市十六届人大常委会第十九次会议决定任命：高成勇为潍坊市人民政府法制办公室主任。

决定免去：张国华的潍坊市教育局局长职务；韩国庆的潍坊市人民政府法制办公室主任职务。

2014 年 12 月 30 日，市十六届人大常委会第二十次会议决定任命：马中平为潍坊市经济和信息化委员会主任；徐友礼为潍坊市教育局局长；杨锡广为潍坊市卫生和计划生育委员会主任；秦明清为潍坊市民族宗教事务局局长；孙沂为潍坊市体育局局长；王丙为潍坊市统计局局长。

决定免去：李传恒的潍坊市经济和信息化委员会主任职务；李亚军的潍坊市民族宗教事务局局长职务；耿文的潍坊市体育局局长职务；马中平的潍坊市统计局局长职务。

任命：王鹏飞为潍坊滨海经济技术开发区人民法院审判员、审判委员会委员、副院长。

免去：王鹏飞的潍坊市中级人民法院审判委员会委员、审判员职务；王克田的潍坊市中级人民法院审判员职务；冯广林的潍坊市中级人民法院审判员职务；黄卫国的潍坊市中级人民法院审判员职务；杨向超的潍坊市中级人民法院审判员职务。

任命：周金明为潍坊滨海经济技术开发区人民检察院检察长。

免去：周金明的潍坊市城郊地区人民检察院检察长职务；梁栩的潍坊市人民检察院检察员职务；林洪斌的潍坊市人民检察院检察员职务；王庆东的潍坊市人民检察院检察员职务。

2015 年 1 月 24 日，市十六届人大常委会第二十一次会议决定：接受孟祥志、徐玉军辞去潍坊市第十六届人民代表大会常务委员会委员、潍坊市第十六届人民代表大会内务司法委员会副主任委员职务，聂振萍辞去潍坊市第十六届人民代表大会常务委员会委员、潍坊市第十六届人民代表大会教育科学文化卫生委员会副主任委员职务的请求。

任命：徐军伟为潍坊市人民代表大会常务委员会副秘书长、研究室主任。

免去：孟庆亮的潍坊市人民代表大会财政经济委员会副主任委员职务；耿现江的潍坊市人民代表大会农业与农村委员会副主任委员职务；周晓钟的潍坊市人民代表大会常务委员会代表资格审查委员会副主任委员职务。

决定任命：邹庆忠为潍坊市人民政府副市长；于永生为潍坊市人民政府副市长。

任命：徐光明为潍坊市城郊地区人民检察院检察长。

免去：徐光明的潍坊市人民检察院检察委员会委员、检察员职务。

2015 年 2 月 13 日，市十六届人大常委会第二十二次会议任命：毛洪涛为潍坊市人民代表大会常务委员会代表资格审查委员会副主任委员；邱尔臣为潍坊市人民代表大会常务委员会代表资格审查委员会委员；王洪玲为潍坊市人民代表大会内务司法委员会委员；李玉华为潍坊市人民代表大会内务司法委员会委员；张凤梅为潍坊市人民代表大会内务司法委员会委员；房德业为潍坊市人民代表大会内务司法委员会委员；李祥兵为潍坊市人民代表大会财政经济委员会委员；李少亚为潍坊市人民代表大会教育科学文化卫生委员会委员；齐全胜为潍坊市人民代表大会城乡建设与环境资源保护委员会委员；辛国志为潍坊市人民代表大会农业与农村委员会委员；脱安利为潍坊市人民代表大会民族侨务外事委员会委员。

免去：马东宁的潍坊市人民代表大会内务司法委员会委员职务；刘玉的潍坊市人民代表大会内务司法委员会委员职务；任洪武的潍坊市人民代表大会民族侨务外事委员会委员职务。

决定任命：谭炳建为潍坊市工商行政管理局局长；陈勇为潍坊市质量技术监督局局长；张须义为潍坊市人民防空办公室主任。

决定免去：陈忠民的潍坊市工商行政管理局局长职务；岳尧的潍坊市质量技术监督局局长职务。

任命：韩亮为潍坊市中级人民法院审判员、审判委员会委员；张国良为潍坊市中级人民法院立案一庭庭长；王振星为潍坊市中级人民法院审判员、刑事审判第一庭庭长、审判委员会委员；尹福山为潍坊市中级人民法院刑事审判第二庭庭长；张同文为潍坊市中级人民法院未成年人案件审判庭庭长；徐伟东为潍坊市中级人民法院民事审判第三庭庭长；张玉娟为潍坊市中级人民法院民事审判第四庭庭长；徐金江为潍坊市中级人民法院执行一庭庭长、审判委员会委员。

免去：张国良的潍坊市中级人民法院民事审判第四庭庭长职务；尹福山的潍坊市中级人民法院刑事审判第一庭庭长职务；张同文的潍坊市中级人民法院执行一庭庭长职务；徐伟东的潍坊市中级人民法院未成年人案件审判庭庭长职务；张玉娟的潍坊市中级人民法院立案一庭庭长职务；韩昆亮的潍坊市中级人民法院审判委员会委员、刑事审判第二庭庭长、审判员职务；薛明友的潍坊市中级人民法院审判委员会委员、民事审判第三庭庭长、审判员职务。

任命：高文军为潍坊市人民检察院检察员、检察委员会委员；邓树刚为潍坊市人民检察院检察员、检察委员会委员；韩国荣为潍坊市人民检察院检察员、检察委员会委员；王彦青为潍坊市人民检察院检察员、检察委员会委员；宋教德为潍坊市人民检察院检察员；盛荣波为潍坊高新技术产业开发区人民检察院检察员、检察委员会委员、副检察长。

免去：宋修栋的潍坊市人民检察院检察委员会委员职务；焦方善的潍坊市人民检察院检察委员会委员职务；王兆生的潍坊市人民检察院检察员职务；韩国荣的潍坊市城郊地区人民检察院副检察长、检察委员会委员、检察员职务；王彦青的潍坊高新技术产业开发区人民检察院检察委员会委员、检察员职务。

批准任命：张素敏为寒亭区人民检察院检察长；季运忠为临朐县人民检察院检察长。

批准免去：邓树刚的寒亭区人民检察院检察长职务；高文军的青州市人民检察院检察长职务；张素敏的临朐县人民检察院检察长职务。

2015 年 4 月 29 日，市十六届人大常委会第二十三次会议任命：赵伟贞为潍坊高新技术产业开发区人民法院立案庭庭长；石慧昉为潍坊高新技术产业开发区人民法院民事审判庭庭长；谭宁为潍坊高新技术产业开发区人民法院审判员、立案庭副庭长；张培泉为潍坊高新技术产业开发区人民法院刑事审判庭副庭长；姜琪砚为潍坊高新技术产业开发区人民法院刑事审判庭副庭长；武法焕为潍坊高新技术产业开发区人民法院民事审判庭副庭长；李吉为潍坊高新技术产业开发区人民法院行政审判庭副庭长；隋玉茹为潍坊高新技术产业开发区人民法院审判员；张伟伟为潍坊高新技术产业开发区人民法院审判员；段玉娟为潍坊高新技术产业开发区人民法院审判员；刘恩科为潍坊高新技术产业开发区人民法院审判员。

批准任命：王兆生为青州市人民检察院检察长。

任命：刘宝玲为潍坊市人民检察院检察员；孙强为潍坊市人民检察院检察员；李芳珊为潍坊高新技术产业开发区人民检察院检察员；台培森为潍坊高新技术产业开发区人民检察院检察员；宋振兴为潍坊高新技术产业开发区人民检察院检察员；殷海波为潍坊高新技术产业开发区人民检察院检察员。

2015 年 8 月 28 日，市十六届人大常委会第二十五次会议决定：接受赵东辞去潍坊市第十六届人民代表大会常务委员会委员、潍坊市第十六届人民代表大会城乡建设与环境资源保护委员会副主任委员职务，李进民辞去潍坊市第十六届人民代表大会常务委员会委员、潍坊市第十六届人民代表大会财政经济委员会副主任委员职务的请求。

任命：刘序滨为潍坊市中级人民法院审判员；周建明为潍坊市中级人民法院审判员；陈伟为潍坊市中级人民法院审判员；林林为潍坊市中级人民法院审判员。

2015 年 10 月 10 日，市十六届人大常委会第二十六次会议决定：接受夏芳晨辞去潍坊市人民政府副市长职务的请求。

决定任命：刘建国为潍坊市人民政府副市长。

2015 年 12 月 24 日，市十六届人大常委会第二十七次会议决定：接受邢乐信辞去潍坊市第十六届人民代表大会常务委员会委员、潍坊市第十六届人民代表大会民族侨务外事委员会副主任委员职务的请求。

任命：王恒秋为潍坊市人民代表大会常务委员会预算工作委员会主任；胡景东为潍坊市人民代表大会常务委员会法制工作委员会主任。

任命：王鹏飞为潍坊滨海经济技术开发区人民法院院长；陈永升为潍坊滨海经济技术开发区人民法院审判员、审判委员会委员、副院长；刘景芝为潍坊滨海经济技术开发区人民法院审判员、审判委员会委员、副院长；秦海涛为潍坊市中级人民法院审判员；张永明为潍坊市中级人民法院审判员；张同升为潍坊市中级人民法院审判员；孙鹏为潍坊市中级人民法院审判员。

免去：王鹏飞的潍坊滨海经济技术开发区人民法院副院长职务；陈永升的潍坊市中级人民法院审判员职务；刘景芝的潍坊市中级人民法院审判委员会委员、行政审判庭庭长、审判员职务；孙世和的潍坊市中级人民法院审判委员会委员、审判员职务；宋金星的潍坊市中级人民法院审判员职务；王义民的潍坊市中级人民法院审判员职务；王军的潍坊市中级人民法院审判员职务；郭金棣的潍坊市中级人民法院审判员职务；栾桂秀的潍坊市中级人民法院审判员职务。

2016年2月3日，市十六届人大常委会第二十八次会议决定：接受于永生辞去潍坊市人民政府副市长职务的请求。

决定：接受衣光明辞去潍坊市第十六届人民代表大会常务委员会委员职务，刘勤友辞去潍坊市第十六届人民代表大会常务委员会委员、潍坊市第十六届人民代表大会财政经济委员会副主任委员职务，赵学坤辞去潍坊市第十六届人民代表大会常务委员会委员、代表资格审查委员会委员、潍坊市第十六届人民代表大会教育科学文化卫生委员会委员职务的请求。

任命：刘棣俭为潍坊市人民代表大会常务委员会副秘书长。

决定任命：王玉为潍坊市监察局局长。

决定免去：于永生的潍坊市公安局局长职务；李元忠的潍坊市监察局局长职务。

任命：王光才为潍坊市中级人民法院审判员、审判委员会委员。

免去：孙月琴的潍坊市中级人民法院审判员职务。

2016年4月27日，市十六届人大常委会第二十九次会议决定免去：李传顺的潍坊市金融工作办公室主任职务。

任命：李正良为潍坊市中级人民法院行政审判庭庭长；刘勇为潍坊市中级人民法院审判监督庭庭长、审判委员会委员；马怀国为潍坊市中级人民法院执行一庭庭长、审判委员会委员；周建明为潍坊市中级人民法院审判委员会委员；李伟然为潍坊滨海经济技术开发区人民法院审判员、审判委员会委员；丁合清为潍坊滨海经济技术开发区人民法院审判员、审判委员会委员。

免去：宋保华的潍坊市中级人民法院审判委员会委员、审判监督庭庭长、审判员职务；徐金江的潍坊市中级人民法院审判委员会委员、执行一庭庭长、审判员职务；刘勇的潍坊市中级人民法院刑事审判第一庭副庭长职务；刘序滨的潍坊市中级人民法院立案一庭副庭长职务；丁合清的潍坊市中级人民法院立案二庭副庭长、审判员职务；周建明的潍坊市中级人民法院立案二庭副庭长职务；马怀国的潍坊市中级人民法院执行一庭副庭长职务；马健的潍坊市中级人民法院审判委员会委员、审判员职务；李学谦的潍坊市中级人民法院审判员职务；于宏伟的潍坊市中级人民法院审判员职务。

任命：冯玉忠为潍坊市人民检察院检察员；谭斌为潍坊市人民检察院检察员；吕国峰为潍坊市人民检察院检察员；于清友为潍坊市城郊地区人民检察院检察员、检察委员会委员、副检察长；李常兴为潍坊高新技术产业开发区人民检察院检察委员会委员；王磊为潍坊高新技术产业开发区人民检察院检察委员会委员；娄风才为潍坊滨海经济技术开发区人民检察院检察员、检察委员会委员、副检察长；刘文华为潍坊滨海经济技术开发区人民检察院检察员、检察委员会委员；苗新生为潍坊滨海经济技术开发区人民检察院检察员、检察委员会委员；乔雷为潍坊滨海经济技术开发区人民检察院检察员、检察委员会委员；张中朝为潍坊滨海经济技术开发区人民检察院检察员、检察委员会委员。

免去：娄风才的潍坊市人民检察院检察委员会委员、检察员职务；刘文华的潍坊市人民检察院检察委员会委员、检察员职务；宋教德的潍坊市人民检察院检察员，潍坊高新技术产业开发区人民检察院副检察长、检察委员会委员、检察员职务；苗新生的潍坊市人民检察院检察员职务；乔雷的潍坊市人民检察院检察员职务；张中朝的潍坊市人民检察院检察员职务；赵克林的潍坊市人民检察院检察员职务；吕光明的潍坊市人民检察院检察员职务；李树伟的潍坊市人民检察院检察员职务；李生洲的潍坊市人民检察院检察员职务；崔伦武的潍坊市人民检察院检察员职务；孙伟的潍坊市人民检察院检察员职务；李振富的潍坊市人民检察院检察员职务；刘建华的潍坊市人民检察院检察员职务；刘兴福的潍坊市人民检察院检察员职务；李大欣的潍坊高新技术产业开发区人民检察院副检察长、检察委员会委员、检察员职务。

批准任命：张杰为坊子区人民检察院检察长；宋教德为昌邑市人民检察院检察长。

批准免去：张杰的昌邑市人民检察院检察长职务；于清友的坊子区人民检察院检察长职务。

2016 年 6 月 24 日，市十六届人大常委会第三十次会议决定任命：宋均圻为潍坊市人民政府秘书长。

决定免去：张洪全的潍坊市人民政府秘书长职务。

任命：王斌为潍坊市中级人民法院审判员、立案一庭副庭长；薛居亮为潍坊市中级人民法院审判员、立案二庭副庭长；王勇为潍坊市中级人民法院审判员、立案二庭副庭长；冉青松为潍坊市中级人民法院刑事审判第一庭副庭长；王耀顺为潍坊市中级人民法院审判员、刑事审判第一庭副庭长；王宝成为潍坊市中级人民法院未成年人案件审判庭副庭长；刘宇宁为潍坊市中级人民法院审判员、未成年人案件审判庭副庭长；朱奉纲为潍坊市中级人民法院民事审判第一庭副庭长；尹义为潍坊市中级人民法院审判员、民事审判第一庭副庭长；李霞为潍坊市中级人民法院审判员、民事审判第二庭副庭长；祝卫华为潍坊市中级人民法院审判员、民事审判第二庭副庭长；王建伟为潍坊市中级人民法院审判员、民事审判第四庭副庭长；孟义为潍坊市中级人民法院审判员、民事审判第四庭副庭长；孔祥慧为潍坊市中级人民法院审判员、行政审判庭副庭长；邱拥军为潍坊市中级人民法院审判员、执行一庭副庭长；张新伟为潍坊市中级人民法院审判员；李玲为潍坊市中级人民法院审判员；叶伶俐为潍坊市中级人民法院审判员；徐鑫为潍坊市中级人民法院审判员；宋宗明为潍坊市中级人民法院审判员；迟文文为潍坊市中级人民法院审判员。

2016 年 8 月 24 日，市十六届人大常委会第三十一次会议任命：李玉华为潍坊市人民代表大会内务司法委员会副主任委员；张恒志为潍坊市人民代表大会财政经济委员会副主任委员；李少亚为潍坊市人民代表大会教育科学文化卫生委员会副主任委员；王英华为潍坊市人民代表大会城乡建设与环境资源保护委员会副主任委员；赵萍为潍坊市人民代表大会农业与农村委员会副主任委员；脱安利为潍坊市人民代表大会民族侨务外事委员会副主任委员；王瑞霞为潍坊市人民代表大会法制委员会副主任委员；杨爱君为潍坊市人民代表大会城乡建设与环境资源保护委员会委员。

免去：衣光明的潍坊市人民代表大会城乡建设与环境资源保护委员会副主任委员职务。

决定任命：肖建华为潍坊市民族宗教事务局局长；刘建成为潍坊市安全生产监督管理局局长。

决定免去：秦明清的潍坊市民族宗教事务局局长职务；尹文林的潍坊市安全生产监督管理局局长职务。

任命：张铁馨为潍坊滨海经济技术开发区人民检察院检察员；刘瑞鹏为潍坊滨海经济技术开发区人民检察院检察员；高跃前为潍坊滨海经济技术开发区人民检察院检察员；杨宁为潍坊滨海经济技术开发区人民检察院检察员；胡德龙为潍坊滨海经济技术开发区人民检察院检察员；陈淼为潍坊滨海经济技术开发区人民检察院检察员；冯耀法为潍坊滨海经济技术开发区人民检察院检察员；周建建为潍坊滨海经济技术开发区人民检察院检察员；栾鹏远为潍坊滨海经济技术开发区人民检察院检察员。

免去：刘瑞鹏的潍坊市人民检察院检察员职务；高跃前的潍坊市人民检察院检察员职务；陈方忠的潍坊市人民检察院检察员职务；李书江的潍坊市人民检察院检察员职务。

2016 年 9 月 18 日，市十六届人大常委会第三十二次会议决定：接受潘强辞去潍坊市人民政府副市长职务的请求。

任命：孙小玮为潍坊滨海经济技术开发区人民法院审判员、审判委员会委员；牟明刚为潍坊滨海经济技术开发区人民法院审判员、审判委员会委员；杨远珍为潍坊滨海经济技术开发区人民法院审判员、审判委员会委员；李玉乐为潍坊滨海经济技术开发区人民法院审判员；辛光博为潍坊滨海经济技术开发区人民法院审判员；赵洪磊为潍坊滨海经济技术开发区人民法院审判员。

2017 年 1 月 23 日，市十六届人大常委会第三十六次会议决定任命：李宽端为潍坊市人民政府副市长；吴磊为潍坊市公安局局长。

任命：王桂春为潍坊市人民检察院检察员、检察委员会委员、副检察长。

决定：接受刘曙光辞去潍坊市人民政府市长职务的请求。

决定：接受杨洪旭辞去潍坊市人民检察院检察长、检察委员会委员、检察员职务的请求。

决定：李宽端为潍坊市人民政府代理市长。

决定：王桂春为潍坊市人民检察院代理检察长。

决定：接受王辉辞去潍坊市第十六届人民代表大会常务委员会委员、潍坊市第十六届人民代表大会内务司法委员会委员职务，孙金生辞去潍坊市第十六届人民代表大会常务委员会委员、代表资格审查委员会委员、潍坊市第十六届人民代表大会农业与农村委员会副主任委员职务，陈本林辞去潍坊市第十六届人民代表大会常务委员会委员、潍坊市第十六届人民代表大会教育科学文化卫生委员会副主任委员职务的请求。

市第十七届人民代表大会常务委员会人事任免

2017 年 3 月 20 日，市十七届人大常委会第一次会议通过潍坊市第十七届人民代表大会常务委员会代表资格审查委员会主任委员、副主任委员、委员：主任委员王秀禄，副主任委员毛洪涛，委员丁汉邦、王增宝、田素英、朱朝辉、刘艳芳、刘效伟、杨爱君、邱尔臣、郭召义。

2017 年 4 月 28 日，市十七届人大常委会第二次会议决定任命：邓江陵为潍坊市人民政府副市长；宋均圻为潍坊市人民政府秘书长；马中平为潍坊市经济和信息化委员会主任；徐友礼为潍坊市教育局局长；张宝胜为潍坊市科学技术局局长；吴磊为潍坊市公安局局长；王玉为潍坊市监察局局长；吴海源为潍坊市民政局局长；王立杰为潍坊市司法局局长；田民利为潍坊市财政局局长；陈汝孝为潍坊市人力资源和社会保障局局长；孙守勤为潍坊市规划局局长；张文为潍坊市城市管理行政执法局局长；周寿宗为潍坊市水利局局长；王汉成为潍坊市农业局局长；白卫明为潍坊市商务局局长；孙俐君为潍坊市文化广电新闻出版局局长；宫智为潍坊市审计局局长；郑金来为潍坊市环境保护局局长；王浩为潍坊市外事与侨务办公室主任；肖建华为潍坊市民族宗教事务局局长；冯纪伟为潍坊市国有资产监督管理委员会主任；孙沂为潍坊市体育局局长；王丙为潍坊市统计局局长；刘跃东为潍坊市林业局局长；谭炳建为潍坊市工商行政管理局局长；陈勇为潍坊市质量技术监督局局长；刘建成为潍坊市安全生产监督管理局局长；张长坤为潍坊市食品药品监督管理局局长；于慰杰为潍坊市旅游发展委员会主任；高成勇为潍坊市人民政府法制办公室主任；李伟为潍坊市人民防空办公室主任。

决定免去：杨锡广的潍坊市卫生和计划生育委员会主任职务。

任命：李鲁民为潍坊市中级人民法院审判员、审判委员会委员；王峰、刘蕾、何大勇、李桂霞、杨金华、高波、朱峰、邵淼、陈秀丽、崔福涛、宫磊、贾元胜、李金桦、郭明明、郭淑娟、尹臣正、贾丽丽、孙涛、丁岩、李莉、刘培玲、祝建海、崔恒心、柏道勇、林少华、李长明、陈志宇、郭伟、张守现、张剑为潍坊市中级人民法院审判员；石凌云为潍坊高新技术产业开发区人民法院审判员。

免去：郭群吉、张筱玲、张子辉、赵琴、赵立政、王蓬莱、王少燕的潍坊市中级人民法院审判员职务；王兆来、石慧昉的潍坊高新技术产业开发区人民法院审判员职务。

任命：张杰、朱国宝、元爱玲、王世明、王向梅、田淼、宋林林、谷红艳、侯英杰为潍坊市人民检察院检察员。

批准任命：徐军为奎文区人民检察院检察长；王重国为潍城区人民检察院检察长；张春岳为坊子区人民检察院检察长；张素敏为寒亭区人民检察院检察长；王兆生为青州市人民检察院检察长；王彦青为诸城市人民检察院检察长；孙炜为寿光市人民检察院检察长；于建立为安丘市人民检察院检察长；隋国华为高密市人民检察院检察长；宋教德为昌邑市人民检察院检察长；季运忠为临朐县人民检察院检察长；郑爱之为昌乐县人民检察院检察长。

免去：张春岳、王彦青的潍坊市人民检察院检察委员会委员、检察员职务；郑树忠的潍坊市人民检察院检察员职务；王萍的潍坊高新技术产业开发区人民检察院检察委员会委员、检察员职务。

批准免去：朱国宝的潍城区人民检察院检察长职务；张杰的坊子区人民检察院检察长职务；王重国的诸城市人民检察院检察长职务。

2017 年 6 月 28 日，市十七届人大常委会第三次会议决定：接受徐军伟辞去潍坊市第十七届人民代表大会常务委员会委员职务的请求。

任命：蔡相山为潍坊市人民代表大会常务委员会研究室主任；于继才为潍坊市人民代表大会常务委员会预算工作委员会主任；刘晓东为潍坊市人民代表大会常务委员会法制工作委员会主任。

免去：徐军伟的潍坊市人民代表大会常务委员会副秘书长、研究室主任职务；王恒秋的潍坊市人民代表大会常务委员会预算工作委员会主任职务；胡景东的潍坊市人民代表大会常务委员会法制工作委员会主任职务。

决定任命：张增顺为潍坊市民政局局长；王金祥为潍坊市财政局局长；李承源为潍坊市海洋与渔业局局长；吴海源为潍坊市卫生和计划生育委员会主任；刘锡田为潍坊市金融工作办公室主任。

决定免去：吴海源的潍坊市民政局局长职务；田民利的潍坊市财政局局长职务；郑金来的潍坊市环境保护局局长职务。

2017 年 10 月 29 日，市十七届人大常委会第五次会议决定：接受丁汉邦辞去潍坊市第十七届人民代表大会常务委员会委员、代表资格审查委员会委员职务，皮先标辞去潍坊市第十七届人民代表大会常务委员会委员职务的请求。

任命：张培泉为潍坊高新技术产业开发区人民法院民事审判庭庭长；李吉为潍坊高新技术产业开发区人民法院行政审判庭（审判监督庭）庭长；石凌云为潍坊高新技术产业开发区人民法院刑事审判庭副庭长。

免去：石维云、孟令东、郑建勇的潍坊市中级人民法院审判员职务；张培泉的潍坊高新技术产业开发区人民法院刑事审判庭副庭长职务。

2018 年 1 月 2 日，市十七届人大常委会第八次会议决定：接受朱朝辉辞去潍坊市第十七届人民代表大会常务委员会委员、代表资格审查委员会委员职务的请求。

2018 年 1 月 9 日，市十七届人大常委会第九次会议任命：朱朝辉、李存杰为潍坊市监察委员会副主任；吉宗合、赵珊珊、曹田友、邓树刚为潍坊市监察委员会委员。

2018 年 4 月 19 日，市十七届人大常委会第十一次会议任命：王玉美、贾箫宇、谭斌、隋宝玲、纪兵为潍坊市人民检察院检察委员会委员。

免去：高培文的潍坊市人民检察院检察委员会委员、检察员职务；邓树刚的潍坊市人民检察院检察委员会委员职务；刘乐生、王宝宗、辛丽芳、荣世平的潍坊市人民检察院检察员职务；吕学智的潍坊市城郊地区人民检察院检察员职务。

2018年5月16日，市十七届人大常委会第十二次会议决定：接受李宽端辞去潍坊市人民政府市长职务的请求。

2018年6月25日，市十七届人大常委会第十三次会议决定：接受韩辅廉辞去潍坊市第十七届人民代表大会常务委员会委员、潍坊市第十七届人民代表大会民族侨务外事委员会副主任委员职务的请求。

免去：王建平、张长秀的潍坊市中级人民法院审判委员会委员、审判员职务；刘序滨的潍坊市中级人民法院审判员职务。

2018年7月26日，市十七届人大常委会第十四次会议决定任命：田庆盈为潍坊市人民政府副市长、代理市长。

2018年8月20日，市十七届人大常委会第十五次会议决定：接受邹庆忠辞去潍坊市人民政府副市长职务的请求。

决定：接受李成军辞去潍坊市第十七届人民代表大会常务委员会委员、潍坊市第十七届人民代表大会农业与农村委员会副主任委员职务，杨锡广辞去潍坊市第十七届人民代表大会常务委员会委员、潍坊市第十七届人民代表大会教育科学文化卫生委员会副主任委员职务的请求。

2018年12月26日，市十七届人大常委会第十八次会议决定任命：于世文为潍坊市交通运输局局长；程鹏为潍坊市金融工作办公室主任。

决定免去：刘锡田的潍坊市金融工作办公室主任职务。

任命：刘君为潍坊滨海经济技术开发区人民法院审判员。

免去：张胜平、杨景达、陈志宇的潍坊市中级人民法院审判员职务。

免去：高大汉的潍坊市人民检察院检察员职务。

2019年1月21日，市十七届人大常委会第十九次会议决定：接受刘曙光辞去潍坊市第十七届人民代表大会常务委员会主任职务的请求。

2019年1月25日，市十七届人大常委会第二十次会议决定：接受田素英辞去潍坊市第十七届人民代表大会常务委员会委员、代表资格审查委员会委员、潍坊市第十七届人民代表大会民族侨务外事委员会委员职务的请求。

决定任命：高玉国为潍坊市科学技术局局长；鞠俊海为潍坊市工业和信息化局局长；王汉成为潍坊市民政局局长；陈勇为潍坊市人力资源和社会保障局局长；罗相贤为潍坊市生态环境局局长；钟光文为潍坊市城市管理局局长；常祖领为潍坊市农业农村局局长；李承源为潍坊市海洋发展和渔业局局长；王富为潍坊市商务局局长；田素英为潍坊市文化和旅游局局长；吴海源为潍坊市卫生健康委员会主任；张增顺为潍坊市退役军人事务局局长；刘建成为潍坊市应急管理局局长；葛英煜为潍坊市外事办公室主任；张长坤为潍坊市国有资产监督管理委员会主任；徐凤徽为潍坊市行政审批服务局局长；冯纪伟为潍坊市市场监督管理局局长；沃付贤为潍坊市体育局局长；孙淑芳为潍坊市统计局局长；陈延爱为潍坊市医疗保障局局长；程鹏为潍坊市地方金融监督管理局局长；张宝庆为潍坊市大数据局局长；王浩为潍坊市投资合作促进局局长；赵传江为潍坊市信访局局长。

决定免去：张宝胜的潍坊市科学技术局局长职务；张增顺的潍坊市民政局局长职务；陈汝孝的潍坊市人力资源和社会保障局局长职务；白卫明的潍坊市商务局局长职务；冯纪伟的潍坊市国有资产监督管理委员会主任职务；孙沂的潍坊市体育局局长职务；王丙的潍坊市统计局局长职务。

任命：韩鹏、吉宗合为潍坊市监察委员会副主任；高培文为潍坊市监察委员会委员。

免去：朱朝辉的潍坊市监察委员会副主任职务；吉宗合的潍坊市监察委员会委员职务。

2019 年 2 月 28 日，市十七届人大常委会第二十二次会议任命：马中平为潍坊市第十七届人民代表大会财政经济委员会副主任委员；张洪全为潍坊市第十七届人民代表大会教育科学文化卫生委员会副主任委员；谭炳建为潍坊市第十七届人民代表大会教育科学文化卫生委员会副主任委员；张守富为潍坊市第十七届人民代表大会城乡建设与环境资源保护委员会副主任委员；宫智为潍坊市第十七届人民代表大会农业与农村委员会副主任委员；孙沂为潍坊市第十七届人民代表大会农业与农村委员会副主任委员；陈强为潍坊市第十七届人民代表大会民族侨务外事委员会副主任委员；刘跃东为潍坊市第十七届人民代表大会民族侨务外事委员会副主任委员；高成勇为潍坊市第十七届人民代表大会法制委员会副主任委员；刘全平为潍坊市第十七届人民代表大会财政经济委员会委员；郭虎英为潍坊市第十七届人民代表大会法制委员会委员。

免去：郭召义的潍坊市第十七届人民代表大会城乡建设与环境资源保护委员会委员职务；陈强的潍坊市第十七届人民代表大会法制委员会委员职务。

2019 年 3 月 6 日，市十七届人大常委会第二十三次会议决定：接受王秀禄辞去潍坊市第十七届人民代表大会常务委员会秘书长、代表资格审查委员会主任委员职务的请求。

决定任命：刘建国为潍坊市人民政府副市长；张祖钊为潍坊市审计局局长。

决定免去：宫智的潍坊市审计局局长职务。

2019 年 4 月 25 日，市十七届人大常委会第二十四次会议决定：接受张学文辞去潍坊市第十七届人民代表大会常务委员会委员、潍坊市第十七届人民代表大会教育科学文化卫生委员会副主任委员职务，钟耕民辞去潍坊市第十七届人民代表大会常务委员会委员、潍坊市第十七届人民代表大会民族侨务外事委员会委员职务的请求。

免去：李俊杰的潍坊市人民检察院检察员职务；张金川的潍坊高新技术产业开发区人民检察院检察委员会委员、检察员职务。

2019 年 6 月 12 日，市十七届人大常委会第二十五次会议决定任命：王教法为潍坊市住房和城乡建设局局长；张志海为潍坊市人民政府研究室主任。

任命：郭建伟为潍坊市监察委员会委员；张杰为潍坊市监察委员会委员。

免去：曹田友的潍坊市监察委员会委员职务。

免去：宋允厚的潍坊市中级人民法院副院长、审判委员会委员、审判员职务；李述胜的潍坊市中级人民法院审判委员会委员、审判员职务；王惠的潍坊市中级人民法院审判委员会委员、审判员职务；王斌的潍坊市中级人民法院立案一庭副庭长、审判员职务；何波的潍坊市中级人民法院审判员职务；王益林的潍坊市中级人民法院审判员职务。

2019 年 8 月 27 日，市十七届人大常委会第二十六次会议决定：接受丁利民辞去潍坊市第十七届人民代表大会常务委员会委员、潍坊市第十七届人民代表大会城乡建设与环境资源保护委员会副主任委员职务的请求。

决定任命：刘建成为潍坊市自然资源和规划局局长；李鹏为潍坊市应急管理局局长；鞠增玉为潍坊市人民防空办公室主任。

决定免去：刘建成的潍坊市应急管理局局长职务；李伟的潍坊市人民防空办公室主任职务。

任命：李向阳为潍坊市中级人民法院审判员、审判委员会委员、副院长。

决定：接受姜树政辞去潍坊市中级人民法院院长、审判委员会委员、审判员职务的请求。

决定：李向阳为潍坊市中级人民法院代理院长。

免去：张福全的潍坊市人民检察院检察委员会委员、检察员职务；邓树刚、张杰、赵光锘、田仁升、冯玉忠、刘法玉、潘月明、吕国峰、穆文华、代守清、张立华、殷江泉、王锡洪、康旭峰、高玉之、侯丰田的潍坊市人民检察院检察员职务；孙文德的潍坊市城郊地区人民检察院检察员职务；姚建太、张建国的潍坊高新技术产业开发区人民检察院检察员职务；乔雷的潍坊滨海经济技术开发区人民检察院检察委员会委员、检察员职务；陈淼、栾鹏远的潍坊滨海经济技术开发区人民检察院检察员职务。

2019 年 10 月 25 日，市十七届人大常委会第二十七次会议决定：接受刘艳芳辞去潍坊市第十七届人民代表大会常务委员会委员、代表资格审查委员会委员、潍坊市第十七届人民代表大会法制委员会委员职务，邱尔臣辞去潍坊市第十七届人民代表大会常务委员会委员、代表资格审查委员会委员、潍坊市第十七届人民代表大会教育科学文化卫生委员会委员职务，赵刚毅辞去潍坊市第十七届人民代表大会常务委员会委员、潍坊市第十七届人民代表大会农业与农村委员会副主任委员职务的请求。

决定：接受吴磊辞去潍坊市人民政府副市长职务的请求。

2019 年 11 月 8 日，市十七届人大常委会第二十八次会议免去：宫智的潍坊市第十七届人民代表大会农业与农村委员会副主任委员职务；陈强的潍坊市第十七届人民代表大会民族侨务外事委员会副主任委员职务。

决定任命：孙刚为潍坊市人民政府副市长、潍坊市公安局局长。

决定免去：吴磊的潍坊市公安局局长职务。

2019 年 12 月 24 日，市十七届人大常委会第二十九次会议决定：接受丁峰辞去潍坊市第十七届人民代表大会常务委员会委员职务，王发庆辞去潍坊市第十七届人民代表大会常务委员会委员、潍坊市第十七届人民代表大会财政经济委员会副主任委员职务的请求。

任命：赵珊珊为潍坊市监察委员会副主任。

免去：李存杰的潍坊市监察委员会副主任职务；赵珊珊的潍坊市监察委员会委员职务。

任命：陶卫东为潍坊市人民检察院检察员、检察委员会委员、副检察长。

免去：刘永杰的潍坊高新技术产业开发区人民检察院副检察长、检察委员会委员、检察员职务。

决定：接受王桂春辞去潍坊市人民检察院检察长、检察委员会委员、检察员职务的请求。

决定：陶卫东为潍坊市人民检察院代理检察长。

2020 年 2 月 21 日，市十七届人大常委会第三十二次会议任命：杨建华为潍坊市第十七届人民代表大会常务委员会代表资格审查委员会主任委员；刘玉祥为潍坊市第十七届人民代表大会常务委员会代表资格审查委员会委员、潍坊市第十七届人民代表大会法制委员会委员；宋立军为潍坊市第十七届人民代表大会常务委员会代表资格审查委员会委员、潍坊市第十七届人民代表大会民族侨务外事委员会委员；高志秀为潍坊市第十七届人民代表大会常务委员会代表资格审查委员会委员、潍坊市第十七届人民代表大会财政经济委员会委员；丁卫东为潍坊市第十七届人民代表大会监察和司法委员会副主任委员；王曰普为潍坊市第十七届人民代表大会财政经济委员会副主任委员；李亚平为潍坊市第十七届人民代表大会财政经济委员会委员；齐延升为潍坊市第十七届人民代表大会城乡建设与环境资源保护委员会副主任委员；禚振鹤为潍坊市第十七届人民代表大会农业与农村委员会副主任委员；赵红梅为潍坊市第十七届人民代表大会民族侨务外事委员会委员；殷好治为潍坊市第十七届人民代表大会民族侨务外事委员会委员。

免去：王晓晨的潍坊市第十七届人民代表大会民族侨务外事委员会委员职务。

决定免去：张宝庆的潍坊市大数据局局长职务。

任命：宫玉峰为潍坊滨海经济技术开发区人

民法院审判员。

免去：韩增茂的潍坊市中级人民法院刑事审判第二庭副庭长、审判员职务；张建国的潍坊市中级人民法院审判员职务。

免去：马言圣的潍坊市人民检察院副检察长、检察委员会委员、检察员职务；闫曙光的潍坊市人民检察院检察员职务。

2020年4月9日，市十七届人大常委会第三十三次会议决定：接受卢洪凯辞去潍坊市第十七届人民代表大会常务委员会委员、潍坊市第十七届人民代表大会教育科学文化卫生委员会委员职务，张志勇辞去潍坊市第十七届人民代表大会常务委员会委员、潍坊市第十七届人民代表大会城乡建设与环境资源保护委员会副主任委员职务，傅廷伟辞去潍坊市第十七届人民代表大会常务委员会委员、潍坊市第十七届人民代表大会监察和司法委员会副主任委员职务的请求。

免去：宋修栋、焦方善的潍坊市人民检察院检察员职务。

2020年6月18日，市十七届人大常委会第三十四次会议决定：接受王承策辞去潍坊市第十七届人民代表大会常务委员会委员、潍坊市第十七届人民代表大会民族侨务外事委员会副主任委员职务的请求。

决定任命：孙淑芳为潍坊市司法局局长；王万信为潍坊市统计局局长；于冬菊为潍坊市大数据局局长。

决定免去：王立杰的潍坊市司法局局长职务；孙淑芳的潍坊市统计局局长职务。

免去：闫东的潍坊市中级人民法院审判委员会委员、审判员职务；赵建的潍坊市中级人民法院执行二庭副庭长、审判员职务；黄金海的潍坊市中级人民法院审判员职务；郭良军的潍坊市中级人民法院审判员职务。

任命：马利昌、魏瑞金、潘同周为潍坊市城郊地区人民检察院检察委员会委员。

2020年8月26日，市十七届人大常委会第三十五次会议决定：接受郭召义辞去潍坊市第十七届人民代表大会常务委员会委员、代表资格审查委员会委员、潍坊市第十七届人民代表大会社会建设委员会副主任委员职务的请求。

任命：吴海源为潍坊市第十七届人民代表大会社会建设委员会副主任委员；李广懿为潍坊市人民代表大会常务委员会副秘书长；锡保平为潍坊市人民代表大会常务委员会预算工作委员会主任。

免去：蔡相山的潍坊市人民代表大会常务委员会研究室主任职务；于继才的潍坊市人民代表大会常务委员会预算工作委员会主任职务。

决定任命：杜全平为潍坊市教育局局长；钟光文为潍坊市住房和城乡建设局局长；张晓乙为潍坊市卫生健康委员会主任；王勇为潍坊市退役军人事务局局长。

决定免去：徐友礼的潍坊市教育局局长职务；王教法的潍坊市住房和城乡建设局局长职务；钟光文的潍坊市城市管理局局长职务；吴海源的潍坊市卫生健康委员会主任职务；张增顺的潍坊市退役军人事务局局长职务。

免去：王效刚的潍坊市中级人民法院审判员职务；徐艳的潍坊市中级人民法院审判员职务；马瑛杰的潍坊市中级人民法院审判员职务；张玉娟的潍坊市中级人民法院审判委员会委员、民事审判第四庭庭长、审判员职务；李行道的潍坊高新技术产业开发区人民法院审判委员会委员、审判员职务。

2020年10月22日，市十七届人大常委会第三十六次会议任命：赵传江为潍坊市第十七届人民代表大会监察和司法委员会副主任委员；于继才为潍坊市第十七届人民代表大会城乡建设与环境资源保护委员会副主任委员；王勇为潍坊市第十七届人民代表大会农业与农村委员会副主任委员；王汉成为潍坊市第十七届人民代表大会民族侨务外事委员会副主任委员。

决定任命：鞠立强为潍坊市民政局局长；王

大伟为潍坊市应急管理局局长；刘学建为潍坊市信访局局长。

决定免去：王汉成的潍坊市民政局局长职务；李鹏的潍坊市应急管理局局长职务；赵传江的潍坊市信访局局长职务。

决定：接受张晓峰辞去潍坊市监察委员会主任职务的请求。

任命：杨维波为潍坊市中级人民法院副院长；郭宝信为潍坊高新技术产业开发区人民法院院长。

免去：杨维波的潍坊高新技术产业开发区人民法院院长、审判委员会委员、审判员职务；刘景芝的潍坊滨海经济技术开发区人民法院副院长、审判委员会委员、审判员职务；孟强的潍坊市中级人民法院行政审判庭副庭长、审判员职务；张永明的潍坊市中级人民法院审判监督庭副庭长、审判员职务。

任命：王常青为潍坊市人民检察院副检察长；季运忠为潍坊市人民检察院检察员。

免去：纪兵、隋宝玲的潍坊市人民检察院检察委员会委员、检察员职务；李学军的潍坊市人民检察院检察员职务。

2020 年 12 月 8 日，市十七届人大常委会第三十八次会议免去：王增宝的潍坊市人民代表大会常务委员会副秘书长、办公室主任职务。

决定任命：马冰为潍坊市城市管理局局长；田元君为潍坊市水利局局长。

决定免去：周寿宗的潍坊市水利局局长职务；王浩的潍坊市投资合作促进局局长职务。

任命：高峰为潍坊市监察委员会副主任、代理主任。

任命：张同文为潍坊市中级人民法院立案一庭庭长；宋宗明为潍坊市中级人民法院民事审判第一庭副庭长。

免去：张同文的潍坊市中级人民法院未成年人案件审判庭庭长职务；张国良的潍坊市中级人民法院立案一庭庭长职务；张金川的潍坊市中级人民法院立案二庭庭长职务；吴昌格的潍坊市中级人民法院立案一庭副庭长职务；钟元林的潍坊市中级人民法院民事审判第三庭副庭长职务；尹义的潍坊市中级人民法院民事审判第一庭副庭长职务。

免去：王俊丽的潍坊市人民检察院检察员职务。

批准免去：孙炜的寿光市人民检察院检察长职务；隋国华的高密市人民检察院检察长职务；宋教德的昌邑市人民检察院检察长职务；季运忠的临朐县人民检察院检察长职务。

2021 年 1 月 28 日，市十七届人大常委会第四十次会议决定：接受惠新安辞去潍坊市第十七届人民代表大会常务委员会主任职务的请求。

决定任命：卞汉林为潍坊市人民政府副市长。

2021 年 3 月 14 日，市十七届人大常委会第四十一次会议决定任命：刘运为潍坊市人民政府副市长；詹在平为潍坊市人民政府副市长；王大伟为潍坊市海洋发展和渔业局局长；李永光为潍坊市应急管理局局长。

决定免去：李承源的潍坊市海洋发展和渔业局局长职务；王大伟的潍坊市应急管理局局长职务。

决定：接受田庆盈辞去潍坊市人民政府市长职务的请求。

决定：刘运为潍坊市人民政府代理市长。

决定：接受张志才辞去潍坊市第十七届人民代表大会常务委员会委员、潍坊市第十七届人民代表大会法制委员会副主任委员职务，张洪全同志辞去潍坊市第十七届人民代表大会常务委员会委员、潍坊市第十七届人民代表大会教育科学文化卫生委员会副主任委员职务的请求。

2021 年 3 月 18 日，市十七届人大常委会第四十二次会议任命：王增宝为潍坊市第十七届人民代表大会财政经济委员会副主任委员。

2021 年 3 月 26 日，市十七届人大常委会第四十三次会议决定：接受刘建国辞去潍坊市人民政府副市长职务的请求。

决定任命：李兰祥为潍坊市人民政府副市长；马焕军为潍坊市生态环境局局长。

决定免去：罗相贤的潍坊市生态环境局局长职务。

2021 年 4 月 29 日，市十七届人大常委会第四十四次会议任命：闫凤林为潍坊市人民代表大会常务委员会副秘书长、办公室主任；康悦彬为潍坊市第十七届人民代表大会城乡建设与环境资源保护委员会副主任委员；赵中国为潍坊市第十七届人民代表大会教育科学文化卫生委员会委员。

决定任命：王富为潍坊市发展和改革委员会主任；冯波为潍坊市商务局局长；韩文宏为潍坊市投资合作促进局局长。

决定免去：王富的潍坊市商务局局长职务。

任命：杨维波为潍坊市中级人民法院审判员、审判委员会委员；杨培锋为潍坊市中级人民法院审判员、审判委员会委员；尹洪阳为潍坊市中级人民法院审判员；吕宜民为潍坊市中级人民法院审判员；徐伟东为潍坊市中级人民法院刑事审判第二庭庭长；马淑华为潍坊市中级人民法院民事审判第一庭庭长；马海兰为潍坊市中级人民法院民事审判第四庭庭长；马怀国为潍坊市中级人民法院执行二庭庭长；王建伟为潍坊市中级人民法院立案二庭庭长、审判委员会委员；冉青松为潍坊市中级人民法院刑事审判第一庭庭长、审判委员会委员；宋宗明为潍坊市中级人民法院未成年人案件审判庭庭长、审判委员会委员；李霞为潍坊市中级人民法院民事审判第二庭庭长、审判委员会委员；祝卫华为潍坊市中级人民法院民事审判第三庭庭长、审判委员会委员；陈伟为潍坊市中级人民法院执行一庭庭长、审判委员会委员；薛居亮为潍坊市中级人民法院民事审判第一庭副庭长；朱奉纲为潍坊市中级人民法院民事审判第三庭副庭长；叶伶俐为潍坊市中级人民法院执行二庭副庭长；崔福涛为潍坊市中级人民法院立案一庭副庭长；孙涛为潍坊市中级人民法院立案一庭副庭长；何大勇为潍坊市中级人民法院刑事审判第一庭副庭长；冯海玲为潍坊市中级人民法院民事审判第一庭副庭长；李长明为潍坊市中级人民法院民事审判第二庭副庭长；李金桦为潍坊市中级人民法院民事审判第二庭副庭长；李玲为潍坊市中级人民法院民事审判第四庭副庭长；郭宝信为潍坊高新技术产业开发区人民法院审判员、审判委员会委员；张培泉为潍坊高新技术产业开发区人民法院审判委员会委员；石凌云为潍坊高新技术产业开发区人民法院审判委员会委员；刘恩科为潍坊高新技术产业开发区人民法院审判委员会委员；李鲁民为潍坊滨海经济技术开发区人民法院审判员、审判委员会委员、院长；李欣红为潍坊滨海经济技术开发区人民法院审判员、审判委员会委员、副院长。

免去：卢卫国的潍坊市中级人民法院副院长职务；高怀礼的潍坊市中级人民法院审判委员会委员职务；李金鹏的潍坊市中级人民法院审判委员会委员职务；宋执船的潍坊市中级人民法院审判委员会委员职务；王光才的潍坊市中级人民法院审判委员会委员职务；张金川的潍坊市中级人民法院审判委员会委员职务；李福海的潍坊市中级人民法院审判委员会委员职务；李鲁民的潍坊市中级人民法院审判委员会委员、审判员职务；李欣红的潍坊市中级人民法院审判委员会委员、执行二庭庭长、审判员职务；李广兴的潍坊市中级人民法院审判委员会委员、审判员职务；王夕瑞的潍坊市中级人民法院审判员职务；王振星的潍坊市中级人民法院审判委员会委员、刑事审判第一庭庭长职务；尹福山的潍坊市中级人民法院刑事审判第二庭庭长职务；薛培忠的潍坊市中级人民法院民事审判第一庭庭长职务；马海兰的潍坊市中级人民法院民事审判第二庭庭长职务；徐伟东的潍坊市中级人民法院民事审判第三庭庭长职务；马怀国的潍坊市中级人民法院执行一庭庭长职务；薛居亮的潍坊市中级人民法院立案二庭副庭长职务；冉青松的潍坊市中级人民法院刑事审判第一庭副庭长职务；朱奉纲的潍坊市中级人民法院民事审判第一庭副庭长职务；宋宗明的潍坊市中级人民法院民事审判第一庭副庭长职务；李霞的潍坊市中级人民法院民事审判第二庭副庭长职务；祝卫华的潍坊市中级人民法院民事审判第二庭副庭长职务；陈伟的潍坊市中级人民法院民事审判第三庭副庭长职务；王建伟的潍坊市中级人民法院民事审判第四庭副庭长职务；王彬的潍坊高新技术产业开发区人民法院副院长职务；赵伟贞的潍坊高新技术产业开发区人民法院审判委员会委员、立案庭庭长职务。

任命：徐军为潍坊市人民检察院检察员；于清友为潍坊高新技术产业开发区人民检察院检察员。

批准任命：贾箫宇为奎文区人民检察院检察长；宋教德为寿光市人民检察院检察长；纪兵为高密市人民检察院检察长；隋国华为昌邑市人民检察院检察长；隋宝玲为临朐县人民检察院检察长。

免去：贾箫宇的潍坊市人民检察院检察委员会委员、检察员职务；于清友的潍坊市城郊地区人民检察院副检察长、检察委员会委员、检察员职务；李广杰的潍坊市城郊地区人民检察院检察委员会委员、检察员职务。

批准免去：徐军的奎文区人民检察院检察长职务。

2021 年 6 月 23 日，市十七届人大常委会第四十五次会议决定：接受杨建华辞去潍坊市第十七届人民代表大会常务委员会秘书长职务，张守富辞去潍坊市第十七届人民代表大会常务委员会委员、潍坊市第十七届人民代表大会城乡建设与环境资源保护委员会副主任委员职务的请求。杨建华担任的潍坊市第十七届人民代表大会常务委员会代表资格审查委员会主任委员职务相应终止。

任命：宋立军为潍坊市第十七届人民代表大会民族侨务外事委员会副主任委员。

决定：接受孙刚辞去潍坊市人民政府副市长职务的请求。

决定任命：权文松为潍坊市文化和旅游局局长。

决定免去：田素英的潍坊市文化和旅游局局长职务。

免去：韩鹏的潍坊市监察委员会副主任职务。

2021 年 8 月 26 日，市十七届人大常委会第四十六次会议决定：接受齐延升辞去潍坊市第十七届人民代表大会常务委员会委员、潍坊市第十七届人民代表大会城乡建设与环境资源保护委员会副主任委员职务的请求。

任命：于进强为潍坊市人民代表大会常务委员会研究室主任。

免去：吴昌格的潍坊市中级人民法院审判员职务；尹义的潍坊市中级人民法院审判员职务。

任命：李学生为潍坊市城郊地区人民检察院副检察长；邱勇为潍坊市城郊地区人民检察院副检察长；马庆国为潍坊高新技术产业开发区人民检察院副检察长；王涛为潍坊滨海经济技术开发区人民检察院副检察长。

免去：马庆国的潍坊市人民检察院检察委员会委员、检察员职务；王涛的潍坊市人民检察院检察员职务；邵长远的潍坊市人民检察院检察员职务；马利昌的潍坊市城郊地区人民检察院检察委员会委员、检察员职务；李学生的潍坊高新技术产业开发区人民检察院检察委员会委员、检察员职务；邱勇的潍坊高新技术产业开发区人民检察院检察委员会委员、检察员职务。

2021 年 9 月 18 日，市十七届人大常委会第四十七次会议决定：接受谭炳建辞去潍坊市第十七届人民代表大会常务委员会委员、潍坊市第十七届人民代表大会教育科学文化卫生委员会副主任委员职务的请求。

免去：刘棣俭的潍坊市人民代表大会常务委员会副秘书长职务。

决定任命：王守全为潍坊市人力资源和社会保障局局长；党好玲为潍坊市行政审批服务局局长；刘棣俭为潍坊市医疗保障局局长。

决定免去：陈勇的潍坊市人力资源和社会保障局局长职务；徐凤徽的潍坊市行政审批服务局局长职务；陈延爱的潍坊市医疗保障局局长职务。

2021 年 10 月 21 日，市十七届人大常委会第四十八次会议决定任命：郭友亮为潍坊市国有资产监督管理委员会主任。

决定免去：张长坤的潍坊市国有资产监督管理委员会主任职务。

免去：卢卫国的潍坊市中级人民法院审判委员会委员、审判员职务；张金川的潍坊市中级人民法院审判员职务；钟元林的潍坊市中级人民法院审判员职务；邢伟明的潍坊市中级人民法院审判员职务；张振显的潍坊市中级人民法院审判员职务。

任命：刘莉为潍坊市人民检察院检察员；宫新强为潍坊市人民检察院检察员。

免去：谭斌的潍坊市人民检察院检察委员会委员、检察员职务；苗新生的潍坊滨海经济技术开发区人民检察院检察委员会委员、检察员职务。

2021 年 12 月 31 日，市十七届人大常委会第四十九次会议决定：接受张宝胜辞去潍坊市第十七届人民代表大会常务委员会委员、潍坊市第十七届人民代表大会社会建设委员会副主任委员职务的请求。

任命：王燕为潍坊市人民代表大会常务委员会副秘书长。

任命：胡清太为潍坊市监察委员会委员。

免去：邓树刚的潍坊市监察委员会委员职务；张杰的潍坊市监察委员会委员职务。

任命：姜琪砚为潍坊高新技术产业开发区人民法院审判委员会委员。

免去：张培泉的潍坊高新技术产业开发区人民法院审判委员会委员、民事审判庭庭长职务；赵伟贞的潍坊高新技术产业开发区人民法院审判员职务。

免去：孟庆才的潍坊市人民检察院检察员职务；刘伟的潍坊市人民检察院检察员职务；李红旭的潍坊市人民检察院检察员职务。

2022 年 1 月 18 日，市十七届人大常委会第五十次会议决定任命：狄波为潍坊市人民政府副市长；陈端梅为潍坊市人民政府副市长；徐磊为潍坊市公安局局长；孙吉海为潍坊市生态环境局局长；徐莹为潍坊市海洋发展和渔业局局长；刘超为潍坊市退役军人事务局局长。

决定免去：孙刚的潍坊市公安局局长职务；孙淑芳的潍坊市司法局局长职务；马焕军的潍坊市生态环境局局长职务；王大伟的潍坊市海洋发展和渔业局局长职务；王勇的潍坊市退役军人事务局局长职务。

任命：隋宝玲为潍坊市监察委员会委员。

任命：孟祥刚为潍坊市中级人民法院审判员、审判委员会委员、副院长。

决定：接受李向阳辞去潍坊市中级人民法院院长、审判委员会委员、审判员职务的请求。

决定：孟祥刚为潍坊市中级人民法院代理院长。

任命：张敬艳为潍坊市人民检察院检察员、检察委员会委员、副检察长。

决定：接受陶卫东辞去潍坊市人民检察院检察长、检察委员会委员、检察员职务的请求。

决定：张敬艳为潍坊市人民检察院代理检察长。

2022 年 2 月 22 日，市十七届人大常委会第五十一次会议任命：郭建伟为潍坊市监察委员会副主任；高培文为潍坊市监察委员会副主任。

免去：吉宗合的潍坊市监察委员会副主任职务；郭建伟的潍坊市监察委员会委员职务；高培

文的潍坊市监察委员会委员职务。

任命：王学功为潍坊市中级人民法院审判员、审判委员会委员；孙绍军为潍坊市中级人民法院审判员、审判委员会委员；何彤斌为潍坊市中级人民法院审判员、审判委员会委员；丁颖为潍坊市中级人民法院审判员；于志明为潍坊市中级人民法院审判员；李玉香为潍坊市中级人民法院审判员；柴象坤为潍坊市中级人民法院审判员；高兴东为潍坊市中级人民法院审判员；高艳丽为潍坊市中级人民法院审判员。

免去：王贤臣的潍坊市中级人民法院副院长职务；李正良的潍坊市中级人民法院审判委员会委员、行政审判庭庭长、审判员职务；邱金山的潍坊市中级人民法院审判委员会委员、审判员职务；张同文的潍坊市中级人民法院审判委员会委员、立案一庭庭长、审判员职务；路志明的潍坊市中级人民法院审判员职务；李志良的潍坊市中级人民法院审判员职务。

任命：王重国为潍坊市城郊地区人民检察院检察员、检察委员会委员、检察长；周金明为潍坊高新技术产业开发区人民检察院检察员、检察委员会委员、检察长；郑爱芝为潍坊滨海经济技术开发区人民检察院检察员、检察委员会委员、检察长。

批准任命：贾箫宇为奎文区人民检察院检察长；王彦青为潍城区人民检察院检察长；张素敏为坊子区人民检察院检察长；于建立为寒亭区人民检察院检察长；张春岳为青州市人民检察院检察长；刘水平为诸城市人民检察院检察长；宋教德为寿光市人民检察院检察长；池泉为安丘市人民检察院检察长；纪兵为高密市人民检察院检察长；隋国华为昌邑市人民检察院检察长；潘祎为临朐县人民检察院检察长；王兆生为昌乐县人民检察院检察长。

免去：陈曦的潍坊市人民检察院副检察长职务；刘水平的潍坊市人民检察院检察员职务；孙爱芹的潍坊市人民检察院检察员职务；徐光明的潍坊市城郊地区人民检察院检察长职务；刘利宁的潍坊高新技术产业开发区人民检察院检察长职务；周金明的潍坊滨海经济技术开发区人民检察院检察长、检察委员会委员、检察员职务。

批准免去：王重国的潍城区人民检察院检察长职务；张春岳的坊子区人民检察院检察长职务；张素敏的寒亭区人民检察院检察长职务；王兆生的青州市人民检察院检察长职务；王彦青的诸城市人民检察院检察长职务；于建立的安丘市人民检察院检察长职务；隋宝玲的临朐县人民检察院检察长职务；郑爱芝的昌乐县人民检察院检察长职务。

市第十八届人民代表大会常务委员会人事任免

2022 年 4 月 27 日，市十八届人大常委会第一次会议任命：田素英为潍坊市第十八届人民代表大会常务委员会代表资格审查委员会主任委员；毛洪涛为潍坊市第十八届人民代表大会常务委员会代表资格审查委员会副主任委员；刘玉祥为潍坊市第十八届人民代表大会常务委员会代表资格审查委员会委员；闫凤林为潍坊市第十八届人民代表大会常务委员会代表资格审查委员会委员；李月淑为潍坊市第十八届人民代表大会常务委员会代表资格审查委员会委员；赵中国为潍坊市第十八届人民代表大会常务委员会代表资格审查委员会委员；徐鹏强为潍坊市第十八届人民代表大会常务委员会代表资格审查委员会委员；高志秀为潍坊市第十八届人民代表大会常务委员会代表资格审查委员会委员。

免去：孔祥慧的潍坊市中级人民法院行政审判庭副庭长职务；朱奉纲的潍坊市中级人民法院民事审判第三庭副庭长、审判员职务；郭伟的潍坊市中级人民法院审判员职务；王彬的潍坊高新技术产业开发区人民法院审判委员会委员、审判员职务；周昭福的潍坊高新技术产业开发区人民法院审判委员会委员、审判员职务；李玉乐的潍坊滨海经济技术开发区人民法院审判员职务。

2022 年 6 月 16 日，市十八届人大常委会第二次会议决定任命：宋均圻为潍坊市人民政府秘书长；王万信为潍坊市发展和改革委员会主任，潍坊市统计局局长；杜全平为潍坊市教育局局长；高玉国为潍坊市科学技术局局长；鞠俊海为潍坊市工业和信息化局局长；徐磊为潍坊市公安局局长；鞠立强为潍坊市民政局局长；王金祥为潍坊市财政局局长；王守全为潍坊市人力资源和社会保障局局长；刘建成为潍坊市自然资源和规划局局长；孙吉海为潍坊市生态环境局局长；钟光文为潍坊市住房和城乡建设局局长；马冰为潍坊市城市管理局局长；于世文为潍坊市交通运输局局长；田元君为潍坊市水利局局长；常祖领为潍坊市农业农村局局长；徐莹为潍坊市海洋发展和渔业局局长；冯波为潍坊市商务局局长；权文松为潍坊市文化和旅游局局长；张晓乙为潍坊市卫生健康委员会主任；刘超为潍坊市退役军人事务局局长；李永光为潍坊市应急管理局局长；张祖钊为潍坊市审计局局长；葛英煜为潍坊市人民政府外事办公室主任；郭友亮为潍坊市国有资产监督管理委员会主任；党好玲为潍坊市行政审批服务局局长；刘英杰为潍坊市市场监督管理局局长；沃付贤为潍坊市体育局局长；刘棣俭为潍坊市医疗保障局局长；鞠增玉为潍坊市人民防空办公室主任；张志海为潍坊市人民政府研究室主任；程鹏为潍坊市地方金融监督管理局局长；于冬菊为潍坊市大数据局局长；韩文宏为潍坊市投资合作促进局局长；刘学建为潍坊市信访局局长。

任命：陈新厂为潍坊市中级人民法院审判委员会委员、审判员；宫玉峰为潍坊高新技术产业开发区人民法院审判员。

免去：宫玉峰的潍坊滨海经济技术开发区人民法院审判员职务。

2022 年 8 月 30 日，市十八届人大常委会第四次会议决定：接受田庆盈辞去潍坊市第十八届人民代表大会常务委员会主任职务的请求。

任命：周伟为潍坊市中级人民法院审判员；任志华为潍坊市中级人民法院审判员。

免去：崔旭的潍坊市中级人民法院审判员职务；刘宁的潍坊市中级人民法院审判员职务；王宝成的潍坊市中级人民法院未成年人案件审判庭副庭长、审判员职务。

任命：李学生为潍坊市城郊地区人民检察院检察委员会委员、检察员；邱勇为潍坊市城郊地区人民检察院检察委员会委员、检察员；马庆国为潍坊高新技术产业开发区人民检察院检察委员会委员、检察员；杜崇胜为潍坊高新技术产业开发区人民检察院检察委员会委员；刘霞为潍坊高新技术产业开发区人民检察院检察委员会委员。

免去：刘利宁的潍坊高新技术产业开发区人民检察院检察委员会委员、检察员职务。

2022 年 10 月 26 日，市十八届人大常委会第五次会议决定任命：张志强为潍坊市司法局局长；杨德强为潍坊市统计局局长。

决定免去：王万信的潍坊市统计局局长职务。

任命：赵明海为潍坊市中级人民法院副院长；杨培锋为潍坊市中级人民法院副院长；孙绍军为潍坊市中级人民法院副院长；崔福涛为潍坊市中级人民法院立案一庭庭长；徐伟东为潍坊市中级人民法院刑事审判第一庭庭长；刘勇为潍坊市中级人民法院刑事审判第二庭庭长；周建明为潍坊市中级人民法院民事审判第一庭庭长；马淑华为潍坊市中级人民法院民事审判第二庭庭长；李霞为潍坊市中级人民法院行政审判庭庭长；冉青松为潍坊市中级人民法院审判监督庭庭长；迟文文为潍坊市中级人民法院未成年人案件审判庭副庭长；宫磊为潍坊市中级人民法院民事审判第一庭副庭长；贾元胜为潍坊市中级人民法院民事审判第一庭副庭长；丁岩为潍坊市中级人民法院民事审判第二庭副庭长；尹臣正为潍坊市中级人民法院民事审判第二庭副庭长；朱峰为潍坊市中

级人民法院民事审判第三庭副庭长；李桂霞为潍坊市中级人民法院民事审判第四庭副庭长；高艳丽为潍坊市中级人民法院民事审判第四庭副庭长；李长明为潍坊市中级人民法院行政审判庭副庭长；李莉为潍坊市中级人民法院审判监督庭副庭长；崔恒心为潍坊市中级人民法院执行一庭副庭长。

免去：杨维波的潍坊市中级人民法院副院长职务；冉青松的潍坊市中级人民法院刑事审判第一庭庭长职务；徐伟东的潍坊市中级人民法院刑事审判第二庭庭长职务；马淑华的潍坊市中级人民法院民事审判第一庭庭长职务；李霞的潍坊市中级人民法院民事审判第二庭庭长职务；刘勇的潍坊市中级人民法院审判监督庭庭长职务；马怀国的潍坊市中级人民法院执行二庭庭长职务；崔福涛的潍坊市中级人民法院立案一庭副庭长职务；李长明的潍坊市中级人民法院民事审判第二庭副庭长职务；李传军的潍坊市中级人民法院审判监督庭副庭长职务；张同升的潍坊市中级人民法院执行一庭副庭长职务；孙鹏的潍坊市中级人民法院执行二庭副庭长职务；李福海的潍坊市中级人民法院审判员职务；崔德志的潍坊市中级人民法院审判员职务；吴新明的潍坊市中级人民法院审判员职务；张洪涛的潍坊市中级人民法院审判员职务。

任命：孙炜为潍坊市人民检察院副检察长。

2023 年 2 月 28 日，市十八届人大常委会第七次会议决定：接受江敦涛辞去潍坊市第十八届人民代表大会常务委员会主任职务的请求。

决定任命：刘建军为潍坊市人民政府副市长；王万信为潍坊市国防动员办公室主任。

鞠增玉的潍坊市人民防空办公室主任职务，随机构调整自然免除。

决定：接受刘运辞去潍坊市人民政府市长职务的请求。

决定：刘建军为潍坊市人民政府代理市长。

任命：刘恩科为潍坊高新技术产业开发区人民法院立案庭庭长；石凌云为潍坊高新技术产业开发区人民法院综合审判庭庭长；苏显楠为潍坊高新技术产业开发区人民法院立案庭副庭长；宫玉峰为潍坊高新技术产业开发区人民法院立案庭副庭长；高鹏为潍坊高新技术产业开发区人民法院综合审判庭副庭长；张伟伟为潍坊高新技术产业开发区人民法院综合审判庭副庭长；孙小玮为潍坊滨海经济技术开发区人民法院立案庭庭长；杨远珍为潍坊滨海经济技术开发区人民法院综合审判庭庭长；辛光博为潍坊滨海经济技术开发区人民法院综合审判庭副庭长；赵洪磊为潍坊滨海经济技术开发区人民法院综合审判庭副庭长。

免去：孙光利的潍坊市中级人民法院审判员职务；李玉信的潍坊市中级人民法院审判员职务；李传军的潍坊市中级人民法院审判员职务；李吉的潍坊高新技术产业开发区人民法院行政审判庭庭长职务；石凌云的潍坊高新技术产业开发区人民法院刑事审判庭副庭长职务；姜琪砚的潍坊高新技术产业开发区人民法院刑事审判庭副庭长职务。

免去：柳振龙的潍坊市人民检察院检察员职务；毛伟岭的潍坊市城郊地区人民检察院检察委员会委员职务；张中朝的潍坊滨海经济技术开发区人民检察院检察委员会委员职务。

2023 年 4 月 28 日，市十八届人大常委会第九次会议决定：接受田素英辞去潍坊市第十八届人民代表大会常务委员会秘书长职务，赵中国辞去潍坊市第十八届人民代表大会常务委员会委员、潍坊市第十八届人民代表大会监察和司法委员会委员职务的请求。田素英担任的潍坊市第十八届人民代表大会常务委员会代表资格审查委员会主任委员职务，赵中国担任的潍坊市第十八届人民代表大会常务委员会代表资格审查委员会委员职务相应终止。

任命：田素英为潍坊市第十八届人民代表大会监察和司法委员会副主任委员；刘锡田为潍坊市第十八届人民代表大会财政经济委员会副主任

委员；常祖领为潍坊市第十八届人民代表大会农业与农村委员会副主任委员；刘新国为潍坊市第十八届人民代表大会农业与农村委员会副主任委员；王福强为潍坊市第十八届人民代表大会民族侨务外事委员会副主任委员；高玉国为潍坊市第十八届人民代表大会社会建设委员会副主任委员。

免去：毛洪涛的潍坊市人民代表大会常务委员会副秘书长、人事代表工作室主任职务；王福强的潍坊市人民代表大会常务委员会副秘书长职务。

决定任命：张志海为潍坊市人民政府秘书长；赵中国为潍坊市科学技术局局长；董胜勇为潍坊市工业和信息化局局长；钟光文为潍坊市自然资源和规划局局长；马冰为潍坊市住房和城乡建设局局长；董广明为潍坊市城市管理局局长；王法顺为潍坊市应急管理局局长；张文磊为潍坊市人民政府研究室主任；郭兴平为潍坊市投资合作促进局局长。

决定免去：宋均圻的潍坊市人民政府秘书长职务；高玉国的潍坊市科学技术局局长职务；鞠俊海的潍坊市工业和信息化局局长职务；刘建成的潍坊市自然资源和规划局局长职务；钟光文的潍坊市住房和城乡建设局局长职务；马冰的潍坊市城市管理局局长职务；常祖领的潍坊市农业农村局局长职务；李永光的潍坊市应急管理局局长职务；张志海的潍坊市人民政府研究室主任职务；韩文宏的潍坊市投资合作促进局局长职务。

免去：王光才的潍坊市中级人民法院审判员职务。

免去：任光武的潍坊市人民检察院副检察长职务；法云江的潍坊市人民检察院副检察长职务；韩国荣的潍坊市人民检察院检察委员会委员、检察员职务；李学生的潍坊市城郊地区人民检察院副检察长职务；周金明的潍坊高新技术产业开发区人民检察院检察长职务；娄风才的潍坊滨海经济技术开发区人民检察院副检察长职务。

第五章 代表工作

第一节 联系代表

1993 年 4 月，市十二届人大常委会第一次会议通过并施行《潍坊市人民代表大会常务委员会联系市人大代表办法》。此后，常委会组成人员通过走访、召开座谈会等形式直接联系代表，市人民代表大会前一个月，集中开展“代表联系月”活动，常委会组成人员走访联系代表，代表联系选民，听取代表和人民群众对各方面工作的意见建议。代表可以要求会见市人大常委会主任、副主任，可以持代表证进行视察，列席原选举单位的人民代表大会，县市区人大常委会组织视察或其他重大活动时邀请市人大代表参加，密切原选举单位与代表的联系。划分代表联络组和代表小组，明确代表联络组、代表小组的建立和活动方式。对代表同选举单位和人民群众的联系及执行代表职务的保障等方面作出系统规定。

2008 年 4 月，市十五届人大常委会第二次会议通过并施行《潍坊市人民代表大会代表联系办法》，拓展常委会联系代表的方式和途径，包括邀请代表列席市人大常委会会议、组织代表参与评议“一府两院”的专项工作、向代表通报常委会工作情况等；开发“潍坊市人大代表信息管理系统”，利用信息化手段加强与代表的联系。

2014 年 12 月，市十六届人大常委会第 37 次主任会议通过《潍坊市人大常委会关于加强与市人大代表联系和市人大代表与人民群众联系的意见》（双联意见）实行主任会议成员分工联系市人大代表小组，代表自主报名列席市人大常委会。年初根据常委会议题确定列席代表。常委会组成人员根据工作需要联系住潍全国和省人大代表，常委会开展专题询问等活动，都邀请住潍全国和省人大代表参加。

利用潍坊人大网站和潍坊市人大信息管理系统，向代表通报常委会工作情况、提供信息和资料，开展问卷调查，征求代表意见。

2015 年 12 月，市十六届人大常委会第 47 次主任会议通过并施行《潍坊市人民代表大会常务委员会邀请人大代表列席市人大常委会会议办法》，邀请代表列席市人大常委会会议的范围由市人大代表扩大到驻潍全国和省、市人大代表，并更多地邀请基层一线代表列席，代表可以通过“潍坊市人大代表信息管理系统”自愿报名列席常委会会议。

第二节 代表活动

推进代表小组规范化建设。在市人代会闭会期间，市人大常委会依托代表小组开展代表活动，全部市代表小组普遍达到“四有”（有活动场所、有活动制度、有活动计划、有活动档案）或“六有”（另有联系电话、有专用电脑）标准。建立《代表小组活动记录簿》和《代表履职绩档案》，小组活动年初有计划，活动有记录，每年开展活动 4 次以上。

开展代表主题活动。围绕市委中心工作和市人大常委会工作重点，开展代表主题活动，充分发挥代表的主体作用。1995 年 5 月，开展“代表联系户”和“三个一”（每位市人大代表围绕两个文明提一条好建议，帮助贫困村或贫困户群众找一条致富门路，为群众或企事业单位解决一个实际问题）；1998 年年初，开展“五带头”和“五个一”活动（带头学习、带头遵纪守法、带头履行职责、带头发展经济、带头扶贫济困，每年联系一个企事业单位、选择一个课题开展调研、在代表小组会上作一次专题发言、提一条好建议、帮助贫困群众找一条致富门路）；2010 年，开展“转方式调结构，科学发展我先行”活动；2013 年，开展代表“听民声、访民意”主题活动，组织代表深入基层、深入群众，问民情、解民忧，维护人大代表在人民群众中的良好形象。2018 年，开展“牢记使命履职为民”主题活动，激励代表牢固树立“以人民为中心”的理念，切实担当起宪法法律赋予的神圣使命；2022 年 5 月，市人大常委会在全市各级人大代表中开展“履职尽责、服务大局、争作表率”主题活动，以“六个带头”“六个争一流”（带头加强学习，在讲政治守规矩上争一流；带头干事创业，在推动创新发展上争一流；带头联系群众，在增进民生福祉上争一流；带头行使职权，在推进民主建设上争一流；带头建言献策，在积极履职尽责上争一流；带头维护稳定，在促进社会和谐上争一流）为内容和目标，市县镇三级人大联动，完善线上线下履职平台和激励约束机制，线下通过“人大专门委员会+行业代表小组”“三联一进”“代表联络站+产业链”“代表・局长面对面”等途径和形式，线上以“码上见代表”“代表履职通”“数字人大”等信息化平台，组织代表在闭会期间积极开展履职活动，充分发挥代表主体作用，提升全市人大依法履职能力水平，为打造实力强品质优生活美的更好潍坊、建设现代化强市贡献人大智慧和力量。市人大常委会成立代表主题活动推进工作领导小组，领导小组下设办公室，市人大常委会党组副书记、副主任王兆辉为组长，副主任扈洪波为常务副组长分工负责代表主题活动，主任会议成员分工联系督导各选举单位，采取实地调研、现场指导、召开现场会、县市区相互参观学习等方式，推动代表主题活动扎实有效开展。。

开展代表集中视察和专题调研活动。每年年底，组织驻潍全国和省、市人大代表开展人代会前的集中视察活动，了解经济社会发展情况，为出席人代会审议各项议案和报告、提出代表议案和建议做好准备。自2006年开始，每年9月组织住潍坊全国和省、市人大代表围绕经济社会发展和群众关注的有关问题开展专题调研，提出意见建议。

探索代表小组活动的新形式。2012年开始，组织驻县市区的全国和省、市人大代表跨县市区开展活动，加强各级、各地之间代表的沟通交流，拓展代表活动空间，代表小组活动真正“活”起来。2012年6月，就“国家金融政策与企业应对策略”问题，组织11名金融行业和相关企业的省、市代表开展专业代表小组活动，提出有针对性的建议意见。

组织代表评议部门工作。1994年12月，召开代表评议市政府行政部门工作会议，组织市人大代表对市政府27个行政执法部门的工作进行评议；1995年12月，扩大参加评议的代表和被评议部门的范围，组织100名住潍坊全国和省、市人大代表对市政府7个部门和市中级人民法院、市人民检察院及其系统的工作进行评议；1996年7月，又组织547名人大代表对市人大常委会的工作进行评议；2005年5月，组织50名全国和省、市人大代表对市工商局、市国税局、市地税局等垂直管理部门的执法工作进行评议，有效促进被评议部门的工作和作风转变。

第三节　工作机制

依法规范代表履职行为。2008年12月，研究制订《关于加强和规范潍坊市人大代表活动的意见》，经主任会议研究通过印发全体代表，依法对代表的履职活动做出规范。2012年8月，制定《潍坊市人民代表大会代表履职守则》，2022年4月进行修订，对市人大代表出席人代会、参加小组活动、提出建议意见及参与述职评议等履职行为进行规范。同时，建立市人大代表履职情况通报等配套制度。

开展市人大代表述职评议活动。2004年，开始试点市人大代表向原选举单位述职，接受原选举单位的监督。2005年，在市人大代表中全面推开。每届市人大代表从任职的第二年或第三年开始，每年三分之一的代表向原选举单位人大常委会述职，并接受评议，届内全部述职完毕。注重述职评议成果的应用，评议意见书面向代表本人反馈，评议结果作为代表评先树优的重要依据。2012年3月，市十六届人大常委会第二次主任会议通过《潍坊市人大常委会关于进一步做好代表，工作充分发挥代表作用的意见》，进一步完善代表工作激励机制，对代表履职情况进行量比，深化代表述职评议，评选表彰优秀代表。

评选表彰优秀潍坊市人大代表。市十三届人大常委会分别于2000年、2002年作出《关于表彰潍坊市优秀人大代表的决定》，共表彰100名优秀潍坊市人大代表，每次50名。市十四届人大常委会于2005年、2006年两次表彰共100名优秀市人大代表，每次50名。市十五届人大常委会于2010年、2011年两次表彰共114名，每次57名。市十六届人大常委会于2013年、2015年两次表彰共125名优秀市人大代表，分别为57名、68名。市十七届人大常委会于2019年、2020年、2021年三次表彰共193名优秀市人大代表，分别为63名、73名、57名。评选过程中，按照各县市区和解放军代表的数量，将名额分配给县市区人大常委会和潍坊军分区政治部，由代表小组提出初步人选，县市区人大常委会和潍坊军分区政治部研究推荐，经市人大常委会会议审议通过进行表彰，并广泛宣传优秀市人大代表的典型事迹，进一步激发广大代表的履职积极性。

加强代表学习培训。每次换届之后，适时组织市人大代表参加学习培训，提升代表的履职意识和履职水平。2004年开始，每届市人大常委会都举办代表学习培训班，分期分批组织代表集中学习宪法、地方组织法、代表法等法律法规，邀请专家教授作专题辅导，进行代表履职经验交流，努力扩大代表受训面，实现基层市人大代表每届都轮训一遍的目标，促进代表素质的提高。

2005年9月，市委印发《进一步加强人大工作的意见》，在“加强乡镇和街道人大工作”部分，提出配齐配强乡镇人大干部，明确乡镇人大主席联系代表、组织活动、召集会议等职能，设立城区街道人大工作室。

2016年4月，市十六届人大常委会第二十九次会议通过并施行《潍坊市乡镇、人民代表大会工作规范》对乡镇人民代表大会的机构、职责、乡镇、人民代表大会的程序、议事规则等进行了规范，进一步健全乡镇人大工作机制，促进乡镇人大依法行使职权。

全市各街道人大工作室参照乡镇人大工作模式，在组织当地各级代表开展视察、调查、检查和评议部门等方面进行一些有益探索。

第四节　代表建议办理

1984—2023年，共收到市人大代表以各种形式提出的建议、批评和意见共7349件。市人大常委会采取调查、视察、现场查看、与承办单位见面会、重点难点建议专项调度、联合督办等措施，狠抓代表建议意见的督办落实。承办单位本着实事求是、向人民负责的态度认真办理，并及时答复代表。因受客观条件限制不能办理的，也向代表说明情况；个别办理情况代表不够满意的，市人大常委会责成承办单位重新办理，直到代表满意为止。从2010年开始，市人大常委会每年对建议办理工作作出突出贡献的先进单位和先进个人给予通报表彰。

1984—2023年历届潍坊市人民代表大会表决通过的代表议案一览表

表5—5—1

时　间	届　次	议案题目
1986.5	十届人大三次	关于建立坊子蔬菜基地的议案
1987.3	十届人大四次	关于根治虞河污染的议案
		关于解决白浪河污染的议案
		关于治理弥河污染解决农田灌溉和群众饮水问题的议案
		关于解决潍城区供水和水资源管理问题的议案
		关于要求妥善解决因城市道路拓宽和兴建公共设施带来有关问题的议案
1990.1	十一届人大三次	关于建立潍坊市传染病医院的议案
1991.5	十一届人大四次	关于潍河污染日趋严重亟需抓紧治理的议案
		关于潍河水源污染问题的议案
		关于制止弥河污染的议案

续表5—5—1

时 间	届 次	议案题目
1992. 3	十一届人大五次	关于增加市人大常委会副主任候选人的议案
1997. 2	十二届人大五次	关于建立“三北”养牛基地的议案
2002. 4	十三届人大五次	关于抢救保护和开发利用十笏园古建筑群的议案
2005. 2	十四届人大三次	关于加强潍河综合治理的议案
		关于解决虞河下游污染的议案
2008. 1	十五届人大一次	关于从源头上抓好食品质量安全的议案
2010. 2	十五届人大三次	关于加快发展现代畜牧业打造千亿级畜牧产业链推进强牧富民工程的议案
		关于建立潍坊市职业技能竞赛基地的议案
2011. 2	十五届人大四次	关于全市城区中小学、幼儿园规划布局和建设更加趋向合理的议案
		关于加快建设潍坊“城市一卡通”的议案
		关于积极推行畜禽粪便等污染物循环再利用加快生态有机农业发展的议案
2012. 2	十六届人大一次	关于进一步推进农村水利工程建设管理的议案
2013.1	十六届人大二次	关于加快我市中心城区建设现代中介服务业集聚区的议案
		关于加快推进城市公交发展的议案
		关于完善城乡社区（村庄）家政服务网络建设打造现代服务业知名品牌的议案
2015.3	十六届人大四次	关于加强食品安全检验检测体系建设的议案
		关于构筑老年人关爱服务体系的议案
2016.2	十六届人大五次	关于制定《潍坊市电梯安全条例》的议案
		关于制定《潍坊市文物保护条例》的议案
2018.1	十七届人大二次	关于制定《潍坊市青州古城保护条例》的议案
2019.1	十七届人大四次	关于制定《潍坊市沿海污染防治条例》的议案
2020.1	十七届人大五次	关于制定《潍坊市物业管理条例》的议案
2022.4	十八届人大一次	关于制定《潍坊市志愿服务促进条例》的议案
		关于制定《潍坊市海绵城市建设管理条例》的议案
2022.12	十八届人大二次	关于制定《潍坊市历史文化名城保护条例》的议案

1984—2023年历届潍坊市人民代表大会收到代表建议、批评和意见一览表

表5—5—2　　　　单位：件

届　别	届中会议	建议总数
十届	一次会议（1984.2）	244
	二次会议（1985.3）	276
	三次会议（1986.5）	305
	四次会议（1987.3）	132
十一届	一次会议（1988.1）	292
	二次会议　（1989.2）	318
	三次会议（1990.1）	305
	四次会议（1991. 5）	257
	五次会议（1992. 3）	215
十二届	一次会议（1993. 3）	178
	二次会议（1994. 3）	203
	三次会议（1995. 3）	154
	四次会议（1996. 3）	146
	五次会议（1997. 2）	211
十三届	一次会议（1998. 2）	164
	二次会议（1999. 2）	124
	三次会议（2000. 2）	155
	四次会议（2001. 2）	132
	五次会议（2002. 4）	161
十四届	一次会议（2003. 4）	166
	二次会议（2004. 2）	154
	三次会议（2005. 2）	174
	四次会议（2006. 2）	110
	五次会议（2007. 3）	150

续表5—5—2

届　别	届中会议	建议总数
十五届	一次会议（2008. 1）	145
	二次会议（2009. 2）	135
	三次会议（2010. 2）	149
	四次会议（2011. 2）	125
十六届	一次会议（2012. 2）	132
	二次会议（2013.1）	151
	三次会议（2014.2）	147
	四次会议（2015.3）	150
	五次会议（2016.2）	125
十七届	一次会议（2017.2）	159
	二次会议（2018.1）	172
	四次会议（2019.1）	155
	五次会议（2020.1）	239
	六次会议（2021.2）	176
十八届	一次会议（2022.4）	234
	二次会议（2022.12）	229

第六章　信访工作

市人大常委会信访工作领导小组领导市人大常委会信访工作，市人大常委会秘书长兼任市人大常委会信访工作领导小组组长。1996 年 11 月 26 日，市人大常委会机关被评为全国人大信访工作先进集体；2022 年 4 月 20 日，市人大常委会办公室被市信访工作领导小组评为信访工作先进集体。

第一节　组织机构和制度建设

1984 年 2 月 10 日至 15 日，潍坊市第十届人民代表大会第一次会议召开，潍坊市第十届人大常委会随之选举产生。潍坊市人大常委会建立后，随即设立市人大常委会办公室，作为市人大常委会机关的综合办事机构，下设秘书、行政、代表联络、政工、信访 5 个科。

1986 年 4 月 7 日，市人大常委会办公室撤销信访科，其职能合并于代表联络科。

1987 年 7 月 1 日，重新设立信访科。1989 年 5 月 18 日，市十一届人大常委会第八次会议决定设立市人大常委会人事代表工作室，作为市人大常委会的办事机构。将原设在市人大常委会办公室的代表联络科、信访科和选举工作办公室划归人事代表工作室，并增设人事任免科。

1984年2月至2004年2月，市人大常委会信访工作机构是市人大常委会人事代表工作室信访科，正科级。2004年2月，市委批准市人大机关新的机构改革方案，信访科升格为副县级信访室（办公室内设机构），具体承担信访事项受理、登记转办、答复解释、信息录入、督查促办、材料归档等工作。

1993年6月29日，市十二届人大常委会第三次会议通过《潍坊市人民代表大会常务委员会信访工作办法》。2001年6月27日，市十三届人大常委会第二十一次会议第一次修订，2012年3月20日，市十六届人大常委会第一次会议第二次修订。

1998年10月30日，市十三届人大常委会第四次会议通过《潍坊市人民代表大会常务委员会关于市级司法、行政执法机关错案和执法过错责任追究办法》。

1999年4月，成立市人大常委会法律咨询小组，成员由市人大常委会、市中级人民法院、市人民检察院和有关律师事务所退休的法律专家组成，主要负责信访案件和法律政策咨询。1999年和2003年，分别在全市五级人大代表中确定150名代表为控申信息员。1999年6月25日，市十三届人大常委会第八次会议通过《潍坊市人民代表大会常务委员会关于对市级司法和行政执法机关实行个案监督的暂行办法》。

2001年制定《潍坊市人民代表大会常务委员会信访工作规范》。同年6月21日，市十三届人大常委会第48次主任会议通过《潍坊市人民代表大会常务委员会法律咨询小组工作规范》，2012年3月14日，市十六届人大常委会第2次主任会议修订了该规范。

2003年，市人大常委会制定《潍坊市人民代表大会常务委员会信访工作领导小组工作规范》。同年5月19日，市十四届人大常委会第6次主任会议通过《潍坊市人民代表大会常务委员会重大信访案件督办暂行规定》；2012年3月14日，市十六届人大常委会第2次主任会议修订了该规范。

2012年5月3日，市十六届人大常委会第三次秘书长办公会议通过《潍坊市人大机关潍坊民声上贴处理暂行办法》。同年6月，市人大常委会制订《关于发挥代表作用化解信访问题进一步做好群众工作的实施意见》。聘请6名从事法律工作的全国、市、区人大代表担任市人大常委会法律咨询员，聘请100名市人大代表担任信访工作信息员。

2017年7月4日，在驻潍坊市区的各级人大代表中聘请7名市人大常委会信访顾问，8月3日在潍坊市第十七届人大代表中聘请51名信访工作信息员。2022年5月16日，在驻潍坊市区的市人大代表中聘请6名市人大常委会信访顾问，6月21日，在潍坊市十八届人大代表中聘请50名信访工作信息员。

第二节 信访案件受理

1984年，市人大常委会受理代表和群众来信来访260件（次），1985年受理439件（次）。随着信访量的增加，1986年起，建立领导批阅、信访信息员、查办案件等制度。对重要信访案件，由主任阅批或由主任会议集体研究处理意见。1987年共受理群众来信来访664件（次），处结率达97.8%，其中主任和秘书长阅批的193件（次），占29%。1988年，受理信访1518件（次），比1984年增长4.8倍。十一届人大常委会第五次会议通过了《关于处理代表和人民群众来信来访的试行办法》，使信访工作规范化、制度化。全国人大常委会办公厅主办的《工作通讯》刊登《潍坊人大常委会重视做好来信来访工作》的报道。

1998—2000年，市人大常委会共受理信访案件5555件（次），对其中34件案件进行了个案监督，被监督机关纠正18件，妥善处理16件。

2001年市人大常委会受理的信访案件1807件（次）。同年制定《潍坊市人民代表大会常务委员会信访工作规范》，对公开接访作出明确规定。规定每月10日，由市人大常委会驻会组成人员轮流公开接待人民群众来访。市人大常委会信访工作创造出在全省乃至全国都有影响的经验，2002—2004年，连续3年在全国人大信访工作座谈会上作典型发言。

2007年，市人大常委会受理的信访案件数量达到2920件（次），后来呈逐年递减趋势。2008—2012年分别为2301件（次）、2427件（次）、2316件（次）、2089件（次）、1892件（次）。其中，反映法院工作的案件最多，其次是反映农村工作的案件。2008—2012年，反映法院工作的案件占总数的比例分别是37.2%、37.5%、34.8%、37.1%、34.9%，反映农村工作的案件占总数的比例分别是14.3%、15.4%、14.9%、15.9%、14.1%。

2013—2022年分别为1645件（次）、1411件（次）、1138件（次）、914件（次）、842件（次）、816件（次）、857件（次）、658件（次）、570件（次）、489件（次）。其中反映涉法涉诉类信访事项最多，反映涉法涉诉类信访事项占总数的比例分别是54.1%、54.7%、51.4%、52.7%、51.3%、48.1%、37.2%、30.5%、27.2%、32.2%。

第六编

县市区及市属开发区人大工作概况

1983—2023

潍坊人大志

WEIFANG RENDA ZHI

第一章　县市区人大工作概况

第一节　奎文区人大工作概况

奎文区位于世界风筝都——山东省潍坊市的城市核心区域，因建于清代的“奎文门”得名。1994年9月经国务院批准正式成立，行政区划面积187.78平方公里，直辖面积57.6平方公里，常住人口47.5万，辖8个街道办事处、65个社区、700余个小区。荣获全国科技进步先进区、全国和谐社区建设示范城区、全国安全社区、文化强省建设先进区、省级食品安全先进区、省级文明城区、省服务业发展先进区、全省法治创建先进区、全省双拥模范区等荣誉称号。

奎文作为潍坊的中心城区，历史文化源远流长，“老潍县”文化传承至今，是人杰地灵之地。自夏朝以来，历代王朝政权在潍坊封国建邑，设州立府。隋开皇十六年（596）设潍州，明洪武九年（1376）改为潍县，被白浪河一分为二，以东为东关（今奎文），设城门7处，其中奎文门、通济门是潍坊目前仅存的2座古城门，大英烟公司旧址、潍县乐道院、潍柴老厂区等见证沧桑巨变。奎文历史上名人荟萃，古代政治家晏婴、经学大师郑玄、农学家贾思勰、书画家张择端以及孔融、范仲淹、欧阳修、苏轼、郑板桥等都曾在此游历，留下诸多佳话美谈，郑板桥的“衙斋卧听萧萧竹，疑是民间疾苦声。些小吾曹州县吏，一枝一叶总关情”被习近平总书记多次引用。此地手工艺历史悠久，早在明清两朝就以“二千支红炉、三千砸铜匠、九千绣花女、十万织布机”而名扬天下。“三更灯火不曾收，玉脍金齑满市楼。云外清歌花外笛，潍州原是小苏州”，成为当时潍县社会民生的绝佳写照。

1994年8月20日至21日，潍坊市奎文区第十三届人民代表大会第一次会议（沿用原潍城区人民代表大会届次）召开，大会选举产生潍坊市奎文区第十三届人民代表大会常务委员会。1994年至2022年，潍坊市奎文区人民代表大会历经7届，即第十三届（1994年8月至1998年1月）、第十四届（1998年1月至2003年1月）、第十五届（2003年1月至2007年12月）、第十六届（2007年12月至2012年1月）、第十七届（2012年1月至2017年1月）、第十八届（2017年1月至2022年1月）、第十九届（2022年1月至今）。28年来，在中共奎文区委的坚强领导下，在潍坊市人大常委会的正确指导下，奎文区人大及其常委会坚持党的领导、人民当家作主、依法治国有机统一，紧紧依靠全体代表和全区人民，正确履行宪法和法律赋予的职责，为进一步完善人民代表大会制度、推进全区民主法治建设作出了积极贡献，为促进全区经济社会高质量发展发挥重要作用。

区人民代表大会及其常委会自奎文区建区以来，在中共奎文区委的领导下，围绕党在各个时期的中心工作，认真行使宪法和法律赋予的职权，在区内保证宪法、法律、行政法规和上级人民代表大会及其常委会决议的遵守和执行；讨论、决定本行政区域内的政治、经济、教育、科学、文化、卫生、环境和资源保护、民政、民族等工作的重大事项，审查和批准国民经济和社会发展计划、预算及其执行情况的报告，依法对区人民政府、区监察委员会、区人民法院、区人民检察院的工作进行监督，依照法律规定权限决定国家机关工作人员的任免等，使人民代表大会制度不断完善和发展，取得显著成绩。

依法行使重大事项决定权。对重大事项依法行使决定权，是人民当家作主、管理国家事务的具体体现。区人大每年至少召开一次代表会议，听取和审议《区政府工作报告》《区法院工作报告》《区检察院工作报告》《区上年度国民经济和社会发展计划执行情况与本年度计划（草案）报告》《区上年度财政预算计划执行情况和本年度预算（草案）报告》，并作出相应的决议；审查和批准区国民经济和社会发展的五年总体规划，提出全区的长远发展规划和发展目标。区人大常委会在闭会期间代行大会职权，通过听取审议“一府一委两院”的工作报告、专题报告，就一些事关全局的重大事项及人民群众普遍关心的热点、难点问题作出决议、决定。区人大常委会每2月至少举行1次会议，自1994年区十三届人大设立常委会以来，共举行219次常委会会议，作出177项决议、决定，号召全区各单位、各部门和全区人民认真执行，既代表和维护全区人民的根本利益，又很好地贯彻和体现中共奎文区委决策，实现人民意志和党委意图的统一。

依法行使监督权。宪法和法律赋予地方国家权力机关监督同级行政机关、监察机关、审判机关和检察机关的职权，这是防止行政机关和司法机关滥用职权、损害国家利益和人民群众利益的有效措施。奎文区人大及其常委会自建立以来，全力担负起宪法法律赋予的监督职责，实行正确监督、有效监督、依法监督，拓宽监督渠道，增大监督力度，提高监督效果维护国家法治统一、尊严、权威，确保法律法规得到有效实施，确保行政权、监察权、审判权、检察权依法正确行使。综合运用听取和审议“一府一委两院”工作报告或专题汇报，审查和批准国民经济和社会发展计划、财政预算，审查规范性文件，受理申诉、控告、检举，特定问题调查，监督人大代表建议、批评和意见的办理，对各项工作开展、进展情况采取视察、调查、执法检查和专题调研等方式，对“一府一委两院”开展工作监督和法律监督。积极探索监督工作新形式，聚焦城市更新、群众满意度提升等人民群众和社会普遍关注的问题，运用专题询问和工作评议等方式解决问题、推动发展，强化人大监督的刚性和质效。抓好人大及其常委会决议决定和审议意见落实情况的跟踪问效，建立“监督—落实—再监督—再落实”工作机制，实现由一次性监督向融入式监督转变，形成闭环效应，提高监督实效。自第十三届人大及其常委会建立以来，依法开展视察、调查、专题调研和执法检查431余次。经过多年的努力，监督机制逐步健全和完善，监督实效进一步增强，监督工作有了很大的发展，促进了本级国家行政机关依法行政，审判、检察机关公正司法，保证了宪法、法律和法规在本区的正确实施，保证了经济和社会各项事业得以健康发展。

依法行使任免权，保证国家机关正常运转和国家机关工作人员的公仆本色。区人民代表大会在选举区级国家机关组成人员和上级人民代表大会代表时，严格执行《中华人民共和国地方组织法》和《中华人民共和国选举法》的规定，制定完善大会选举办法，尊重代表意愿。

依法选举和任免干部。选举任免是地方人大及其常委会的重要职权，是实现国家权力机关职能的主要形式。奎文区人大及其常委会，在行使选举任免权中，坚持党管干部和依法任免相结合的原则，严格执行《中华人民共和国地方组织法》和《中华人民共和国选举法》的规定，依法提名，依法选举，发扬民主，选举产生了历届人大常委会组成人员和“一府一委两院”领导人员，任命了有关工作人员。区人大常委会通过任前考察、法律知识考试、供职发言和任后述职评议等形式，依法对被任命人员加强监督，保证国家机关正常运转和国家机关工作人员的公仆本色，实现了监督权和任免权的统一。自区十三届人民代表大会以来，常委会依法任命了国家机关工作人员 1329 人次。

发挥代表主体作用。人民代表大会代表是国家权力机关的组成人员，人大代表的履职活动是行使人大各项职权，开展各项工作的基础。区历届人大及其常委会都坚持把尊重代表主体地位、提高代表素质能力、充分发挥代表作用，作为开展人大工作的重要基础和关键环节，不断加强和改进代表工作，全力支持、服务和保障代表依法履职、发挥作用。为做好代表工作，区人大及其常委会在换届工作中，依法做好代表选举，认真把好代表入口关。新一届代表产生后，立即组织学习培训，使每一位代表明确自己的职责、权利和义务，增强责任感和使命感，提高履职能力。探索建立人大代表多元化履职保障机制，开展代表主题活动，制定代表履职评价、闭会期间活动、联系和接待选民等制度，切实增强各级人大代表立足本职、依法履职，参与发展、推动进步的使命感和责任感。创新制定代表集中活动制度，使代表履职常态化、职责化。邀请代表列席常委会会议、参加常委会组织的各类视察、调研和执法检查，依法保障代表的参与权、知情权、监督权、表达权。着眼于加强人大代表履职能力建设，组织人大代表开展志愿服务活动，充分发挥来自人民、扎根人民的特点优势，密切同人民群众的联系，为经济社会高质量发展贡献代表力量，展现新时代人大代表的风采。人大代表在会议期间，依法向人民代表大会会议提出议案及对各方面工作的建议、批评和意见，是其执行代表职务的重要形式。自奎文区人大常委会设立以来，共收到代表议案、建议 1029 件，大多数都得到了办理和答复。通过办理代表议案和建议、批评和意见，人大及其常委会在解决社会发展和民生问题方面发挥了重要作用。

加强自身建设，提升人大工作能力和水平。加强人大常委会及其机关的自身建设，提高自身素质，是依法行使职权的保证。奎文区历届人大常委会始终把自身建设摆在重要位置，积极探索人大工作规律，不断完善人大工作制度和工作方法，开拓进取，不断创新，为依法履行宪法和法律赋予的各项职权奠定基础。狠抓常委会及其机关的思想建设、组织建设和制度建设，以推进民主与法制建设、经济建设和依法治区方略的贯彻落实。注重制定和完善学习制度，通过学习马列主义、毛泽东思想、邓小平理论、“三个代表”重要思想、科学发展观、习近平新时代中国特色社会主义思想，学习中央人大工作会议精神，学习宪法和法律法规，不断深化对人民代表大会制度的认识，增强制度自信，提升思想政治水平和履职能力水平。根据中央和省、市委安排，先后组织开展“三讲”教育、保持共产党员先进性教育、深入学习实践科学发展观活动、党的群众路线教育实践活动、“三严三实”专题教育、“两学一做”学习教育、推进“两学一做”学习教育常态化制度化、“不忘初心、牢记使命”主题教育、党史学习教育等一系列学习教育活动，提高思想理论水平和工作能力，打造政治坚定、服务人民、尊崇法治、发扬民主、勤勉尽责的人大工作队伍。不断完善工作制度。奎文区人大及其常委会在各项工作中注意不断总结工作经验，逐步完善工作制度，先后制定了人事任免办法、常委会议事规则、代表履职守则及一系列监督工作办法，从而使人大及其常委会的各项工作规范化、制度化。加强组织建设，注重优化代表和常委会组成人员的结构，把优化其年龄结构、知识结构和提高综合素质放在重要位置。同时还重视常委会工作机构的充实和健全，从最初设立时只有“三室”发展到“两室五委”（含 3 个专门委员会工作室），常委会及其机关的工作成效显著提高，各项工作任务得以顺利完成。

加强街道人大工作。奎文区历届人大常委会都非常注重街道人大工作，特别是中央人大工作会议以来，区人大常委会顺应形势需要，积极探索创新，坚持以党的领导下践行和发展全过程人民民主为主题主线，在街道推行居民代表议事会制度，由街道人大工作室组织居民代表议事员，通过一年2次的街道居民代表议事会会议和日常小组活动，讨论街道经济社会发展事项、参与民主管理、票选推荐街道民生实事项目、监督推进重点工作和重点项目、收集居民意见建议、评议监督有关单位，让居民更好参与民主管理、融入中心工作、监督基层单位，进一步提升城市基层社会治理效能。

奎文区人民代表大会及其常委会组织机构设置情况一览表

表6—1—1

届次	时　间	人民代表大会常设机构	常委会常设机构
第十三届	1994.8-1998.1	—	办公室、人事代表工作室、调查研究室
第十四届	1998.1-2003.1	—	办公室、人事代表工作室（加挂信访室牌子）、调查研究室
第十五届	2003.1-2007.12	—	办公室、人事代表工作室（加挂信访室牌子）、调查研究室
第十六届	2007.12-2012.1	—	办公室、人事代表工作室（加挂信访室牌子）、调查研究室
第十七届	2012.1-2017.1	2016年3月起设立：内务司法委员会、财政经济委员会、农业与民族侨务外事委员会、城乡建设与环境资源保护委员会、教育科学文化卫生委员会	办公室、人事代表工作委员会（加挂信访室牌子）、调查研究室、预算工作委员会（加挂财政经济委员会工作室牌子）、内务司法委员会工作室（加挂立法联络室牌子）、城乡建设与环境资源保护委员会工作室、教育科学文化卫生委员会工作室（加挂农业与民族侨务外事委员会工作室牌子）
第十八届	2017.1-2022.1	2019年4月，内务司法委员会更名为监察和司法委员会，增设社会建设委员会。 监察和司法委员会、财政经济委员会、农业与民族侨务外事委员会、城乡建设与环境资源保护委员会、教育科学文化卫生委员会、社会建设委员会	办公室、人事代表工作委员会（加挂信访室牌子）、调查研究室、预算工作委员会（加挂财政经济委员会工作室牌子）、内务司法委员会工作室（加挂立法联络室牌子）、城乡建设与环境资源保护委员会工作室、教育科学文化卫生委员会工作室（加挂农业与民族侨务外事委员会工作室牌子）
第十九届	2022.1至今	监察和司法委员会、财政经济委员会、农业与民族侨务外事委员会、城乡建设与环境资源保护委员会、教育科学文化卫生委员会、社会建设委员会	办公室、人事代表工作委员会（加挂信访室牌子）、调查研究室、预算工作委员会（加挂财政经济委员会工作室牌子）、内务司法委员会工作室（加挂立法联络室牌子）、城乡建设与环境资源保护委员会工作室、教育科学文化卫生委员会工作室（加挂农业与民族侨务外事委员会工作室牌子）

第二节　潍城区人大工作概况

潍城区地处山东半岛中部，是重要区域性中心城市潍坊市的中心城区之一，东以白浪河为界与奎文区相邻，西北与寿光市、西南与昌乐县毗连，北隔青银高速与寒亭区接壤，总面积270平方公里，辖6个街道、2个发展区、1个省级开发区、2个发展服务中心，常住人口52.3万人，是全国义务教育发展基本均衡区、全国养老服务示范区、全国慢性病综合防控示范区、中国最佳楹联文化区、省级文明区、山东省健康促进区、全省双拥模范区、全省体教融合发展试验区、山东省社会治安综合治理先进区。

区位优势突出。潍城是半岛重要的交通枢纽，素有“半岛走廊”之称，距潍坊南苑机场、规划新建机场各15公里，距青岛机场、济南机场分别100公里和150公里，距潍坊港50公里，距青岛港、烟台港、日照港都在300公里以内；辖区内胶济铁路、济青高速、潍日高速等横贯东西、纵穿南北，国道、省道及市区公路纵横交错，共有3条货运专线及若干大型货场。近年来，依托优越的交通优势，加快打造高端智慧物流产业园，已落户普洛斯智慧物流园、传化公路港等总投资220亿元的18个智慧物流项目。

文化底蕴深厚。潍城有2000多年建城史，是老潍县文化发祥地、潍坊城市文化的根脉，建安七子中的孔融、扬州八怪之一的郑板桥等在此为官，清光绪年间潍县西南关新巷子出过王寿彭、曹鸿勋两位状元，清代金石学家陈介祺被奉为印学大师，近现代涌现出了郭味蕖、于希宁、郎咸芬等一批书画家、艺术家。集南北园林艺术为一体、融明清建筑风格于一身的十笏园，是全国重点文物保护单位；万印楼、城隍庙、麓台书院、松园子古民居等古迹遗存众多，仿古铜、嵌银器等工艺品独具特色，被誉为“中国最佳楹联文化区”“山东省（桃）核雕之乡”，是“中国画都”“金石之都”的主要承载地和中国画节、陈介祺艺术节等高品位、高质量文化节会的承办地。解放战争时期，潍城作为潍县战役主战场，发生解放军在华东战场第一个城市攻坚战。

产业特色鲜明。潍城工业基础、商贸基础非常雄厚，历史上是半岛著名商埠和手工业名城，仿古铜、红木嵌银、风筝核雕、刺绣、麻布绒绣等传统技艺发达，明清时期以“二百支红炉、三千砸铜匠、九千绣花女、十万织布机”和“南苏州、北潍县”而闻名，郑板桥“若论五都兼百货，自然潍县甲青齐”“云外清歌花外笛，潍州原是小苏州”等诗词生动反映了当时繁荣景象。近年来，大力实施“产业强区”战略，培强做大智能装配、激光雷达等新兴产业，潍坊半导体（激光）产业园、金科智慧科技城、中南产业园等产业园区加快建设，潍坊先进光电芯片研究院和光电芯片创新创业共同体纳入全省“1+30+N”创新体系，省级以上高新技术企业发展到60家，市级以上创新平台达185个，规模以上工业企业发展到146家，年营业收入过亿元工业企业达到31家，高新技术产业产值占比达到44.62%。

生态环境优越。潍城自然资源广博，山、河、湖等生态要素俱备，白浪河、大于河、小于河贯通南北，浮烟山南北列嶂，景色优美，乐埠山生态林场是城市的绿肺和氧吧。国家AAAA级旅游景区——白浪绿洲湿地公园是江北最大的城市湿地，白浪河水库、符山水库既是城区居民重要水源地，也是天然的旅游景区。近年来，围绕建设美丽潍城、绿色潍城，切实强化绿色发展理念，坚决打好蓝天、碧水、净土保卫战。2021年，城乡环卫一体化工作考核获评全省第1名。

人才资源丰富。潍城教育优势、人才优势突出，现有中小学52处，在校学生50292人；幼儿园148处，在园幼儿24439人；在职在编教职工2678人。大中专院校13所，每年培养各类高素质人才3.5万人，可为经济发展提供人才保障。近年来，依托辖区内丰富的科教人才资源，加快人才科教新城建设，累计引进合作“两院”院士 27 名、高端技术人才 297 名，引育泰山系列领军人才 20 名，新设立院士工作站和科研院所 39 家。

发展活力强劲。潍城半城半乡，既有中心城区的要素资源，又有广阔的发展腹地，建成区面积超过 80 平方公里，尚有可开发利用土地 1.7 万亩。近年来，依托广阔的发展空间，一大批高端项目纷纷落户，先后新增投资过 10 亿元项目 104 个、500 强企业投资项目 52 个，完成固定资产投资 574 亿元，73 个项目入选省、市重大重点项目，先后建成潍坊火车站南站房、站前广场地下空间等一批功能性项目，建成运营智迈德智能装配、普洛斯智慧物流园、谷德锦城等 128 个产业项目；辖区内二级医疗机构 6 处。

随着机构改革和区划调整，1980 年 11 月至 1984 年 5 月，原潍坊市第九届人民代表大会改为潍城区第九届人民代表大会。1980 年至 2022 年，潍坊市潍城区人民代表大会历经 11 届，即第九届四年、第十届三年、第十一届三年、第十二届三年、第十三届五年、第十四届五年、第十五届四年、第十六届五年、第十七届五年、第十八届五年、第十九届至今。其间，潍城区人大常委会在中共潍城区委的领导下，紧紧围绕全区战略重点和工作大局，坚持党的领导、人民当家作主和依法治国有机统一，认真行使宪法法律赋予的职权，为促进经济平稳健康发展和社会和谐稳定作出了积极贡献。

坚持党的领导，确保人大工作正确的政治方向。多年来，潍城区人大常委会始终把党的领导作为开展人大工作的根本政治原则，提高政治站位和政治觉悟，切实增强政治意识、大局意识、核心意识和看齐意识，坚决在政治立场、政治方向、政治原则、政治道路上同党中央保持高度一致，坚持重大问题、重要事项及时向党委请示报告，确保将党的领导贯穿到人大履行职责的全过程。按照每年工作计划安排，围绕党委中心和人民群众普遍关心的问题，听取审议国民经济和社会发展计划执行、财政决算情况、区级预算执行和其他财政收支情况的审计报告，组织对城市建设、民政、教育、文化、卫生、环境保护、农业、社会治安等各项工作情况进行调查，讨论决定了关系全区经济建设和人民生活方面的重大事项。

坚持依法履职，切实提高人大监督质量。依法审议决定重大事项。讨论、决定重大事项，是宪法和法律赋予人大及其常委会的一项重要职权。潍城区人大常委会每年定期听取审议区政府关于国民经济和社会发展计划、财政预算执行和财政决算情况的报告，批准区级决算，依法作出决议决定，督促政府把各项收支全部纳入预算，促进预算、决算公开。围绕重点项目建设依法行使决定权，保证重大事项决策的科学化、民主化、法治化。自 1980 年潍城区第九届人大常委会成立来，共召开了 331 次常委会会议，作出了 325 项决议、决定，实现了人民意志和党委意图的统一。努力维护社会公平正义。潍城区人大常委会紧紧围绕严格执法、公正司法、文明守法这一主线，不断强化对司法工作的监督。听取审议法院、检察院各项工作报告，并抓好各项工作的落实。高度重视信访工作，把做好人大信访工作作为倾听民声、为民解忧的重要途径，不断规范信访工作程序，加强跟踪督办，确保批转信访件有回执、有答复、有结果。多年来，共受理群众来信来访 4927 件，均得到了妥善解决。严格人事任免程序。始终坚持党管干部和依法选举任免相结合，修订完善了《潍城区人民代表大会常务委员会人事任免办法》，对任命范围、任免程序、任后监督等各个环节作了明确规定，使人事任免工作更加制度化、规范化。坚持法律知识考试、任职表态发言、宪法宣誓等制度，不断强化被任命干部的执法为民、依法行政、公正司法和自觉接受人民群众监督的意识。多年来，先后任命人大常委会、人民政府、法院、检察院工作人员 2020 人（次）。

完善服务机制，充分发挥人大代表主体作用。多年来，潍城区人大常委会始终坚持突出代表主体地位，不断改进代表工作方式方法，切实保障代表的知情权、参与权和监督权，激发代表履职的积极性和主动性。提高代表素质能力。每次换届后，潍城区人大常委会都进一步明确代表职责任务和履职要求，把强化培训作为提高代表履职能力的重要手段，组织举办人大代表培训班，邀请上级人大领导干部及专家学者就《中华人民共和国代表法》《中华人民共和国监督法》《中华人民共和国组织法》等内容进行专题辅导，并通过“请进来、走出去”等形式，纵向学习，横向交流，切实提高代表的法治意识和业务水平，增强代表履职的针对性和专业性。落实人大工作阵地建设要求，建立并完善代表履职平台规范化建设，为代表联系选民开展活动提供载体，也为代表在闭会期间更好地履行职责创造了良好环境。加强代表建议落实。潍城区人大常委会把办理代表建议同监督工作相结合，建立代表建议办理工作责任制，不断加大督办力度，切实提高代表建议办理质量。1980 年以来，共组织对 4683 件代表提出的建议、批评和意见的办理情况进行了调查、集中视察和工作评议，各承办部门都按期办理完毕并答复代表。

狠抓作风建设，不断加强人大常委会自身建设。编印《潍城区国家机关执法责任制适用法律法规目录》，收录现行有效的 460 部国家和地方性法律法规。组织晋冀鲁豫苏五省部分城市区人大工作研讨会。修订完善《潍坊市潍城区人大常委会议事规则》《潍城区人大常委会机关廉洁自律的规定》《潍坊市潍城区人大常委会信访工作办法》《街道人大工作室工作办法》《关于进一步加强和改进镇、街人大工作的决定》等规章制度。实行每双月 10 日代表活动日、每单月 20 日镇街人大工作交流日“双活动日”制度。建立实行了公民旁听常委会会议制度，出台了《关于加强对所作决议决定和审议意见落实情况的检查监督办法》。先后组织开展了“四个不让、五个一流”（四个不让：即不让各项工作在我这里耽误、不让细节差错在我这里发生、不让不良风气在我这里出现、不让机关形象在我这里受损。“五个一流”：即创建一流班子、建设一流队伍、培养一流作风、创造一流业绩、树立一流形象）活动，“创先争优做表率，提升服务当先锋”大讨论活动，包千村联万户促和谐谋发展走访活动、党的群众路线教育实践活动、“三严三实”（严以修身、严以用权、严以律己，谋事要实、创业要实、做人要实）专题教育以及“两学一做”（学党章党规、学系列讲话、做合格党员）学习教育，“不忘初心、牢记使命”主题教育、党史学习教育、“大学习、大调研、大改进”、“三创三争”（以流程再造创新，争当效能最优机关；“双招双引”创先，争夺招商引智红旗；营商环境创优，争做服务发展标兵）、“我为群众办实事”等活动，创新开展了“星级化管理”（将代表平时“日常学习、遵纪守法、履行职责、发展经济、廉洁自律”五个方面履职内容，按照“简洁明了、科学规范、易于操作、便于考核”的原则，实行量化、细化，列入星级评定内容）“双做双比”（做经济发展标兵，做维护稳定模范，立足岗位比作为，创先争优比贡献）“双联双促”（密切区人大常委会与区人大代表的联系，促进区人大代表履职能力的提高；密切区人大代表与人民群众的联系，促进人民群众满意度的提高。）“五严五治”（严肃态度治庸提能力，增强敬业奉献的责任意识；严格制度治懒增效率，形成规范高效的工作秩序；严明纪律治散聚合力，营造团结协作的浓厚氛围；严谨作风治浮求实效，打造务实创新的干部队伍；严守底线治奢促勤俭，树立清正廉洁的机关形象）作风提升，“我为潍城发展做贡献”等主题实践活动。努力打造让区委放心、人民群众满意的政治机关、地方国家权力机关、工作机关和代表机关。同时，潍城区人大常委会工作机构不断健全完善，从最初设立时一室（办公室）两科（行政科、信访科）到现在的三室六委一中心，各委室分工协作，共同完成常委会的各项工作任务，向区委、政府提出更多为民、惠民的意见建议。加强与上级人大、兄弟县市区的联系沟通，加强对街道人大工作的监督指导，保持良性互动，增强人大工作整体实效。

潍城区人民代表大会及其常委会组织机构设置情况一览表

表6—1—2

届次	时间	人民代表大会常设机构	常委会常设机构
第九届	1980. 11—1984. 5	—	办公室（内设调研科、代表联络科）
第十届	1984. 5—1987. 4	—	办公室（内设调研科、代表联络科）
第十一届	1987. 4—1990. 3	—	办公室（内设行政科、信访科）、法制工作委员会、财政经济工作委员会、教科文卫工作委员会、城乡建设工作委员会、代表工作委员会
第十二届	1990. 3—1993. 2	—	办公室（内设行政科、信访科）、代表工作委员会、法制工作委员会、财政经济工作委员会、教科文卫工作委员会、城乡建设工作委员会
第十三届	1993. 2—1998. 1	—	办公室（内设行政科、信访科）、调查研究室、人事代表工作室、法制工作委员会、财政经济工作委员会、教科文卫工作委员会、城乡建设工作委员会
第十四届	1998. 1—2003. 1	—	办公室（内设行政科、信访科）、调查研究室、人事代表工作室、法制工作委员会、财政经济工作委员会、教科文卫工作委员会、城乡建设工作委员会
第十五届	2003. 1—2007. 12	—	办公室（挂信访科牌子）、研究室、人事代表工作室、法制工作委员会、财政经济工作委员会、教科文卫工作委员会、城乡建设工作委员会、农村工作委员会
第十六届	2007. 12—2012. 1	—	办公室（挂信访科牌子）、研究室、人事代表工作室、法制工作委员会、财政经济工作委员会、教科文卫工作委员会、城乡建设工作委员会、农村工作委员会

续表6—1—2

届次	时间	人民代表大会常设机构	常委会常设机构
第十七届	2012. 1—2017. 1	2016年2月，设内务司法委员会、财政经济委员会、教育科学文化卫生委员会、城乡建设与环境资源保护委员会、农业与农村委员会	办公室（挂信访科牌子）、研究室、人事代表工作室、法制工作委员会、财政经济工作委员会、教科文卫工作委员会、城乡建设工作委员会、农村工作委员会、预算工作委员会
第十八届	2017. 1—2022. 1	2019年3月，内务司法委员会更名为监察和司法委员会，增设社会建设委员会。 监察和司法委员会、财政经济委员会、教育科学文化卫生委员会、城乡建设与环境资源保护委员会、农业与农村委员会、社会建设委员会	办公室（挂信访科牌子）、研究室、人事代表工作室、监察和司法委员会、财政经济工作委员会、教科文卫工作委员会、城乡建设工作委员会、农村工作委员会、预算工作委员会、社会建设委员会
第十九届	2022. 1至今	监察和司法委员会、财政经济委员会、教育科学文化卫生委员会、城乡建设与环境资源保护委员会、农业与农村委员会、社会建设委员会	办公室（挂信访科牌子）、研究室、人事代表工作室、监察与司法工作委员会、财政经济工作委员会、教科文卫工作委员会、城乡建设工作委员会、农村工作委员会、预算工作委员会、社会建设工作委员会

第三节　坊子区人大工作概况

坊子区位于世界风筝之都——山东省潍坊市的东南部。行政区划总面积895平方公里，其中，坊子区域面积412平方公里，峡山生态经济开发区面积483平方公里，下辖302个行政村（居），常住人口36.17万人，有汉、满、彝、回、蒙古、朝鲜等27个民族。曾荣获全国粮食生产先进县（区）、全国科技工作先进区、国家环保模范城市、国家卫生城市、全国科普示范区、全国全民健身先进单位、全国民主法治示范区、第二届全国教育改革创新奖、全省生态循环农业示范县（区）、全省小康县（区）、全省双拥工作先进单位等荣誉称号。

夏属斟寻国，商属营州莱国，周属幽州。战国属齐。明初属莱州府潍州。洪武十年属潍县。民国三年（1914）属胶东道潍县。南部属安丘县。民国32年（1943）设潍南县。1948年改为潍坊第四区。1950年由潍南县并入潍北县。1953年并入潍县。据《潍县志稿》载：景帝中元二年（前148）置北海郡，以平寿、桑犊、乐都等县属之。其中桑犊县城治现坊城街办泉河头村附近。据因潍县通往安丘有官道路，三十里设为一坊，坊侧一旅店，名为坊子店。1983年10月潍坊地区改建为潍坊市（省辖市），是年12月组建坊子区。建区以来，坊子区经济社会迅速发展，物质文明、政治文明、精神文明、生态文明建设取得显著成就。现代工业快速发展，特色农业不断壮大，城市建设日新月异，商贸旅游繁荣兴旺，先进文化异彩纷呈，经济社会全面进步。特别是中共十八大以来，坊子区围绕“五位一体”总体布局和“四个全面”战略布局，认真贯彻落实习近平新时代中国特色社会主义思想，紧扣全面建成小康社会目标任务，坚持稳中求进工作总基调，坚持新发展理念，坚持高质量发展，坚持以供给侧结构性改革为主线，坚持以改革开放为动力，统筹推进新旧动能转换、乡村振兴、打赢三大攻坚战、“双招双引”（招商引资、招才引智）、城市品质提升、民生保障等重点工作，不断开创经济社会发展新局面。

1984年1月1日，坊子区正式成立。根据潍坊市（省辖市）人大常委会有关决定，坊子区人民代表大会顺延原潍坊市（县级）人大的届次。经过坊子区人民代表大会筹备领导小组的认真筹备，由中共坊子区委统一领导，各乡镇依法组织选举出区十届人大代表。1984年5月20日至24日，召开坊子区第十届人民代表大会第一次会议，选举产生区人大常委会、区政府、区法院和区检察院的组成人员；审议和决定了国民经济和社会发展第六个五年计划、财政预算等重大事项。区十届、十一届、十二届人民代表大会的任期为三年，从区十三届人民代表大会开始，任期改为五年。2006年8月，《中华人民共和国各级人民代表大会常务委员会监督法》（以下简称《监督法》）颁布实施，区人大常委会依据《监督法》制定了一系列工作规范，监督工作实现了制度化、规范化、程序化。各届人大及其常委会认真行使宪法和法律赋予的对坊子区政治、经济、文化等重大事项的决定权、对宪法法律的贯彻实施和对“一府两院”工作的监督权以及对地方国家机关工作人员的选举任免权，各个方面的工作都卓有成效。人大在地方政权建设和政治、经济、文化生活中发挥着不可替代的、越来越重要的作用。

2012年中共十八大召开后，以习近平同志为核心的党中央就坚持和完善人民代表大会制度、发展社会主义民主政治提出一系列新思想、新要求、新举措，人大工作和建设进入新时代。2014年10月，中共十八届四中全会审议通过《中共中央关于全面推进依法治国若干重大问题的决定》，明确全面推进依法治国的重大任务，确立12月4日为国家宪法日，建立宪法宣誓制度。2015年7月全国人大常委会作出实行宪法宣誓制度的决定。2016年2月28日区十七届人大第五次会议开始，组织被选举任命人员实施宪法宣誓制度。2015年6月，中共中央转发《中共全国人大常委会党组关于加强县乡人大工作和建设的若干意见》，中共山东省委、潍坊市委、坊子区委先后出台意见，并层层召开人大工作会议，安排部署县乡人大工作和建设。8月29日，十二届全国人大常委会第十六次会议修改《地方组织法》《选举法》《代表法》，对专职配备县乡人大主任（主席）、设立人大专门委员会、明确人大常委会组成人员构成、完善选举和代表制度等提出明确要求。区委、区人大常委会认真贯彻落实上级要求和法律法规，2016年2月，区十七届人大五次会议决定设立内务司法委员会等5个专门委员会（2019年4月，区十八届人大三次会议决定增设社会建设委员会），2017年1月，区十八届人大一次会议之后，人大常委会组成人员达到33人，人大常委会主任和街道人大工作室主任专职配备，全区人大工作整体水平得到显著提升。区人民代表大会及其常委会在区委领导下，认真贯彻落实党的路线方针政策，依法履行宪法和法律赋予的职权，为推动坊子区经济社会全面发展做了大量工作，取得显著成绩。

依法行使监督权。区人大及其常委会认真履行宪法和法律赋予的监督权力，通过听取和审议“一府一委两院”工作报告，有计划地开展调研、视察、执法检查和专题询问，对任命干部进行述职评议，对政府部门工作进行专项评议，积极办理议案及代表建议、批评和意见，认真处理人民群众来信来访。通过多种形式开展监督工作，有效地保证了宪法和法律在全区的实施，保证了国家政策和人大及其常委会所作出的决议决定的执行，保障了经济和各项社会事业的健康发展。为强化人大各专门委员会监督质效，2017 年区十八届人大常委会建立监督咨询专家制度，聘请一批在内务司法、城建环保、教科文卫、财政经济、农业农村、预算审查等领域具有丰富经验和专业权威的各界人士，作为各专门委员会的“监督咨询专家”，强化了各委员会的“智囊”力量，使各专门委员会在行使监督职能时，发声更专业、发力更精准。

依法决定重大事项。人民代表大会会议是集中全区人民意志行使重大事项决定权的基本形式。一般情况下，人民代表大会会议每次都听取和审议“一府两院”和人大常委会工作报告，审查批准国民经济和社会发展计划、财政预算的报告，并作出决议决定。上述重大事项一经作出决议，就具有普遍的约束力，成为全区人民共同的奋斗目标。区人大常委会在人民代表大会闭会期间代行大会部分职权，召开会议听取“一府一委两院”专项工作报告及国民经济和社会发展计划执行、预算执行、决算和审计工作情况报告，就一些全局性、根本性、长远性的问题以及人民群众普遍关心的热点难点问题作出决议决定，维护了全区人民的根本利益，贯彻了区委决策，实现了党委意图和人民意志的统一。

依法选举和任免干部。区人大及其常委会严格遵循党管干部原则，把党委推荐和人大依法选举任免统一起来，充分发扬民主，严格依法办事，保证了选举质量和任免工作的公平、公正、公开。区十届人大一次会议至区十九届人大二次会议期间，依法选举产生区级国家机关工作人员 374 人次。区十届人大常委会第一次会议至区十九届人大常委会第六次会议期间，共依法任免国家机关工作人员 2238 人（次）。通过口头（书面）供职发言、任前法律考试、向宪法宣誓等多种形式，加强对被任命干部的监督，实现了任免权和监督权的统一。

发挥代表主体作用。历届人大及其常委会都把依靠和发挥代表主体作用作为人大工作的基础，通过加强组织机构建设和建立健全代表工作制度，保证代表工作的开展。扩大代表对常委会工作的参与，组织监督活动、召开常委会会议都邀请一定数量的代表参加。落实代表向选民述职制度，从区十八届人大常委会开始，每位代表届内向选区选民至少述职一次。建立代表接待选民制度，基层代表定期到接待站联系接待选民群众，听民声、集民智、解民忧。开展代表小组主题活动、组织代表联系群众活动，为代表履职搭建平台。建立代表履职评价制度，激发了代表履职热情。认真办理代表议案及建议、批评和意见，较好地解决了一批群众关心的热点难点问题。

指导加强街道（乡、镇）人大工作。历届人大常委会非常注重街道（乡、镇）人大工作，通过召开人大工作会议、座谈会、调度会、现场指导等形式，指导街道（乡、镇）人大依法开展工作。辖区乡镇全部改为街道后，根据有关法律规定，街道不设人民代表大会，为进一步加强街道人大工作，2018 年，经区委批准，区人大常委会决定在街道（发展区）设立人大工作委员会，作为区人大常委会的派出机构，出台了街道（发展区）人大工作委员会工作规则，通过了街道人大工作委员会组成人员，进一步加强了街道一级人大监督工作。

加强人大常委会及机关自身建设。历届人大常委会始终把自身建设摆在重要位置，狠抓常委会及机关的思想建设、作风建设、组织建设和制度建设，打牢履职基础。注重制定和完善学习制度，通过学习马列主义、毛泽东思想、邓小平理论、“三个代表”重要思想、科学发展观、习近平新时代中国特色社会主义思想，学习党的路线方针政策和宪法法律法规，不断深化对人民代表大会制度的认识，增强制度自信，提升思想政治水平。根据中央部署和区委安排，先后组织开展整党、“三讲”教育、保持共产党员先进性教育、深入学习实践科学发展观活动、党的群众路线教育实践活动、“三严三实”专题教育、“两学一做”学习教育、推进“两学一做”学习教育常态化制度化、“不忘初心、牢记使命”主题教育、党史学习教育等系列学习教育活动，机关党员干部受到了深刻的党性党风教育，改进了工作作风。成立坊子区之后，区委批准设立区人大常委会党组，保证党对人大工作的领导。与职权行使相适应，常委会办事机构由最初的“三室”发展到“五室两委”。区十七届人大五次会议开始设立人大专门委员会，常委会机关对应设立专门委员会的办事机构，工作力量逐步加强，工作关系进一步理顺。先后制定人大常委会组成人员守则、议事规则等系列制度、办法，为促进人大工作与时俱进奠定了基础。

坊子区人民代表大会及其常委会组织机构设置情况一览表

表6—1—3

届次	时间	人民代表大会常设机构	常委会常设机构
第十届	1984. 5—1987. 5	—	办公室、调查研究室、代表联络科
第十一届	1987. 5—1990. 3	—	办公室、调查研究室、人事代表工作委员会、法制工作委员会、财政经济工作委员会、科教文卫城乡建设工作委员会
第十二届	1990. 3—1993. 2	—	办公室、人事代表工作委员会、法制工作委员会、财政经济工作委员会、科教文卫城乡建设工作委员会
第十三届	1993. 2—1998. 1	—	办公室、调查研究室、人事代表工作委员会（1996年12月更名为人事代表工作室）、法制工作委员会、财政经济工作委员会、科教文卫城乡建设工作委员会
第十四届	1998. 1—2003. 1	—	办公室、调查研究室、人事代表工作室、法制工作委员会、财政经济工作委员会、城建环保工作委员会、农科教工作委员会、信访科
第十五届	2003. 1—2007. 12	—	办公室、调查研究室、人事代表工作室、信访科、农业与农村工作委员会、法制工作委员会、财政经济工作委员会、教科文卫城建环保工作委员会

续6—1—3

届次	时间	人民代表大会常设机构	常委会常设机构
第十六届	2007.12—2012.1	—	办公室、调查研究室、人事代表工作室、信访科、农业与农村工作委员会、法制工作委员会、财政经济工作委员会、城建环保工作委员会、教科文卫工作委员会
第十七届	2012.1—2017.1	2016年2月，设立内务司法委员会、财政经济委员会、城乡建设与环境资源保护委员会、农业与农村委员会、教育科学文化卫生委员会	办公室（加挂信访室牌子）、研究室（加挂教育科学文化卫生委员会工作室牌子）、人事代表工作委员室（2016年6月更名为人事代表工作委员会）、立法联络室（加挂内务司法委员会工作室牌子）、预算工作委员会（加挂财政经济委员会工作室牌子）、农业与农村委员会工作室、城乡建设与环境资源保护委员会工作室
第十八届	2017.1—2022.1	2019年4月，内务司法委员会更名为监察和司法委员会，增设社会建设委员会。监察和司法委员会、财政经济委员会、城乡建设与环境资源保护委员会、农业与农村委员会、教育科学文化卫生委员会、社会建设委员会	办公室（加挂信访室牌子）、研究室（加挂教育科学文化卫生委员会工作室牌子）、人事代表工作委员会、立法联络室（加挂内务司法委员会工作室牌子）、预算工作委员会（加挂财政经济委员会工作室牌子）、农业与农村委员会工作室、城乡建设与环境资源保护委员会工作室
第十九届	2022.1至今	监察和司法委员会、财政经济委员会、城乡建设与环境资源保护委员会、农业与农村委员会、教育科学文化卫生委员会、社会建设委员会	办公室（加挂信访室牌子）、研究室（加挂教育科学文化卫生委员会工作室牌子）、人事代表工作委员会、立法联络室（加挂内务司法委员会工作室牌子）、预算工作委员会（加挂财政经济委员会工作室牌子）、农业与农村委员会工作室、城乡建设与环境资源保护委员会工作室

第四节　寒亭区人大工作概况

寒亭区位于潍坊市北部、山东省中部偏东，北濒渤海莱州湾，是潍坊市四个中心城区之一。1983年10月撤销潍县设立寒亭区，行政区总面积1306平方千米，其中，直辖面积628平方千米，潍坊滨海经济技术开发区代辖陆域面积678平方千米、海洋面积510平方千米，常住41.7万人，辖8个街道办事处（潍坊滨海经济技术开发区代管2个街道办事处）。荣获中国年画之乡、中国风筝文化之乡、中国民间文化艺术之乡、全国第五批率先基本实现主要农作物生产全程机械化示范区、国家农产品质量安全区、山东省食品安全区、全省医养结合示范先行区、省级健康促进区、山东省第十一届全民健身运动会先进单位、山东省进口贸易促进创新区、全省县域经济“高质量发展进步县”等称号。

寒亭历史悠久、文化广博、人杰地灵。早在7000多年以前的后李文化时期，人类就开始在此繁衍，是潍坊市乃至整个潍淄流域最早文明开拓的地区之一。夏，为伯明氏封地，寒浞在境内建立寒国。商周时期属莱国。西周、战国属齐国。秦属胶东郡范围。汉属胶东郡北海国。西汉末年，王莽建立新朝后，“凡古国皆立亭，且崇其封识”，寒国改称寒亭，寒亭之名自此始。潍县始称自明洪武十年（1377），前后历经600多年。1983年10月，潍县建制撤销，以原潍县所辖11处公社为基础建立寒亭区。寒亭地处山东半岛城市群轴心，位于济南和青岛两个区域中心城市中间地带，青银、潍莱、荣乌高速公路和206、309两条国道穿境而过；距潍坊机场20千米、青岛机场100千米、济南机场170千米；北部潍坊港为国家一类开放口岸，是潍坊市海上门户。2018年12月，济青高铁潍坊北站建成投入使用，根据国家《中长期铁路规划》，济青高铁、京沪二线、潍莱高铁、环渤海高铁4条线路在潍坊北站交汇，是融合高铁、城际、地铁、城市公交和出租车等功能的大型综合性交通枢纽。

新中国成立以后，人民代表大会制度在寒亭（潍县）历经形成和过渡、确立和发展、遭受破坏、逐步恢复、全面发展等不同历史阶段。1949年12月，原潍南、潍北、潍县（新）政府贯彻山东省试行组织条例，作出召开县各界人民代表会议的决定，团结各界人民，进行经济恢复和各项建设事业。一至五次各代会，每次任期三个月，从第六次各代会开始，各代会代行县人民代表大会职权，每次任期一年。1954年7月，潍县第一届人民代表大会一次会议召开。“文化大革命”间，人民代表大会中止。潍县第一届至第八届人民代表大会，均无常设机构。县人民代表大会闭会期间，由县人民委员会或县人民政府行使人民代表大会常设机关的职权。1980年12月，潍县第九届人大一次会议召开，选举产生潍县人民代表大会常务委员会。

1984年5月，沿用原潍县人民代表大会届次，潍坊市寒亭区选出本级人大代表，组成潍坊市寒亭区第十届人民代表大会，选举产生潍坊市寒亭区第十届人民代表大会常务委员会。1984年至2022年，寒亭区人民代表大会历经10届，第十届任期3年、第十一届任期3年、第十二届任期3年、第十三届任期5年、第十四届任期5年、第十五届任期5年、第十六届任期5年、第十七届任期5年、第十八届任期5年。第十九届自2022年1月产生至今。

潍坊市寒亭区人大及其常委会自建立以来，在中共寒亭区委的正确领导下，在潍坊市人大常委会有力指导下，全面贯彻落实党在各个时期的路线、方针、政策，紧紧围绕中心工作，牢牢把握加强社会主义法治建设这一根本任务，坚持党的领导、人民当家作主和依法治国有机统一，认真行使宪法和法律赋予的各项职权，全力服务经济发展，加强民主法治建设，维护社会和谐稳定，推动人民代表大会制度不断完善和发展，保证宪法、法律、行政法规和上级人民代表大会及其常委会决议在本行政区域内的遵守和执行；讨论、决定全区的政治、经济、教育、科学、文化、卫生、环境和资源保护、民政等工作的重大事项，审查和批准国民经济和社会发展计划、预算及其执行情况的报告，依法加强对区人民政府、区监察委员会、区人民法院、区人民检察院的工作监督，依照法律规定权限决定国家机关工作人员的任免等，为推动全区经济社会高质量发展发挥重要作用。

依法决定重大事项。重大事项决定权是人民代表大会最重要的职权，是一项体现国家权力机关特征的职权。区历届历次人民代表大会都听取和审议“一府两院”和人大常委会工作报告，审查批准国民经济和社会发展计划、财政预算报告，并就重大事项作出决议、决定。决议、决定一经作出，即代表全区人民的共同意志，具有普遍的约束力，并向全区公布。大会闭会期间，区人大常委会每两月至少举行1次会议，通过听取审议“一府两院”专项工作报告，就事关全局的重大事项以及人民群众普遍关心的热点、难点问题作出决议、决定。自 1984 年 5 月至 2021 年 12 月，区第十届至十八届人大常委会共举行 258 次常委会会议，作出 337 项决议决定，号召全区各单位、各部门和全区人民认真执行，既代表和维护全区人民的根本利益，又很好地贯彻和体现区委部署要求，实现人民意志和党委意图的统一。

依法开展监督工作。人大监督的目的，是通过制约权力，确保宪法和法律得到正确实施，确保行政权和司法权得到正确行使，确保公民、法人和其他组织的合法权益得到尊重和维护。区人大及其常委会紧扣发展大局，紧贴群众关切，坚持发展与民生并重，认真行使宪法和法律赋予的监督职权。通过听取和审议“一府两院”工作报告和专项报告，审查和批准国民经济和社会发展计划、财政预算，审查规范性文件，受理申诉、控告、检举，特定问题调查，监督人大代表建议、批评和意见的办理，对各项工作开展情况有计划地开展专题询问、调研、视察和执法检查等方式，对“一府一委两院”开展工作监督和法律监督，对任命干部进行述职评议，处理人民群众来信来访，促进了本级国家行政机关依法行政，监察机关依法监察，审判、检察机关公正司法。1984 年以来，历届区人大常委会充分发挥人大监督职能作用，逐步健全和完善监督机制，增强监督实效。区第十届至十八届人大常委会先后依法开展视察、调查、专题调研和执法检查 623 次，保证法律法规、国家政策和人大及其常委会所作决议决定的执行，保障经济和各项社会事业的健康发展。

依法行使任免权。人大及其常委会的选举任免权，是人民当家作主的重要制度保证，是人民代表大会制度的重要特点之一。区人民代表大会在选举区级国家机关组成人员和上级人民代表大会代表时，严格执行《地方组织法》《选举法》的规定，制定完善大会选举办法，尊重代表意愿。历届区人大常委会坚持党管干部和依法任免相结合的原则，严格按照法定程序，采用任前调查、法律知识考试、供职发言和任后述职评议等形式，充分发扬民主，严格依法办事，保证选举质量和任免工作的公平、公正、公开。通过提交供职发言、法律考试、向宪法宣誓等多种形式，加强对被任命干部的监督，实现任免权和监督权的统一。区第十届至十八届人大常委会依法任命国家机关工作人员 1521 人（次）。

发挥代表主体作用。人大代表是人民代表大会制度的主体，是发展社会主义民主政治的主体力量、关键组成。区历届人大及其常委会都把依靠和发挥代表主体作用作为人大工作的基础，注重发挥代表作用，贯彻执行代表法，为代表执行职务提供优质服务和各项保障。不断扩大人大代表对常委会工作的参与度，广泛邀请人大代表参加视察调研、执法检查、工作评议等各项活动，拓宽代表知情知政渠道，使代表更好地了解寒亭区以及人大常委会的各项工作情况，更好地参与管理国家事务，行使其代表职权。深入组织开展“听民声、访民意”“招商转调创、代表当先锋”“牢记使命、履职为民”“双比一卡一评”（双比：比履职、比贡献；一卡：代表履职积分卡；一评：评选优秀代表小组和优秀人大代表）“履职争优、服务争先”等人大代表主题活动，制定寒亭区人大代表履职守则，为代表履职搭建平台，提高办理议案及代表建议、批评和意见质效，积极回应群众期盼。同时，通过邀请专家专题辅导、召开座谈会、外出培训学习、网上学习等形式，不断提升代表履职能力。区第十届至十八届人大及其常委会共收到代表议案和建议意见 1335 件，绝大多数都得到办理和答复。通过办理代表议案和建议、批评和意见，人大及其常委会在解决社会发展和民生问题方面发挥了重要作用。

全面加强自身建设。加强人大自身建设，是提高常委会工作水平，做好人大各项工作，发挥地方国家权力机关作用的基础性工作。历届人大常委会始终把自身建设摆在重要位置，以思想建设为引领，以制度建设为抓手，以作风建设为保障，以效能建设为目标，提升人大建设水平，打牢夯实履职基础。注重制定和完善学习制度，通过学习马列主义、毛泽东思想、邓小平理论、“三个代表”重要思想、科学发展观、习近平新时代中国特色社会主义思想，学习党的路线、方针、政策和宪法、法律、法规，不断深化对人民代表大会制度的认识，为有序推动人大工作提供理论保障。深入组织开展整党活动、“三讲”教育、保持共产党员先进性教育、深入学习实践科学发展观活动、创先争优活动、党的群众路线教育实践活动、“三严三实”专题教育、“两学一做”学习教育、“不忘初心、牢记使命”主题教育、党史学习教育等一系列学习教育，强化党性党风教育，不断改进工作作风，打造政治坚定、服务人民、尊崇法治、发扬民主、勤勉尽责的人大工作队伍。与行使职权相适应，健全工作机构，从区十八届人大一次会议开始，设立人大专门委员会，制定专门委员会工作规则、与对口部门和单位工作联系办法，进一步增强工作力量。人大常委会办事机构和工作机构由最初的“一室两科”（办公室、调研科、联络科）发展到“三室四委”（办公室、调查研究室、人事代表工作室、法制工作委员会、财经工作委员会、教科文卫工作委员会、预算工作委员会），制定《寒亭区人大常委会关于进一步加强自身建设的意见》，对区人大常委会议事规则、主任会议议事规则、区人大常委会组成人员出席常委会会议守则等制度和规程进行梳理，推进新时代人大工作提效提速、行稳致远。

提升街道人大工作。区人大常委会派驻街道的工作机构，是基层民主政治建设的前沿阵地，不断加强街道人大工作机构建设，是推进基层民主政治建设的有效手段。历届区人大常委会都非常注重街道人大工作，特别是中央人大工作会议以来，区人大常委会坚持在党的领导下践行和发展全过程人民民主，积极探索创新，不断丰富人大代表联系人民群众的内容和形式，更好接地气、察民情、聚民智、惠民生，在街道实行驻街道人大代表例会制度，因地制宜设立助力乡村振兴、企业发展、节能环保、社区治理、非遗发展、普惠金融等不同主题的市人大代表会客厅 1 个、区人大代表主题会客厅 11 个，组织代表广泛、直接地联系人民群众，听取群众诉求，围绕经济发展、社会治理、民生实事等领域重点工作和重点项目，融入中心工作、参与民主管理、收集意见建议、监督基层单位，进一步夯实新时代人大工作的基层基础。

寒亭区人民代表大会及其常委会组织机构设置情况一览表

表6—1—4

届次	时间	人民代表大会常设机构	常委会常设机构
第十届	1984. 5—1987. 4	—	办公室。1984 年 9 月增设调研科、联络科。1986 年 8 月调研科改为法制调研科
第十一届	1987. 4—1990. 3	—	办公室、法制调研科、联络科。1987 年 5 月将法制调研科改为法制科、调研科。1988 年 8 月增设财经科、教科文卫科

续表6—1—4

届次	时间	人民代表大会常设机构	常委会常设机构
第十二届	1990. 3—1993. 2	—	办公室、法制科、调研科、联络科、财经科、教科文卫科。1990年4月将法制科、财经科、教科文卫科、联络科分别改为法制工作委员会、财经工作委员会、教科文卫工作委员会、人事代表工作委员会。1991年5月增设信访工作室
第十三届	1993. 2—1998. 1	—	办公室、法制工作委员会、财经工作委员会、教科文卫工作委员会、人事代表工作委员会、调研科。1997年2月将调研科改为调查研究室，将人事代表工作委员会改为人事代表工作室
第十四届	1998. 1—2003. 1	—	办公室、调查研究室、人事代表工作室、法制工作委员会、财经工作委员会、教科文卫工作委员会。1998年3月设立办公室老干部管理科
第十五届	2003. 2—2007. 12	—	办公室、调查研究室、人事代表工作室、法制工作委员会、财经工作委员会、教科文卫工作委员会。2003年12月设立办公室离退休老干部管理科。2005年12月，设立办公室信访工作室
第十六届	2007. 12—2012. 1	—	办公室（离退休老干部管理科、信访工作室）、调查研究室、人事代表工作室、法制工作委员会、财经工作委员会、教科文卫工作委员会
第十七届	2012. 1—2017. 1	—	办公室（离退休老干部管理科、信访工作室）、调查研究室、人事代表工作室、法制工作委员会、财经工作委员会、教科文卫工作委员会。2015年1月设立预算工作委员会
第十八届	2017. 1—2022. 1	内务司法委员会（2019年4月区十八届人大三次会议更名为监察和司法委员会）、财政经济委员会、教育科学文化卫生委员会、城建环保委员会、农业农村委员会、社会建设委员会（2019年4月区十八届人大三次会议增设）	办公室（离退休老干部管理科、信访工作室）、调查研究室、人事代表工作室、法制工作委员会、财经工作委员会、教科文卫工作委员会、预算工作委员会。2019年3月将办公室离退休老干部管理科更名为离退休干部服务中心。2020年12月将办公室离退休干部服务中心更名为寒亭区人大代表联络服务中心

续表6—1—4

届次	时间	人民代表大会常设机构	常委会常设机构
第十九届	2022.1至今	监察和司法委员会、财政经济委员会、教育科学文化卫生委员会、城建环保委员会、农业农村委员会、社会建设委员会	办公室（人大代表联络服务中心、信访工作室）、调查研究室、人事代表工作室、法制工作委员会、财经工作委员会、教科文卫工作委员会、预算工作委员会

第五节　青州市人大工作概况

青州市，地处山东半岛中部，1986 年由益都县撤县设市，总面积 1569 平方公里，辖 4 个街道、8 个镇、1 个省级经济开发区，有汉、回、满等多个民族，人口 96 万人，其中少数民族 2.89 万人，是全国文明城市、国家历史文化名城、国家卫生城市、国家园林城市、中国优秀旅游城市、首批国家全域旅游示范区，荣获中国人居环境奖综合奖，连续七次被国务院表彰为“全国民族团结进步模范集体”。

青州，历史悠久，文化灿烂，为古“九州”之一，是东夷文化发源地，有 5000 多年文明史。“青州”一名，源自《尚书·禹贡》：“海岱惟青州”。古青州在东海与泰山之间。天下划九州，因地处东方，五行属木，木色为青，故名青州。青州之名自此始，上古为东夷之地。春秋战国时期，归齐国管辖。秦置齐郡。西汉武帝设青州刺史部，驻广固县，称青州城，青州从此成为行政区划。西晋永嘉五年（311），青州刺史曹嶷在今青州市区西北八里处筑广固城，作为政治中心和军事重镇。明、清时期，山东政治中心西移，行省驻所移至济南，青州城设青州府。民国时期，撤销青州府，设益都县，直属山东省管辖。1948 年益都解放后，在城区设青州特别市，中华人民共和国成立后归昌潍地区管辖，后并入益都县。1986 年 3 月 1 日，国务院批准撤销益都县，设立青州市。

青州钟灵毓秀，人杰地灵，历史名人灿若星辰。寇准、范仲淹、宗泽、张叔夜等朝廷重臣，郑道昭、欧阳修、王世贞等文坛巨匠，都曾居官青州；王曾、邢玠、钟羽正、冯溥等一代名臣，燕肃、于钦等学术巨擘，都诞生在青州；郦道元、黄庭坚、李清照、冯惟敏等名流客居胜地。青州境内还有国家一级博物馆 1 处，AAAAA 级旅游景区 1 处、AAAA 级旅游景区 2 处，AAA 级旅游景区 7 处，有青州古城、云门山大“寿”字、驼山 638 尊石窟造像、郑道昭玲珑山题刻、山体巨佛、龙兴寺佛教造像、昭德古街等全国闻名古迹。青州银瓜、蜜桃、柿干、敞口山楂、卷烟、剪刀、红丝砚、隆盛糕点、云门陈酿、青州府花边大套等地方特产在国内外享有盛誉。

1954 年 7 月，县第一届人大一次会议召开。这次会议的召开，标志着县各界人民代表会议代行人民代表大会职权过渡时期的结束，标志着县人民代表大会的正式成立，揭开青州政权建设史上的崭新一页。1954 年至 2022 年，青州市人民代表大会历经 19 届，即第一届 3 年、第二届 1 年、第三届 3 年、第四届 3 年、第五届 3 年、第六届（因“文化大革命”中止）、县第七届（革委会）、第八届 2 年、第九届 4 年、第十届 3 年、第十一届 3 年、第十二届 3 年、第十三届 5 年、第十四届 5 年、第十五届 5 年、第十六届 4 年、第十七届 5 年、第十八届 5 年、第十九届至今。市人民代表大会及其常委会在市委的领导下，在潍坊市人大有力指导下，认真贯彻落实党在各个时期的路线方针政策，依法履行宪法和法律赋予的职权，把加强社会主义民主法治建设作为根本任务，围绕中心，服务大局，依法履职，积极作为，为推动县域经济社会全面发展做出大量工作，取得显著成绩。

依法行使监督权。市人大及其常委会认真履行宪法和法律赋予的监督权力，通过听取和审议“一府一委两院”工作报告，收集、办理议案及代表建议、批评和意见，有计划地开展专题询问、调研、视察和执法检查，对任命干部进行述职评议，组织代表评议政府部门工作，处理人民群众来信来访，对重点审议意见办理和决议决定落实情况实行“二次审议再监督”，利用多种形式开展监督工作，有效地保证宪法和法律在全市的实施，保证国家政策和人大及其常委会所作出的决议决定的执行，保障经济和各项社会事业的健康发展。

依法决定重大事项。人民代表大会会议是集中全市人民意志行使重大事项决定权的基本形式。一般情况下，人民代表大会会议每次都听取和审议“一府一委两院”（政府、监察委员会、检察院、法院）和人大常委会工作报告，审查批准国民经济和社会发展计划、财政预算的报告，并作出决议决定。上述重大事项一经作出决议，就具有普遍的约束力，成为全市人民共同的奋斗目标。探索在人民代表大会会议上听取市政府专项工作报告，并作出决议，先后作出云门山驼山风景区保护、古城保护修复建设、饮用水源地保护、西南山区生态保护4项决议，加大对生态资源环境和文化遗产的保护力度。市人大常委会在人民代表大会闭会期间代行大会部分职权，会议听取“一府一委两院”专项工作报告及国民经济和社会发展计划执行、预算执行、决算和审计工作情况报告，就一些全局性、根本性、长远性的问题以及人民群众普遍关心的热点难点问题作出决议决定，维护全市人民的根本利益，很好地贯彻市委决策，实现党委意图和人民意志的统一。

依法选举和任免干部。市人大及其常委会严格遵循党管干部原则，把党委推荐和人大依法选举任免统一起来，充分发扬民主，严格依法办事，保证了选举质量和任免工作的公平、公正、公开。第一届人大一次会议至十九届人大一次会议期间，依法选举国家机关工作人员1400余人（次）。县九届人大常委会第一次会议至十九届人大常委会第九次会议期间，依法任免国家机关工作人员2900余人（次）。通过提交供职发言、法律考试、向宪法宣誓等多种形式，加强对被任命干部的监督，实现任免权和监督权的统一。

发挥代表主体作用。历届人大及其常委会都把依靠和发挥代表主体作用作为人大工作的基础，通过加强组织机构建设和建立健全代表工作制度，保证代表工作的开展。扩大代表对常委会工作的参与，组织监督活动、召开常委会会议都邀请一定数量的代表参加。落实代表向选民述职制度，每位代表届内向选区选民至少述职一次。连续多年开展“践诺履职展风采”“双招双引我当先”（招商引资、招才引智）“企业发展我先行，建功古城新崛起”“履职尽责、服务大局、争作表率”等多项代表主题活动，为促进经济社会高质量发展作出重要贡献。实施“民情日”、代表工作站建在产业链上、代表履职管理星级考核等工作制度，组织代表履职搭建平台，激发代表履职积极性。认真办理议案及代表建议、批评和意见（提案），自市人大成立以来，共收到1万余件，都进行答复和办理。通过组织代表集中学习、外出学习、网上学习、小组学习等多种形式，提升代表履职能力。

加强人大常委会及机关自身建设。历届人大常委会始终把自身建设摆在重要位置，狠抓常委会及机关的思想建设、作风建设、组织建设和制度建设，打牢履职基础。注重制定和完善学习制度，通过学习马列主义、毛泽东思想、邓小平理论、“三个代表”重要思想、科学发展观、习近平新时代中国特色社会主义思想，学习党的路线方针政策和宪法等法律法规，不断深化对人民代表大会制度的认识，增强制度自信，提升思想政治水平。根据中央和省、市委安排，先后组织开展整党、“三讲”教育、保持共产党员先进性教育、深入学习实践科学发展观活动、党的群众路线教育实践活动、“三严三实”专题教育、“两学一做”学习教育、推进“两学一做”学习教育常态化制度化、“不忘初心、牢记使命”主题教育、党史学习教育等一系列学习教育，机关党员干部受到了深刻的党性党风教育，改进了工作作风。设立人大常委会之后，经县委批准于 1980 年 12 月建立县人大常委会党组，1984 年 5 月建立机关党支部，2020 年 6 月成立机关党委，保证党对人大工作的领导。与职权行使相适应，常委会办事机构和工作机构由最初的“一室两科”（即办公室、调查研究科、代表联络科）发展到“三室六委”（“三室”即办公室、调查研究室、人事代表室，“六委”即预算工作委员会、农村经济委员会、财政经济委员会、城乡建设环境保护委员会、法制委员会、教育科学文化卫生委员会）。从市十七届人大五次会议开始，设立专门委员会，常委会相关工作委员会对应成为专门委员会的办事机构，工作力量逐步加强，工作关系进一步理顺。先后制定人大常委会组成人员守则、机关工作考核等一系列制度、办法，并根据形势发展的需要，多次作出修订完善，为促进人大工作创新发展奠定了基础。

指导加强乡镇人大工作。历届人大常委会都非常注重乡镇人大工作，通过召开人大主席会议、人大工作会议、座谈会、调度会、现场会等多种形式，指导乡镇人大依法履职。特别是中共十八大以来，市人大常委会顺应形势需要，积极探索创新，在街道推行人大监督员制度，弥补街道没有镇级人大代表、人大监督相对薄弱的问题。自 2015 年至 2017 年，持续三年实施镇街区人大规范化建设，以全市工作重点为抓手，全面加强镇街区人大的阵地建设、组织建设、制度建设，提高监督质量。2022 年，青州市人大常委会重新修订完善《青州市人大常委会关于加强镇、街道人大规范化建设的意见》，坚持问题导向，突出工作重点，全面推进镇街人大规范化建设，有力地提升了全市人大工作水平。

青州市人民代表大会及其常委会组织机构设置情况一览表

表6—1—5

届次	时间	人民代表大会常设机构	常委会常设机构
第九届	1980. 12—1984. 5	—	办公室
第十届	1984. 5-1987. 5	—	办公室、调查研究科、代表联络科、政法科
第十一届	1987. 5-1990. 3	—	办公室（内设秘书科、代表联络科、信访科、行政科、老干部管理科、车队）、法制工作委员会、财政经济城乡建设工作委员会、农村经济工作委员会、教育科学文化卫生工作委员会

续表6—1—5

届次	时间	人民代表大会常设机构	常委会常设机构
第十二届	1990. 3-1993. 2	—	办公室（内设秘书科、代表联络科、信访科、行政科、老干部管理科、车队）、人事代表工作室、法制工作委员会、财政经济城乡建设工作委员会、农村经济工作委员会、教育科学文化卫生工作委员会
第十三届	1993. 2-1998. 1	—	办公室（内设行政科、老干部管理科）、人事代表工作室（内设人事任免科、信访科）、调查研究室（内设综合科、信息科）、法制工作委员会、财政经济城乡建设委员会、农村经济工作委员会、教育科学文化卫生工作委员会
第十四届	1998. 1-2003. 1	—	办公室（内设行政科、老干部管理科）、人事代表工作室（内设人事任免科、信访科）、调查研究室（内设综合科、信息科）、法制工作委员会、财政经济城乡建设委员会、农村经济工作委员会、教育科学文化卫生工作委员会
第十五届	2003. 1—2007. 12	—	办公室（内设行政科、老干部科）、调查研究室（内设综合科、信息科）、人事代表室（内设人事任免科、信访科）、农村经济委员会、财政经济委员会、城乡建设环境保护委员会、法制委员会、教育科学文化卫生工作委员会
第十六届	2007. 12—2012. 1	—	办公室（内设行政科、老干部服务办公室）、调查研究室（内设综合科、信息科）、人事代表室（内设人事任免科、信访科）、农村经济委员会、财政经济委员会、城乡建设环境保护委员会、法制委员会、教育科学文化卫生工作委员会
第十七届	2012. 1—2017. 1	2016年2月，设内务司法委员会、财政经济委员会、城乡建设环境保护委员会、农业农村委员会、教育科学文化卫生委员会	办公室（内设行政科、老干部服务办公室）、调查研究室（内设综合科、信息科）、人事代表室（内设人事任免科、信访科）、预算工作委员会、农村经济委员会、财政经济委员会、城乡建设环境保护委员会、法制委员会、教育科学文化卫生工作委员会

续表6—1—5

届次	时间	人民代表大会常设机构	常委会常设机构
第十八届	2017. 1—2022. 1	2017年1月，设民族侨务外事委员会。 2019年3月，内务司法委员会更名为监察和司法委员会，2020年5月增设社会建设委员会。 农业农村委员会、财政经济委员会、城乡建设环境保护委员会、监察和司法委员会、教育科学文化卫生委员会、社会建设委员会、民族侨务外事委员会	办公室（内设行政科、老干部科、代表联络服务中心）、调查研究室（内设综合科、信息科）、人事代表室（内设人事任免科、信访科）、预算工作委员会、农村经济委员会、财政经济委员会、城乡建设环境保护委员会、监察和司法委员会、教育科学文化卫生工作委员会、社会建设委员会
第十九届	2022. 1至今	农业农村委员会、财政经济委员会、城乡建设环境保护委员会、监察和司法委员会、教育科学文化卫生委员会、社会建设委员会、民族侨务外事委员会	办公室（内设行政科、老干部科、代表联络服务中心）、调查研究室（内设综合科、信息科）、人事代表室（内设人事任免科、信访科）、预算工作委员会、农村经济委员会、财政经济委员会、城乡建设环境保护委员会、监察和司法委员会、教育科学文化卫生工作委员会、社会建设委员会

第六节　诸城市人大工作概况

诸城位于山东半岛东南部，是潍坊下辖县级市，总面积2183平方公里，辖17处镇街区、1个省级经济开发区，259个社区，共107.8万人。因为历史久远和文明灿烂，被称为“中国龙城·舜帝故里·超然圣地·尽美家乡”。

诸城勇于创新，改革开放以来，先后探索创造商品经济大合唱、贸工农一体化、农业产业化、企业产权制度改革、为民服务联动、农村社区化发展等在全省乃至全国有一定影响的“诸城经验”，被习近平总书记肯定为“诸城模式”。先后荣获首批国家农业产业化示范基地、国家新型工业化产业示范基地、国家县城新型城镇化建设示范县市、全国农村一二三产业融合发展试点示范市、全国森林旅游示范市、全国休闲农业与乡村旅游示范市、全国文明城市、国家卫生城市、国家生态文明建设示范市、全国投资竞争力百强县等称号。获得全国平安建设“长安杯”。

1954年7月，诸城县第一届人民代表大会第一次会议召开，标志着人民代表大会制度在诸城正式建立。1980年5月，诸城县第九届人民代表大会第一次会议设立人民代表大会常务委员会。第九届人大常委会任期4年；第十届人大常委会任期3年；第十一届人大常委会任期3年；第十二届人大常委会任期3年；第十三届人大常委会任期5年；第十四届人大常委会任期5年；第十五届人大常委会任期5年；第十六届人大常委会任期4年；第十七届人大常委会任期5年；第十八届人大常委会任期5年，第十九届至今。

诸城市人大常委会在潍坊市人大常委会的指

导下、在诸城市委的正确领导下，紧扣中心工作，忠诚履行宪法和法律赋予的各项职责，有力推动诸城经济社会高质量发展和民主法治建设。自1980年至2011年，历届人大常委会围绕加强和改进人大工作进行了很多有益的探索和实践。如，在诸城市国家机关中推行执法责任制、组织人大代表评议政府部门、拟任干部任前考试以及任命干部述职评议等；先后探索开展“四学三争”（学特色理论、学党的方针政策、学法律法规、学科技，争当积极参与议政监督的好代表，争当学法用法模范，争当勤劳致富、艰苦创业的带头人），“三树两参一结合”（树立职务意识、树立国家意识、树立人民意识；积极参与管理国家事务、积极参与民主法制建设；履行代表职责与做好本职工作相结合）等代表活动。

2012年以来，以习近平同志为核心的党中央就坚持和完善人民代表大会制度、发展社会主义民主政治提出一系列新思想、新要求、新举措，人大工作和建设进入新时代。诸城市委、市人大常委会认真抓好贯彻落实：2016年2月诸城市十七届人大常委会第二十七次会议首次组织被选举任命人员实施宪法宣誓。2016年2月诸城市第十七届人民代表大会第五次会议决定设立内务司法委员会等5个专门委员会，2019年1月诸城市第十八届人民代表大会第三次会议决定增设社会建设委员会，2017年1月诸城市第十八届人民代表大会第一次会议之后，人大常委会组成人员达到45人，人大常委会主任和镇（街）人大主席（工作委主任）全部专职配备，人大工作整体水平得到显著提升。

科学行使重大事项决定权方面。2014年6月制定出台《关于讨论决定重大事项的办法》，对讨论决定重大事项的程序进一步规范，除每年审查和批准本级国民经济和社会发展计划以及财政预算等常规性工作外，着重在依法保障党委重要决策落实和依法维护人民群众切身利益方面行使决定权，围绕加快新型城镇化体系建设、土地利用总体规划调整、保护市区饮用水源地、加快推进绿色生态体系建设等方面共作出决议决定68项。在全国率先作出《关于开展公益诉讼 加强行政检察监督工作的决定》，为检察机关开展公益诉讼、强化行政检察监督工作提供了有力支持。最高人民检察院专门邀请部分全国人大代表到诸城进行视察。

高效行使监督权方面。听取和审议“一府一委两院”工作报告207项，开展调研、视察、执法检查和专题询问158次，对政府部门工作进行专项评议4次，办理议案及代表建议、批评和意见1105件，处理人民群众来信来访863件次，通过多种形式的监督工作，有力地保障经济和各项社会事业的健康发展。为强化监督质效，2012年2月诸城市人大常委会建立顾问制度，聘请8名在相关领域有丰富经验和专业权威的各界人士担任顾问，为人大常委会提供科学合理的咨询服务，增强常委会决策的科学性和监督的实效性。2017年5月成立预算审查监督咨询专家组，聘请经济、财税领域的专家学者参与预算审查工作，提高人大预算审查监督专业化程度。2015年9月围绕城乡环卫一体化开展首次专题询问。之后，诸城市人大常委会不断探索和完善专题询问方式和程序，从2017年6月诸城市十八届人大常委会第三次会议开始，试行在常委会会议上开展询问的方式，2022年10月首次委托诸城市人大城乡建设与环境资源保护委员会对物业管理工作开展专题询问，逐步实现询问工作常态化。2022年4月诸城市十九届人大常委会第二次会议首次听取诸城市监察委员会的专项工作报告。做好规范性文件的备案审查，对诸城市政府报送的43件、镇人大报送的4件规范性文件进行备案审查，向潍坊市人大常委会报送规范性文件16件。

正确行使选举任免权方面。把党委推荐和人大依法选举任免统一起来，严肃换届纪律，严把代表政治关、素质关、结构关，严格依法按程序组织选举，选举产生诸城市级人大代表690名、镇人大代表1718名，基层代表和妇女代表的比例有所提高，代表的综合素质和结构得到进一步优化。坚持党管干部原则与人大依法任免相统一，严格执行任前考法、拟任供职发言、任职表决、宪法宣誓、颁发任命书等法定程序，依法任免地方国家机关工作人员673人（次）、任命人民陪审员400余人。加强对被任命干部的监督，分批次对22名政府组成部门主要负责人进行履职评议，对27名员额法官检察官的履职情况进行评议，实现任免权和监督权的统一。

充分发挥代表主体作用方面。完善人大代表学习培训制度，抓好代表初任学习、履职学习和专题学习。加强代表小组、代表活动站（点）和人大工作室规范化建设，住诸各代表小组设施标准、制度健全、功能完善、活动经常，得到山东省、潍坊市人大常委会领导的充分肯定。密切与代表的联系，坚持定期走访代表、征求代表意见，重要工作向代表通报、重要会议邀请代表列席、重要活动吸收代表参加，引导和支持代表履职尽责。开展“转型跨越我先行”“实干担当、激情创业”“领跑诸城新实践、建功五个高质量” 代表主题活动。成立动能转换、乡村振兴、城市提升、民生改善、风险防控5个行业代表小组和汽车产业、预制菜等若干个专业代表小组。开展“两进三诺”（人大代表进社区，小组活动进社区；年初计划定诺、年中交流定诺、年底述职评诺）、“三联一进”（人大常委会组战人员联系代表、人大专门委员会对口联系行业代表小组、代表联系选民群众；人大代表进网格）代表履职活动，将代表工作推向基层一线。建设人大代表、代表之家和代表联络站“云工作室”，建立“人大代表信息管理系统”，开发“人大代表网格通”“我要找代表”二维码，赋予人大代表网格员和监督员两种身份，让代表进网格当政策宣传员、民情联络员、工作监督员、诉求调解员、群众服务员，将代表履职服务延伸至基层“末梢”，畅通代表联系选民、反映群众诉求的渠道，努力打造“民意码上聚”的践行全过程人民民主“诸城实践”品牌。杨东奇、张江汀、孙建功等领导同志对诸城市人大代表积极履职尽责、助推经济社会高质量发展所取得的成效给予充分肯定。“开展‘两进三诺’活动，激发人大代表履职活力”的经验做法被评为“潍坊市人大工作创新发展特等奖”。

持续加强自身建设方面。始终把自身建设摆在重要位置，深入学习马列主义、毛泽东思想、邓小平理论、“三个代表”重要思想、科学发展观、习近平新时代中国特色社会主义思想，不断深化对人民代表大会制度的认识，增强制度自信。坚持每周两次集中学习，经常性邀请专家学者、人大代表和部门单位负责人授课。根据诸城市委安排，先后组织开展党的群众路线教育实践活动、“三严三实”专题教育、“两学一做”学习教育、“不忘初心、牢记使命”主题教育、党史学习教育等一系列学习教育活动。制定人大代表履职守则、常委会组成人员守则、议事规则、专门委员会工作规则等规章制度及机关学习、工作、纪律管理制度，将诸城人大网站建成“一网三端”（诸城市人大网站，电脑端、手机端、微信端）的网络平台，建设高标准的常委会专门会议室和预算联网监督中心，为促进人大工作规范化、制度化、信息化奠定基础。

在加强镇街区人大和专委会工作方面。注重发挥人大各专委会职能作用，健全完善专委会工作规则、向常委会述职等制度机制，支持和保障专委会独立负责地开展工作。各专委会充分发挥专业优势，围绕常委会重点工作开展视察、调研97次，对113项审议意见进行跟踪督办，为诸城市人大及常委会依法履职提供了坚实支撑。高度重视镇街区人大工作，不定期到各镇街区检查指导，实地督查代表主题活动开展和代表履职活动开展情况；帮助修订完善会议、学习、调查、视察、评议、联系代表和选民、人大主席（主任）工作职责、主席团成员议事规则等制度和办公设施、代表活动场所等硬件建设；指导各镇召开年中人代会，检查主席团会议召开情况；指导各镇街区人大紧扣党委中心，瞄准群众关切，大胆探索、勇于创新，持续打造“一镇一品牌、一街一亮点、一区一特色”，不断丰富人大践行全过程人民民主的基层实践。

诸城市人民代表大会及其常务委员会组织机构设置情况一览表

表6—1—6

届　次	时　间	人民代表大会常设机构	常委会常设机构
第九届	1980. 5—1984. 5	—	办公室
第十届	1984. 5—1987. 4	—	办公室
第十一届	1987. 4—1990. 3	—	办公室、法制工作委员会、财政经济工作委员会、农村经济工作委员会、教科文卫城乡建设工作委员会、人事代表工作委员会、信访工作室
第十二届	1990. 3—1993. 2	—	办公室、法制工作委员会、财政经济工作委员会、农村经济工作委员会、教科文卫城乡建设工作委员会、人事代表工作委员会、信访工作室
第十三届	1993. 2—1998. 1	—	办公室（内设老干部工作科）、信访室、调查研究室，法制工作委员会、财政经济工作委员会、农村经济工作委员会、教科文卫城乡建设工作委员会、人事代表工作委员会
第十四届	1998. 1—2003. 1	—	办公室（内设老干部工作科）、信访室、调查研究室，法制工作委员会、财政经济工作委员会、农村经济工作委员会、教科文卫城乡建设工作委员会、人事代表工作委员会
第十五届	2003. 1—2008. 1	—	办公室（内设老干部工作科、信息中心）、调查研究室、信访工作室、法制工作委员会、财政经济工作委员会、农村经济工作委员会、教科文卫城乡建设工作委员会、人事代表工作委员会
第十六届	2008. 1—2012. 1	—	办公室（内设老干部工作科、信息中心）、调查研究室、信访工作室、法制工作委员会、财政经济工作委员会、农村经济工作委员会、人事代表工作委员会、教科文卫工作委员会、城建环境资源工作委员会

续表6—1—6

届　次	时　间	人民代表大会常设机构	常委会常设机构
第十七届	2012. 1—2017. 1	内务司法委员会、财政经济委员会、教育科学文化卫生委员会、城乡建设与环境资源保护委员会、农业与农村委员会	办公室（内设老干部工作科、信息中心）、调查研究室、信访工作室、法制工作委员会、财政经济工作委员会、农村经济工作委员会、教科文卫工作委员会、人事代表工作委员会、城建环境资源工作委员会、预算工作委员会
第十八届	2017. 1—2022. 1	内务司法委员会、财政经济委员会、教育科学文化卫生委员会、城乡建设与环境资源保护委员会、农业与农村委员会、社会建设委员会	办公室（内设代表联络服务中心）、调查研究室、信访工作室、法制工作委员会、财政经济工作委员会、农村经济工作委员会、教科文卫工作委员会、人事代表工作委员会、城建环境资源工作委员会、预算工作委员会
第十九届	2022. 1至今	内务司法委员会、财政经济委员会、教育科学文化卫生委员会、城乡建设与环境资源保护委员会、农业与农村委员会、社会建设委员会	办公室（内设代表联络服务中心）、调查研究室、信访工作室、法制工作委员会、财政经济工作委员会、农村经济工作委员会、教科文卫工作委员会、人事代表工作委员会、城建环境资源工作委员会、预算工作委员会

第七节　寿光市人大工作概况

寿光市位于山东半岛中北部，渤海莱州湾南畔，是山东省潍坊市所辖县级市。总面积2072平方公里，辖14个镇街、1个省级开发区，共有968个行政村、户籍注册110万口人。寿光是农圣贾思勰、文圣仓颉、盐圣夙沙氏“三圣故里”，是“中国蔬菜之乡”“中国海盐之都”，是中央确定的改革开放30周年全国18个重大典型之一，也是纪念改革开放40周年集中宣传和推广典型、“壮丽70年·奋斗新时代”全国3个典型采访县市之一，荣获“全国文明城市”“国家卫生城市”“国家生态园林城市”等称号。

寿光有着悠久的历史和深厚的人文底蕴，境内已发现北辛、大汶口、龙山、双王城盐业遗址等古文化遗迹150多处。西汉景帝中元二年（前148），置寿光县，寿光之名自此始见史书。1948年4月27日，寿光全境解放，建立人民政权。1993年8月，经国务院批准，寿光县撤县，设市。史传汉字鼻祖仓颉在此创制了象形文字，盐圣夙沙氏在此开创“煮海为盐”的先河，曾任北魏高阳太守的寿光人贾思勰在此完成了世界第一部农学巨著《齐民要术》。

寿光境内皆平原，属暖温带大陆性季风气候，农业生产十分发达，是冬暖式大棚的发源地。自2000年开始，每年举办的中国（寿光）国际蔬菜科技博览会是国家AAAAA级农业展会，已成为寿光农业的标志性名牌。寿光蔬菜产业集群被财政部、农业农村部共同确定为全国首批50个优势特色产业集群之一，被列入全国第一批“农业现代化示范区”创建名单。2018年以来，习近平总书记两次肯定“寿光模式”。

1954年7月10日至15日，寿光县首届人民代表大会第一次会议在县城政府礼堂隆重举行，标志着人民代表大会制度在寿光县正式建立。至1979年，寿光县人民代表大会共召开七届16次会议。其中第一届人民代表大会召开6次会议，第二届、三届、四届各召开2次会议，第五届召开3次会议，第六届未召开会议，第七届召开1次会议。1979年12月，寿光县第八届人民代表大会第一次会议召开，首次选举产生县人民代表大会常务委员会，标志着寿光人民代表大会制度进入一个新的发展时期。1979年至2022年，寿光市（县）人民代表大会历经11届，即第八届（1979年12月至1984年5月）、第九届（1984年5月至1987年3月）、第十届（1987年3月至1990年2月）、第十一届（1990年2月至1993年2月）、第十二届（1993年2月至1998年1月）、第十三届（1998年1月至2003年1月）、第十四届（2003年1月至2007年12月）、第十五届（2007年12月至2012年1月）、第十六届（2012年1月至2017年1月）、第十七届（2017年1月至2022年1月）、第十八届（2022年1月至今）。自成立以来，寿光市人大及其常委会在寿光市委的正确领导下，始终坚持党的领导、人民当家作主、依法治国有机统一，紧紧围绕党在各个时期的中心工作，认真履行宪法和法律赋予的各项职权，充分发挥了地方国家权力机关的作用，为坚持和完善人民代表大会制度，促进经济社会发展和民主法治建设作出积极贡献。

依法行使重大事项决定权。寿光市历届人民代表大会通过听取审议“一府两院”工作报告，审查国民经济和社会发展计划、财政预决算报告，就事关寿光政治、经济、文化、社会、生态文明等方面的重大事项作出决议、决定。大会闭会期间，人大常委会通过听取审议“一府一委两院”及其部门的专项工作报告，就事关全局的重大事项以及人民群众普遍关心的热点难点问题作出决议决定。十七届人大及常委会创新推行市政府民生实事项目人大代表票决制工作，在2017年至2020年召开的四次人代会上由代表票决确定政府民生项目共67项，通过群众提议、代表票决、政府办理、人大监督的方式，实现了群众意愿和政府决策的有效衔接，促进了科学决策、民主决策、依法决策。近年来，寿光市人大常委会还作出加强城市永久性绿地保护、将古树名木资源分级实施保护、益羊铁路城区段用地保护、加强水利建设等决议决定，加强了生态环境保护和水利建设工作，维护了人民群众的根本利益。自1979年县八届人大设立常委会以来，共举行337次常委会会议，作出决议、决定780多项。

依法行使监督权。寿光市人大及其常委会坚持把市委重大决策、群众普遍关注、人大职权范围内的重大问题作为监督工作重点，有计划地组织开展视察、调查、执法检查、专题询问、工作评议，提出改进工作的意见、建议，并督促抓好落实，支持和促进“一府一委两院”依法行政、依法监察、公正司法。积极拓展监督形式。制定出台专题询问办法、质询办法，先后组织对大气污染防治、优化经济发展软环境、民生实事项目实施情况等进行专题询问，增强了监督的刚性。深入开展评议工作，采取辖区内各级人大代表满意度问卷评议和人大常委会会议现场评议等方式，对“一府两院”及其部门、驻寿垂直管理单位和驻寿银行机构、镇街人大等进行工作评议，有力督促被评议单位依法履职、改进工作。着力增强监督实效。对事关全市大局和涉及群众切身利益的重要事项，实行“二次审议”，近年来常委会先后对审计工作、软环境建设、校园周边环境整治、食品安全等多项议题下达审议意见书，主任会议专门听取政府及相关部门整改情况汇报，保证了审议意见的落实。对环保工作、农产品质量安全、蔬菜产业发展、安全生产等重点事项实施跨年度连续监督，推动相关问题有效解决。建立信访联席会议制度，加大信访案件转办、督办力度，促进社会和谐稳定。

依法行使选举任免权。寿光市人大及其常委会坚持党管干部和依法任免相结合的原则，认真做好人代会及闭会期间的选举任免工作，依法选举任免地方国家机关工作人员。县一届人大一次会议至市十八届人大一次会议，依法选举地方国家机关工作人员1390余人（次）。自县八届人民代表大会设立常委会至市十八届人大常委会第四次会议，常委会依法任免3400余人（次）。寿光市人大常委会注重加强对被任命人员的监督，从1991年起，开始有计划、有重点地组织对被任命人员进行述职评议。2006年，述职评议这种监督形式没有写入新颁布的监督法，此后不再组织开展。2010年，开始组织对政府组成部门主要负责人和法院、检察院副职负责人进行年度履职测评。2016年，制定宪法宣誓仪式组织细则，认真落实宪法宣誓制度，自市十六届人大七次会议以来，共组织被任命人员760人（次）向宪法宣誓。通过开展述职评议、年度履职测评、法律知识考试、供职发言、宪法宣誓等多种形式，有效地增强被任命人员的法律意识、责任意识、人大意识、公仆意识，为地方国家机关有序开展工作提供有力的组织保障。

重视做好代表工作。寿光市历届人大及其常委会都把依靠和发挥代表的作用作为人大工作的基础，通过加强组织机构建设、完善服务保障机制、搭建代表履职平台，保证代表工作的开展，有效发挥代表主体作用。1984年7月县九届人大常委会二次会议，设立代表联络科，此后代表联络科名称有所变化，不断充实加强。加强人大常委会与代表、代表与群众的联系，坚持邀请代表列席常委会会议，吸收代表参加常委会和专门委员会的各项活动，不断扩大代表对常委会工作的深度参与；十四届人大常委会每年年底利用一个月的时间开展“访代表、听民声”活动，十五届人大常委会将活动更名。“双联”（常委会组成人员联系代表、代表联系群众）活动，多年来“双联”活动机制不断丰富完善，已成为代表联系群众、代表建言活动品牌，推动解决了一大批群众反映集中的热点难点问题。完善代表服务保障机制，制定加强和规范市人大代表活动的意见、代表履职守则、代表履职评价办法等规范性文件，有计划地组织代表学习培训、开展代表主题活动、评选优秀人大代表，不断激发代表履职热情。注重代表活动阵地建设，按照有场所、有牌子、有制度、有活动、有记录、有资料的“六有”标准建设代表小组活动室、代表联络站点，为代表接待选民、联系群众、履行职责搭建平台。2022年以来，创新建设“人大民主议事厅”“代表调解室”，组织代表开展“12345”热线问题调查、参与信访案件调解，助力化解基层社会矛盾纠纷。高度重视代表议案建议办理，制定完善代表议案处理办法、建议批评和意见办理办法，着力规范流程，强化跟踪督办，提升办理实效，在解决社会发展和民生问题方面发挥重要作用。

全面加强自身建设。寿光市人大及其常委会始终高度重视自身建设，不断加强思想政治建设、组织建设、制度建设、作风建设，提高依法履职能力和水平。注重制定和完善学习制度，深入学习马克思列宁主义、毛泽东思想、邓小平理论、“三个代表”重要思想、科学发展观、习近平新时代中国特色社会主义思想，扎实开展党的群众路线教育、“两学一做”学习教育、“不忘初心、牢记使命”主题教育、党史学习教育等系列学习教育活动，不断深化对坚持和完善人民代表大会制度的认识，不断强化党的领导核心意识和执政为民的民本意识，提高政治判断力、政治领悟力、政治执行力。设立寿光县人大常委会之后，经县委批准于1979年12月建立县人大常委会党组，1984年5月建立机关党支部，2018年3月成立机关党组，保证了党对人大工作的领导。与职权的行使相适应，寿光市人大设立财政经济委员会等6个专门委员会，人大常委会的办事机构由最初设立时只有一个办公室，发展到现在的“四室六委一中心”（办公室、调查研究室、人事代表工作室、信访工作室；法制工作委员会、财经工作委员会、教科文卫工作委员会、城建环保工作委员会、农业与农村工作委员会、预算工作委员会；人大代表联络服务中心），为人大及其常委会依法开展工作提供服务保障。建立健全人大及其常委会、专门委员会议事制度、机关各项工作制度，切实提高议事效率和决策水平，使人大各项工作逐步走向制度化、规范化。积极推进信息化建设，电子会议信息系统、智能化档案室、代表建议网上办理系统先后投入使用，提高了工作效率和水平。编纂出版两部《寿光市人大志》，不断强化人大调研宣传工作，多次被评为省、潍坊市人大宣传工作先进单位。重视加强对镇街人大工作的指导，制定完善镇街人大工作规范化建设意见，通过分工联系督导、召开规范化建设现场会、人大主席会议等多种形式，推动镇街人大加强代表阵地建设，规范履行各项职权，不断开创镇街人大工作新局面。

寿光市人民代表大会及其常委会组织机构设置情况一览表

表6—1—7

届次	时间	人民代表大会常设机构	常委会常设机构
第八届	1979.12—1984.5	—	办公室（1980年2月3日设立）
第九届	1984.5—1987.3	—	办公室、代表联络科（1984年7月27日增设）、调查研究科（1984年7月27日增设，1988年3月11日撤销）
第十届	1987.3—1990.2	—	办公室、法制科（1988年3月11日增设，1989年7月21日撤销）、代表联络科（1989年7月21日调整为人大办公室内设科：人事代表科）、经济科（1988年3月11日增设，1989年7月21日撤销）、教科文卫科（1988年3月11日增设，1989年7月21日撤销）；法制工作委员会（1989年7月21日增设）、农村经济工作委员会（1989年7月21日增设）、财经工作委员会（1989年7月21日增设）、教科文卫工作委员会（1989年7月21日增设）
第十一届	1990.2—1993.2	—	办公室、人事代表工作委员会（1991年4月28日设立，正科级单位）、法制工作委员会、农村经济工作委员会、财经工作委员会、教科文卫工作委员会
第十二届	1993.2—1998.1	—	办公室、人事代表工作委员会（1997年7月17日调整为人事代表工作室）、调查研究室（1997年7月17日增设）、法制工作委员会、农村经济工作委员会、财经工作委员会、教科文卫工作委员会、城建环保工作委员会（1997年7月17日增设）

续表6—1—7

届次	时间	人民代表大会常设机构	常委会常设机构
第十三届	1998. 1—2003. 1	—	办公室、人事代表工作室、调查研究室、法制工作委员会、农村经济工作委员会、财经工作委员会、教科文卫工作委员会、城建环保工作委员会
第十四届	2003. 1—2007. 12	—	办公室、老干部管理办公室（2004年1月4日增设，副科级事业单位）、人事代表工作室、调查研究室、信访工作室（2006年6月30日设立，正科级单位）、法制工作委员会、农村经济工作委员会（2004年6月15日更名为农业与农村工作委员会）、财经工作委员会、教科文卫工作委员会、城建环保工作委员会
第十五届	2007. 12—2012. 1	—	办公室、调查研究室、人事代表工作室、法制工作委员会、财经工作委员会、教科文卫工作委员会、城建环保工作委员会、农业与农村工作委员会、信访工作室、老干部管理办公室（2009年10月27日调整为正科级）
第十六届	2012. 1—2017. 1	2016年1月，寿光市十六届人民代表大会第七次会议，设立十六届人民代表大会内务司法委员会、财政经济委员会、教育科学文化卫生委员会、城乡建设与环境资源保护委员会、农业与农村委员会	办公室、调查研究室、人事代表工作室、法制工作委员会、财经工作委员会、教科文卫工作委员会、城建环保工作委员会、农业与农村工作委员会、预算工作委员会（2015年2月12日增设）、信访工作室、老干部管理办公室
第十七届	2017. 1—2022. 1	监察和司法委员会（2019年3月寿光市十七届人民代表大会第三次会议，十七届人民代表大会内务司法委员会更名为监察和司法委员会）、财政经济委员会、教育科学文化卫生委员会、城乡建设与环境资源保护委员会、农业与农村委员会、社会建设委员会（2019年3月寿光市十七届人民代表大会第三次会议，增设十七届人民代表大会社会建设委员会）	办公室、调查研究室、人事代表工作室、法制工作委员会、财经工作委员会、教科文卫工作委员会、城建环保工作委员会、农业与农村工作委员会、预算工作委员会、信访工作室、老干部管理办公室（2019年3月12日更名为人大机关老干部服务中心，2021年4月6日更名为人大代表联络服务中心并加挂人大机关老干部服务中心）

续表6—1—7

届次	时间	人民代表大会常设机构	常委会常设机构
第十八届	2022.1至今	监察和司法委员会、财政经济委员会、教育科学文化卫生委员会、城乡建设与环境资源保护委员会、农业与农村委员会、社会建设委员会	办公室、调查研究室、人事代表工作室、法制工作委员会、财经工作委员会、教科文卫工作委员会、城建环保工作委员会、农业与农村工作委员会、预算工作委员会、信访工作室、人大代表联络服务中心（加挂人大机关老干部服务中心）

第八节　安丘市人大工作概况

安丘市，位于山东半岛中部偏东，是国务院批准的首批沿海对外开放县市之一，市境总面积1712平方公里，其中耕地面积144万亩，辖9个镇、3个街道、1个开发区、1个旅游发展中心，866个行政村，户籍注册97.7万人，常住84.06万人。安丘市先后被评为全国县域经济发展潜力百强县、中国金融生态市、国家节水型城市、全国科普示范市、全国科技进步先进市、全国双拥模范城、全国文化先进县、全国体育先进市、国家园林城市、国家级生态示范区、全国农村幸福社区建设示范市、全国农田水利建设先进市、国家级农业综合标准化示范市、全国主要农作物生产全程机械化示范县、国家农产品质量安全县、全国出口食品农产品质量安全示范区等。

安丘历史悠久，文化底蕴深厚。少康中兴，安丘国立。安丘之名自此始。至今已有4000多年的文明史。斟寻国、安丘国、根牟国、淳于国、杞国。除此外，安丘境还涉及古莱、琅琊、朱虚、胶西、莒县、郚城、平昌、辅唐、姑幕、灵门、成乡、昌安等郡县。据《安丘乡土志》记载，始皇二十七年（前220）置县。汉景帝中元二年（前148）置北海郡重置安丘。故两汉在牟山南北分设安丘，一属北海郡，一属琅琊郡。西晋末，晋室南渡，在镇江设立南安丘，时长江北侧有北安丘。自安丘国立以来，境内历史文化古迹众多，已发掘大汶河、龙山、商周等历史文化遗址110处、文物1万余件，有庵上石坊、公冶长读书处、大型汉画像石墓等珍贵历史文化遗产。先贤辈出，涌现出帝王师20多名，从三品以上官员60多名，春秋时召忽，秦汉淳于越、伏挺、牟融、伏曼容、承宫、周泽、甄宇、管宁、邴原、郑玄、徐苗等经学大师，宋元著名军事家陈规、理学大家田述古、经学大师杨光辅、都元帅郑衍德等，明朝文学家黄祯、方志学家马文炜，清朝时阁老刘正宗、直臣李袽、名闻全国著名词人曹贞吉、山左理学大师刘源渌、太子师李瀣、方志学家马步元、文字学家王筠等杰出历史人物。安丘人著述入《四库全书》十三种之多。张贞创办齐鲁印派与浙皖呈现三足鼎立之势。据记载，自宋朝至清末，共考中进士119多位，其中明清两朝112位。孔子72弟子之一公冶长，在城顶山南侧建立读书处，对山东东部儒学思想的影响巨大。民俗文化丰厚，木版年画、剪纸、泥塑、戏曲等代代相传、历久不衰。孙膑拳被列入国家级非物质文化遗产名录，13个非遗项目入选省级名录，有潍坊市级以上非物质文化遗产传承人25人，其中，国家级1人、省级8人。

1953年7月，安丘县成立选举委员会，通过宣传发动、人口普查、选区划分、选民登记、资格审查、酝酿候选人名单和召开选举大会等步骤，至 1954 年 5 月选举工作结束。7 月 7 日，举行安丘县第一届人民代表大会第一次会议，宣告作为国家权力机关的安丘县人民代表大会正式成立。全县人民用普选的方式选出自己的代表，开会讨论和决定全县的大事，这是安丘历史上的第一次。从 1954 年 7 月至 1966 年 5 月，安丘县共召开了 6 届人民代表大会。在此期间，县人民代表大会会议基本能按时召开，发挥了一定的作用，促进了各项事业的发展。“文化大革命”间，县人民代表大会中止。1967 年 3 月 20 日，由安丘驻军主持，在城内临时广场召开一次全县群众大会，成立县革命委员会。会议列为县七届人大。1978 年 3 月 28 日至 30 日，安丘县第八届人民代表大会第一次会议在工农兵会堂举行，由于历史条件的限制，这届人民代表大会只召开一次会议。

1980 年至 2022 年，安丘县（1994 年后改为安丘市）人民代表大会历经 11 届，第九届人民代表大会任期四年，第十届到第十二届每届任期三年，从县第十三届人大开始，法律规定县级人大每届任期五年。即第九届（1980 年 5 月至 1984 年 5 月）、第十届（1984 年 5 月至 1987 年 4 月）、第十一届（1987 年 4 月至 1990 年 3 月）、第十二届（1990 年 3 月至 1993 年 2 月）、第十三届（1993 年 2 月至 1998 年 1 月）、第十四届（1998 年 1 月至 2003 年 1 月）、第十五届（2003 年 1 月至 2007 年 12 月）、第十六届（2007 年 12 月至 2012 年 1 月）、第十七届（2012 年 1 月至 2017 年 1 月）、第十八届（2017 年 1 月至 2022 年 1 月）、第十九届（2022 年 1 月至今）。安丘市（县）人民代表大会建立 60 多年来，虽然历经曲折，但从中共十一届三中全会以来，逐步发展和完善，在全市的政治、经济和社会生活中发挥了重要作用。人民代表大会的性质、地位、作用被越来越多的人所认识，人民代表大会制度的巨大优越性日益显示出来。

安丘市人民代表大会及其常委会在安丘市委的领导下，高举中国特色社会主义理论的伟大旗帜，在全市各级人大代表、各级各部门和社会团体的广泛参与和支持下，紧紧围绕各个时期的工作大局，坚持以经济建设为中心，以加快发展为主题，以推进民主政治建设为目的，认真履行宪法和法律赋予的各项职权，保证宪法、法律和法规在本行政区域的贯彻实施，全市人大工作在民主政治建设的伟大实践中，发挥了重要作用，呈现出勃勃生机。

监督工作扎实推进。法律法规实施中的难点、经济社会发展和人民群众关注的热点以及执法工作中的薄弱环节，一直是各级人大及其常委会监督工作的重点。一直以来，安丘市人大及其常委会准确定位人大工作，坚定贯彻新发展理念，坚持稳中求进工作总基调，按照统筹推进“五位一体”总体布局、协调推进“四个全面”战略布局的要求，紧紧围绕事关全市改革发展稳定的中心任务，积极开展监督工作，着力把握监督重点，不断完善监督方式，拓展监督范围，进一步支持促进“一府一委两院”的各项工作，切实做到主动服务中心、服务发展。从单纯听取和审议“一府两院”工作报告到通过依法开展审议、执法检查、视察、调查等多种方式开展监督，并探索出开展工作评议和述职评议、督促推行行政执法责任制和对司法机关具体案件进行监督等行之有效的监督方式，监督效果日益明显。2007 年《中华人民共和国各级人民代表大会常务委员会监督法》颁布施行后，按照监督法要求，进一步增添监督措施、加大监督力度，并在监督实效上下功夫。通过认真行使监督职权，有力地提高了地方国家权力机关的权威，推动了法律法规在全市的贯彻执行，促进了依法治市进程。

依法决定重大事项。关系国计民生的重大问题经过人大及其常委会讨论决定，是人民当家作主的重要标志。安丘市人大常委会结合各个时期形势发展的需要，先后多次修订和完善人大常委会讨论、决定重大事项的规定，使重大事项决定权的行使走上规范化、制度化和法制化轨道。多年来，安丘市人大及其常委会除了每年的市人代会作出关于市人大常委会、“一府两院”工作报告以及计划、财政报告的决议以外，还紧紧围绕市委中心工作，抓大事、议大事，行使决定权，先后就国民经济和社会发展、普法教育、依法治市、行政区划调整、环境保护、城市规划等方面作出决议、决定，内容涉及我市政治、经济、教育、科学、文化、卫生、环境和资源保护、民政、选举、人大自身建设等各个方面。这些重大事项的决议、决定，及时有效地把党委的重大决策转变为国家意志，支持和推动了“一府一委两院”的工作，促进了依法行政，维护了人民群众的根本利益。

换届选举和人事任免工作严格规范。人民代表大会的民主选举制度是我国政治制度的重要组成部分，是实现人民当家作主的重要途径，也是人民群众基本民主政治权利之一。尤其是实行县乡人大代表直接选举、差额选举，体现了民主进程的新跨越，具有重大的历史意义。自安丘市人大常委会成立以来，依照地方组织法和选举法的规定进行了 10 次县人大的换届选举，并指导了历届乡镇人大换届选举工作，不断探索、总结了许多经验和做法，不断增强了人民群众的民主意识和行使民主权利的能力，选民参选积极性不断提高，直接选举的参选率达 90%以上。在人事任免工作中，县人大常委会坚持把党管干部与依法选举和任免干部结合起来，充分发扬民主，严格依法办事，对市委决定提名、市政府决定提请任命的国家机关工作人员做到了任前审查、法律知识考试、任职发言、无记名投票和就职宣誓，任后加强监督，切实把任免和监督有机结合起来，进一步增强了国家机关工作人员的民主法制观念和对人民负责的责任心和使命感。

代表工作日益深化。人大代表是国家权力机关的组成人员，加强与代表的联系，是做好常委会工作的重要前提。安丘市人大常委会坚持把代表工作作为人大工作的基础来抓，认真贯彻实施代表法，不断总结经验，建立和完善了代表学习培训制度、代表工作制度、代表活动制度，并扎实开展了代表活动。近年来，常委会坚持邀请代表列席常委会会议，重要情况及时向代表通报，自觉接受代表对常委会工作的监督，并在全市普遍开展了代表评议、代表述职；建立选民联系点或代表之家和代表活动室、评选优秀人大代表和先进代表小组、评选优秀代表议案建议、开办“代表风采”专栏等活动，增强了代表履行职责的使命感和自觉性。特别是 2022 年，市人大常委会深入开展“履职尽责、服务大局、争作表率”代表主题活动，进一步动员和激励全市各级人大代表积极履行职责，主动担当作为，以“六个带头，六个争一流”（“六个带头”和“六个争一流”：带头加强学习，在讲政治、守规矩上争一流；带头干事创业，在推动创新发展上争一流；带头联系群众，在增进民生福祉上争一流；带头行使职权，在推进民主建设上争一流；带头建言献策，在积极履职尽责上争一流；带头维护稳定，在促进社会和谐上争一流）为目标，充分发挥参与决策、监督推动、桥梁纽带和示范引领作用，争当建言献策、服务发展、联系群众、干事创业的表率，展现新时代人大代表的风采。常委会领导分片定期走访看望基层代表，听取代表意见，拓宽了代表参与管理国家事务的途径。精心指导代表活动和代表培训工作，指导和规范了乡镇代表小组活动。代表议案是代表履职为民的重要民主形式，认真督促代表议案建议的办理工作，一直以来，对各次人代会上代表提出的建议、批评和意见，通过交办、督办，做到了件件有落实、事事有回音，代表满意、人民群众满意。此外，注重和加强人大信访工作，信访室设立以来人大常委会共受理人民群众来信来访 4200 多件（次），促进了一些事关群众切身利益问题的解决，维护了人民群众的合法权益。

自身建设不断加强。加强人大常委会自身建设是坚持和完善人民代表大会制度的重要手段和内容。县人大常委会在加强自身思想作风建设和机关建设的同时，着力加强工作制度和组织制度的建设，特别在工作制度建设方面不断总结经验，制定和完善了财政监督、讨论决定重大事项、选举和人事任免等常委会工作制度，并且完善了代表工作、信息宣传、学习培训、会议会务等机关工作制度，形成了一套符合人大工作实际的工作规则。在组织制度建设方面，人大及其常委会逐步健全机构，设立了监察和司法委员会、财政经济委员会、教育科学文化卫生委员会、城乡建设与环境资源保护委员会、农业与农村委员会、社会建设委员会6个专门委员会和办公室、调查研究室、法制委员会、人事代表工作室、预算工作委员会5个常委会内设机构。组织机构逐步健全，人员结构逐步改善，工作能力不断提高，人大常委会已成为安丘市人大工作和推进社会主义民主法制建设的一支重要力量。

安丘市人民代表大会及其常委会组织机构设置情况一览表

表6—1—8

届次	时间	人民代表大会常设机构	常委会常设机构
第九届	1980. 5—1984. 5	—	办公室（下设信访科和秘书、行政2个组）
第十届	1984. 5—1987. 4	—	办公室、调查研究科、代表联络科、法制科
第十一届	1987. 4—1990. 3	—	办公室、代表联络科、法制科、财政经济科、教科文卫科
第十二届	1990. 3—1993. 2	—	办公室（1992年3月，在办公室内增设信访科，副科级规格）、人事代表工作室、法制工作委员会、财政经济工作委员会、教育科学文化卫生工作委员会
第十三届	1993. 2—1998. 1	—	1997年1月，增设调查研究室。办公室、人事代表工作室、调查研究室、法制工作委员会、财政经济工作委员会、教育科学文化卫生工作委员会
第十四届	1998. 1—2003. 1	—	办公室、人事代表工作室、调查研究室、法制工作委员会、财政经济工作委员会、教育科学文化卫生工作委员会
第十五届	2003. 1—2007. 12	—	办公室（内设老干部科）、调查研究室、人事代表室，财政经济委员会、城乡建设环境保护委员会、法制委员会（信访科与其合署）

续表6—1—8

届次	时间	人民代表大会常设机构	常委会常设机构
第十六届	2007. 12—2012. 1	—	办公室（内设老干部科）、调查研究室、人事代表室，财政经济委员会、城乡建设环境保护委员会、法制委员会（信访科与其合署）
第十七届	2012. 1—2017. 1	2016年6月，设内务司法委员会、财政经济委员会、教育科学文化卫生委员会、城乡建设环境保护委员会、农业农村委员会、民族侨务外事委员会	2015年1月，增设预算工作委员会。办公室（内设老干部科）、调查研究室、人事代表室，财政经济委员会、城乡建设环境保护委员会、法制委员会（信访科与其合署）
第十八届	2017. 1—2022. 1	2017年1月，取消民族侨务外事委员会。 2019年4月，增设社会建设委员会，内务司法委员会更名为监察和司法委员会。 农业农村委员会、财政经济委员会、城乡建设环境保护委员会、监察和司法委员会、教育科学文化卫生委员会、社会建设委员会	办公室（内设老干部科）、调查研究室、人事代表室，预算工作委员会、法制委员会（信访科与其合署），财政经济委员会工作室、城乡建设和环境保护委员会工作室
第十九届	2022. 1至今	农业农村委员会、财政经济委员会、城乡建设环境保护委员会、监察和司法委员会、教育科学文化卫生委员会、社会建设委员会	办公室（内设老干部科）、调查研究室、人事代表室，预算工作委员会、法制委员会（信访科与其合署），财政经济委员会工作室、城乡建设和环境保护委员会工作室

第九节　高密市人大工作概况

高密地处潍坊市最东端，位于胶东经济圈核心位置，版图面积1523平方公里，辖7个镇、3个街道、1个省级经济技术开发区、910个行政村（居），人口89.5万人，是全国综合实力百强县、国家卫生城市、国家园林城市、国家生态文明建设示范区、中国长寿之乡、中国民间文化艺术之乡、中国文旅融合发展名县、中国家纺名城和中国安全防护用品产业名城，境内设有青岛科技大学高密校区。

高密市历史悠久文化厚重，是龙山文化、海岱文化、齐鲁文化的发祥地之一，夏朝开国君王大禹封国高密，春秋时期齐相晏婴、汉代经学大师郑玄、清代大学士刘墉被称为“高密三贤”，是莫言的家乡，高密茂腔、扑灰年画、剪纸、泥塑“民艺四宝”列入国家非物质文化遗产名录，市级以上非物质文化遗产名录项目146个。“莫言文学”和“红高粱文化”成为高密靓丽名片。自然地理条件优越，境内以平原为主，地势南高北低，处于北纬36°黄金优麦区，有南胶莱河、北胶莱河、潍河三大水系和胶河等11条主要河流，王吴、马旺等26座中小型水库，耕地面积129万亩，粮食总产量稳定在17亿斤以上，连续16年获“全国产粮大县”称号。交通区位优势明显，市区距胶东国际机场仅有20分钟车程，境内胶济电气化铁路、济青高铁和青银、潍青、明董3条高速纵横贯穿，有南北2个火车站和9个高速出入口，“陆空铁港”立体化大交通格局全面构建。在2022中国县域发展潜力百强县中居第29位、全国投资竞争力百强县中居第73位、全国县域经济基本竞争力百强县中居第75位、全国综合竞争力百强县中居第98位。

自1949年11月27日至12月1日召开高密县第一届各界人民代表会议，到1953年2月21日至25日召开高密县第九届各界人民代表会议，高密县各界人民代表会议共召开9届10次会议。

1953年6月，全国自上而下开展基层政权民主选举，即选举人大代表。1954年7月30日至8月3日，高密县召开了第一届人民代表大会第一次会议。1954年7月至1966年6月，高密县共召开了6届人民代表大会17次会议，每届任期2年。1966年5月至 1976年10月，“文化大革命”间，人大工作和代表活动中止。高密县第六届人民代表大会仅开一次会议。高密县革命委员会作为县第七届人民代表大会计入届次。

1978年4月26日至28日，高密县第八届人民代表大会第一次会议召开，选举产生了新一届县革命委员会。高密县第八届人民代表大会只召开了1次会议。1980年9月7日至10日，高密县第九届人民代表大会第一次会议召开，选举产生了县人民代表大会常务委员会组成人员和县长、副县长。县人大常委会作为县人民代表大会的常设机关，设立办公室等工作机构，承担日常工作，成为县人民代表大会设立常设机构的开始。

1994年6月，高密撤县设市，高密县人民代表大会、高密县人民代表大会常务委员会分别改称高密市人民代表大会、高密市人民代表大会常务委员会。

根据《中华人民共和国宪法》和全国人大历次修订的《中华人民共和国地方组织法》和《中华人民共和国选举法》，高密县第八届人民代表大会实际任期只有1年2个月的时间，第九至十二届人民代表大会每届任期3年。自第十三届以后，每届人民代表大会任期为5年（根据省人大常委会决定，高密市第十六届人大常委会实际任期4年）。自1978年至2021年，共召开人民代表大会11届44次会议。高密市（县）历届人民代表大会及其常委会作为国家权力机关，在中共高密市（县）委的领导和上级人大的支持指导下，围绕党的中心工作任务，不断加强自身建设，积极发挥在政治、经济和社会生活中的作用，在履行职权方面做了大量工作，取得了很大成就。

依法行使监督权。人大及其常委会的监督权，是宪法和法律赋予国家权力机关的重要职权之一。高密市人大常委会把法律监督和工作监督作为首要任务，通过听取审议市政府、市人民法院、市人民检察院（简称为“一府两院”）的工作汇报，收集办理代表所提的议案及建议、视察调查、执法检查、对“一府两院”工作进行评议、规范性文件备案审查等形式，加强对“一府两院”的工作和法律贯彻实施情况的监督。1980年至2021年，高密市人大常委会共审议“一府两院”工作报告和法律实施情况报告600余项，组织视察、调查和执法检查570余次，发出审议意见书270余份，共提出建议意见2600余条。1991年下半年，县人大常委会开始在全县推行对人民法院、人民检察院、政府序列各委办局工作的评议活动。以支持市政府改进和推动工作为目的，对政府组成人员开展述职评议。制订了《关于述职评议的暂行办法》《信访处理办法》《对司法机关和行政机关实行个案监督的暂行办法》《关于规范信访结案报告的意见》。高密市人大常委会着力通过抓大事、抓重点、抓热点，加强对实施国民经济和社会发展计划的监督，并把牵动全局的财政、占有基础地位的农业、个体私营经济发展、企业改制、重要支柱的工业等作为全市经济发展的重大问题列入了监督工作的重点。2015 年，市人大常委会设立了预算工作委员会和预算审查监督咨询专家组，迈出了由程序性监督向实质性监督的重要一步。高密市人大常委会利用多种形式开展监督工作，有效保证了宪法和法律在全市的实施，保证了国家政策和人大及其常委会所作决议和决定的贯彻执行，保障了全市经济和社会各项事业的健康发展。

依法决定重大事项。高密市人民代表大会会议是集中全市人民意志行使管理国家事务，决定重大事项权力的基本形式。一般情况下，每次人民代表大会会议都听取和审议政府工作报告、国民经济和社会发展计划、财政决算和预算及执行情况的报告；听取和审议市人大常委会的工作报告、市人民法院和市人民检察院工作报告及各项议案；提出国家机关领导人员候选人名单并进行大会选举；通过各项决议和决定等；在部分人民代表大会会议上听取市政府专项工作报告，并作出决议。上述重大事项一经人民代表大会会议通过，就具有普遍的约束力，成为全市人民的共同意志和奋斗目标。市人民代表大会闭会期间，市人大常委会依法行使重大事项的决定权。人大常委会会议通过听取审议本级政府及所属部门和人民法院、人民检察院专项工作情况的汇报，就一些事关全局、根本、长远性问题及人民群众普遍关心的热点、难点问题作出决议和决定。对全市政治、经济、教育、科学、文化、卫生、环境保护、城市建设、民政等发展事项作出决议和决定；先后审议批准历次高密市城市总体规划、科技发展规划及调整国民经济计划和财政预算、变更预算项目等方案；对一些重要法律的贯彻实施和法制宣传教育工作，多次作出决议和决定。1980 年 9 月至 2021 年 6 月，高密市人大常委会先后围绕经济社会发展重大事项作出决议和决定共 334 个。

依法选举和任免干部。高密市人民代表大会及其常务委员会严格遵循党管干部的原则，把党委推荐和人大选举、干部任免统一起来，遵照法定程序，充分发扬民主，严格依法办事，保证了选举质量和任免工作的公平、公正、公开。1987 年，县十一届人大常委会第三次会议通过《高密县人民代表大会常务委员会人事任免办法》。在此后的工作中不断修订完善。坚持对被任命人员任前进行法律考试；任中听取任职报告，充分讨论，投票表决；任后跟踪评议，并形成制度。2015 年 7 月，全国人大常委会作出实行宪法宣誓制度的决定。自市十七届人大常委会第三十次会议开始实施宪法宣誓制度，组织被任命人员向宪法宣誓，增强了被任命人员的宪法法律意识。县九届人大常委会至市十八届人大常委会，共依法任免国家机关工作人员及人民法院人民陪审员 3060 人（次）。

加强对乡镇人大工作的指导。加强对乡镇人大工作的指导一直是高密市人大常委会的重要工作，高密市人大常委会通过召开人大工作会议、乡镇人大主席会议、工作现场会、调度会、座谈会，深入乡镇开展调研检查，组织外出学习等形式，指导乡镇人大开展工作和履行职责。自 1987 年，乡镇人民代表大会主席团作为乡镇人代会的常设机构，设专职常务主席，并明确了乡镇人大工作的职权范围。指导乡镇划分代表联系组，制订联系组活动制度和计划，开展小组活动；有计划地安排乡镇人大主席列席市人大常委会会议，参加常委会组织的一些重大活动。乡镇人大及其主席团的工作和建设得到了加强，各项工作制度进一步健全和完善。中共十八届四中全会作出《中共中央关于全面推进依法治国若干重大问题的决定》后，市人大常委会主动把基层人大工作当作一项重点工作来抓，研究探索了镇街区人大的工作机制，召开了镇级人大工作现场会，建立健全主席团议事、代表联系选民等12项制度；完善了镇街区人大的机构设置，并从2016年开始设立专职镇人大主席。高密市人大常委会指导乡镇人大组织代表进行视察、调查活动和对乡镇政府部门工作的评议活动，组织代表述职和选民评议代表活动、代表议事会活动，乡镇人大工作及其代表活动丰富多彩，扎实有效。镇街区人大工作建设普遍加强，为更好地坚持和完善人民代表大会制度奠定了坚实基础。

开展全民普法教育。加强普法宣传是高密市人大常委会历来重视的重要工作。高密市人大常委会围绕全市的中心工作，组织和督促举办法律知识学习班，高密市政府、高密市直部门、各乡镇政府、人大代表进行学法考试。高密市人大常委会与部分企业、乡镇建立了普法联系点，总结经验，发现问题，以推动整体工作开展。高密市人大常委会听取审议市政府每个五年法制宣传教育规划实施情况和普法工作安排意见的汇报，并作出关于在全市公民中开展法制宣传教育的决议，持续深入扎实地开展依法治理和法制宣传教育工作。这些措施逐步完善，成为高密市人大常委会做好普法的基础性工作。积极开展全民普法教育，增强了广大干部群众的法制观念，促进了社会的安定团结。

发挥代表主体作用。高密市历届人民代表大会及其常委会，都把加强代表工作作为人大建设的基础，摆在高密市人大工作的重要位置，常抓不懈。建立人大常委会组成人员定期联系代表及代表座谈会制度，了解代表活动情况和社情民意；表彰先进、树立典型；组织代表开展“普法”宣传教育，参加法律知识竞赛，要求代表做学法、用法、守法的表率。2004年年初，市人大常委会在姜庄镇成功组织了市、镇两级人大代表向原选区选民述职试点，制订了《关于组织人大代表向选民述职活动的意见》，部署开展了市镇两级人大代表向选民述职活动。开展代表述职活动，对于提高代表素质，发挥代表的主体作用，是一个有益的尝试，也是对落实“代表要接受选民或选举单位监督”法律规定的创新探索。此后，代表述职制度不断完善，潍坊市、高密市和镇三级人大代表都在届内述职1次，做到了代表述职常态化。高密市人大常委会把发挥代表作用与推进市委中心工作结合起来，先后组织全市人大代表开展了“服务企业，争做贡献”活动，“转方式调结构，科学发展我先行”人大代表主题活动，“热爱高密，建设家乡，争当优秀人大代表”活动，“牢记使命，履职为民，争当优秀人大代表”主题活动，“解放思想，改进作用，加快高质量发展大讨论”和“学潍柴、学孚日、学豪迈”代表活动，“学党史、跟党走、践使命”代表主题活动，积极为经济建设和社会发展献计献策。人大代表身体力行，屡创佳绩，在全市经济工作和社会各项工作中发挥了引领作用。

加强自身建设。高密市历届人大常委会始终把自身建设摆在重要位置，不断加强常委会及其机关的思想建设、组织建设和制度建设，以推进民主与法制建设、经济建设和依法治市方略的贯彻落实。在思想建设方面，人大常委会党组建立理论学习中心组，通过学习马克思列宁主义、毛泽东思想、邓小平理论、“三个代表”重要思想、科学发展观、习近平新时代中国特色社会主义思想，深刻理解和把握党的路线方针政策，坚持用科学理论武装头脑，深刻把握精神实质，指导实践，推动工作。根据中央、省委、潍坊市委和高密市委的安排，高密市人大常委会党组先后组织开展整党、“三讲”教育、保持共产党员先进性教育、深入学习实践科学发展观活动、党的群众路线教育实践活动、“三严三实”专题教育、“两学一做”学习教育、“不忘初心、牢记使命”主题教育、党史学习教育等活动，立足人大工作实际，强化党的领导核心意识和执政为民意识，提高思想政治水平和工作能力，改进工作作风。在组织建设方面，设立人大常委会之后，经县委批准于1980年11月建立县人大常委会党组，并建立机关党支部，各项工作保证党的领导。经市委研究同意，2022年12月26日成立高密市人大常委会机关党组。与职权的行使相适应，人大常委会的工作机构和办事机构不断充实、健全和加强，从最初仅设办公室到2021年发展为11室6委。市人大机关党支部先后获评潍坊市“过硬党支部”和市直机关“先锋党支部”称号。2018年，市人大常委会办公室获评为省级文明单位。在制度建设方面，历届高密市人大常委会都注重各项制度的制订和完善，制订完善了机关学习、廉政建设、改进作风、调查研究等一系列的制度，建立健全了符合人大依法履职的制度机制和工作规程。高密市人大常委会及其机关工作逐步走向制度化、程序化、规范化、法制化轨道，人大工作的质量和水平不断提高。

高密市人民代表大会及其常委会组织机构设置情况一览表

表6—1—9

届次	时间	人民代表大会常设机构	常委会常设机构
第九届	1980.9—1984.5	—	办公室、调查研究科、法制科、代表联络科
第十届	1984.5—1987.4	—	办公室、调查研究科、法制科、代表联络科、法制工作委员会、财政经济工作委员会、科教文卫工作委员会
第十一届	1987.4—1990.3	—	办公室、财政经济城乡建设工作委员会、法制工作委员会、农村经济工作委员会、教科文卫工作委员会
第十二届	1990.3—1993.2	—	办公室、财政经济城乡建设工作委员会、法制工作委员会、农村经济工作委员会、教科文卫工作委员会
第十三届	1993.2—1998.1	—	办公室、人事代表工作室、调查研究室、法制工作委员会、财政经济工作委员会、教科文卫工作委员会、城建环保工作委员会、农村经济工作委员会
第十四届	1998.1—2003.1	—	办公室、人事代表工作室、调查研究室、法制工作委员会、财政经济工作委员会、教科文卫工作委员会、城乡建设环境保护工作委员会、农村经济工作委员会
第十五届	2003.1—2007.12	—	办公室、人事代表工作室、调查研究室、信访工作室、老干部工作办公室、法制工作委员会、财政经济工作委员会、教科文卫工作委员会、城建环保工作委员会、农业与农村工作委员会

续表6—1—9

届次	时 间	人民代表大会常设机构	常委会常设机构
第十六届	2007. 12—2012. 1	—	办公室、人事代表工作室、调查研究室、信访工作室、老干部工作办公室、法制工作委员会、财政经济工作委员会、教科文卫工作委员会、城建环保工作委员会、农业与农村工作委员会
第十七届	2012. 1—2017. 1	2016年2月设立内务司法委员会、财政经济委员会、教科文卫委员会、城建环保委员会、农业农村委员会	办公室、人事代表工作室、调查研究室、信访工作室、老干部工作办公室、法制工作委员会、财政经济工作委员会、教科文卫工作委员会、城建环保工作委员会、农业与农村工作委员会、预算工作委员会
第十八届	2017. 1—2022. 1	监察和司法委员会、财政经济委员会、教科文卫委员会、城建环保委员会、农业农村委员会、社会建设委员会	办公室、人事代表工作室、调查研究室、信访工作室、代表联络服务中心、监察和司法工作委员会、财政经济工作委员会、教科文卫工作委员会、城建环保工作委员会、农业与农村工作委员会、社会建设工作委员会、预算工作委员会
第十九届	2022. 1至今	财政经济委员会、教科文卫委员会、监察和司法委员会、农业农村委员会、社会建设委员会、城建环保委员会	办公室、人事代表工作室、调查研究室、信访工作室、代表联络服务中心、监察和司法工作委员会、财政经济工作委员会、教科文卫工作委员会、城建环保工作委员会、农业与农村工作委员会、社会建设工作委员会、预算工作委员会

第十节　昌邑市人大工作概况

昌邑市位于潍坊市东部，渤海之滨，莱州湾畔，东与烟台、青岛毗邻，西与潍坊市区接壤，辖3街道6镇，691个行政村，共56万人，总面积1627.7平方公里。北部沿海海岸线长59.6千米，海域面积681.7平方千米。属“潍坊半小时经济圈”“青岛一小时经济圈”“环渤海经济圈”，地处黄河三角洲高效生态经济区、山东半岛蓝色经济区、胶东半岛高端产业聚集区“三区”叠加位置，发展优势显著，潜力巨大，是国务院确定的沿海开放城市，是著名的“丝绸之乡”“华侨之乡”和“中国溴·盐之乡”。

昌邑市历史文化悠久。据北孟乡千戈庄出土文物考证，属龙山文化。早在4000多年前，就有人类在此繁衍生息，从事生产活动。宋建隆三年（962），称昌邑，以邑在汉之都昌城，故名。昌邑之名自此始。境域农业品种丰富，其中大姜种植为昌邑特色农产品，经过数年市场培育，已经拥有完善的供种、肥料供应、收购、粗加工、批发外运一条龙服务体系，并建立管理规范的大姜批发市场。昌邑苗木从速生杨等经济林木到白果树等珍稀树种，类目繁多，苗种优良，建成中国北方苗木博览交易中心，被国家林业局评定为“国家级苗木交易市场”“全国林木种苗先进单位”“全国绿化先进集体”，是“中国北方绿化苗木基地”。境内水系发达，潍河、胶莱河、虞河纵横交错，潍河两岸已被打造成昌邑的绿色动脉，潍水风情湿地公园被住建部认定为“国家城市湿地公园”。昌邑市先后被评为中国最佳绿色生态旅游城市、全国生态文明先进县市。昌邑市经济和社会各项事业发展迅速，工商业基础雄厚。已形成以新产品、新技术、新项目为支撑的石油化工、盐及盐化工、机械制造、纺织印染、生态食品、水产养殖、绿化苗木等优势产业。拥有昌邑石化、海天生物化工、浩信集团、同大集团、华晨集团、中国棉纺城等一大批实力企业和知名品牌。先后获得“中国纺织产业基地”“中国超纤产业基地”、全国首批小康达标县（市）、中国首批“智慧城市”试点城市、全国科技进步先进市等荣誉称号。

1954年7月7日至11日，昌邑县第一届人民代表大会第一次会议召开，到会代表260名，有农民、工人、手工业者、工商业者、文教卫生、国家工作人员、公安武装部队和少数民族等社会各方面人士（其中，农民162名、妇女55名）。同时，昌南县第一届人民代表大会第一次会议召开，代表232名。本次会议的召开，标志着作为根本政治制度的人民代表大会制度在昌邑县正式建立。昌邑县人民代表大会成为县级地方国家权力机关，县人民代表大会选出的县人民委员会是县人民代表大会的执行机关、行政机关。昌邑县人民代表大会第一届一次会议后，相继于1957年1月至1966年5月召开第二至六届人民代表大会，这是人民代表大会初步发展时期。“文化大革命”间，县人民代表大会处于中止。1967年3月，昌邑县成立昌邑县革命委员会。至1978年1月，昌邑县革命委员会作为第七届人民政权机关。根据宪法规定和上级有关指示精神，昌邑县第八届人民代表大会第一次会议于1978年1月27日至31日召开，民主选举产生县革命委员会。

1980年12月6日至10日，召开昌邑县第九届人民代表大会第一次会议，选举产生昌邑县人民代表大会常务委员会，作为县人民代表大会的常设机关。在大会闭会期间，代行人民代表大会的职权。取消昌邑县革命委员会，成立昌邑县人民政府，选出县人民法院院长、县人民检察院检察长。1994年6月，撤销昌邑县，设立县级昌邑市。市人大常委会的产生及其办事机构的设立，为人民代表大会制度的健全发展提供了制度、组织上的保证，使人民代表大会制度进入新的发展时期。

从1954年7月昌邑县首届人民代表大会第一次会议的召开至2022年7月，昌邑市人民代表大会共召开19届60次会议。历届人民代表大会的代表，都是在充分发扬民主的基础上，严格依法选举产生的。

昌邑市人民代表大会及其常委会自建立以来，在市委领导下，在潍坊市人大指导下，围绕党在各个时期的中心工作，认真行使宪法和法律赋予的职权，在市内保证宪法、法律、行政法规和上级人民代表大会及其常委会决议的遵守和执行；讨论、决定本行政区域内的政治、经济、教育、科学、文化、卫生、环境和资源保护、民政、民族等工作的重大事项，审查和批准国民经济和社会发展计划、预算及其执行情况的报告，依法对市人民政府、市人民法院、市人民检察院的工作进行监督，依照法律规定权限决定国家机关工作人员的任免等，使人民代表大会制度不断完善和发展，取得显著成绩。

依法行使重大事项决定权。重大事项的决定权是人民代表大会最重要的职权，是一项体现国家权力机关特征的职权。市人大每年至少召开1次代表会议，通过听取审议“一府一委两院”和人大常委会工作报告，审查批准每年的国民经济和社会发展计划、财政预决算报告，就重大事项作出决议、决定，集中行使这一职权。决议、决定一经作出，就代表全市人民的共同意志，并向全市公布。市人大常委会在闭会期间代行大会职权，通过听取审议“一府一委两院”的工作报告、专题报告，就一些事关全局的重大事项及人民群众普遍关心的热点、难点问题作出决议、决定。市人大常委会每两月至少举行1次会议，自1980年县九届人大设立常委会以来，共举行293次常委会会议，作出364项决议、决定。这些决议、决定顺乎民心、合乎民意，大都是全市人民关心的热点、难点问题，既代表和维护全市人民的根本利益，又很好地贯彻和体现市委决策，实现人民意志和党委意图的统一。

依法行使监督权。昌邑市人大及其常委会自建立以来，认真行使宪法和法律赋予的监督职权，对“一府一委两院”进行法律监督和工作监督。在对“一府一委两院”进行法律监督中，采用执法检查、特定问题调查、建立执法责任制、实行部分案件报人大备案制度，对群众反映强烈的案件，实施个案监督等措施，增强人大监督效果。在进行工作监督中，采用听取和审议“一府一委两院”工作报告或专题汇报，审查和批准国民经济和社会发展计划、财政预算，审查规范性文件，受理申诉、控告、检举，特定问题调查，监督人大代表建议、批评和意见的办理，对各项工作开展、进展情况采取视察、调查和专题调研等方式进行。对“一府一委两院”的工作进行评议，对被任命干部进行述职评议，接待和处理人民来信来访。自第九届人大及其常委会建立以来，对“一府一委两院”工作进行的视察、调查和专题调研，共232次。经过多年努力，监督机制逐步健全和完善，监督实效进一步增强，监督工作发展很大，促进本级国家行政机关依法行政，审判、检察机关公正司法，保证宪法、法律和法规在本市的正确实施，保证经济和社会各项事业得以健康发展。

依法选举和任免干部。选举任免是地方人大及其常委会的重要职权，是实现国家权力机关职能的主要形式。昌邑市人大及其常委会，在行使选举任免权中，坚持党管干部和依法任免相结合的原则，严格按照法定程序，采用任前考察、法律知识考试、供职发言和任后述职评议等形式，充分发扬民主，选举产生历届人大常委会组成人员和“一府两院”领导人员，任命“一府两院”工作人员。人大常委会通过述职评议、任前考察等形式依法对被任命人员加强监督，有效地增强被任命人员的公仆意识、廉洁意识、法律意识，规范其践行社会主义核心价值观的行为，实现监督权和任免权的统一。自县九届人民代表大会以来，常委会依法任命1866人（次）。

各级人大代表是本级国家权力机关的组成人员，历届市人大及其常委会都把代表工作作为人大的基础工作，注重发挥代表作用，贯彻执行代表法，为代表执行职务提供优质服务和各项保障。昌邑市各届人大常委会首先从完善服务机构入手，建立代表活动组织、建立健全代表工作制度，强化服务措施，不断探索新形势下做好人大工作的新途径，促进代表工作的开展。市人大常委会还坚持邀请人大代表列席常委会会议，吸收代表参加执法检查、执法调研，组织代表视察等，使代表更好地了解全市和人大常委会的各项工作情况，更好地参与管理国家事务，行使其代表职权。同时，市人大常委会还注重强化服务措施，为代表活动提供服务和保障。市人大代表在会议期间，依法向市人大会议提出议案及对各方面工作的建议、批评和意见，是其执行代表职务的重要形式。自昌邑市人大常委会设立以来，共收到代表议案、建议3949件，绝大多数都得到办理和答复。通过办理代表议案和建议、批评和意见，人大及其常委会在解决社会发展和民生问题方面发挥重要作用。

加强人大常委会及其机关的自身建设，使常委会的工作逐步走向制度化、规范化，是健全和完善人民代表大会制度的重要方面，也是人大常委会依法行使各项职权的基本条件。昌邑市历届人大常委会始终把自身建设摆在重要位置，狠抓了常委会及其机关的思想建设、组织建设和制度建设，以推进民主与法制建设、经济建设和依法治市方略的贯彻落实。在各项建设中，思想建设是做好人大工作的重要保证，昌邑市历届人大常委会都注重制定和完善学习制度，通过学习马列主义、毛泽东思想、邓小平理论、“三个代表”重要思想、科学发展观、习近平新时代中国特色社会主义思想，学习党的路线、方针、政策和宪法、法律、法规。积极参加党的各个时期的思想教育活动，先后组织开展党的群众路线教育实践活动、“三严三实”专题教育、“两学一做”学习教育、推进“两学一做”学习教育常态化制度化、“不忘初心、牢记使命”主题教育、党史学习教育等一系列学习教育活动，不断深化对人民代表大会及其常委会的性质、地位和作用的认识，不断强化党的领导核心意识和执政为民的民本意识，提高思想理论水平和工作能力。在组织建设中，注重优化代表和常委会组成人员的结构，把优化其年龄结构、知识结构和提高综合素质放在重要位置。同时还重视常委会工作机构的充实和健全，从最初设立时只有一个办公室至今已发展到“九室”（含6个委员会工作室），常委会及其机关的工作成效显著提高，各项工作任务得以顺利完成。在制度建设中，市人大常委会制定各项工作制度、管理制度。随着工作的进展，各项规章制度逐步建立、健全和完善，人大及其常委会、机关工作逐步走上了制度化、规范化、法治化的轨道。

昌邑市人民代表大会及其常委会组织机构设置情况一览表

表6—1—10

届次	时 间	人民代表大会常设机构	常委会常设机构
第九届	1980. 12—1984. 5	—	办公室
第十届	1984. 5—1987. 5	—	办公室、调查研究科、代表联络科
第十一届	1987. 5—1990. 3	—	办公室、调查研究科、代表联络科、法制科、财政经济科、教科文卫城建科、农村经济科
第十二届	1990. 3—1993. 2	—	办公室、人事代表工作委员会、农村经济工作委员会、财政经济工作委员会、教科文卫城建工作委员会、法制工作委员会
第十三届	1993. 2—1998. 1	—	办公室、人事代表工作委员会、信访工作室、调查研究室、人事代表工作室、农村经济工作委员会、财政经济工作委员会、法制工作委员会、教科文卫城建工作委员会

续表6—1—10

届次	时 间	人民代表大会常设机构	常委会常设机构
第十四届	1998. 1—2003. 1	—	办公室、法制工作委员会、教科文卫城建工作委员会、调查研究室、农村经济工作委员会、财政经济工作委员会、信访工作室
第十五届	2003. 1—2007. 12	—	办公室、人事代表工作室、调查研究室、财政经济工作委员会、法制工作委员会、农村经济工作委员会、教科文卫城建工作委员会、信访工作室
第十六届	2007. 12—2012. 1	—	办公室、人事代表工作室、调查研究室、法制工作委员会、教育科学文化卫生工作委员会、城乡建设与环境资源保护工作委员会、农业与农村工作委员会、信访工作室、财政经济工作委员会
第十七届	2012. 1—2017. 1	2016年2月起设立：内务司法委员会、财政经济委员会、教育科学文化卫生委员会、城乡建设与环境资源保护委员会、农业与农村委员会、民族侨务外事委员会	办公室、人事代表工作室、调查研究室、财政经济工作委员会、法制工作委员会、信访工作室、城乡建设与环境资源保护工作委员会、农业与农村工作委员会、教育科学文化卫生工作委员会、预算工作委员会
第十八届	2017. 1—2022. 1	2019年4月，内务司法委员会更名为监察和司法委员会，增设社会建设委员会。 监察和司法委员会、财政经济委员会、教育科学文化卫生委员会、城乡建设与环境资源保护委员会、农业与农村委员会、民族侨务外事委员会、社会建设委员会	办公室、人事代表室、调查研究室、监察司法委工作室、财政经济委员会工作室（加挂预算工委工作室牌子）、教育科学文化卫生委员会工作室、城乡建设与环境资源保护委员会工作室、农委工作室、社会建设委工作室
第十九届	2022. 1至今	监察和司法委员会、财政经济委员会、教育科学文化卫生委员会、城乡建设与环境资源保护委员会、农业与农村委员会、民族侨务外事委员会、社会建设委员会	办公室、人事代表室、调查研究室、监察司法委工作室、财政经济委员会工作室（加挂预算工委工作室牌子）、教育科学文化卫生委员会工作室、城乡建设与环境资源保护委员会工作室、农委工作室、社会建设委工作室

第十一节　临朐县人大工作概况

临朐县位于山东省中部，地处沂山北麓，弥河上游，潍坊市西南隅。东与昌乐县、安丘市毗连，西界临淄区，南与沂水、沂源县接壤，北邻青州市。极点直线距离东西52千米，南北59千米，总面积1831平方千米，辖14个镇（街、园、区）、350个村（社区），户籍注册92万人。

临朐历史悠久，自西汉置县迄今已有2000余年历史。文化底蕴深厚，有文化遗址221处，文物保护单位130余处，奇石、临朐手绘年画、雕塑、红木工艺四大文化产业远近闻名，是全国文化模范县、全国社会文化先进县、文化强省建设先进县、中国民间艺术之乡、中国书法之乡和全国最大的奇石集散地之一。生态环境优美，有林地面积123万亩，国有林场4处、集体林场14处，林木覆盖率达到45.8%，是国家级生态示范区、全国绿化模范县、中国绿色名县、国家园林县城。产业特色鲜明，以高端优质铝业、新能源、新材料、机械电子、汽车配件、工艺雕塑等优势产业为支撑的新型工业体系基本形成，是中国铝型材产业基地、中国铝模板产业基地、中国节能门窗产业基地、国家火炬计划磁电装备特色产业基地。旅游业发达，有国家AAAAA级旅游景区1处、AAAA级旅游景区1处、AAA级旅游景区6处、国家级水利风景区3处、国家地质公园1处，是中国最佳生态旅游县、全国休闲农业和乡村旅游示范县、山东省唯一乡村旅游节永久举办地、山东省全域旅游示范区。资源物产丰富，临朐水资源丰沛，有河流130余条、水库151座，水资源总量达4.81亿立方米；林果资源优势明显，种植果树28.5万亩、大棚果5万亩，是中国优质果品基地重点县、全国经济林先进县；矿产种类繁多，其储量以硅藻土、磁铁矿、花岗岩等为丰。交通发达便利，长深高速公路贯通南北，东红、薛馆、潍九6条省道纵横交汇，公路通车里程达2710公里。

临朐县于1950年1月5日至8日召开县第一届各界人民代表会议第一次会议，到1954年6月共召开三届10次各界人民代表会议。从1954年7月到1966年“文化大革命”前的12年间，县人民代表大会历经五届，共召开16次会议。县第六届人民代表大会代表于1966年1月全部选举产生，4月，县人民委员会完成县六届人大第一次会议筹备工作。“文化大革命”间，县人民代表大会中止。

1978年1月30日至2月2日，县第七届人民代表大会在县城举行，标志着县人民代表大会的重新恢复。1980年12月26日至29日，县八届人大第一次会议召开，第一次选举产生了县人民代表大会常务委员会，将县革命委员会改为县人民政府。

县第一届至第五届人民代表大会每届任期2年。县第六届人民代表大会未举行会议。县第七届至第十一届人民代表大会每届任期3年。自县第十二届人民代表大会至今，每届任期改为5年，其间，为实现县、镇两级人大同步换届选举，根据上级统一安排部署，县第十五届人民代表大会任期缩短一年，实际为4年。

自1978年恢复县人民代表大会，至2022年1月举行县十八届人大第一次会议，历经12届，共举行会议46次。坚持依法每年举行1次人民代表大会会议，个别情况一年内举行2次人民代表大会会议。

县第一届至第七届人民代表大会代表，均是通过乡人民代表大会、公社社员代表大会或公社革命委员会扩大会议间接选举产生。县第八届人民代表大会以后的历届人民代表大会代表，均由选民直接选举产生。县人民代表大会会议由县人大常委会负责召集，会议议程、日程和有关活动均严格依法有序进行。会议期间和闭会以后，县人大及其常委会的各项职能得以充分发挥，思想、制度、机关及各方面建设逐步得到加强，基层人大工作及代表活动不断创新发展，形成了与时俱进、全面提高的工作局面。

临朐县历届人民代表大会及其常务委员会，坚持以马克思列宁主义、毛泽东思想、邓小平理论、“三个代表”重要思想、科学发展观、习近平新时代中国特色社会主义思想为指导，认真贯彻落实党在各个时期的路线方针政策，在中共临朐县委的领导和上级人大的指导下，依法履行宪法和法律赋予的各项职权，为推进民主与法治建设、推动县域经济社会发展做了大量工作，取得显著成绩。

依法领导和组织实施县、乡（镇）人大换届选举。根据 1979 年 7 月 1 日，五届全国人大第二次会议通过的选举法的有关规定，1980 年 9 月开始，县第八届至第十八届人大代表均由选民直接选举产生。县选举委员会的组成人员由县人大常委会任命，在县人大常委会的领导下组织开展换届选举工作。县第八届至第十八届共选出县人大代表 3558 名。同时，从县第一届人民代表大会起，通过省、市、县人民代表大会选举，全县产生全国人民代表大会代表 1 名，省人民代表大会代表 56 名，市（地区）人民代表大会代表 538 名。

县第十二届人大之前换届选举，县、乡同步进行。第十三届、十四届因县乡人大任期不同而分别进行选举。第十五届之后，县乡任期相同而再次恢复同步进行选举。在县人大及其常委会的组织领导下，乡镇（人民公社）人大历届选举工作进展顺利，保证了乡镇（人民公社）人民代表大会的按期举行。各乡（镇）第一届至现届共选出乡（镇）人民代表大会代表（公社社员代表大会代表）33985 名。

依法决定重大事项。每次县人民代表大会会议都要听取审议政府工作报告、国民经济和社会发展计划、财政决算和预算情况报告；听取审议县人大常委会、县人民法院、县人民检察院工作报告及各项议案；选举县人大常委会组成人员和县政府、县监察委员会、县人民法院、县人民检察院领导人员；作出决议、决定等。上述重大事项一经人民代表大会会议通过，就具有普遍的约束力，成为全县人民共同意志和奋斗目标。人民代表大会闭会期间，县人大及其常委会通过加强法律监督和工作监督，以保证宪法法律和人民代表大会决议、决定的贯彻实施。

县人大常委会会议通过听取审议县政府及其工作部门和县监察委员会、县人民法院、县人民检察院专项工作情况的报告，对“一府一委两院”及部门工作提出建议、批评和意见，实施工作监督和法律监督，并就一些事关全局性、根本性、长远性的事项及与人民群众切身利益相关、社会普遍关注的重大事项作出决议、决定，从而行使重大事项决定权。县人大常委会自成立以来，曾先后就打击经济犯罪和刑事犯罪、加强计划生育工作、加强教育工作、确定县树县花、授予荣誉市民、加强行政执法检察监督及行政公益诉讼工作等作出决议、决定；先后批准县政府城市总体规划、“科教兴临”战略纲要、畜牧强县建设规划、住房制度改革、村镇体系规划及县级财政预算调整方案等；对一些重要法律的贯彻实施，数次作出决议、决定，对法制宣传教育工作，先后 8 次作出普法决定。自县第八届人大常委会以来，共对重大事项作出决议、决定 140 多项。

依法行使监督权。县历届人大及其常委会都把监督工作放在重要位置，并在工作实践中，不断探索监督形式，综合运用听取和审议工作报告，调查、视察和执法检查，专题询问和质询，规范性文件备案审查等多种监督手段，务求监督实效。历届县人大听取审议“一府两院”和县人大常委会工作报告 280 项，历届县人大常委会听取审议“一府一委两院”专项工作报告 608 项，执法检查 49 次，对重点工作及执法部门进行评议 24 次，对被任命干部进行述职评议 96 人（次），对住临市人大代表进行述职评议 128 人次，备案审查规范性文件 93 件，专题询问 2 次，质询 1 次。通过多种形式开展监督工作，有效地保证了宪法和法律在全县的实施，保证了国家政策和人大及其常委会所作决议、决定的贯彻执行，保障了经济和社会各项事业的健康发展。

依法选举和任免干部。历届县人大及其常委会严格遵循党管干部的原则，把党委推荐和人大选举、任免干部统一起来，每次选举和任免工作，都严格遵照法定的选举程序，充分发扬民主，严格依法办事，保证选举质量和任免工作的成功。为了增强被任命人员的任职能力和公仆意识，县人大常委会通过听取供职发言、述职报告和任前法律知识考试等多种方式，加强对被任命人员的监督。2016 年开始，组织县人民代表大会及其常务委员会选举、表决通过、决定、任命和决定任命的国家工作人员进行宪法宣誓，激励和教育国家工作人员树立宪法意识、恪守宪法原则、弘扬宪法精神、履行宪法使命。

加强代表工作。历届县人大及其常委会都把加强代表工作放到突出位置，不断探索创新代表工作方式方法，为代表依法执行职务提供必要条件。建立代表小组，建设规范的代表小组活动室，为代表执行职务、开展活动提供保障。加强培训和交流，制定常委会组成人员、“一府一委两院”领导成员分工联系代表办法，定期向代表通报常委会工作情况，邀请代表参加调查、视察、执法检查及列席常委会会议，拓宽代表的知情知政渠道。组织好闭会期间的代表活动，特别是近些年开展的“比履职、比贡献，争当优秀人大代表”“我为群众办实事”“履职尽责、服务大局、争作表率”等主题实践活动，进一步激发了代表的履职热情。加强对代表议案、建议、批评和意见的督办，2017 年开发使用代表建议办理网络平台，实现代表建议的提出、审核、分类、交办、承办、答复等各个环节的网上办理，提高了代表建议办理效率和质量。做好优秀人大代表、十佳人大代表、先进人大工作者等评选表扬工作，扎实开展代表述职工作，增强代表的责任感。

加强乡镇（街、园、区）人大工作建设。历届县人大及其常委会都注重加强联系指导，定期召开乡镇（街、园、区）人大工作会议，总结交流经验，部署工作任务；培训乡镇（街、园、区）人大干部，提高其政治业务素质；安排乡镇（街、园、区）人大负责人列席县人大常委会会议，指导乡镇人大换届选举和开好乡镇人民代表大会，在街道（园、区）组织召开住街道（园、区）人大代表会议，完善各项制度，建立活动阵地。乡镇（街、园、区）人大在县人大常委会的指导下，规范化建设、代表视察调研、评议政府部门工作、代表述职、票决民生实事等工作都开展得扎实有效，使乡镇（街、园、区）人大工作更具生机和活力。

加强自身建设。历届县人大常委会始终把自身建设摆在重要位置。在政治建设方面，注重制定和完善学习制度，通过学习马克思列宁主义、毛泽东思想、邓小平理论、“三个代表”重要思想、科学发展观、习近平新时代中国特色社会主义思想，深刻理解和把握党的路线方针政策，坚持用科学理论武装头脑、指导实践、推动工作。在组织建设方面，经县委批准及时建立县人大常委会党组、县人大常委会机关党组、办公室党总支和下属党支部，保证了党的领导。与职权的行使相适应，依照精简、效能的原则，县人大常委会办事机构和工作机构历经数次调整。截至 2023 年，设立办公室、人事代表工作委员会、研究室、预算工作委员会、监察和司法委员会工作室、财政经济委员会工作室、教育科学文化卫生委员会工作室、城乡建设与环境资源保护委员会工作室、农业与农村委员会工作室 9 个正科级委室和城关街道工作室、东城街道工作室、冶源街道工作室、辛寨街道工作室 4 个正科级派出机构。在制度建设方面，历届县人大常委会及机关都及时制定各项工作制度、管理制度，并根据形势变化及时进行健全完善，县人大常委会及其机关工作逐步走向制度化、程序化、法治化轨道，人大工作的质量和水平不断提高。在精神文明建设方面，持续开展以“争创一流机关、争创文明单位”为主要内容的“双争”活动，创新工作机制、夯实创建基础、开展志愿服务、提升服务水平，机关文明创建成效显著，2017 年被省文明委命名为“省级文明单位”。

临朐县人民代表大会及其常委会组织机构设置情况一览表

表6—1—11

届次	时间	人民代表大会常设机构	常委会常设机构	常委会派出机构
第八届	1980.12—1984.06	—	办公室、代表联络科、调研科	—
第九届	1984.06—1987.04	—	办公室、代表联络科、调研科、法制科	—
第十届	1987.04—1990.03	—	办公室、代表联络科、调研科、法制科、财经科、教科文卫科、农村经济工作委员会	—
第十一届	1990.03—1993.02	—	办公室、法制工作委员会、教育科学文化卫生工作委员会、农村经济工作委员会、财政经济工作委员会、人事代表工作委员会	—
第十二届	1993.02—1998.01	—	办公室（内设老干部科）、人事代表工作室（内设信访科）、调查研究室、法制工作委员会、教育科学文化卫生工作委员会、农村经济工作委员会、财政经济工作委员会	—
第十三届	1998.01—2003.01	—	办公室（内设老干部科）、人事代表工作室（内设信访科）、调查研究室、法制工作委员会、教育科学文化卫生工作委员会、农村经济工作委员会、财政经济工作委员会	—
第十四届	2003.01—2007.12	—	办公室（内设老干部科）、人事代表工作室、调查研究室、信访工作室、财政经济委员会、教育科学文化卫生委员会、农业与农村委员会、城乡建设环境保护委员会、民族侨务外事委员会、法制委员会	2004 年 7 月起设立：城关街道工作室、东城街道工作室
第十五届	2007.12—2012.01	—	办公室（内设老干部科）、人事代表工作室、调查研究室、信访工作室、财政经济委员会、教育科学文化卫生委员会、农业与农村委员会、城乡建设环境保护委员会、民族侨务外事委员会、法制委员会	城关街道工作室、东城街道工作室

续表6—1—11

届次	时间	人民代表大会常设机构	常委会常设机构	常委会派出机构
第十六届	2012.01—2017.01	2016年2月起设立：内务司法委员会、财政经济委员会、教育科学文化卫生委员会、城乡建设与环境资源保护委员会、农业与农村委员会	办公室（内设老干部科）、人事代表工作室、调查研究室、信访工作室	城关街道工作室、东城街道工作室
第十七届	2017.01—2022.01	监察和司法委员会、财政经济委员会、教育科学文化卫生委员会、城乡建设与环境资源保护委员会、农业与农村委员会、社会建设委员会	办公室（挂信访室牌子）、人事代表工作委员会、研究室、预算工作委员会。2017年6月起设立：县人大内务司法委员会工作室（挂县人大常委会立法联络室牌子）、县人大财政经济委员会工作室、县人大城乡建设与环境资源保护委员会工作室、县人大教育科学文化卫生委员会工作室（挂县人大民族侨务外事委员会工作室牌子）、县人大农业与农村委员会工作室	城关街道工作室、东城街道工作室。2020年8月起设立：冶源街道工作室辛寨街道工作室
第十八届	2022.01—	监察和司法委员会、财政经济委员会、教育科学文化卫生委员会、城乡建设与环境资源保护委员会、农业与农村委员会、社会建设委员会	办公室（挂信访室牌子）、人事代表工作委员会、研究室、预算工作委员会、县人大监察和司法委员会工作室（挂县人大常委会立法联络室牌子）、县人大财政经济委员会工作室、县人大城乡建设与环境资源保护委员会工作室、县人大教育科学文化卫生委员会工作室（挂县人大民族侨务外事委员会工作室牌子）、县人大农业与农村委员会工作室	城关街道工作室、东城街道工作室、冶源街道工作室、辛寨街道工作室

第十二节　昌乐县人大工作概况

昌乐县古为齐国首城，今为宝石之都，是潍坊市的近郊县。县城地处县境北部、济青高速公路南侧、胶济铁路沿线，西至济南168千米，东至青岛180千米，距潍坊市区仅25千米，区位优势明显。总面积1101平方千米，至2022年，全县辖4个街道，4个镇，1个省级经济开发区，1个省级旅游度假区，1个水库管理区，370个行政村，896个自然村。境内地形复杂，地势南高北低，西高东低，平原、山地、丘陵相间。境内有五大水系六大河流34条支流。

昌乐历史悠久，文化灿烂，有丰厚的文化遗存。境内已发现史前文化遗址82处，其中大汶口文化遗址22处，龙山文化遗址60处。昌乐山川秀美，物产丰富，有蓝宝石之乡、西瓜之乡的美誉。境内发现的“石祖”林，已有4000多年历史，为世界罕见。大小山头63座，各显风姿。“一邑之胜”方山，千年古柏，葱翠苍然，龙神祠坐落山腰，已逾800年。首阳山，以商代孤竹国伯夷、叔齐不食周粟饿死山中而著名，山顶建有夷齐庙。以首阳山为主体的寿阳山国家森林公园，总面积4.5万亩，林木丰茂，有多处文化内涵丰富的古遗址。国家水利风景区仙月湖1.5万亩水面碧波荡漾。

昌乐是著名的蓝宝石产地。1800万年前火山大喷发，为昌乐带来丰富的宝藏。深藏于山体和地下的蓝宝石，于20世纪80年代被发现。经勘察，境内蓝宝石含矿面积450平方公里，总储量数十亿克拉，是目前国内已发现的最大蓝宝石矿床，也是世界罕见的大型蓝宝石富矿区。昌乐蓝宝石具有颗粒大、晶形完整、颜色纯正、双色性强、特异宝石多、出成率高等特点，是蓝宝石中的上品。曾发现晶体最大者直径80毫米，重700克拉。随着蓝宝石的发现，珠宝加工业蓬勃兴起，初步形成了“买全球、卖全球”的格局，昌乐成为全国最大、世界著名的珠宝饰品集散地。

昌乐西瓜久负盛名，清嘉庆《昌乐县志》即有西瓜种植记载。1969年开始销往香港。1972年，昌乐被指定为中央特需瓜生产基地。1984年，在全国西瓜品种评比会上，昌乐无籽西瓜名列前茅。1997年，昌乐西瓜被农业部绿色食品发展中心认定为绿色食品。其后，鄌郚镇和尧沟镇分别被中国特产之乡推荐暨宣传组委会命名为“中国无籽西瓜之乡”和“中国西瓜第一镇”。昌乐西瓜相继获得中国农副产品博览会金奖和中国国际农业博览会名牌产品殊荣。

昌乐县人民代表大会始于1954年7月，至2022年历18届。即第一届（1954年7月至1957年9月）、第二届（1957年9月至1958年5月）、第三届（1958年5月至1960年12月）、第四届（1960年12月至1963年8月）、第五届（1963年8月至1967年3月）、第六届（1967年3月至1978年4月。其间受“文化大革命”影响，中止）、第七届（1978年4月至1980年12月）、第八届（1980年12月至1984年5月）、第九届（1984年5月至1987年4月）、第十届（1987年4月至1990年3月）、第十一届（1990年3月至1993年2月）、第十二届（1993年2月至1998年1月）、第十三届（1998年1月至2003年1月）、第十四届（2003年1月至2007年12月）、第十五届（2007年12月至2012年1月）、第十六届（2012年1月至2017年1月）、第十七届（2017年1月至2022年1月）、第十八届（2022年1月至今）。1980年12月，昌乐县第八届人民代表大会正式选举产生昌乐县人民代表大会常务委员会。在中共昌乐县委的坚强领导下，在潍坊市人大常委会的正确指导下，昌乐县人大及其常委会坚持党的领导、人民当家作主、依法治国有机统一，在全体代表和全县人民的监督支持下，围绕中心，服务大局，履职尽责，实干担当，为进一步完善人民代表大会制度，推动昌乐经济社会发展、保障和改善民生、推进民主政治建设等作出积极贡献。

昌乐县人民代表大会及其常委会自建立以来，在县委的领导下，紧紧围绕全县工作大局，认真行使宪法和法律赋予的职权，保证宪法、法律、行政法规和上级人民代表大会及其常委会决议的遵守和执行，保证国家计划和国家预算的执行；审查和批准国民经济和社会发展计划、预算及执行情况的报告；讨论、决定本行政县域内的政治、经济、教育、科学、文化、卫生、环境和资源保护、民政、民族等工作的重大事项；监督“一府一委两院”依法履职；依照法律规定权限决定国家机关工作人员的任免等，与时俱进完善人民代表大会制度，生动践行全过程人民民主，不断开创县人大及其常委会工作新局面。

依法行使监督权。昌乐县人大及其常委会严格行使法律赋予的职权，通过对行政权、监察权、审判权、检察权的监督，确保宪法和法律的有效实施，保护人民群众的正当权益，推动“一府一委两院”改进工作。通过听取审议工作报告，审查和批准国民经济和社会发展计划、财政预算，审查规范性文件，组织委员和代表开展调研、视察、执法检查等活动，受理人民群众的来信来访，监督代表建议、批评和意见的办理等方式，对“一府一委两院”开展工作监督和法律监督。坚持创新监督方式、拓宽监督渠道，聚焦社会热点问题和人民群众急难愁盼问题，综合运用专题询问、部门工作评议、述职评议、审议意见跟踪督办、代表约见地方国家机关负责人等方式，不断推进正确监督、有效监督、依法监督，增强监督刚性，强化监督质效。自县人大建立以来，听取和审议了“一府一委两院”的工作报告共620余项，开展了调研、视察和执法检查等监督活动共640余次。县人大充分发挥监督合力，切实打好监督“组合拳”，不断提升监督效能，全力推动人大监督工作实现新突破、迈上新台阶，以高质效监督助推全县经济社会高质量发展。

依法行使重大事项决定权。昌乐县人大及其常委会按照选举法和地方组织法的规定，除行使对“一府一委两院”的监督权外，还行使对县内重大事项的审议决定权。县人大每年至少召开1次代表大会，听取审议“一府一委两院”和人大常委会工作报告，审查批准每年的国民经济和社会发展计划、财政预决算报告，就重大事项作出决议、决定，审查和批准全县国民经济和社会发展的五年总体规划。县人大常委会在闭会期间代行大会职权，及时把县委的主张和意图通过法定程序转变为全县人民的共同意志和自觉行动，保障县委重大决策的贯彻实施。自1980年县八届人大设立常委会以来，共出台决议决定210余项。通过依法行使重大事项决定权，促进全县重大决策的科学化、民主化、制度化水平不断提升，经济社会持续健康发展，民主法治建设日益完善。

依法选举和行使任免权。昌乐县人大及其常委会始终坚持党管干部与人大依法任免有机统一，严格执行宪法和地方组织法的规定，认真做好人代会及闭会期间的选举和任免工作，选举产生历届人大常委会组成人员和“一府一委两院”领导人员，依法任免县人大常委会机关及派出机构工作人员、县人大专门委员会组成人员、“一府一委两院”工作人员。自县人大成立以来，常委会依法任免了国家机关工作人员1794人（次）。严格执行人大选举和任命人员向宪法宣誓制度，实行人大任命干部任前法律知识考试，增强人大任命干部的宪法和法律意识，为确保国家机关工作人员运用法治思维和法治方法分析解决问题，推动法治昌乐建设奠定基础。

发挥代表主体作用。历届人大及其常委会都把依靠和发挥代表主体作用作为人大工作的基础，通过加强组织机构建设、建立健全代表工作制度、丰富代表履职活动等，保证代表工作的开展。依法做好人大代表换届选举工作，常委会会同有关部门，充分发扬民主，广泛动员选民行使民主权利，依法按程序选出综合素质高、群众基础好的县人大代表，促进了人大代表整体结构的不断优化，为县人大行使管理地方国家事务的权力、加强全县民主政治建设奠定坚实基础。及时组织新一届人大代表参加各类培训、集中学习、外出学习、网上学习等，提高代表理论素养，提升代表履职能力。不断加强代表履职阵地建设，完善镇街代表联络站，建立代表小组活动室，为代表联系选民提供渠道。积极搭建代表履职平台，建立代表履职网上报名系统，邀请代表参加人大常委会会议和监督活动，保障人大代表在闭会期间有效履职。加强代表建议督办工作，每年组织集中联系代表活动，广泛收集代表对全县工作的意见和建议，推动群众关心关注的热点难点问题解决，县人代会期间共收到代表议案、建议、批评和意见4420余件，都得到了很好的落实。积极开展代表主题活动，组织代表积极做好政策宣讲、干事创业、建言献策、联系群众，发挥代表主体表率作用，树立了新时代人大代表的良好形象。

加强自身建设。昌乐县人大常委会始终把自身建设摆在重要位置，不断加强政治建设、思想建设、组织建设、作风建设、纪律建设，积极适应新时代人大工作新要求，努力提升履职能力和工作水平。历届县人大常委会及机关认真学习党的路线方针政策和宪法等国家法律法规，将党的新思想、新理论作为学习“第一议题”“三会一课”长期主题、人大代表和人大干部培训必修课程，把学习贯彻习近平总书记关于坚持和完善人民代表大会制度的重要思想持续引向深入，以高度的政治自觉、思想自觉、行动自觉，把人民代表大会制度坚持好、完善好、发展好。先后开展整党、“三讲”教育、保持共产党员先进性教育活动、学习实践科学发展观活动、党的群众路线教育实践活动、“三严三实”专题教育、“两学一做”学习教育、推进“两学一做”学习教育常态化制度化、“不忘初心、牢记使命”主题教育、党史学习教育等集中性学习教育活动，以党的新思想、新理论转变思想、武装头脑、改进作风。旗帜鲜明坚持党对人大工作的全面领导，县人大常委会党组于 1981 年 1 月建立，县人大常委会及机关的凝聚力和战斗力不断增强。1980 年 12 月，县人大常委会初设办公室，县十六届人大五次会议设立专门委员会，至 2022 年，共设有办公室、研究室、人事代表工作委员会、预算工作委员会 4 个人大常委会工作机构和城建环保委员会工作室、农业农村委员会工作室、监察和司法委员会工作室（挂立法联络室牌子）、财政经济委员会工作室、教育科学文化卫生委员会工作室（挂民族侨务外事委员会工作室牌子）5 个专门委员会办事机构，人大工作机构逐步完善。县人大常委会及机关先后制定和健全完善了人大常委会组成人员守则、人大常委会工作评议办法、人大常委会审议意见整改落实办法、机关工作量化考核办法等一系列规章制度，不断加强和完善常委会及机关自身建设，努力建设党和人民信赖的政治机关、权力机关、工作机关、代表机关。

昌乐县人民代表大会及其常委会组织机构设置情况一览表

表6—1—12

届次	时间	人民代表大会常设机构	常委会常设机构
第八届	1980. 12—1984. 5	—	办公室
第九届	1984. 5—1987. 4	—	办公室、代表联络科、调查研究科、法制科
第十届	1987. 4—1990. 3	—	办公室、代表联络科、教科文卫科、调查研究科、财政经济科、法制科
第十一届	1990. 3—1993. 2	—	办公室、法制工作委员会、财政经济工作委员会、教科文卫工作委员会、人事代表工作委员会

续表6—1—12

届次	时间	人民代表大会常设机构	常委会常设机构
第十二届	1993. 2—1998. 1	—	办公室、法制工作委员会、财政经济工作委员会、教科文卫工作委员会、人事代表工作委员会，县人大办公室车队（办公室所属副科级事业单位）
第十三届	1998. 1—2003. 1	—	办公室、调查研究室、法制工作委员会、财政经济工作委员会、教科文卫工作委员会、人事代表工作委员会，县人大办公室车队（办公室所属副科级事业单位）、县人大机关老干部管理服务科（办公室所属副科级事业单位）
第十四届	2003. 1—2007. 12	—	办公室（内设信访工作室）、人事代表工作室、调查研究室、教育科学文化卫生人口委员会、法制委员会、财政经济委员会，县人大办公室车队（办公室所属副科级事业单位）、县人大机关老干部管理服务科（办公室所属副科级事业单位）
第十五届	2007. 12—2012. 1	—	办公室（内设信访工作室）、人事代表工作室、调查研究室、教育科学文化卫生人口委员会、法制委员会、财政经济委员会，县人大办公室车队（办公室所属副科级事业单位）、县人大机关老干部管理服务科（办公室所属副科级事业单位）
第十六届	2012. 1—2017. 1	2016年3月，设内务司法委员会、财政经济委员会、教育科学文化卫生委员会、城乡建设与环境资源保护委员会、农业与农村委员会、民族侨务外事委员会	办公室（挂信访室牌子）、研究室、预算工作委员会、人事代表工作委员会、城建环保委员会工作室、农业农村委员会工作室、内务司法委员会工作室（挂立法联络室牌子）、财政经济委员会工作室、教育科学文化卫生委员会工作室（挂民族侨务外事委员会工作室牌子），县人大代表履职网络中心（办公室所属副科级事业单位）、县人大机关老干部管理服务科（办公室所属副科级事业单位）

续表6—1—12

届次	时间	人民代表大会常设机构	常委会常设机构
第十七届	2017.1—2022.1	2019年3月，增设社会建设委员会，内务司法委员会更名为监察和司法委员会。 共设立：监察和司法委员会、财政经济委员会、教育科学文化卫生委员会、城乡建设与环境资源保护委员会、农业与农村委员会、民族侨务外事委员会、社会建设委员会	办公室（挂信访室牌子）、研究室、预算工作委员会、人事代表工作委员会、城建环保委员会工作室、农业农村委员会工作室、监察和司法委员会工作室（挂立法联络室牌子）、财政经济委员会工作室、教育科学文化卫生委员会工作室（挂民族侨务外事委员会工作室牌子），县人大代表联络服务中心（办公室所属副科级事业单位）
第十八届	2022.1至今	监察和司法委员会、财政经济委员会、教育科学文化卫生委员会、城乡建设与环境资源保护委员会、农业与农村委员会、民族侨务外事委员会	办公室（挂信访室牌子）、研究室、预算工作委员会、人事代表工作委员会、城建环保委员会工作室、农业农村委员会工作室、监察和司法委员会工作室（挂立法联络室牌子）、财政经济委员会工作室、教育科学文化卫生委员会工作室（挂民族侨务外事委员会工作室牌子），县人大代表联络服务中心（办公室所属副科级事业单位）

第二章　市属开发区人大工作概况

第一节　潍坊高新技术产业开发区人大工作概况

潍坊高新技术产业开发区（以下简称高新区）位于山东省中部，潍坊市东部。成立于1991年，1992年获批国家级开发区，总面积123平方千米，人口42万，代管2个街道、3个发展区，现有城市社区60个。高新区始终践行“发展高科技、实现产业化”职责使命，加快建设“千亿级”一流国家高新区，经济社会保持向好发展态势。

高新区区位优势突出，位于中心城区，交通便利。产业基础坚实雄厚，高端动力装备、新一代信息技术、医养健康、元宇宙4个产业入选山东省“十强”产业“雁阵形”集群，航空航天、储能、磁能等新兴产业发展迅速。科技创新活跃强劲，高新技术企业数量占全市的1/4，高新技术产值占比居山东省开发区第1位。建有国家级孵化器、产业园、省级以上研发平台等110余个，均居全市第1位。营商环境卓越一流，坚持“每个人每个单位都是高新区的营商环境”，出台推动高质量发展30条措施等政策文件，为企业发展和项目建设提供“全生命周期”服务。辖区环境优美，基础设施配套完善，生活娱乐设施完备齐全，城区绿化覆盖率达到56%，被评为

“国家高新区十佳美丽园区”。

2009年12月，设立人大工作室，由区党工委组织部综合科承担相关工作。2020年1月，开发区体制机制改革后，人大工作室工作由党群部老干科（统战科）承担，设科室正职1名，科室副职2名。2022年7月，设立人大政协工作科，与老干科（统战科）合署办公。主要负责上级人大及其常委会决议决定在高新区的贯彻实施，联络辖区人大代表并组织开展视察、调研研究、学习培训等活动，协调督办人大代表意见、建议、议案等，协助做好辖区内各级人大代表的推荐和选举工作，指导代表联系选民，自觉接受选民监督等。目前，高新区共有各级人大代表43名，其中，奎文区人大代表28名、市级人大代表11名、省级人大代表5名、全国人大代表2名。

扎实做好代表议案建议的办理工作，认真承办转办各项建议议案，在办理过程中，主动与有关部门及代表对接联系，了解沟通有关事项，督促建议及时办结，不断提升办理质效。截至2022年12月31日，人大建议办结率、满意率均为100%。高度重视人大代表服务工作，每年组织市、区两级人大代表对高新区重点项目和经济社会发展情况进行视察，召开人大代表座谈会，通报全区经济和社会发展情况。高标准做好各级各地人大来区视察、考察工作，先后承接省、市人大常委会及有关地市人大常委会来区视察、调研、考察200余次。

高新区人大工作组织机构设置情况一览表

表6—2—1

时间	人民代表大会常设机构
2009. 12—2022. 7	人大工作室
2022. 7—	人大政协工作科

第二节　潍坊滨海经济技术开发区人大工作概况

2017年12月，区体制机制改革，新组建人大工作室，设主任1名、常务副主任1名、副主任2名，编制15人，内设综合处、人大工作处、老干部处（关工委）3个处室，均为正科级行政单位。2018年6月，调整为人大工作综合办公室、老干部局（关工委）2个科室；是年12月，设主任1名、常务副主任1名、副主任2名、在岗9人。主要负责上级人大及其常委会决议决定在滨海区的贯彻实施，组织人大代表闭会期间开展视察、调查研究等，指导代表联系选民，自觉接受选民监督，组织驻区人大代表开展座谈和培训工作，督促区各级人大代表提出的意见、建议、议案的办理；负责关心下一代等工作。滨海区共有各级人大代表41名，其中，寒亭区人大代表35名、市级人大代表5名、省级人大代表1名。2020年机构改革，人大工作室和政协工作室合并到区发展软环境保障局，成立人大政协工作室（科室）。

自人大政协工作室设立以来，积极做好代表议案建议的办理工作，按照上级人大部门关于议案建议转办的要求，将转办的议案、建议共9件（其中，寒亭人大转办4件，区级代表座谈会提出的4件），一并梳理汇总，根据职能划分，报区领导签批后，分别转发到各职能部门落实。在办理过程中，区人大工作室主动与有关部门对接指导建议和意见的办理，有关部门积极与代表对接，确保议案和建议的及时办理。

先后承接省、市人大常委会视察、调研8次，承接省内外有关地市人大常委会考察团来滨海考察90多人次。其中，市人大常委会对滨海区土壤污染防治法、安全生产“一法一条例”、营商环境、经济社会发展和物业管理条例等进行专项视察，对促进滨海经济和社会发展提供政策支持和法律保障。

2022年9月，组织区级人大代表对滨海区重点项目和经济社会发展情况进行视察，召开人大代表座谈会，通报全区上半年经济和社会发展情况。通过视察和通报全区经济和社会发展情况，代表们深刻地了解全区发展前景，进一步增强人大代表履职信心和工作积极性。

为推动区“重点工作攻坚年”目标任务落实落地，根据区党工委、管委会关于“重点工作攻坚年”工作安排，人大工作室对区部分单位和专班进行督导评估，形成评估报告上报区党工委、管委会，促进各项工作的开展。

滨海区人大工作组织机构设置情况一览表

表6—2—2

时间	人民代表大会常设机构
2017.12—2020.2	人大工作室
2020年至今	人大政协工作室

第三节 潍坊峡山生态经济开发区人大工作概况

根据《关于在市属各开发区设立人大工作室的通知》要求和区党工委会研究的意见，由峡山区党群工作部承担人大具体工作，2019年4月15日峡山区正式设立人大工作室。峡山区人大工作室设法制监察委员会、人事代表委员会、综合协调委员会3个委员会和1个办公室。设主任1名、副主任4名、办公室主任1名、办公室联络员1名，人员隶属峡山区党政办公室。

负责联络辖区内人大代表并组织开展活动；协调督办市人大常委会和坊子区人大常委会转交的人大代表议案、建议、意见；列席市人大常委会会议和其他工作会议；负责人大有关工作的联络协调；按照市人大常委会和坊子区人大常委会的要求，协助做好辖区内各级人大代表的推荐和选举工作；负责有关条例规定的起草工作；完成市人大常委会交办的其他工作；完成区党工委交办的有关工作。

峡山区人大工作组织机构设置情况一览表

表6—2—3

时间	人民代表大会常设机构
2009.9—2019.4	由党群工作部承担人大具体工作
2019.4至今	人大工作室

1983—2023

潍坊人大志

WEIFANG RENDA ZHI

人 物

人物传略

赵忠超（1931—1987） 男，汉族，山东省昌邑市人，中共党员，初中学历。曾任潍坊市第十届人大常委会副主任。

1947年4月至1947年6月，昌邑县马渠区人武部文书；1947年6月至1947年10月，昌邑县马渠区委青年干事；1947年11月至1948年11月，昌邑县第九区公所民政助理；1948年12月至1949年12月，昌邑县第九区委青救会会长；1950年1月至1950年9月，昌邑县第九区委团委书记；1950年10月至1951年7月，华东团校学习；1951年8月至1952年6月，潍安县团县委宣传部部长；1952年7月至1953年10月，寿南县团县委书记；1953年11月至1954年10月，寿光县委宣传部部长、县委委员；1954年11月至1958年10月，寿光县委合作部长、县委常委；1958年11月至1961年8月，寿光县委书记处书记；1961年9月至1962年6月，昌潍专署粮食局局长；1962年7月至1966年3月，潍县县委副书记；1966年4月至1967年2月，潍县县委书记；1967年3月至1969年11月在“文化大革命”中受迫害、被审查；1969年12月至1970年5月，潍县县革委副主任；1970年6月至1970年12月，五莲县革委党的核心领导小组副组长、副主任；1971年1月至1975年11月，五莲县委书记；1975年12月至1978年1月，昌潍地革委农办主任；1978年2月至1979年2月，昌潍地委常委、秘书长；1979年3月至1983年10月，潍坊地委常委、纪委副书记；1983年10月至1985年4月，潍坊市委常委、纪委书记；1986年5月至1987年11月，潍坊市人大常委会副主任。1987年去世。

王荆玉（1930—1992） 男，汉族，山东省昌邑市人，中共党员，初中学历。曾任潍坊市第十一届人大常委会副主任。

1946年6月至1946年12月，昌南县第一区公所教育助理；1947年1月至1948年2月，昌南县政府文书、科员；1948年3月至1948年4月，西海地委学习；1948年4月至1950年4月，坊子区政府文书、科员；1950年5月至1953年6月，坊子区委宣传干事；1953年7月至1954年10月，原潍坊市委工业部秘书。1954年11月至1955年，原潍坊市委办公室秘书；1956年至1960年，原潍坊市委办公室副主任；1960年3月至1964年7月，昌潍地委办公室秘书；1964年7月至1966年12月，原潍坊市经济委员会副主任；1967年1月至1970年4月，“五七”干校劳动；1970年5月至1977年1月，原潍坊市经济委员会副主任；1977年2月至1980年3月，原潍坊市革委会副主任；1980年4月至1984年2月，原潍坊市委副书记、副市长；1984年3月至1986年5月，潍坊市政府副秘书长，市体改办主任、党组书记；1986年6月至1988年1月，潍坊市经济委员会主任、党组书记；1988年1月至1992年12月，潍坊市人大常委会副主任。1992年去世。

尹世炘（1938—1995） 男，汉族，山东省日照市人，中共党员，中专学历。曾任潍坊市第十一届人大常委会秘书长。

1958年7月至1961年8月，山东曲阜水利机械学校读书；1961 年 9 月至 1970 年 11 月，高密县水利局技术员、高密县生产指挥部团支部书记；1970 年 12 月至 1975 年 3 月，高密县委宣传部干事；1975 年 3 月至 1980 年 9 月，高密县委办公室秘书、副主任；1980 年 10 月至 1984 年 6 月，高密县人民政府副县长、党组成员；1984 年 6 月至 1986 年 3 月，潍坊日报社副总编、党委成员；1986 年 4 月至 1987 年 2 月，潍坊广播电台台长、局党组成员；1987 年 2 月至 1992 年 6 月，潍坊市教委教工委副书记；1992 年 6 月至 1993 年 3 月，潍坊市教工委书记；1993 年 3 月至 1995 年 4 月，潍坊市人大常委会秘书长。1995 年因公去世。

戴耀西（1928—1997） 男，汉族，江苏省赣榆县人，中共党员，初中学历。曾任潍坊市第十、十一届人大常委会副主任。

先后任日照县芬岚区小学教师，滨海地区卢山县委组织部统计干事，诸城县昌城区委副书记，滨北地委秘书处秘书，胶河县委宣传部部长、县委副书记，诸城县委副书记，即东县委书记，胶南县委代理第一书记、第一书记，昌潍专署计委副主任，地革委物资局局长，昌潍地区计委主任、党组书记、行署党组成员，潍坊市计委主任、党组书记。1986 年 5 月至 1993 年 3 月，潍坊市人大常委会副主任。1997 年去世。

卢星文（1923—1998） 男，汉族，山东省胶南县人，中共党员，初中学历。曾任潍坊市第十届人大常委会副主任。

1941 年 2 月至 1943 年 12 月，董家庄小学地下党支部书记、教员；1944 年 2 月至 1944 年 7 月，上沟村党支部书记、教员；1944 年 8 月至 1944 年 12 月，诸胶办事处风台区委工作；1945 年 1 月至 1945 年 12 月，藏马县台北区委宣传干事；1946 年 1 月至 1947 年 2 月，诸城县城东区委宣传委员；1947 年 3 月至 1947 年 5 月，滨北地委工作组成员；1947 年 6 月至 1948 年 2 月，胶河县台西区委副书记、书记；1948 年 3 月至 1949 年 5 月，高密县政府秘书；1949 年 6 月至 1950 年 4 月，滨北地委办公室秘书；1950 年 5 月至 1963 年 12 月，五莲县委委员、组织部部长兼纪委主任，县委副书记兼监委会书记，县委书记兼县武装部政委；1964 年 1 月至 1972 年 3 月，寿光县委书记兼县武装部政委；1972 年 6 月至 1978 年 1 月，寿光县委副书记、书记、革委会主任；1978 年 2 月，昌潍地委常委、宣传部部长；1984 年 2 月至 1986 年 5 月，潍坊市人大常委会副主任。1998 年去世。

李惠信（1933—1999） 男，汉族，山东省文登市人，中共党员，研究生学历。曾任潍坊市第十二届人大常委会副主任。

1959 年 9 月至 1960 年 2 月，山东大学教师；1960 年 2 月至 1962 年 9 月，山东大学研究生；1962 年 9 月至 1969 年 9 月，山东大学教师；1969 年 9 月至 1979 年 6 月，潍坊二中、昌潍师专教师；1979 年 6 月至 1980 年 8 月，昌潍师专物理系副主任、副教授；1980 年 8 月至 1983 年 10 月，昌潍师专副校长、副教授；1983 年 10 月至 1993 年 3 月，潍坊市政府副市长；1993 年 3 月至 1996 年 3 月，潍坊市人大常委会副主任。1999 年去世。

董泉才（1946—1999） 男，汉族，山东省寿光市人，中共党员，初中学历。曾任潍坊市第十三届人大常委会副主任。

1966 年 8 月至 1968 年 11 月，寿光团县委副部长；1968 年 11 月至 1970 年 2 月，本村小学教员；1970 年 2 月至 1970 年 11 月，马店公社铁木厂厂长；1970 年 11 月至 1971 年 3 月，寿光县革委群工科干事；1971 年 3 月至 1975 年 8 月，寿光县委常委（期间：1974 年 10 月，寿光团县委书记）；1975 年 8 月至 1984 年 2 月，潍坊团地委副书记；1984年2月至1990年10月，潍坊市民政局副局长；1990年10月至1995年2月，潍坊市民政局局长；1995年2月至1998年2月，昌乐县委书记；1998年2月至1999年2月，潍坊市人大常委会副主任。1999年去世。

黄存福（1936—2000）　男，汉族，山东省诸城市人，中共党员。曾任潍坊市第十二届人大常委会副主任。

1952年4月至1956年10月，诸城县城关供销社统计员；1956年10月至1964年11月，诸城县百尺河公社党委常委、秘书；1964年11月至1969年6月，海阳社教工作团副组长、诸城县社教工作队秘书；1969年6月至1979年5月，诸城县城关公社党委副书记；1979年5月至1980年10月，诸城县城关公社党委书记；1980年10月至1984年2月，诸城县委常委、宣传部部长；1984年2月至1987年3月，安丘县委常委、县政府副县长；1987年3月至1988年1月，安丘县委副书记；1988年1月至1991年10月，诸城市委副书记、市政府市长；1991年10月至1993年2月，诸城市委书记、人大常委会主任；1993年2月至1993年3月，诸城市委书记；1993年3月至1998年3月，潍坊市人大常委会副主任。2000年去世。

李汉三（1931—2002）　男，汉族，山东省昌邑市人，中共党员。曾任潍坊市第十届、第十一届人大常委会副主任。

1949年7月至1949年10月，昌邑县柳疃区公所粮库保管员；1949年10月至1949年12月，胶东合作干校学习；1949年12月至1955年4月，昌邑县供销合作总社文书、科长；1955年4月至1956年6月，昌邑县委审干办公室秘书；1956年6月至1960年1月，共青团昌邑县委书记；1960年1月至1964年11月，昌邑县城关公社党委书记；1964年11月至1965年5月，昌邑县围子公社党委书记；1965年5月，昌邑县委副书记；1972年6月至1973年12月，昌邑县围子公社党委书记；1973年12月至1977年8月，昌邑县委副书记；1977年8月至1983年2月，潍坊地区农委副主任兼农业局局长、潍坊地区行政公署党组成员；1983年2月至1983年7月，北农大农业干部培训班学习；1983年7月至1986年5月，寿光县委书记；1986年5月至1993年3月，潍坊市人大常委会副主任。2002年去世。

韩　理（1931—2002）　男，汉族，山东省安丘市人，中共党员，初中学历。曾任潍坊市第十一届人大常委会副主任。

1948年11月至1949年2月，昌潍地委青年干部训练班学员；1949年3月至1949年10月，昌潍地委青年工作队队员；1949年11月至1953年4月，丘南县团县委干事、宣传部部长、副书记，丘南县寿山区团委书记；1953年5月至1954年5月，坊子煤矿团委书记；1954年6月至1957年10月，原中共潍坊市委宣传部副科长；1957年11月至1958年11月，潍坊造纸厂党支部书记；1958年12月至1959年5月，原潍坊市第一工业局党委副书记；1959年6月至1962年4月，昌潍地委工业部副科长；1962年5月至1966年10月，潍坊电厂党委副书记、书记；1966年11月至1972年10月，潍坊电厂劳动；1972年11月至1973年1月，潍坊电厂党委书记；1973年2月至1975年8月，昌潍地区电力局局长、书记；1975年9月至1978年1月，坊子煤矿党委书记。1978年2月至1980年7月，昌潍拖拉机厂党委书记；1980年8月至1984年2月，原潍坊市委副书记、市长；1984年2月至1985年3月，潍坊市市政建设管理局局长、党委书记；1985年3月至1988年1月，潍坊市城乡建设委员会主任、党工委书记；1988

年1月至1993年3月，潍坊市人大常委会副主任。2002年去世。

王在辉（1941—2003） 男，汉族，山东省寿光市人，中共党员，大学专科学历。曾任潍坊市第十二届、第十三届人大常委会副主任。

1964年8月至1966年2月，海阳、胶南县社教工作队员、副组长；1966年2月至1977年4月，寿光县丰城公社副社长、马店公社党委副书记；1977年4月至1981年12月，寿光县王高公社党委书记；1981年12月至1984年2月，寿光县委常委、副县长；1984年2月至1986年6月，寒亭区委常委、副区长（其间：1984年9月至1985年12月在中央农业管理干部学院干部专修科学习）；1986年6月至1989年1月，高密县委副书记、县长；1989年1月至1990年3月，高密县委书记、县人大常委会主任；1990年3月至1993年3月，高密县委书记；1993年3月至1996年3月，潍坊市副市长、党组成员；1996年3月至2002年4月，潍坊市人大常委会副主任。2003年去世。

徐　鉴（1937—2003） 男，汉族，山东省淄博市临淄区人，民建会员，大专文化。曾任潍坊市第十三届人大常委会副主任。

1956年8月至1956年12月，山东省农业厅土地利用处干部；1956年12月至1957年9月，山东省打渔张引黄局助理技术员；1957年9月至1962年10月，山东省水利学校、山东水利学院学习；1962年10月至1972年3月，莒县水利局技术员；1972年3月至1979年10月，益都县水利局技术员；1979年10月至1982年7月，益都县水利局工程师；1982年7月至1984年3月，益都县城建局副局长、工程师；1984年3月至1986年3月，益都县政府副县长；1986年3月至1991年3月，青州市政府副市长；1991年3月至1997年5月，潍坊市政府副市长；1997年5月至1997年7月，潍坊市政府副市长、民建潍坊市委会主委；1997年7月至1998年2月，潍坊市政府副市长，民建省委会副主委，民建潍坊市委会主委；1998年2月至2002年1月，潍坊市人大常委会副主任，民建省委会副主委、民建潍坊市委会主委；2002年1月至2002年5月，潍坊市人大常委会副主任、民建省委会副主委、民建潍坊市委会名誉主委；2002年5月至2003年2月，潍坊市人大常委会副主任、民建潍坊市委会名誉主委。2003年去世。

滕司宪（1930—2005） 男，汉族，山东省莱州市人，中共党员，相当高中文化程度。曾任潍坊市第十一届人大常委会副主任。

1949年3月至1949年9月，胶东建校学员；1949年10月至1950年4月，滨北贸易公司统调员；1950年5月至1950年9月，高密花纱布办事处统计员；1950年10月至1954年9月，高密花纱布支公司统计员、副股长、副经理；1954年10月至1955年7月，高密县委审干办公室副主任；1955年7月至1959年10月，高密县委办公室副主任；1959年10月至1965年7月，昌潍地委办公室秘书；1965年7月至1970年12月，临朐县营子公社党委书记、革委主任；1970年12月至1972年1月，临朐县委常委；1972年2月至1975年5月，昌潍地委宣传处副处长、处长；1975年5月至1984年2月，潍县县委副书记、书记；1984年2月至1988年1月，潍坊政府秘书长；1988年1月至1993年3月，潍坊市人大常委会副主任。2005年去世。

于成凤（1924—2006） 男，汉族，山东省文登市人，中共党员，高中学历。曾任潍坊市第十届、第十一届人大常委会主任、党组书记。

1938年9月至1939年6月，第三军政治部少先队员；1939年7月至1941年10月，参加黄县、掖县、蓬莱、平度县民运会儿童工作；1941年11月至1942年5月，胶东青年干部训练班分队长；1942年6月至1943年6月，胶东青联工作团分队长；1943年7月至1944年8月，莒北县洪凝区青救会长；1944年9月至1945年8月，莒北县各救会青救会长；1945年9月至1948年9月，莒北县管帅区委副书记、书记；1948年10月至1948年12月，莒北县委宣传部副部长；1949年1月至1950年1月，莒北县委组织部部长；1950年2月至1950年3月，胶河县委组织部部长；1950年4月至1950年8月，山东分局党校学习；1950年9月至1951年10月，胶河县委组织部部长；1951年11月至1952年6月，胶河县委副书记；1952年7月至1954年10月，胶河县委、胶南县委书记；1954年11月至1955年9月，胶州地委宣传部副部长；1955年10月至1956年7月，中共中央第四中级党校学习；1956年8月至1957年8月，昌潍地委宣传部副部长；1957年9月至1958年3月，昌潍地委财贸部部长；1958年4月至1961年7月，山东省委财贸部干部处、组织处处长；1961年8月至1962年12月，山东省供销合作社副主任、党组副书记；1963年1月至1969年9月，胶南县委书记；1969年10月至1971年3月，胶南县革委主任、党的核心领导小组组长；1971年4月至1975年11月，原潍坊市委书记；1975年12月至1977年8月，昌潍地革委财办主任；1977年9月至1978年7月，昌潍地委常委、地革委副主任；1978年8月至1978年11月，昌潍地委常委、地区行署副专员；1978年12月至1980年4月，昌潍地委副书记、地区行署副专员；1980年5月至1983年10月，昌潍（潍坊）地委会副书记；1983年11月至1984年1月，潍坊市（地专级）人大筹备组组长；1984年2月至1992年3月，潍坊市人大常委会主任、党组书记。2006年去世。

刘英宸（1923—2008）　男，汉族，江苏省赣榆县人，中共党员，初中学历。曾任潍坊市第十届人大常委会副主任。

1940年10月至1941年1月，赣榆县第六区区中队分队副队长；1941年1月至1942年7月，赣榆县公安局政治保卫队队长；1942年7月至1943年8月，赣榆县公安局特务工作队队长；1943年9月至1945年1月，赣榆县吴山区公安员；1945年1月至1945年8月，诸城县高宅区临时公安员；1945年8月至1946年2月，诸城县公安局股长；1946年2月至1946年6月，胶县城关区委副书记；1946年6月至1948年8月，胶县营海区委书记；1948年8月至1948年12月，胶县县委民运工作队队长；1949年1月至1951年9月，胶县县委组织部部长；1951年10月至1952年6月，胶县县委副书记（主持工作）；1952年6月至1954年9月，胶县县委书记；1954年9月至1955年9月，胶州地委组织部副部长、地委委员；1955年9月至1957年1月，胶州地委工农干部文化补习学校学习；1957年1月至1957年3月，昌潍地委组织部副部长、地委委员；1957年3月至1965年6月，安丘县委书记；1965年6月至1966年3月，平度县委书记；1966年4月至1970年5月，胶县县委书记。1970年5月至1973年6月，寿光县委副书记；1973年6月至1975年11月，昌潍地委生产指挥部副主任；1975年11月至1976年7月，昌潍地区文办主任；1976年7月至1977年8月，昌潍地区贫协主任；1977年8月至1978年7月，昌潍地革委副主任；1978年7月至1983年10月，昌潍地区行署副专员、党组成员；1983年10月至1984年2月，潍坊市人大常委会筹备领导小组副组长；1984年2月至1988年1月，潍坊市人大常委会副主任。2008年去世。

王汉兴（1926—2012）　男，汉族，山东

省淄博市临淄区人，中共党员。曾任潍坊市第十届人大常委会秘书长。

1947年9月，临淄县粮食局记账员；1948年至1949年，临淄一区粮库会计、副主任；1950年至1951年，临淄县纪委秘书；1951年至1952年，渤海干校、淄博地委党校学习，临淄五区区委宣传委员、三区区委副书记；1952年12月至1955年9月，临淄县纪委副书记；1955年10月至1956年7月，山东分局党校、青岛初级党校学习；1956年至1958年，昌潍地委政办、行署工交办副主任；1958年至1972年，昌乐县委办公室主任、革委副主任、常委；1972年2月至1978年，临朐县委副书记；1978年2月至1980年6月，昌潍地委宣传部副部长；1980年至1984年3月，临朐县委书记；1984年4月至1988年1月，潍坊市人大常委会秘书长。2012年去世。

王鹤田（1928—2012）　男，汉族，山东省诸城市人，中共党员，初中学历。曾任潍坊市第十届、第十一届人大常委会副主任。

1947年5月至1948年12月，诸城县从事粮食助征和民办教师工作；1949年1月至1950年2月，诸城县贾悦粮库出纳；1950年3月至1951年12月，诸城县枳沟粮库出纳；1952年1月至1953年12月，诸城县粮食局会计股副股长；1954年1月至1956年2月，诸城县统计科副科长；1956年3月至1957年8月，诸城县城东区委书记；1957年9月至1958年5月，诸城县计委副主任；1958年6月至1958年10月，诸城县下泊乡党委书记；1958年11月至1960年5月，诸城县城关公社党委书记；1960年6月至1963年4月，诸城县程戈庄公社党委书记；1963年5月至1967年1月，西藏工委组织部干事；1967年1月至1969年12月，西藏物资局政治处副主任；1970年1月至1976年12月，西藏自治区物资局局长；1977年1月至1982年9月，西藏自治区计划委员会副主任；1982年10月至1983年10月，潍坊地区行署副专员（其间：1983年3月兼潍坊寿光纯碱厂筹建处主任）；1983年10月至1986年5月，潍坊市政府副市长；1986年5月至1993年3月，潍坊市人大常委会副主任。2012年去世。

刘天佑（1942—2012）　男，汉族，山东省高密市人，中共党员，大学专科学历，高级经济师。曾任潍坊市第十三届人大常委会副主任。

1958年9月至1969年12月，昌潍汽运公司团支部书记；1969年12月至1978年4月，昌潍汽运公司一队党支部书记、汽修厂党总支书记；1978年4月至1986年12月，潍坊汽运公司副经理；1986年12月至1989年11月，潍坊联运调度中心主任、党总支书记、联运公司经理；1989年12月至1992年4月，潍坊市交通委员会副主任；1992年4月至1993年4月，潍坊市交通委员会副主任兼潍坊汽运公司总经理；1993年4月至1998年2月，潍坊市交通委员会主任、党工委书记、市政府口岸办主任、潍坊市交通重点项目办公室书记、潍坊国际海陆运输集团公司党委书记兼董事长；1998年2月至2003年2月，潍坊市人大常委会副主任。2008年3月退休，2012年去世。

于　潮（1931—2014）　男，汉族，山东省潍城区人，中共党员，高中学历。曾任中共潍坊市委书记，潍坊市第十一届人大常委会主任、党组书记。

1948年10月至1949年6月，原潍坊市青年服务团团员；1949年6月至1954年6月，原潍坊市第四区团委、区党委宣传委员；1954年6月至1956年12月，原潍坊市手工业联社党委宣传科长；1956年12月至1962年10月，昌潍地委党校教员、地委政研室政策研究员；1962年10月至1971年6月，昌潍地委农工部副科长；

1971 年 6 月至 1973 年 12 月，昌潍地区农科所党支部书记；1973 年 12 月至 1978 年 3 月，五莲县委副书记。1978 年 4 月至 1983 年 10 月，五莲县委书记。1983 年 10 月至 1987 年 12 月，潍坊市委常委，市政府副市长、党组副书记。1987 年 12 月至 1988 年 3 月，潍坊市委副书记；1988 年 3 月至 1991 年 8 月，潍坊市委书记；1992 年 3 月至 1993 年 3 月，潍坊市人大常委会主任。2014 年去世。

王克礼（1921—2014） 男，汉族，山东省博兴县人，中共党员，中学学历。曾任潍坊市第十届人大常委会副主任。

1945 年 2 月至 1945 年 3 月，新兵连从军；1945 年 3 月至 1950 年 4 月，渤海日报社股长、管理员、副科长；1950 年 5 月至 1956 年 1 月，新华社山东分社秘书；1956 年 2 月至 1956 年 4 月进西藏待分配；1956 年 5 月至 1957 年 7 月，西藏自治区工委宣传部副主任；1957 年 8 月至 1958 年 8 月，四川重庆第七中级党校学习；1958 年 9 月至 1959 年 8 月，日定路、泽措路副指挥长；1959 年 9 月至 1960 年 2 月，青藏公路管理局负责人；1960 年 3 月至 1960 年 8 月，西藏公路工程处处长；1960 年 9 月至 1961 年 11 月，西藏公路桥工处处长；1961 年 11 月至 1962 年 6 月，西藏公路局副局长、局长；1962 年 7 月至 1963 年 10 月，西藏工委监委甄别组成员；1963 年 11 月至 1967 年 8 月，西藏自治区党委监委、副处长、副主任、主任。1967 年 8 月至 1972 年 8 月，西藏东风矿革委会主任；1972 年 9 月至 1980 年 12 月，西藏自治区工业局副局长；1981 年 4 月至 1983 年 10 月，潍坊地区行署副专员；1984 年 2 月至 1986 年 5 月，潍坊市人大常委会副主任。2014 年去世。

董建春（1928—2014） 男，汉族，山东省寿光市人，大学本科学历。曾任潍坊市第十一届、第十二届人大常委会副主任。

1948 年 10 月至 1952 年 7 月，山东医学院医疗系学习；1952 年 7 月至 1982 年 9 月，昌潍（潍坊）地区人民医院主治医师；1982 年 9 月至 1987 年 4 月，潍坊市人民医院副主任医师、眼科主任；1987 年 4 月至 1988 年 1 月，潍坊市人民医院主任医师、眼科主任、五官科主任，潍坊医学院眼科教研室主任、眼科教授，中华医学会潍坊分会眼科学会主任委员；1988 年 1 月至 1998 年 2 月，潍坊市人大常委会副主任。2014 年去世。

王灿德（1926—2015） 男，汉族，山东省沂南县人，中共党员，初中学历。曾任潍坊市第十届、第十一届人大常委会副主任。

1945 年 5 月至 1945 年 9 月，边沿县河阳区武委会青年干事；1945 年 9 月至 1946 年 5 月，边沿县河阳区政府公安助手；1946 年 5 月至 1947 年 2 月，鲁中三专署公安局侦察班长；1947 年 2 月至 1948 年 1 月，益都县弥东区公安员；1948 年 1 月至 1949 年 1 月，益临昌工委营子区公安员；1949 年 1 月至 1954 年 5 月，临朐县公安局侦察股长、副局长、局长；1954 年 5 月至 1958 年 2 月，临朐县委常委、县长；1958 年 2 月至 1958 年 11 月，临朐县城关镇党委书记；1958 年 11 月至 1959 年 10 月，临朐县委副书记；1959 年 10 月至 1962 年 12 月，临朐县委书记处书记；1962 年 12 月至 1965 年 4 月，临朐县委副书记；1965 年 4 月至 1967 年 3 月，昌邑县委书记兼武装部政委；1967 年 3 月至 1970 年 5 月，“五七干校”学员；1970 年 5 月至 1974 年 5 月，昌邑县革委会副主任；1974 年 5 月至 1978 年 9 月，昌邑县委书记；1978 年 9 月至 1983 年 9 月，昌潍（潍坊）委地委组织部副部长、部长；1983 年 9 月至 1993 年 12 月，潍坊市人大常委会副主任、党组副书记。2015 年去世。

于洪吉（1935—2015） 男，汉族，山东省文登市人，中共党员，初中学历。曾任潍坊市第十二届人大常委会副主任、党组副书记。

1953年12月至1957年，潍坊建泰铁工厂工作；1957年至1959年，原潍坊市委驻华丰机器厂肃反工作组组员；1959年5月至1960年1月，华丰机器厂人事保卫科干事；1960年2月至1963年，华丰机器厂党总支专职组宣委员；1964年至1966年5月，华丰机器厂党委组织科副科长、科长；1966年5月，潍坊华丰机器厂党委副书记，在“文化大革命”中受冲击，下放劳动；1969年冬至1970年，潍坊发动机厂革委会政治处主任（华丰机器厂在“文化大革命”时更名为潍坊发动机厂）；1970年至1972年，潍坊发动机厂党委委员兼铸工车间党支部书记；1972年至1975年4月，潍坊发动机厂党委副书记；1975年4月至1975年10月，昌潍地委直属机关党委副书记；1975年10月至1979年4月，昌潍地委组织部副部长、昌潍地委直属机关党委书记；1979年4月至1983年底，昌潍地区纪委副书记（其间：1981年2月至1982年1月，省委党校第一期中青年干部进修班学习）；1984年至1988年3月，潍坊市委组织部副部长；1988年3月至1989年，潍坊市委组织部部长；1989年至1993年3月，潍坊市委常委、组织部部长；1993年3月至1998年2月，潍坊市人大常委会党组副书记、副主任。2015年去世。

刘华民（1921—2017） 男，汉族，山东省莱州市人，中共党员，相当中学学历。曾任潍坊市第十届人大常委会副主任。

1938年至1940年，在家务农；1940年3月至1940年9月，本乡民动会乡公所主任、副乡长；1940年9月至1941年4月，胶东区委党校学员；1941年5月至1942年4月，胶东区党委巡视团成员；1942年4月至1943年11月，掖县九区区委书记；1943年11月至1944年4月，胶东抗日军政大学学习；1944年4月至1945年5月，莱阳县武委会副主任；1945年5月至1945年9月，西海军分区武工队副政委；1945年9月至1945年10月，西海军分区武装部秘书；1945年10月至1946年11月，平度县武装部部长；1946年11月至1947年8月，平度县指挥部政治处主任；1947年8月至1948年4月，平度县武装部部长；1948年4月至1949年6月，潍县圩河区委书记；1949年7月至1952年3月，潍县县委宣传部部长；1952年3月至1952年8月，潍县县委副书记；1952年8月至1953年10月，潍县县委书记；1953年10月至1956年3月，山东第五康复医院政委；1956年3月至1956年7月，山东省卫生厅工作；1956年7月至1957年7月，山东省委文教部工作；1957年7月至1959年6月，临朐县委第一书记；1959年7月至1961年4月，昌潍地区宣传部副部长；1961年4月至1963年12月，昌潍地区宣传部部长；1963年12月至1967年3月，昌潍地区宣传部副部长兼科委主任；1967年3月至1969年10月，“五七”干校劳动；1969年10月至1971年8月，昌潍地革委常委、秘书处长；1971年8月至1973年7月，昌潍师范专科学校党委书记；1973年8月至1975年11月，昌潍地区革委会政治部负责人；1975年11月至1978年7月，昌潍地委宣传部部长；1978年7月至1983年10月，昌潍地区行署副专员；1983年10月至1986年6月，潍坊市人大常委会副主任。2017年去世。

常怀义（1936—2018） 男，汉族，山东省济南市人，中共党员，高中学历。曾任潍坊市第十一届人大常委会秘书长，第十一届、第十二届人大常委会副主任。

1951年10月至1958年11月，中国盐业公司羊角沟办事处记账员、省盐务局羊口盐管处文书、羊口盐场筹建处文书；1958年11月至1971

年6月，羊口盐场党委宣传部广播员、党办秘书；1971年6月至1977年7月，昌潍地委写作组、地委办公室秘书；1977年7月至1978年6月，昌潍地委办公室副主任；1978年6月至1979年12月，省委办公厅综合室副主任；1979年12月至1984年2月，昌潍地委办公室副主任，潍坊地委副秘书长、地委纪委副书记；1984年2月至1988年1月，潍坊市人大常委会副秘书长兼办公室主任；1988年1月至1990年8月，潍坊市人大常委会秘书长兼办公室主任、党组成员；1990年8月至1992年3月，潍坊市人大常委会秘书长、党组成员；1992年3月至1998年7月，潍坊市人大常委会副主任。2018年去世。

任柏榴（1936—2018） 男，汉族，山东省莱州市人，中共党员，大学文化。曾任潍坊市第十二届人大常委会副主任、党组副书记。

1958年8月至1984年1月，昌邑六中教师、教导主任，昌邑县委宣传部干事、办公室秘书、宣传部负责人，龙池公社党委书记，昌邑县县委常委、副县长、副书记、代县长；1984年2月至1986年6月，潍城区委书记、武装部第一政委；1986年6月至1993年3月，潍坊市委常委、宣传部部长；1993年3月至1998年2月，潍坊市人大常委会副主任、党组副书记（其间：1992年9月至1993年7月在中央党校理论专修班学习一年）。2018年去世。

刘远顺（1936—2019） 男，汉族，山东省荣成市人，中共党员，高中学历。曾任潍坊市第十二届人大常委会副主任。

1952年10月至1958年8月，胶州土产百货公司业务员、高密光大农具厂统计员；1958年8月至1965年9月，高密县建委秘书、高密县物资局办事员、高密县人事局科员；1965年9月至1972年7月，高密县康家庄公社党委副书记；1972年7月至1977年8月，高密县工业局副局长、党委副书记兼高密橡胶厂党委书记；1977年8月至1982年1月，昌潍地区轻工业局副局长、党组副书记；1982年1月至1986年11月，潍坊地区轻工业局局长、党组书记，潍坊市第一轻工业局局长、党组书记；1986年11月至1988年1月，潍坊市工业委员会副主任、副书记兼一轻局行业办公室主任；1988年1月至1989年12月，潍坊市工业委员会主任、党工委书记；1989年12月至1992年4月，潍坊市市长助理，市政府副秘书长，市经委主任、党工委书记；1992年4月至1993年3月，潍坊市政府党组成员、市长助理、市政府副秘书长，市经委主任、党工委书记；1993年3月至1998年2月，潍坊市人大常委会副主任。2019年去世。

王华民（1928—2020） 男，汉族，山东省平度市人，中共党员，高中学历。曾任潍坊市第十届、第十一届人大常委会副主任、党组成员。

1945年5月至1945年11月，平度县旧店区公所（政府）干事；1945年11月至1947年2月，先在胶东西海地委整风班学习，后任潍北县泊子区工作队队员，潍南县蛤蟆屯区委干事；1947年3月至1951年5月，潍南县南流区委组织委员、副书记（主持工作）；1951年6月至1957年10月，潍坊市劳动科副科长、科长，重工业局局长、工业局局长；1957年11月至1958年8月，平度旧店金矿矿长兼罗头石墨矿矿长；1958年9月至1959年12月，昌潍专区重工业局副局长；1960年1月至12月，北京农业机械化学院学习；1961年1月至1974年5月，昌潍地区农机管理局副局长、农林局副局长、机电局局长、机械局局长；1974年6月至1980年2月，原潍坊市委副书记、市革委副主任，兼生产指挥部主任、党组书记；1980年3月至1983年10月，潍坊地区经济委员会主任、党组书记、潍坊行署党组成员；1983 年 11 月至 1986 年 4 月，潍坊市经济贸易委员会主任、党组书记；1986 年 5 月至 1993 年 3 月，潍坊市人大常委会副主任、党组成员。2020 年去世。

李本跃（1952—2022） 男，汉族，山东省临朐县人，省委党校大学本科学历。曾任潍坊市第十四届、第十五届人大常委会副主任、党组成员。

1975 年 11 月至 1984 年 10 月，临朐县新华书店会计，临朐县政府办公室事务管理科科长；1984 年 10 月至 1985 年 12 月，临朐县政府办公室副主任；1985 年 12 月至 1987 年 2 月，临朐县石佛乡党委副书记、乡长（其间：1985 年 10 月至 1988 年 10 月，山东大学党政干部基础科自学）；1987 年 2 月至 1992 年 4 月，临朐县石佛乡、冶源镇党委书记；1992 年 4 月至 1993 年 1 月，临朐县副县长；1993 年 1 月至 1996 年 1 月，临朐县委常委、副县长；1996 年 1 月至 2001 年 1 月，潍坊市林业局局长、党组书记；2001 年 1 月至 2001 年 3 月，安丘市委书记；2001 年 3 月至 2006 年 2 月，安丘市委书记、安丘市委党校校长；2006 年 2 月至 2012 年 2 月，潍坊市人大常委会党组成员、副主任。2013 年 4 月退休，2022 年去世。

张建国（1950—2023） 男，汉族，山东省荣成市人，中共党员，大学专科学历。曾任潍坊市第十四届人大常委会副主任、党组成员。

1970 年 10 月至 1973 年 1 月，潍坊自来水公司工人；1973 年 1 月至 1975 年 6 月，潍坊自来水公司党支部副书记；1975 年 6 月至 1984 年 5 月，原潍坊市委办公室秘书、副主任；1984 年 5 月至 1985 年 9 月，潍坊市委办公室正科级秘书（其间：1984 年 10 月至 1986 年 10 月在山东省高教自学考试党政干部基础科学习）；1985 年 9 月至 1986 年 2 月，潍坊市委办公室副主任；1986 年 2 月至 1990 年 9 月，潍坊市委副秘书长；1990 年 9 月至 1993 年 3 月，潍坊市委副秘书长兼保密局局长；1993 年 3 月至 1997 年 12 月，高密市委书记；1997 年 12 月至 1998 年 2 月，潍坊市政府市长助理、党组成员；1998 年 2 月至 2003 年 2 月，潍坊市政府副市长、党组成员；2003 年 2 月至 2008 年 1 月，潍坊市人大常委会副主任；2008 年 1 月至 2010 年 12 月，潍坊市人大常委会顾问；2013 年 4 月退休，2023 年去世。

刘文聚（1934—2023） 男，汉族，山东省诸城市人，中共党员，高中学历。曾任潍坊市第十一届、第十二届人大常委会副主任、党组成员。

1949 年 5 月参加革命工作，1954 年加入中国共产党。1949 年，胶河县政府通讯员、秘书处公务员；1950 年任胶河县人民银行公务员；1950 年至 1954 年，胶州地区人民银行机要员、经济警察、收发文书；1954 年至 1958 年，山东师范学院（后合到山东农学院）工农速成中学学习；1958 年 10 月，昌潍专署劳动科办事员；1959 年至 1961 年，昌潍专署办公室文书、档案员等职；1961 年至 1973 年，昌潍专署劳动局办事员、行署计委劳动组组长；1973 年 12 月至 1984 年，昌潍（潍坊）地区劳动局副局长；1984 年至 1992 年 3 月，潍坊市劳动局局长、党组书记；1992 年 3 月至 1996 年 3 月，潍坊市人大常委会副主任、党组成员；1996 年 4 月离职休养，2023 年去世。

曹学成（1947—2023） 男，汉族，山东省新泰市人，中共党员，在职硕士研究生学历。曾任中共潍坊市委书记，潍坊市第十三届人大常委会主任、党组书记。

1962 年 11 月参加工作，加入中国共产党，至 1970 年 12 月，回乡知识青年；1970 年 12 月至1973年2月，新汶一中教员、团委副书记；1973年2月至1974年1月，新汶县公安局干事；1974年1月至1975年12月，新汶县孙村公社党委副书记；1975年12月至1977年2月，新汶县委常委、办公室主任；1977年2月至1984年1月，新汶县委副书记（其间：1980年9月至1982年6月，山东省委党校干部专修科学习）；1984年1月至1989年5月，平阴县委书记；1989年5月至1990年3月，济南市委副秘书长兼办公室主任；1990年3月至1992年8月，山东省委办公厅副主任；1992年8月至1997年12月，山东省体委主任、党组书记（其间：1993年8月至1996年6月，山东大学在职学习并获得法学硕士学位）；1997年12月至2002年4月，潍坊市委书记；2002年4月至2002年12月，潍坊市委书记、市人大常委会主任、党组书记；2002年12月至2003年4月，山东省人大常委会党组成员；2003年4月至2008年2月，山东省人大常委会副主任、党组成员。2023年去世。

人物简介

孙嘉炼 男，汉族，1938年12月出生，山东省即墨市人，中共党员，大学本科学历。曾任潍坊市第十二届、第十三届人大常委会主任、党组书记。

1962年9月至1966年7月，山东农学院农学系学习，1966年7月至1967年8月，留校参加“文革”；1967年9月至1977年8月，新疆军区建设兵团43团技术员、副连长、指导员、营长；1977年8月至1982年9月，西藏阿里地区农牧局干事、副局长；1982年9月至1983年10月，高密县副县长；1983年10月至1984年4月，潍坊市委副书记；1984年4月至1986年10月，潍坊市委副书记兼农村工作委员会书记、农委主任；1986年10月至1991年10月，潍坊市委副书记兼政法委书记；1991年10月至1993年3月，潍坊市委副书记；1993年3月至2002年3月，潍坊市人大常委会主任、党组书记；2004年4月离职。2008年3月退休。

中共山东省第五次、第六次代表大会代表，山东省第八届、第九届人民代表大会代表。

隋华堂 男，汉族，1939年9月出生，山东省青州市人，中共党员，大学专科学历。曾任潍坊市第十二届人大常委会副主任，第十三届人大常委会副主任、党组副书记。

1959年9月至1965年8月，益都县张孟公社会计辅导员、县粮食局会计；1965年8月至1970年3月，高密县仁和公社党委秘书；1970年3月至1971年10月，益都县粮油供应站党支部副书记；1971年10月至1972年10月，益都县革委生产指挥部办公室副主任；1972年10月至1975年9月，益都县弥河公社、城关公社党委副书记；1975年9月至1978年8月，益都县弥河公社党委书记；1978年8月至1984年2月，益都县委副书记；1984年2月至1991年9月，益都县委、青州市委书记兼益都县、青州市人大常委会主任，武装部第一政委、第一书记；1991年9月至1992年3月，潍坊市中级人民法院代理院长、党组书记；1992年3月至1996年3月，潍坊市中级人民法院院长、党组书记；1996年3月至1998年2月，潍坊市第十二届人大常委会副主任、党组成员；1998年2月至

2001年3月，潍坊市十三届人大常委会副主任、党组副书记；2009年3月退休。

中共山东省第五次、第六次代表大会代表，山东省第八届人民代表大会代表。1986年被山东省绿化委员会授予绿化先进个人称号，1987年被山东省委、省政府授予民兵预备役工作先进个人称号，1989年被国防部授予民兵预备役工作先进个人称号，1990年被中央军委命名为国防后备力量建设十大新闻人物之一。

李英文 男，汉族，1939年10月出生，山东省安丘市人，中共党员，大学专科学历。曾任潍坊市第十二届、第十三届人大常委会副主任、党组成员。

1964年4月至1965年9月，安丘团县委副书记；1965年9月至1967年5月在山东农学院学习；1967年5月至1973年12月，安丘县革委群工处干事、组织部干事；1973年12月至1976年4月，安丘县景芝公社党委副书记；1976年4月至1984年4月，景芝公社党委书记；1984年4月至1986年6月，安丘镇党委书记；1986年6月至1990年2月，潍坊市寒亭区区委常委、副区长；1990年2月至1993年3月，寒亭区委副书记、区长。1993年3月至1995年3月，寒亭区委书记兼寒亭区人大常委会主任、寒亭区人武部第一书记第一政委；1995年3月至1998年2月，潍坊市第十二届人大常委会副主任、党组成员；1998年2月至2001年2月，潍坊市第十三届人大常委会副主任、党组成员；2003年12月退休。

中共山东省第六次代表大会代表、山东省第五届人民代表大会代表。1986年3月获国家计划生育委员会全国计划生育先进个人称号，并获金质奖章1枚。

王福金 男，汉族，1940年3月出生，山东省安丘市人，中共党员，大学专科学历。曾任潍坊市第十三届人大常委会副主任、党组成员。

1961年8月至1963年3月，安丘县人民法院办事员；1963年3月至1982年2月，昌潍地区中级人民法院办事员、助理审判员、办公室主任、研究室主任；1982年2月至1984年2月，昌潍地委政法委员会办公室主任；1984年2月至1987年8月，潍坊市人民检察院副检察长；1987年8月至1993年3月，潍坊市人民检察院副检察长、党组副书记（其间：1988年11月随着检察机关升格，转为正县级）；1993年3月至1998年2月，潍坊市人民检察院检察长、党组书记；1998年2月至2001年3月，潍坊市人大常委会副主任、党组成员；2001年3月，退出领导岗位，兼潍坊市人大常委会法律咨询小组组长。2009年4月退休。

中国共产党山东省第六次代表大会代表。

孙　易 女，汉族，1941年2月出生，山东省济南市人，中共党员，大学专科学历。曾任潍坊市第十届人大常委会副主任。

1960年至1962年，山东省济南化学工业学校教师；1962年至1964年，山东明水化肥厂工会专职教师；1964年至1984年，山东省潍坊市化肥厂技术员、工程师，潍坊市政协第五届常委会常委、潍坊市化工局工作人员；1984年3月，潍坊市第十届人大常委会副主任；1988年离任，继续在潍坊市化工局工作，高级工程师（其间：1987年至1994年，兼潍坊市工程技术系列中级职称评委会评委，1994年至1996年，兼山东省化工工程系列高级职称评委会评委）。1996年退休。

1988年被石油化学工业部授予“在小氮肥工业发展中作出突出贡献的先进个人”称号；1991年被山东省石化厅授予“为我省化学工业发展作出贡献”荣誉；1993年主笔撰写《潍坊市化学工业中长期科技发展战略研究》获山东省科学技术协会颁发的“决策咨询优秀成果奖”；

1983年被全国妇联授予全国三八红旗手称号。山东省第六届、第七届人民代表大会代表。

房忠昌 男，汉族，1942年5月出生，山东省淄博市人，中共党员，研究生学历。曾任潍坊市第十三届人大常委会副主任、党组副书记。

1968年12月至1974年12月，安丘县玻璃厂工作；1975年1月至1981年11月，安丘县工业局科长、副局长；1981年11月至1983年10月，安丘县副县长；1983年10月至1996年6月，潍坊市政府副市长（其间1984年9月至1986年7月在中共中央党校培训部学习；1991年7月至1992年12月在山东临沂地区挂职副专员）；1996年7月至2000年1月，潍坊市委常委、市纪委书记；2000年1月至2002年4月，潍坊市人大常委会党组副书记、副主任；2002年4月至2003年2月，潍坊市人大常委会党组副书记、副主任（主持日常工作）。2008年3月退休。

中共山东省第七届纪委委员。

王光明 男，汉族，1943年11月出生，山东省昌乐县人，中共党员，大学本科学历。曾任潍坊市第十三届人大常委会副主任、党组成员。

1968年7月，在山东农学院毕业后到中国人民解放军6057部队锻炼；1970年1月，昌乐县乔官公社农林站技术员、公社团委副书记；1972年12月至1976年6月，昌乐县委组织部干事；1976年9月至1984年1月，昌乐县尧沟公社、红河公社党委副书记兼管委会主任，红河公社党委书记等职；1984年2月至1987年2月，昌乐县委书记兼武装部第一书记、第一政委；1987年3月至1993年2月，寒亭区委书记兼区人大常委会主任，寒亭区武装部第一书记、第一政委；1993年3月至1998年2月，潍坊市政府副市长、党组成员（其间：1994年10月至1996年1月兼陕西省延安地区副专员）；1998年3月至2003年3月，潍坊市人大常委会副主任、党组成员；2009年1月退休。

中共山东省第五次代表大会代表。

孙守伏 男，汉族，1945年8月出生，山东省文登市人，中共党员，大学专科学历。曾任潍坊市第十三届、第十四届人大常委会副主任、党组成员。

1968年9月至1971年1月，益都县电石厂化验员；1971年2月至1973年1月，益都县工业局政工科干事；1973年2月至1975年1月，益都县革委生产指挥部办公室秘书；1975年2月至1977年1月，益都县工交办公室秘书；1977年2月至1978年1月，益都县化工局党组书记、副局长（主持工作）；1978年2月至1980年6月，益都县化工局党组书记、局长；1980年7月，益都县工交党委书记、经济委员会副主任；1980年8月至1983年3月，益都县委常委兼县工交党委书记、经委副主任（其间：1980年10月至1982年6月在山东大学经济系干部专修科学习；1982年9月至1983年1月兼益都卷烟厂代理党委书记）；1983年4月至1984年1月，潍坊化纤厂筹建处党委书记（正县级）；1984年2月至1985年8月，潍坊市经济委员会党组副书记、副主任；1985年9月至1991年9月，潍坊市环境保护局党组书记、局长；1991年10月至1995年2月，昌乐县委书记、县武装部党委书记；1995年2月至1998年1月，潍坊市政府市长助理、市政府党组成员；1998年2月至2006年2月，潍坊市人大常委会副主任、党组成员；2012年6月退休。

中共山东省第六次代表大会代表，中共第八届潍坊市委委员；1988年获“山东省环境保护先进工作者”称号。

韩俊生 男，汉族，1945年11月出生，山东省昌邑市人，中共党员，大学专科学历。曾任潍坊市第十三届、第十四届人大常委会副主任、党组成员。

1963年8月，昌邑县卜庄粮管所担任出纳员、统计员；1975年5月，昌邑县粮食局统计员；1977年1月，昌邑县委学大寨工作队北孟公社北孟组副组长；1978年8月，昌邑县革委会办公室文书、办公室副主任兼事务管理局副局长（主持工作）；1980年11月至1984年3月，城关公社党委副书记、管委会主任，城关镇党委副书记、镇长；1984年4月，龙池乡党委书记；1987年3月至1993年5月，昌邑县委常委兼县委办公室主任、县政府常务副县长；1993年6月，潍坊市水产局局长、党组书记；1994年7月，潍城区委副书记，区长、区政府党组书记；1997年12月，高密市委书记、武装部党委第一书记；2001年2月至2006年2月，潍坊市人大常委会副主任、党组成员；2012年6月退休。

中共山东省第九次代表大会代表。1995年获全国科教兴县（区）先进个人称号，1997年获全国国防知识竞赛二等奖、山东省国防知识竞赛一等奖。

葛吉平　男，汉族，1945年11月出生，山东省安丘市人，中共党员，大学专科学历。曾任潍坊市第十三届、第十四届人大常委会副主任、党组成员。

1965年8月至1976年6月，安丘县景芝粮管所保管员、营业员、会计；1976年7月至1978年2月，安丘县粮食局副局长、党组副书记；1978年2月至1980年11月，安丘县许营、孙孟公社党委副书记；1980年11月至1987年4月，安丘县孙孟公社、王家庄乡党委书记（其间1984年4月至1986年6月在潍坊市委党校离职学习，1986年7月至1987年3月在安丘县政府帮助工作）；1987年4月至1989年9月，安丘县委常委、副县长；1989年9月至1991年6月，安丘县委副书记；1991年7月至1993年4月，潍坊市粮食局局长、党组书记；1993年5月至2000年2月，潍坊市人民政府市长助理、市政府党组成员（其间1993年9月至1994年2月在省委党校第四期中青年干部学习班学习；1994年8月至12月兼任潍坊市经济开发区管委会主任、党委书记）；2000年2月至2001年2月，潍坊市人大常委会秘书长、党组成员；2001年2月至2006年2月，潍坊市人大常委会副主任、党组成员。2012年6月退休。

赵凤池　男，汉族，1946年5月出生，山东省高密市人，中共党员，大学专科学历。曾任潍坊市第十三届人大常委会副主任，第十四届人大常委会副主任、党组副书记。

1965年10月至1974年8月，高密县拒城河公社、仁和公社团委干事、副书记、书记；1974年9月至1976年9月，高密县夏庄公社党委副书记；1976年10月至1980年6月，高密县委常委、周戈庄公社党委书记；1980年7月至1984年2月，高密县委副书记；1984年3月至1987年2月，中共高密县委书记、县武装部党委第一书记、第一政委；1987年3月至1992年2月，中共昌邑县委书记、县武装部党委第一书记、第一政委；1992年3月至1998年1月，潍坊市政府副市长、党组成员（其间：1992年3月至1993年10月挂职任陕西省延安地区行署副专员）；1998年1月至2001年1月，潍坊市政府副市长、党组副书记；2001年1月至2001年2月，潍坊市人大常委会党组成员；2001年2月至2003年4月，潍坊市人大常委会副主任、党组成员；2003年4月至2007年2月，潍坊市人大常委会党组副书记、副主任。2012年6月退休。

李　刚　男，汉族，1946年6月出生，山东省临朐县人，中共党员，大学本科学历。曾任潍坊市第十三届人大常委会秘书长、党组成员。

1967年9月至1971年1月，益都县王坟农技站畜牧干事；1971年2月至1974年12月，益都县畜牧兽医站技术员；1975年1月至1976年10月，益都县农业局干事；1976年11月至1977年1月，益都县谭坊公社党委副书记；1977年2月至1979年1月，益都县谭坊公社党委副书记兼管委会副主任；1979年1月至1982年4月，益都县谭坊公社党委副书记兼管委会主任；1982年4月至1984年1月，益都县谭坊公社党委书记；1984年2月至1991年10月，青州市委副书记；1991年10月至1993年4月，青州市委副书记、市长；1993年4月至1996年7月，潍坊市农委主任兼农工委书记（其间：1994年4月至1994年9月兼任农业局党组书记）；1996年7月至2001年2月，潍坊市农办主任、农工委书记；2001年2月至2003年2月，潍坊市人大常委会秘书长、党组成员；2003年2月至2006年3月；潍坊市人大常委会委员、城建环保工作委主任。2008年12月退休。

2000年获山东省扶贫工作先进个人称号，受山东省人民政府嘉奖。

毕可仁　男，汉族，1946年11月出生，山东省海阳市人，中共党员，大学本科学历。曾任潍坊市第十四届人大常委会第一副主任、党组书记。

1968年10月至1979年8月，海阳县古现联中教师、郭城公社干部、县委办公室秘书；1979年8月至1987年9月，烟台地区人事局科员、办公室副主任，烟台市人事局办公室主任（其间：1984年7月至1986年6月在山东师范大学干部专修科学习）；1987年9月至1989年11月，威海市劳动人事局副局长；1989年11月至1991年7月，威海市劳动人事局副局长、党组副书记、纪检组组长；1991年7月至1993年3月，威海市委副秘书长、市委办公室主任；1993年3月至1993年12月，威海市委组织部副部长（正县级）。1993年12月至1997年12月，威海市委常委、组织部部长（其间1993年9月至1996年7月在山东省经济管理干部学院在职学习）；1997年12月至2001年1月，潍坊市委常委、组织部部长；2001年1月至2003年2月，潍坊市委副书记、市纪委书记；2003年2月至2006年1月，潍坊市人大常委会党组书记、第一副主任（正厅级）；2006年1月至2009年7月，威海市人民政府顾问（正厅级）。2013年5月退休。

中共山东省第七次、第八次代表大会代表，中共山东省纪律检查委员会第八届委员会委员，山东省第十届人民代表大会代表。

王治华　男，汉族，1947年1月出生，山东省诸城市人，中共党员，大专学历。曾任潍坊市第十四届人大常委会第一副主任、党组书记。

1973年5月至1975年1月，诸城县委工作组成员、县委农业学大寨工作队组长；1975年1月至1980年3月，诸城县皇华公社党委副书记；1980年3月至1980年10月，诸城县桃林公社管委会主任、党委书记；1980年10月至1982年7月在山东农学院干部专修科学习；1982年7月至1984年2月，诸城县箭口公社党委书记；1984年2月至1987年3月，诸城县委副书记、县长；1987年3月至1991年10月，青州市委副书记、市长；1991年10月至1994年6月，青州市委书记；1994年6月至1994年7月，潍坊市委常委、青州市委书记；1994年7月至2003年2月，潍坊市委常委、政法委书记；2003年2月至2006年2月，潍坊市委副书记、纪委书记；2006年2月至2007年3月，潍坊市人大常委会党组书记、第一副主任（正厅）；2013年4月退休。

中共山东省第六次代表大会代表。曾先后被国家计生委、人事部评为全国计划生育工作先进个人，被国务院授予全国民族团结进步模范，被山东省政府、山东省军区授予山东省国防教育先进个人，被国务院授予全国双拥工作先进个人，被山东省委、山东省政府、山东省军区授予“和平使命—2005中俄联合军事演习”拥军支前先进个人等称号。

王海亭 男，汉族，1947年12月出生，山东省临朐县人，中共党员，大学专科学历。曾任潍坊市第十二届人大常委会秘书长、党组成员。

1968年3月至1971年1月，临朐县冶源公社宋庄联中、石河店联中教师；1971年2月至1972年1月，九山公社教师（在公社机关帮助工作一年）；1972年2月至1975年7月，临朐县九山中学（高中）教师、校团支部书记；1975年7月，临朐县城关公社党委秘书，1976年11月至1980年7月，城关公社党委副书记（1978年5月兼任公社革委会副主任）；1980年8月，临朐县委常委、县委办公室主任；1981年9月至1983年6月在山东大学科学社会主义系干部专修科政治学专业学习（在职）；1983年7月至1984年2月兼任临朐县政府党组成员，主持县计委工作；1984年2月至1988年7月，临朐县委副书记；1988年7月至1995年5月，潍坊市委宣传部副部长（1990年12月始兼任潍坊市文明办主任）；1995年6月至1996年3月，潍坊市人大常委会党组成员、副秘书长；1996年3月至1998年1月，潍坊市人大常委会秘书长、党组成员；1998年1月至2001年1月，昌潍师范专科学校党委书记；2001年1月至2004年7月，潍坊医学院党委副书记、研究员；2004年7月至2008年3月，潍坊医学院党委副书记、纪委书记、研究员。2008年6月退休。

先后获山东省校舍改造工作先进个人、山东省党员教育工作先进个人、潍坊市先进工作者及风筝会工作先进个人称号。主编《党员教育概论》一书1992年获全国优秀党建读物二等奖；《高校思想政治工作要做实》等9篇论文获省委高校工委二等奖5项、三等奖4项。1992年以来，作品入选历届“潍坊—日本习字社”中日书法联展；诗联书法作品入编《当代书画家自作诗联墨迹选》等20余种书画集。现为中国楹联学会会员，山东省书法家协会会员，潍坊书法家协会名誉主席，潍坊书画家联谊会副会长，潍坊老年书画研究会常务副会长，山东大学校友会常务理事，山东大学潍坊校友会会长。

程茂仁 男，汉族，1948年5月出生，山东省胶南市人，中共党员，大学本科学历。曾任潍坊市第十四届人大常委会党组副书记、副主任。

1970年1月至1978年5月，昌潍地区汽车运输公司团委干事、团委副书记、公司党委常委、革委副主任；1978年5月至1979年11月，昌潍地区交通局政工科副科长（主持工作）；1979年11月至1984年2月，昌潍（潍坊）地区中级人民法院刑一庭副庭长、刑二庭负责人（主持工作）；1984年2月至1986年8月，潍坊市中级人民法院副院长、党组成员、审判委员会委员；1986年8月至1988年11月，潍坊市中级人民法院副院长、党组副书记兼机关党委书记（其间：在全国法院法律业余大学学习法律三年）；1988年11月至1996年3月，潍坊市中级人民法院副院长、党组副书记兼机关党委书记（正县级）（其间：在山东省委党校第一期中青年干部培训班学习一年）；1996年3月至2007年3月，潍坊市中级人民法院院长、党组书记（其间：在山东省政法管理干部学院学习法学三年；1998年、1999年、2006年分别被最高人民法院批准为三级高级法官、二级高级法官、一级高级法官）；2007年3月至2008年2月，潍坊市人大常委会党组副书记、副主任；2013年7月退休。

中共山东省第七次、第八次代表大会代表，山东省第九届、第十届人民代表大会代表。2002年7月被最高人民法院授予“全国人民满意的好法官”。

吴元宝　男，汉族，1948年7月出生，山东省高密市人，中共党员，省委党校大学学历。曾任潍坊市第十四届人大常委会副主任、党组成员。

1970年9月至1975年11月，在高密县大牟家公社工作期间，历任公社广播放大站广播管理员、永丰片党总支书记、公社农修厂党支部书记；1975年12月至1976年10月，高密县农林水办公室科员；1976年10月至1977年10月，高密县委驻夏庄公社农业学大寨工作队大队部秘书；1977年10月至1980年11月，高密县政府（县革委）办公室秘书；1980年11月至1984年3月，高密县政府办公室副主任；1984年3月至1989年3月，高密县政府办公室主任；1989年3月至1990年3月，高密县政府办公室主任兼经济研究中心主任；1990年3月至1993年1月，高密县委常委、政法委书记（其间：1991年3月至1991年5月在潍坊市委党校县级干部进修班学习）；1993年1月至1995年2月，高密县（市）委常委、县（市）纪委书记（其间：1992年10月至1993年10月参加山东省经济法律法规培训班学习；1993年5月至1993年10月在潍坊市涉外知识函授进修班学习）；1995年2月至2001年1月，高密市委副书记、市长（其间：1993年8月至1996年6月在中央党校函授学院大专班经济管理专业学习；1996年9月至1998年12月在省委党校业余本科班经济管理专业学习）；2001年1月至2003年3月，高密市委书记；2003年3月至2005年1月，高密市委书记兼高密市人大常委会主任（其间：2004年9月至2005年1月在中央党校县市委书记进修班学习）；2005年1月至2006年3月，潍坊市市长助理；2006年3月至2008年1月，潍坊市人大常委会副主任；2008年1月至2008年7月潍坊市人大常委会顾问。2013年4月退休。

在实施山东省“八五”绿化标准工作中成绩显著，中共山东省委、山东省人民政府给予记二等功；1996年荣获“全国科教兴市先进个人”称号。

康凤英　女，汉族，1951年3月出生，山东省诸城市人，民革党员，研究生学历，教授。曾任潍坊市第十四届、第十五届人大常委会副主任。

1976年12月至1985年8月，潍坊医学院眼科教研室教师、副主任、附属医院眼科副主任（其间：1984年8月至1985年8月在广州中山医科大学眼科中心进修眼科临床一年）；1985年8月至1994年7月，潍坊医学院讲师、副教授、硕士研究生导师；1994年6月至1997年7月，山东省政府公派赴美国哥伦比亚大学眼科中心从事博士后研究；1997年7月至2000年12月，潍坊医学院附属医院副院长、眼科研究所所长、教授；2000年12月至2001年1月，潍坊医学院附属医院副院长、眼科研究所所长、教授，民革潍坊市委会主委；2001年1月至2001年2月，潍坊医学院附属医院副院长、眼科研究所所长、教授，民革潍坊市委会主委、民革山东省委会常委；2001年2月至12月，潍坊市政协常委，潍坊医学院附属医院副院长、眼科研究所所长、教授，民革潍坊市委会主委、民革山东省委会常委；2001年12月至2002年12月，潍坊市政协常委，潍坊医学院附属医院院长、眼科研究所所长、教授，民革潍坊市委会主委、民革山东省委会常委；2002年12月至2003年2月，潍坊市政协常委，潍坊医学院附属医院院长、眼科研究所所长、教授，民革潍坊市委会主委、民革山东省委会常委、民革中央委员；2003年2月至2006年5月，潍坊市人大常委会副主任，潍坊医学院附属医院院长、眼科研究所所长、教授，民革潍坊市委会主委、民革山东省委会常委、民革中央委员；2006年5月至2008年2月，潍坊市人大常委会副主任，潍坊医学院眼科医院院长、眼科研究所所长、教授，民革潍坊市委会主委、民革山东省委常委、民革中央委员。2014年5月退休。

第九届、第十届、第十一届全国人民代表大会代表；中国国民党革命委员会第十届、第十一届中央委员；山东省重点学科学术带头人；1992年起享受国务院颁发的政府特殊津贴；1993年至2004年山东专业技术拔尖人才；美国眼科与视觉学会会员、山东省眼科学会副主任委员、山东省眼科医师协会副主任委员、山东省女医师协会副会长、山东省科技评审专家；河北省特邀省外科技评审专家；1989年获国家科技进步二等奖一项；1982年获省科技进步一等奖一项；1985年、1988年、1999年分获省科技进步二等奖各一项；1981年、1999年分获省科技进步三等奖各一项。2002年获全国五一劳动奖章；2004年获全国卫生系统先进工作者称号；2005年获全国劳动模范（全国先进工作者）称号；2006年获全国各民主党派、工商联、无党派人士为全面建设小康社会作贡献先进个人称号。2010年获民革全国优秀女党员称号，荣获全国劳动模范称号。主持和参与完成科研课题29项，主持完成美国NIH课题3项。获国家级、省级及厅、局级科技进步奖近30项。在国内外专业期刊发表学术论文80多篇，SCI收录7篇，主编学术专著1部。培养研究生80余名。

王永兴　男，汉族，1951年农历三月出生，山东省临朐县人，中共党员，中央党校大专学历。曾任潍坊市第十四届人大常委会副主任、第十五届人大常委会副主任、党组副书记。

1972年1月至1976年10月，临朐县寺头公社民办教师、公社工办会计兼通讯报道员（计算连续工龄）；1976年10月至1979年6月，临朐县寺头公社党委常委、组织委员；1979年6月至1985年5月，临朐县委组织部干事、副科长；1985年5月至1987年8月，临朐县委组织部副部长；1987年8月至1991年5月，临朐县委常委、组织部部长（其间：1989年9月至1992年7月在中央党校函授学院经济管理专业学习）；1991年5月至1993年1月，临朐县委副书记兼组织部长；1993年1月至1996年11月，临朐县委副书记、县长；1996年11月至1997年12月，临朐县委书记；1997年12月至2001年3月，寒亭区委书记；2001年3月至2002年12月，中共寒亭区委书记、区委党校校长（其间：2002年9月至2003年1月在中央党校培训班学习）；2002年12月至2003年2月，潍坊市人大常委会党组成员；2003年2月至2008年1月，潍坊市人大常委会副主任；2008年1月至2012年2月，潍坊市人大常委会党组副书记、副主任；2013年4月退休。

中共山东省第七次、第八次代表大会代表。

李守玉　男，1952年2月出生，山东省莒南县人，中共党员，大学文化程度。曾任潍坊市第十四届、第十五届人大常委会党组书记、第一副主任。

1971年3月至1973年9月，莒南县官坊乡三义联中教师；1973年9月至1976年8月，山东矿业学院金属采矿专业学生；1976年8月至1976年10月，临沂钢铁厂生产科科员；1976年10月至1977年10月，临沂地委驻国棉厂“学大庆”工作队队员；1977年10月至1978年9月，临沂国棉厂团委负责人；1978年9月至1980年12月，临沂地区工会办事处干事；1980年12月至1984年4月，临沂地委组织部干事；1984年4月至1986年8月，临沂地区建委副主任（其间：1985年8月至1986年8月在沂南县扶贫）；1986年8月至1987年8月借调省委办公厅任联络员；1987年8月至1987年10月，临沂地区建委副主任；1987年10月至1988年12月，临沂地委副秘书长；1988年12月至1992年8月，临沂地委副秘书长、办公室主任（其间：1990年9月至1991年7月在山东省委党校中青班学习）；1992年8月至1995年2月，中共临沂地委委员、组织部长；1995年2月至1997年12月，中共临沂市委常委、组织部长（其间：1993年9月至1995年7月在首都师范大学思想政治专业函授学习）；1997年12月至2001年1月，潍坊市政府副市长；2001年1月至2003年2月，潍坊市政府副市长、党组副书记；2003年2月至2007年1月，中共潍坊市委常委、政法委书记；2007年1月至2007年3月，中共潍坊市委常委、市人大常委会党组书记；2007年3月至2012年2月，任潍坊市人大常委会党组书记、第一副主任（正厅级）；2012年2月至2015年1月，山东省第十一届人民代表大会法制委员会副主任委员。2015年5月退休。

中共山东省第七次、第九次代表大会代表，山东省第十一届、第十二届人民代表大会代表。

张传林　男，汉族，1952年5月出生，山东省日照市人，中共党员，大专学历。曾任中共潍坊市委书记，潍坊市第十四届人大常委会主任、党组书记。

1971年12月至1975年10月，日照县河山公社干事、文书；1975年10月至1976年3月，日照县城关公社党委副书记（其间：1975年4月至1975年11月，临沂地委党校学习）；1976年3月至1978年11月，临沂地委副秘书长、办公室党的核心小组成员；1978年11月至1980年9月，临沂地委副秘书长兼临沂县义堂公社党委书记；1980年9月至1981年3月，临沂地委副秘书长、临沂县委副书记；1981年3月至1984年2月，临沂县委副书记（其间：1981年2月至1982年1月，省委党校干部培训班学习）；1984年2月至1987年2月，临沂市（县级）委副书记（其间：1984年9月至1986年6月，山东大学干部专修科学习）；1987年2月至1990年12月，郯城县委书记；1990年12月至1992年6月，临沂地区行署副专员；1992年6月至1995年3月，任山东省计生委副主任、党组副书记；1995年3月至1997年12月，山东省计生委主任、党组书记（其间：1994年9月至1995年7月，中央党校中青年干部培训班学习；1994年9月至1997年1月，中央党校在职研究生班党建专业学习）；1997年12月至1998年2月，枣庄市委书记；1998年2月至1998年9月，枣庄市委书记、市人大常委会主任；1998年9月至2002年12月，枣庄市委书记、市人大常委会主任、市委党校校长；2002年12月至2003年2月，潍坊市委书记、市人大常委会党组书记、市委党校校长；2003年2月至2006年9月，潍坊市委书记，市人大常委会主任、党组书记，市委党校校长；2006年9月至2008年1月，山东省省长助理、省政府党组成员；2008年1月至2012年4月，山东省政协副主席、省委统战部部长；2012年4月至2016年1月，山东省政协副主席、党组成员。

杨继生　男，汉族，1952年7月出生，山东省寿光市人，中共党员，大学文化程度。曾任潍坊市第十四届、第十五届人大常委会副主任、党组成员。

1970年4月至1971年9月，寿光县马店公社蔡东村小学民办教师；1971年10月至1975年9月，寿光土产杂品公司任文书；1975年10月至1977年9月，昌潍地区供销社办公室任秘书、副主任；1977年10月至1984年1月，昌潍地区行政公署办公室、昌潍地委办公室副科长、科级秘书；1984年2月至1992年12月，潍坊市人大常委会办公室副主任，副秘书长，副秘书长兼办公室主任；1993年1月至1994年6月，潍城区委副书记、区长；1994年7月至2006年1月，潍坊市政府党组成员、秘书长、办公室党组书记；2006年2月至2012年2月，潍坊市人大常委会副主任、党组成员；2012年2

月至2013年4月，潍坊市人大常委会顾问；2013年4月退休。

中共山东省第八次代表大会代表，中共第九届潍坊市委委员。

王维盛 男，汉族，1952年10月出生，山东昌邑人，中共党员，大学本科学历。曾任潍坊市第十四届人大常委会秘书长、党组成员、顾问。

1972年1月至1973年8月，昌邑县宋庄供销社统计员；1973年8月至1976年8月，山东工学院电机系电机设计与制造专业学生；1976年8月至1980年10月，昌邑县第二工业局技术员；1980年10月至1990年2月，昌邑饮马公社党委副书记，城关镇党委副书记、镇长，东冢乡党委书记，电业公司经理；1990年2月至1993年1月，昌邑县副县长；1993年1月至2001年1月，潍城区副区长，区委副书记；2001年1月至2002年12月，高密市委副书记、市长；2002年12月至2007年3月，潍坊市人大常委会秘书长、党组成员；2007年3月至2010年12月，潍坊职业学院党委书记；2010年12月至2012年11月，潍坊市人大常委会顾问；2013年4月退休。

花兆贤 男，汉族，1955年2月出生，山东省潍坊市潍城区人，中共党员，省委党校大学学历。曾任潍坊市第十六届人大常委会副主任、党组成员。

1973年6月至1980年9月，潍县望留公社工作人员、公社团委书记、党委秘书；1980年9月至1980年11月，潍县望留公社管委会副主任；1980年11月至1984年5月，潍县成章公社党委副书记；1984年5月至1985年9月，潍城区符山镇党委书记；1985年9月至1987年7月，潍坊市委党校学员；1987年7月至1991年5月，潍城区望留镇党委书记；1991年5月至1993年4月，潍坊市纪委检查室主任（副县级）；1993年4月至1994年6月，潍坊市纪委纪检监察一室主任；1994年6月至1994年9月，潍坊市纪委常委、纪检监察一室主任；1994年9月至1996年10月，潍坊市纪委常委；1996年10月至1998年1月，潍坊市纪委副书记；1998年1月至2001年1月，昌乐县委副书记，县长、县政府党组书记；2001年1月至2001年3月，昌乐县委书记；2001年3月至2006年12月，昌乐县委书记、县委党校校长；2006年12月至2007年9月，潍坊市市长助理、市政府党组成员，副厅级干部；2007年9月至2012年2月，潍坊市市长助理、市政府党组成员，副厅级干部兼峡山生态经济发展区党工委书记；2012年2月至2015年3月，潍坊市人大常委会副主任。2015年5月退休。

1999年被山东省政府评为全省优秀公务员；2009年5月被中央政法委、中组部表彰为2005年至2008度全国社会治安综合治理先进工作者。

许立全 男，汉族，1955年5月出生，山东省聊城市人，中共党员，在职研究生学历，工学博士。曾任中共潍坊市委书记，潍坊市第十六届人大常委会主任、党组书记。

1976年4月至1978年3月，聊城地区水利局工人；1978年3月至1982年1月，华东石油学院勘探系地球物理测井专业学生；1982年1月至1984年9月，华东石油学院教师；1984年9月至1989年7月，华东石油学院团委副书记、书记；1989年7月至1990年2月，聊城地委组织部帮助工作；1990年2月至1994年2月，共青团聊城地委书记；1994年2月至1995年2月，聊城地委副秘书长（正县级；其间：1994年2月至1994年5月，挂职莘县县委副书记；1994年5月至1995年2月，挂职阳谷县委副书记、副县长）；1995年2月至1997年12月，在平县委副书记、县长（其间：1994年9月至1996年12月，山东省委党校政治学专业学习）；1997年12月至1998年3月，聊城地委委员、茌平县委书记；1998年3月至1999年8月，聊城市委常委、茌平县委书记；1999年8月至2001年1月，济南市长清县委书记（原副厅级不变）；2001年1月至2002年4月，济南市委常委、长清县委书记；2002年4月至2002年12月，济南市委常委、长清区委书记；2002年12月至2006年9月，济南市委常委、秘书长（其间：1999年9月至2006年1月，中国石油大学天然气工程学院油气田开发工程专业学习，2006年1月获工学博士学位）；2006年9月至2007年3月，潍坊市委副书记，代市长、市政府党组书记；2007年3月至2011年12月，潍坊市委副书记，市长、市政府党组书记；2011年12月至2012年2月，潍坊市委书记，市人大常委会党组书记，市委党校校长；2012年2月至2013年1月，潍坊市委书记，市人大常委会主任、党组书记，市委党校校长；2013年1月至2013年4月，山东省政协副主席，潍坊市委书记、市人大常委会主任、党组书记，市委党校校长。2013年4月至2018年1月，山东省政协副主席。

中华人民共和国第十一届人民代表大会代表，中共山东省第七次、第八次、第九次、第十次代表大会代表，山东省第十届、第十一届人民代表大会代表。

胡　岗　男，1956年6月出生，山东省高密市人，中共党员，中央党校大学学历。曾任潍坊市第十六届人大常委会党组书记、第一副主任。

1972年12月至1973年7月，高密县店子小学教师；1973年7月至1981年4月，胶县师范学生，高密县阚家中学教师，高密师范教师、团委副书记；1981年4月至1986年3月，高密团县委干部、潍坊团市委办公室主任；1986年3月至1993年1月，潍坊市委办公室正科级秘书、潍坊市委办公室副主任（其间：1985年4月至1987年10月参加高教自学考试党政干部基础科学习）；1993年1月至1995年3月，寒亭区委副书记、区长（其间：1992年9月至1994年12月在中央党校函授学院经济管理专业学习）；1995年3月至1997年12月，寒亭区委书记、区人大常委会主任；1997年12月至1998年2月，潍坊市政府党组成员、市长助理；1998年2月至2003年2月，潍坊市政府副市长、党组成员（其间：1996年9月至1998年6月，中国社会科学院研究生院在职硕士研究生课程班财贸经济系货币银行专业学习）；2003年2月至2007年1月，中共潍坊市委常委、秘书长、市直机关党工委书记；2007年1月至2012年2月，中共潍坊市委常委、市政府副市长、党组副书记；2012年2月至2016年2月，潍坊市第十六届人民代表大会常务委员会党组书记、第一副主任（正厅级）；2016年1月至2018年1月，山东省十二届人大财政经济委员会副主任委员。2018年6月退休。

中共潍坊市第九届、第十届委员会委员，中共潍坊市第八次、第九次、第十次代表大会代表，山东省第十二届人民代表大会代表。

王卫东　男，汉族，1956年7月出生，山东省龙口市人，中共党员，山东省委党校经济学专业研究生学历。曾任潍坊市第十六届人大常委会副主任、党组成员。

1974年11月至1976年9月，淄博市临淄区敬仲公社胜利农场下乡知青；1976年9月至1980年3月，山东黑旺铁矿工人；1980年3月至1984年4月，淄博市人民检察院书记员；1984年4月至1985年1月，淄博市人民检察院刑一处副处长；1985年1月至1987年11月，淄博市人民检察院政策研究室副主任；1987年11月至1989年5月，淄博市人民检察院政策研究室主任；1989年5月至1990年9月，淄博市人民检察院政策研究室主任、副局级检察员（其间：1989年3月至1990年5月挂职临淄区人民检察院副检察长）；1990年9月至2001年4月，淄博市人民检察院副检察长、党组成员；2001年4月至2002年12月，淄博市人民检察院副检察长、党组副书记；2002年12月至2003年3月，潍坊市人民检察院党组书记、副检察长、代理检察长；2003年3月至2011年12月，潍坊市人民检察院党组书记、检察长；2011年12月至2015年3月，潍坊市政协党组成员、副主席；2015年3月至2017年2月，潍坊市人大常委会党组成员、副主任；2017年5月退休。

被山东省人民检察院记个人一等功1次、二等功2次。山东省第十届、第十一届人民代表大会代表。

张　军　男，汉族，1956年12月出生，河南省濮阳市人，中共党员，省委党校大学学历。曾任潍坊市第十四届、第十五届、第十六届人大常委会秘书长、党组成员。

1973年10月至1976年12月，山东省艺术学校音乐专业学生；1976年12月至1979年5月，昌潍地区吕剧团团支部副书记；1979年5月至1982年12月，昌潍地区文化局干事；1982年12月至1984年5月，昌潍地委宣传部文书；1984年5月至1991年5月，潍坊市委宣传部副科级秘书、副科长、科长；1991年5月至1994年4月，潍坊市纪委第二纪检监察室主任、干部室主任；1994年4月至1996年10月，潍坊市纪委常委、秘书长（其间：1993年9月至1994年12月在山东省委党校党政管理专业学习）；1996年10月至2001年5月，任潍坊市纪委副书记（正处级）（其间：1995年9月至1997年12月在山东省委党校经济管理专业学习，1997年9月至1998年7月在山东省委党校第八期中青干部培训班学习）；2001年5月至2003年5月，潍坊市纪委常务副书记、监察局局长；2003年5月至2006年12月，潍坊市纪委常务副书记、监察局局长，机关效能监察中心、经济发展软环境投诉中心主任；2006年12月至2007年2月，潍坊市纪委常务副书记、监察局局长；2007年2月至2007年3月，潍坊市纪委常务副书记、监察局局长，潍坊市人大常委会党组成员；2007年3月至2013年1月，潍坊市人大常委会秘书长、党组成员，代表资格审查委员会副主任委员、主任委员；2013年1月至2017年2月，任潍坊市人大常委会委员、代表资格审查委员会主任委员；2017年3月退休。

潍坊市第八、第九届纪委委员，潍坊市委第九届候补委员。2007年被中央纪委、监察部、人事部表彰为全国纪检监察系统先进工作者（享受省部级劳模待遇）。

刘明珂　男，汉族，1957年8月出生，山东省平度市人，中共党员，大学本科学历。曾任潍坊市第十五届、第十六届人大常委会副主任、党组副书记。

1975年3月至1978年1月，中共平度县委农业学大寨工作队队员、副组长、组长；1978年1月至1980年1月，潍坊教师进修学院文史专业学习，校学生会主席；1980年1月至1984年6月，潍坊二中教师、校团委书记；1984年6月至1988年8月，共青团潍坊市委干事、副部长、部长、办公室主任（其间：1981年6月至1986年6月在华东师范大学中文专业学习）；1988年8月至1989年12月，潍坊市文化局党组成员、副局长；1989年12月至1992年3月，共青团潍坊市委副书记、五莲县挂职副县长；1992年3月至1993年11月，共青团潍坊市委书记；1993年11月至1997年12月，昌乐县委副书记、昌乐县县长；1997年12月至2001年1月，昌乐县委书记、县武装部党委第一书记、县委党校校长；2001年1月至2011年2月，潍坊市委常委、宣传部部长；2011 年 2 月至 2017 年 2 月，潍坊市人大常委会党组副书记、副主任；2017 年 5 月退休。

中国共产主义青年团第十三次全国代表大会代表，中共山东省第九次代表大会代表。

杜昌文 男，汉族，1957 年 10 月出生，山东省嘉祥县人，中共党员，省委党校业余研究生学历。曾任中共潍坊市委书记，潍坊市第十六届人大常委会主任、党组书记。

1975 年 9 月至 1976 年 5 月，嘉祥县农业学大寨工作队队员；1976 年 5 月至 1978 年 12 月，嘉祥县满硐公社党委常委、团委书记；1978 年 12 月至 1980 年 2 月，嘉祥县万张公社党委常委、团委书记；1980 年 2 月至 1982 年 7 月，嘉祥县万张公社党委常委、革委会副主任；1982 年 7 月至 1984 年 2 月，嘉祥县万张公社党委副书记（其间：1980 年 12 月至 1982 年 9 月，山东农业机械化学院干部专修科农机化管理专业学员）；1984 年 2 月至 1984 年 3 月，嘉祥县委常委；1984 年 3 月至 1984 年 8 月，嘉祥县委常委、共青团县委书记；1984 年 8 月至 1988 年 6 月，共青团济宁市委副书记；1988 年 6 月至 1989 年 2 月，共青团济宁市委书记；1989 年 2 月至 1993 年 1 月，济宁市教育局局长；1993 年 1 月至 1997 年 12 月，金乡县委书记（其间：1995 年 9 月至 1997 年 12 月，山东省委党校业余研究生班经济管理专业学习）；1997 年 12 月至 2000 年 11 月，菏泽地委副书记、行署副专员；2000 年 11 月至 2001 年 1 月，菏泽市委副书记、行署副专员；2001 年 1 月至 2002 年 12 月，菏泽市委副书记、副市长；2002 年 12 月至 2003 年 2 月，菏泽市委副书记、副市长、代市长；2003 年 2 月至 2006 年 3 月，菏泽市委副书记、市长；2006 年 3 月至 2009 年 3 月，省文化厅厅长、党组书记；2009 年 3 月至 2013 年 2 月，省水利厅厅长、党组书记；2013 年 2 月至 2014 年 2 月，潍坊市委书记、市委党校校长、市人大常委会党组书记；2014 年 2 月至 2014 年 8 月，潍坊市委书记，市人大常委会主任、党组书记，市委党校校长；2014 年 8 月至 2017 年 2 月，潍坊市委书记，市人大常委会主任，市委党校校长；2017 年 5 月 4 日至 2022 年 5 月 6 日，山东省人民政府参事。

中共山东省第九次代表大会代表，中共山东省第十届委员会委员。

李世光 男，汉族，1957 年 12 月出生，山东省安丘市人，中共党员，大学本科学历，管理学硕士。曾任潍坊市第十六届人大常委会副主任、党组成员。

1974 年 10 月至 1975 年 10 月，安丘县郚山公社通信员；1975 年 10 月至 1982 年 2 月，安丘县法院干部、公安局侦察员；1982 年 2 月至 1984 年 4 月，安丘县政法委秘书、县纪委秘书；1984 年 4 月至 1984 年 9 月，安丘镇党委副书记；1984 年 9 月至 1986 年 7 月，潍坊市委党校党政干部大专培训班学员；1986 年 7 月至 1988 年 4 月，潍坊市委研究室副科级秘书；1988 年 4 月至 1990 年 1 月，潍坊市监察局办公室主任；1990 年 1 月至 1993 年 1 月，潍坊市委办公室正科级秘书；1993 年 1 月至 1997 年 3 月，昌邑市委副书记；1997 年 3 月至 1998 年 1 月，潍坊市寒亭区委副书记、代区长、党组书记，潍坊经济技术开发区管委会党组书记；1998 年 1 月至 2002 年 12 月，潍坊市寒亭区委副书记，区长、区政府党组书记，潍坊经济技术开发区管委会主任、党组书记（其间：1995 年 9 月至 1998 年 7 月在山东政法管理干部学院法律专业在职学习；1997 年 9 月至 1999 年 3 月在合肥工业大学管理科学与工程专业在职学习，2001 年 6 月获管理学硕士学位）；2002 年 12 月至 2003 年 1 月，潍坊市寒亭区委书记、区委党校校长，区政府区长、区政府党组书记，潍坊经济技术开发区管委会主任、党组书记；2003 年 1 月至 2003 年 9 月，潍坊市寒亭区委书记、区委党校校长，潍坊经济技术开发区管委会主任、党组书记；2003 年 9 月至 2007 年 12 月，潍坊市寒亭区委书记、区委党校校长（2007 年 11 月任潍坊市副市级干部）。2007 年 12 月至 2008 年 3 月，潍坊市副市级干部，寒亭区委书记、区人大常委会主任、区委党校校长。2008 年 3 月至 2012 年 2 月，潍坊市副市级干部、市长助理、市政府党组成员。2012 年 2 月至 2017 年 2 月，潍坊市人大常委会副主任、党组成员。2018 年 2 月退休。

王秀禄 男，汉族，1959 年 8 月出生，山东平度人，出生地山东五莲县，中共党员，大学本科学历。曾任潍坊市第十六届、第十七届人大常委会秘书长、党组成员、机关党组书记、二级巡视员。

1975 年 8 月至 1977 年 12 月，五莲县街头公社知青组；1977 年 12 月至 1979 年 2 月，五莲县院西公社粮管所保管员；1979 年 2 月至 1984 年 2 月，五莲县委办公室秘书、副局级秘书；1984 年 2 月至 1988 年 8 月，潍坊市政府办公室秘书科副科长（其间：1985 年 9 月至 1987 年 8 月在昌潍师范专科学校干部专修科汉语言文学专业学习）；1988 年 8 月至 1990 年 10 月，潍坊市政府办公室法规议案科科长；1990 年 10 月至 1993 年 7 月，潍坊市政府法制局法规科科长；1993 年 7 月至 1994 年 7 月，潍坊市政府法制局副局长；1994 年 7 月至 1998 年 12 月，潍坊市政府办公室副主任（其间：1992 年 8 月至 1994 年 12 月在中央党校函授学院本科班经济管理专业在职学习）。1998 年 12 月至 2001 年 5 月，潍坊市政府副秘书长。2001 年 5 月至 2008 年 8 月，潍坊市政府副秘书长，市招商办主任、党组书记。2008 年 8 月至 2012 年 12 月，潍坊市环境保护局局长、党组书记。2012 年 12 月至 2013 年 1 月，潍坊市人大常委会党组成员。2013 年 1 月至 2016 年 5 月，潍坊市人大常委会秘书长、党组成员。2016 年 5 月至 2018 年 1 月，山东省潍坊市人大常委会秘书长、党组成员、机关党组书记。2018 年 1 月至 2018 年 5 月，山东省潍坊市人大常委会秘书长、党组成员、机关党组书记、机关一级调研员。2018 年 5 月至 2019 年 3 月，山东省潍坊市人大常委会二级巡视员、秘书长、党组成员，机关党组书记。2019 年 9 月退休。

张新强 男，汉族，1962 年 7 月出生，山东省寿光市人，中共党员，省委党校研究生学历。曾任潍坊市第十七届人大常委会副主任、党组成员。

1978 年 10 月至 1979 年 7 月，寿光县纪台公社下乡知青；1979 年 7 月至 1985 年 3 月，任寿光县北洛粮管所、粮食局直属粮库、县第一面粉厂会计；1985 年 3 月至 1987 年 1 月，寿光县委党校党政管理专业学员；1987 年 1 月至 1988 年 10 月，寿光县粮食局财务科会计；1988 年 10 月至 1990 年 3 月，寿光县委组织员办公室办事员、干事；1990 年 3 月至 1991 年 6 月，寿光县委组织部办公室主任；1991 年 6 月至 1993 年 11 月，至寿光县（市）委组织部副科级组织员、办公室主任；1993 年 11 月至 1995 年 1 月，任寿光市政府办公室副主任（其间：1993 年 9 月至 1994 年 12 月，山东省委党校续读大专班经济管理专业学习）；1995 年 1 月至 1995 年 6 月，任寿光市政府办公室副主任、正科级秘书；1995 年 6 月至 1995 年 7 月，寿光市政府副秘书长、办公室副主任、正科级秘书；1995 年 7 月至 1998 年 1 月，任寿光市田马镇党委书记（其间：1995 年 9 月至 1997 年 12 月，山东省委党校经济管理专业学习）；1998 年 1 月至 1998 年 12 月，寿光市稻田镇党委书记；1998 年 12 月至 2001 年 2 月，寿光市委常委、稻田镇党委书记。2001 年 2 月至 2003 年 1 月，寿光市委常委、秘书长、办公室主任（其间：1999 年 8 月至 2002 年 7 月，山东省委党校党政干部研究生班学习）；2003 年 1 月至 2006 年 4 月，寿光市委副书记、市纪委书记（其间：2004 年 5 月至 2006 年 4 月，挂职任聊城市冠县县委副书记、副县长）；2006 年 4 月至 2006 年 12 月，寿光市委副书记；2006 年 12 月至 2008 年 2 月，昌邑市委副书记；2008 年 2 月至 2010 年 12 月，任昌邑市委副书记、市长；2010 年 12 月至 2011 年 1 月，任昌乐县委书记、党校校长；2011 年 1 月至 2016 年 12 月，昌乐县委书记、县人大常委会主任、县委党校校长；2016 年 12 月至 2017 年 2 月，潍坊市政府党组成员；2017 年 2 月至 2022 年 4 月，潍坊市人大常委会副主任、党组成员，潍坊市总工会主席、党组书记。2022 年 9 月退休。

省十次党代会代表。

苏立科　男，汉族，1962 年 9 月出生，山东省安丘市人，中共党员，在职研究生学历，法学硕士。曾任潍坊市第十七届人大常委会主任、党组书记。

1979 年 9 月至 1981 年 7 月，昌潍师专中文专业学习；1981 年 7 月至 1985 年 10 月，安丘二中教师、副校长；1985 年 10 月至 1990 年 10 月，共青团安丘县委副书记；1990 年 10 月至 1992 年 9 月，共青团安丘县委书记；1992 年 9 月至 1992 年 12 月，共青团潍坊市委宣传部部长；1992 年 12 月至 1998 年 1 月，共青团潍坊市委副书记（其间：1993 年 8 月至 1995 年 12 月，中央党校函授学院经济管理专业学习；1994 年 9 月至 1997 年 1 月，上海交通大学思想政治教育专业学习，获法学硕士学位；1995 年 12 月至 1997 年 5 月，挂职任青州市副市长）；1998 年 1 月至 2001 年 2 月，坊子区委常委、副区长；2001 年 2 月至 2002 年 8 月，坊子区委副书记、副区长。2002 年 8 月至 2004 年 6 月，坊子区委书记、西藏自治区南木林县委书记（其间：2001 年 9 月至 2004 年 6 月，山东省委党校在职干部研究生班经济管理专业学习）；2004 年 6 月至 2005 年 6 月，潍坊海化开发区党工委书记。2005 年 6 月至 2006 年 1 月，潍坊海化开发区党工委书记、管委会主任；2006 年 1 月至 2007 年 3 月，潍坊滨海经济开发区党工委书记、管委会主任；2007 年 3 月至 2012 年 10 月，潍坊市委常委，潍坊滨海经济技术开发区党工委书记、管委会主任；2012 年 10 月至 2016 年 2 月，潍坊市委常委、政法委书记，市维稳办主任；2016 年 2 月至 2016 年 3 月，潍坊市人大常委会第一副主任（正厅级），市委政法委书记，市维稳办主任；2016 年 3 月至 2017 年 2 月，潍坊市人大常委会第一副主任（正厅级）、党组书记，市委政法委书记，市维稳办主任；2017 年 2 月至 2021 年 3 月，潍坊市政协主席、党组书记；2021 年 3 月至 2022 年 4 月，潍坊市人大常委会主任、党组书记。

中共山东省第九次、第十一次代表大会代表，山东省第十二届政协委员。

刘曙光　男，汉族，1962 年 11 月出生，山东省威海市人，中共党员，省委党校在职研究生学历。曾任中共潍坊市委书记，潍坊市第十七届人大常委会主任、党组书记。

1979 年 9 月至 1983 年 8 月，东北工学院金属材料系金属材料专业学习；1983 年 8 月至 1983 年 12 月，辽宁省委党校青年干部培训班学习；1983 年 12 月至 1984 年 12 月，辽宁省营口锻压机床厂技术员、助理工程师；1984 年 12 月至 1985 年 8 月，共青团辽宁省营口市委青工部干事；1985 年 8 月至 1985 年 12 月，共青团辽宁省营口市委办公室副主任；1985 年 12 月至 1986 年 10 月，共青团辽宁省营口市委宣传部副部长；1986 年 10 月至 1987 年 3 月，共青团烟台市委工农青年部副部长；1987 年 3 月至 1993 年 4 月，共青团烟台市委工农青年部部长；1993

年4月至1997年7月，共青团烟台市委副书记（其间：1995年4月至1996年10月，挂职任栖霞市副市长）；1997年7月至2000年6月，任共青团烟台市委书记（其间：1996年9月至1999年7月，山东省委党校在职干部研究生班经济管理专业学习；1999年9月至2000年6月，山东省委党校中青年干部培训班学习）；2000年6月至2002年1月，省科技厅副厅长、党组成员；2002年1月至2006年12月，东营市委副书记、市纪委书记；2006年12月至2011年12月，东营市委副书记；2011年12月至2012年2月，潍坊市委副书记、代市长，市政府党组书记；2012年2月至2017年1月，潍坊市委副书记、市长，市政府党组书记；2017年1月至2017年2月，潍坊市委书记、市委党校校长；2017年2月至2018年12月，潍坊市委书记、市人大常委会主任、市委党校校长；2019年1月至2021年1月，淄博市人大常委会副主任（正厅级）、党组副书记；2021年1月起，淄博市人大常委会主任、党组书记。

第十二届全国人民代表大会代表，中共山东省第十届委员会委员，中共山东省第八届纪委委员，中共山东省第八届、第九届、第十届代表大会代表，山东省第十一届、十二届、十三届人民代表大会代表。

初宝杰 男，汉族，1963年2月出生，山东省莱阳市人，中共党员，在职研究生学历，理学博士。曾任潍坊市第十七届人大常委会副主任、党组副书记、一级巡视员。

1980年9月至1984年7月，山东农业大学园艺系蔬菜专业学习；1984年7月至1985年10月，东营市蔬菜公司生产科技术员，业务科、政工科办事员；1985年10月至1986年3月，东营市商业局办公室副主任（主持工作）；1986年3月至1988年6月，东营市科委科技管理科副科长（主持工作）；1988年6月至1993年4月，东营市科委计划科科长；1993年4月至1997年9月，东营市科委副主任；1997年9月至1999年11月，东营市科委主任；1999年11月至2001年4月，东营市市长助理、市政府党组成员，市科委主任、市招商局局长、市招商办常务副主任；2001年4月至2003年4月，东营市市长助理、市政府党组成员，市招商局局长、市招商办常务副主任（其间：1999年9月至2001年7月，石油大学（华东）管理学院管理科学与工程专业学习，获管理学硕士学位）；2003年4月至2004年5月，东营市市长助理、市政府党组成员，市招商办（局）主任（局长）；2004年05月至2004年9月，东营市市长助理、市政府党组成员，东营经济开发区管委会党组书记、管委会主任（其间：2001年7月至2004年7月，中国科学院广州地球化学研究所地球化学专业学习，获理学博士学位）；2004年9月至2007年11月，东营市市长助理、市政府党组成员，东营经济开发区党工委书记、管委会主任；2007年11月至2010年12月，潍坊市副市长、市政府党组成员；2010年12月至2016年3月，潍坊市委常委、宣传部部长；2016年3月至2019年1月，潍坊市委常委、宣传部部长，潍坊高新技术产业开发区党工委书记；2019年1月至2019年3月，潍坊市委常委、宣传部部长；2019年3月至2021年1月，潍坊市委常委、宣传部部长、教育工委书记；2021年1月至2021年3月，潍坊市委常委、宣传部部长、教育工委书记，一级巡视员；2021年3月至2022年4月，潍坊市人大常委会副主任、党组副书记、一级巡视员。2023年5月退休。

中共山东省第十一次党代会代表。

惠新安 男，汉族，1963年6月出生，山东省日照市人，中共党员，本科学历，高级管理人员工商管理硕士。曾任中共潍坊市委书记，潍坊市第十七届人大常委会主任、党组书记。

1980年9月至1984年7月，山东纺织工学院纺织机电系工业电气自动化专业学习；1984年7月至1986年7月，任青岛地毯公司办公室秘书（其间：1984年9月至1985年7月，青岛翻译进修学校英语口语班学习；1985年12月至1986年7月，青岛市委组织部秘书科帮助工作）；1986年7月至1987年6月，青岛市委组织部秘书科、办公室干事；1987年6月至1991年2月，青岛市委组织部副科级巡视员；1991年2月至1993年8月，青岛市委组织部干部二处正科级巡视员；1993年8月至1996年6月，青岛市委组织部干部二处副处长；1996年6月至1998年11月，青岛市委组织部干部二处处长（其间：1993年9月至1996年7月，山东经济学院干部业余本科班国际贸易专业学习；1996年9月至1998年7月，青岛海洋大学企业管理专业研究生班学习）；1998年11月至2001年4月，青岛市知识分子工作领导小组办公室主任（副局级），市企业经营者评荐中心副主任（其间：2000年6月至2000年12月，参加山东省首批青年干部赴美国加州大学圣地亚哥分校学习，任党支部书记、副团长）；2001年4月至2004年12月，青岛市人事局副局长、党组成员；2004年12月至2007年3月，青岛市委组织部副部长（其间：2005年10月至2007年3月，南开大学商学院高级管理人员工商管理硕士专业学习，获高级管理人员工商管理硕士学位）；2007年3月至2010年4月，青岛市委组织部常务副部长；2010年4月至2015年6月，青岛市市北区委书记、党校校长；2015年6月至2015年7月，青岛市委常委，市北区委书记、党校校长；2015年7月至2015年8月，青岛市委常委、宣传部部长，市北区委书记、区委党校校长；2015年8月至2016年10月，青岛市委常委、宣传部部长；2016年10月至2017年7月，省委组织部副部长（正厅级）；2017年7月至2018年12月，省委组织部常务副部长（正厅级）；2018年12月至2019年1月，潍坊市委书记、市委党校校长；2019年1月至2020年12月，潍坊市委书记、市委党校校长，市人大常委会主任、党组书记；2020年12月至2022年1月，青岛市委副书记；2022年1月起，山东省人大常委会秘书长。

中共山东省第十一届纪委委员，山东省第十三届人民代表大会常委，山东省第十三届人民代表大会代表。

顾建华 男，汉族，1963年8月出生，山东省寿光市人，中共党员，省委党校大学学历，公共管理硕士。曾任潍坊市第十七届人大常委会副主任、党组成员。

1980年9月至1982年7月，山东省林业学校森林保护专业学习；1982年7月至1984年5月，益都县林业局技术员；1984年5月至1987年7月，益都县（青州市）委办公室秘书；1987年7月至1988年8月，青州市史志办副主编（其间：1985年7月至1988年7月，潍坊教育学院中文系中文专业学习）；1988年8月至1988年11月，青州市委研究室秘书；1988年11月至1992年12月，共青团青州市委书记；1992年12月至1994年5月，共青团潍坊市委常委、共青团青州市委书记（其间：1993年9月至1994年1月，潍坊市委党校中青班学习）；1994年5月至1996年12月，青州市云峡河回族乡党委书记（其间：1994年9月至1996年12月，山东省委党校涉外经济管理专业学习）；1996年12月至1997年12月，潍坊市民政局副局长；1997年12月至2002年12月，高密市委常委、宣传部部长（其间：1998年5月至1998年7月，潍坊市委党校县级干部进修班学习）；2002年12月至2005年2月，高密市委常委、组织部部长；2005年2月至2007年5月，高密市委副书记（其间：2006年2月至2006年5月，山东省委党校县市区委书记进修班学习）；2007年5

月至2010年9月，高密市委书记，援藏南木林县委书记；2010年9月至2010年12月，临朐县委副书记（提名为临朐县县长候选人）（其间：2008年3月至2010年12月，四川大学公共管理专业学习，获公共管理硕士学位）；2010年12月至2011年11月，临朐县委副书记、县长；2011年11月至2012年1月，临朐县委书记、县委党校校长；2012年1月至2017年1月，临朐县委书记、县人大常委会主任、县委党校校长；2017年1月至2017年2月，临朐县委书记、县委党校校长；2017年2月至2019年7月，潍坊市人大常委会副主任、党组成员，临朐县委书记、县委党校校长；2019年7月至2022年4月，潍坊市人大常委会副主任、党组成员。2023年9月退休。

中共山东省第十次代表大会代表。

毛秀凤 女，汉族，1964年7月出生，山东省昌乐县人，出生地吉林省通化市，大学本科学历，工程硕士。曾任潍坊市第十六届、第十七届人大常委会副主任，现任潍坊市第十八届人大常委会副主任、民盟潍坊市委主委。

1983年9月至1988年7月，白求恩医科大学环境医学系环境医学专业学习；1988年7月至1992年7月，昌乐县卫生防疫站劳卫科医生；1992年7月至1995年9月，昌乐县卫生防疫站劳卫科科长；1995年9月至1999年2月，昌乐县卫生防疫站副站长；1999年2月至1999年7月，昌乐县人大专职常委（正科级）；1999年7月至2004年6月，昌乐县副县长；2004年6月至2007年10月，昌乐县副县长、民盟潍坊市委副主委（其间：2004年9月至2006年7月，武汉大学国际软件学院软件工程专业学习，获工程硕士学位）；2007年10月至2010年1月，潍坊高新技术产业开发区管委会副主任、民盟潍坊市委副主委；2010年1月至2011年9月，潍坊市人口和计划生育委员会副主任（正县级）、民盟潍坊市委副主委；2011年9月至2012年2月，潍坊市人口和计划生育委员会副主任（正县级）、民盟潍坊市委主委；2012年2月至2014年12月，潍坊市人大常委会副主任、市计生协会会长、民盟潍坊市委主委（其间：2012年5月当选省民盟常委）；2014年12月起，潍坊市人大常委会副主任，民盟潍坊市委主委。

山东省第十二届、第十三届人民代表大会代表，山东省第十届政协委员。

范福生 男，汉族，1964年9月出生，山东省寿光市人，中共党员，省委党校研究生学历，农学硕士。曾任潍坊市第十七届人大常委会副主任、党组成员。

1981年9月至1985年7月，莱阳农学院园艺系果树专业学习；1985年7月至1986年7月，安丘县第一农技中学教师；1986年7月至1992年1月，潍坊市教委职业教育教研室教研员；1992年1月至1993年7月，潍坊市纪委干事；1993年7月至1997年4月，潍坊市纪委副科级检查员；1997年4月至2000年12月，潍坊市纪委办公室副主任兼秘书科科长；2000年12月至2006年4月，潍坊市委政策研究室副主任（其间：2000年9月至2003年6月，省委党校经济管理专业学习）；2006年4月至2007年12月，潍坊市委副秘书长、政策研究室主任；2007年12月至2011年11月，高密市委副书记、代市长、市长；2011年11月至2012年1月，高密市委书记、市委党校校长；2012年1月至2016年12月，高密市委书记、市人大常委会主任、市委党校校长；2016年12月至2017年2月，潍坊市政府党组成员；2017年2月至2018年12月，潍坊市人大常委会副主任、党组成员；2018年12月至2020年8月，潍坊市人大常委会副主任、党组成员，滨海区党工委书记；2020年8月至2022年4月，潍坊市人大常委会副主任、党组成员。

中共山东省第十次代表大会代表，山东省第十一届人民代表大会代表。

王兆辉 男，汉族，1964年12月出生，山东省临朐县人，中共党员，大学学历，哲学学士。现任潍坊市第十八届人大常委会副主任、党组副书记。

1984年9月至1988年7月，聊城师范学院政治系政治专业学习；1988年7月至1989年12月，临朐县冶源中学教师；1989年12月至1992年9月，山东省信息工程学校教师；1992年9月至1997年1月，潍坊市人事局调研室科员；1997年1月至1999年4月，潍坊市人事局办公室副主任；1999年4月至2000年12月，潍坊市人事局机关专职副书记；2000年12月至2005年2月，潍坊市计委（发展计划委员会）副主任；2005年2月至2008年2月，潍坊市发展和改革委员会副主任；2008年2月至2010年1月，潍城区委副书记；2010年1月至2011年12月，潍城区委副书记，潍坊市技师学院副院长；2011年12月至2012年1月，潍城区委副书记、代区长；2012年1月至2013年3月，潍城区委副书记、区长；2013年3月至2016年12月，潍城区委书记、区人大常委会主任、区委党校校长；2016年12月至2017年2月，潍坊市政府党组成员；2017年2月至2022年4月，潍坊市委常委、统战部部长；2022年4月起，潍坊市第十八届人大常委会副主任、党组副书记。

中共潍坊市第十一届、第十二届委员会委员。山东省第十二届、第十四届人民代表大会代表。

田素英 女，汉族，1965年1月出生，山东省青州市人，中共党员，省委党校研究生学历。曾任潍坊市第十八届人大常委会党组成员、秘书长、机关党组书记。现任潍坊市第十八届人大监察和司法委员会副主任委员、二级巡视员。

1981年8月至1984年7月，益都卫校护理专业学习；1984年7月至1984年10月，益都县人民医院护士；1984年10月至1988年12月，益都县（青州市）委办公室干事；1988年12月至1994年1月，青州市政法委调研科科员、副科长、科长（其间：1990年9月至1993年9月，潍坊广播电视大学行政管理专业学习）；1994年1月至1995年8月，青州市委办公室信息督查科副科长、科长；1995年8月至1997年1月，青州市五里镇挂职党委副书记（其间：1994年9月至1996年12月，山东省委党校涉外经济管理专业学习）；1997年1月至1999年6月，青州市五里镇党委副书记；1999年6月至2002年1月，青州市何官镇党委副书记、镇长；2002年1月至2002年12月，青州市郑母镇党委书记；2002年12月至2010年1月，青州市委常委、宣传部部长（其间：2000年9月至2003年6月，山东省委党校经济管理专业学习；2006年3月至2008年3月，挂职武城县委常委、副县长）；2010年1月至2011年1月，潍坊市妇联党组副书记、副主席；2011年1月至2012年2月，潍坊市妇联党组书记、主席；2012年2月至2018年1月，潍坊市妇联党组书记、主席，市人大常委会委员；2018年1月至2019年1月，潍坊市妇联党组书记、主席、一级调研员，市人大常委会委员；2019年1月至2019年5月，潍坊市文化和旅游局党组书记、局长、一级调研员；2019年5月至2021年5月，潍坊市文化和旅游局党组书记、局长，市新闻出版广电局局长、市文物局局长，一级调研员；2021年5月至2022年4月，潍坊市人大常委会党组成员、机关党组书记、一级调研员；2022年4月至2022年12月，潍坊市第十八届人大常委会党组成员、秘书长、机关党组书记、一级调研员。2020年12月至2023年4月，潍坊市第十八届人大常委会党组成员、秘书长、机关党组书记、二级巡视员；2023年4月起，潍坊市第十八届人大监察和司法委员会副主任委员、二级巡视员。

中共山东省第十次、第十一次代表大会代表，山东省第十一届、第十二届政协委员。

田民利 男，汉族，1967年2月出生，山东省潍坊市奎文区人，中共党员，大学学历，工程硕士。现任潍坊市第十八届人大常委会副主任、党组副书记。

1985年8月至1987年7月，山东省财政学校工业企业财务与会计专业学习；1987年7月至1997年8月，潍坊市财政局科员（其间：1988年9月至1991年6月，上海财经大学函授部财政税收专修科学习；1994年9月至1997年7月，山东财政学院会计学专业学习）；1997年8月至2002年1月，潍坊市财政局预算科副科长；2002年1月至2005年9月，潍坊市财政局预算科科长；2005年9月至2005年11月，潍坊市财政局办公室主任；2005年11月至2007年9月，潍坊市财政局党组成员、办公室主任（其间：2004年8月至2006年6月，武汉大学软件工程专业学习，获工程硕士学位）；2007年9月至2010年1月，潍坊市财政局总会计师；2010年1月至2011年12月，潍坊市财政局副局长；2011年12月至2017年2月，潍坊市财政局党组书记、局长；2017年2月至2017年6月，潍坊市副市长、市政府党组成员，市财政局党委书记、局长；2017年6月至2022年4月，潍坊市副市长、市政府党组成员；2022年4月起，潍坊市第十八届人大常委会副主任、党组副书记。

杜建华 男，汉族，1967年4月出生，山东省胶州市人，中共党员，在职研究生学历。现任潍坊市人大常委会机关党组书记、提名市人大常委会秘书长、二级巡视员。

1985年10月至1990年3月，任潍城区检察院助检员；1990年3月至1994年6月，潍城区委办公室机要秘书、综合科科长；1994年6月至1996年6月，潍城区委办公室副科级秘书（其间：1993年8月至1995年12月，中央党校经管专业学习）；1996年6月至1997年6月，潍城区委研究室副主任；1997年6月至1998年3月，潍城区委副秘书长；1998年3月至2000年3月，潍城区委副秘书长兼保密局局长；2000年3月至2001年12月，潍城区符山镇党委副书记、镇长；2001年12月至2004年3月，潍城区符山镇党委书记；2004年3月至2007年3月，潍城区北关街道党工委书记（其间：2001年9月至2004年6月，山东省委党校经济管理专业学习）；2007年3月至2011年1月，诸城市副市长；2011年1月至2012年1月，诸城市委常委、办公室主任；2012年1月至2015年1月，诸城市委常委、副市长；2015年1月至2016年6月，安丘市委副书记；2016年6月至2019年7月，安丘市委副书记、市长；2019年7月至2020年9月，临朐县委书记、党校校长；2020年9至2021年12月，临朐县委书记、党校校长、一级调研员；2021年12月至2022年3月，潍坊市发改委党组书记、一级调研员；2022年3月至2022年6月，潍坊市发改委党组书记、一级调研员，潍坊滨海经济技术开发区党工委副书记、管委会副主任（聘任）（主持工作）；2022年6月至2023年4月，潍坊滨海经济技术开发区党工委副书记、管委会副主任（聘任）（主持工作）；2023年4月至2023年9月，潍坊市人大常委会机关党组书记，提名市人大常委会秘书长、一级调研员；2023年9月起，潍坊市人大常委会机关党组书记，提名市人大常委会秘书长、二级巡视员。

中共山东省第十二次代表大会代表；山东省第十三届人民代表大会代表。

田庆盈 男，汉族，1967年9月出生，山东省济南市人，中共党员，省委党校在职研究生学历。曾任中共潍坊市委书记，潍坊市第十八届人大常委会主任、党组书记。

1986年8月至1988年7月，山东农业大学园艺系农副产品加工专业学习；1988年7月至1989年11月，济南市历城区乡镇企业局企管科科员；1989年11月至1992年7月，济南市历城区乡镇企业局企管科副科长；1992年7月至1997年6月，济南市历城区乡镇企业局办公室主任（其间：1994年8月至1996年12月，中央党校函授学院本科班经济管理专业学习）；1997年6月至1998年12月，济南市历城区乡镇企业局副局长（其间：1998年3月至1998年12月，挂职历城区大桥镇党委副书记）；1998年12月至1999年1月，济南市历城区大桥镇党委副书记；1999年1月至2000年10月，济南市历城区大桥镇党委副书记、镇长；2000年10月至2001年12月，济南市天桥区药山街道党工委书记、工业小区管委会主任；2001年12月至2003年1月，济南市天桥区药山街道党工委书记、工业园管委会主任（其间：2002年3月至2002年7月，济南市委党校第十三期中青班学习）。2003年1月至2003年8月，济南市天桥区副区长；2003年8月至2005年5月，济南市天桥区副区长、天桥工业园管委会主任。2005年5月至2005年9月，济南市天桥区副区长、天桥工业园管委会主任、区房管局党委书记；2005年9月至2006年10月，济南市天桥区副区长、天桥工业园管委会主任；2006年10月至2006年12月，济南市天桥区副区长、济南化工产业园区管委会主任（正区级）；2006年12月至2007年1月，济南化工产业园区管委会主任（正区级）；2007年1月至2009年5月，济南化工产业园区管委会主任（正区级）、党工委副书记；2009年5月至2010年1月，济南市槐荫区委副书记、代区长；2010年1月至2011年12月，济南市槐荫区委副书记、区长；（其间：2007年9月至2010年6月，山东省委党校在职干部研究生班经济管理专业学习）；2011年12月至2012年1月，济南市历下区委副书记、代区长；2012年1月至2013年6月，济南市历下区委副书记、区长；2013年6月至2015年6月，济南市历下区委书记。2015年6月至2016年11月，莱芜市委副书记；2016年11月至2017年2月，莱芜市委副书记、统战部部长；2017年2月至2017年4月，青岛市委常委；2017年4月至2018年7月，青岛市委常委、政法委书记。2018年7月至2018年9月，潍坊市委副书记、代市长，市政府党组书记；2018年9月至2020年12月，潍坊市委副书记、市长，市政府党组书记；2020年12月至2021年3月，潍坊市委书记、市长，市政府党组书记，市委党校校长；2022年4月至2022年8月，潍坊市委书记、市人大常委会主任。

中共山东省第十二次代表大会代表，山东省第十三届人民代表大会代表。

扈洪波　男，汉族，1968年4月出生，山东省安丘市人，中共党员，大学学历，工商管理硕士。现任潍坊市第十八届人大常委会副主任。

1986年9月至1990年7月，山东工业大学自动化工程系电机及其控制专业学习；1990年7月至1992年4月，潍坊农资分公司业务员；1992年4月至1996年8月，潍坊市供销社政工科工作；1996年8月至1999年12月，潍坊市供销社团委副书记；1999年12月至2003年6月，潍坊市供销社团委书记；2003年6月至2005年1月，潍坊市供销社主任助理（其间：2002年4月至2004年4月，大连理工大学工商管理专业学习，获工商管理硕士学位）；2005年1月至2005年11月，潍坊市委台办副主任；2005年11月至2006年12月，潍坊市委台办副主任、鲁台经贸洽谈会工作办公室主任；2006年12月至2007年1月，潍坊市潍城区委常委；2007年1月至2012年1月，潍坊市潍城区委常委、秘书长；2012 年 1 月至 2013 年 3 月，潍坊市潍城区委常委、副区长；2013 年 3 月至 2015 年 10 月，潍坊市潍城区委副书记；2015 年 10 月至 2015 年 11 月，潍坊市坊子区委副书记、提名为区长候选人；2015 年 11 月至 2016 年 2 月，潍坊市坊子区委副书记、代区长；2016 年 2 月至 2016 年 12 月，潍坊市坊子区委副书记、区长；2016 年 12 月至 2020 年 9 月，潍坊市坊子区委书记、区委党校校长；2020 年 9 月至 2021 年 12 月，任潍坊市坊子区委书记、区委党校校长、一级调研员；2021 年 12 月至 2022 年 4 月，一级调研员；2022 年 4 月起，潍坊市第十八届人大常委会副主任。

中共山东省第十一次代表大会代表。

韩幸福 男，汉族，1968 年 7 月出生，山东省临朐县人，中共党员，省委党校研究生，高级管理人员工商管理硕士。现任潍坊市第十八届人大常委会副主任。

1988 年 9 月至 1992 年 7 月，山东农业大学农业机械化专业学习；1992 年 7 月至 1996 年 1 月，青州市黄楼镇经贸办副主任；1996 年 1 月至 1997 年 11 月，青州市云峡河回族乡副乡长；1997 年 11 月至 2000 年 8 月，青州市云峡河回族乡党委副书记（其间：1998 年 8 月至 2000 年 6 月，省委党校党政干部研究生班学习）；2000 年 8 月至 2002 年 12 月，安丘市政府党组成员、市长助理；2002 年 12 月至 2006 年 12 月，潍坊市寒亭区委常委、组织部部长；2006 年 12 月至 2007 年 1 月，青州市委常委；2007 年 1 月至 2010 年 1 月，青州市委常委、副市长（其间：2008 年 9 月至 2009 年 9 月，挂职省国土资源厅规划处副处长；2006 年 11 月至 2008 年 12 月，南开大学高级管理人员工商管理研究生班学习，获高级管理人员工商管理硕士学位）；2010 年 1 月至 2010 年 9 月，青州市委副书记；2010 年 9 月至 2010 年 11 月，青州市委副书记、代市长；2010 年 11 月至 2015 年 6 月，青州市委副书记、市长；2015 年 6 月至 2015 年 11 月，青州市委书记、市长、市委党校校长；2015 年 11 月至 2016 年 2 月，青州市委书记、市委党校校长；2016 年 2 月至 2017 年 1 月，青州市委书记、市人大常委会主任、市委党校校长；2017 年 1 月至 2018 年 5 月，青州市委书记、市委党校校长；2018 年 5 月至 2019 年 1 月，青州市委书记、市委党校校长、一级调研员；2019 年 1 月至 2021 年 12 月，青州市委书记、市委党校校长、二级巡视员；2021 年 12 月至 2022 年 4 月，二级巡视员；2022 年 4 月起，潍坊市第十八届人大常委会副主任。

中共山东省第十一次代表大会代表，山东省第十二届人民代表大会代表。

江敦涛 男，汉族，1969 年 5 月出生，山东省青岛市人，中共党员，在职研究生学历，管理学博士学位。曾任中共潍坊市委书记，潍坊市第十八届人大常委会主任、党组书记。

1988 年 9 月至 1990 年 7 月，山东师范大学思想政治教育专业学习；1990 年 7 月至 1992 年 4 月，青岛电大即墨分校教师、团委书记；1992 年 4 月至 1994 年 5 月，共青团即墨市委干事；1994 年 5 月至 1999 年 5 月，共青团即墨市委副书记、党组成员（其间：1995 年 2 月至 1996 年 2 月，挂职任即墨市委驻大官庄镇农村工作大队副大队长、代理大队长兼东流河庄村工作组组长；1996 年 9 月至 1998 年 12 月，山东省委党校业余本科班经济管理专业学习；1998 年 2 月至 1999 年 5 月，主持即墨团市委工作）；1999 年 5 月至 2000 年 12 月，共青团即墨市委书记、党组书记；2000 年 12 月至 2005 年 2 月，共青团青岛市委常委、宣传部部长（其间：2000 年 9 月至 2001 年 1 月，青岛市委党校第十九期中青年干部培训班学习）；2005 年 2 月至 2008 年 2 月，共青团青岛市委常委、组织部部长（其间：

2004年4月至2005年12月，对外经济贸易大学国际商学院工商管理专业学习，获高级管理人员工商管理硕士学位）；2008年2月至2008年10月，任共青团青岛市委副书记、党组成员；2008年10月至2008年11月，任青岛市城阳区委常委；2008年11月至2011年12月，任青岛市城阳区委常委、组织部部长（其间：2007年9月至2011年6月，中国海洋大学管理学院农业经济管理专业在职研究生学习，获管理学博士学位）；2011年12月至2012年2月，任青岛市城阳区委常委；2012年2月至2012年8月，任青岛市城阳区委常委，副区长；2012年8月至2015年3月，任青岛市委组织部副部长；2015年3月至2015年6月，任青岛市崂山区委副书记、副区长、代区长，青岛市崂山风景区管理局局长、党委副书记，青岛高科园管委会主任；2015年6月至2016年10月，任青岛市崂山区委副书记、区长，青岛市崂山风景区管理局局长、党委副书记，青岛高科园管委会主任；2016年10月至2017年1月，任青岛市崂山区委副书记、区长，青岛金家岭金融聚集区管委会主任；2017年1月至2017年8月，任青岛市崂山区委书记，青岛金家岭金融聚集区管委会主任（其间：2017年5月至2017年7月，中央党校县委书记研修班第11期学习）；2017年8月至2019年7月，任青岛市崂山区委书记，青岛金家岭金融聚集区党工委书记、管委会主任；2019年7月至2022年7月，淄博市委书记兼市委党校校长；2022年7月至2022年8月，中共潍坊市委书记；2022年8月至2022年12月，潍坊市委书记，市人大常委会党组书记，市委党校校长；2022年12月至2023年1月，潍坊市委书记，市人大常委会党组书记、主任，市委党校校长；2023年1月至2023年2月，潍坊市人大常委会主任。

中共第二十次代表大会代表，中共第十二届省委委员，中共山东省第十二次代表大会代表，山东省第十三届人民代表大会代表。

刘　运　男，汉族，1969年7月出生，山东省平邑县人，中共党员，在职研究生学历，法学博士学位。现任中共潍坊市委书记，潍坊市第十八届人大常委会主任、党组书记。

1987年9月至1989年9月，临沂师范专科学校英语专业学习；1989年9月至1991年7月，聊城师范学院英语专业学习；1991年7月至2001年6月，省引进国外智力领导小组办公室科员、副主任科员、主任科员（其间：1996年9月至1999年7月，山东大学科学社会主义与国际共产主义运动专业学习，获法学硕士学位）；2001年6月至2003年9月，省外国专家局主任科员；2003年9月至2008年11月，省人事厅专业技术人员管理处副处长（其间：2002年9月至2005年6月，山东大学科学社会主义与国际共产主义运动专业学习，获法学博士学位）；2008年11月至2013年1月，省留学人员和专家服务中心主任（其间：2005年11月至2009年6月，山东大学应用经济学博士后科研流动站经济学学科从事博士后研究工作）；2013年1月至2013年7月，省人力资源和社会保障厅专业技术人员管理处处长，省留学人员和专家服务中心主任；2013年7月至2015年5月，省人力资源和社会保障厅专业技术人员管理处处长（其间：2014年3月至2014年7月，山东省委党校第24期中青班学习）；2015年5月至2016年9月，省人力资源和社会保障厅人才开发处处长；2016年9月至2016年12月，省人力资源和社会保障厅副巡视员；2016年12月至2020年6月，威海市委常委、组织部部长；2020年6月至2021年3月，潍坊市委副书记；2021年3月至2023年2月，潍坊市委副书记，市长、市政府党组书记；2023年2月至2023年3月，潍坊市委书记，市人大常委会党组书记，市委党校校长；2023年3月起，潍坊市委书记，市人大常委会党组书记、主任，市委党校校长。

第十四届全国人民代表大会代表，中共第十二届省委委员，中共山东省第十二次代表大会代表，山东省第十四届人民代表大会代表。

杨建华 男，汉族，1969 年 12 月出生，山东省安丘市人，中共党员，大学学历。曾任潍坊市第十七届人大常委会党组成员、秘书长。

1988 年 9 月至 1992 年 7 月，中国人民大学中共党史专业学习；1992 年 7 月至 1994 年 9 月，任潍坊市青少年社会服务中心干部；1994 年 9 月至 1997 年 4 月，任共青团潍坊市委办公室科员；1997 年 4 月至 2000 年 4 月，任共青团潍坊市委副主任科员；2000 年 4 月至 2001 年 5 月；共青团潍坊市委主任科员；2001 年 5 月至 2006 年 4 月，共青团潍坊市委副书记；2006 年 4 月至 2006 年 12 月，潍坊市委政策研究室副主任；2006 年 12 月至 2007 年 10 月，寿光市委常委、市纪委书记；2007 年 10 月至 2009 年 4 月，寿光市委常委、组织部部长；2009 年 4 月至 2010 年 1 月，寿光市委副书记、组织部部长；2010 年 1 月至 2011 年 11 月，寿光市委副书记；2011 年 11 月至 2012 年 1 月，高密市委副书记、代市长；2012 年 1 月至 2016 年 11 月，高密市委副书记、市长；2016 年 11 月至 2018 年 5 月，高密市委书记、党校校长；2018 年 5 月至 2019 年 2 月，高密市委书记、党校校长，一级调研员；2019 年 2 月至 2020 年 1 月，潍坊市人大常委会党组成员、秘书长提名人选、机关党组书记，一级调研员；2020 年 1 月至 2021 年 5 月，潍坊市人大常委会党组成员、秘书长、机关党组书记，一级调研员；2021 年 5 月至 2023 年 8 月，潍坊市委常委、秘书长、改革办主任；2023 年 8 月起，潍坊市委常委、宣传部部长。

中共山东省十一次党代会代表，山东省第十二届人民代表大会代表。

1983—2023

潍坊人大志

WEIFANG RENDA ZHI

附　录

工作报告

潍坊市人民代表大会常务委员会工作报告（摘要）

——1985 年 3 月 15 日在潍坊市第十届人民代表大会第二次会议上

潍坊市人民代表大会常务委员会主任　于成凤

自市十届人大一次会议以来，市人大常委会在市委的领导下，认真贯彻党的十一届三中全会以来的路线方针政策和十二届三中全会决定精神，履行宪法和地方组织法赋予的职权，执行大会的各项决议，围绕国民经济调整改革和经济建设，审议决定重大事项，监督“一府两院”的工作，发展社会主义民主，健全社会主义法制，发挥了地方国家权力机关的作用，推动了全市的两个文明建设。

一、执行加强社会主义法制建设，保证宪法和法律的贯彻

市人大常委会成立以来，把加强社会主义法制，保证宪法和法律的贯彻执行，实现由过去主要依靠政策，过渡到既要依靠政策又要依靠法律的转变，作为自己的重要职责，着重抓了对法律贯彻执行的监督工作。

广泛进行法制宣传教育，是加强法制建设，保证法律贯彻执行的首要环节。市人大常委会在第五次会议上，听取并审议了市政府《关于全市法制宣传教育工作情况的汇报》。会议肯定了法制宣传教育工作取得的成绩，要求市政府及有关部门树立为经济建设和社会长治久安服务的观点，组织各方面的力量，运用灵活多样的形式，广泛宣传宪法和法律，重点宣传与经济建设和社会生活密切相关的法律内容，逐步使干部群众养成学法守法的习惯，用法律维护好经济秩序和社会秩序，保障现代化建设的顺利发展。

贯彻执行好经济合同法，对于实行对外开放、对内搞活经济的政策，搞好经济管理体制改革，具有重大的作用。市人大常委会在第六次会议上，听取并审议了市政府《关于贯彻执行经济合同法的情况汇报》，并作出了《关于进一步贯彻执行经济合同法的决议》。决议指出，市政府及工商、政法等有关部门在贯彻执行经济合同法方面做了大量工作。今后要继续把这项工作抓好，组织干部群众广泛深入地学习宣传这一法律，增强法制观念和经济责任感。同时加强对经济合同的管理，建立健全检查监督制度，正确处理经济合同纠纷和案件，把经济活动纳入依法办事的轨道。通过这次会议，进一步引起了各级领导对经济合同法的重视，推动贯彻执行经济合同法的工作。

贯彻执行好《中华人民共和国食品卫生法》，是关系广大干部群众身体健康的大事。去年 7 月，在《中华人民共和国食品卫生法（试行）》颁布实施一周年之际，市人大常委会主任、副主任和部分委员、代表，参加了潍城区人大常委会组织的关于贯彻执行《中华人民共和国食品卫生法》情况的视察。从确定视察的指导思想到制定实施方案、奖惩措施，市人大常委会都参与了研究。视察活动进行了 16 天。视察食品生产经营单位 61 个，个体食品商贩 37 户。根据执行《中华人民共和国食品卫生法》的不同情况，由政府和有关部门对部分单位和个人分别给予了奖惩。通过视察，在城区食品行业形成了学习宣传《中华人民共和国食品卫生法》的热潮，促进了食品卫生的整顿，食品卫生面貌发生了较明显的变化，对全市的食品卫生工作也起了一定的推动作用。

去年 4 月，市人大常委会从总结政法机关依法办案经验，促进严厉打击严重刑事犯罪斗争的健康发展出发，责成政法工作委员会组织有关部门，对潍城区法院开展“严打”斗争以来的已判案件进行了检查。审查了 128 起案件。总的认为政法部门执行法律的情况是很好的。对定性和量刑不当的 7 起案件提出了建议，有关单位作了纠正，做到了严格依法办事。

根据省人大常委会的安排和要求，市人大常委会还参与了讨论国家法律草案和地方性法规草案的活动，先后组织部分委员、代表和县区人大常委会及政府有关部门，对《中华人民共和国草原法（草案）》《中华人民共和国国营工业企业法（草案）》《中华人民共和国森林法（草案）》和《山东省关于保护农村专业户合法权益暂行规定（草案）》《山东省食品商贩和城乡集市贸易食品卫生管理暂行办法（草案）》等法律、法规进行了讨论，提出了修改建议。

二、审议决定全市的重大事项，监督“一府两院”的工作

宪法规定，地方人大常委会讨论决定本行政区域内各方面的重大事项，监督本级人民政府、人民法院和人民检察院的工作。一年来，市人大常委会根据宪法赋予的这一职权，举行了 8 次常委会会议，听取了 15 个方面的工作汇报，审议了全市两个文明建设中的一些重大事项，并作出了相应的决议或决定。

关于经济体制改革问题。我市是经济体制改革试点单位。市人大常委会在第六次会议上，听取并审议了市政府《关于我市经济体制改革的情况报告》，并作出了《关于广泛深入地进行经济体制改革的决议》。决议指出，市政府在领导经济体制改革中做了大量工作，取得了很好的成效和可喜的进展。要求市政府继续组织干部认真学习贯彻中央的决定，破除各种僵化模式禁锢和一切陈旧观念，大胆实践，勇于探索，抓住搞活企业这个中心环节，搞好简政放权和政企职责分开，落实多种形式的经济责任制，推进科学技术进步，积极稳妥地搞好经济体制改革。同时切实加强法制建设，用法律保障和促进经济体制改革的健康发展。决议号召，全市人民积极投身改革的潮流，为开创经济体制改革的新局面，做出积极的贡献。

关于发展农村商品生产问题。去年中央 1 号文件下达之后，农村商品生产有了突破性的发展。为了促进这一工作，市人大常委会在第三次会议上，听取并审议了市政府《关于贯彻中央 1 号文件发展农村商品生产情况的报告》。会议肯定了市政府在发展农村商品生产方面的工作成绩，指出了存在的问题。要求市政府进一步贯彻中央一号文件精神，加大工作措施，实行分类指导，重点抓好薄弱环节和落后单位。充分认识法律在发展农村商品经济中的作用，搞好经济合同法等有关法律的学习宣传和贯彻执行，打击严重侵害“两户一体”合法权益的犯罪分子，用法律保护农村商品生产的更大发展。

关于机构改革问题。鉴于机构改革是一个关系重大的问题，市人大常委会在第一次会议上，听取了市政府《关于市政府机构改革问题的报告》；在第二次会议上，听取了市政府《关于全市建乡镇工作的报告》和市人大常委会秘书长王汉兴《关于县乡人民代表大会换届选举工作的报告》。在审议这些报告时，委员们认为，通过机构改革，建立了以城市带农村、城乡结合的领导体制和经济网络，改革的进展是顺利稳妥的。要求市政府及有关部门按照中央的有关指示，精心指导，严格执行政策和法律；明确机关工作职责，改进机关作风，提高工作效率，使机关工作切实转到为发展生产服务，为基层和企业服务，为人民群众服务的轨道上来。其中对建乡选举工作，市人大常委会进行了专门讨论研究，并安排一名副主任和工作人员靠上抓，加强了对工作的具体指导，使这项工作圆满完成。

关于财政预算执行问题。去年上半年，由于区划调整等原因，需要对财政预算作某些调整和变动。为了加强对财政预算执行的监督，市人大常委会在第四次会议上，听取并审议了市政府《关于潍坊市 1984 年财政预算上半年执行情况的报告》，并作出了《关于潍坊市 1984 年财政预算上半年执行情况的报告的决议》。决议指出，市政府对财政预算的部分调整和变更符合实际情况，决定批准这些调整和变更。要求市政府进一步搞好财政工作改革，充分挖掘增收潜力；加强财政监督，严肃财经纪律，大力压缩支出，尽量把当年财政赤字降到最低限度。

关于教育工作问题。鉴于教育在现代化建设中的重要地位和作用，市人大常委会在第二次会议上，听取并审议了市政府《关于全市教育工作的报告》。会议认为，自中共十一届三中全会以来，全市教育事业有了较快的发展，但是仍不能适应经济建设和社会发展的要求。会议从提高对教育工作的认识，抓好普及小学教育和中等教育改革，落实知识分子政策，提高教师队伍素质，多种渠道解决教育经费等方面，提出了建议和意见。

关于严厉打击严重刑事犯罪斗争问题。按照各级党委的统一部署，全市开展了严厉打击严重刑事犯罪的斗争。为了促进这一斗争的深入发展，市人大常委会在第五次会议上，听取并审议了市政府《关于严厉打击严重刑事犯罪活动斗争的情况汇报》。会议认为，这场斗争在我市取得了显著成果。要求市政府及政法部门继续坚持依法“从重从快，一网打尽”的方针，严格依法办事，“稳准狠”地打击各种严重刑事犯罪分子；同时狠抓各项综合治理措施的落实，预防和减少犯罪。经过各方面的努力，全市严厉打击严重刑事犯罪的斗争已经取得了巨大胜利，社会治安、社会风气有了明显好转。

关于蔬菜生产供应问题。蔬菜生产供应是城市人民普遍关心的一件大事。市人大常委会在第二次会议上，听取并审议了市政府《关于当前蔬菜生产供应工作的报告》。会议肯定了市政府和商业等有关部门在抓蔬菜生产供应方面做了大量的工作，指出了存在的问题。要求继续加强对菜农和蔬菜经营系统干部职工的思想教育，不断完善蔬菜生产经营责任制，搞好产销衔接，推广蔬菜生产储存先进技术，严格按照经济规律办事。市政府及有关部门加大了工作措施，使蔬菜生产供应情况好于往年，干部群众比较满意。

除上述事项外，市人大常委会还听取了六届全国人大代表于潮《关于第六届全国人民代表大会第二次会议基本情况和主要精神的汇报》和省六届人大代表戴耀西关于省六届人大二次会议精神的传达，要求委员、代表在党委的统一领导下，动员全市人民，学习贯彻好两个大会的决议和文件。听取了市赴日经济考察团成员、市政府外事办公室主任宋作升《关于访问日本宫崎县日向市情况的报告》。听取了邵桂芳市长《关于赴青海省海东地区进行经济技术协作考察情况的汇报》，根据邵桂芳市长的提议，作出了《关于潍坊市与海东地区结为姊妹地市的决定》。

依法决定地方国家机关工作人员任免，是地方人大常委会的一项重要职权。市人大常委会成立以来，根据地方组织法、人民法院组织法、人民检察院组织法的有关规定，围绕机构改革，按照干部“四化”条件，对市政府和市中级人民法院、市人民检察院报请任命的人员，认真进行审查，履行法律手续。一年来，共任命市政府组成人员 60 名，市中级人民法院、市人民检察院干部 42 名，市人大常委会干部 27 名和市选举办公室干部 3 名。对任命的干部全部颁发了任命书。这对增强干部的政治责任感，保证干部质量，起了一定作用。

三、加强同代表和县区人大常委会的联系，督促办理代表议案和建议批评意见

密切同代表的联系，充分发挥代表的作用，是人大常委会开展工作的基础。一年来，市人大常委会把这项工作列入议程，加强了与代表的联系。主要做了以下几项工作：一是根据地方组织法的有关规定和联系代表工作的要求，制订通过了《潍坊市人民代表大会常务委员会关于联系人民代表和群众的试行办法》，对联系代表的形式、内容、做法等提出了明确要求，作出了具体规定。还建立了接待代表来访日制度。二是为了便于代表开展活动，行使职权，组建了 27 个代表联系组，54 个代表小组，每个组都推选了召集人。各代表联系组和代表小组已普遍开展了二至三次活动，还为代表发了代表证。三是市人大常委会主任、副主任和驻会委员及机关负责工作人员，按县区、部门分工走访联系代表。共走访联系代表 280 多名，占代表总数的 40%。四是向代表印发《会刊》《人大工作通讯》以及《法规选编》等文件材料，为代表了解情况、履行职责提供资料。五是向代表制发了代表建议、批评和意见专用纸及邮资总付的专用信封，以便代表及时反映情况，提出建议。还受理群众来信来访 260 件次，处结 250 件次，处结率为 97%。六是就市人大常委会例会审议的某些重大事项，专门发函或召开座谈会，征求代表意见。如为了审议好市政府关于发展农村商品生产的报告，市人大常委会在组织专题调查的同时，就这一问题向代表普遍发了一封信，收到代表回信 91 件，提供了许多情况和建议。还围绕例会审议的议题，召开代表座谈会 37 次，参加座谈的代表近 200 人（次），倾听了代表的反映，密切了同代表的联系。

办理代表议案和建议批评意见，对于执行社会主义制度，尊重代表的民主权利，接受代表监督，具有重要的意义。市十届人大一次会议期间，收到代表议案和建议批评意见 244 件。大会后，市人大常委会主任会议专门作了研究，确定由一名副主任和一名副秘书长分管这项工作，及时向市政府做了移交，提出了办理的要求。在市人大常委会第四次会议上，听取了市政府《关于市十届人民代表大会第一次会议代表议案和建议意见办理情况的报告》。市政府收到这些议案和建议批评意见告后，也非常重视，对重大问题，市政府和有关部门的负责同志直接研究处理。到今年 2 月底，市十届人大一次会议代表议案和建议批评意见已全部办结。通过这项工作，解决了一些群众迫切要求解决的问题，密切了政府与人民群众的关系。此外，自市人大常委会成立以来，还收到代表建议、批评和意见 180 多件，已办结 160 多件，其余的正在办理中。

按照全国、省人大常委会的要求，市人大常委会注意加强了与县区人大常委会的联系。每次召开例会，都邀请县区人大常委会的负责同志列席，及时沟通情况。多次召开有县区人大常委会负责同志参加的座谈会，共同商讨做好工作的措施。对县区提出的问题及时向市委反映，妥善予以处理。还通过印发各种刊物，登载上级有关文件和领导同志讲话，转载外地和县区人大常委会工作经验，指导和推动了全市人大工作的开展。

四、加强市人大常委会自身建设，不断提高工作效率

加强地方人大常委会的建设，是健全完善人民代表大会制度的重要方面，也是地方人大常委会履行好法定职权的基本条件。市人大常委会鉴于新机构新人员工作生疏的情况，为了适应地方人大常委会工作的转变，一方面积极开展日常工作，一方面大力加强自身建设，不断提高市人大常委会组成人员和机关工作人员的政治素质、业务水平和工作效能。在工作中着重抓了以下几点：

一是思想建设。为了使委员明确地方人大常

委会的性质地位和任务职责，市人大常委会在第一次会议上，学习了宪法、地方组织法和彭真委员长关于人大常委会工作的重要讲话，市委、市人大常委会的负责同志在会上就统一思想、充分发挥人大常委会国家权力机关作用等问题讲了话。委员们通过学习讨论，提高了思想认识，增强了做好工作的光荣感和责任感。中共中央〔1984〕8号、9号文件下达后，市人大常委会作了专门学习，使委员逐步树立了积极进取、勇于改革创新的精神，明确了抓好法律的贯彻执行这个工作重点，注意了工作方法的改进。为深入贯彻好中央8号、9号文件，在县区委书记和市直部门负责同志会议上，市委、市人大常委会、市政府的主要负责同志分别讲了话，着重在提高对人大常委会的认识、坚持依法办事和党委加强对人大常委会工作领导等问题上，统一领导骨干的思想。全省市县区人大常委会工作经验交流会后，市人大常委会在第五次会议上，市委在市直机关党员干部会议上，分别进行了传达学习。在实际工作中，市人大常委会成员和机关干部，大都做到了在干中学、在学中干，在实践中增长知识、锻炼提高，表现了较好的精神状态，保证了各项工作任务的完成。

二是作风建设。市人大常委会把深入调查研究作为行使好职权的关键环节，围绕党的中心工作、审议决定的重大事项、保证法律的贯彻执行和广大人民群众普遍关心的问题，先后进行了关于经济体制改革、发展农村商品生产、教育工作、贯彻执行《中华人民共和国食品卫生法》、在“严打”中执行法律、蔬菜生产供应、财政预算执行、打击刑事犯罪和供销社体制改革等方面的调查、视察，掌握了第一手材料，增加了感性认识，为审议决定重大事项提供了依据。每次调查、视察都形成书面材料，报告市委，有些还印发给委员。市人大常委会还坚持了民主集中制原则，凡属重大事项都提交常委会讨论审议，集体行使权力。在例会的组织方面也不断加以改进，以便于委员参与管理国家大事，提高审议决定事项的水平。

三是组织建设。地方人大常委会既是国家权力机关，又是工作机关，因而必须设立必要的工作机构。市人大常委会根据工作需要，设立了政法、财政经济、教育科学文化卫生、城乡建设四个工作委员会和代表资格审查委员会，任命了委员会的组成人员；还设立了办公室及其各科。这些办事机构积极承担了市人大常委会的日常工作。

四是业务建设。首先加强了法律学习。学习了宪法、地方组织法、选举法和《中华人民共和国食品卫生法》、经济合同法等十多个重要法律，增长了法律知识。其次制定了规章制度。市人大常委会第三次会议审议通过了《潍坊市人民代表大会常务委员会工作试行条例》和《潍坊市人民代表大会常务委员会联系代表和群众的试行办法》，做到了有章可循。各工作委员会和办公室也根据各自的任务要求，建立了工作制度。再是参观学习外地人大常委会的先进经验，并与70多个市人大常委会建立了会刊、材料的交流联系，还接待了20多个市人大常委会的来访。通过业务建设和工作实践，市人大常委会及其办事机构初步掌握了工作特点和规律，各项工作开始有了正常秩序。

总之，市人大常委会成立一年来，在市委的领导下，在省人大常委会的指导下，在代表和县区人大常委会的支持下，按照法律规定做了许多工作，取得了一些成绩。但是，离法律赋予的职责和全市人民的要求，还有一定的差距。比如对人大常委会的地位作用宣传得不够广泛深入，对法律宣传和法律监督工作开展得不够有力，市人大常委会负责同志的工作作风还不够深入，等等。这些都需要在今后工作中研究改进。

1985年是贯彻党的十二届三中全会决定，全面进行以城市为重点的经济体制改革的第一年。新形势新任务对市人大常委会的工作提出了新的更高的要求。我们决心坚持以整党为动力，以宪法和法律为依据，认真学习贯彻中央十二届三中全会决定精神，紧紧围绕贯彻对外开放、对内搞活经济的政策和经济体制改革、经济建设这个中心，发扬勇于进取、锐意改革创新的精神，更好地履行市人大常委会的职责，大力发展社会主义民主，健全社会主义法制，开创人大常委会工作的新局面，与全市人民一道，为实现这次大会提出的各项任务，为推动社会主义物质文明和精神文明建设而努力奋斗！

潍坊市人民代表大会常务委员会工作报告（摘要）

——1988年1月8日在潍坊市第十一届人民代表大会第一次会议上

潍坊市人民代表大会常务委员会主任　于成凤

从市十届人大四次会议到现在，有九个多月的时间。在这期间，常委会在市委的领导和省人大常委会的指导下，认真学习贯彻中央的一系列重要指示和赵紫阳同志在党的十三大上所作的报告，认真学习贯彻宪法和法律，以经济建设为中心，坚持四项基本原则，坚持改革开放的方针，积极履行法律赋予的职权，突出抓好法制建设，加强对“一府两院”工作的监督，组织代表参政议政，密切与各级人大常委会的工作联系，依法搞好换届选举，不断完善常委会的各项职能，使人大工作保持了持续前进的势头，从而发展了民主政治，维护了安定团结的政治局面，促进了全市改革和建设事业的蓬勃发展。

一、关于社会主义法制建设工作

保证宪法和法律在本行政区域的遵守和执行，是地方组织法赋予权力机关的首要职责，也是人大工作的突出特点和重点。常委会在指导思想上，坚持了“一手抓建设和改革，一手抓法制”的方针，在工作的计划安排上，进一步增加了法制内容的比重，通过富有成效的工作，努力在政治、经济和社会生活的各个方面，落实“有法可依，有法必依，执法必严，违法必究”这一社会主义法制的基本要求，发挥法律在两个文明建设中的重大作用。

加强法制宣传教育，提高干部群众的法制观念，是保证宪法、法律实施的基础建设和思想前提。常委会始终把法制教育放在法律监督工作的首位。按照全国人大常委会关于普法工作决议的要求，坚持每年听取一次市政府关于普法工作的汇报，组织1次较大规模的普法工作调查或视察，对各县市区普法工作进行一次较系统的检查，并注意总结推广普法工作的典型经验，加强对面上工作的指导。去年9月份，常委会在要求县市区进行自查的基础上，主任和5位副主任、部分委员及市直有关部门的同志60多人，分为8个组，对12个县市区和市直部门的普法工作进行了视察。共视察了101个单位，召开了87次座谈会，围绕深化普法教育提出了200多条建议。通过视察，看到了普法工作给干部群众在思想观念上带来的重大变化，以及普法工作的新进展和它所产生的令人欣喜的经济、社会效果，总结了思想重视实行全方位领导、抓住重点难点进行普法教育、形式灵活多样讲求实际效果、坚持齐抓共管打好总体战、联系实际学法用法等方面的经验。这次视察，是对全市普法工作的一次较全面的检查总结，对于肯定成绩，坚定信心，深化普法教育，已经发挥并将继续发挥积极的推动作用。之后，常委会会同市政府，接待了省人大常委会的视察，全市普法工作得到了省领导同志的充分肯定。学习贯彻全国人大常委会《关于加强法制教育维护安定团结的决定》（以下简称《决定》），是进行法制教育的重要内容。常委会采取了例会学习作出决议、参加学习《决定》的广播讲座、召开部分代表座谈会、向代表发信等形式，组织对《决定》的学习贯彻。去年 3 月份，常委会又组织力量，到 7 个县区，就学习《决定》问题进行了专题调查，形成了调查报告。报告充分肯定了前段的工作成绩，针对存在的问题，提出了工作建议，指导了学习贯彻《决定》活动的深入开展。

为了监督法律实施，去年以来，常委会根据改革、建设的需要，先后听取了市农委关于贯彻实施土地管理法和关于贯彻实施渔业法情况的汇报，市环保局关于贯彻实施环境保护法情况的汇报，市教委关于贯彻实施义务教育法情况的汇报，市标准计量局关于贯彻实施计量法情况的汇报，市工商局关于市人大常委会所作经济合同法决议贯彻执行情况的汇报。每听取一项汇报，主任会议都事先学习有关法律，组织进行调查，研究提出深入贯彻实施法律的建议。有关副主任和委员依据调查的情况在例会上作审议发言，形成比较系统的审议意见。经过审议，常委会作出了关于进一步贯彻实施环境保护法的决议，关于认真贯彻实施土地管理法的决议。对不作决议的议题，也将委员们的审议情况和所提建议加以综合整理，交由“一府两院”研究贯彻。在审议中，委员们对政府部门的执法工作表示满意。要求市政府和有关部门更加自觉地坚持“两手抓”的指导方针，转变政府管理职能，运用法律手段调整经济、社会关系；加强对有关法律的宣传教育，提高干部群众、特别是领导干部的法制观念，严格依法办事，把各项工作纳入法制轨道；支持有关部门行使法律赋予的职权，解决好影响法律实施的工作条件等方面的实际问题。通过听取审议汇报，监督、支持了政府部门的执法工作，推动了法律的贯彻实施。

常委会还采取视察、调查的形式，检查法律实施和执法部门的工作情况。对涉及面广、与生产建设密切相关的法律，做到调查研究、例会审议、组织视察“三管齐下”，强化监督工作。去年 1 月 1 日起施行的《中华人民共和国土地管理法》，是关系巩固发展农业战略基础的重要法律。从实际情况看，土地使用管理中的违法现象也比较严重。为了推动这一法律的实施，常委会于 4 月份组织了调查研究，形成了调查报告。在 5 月份召开的第二十四次例会上，听取了市政府关于宣传贯彻实施土地管理法情况的汇报，作出了相应的决议。6 月份，又组织委员、代表及政府部门的同志 20 多人，分 2 个组，重点视察了 4 个县市、8 个乡镇、20 多个村庄和厂企单位。这次视察采用全面发动、广泛自查、重点抽查的方法，引起了各级领导的重视，效果比较明显，为土地管理法的实施打下了基础。公安、检察、法院是重要的执法机关。去年 6 月份，两位副主任带领部分代表及有关机关的同志，对市和潍城区公安、检察、法院机关及潍北劳改支队等 9 个单位自 1983 年开展“严打”斗争以来的学法、执法情况进行了视察。听取了各机关和单位的工作汇报，察看了看守、拘留、劳改场所，审阅了 20 份刑事申诉案卷。视察后认为，近几年，各级公安、检察、法院机关学法、执法的情况是好的，为保卫四化建设作出了贡献。同时提出了深入学法、严格执法、加强社会治安综合治理等方面的建议。

此外，常委会组织有关部门和县市区，对全国和省人大常委会印发的乡镇企业法、大气污染防治法、水法和山东省贯彻土地管理法实施办法等法律法规草案，进行了座谈讨论，广泛征求了意见，及时作了整理上报。

二、关于对政府和法院、检察院的监督工作

听取审议政府和法院、检察院的工作报告，是常委会开展监督工作的最基本和最常用的形式，也是对地方国家机关工作的支持和促进。常委会依据法律规定的职权，先后听取了市计委关于上半年国民经济和社会发展计划执行情况的汇报，市财政局关于上半年财政收支预算执行情况的汇报，市民政局关于农村五保工作和残疾人福利生产情况的汇报，并作出了相应的决议，市司法局关于律师公证工作情况的汇报，市科委关于科技工作情况的汇报，市公安局关于社会治安工作情况的汇报，市中级人民法院关于民事审判工作情况的汇报。在审议中，委员们充分肯定了市政府及有关部门和市中级人民法院所做的工作，表示同意各项工作汇报。并且指出，市政府和市中级人民法院要进一步贯彻市十届人大四次会议的决议，紧紧抓住深化改革这个中心环节，落实完善各种形式的经济承包责任制；加强对经济的宏观控制和协调管理，组织好商品经济“大合唱”；广泛深入地开展“双增双节”运动，不断提高经济效益；必须把科技工作放在战略重点的位置，加大工作措施，增加财力投入；全社会都要关心农村五保和残疾人福利事业，改善他们的生产、生活条件，努力形成尊老助残的良好社会风尚；各执法机关和单位要充分发挥职能作用，依法处理各种社会矛盾，维护安定团结的政治局面，为改革、建设创造良好的秩序。

为了提高例会的审议水平和监督效力，常委会总结几年来的经验，加强了例会的组织工作，逐步建立健全了权力机关的监督机制。一是选准议题。在确定议题时，注意围绕宪法和法律的贯彻执行、党委的中心任务、人大及其常委会所作决议的贯彻执行、广大人民群众普遍关心的问题来安排。尤其注意与党委的中心任务和政府致力抓的工作相一致，使几个机关为了共同的目标，从不同的角度开展工作，形成一股“合力”，促进和保证中心任务的完成。去年审议的事项，多数体现了这个精神。二是调查研究。把调查研究作为例会监督的必经程序、先行程序，使之制度化。先后对计划执行、财政收支预算执行、农村五保工作和残疾人福利生产、律师公证、科学技术、民事审判、社会治安等项工作进行了调查研究，均形成了书面材料。这些材料都报告市委，印发委员，使委员对审议事项做到心中有数，提高了常委会的科学决策水平。三是组织好审议。在小组审议的基础上，坚持联组审议的做法，并强调主任、副主任带头发言。这样，既有利于审议的深化，又可使“一府两院”列席人员全面了解审议的情况。四是检查决议实施。加强了信息反馈和工作环节上的衔接，形成常委会、主任会议、工作委员会不同层次的决议实施检查体系，以发挥决议的应有作用。

在监督工作中，常委会还先后围绕开展“双增双节”运动、增强农业发展后劲、小清河和弥河水质污染、城市管理、公路建设、农村卫生体制改革、发展城区教育、乡镇企业、城市建设计划安排等事项组织了调查或视察，提出了有针对性的建议。开展“双增双节”运动，是党中央、国务院关于经济工作的一项重大战略决策。去年3月下旬，常委会部分委员，先后到市直部门和8个厂企单位进行了调查，总结了这些单位开展“双增双节”运动的经验，提出了进一步发动群众、讲求经济效益、处理好几个关系、狠抓措施落实4个方面的建议。市委办公室将这次调查形成的调查报告在《情况通报》上作了登载，指导了全市“双增双节”运动的开展。去年中央5号文件下达后，围绕如何贯彻这一文件、增强农业发展后劲问题，常委会与有关部门的同志进行了调查研究，提出了采取6项措施、增强农业六大能力的建议，报告市委，并通报政府部门参阅。另外，在日常，主任会议、有关工作委员会还经常听取政府部门的工作汇报，掌握情况，提出建议。

九个多月来，常委会依法批准和决定任命了市人大常委会、市政府、市中级人民法院、市人民检察院的36名国家工作人员的职务，免去了4名工作人员的职务。在工作中，对提请任命的人员大都进行了必要的审查把关，对个别人选延缓了任命。提请任命时，安排被任命的政府工作人员到会与委员见面。坚持了无记名投票表决的方式。凡属常委会任命的人员，大都举行颁发任命书仪式，向被任命者提出希望和要求，被任命者也发言表明任职态度。这些做法，在人事任免工作中体现了民主的要求，有利于提高被任命者的民主意识和法制观念。

处理人民来信来访，并把监督工作渗透其中，也是常委会着重做好的一项工作。去年以来，共受理人民来信来访604件（次），已处结591件（次），占受理总数的97.8%。为了处理好来信来访，主任，副主任、秘书长坚持阅批接待制度，共批办信访案件193件（次），占受理总数的32%。同时采取积极措施，督促有关部门查处，或者直接组织查办。有些案件在办结后，安排人员对来信来访者进行回访，征求意见。还注意抓好上访苗头和重复信访，通过说服教育，防止了2起重大信访案件的发生，得到了省人大常委会办公厅的好评。

三、关于组织代表参政议政工作

人大代表担负着代表人民行使管理国家权力的重要使命。代表积极参政议政，是发展民主政治的要求，也是代表的首要职责。为了支持代表充分发挥作用，常委会在指导思想上，注意组织代表参与地方国家事务的管理，指导代表开展活动，解决代表提出的问题，协助政府推行工作，引导代表工作向着求实、求新的方向发展。

组织代表评议政府工作，让代表与政府成员开展民主对话，是常委会在代表工作方面的新的尝试和发展。去年7月，常委会与市政府商定，郑重邀请14位市人大代表和全国、省人大代表各1人，参加了市政府全体会议，对政府工作进行了评议。代表们在发言中，肯定了政府上半年的工作，指出了缺点和不足，提出了27条建设性的意见，其中，属加强民主与法制建设方面的4条，经济建设和改革方面的15条，教育卫生方面的6条，转变政府管理职能方面的2条。会上，代表们畅所欲言，2位副市长态度诚恳，气氛民主活跃、团结融洽。代表们反映，政府虚心听取代表的意见，体现了社会主义民主的优越性，也体现了政府决策民主化水平的不断提高。之后，各县市区、乡镇政府在召开全体会议时，大都邀请部分代表参加，从而提高了领导机关活动的开放程度，在全市开创了民主评议政府工作的政治风气。去年3月份，部分代表就潍坊城市建设的两项工程反映了一些情况。主任、副主任向市委的同志作了汇报，与市政府的同志进行了商讨，确定召开一次市长、代表专题民主对话会。会上，政府有关部门介绍了两项工程的情况，代表们反映了工程给部分单位和群众带来的生产、生活等方面的实际问题，主持工作的副市长实事求是地回答了代表们提出的问题，表示抓紧研究政策，尽快加以解决。这次民主对话会，有效地增进了代表与政府之间的相互了解和信任。代表们表示要加强宣传教育，支持市政府的工作和城市建设。市政府会后接着召开了现场办公会和有关部门协调会，研究了解决问题的政策措施。这样，既维护了有关单位和群众的切身利益，又保证了工程的顺利进行。

加强代表小组和代表联系组的建设，指导好这些组织的活动，对于搞活整个代表工作，至关重要。去年五、六月份，常委会组织力量，深入基层，总结代表小组和代表联系组的经验。在县市区人大常委会的协助下，总结了15份典型材料，其中，属代表联系组的5份，代表小组的4份，代表小组长的4份，人大常委会和政府部门的各1份。常委会把这些材料汇编成册，印发各代表联系组和代表小组，并且要求各代表组织认真学习借鉴这些经验，进一步健全工作制度，组织好代表组的活动。通过这项工作，提高了代表工作的组织性和计划性，收到了较好的效果。

市十届人大四次会议期间，代表们向大会提出议案30件，建议、批评和意见（以下简称建议）110件。经大会议案审查委员会审查，并经大会主席团决定，作为议案处理的8件，其中大会办结的1件，其余议案作为代表建议处理。这样，代表建议总数为132件。大会闭幕后，常委会和市政府召开了联席会议，落实了办理部门和单位，提出了办理的要求。主任会议多次分析办理工作的进展情况，采取和加大了督办措施。对一些办理进度快、效果好的典型，及时印发转载。对办理不够认真和答复意见与实际情况不相符的，责成有关部门重新进行办理。8月份，常委会采取召开座谈会、走访、发函联系等形式，广泛征求代表对建议办理情况的意见，并组织人员到部分县区抽查了26件建议的办理情况。各有关工作委员会对七项议案办理情况也逐项进行了审查。常委会在第26次会议上，听取了市政府关于代表议案和建议办理情况的汇报，作出了关于市十届人大四次会议七项议案问题的决议。决议指出，市政府在办理议案中做了大量工作，议案中提出的问题，有的已经解决或正在解决，决定对七项议案不再提交下次人代会列入议程，由市政府继续解决好议案中提出的问题。对办理代表建议的工作，委员们在审议中表示满意。要求政府部门进一步重视代表所提建议，坚持领导动手，落实承办人员，讲求办理质量，凡属代表提出的合理的建议，都要务求落实，以体现政府对人民负责的法律原则。从政府部门来看，市长、副市长亲自阅批代表议案和建议，秘书长和办公室主任具体负责检查督促。对重要议案和建议，市政府常务会议研究了办理意见。市政府召开了承办部门负责人会议，检查办理进度。许多部门的同志还登门向代表汇报建议办理情况，征询代表的意见。经过各方面的努力，代表所提建议已于去年9月份全部办结。在闭会期间，常委会还收到代表建议54件，及时转交政府部门研究办理，现已办结49件，办结率为91%。

在日常工作中，常委会继续抓了代表持证视察工作的完善，总结推广了一些典型经验。每个季度都向代表下达活动计划，提出代表活动的内容和要求。组织全体或部分代表开展了对贯彻执行《中华人民共和国食品卫生法》和土地管理法、办理代表建议、普法工作等情况的视察。在普法视察中，吸收了所到县市区的32位代表参加视察。还就学习党的十三大文件等重大事项向代表们发了信。主任、副主任、委员坚持走访联系代表的制度，利用专门走访和下去调查等机会，联系代表386名，占代表总数的54.3%。此外，还组织了全国、省人大代表的观察活动，加强了与他们的联系。

四、关于联系指导县乡人大的工作

去年4月份，全市完成了县乡人民代表大会的换届选举，有8个县市区人大常委会选举产生了新的主任，各乡镇人大主席团也较普遍地设立了专职常务主席。如何使县乡的同志适应新的形势、任务的要求，尽快实现思想、工作、作风的转变，保持和推进全市人大工作的发展势头，是常委会面临的重要任务，也是一项具有重大意义的工作。9个多月来，常委会在这方面投入了较多的力量，收到了明显的效果。

一是召开县市区人大常委会主任座谈会。为了开好这次会议，常委会组织力量，到部分县市区进行调查研究，帮助总结典型材料。7月上旬在潍坊召开了这次座谈会。各县市区人大常委会主任和办公室主任参加会议。会上，连选连任的主任介绍了经验体会，新当选的主任谈了感受和打算。市委书记王树芳、市人大常委会主任于成凤、主持工作的副市长于潮到会讲了话。会议采取电话传送的形式，把收听范围扩大到市直各部门的负责同志和各县市区委书记、人大常委会副主任、县市区长、法院院长、检察院检察长及有关部门的负责同志，共计200多人。这次会议时机得当，领导重视，规模、影响较大。与会同志反映，各县市区的发言各有特点，经验丰富，体会深刻，听了深受启发。市委领导同志到会讲话，并且组织县市区委书记和有关机关的负责同志收听，这对人大工作是强有力的领导和支持。通过这次会议，进一步明确了形势和任务，弄清了人大工作的一般特点和规律，坚定了做好人大工作的信心。会后，各县市区采取多种形式，结合实际传达贯彻了会议精神，扩大了人大工作的宣传教育，推动了人大工作的持续、健康发展。

二是建立县市区人大常委会工作联系会议制度。常委会确立这项制度，主要鉴于以下三种因素：(1) 各级人大常委会之间由于缺乏适当的组织形式，上下纵向联系不够密切。(2) 县市区的人大工作发展很不平衡，需要加强横向的联系交流。(3) 全市对人大工作的研究探讨是一个薄弱环节。针对上述情况，常委会拟定了召开县市区人大常委会工作联系会议的实施办法，广泛征求意见，得到了县市区的一致赞同。到目前已经开了两次联系会议，效果都很好。去年 3 月份，各县市区正在筹备召开换届后的第一次人代会。常委会与市的换届选举工作试点单位寿光县人大常委会商定，在寿光召开了第一次联系会议。会议就召开人代会的指导思想、议题安排、报告的起草和审议、差额选举、办理质询案、抓好决议实施、办理代表建议、主席团的设立等问题，形成了一致意见，以会议纪要形式印发。经过这次会议的讨论研究，各县市区换届后的首次人代会，都开得民主团结、富有成效。去年 11 月份，常委会根据党的十三大精神，经与监督工作开展比较好的诸城市人大常委会商定，在诸城召开了第二次联系会议。会议集中讨论了如何贯彻党的十三大精神，适应改革、开放的新形势，完善强化人大常委会的监督职能问题。会议形成的会议纪要，对监督工作的思想认识、监督形式、工作方法以及需要处理的几个关系等，都作了较全面的阐述。会后，各县市区借鉴外地经验，改进、提高了自己的监督工作。实践证明，建立工作联系会议制度，是适合人大工作的特点和要求的。

三是召开乡镇人大工作座谈会。乡镇人大主席团设立专职常务主席，在我市是一件新事物、新工作。为了使乡镇人大工作更好地适合地方组织法的要求，尽快建立起工作的正常秩序，主任会议反复学习了有关法律，并组织带领机关干部到各县市区和部分乡镇进行调查，然后作了综合分析研究，形成了较为科学合理的意见。9 月中旬，在寿光县召开了座谈会。各县市区人大常委会主任或副主任、部分乡镇的同志参加会议。于成凤主任主持会议，市委副书记孙嘉炼作了讲话。寿光县委、人大常委会等 19 个单位和个人作了典型发言。每位副主任从 5 个方面讲了主任会议研究的意见。通过这次会议，回顾了全市乡镇人大工作的情况，总结交流了经验，明确了乡镇人大主席团的性质、地位和作用，研究了乡镇人大工作的职责范围和方式方法。与会同志反映，这是一次打基础的会，开局面的会，大交流的会，大鼓劲的会。通过这次会议精神的传达贯彻，有力地促进了乡镇人大的工作和建设。全市 291 处乡镇，已有 257 处配备了专职常务主席，其余 30 多处也确定了兼职干部，并提供了必要的办公条件。现在，乡镇人大工作已全面开展起来了。

除上述工作外，主任、副主任、委员还经常到县市区同人大常委会的同志进行座谈。每召开常委会例会，都邀请县市区人大常委会的负责同志列席。运用《潍坊人大工作》《参阅件》等刊物，及时转载和印发外地人大工作动态及本市的经验。各县市区和基层的同志反映比较好。

五、关于市、县乡人大的换届选举工作

从 1986 年年底到现在，市和县乡人民代表大会相继进行换届选举。主持和指导各级人大换届选举，是法律赋予人大常委会的重要职责。常委会注意从政治体制改革的角度，考虑和安排指导这项工作，坚持和完善了民主选举制度，圆满

完成了市和县乡人大的换届选举任务。

对县乡两级人民代表大会的换届选举，常委会在原有工作的基础上，从去年3月下旬以来，又着重抓了代表的民主选举。反复强调并坚持做到：一是保障选民按照自己的意愿行使民主选举权利，同时反对搞超出法律规定的绝对民主；二是对各选区不硬性规定所选代表的比例，放手发动选民提名推荐代表候选人，对各方面提出的人选平等对待，一并列入代表候选人名单，交由选民酝酿；三是既注意所选代表的广泛性，又特别要求提高代表的素质；四是实行差额选举，不论哪个方面提出的代表候选人，均以选举结果为准。对个别地方在选举工作中发生的违法现象，及时督促有关单位作了纠正。据统计，全市参加投票选举的选民505万多人，参选率为93.4%。第一轮提出的县乡代表候选人，分别为应选代表的8.1倍和4倍，使选民有较大的选择余地。选举结果，各界代表比例基本合理，代表素质好于往届，能够更好地适应改革建设和民主政治的需要。对县乡人大换届后的第一次会议，常委会运用以点带面和县市位人大常委会工作联系会议的办法，加强了具体指导。从召开人代会的情况看，都严格履行了法定程序，完成了大会的各项任务。新选出的县市区人大常委会组成人员和县乡政府领导成员，平均年龄下降，文化程度提高。常委会在第二十四次会议上，听取了关于县乡两级人民代表大会换届选举工作情况的汇报。委员们对这项工作给予了肯定，并就进一步总结积累经验，完善民主选举制度等提出了建议。在换届选举工作中，常委会还根据市委的要求，致力抓了乡镇人大主席团专职常务主席的设立和对这方面工作的指导。

选举市十一届人民代表大会代表，筹备召开市十一届人大一次会议，是在我市贯彻党的十三大精神，加强地方政权建设的一件大事。常委会把主持这次换届选举作为去年下半年以来的重要工作，进行了安排部署。主任会议研究制定了换届选举工作意见，向市委作了汇报。常委会第二十六次会议，作出了关于潍坊市第十一届人民代表大会代表名额和选举问题的决定；第二十七次会议又根据省人大常委会的要求，作出了关于增加潍坊市第十一届人民代表大会代表名额的决定。还先后多次召开县市区有关领导同志会议，听取工作情况的汇报，就工作中遇到的一些事宜进行研究安排。代表候选人经过了由下而上、由上而下的反复酝酿协商，广泛征求了各方面的意见。各县市区按照常委会的决定，在去年12月10日以前召开了人民代表大会，依法选出了市十一届人大代表。中国人民解放军驻潍部队也依法选举了市十一届人大代表。各选举单位都严格执行了选举法的规定，做了深入细致的工作，充分发扬了社会主义民主，广大代表和人民群众比较满意。常委会在第二十八次会议上，听取了关于市十一届人大代表选举工作情况的汇报；审议了代表资格审查委员会关于市十一届人大代表资格的审查报告，确认各选举单位选出的六百四十七名代表资格全部有效；审议了关于市十一届人大一次会议筹备工作情况的汇报，作出了召开会议的决定。

本届当选的市人大代表主要有以下几个特点：一是，广泛的代表性。代表中有各民主党派和无党派人士，有各人民团体和科技、文教卫生、新闻出版、宗教、归侨等社会各界的代表人物。二是，具有先进性。一些在改革和建设中做出贡献的先进人物被选为市人大代表。三是，文化水平提高。代表中具有大专以上文化程度的占25.3%，比上届提高了1.5%。代表年龄结构也有了较大改善。这为提高本届人大的参政议政水平，更好地代表人民行使当家作主的权利，打下了良好的基础。

前段时间，常委会还组织开展了本次大会的筹备工作，拟定了筹备工作实施方案，成立了筹备工作领导小组，组建了筹备处。筹备处各组明确职责，积极开展了工作。常委会多次检查筹备进展情况，研究解决工作中遇到的问题。

同时，本着有利于发扬民主和改革的精神，对大会活动作了一些改进。一是，将政府工作报告在会前发给代表，以便代表更有准备地到会上进行审议。二是把代表建议、批评和意见纸在代表当选后发给代表，让代表及早提出对地方国家机关工作的建议。代表建议收集上来后，转交政府部门研究办理，尽量在大会期间答复代表。这对提高工作效率和大会的实效性，都是非常必要的。

在进行市十一届人大换届选举工作的同时，常委会会同有关机关和县市区，经过反复酝酿，依法推荐了我市出席七届全国人大的代表候选人预备名单。提出了我市出席省七届人大的代表候选人名单，将推荐给本次会议。

六、关于加强常委会自身建设的工作

学习贯彻党的十三大精神，是全党全国人民政治生活中的一件大事，也是加强常委会自身建设，做好人大工作的重要思想武器。党的十三大以来，常委会把学习贯彻赵紫阳同志的报告作为大事，从地方国家权力机关的特点出发，开展了一系列活动。一是，召开了部分委员和人大代表学习十三大报告座谈会。参加会议的主任、副主任、委员 20 人，全国、省人大代表各 1 人。党的十三大代表、市委书记王树芳到会作了重要发言，并对人大工作提出了要求。委员、代表们在会上畅谈了学习体会，表示要以十三大精神为指导，做好各方面的工作。二是，在常委会第二十七次会议上，组织委员收听了关于十三大报告的辅导讲话录音，学习了报告原文，在小组讨论的基础上，进行了联组讨论。许多委员在联组会上发了言，于成凤主任讲了主任会议关于学习贯彻十三大精神、加强人大常委会工作和建设的意见。三是，根据十三大报告的要求，主任会议拟定了加强常委会机构建设的意见，由参加省人大工作座谈会的副主任作了汇报交流。按照省人大常委会和兄弟市的做法，对这个意见作了进一步的修改，并向市委作了汇报，准备有计划地组织实施，以健全强化常委会的组织机构，更好地担负起发展社会主义民主、健全社会主义法制的任务。四是，为了紧密联系实际学习贯彻十三大文件，常委会各工作委员会根据各自的分工和权力机关的特点，拟定了题目，开展了调查研究，努力把十三大精神与潍坊的市情结合起来，创造性地进行贯彻。目前，学习贯彻十三大精神的工作正在常委会及其机关中深入进行。

经过几年来的实践，常委会在工作中积累了一定的经验。对这些经验进行理论的总结和概括，或者加以制度化、规范化，使之成为人大工作的宝贵精神财富，是常委会进行的一项重要工作。比如，为弄清乡镇人大主席团的性质、地位和作用，常委会坚持深入学习法律，并把回顾历史和研究现实结合起来，把外学和内创结合起来，形成了新的思想观点，使其既符合法律规定的原则，又符合现阶段的实际情况。这对指导全市乡镇人大工作起到了重要作用。一位副主任就这个问题在全国人民代表大会制度理论讨论会上发了言，得到了与会同志的赞同和好评。在常委会机关中，大力提倡了学习理论、研究工作的风气，写出了一些理论研究文章，其中有 2 篇被省人大常委会《工作通讯》采用转载。再是，根据工作的需要，经过反复讨论修改，机关制定了常委会会议规范和秘书、人事任免、信访等项工作的规范，使常委会及机关工作进一步做到了有章可循和制度化。

为了提高和统一干部群众对人大工作的思想认识，常委会在强调自身振奋精神、奋发有为地开展工作的同时，继续加强了关于人大工作的宣传教育。去年，市委领导同志几次在县乡领导骨干中宣讲人大工作，要求各级干部尊重人大的法律地位，支持人大工作对常委会开展的重要活动，及时组织力量撰写稿件和其他文字材料，进行广泛宣传。各新闻单位采用稿件 178 篇，比 1986 年增加 33 篇。其中，全国性新闻单位采用 6 篇，省级新闻单位采用 40 篇。全国和省人大常委会刊物转发摘登的材料14份。目前看，常委会开展的重大活动，干部群众能够及时了解，人大工作的重大意义和作用，也正被越来越多的干部群众所认识。

加强与外市的工作联系，做到兼收并蓄、博采众长，对于丰富自己、开拓创新，具有重要的现实意义。常委会继续与78个兄弟市人大常委会进行文件材料的交流，接待了62批外市人大常委会的来访，并且派出人员到青岛、烟台、威海、东营等市学习。对各种渠道输入的人大工作经验和动态、信息，及时编入《潍坊人大工作》和《参阅件》，发给常委会成员和县市区人大常委会参阅，受益匪浅。如去年建立的县市区人大常委会工作联系会议制度、组织代表评议政府工作的活动等，就是借鉴了外地的经验。今后，常委会将继续坚持开放的原则，有选择地与一部分地市保持联系，瞄准人大工作的先进水平，不断开拓前进。

在机关建设方面，去年八、九月份，还开展了防止和克服官僚主义的“自学、自查、自改”活动，组织干部认真学习了有关文件，向市级机关和各县市区征求了意见，找出了工作中存在的问题，研究制定了整改措施，并付诸实施，使机关干部的思想和工作作风有了进一步的转变，工作效率也不断提高。

总之，市十届人大四次会议以来，常委会依据法律做了一些工作，并取得了一定的成绩。但是，工作中也还存在一定的问题，特别是按照党的十三大精神对照检查，在思想认识、法制建设、监督工作和机构人员等方面，都还存在一些薄弱环节，需要认真改进加强。

党的十三大报告中指出：“近年来，各级人大的工作取得了很大进展。”这个结论完全符合潍坊的实际。经过近四年的实践，市十届人大常委会的各项工作已经迈出了可喜的一步，并正在走向全面发展的轨道，在实现地方政治生活民主化的进程中，也正在发挥着越来越重要的作用。最近召开的党的十三大，为人大的工作和建设注入了新的活力，成为人大工作继续前进的新的起点。现在，市十届人大常委会的历史使命已经完成。这次会上将选举产生市十一届人大常委会。完全可以相信，新的市人大常委会一定会认真贯彻十三大所确定的党在社会主义初级阶段的基本路线和方针、政策，认真贯彻宪法和法律，在市委的领导下，履行法律赋予的职责，充分发挥人民代表大会制度的优越性，组织带领全市人民，坚持一个中心、两个基本点，按照经济建设的发展战略，深化各项改革，大力发展社会生产力和社会主义商品经济。同时着眼于实效和调动基层、群众的积极性，加快社会主义民主政治的建设。不断完善人大及其常委会的各项职能，更好地代表人民行使管理地方国家事务的权力。扩大民主对话渠道，组织代表参政议政，做到重大情况让人民知道，重大问题经人民讨论。进一步完善民主选举制度，提高选举的民主程度。坚持把法制建设贯穿于改革和经济建设的全过程，用法制保障改革、建设的秩序，促进改革、建设的发展。以实际行动，为建设有中国特色的社会主义的宏伟事业，作出积极的贡献。

潍坊市人民代表大会常务委员会工作报告（摘要）

——1993年3月12日在潍坊市第十二届人民代表大会第一次会议上

潍坊市人民代表大会常务委员会主任　于　潮

一、市十一届人大第五次会议以来常委会的工作情况

过去的一年，常委会在市委的领导和省人大常委会的指导下，认真学习贯彻邓小平同志南巡谈话和中央政治局全体会议精神，认真学习贯彻党的十四大精神，解放思想，转变作风，积极履行宪法和法律赋予的各项职权，为促进全市改革开放和经济建设的发展发挥了应有的作用。

（一）深入学习贯彻邓小平同志南巡谈话和党的十四大精神，进一步确立了新形势下人大工作的指导思想。邓小平同志南巡谈话的发表和党的十四大的召开，是我国建设有中国特色社会主义进程中具有重要现实意义和深远历史意义的两件大事。常委会主任会议十分重视邓小平同志谈话和十四大报告的学习贯彻，紧密联系实际，及时作出安排，并强化了组织工作。一是主任会议反复进行了学习，研究如何搞好学习贯彻的意见。二是分别把学习谈话和报告作为常委会第二十五次会议和第二十九次会议的议题，组织委员们集中进行了学习讨论。三是分别就学习贯彻谈话和报告向市人大代表发了信，提出了明确的要求。四是先后召开了县市区人大常委会工作联系会第十一次、第十一次会议，重点对如何学习贯彻谈话和党的十四大精神，充分发挥人大职能，进一步做好人大工作等问题进行了座谈研讨。五是，组织机关干部采取多种形式进行了学习讨论。

通过对邓小平同志南巡谈话和党的十四大精神的学习贯彻，常委会主要解决了以下几个问题：一是进一步解放了思想，克服了“左”的和旧的思想观念的束缚，初步树立了与建立社会主义市场经济体制相适应的新观念。二是用建设有中国特色社会主义理论武装了头脑，明确了九十年代的十大任务及方针措施，坚定了夺取有中国特色社会主义事业更大胜利的信心。三是明确了加快改革开放和经济建设新形势对人大工作的新要求，提出了人大工作更好地服从和服务于经济建设的思路及实施意见，确定了一定时期的工作重点，并积极地组织了实施。

（二）围绕加快改革开放和经济建设，突出抓了几个方面的重大事项。过去的一年，是全市改革开放和经济建设迈出新步伐的一年。一年来，常委会坚持抓大事、议大事的原则，认真贯彻党的基本路线，坚持把解放和发展社会生产力，加快改革开放和经济建设的步伐，作为人大工作的立足点和根本任务，突出抓了五个方面的工作：

一是突出了对农业和农村工作的监督。农业是经济发展、社会安定、国家自立的基础。常委会根据党的十三届八中全会精神，把农业和农村工作当作工作重点来抓。第二十九次会议听取审议了市政府关于农业和农村工作情况的汇报。会议强调，各级政府要高度重视农业，树立大农业观念，全面贯彻党的农村政策，深化农村经济体制和经营机制的改革，全面振兴农村经济。第二十八次会议听取审议了市政府关于乡镇企业发展

情况的汇报。会议要求进一步深化乡镇企业改革，积极推行股份合作制，促进技术进步，加强企业管理，增强发展后劲。为了解决农民负担过重的问题，常委会去年继续狠抓了减轻农民负担工作。在进行调查研究的基础上，于四、五月份对国务院和省人大常委会关于农民负担管理“两个条例”的贯彻实施情况进行了视察，并把视察情况向市委作了专题汇报。市委对此非常重视，决定以市委办公室文件转发了这次视察形成的报告，要求各级认真执行“两个条例”，切实减轻农民负担。

二是突出抓了对企业法和企业转换经营机制条例的监督实施。根据省人大常委会的决定精神，常委会对企业法和国务院后来发布的《全民所有制工业企业转换经营机制条例》的贯彻实施情况进行了监督检查。去年6月，组织对市直2个部门、9个企业贯彻实施企业法的情况进行了调查。尔后又组成5个视察组，对市政府及其8个行政部门和市直20个企业贯彻实施企业法的情况进行了视察。在此基础上，常委会第二十七次会议听取审议了市政府关于贯彻实施企业法情况的汇报，并作出了《关于深入贯彻实施企业法的决议》。国务院发布施行《全民所有制工业企业转换经营机制条例》以后，主任会议立即进行了学习，研究了督促贯彻的意见。常委会第二十九次会议听取审议了市政府关于贯彻实施条例情况的汇报。会议认为，企业转换经营机制条例同企业法一样，都是企业改革的重要法律保障，要求市政府进一步强化措施，依法推进企业改革的深化，保障企业的合法权益，按照社会主义市场经济规律办好企业。

三是突出抓了扩大对外开放和住房制度改革。进一步扩大对外开放，是更好地利用外部条件，加快潍坊市现代化建设步伐的重大措施。常委会第二十六次会议听取审议了市政府关于对外开放情况和今后意见的汇报。委员们在审议中提出，要进一步解放思想，更多更好地利用国外资金、技术和管理经验，加速我市经济参与国际竞争和交流的步伐等建议。会议还就各级人大及其常委会充分发挥促进保障作用、大力推进对外开放工作作出了决议。去年7月，常委会对涉外法律法规的实施情况进行了一次较大规模的视察；在第二十八次会议上，听取审议了潍坊海关关于贯彻实施海关法情况的汇报，促进了外经外贸工作的依法办事。城镇住房制度改革是关系千家万户的一件大事。为保证这项改革的顺利进行，常委会参与了全市城镇住房制度改革实施方案的制定、讨论，并做了一些调查研究工作。常委会第二十八次会议听取审议了市政府提出的潍坊市城镇住房制度改革实施方案，作出了原则批准这一方案的决定。

四是突出抓了科技事业的发展。科学技术是第一生产力。大力发展科技事业，是振兴经济的必由之路。在去年工作中，常委会积极支持市政府建设高新技术产业开发区，在第二十七次会议上听取审议了市政府关于开发区建设情况的汇报，提出了明确发展方向、搞好总体规划、加强领导协调等建议，推动了开发区建设的发展。

五是突出抓了大力发展第三产业。加快第三产业的发展，对于加速我市经济发展，调整产业结构，都具有重要作用。常委会认真学习贯彻党中央、国务院和各级党委关于发展第三产业的决定和指示，组织部分委员和代表对发展第三产业的情况进行了视察。常委会第三十次会议听取审议了市政府关于发展第三产业情况的汇报。会议要求市政府充分发挥各方面的积极性，大力兴办第三产业，尽快提高第三产业在全市国民生产总值中的比重。

除上述事项外，常委会还围绕改革开放和经济建设，就加强预算外资金管理，贯彻实施文物保护法、《中华人民共和国食品卫生法》和省计划生育条例，打击制售假冒伪劣商品行为，环境保护，城市综合开发，济青公路建设等事项，进行了监督检查，推动了上述工作和工程建设的进展。

（三）认真贯彻“两手抓、两手硬”的方针，推动社会主义法制建设。加强社会主义法制建设，是适应社会主义市场经济新体制的需要，也是常委会的重要任务。一年来，常委会认真贯彻党中央关于“一手抓建设，一手抓法制”的方针，着重做了四个方面的工作：

第一，加强了对法制教育和依法治市工作的监督指导。去年是“二五”普法的第二年。年初，常委会认真分析了“二五”普法的形势任务，与市政府一起召开了全市政法工作会议，对“一五”普法情况进行了回顾，对“二五”普法和依法治市工作进行了部署。常委会第二十六次会议听取了市政府关于1991年普法教育依法治市工作情况和1992年工作意见的汇报。会议要求各级政府坚持以宪法为核心，突出搞好专业法律法规的学习贯彻，推进普法教育和依法治市的不断深化。常委会第二十七次会议还听取审议了市政府关于贯彻实施行政诉讼法情况的汇报。委员们强调，各级各部门必须严格依法行政，努力提高执法人员素质和执法水平。

第二，加强执法监督，保障司法机关依法独立行使职权。去年4月，市中级人民法院为了加强审判案件的执行工作，在全市部署开展了“执行会战”。对此，常委会从地方国家权力机关的角度，积极支持司法机关开展这项活动，推进严肃执法。一年来，常委会还责成司法机关依法复查申诉案件37件，其中已改处改判的6件。维护了法律的尊严和当事人的合法权益。

第三，加强了对领导骨干学法用法情况的检查督促。加强法制建设，关键是提高领导干部的法制观念，促使他们带头学法执法。常委会注意抓这一关键环节，改进完善了人事任免和监督办法。一方面，制定了“关于对被提请市人大常委会任命的国家工作人员进行法律知识考试的实施意见”。规定凡是提请常委会任命的地方国家工作人员，在任命前都要进行法律知识考试。另一方面，确定把对被任命干部学法执法情况作为述职报告的重要内容进行检查。一年来，已对提请任命的十几名国家工作人员进行了法律知识考试，常委会听取评议了9名政府组成人员的述职报告，并客观公正地向本人反馈了委员们的评议意见，督促他们依法履行自己的职责。

第四，开展了纪念宪法颁布十周年活动。去年12月4日，是我国现行宪法颁布实施十周年。常委会根据上级部署，讨论研究了开展纪念活动的意见。由一位副主任发表了广播电视讲话；在《潍坊日报》发表了纪念文章。常委会向全体市人大代表发了一封信。通过这次纪念活动，回顾总结了十年来学习贯彻实施宪法的基本情况，使干部群众进一步认识到：我国现行宪法是一部建设有中国特色社会主义的好宪法，是我们坚持党的基本路线、集中精力进行改革开放和现代化建设的根本法律保障，必须认真贯彻执行。

在法制建设方面，常委会还参与了全国和地方立法工作，先后就省保护公民举报权条例等两个法律法规提出并上报了修改意见。

（四）认真学习贯彻代表法，加强了与代表和人民群众的联系。去年4月七届全国人大五次会议通过的代表法，是一部规定各级人大代表法律地位和保障代表行使职权的重要法律。常委会着重抓了这一法律的学习贯彻。一是主任会议进行了认真的学习讨论，研究了贯彻意见。二是对市直单位和各级人大常委会学习贯彻代表法提出了要求。三是就学习贯彻代表法向全体市人大代表发了一封信。四是围绕代表法的学习贯彻，召开了部分人大代表座谈会。五是常委会第二十六次会议组织委员们集中学习了代表法，会议作出了关于贯彻实施代表法的决议。各级政府和法院、检察院对代表法的贯彻也很重视，分别提出了学习贯彻的意见。

密切与代表的联系，是常委会的一项重要职责。一年来，常委会适应新的形势，加强和改进了与代表的联系工作，引导代表们紧紧围绕改革开放和经济建设履行自己的职权，并积极为代表们开展工作提供服务和条件。常委会组成人员按照分工，走访联系全国和省、市人大代表600多名；先后吸收130多名代表参加了调查、视察活动；邀请30多名代表列席了市人大常委会会议；组织30多名代表先后对市政府和市中级人民法院、市人民检察院半年的工作情况进行了座谈评议；邀请180多名代表召开了40多次座谈会；先后就学习邓小平同志南巡谈话、党的十四大精神和企业转换经营机制条例等向代表发了九封信；通过机关刊物和新闻媒介，总结推广了100多名代表的典型经验。去年7月份，常委会召开了全市人大代表工作会议，总结交流了各级人大常委会学习贯彻代表法、开展代表工作的情况和经验，指导全市代表工作的开展。

在办理代表建议意见方面，市十一届人大五次会议以来，代表们共提出建议意见215件。经过有关机关和各承办单位的努力，目前已全部办理完毕并向代表作了答复。为了提高办理质量，常委会坚持：一是加强领导，搞好协调。主任会议多次听取办理情况的汇报，研究办理措施；对重要的和难度大的建议意见，由主任们分工抓落实。二是进一步完善办理方式。强调承办部门要变“找上门”为“请进门”，变“等上门”为“走上门”，变“文来文往”为“人来人往”，努力提高当面答复代表的比率。三是强化检查督促。常委会第二十八次会议听取审议了市政府关于市十一届人大五次会议代表议案及建议意见办理情况的汇报；还通过调查和走访代表等形式，检查代表建议意见的办理落实情况。

在信访工作方面，常委会于去年7月召开了人大信访工作会议，对各级人大常委会的信访工作进行了总结交流，并对新形势下的信访工作提出了要求。在日常工作中，坚持领导同志批信接访制度，对群众普遍关心的重大信访案件，分工专人负责，协调处理，解决了一些实际问题。去年，常委会机关共受理和转办信访案件1262件，已处结1242件，占受理总数的98.4%。其中组织协调有关部门查处25件，责成有关部门调查复议告诉、申诉案件891件，复信回访当事人908人（次）。

（五）加强组织指导，依法抓好换届选举工作。去年10月开始的各级人大换届选举工作，是全市人民政治生活中的一件大事。常委会根据党中央和各级党委、人大常委会的统一部署，坚持充分发扬民主、严格依法办事的原则，积极履行职责，加强组织指导。到目前，全市各级人大换届选举工作已基本完成。

在工作中，常委会认真学习上级有关换届选举工作的指示精神，并从实际出发，调查分析了在改革开放和发展市场经济新形势下换届选举工作的新情况，研究了工作意见。常委会第二十八次会议审议通过了全市各级人大换届选举工作安排意见，确定了换届选举工作的指导思想和方法步骤，对选举的时间安排、代表名额及分配原则、代表构成比例、人大常委会的组成和民主程序等，提出了明确要求。之后，主要抓了四个方面的工作：一是加强组织指导。常委会在实行集体领导的同时，分工几名副主任靠上抓，调整充实了选举工作机构，落实了责任。二是注重以点带面。在昌邑县及夏店乡抓了试点，先后在昌邑召开了两次全市县乡两级人大换届选举工作座谈会，总结推广了点上的经验。三是广泛开展宣传教育。通过召开会议，举办培训班，利用报纸、广播、电视、宣传栏、工作简报等多种形式，有计划、分阶段、有重点地开展了换届选举工作的宣传教育，形成了一定的声势和气氛。四是开展巡回检查，把一般号召与个别指导结合起来，促进了换届选举工作的顺利发展。

通过这次换届选举，由我市推荐、被省七届人大六次会议选为八届全国人大代表的10名。由我市选举的省八届人大代表，在前段充分酝酿协商的基础上，将在本次会议上依法选举产生。全市各级共选出代表21492名，其中市人大代表

623 名。从选举结果看，各级人大代表的构成更趋合理，体现了以工农为主体和广泛性、代表性的原则，代表素质有了明显提高。新选出的县乡两级领导班子，体现了干部队伍“四化”要求和德才兼备的原则，群体结构比较合理。常委会第三十一次会议听取了关于全市各级人大换届选举工作的情况汇报。委员们认为，这次换届选举工作是成功的，达到了预期的目的。

各位代表，一年来，常委会在工作中虽然取得了一定的成绩，但离宪法和法律赋予的职权以及广大代表和人民群众的要求还有不少差距，工作中还存在一定的问题。主要是：常委会有些成员的思想还不够解放；法律赋予常委会的各项职权，有的方面行使得不够充分；对代表的服务工作也不够全面、周到；常委会成员行使职权的能力素质还有待提高，等等。这在一定程度上影响了人大工作和建设的发展进步。

二、本届常委会工作的简要回顾和基本总结

市十一届人大常委会是 1988 年 1 月经市十一届人民代表大会第一次会议选举产生的。常委会认为，对五年来的工作作一个简要的回顾和总结，对于深入贯彻党的十四大精神，进一步完善人民代表大会制度，在改革开放和现代化建设中更好地发挥地方国家权力机关的作用，都是很有益的。

五年来，常委会在市委的领导和省人大常委会的指导下，在代表们和全市人民的监督支持下，在上届常委会工作的基础上，注意从潍坊全局和人大工作的实际出发，认真贯彻党的基本路线和方针政策及宪法法律，积极履行法律赋予的职权，使常委会的工作年年都有新的进展。本届常委会共召集了五次人民代表大会会议；召开了 31 次常委会会议，作出了 63 个决议、决定，任免了 263 名国家工作人员，有计划、有重点地开展了一些视察、调查活动，组织代表 19 次座谈评议了政府和“两院”的工作，还召开了 22 次人大工作会议。在工作中，常委会紧紧围绕党的工作中心和人民群众普遍关心的问题，坚持抓长远的、根本的、重大的事项，坚持敢于监督和善于监督的原则，突出抓了治理经济环境、整顿经济秩序；旗帜鲜明地反对动乱和暴乱，维护局势稳定；抓了对年度国民经济和社会发展计划、十年规划和“八五”计划以及财政预决算的审查批准和监督实施；开展了“潍坊人大工作十年”总结宣传活动；围绕解放和发展社会生产力，依法治理乱收费、乱罚款和乱摊派，减轻农民负担；监督企业法和企业转换经营机制条例的贯彻实施，支持搞好国有大中型企业；重视和坚持抓了农业和农村工作；监督和支持发展外向型经济；参与组织普法教育活动；通过并监督实施了“科技兴潍”战略纲要；监督义务教育法和有关环境保护、土地管理、计划生育等法律法规的贯彻实施，等等。同时，常委会加强对县乡人大工作的联系指导，改进为代表履行职责的服务工作，并在实践中不断强化自身建设。可以说，过去的五年，是常委会一心一意为改革开放和经济建设服务的五年，是推动社会主义民主法制建设及依法治市不断深入的五年，是加强人大建设、推进人民代表大会制度不断完善的五年。常委会以富有成效的工作，在全市政治、经济和社会生活中，发挥了地方国家权力机关的重要作用。

回顾五年来的工作，常委会认为体会较深的有以下六点：

第一，认真贯彻党的基本路线，紧紧围绕经济建设中心行使职权。党的“一个中心、两个基本点”的基本路线是党在社会主义初级阶段最根本的政治路线。常委会认识到，党的基本路线的核心是加快经济建设，进一步解放和发展社会生产力，以满足人们日益增长的物质文化生活需要。在工作中，常委会始终坚持以党的基本路线为指导，紧紧围绕经济建设这个中心行使职权。在五年所抓工作事项中，绝大多数是关于经济建设和改革开放的，体现了以经济建设为中心的要

求。在实践中，常委会注意探讨在改革开放和发展商品经济条件下人大工作的特点和规律，提出了人大工作应该遵循的原则和可供操作的方法。就是在抓改革开放和经济建设等重大事项方面，常委会与市委要坚持工作内容上的统一性、工作进程上的同步性、工作角度上的特殊性、工作方法上的科学性。去年以来，常委会又根据邓小平同志南巡谈话精神，提出了要围绕贯彻党的基本路线，坚持抓大事、抓重点、抓关键、抓实效、抓作风的工作思路。实践表明，人大工作之所以不断取得进展，最根本的就在于坚持党的基本路线不动摇，坚持以经济建设为中心不动摇，认真贯彻改革开放的总政策和四项基本原则，在把握住这个总的方向的前提下，积极主动地做好地方国家权力机关职权范围内的工作。

第二，不断加强对人民代表大会制度的宣传教育，增强全社会的人大意识。人民代表大会制度是我国的根本政治制度，是我们社会主义国家人民当家作主的组织形式。但是，由于种种原因，人们对人民代表大会制度的认识还很不够，影响到这一制度的坚持完善和人大工作的开展。因此，要建设有中国特色的社会主义民主政治，进一步完善人民代表大会制度，必须加强对人民代表大会制度性质地位和作用的宣传教育，把人们的思想认识统一到宪法原则精神上来。五年来，常委会在市委的领导下，抓住时机，先后八次请市委、市人大常委会、市政府的主要领导同志讲人大工作，组织党政领导骨干学习党中央关于加强社会主义民主法制建设和人大工作的指示，学习宪法和法律，统一领导骨干的思想认识。此外，采取经常性宣传与集中性宣传相结合、开辟专门阵地宣传与灵活多样形式宣传相结合、向领导骨干宣传与向全社会宣传相结合等方法，广泛开展了宣传教育活动。市里组织成立了人大工作理论研究会，建立了宣传工作网络。在办好机关刊物的同时，在《潍坊日报》和广播电台开设了“人大代表园地”和“人民代表之声”专题节目。1990 年 10 月，常委会遵照江泽民同志关于总结人大工作经验的要求，集中 3 个多月时间，在全市范围内大张旗鼓地开展了“潍坊人大工作十年”总结宣传活动。通过召开人大工作总结表彰大会和研讨会，举办人大工作知识竞赛和征文活动，录制播放电视专题片等多种形式，广泛宣传了社会主义制度和人民代表大会制度的优越性，系统地总结了十年来全市人大工作的基本经验，对人大工作进行了大总结、大宣传、大表彰，取得了明显的社会效果。现在看，人民代表大会制度正在日益深入人心，人大工作的社会环境有了明显改善。

第三，注重推进社会主义民主与法制建设，努力建设社会主义民主政治。民主和法制是现代文明国家的重要标志之一。没有民主和法制就没有社会主义，就没有社会主义现代化。常委会认识到，抓好社会主义民主与法制建设，既是建设有中国特色社会主义的内在要求，也是宪法和法律赋予地方国家权力机关的重要任务。五年来，常委会不断研究强化工作措施，努力加快民主法制建设进程。在民主建设方面，按照民主集中制原则，注重抓了人民代表大会和人大常委会“两会”机制的改进完善，制定并实施了人民代表大会议事规则和人大常委会议事规则，不断提高了“两会”的组织水平和议政质量，立足于发展基层民主，抓了对乡镇人大工作和建设的指导，培训了乡镇人大工作干部，在总结乡镇人大工作基本经验的基础上，依法制定了乡镇人大主席团工作试行办法；热情地指导了代表评议基层“双管单位”活动，为代表行使职权开辟了新的渠道。这对于推进地方国家机关工作和决策的民主化、科学化，激发人民群众的主人翁责任感，都起到了很好的作用。在法制建设方面，常委会认真贯彻“有法可依，有法必依，执法必严，违法必究”的方针，积极参与普法活动的组织领导，引导干部群众学习法律常识，自觉地执法、守法，开展依法治理和依法治市活动。同时，充分发挥法律监督职能，着重对事关政治和社会稳定、改革开放和经济建设、基本国策以及人民群众切身利益等方面的法律法规进行了监督检查，推动改革开放和现代化建设逐步走上法制轨道。

第四，密切联系人大代表和人民群众，充分发挥代表作用。江泽民同志指出，人大及其常委会是联系群众、反映民意、解决矛盾的主要民主渠道。常委会认为，密切联系代表和人民群众，既是人大工作坚持党的群众路线的具体体现，也是人大工作的根基和源泉。五年来，常委会从权力机关的性质和特点出发，把密切与代表的联系作为一项基础性工作，采取了一些扎扎实实的步骤和措施。制定了联系代表的办法，建立和完善了联系代表的“十条渠道”，主要包括：常委会成员分工走访联系代表，邀请代表列席常委会会议，加强与代表工作联系点和民意信息联络员的联系，组织代表视察、评议“一府两院”工作，开展代表联系月活动，等等。五年来，常委会平均每年走访联系代表占代表总数的 90% 以上，组织办理代表议案和建议、意见 300 件左右，受理、转办代表和人民群众信访 1000 多件。在实践中，常委会总结提出了联系代表和人民群众的四条原则，即：通过联系代表和群众，更好地实现上情下达、下情上达，增进地方国家机关同人民群众的感情；通过联系代表和群众，促进地方国家机关工作和决策的民主化、科学化，使之符合广大人民群众的根本利益和愿望；通过联系代表和群众，尊重代表和人民群众的首创精神，总结推广代表工作经验，指导实践；通过联系代表和群众，抓好代表所提建议的办理落实，多为群众办一些实事。从实际情况看，广大代表支持常委会的工作，不负人民重托，认真履行职责，以富有成效的工作赢得了人民群众的信赖和拥护。

第五，加强地方国家权力机关的自身建设，不断完善人大工作机制。进一步完善人民代表大会制度，很重要的是加强人大及其常委会的自身建设，这是进行政治体制改革、建设社会主义民主政治的客观要求和重要内容。几年来，常委会根据新的形势任务的要求，坚持理论与实践相结合、外学与内创相结合的方法，坚持不懈地抓了自身的思想建设、组织建设、作风建设、制度建设等，建立了比较完善的工作运行机制，不断提高了履行法律赋予职权的能力和水平。在思想建设方面，常委会成员坚持认真学习党的路线方针政策和宪法法律，用建设有中国特色社会主义理论武装头脑，把解放思想与实事求是统一起来，强调发挥自身的主观能动性，坚持了“观念靠干来更新，职权靠干来行使，作用靠干来发挥，局面靠干来开创”和“权力机关要有权威，首先自身要有作为”的指导思想。在组织建设方面，加强了人大专门委员会建设，设立了必要的工作机构，建立了比较精干的人大干部队伍。在作风建设方面，坚持民主集中制原则；把调查研究当作人大工作的基础和先行程序，努力做到主观与客观相统一；把改革创新和求实务实意识贯彻于人大工作，使人大工作保持生机和活力。在制度建设方面，根据宪法和法律规定以及实际工作需要，除制定了人民代表大会议事规则、人大常委会议事规则、联系代表办法外，还制定了人事任免办法、信访处理办法、专门委员会工作办法等十几项制度，在人大工作的制度化、规范化方面迈出了新的步伐。

第六，坚持依靠和自觉接受党的领导，把对党负责与对人民负责统一起来。我们党是全国各族人民利益的忠实代表，是社会主义事业的领导核心。党的领导是国家长治久安和繁荣富强的根本保证，也是做好人大工作的政治保证。五年来，市委对常委会的工作一直非常重视、非常支持，尊重常委会的法律地位，支持常委会依法行使职权，协调常委会与各方面关系，加强了对人大工作的领导，保证了人大工作的不断进步。市人大常委会始终坚持把对党负责与对人民负责统一起来的观点，自觉把人大工作置于党的领导之下，认真学习贯彻党的路线方针政策；对市委提交的需由常委会审议通过的事项，按照法定程序做好工作；凡属由常委会审议决定的重大事项，事前主动向市委请示汇报；坚持每年初向市委报告全年的工作要点和工作计划，阶段性的工作安排也及时向市委报告；对于涉及全市人大工作部署的重大事项，请市委主要负责同志到会讲话；积极完成市委安排、组织办理的事项。较好地实现了党对地方国家事务的领导，也提高了人大工作的准确性和权威性。

上述工作成绩和体会的取得，除了市委的领导和省人大常委会的指导外，与历届常委会已退下来的老同志的支持是分不开的。同时，常委会的工作也得到了各县市区人大常委会、各乡镇人大主席团以及全体代表的热情帮助和大力支持。值此，我代表市人大常委会，向支持和帮助人大工作的领导和同志们，向在人大工作岗位上退下来的老同志，向各县市区人大常委会和各乡镇人大主席团的同志，向全体人大代表，表示衷心的感谢并致以崇高的敬意！

以上是对本届常委会工作的简要回顾和基本总结。随着党的十四大精神的深入贯彻和改革开放、经济建设的加速发展，人大工作还要不断地适应新情况，研究新问题，总结新经验，使这些做法、体会在实践中不断地丰富、完善和发展。

各位代表，党的十四大提出了我国九十年代改革和建设的主要任务，其中首要的是深化经济体制改革，建立社会主义市场经济体制。与经济体制改革相适应，必须积极推进政治体制改革，使社会主义民主和法制建设有一个较大的发展。进一步完善人民代表大会制度，建设有中国特色的社会主义民主政治，是摆在我们面前的重要任务。我们应深入学习贯彻党的十四大和邓小平同志南巡谈话精神，进一步解放思想换脑筋，克服“左”的影响、旧的传统观念和小生产意识，根据发展社会主义市场经济和社会主义民主政治的要求，不断改进完善人大工作机制，创造性地履行宪法和法律赋予的职权，大力发展社会主义民主，健全社会主义法制，为全市社会主义现代化建设事业提供有力支持和切实保障。

各位代表，回顾过去，展望未来，我们对建设有中国特色的社会主义，实现我市十年规划和“八五”计划的奋斗目标，充满必胜的信心。我们相信，在本次会议上将要选举产生的新的一届市人大常委会，一定能够在市委的领导下，积极履行宪法和法律赋予的职权，充分发挥地方国家权力机关的职能作用，与全体代表和全市人民一道，解放思想，实事求是，团结奋进，真抓实干，全面深入地贯彻党的十四大精神，推动改革开放、经济建设和各项事业的更快发展，为建设有中国特色的社会主义作出新的贡献！

潍坊市人民代表大会常务委员会工作报告（摘要）

——1998 年 2 月 22 日在潍坊市第十三届人民代表大会第一次会议上

潍坊市人民代表大会常务委员会主任　孙嘉炼

市十二届人大常委会任期的五年，是全市上下沿着有中国特色社会主义道路阔步前进的五年，是社会主义物质文明和精神文明建设取得重大成就的五年，也是人大工作继续全面发展的五年。五年来，常委会在市委的领导下，在各位代表及全市人民的监督支持和“一府两院”的积极配合下，坚持以邓小平理论和党的基本路线为指导，深入贯彻“抓住机遇、深化改革、扩大开放、促进发展、保持稳定”的基本方针，认真履行宪法和法律赋予的各项职权，大力推进社会主义民主和法制建设，保障和促进了全市改革开放和社会主义现代化建设事业的全面发展。

一、深入贯彻党的基本路线，保障两个文明建设的顺利进行

坚持党的基本路线不动摇，紧紧围绕党和国家的工作大局履行职责，是地方国家权力机关必须遵循的重要原则。五年来，常委会始终按照这一原则依法行使职权，共召开 39 次例会，听取审议了“一府两院”的 124 项工作汇报，就全市政治、经济等方面的重大事项作出了 46 项决议决定，任免了 347 名国家机关工作人员，充分发挥了自身的职能作用。

根据党的十四大以来确立的基本方针，常委会扎扎实实地做好各方面的工作。一是，围绕“八五”计划的全面完成和“九五”计划及 2010 年远景目标纲要的顺利实施，监督抓好事关全市经济发展的重大问题。其中对年度计划和财政预算执行、预算审计等工作，坚持每年听取审议市政府的工作汇报，并作出了相应的决定；就加强预算外资金的监督管理作出了决议，去年又对市级预算外资金清理检查和年度收支预算情况进行了审议；对实施农业产业化、发展乡镇企业、推进小城镇建设、搞好国有大中型企业、振兴高新技术产业和第三产业及实施科教兴潍战略等工作，坚持综合运用调查、视察和听取汇报等多种方式，连续不断地进行了监督。加快发展个体私营经济和依法治理水污染，是从不同方面推动我市国民经济持续发展的重大决策。为此，常委会在深入调查研究的基础上作出了相应的决议，并采取了重点检查督促、新闻媒体曝光和责令限期整改等强有力的监督措施；市政府和有关部门也自觉接受监督，努力改进工作，取得了明显成效。目前，全市个体私营经济已成为我市现代化建设的一支不可忽视的力量。五年来，我市水污染治理工作已经形成了各级党委、人大常委会、政府一齐抓的可喜局面。二是，围绕社会主义市场经济体制的建立，监督抓好事关深化各项改革的重大问题。重点听取审议了市政府关于全市经济体制改革、建立现代企业制度、财税和金融体制改革、城镇住房制度改革、职工医疗保障和城乡居民保险制度改革、政府机构改革等工作汇报；就深化农村改革、科技教育体制改革和证券期货市场建设等进行了视察，提出了有针对性的建议意见并督促抓了落实。三是，围绕贯彻市委提出的外向带动战略，监督抓好事关扩大对外开放的重大问题。注重就加强外事和外经外贸工作，促进“三资”企业健康发展等进行了监督，先后就我市与韩国安养市、澳大利亚东吉普斯兰市和国内四个市区建立友好关系作出了决定，与国外友好城市开展了互访活动，促进了我市对内对外经济技术与文化等方面的交流与合作。四是，围绕建立良好的社会秩序，监督抓好事关维护社会稳定的重大问题。坚持把深入开展反腐败斗争、搞好社会治安综合治理、严厉打击严重刑事犯罪和经济犯罪作为监督重点，做到了常抓不懈；大力支持法院、检察院开展经济行政民事审判、法纪检察和查办大案要案及执行工作，为市场经济的有序运行和社会政治局面的长期稳定提供了有力保障。五是，围绕社会主义现代化建设事业的协调发展，监督抓好事关加强精神文明建设的重大问题。通过各种法定形式，监督市政府认真贯彻实施《中华人民共和国教育法》《中华人民共和国教师法》《中华人民共和国体育法》及省禁止赌博条例等法律法规，督促司法机关坚决扫除“黄、赌、毒”等社会丑恶现象，解决好精神文明建设中存在的一些突出问题。依法制定了关于授予“潍坊人民勋章”的办法，先后决定向为保护国家财产和人民生命安全英勇献身的烈士邵述衡，农村基层干部和工人阶级的杰出代表王建章、陈宝昌，在教育、科技、卫生战线做出突出贡献的王焕新、杨淑英、林开祥等六名英雄模范人物授勋，弘扬了社会正气和爱国主义、集体主义、共产主义的时代精神，推动了全市两个文明建设。

去年九月党的十五大闭幕后，常委会把贯彻落实好大会精神作为首要任务，迅速作出了《关于认真学习贯彻党的十五大精神的决议》，要求全市各级国家机关、社会团体、企事业单位，把学习贯彻十五大精神同努力完成“九五”计划和2010年远景目标的具体实践结合起来，扎扎实实地做好各项工作；常委会全体组成人员也结合实际抓好《决议》的实施，促进了十五大精神的学习贯彻。

二、深入实施依法治国的基本方略，加快全市法制建设的进程

常委会坚持以加强法制建设为己任，积极推进依法治国、建设社会主义法治国家的基本方略的实施。1995年初，作出了在市级国家机关实行执法责任制的决定，将546件现行法律法规按执法责任分解落实到了各执法、司法部门和单位。在此基础上，采取宣传动员与典型引导相结合、重点抽查与全面检查相结合、表彰先进与督促后进相结合的方法，增强监督实施的力度。去年3月至5月，对市级国家机关实行执法责任制工作再次组织了全面检查，召开总结表彰大会，交流先进经验，对23个执法工作先进单位进行了表彰。常委会第三十五次会议还重点听取审议了五个部门落实执法责任制检查意见情况的汇报，督促抓好整改。通过实行执法责任制，推动了执法队伍建设，促进了执法工作的开展和执法监督机制的完善。

落实依法治国的基本方略，必须确保各项法律法规的有效实施。常委会不断强化法律监督工作，先后听取审议了行政处罚法、税收征收管理法、农业法、义务教育法、城市规划法等26项法律法规贯彻实施情况的汇报，开展了对《中华人民共和国公司法》《中华人民共和国婚姻法》《中华人民共和国药品管理法》等54项法律法规的执法检查、视察或调查活动。工作中坚持做到，在开展执法检查、视察或调查活动时，突出法律贯彻实施这个重点，认真分析研究存在的问题，督促有关部门及时制定改进措施；在听取审议“一府两院”执法情况汇报时，强调依法对照检查工作，站在法律的高度提出建议意见；在每次常委会会议结束时，注重对委员们的审议意见进行综合归纳，就抓好每一项法律法规的实施提出具体可行的建议，要求有关部门在规定的时间内研究落实。“一府两院”和有关部门也以认真负责的态度抓好整改，使各项工作进一步走上了依法治理和管理的轨道。

落实依法治国的基本方略，必须不断扩大广大干部群众的法律意识和法制观念。常委会积极参与对全市普法教育和依法治理工作的组织领导，听取市政府关于进行普法和依法治理工作情况的汇报，先后开展了对实施普法和依法治市五年规划、加强司法队伍建设、预防青少年犯罪等专项调查活动，分别作出了在全市公民中开展第三个五年法制宣传教育和深入开展依法治市的决议，督促各级国家机关进一步做好工作。常委会坚持提高法律素质首先要从领导干部抓起的指导思想，结合人事任免工作，对“一府两院”提请任命的干部事先进行法律考试；结合法律监督工作，连续3年组织以任命的行政、审判、检察干部进行法律知识考试。去年3月，又将应考单位由政府序列部门扩大到上属执法单位和有执法任务的群团组织，应考人员由常委会任命的干部扩大到部门副职以上领导成员，从而增强了各级领导骨干学法、用法的自觉性和搞好依法治理工作的能力。

根据省人大常委会的要求，常委会还就山东省房地产经营管理条例、实施中华人民共和国工会法办法和计划生育条例修正案等二十多项法规草案，组织开展了座谈讨论和征询意见工作’及时报送了修改意见和建议。

三、深入探索监督工作的新途径，增强履行职权的实际效果

加强对“一府两院”工作的监督，是宪法和法律赋予常委会的重要职权，也是人民群众的迫切要求。五年来，常委会围绕增强监督力度，积极探索履行监督职权的新途径，取得了明显的进展。

（一）对行政、司法部门进行了工作评议。在总结基层代表评议工作经验的基础上，常委会自1993年开始，连续3年、先后对市级45个行政部门和法院、检察院的工作开展了评议活动。在历次评议活动中，参评的代表们广泛联系群众，累计收集建议意见3万多条，55位代表作了大会评议发言。通过不断改进提高，评议工作的方式实现了由市级自行评议向市、县、乡三级联动系统评议的转变，评议内容实现了由综合性向侧重专题性的转变，评议整改工作实现了由事后进行向事前、事中、事后全过程进行的转变，产生了良好的社会效应。

（二）对被任命干部进行了述职评议。常委会把对工作的监督与对人的监督紧密结合起来，对任命的43名政府组成人员，要求其及时提交了任职报告，然后在本届任期内分批组织述职并进行了评议；特别是去年以来，常委会加大监督力度，共对18名政府组成人员进行了述职评议。常委会第三十次会议还听取评议了一名副市长的述职报告。每次评议前，组织对述职干部的任职情况进行全面调查；评议中，在小组和联组评议的基础上，进行无记名投票测评；评议后，当面向述职人员反馈评议意见，督促其对照整改。被任命的政府组成人员接受评议后，分别采取召开部门领导班子和中层干部会议、进行专题调研和集中整改等方式，逐项落实有关评议意见，推动了自身的工作。

（三）对社会热点难点问题进行了专题监督。常委会通过依法成立特定问题调查委员会的形式，监督处理了四年久拖未决的原公安干警赵玉芝等人刑讯逼供致死人命案；运用重点视察与新闻单位舆论监督相结合的方式，对环境保护、食品卫生、打击生产和经销假冒伪劣商品违法行为等工作进行了重点监督；采取调查和评议、审议等多种措施并用的办法，坚持不懈地监督纠正行业不正之风，解决向企业乱收费、乱罚款和各种摊派等问题。切实减轻农民负担，是关系农民切身利益和农村改革、发展、稳定的一件大事。常委会始终把它作为监督的重点，换届之初即作出了专门决议，随后每年都进行调查或视察，听取审议政府的汇报。去年年初《中共中央国务院关于切实做好减轻农民负担工作的决定》下达后，又组织部分委员和代表，直接深入农民家中和田间地头，当面听取群众的意见和反映。然后带着问题视察了市直65个部门，监督其对照《决定》和有关法规认真加以解决。对此，市委、市政府也作出了有关决定，市委还转发了常委会的视察报告，对各级、各部门的工作进行指导和督促。经过共同努力，全市减轻农民负担工作取得了明显成效。

四、深入联系代表和人民群众，推动代表工作的全面开展

我国的一切权力属于人民，人民行使国家权力的机关是各级人民代表大会。这就决定了常委会必须始终保持与代表和人民群众的密切联系。对此，常委会致力于实现工作的制度化、经常化，逐步建立和拓宽了联系代表和人民群众的8条渠道：（1）主任会议成员和专职委员以县市区为单位分工联系代表，并参加代表小组活动；（2）主任会议成员和专职委员每人固定联系两位基层代表，联系一个工业企业、一个商业单位、一个乡镇及一个村庄；（3）每年人代会前开展“联系代表月”和代表“联系群众月”活动；（4）邀请代表列席常委会例会和下一级人民代表大会会议；（5）组织代表参加调查、视察、检查和评议等活动；（6）在代表中开展问卷调查、民意测验等活动；（7）定期向代表通报常委会的工作情况；（8）组织公民旁听常委会会议。通过以上渠道，常委会每年联系全体市人大代表的面都在90% 左右；既提高了常委会的民主、科学决策水平，又促进了代表和人民群众关注的热点难点问题的解决。

常委会加强了对代表履行职责的指导和服务工作。定期召开代表工作会议，对代表组长进行了集中培训，为代表开展工作提供了各方面的便利条件。经过不断实践，常委会认为，新形势下的代表工作，应当更加深入地贯彻党的基本路线，更加有效地落实宪法和法律的规定，更加全面地体现人民群众的意愿。为此，常委会自1995 年以来，组织指导全体市人大代表开展了代表联系户和“三个一”活动。代表们在这一活动以及整个代表工作中，都不负人民重托，坚持以高度的政治责任感宣传党的路线方针政策和宪法法律，以满腔的工作热情帮助群众排忧解难，以无私的奉献精神带领群众发家致富，以不懈的积极努力督促解决各方面存在的问题。近三年来，代表们共联系群众达 2 万户、4 万多人次，围绕两个文明建设提出建议意见 5100 多条，帮助贫困村和贫困户找致富门路 4900 多个，为基层单位和人民群众办实事、好事 3900 多件。去年 7 月，常委会召开了全市人大代表联系户和“三个一”活动经验交流暨理论研讨会，从理论与实践的结合上指导和推动这一活动向纵深发展。

常委会把办理代表议案和建议意见以及人民群众来信。来访工作列入了重要议事日程。对市十二届人大五次会议交付审议的关于建立“三北”养牛基地的第九号议案，会同市政府深入调查论证，并多次听取办理情况的汇报，进行检查督促；常委会第三十八次会议专门作出了办理该议案的决议。市政府也通过认真试点，取得了一定效果。在办理代表建议意见工作中，常委会坚持对办理难度大的建议重点进行督办，对落实不力的建议专门进行回查，对全部建议的办理结果集中进行审议，并开展了评选优秀代表建议等活动。代表们在历次人代会上提出的 892 件建议意见，全部按时办理完毕并作了答复。在受理代表和群众来信来访工作中，常委会已形成了主任、副主任带头批信接访，其他驻会成员和办事机构密切配合、及时催办等良好的传统作风和严密的工作程序。五年共受理来信来访 7612 件次，年处结率平均在 97% 以上；通过信访渠道督促纠正和改处改判告诉申诉案件 126 起，维护了法律的尊严和公民及法人的合法权益。常委会机关也先后被评为全国和全省人大信访工作先进集体。

五、深入开展人大制度的宣传研究，搞好联系指导和换届选举工作，提高全市人大工作的整体水平

加强对县乡人大工作的联系指导，对于促进全市人大工作的平衡发展具有重要意义。常委会主要通过召开全市人大工作会议、乡镇人大工作会议的方式，总结交流经验，研究部署一个阶段的工作任务和措施。通过开展上下联动形式的调查、视察、检查和评议活动，指导县、乡两级组织代表向选民述职等，相互学习借鉴，促成上下协调、密切配合的工作局面。通过深入调查研究和积极主动地争取，建议市委就县级人大常委会机构设置及人员编制、乡镇人大工作等作出了明确规定并抓好落实，支持和推动县乡人大搞好自身建设。各县市区人大常委会和各乡镇人大在同级党委的领导下，积极主动地开展工作，依法履行各项职责，保障和推动了本地改革开放、经济建设的全面发展，同时也为市人大常委会工作的开展提供了宝贵的经验和有力的支持。

做好地方人大的换届选举工作，有利于更好地坚持和完善人民代表大会制度。1995 年，常委会依法成功地指导了乡镇人大换届选举工作。在去年 10 月以来进行的市、县两级人大换届选举及全国、省人大代表的推荐和选举工作中，常委会精心组织，周密安排，保证了各项措施的落实。一是坚持以党的十五大精神为指导，在市委的领导下搞好换届选举工作。二是坚持充分发扬民主，严格依法办事。通过深入开展宣传教育，增强了各级领导干部和广大选民的法制观念，从各个环节上保证了换届选举的依法进行。三是坚持抓好试点和指导。通过在诸城、昌邑两市试点，及时总结推广了经验。市里还通过召开会议、巡回检查和编发简报等形式，指导和推动面上工作的开展。四是坚持重点抓好提高代表素质和加强国家机关建设。通过这次换届选举，全市共选出市、县两级人大代表3613名，由我市推荐并当选为九届全国人大代表的11名，我市出席省九届人大的代表将在本次会议上选举产生。总的看，已当选的各级人大代表整体构成更趋合理，各方面素质明显提高。新选出的县级国家机关领导成员，体现了干部队伍“四化”标准和德才兼备的原则，为实现跨世纪的宏伟目标提供了组织保证。

常委会紧紧围绕坚持和完善人民代表大会制度这一主题，加强了人大宣传和理论研究工作。五年来，先后11次由市委、市人大常委会、市政府主要领导同志“同台”讲人大工作，组织开展了纪念人民代表大会成立四十周年和新闻述评、专题征文、知识竞赛等多种形式的宣传活动，连续4年进行了“宣传人民代表大会制度好新闻和贡献奖”评选。反映常委会监督工作的电视新闻评论《监督，呼唤力度》，去年分别获得全国宣传人民代表大会制度好新闻一等奖和中国电视新闻奖。常委会积极参加了全国二十城市人大工作座谈会、省人大工作理论研讨会等重要会议，先后召开了代表、信访等方面工作的研讨会议，组织撰写了一批有关民主法制和人大工作的研究文章。去年下半年编辑出版了《前进中的潍坊人大（1993—1997）》一书，为全市人大工作的深入开展提供了积极的指导和有益的借鉴。

六、深入进行学习和实践总结活动，加强常委会及办事机构的自身建设

重视和加强地方国家权力机关的自身建设，是做好人大工作的前提和保障。常委会对此投入了很大的精力。在思想建设方面，重点是紧密联系实际开展了学习活动。特别是对邓小平理论、对党的十四大以来历次全会通过的决定和十五大报告、对新颁布的各项法律法规，都采取多种形式进行了深入的学习，提高了大家的思想认识。五年来，常委会全体成员坚持讲学习、讲政治、讲正气，自始至终以奋发进取的精神状态和求真务实的工作态度履行了职责。在组织建设方面，认真贯彻民主集中制原则，保证民主审议讨论问题，保证集体行使职权；不断优化自身的组织结构，加强了法制、财政经济、农村经济、教育科学文化卫生、城乡建设环境保护五个工作委员会的建设并充分发挥其职能作用。各工作委员会也各司其职，互相配合，富有成效地开展了大量的调查研究、审议议案、联系代表和受理来信来访等工作，保证了常委会依法履行职权。在作风建设方面，坚持一切从实际出发，把深入实际调查研究作为审议重大问题和开展监督工作必经的先行程序，先后开展了130多次较大规模的调查活动，调查成果都进入了常委会和各领导机关的决策。在制度建设方面，及时修订完善了常委会议事规则、人事任免办法等六项基本制度；通过逐步实践探索，先后制定了对所作决议决定和审议意见落实情况的检查监督办法、关于讨论决定重大事项的暂行规定等四项重要制度，机关内部还建立了与之相适应的20多项工作制度，使常委会的工作日趋规范化、科学化。与此同时，常委会还把反腐倡廉作为一件根本大事来抓，不折不扣地贯彻执行党中央的一系列规定，在领导干部个人生活重大事项报告、国内公务活动收受礼品登记、乘车住房和机关管理、后勤接待等各个方面，建立了严格的制度并确保落实，维护了国家

权力机关的良好形象。

根据法律规定和人大工作的实际需要，常委会围绕完善各项工作机制和加强自身建设进行了积极的实践。为了全面集中委员们的意见和智慧，在常委会例会上坚持实行了分组审议与联组审议的制度。为了更好地接受代表们的监督，常委会于1996年组织517名市以上人大代表，对自身的工作进行了评议，并以较大精力抓了评议后的整改工作。为了进一步加强办事机构建设，提高工作效能，去年对机关全体科级干部实行了竞争上岗，对办事机构的负责同志连续两年组织了述职评议和投票测评，对在职干部进行了法律第二学历教育，对新录用的机关工作者和工勤人员全部实行了公开招考，在全机关形成了竞争激励机制和"内强素质，外树形象，各项工作争创一流"的良好局面。今年年初，常委会还在县级人大常委会、乡镇人大和全市各级人大机关开展了评选"潍坊市优秀人大工作者"活动，对评选出的51名同志给予了表彰，进一步增强了全市人大工作者的光荣感和使命感。

回顾五年来的工作，常委会深深体会到，做好人大工作，必须始终不渝地坚持和依靠党的领导，摆正位置，理顺关系，同台唱戏，善于把党的主张通过法定程序变成国家的意志并认真贯彻落实；必须坚持以邓小平理论为指导，坚定不移地贯彻执行党的基本路线，紧紧围绕经济建设这个中心开展工作；必须坚持依法履行职权，贯彻"只唯实、只唯法"的重要原则，带头维护法律的尊严；必须坚持"人民至上"的思想观念，把人民拥护不拥护、赞成不赞成、高兴不高兴、答应不答应作为履行各项职权的出发点和归宿，密切联系代表和人民群众，尊重代表和人民群众的首创精神；必须坚持"勤于思索、勇于实践"的进取精神，不断解放思想，开拓创新，敢为人先，争创一流，使人大工作始终保持旺盛的生机和活力；必须坚持搞好常委会的自身建设，不断提高整体素质，认真贯彻民主集中制原则，树立求真务实的工作作风，把人大工作建立在摸实情、出实招、干实事、求实效的基础之上。这些凝聚着集体智慧的基本经验，伴随着常委会工作的实践产生了积极的指导作用，在今后的实践中也将会得到新的丰富、完善和发展。

在过去的五年里，市十二届人大常委会的工作取得了明显进展，完成了本届的历史使命。但与形势发展特别是党的十五大要求和人民群众的期望相对照，也还存在差距。主要表现在：对法律赋予的重大事项决定权行使得不够充分；对人民群众普遍关注的一些热点难点问题，监督解决的实际效果不够理想；全市人大工作发展不够平衡，常委会的联系指导工作有待于改进和加强。这些问题迫切需要在今后工作中认真加以解决。

今年是全面贯彻落实党的十五大提出的各项任务的第一年，人大工作面临着更加繁重的任务和新的发展机遇。在新的一年里，常委会要认真贯彻党的十五大和市委八届六次全委扩大会议精神，紧紧围绕经济建设这个中心，进一步加强对国有企业改革和经济结构调整、推进农业产业化、扩大对外开放、搞好精神文明建设等工作的监督，促进国民经济持续快速健康发展和社会全面进步。要认真落实党的十五大提出的进一步扩大社会主义民主的要求，充分发挥常委会的主要民主渠道作用，增进同代表和人民群众的密切联系，更富有成效地开展代表工作，加强对乡镇人大换届选举工作的指导，保障代表和人民群众民主权利的行使。要认真落实党的十五大提出的依法治国、建设社会主义法治国家的基本方略，进一步加强对普法和依法治理工作的组织领导，监督"一府两院"严肃执法、公正司法，落实执法责任制和错案责任追究制，保证法律的正确实施。要认真落实党的十五大提出的坚持和完善人民代表大会制度，保证人大及其常委会依法履行国家权力机关职能的要求，不断改进完善常委会的工作机制，努力提高整体素质和履行职责的能力，保证各项职权的有效行使。在这次代表大会上，将要选举产生市十三届人大常委会。完全可以相信，肩负跨世纪重任的新一届市人大常委会，一定能够在市委的领导下，高举邓小平理论伟大旗帜，深入贯彻党的十五大精神，为坚持和完善人民代表大会制度，加强社会主义民主和法制建设，把我市社会主义现代化建设事业全面推向二十一世纪，作出新的更大的贡献！

潍坊市人民代表大会常务委员会工作报告（摘要）

——2003年2月22日在潍坊市第十四届人民代表大会第一次会议上

潍坊市人民代表大会常务委员会副主任　　房忠昌

市十三届人大常委会任期的五年，是全市上下高举邓小平理论伟大旗帜不断开拓前进的五年，是经济建设和各项社会事业不断发展的五年，也是人大工作不断取得重要进展的五年。五年来，市人大常委会在中共潍坊市委的领导下，在各位代表及全市人民的监督支持和“一府两院”的积极配合下，坚持以邓小平理论为指导，全面贯彻“三个代表”重要思想，紧紧围绕全市改革、发展、稳定的大局，认真行使宪法和法律赋予的各项职权，共组织召开了人代会5次，常委会会议31次，其他重要会议8次；听取审议了“一府两院”的工作汇报107项，就有关重大事项作出了30个决议决定；依法任免了368名国家机关工作人员；组织开展各类调查、视察、执法检查253次；督促办结代表建议、批评和意见835件；处理人民来信来访9324件次，其中作为个案监督和重点督办案件的537件；常委会组成人员共联系人大代表3400余人次，吸收61名公民旁听13次常委会会议。

紧紧围绕发展这个第一要务行使职权。常委会每年都坚持听取审议市政府关于计划和财政预算执行、财政审计、预算外资金监督管理等工作情况的汇报，并作出相应的决议决定。围绕贯彻落实中共十五大和十五届三中、四中、五中全会精神，对农业结构调整、国有企业改革、发展个体私营经济、开发园区建设、发展小城镇、重点工程建设等工作进行了视察、检查或调查。及时作出了《关于促进对外开放、搞好招商引资工作的决议》，并采取市、县、乡三级人大联动方式，对决议的贯彻实施情况进行了大规模的视察，狠抓了落实。督促抓好“民心工程”实施、“政府提速”、经营城市、涉区建设等工作，进一步优化了发展环境。党的十六大召开后，常委会把贯彻落实好大会精神作为首要政治任务，及时作出了《关于认真学习贯彻党的十六大精神的决议》，要求全市各级国家机关、社会团体、企事业单位，把学习贯彻十六大精神同努力完成“十五”计划的具体实践结合起来，突出重点，强化措施，狠抓落实，为实现全市经济的快速健康发展，加快全面建设小康社会步伐，起到了重要的推动作用。

努力促进社会稳定和各项事业发展。常委会先后听取审议了就业和再就业、规范和整顿市场经济秩序、刑事审判和案件执行、反腐败查办大案要案等工作情况的汇报，连续两年对严打整治斗争进行了视察；旗帜鲜明地开展了同邪教组织的斗争；坚持常委会主任会议成员和驻会委员定期公开接访制度，并开通信访工作8条渠道、聘请150名人大代表担任控申信息员、设立法律咨询小组等，加大了信访工作力度，有效地化解了社会矛盾，维护了人民群众的合法权益，支持司法执法部门依法行政、公正执法；加强了对环境保护工作的监督，每年都组织开展"风筝都环保世纪行"活动，狠抓了关于市区水源地保护决议的落实；1998年，首次采用质询形式，就有关企业长期向市区河道超标排污问题，对其主管部门提出了质询案，促进了问题的解决。2000年12月，作出了授予王乐义、林伟宁、陈永兴、王金友、陈华森5名同志"潍坊人民勋章"的决定。常委会十分关注并督促抓好全市科技、教育、文化、卫生、体育等各项工作，推动了各项社会事业的全面发展。

促进依法治国方略的深入实施。常委会采取有效措施，认真督促实施"三五"普法规划和"二五"依法治市规划，普法和依法治理工作取得明显进展；2001年，常委会审议批准了"四五"普法规划和"三五"依法治市规划，作出了《关于在全市公民中开展第四个五年法制宣传教育的决议》和《关于进一步开展依法治市的决议》，加快了全市的法治化进程。采取多种形式，先后对《中华人民共和国农业法》《中华人民共和国公司法》《中华人民共和国中外合资经营企业法》《中华人民共和国产品质量法》《中华人民共和国环境保护法》《中华人民共和国药品管理法》《中华人民共和国食品卫生法》《中华人民共和国工会法》等81部法律法规的贯彻实施情况进行了监督检查。继续把监督市级国家机关实行执法责任制列入工作的重要议事日程，制定并完善了"错案和执法过错责任追究办法""个案监督暂行办法"，并通过对重大违法案件的监督，启动和督促行政执法和司法机关运用自我监督的机制，及时发现和纠正错案。结合人事任免工作，通过审查把关、法律知识考试、作供职发言、提交任职报告、年终报告工作和述职评议等措施，不断加强对被任命干部的监督，督促其增强法律意识和自觉接受监督的意识，提高了依法办事的能力和水平。

加强代表工作，发挥代表作用。常委会始终把代表工作作为一项重要的基础性工作，紧抓不放。为建立代表工作的长效机制，研究下发了《关于进一步加强代表工作，充分发挥代表作用的意见》，从7个方面提出了具体的措施和要求；建立了代表实绩档案，对代表依法履行职责情况进行考核；先后两次开展了评选优秀人大代表活动，并对评选出的100名优秀代表的先进事迹进行了多角度、全方位的宣传；通过分工联系代表、加强代表培训、定期向代表小组提出活动建议等措施，提高了代表的政治业务素质和履行职责的能力。广大代表不负人民重托，认真做好本职工作，依法执行代表职务，为全市物质文明、政治文明和精神文明建设作出了重要贡献。五年来，在代表联系户和"三个一"活动中，共联系群众1850多户，5410多人（次），围绕经济发展、民主法制建设等方面提出建议意见2200多条，帮助群众寻找致富门路600多个，为基层单位和人民群众办实事、好事2800多件。常委会高度重视代表议案和建议意见的办理工作，在继续实行召开转办督办会议、跟踪督办、"三访一邀请"等做法的基础上，去年又采取编制手册、上网公开、建立表卡、新闻曝光等4项措施，加大了督办力度，督促解决了一批群众反映强烈的热点难点问题；开展了评选办理代表建议先进单位和先进个人的活动，对8个先进单位和8名先进个人进行了表彰奖励。对去年人代会上代表们提出的《关于抢救保护和开发利用十笏园古建筑群的议案》，常委会进行了重点督办，市政府及有关部门正在加紧落实。

摆正位置，正确处理与各方面的关系。常委会坚持在市委的领导下，全面加强与各有关方面的联系。通过主动请示报告工作、承办有关工作会议、及时报送信息等，积极争取全国和省人大常委会的关心与支持。五年来，常委会共配合全国和省人大常委会来潍开展视察、执法检查和立法调研52次，确保了每次活动的顺利进行。同时，坚持实行重大决策和重要活动向县市区人大常委会通报情况、征求意见，邀请县市区人大常委会负责同志列席重要会议等制度，对涉及全局性的重大事项联动开展视察、检查活动并不断改进方式方法。1998年市、县人大换届后，常委会积极建议时召开了全市人大工作会议并作出了《关于进一步加强人大工作的决定》；2000年6月，召开了全市人大工作座谈会，总结经验，查找不足，对市委决定进行了督促落实。去年5月，针对乡镇人大换届后面临的新情况、新问题，常委会在深入调查研究的基础上，建议市委召开了全市乡镇人大工作会议并下发了《关于进一步加强和改进乡镇人大工作的意见》，对事关乡镇人大工作和建设的一系列关键问题作出了明确要求和具体规定，推动全市乡镇人大工作上了一个新台阶。常委会还重视加强同外地人大之间的横向联系，通过外出考察学习、交流文件资料、参加二十城市人大工作座谈会等形式，虚心学习和借鉴外地的好经验、好做法，不断改进自身工作。先后组织外出参加会议、学习考察90余批400余人次，外地人大来潍考察交流的达750余批6000多人次。同时，还通过通报重要情况、参加有关会议、召开对口部门联系会、交流有关文件资料等形式，进一步密切了与“一府两院”及有关部门的联系。

依法搞好换届选举工作。本届常委会任期内，经历了两次乡镇人大换届选举及去冬今春的市县两级人大换届选举。在乡镇人大换届选举中，常委会采取会议部署、及时调度、总结典型、开展宣传活动等形式，加强指导，乡镇人大换届选举工作取得了圆满成功。去年10月，市、县两级人大换届选举工作相继展开。常委会对这次换届选举工作非常重视，作出了《关于市十四届人大代表名额和选举问题的决定》，批准了市县两级人大换届选举工作的安排意见，并多次召开专门会议进行研究部署和落实。在同级党委的领导下，市县两级人大常委会和乡镇人大充分发扬民主，严格依法办事，周密安排，精心组织，县市区的人大换届选举工作已顺利完成。通过这次换届选举，共选出市人大代表555名，县级人大代表3050名，由我市推荐当选出席十届全国人大的代表9名；选出县级各国家机关领导成员205名；我市出席省十届人大的代表和市级各国家机关领导班子将在本次会议上依法选举产生。在这次换届选举过程中，广大选民的人大制度意识和民主参与意识明显增强，争当代表的积极性空前高涨；新当选的各级人大代表，整体素质普遍提高，各级政权建设得到进一步加强。

全面加强常委会自身建设。常委会坚持“内强素质、外树形象”，切实加强各方面的建设。一是努力提高思想理论水平。认真学习马列主义、毛泽东思想、邓小平理论、“三个代表”重要思想以及中央和省、市委一系列重要会议精神，注重领会实质，学以致用；集中开展了“三讲”教育活动，不断增强党性观念和贯彻党的路线方针政策的自觉性，保证了人大工作的正确方向；特别是通过对十六大精神的学习，进一步增强了解放思想、与时俱进，求真务实、开拓进取的意识，为人大工作的深入开展奠定了坚实的思想理论基础。二是进一步加强组织制度建设。提高了专职委员的比例，提出了机关机构改革意见；调整充实了工作委员会组成人员，各工作委员会积极主动地开展工作，为常委会行使职权当好参谋助手。常委会坚持民主集中制原则，不断健全各项议事规则和工作制度、完善工作运行机制，对审议的每项议题或作出的决议决定，既坚持集体行使职权，又充分调动每位组成人员的积极性，提高了决策的民主化、科学化水平。三是不断改进工作作风。深入开展调查研究，为市委决策和常委会依法行使职权提供了可靠依据；经常深入基层、深入群众，了解社情民意，积极帮助群众排忧解难，密切了与人民群众的血肉联系。健全了党风廉政建设责任制，严格遵守和执行有关反腐倡廉的法律法规和各项规章制度，自觉抵制各种腐朽思想和不正之风的侵蚀，维护了地方国家权力机关的良好形象。常委会十分重视办事机构的建设，通过抓学习教育，抓纪律整顿，抓规章制度的修订完善和落实，抓办公条件的改善和实行科级干部竞争上岗等，机关上下始终保持了良好的精神状态和高昂的工作热情，服务质量和效率进一步提高。去年8月，组织召开了全市人大机关工作座谈会，统一认识，总结经验，部署任务。各级人大机关不断解放思想，开拓创新，在思想观念、调查研究、综合协调、服务工作和工作方法等方面实现了新的突破。

注重人大信息宣传与理论研究工作。常委会十分重视宣传阵地建设，在全省率先建立了人大网站，提高了潍坊人民广播电台“代表之声”、《潍坊日报》“代表园地”等栏目的质量，对潍坊人大机关刊物进行了改版；连续五年组织开展了“宣传人民代表大会制度好新闻”和“贡献奖”评选活动，人大宣传的广度、深度和力度明显增强。五年来，常委会驻会成员带头并组织机关工作人员积极撰写稿件，在省以上新闻单位发表850多篇，39篇作品在全国和省“宣传人民代表大会制度好新闻”评选中获奖；有700多篇信息稿件被上级人大常委会采用，信息采用量年年居全省各市人大之首。每年两次派员参加省里组织的人大工作理论研讨会，对坚持和完善人民代表大会制度从多角度、多层次进行了深入的研究和探讨。去年7月，常委会认真接待了全国人大新闻局组织的“地方人大工作巡礼”采访团，积极配合人民日报、中央人民广播电台、中央电视台、新华社、法制日报社、中国新闻社等6家新闻单位对我市人大工作进行了现场采访，有22篇作品先后在中央主要新闻媒体上发表，扩大了我市人大工作在全国的影响。

总之，市十三届人大常委会任期五年来富有成效的工作，为今后人大工作的开展奠定了良好的基础。但也必须清醒地看到，工作中还有一些不足和问题，主要是：对重大事项决定权的行使不够充分；监督工作尤其是法律监督还存在一些薄弱环节；对县乡人大工作的指导还有待加强，等等。我们必须高度重视存在的这些问题，继续采取有力措施加以解决。

各位代表，五年来，常委会在市委的正确领导下，各项工作和建设都有了长足发展。能取得这样的成绩，靠的是党的基本理论、基本路线和基本纲领的正确指引，靠的是全体常委会组成人员及其办事机构和全市人大代表的共同奋斗，靠的是“一府两院”和全市人民的大力支持和配合。在这里，我代表市十三届人大常委会向全市各级人大代表、向市政府、市中级人民法院、市人民检察院，向各县市区人大常委会和乡镇人大，向全市人民和一切关心支持人大工作的各界朋友，表示衷心的感谢！

五年来，常委会始终不渝地坚持以邓小平理论和“三个代表”重要思想为指导，进一步加深了对坚持和完善人民代表大会制度的认识，增强了做好新形势下人大工作的责任感和使命感，在实践中逐步确立并坚持了“工作思路与党委的中心任务合拍、工作内容和程序合法、工作措施与‘一府两院’合力、工作出发点与人民群众合心”这样一个总体方针，积累了一些有益的经验和做法：

一、必须坚持和依靠党的领导。中国共产党是社会主义事业的领导核心。坚持和依靠党的领导，是做好人大工作、搞好人大建设的根本保证。人大工作越深入，越要毫不动摇地坚持党的领导。工作中，常委会认真学习贯彻党的路线方针政策，及时准确地把握市委的意图，保证每项工作、每个环节都紧扣市委的总体部署；善于把党的主张通过法定程序变成国家意志，转化为“一府两院”和人民群众的自觉行动；充分集中人民群众的正确意见，为市委决策提供依据；坚持实行重要工作和重大事项向市委请示报告制度，保证人大工作始终置于党的坚强领导之下。实践证明，只有始终坚持和紧紧依靠党的领导，人大工作才能保持正确的前进方向。

二、必须坚持依法行使职权。常委会的各项职权是宪法和法律赋予的，也必须在宪法和法律规定的范围内行使。五年来，我们认真履行法定职责，既不任意延伸而越权，又不随意放弃而失职。对法律有明确规定的，严格遵照执行，特别是对法律规定的“刚性”监督手段敢于大胆使用；对没有明确规定的，根据法律原则，建立相应的工作制度，并认真抓好落实。用法律统一思想和行动，做到研究工作以法律为依据，衡量工作以法律为准绳，推进工作以法律为武器。这样既保证了法律法规的贯彻实施，又树立了人大常委会的法律权威。

三、必须坚持充分发挥代表作用，密切联系人民群众。人大工作要有活力，发挥好人大代表的主体作用、调动好人大代表的积极性至关重要。五年来，常委会继续实行组成人员分工联系代表、邀请代表列席常委会会议、组织代表参加视察、检查和评议活动、开展人代会前的“联系代表月”和“代表联系群众月”、深入开展代表联系户和“三个一”活动等做法，建立并完善了代表工作的各项规章制度，认真负责地督办代表议案、建议、批评和意见，代表知情知政的渠道不断拓宽，代表工作活力明显增强。人大及其常委会是受人民委托，代表人民行使国家权力的。只有深入群众，依靠群众，集中民智，反映民意，才能确保开展的各项工作代表人民的利益，符合人民的意志。工作中，常委会牢固树立宗旨观念，自觉把实现好、维护好和发展好人民群众的根本利益，作为实践“三个代表”、开展人大工作的根本出发点和落脚点，深入开展调查研究，认真办理群众来信来访，邀请公民旁听常委会会议，及时督促解决人民群众的困难和问题，受到了社会各界的普遍好评。事实证明，只要紧紧依靠人大代表和人民群众，广泛调动人大代表的积极性，充分发挥人民群众的聪明才智，常委会的工作就有坚实的基础，人大工作就能始终保持蓬勃生机和旺盛的活力。

四、必须坚持不断改进监督方式。根本目标的一致性，决定了人大常委会对“一府两院”的监督同时也是一种支持和促进。正确处理与“一府两院”的关系，有利于人大工作的顺利开展。工作中，对“一府两院”的工作既要认真负责地监督，又要真心实意地支持。一方面，发挥自身优势，旗帜鲜明地支持他们依法行政、公正司法；另一方面，讲求监督艺术，注重方式方法，注意把握监督工作的量度、力度和深度，注重监督的实际效果，真正形成在市委的领导下，各国家机关同步合拍、齐心协力、共同推进全市各项工作的良好局面。

五、必须坚持与时俱进，保持良好的精神状态。常委会工作要体现时代性，把握规律性，富于创造性，就必须不断解放思想，实事求是，与时俱进，埋头苦干。五年来，常委会一直把加强作风建设摆在突出位置，常抓不懈。发扬马克思主义学风，做到理论与实际、学习与应用、言论与行动相统一，创造性地开展工作。勇于开展理论、实践与制度创新，先后提出了“人大工作要做到合拍、合法、合力、合心”、“监督工作既要依法进行，又要合理有度”、“权力机关要有作为，行使职权必须到位”等新的工作思路和思想观点，大胆探索强化人大工作效能的新措施、新方法、新手段，建立完善了一系列工作制度。坚持发扬雷厉风行、真抓实干的工作作风，对决定了的事项，立说立行，狠抓落实；开展视察、调查和执法检查活动，敢于讲真话、摸实情、出实招、办实事，力戒形式主义；对发现的问题，坚持一抓到底，直至抓出成效。正确运用人民赋予的权力，自觉接受人大代表和人民群众的监督，牢记两个“务必”，勤政为民，艰苦奋斗，保持了良好的精神状态。

今年是贯彻落实党的十六大精神、全面建设小康社会极为重要的一年，也是市十四届人大常委会任期的第一年。我们建议，新一届人大常委会要继续以邓小平理论和“三个代表”重要思想为指导，全面贯彻党的十六大精神，紧紧抓住发展这个第一要务，围绕市委提出的着力解决好“四个关键问题”、突出抓好“六个战略重点”以及“全党抓经济，重点抓工业，关键抓投入”的总体思路，充分行使宪法和法律赋予的各项职权，促进全市经济的大提高、大突破、大发展。要进一步加大监督工作力度，督促“一府两院”依法行政、公正司法，加强对被任命干部的监督制约，坚决纠正有法不依、执法不严、违法不究等现象，为全市经济和社会事业的发展创造良好的法治环境。要认真落实十六大提出的发展社会主义民主政治、建设社会主义政治文明的目标，把坚持党的领导、人民当家作主和依法治国有机统一起来，充分发挥民主主渠道作用，密切同代表和人民群众的联系，建立科学民主的决策机制，着力督促解决群众关注的热点难点问题。要牢牢把握先进文化的前进方向，加强公民思想道德建设，深入开展法制宣传教育，促进依法治国与以德治国的统一。要不断加强常委会自身建设，改进工作作风，坚持真抓实干，提高工作质量和水平，以更好地适应形势发展和人大工作的要求。我们坚信，新一届人大常委会一定能够在中共潍坊市委的领导下，解放思想，与时俱进，扎实工作，开拓创新，为坚持和完善人民代表大会制度，推动社会主义民主法制建设，保障和促进全市国民经济持续快速健康发展和社会全面进步，作出新的更大的贡献！

潍坊市人民代表大会常务委员会工作报告（摘要）

——2005年2月21日在潍坊市第十四届人民代表大会第三次会议上

潍坊市人大常委会第一副主任　毕可仁

一年来，市人大常委会在中共潍坊市委的领导下，高举邓小平理论和“三个代表”重要思想伟大旗帜，深入贯彻党的十六大和十六届三中、四中全会精神，紧扣中心，把握大局，认真履行宪法和法律赋予的各项职责，较好地完成了各项工作任务，在现代化强市建设中发挥了重要作用。

一、以科学发展观为指导履行法定职责，促进经济社会更快更好发展

常委会在依法行使职权过程中，牢固树立和落实科学发展观，更加注重以人为本和统筹兼顾，从人大工作的特点出发，坚定不移地贯彻市委的决策和市十四届人大二次会议决议，促进了全市经济社会各项发展目标的顺利实现。

一是着眼于经济快速健康发展，促进重大事项落实。常委会坚持把促进经济发展放在工作首位，紧紧扭住经济发展中的主要矛盾和关键环节，抓大事、议大事，做到与市委的中心工作同步合拍，全力推动。在工作思路上，不断加大经济建设事项在人大工作中的比重。在全年听取审议的13项工作汇报中，有9项是事关全市经济发展的重大事项，围绕做好招商引资工作、做强做大现有企业、推进民营经济发展、增加农民收入、加大北部沿海开发力度、实施城市化战略等

重点工作，开展了36次调查、视察和执法检查活动。在工作措施上，注意研究经济工作中的新情况、新问题，增强提出建议意见的针对性。综合运用专题调查、审议汇报、联动视察、执法检查、代表评议等形式，着力促进各项经济工作任务的完成。在审议上半年计划与预算执行情况的汇报时，认真分析财政和经济运行情况，针对当前经济发展的资金和用地紧张等“瓶颈”问题，提出了建议意见。在工作方法上，积极拓展监督领域，改进监督方式。对2004年政府工作报告中确定的重点工作进行细化分解，将其中的89个重点事项分别落实到各办事机构，明确目标和责任，通过听取工作汇报、召开座谈会、开展调查视察，逐项跟踪检查督促。年底，主任会议听取了监督情况的汇报，对落实情况向市政府作了通报，对下步工作提出了改进建议。常委会在以较大精力推动经济建设的同时，大力促进和谐社会建设。有针对性地对就业再就业、社会保障、“平安潍坊”建设、生产食品药品安全等涉及群众切身利益的工作进行了监督。对在28届奥运会上勇夺金牌的我市运动员邢慧娜，作出了授予其“潍坊人民勋章”的决定，激励全市人民勇于拼搏、干事创业，在各自的岗位上做出新的成绩。

二是着眼于统筹城乡发展，推动“三农”工作的顺利进行。监督解决“三农”问题，是常委会着力抓的重点工作之一。为促进中央一号文件的全面贯彻落实，常委会有计划、有步骤地对禽流感防治、农电管理、农村税费改革、林业发展、人口吃水工程等，开展视察和调查。为拓展农村发展空间，常委会高度重视转移农民、减少农民、富裕农民工作，对农业龙头企业发展加强监督与支持，以最大限度地吸纳农村剩余劳动力。组织代表对全市农村劳动力转移情况深入调查，全面分析现状及发展趋势，指出存在的问题和制约因素，提出建议意见，为推动农民变职工、变民工、变市民发挥了积极作用。

三是着眼于提高城市品位，加强城市规划建设管理监督。去年是常委会监督城市规划、建设与管理力度最大的一年。为提高市区规划建设管理水平，增强潍坊在半岛城市群中的竞争力，组织部分委员和人大代表分成6个组，分别由常委会副主任带队，对城区规划建设管理情况进行了较大规模的视察。期间，坚持做到“三个结合”：即发挥代表作用与集中群众智慧结合，听取综合汇报与专项汇报结合，促进当前发展与着眼长远发展结合，推动完成了中心城市发展战略研究和新一轮城市总体规划及土地利用规划调整。对分组、分层次进行的监督情况，主任会议专题进行研究，充分肯定成绩，综合分析存在的问题，提出了加强组织领导、强化以人为本理念、实施精品工程战略、构建长效机制等建议意见，促进了城建工作的开展。

四是着眼于实现可持续发展，推进生态市建设。常委会立足当前，谋划全市长远发展大计，听取审议了市政府关于全面启动生态市建设情况的汇报并作出相应的决议，批准了《潍坊生态市建设规划纲要》，为增强可持续发展能力规划了蓝图。加强了经常性环保执法检查，重点督促水源地保护、保证饮用水安全和小流域污染治理，严格控制污染物排放。以开展“风筝都环保世纪行”活动为载体，对一些污染严重、治理不力的单位，支持新闻媒体曝光，督促有关部门依法严肃处理。以水土保持为重点，加大对资源开发、保护、利用的监督力度，提高了资源对可持续发展的保障能力。

二、以保证宪法法律实施为重点，积极推进普法和依法治市工作

依法治国，首要的是依宪治国。十届全国人大二次会议通过宪法修正案后，常委会认真学习贯彻，采取专题学习、法制讲座、舆论宣传等形式，积极开展以宪法为主要内容的宣传教育活动，在全社会营造学习、宣传、崇尚宪法的良好氛围。提高全民法律素质，是普法的目的，也是

依法治市的基础。为保证“四五”普法和“三五”依法治市规划在最后一年多时间里得到全面实施，取得实效，常委会在听取市政府、市中级法院、市检察院情况汇报的基础上，组成6个视察组，深入到各级、各有关部门和基层单位，通过听取工作汇报、召开座谈会、问卷调查、察看现场和资料、法律知识考试等形式，对“四五”普法和“三五”依法治市决议的贯彻执行情况进行了视察，强调进一步落实组织领导，加大工作力度，扎扎实实地普及法律知识，运用法律解决实际问题，树立法律权威。市委转发了视察报告；市普法依法治理领导小组针对提出的问题和建议，认真研究了加强和改进工作的具体措施。

保证宪法和法律的贯彻实施，是依法治市的前提，也是常委会的重要职责。综合运用听取审议工作汇报、视察、执法检查等多种监督措施，有计划、有重点地对水土保持法、食品卫生法、公司法、工会法等15部法律法规的贯彻实施情况进行了监督，听取审议了市中级法院关于审判监督工作情况的汇报；配合全国和省人大常委会对农业法、土地法、统计法、动物防疫法等8部法律法规的贯彻实施情况进行了检查，协助开展了4项立法调研。工作中坚持以增强实效为核心，每次视察、检查都制定方案，明确重点，对重要的法律实施情况进行持续监督、上下联动监督；把改进执法作为监督的目标，限期有关部门反馈整改结果；把监督执法与监督落实常委会有关决议决定结合起来，发挥综合效能，有力地推动了行政执法和司法工作。

常委会运用多形式、多层次评议的方式，把监督人与监督事结合起来，督促国家工作人员忠实履行法律职责。对市教育、水利、环保、统计、规划国土、计划生育等部门主要负责人和市中级法院副院长、市检察院副检察长进行了述职评议。组织部分人大代表参加了对市直各部门的行风评议。为保证法律法规在本行政区域内全面贯彻实施，常委会将监督的范围扩展到垂直管理部门，对市国税、地税、工商行政管理、质量技术监督等4个部门的执法情况进行了评议。在深入调查、广泛征求代表和有关方面意见的基础上，组织100名市以上人大代表，首先集中听取了执法情况的汇报，然后进行评议。代表们在充分肯定成绩的同时，指出工作中的不足，对今后依法履行职责提出建议。最后将评议结果向被评议部门进行反馈，并向其上级主管部门进行了通报。

常委会从维护法律尊严和群众利益、保持社会稳定的高度来认识和受理群众来信来访，把信访工作与个案监督、错案责任追究结合起来，修订了《个案监督办法》和《市级行政司法机关错案和违法办案责任追究办法》，更加有效地督促解决群众反映的热点难点问题。召开了全市人大信访工作会议，研究了进一步做好新形势下信访工作的意见。坚持主任会议成员和驻会委员定期轮流公开接访、案件转处督办、限期办结和情况通报等制度，信访工作质量明显提高。去年，共受理群众来信来访2336件次，处结率为99%，对其中的146件重点案件进行了重点督办，监督纠正了一批执法不严、司法不公案件。在去年召开的全国人大信访工作经验交流会议上，我市作了典型发言，主要做法被宣传推广。

三、以机制创新为动力，不断增强代表工作的实际效果

代表整体作用的充分发挥，是做好人大工作的前提和基础。基于这样的认识，常委会通过建立和完善联系代表、开展代表活动、代表建议督办、激励约束、服务保障“五个机制”，引导代表不断强化党的领导、人民至上、民主法制、科学发展、权利义务“五个意识”，争做搞好学习、执行代表职务、干事创业、宣传贯彻法律、维护人民群众利益“五个模范”。一年来，广大代表牢记人民重托，立足本职工作，积极履行法定职责，在全市社会主义物质文明、政治文明和精神文明协调发展中做出了重要贡献。常委会严格按

照代表法的要求，切实维护代表的权利，支持代表依法执行职务。为激励代表更积极主动地履行职责、发挥作用，常委会做出了表彰50名优秀市人大代表的决定，进一步推动了全市代表工作的开展。

联系代表实现了经常化。完善了常委会组成人员分工联系代表办法，要求主任会议成员和各位委员每人每年联系10名以上人大代表。认真落实邀请代表列席常委会会议和其他重要会议制度，有计划地组织代表参加视察检查和评议活动，支持代表开展专题调查，为代表知情知政积极创造条件，提供方便，提升了代表执行职务的层次和水平。积极开展“常委会组成人员联系代表月”和“代表联系群众月”活动，广泛集中和反映了人民群众的意愿。

代表活动实现了多样化。为进一步提高代表履行职责的能力，组织代表参加了省代表小组召集人学习交流会，举办了第二期市人大代表学习班，分片召开了代表小组召集人座谈会。目前，已有80%以上的市人大代表参加了集体学习培训。充分发挥代表小组的作用，指导代表小组制定活动计划，丰富活动内容，创新活动形式，使代表活动更加活跃、有效。代表由人民选举产生，也必须接受人民的监督。常委会积极探索和创新代表接受监督的机制，在前几年指导县乡人大代表向选区选民述职的基础上，本着“先搞试点，以点带面，总结经验，不断提高，稳步推进”的指导思想，在临朐、诸城、高密三个县市，组织开展了市人大代表向原选举单位述职并接受评议的试点活动，使述职评议的层次由县级人大代表向市级人大代表迈进了一步。

督办代表建议实现了规范化。围绕完善办理程序、落实办理措施、提高办理质量，形成了办理、监督、激励环环相扣的工作机制。常委会听取审议了市政府办理工作情况的汇报；对办理结果逐件走访代表核查，逐件征求意见，逐件督促落实；对代表不满意的退回有关单位重新办理；评选出了代表建议办理工作先进单位和先进个人。通过深入扎实的工作，代表对建议的办理情况表示满意和基本满意的达到97%以上。

四、以纪念人民代表大会成立50周年为契机，大力开展民主法制宣传教育活动

去年是人民代表大会成立50周年。为增强广大干部群众的民主法制观念和人大制度意识，推进社会主义政治文明建设，常委会加强组织领导，开展了一系列纪念活动，掀起了一个宣传民主法制和人大工作的新高潮。一是召开了纪念人民代表大会成立50周年大会。市几大班子的领导同志都出席会议，市委书记、市人大常委会主任张传林同志作了重要讲话。这次会议规格高、影响大，使全市人民特别是各级领导干部，进一步提高了对坚持和完善人民代表大会制度的认识，增强了发展人民民主、贯彻依法治国方略的自觉性。二是组织召开了老人大工作者座谈会。历届市人大常委会领导同志回顾人大工作发展历程，总结经验，交流体会，提出了一些很好的建议意见。三是向全市14000多名各级人大代表发了一封公开信。号召全体代表积极参加纪念活动，认真履行代表职责，以实际行动推进现代化强市建设。四是举办了书画展和专场电视文艺晚会。通过艺术形式颂扬人大制度的优越性，讴歌人大及其常委会各方面工作取得的成就，展示各级人大代表认真履行职责、在各行各业建功立业的风采。五是认真组织各级人大代表、机关干部和各界群众参加省里举办的人大知识竞赛，对普及宣传法律知识和人大工作知识起到了很好的促进作用。去年也是地级潍坊市人大成立20周年。常委会编印了《潍坊市人大20年史料集》，真实再现历史，反映市人大及其常委会20年来不断探索实践和发展的历程，坚定广大干部群众坚持和完善人大制度的信念。纪念活动期间，各级新闻媒体充分发挥各自优势，开辟专栏、专题，进行了全方位、多角度、深层次的集中宣传，共发表文章、新闻稿件、典型报道等文稿2800多篇次；省人大信息网站采用我市提报的信息 2100 多条，名列全省第一位。

与此同时，常委会把民主法制教育融入日常工作中。每次执法检查和视察，都把宣传作为一项重要任务认真搞好，使执法检查、视察的过程同时成为民主法制宣传的过程。注重宣传工作创新，办事机构密切与新闻单位的联系与合作，积极支持报纸、广播、电视等新闻媒体改进人大宣传方式，增强宣传的实效性。进一步加大闭会期间对人大工作经常性报道的力度，突出了对代表典型事迹的宣传。

五、以提高履职能力为目的，切实加强常委会的自身建设

常委会把思想建设摆在更加突出的位置，利用集体学习、听取讲座、个人自学等多种形式，提高思想理论水平。先后举办了两次法制讲座，首次举办了常委会党组理论学习中心组读书会，采取专题辅导与座谈讨论相结合、理论学习与调研考察相结合的方式，着力提高法律知识水平，树立科学发展观。党的十六届四中全会召开后，常委会组织全体组成人员对全会精神进行了专题学习，制定了《关于学习贯彻党的十六届四中全会精神的意见》，结合人大工作实际提出了具体要求，努力把提高执政能力贯穿于依法履行职责的全过程。

常委会坚持把求真务实精神体现到各项工作中去。认真贯彻民主集中制原则，严格按照民主议事、科学决策的各项制度和程序，依法集体行使职权、集体决定问题。常委会组成人员按照职责分工注重调查研究、坚持说实话、出实招、办实事，使各项措施都付诸实践、见诸行动、取得实效；主任会议成员和办事机构负责同志经常深入基层、深入贫困山区、深入困难企业，走访慰问和检查指导工作，帮助解决实际困难。认真落实党风廉政建设责任制，带头严格执行党的纪律和领导干部廉洁从政若干准则，严格遵守各项党风廉政建设制度，维护了地方国家权力机关的良好形象。按照建设“学习型、创新型、参谋型、服务型、廉政型”机关的要求，进一步加强机关建设，增强了机关活力。

常委会密切了与省及全国人大常委会的联系，积极争取上级人大的支持和指导。保持与县市区人大的联系，邀请县级人大常委会负责人列席重要会议，及时沟通工作情况，通过召开座谈会、联合视察、调查和外出考察等，总结推广先进经验，推动全市人大工作整体水平提高。加强与兄弟市人大常委会的交流，派员参加全国二十城市人大工作座谈会，组织常委会组成人员认真考察学习外地的好经验、好做法，推动了自身工作的开展。

过去的一年，常委会的各项工作和建设都取得了新的进展。但我们应当清醒地看到，与法律规定和人民的期望相比还有一定差距。主要是：对重大事项决定权的行使，还存在不够规范、不够到位的问题；有的监督事项力度不够大、实效性不够强；代表工作还存在活动不够经常、指导不够得力的问题；自身建设也还存有一些薄弱环节等等。这些我们将在今后的工作中认真加以改进。

2005 年，是全面实现我市“十五”计划目标、衔接“十一五”发展的关键一年。做好今年的人大工作，意义重大。在新的一年里，市人大常委会要在市委的领导下，以邓小平理论和“三个代表”重要思想为指导，认真贯彻党的十六大和十六届三中、四中全会精神，全面落实科学发展观，坚持发展这个第一要务，围绕市委工作中心，突出法律监督重点，解放思想，开拓创新，进一步提高履行各项法定职责的能力，大力推进社会主义民主法制建设，保障和促进全市经济社会更快更好发展。

第一，切实督促抓好人代会精神的落实。本次大会将要批准生效的各项工作报告，代表着全市人民的共同意志，各级国家机关都要认真贯彻执行，合力抓好落实。常委会要突出加快发展这个主题，找准位置，发挥优势，齐心协力，真抓实促，更好地履行法定职责。要在保证大会确定的各项目标实现上加大力度，把握好人大工作与中心工作的结合点，按照市委的决策和本次大会的决议，切实搞好对计划、预算实施情况以及招商引资、做强做大现有企业、发展民营经济、“三农”工作、城市建设管理、服务业发展等事关全局工作的审议监督，促进“一个高于、六个新突破”奋斗目标的实现。要在推进科学发展上加大力度，超前谋划，着眼长远，加强调查研究，认真做好“十一五”规划和2020年远景目标的初审工作；监督支持发展循环经济，积极推动生态市建设，保证“五个统筹”的落实；激发社会活力，促进社会公平和正义，推进社会管理体制创新，进一步构建和谐社会。要在督促重点工作的落实上加大力度，本着少而精、便于监督的原则，精心筛选政府工作报告中列举的重大事项，在重点监督上实现新突破。希望各位代表立足本职工作，积极主动地发挥作用，努力做到在监督中体现支持，在支持中实施监督，形成推动行政、司法工作的强大合力。

第二，牢牢把握法律监督的重点。坚持把法律监督同全市重大发展战略的实施紧密结合，突出抓好经济方面的法律监督，重点监督好产品质量法、统计法、科技成果转化法和与农村经济发展密切相关的法律法规的贯彻实施。重视促进社会全面协调发展方面的法律监督，重点对食品卫生法、道路交通安全法、义务教育法等法律法规的贯彻执行情况开展调查、视察和执法检查。继续开展“风筝都环保世纪行”活动，重点督促解决市区水源地保护和大气污染防治两个方面的突出问题。高度重视信访工作，通过认真受理群众来信来访，及时发现执法过程中存在的问题，采取有力措施，切实督促解决。强化对权力运行的监督，对垂直管理部门执法情况的评议，要认真总结经验，注重督促整改，确保实效。上半年，拟组织代表对市出入境检验检疫局、市食品药品监督管理局、市邮政局等3个部门分别贯彻执行的进出口商品检验法、药品管理法、邮政法等法律法规的情况进行评议。扩大人事监督的范围，在继续听取评议“一府两院”部分被任命干部述职报告的同时，评议副市长本届任职以来的工作情况，更有效地推动政府工作。

第三，努力提高全市人大工作的整体水平。围绕民主法制建设主题，推进人大工作全面发展，是各级人大及其常委会的共同职责。常委会要主动争取上级人大的支持和指导，积极配合上级人大开展的活动，认真完成上级人大交办的各项任务。要把代表工作作为开展人大工作的基础环节来抓，进一步密切与代表的联系，指导搞好代表小组活动，增强代表活动的实效性。进一步加大代表议案、建议意见的督办工作力度，不断提高办理效率和质量。认真总结市人大代表述职评议的试点经验，研究落实好各项措施，全面推开。积极创造条件，组织代表学习考察，开阔视野，提升境界，拓宽知政渠道，充分发挥代表作用。要切实加强对县乡人大工作的联系指导，发现、总结、推广县乡人大的工作经验，尽最大努力帮助解决工作中遇到的实际问题。下半年召开全市人大工作座谈会，总结交流经验，重点研究部署做好新形势下乡镇人大工作的各项措施，为全市人大工作开展夯实基础。

第四，全面加强常委会的履职能力建设。根据党中央和省、市委的统一部署，紧密结合人大工作实际，深入扎实地开展好保持共产党员先进性教育活动，确保达到预期目标。继续采用举办读书会、法制讲座等多种形式，有计划、有重点地加强理论学习，持之以恒地加强思想建设，做到政治坚定、求真务实、开拓创新、廉洁勤政、团结协调。大兴求真务实之风，倾听群众呼声，关心群众疾苦。贯彻科学执政、民主执政、依法执政的要求，大力推进制度创新，不断完善常委会工作运行机制。对重大事项决定权的行使，要进行深入研究探索，努力实现民主化、法制化运作，务求实效。加强廉政建设，自觉接受代表和人民群众的监督，全心全意为人民掌握和行使好地方国家权力。大力推进“五型”机关建设，进一步提高机关干部的综合素质，努力实现各项服务工作的新突破，争创一流业绩。

目前全市上下风正、气顺、心齐，政治经济形势很好。让我们紧密团结在以胡锦涛同志为总书记的党中央周围，在中共潍坊市委的坚强领导下，进一步解放思想，开拓进取，干事创业，扎实工作，认真履行地方国家权力机关的职能，为促进全市经济社会更快更好发展做出新的更大的贡献！

潍坊市人民代表大会常务委员会工作报告（摘要）

——2007 年 3 月 1 日在潍坊市第十四届人民代表大会第五次会议上

潍坊市人大常委会第一副主任　王治华

过去的一年，是全市经济社会发展取得重大成就、顺利实现“十一五”规划良好开局的一年，是市人大常委会各项工作取得重要进展的一年。一年来，市人大常委会在中共潍坊市委的正确领导下，高举邓小平理论和“三个代表”重要思想伟大旗帜，全面落实科学发展观，深入贯彻党的十六大和十六届三中、四中、五中、六中全会精神，认真履行宪法和法律赋予的职责，先后听取审议“一府两院”16 项工作报告，就经济社会发展方面的重大事项作出 7 个决议决定，组织开展 23 次视察、检查和调查活动，依法任免 112 名国家机关工作人员，有力地促进了全市经济、政治、文化建设和社会建设。

一、紧紧围绕市委的决策部署，大力推动经济社会又好又快发展

常委会牢固树立大局观念，强化中心意识，从人大工作的定位和特点出发，集中力量，突出重点，抓住关键，全力促进市委重大决策的贯彻落实，保证“一个目标、两个确保、五个新突破”的实现。把保证经济社会发展计划和预算的执行作为推动经济社会发展的重要措施，全程跟踪，动态监督。适时审查批准 2005 年市级决算和 2006 年市级预算调整方案，及时听取审议市政府关于上半年计划、预算执行和审计工作情况的报告，对全市财政集中支付制度推行情况开展专题调查，既针对存在的问题提出建议意见，又根据市委的工作重点，分专题按步骤做好督促推动工作，保障全面完成各项目标任务。为推动转变经济增长方式，对贯彻实施科学技术普及法进行检查并听取审议了市政府的专题汇报，配合省人大常委会对节能法和节能降耗工作开展视察，要求增强科技创新能力，提高劳动者素质，优化经济结构，加快传统产业转型升级，提高发展质量，增强发展后劲，实现科学发展。针对第三产业比重偏低的实际，贯彻市委繁荣发展服务业的战略部署，组织代表深入商贸企业和项目建设工地，对全市服务业发展情况进行视察，就优化发展环境、加强规划引导、加大投入力度等提出了建议意见，并通过听取审议有关情况汇报等形式，督促市政府加快发展旅游业，带动餐饮、娱乐等产业融合发展。城乡协调发展决定着全面建设小康社会的进程，是构建和谐社会的关键所在。常委会把推动新农村建设放在突出位置，组织代表对“三农”工作开展集中视察和专题调研，抓住土地家庭承包经营这一农村基本经营制度的核心，听取审议市政府关于贯彻实施农村土地承包法情况的汇报，对审议意见跟踪抓好督查落实，督促市政府开展了维护农民合法权益大检查，对涉及的有关问题集中督办，依法保障农民对土地承包经营的各项权利，实实在在地为农民办了一些实事。在深入调查研究，广泛征求代表意见，有关工作委员会初审的基础上，常委会还审查通过了新的潍坊市城市总体规划，为加快中心城市建设、提高综合竞争力奠定了基础。

落实科学发展观，构建和谐社会，必须更加注重各项社会事业发展。常委会按照构建和谐社会的总要求，围绕群众普遍关注的食品药品安全等现实问题，组织代表视察食品卫生法贯彻实施情况，检查药品管理工作，督促市政府及有关部门加大执法力度，保障人民群众健康安全。为维护社会公平正义，不断增进团结和睦，对妇女儿童事业发展、归侨侨眷权益保护和民族工作等实施了监督，最大限度地增加和谐因素。围绕改善群众生活质量，听取审议市政府关于贯彻实施体育法情况的汇报，深入检查城市社区建设情况，对城市市容和环境卫生管理条例的实施情况进行调查，推动加大投入，搞好配套建设，加强城市综合治理。着眼于促进人与自然和谐发展，对潍河综合治理情况进行视察，分别以生态保护和资源保护为主题，组织开展了两次“风筝都环保世纪行新闻采访活动”，积极配合中华环保世纪行和齐鲁环保世纪行记者团在我市采访，通过人大监督与新闻舆论监督有机结合的方式，督促有关部门和单位继续加大污染防治工作力度，加快“生态潍坊”建设。

二、深入贯彻依法治国方略，保障宪法法律的全面有效实施

深入贯彻依法治国基本方略，是社会和谐的重要保障。常委会积极参与依法治市工作的领导，把法制宣传教育作为贯彻实施依法治国基本方略、弘扬社会主义法治理念的基础环节，及时听取审议了市政府关于“四五”普法、依法治市情况和“五五”普法规划的汇报，并作出了相应的决议，动员全市深入开展法制宣传教育，进一步增强全社会依法办事的观念，夯实社会和谐的法治基础。

法治的要义是宪法和法律得到切实执行。常委会通过调查、视察、执法检查、听取审议有关汇报等措施，重点抓了对人民警察法、防洪法、动物防疫法等 11 部法律法规实施情况的监督，听取审议了全市法院商事审判、集中清理执行积案工作和全市检察机关民事行政检察工作情况的汇报，全面推进依法行政，加强和改进司法工作。根据全国和省人大常委会的部署，就制定社会救助法、山东省学前教育条例、山东省渔业港口和渔业船舶管理条例，修订山东省无线电管理条例开展立法调研，提出并报送了建议意见。工作中，坚持法律监督与工作监督相结合，围绕市委的工作中心和人民群众普遍关注的问题，选择议题，从改善执法的角度推动工作。坚持各项监督措施综合运用，在听取审议工作报告前，组织常委会组成人员和代表对有关工作开展视察或专题调查，形成有情况、有分析、有建议的调查或视察报告，供审议时参考，强化了审议监督的力度。坚持抓好跟踪监督，对审议意见和调查、视察报告都及时转交“一府两院”及有关部门研究办理，要求在两个月内报告办理落实情况，并对办理情况进行再监督，务求一抓到底，见到实效。坚持依法纠正问题与推动自行整改结合起来，针对监督中发现的问题，注重督促“一府两院”启动内部监督机制，查漏补缺，举一反三，提高综合执法和司法水平，努力达到最佳监督效果。

常委会高度重视保障公民、法人和其他组织的合法权益，进一步加强群众来信来访和申诉控告的办理工作。坚持实行主任会议成员和驻会委员定期轮流公开接访、案件转处督办、限期办结和情况通报等制度，既认真考虑群众诉求，又注

意从法律角度提出解决问题的意见；既帮助群众排忧解难，又注意总结执法和司法中的倾向性问题，有针对性地督促改进工作，信访工作质量不断提高。去年，共受理群众来信来访2573件次，处结率为98.3%，对其中272件重点案件进行重点督促办理，依法维护了人民群众的切身利益和合法权益。

三、切实履行服务保障职能，充分发挥人大代表的作用

人大工作的主体是代表，人大工作的开展靠代表，人大工作的水平看代表，人大工作的潜力在代表。常委会高度重视发挥代表主体作用，注重抓好代表工作。组织召开了全市人大代表工作会议，总结交流换届以来代表工作经验，对加强和改进代表工作、充分发挥代表作用作出了全面部署，代表工作迈上新台阶。

一是畅通联系渠道，切实保障代表权利。常委会组成人员认真执行日常分工联系代表制度，积极开展人代会前的“联系代表月”活动，保持了与代表的密切联系。坚持邀请代表列席常委会会议制度，组织代表参加常委会开展的调查、视察和检查活动，不断扩大代表对常委会工作的参与。通过召开座谈会、寄送资料、新闻媒体和人大网站等多种方式，及时为代表知情知政提供信息，较大幅度增加代表活动经费，积极为代表履行职责创造条件、提供服务，较好地保障了代表的各项权利。

二是创新工作机制，调动代表履职积极性。为搞好代表工作，加强对代表小组召集人的培训，指导开展经验交流活动，组织市人大代表开展专题调研和驻潍省人大代表赴青岛进行专题调研。创新对代表的监督激励机制，对代表活动情况进行台账式管理，指导建立代表实绩档案和代表小组活动记录簿，继续推行代表向选民或原选举单位述职并接受评议的制度。目前，全市已述职的市人大代表达到80%。在2004年评选表彰50名优秀市人大代表的基础上，再次评选表彰了50名优秀市人大代表，并对他们的先进事迹进行广泛宣传。创新服务机制，推荐和组织代表参加政府及有关部门举行的听证会、政风行风评议会、民意调查会，参与建立警民互动信息系统，更好地协助政府推行工作。通过以上措施，有效激发了代表履行职责的积极性和主动性，代表及代表小组的活动日趋活跃。一年来，市人大代表开展视察、检查和专题调研活动500多次，评议政府及有关部门的工作60多次，提出建议意见900多条，为促进全市改革发展稳定做出了重要贡献。

三是加大督办力度，提高代表建议办理质量。常委会在及时转办、加强协调的基础上，严把办理质量关，加大督办力度。对办理情况进行专题调查，听取审议了市政府办理工作情况的汇报；对涉及经济社会发展全局、群众关注的重点建议进行重点督办，先后召开3次调度会并组织代表视察办理情况，认真抓好落实；建立代表建议销号制度，对办理情况逐一梳理，定期督促，办结一件注销一件；加强与代表的沟通，召开两次代表座谈会听取代表的意见，对代表不满意的退回承办单位重新办理，保证办理工作的质量和效果。去年市人代会期间代表提出的110件建议意见已基本办理完毕，代表满意率达到99%。

四、加强联系指导，努力提高全市人大工作的整体水平

人民代表大会制度是我国的根本政治制度，人大工作是我们的共同事业。常委会坚持在市委的领导下，从根本目标的一致性出发，正确把握对“一府两院”工作监督与支持的关系，加强对县市区人大工作的联系与指导，推动全市人大工作不断发展。

正确处理与“一府两院”的关系，形成齐心协力谋发展、促和谐的良好格局。常委会坚持做到既认真负责、积极监督，又不越权干预、包办代替；既严格依法监督纠正执法、司法工作中的偏差，又真心实意地帮助“一府两院”解决工作推行中的难题，在监督中体现支持，在支持中实施监督。通过通报重要情况、召开对口部门联系会、交流文件资料等形式，不断加强与“一府两院”及有关部门的联系协调，努力在思想上达成共识，在行动上形成合力。“一府两院”及有关部门认真贯彻执行常委会决议决定，自觉接受人大监督，积极支持配合了人大工作。

加强对县乡人大工作的联系与指导，全市人大工作整体推进。根据形势发展和不同时期的工作重点，常委会领导同志深入有关县市区召开座谈会，分别就代表工作、街道人大工作室建设、制定年度工作计划等问题，进行具体指导，推动了县乡人大工作的开展。坚持实行县市区人大常委会负责同志列席常委会会议制度，重大决策和重要工作情况及时通报，制定年度工作计划事先征求县市区人大常委会的意见，重大视察、执法检查活动上下联合开展，协调动作，有机配合。先后举办全市人大信访干部培训班、全市县市区人大常委会主任和秘书长监督法培训班，召开调研工作座谈会、代表工作座谈会，相互交流经验，共同提高。同时，进一步加强与兄弟市人大常委会的工作联系，通过外出考察、交流文件资料、派员参加全国二十城市人大工作座谈会和省人大工作座谈会等形式，广泛学习外地的好经验、好做法。派员访问日本和韩国的友好城市，宣传我国人民代表大会制度和民主法制建设的新进展，促进了友好合作与交流。各县市区人大常委会和乡镇人大在同级党委的领导下，积极支持配合市人大常委会的工作，并结合当地实际深入探索实践，依法履行各项职责，不断提高了人大工作水平。

常委会紧紧围绕坚持和完善人民代表大会制度这一主题，加强人大宣传工作。召开全市人大宣传工作会议，出台加强和改进人大宣传工作的意见，建立健全工作联系、情况通报、考核奖惩等制度。加强宣传阵地建设，改进人大常委会网站和刊物，支持市级各新闻单位办好人大宣传专栏和专题节目，指导深入开展人大制度理论研究，宣传内容不断丰富，形式更加活泼，效果更加明显，为人大工作的深入开展营造了良好的社会舆论环境。

五、坚持不懈地抓好自身建设，不断增强常委会的履职能力

适应新形势新任务和人大工作不断发展的要求，常委会认真落实保持共产党员先进性教育长效机制，在自身建设上持续用力，不断增强依法履行职责的能力。一是加强学习。通过举办理论读书会、法制讲座和个人自学等形式，组织常委会组成人员深入学习政治理论、宪法法律和人大业务知识，不断提高落实科学发展观、依法开展工作的能力。《中华人民共和国各级人民代表大会常务委员会监督法》是一部加强和改进人大监督的重要法律，是常委会开展监督工作的法律依据。监督法出台后，常委会把学习宣传贯彻这部法律作为一项重要任务，专门召开主任会议进行研究部署，在学习法律原文的基础上，组织常委会组成人员和机关干部集体收看辅导报告录像；通过发表领导讲话和署名文章、举办培训班、发放学习材料等方式，组织指导全市各级人大代表、各县市区人大常委会及其机关深入学习。研究制定了《关于贯彻实施监督法的若干意见》，对有关规范性文件全面梳理，为监督法的顺利实施打下了坚实基础。二是改进作风。发扬求真务实精神，对所作决议决定和审议意见，采取多种形式加强督促，狠抓落实；认真执行分工联系企业、村庄制度，开展调查研究，帮助解决实际问题。牢记“两个务必”，树立“八荣八耻”社会主义荣辱观，带头贯彻执行党中央和省、市委关于廉政建设的一系列规定，保持了清正廉洁、勤政为民的良好形象。三是完善制度。认真贯彻民主集中制原则，不断完善会议机制，坚持分组审议与联组审议相结合，坚持集体行使职权。继续组织公民旁听常委会会议，并通过报纸、广播、电视、网站等途径，向社会公布人大工作的有关

情况，自觉接受广大代表和群众的监督。四是抓好机关建设。以建设反应灵敏、运转高效、团结协调、保障有力、廉洁勤政、生动活泼的新型人大机关为目标，全面加强机关的思想、组织、作风和制度建设，增强了服务效能。

市人大常委会一年来各项工作所取得的进展和成绩，是市委正确领导的结果，是各位代表、各工作委员会组成人员以及市人大机关工作人员辛勤工作的结果，也是与市政府、市中级法院、市检察院的密切配合，与各县市区人大常委会的大力支持分不开的。在此，我代表市人大常委会，向大家表示衷心的感谢！

回顾过去一年的工作，我们也清醒地看到，常委会工作还存在一些不足之处，主要是在行使重大事项决定权方面缺乏深入的探索实践，监督工作有待继续加强和改进，代表工作方面还需进一步深化和规范。我们要高度重视这些问题，采取更加有效的措施，认真加以解决。

2007 年是我市深入贯彻落实科学发展观、积极推进社会主义和谐社会建设的重要一年。做好今年的人大工作，意义重大。在新的一年里，市人大常委会要在市委的领导下，以邓小平理论和“三个代表”重要思想为指导，认真贯彻党的十六大和十六届三中、四中、五中、六中全会精神，全面贯彻落实科学发展观、构建社会主义和谐社会等重大战略思想，紧紧围绕市委工作中心，认真履行宪法法律赋予的各项职责，不断强化法律监督和工作监督，大力推进民主法治建设，保障和促进全市经济社会又好又快发展。

第一，围绕全市工作大局，努力推进和谐潍坊建设。进一步增强大局观念，紧紧围绕市委“一个总目标、三大发展任务、六个工作重点、四项保障措施”的部署，综合运用听取审议专项工作报告、调查、视察、执法检查等措施，大力推动科学发展工业经济、城市经济和县域经济，特别要从人大工作的特点出发，根据市委的“六个工作重点”，集中精力搞好对计划预算执行、新农村建设、滨海经济开发、节能降耗、服务业发展等工作的监督，努力对这些工作产生实质性促进作用。按照加快和谐社会建设的要求，监督支持市政府加强社会保障、治安、职业教育、农产品质量安全、城市房屋拆迁管理等工作，着力促进社会发展和解决民生问题，努力推动经济社会协调发展。

第二，以贯彻实施监督法为契机，改进和加强监督工作。今年是贯彻实施监督法的第一年。贯彻实施好监督法，对坚持和完善人民代表大会制度，加强和改进人大监督工作，促进依法行政、公正司法，维护最广大人民的根本利益，具有重大意义。常委会要认真贯彻执行监督法的各项规定，严格依照监督法规定的程序，进一步完善监督工作机制，努力探索听取审议“一府两院”专项工作报告、加强和改进计划预算审查监督的措施，认真研究搞好执法检查的方法，并将这些措施和方法进一步制度化、规范化，确保人大监督工作依法有序进行。在监督议题的确定上，要选择若干关系改革发展稳定大局和群众切身利益、社会普遍关注的重大问题，增强监督工作的针对性。加强对审议意见、改进执法工作建议落实情况的跟踪监督，确保监督工作的实效性。

第三，积极探索搞好代表工作的新途径。认真搞好代表履职情况的调查研究，加强工作指导，搞好代表活动经验交流，进一步活跃闭会期间的代表活动。加强代表小组的组织建设和制度建设，增强代表小组活动的计划性和针对性。对代表建议办理落实情况进行跟踪监督、动态化管理，并向社会公开，务求把代表议案和建议意见督促落到实处。加强制度建设，完善代表工作规程，密切与代表的联系，积极为代表履行职责提供服务、创造条件，保障代表工作的顺利开展。

第四，精心组织，认真指导，确保完成换届选举任务。今年下半年我市将进行市、县、乡三级人大换届选举，这是全市人民政治生活中的一件大事。常委会要按照党中央的要求和省、市委的部署，精心组织，周密安排，加强指导，从各个环节上保证换届选举的依法顺利进行，进一步优化代表结构，提高代表素质，加强国家机关建设和党的执政能力建设，为落实科学发展观、加快社会主义和谐社会建设提供坚强的组织保证。

在本届人大任期的最后一年里，我们面临十分繁重的工作任务，责任重大。让我们紧密团结在以胡锦涛同志为总书记的党中央周围，在中共潍坊市委的坚强领导下，高举邓小平理论和“三个代表”重要思想伟大旗帜，全面落实科学发展观，团结一致，扎实工作，奋勇前进，推动全市经济社会又好又快发展，以优异成绩迎接党的十七大胜利召开！

潍坊市人民代表大会常务委员会工作报告（摘要）

——2008年1月5日在潍坊市第十五届人民代表大会第一次会议上

潍坊市人大常委会第一副主任 李守玉

五年来的主要工作

过去五年，是全市改革开放和现代化建设取得重大成就的五年，也是人大工作持续推进的五年。五年来，市人大常委会在中共潍坊市委的领导下，以邓小平理论和“三个代表”重要思想为指导，深入贯彻落实科学发展观，认真履行宪法法律赋予的职责，积极推进社会主义民主法制建设，为全市经济社会又好又快发展做出了积极贡献。

一、决定重大事项取得新成效

审议决定重大事项，是宪法法律赋予人大常委会的重要职责。常委会遵照市委的决策部署，紧紧围绕事关全局的重大问题，先后就计划预算执行、授予“潍坊人民勋章”、潍河治理、和谐创建、人大换届选举等重大事项作出31个决议决定。立足实际，谋划长远，听取审议了市政府关于全面启动生态市建设情况的汇报，作出相应的决议，批准了《潍坊生态市建设规划纲要》。致力于加快中心城市建设、提高综合竞争力，作出了关于城市总体规划的决议，强调严格执行城市规划管理法律法规，加大监管力度，确保城市总体规划的实施，维护规划的权威性和严肃性。在听取审议市政府有关汇报的基础上，作出关于“五五”普法和“四五”依法治市的决议，动员全市深入开展法制宣传教育和依法治理工作，进一步增强全民的法制观念和法律素质，提高各级国家机关依法办事的能力，加快全市法治化进程。党的十七大召开后，及时作出决议，要求全市各级人大及其常委会，认真学习、深入贯彻党的十七大精神，高举中国特色社会主义伟大旗帜，努力做好新形势下的人大工作，在全面建设小康社会的历史进程中发挥更大作用。贯彻党管干部原则，修订完善了人事任免办法，进一步规范了任免程序。本届常委会共任免、决定任免和批准任免国家机关工作人员310名。

二、监督工作依法有序进行

监督法颁布后，市人大常委会及时制定了贯彻实施监督法的若干意见，使人大监督工作更加规范，监督实效不断增强。五年听取审议“一府两院”专项工作报告75个，组织开展视察、调查活动156次，对72部法律法规进行了执法检查。

按照法律规定，进一步加强了计划和预算的审查监督。坚持每年听取审议计划预算执行和审计工作情况报告；对全市重大项目建设、财政重点支出和集中支付等工作开展专题调查；扩大了部门预算审查范围，多次听取市级城建资金筹集使用情况的汇报。根据市委确定的工作重点，先后就优化经济发展软环境、“三农”工作、服务业发展、城市建设等，组织开展了较大规模的视察，采取上下联动的方式，深入各县市区、有关部门和单位实地察看，查找问题，提出建议，督促整改。去年，围绕市委“一三六四”的发展思路和任务目标，通过组织人大代表视察、专题调查等形式，重点加强了对旧城区改造、现代农业发展、沿海经济开发、节能减排等工作的监督。

运用各种法定形式，着重围绕人民群众最关心、最直接、最现实的利益问题，先后就禽流感防治、土地承包、农村税费改革、就业再就业、义务教育、社会治安、老年人权益保障、旅游业发展等，深入开展执法检查和调查，组织开展了6次食品药品安全视察、12次“风筝都环保世纪行”活动。安全生产问题，中央和省、市委高度重视，人民群众普遍关注。去年，市人大常委会利用半个月时间，集中开展了安全生产法、消防法、道路交通安全法、危险化学品管理条例、省安全生产条例等法律法规的执法检查。

着眼于促进司法公正，听取审议了商事审判、民事审判、刑事审判、查办职务犯罪、监所检察等方面的工作汇报；支持司法部门改革创新，制定了关于加强人民监督员工作的意见，任命了9名人民监督员。认真做好人大信访工作，实行主任会议成员定期轮流公开接访、案件转处督办、限期办结和情况通报等制度。五年共受理群众来信来访12288件（次），处结率达到99%。

三、代表工作进一步加强

常委会坚持把代表工作作为一项基础性工作来抓。认真贯彻中央2005年9号文件精神，召开了全市人大代表工作会议，进一步规范和改进代表工作，支持和保障代表依法履行职责。

代表执行职务的条件得到改善。修订了常委会组成人员分工联系代表办法，坚持开展“常委会组成人员联系代表月”活动，通过寄送资料、走访座谈、邀请代表列席会议和参加活动等做法，保持与人大代表的经常性联系，拓宽了代表知情知政渠道。五年来，150余名人大代表列席了常委会会议，参加视察、执法检查、专题调研的代表达到5300多人（次）。注重提高代表素质和议政能力，分两期组织400多名人大代表进行培训，集中学习了《中华人民共和国宪法》《中华人民共和国地方组织法》《中华人民共和国代表法》和人大业务知识。召开了全市人大代表小组建设经验交流会，重点推进规范化建设，多数市人大代表小组拥有了固定活动场所、必要的办公设施和较为完善的工作制度。

代表议案和建议督办工作进一步强化。制定了代表议案和建议意见两个处理办法。实行代表建议会议转办、网上公开、办结销号、重点建议重点督办等制度。每年都对办理情况进行调查，当面征询代表意见，专题听取政府有关汇报，对办理工作先进单位和先进个人进行表彰。去年，组织对本届以来代表建议办理情况进行“回头看”，全面梳理，逐一排查，对一些未办结建议加大了督办力度。五年来，督办代表议案、建议、批评和意见821件。经过各方面的共同努力，代表满意率达到99.4%。

代表活动更加丰富。组织代表开展了视察、专题调研、民主评议和走访联系群众活动，推广了活动日、活动周、活动月等做法。推荐和组织代表参加听证、行风评议、民意调查等活动，进一步发挥了代表的桥梁纽带作用。完善了代表实绩档案制度，如实记录代表活动情况。评选表彰了100名优秀市人大代表，并对他们的先进事迹进行了广泛宣传。五年来，广大代表牢记人民重托，带头干事创业，认真履行法定职责，在促进改革发展稳定中发挥了重要作用。

四、县乡人大换届选举工作顺利完成

去年县、乡人大换届选举，是宪法修改后县、乡两级人大首次同步换届选举，是全市人民政治生活中的一件大事。在市委的正确领导下，市人大常委会周密筹划，精心组织，加强指导，保证换届选举依法有序进行。制定了关于全市县、乡人大换届选举工作安排意见，成立了选举工作委员会。针对部分县域区划调整、乡镇撤并、流动人口增多等新情况，常委会及早研究部署，积极协调调度，有计划地到县市区、乡镇选区进行检查督导。通过试点示范、工作交流、以会代训等形式，推动面上工作的顺利开展。指导合理划分选区，认真搞好选民登记，广泛宣传发动，组织广大选民积极参加选举活动。全市县、乡人大代表直接选举，选民参选率达到93.5%，较上届提高2至3个百分点。从选举结果看，各级人大代表整体素质普遍提高，结构进一步优化。

五、与各方面的联系更加密切

市委对人大工作高度重视，先后召开两次全市人大工作会议，作出关于进一步加强人大工作的决定，为人大工作的深入开展提供了强有力的指导与支持。市人大常委会根据市委决定，积极开展工作，加强对县市区和乡镇人大工作的联系和指导，坚持重大决策和重要活动向县市区人大常委会通报情况、征求意见，邀请县市区人大常委会负责同志列席会议，总结推广先进经验，组织开展上下联动视察和执法检查，全市人大工作整体推进。

积极派员列席省人大常委会会议，对上级人大常委会的重要会议精神，认真传达贯彻；对上级交办的各项任务，认真办理落实；重要工作及时报告。协助承办了全省人大农业与农村工作座谈会、全省人大报刊宣传工作座谈会，配合上级人大常委会来潍视察、执法检查、立法调研共计62次。

采取外出学习考察、交流文件资料、派员参加工作研讨会等形式，借鉴外地经验，改进自身工作。举办了全国二十城市人大工作座谈会，就“发挥地方国家权力机关作用，构建社会主义和谐社会”的理论与实践问题，进行了深入探讨。派员访问了韩国安养市、日本日向市，促进了友好城市之间的合作与交流。

六、自身建设扎实推进

常委会按照建设权力机关、工作机关和代表机关的要求，坚持改革创新、与时俱进，不断加强自身建设，着力在提高素质和履职能力上下功夫。

按照市委的统一部署，深入开展了保持共产党员先进性教育活动，建立并落实了先进性教育长效机制。坚持集体学习和个人自学相结合，举办了5次党组理论学习中心组读书会和8次法制讲座，认真学习政治理论、法律法规及中央和省、市委一系列重要决策部署。党的十七大以来，市人大常委会按照市委的要求，采取个人研读、集体交流、专题辅导等形式，组织深入学习党的十七大精神，进一步统一思想认识；把贯彻十七大精神与人大工作实践结合起来，紧密联系实际，研究改进工作的思路和措施，用十七大精神指导人大工作深入开展。

大力倡导求真务实之风，深入基层，深入实际，搞好调查研究，倾听群众呼声，反映群众意愿。五年来，共形成了112篇调研报告。积极探索提高工作质量的方法和措施，对决定的事项及时跟进督导检查，确保落到实处。牢记“两个务必”，自觉践行社会主义荣辱观，认真执行中央和省、市委关于廉政建设的各项规定，保持了清正廉洁、勤政为民的形象。

修订完善了常委会议事规则和各项工作制度，制定了常委会组成人员出席会议守则。为了提高常委会会议质量，坚持分组审议和联组审议相结合，充分发扬民主，集体决定问题。会议议题通过新闻媒体向社会公布，邀请公民旁听会议，虚心接受舆论和社会各方面的监督。会议审议意见印发“一府两院”研究处理，处理情况向常委会会议书面报告。

制定了加强和改进人大宣传工作的意见，加大了人大宣传工作力度。支持各新闻单位及时报道人大常委会的重要会议和活动，广泛宣传人大代表履行职责的先进事迹。以纪念人民代表大会成立50周年为契机，通过召开纪念大会、举办文艺晚会、组织人大知识竞赛等形式，大力开展民主法制宣传教育活动，为人大工作的深入开展营造了良好的社会氛围。

注重发挥工作委员会的作用。实行工作委员会年终向常委会报告工作的制度。围绕常委会审议议题，各工作委员会事前开展调查研究，认真做好初审工作，为常委会审议提供参考依据；事后跟踪检查，督促有关部门制定和落实改进措施。常委会的重要工作、重大活动，组织各工作委员会共同参与。

各位代表，市十四届人大常委会取得的成绩和进步，是市委正确领导的结果，是市政府及其各部门、市中级人民法院、市人民检察院和各县市区人大常委会积极配合、大力支持的结果，也是全体市人大代表共同努力的结果。在此，我代表市十四届人大常委会，向大家表示衷心的感谢！

在看到成绩的同时，我们也清醒地认识到，常委会的工作还存在一些问题与不足。主要是：会议审议质量有待于进一步提高；实施监督尤其是工作监督方面还不够到位，监督效果与人民群众的期望还有差距；代表工作还存在薄弱环节，需要进一步强化和创新。这些问题应当引起高度重视，认真加以解决。

今后工作建议

各位代表！党的十七大为夺取全面建设小康社会新胜利、开创中国特色社会主义事业新局面指明了前进方向。面对新的形势和任务，新一届人大常委会要认真学习贯彻党的十七大和省九次党代会、市十次党代会精神，高举中国特色社会主义伟大旗帜，以邓小平理论和“三个代表”重要思想为指导，深入贯彻落实科学发展观，坚持党的领导、人民当家作主、依法治国有机统一，认真履行各项职责，大力推进社会主义民主法制建设，保障和推动全市科学发展、和谐发展、率先发展。

（一）增强“五种意识”，把握好人大工作的基本要求。进一步增强党的领导意识。自觉坚持和依靠党的领导，认真贯彻党的路线方针政策，在思想上、政治上、行动上同以胡锦涛同志为总书记的党中央和省、市委保持高度一致，保持人大工作正确的政治方向。认真执行市委的决议决定，自觉维护市委的领导核心地位。紧紧围绕市委中心任务制定计划、部署工作，重大问题、重要工作都要及时向市委请示、报告，努力通过法定程序贯彻落实好市委的决策部署。进一步增强民主法制意识。把推进民主法制建设作为根本任务，发挥人大制度优势，丰富民主形式，拓宽民主渠道，从各个层次、各个领域扩大公民有序政治参与。认真落实依法治国基本方略，推动法制宣传教育的深入开展，加强对行政权和司法权的监督，保证宪法法律的贯彻实施，维护社会主义法制的统一、尊严和权威。进一步增强大局意识。深入贯彻落实科学发展观，始终把握大局，围绕大局，服务大局，把全市的工作重点作为人大的工作重点。从工作目标的一致性出发，努力做到监督到位、支持有效，实现监督与支持的有机统一，形成协调一致、干事创业、加快发展的工作合力。进一步增强责任意识。时刻牢记人民的期望和代表的重托，切实增强使命感和责任感，扎扎实实、尽职尽责地做好工作。高度关注民生，把实现好、维护好、发展好最广大人民群众的根本利益作为工作的出发点和落脚点。严格执行常委会工作向代表通报、向社会公开的法律规定，自觉接受监督。进一步增强创新意识。始终保持奋发有为的精神状态，解放思想、实事求是、与时俱进，把握发展潮流，跟上时代步伐，更新工作理念，创新工作措施。正确处理理论与实践的关系、继承与发展的关系、依法履职与制度创新的关系，积极探索有效的工作机制和方式方法，使人大工作始终保持蓬勃生机与活力。

（二）深入贯彻落实科学发展观，认真讨论决定重大事项。紧紧围绕第一要务，贯彻以人为本、全面协调可持续、统筹兼顾的要求，行使好宪法法律赋予的重大事项决定权。坚持抓大事、议大事，按照市委的决策部署和要求，把握和落实好市委提出的“一六三三”的目标任务和思路举措，抓住事关经济社会发展全局的重大问题、民主法制建设的关键问题、人民群众普遍关注的热点难点问题，适时作出决议决定，把全社会的发展积极性引导到科学发展上来，引导到转变发展方式和完善体制机制上来，推动全市科学发展、和谐发展、率先发展。依法决定授予地方荣誉称号，激励各界人士为潍坊经济社会发展贡献才智和力量。决定重大事项要建立在深入调查研究、充分发扬民主的基础上。对专业性、技术性较强的重大事项，组织进行必要的专家论证、技术咨询和决策评估；对与人民群众利益密切相关的重大事项，广泛征求各方面的意见，充分听取群众的呼声。要着力增强决策的权威性。把决议、决定的贯彻执行放在与作出决议、决定同等重要的位置，明确责任单位、任务目标和具体时限，抓好督促检查和情况反馈，保证决议、决定的有效执行。

（三）深入贯彻实施监督法，扎扎实实开展监督工作。按照监督法的要求，监督工作要始终围绕全市大局展开，严格依照法定程序进行，把着力点放在推进重点工作、促进市委决策部署的落实上。每年选择若干关系改革发展稳定大局和群众切身利益、社会普遍关注的重大问题，有计划地安排监督事项。认真贯彻市十次党代会及市委十届三次全体会议精神，重点督促抓好北部沿海开发、现代农业、服务业发展、城市规划建设管理、培强做大高新技术产业、和谐创建等方面工作。督促抓好文化教育、劳动就业、社会保障、医疗卫生、安全生产、节能环保、妇女儿童权益保障等方面法律法规的贯彻实施。依照法律规定，细化、深化对计划预算执行情况的监督，对重点项目和专项支出、部门预算、超收收入安排使用等，加大监督力度。今年，力求在工作评议方面实现新突破。总结过去述职评议的实践经验，依法研究制定工作评议办法，对评议主体、评议范围、评议程序等作出具体规定。要讲求评议效果。重点对常委会任命的“一府两院”干部主管的工作，通过听取审议专项工作报告，普遍开展工作评议；在评议基础上进行投票测评，评议结果向市委报告、向社会公开；对整改情况跟踪监督，必要时进行再次评议。通过评议，加强对部门工作和执法情况的监督，推动国家法律法规和市委决策在各部门各单位得到全面贯彻落实。要严格依法行使监督权。工作中，提前学习法律政策，吃透上情；深入搞好调查研究，掌握第一手材料，摸清下情。做到监督之前学好法，监督程序遵循法，监督意见符合法。

（四）改进代表工作，保障人大代表依法行使职权。充分认识发挥代表作用的重要性，按照“抓好一个基础、搭建两个平台、完善三个机制”的思路，进一步强化代表工作。抓好“一个基础”：就是组织代表搞好学习培训，特别是抓好新代表的培训，切实提高代表的整体素质和履职能力。搭建“两个平台”：一是搭建信息平台，在坚持邀请代表列席会议、寄送资料、发公开信等做法的基础上，突出抓好人大网站建设，建立网上代表服务专区，开设代表电子信箱，为代表知情知政提供全面、准确、快捷的信息服务，加强代表之间、代表与常委会之间的沟通互动。二是搭建活动平台，以代表小组为依托，按照“有活动场所、有活动制度、有活动计划、有活动档案”的要求，加强对代表活动的组织、协调和指导，丰富活动形式，增强活动实效。完善“三个机制”：一是完善代表建议督办机制，以“促进工作、解决问题、代表满意”为目标，强化细化措施，加大督办力度，提高办理质量。二是完善激励约束机制，坚持代表实绩档案制度，开展评先树优活动，调动代表执行职务、做好本职工作的积极性。三是完善服务保障机制，按照代表法的规定，从物质、时间、制度等方面，支持和保障代表更好地履行职责。

（五）认真落实基层群众自治制度，依法推进基层民主政治建设。在市委的统一领导下，认真贯彻落实党的十七大关于发展基层民主的要求，抓好相关法律法规的贯彻实施，大力推进基层民主政治建设。组织深入宣传城市居民委员会组织法、村民委员会组织法（简称“两法”），提高人民群众依法自我管理、自我服务、自我教育、自我监督的意识和能力。依据“两法”健全基层群众自治机制，完善各项具体规章制度，细化程序，理顺关系，保障人民群众享有法律赋予的各项民主权利。把城乡社区建设与新农村建设、加快城市化进程有机结合起来，通过搞好“两法”的执法检查，引导、支持基层自治组织团结带领群众积极参与经济建设、和谐创建、社会管理、公共服务，尽快把城乡社区建设成为管理有序、服务完善、文明祥和的社会生活共同体。

（六）加强自身建设，提高常委会的履职能力。常委会要履行好法律赋予的职责、完成市委交付的各项任务，必须认真贯彻为民、务实、清廉的要求，适应人大工作不断发展的需要，在自身建设方面持续用力，不断增强履职能力，提高工作水平。以坚定理想信念为重点搞好思想政治建设。深入学习马列主义、毛泽东思想、邓小平理论、“三个代表”重要思想和科学发展观，坚持用马克思主义中国化最新成果武装头脑、指导实践。当前和今后一个时期，要紧密结合人大工作实际，进一步学习贯彻好党的十七大精神，推动人大工作深入开展。以规范化、程序化为重点搞好制度建设。按照党的十七大报告关于“加强人大常委会制度建设”的要求，认真梳理现有工作制度，建立健全决定重大事项、听取审议专项工作报告、执法检查、计划预算审查、干部任免等方面的制度，保障人大常委会依法有序行使职权。以密切与人民群众的联系为重点搞好作风建设。认真践行党的群众路线，完善联系代表和群众制度，深入基层，贴近群众，真诚倾听群众呼声，真实反映群众意愿，真情关心群众疾苦，督促解决好人民群众最关心、最直接、最现实的利益问题，使人大工作更加顺应民心、反映民意、关注民生。严格执行党风廉政建设责任制，完善配套措施，强化监督检查，落实好中央和省、市委关于廉政建设的一系列规定，做遵纪守法、廉洁勤政的表率。以增强服务效能为重点抓好人大机关建设。按照市委的统一部署，组织开展创建和谐机关活动，全面加强机关的思想、组织、作风和规范化建设，搞好对干部的教育、培养和管理，增强机关活力，提高服务水平。

我市的改革开放和现代化建设已经进入了一个新的发展阶段。让我们在中共潍坊市委的领导下，高举中国特色社会主义伟大旗帜，更加紧密地团结在以胡锦涛同志为总书记的党中央周围，深入贯彻落实党的十七大和省、市党代会精神，坚定信心，振奋精神，开拓进取，扎实工作，为建设富裕文明和谐的现代化强市而努力奋斗。

潍坊市人民代表大会常务委员会工作报告（摘要）

——2012年2月11日在潍坊市第十六届人民代表大会第一次会议上

潍坊市人大常委会第一副主任　李守玉

2008年换届以来，市十五届人大常委会在中共潍坊市委的坚强领导下，认真贯彻党的十七大和十七届三中、四中、五中、六中全会精神，以邓小平理论和“三个代表”重要思想为指导，深入贯彻落实科学发展观，坚持党的领导、人民当家作主、依法治国有机统一，紧紧围绕市委的总体部署，依法履职，扎实工作，为推动全市经济社会又好又快发展作出了应有贡献。

一、依法审议决定重大事项

讨论、决定重大事项，是宪法和法律赋予人大及其常委会的一项重要职权。市十五届人大常委会坚持围绕中心，服务大局，依法行使重大事项决定权，先后就全市经济、政治、文化、社会和生态文明建设中的重大事项作出了30项决议、决定。

常委会每年都安排听取审议市政府关于计划和预算执行、财政审计等工作情况的报告，审查批准市级财政决算，并作出相关决议。审查批准了2010年、2011年市级预算调整方案，听取审议了潍坊市国有资本经营预算报告，支持市政府拓宽融资渠道，加大基础设施建设和民生方面的投入力度。

制定好“十二五”规划，事关全市经济社会发展大局。市人大常委会认真贯彻《中共潍坊市委关于制定潍坊市国民经济和社会发展第十二个五年规划的建议》，依法做好“十二五”规划纲要草案的初审工作。去年年初，常委会组织有关专门委员会围绕规划编制涉及的相关专题，深入调查研究，广泛征求意见。主任会议专题听取市发改委关于规划纲要草案编制情况的报告，提出了有针对性的建议意见，为人代会审查批准规划纲要作了必要的准备。

省委、省政府确定潍坊市为深化经济体制综合配套改革试点市，为我市的改革发展提供了重大历史机遇。2009年，为推动改革试点工作的顺利进行，市人大常委会按照市委有关决策部署，作出了关于推进深化经济体制综合配套改革试点工作的决议。围绕推动加快建设文化强市，常委会深入调研，专题听取审议了市政府相关工作报告，作出了关于加强文化建设的决议。为推进对外开放和招商引资工作，常委会根据市政府的提议，就授予“潍坊市荣誉市民”称号制定了办法、作出了决定，向15名为我市经济社会发展作出突出贡献的外国人士、港澳台同胞和海外华侨华人授予“潍坊市荣誉市民”称号。

市十五届人大一次会议以来，代表们围绕经济社会发展，联名提出了一系列议案原案，其中6件被确定为大会议案，涉及教育、农业、交通、食品安全等多个领域。常委会高度重视，及时提出处理意见，作出相应决议，并跟踪抓好督办落实。

认真贯彻执行党管干部原则，依法决定人事任免事项。本届市人大常委会共任免“一府两院”干部303名。

二、认真履行监督职责

换届以来，市人大常委会正确处理监督与支

持之间的关系，确定了围绕中心、突出重点、讲求实效的监督工作思路，把市委作出决策、政府着力推进、人民群众普遍关注、人大职权范围内的事项作为监督工作重点，创新监督方式，强化监督职能，不断增强了监督工作的实效性。

（一）全力推动转方式调结构。贯彻中央和省、市委的重大决策，把促进转方式调结构作为人大监督工作的重中之重，全力予以推进。我市北部沿海地区是吸纳优质增量投入、加快转方式调结构的最大战略空间。2008 年，常委会对北部沿海发展情况开展了专项视察，就完善规划、加强组织协调、率先突破重点领域、把好资源环境关等提出了建议意见；2010 年先后就北部沿海地区环境污染治理、海域使用管理情况进行了视察、检查；2011 年又组织了一次专题视察，助推北部沿海地区率先突破、快速崛起。

人才是加快转方式调结构的重要支撑。2009 年 8 月，常委会就引进高层次人才、促进高新技术产业发展，到无锡、苏州等地考察调研，借鉴外地先进经验，结合我市实际，提出了有针对性的建议意见。市委、市政府主要领导给予充分肯定，作出了重要批示。2010 年，常委会继续关注这项工作，听取审议了市政府专项报告。

节能减排是转方式调结构的重要抓手。对此，常委会进行了专项工作评议，听取了市政府关于水污染防治情况的报告，坚持每年两次组织开展“风筝都环保世纪行”新闻采访活动，通过人大监督与舆论监督有机结合的方式，推动节能环保工作。

围绕加快产业结构优化升级，常委会先后对现代农业示范园区建设和高新技术产业、商务服务业、文化产业发展等进行了专项工作评议，听取审议了市政府关于新兴产业发展、交通重点项目建设、城市地下空间开发规划、旅游业、对台经济等工作报告，就工业经济运行、农业基础设施建设、金融安全与发展、房地产开发管理等组织进行了调研和视察。2010 年 10 月，常委会专题听取审议了市政府关于全市转方式调结构工作情况的报告，提出了建议意见。

（二）努力促进保障和改善民生。常委会在监督工作中坚持以人为本，围绕人民群众普遍关心的民生问题，综合运用多种措施，加大了监督支持力度。先后对安全生产、劳动就业、人口与计划生育、教育工作、农村困难群众社会保障等进行了工作评议，听取审议了市政府有关部门关于道路交通安全管理、农村公共服务社区化、村村通油路、法律援助、外事侨务等工作报告。

2008 年汶川大地震发生后，常委会及时对我市防震工作开展了专题调研，听取市政府有关部门汇报，实地察看了部分学校和应急避难场所。2010 年常委会又组织力量到四川、临沂等地考察，向市政府提出了加强监测预报基础建设、强化抗震设防管理、完善应急救援措施等建议意见。

为加强市政管理工作、营造良好人居环境，常委会听取审议了市政府相关工作报告，对创城工作进行了专题视察。

食品安全是事关民生的重大问题，常委会高度重视，每年都安排相关议题，采取多种形式，加强了跟踪监督。2008 年，常委会认真督促办理了代表提出的关于从源头上抓好食品质量安全的议案，支持市政府及有关部门突出源头治理，依法强化监管，建立应急机制，有效处置食品安全事件。2009 年至 2011 年，常委会先后对全市农产品质量安全状况进行了调研，对全市食品安全法律法规贯彻实施情况开展了检查，对食品安全工作进行了视察，就建立公共检测中心、健全信息共享机制、强化监管工作等提出了建议意见。

（三）大力推进民主法制建设。加强社会主义民主法制建设，是建设中国特色社会主义的内在要求，也是做好新形势下群众工作的基本保障。常委会以促进城市居民委员会组织法和村民委员会组织法的贯彻实施为总抓手，积极稳妥地推进基层民主政治建设，在先行试点、取得经验的基础上，全面推广了奎文城市社区和诸城农村社区建设的做法。

常委会积极推进普法和依法治理工作，审议通过了潍坊市“六五”普法和“五五”依法治市规划并作出相应的决议。切实加强对市中级人民法院和市人民检察院工作的监督支持，先后听取审议了关于完善多元化纠纷解决机制、加强诉讼诚信体系建设、查办和预防职务犯罪、执行工作、法律监督工作等报告，作出了《关于加强和规范人民法院执行工作的决议》《关于加强人民检察院法律监督工作的决议》。

为了保证国家法律法规在我市正确地贯彻实施，先后就《中华人民共和国行政许可法》《中华人民共和国科技进步法》《中华人民共和国农民专业合作社法》《中华人民共和国律师法》《中华人民共和国人民警察法》《中华人民共和国矿产资源法》《中华人民共和国城市房地产管理法》等16部法律的贯彻实施情况进行了检查，积极配合全国和省人大常委会开展了立法调研、执法检查。认真开展规范性文件备案审查工作，共备案审查规范性文件69件。

常委会十分重视人大信访工作，主任会议成员轮流公开接访，聘请专家为来访群众提供法律咨询服务，不断完善了案件转处督办、限期办结、情况通报等工作机制。换届以来，共接待群众来访4397人（次），受理群众来信4736件。

三、扎实做好代表工作

中央9号文件和修订后的代表法，围绕支持、规范和保障各级人大代表依法履职、进一步发挥人大代表的作用，作出了新的明确规定。常委会紧密结合我市实际，切实抓好贯彻落实，不断加强和改进代表工作。

一是为代表履职提供保障。换届伊始，针对新代表较多的实际，着力抓了代表的学习培训，通过邀请专家辅导、组织部分连任代表介绍经验等方式，帮助新当选代表尽快掌握履行职责的相关知识。在日常工作中，努力为代表知情知政搞好服务，坚持为代表订阅人大报刊，及时向代表寄送文件、通报情况。按照有活动场所、有活动制度、有活动计划、有活动档案的“四有”要求，抓好代表小组软硬件建设和规范化建设，改善了代表小组的工作条件。报经市委同意，在市属各开发区普遍设立了人大工作室，以更好地组织开发区内的代表开展活动、发挥作用。组织开发建成了潍坊市人大代表信息管理系统，包含信息传输、代表建议、网络调查等9项功能，利用现代信息技术，及时向代表通报常委会工作情况、征求代表意见、进行网上调查，为代表履职搭建了便捷高效的网络平台。注重发挥新闻媒体、人大刊物和网站的作用，广泛宣传代表的典型事迹，为代表履职营造良好舆论环境。

二是积极发挥代表作用。坚持邀请代表列席常委会会议，吸收代表参加常委会开展的重要活动，每年都有计划、有步骤地组织代表围绕全市的重点工作进行集中视察和专题调研，先后就推进“三区”建设、带头植树造林、学习先模人物等向全市人大代表发出了倡议信。从2010年5月开始，在全市人大代表中组织开展了“转方式调结构，科学发展我先行”主题活动，每个代表小组每年至少开展1次有深度的调查、视察活动，每位代表每年至少提出1件高质量的议案和建议，帮助群众解决1个实际问题。常委会通过情况通报、经验交流、典型引导等措施，将这一主题活动不断推向深入。积极推行“代表活动进社区”，建成代表社区活动站点700多个，引导代表深入社区，听取群众的意见和诉求，为群众办实事、解难题。聘请100名市人大代表担任人大信访工作信息员，及时收集、上报信访信息，帮助化解矛盾纠纷。为有效调动广大代表的履职积极性，常委会指导开展了代表述职评议，先后两次评选表彰了114名优秀市人大代表。全市人大代表积极响应市人大常委会的号召，围绕市委中心工作，认真履行代表职责，锐意进取，干事创业，为推动科学发展、促进社会和谐作出了重要贡献。

三是认真办理代表建议。坚持代表建议会议转办、网上公开、重点建议重点督办、“台账式”管理等行之有效的做法，在此基础上，创新“四高”工作法，组织引导代表提出高质量的议案和建议、设定高标准办理目标、坚持高层次沟通协调、实行高密度督查指导，不断提高了代表建议办理质量。每年市人代会闭幕后，对代表所提的议案及建议及时进行系统整理，汇编成册，送市委、市政府主要领导同志审阅批示。对涉及面广、办理难度大的代表建议，加强与市政府分管领导的沟通协调，对相关承办部门跟踪督促，加大督办力度。把解决实际问题作为办理工作的最高标准，组织代表视察办理现场，征求代表意见，对代表不满意的，督促承办单位重新办理。还对前几年代表建议办理落实情况进行了“回头看”，加强跟踪督办，巩固了办理成效。换届以来，共办理代表议案、建议、批评和意见 586 件，办理质量和办结率逐年提高。

四、顺利完成县镇人大换届选举工作

去年下半年以来我市开展的县、镇人大换届选举，是选举法修改后首次实行城乡按照相同人口比例选举人大代表，是全市政治生活中的一件大事。在市委的领导下，市人大常委会牢牢把握坚持党的领导、充分发扬民主、严格依法办事三项原则，周密部署，精心组织，确保了换届选举工作的依法有序进行。截至今年 1 月 16 日，全市县、镇人大换届选举工作任务全部完成。选民参选率达到 91.3%，共选出县、镇人大代表 8351 名。

认真做好市十六届人大一次会议的筹备工作，特别是指导各县市区和有关方面根据法律规定和实际情况，扎实开展各项工作，圆满完成了市十六届人大代表的选举任务，并对新选出的 567 名市人大代表的代表资格进行了审查确认。

从这次人大换届选举的情况看，市、县、镇人大代表的整体素质结构进一步优化，当选的人大代表中，基层代表和妇女代表的比例有所上升，党政干部担任人大代表的比例有所下降，少数民族和归侨方面的人大代表得到有效保证，非公有制经济方面的人士及其他社会阶层人士担任人大代表的比例比较适当。

五、切实加强常委会自身建设

市人大常委会高度重视自身建设，换届后的第一次常委会会议即审议通过了关于加强自身建设的决定。几年来，坚持不懈地抓了以下四个方面：

一是加强理论学习。理论上的成熟是政治上坚定的基础。常委会始终把理论学习放在首位，认真学习中国特色社会主义理论体系，自觉用马克思主义中国化最新成果武装头脑、指导实践、推动工作。按照中央和省、市委的统一部署，扎扎实实开展了“深入学习实践科学发展观”“解放思想大讨论”“创先争优”“以人为本、执政为民”等主题活动，不断增强了做好人大工作、推动科学发展的责任感和使命感。根据人大工作面临的新形势新任务，科学确定学习主题，先后举办了 4 次党组理论学习中心组读书会和 7 次法制讲座，集体学习党的方针政策与宪法法律，提高了履职能力。

二是健全完善工作制度。依据监督法规定，对常委会各项工作制度进行系统梳理，制定、修订了 13 项制度，健全了民主议事、跟踪监督、社会公开等工作规程。为提高会议审议质量、促进科学决策，修订了常委会议事规则和主任会议议事规则。完善代表工作机制，修订了联系代表办法、代表议案处理办法和代表建议意见处理办法。进一步规范任免程序，修订了人事任免办法。按照以群众工作统揽信访工作的要求，修订信访工作制度，细化了接访、处信等程序性规定，规范了代表参与信访工作的程序。健全自我约束机制，制定了常委会组成人员守则。常委会全体组成人员严格执行制度、自觉维护制度，推

动了各项工作依法、有序、高效开展。

三是保持和发扬良好的工作作风。坚持求真务实。深入开展调查研究，察实情、出实招、办实事，增强了人大工作实效。换届以来，共形成120多篇调研报告。通过外出学习考察、交流文件资料、参加工作研讨会等渠道，积极借鉴外地的好经验、好做法，努力改进自身工作。密切与基层单位和人民群众的联系。经常深入农村、深入企业，体察民情，了解群众意愿，反映群众心声。关心困难群众和弱势群体，指导搞好包村帮扶工作。通过邀请列席会议、联动开展视察等加强与县市区人大的联系，推动了全市人大工作整体水平的提高。落实党风廉政建设责任制，严格遵守廉政准则，维护了地方国家权力机关的良好形象。

四是抓好专门委员会和机关建设。在市委的领导和支持下，设立了6个专门委员会及其工作机构。常委会加强对各专门委员会工作的领导，健全工作规范，明确工作职责，切实发挥其职能作用。市人大各专门委员会认真履行职责，深入开展调查研究，加强与有关方面的沟通协调，积极协助常委会实施监督、督办代表议案和建议，使常委会的整体效能明显增强。常委会十分重视人大机关建设，着重抓了机制完善、组织建设、素质提升、服务改进、作风锤炼、和谐创建等各个方面的工作，市人大机关被评为省级文明机关。

人民代表大会制度是我国的根本政治制度，人大常委会肩负着宪法法律赋予的重要职责。本届任期内，常委会不断增强党的领导意识、民主法制意识、大局意识、责任意识和创新意识，积极探索实践，对做好人大工作有了更加深刻的认识和体会：

第一，必须坚持党的领导。市人大常委会严格实行重要工作和重大事项向市委请示报告制度，认真贯彻党的路线方针政策和市委的决议决定，坚决维护市委的领导核心地位，切实把党的领导贯穿于履行职责整个过程、落实到人大工作各个方面。每当市委作出重要决策，都在第一时间召开党组会议或全市人大工作会议进行传达贯彻，研究制定抓好落实的具体措施，做到了与中央和省、市委在思想上、行动上的高度一致。实践表明，只有坚持党的领导，才能保证人大工作始终沿着正确的方向不断发展。

第二，必须坚持依法办事。人大工作的一个突出特点是讲法律、重程序。常委会根据法律规定，进一步修改完善各方面工作程序，保证了依法集体行使职权、集体决定问题。在监督工作中，突出了法律实施这个重点，注重通过促进相关法律的贯彻实施来推进各方面工作，坚持研究工作以法律为依据、衡量工作以法律为准绳、推动工作以法律为武器。这样做，既促进了法律的贯彻实施，又增强了人大工作的权威性。

第三，必须坚持围绕全市大局履行职责。常委会高举中国特色社会主义伟大旗帜，牢牢抓住发展这个第一要务，突出科学发展这个主题和加快转变经济发展方式这条主线，紧跟市委决策部署，选准角度和时机，做好监督支持文章。换届后，及时制定了关于强化监督职能、推进全市重点工作的意见，依法创新监督措施，采取专项工作评议的方式，加大了对重点工作的推进力度。

第四，必须坚持把维护最广大人民的根本利益作为人大工作的出发点和落脚点。常委会牢固树立以人为本、执政为民的理念，不断完善密切联系群众的工作机制，坚持问政于民、问需于民、问计于民，努力使人大工作更加合民心、顺民意。每年都围绕群众最关心、最直接、最现实的利益问题，确定议题，积极开展工作，为人民群众办实事、办好事。

第五，必须坚持紧紧依靠人大代表开展工作。人大代表是国家权力机关的组成人员，是各行各业的优秀分子。充分发挥好人大代表的主体作用，对于做好人大工作至关重要。常委会密切与代表的联系，虚心听取代表的意见，不断扩大代表对常委会工作的参与度，全力为代表履职搞好服务保障。我们深切感受到，只有充分尊重代表、全力支持代表、紧紧依靠代表，人大工作才会充满生机与活力。

市十五届人大常委会的各项工作和建设取得了较大进展。这是市委正确领导的结果，是市政府及各部门、市中级人民法院、市人民检察院、各县市区人大常委会和市属各开发区人大工作室积极配合、大力支持的结果，是常委会全体组成人员和全市人大代表共同努力的结果。在此，我代表市十五届人大常委会表示衷心的感谢！

回顾本届以来的工作，还存在一些不足之处，主要是：对解决群众关心的热点难点问题的监督支持力度有待进一步加大，代表履职的服务保障机制还需要进一步完善，专门委员会组织建设还需要进一步强化。

今年是实施“十二五”规划承上启下的重要一年，也是新一届人大工作的开局之年。最近召开的市第十一次党代会，为我们在新的历史起点上坚持科学发展、实现新的跨越指明了方向。建议新一届市人大常委会按照中央和省、市委的决策部署，坚持主题、主线，坚持稳中求进，坚持创先争优，紧紧围绕市委确定的“一六四三”的目标任务和思路举措，依法履职，着力抓好以下几个方面的工作：一是突出监督工作重点，加大监督力度，全力推进产业优化升级、蓝黄“两区”建设、城乡一体发展、生态文明建设、文化强市建设和民生改善等重点工作。依照监督法规定，切实抓好计划预算执行和法律实施等方面工作的监督。二是积极探索代表工作的新思路、新方法，强化措施，为代表支持和参与创新潍坊、文化潍坊、生态潍坊、幸福潍坊建设搭建平台，提供服务。三是适应新形势新任务，改进作风，继续强化常委会自身建设。我们坚信，新一届市人大常委会一定能够在中共潍坊市委的领导下，开拓创新，奋发进取，为实现更高水平更高质量的发展、加快建设现代化经济文化强市，作出新的更大的贡献！

潍坊市人民代表大会常务委员会工作报告（摘要）

——2016 年 2 月 19 日在潍坊市第十六届人民代表大会第五次会议上

潍坊市人大常委会第一副主任　胡　岗

过去一年的主要工作

市十六届人大四次会议以来，在中共潍坊市委的坚强领导下，市人大常委会全面贯彻党的十八大和十八届三中、四中、五中全会精神，深入学习贯彻习近平总书记系列重要讲话精神，紧紧围绕全市工作大局依法行使职权，各方面工作取得新进展、新成效。

一、认真贯彻中央和省、市委重大决策部署，坚持正确政治方向

（一）把党的领导贯彻于人大工作各方面、全过程。常委会着力加强理论武装，认真组织学习中央和省、市委的重大决策部署和重要会议精神，引导各级人大常委会和人大代表把思想和行动统一到中央和省、市委精神上来。深刻理解党的十八届五中全会精神，以创新、协调、绿色、开放、共享的发展理念，指导做好新形势下的人大工作。

坚决维护市委的集中统一领导，健全请示报告制度，对立法准备、加强县乡人大工作和建设、召开重要会议等人大工作中的重大问题，及时向市委请示报告，依法按程序做好相关工作，确保人大工作在党的领导下顺利进行。坚持党管干部与人大依法任免相统一，全年共任免国家机关工作人员55人次。落实宪法宣誓制度，增强宪法观念和法治意识。去年4月，市人大常委会党组向市委常委会作了专题工作汇报，市人大常委会的工作得到市委的充分肯定。

（二）紧扣市委部署开展工作。常委会紧紧围绕市委“四一三”战略重点和统筹发展战略布局，谋划和推进人大立法、监督、代表等各项工作，着力推动市委重大决策的贯彻落实。按照“走在前列、起好带头作用”的目标定位，开展了简政放权、创业创新、法治潍坊、生态安全、民生保障、基层民主等6个方面的重点调研。主任会议成员分别牵头，邀请部分人大代表、专家学者参加，综合运用座谈交流、网络问卷、个案剖析、电话调查、明察暗访等多种方式，收集各方面意见建议2300多条，具体问题600多个，形成了一批调研成果。市委、市政府主要领导对此专门作出批示，要求有关方面认真研究采纳。

（三）扎实开展“三严三实”专题教育。认真落实中央和省、市委部署要求，坚持以上率下，贯彻从严要求，立足解决问题，联系实际拓展“三严三实”专题教育成效。常委会始终把思想政治建设放在首位，坚持讲政治、顾大局，严格执行政治纪律和政治规矩，始终与党中央保持高度一致，始终保持清醒的政治头脑。认真学习贯彻《中国共产党廉洁自律准则》和《中国共产党纪律处分条例》，严格执行中央八项规定，巩固党的群众路线教育实践活动成果，推进作风建设常态化、长效化。

二、加强和改进监督工作，服务全市发展大局

常委会围绕市委重大决策、政府着力推进、群众普遍关注的重要问题，依法行使监督职权。一年来，共听取审议“一府两院”专项工作报告19项，组织调查、视察、执法检查60余次。

（一）促进经济转型升级提质增效。主动适应经济发展新常态，常委会听取了全市新兴产业发展情况的报告，并进行工作评议，督促有关方面突出创新驱动，始终保持以“转”促“进”的定力，培育壮大新的经济增长点。听取审议推进城乡一体化发展情况的报告，提出从统筹全市城乡大局出发，搞好规划决策，促进城乡生产要素平等交换和公共资源均衡配置。树立绿色发展理念，大力推进生态文明建设，对“两河”流域农业面源污染治理情况进行视察，强调要坚持生态平衡、保护优先的方针，把农业建设成为“两河”流域的生态屏障；对大气污染防治问题进行跟踪监督，持续推进“三八六”行动向纵深发展。听取审议了全市发挥侨务资源优势、助推经济转型发展情况的报告，建议进一步健全完善为侨服务的政策机制，不断提高为侨服务质量和水平，吸引海内外华人华侨为我市对外开放和经济转型发展作出更大贡献。常委会还对家庭农场发展、重大节会筹备情况等进行了调查、视察。

（二）加强预算决算审查监督。成立了专门的预算监督工作机构，坚持全面审查和重点审查相结合、审查的专业性和广泛性相结合、人大监督与审计监督相结合，迈出了由程序性监督向实质性监督的重要一步。听取审议了年度决算、审计和上半年计划、预算执行等情况的报告，要求认真贯彻实施修改后的预算法，完善预决算管理制度，科学合理地管好用好财政资金，并督促有关方面对审计查出的突出问题认真整改、严肃问责。针对上级下达的地方政府债券资金引起的收支变化，审查批准2015年市级预算调整方案，维护了预算的严肃性。对全市国有资产管理情况进行调查，强调要积极推进国有资本经营预算管理，建立健全国企管理机制和现代企业制度，确保国有资本安全完整和保值增值。围绕“十三五”规划

纲要编制工作开展专题调研，提出了有价值的意见和建议，既为研究编制规划纲要提供了重要参考，也为本次大会审查批准作了必要准备。

（三）推动保障和改善民生。去年人代会上确定的“构筑老年人关爱服务体系”、“加强食品安全检验检测体系建设”等2件议案，都与民生息息相关。常委会加强跟踪督办，4月听取审议有关处理意见的报告，并作出相应决议，12月底专门听取了办理落实情况的报告。要求进一步优化养老产业结构、加大养老事业投入，营造全社会敬老尊老的和谐氛围；全面提升食品安全检验检测能力，完善第三方市场准入机制，推进资源共享、信息互通，保障人民群众“舌尖上的安全”。市政府高度重视议案办理，各项工作取得明显进展。面对严峻旱情，常委会对全市抗旱工作进行检查，建议加强监测预报预警和调度管理，合理开发利用水源，做到开源与节流并重，打好抗旱节水攻坚战；聚焦群众生产生活用水安全，以水源地保护为主题开展了风筝都环保世纪行活动。听取审议全市深化中小学管理体制改革工作情况的报告，要求加大统筹协调力度，优化教育资源配置，推动基本公共教育服务均等化。

（四）保障法律法规实施。加大执法检查力度，对环保法、食品安全法、农产品质量安全法、道路交通安全法等法律实施情况进行了检查，针对发现的问题提出建议意见。监督支持司法体制改革，听取审议全市法院司法公开工作情况的报告，要求加快推进审判流程公开、裁判文书公开、执行信息公开三大平台建设，进一步拓宽司法公开的广度；听取审议全市检察机关控告申诉工作情况的报告，提出要落实首办责任制，健全完善控告申诉制度，加强沟通协调，形成处理涉法涉诉信访工作的合力。加强备案审查制度和能力建设，全年共完成21件规范性文件的备案审查工作。配合全国及省人大就旅游条例、特种设备安全条例、地名管理条例等6件法律法规开展了立法调研。依法做好人大信访工作，共受理来信来访1138件次，对85件案件进行了重点督办。

三、高起点谋划推进，地方立法工作取得历史性突破

做好地方立法工作，对于加快依法治市步伐、推进治理体系和治理能力现代化具有重大意义。常委会按照市委要求，扎实做好立法准备和组织协调工作。去年8月，我市首批获得地方立法权，这是我市法治建设史上具有里程碑意义的大事。

一是加强立法能力建设。开展地方立法工作，是我们的全新任务。常委会按照“蹄疾而步稳”的要求，努力把基础工作做扎实，尽快把立法能力提上去。常委会明确提出，要坚持党的领导、服务大局、立法为民三项原则，树立依法立法、科学立法、民主立法理念，确保制定的每一部法规有特色、立得住、行得通、真管用。去年人代会设立法制委员会后，我们及时组建相关工作机构，配备专门立法工作队伍，组织外出学习，加强立法业务培训。借鉴外地立法经验，制定了地方性法规立项、起草、立法调研、论证、听证、评估等方面的制度和程序。选聘23名专家学者组成立法咨询专家组，为地方立法提供智力支持。组织开展立法专题宣传，通过报纸、网络、电视台等媒体，深入阐释地方立法的形势背景、重大意义和重点方向，提高社会各界关注度，引导群众理解、支持、参与立法工作，使立法准备过程成为全民普法、凝聚共识的过程。

二是科学制定立法计划。常委会注重发挥立法的引领和推动作用，紧密结合全市改革发展稳定大局和群众普遍关注的热点难点问题，到各县市区和20多个部门开展立法调研，广泛征求社会公众意见，征集立法建议项目41件。对这些立法建议项目，我们组织立法咨询专家组、有关部门和代表，从“现实是不是急需、条件是不是具备、针对性是不是强”等方面进行研究论证。报请市委同意，制定2016年立法计划，确定了立法项目和立法调研项目。

三是拟定《潍坊市制定地方性法规条例（草

案）》。这是我市制定的第一部地方性法规，也是开展地方立法工作的“总章程”。去年3月，常委会即着手研究起草工作，以新修订的立法法为依据，从地方立法工作应当遵循的原则、法规制定程序、法规的报批、公布与解释、备案审查等方面作出规定，形成了法规条例草案。条例草案全文向社会公布，广泛征求人大代表和社会公众意见，进行了反复修改完善。常委会对条例草案进行三次审议后，已提请本次大会审议。

四、尊重代表主体地位，发挥代表主体作用

常委会坚持思想上尊重代表、工作上依靠代表、行动上支持代表，不断拓宽代表履职空间，增强代表履职实效。

（一）搭建代表学习和履职平台。适应地方立法和全口径预算监督等新要求，举办了以代表法、预算法、立法法为主要内容的代表学习班。去年共有410名代表参加培训，提前完成届内所有基层代表轮训一遍的目标。代表动起来，人大工作才能活起来。我们组织住潍省人大代表到菏泽市就社会化养老进行跨区域调研，组织青州、诸城、寿光、安丘、高密、昌邑等地开展代表跨区交流调研。认真贯彻落实“双联”要求，主任会议成员带头参加小组活动，联系代表260多人次，虚心听取代表提出的意见建议；深化“听民声、访民意”主题活动，走访联系群众8560人次，收集建议意见696条，为群众办实事好事535件。

（二）增强代表建议督办刚性。实行专项调度，对承办单位与代表意见分歧较大、办理有难度的建议一件一策、逐个突破。落实问责机制，针对个别承办单位重答复轻落实、办理措施不力、审查答复意见把关不严等问题，对4个承办单位负责人进行了约谈。探索通过代表小组活动推动建议落实，去年有11个代表小组提出督办意见建议90余条。市政府进一步优化办理流程，将代表建议全部录入网络督查平台，进行实时跟踪、动态督办，办理成效纳入全市科学发展综合考核，推动解决了一批关系群众切身利益的重大问题。市十六届人大四次会议以来代表提出的155件建议，已全部办理完毕并答复代表。

（三）调动代表履职积极性。进一步扩大代表对常委会工作的参与度，制定了邀请人大代表列席市人大常委会会议的办法，全年共有46名代表列席常委会会议，提出建议意见62条；邀请代表参加调查、视察、执法检查等各类活动189人次。组织193名市人大代表向原选举单位述职并接受评议，评选表彰了68名履职优秀的市人大代表。

一年来，全体市人大代表紧紧围绕党的工作大局，依法履职、积极作为，在推动经济社会发展、服务民生改善等方面作出了重要贡献，树立了人大代表的良好形象。

五、加强县乡人大工作和建设，努力开创基层人大工作新局面

县乡人大是基层国家权力机关，是我国根本政治制度的根基。去年以来，中央和省委就加强县乡人大工作和建设专门出台文件、召开会议，作出顶层设计、提出明确要求，为县乡人大工作提供了有力保障。常委会抓住这一重大机遇，紧密结合我市实际，创造性地抓好贯彻落实，推动各项政策措施落到基层。

（一）研究确立了“四个始终”的工作要求。中央18号文件下发后，我们及时召开全市人大工作座谈会，传达学习文件精神，总结交流经验，研究意见措施，要求县乡人大始终抓住推动发展这个第一要务、始终抓住提高工作质量和水平这个核心、始终抓住强化基层基础这个重心、始终抓住发挥代表主体作用这个关键，推动工作不断创新发展。常委会密切与县乡人大的联系，重要会议邀请县市区人大列席，重点工作及时通报情况，重大活动上下联动、协调推进。县乡人大积极协助市人大开展执法检查、立法调研等活动，并在履职实践中探索创新了一些好做法、好经验，推动了人大工作整体水平的提高。

（二）着力加强县乡人大组织建设。常委会坚

持问题导向，组织专门力量，深入各县市区、市属开发区和50多个镇街开展专题调研，实地了解县乡人大工作情况，加强与有关方面的协调沟通，建议市委出台了一系列加强县乡人大组织建设的意见。一是县市区人大常委会主任、镇人大主席实行专职配备。二是统一规范县级人大组织机构，县市区人民代表大会设立内务司法、财政经济、教科文卫、城建环保、农业农村等专门委员会，民族侨务外事工作重的设立民侨外委员会；各专门委员会设立工作室作为办事机构，常委会设立办公室、研究室、立法联络室、信访室、人事代表工作委员会、预算工作委员会等工作机构。三是市属开发区和县属省级以上开发区、街道设立人大工作委员会，分别作为市县两级人大常委会的派出机构，配备专职主任、副主任和专职工作人员。市委采取这些具有开创性的举措，抓住了制约县乡人大职能发挥的关键环节，回应了基层关切，为健全国家基层政权体制、保障人民当家作主作出了制度安排。

（三）健全县乡人大工作机制。围绕讨论决定重大事项、完善人大选举任免工作规程、增强监督实效等加强研究总结，支持县乡人大积极探索实践，确立了改革完善的目标和路径，确保各项工作在党的领导下依法有序开展。着力推动镇街人大工作规范化建设，推广寿光、青州、高密等地的经验做法，指导开好镇人大会议，健全议事规则，完善审议程序，充实会议内容，提高会议质量；发挥基层代表作用，搭建代表活动平台，密切代表与群众的联系，实现代表活动的制度化、常态化。

常委会加强对各专门委员会工作的领导，重视发挥专门委员会的作用。各专门委员会按照职责分工，积极做好专题调研、视察、执法检查等工作，跟踪推动人大决议决定、审议评议意见落实，密切与有关方面的联系和沟通，为提高人大整体履职质量、推动有关方面改进工作发挥了重要作用。

着眼加强人大制度理论和实践研究，报经市委同意，成立了人大工作理论研究会，吸收有关专家学者、人大代表和实践经验丰富的人大工作者参加，确定系列研究课题，展开了相关工作。持续加强人大机关思想、组织、制度和作风建设，机关的服务保障能力和水平明显提升，涌现出爱岗敬业、服务群众的全市重大典型，连续6年被评为省级文明机关。

过去一年市人大常委会取得的成绩，得益于市委的正确领导和全市人民的高度信任，是全体人大代表、常委会组成人员、各专门委员会组成人员以及机关工作人员辛勤努力的结果，是市政府、市政协、市中级法院、市检察院和各县市区人大常委会、市属开发区人大工作机构协同配合、大力支持的结果。在此，我代表市人大常委会表示衷心的感谢！

我们也清醒地看到，同人民的期望、代表的要求相比，常委会的工作还存在一些不适应、不符合的问题。主要是：立法工作基础薄弱，立法能力建设需要进一步加强；监督的针对性和实效性还不够强，综合运用各种监督方式的力度还不够大；加强县乡人大工作和建设的意见措施还没有完全落实到位，需要进一步跟进推动；自身建设仍有薄弱环节，履职能力有待进一步提高。我们要高度重视这些问题，切实加强和改进工作，更好地依法行使职权、开展工作。

2016年的主要任务

2016年，市人大常委会要全面贯彻党的十八大和十八届三中、四中、五中全会精神，牢固树立创新、协调、绿色、开放、共享的发展理念，紧紧围绕全市工作大局，认真行使法定职权，充分发挥职能作用，为实现“十三五”良好开局、在全面建成小康社会进程中走在前列贡献力量。

一是全力推动市委决策落实。按照协调推进“五位一体”总体布局和“四个全面”战略布局的要求，积极适应经济发展新常态，围绕市委确定的工作重点，找准切入点和着力点，发挥好人大的保障和推动作用。

二是高质量做好地方立法工作。建立完善人大主导立法的工作机制，加强对立法工作的组织协调，拓宽社会公众有序参与立法的途径，推进科学立法、民主立法。

三是切实增强监督实效。围绕事关全市改革发展稳定和人民群众普遍关心的重大问题，综合运用法定监督方式，进一步加大监督力度，强化跟踪问效。

四是扎实做好代表工作。推动常委会联系代表、代表联系群众常态化，努力为代表履职搭建平台、创造条件。认真做好人大换届选举工作，精心组织、加强指导，确保选举工作依法有序进行。

2016年是本届常委会任期的最后一年，做好今年的工作意义重大。过去四年，我们坚持党的领导、人民当家作主、依法治国有机统一，始终遵循“三句话总要求、三个坚持、三个必须”的政治原则和工作思路，忠诚于宪法和法律，忠实履行地方国家权力机关的职责，没有辜负各位代表和全市人民的期望！我们牢牢把握正确政治方向，坚决维护市委领导核心地位，认真贯彻市委决策部署，紧扣全市大局开展工作，正确处理与各国家机关的关系，共同形成了在市委领导下协调一致推进工作的政治局面。我们始终坚持人民主体地位，自觉站在人民立场，把群众需求作导向、把群众监督作动力、把群众满意作标准，履职用权服务人民，努力践行“人民当家作主”的宪法理念。我们紧紧依靠人大代表，全力支持保障代表依法履职，一切工作注重调动代表的积极性，一切活动注重发挥代表的主体作用，彰显了人民代表大会制度的生机和活力。我们深入研究人大工作的特点和规律，着力提高工作质量和水平，把民主法治建设作为根本任务，坚持改革创新，取得了一些具有标志性的成果。我们锲而不舍抓作风建设，严守政治纪律和政治规矩，强化热爱人大工作、认真履职尽责的担当意识，坚决维护人大工作严肃性，努力培养和树立严谨庄重、依法办事、履职为民、公正清廉、求真务实的良好形象。

“十三五”蓝图已经绘就，任务光荣而艰巨。让我们更加紧密地团结在以习近平同志为总书记的党中央周围，坚定信心、锐意进取，求真务实、扎实工作，为推进现代化强市和法治潍坊建设，夺取提前全面建成小康社会新胜利而努力奋斗！

潍坊市人民代表大会常务委员会工作报告（摘要）

——2017年2月25日在潍坊市第十七届人民代表大会第一次会议上

潍坊市人大常委会第一副主任　苏立科

2012年换届以来，市人大常委会在市委的坚强领导下，全面贯彻中共十八大和十八届三中、四中、五中、六中全会精神，深入学习贯彻习近平总书记系列重要讲话精神，坚持党的领导、人民当家作主、依法治国有机统一，紧紧围绕市委总体部署，依法履职，扎实工作，为推动全市经济平稳健康发展和社会和谐稳定作出了积极贡献。

一、牢牢把握人大工作正确方向

坚持党的领导是开展人大工作最重要的政治原则。常委会把思想政治建设摆在首位，深入学习以习近平同志为核心的党中央治国理政新理念新思想新战略，自觉以马克思主义中国化最新成果武装头脑、指导实践。党的十八届六中全会召开后，常委会认真抓好学习贯彻，切实强化政治意识、大局意识、核心意识、看齐意识，严守政治纪律和政治规矩，在思想上政治上行动上同以习近平同志为核心的党中央保持高度一致，坚决维护党中央权威。本届以来，共组织专题讲座和报告会 32 次、理论中心组学习 25 次、警示教育 21 次、交流研讨 76 次。

市人大常委会紧紧围绕全市大局，统筹谋划人大各项工作，着力推动市委决策部署的落实。一是深入调研服务决策。聚焦市委重点关注、政府着力推动、群众重大诉求的事项开展调研，深入基层接地气、察实情、出实招。2013 年，参与了市委八大调研课题中 5 项课题的调研；2015 年，组织开展了简政放权、创业创新、法治潍坊、生态安全、民生保障、基层民主 6 个方面的调研，形成专题报告，为市委决策提供参考。二是适时作出决议决定。本届以来，常委会围绕学习贯彻中共十八大精神、制定“十三五”规划、“七五”普法、依法治市、换届选举等作出决议决定 19 项。授予谭旭光同志“潍坊人民勋章”、10 名外商台商“潍坊市荣誉市民”称号，表彰他们为我市经济社会发展、对外交流合作作出的突出贡献，激发全市人民凝心聚力、共促发展。三是依法做好人事任免工作。坚持党管干部原则和人大依法任免相统一，本届以来，共任免国家机关工作人员 514 人（次）。

二、着力增强监督实效

常委会坚持紧扣大局、贴近民生、注重实效，依法行使监督职权。五年来，听取审议“一府两院”专项工作报告 66 项，组织调查、视察、执法检查 370 余次。

促进经济持续健康发展。围绕供给侧结构性改革，常委会对产业项目投资方向、品牌建设、现代服务业、农村金融、旅游业等开展了调查或视察。2016 年 10 月，听取审议全市供给侧结构性改革情况的报告，强调坚持创新、协调、绿色、开放、共享的发展理念，强化要素支撑，完善政策措施，推动“三去一降一补”重点任务落实。围绕创新驱动发展战略的实施，监督推进经济转型发展、战略性新兴产业、大众创业万众创新、人才与科技等工作，建议加快以科技创新为核心的全面创新，推动战略性新兴产业蓬勃发展，注重用新技术新业态全面改造提升传统产业。围绕区域协调发展，听取审议全市推进城乡一体化、城镇化发展情况的报告，全面客观分析我市区域发展的现状和问题，提出有针对性的建议意见。全力推动“海城河”重大战略实施，对滨海开发建设、城市品质提升、潍水文化生态保护实验区建设、“两河”流域农业面源污染治理情况进行调查或视察。围绕现代农业发展，听取审议全市农村土地承包经营权确权登记颁证工作、品牌农业、种植养殖业发展情况的报告，督促进一步稳定和完善农村土地承包关系，狠抓农产品标准化生产和品牌创建，推动现代农业提质增效。

加强计划和预算决算审查监督。坚持全面审查和重点审查相结合、审查的专业性和广泛性相结合、人大监督与审计监督相结合，迈出了由程序性监督向实质性监督的重要一步。每年听取和审议市政府关于计划和预算执行、财政审计等工作情况的报告。审查批准年度市级财政决算和 2015 年、2016 年市级预算调整方案。依法加强对政府全口径预算决算的审查监督，自 2014 年起，把一般公共预算、政府性基金预算、国有资本经营预算、社会保险基金预算全部纳入审查范围。建立预算审查专家咨询制度，成立了由 71 名专家组成的预算审查监督专家咨询委员会。组织代表参加预算草案的预先审查和初步审查。对全市改进预算管理制度、国有资产管理情况进行调查，从完善预算体系、健全国企管理机制等方面提出意见。加大对审计整改工作的监督力度，从2015年起将审计整改情况报告书面印发常委会会议，督促认真整改、严肃问责，建立长效机制。

推动民生改善。公共安全是最基本的民生。常委会把保障公共安全放在重要位置，对食品药品安全、农产品质量安全、生态环境安全、安全生产等进行跟踪监督，推动强化安全责任意识，健全监管体系，提高防范化解风险能力，增强群众安全感、满意度。2013年和2016年，两次听取审议全市立体化社会治安防控体系建设情况的报告，要求抓好统筹规划，强化督导检查，全面提升整体防控效能。围绕群众关心的教育、医疗、就业、民族、社会保障等开展持续监督，先后就全市深化中小学管理体制改革、医药卫生体制改革、全民创业就业、宗教管理、民族工作、残疾人保障、社会救助体系建设等进行调查。跟进推动政府“民生实事”落实，有关专门委员会多次召开座谈会，征求群众意见，实地查看，加强调度，主任会议专门听取督查情况的汇报，推动把事关群众切身利益的好事办实。

推进生态文明建设。2015年，围绕“三八六”环保行动、聚焦大气污染防治，常委会听取关于节能减排大气污染防治工作情况的报告，启动开展了专题询问。询问前，集中3个多月深入调研，5个专题小组明察暗访，全市6300多名各级人大代表参与，收集各方面建议意见3万多条；询问会上，12个应询单位回答询问，全程电视直播；对询问提出的问题，常委会跟踪抓好整改落实。围绕水源地保护、消灭污水直排等主题，开展“风筝都环保世纪行”活动10次，倡树绿色循环低碳发展理念，保护和改善生态环境。常委会还对创建国家森林城市工作进行了视察，对全市林业发展、节水型城市建设情况进行了调查。

保障法律法规实施。法律的生命力在于实施。常委会加强司法工作监督，听取全市法院司法公开、行政审判、诉讼诚信体系建设和全市人民检察院检务公开、控告申诉、刑罚执行监督等工作情况的报告，保障公正司法，提高司法公信力。组织对《中华人民共和国行政许可法》《中华人民共和国环境保护法》《中华人民共和国体育法》《中华人民共和国旅游法》《中华人民共和国农业机械化促进法》等34部法律法规开展执法检查。加强备案审查制度和能力建设，召开了全市人大规范性文件备案审查工作座谈会，对139件规范性文件进行合法性审查。依法做好信访工作，接待群众来信来访7076件（次），推动化解了一批涉法信访案件。

三、扎实推进地方立法工作

2015年8月，潍坊市首批获得地方立法权，这是潍坊市法治建设史上具有里程碑意义的大事。常委会把握历史机遇，统筹规划，积极作为，地方立法工作取得重要成果。

（一）加强立法能力建设。中共十八届四中全会召开后，及时设立市人大法制委员会，组建相关工作机构，配强立法专业力量，为承接地方立法权做好准备。组织到省人大和广东、江西、江苏等地学习立法工作经验，邀请全国、省立法专家开展了高层次的立法业务培训。制定完善立法工作制度，建立了地方性法规立项、调研、起草、征求意见、审议等方面的程序和机制。充分利用社会资源，建立3家立法研究服务基地，选聘23名专家学者组成立法咨询专家组，为开展地方立法提供智力支持。

（二）审议出台4部地方性法规。立法法修改后，常委会及时组织起草、审议《潍坊市制定地方性法规条例（草案）》，提交市十六届人大五次会议通过，奠定了我市地方立法工作的制度基础。为规范剧毒高毒农药管理使用，保障农产品质量安全，促进农业大市向农业强市转变，常委会经过三次审议，通过了《潍坊市禁用限用剧毒高毒农药条例》。该条例是我市制定的第一部实体性法规，也是国内首部规范剧毒高毒农药管理使用的地方性法规。条例确定了统一采购、统一储备、统一服务、统一监管、定点经营和确保每瓶剧毒高毒农药都管好、确保需用药时能够提供及时有效服务的“四统一定两确保”基本制度框架，强化了有关方面监督管理职责，加大了对违法行为追责和处罚的力度。《潍坊市电梯安全条例》明确了电梯安全的主体责任和乘客义务，对电梯生产、使用、维护保养、检验实施时限作出具体规定，回应民生关切，体现了地方特色。《潍坊市文物保护条例》建立文物保护责任机制，突出地下文物和水下文物保护，理顺了相关部门在文物工作中的关系。以上4部地方性法规，先后经省人大常委会批准并均已施行，在相关领域发挥了重要的引领和推动作用。

（三）坚持科学立法、民主立法。良法是善治之前提。在市委的领导下，市人大常委会积极发挥在立法工作中的主导作用，不断健全完善立法工作的体制机制。一是加强组织协调。加大提前介入力度，保证法规草案起草进度。健全向各县市区、部门征询立法意见和立法调研机制，增强立法计划的针对性。在立法过程中，注重进行专题论证和评估，集中研究修改20次，召开座谈会、论证会13次。二是扩大社会公众的有序参与。广泛听取代表和社会各界的意见建议，有效调动各方面参与立法的积极性。三是积极开展立法宣传。通过召开新闻发布会和权威媒体解读等方式，加深社会各界对法规的了解和认知，为法规有效实施营造良好环境。

四、注重发挥代表主体作用

常委会把发挥代表作用作为坚持和完善人民代表大会制度、保障人民当家作主的重要途径，完善服务和保障机制，支持和规范代表依法履职，进一步增强了代表工作的活力。

提升代表履职能力。制定常委会联系代表、代表联系群众的意见，修订完善联系代表办法，主任会议成员分工联系代表小组和代表，常委会委员采取多种形式保持与代表的经常性联系，指导代表依法履职。加强代表学习培训，通过举办专题培训班、以会代训等方式，培训代表1180人次，提前一年完成届内轮训一遍的目标。完善激励约束机制，在全省率先制定代表履职守则，评选表彰了125名优秀市人大代表，组织570名代表向原选举单位述职并接受评议，强化了代表履职责任，激发了代表履职热情。

搭建代表履职平台。扩大代表对常委会工作的参与度，创新代表列席常委会会议方式，增加代表列席常委会会议人数，实行代表网上自愿报名和统筹安排相结合的做法，根据议题有针对性地邀请预算审查专家、立法咨询专家和专门委员会组成人员列席会议。本届以来，共有211名代表列席了市人大常委会会议。根据省人大的统一安排，组织住潍坊的省人大代表到淄博、威海、临沂、菏泽等市跨区域调研。指导12个县市区相互开展跨区域交流调研。推进代表小组规范化建设，围绕建设现代制造业基地、加强企业创新能力等开展专业代表小组、联组活动231人（次）。组织代表参加专题调研、集中视察、执法检查、听证、旁听庭审等活动1695人（次），形成调研报告116份。

提高代表议案和建议办理实效。代表议案建议反映了人民意志和群众呼声。常委会秉持对代表负责、让人民满意的理念，不断创新督办方式，延伸督办链条，增强督办刚性。对本届确定的关于食品安全检验检测、城市公交发展、职业教育、中介服务等方面的9件大会议案，年初听取审议办理方案的报告，年中跟踪检查办理进度，年底听取审议办理情况的报告，议案办理工作成效明显。健全完善代表建议办理机制，实施了“回头看”、一建议一对策、二次督办、退回重办、满意度测评等有效做法。为加快代表建议办理进度，先后7次约谈有关单位负责人。自2015年开始，代表建议办理成效纳入全市科学发展综合考核。本届以来，代表提出的758件建议，已全部办理完毕并答复代表，督促解决了一批群众关注的热点问题。

五、协调推进基层人大工作

本届以来，中央和省、市委对进一步加强和改进县乡人大工作高度重视，多次召开会议、出台文件，作出新的制度安排，为基层人大提供了重要发展机遇。常委会结合我市实际，认真抓好贯彻落实，推动县乡人大工作创新发展。

强化政策保障。及时召开全市人大工作座谈会，沉到基层开展调研，摸清底子，查找不足，研究改进工作的办法措施。建议市委出台了《关于进一步加强和改进人大工作的意见》《关于全省县乡人大工作座谈会精神贯彻落实意见》，对上级文件中的一些原则要求作出具体规定，在规范机构设置、人员专职配备、加强街道和开发区人大工作等方面，回应基层关切，提出了许多新举措新要求。2016 年，制定《潍坊市乡镇人民代表大会工作规范》，对镇人代会的召开时间、会议议程、议事规则、乡镇人大主席团活动等予以规范，为镇人大依法开展工作提供了制度支撑。配合市委开展了专项督查，针对发现的问题提出改进意见，推动政策措施落实到位。

加强联系指导。密切与县镇人大的联系，重要会议邀请县市区人大列席，重点工作及时通报情况，重大活动上下联动、协调推进。本届以来，举办了 5 期县乡人大干部学习班，培训基层人大业务骨干 580 余人（次）。及时总结推广基层人大的先进做法，着力提升全市人大工作的整体水平，在青州、寿光、高密、昌邑等地召开现场会 12 次。县乡人大认真贯彻中央和省、市文件要求，大胆探索，勇于创新，不断丰富和完善人大工作的基层实践，涌现出“一镇一议案”、代表活动进社区、镇人大主席团“例会制”等一批叫得响的经验做法。12 个县市区人大均依法设置了专门委员会，各县市区人大常委会主任、镇人大主席全部实现了专职配备。

六、依法组织人大换届选举工作

去年下半年以来开展的市县镇人大换届选举，是全市人民政治生活中的一件大事，是社会主义民主政治建设的重要实践。市人大常委会在市委的坚强领导下，精心组织，加强指导，保证了人大换届选举依法有序进行。把握本次换届的新形势新特点新规定，常委会在全面调查摸底的基础上，制定了《关于做好全市县镇两级人民代表大会换届选举工作的意见》，成立了全市县镇人大换届选举工作联席会议及办公室，在县市区、开发区、镇街和社区分别确定了换届选举工作联系点。作出了《关于潍坊市第十七届人民代表大会代表选举问题的决定》，依法分配了市人大代表名额。举办了 2 期换届选举工作学习班，培训领导骨干和业务骨干 270 余人次。指导合理划分选区，认真搞好选民登记，广泛宣传发动，保证选民充分行使民主权利。深刻汲取湖南衡阳、四川南充、辽宁系统性贿选案教训，市人大常委会领导班子集体作出了“强化政治担当、严守换届纪律”的 5 项公开承诺，始终把纪律规矩挺在前面，确保人大换届选举风清气正。

本次换届，全市选民参选率达到 78%，共选出市县镇人大代表 8453 名，新一届县镇国家机关领导成员 935 名。基层代表特别是一线工人、农民、专业技术人员的比例有所上升，妇女代表的比例有所提高，党政干部担任人大代表的比例继续从严掌握，少数民族和归侨方面的人大代表依法得到有效保证。

七、从严从实加强自身建设

常委会认真开展群众路线教育实践活动、“三严三实”专题教育、“两学一做”学习教育，坚持高标准、严要求，一以贯之抓好自身建设，为依法履职提供了坚强保障。

狠抓作风建设。落实中央八项规定精神和省、市委有关要求，持之以恒反对“四风”。严肃会风会纪，实行常委会会议出席情况每半年通报制度，连续 4 年出台人代会改进会风、节俭办会的意见。严格执行公务接待、办公用房和公车改革等一系列制度，“三公”经费支出、印发文件数量明显下降。用心做好驻村帮扶工作，努力为群众解决实际困难和问题。大力加强廉洁建设，严明纪律规矩，增强拒腐定力，维护地方国家权力机关的良好形象。

加强组织制度建设。适应形势发展和工作需要，设立了法制、预算2个工作委员会。健全完善工作制度，把人大工作纳入制度化、规范化轨道。换届之初，“一揽子”修订了常委会组成人员守则、议事规则、人事任免办法等，立好履职的标尺。完善决议决定和审议评议意见办理程序，进一步理顺关系、明确责任主体，提高办理工作绩效。

重视发挥专门委员会和常委会机关的作用。各专门委员会紧紧围绕市人大及常委会中心工作，各司其职，勤勉尽责，在协助监督、参与立法、服务常委会决策等方面做了大量卓有成效的工作。常委会机关全面加强思想、组织、作风、制度和素质能力建设，参谋助手和服务保障水平显著提高，连续7年被评为省级文明机关。

注重理论研究和实践创新。常委会高度重视人大制度理论研究，积极推进相关组织和平台建设。2015年10月成立了潍坊市人大工作理论研究会。研究会认真研讨人大工作理论和实践问题，在课题研究、交流平台、智库建设等方面取得明显成效，为人大工作的创新实践提供了理论支撑和智力支持。

各位代表，常委会工作所取得的成绩，得益于市委的正确领导和全市人民的高度信任，是全体人大代表、常委会组成人员、各专门委员会组成人员以及机关工作人员辛勤努力的结果，是市政府、市中级人民法院、市人民检察院密切配合的结果，是市政协和各县市区人大常委会、市属开发区人大工作室及社会各界鼎力协助的结果，也是与市里的老领导、老同志关心支持分不开的。在此，我代表市人大常委会表示衷心的感谢！

各位代表，五年的工作实践，使全体代表对更好地坚持和完善人民代表大会制度、推动人大工作创新发展，有了更加深刻的认识，积累了宝贵经验。

——必须始终坚持党的领导，自觉服务全市大局。坚持党的领导是人大履职必须遵循的政治规矩，也是做好人大工作的根本保证。常委会健全请示报告制度，对人大工作中的重大问题，事前主动向市委请示，事中积极争取市委领导，事后及时向市委报告，始终把党的领导贯彻于人大工作各方面、全过程。认真执行市委决议，贯彻市委部署，紧扣全市大局依法履行职责。正确处理与各国家机关的关系，共同形成在市委领导下协调共进的政治局面。

——必须尊重人民主体地位，发挥代表主体作用。常委会始终贯彻以人民为中心的发展思想，把群众需求作为工作导向、群众监督作为工作动力、群众满意作为工作标准，每年开展“听民声、访民意”主题活动，持续监督教育、医疗、文化、生态环保、社会治安、社会保障等民生事项，连续5年对公共安全进行跟踪监督，推动解决群众最关心、最直接、最现实的利益问题。紧紧依靠代表开展工作，坚持思想上尊重代表，工作上支持代表，一切工作注重调动代表的积极性，一切活动注重发挥代表的主体作用。我们深刻体会到，只有紧紧依靠代表和群众，人大工作才能筑牢坚实的基础、释放持久的活力。

——必须牢固树立法治理念，深入推进全面依法治市。积极发挥人大在法治建设中的重要作用，落实宪法宣誓制度，高起点开展地方立法工作，依法开展法律监督和工作监督，定期举办法制讲座，积极参与对普法宣传教育的组织领导，努力做到研究工作以法律为依据，推进工作以法律为后盾，衡量工作以法律为尺度。扎实有效的法治实践，维护了宪法法律的权威性，增强了人大工作的严肃性。

——必须弘扬开拓创新精神，不断提高人大工作质量和水平。五年来，我们在法律制度框架内，将法定职能与形势发展有机结合，拓宽工作思路，积极探索提高工作质量、增强工作实效的新模式、新做法，启动开展专题询问，实施重点发言人制度，推进工作评议常态化，开展创制性立法，规范乡镇人大工作，引入常委会会议电子表决机制，推动了人大工作与时俱进、创新突破。

在看到成绩的同时，我们也清醒地认识到，常委会的工作还存在一些差距。主要是：立法工作经验不足，工作体制机制有待进一步完善；监督工作的刚性、力度和实效有待进一步增强；代表培训层次不高，代表履职空间有待进一步拓展；自身建设有待进一步加强，等等。

市第十二次党代会认真贯彻以习近平同志为核心的党中央治国理政新理念新思想新战略，紧紧围绕统筹推进“五位一体”总体布局和“四个全面”战略布局，按照“走在前列、起好带头作用”的目标定位，明确了“一三四七”目标任务、战略重点和全面从严治党的新要求，规划了潍坊未来五年的发展蓝图。贯彻市委重大战略部署，推动潍坊加速由大变强，实现现代化强市建设新跨越，地方国家权力机关肩负着重要的历史使命。建议新一届人大常委会进一步突出监督工作重点、加大监督力度，综合运用调查、视察、执法检查、询问等法定方式，推动市委决策部署的落实；建立完善立法体制机制，推进科学立法、民主立法，不断提高地方立法的质量和水平；全力支持代表依法履职，加强学习培训，强化保障措施，拓宽履职渠道，更好地发挥代表的主体作用；大力加强常委会思想、政治、作风和履职能力建设，健全完善工作制度和机制，进一步提高人大工作的整体水平。

发展蓝图催人奋进，人民期盼殷切厚重。让我们更加紧密地团结在以习近平同志为核心的党中央周围，在市委的坚强领导下，继往开来，奋发进取，不断开创人大工作新局面，为决胜全面小康、建设富裕文明充满活力的现代化强市而努力奋斗，以优异成绩迎接党的十九大胜利召开！

潍坊市人民代表大会常务委员会工作报告（摘要）

——2022 年 4 月 14 日在潍坊市第十八届人民代表大会第一次会议上

潍坊市人大常委会主任　苏立科

一、过去五年工作回顾

2017 年换届以来，市人大常委会坚持以习近平新时代中国特色社会主义思想为指导，全面贯彻落实中共十九大和十九届历次全会精神，坚持党的领导、人民当家作主、依法治国有机统一，深入学习贯彻中央和省委、市委人大工作会议精神，在中共潍坊市委的坚强领导下，紧扣中心，服务大局，依法履职，为推动高质量发展、加快建设人民满意的现代化品质城市作出了积极贡献。

——旗帜鲜明讲政治，牢牢把握人大工作的正确政治方向。常委会把坚持党的全面领导作为根本政治原则，贯穿于人大工作各方面、全过程。始终把学习习近平新时代中国特色社会主义思想和习近平总书记系列重要讲话精神作为党组会议“第一议题”，认真学习交流研讨，累计组织常委会党组学习、理论中心组学习 60 余次，把坚定理想信念、筑牢思想根基融入日常、抓在经常。始终把政治建设作为根本性建设摆在首要位置，坚决扛牢全面从严治党政治责任，深刻领悟“两个确立”的决定性意义，切实增强“四个意识”、坚定“四个自信”、做到“两个维护”。坚定不移贯彻党委决策部署，围绕全市工作重心作出决议决定58项，及时把党委决策转化为全市人民的共同意志。严格执行请示报告制度，向市委请示报告重要工作、重要活动等110余次。始终坚持党管干部原则与人大依法任免相统一，确保党委意图的顺利实现，本届以来依法选举任免国家机关工作人员805人（次），组织宪法宣誓287人（次）。五年来，市委高度重视人大工作，先后两次召开市委人大工作会议，出台一系列重要文件，支持保障人大依法履职，常委会各项工作取得明显成效。

——围绕中心强化监督，服务全市发展大局。紧扣党委工作中心主动作为，及时跟进，在把握大局、融入大局、服务大局中更好履职尽责。五年来，召开常委会会议51次，听取审议“一府一委两院”专项工作报告86项，开展调查、视察、执法检查204次，组织专题询问6次，全力监督推动党委决策不折不扣贯彻落实。聚焦推动“三个模式”创新提升，就潍坊国家农业开放发展综合试验区建设、农业供给侧结构性改革、田园综合体、“中国食品谷”、农田水利基础设施建设等情况进行调查视察，开展乡村振兴战略实施情况专题询问，推动乡村振兴齐鲁样板先行区建设取得重要进展。聚焦推动高质量发展，就新旧动能转换、“放管服”改革等重大课题开展调研，监督推动化工、文旅、现代渔业、会展业等产业健康发展，对优化经济发展软环境进行专题询问和工作评议，助力我市在贯彻新发展理念、增创经济发展新优势上走在前列。聚焦推动改革开放全面深化，积极服务和融入“双循环”，对“双招双引”及重大项目建设、民营经济发展、优化营商环境等进行调查或视察，听取审议深化商事制度改革、外贸工作等情况报告，积极推动形成高水平对外开放新格局。聚焦推动城市品质提升，听取审议实施棚户区改造、提升城市建设品质、重大交通基础设施建设管理情况报告，监督推进“三区一中心”建设、老旧小区改造等工作，有效提升了城市精细化管理水平。聚焦推动打好疫情防控阻击战，听取审议疫情防控工作情况报告，视察经济恢复和发展情况，开展传染病防治、突发公共卫生事件应急等执法检查，在推动统筹疫情防控和经济社会发展方面取得明显成效。

——坚持人民至上，切实维护人民群众根本利益。常委会坚定践行以人民为中心的发展思想，把推动解决群众“急难愁盼”问题作为履职重点，不断提升群众获得感幸福感安全感。围绕民生改善，连续五年监督推动教育、医疗、就业等工作，听取审议养老服务体系建设、就业工作情况报告，对职业教育发展情况进行调查，开展就业促进“一法一条例”实施情况执法检查，督促有关方面把好事办实。围绕生态环保，每年听取全市环境质量状况和保护目标完成情况，先后10次开展“风筝都环保世纪行”活动，聚焦中央和省环保督察反馈问题整改情况并开展专题询问，推动生态环境持续改善。围绕公共安全，先后15次就农产品质量安全、安全生产、食品安全等进行调查或执法检查，听取审议有关工作情况报告，与省人大常委会联动开展安全生产专题询问，促进提高重点行业领域安全防范治理能力，筑牢公共安全防线。围绕司法监督，就法院执行、刑事审判、发挥审判职能服务企业发展和检察机关公益诉讼、未成年人检察以及扫黑除恶专项斗争等开展调查，听取审议“两院”深化司法体制改革工作情况报告。做好人大信访工作，累计受理来信来访3500件次，对313件案件进行重点督办。

——推进改革创新，有效激发工作活力。深入研究人大工作特点和规律，坚持以创新为动力，以创优为目标，推动工作创新发展。地方立法方面。认真贯彻市委深改委部署，圆满完成承担的民主法制领域改革和立法协调任务。完善制度机制，建立5项立法工作制度规范，健全法规立项、起草、论证、审议、修改、表决、实施、评估等工作机制，推动地方立法科学高效、规范有序运转。广泛借智借脑，成立立法咨询专家组、立法学研究会两家智库机构，与3所院校建立合作关系，设立4处基层立法联系点，有效提高了立法质效。坚持急用先行，注重有效管用，制定出台大气污染防治、供热条例等12件地方性法规，对禁用限用剧毒高毒农药条例等6件法规进行集中修改。依法对133件规范性文件进行备案审查，维护了法制的统一和尊严。监督工作方面，加强计划和预决算监督，深化全口径预算、国有资产管理和审计查出问题整改情况监督。圆满完成所承担的全市重点改革任务。积极探索“专题询问+工作评议”模式，对整改情况进行测评打分，有效增强了监督刚性。代表工作方面，在全省率先制定代表履职守则，严明纪律要求，届内市人大代表全部完成述职评议。加快代表小组规范化建设，指导371个代表接待站和住潍43个各级代表小组达到“六有”标准。接续开展“牢记使命、履职为民”主题活动，通过“双联系”、跨区域专题调研、集中视察等方式，增强代表闭会期间活动实效，代表参加“一府一委两院”及有关部门座谈会、听证会、旁听庭审等共计520余次。注重提升代表履职能力，采用线上线下相结合的方式，举办3期代表学习培训班，实现了代表培训全覆盖。完善代表议案建议办理机制，约谈部门负责人、满意度测评、开展“回头看”成为常态化督办方式，代表提出的743件建议已全部办复。五年来，全体代表立足岗位、积极奉献，围绕疫情防控、抗灾救灾、脱贫攻坚等捐款捐物超过1.91亿元，以实际行动践行了人大代表的光荣使命和社会责任。

——加强自身建设，提升工作质效。常委会以作风建设开局起步，持续加强思想政治、业务能力和制度机制建设，推动了人大工作与时俱进、完善发展。深入开展“两学一做”学习教育和“不忘初心、牢记使命”主题教育，狠抓中央、省委巡视反馈问题整改，深化党风廉政和意识形态工作。严格落实中央八项规定及其实施细则精神，深入开展思想作风整顿，制定实施加强作风改进25条规定，以务实举措锤炼过硬作风。系统修订常委会组成人员守则、议事规则、人事任免办法等，立好履职标尺，不断推动人大工作制度化、规范化。重视专门委员会建设，调整完善有关机构，优化人员配置，健全运行机制，支持各专门委员会在协助监督、参与立法、服务常委会决策等方面积极发挥作用。加强机关建设，启用和升级预算联网、备案审查、代表管理、常委会会议、人代会会议信息化系统，调整充实干部队伍，机关各项工作持续优化，连续12年被评为省级文明单位。积极开展“一地一亮点”“一委室一亮点”创建活动，形成创新成果82项，以点带面，推动了人大工作整体提升。

二、2021年主要工作

2021年是中国共产党成立100周年，是我国全面迈入社会主义现代化建设新征程起步之年和“十四五”开局之年，也是人大工作开拓进取、创新发展的一年。在市委坚强领导下，常委会围绕中心，依法履职，制定出台地方性法规4件，听取审议专项工作报告25项，开展调查、视察、执法检查48次，作出决议决定16项，任免国家机关工作人员157人（次），充分发挥了地方国家权力机关作用。

第一，突出政治引领，全力推动市委决策落实。

常委会紧扣市委工作中心，谋划确定了30项议题和26项重点任务，充分发挥职能作用服务市委决策落实。聚力推动经济社会发展。审查批准市“十四五”规划和2035年远景目标纲要，听取审议海洋经济、科技工作、国民经济和社会发展计划执行情况报告，对制造业高质量发展、快递业、种业创新、化肥农药管理等情况进行视察、调研，深入开展“双招双引”和项目包靠，努力推动经济社会高质量发展。持续深化预算和国有资产管理监督。听取审议预决算执行、国有资产管理和审计查出问题及整改情况等报告，两次作出决议批准预算调整，加强政府债务和预算联网监督，推动更好发挥公共财政作用。积极推动民生福祉改善。对全市民族宗教、慈善事业发展、残疾人权益保障等情况进行调查、视察，就食品安全、安全生产、突发事件应对等相关领域法律法规实施情况进行检查，听取审议基础教育、医疗卫生、脱贫攻坚和乡村振兴有效衔接情况报告，积极推动事关群众安危冷暖的热点难点问题解决。着力推进法治建设。强化宪法和法律实施监督，对全市检察机关适用认罪认罚从宽制度情况进行调查，听取审议“七五”普法、依法治市情况和“八五”普法规划报告，作出“八五”普法决议。首次听取市监委专项工作报告，指导县市区人大依法有序开展相关工作。加强备案审查制度和能力建设，在全省率先实现市、县两级人大常委会听取备案审查工作报告“全覆盖”，完成规范性文件备案审查34件，并督促相关问题整改。扎实落实市委安排的工作任务。切实做好联系县市区、服务企业和公开接访等工作，用心用力，真包实靠，深入走访，为企业协调解决问题177个，公开接访解决问题189个。按照市委部署，深入参与生态环境突出问题整改、安保维稳、安全生产等督导检查工作，切实推进相关工作落地落实。常委会还作出决定授予优丽雅·恰希娜等8名人员“潍坊市荣誉市民”。对全市实施城市更新行动、红色文化资源保护、提升城市品质和第38届潍坊国际风筝会筹备情况进行调查、视察，开展《潍坊市文物保护条例》执法检查，推动了相关领域工作开展。

第二，坚持以人民为中心，着力推动群众满意度提升。

民惟邦本，本固邦宁。常委会认真贯彻市委要求，把推动群众满意度提升作为履职题中之义，精心组织，综合施策，全力推动相关工作开展。主任会议成员多次带队深入基层调研，组织赴外地对标学习，研究确定了坚持目标导向、问题导向、结果导向三个导向，完善大走访、大宣传、大整改三项机制，落实事要不出、事要解决、事要满意三项原则的“三三三”工作思路，为全年工作举旗定向、明确要求。将12345热线群众诉求和反映问题解决作为主抓手，先后7次召开调度会和推进会，开展两轮定向督导、模拟调查，持续传导压力、压实责任。充分发挥监督作用，听取审议相关工作报告10个，聚焦12345热线群众反映集中的物业管理、市容环境、消费者维权、农民工工资支付等问题和全省群众满意度测评考核的学有所教、病有所医、老有所养、弱有所扶、文体服务、生态环境、社会治安等方面内容，年内开展了两次专题询问和整改测评，全力推动将“送上门的群众工作”办实办好、办出成效。坚持全市“一盘棋”，与纪检、组织、宣传及政府有关部门密切协作，健全完善考核调度、基础工作提升长效机制，上下联动开展大走访、大宣传、大整改，形成了齐抓共管、真抓实干的浓厚氛围。2021年，全市12345热线受理企业和群众诉求问题解决率、群众满意率分别达到99.99%、99.85%。在去年12月召开的省委人大工作会议上，常委会就推动群众满意度提升工作作了典型发言，全国人大、新华社、大众日报等对我市相关做法予以宣传推介。

第三，注重有效管用，坚持以良法促发展、保善治。

良法是善治之前提。常委会深入贯彻习近平法治思想，紧跟市委要求，紧扣群众需要，运用小快灵立法方式，加快立法步伐，以高质量立法助推和保障高质量发展，全力促进群众获得感、幸福感、安全感提升。紧密结合社会需求。坚持立法与社会发展相衔接，着力促进重大决策和民生实事落实。聚焦停车难问题，在全省率先作出

《关于开放公共场所限时免费供市民停车的决定》，有效缓解市民停车压力。制定出台《关于深入实施〈潍坊市道路交通安全条例〉进一步规范电动车驾乘人佩戴头盔确保安全的意见》，引导市民提升安全防护意识。为加强网络空间治理，制定出台《关于深入实施〈中华人民共和国网络安全法〉依法惩治利用信息网络实施诈骗、诬告陷害、寻衅滋事等违法行为的意见》，依法加大对网络违法犯罪行为打击力度。加强区域联动，与青岛等胶东四市签署协同立法协议，制定《关于推动和保障胶东经济圈一体化发展的决定》《潍坊市海洋牧场管理条例》等文件法规，推动提升一体化发展水平。加强重点领域立法。为传承红色基因，出台《潍坊市红色文化资源保护条例》，向建党百年献礼。针对 12345 热线受理诉求面广量大、诉求多样化的问题，出台《潍坊市 12345 政务服务便民热线条例》，规范办理流程，提高办理质效。针对物业管理出现的新问题，出台《潍坊市物业管理条例》，以法治手段予以规范、提升物业管理水平，切实维护群众合法权益。发挥主导作用，对文明行为促进、峡山水库水源地保护、快递业管理这 3 部地方性法规进行审议。积极推进志愿服务、防汛、校外培训机构管理、生活垃圾分类管理等法规草案起草，优质高效地完成了年度立法任务。着力提升立法质量。坚持年度立法计划、法规草案等公开征求意见，增设省级基层立法联系点和立法研究服务基地，有效拓宽社会参与立法渠道。完成新一届立法咨询专家组换届，成立立法学研究会“会员之家”，与西南政法大学等深化校地合作关系，为立法提供智力支持。扎实做好新闻发布、直播宣传、法规解读等工作，有效推动法规实施。立法工作成效显著，去年 5 月，我市作为唯一设区市在全国人大地方立法培训班上作了经验介绍。

第四，强化服务保障，扎实做好代表工作。

常委会充分尊重代表主体地位，完善服务保障机制，支持代表依法履职，代表作用得到更好发挥。加强代表履职服务。推动“双联系”常态化，及时调整常委会组成人员联系代表分工，进一步密切常委会与代表、代表与群众的联系。通过以会代训、代表履职平台、代表小组等形式，强化代表日常学习，代表依法履职能力稳步提升。组织 28 名住潍省人大代表向市人大常委会报告履职情况并开展评议，评选表扬 57 名履职优秀市人大代表，激励代表积极依法履职。增强代表活动实效。开展“代表在行动”活动，倡议各级代表在服务企业中积极作为、发挥作用。指导住县市区代表开展结对异地调研，邀请代表参加调查、视察、执法检查等活动 130 人次，不断扩大对常委会工作的参与度。按照省人大安排，组织住潍全国、省人大代表到东营市就“黄河中下游生态保护”和“推动经济高质量发展”进行专题调研，积极为发展大局建言献策、贡献力量。重视代表建议办理。健全完善“全链条”办理机制，紧盯交办、催办、督办等关键环节，确保代表建议件件有着落、事事有回音。先后 7 次召开现场调度会，对市十七届人大六次会议以来代表提出的 183 件建议进行全面督办，对 12 件事关经济社会发展全局、涉及群众切身利益的建议进行重点督办，对 14 件办理难度大的建议进行专项督查，推动解决了一批群众关切的热点难点问题。

第五，精心组织指导，依法做好换届选举工作。

去年下半年以来开展的市县镇人大换届选举，是全市人民政治生活中的一件大事，是发展全过程人民民主的具体实践。常委会按照市委统一部署，成立选举工作联席会议及办公室，深入调查研究，制定选举工作意见，依法作出关于代表选举问题的决定，通过组织培训、召开部署会议、确定联系点、实地调研等方式强化督导，保证人大换届选举依法有序进行。指导县市区合理划分选区，认真做好选民登记，依法组织投票选举。会同市委有关部门在候选人考察工作上坚持条件、严格把关，在换届组织纪律上坚持原则、敢抓敢管，确保换届选举风清气正。统筹做好疫情防控工作，圆满完成换届选举任务。全市选民参选率达到 80% 以上，共选出市县镇人大代表 9320 名，新一届县镇国家机关领导成员 979 名。基层代表特别是一线工人、农民、专业技术人员的比例有所上升，妇女代表比例有所提高，党政干部担任人大代表的比例继续从严掌握，少数民族和归侨侨眷方面人大代表依法得到有效保证。

第六，加强“四个机关”建设，切实增强履职能力。

深入贯彻习近平总书记关于人大建设“政治机关、国家权力机关、工作机关、代表机关”的定位要求，狠抓自身建设，为依法有效履职提供有力保障。政治建设从严从实。扎实开展党史学习教育和庆祝中国共产党成立 100 周年系列活动，持续用党的创新理论指导实践、破解难题、推动工作。充分发挥党组把方向、管大局、保落实作用，夯实管党治党主体责任，确保党委决策部署在人大落地落实。作风转变求真务实。深入开展纪律作风整顿，倡树“严真细实快”作风，推动常委会及机关各层面带头讲纪律、守规矩、转作风、抓落实。深入基层，密切联系群众，参与万名干部下基层、乡村振兴服务队、包村帮扶、“四进”攻坚和加强农村基层党组织建设等工作，积极为群众办实事、解难题。履职本领过硬扎实。适应新时代要求，组织到高校培训，赴先进地区对标学习，定期举办法制讲座、“人大论坛”和“干部大讲堂”，促使干部队伍加快知识更新，优化知识结构，拓宽思路，开阔视野。加快信息化建设，深入开展理论研究，加大宣传力度，创办“潍坊人大”公众号，积极传递人大声音，讲好人大故事。

常委会工作成绩的取得，根本在于习近平新时代中国特色社会主义思想科学指引，在于市委的正确领导和全市人民高度信任，是全体人大代表、常委会与各专门委员会和机关工作人员共同努力的结果，是“一府一委两院”和全市各级人大密切配合的结果，是市政协、社会各界和各位老领导、老同志大力支持的结果。在此，我代表市人大常委会表示衷心的感谢!

五年来的工作实践，使我们对坚持和完善人民代表大会制度、推动新时代人大工作创新发展，更好地围绕中心、服务大局，有了更深切的认识和体会。

一是必须毫不动摇坚持党的全面领导，始终保持人大工作的政治性。坚持党的全面领导是人大履职必须遵循的政治规矩，也是开展好人大工作的根本前提和保证。作为政治机关，人大必须始终旗帜鲜明讲政治，永葆鲜明的政治本色，带头捍卫“两个确立”，不断增强“四个意识”、坚定“四个自信”，坚决做到“两个维护”。要持续深学、细悟、笃行习近平新时代中国特色社会主义思想，坚定不移贯彻落实中央决策和省委、市委工作部署，牢牢把握人大工作正确政治方向，确保党的意志、党的部署在人大得到全面贯彻和有效执行。

二是必须坚定践行以人民为中心的发展思想，充分彰显人大工作的人民性。来自人民、植根人民、服务人民是我们党为什么“能”、人民代表大会制度为什么“成”的关键所在。人大工作必须牢记初心、践行使命，把群众呼声当作第一信号，把群众需求当作第一考虑，把群众满意当作第一标准，使人大各项工作建立在坚实的民意基础之上。要始终坚持人民主体地位，践行发展全过程人民民主，充分尊重、激发和发挥人大代表的主体作用，凝聚起心往一处想、劲往一处使的磅礴力量，在推动经济社会高质量发展基础上，朝着共同富裕方向稳步前进。

三是必须聚力推进法治建设，不断厚植人大工作的法治性。人大在法治建设中肩负重要作用，应当带头弘扬法治精神、践行法治理念、捍卫法治尊严。要不断深入贯彻落实习近平法治思想和全面依法治国基本方略，坚持和践行全过程人民民主，围绕市域治理体系和治理能力现代化履职尽责，推进科学立法、严格执法、公正司法、全民守法。要始终做到研究工作以法律为依据，推进工作以法律为后盾，衡量工作以法律为准绳，以扎实有效的法治实践维护宪法法律的权威性、增强人大工作的严肃性。

四是必须提高履职质效，持续增强人大工作的实效性。人大工作贵在质量、重在实效。只有围绕全市大局找准履职的切入点和结合点，才能有效开展立法、监督、重大事项决定等各项工作，更好地服务发展、服务大局。要切实增强使命感和责任感，树牢“一线”意识、展现“一线”作为，努力在求真务实、担当作为中事争一流、唯旗是夺。要坚持守正创新，将法定职能与形势变化紧密结合，打破惯性，拓宽思路，积极探索提高工作质量、增强工作实效的新模式、新做法，不断推动工作提质增效、创新发展。

五是必须持续加强自身建设，更好地体现人大工作的时代性。习近平总书记关于“四个机关”的重要论述，深刻回答了什么是人大、建设什么样的人大等重大课题，为加强人大建设、改进人大工作指明方向、提供根本遵循。我们必须深刻领会其重大意义和精髓要义，紧扣“四个机关”定位要求，全面加强专门委员会、常委会及机关建设，努力打造高素质专业化干部队伍，以过硬本领担当时代使命，推动人大工作再上新台阶。

回顾过去五年的工作，我们也清醒地认识到履职过程中还存在一些差距和不足。主要是：地方性法规的贯彻执行效果有待进一步提升，监督工作的刚性和实效还需要不断提高，与代表和群众联系渠道仍需继续拓展，常委会和机关自身建设还需要进一步加强等。对此，我们将高度重视，在今后工作中认真研究解决。

三、今后工作安排建议

今后五年是潍坊努力走在前、奋进新征程、建设人民满意的现代化品质城市的关键期，是乘势而上推进高质量高速度发展、实现“一二三”目标的决胜期。市第十三次党代会明确了今后五年全市工作的总体要求和重点工作任务，规划了潍坊未来五年的发展蓝图。落实“一二三四五”工作思路，建设人民满意的现代化品质城市，地方国家权力机关肩负着重要使命。建议新一届人大常委会进一步坚定坚持党的全面领导，认真贯彻中央和省委、市委人大工作会议部署，更好围绕中心、服务大局；进一步发挥主导作用，紧盯全市改革发展需要，健全完善立法制度机制，强化重点领域立法，优化法治供给；进一步突出重点、聚焦关键，强化正确监督、有效监督、依法监督，全力推动相关工作开展；进一步优化代表服务保障和履职管理，深化拓展“双联系”工作，强化代表建议意见办理，有效促进代表主体作用发挥；进一步加强常委会及机关自身建设，不断提升履职能力和水平，推动各项工作干在实处、走在前列，更好发挥示范表率作用。

新征程赋予新使命，新职责呼唤新担当。让我们更加紧密地团结在以习近平同志为核心的党中央周围，在市委坚强领导下，不忘初心、牢记使命，踔厉奋发、笃行不怠，奋力谱写新时代全市人大工作新篇章，为推动高质量高速度发展、建设人民满意的现代化品质城市而努力奋斗，以优异成绩迎接党的二十大胜利召开。

文献选编

规范性文件选编

潍坊市人民代表大会代表议案处理办法

（2005 年 12 月 30 日市十四届人大常委会第十八次会议通过；2008 年 4 月 29 日市十五届人大常委会第二次会议第一次修订；2014 年 4 月 28 日市十六届人大常委会第十六次会议第二次修订）

第一章　总　则

第一条　为保障市人民代表大会代表（以下简称代表）依法行使提出议案的权利，做好代表议案工作，发挥代表作用，根据《中华人民共和国宪法》《中华人民共和国地方各级人民代表大会和地方各级人民政府组织法》《中华人民共和国全国人民代表大会和地方各级人民代表大会代表法》，参照《全国人民代表大会议事规则》、《全国人民代表大会代表议案处理办法》和《山东省人民代表大会议事规则》《山东省人民代表大会代表议案处理办法》，结合潍坊市实际，制定本办法。

第二条　本办法所称代表议案，专指由市人民代表大会代表依法联名，向市人民代表大会提出的属于市人民代表大会职权范围内的议事原案。

第三条　代表提出议案是法律赋予代表的职权，是执行代表职务，参与行使地方国家权力的一项重要工作。

认真办理代表议案，是有关机关、组织的法定职责。

市人民代表大会常务委员会和县市区人民代表大会常务委员会，应当为代表议案工作提供必要的条件；市人民代表大会常务委员会办事机构、各专门委员会工作机构和县市区人民代表大会常务委员会办事机构，负责为代表议案工作提供服务。

第二章　代表议案的基本要求

第四条　代表议案应当符合下列条件：

（一）由市人民代表大会代表十人以上联名向市人民代表大会提出；

（二）在市人民代表大会主席团规定的议案截止时间前提出；

（三）内容属于市人民代表大会职权范围内的事项。

第五条　代表议案应当有案由、案据和方案。案由明确清楚，案据充分合理，方案具体可行。

第六条　代表议案应当一事一案，按照统一要求的代表议案格式提出，并由代表本人签名。

第三章　代表议案的提出

第七条　代表议案一般在人民代表大会会议期间提出；符合议案基本条件、准备成熟的，也可在人民代表大会闭会期间提出。

第八条　代表应通过视察、调查、执法检查等活动，围绕全市改革发展稳定和社会建设中的重大问题、人民群众普遍关心的问题，深入实际，广泛调查研究，在认真酝酿并充分论证的基础上提出议案。

闭会期间，市人民代表大会常务委员会办事机构，可以通过组织各种活动，充分发挥代表的履职积极性，引导代表为下一次人民代表大会提出议案做好准备工作，提前搜集整理有关材料，形成议案初稿。县市区人民代表大会常务委员会办事机构根据代表意见，帮助充实完善后，提交到市人民代表大会常务委员会办事机构进行分类整理，筛选出符合基本要求的议案初稿，分别提交有关专门委员会。

有关专门委员会应当对议案初稿进行讨论研究，提出初步意见，并与有关机关、组织和提议案代表进行沟通，对达成一致意见的代表议案初稿，由市人民代表大会常务委员会办事机构汇总后，提交市人民代表大会常务委员会主任会议。

第九条　代表十人以上联名提出议案，应当有领衔代表。领衔代表应当向参加联名附议的代表分别提供议案文本，经附议人认真审阅同意后，再签名附议。有条件集体讨论的，经集体讨论，取得一致意见后，再签名提出，以示共同负责。参加联名的代表应当确认议案的内容能够真实表达自己的意愿。

第十条　市人民代表大会会议期间，向市人民代表大会提出代表议案的截止时间由大会主席团决定，并印发与会代表。

第四章　代表议案的处理

第十一条　大会秘书处和市人民代表大会常务委员会办事机构，分别对代表在大会会议期间和大会闭会期间提出的议案进行分类整理和分析。对不符合议案基本要求的代表议案原案，可以建议提议案代表进行修改、完善，或者改作建议、批评和意见提出。对闭会期间提出的符合议案基本要求的代表议案，可在大会会议举行时，由市人民代表大会常务委员会办事机构送交大会秘书处，与会议期间提出的代表议案一并处理。

第十二条　代表向市人民代表大会提出的议案，由大会秘书处先交有关专门委员会审议，提出是否作为议案处理并列入大会会议议程的意见，再由大会秘书处根据有关专门委员会审议的意见，向大会主席团提出代表议案处理意见的报告。

有关专门委员会在审议代表议案时，可以邀请提议案代表列席会议，发表意见。

第十三条　大会主席团根据大会秘书处的报告，审议后决定是否作为议案处理；作为议案处理的，决定是否列入大会会议议程，或者交有关专门委员会处理。经大会主席团通过的大会秘书处关于代表议案处理意见的报告，应印发大会全体代表。

第十四条　列入大会会议议程的代表议案，由各代表团和有关专门委员会进行审议并提出报告，经大会主席团审议后作出决定，提请大会全体会议表决。

在审议中有重大问题需要进一步研究的，经大会主席团提出，由大会全体会议决定，可以授权市人民代表大会常务委员会审议决定，并报市人民代表大会下一次会议备案，或者提请市人民代表大会下一次会议审议。

在交付大会表决前，提议案代表要求撤回的，经大会主席团同意，会议对该议案的审议即行终止。

第十五条　大会主席团决定交有关专门委员会处理的代表议案，有关专门委员会应当深入调查研究，在充分征求有关机关、组织和提议案代表意见的基础上，及时召开专门委员会全体会议，进行研究分析，向市人民代表大会常务委员会会议提交代表议案处理意见的报告，由会议作出办理代表议案的决议。

第十六条　办理代表议案的有关机关、组织应当于决议作出之日起两个月内，向有关专门委员会提交代表议案办理工作方案。

代表议案办理工作方案由有关机关、组织的主要负责人牵头召集专门会议进行研究制定。

有关机关、组织应当高度重视代表议案的办理，认真组织实施代表议案办理工作方案。

第十七条　有关机关、组织应适时向市人民代表大会常务委员会提交落实办理代表议案决议情况的报告；有关专门委员会举行全体会议对报告先行审议，提出审议意见；有关机关、组织抓好落实后，将修改后的报告提请市人民代表大会常务委员会会议审议。

市人民代表大会常务委员会、专门委员会举行会议审议代表议案及报告时，应邀请提出相关议案的领衔代表列席会议，参与审议，发表意见；也可以采取邀请提议案代表参加调研、座谈等多种形式，加强与提议案代表的联系和沟通，听取提议案代表对议案处理的意见。涉及专业性较强的问题时，可以邀请有关代表和专家列席会议，发表意见。市人民代表大会常务委员会、专门委员会应当认真采纳。

第十八条　市人民代表大会常务委员会会议对落实办理代表议案决议情况报告的审议意见，应当印发有关机关、组织。有关机关、组织应适时向市人民代表大会常务委员会提交落实审议意见的报告。

有关专门委员会可以采取调查、视察或其他法定形式对代表议案进行督办。

市人民代表大会常务委员会可以对有关机关、组织落实办理代表议案决议工作进行满意度测评。

第十九条　有关专门委员会根据有关机关、组织的工作情况，起草议案处理情况的报告，经专门委员会全体会议审议通过后，印发市人民代表大会下一次会议。报告内容包括听取和采纳有关机关、组织和提议案代表意见的情况、审议意见等内容。必要时可以以附件作详细说明。

第二十条　对大会主席团决定不作为议案处理的代表议案，大会秘书处向提议案领衔代表进行解释和说明后，可以改作建议、批评和意见，转交市人民代表大会常务委员会办事机构，按照《潍坊市人民代表大会代表建议、批评和意见处理办法》处理。

第二十一条　在每届市人民代表大会第一次会议上，由市人民代表大会第一次会议预备会议通过的大会议案审查委员会，按照本办法的规定审查代表议案，并向大会主席团提出代表议案处理意见的报告。

第二十二条　本办法自通过之日起施行。

潍坊市人民代表大会常务委员会议事规则

（2008 年 2 月 26 日市十五届人大常委会第一次会议通过；2012 年 3 月 20 日市十六届人大常委会第一次会议第一次修订；2017 年 4 月 28 日市十七届人大常委会第二次会议第二次修订；2022 年 4 月 27 日市十八届人大常委会第一次会议第三次修订）

第一章　总　则

第一条　为了保证市人大常委会（以下简称常委会）依法行使好各项职权，提高议事质量和效率，根据《中华人民共和国宪法》《中华人民共和国地方组织法》《中华人民共和国代表法》

《中华人民共和国监督法》和全国、省人大常委会的有关规定，结合工作实际，制定本规则。

第二条 常委会坚持以习近平新时代中国特色社会主义思想为指导，坚持全过程人民民主，始终同人民保持密切联系，倾听人民的意见和建议，体现人民意志，保障人民权益。

第三条 常委会审议议案、决定问题，应当充分发扬民主，实行民主集中制原则；坚持围绕中心、突出主题、讲求实效。

第二章 会议的召开

第四条 常委会会议每两个月至少举行一次。必要时可以加开会议。

常委会会议由主任召集并主持。常委会主任可以委托副主任主持会议。

第五条 常委会会议必须有常委会全体组成人员的过半数出席方能举行。

常委会组成人员要按时出席常委会会议。因特殊情况确实不能出席的，由本人或所在单位向常委会办公室递交书面请假报告，由常委会主任或主持日常工作的副主任批准。

遇有特殊情况，经主任会议决定，常委会组成人员可以通过网络视频方式出席会议。

第六条 常委会会议日期，由常委会主任会议决定；会议议程草案，由常委会主任会议根据常委会工作计划和实际情况拟定，提请常委会全体会议通过；常委会举行会议期间，需要调整议程的，由主任会议提出，经常委会全体会议同意。

常委会主任会议拟定议程草案后，市人大有关专门委员会和常委会有关办事机构应及时告知市人民政府及其有关部门、市监察委员会、市中级人民法院、市人民检察院准备会议材料，由市人大有关专门委员会或常委会有关办事机构审查后，于常委会举行会议的十日前报送常委会。

第七条 常委会举行会议的七日前，将开会日期、建议议题等事项，通知常委会组成人员和列席会议的人员；临时召集的会议，可以临时通知。

第八条 常委会举行会议时，市人民政府、市监察委员会、市中级人民法院、市人民检察院的负责人，列席会议。

不是常委会组成人员的常委会副秘书长和市人大有关专门委员会副主任委员、常委会各办事机构负责人，人大各专门委员会工作机构负责人，市直有关部门负责人，可以列席会议。

根据会议内容，县（市、区）人大常委会、市属开发区人大工作室负责人列席会议。必要时，可以邀请市人大有关的专门委员会委员，有关的全国、省、市人大代表，立法咨询专家，预算审查监督咨询专家组成员列席会议；可以吸收公民旁听会议。

第九条 常委会举行会议时，召开全体会议，根据需要召开分组会议和联组会议。

分组会议由主任会议确定召集人主持。

第三章 议案的提出和审议

第十条 常委会主任会议可以向常委会提出属于常委会职权范围内的议案，由常委会会议审议。

市人民政府、市人大各专门委员会，可以向常委会提出属于常委会职权范围内的议案，由常委会主任会议决定提请常委会会议审议，或者先交市人大有关专门委员会审议并提出报告，再提请常委会会议审议。

常委会组成人员五人以上联名，可以向常委会提出属于常委会职权范围内的议案，由常委会主任会议决定是否提请常委会会议审议，或者先交市人大有关专门委员会审议并提出报告，再决定是否提请常委会会议审议；不提请常委会会议审议的，应当向常委会会议报告或者向提案人说明。

第十一条 常委会主任会议、市人民政府、市监察委员会、市中级人民法院、市人民检察院，可以向常委会提出属于常委会职权范围内的人事任免案和撤职案。

常委会五分之一以上的组成人员书面联名，可以向常委会提出属于常委会职权范围内的撤职案，由常委会主任会议决定是否提请常委会会议审议；或者由主任会议提议，经常委会全体会议决定，组织调查委员会，由以后的常委会会议根据调查委员会的报告审议决定。

第十二条　常委会主任会议根据工作需要，可以委托常委会办事机构起草议案草案，并向常委会会议作说明。

第十三条　对列入常委会会议的议案，提出议案的机关、市人大有关专门委员会、常委会有关办事机构、常委会有关组成人员，应当提供相关的资料。

对人事任免案，提请任免的机关一般要在常委会举行会议的十日前，将人事任免名单及其有关材料提报常委会。提请机关负责人应当到会介绍被任免人员的基本情况，并回答询问。

撤职案应当写明撤职的对象和理由，并提供有关的材料；撤职案在提请表决前，被提出撤职的人员有权在常委会会议上提出申辩意见，或者书面提出申辩意见，由常委会主任会议决定印发常委会会议。

第十四条　常委会主任会议可以责成市人大有关专门委员会对有关议案进行初审，形成初审意见。有关材料可以提交常委会会议参阅。

第十五条　常委会全体会议听取议案或者关于议案的说明后，由分组会议或者联组会议进行审议。

提出议案的机关负责人可以在常委会全体会议、分组会议或者联组会议上对该议案作补充说明。

第十六条　列入常委会会议议程的地方性法规案，一般应当经两次或者三次常委会会议审议后再交付表决。

常委会会议第一次审议地方性法规案，在全体会议上听取提案人的说明，印发有关的专门委员会的书面审议意见，由分组会议进行初步审议。

常委会会议第二次或者第三次审议地方性法规案，在全体会议上听取法制委员会关于地方性法规草案修改情况的报告或者审议结果的报告，由分组会议对地方性法规草案二次审议稿或者修改稿进行审议。

常委会会议对地方性法规的草案表决稿不再审议，直接付诸表决。

第十七条　常委会联组会议可以听取和审议市人大有关专门委员会对议案审议意见的汇报，对议案进行讨论审议。

第十八条　列入常委会会议的议案，在交付表决前，提案人要求撤回的，经常委会主任会议同意，对该议案的审议即行终止。

第十九条　列入常委会会议的议案，在审议中有重大问题需要进一步研究的，经常委会主任会议提出，全体会议同意，可以暂不付表决，交市人大有关的专门委员会进一步审议，提出报告。

第二十条　常委会认为必要的时候，可以组织关于特定问题的调查委员会，对有关问题进行调查，并根据调查委员会的报告作出相应的决议、决定。

常委会主任会议可以向常委会提议组织关于特定问题的调查委员会，提请常委会审议。

常委会五分之一以上的组成人员书面联名，可以向常委会提议组织关于特定问题的调查委员会，由常委会主任会议决定提请常委会审议，或者先交市人大有关的专门委员会审议、提出报告，再决定提请常委会审议。

第四章　听取和审议专项工作报告，评议专项工作

第二十一条　常委会全体会议听取下列报告：

（一）市人民政府、市监察委员会、市中级人民法院、市人民检察院的专项工作报告；

（二）市人民政府关于国民经济和社会发展

计划、预算执行情况的报告，关于国民经济和社会发展五年规划纲要实施情况中期评估报告；

（三）市人民政府关于决算报告和审计工作报告；

（四）市人民政府关于国有资产管理情况的报告；

（五）市人民政府关于年度环境状况和环境保护目标完成情况的报告；

（六）常委会执法检查组提出的执法检查报告；

（七）专门委员会关于市人民代表大会会议主席团交付审议的代表提出的议案审议结果的报告；

（八）常委会办事机构和有关部门关于市人民代表大会会议代表建议、批评和意见办理情况的报告；

（九）常委会法工委关于备案审查工作情况的报告；

（十）其他报告。

专项工作报告由市人民政府、市监察委员会、市中级人民法院、市人民检察院的负责人向常委会报告，市人民政府也可以委托有关部门负责人向常委会报告。

第二十二条　常委会听取和审议专项工作报告或者评议专项工作前，常委会主任会议可以组织常委会组成人员和市人大代表，对有关工作进行视察或者专题调查研究，形成视察或者调查报告，提交常委会会议参阅。

常委会可以安排参加视察或者专题调查研究的代表列席常委会会议，听取专项工作报告，提出意见。

第二十三条　常委会全体会议听取专项工作报告后，可以由分组会议或者联组会议进行审议、评议。

第二十四条　常委会对专项工作报告的审议意见，印发市人民政府、市监察委员会、市中级人民法院或者市人民检察院研究处理。

市人民政府、市监察委员会、市中级人民法院或者市人民检察院一般应当在两个月内将研究处理情况由其办事机构送交市人大有关专门委员会或者常委会有关办事机构征求意见后，向常委会提出书面报告。

常委会认为必要时，可以对专项工作报告作出决议；市人民政府、市监察委员会、市中级人民法院或者市人民检察院应当在决议规定的期限内，将执行决议的情况向常委会报告。

常委会听取的专项工作报告及审议意见，市人民政府、市监察委员会、市中级人民法院或者市人民检察院对审议意见研究处理情况或者执行决议情况的报告，向市人大代表通报并向社会公布。

第二十五条　常委会对专项工作的评议意见，印发市人民政府、市监察委员会、市中级人民法院、市人民检察院研究处理，同时报送市委，抄送组织人事部门。

专项工作评议所涉及的机关及部门一般应当在两个月内将研究落实情况送交市人大有关专门委员会或者常委会有关办事机构征求意见后，向常委会提交书面报告。

常委会听取的专项工作报告及评议意见，专项工作评议所涉及的机关及部门对评议意见研究落实情况的报告，向市人大代表通报并向社会公布。

第二十六条　对常委会听取和审议的专项工作报告、评议的专项工作，常委会全体组成人员的过半数不满意的，或者有重要问题未解决好的，由常委会主任会议决定，在下次常委会会议上重新报告，再次审议或者评议。

第五章　审查和批准决算，听取和审议国民经济和社会发展计划、预算的执行情况报告，听取和审议审计工作报告

第二十七条　每年六月至九月，常委会听取

和审议市人民政府关于上一年度市级决算草案的报告，审查和批准上一年度市级决算。

市人民政府应当及时将上一年度的本级决算草案送交市人大财政经济委员会进行初步审查，由市人大财政经济委员会向常委会提出审查报告。

决算草案应当按照市人民代表大会批准的预算所列科目编制，按预算数、调整数或者变更数以及实际执行数分别列出，并作出说明。

第二十八条　常委会对决算草案和预算执行情况报告，重点审查下列内容：

（一）预算收支平衡情况；

（二）重点支出的安排和资金到位情况；

（三）预算超收收入的安排和使用情况；

（四）部门预算制度建立和执行情况；

（五）向下级财政转移支付情况；

（六）上级财政补助资金的安排和使用情况；

（七）市人民代表大会关于批准预算的决议的执行情况。

第二十九条　常委会每年审查和批准决算的同时，听取和审议市人民政府提出的审计机关关于上一年度预算执行和其他财政收支的审计工作报告。

第三十条　每年六月至九月，常委会听取和审议市人民政府关于本年度上一阶段国民经济和社会发展计划、预算执行情况的报告。

第三十一条　国民经济和社会发展计划、预算经市人民代表大会批准后，在执行过程中需要作部分调整的，市人民政府应当将调整方案提请常委会审查和批准；预算安排的农业、教育、科技、文化、卫生、社会保障等资金需要调减的，市人民政府应当在调整前提请常委会审查和批准。

国民经济和社会发展五年规划经市人民代表大会批准后，在实施的中期阶段，市人民政府应当将规划实施情况的中期评估报告提请常委会审议。规划经中期评估需要调整的，市人民政府应当将调整方案提请常委会审查和批准。

第三十二条　常委会对国民经济和社会发展计划执行情况报告、预算执行情况报告和审计工作报告的审议意见交由市人民政府研究处理。

市人民政府一般应当在两个月内将研究处理情况向常委会提出书面报告。

常委会认为必要时，可以对审计工作报告作出决议；市人民政府应当在决议规定的期限内，将执行决议的情况向常委会报告。

常委会听取的国民经济和社会发展计划执行情况报告、预算执行情况报告和审计工作报告及审议意见，市人民政府对审议意见研究处理情况或者执行决议情况的报告，向市人大代表通报并向社会公布。

第六章　审议执法检查报告

第三十三条　常委会每年选择若干关系改革发展稳定大局和群众切身利益、社会普遍关注的重大问题，有计划地对有关法律、法规实施情况组织执法检查。执法检查结束后，执法检查组应当及时提出执法检查报告，由常委会主任会议决定提请常委会审议。

第三十四条　常委会对执法检查报告的审议意见连同执法检查报告，一并交由市人民政府、市监察委员会、市中级人民法院或者市人民检察院研究处理。

市人民政府、市监察委员会、市中级人民法院或者市人民检察院一般应当在两个月内将研究处理情况由其办事机构送交市人大有关专门委员会或者常委会有关办事机构征求意见后，向常委会提出报告。必要时，研究处理情况报告由常委会主任会议决定提请常委会审议，或者由常委会组织跟踪检查；常委会也可以委托市人大有关专门委员会或者常委会有关办事机构组织跟踪检查。

常委会的执法检查报告及审议意见，市人民

政府、市监察委员会、市中级人民法院或者市人民检察院对其研究处理情况的报告，向市人大代表通报并向社会公布。

第七章　询问和质询

第三十五条　常委会分组会议或者联组会议审议相关议案和报告时，市人民政府或者有关部门、市监察委员会、市中级人民法院、市人民检察院应当派有关负责人员到会，听取意见，回答询问。

第三十六条　常委会可以结合听取和审议专项工作报告和执法检查报告，围绕改革发展稳定大局和人民切身利益、社会普遍关注的重大问题，召开联组会议，进行专题询问。

根据专题询问的议题，市人民政府及有关部门或市监察委员会、市中级人民法院、市人民检察院的负责人应当到会，听取意见，回答询问。

专题询问中提出的意见送有关部门研究落实，有关部门应当及时向常委会提交整改落实情况报告。必要时，可以由主任会议将整改落实情况报告提请常委会审议、评议。

第三十七条　在常委会举行会议期间，常委会组成人员五人以上联名，可以向常委会书面提出对市人民政府及其工作部门和市监察委员会、市中级人民法院、市人民检察院的质询案。

第三十八条　质询案须写明质询对象、质询的问题和内容。

第三十九条　质询案由常委会主任会议决定提请常委会会议审议或者交市人大有关的专门委员会审议。

第四十条　质询案由常委会主任会议决定，受质询机关的负责人在常委会会议上或者在市人大有关的专门委员会会议上作出口头答复或者书面答复。在市人大专门委员会会议上答复的，市人大有关专门委员会应当向常委会或者常委会主任会议提出报告。

质询案以书面答复的，应当由被质询机关负责人签署，并印发常委会组成人员和市人大有关的专门委员会。

市人大专门委员会审议质询案时，提出质询案的常委会组成人员可以出席会议，发表意见。

第四十一条　提质询案的常委会组成人员的过半数对受质询机关的答复不满意的，由常委会主任会议决定，受质询机关在本次或者下次常委会会议上再作答复。

第八章　发言、表决

第四十二条　常委会组成人员在常委会会议上的发言，不受法律追究。

第四十三条　常委会组成人员在全体会议、联组会议和分组会议上发言，应当围绕会议确定的议题进行。

对于常委会组成人员的审议发言和评议发言，常委会办事机构要安排专人做好记录，根据要求形成审议意见和评议意见，印发有关机关。

第四十四条　表决议案以常委会全体组成人员的过半数赞成为通过。表决结果由会议主持人当场宣布。

第四十五条　人事任免案逐人表决，根据情况也可以合并表决。

第四十六条　常委会表决议案采用无记名投票、按表决器、举手或者其他方式。

第九章　附　则

第四十七条　常委会决定、决定任命或者通过的国家工作人员按照《潍坊市人民代表大会及其常委会宪法宣誓仪式组织实施细则》进行宪法宣誓。

第四十八条　常委会会议通过的法规、决议、决定和意见，发布的公告等，应当及时在常委会公报和潍坊人大网上刊载。

第四十九条　本规则自公布之日起施行。

潍坊市人民代表大会常务委员会组成人员守则

（2008 年 10 月 28 日市十五届人大常委会第五次会议通过；2012 年 3 月 20 日市十六届人大常委会第一次会议第一次修订；2017 年 4 月 28 日市十七届人大常委会第二次会议第二次修订；2022 年 4 月 27 日市十八届人大常委会第一次会议第三次修订）

第一条　为加强市人民代表大会常务委员会（以下简称常委会）的组织制度建设，坚持和发展全过程人民民主，保证常委会组成人员依法履行职责，根据法律有关规定，结合常委会工作实际，制定本守则。

第二条　常委会组成人员要旗帜鲜明讲政治，坚持用习近平新时代中国特色社会主义思想武装头脑，认真学习贯彻习近平法治思想，坚持党的领导、人民当家作主、依法治国有机统一，始终在思想上政治上行动上同以习近平同志为核心的党中央保持高度一致。

第三条　常委会组成人员要认真学习、模范遵守宪法和法律，掌握人大工作必备的知识，熟知人大工作程序，不断提高履职能力。

第四条　常委会组成人员要坚持民主集中制原则，集体行使职权。

第五条　常委会组成人员要牢记党和人民的重托，保持强烈的责任感和事业心，坚持围绕中心、突出主题、讲求实效，认真履行法律赋予的各项职责，努力做好人大工作。

第六条　常委会组成人员要按时出席常委会会议。因特殊情况确实不能出席的，由本人或所在单位向常委会办公室递交书面请假报告，由常委会主任或主持日常工作的副主任批准。会议期间，常委会组成人员不能出席常委会全体会议的，应向会议主持人请假。

常委会组成人员出席常委会会议情况，由常委会办公室统一汇总，每半年通报一次。经批准，每年缺席常委会会议三次及以上的，应向常委会主任会议提交书面报告说明情况。未经批准，每年缺席常委会会议两次及以上的，应按程序辞去常委会组成人员职务。

第七条　常委会组成人员在常委会会议举行前，应当就会议议题做好审议准备，拟好审议发言提纲。出席常委会会议期间，应集中精力开好会议，围绕会议议题积极审议发言；服从会议安排，不得从事有碍会议正常进行的活动。参加常委会会议时，应着正装，举止得体。

第八条　常委会组成人员要积极参加常委会组织的视察、检查、调查、评议等活动。

第九条　常委会组成人员要带头发扬优良作风，坚持求真务实，讲真话干实事求实效；密切与人大代表和人民群众的联系，自觉接受市人大代表和人民群众的监督；严格遵守廉洁从政各项规定，努力维护地方国家权力机关的良好形象。

第十条　常委会主任会议负责解释并监督本守则的执行。

第十一条　本守则自公布之日起施行。

潍坊市人民代表大会常务委员会人事任免办法

（2008 年 4 月 29 日市十五届人大常委会第二次会议通过）

第一章 总 则

第一条 为认真履行宪法和法律赋予的职责，正确行使市人民代表大会常务委员会（以下简称市人大常委会）的人事任免权，根据《中华人民共和国宪法》《中华人民共和国地方各级人民代表大会和地方各级人民政府组织法》《中华人民共和国各级人民代表大会常务委员会监督法》《中华人民共和国公务员法》《中华人民共和国人民法院组织法》《中华人民共和国人民检察院组织法》等法律法规和有关规定，结合潍坊市实际，制定本办法。

第二条 市人大常委会行使人事任免权，应坚持党管干部、任人唯贤、德才兼备、群众公认、注重实绩、民主集中制的原则，严格依法办事。

第三条 市人大常委会任免市人大专门委员会部分人员、市人大常委会机关工作人员，决定任免市人民政府组成人员，任免市中级人民法院审判人员、市人民检察院和市城郊地区人民检察院检察人员，批准任免县（市、区）人民检察院检察长，以及根据地方组织法规定和工作需要由市人大常委会决定、通过的其他人员的任免，适用本办法。

第二章 任免范围

第四条 根据市人大常委会主任会议的提名，通过市人大常委会代表资格审查委员会主任委员、副主任委员和委员。

第五条 根据市人大常委会主任会议的提名，通过市人大常委会特定问题调查委员会主任委员、副主任委员和委员。

第六条 根据市人大常委会主任会议的提名，任免市人大常委会副秘书长和办公室、人事代表工作室、研究室主任。

第七条 在市人民代表大会闭会期间，市人大常委会主任因为健康情况不能工作或者缺位的时候，根据市人大常委会主任会议的提名，在副主任中推选一人代理主任的职务。

第八条 在市人民代表大会闭会期间，根据市人大常委会主任会议的提名，任免市人大专门委员会的个别副主任委员和部分委员。

第九条 在市人民代表大会闭会期间，市长因故不能担任职务的时候，根据市人大常委会主任会议的提名，从副市长中决定代理市长的人选。

第十条 在市人民代表大会闭会期间，根据市长或者市人大常委会主任会议的提名，决定个别副市长的任免。根据市长的提名，决定市人民政府秘书长、局长、委（办）主任的任免。

第十一条 在市人民代表大会闭会期间，市中级人民法院院长因故不能担任职务的时候，根据市人大常委会主任会议的提名，从副院长中决定代理院长的人选。

根据市中级人民法院院长的提名，任免市中级人民法院副院长、庭长、副庭长、审判委员会委员、审判员。

第十二条 在市人民代表大会闭会期间，市人民检察院检察长因故不能担任职务的时候，根据市人大常委会主任会议的提名，从副检察长中决定代理检察长的人选。市人大常委会决定后，由市人民检察院、市人大常委会分别报山东省人民检察院、山东省人大常委会备案。

根据市人民检察院检察长的提名，任免市人民检察院副检察长、检察委员会委员、检察员。

根据市人民检察院检察长的提名，任免市城郊地区人民检察院检察长、副检察长、检察委员会委员、检察员。

根据市人民检察院检察长的提名，批准任免县（市、区）人民检察院检察长。

当县（市、区）人大常委会决定本级人民检察院代理检察长人选后，须报市人大常委会备案。

第十三条　在市人民代表大会闭会期间，受理市人大常委会主任、副主任、秘书长、委员，市长、副市长，市中级人民法院院长，市人民检察院检察长向市人大常委会提出的辞职请求，并决定是否接受辞职。市人大常委会决定接受辞职后，须报市人民代表大会备案。决定接受市人民检察院检察长的辞职后，须由市人民检察院报经山东省人民检察院检察长提请山东省人大常委会批准。

第十四条　根据市人大常委会主任会议的提请，决定撤销市人大常委会副秘书长和办公室、人事代表工作室、研究室主任的职务。

第十五条　根据市长或者市人大常委会主任会议的提请，决定撤销个别副市长和市人大常委会决定任命的市人民政府其他组成人员的职务。

第十六条　在市人民代表大会闭会期间，如果市人大常委会认为市中级人民法院院长需要撤换，根据市人大常委会主任会议的提请，决定撤销市中级人民法院院长的职务。市人大常委会决定后，由市中级人民法院报经山东省高级人民法院提请山东省人大常委会批准，并报市人民代表大会备案。

根据市中级人民法院院长或者市人大常委会主任会议的提请，决定撤销市中级人民法院副院长、庭长、副庭长、审判委员会委员、审判员的职务。

根据市中级人民法院的提请，批准撤换县（市、区）人民法院院长的职务。

第十七条　根据市人民检察院检察长或者市人大常委会主任会议的提请，决定撤销市人民检察院副检察长、检察委员会委员、检察员的职务；决定撤销市城郊地区人民检察院检察长、副检察长、检察委员会委员、检察员的职务。

根据市人民检察院检察长的提请，批准罢免县（市、区）人民检察院检察长的职务。

第十八条　市人大常委会五分之一以上组成人员书面联名，可以提出对市人大常委会决定任命、任命的地方国家机关工作人员的撤职案，由市人大常委会主任会议决定是否提请市人大常委会会议审议；或者由市人大常委会主任会议提议，经市人大常委会全体会议决定，组织调查委员会，由以后的市人大常委会会议根据调查委员会的报告审议决定。

第三章　任免程序

第十九条　提请市人大常委会审议的人事任免案，由提请机关书面提出任免报告，并附有拟任免人员的简历、考察情况、任免理由及任职资格等材料。

第二十条　在市人民代表大会闭会期间，请求辞职的人员，由本人以书面形式向市人大常委会提出辞职请求。

第二十一条　提请市人大常委会审议的撤职案，应当写明撤职的对象和理由，并提供有关的材料。

第二十二条　任免案、辞职请求和撤职案，应当在市人大常委会举行会议的 10 日前送交市人大常委会。

第二十三条　市人大常委会对市中级人民法院提请任命的庭长、副庭长、审判员，市人民检察院提请任命的检察员的任职资格、条件、提名程序进行审查。

第二十四条　提请市人大常委会决定任命和

任命的市人民政府秘书长、局长、委（办）主任，市中级人民法院审判人员，市人民检察院和市城郊地区人民检察院检察人员，在提请审议之前，都应当进行宪法、地方组织法和与任命职务相关的法律知识考试。以上人员，换届时市人民政府组成人员被继续提请担任原职务的，市中级人民法院、市人民检察院和市城郊地区人民检察院被任命人员职务再变动的，在提请原任职务时已经进行过任前考试的，不再重新考试。

第二十五条　对有关机关向市人大常委会提请的任免案和个人的辞职请求，由市人大常委会主任会议决定是否提请市人大常委会会议审议。

第二十六条　在市人大常委会举行全体会议时，由提请机关负责人向全体会议作提请任免说明，并介绍有关情况。被提请任命人员应到会与市人大常委会组成人员见面。

被提请决定任命、任命的市人民政府秘书长、局长、委（办）主任，市中级人民法院审判人员，市人民检察院和市城郊地区人民检察院检察人员，应作供职发言。供职发言可根据会议议题安排和时间需要，采取口头或者书面形式进行。

第二十七条　市人大常委会审议人事任免案时，提请机关负责人应到会听取意见，并就市人大常委会组成人员提出的询问作出答复。

第二十八条　撤职案在提请表决前，允许被提出撤职的人员在市人大常委会会议上提出申辩意见，或者书面提出申辩意见，由市人大常委会主任会议决定是否印发常委会会议。

第二十九条　市人大常委会审议人事任免案期间，接到人民群众有关对被提请任命人员的申诉、控告和检举材料时，应由提请机关认真研究，并向会议作出必要的解释或者说明。如果在会议期间对反映的问题不能准确说明或者需要进一步查实的，由市人大常委会决定暂缓对该任命事项的审议，并责成提请机关进一步查明，向主任会议汇报，由主任会议视调查情况决定是否提请下一次会议审议。

第三十条　提请机关向市人大常委会提请的人事任免案，在交付表决前要求撤回的，经市人大常委会主任会议同意，对该任免案的审议即行终止。

第三十一条　市人大常委会表决人事任免案，采用无记名投票的方式进行。如需采用其他方式表决，由市人大常委会全体会议临时决定。所有任免案，以市人大常委会全体组成人员的过半数赞成通过。其表决结果，由会议主持人当场宣布。

第三十二条　在对任免案中同一职务进行任命和免职两项的表决时，先进行免职项的表决，再进行任命项的表决。

第三十三条　市人大常委会通过市人大常委会代表资格审查委员会、特定问题调查委员会组成人员，分别实行合并表决。市人大专门委员会个别副主任委员和部分委员的任免，市人大常委会副秘书长和办公室、人事代表工作室、研究室主任的任免，实行逐人表决。

对市人民政府提请决定任免的人员、市中级人民法院提请任免的人员、市人民检察院提请任免和批准任免的人员，实行逐人表决。

对决定代理人选、辞职人员的辞职请求和撤职案的表决，实行逐人表决。

第三十四条　当提请市人大常委会决定任命、任命、批准任命的地方国家机关工作人员未获通过时，可根据工作需要和本人条件，由提请机关向另一次市人大常委会会议继续提名。如果两次提名未获通过，不得再提名其作为同一职务的人选。

第三十五条　经市人大常委会决定任命、任命的地方国家机关工作人员，由市人大常委会颁发任命书。任命书由市人大常委会主任签署。

第三十六条　市人大常委会通过任命的市人大常委会副秘书长和办公室、人事代表工作室、研究室主任，市人民政府秘书长、局长、委（办）主任，市中级人民法院副院长，市人民检察院副检察长，市城郊地区人民检察院检察长，由市人大常委会主任或者第一副主任在常委会会议上颁发任命书。

对通过任命的市中级人民法院、市人民检察院和市城郊地区人民检察院的其他工作人员，由市人大常委会委托提请机关主要负责人代为颁发任命书。

第三十七条　经市人大常委会决定任免、任免、批准任免和决定撤职的地方国家机关工作人员名单，由市人大常委会通过市级新闻媒体予以公告，并发文通知提请机关。

市人大常委会决定接受辞职人员的辞职请求后，由市人大常委会通过市级新闻媒体予以公告，并书面通知请求辞职的本人及所在工作单位。

由市人大常委会决定任免、任免、批准任免的地方国家机关工作人员名单，在市人大常委会任免之前，不得以任何形式对外公布。

第三十八条　由市人大常委会决定任命的市人民政府秘书长、局长、委（办）主任，任命的市中级人民法院副院长、市人民检察院副检察长、市城郊地区人民检察院检察长，应当在通过任命后的 30 日内，就本人的岗位职责和任职目标以及工作措施等，向市人大常委会提交任职报告。

第三十九条　对于市人大常委会通过的人事任免案，按照法律规定需要报请上级机关批准（或备案）和下达批复的，分别由市人民政府、市中级人民法院、市人民检察院按照规定程序办理。

第四十条　市人大常委会决定任命、任命、批准任命的地方国家机关工作人员，凡受到行政处分的，由提请机关报市人大常委会备案。

第四章　任职期限

第四十一条　经市人大常委会通过的市人大常委会代表资格审查委员会组成人员，决定任命的市人民政府组成人员，任期至市人民代表大会届满。换届时，分别由市人大常委会主任会议和市人民政府提请市人大常委会重新通过和决定任命。

经市人大常委会通过的市人大常委会特定问题调查委员会组成人员的任期，至该特定问题调查结束时，随调查委员会的解散而终止。

经市人大常委会任命的其他国家机关工作人员，任期不以市人民代表大会届满为限。在市人民代表大会换届后继续任职的，毋需重新任命。

第四十二条　新的一届市人民政府领导人员依法选举产生后，应当在两个月内，由市长提请市人大常委会决定任命市人民政府秘书长、局长、委（办）主任。

第四十三条　经市人大常委会决定任命的市人民政府组成人员，如其任职机构名称改变而业务范围未变动的，由市人民政府提请市人大常委会重新任命，其原任职务自然免除，不再办理免职手续。

经市人大常委会决定任命、任命、批准任命的地方国家机关工作人员，在其任职机构撤销或者合并时，原任职务自然免除，不再办理免职手续，须由原提请机关报市人大常委会备案。合并后的机构，其工作人员需经市人大常委会任命的，由提请机关提请市人大常委会重新任命。

合并、增设和改变名称的机构，其工作人员需由市人大常委会决定任命或者任命的，提请机关在提请任命时须附有上级机关批准合并、增设和改变机构名称的文件。

第四十四条　经市人大常委会决定任命、任命、批准任命的地方国家机关工作人员，因工作变动或者任职年龄到限，应先办理免职手续，再行办理离职或者退休手续。在任职期间去世的，由原提请任命的机关及时报市人大常委会备案。

第四十五条　依法任命的地方国家机关工作人员，在任期内应保持相对稳定。

第五章　附则

第四十六条　本办法自通过之日起施行。

潍坊市人民代表大会代表建议、批评和意见处理办法

（2008 年 4 月 29 日市十五届人大常委会第二次会议通过）

第一章　总　则

第一条　为保障市人民代表大会代表（以下简称代表）依法行使提出建议、批评和意见的权利，做好代表建议、批评和意见的处理工作，充分发挥代表作用，根据《中华人民共和国地方各级人民代表大会和地方各级人民政府组织法》《中华人民共和国全国人民代表大会和地方各级人民代表大会代表法》《中华人民共和国各级人民代表大会常务委员会监督法》，参照《全国人民代表大会代表建议、批评和意见处理办法》和《山东省人民代表大会代表建议、批评和意见办理工作条例》的有关规定，结合潍坊市实际，制定本办法。

第二条　本办法所称代表建议、批评和意见，是指代表个人或者联名以书面形式，向市人大及其常委会提出的对各方面工作的建议、批评和意见，包括：

（一）代表在市人民代表大会会议期间提出的建议、批评和意见；

（二）代表联名在市人民代表大会会议期间依法提出的议案，经大会主席团决定作为建议处理的；

（三）代表在市人民代表大会闭会期间提出的建议、批评和意见。

第三条　代表提出建议、批评和意见，是法律赋予的职权，是代表人民参与管理国家事务、管理经济和文化事业、管理社会事务、监督国家机关工作的重要形式。

第四条　承办单位应当坚持全心全意为人民服务的宗旨，尊重代表的权利，认真研究处理代表建议、批评和意见，及时答复代表。

第二章　代表建议、批评和意见的基本要求

第五条　代表应当围绕全市改革发展稳定的大局，政治、经济、文化、社会生活中的重大问题和人民群众普遍关心的热点、难点问题，对市人大及其常委会、市人民政府及其所属部门、市中级人民法院、市人民检察院和其他机关、组织的工作提出建议、批评和意见。

第六条　下列情况不应当作为代表建议、批评和意见提出：

（一）涉及解决代表本人及其亲属、好友个人问题的；

（二）正在审理的案件；

（三）代转他人各类申诉状或信件的；

（四）属于学术探讨、产品推介的；

（五）没有实际内容的；

（六）其他不应当作为代表建议、批评和意见的。

第七条　代表提出建议、批评和意见，应当实事求是，一事一案，事由明确，内容清楚，有具体的意见和要求。

代表建议、批评和意见使用统一印制的代表建议、批评和意见专用纸，并由代表亲笔签名。

第三章　代表建议、批评和意见的提出

第八条　代表应当通过视察、检查、专题调研和代表小组活动等，深入实际，深入基层，了解全市和所在行政区域内的重要情况和问题，了解人民群众的意见和要求，在此基础上，认真提出建议、批评和意见。

第九条　代表对各方面工作提出建议、批评和意见，可以在市人民代表大会会议期间向大会提出，也可以在市人民代表大会闭会期间向市人大常委会提出；可以一人提出，也可以联名提出。联名提出的，领衔代表应采取适当方式，使参加联名的代表了解建议、批评和意见的内容；参加联名的代表应确认建议、批评和意见的内容能够真实表达自己的意愿。

第十条　市人大常委会人事代表工作机构和县市区人大常委会，应当加强组织和协调工作，为代表提出建议、批评和意见提供服务。其他各级国家机关和组织、企业事业单位应为代表提出建议、批评和意见提供必要的条件和服务。

第十一条　代表可以撤回本人提出的建议、批评和意见。要求撤回的，应当以书面形式提出，其处理工作即行终止。

第四章　代表建议、批评和意见的交办

第十二条　代表建议、批评和意见，在市人民代表大会会议期间提出的，由大会工作机构在会议期间负责交市人民政府及有关部门、县市区人民政府和其他有关机关、组织办理；闭会期间提出的，在接到之日起五日内，由市人大常委会人事代表工作机构转交市人民政府、市中级人民法院、市人民检察院和其他机关、组织办理。

市人大常委会组成人员联系代表时，对代表书面提出的建议、批评和意见，应当及时转交市人大常委会人事代表工作机构，按照前款规定交承办单位办理。

第十三条　对以下情况，交办机关和承办单位应当做好保密工作：

（一）代表本人要求予以保密的；

（二）代表建议、批评和意见涉及国家秘密的；

（三）代表提出建议、批评和意见有可能使代表或者当事人受到打击、报复、要挟等行为侵害的；

（四）其他应当保密的情况。

第十四条　承办单位对交办的代表建议、批评和意见应当及时研究。对不属于本单位职责范围的，在市人民代表大会会议期间，应当及时向市人民代表大会会议工作机构说明情况；市人民代表大会闭会期间，应当在收到代表建议、批评和意见之日起五日内，向市人大常委会人事代表工作机构说明情况。属于市人民政府职责范围的，由市人民政府负责协调，其他由市人大常委会负责协调。未经协调机关同意，承办单位不得擅自退回或转办。

第十五条　在市人民代表大会会议期间，对代表建议、批评和意见中的重要事项，市人民代表大会会议工作机构应当及时向大会主席团报告。

在市人民代表大会闭会期间，对代表建议、批评和意见中的重要事项，市人大常委会人事代表工作机构应当及时向市人大常委会主任会议报告。市人大常委会人事代表工作机构应当在对代表建议、批评和意见进行综合分析的基础上，提出拟重点处理的代表建议、批评和意见，交由有关机关、组织重点研究办理。

第五章　代表建议、批评和意见的承办

第十六条　对代表提出的建议、批评和意见，分别由市人大常委会及有关机构、市人民政府及其所属部门、市中级人民法院、市人民检察院和其他有关机关、组织研究办理并答复代表。

市人大常委会、市人民政府、市中级人民法院、市人民检察院应当分别明确一名领导分管代表建议、批评和意见的办理及协调工作。

第十七条　对代表建议、批评和意见的办理工作，承办单位应当健全机制，规范程序，建立完善主管领导与具体承办人员的分级负责制，努力提高办理工作的质量和效果。

市人大常委会交办的重点代表建议、批评和意见，以及代表提出的综合性强、涉及面广、处

理难度大或者问题反映比较集中的代表建议、批评和意见，承办单位应当作为工作重点，由主要负责人亲自负责研究办理。对重点建议、批评和意见的办理，应当邀请相关代表参与研究。

第十八条 承办单位办理代表建议、批评和意见，应当根据国家宪法、法律、法规和有关方针政策，坚持实事求是，注重解决实际问题的原则，区别不同情况，召开专题会议认真研究办理意见，将办理结果答复代表：

（一）能够解决的问题，应当抓紧解决，并明确答复代表；

（二）应该解决但因客观条件限制暂时无法解决的问题，应当列入今后工作计划或者规划，创造条件，逐步解决，并向代表如实说明情况，明确处理时限，在妥善解决后再作答复；

（三）确实不能解决的问题，应当向代表说明情况；

（四）需要上级协调解决的，应积极向上级有关部门反映，并将上级意见及时答复代表。

对初次答复后工作有进展、情况有变化的，应主动跟上补充答复；凡答复解决的问题必须落实。因情况发生变化，致使原答复意见不能落实的，应当及时向代表说明原因，并向转办机关说明情况。

第十九条 代表建议、批评和意见的办理期限为三个月。如遇特殊情况，经交办机关同意，至迟不超过六个月答复代表。在市人民代表大会会议期间，对代表提出的建议、批评和意见，有条件办理的，承办单位可以在会议期间研究办理意见并答复代表。

第二十条 承办单位对代表建议、批评和意见，均应给予书面答复。答复文稿要一案一稿，逐人逐件进行答复，不能并案答复。承办单位在书面答复前，应当与代表见面，征求代表对处理工作的意见。答复时，应由承办单位负责人当面答复代表，不得由承办单位一般工作人员答复，或者委托下级机关和企业事业单位答复。对重点建议、批评和意见，承办单位主要负责人应亲自当面答复代表。

承办单位对于代表联名提出的建议、批评和意见，应当面答复领衔代表，书面答复其他联名代表。对于内容相同的代表建议、批评和意见，可以并案办理，但应分别答复每位代表。

第二十一条 代表所提建议、批评和意见属于市人民政府职权范围而其所属部门又难以解决的，由市人民政府研究办理并答复代表。

第二十二条 代表建议、批评和意见由两个以上承办单位共同办理的，各承办单位应当分别办理并答复代表。

代表建议、批评和意见由两个以上承办单位会同办理的，交办时应确定主办单位和协办单位；主办单位应当主动与协办单位联系，协办单位应当积极配合，及时向主办单位提供书面会办意见，并由主办单位负责答复代表。

市人民政府及其办事机构应加强对重点、需多个承办单位办理和办理难度大等代表建议、批评和意见办理工作的组织协调。

第二十三条 承办单位答复代表的书面材料，应当按照规定格式，正式行文，由主要负责人审核签发并盖章，属于市人民政府所属部门的承办单位，还应呈报市人民政府办事机构审查并签署意见，再加盖市人民政府印章。

对代表建议、批评和意见的处理情况进行分类，已经解决的用“A”标明在书面答复上，正在解决的用“B”标明，暂时难以解决的用“C”标明，留作参考的用“D”标明。

代表建议、批评和意见的书面答复，承办单位应当抄报市人大常委会人事代表工作机构；属于市人民政府系统的承办单位应当同时抄报市人民政府办事机构。

第二十四条 承办单位答复代表建议、批评和意见时，应当同时向代表发放《代表建议、批评和意见处理情况征询意见表》，征求代表对本单位办理工作的意见。代表应当认真填写，实事求是地反映对办理情况的意见。

第二十五条　代表对建议、批评和意见的办理答复不满意的，由交办机关责成承办单位重新研究办理，并在一个月内再次答复代表。重新办理时，承办单位应当听取代表意见。

第六章　代表建议、批评和意见办理工作的监督检查

第二十六条　市人大常委会对代表建议、批评和意见的办理工作进行监督检查，具体工作由市人大常委会人事代表工作机构和市人大专门委员会工作机构负责。

市人大常委会人事代表工作机构和市人大专门委员会工作机构应加强对代表建议、批评和意见办理工作的调查研究，加强与承办单位和相关代表的联系，督促代表建议、批评和意见办理工作的落实；对当年没有解决但已列入规划的代表建议、批评和意见，市人大常委会人事代表工作机构和市人大专门委员会工作机构应当在规划时限内加强跟踪检查，督促承办单位尽快落实并及时答复代表。

市人民政府对所属部门办理代表建议、批评和意见的工作进行监督检查，具体工作由市人民政府办事机构负责。

第二十七条　对代表提出的重点或者有重大影响的建议、批评和意见的办理情况，市人大常委会人事代表工作机构和市人大专门委员会工作机构可以建议市人大常委会主任会议专题听取承办单位汇报，询问办理情况，提出工作意见。必要时，市人大常委会主任会议可以决定将相关议题提请市人大常委会会议审议。市人大常委会人事代表工作机构和市人大专门委员会工作机构负责跟踪督办，督促有关承办单位抓好落实。

市人大常委会可以将代表对市人民政府、市中级人民法院和市人民检察院工作提出的建议、批评和意见反映集中的问题，确定为听取和审议“一府两院”专项工作报告或评议专项工作的议题。

第二十八条　市人民政府应当在每年市人民代表大会会议召开前向市人大常委会会议报告上一次市人民代表大会会议以来代表建议、批评和意见办理情况，并由市人大常委会进行审议。审议时，市人民政府办事机构和承办重点代表建议、批评和意见的单位负责人应到会听取审议意见。

市中级人民法院、市人民检察院向市人大常委会报告代表建议、批评和意见办理情况，由市人大常委会主任会议根据具体情况研究确定。

市人大常委会人事代表工作机构每年应向出席市人民代表大会会议的全体代表提交上一次市人民代表大会会议以来代表建议、批评和意见办理情况的书面报告。

第二十九条　在市人民代表大会会议期间，代表可依法就代表建议、批评和意见办理工作对有关承办单位提出询问和质询。

在市人大常委会会议期间，市人大常委会组成人员可依法就代表建议、批评和意见处理工作对有关承办单位提出询问和质询。

第三十条　对代表建议、批评和意见的办理工作，市人大常委会应通过组织代表视察、跟踪督办、特定问题调查、专项工作评议等多种形式加强监督、检查。

市人大常委会将代表建议、批评和意见的办理工作列入专项工作评议的内容范畴，市人大常委会人事代表工作机构和市人大专门委员会工作机构负责提供相关代表建议、批评和意见的办理情况。

代表或者代表小组可以对代表建议、批评和意见的办理情况进行调查、视察、评议，具体联系安排工作由市人大常委会人事代表工作机构负责。被调查、视察、评议单位的主要负责人应当如实向代表汇报情况，回答代表提出的问题，听取代表的建议、批评和意见。

第三十一条　有下列情形之一的，市人大常

委会对承办单位及其工作人员进行通报批评，责成承办单位限期改正并报告处理结果；情节严重的，依法追究承办单位负责人及其工作人员的行政责任或者刑事责任：

（一）对代表建议、批评和意见办理不认真、敷衍塞责，答复意见不符合实际，重答复轻落实又不说明原因的；

（二）通过非正常渠道和方式让代表对办理结果表示满意的；

（三）违反本办法第十三条规定没有为代表保密的；

（四）贻误工作造成重大损失的；

（五）对代表态度蛮横、刁难、无理指责或者打击报复的；

（六）其他不按照本办法规定办理代表建议的。

第七章 附 则

第三十二条 本市出席全国、省人民代表大会的代表，就本市各方面的工作，向市人大常委会提出的建议、批评和意见，参照本办法处理。

全国、省或者市人民代表大会代表直接向有关县市区人大常委会提出的属于当地各方面工作的建议、批评和意见，由当地县市区人大常委会参照本办法研究处理。

第三十三条 县市区人大常委会可以参照本办法执行。

第三十四条 本办法自通过之日起施行。

潍坊市人大常委会关于调整潍坊国际风筝会开幕时间的决定

（2011 年 12 月 20 日潍坊市第十五届人民代表大会常务委员会第二十四次会议通过）

潍坊市第十五届人民代表大会常务委员会第二十四次会议，听取了潍坊国际风筝会办公室主任张崇高受市政府委托所作的《关于调整潍坊国际风筝会开幕时间的汇报》，经审议决定，从 2012 年起，每年 4 月第三周的周六为潍坊国际风筝会开幕日。

潍坊市人大常委会关于进一步做好代表工作充分发挥代表作用的意见

（2012 年 3 月 14 日潍坊市第十六届人民代表大会常务委员会第二次主任会议通过）

为进一步做好新一届人大代表工作，充分发挥代表作用，根据中央 9 号文件精神和《中华人民共和国地方组织法》《中华人民共和国选举法》《中华人民共和国代表法》以及有关地方性法规的规定，结合潍坊市实际，提出如下意见：

一、充分认识代表工作的重要意义

人大代表是国家权力机关的组成人员，是人民代表大会的主体。人大代表工作在各条战线，与人民群众保持着紧密的联系，是一支具有广泛性、代表性和感召力的政治力量。做好代表工作，充分发挥人大代表的主体作用，对于更好地坚持和完善人民代表大会制度，促进社会主义民主政治健康发展，保证各级人大及其常委会依法行使好各项职权，保证党的路线、方针、政策的顺利贯彻执行，具有重要意义。市第十一次党代会站在新的历史起点上，科学谋划确定了潍坊市今后五年的奋斗目标。代表工作必须适应新形势新任务的要求，不断创新思路，改进方法，强化措施，为代表全面参与创新潍坊、文化潍坊、生态潍坊、幸福潍坊建设搭建平台，提供服务。

二、丰富代表活动的内容和形式

开展代表活动要本着围绕中心、突出主题、讲求实效的原则，不断创新活动形式，丰富活动内容，增强活动的实效性。

1. 扎实推进代表活动进社区工作。在上届已有经验的基础上，继续组织市人大代表走进社区开展活动，倾听群众的意见和诉求，为群众办实事、解难题，促进社会和谐，推进基层民主政治建设。要进一步完善制度，规范程序，加强督导，确保活动实效。

2. 深入开展代表主题活动。紧紧围绕科学发展主题主线，以代表主题活动为重要抓手和平台，动员和组织广大代表充分发挥模范带头作用，以实际行动促进现代化经济文化强市建设。

3. 精心组织代表专题调研和集中视察。着眼促进“四个潍坊”和“蓝黄”两区建设，组织代表每年年中开展专题调研，并形成调研报告，对经济社会发展中宏观性、全局性、普遍性和亟需解决的问题提出意见建议，为市委决策提供依据。每年年终，利用 2 至 3 天时间，组织市人大代表围绕市委工作重点和社会关注的问题开展集中视察，为代表出席市人代会、审议好各项报告以及提出高质量议案和建议意见做好充分准备。

4. 认真组织代表视察、调查和执法检查工作。根据市人大常委会会议的议题和决议、决定，以及各专门委员会开展的各项工作，组织代表深入开展专项视察、调查和执法检查，了解社情民意，监督、支持“一府两院”工作，促进各项工作的贯彻落实。

5. 深化代表评议工作。加强组织指导，积极做好人大代表评议“一府两院”政风行风工作。切实抓好被评议部门的整改，提高评议工作的实效。做好聘请市人大代表担任有关机关、组织的执法监督员工作，支持人大代表依法对“一府两院”的工作进行监督。

6. 开展好闭会期间的代表小组活动。指导市级以上人大代表小组制订好活动计划，每季度至少活动一次。各小组每年要安排两次围绕人民群众普遍关注的热点、难点问题开展视察、检查或调研活动，并积极提出意见建议，协助当地政府推进工作，促进经济发展、社会和谐稳定。

三、认真做好代表建议督办工作

坚持“四高”工作法，通过组织代表视察、检查、专题调研等活动指导和引导代表提出高质量建议，设定高标准办理目标，坚持高层次研究办理，实行高密度督办，努力解决好代表建议所反映的问题，切实提高办结率，让代表满意。按照突出重点、体现社会关注、注重实效的原则，围绕市委、市人大常委会工作重点和政府着力推进的工作，研究确定重点督办建议，集中力量进行重点督办。坚持经常督办、重点督办及协调督办相结合，采取网上督办、会议调度、现场查看、当面征求代表和承办单位意见等多种措施，努力提高办理实效。定期对代表建议办理情况进行“回头看”，对已办结的建议及时向代表反馈，对能办理而未办结的建议进行重新督办。每年对代表建议办理工作先进单位和先进个人进行表彰。

四、切实加强制度建设

按照合法性、规范性、实效性的原则，进一步建立和完善代表工作制度，使代表工作更加规范，富有实效。

1. 依法规范市属开发区的代表工作。按照有关法律规定，对驻开发区的人大代表更好地行使职权，办理开发区代表提出的事关开发区的代表建议，更好地发挥开发区人大工作室的作用，组织代表开展好闭会期间的活动等问题，制定出台相关指导性意见和制度规范。

2. 完善市人大常委会组成人员联系市人大代表和市人大代表联系选举单位和群众制度。每年市人代会前，集中利用一个月的时间开展“代表联系月”活动。市人大常委会组成人员联系市人大代表情况，由人事代表工作室进行汇总，向主任会议汇报。市人大代表要积极联系选举单位和人民群众，认真听取意见和要求，及时向有关方面反映情况，并督促有关问题的解决和落实。

3. 加强代表小组建设。按照设施标准、功能完备、重在实用、资源共享的原则和有场所、有制度、有计划、有档案“四有”标准，采取试点先行、逐步推广的方式，指导和组织市级以上人大代表小组年底前搞好活动室建设，同时健全小组学习、调研、视察等制度，明确小组召集人和联络员职责，实现代表小组活动的经常化、规范化。

五、完善代表工作激励机制

1. 量化代表履职情况。进一步建立健全代表履职档案，利用潍坊市人大代表信息管理系统，对市人大代表参加视察、专题调研、执法检查、评议、小组活动、联系选民以及参加市人代会、审议工作报告、提出议案和建议意见等情况，进行量化统计，每年底进行检查通报。代表应当正确处理从事个人职业活动与执行代表职务的关系，安排好本人的生产和工作，优先执行代表职务。对于市人大常委会统一组织的履职活动，如无特殊情况应服从代表活动安排，并将履职活动情况作为代表述职的重要内容。

2. 组织代表述职并接受评议。届内，有计划地组织全体市人大代表向原选举单位述职一次并接受评议，评议结果报市人大常委会备案。要充分利用评议成果，将代表述职与整改、评先树优、换届选举相结合。代表被评议为不称职的，由原选举单位负责人约其谈话并安排再次述职评议；再次述职评议仍不称职的，由原选举单位劝其辞去代表职务。

3. 评选表彰优秀代表。市人大常委会于届内各按 10% 左右的比例分两次评选表彰优秀潍坊市人大代表。评选工作要充分体现先进性、广泛性和民主性。评选出的优秀市人大代表，在换届选举时可优先推荐为下届市人大代表候选人。

六、提高人大代表依法履职保障水平

1. 加强人大代表的学习培训。采取举办培训班、专家授课、外出学习考察、经验交流、为代表订阅报刊、寄送学习资料等形式，组织市人大代表认真学习法律法规、人大知识，掌握履行职责的基本技能，全面提高代表素质。

2. 进一步加大对代表工作的宣传力度。组织各新闻媒体加强对人民代表大会制度的宣传，充分利用广播、电视、报刊、网络等媒体，广泛宣传人大代表的先进事迹，在全社会形成尊重人大代表、支持人大代表依法执行代表职务的良好风气。

3. 积极为代表知情知政创造条件。通过邀请市人大代表列席市人大常委会会议和专门委员会会议、向代表通报常委会对“一府两院”有关工作的审议评议意见、寄送有关材料等形式，保障代表的知情权。市人民政府、市中级人民法院、市人民检察院要同人大代表保持密切联系，及时向市人大代表通报工作情况，提供信息资料，拓宽代表知情知政的渠道，自觉依法接受人大代表的监督。

4. 依法保障代表执行职务。人大代表的活动经费，要依法列入本级财政预算，实行专款专用，并随着财政收入增长逐步提高。市人大常委会组织代表参加的活动，代表所在单位要按照法律要求给予时间和有关方面的保障。有关机关在办理涉及人大代表的案件时，要严格依照法律程序办事。要确保人大代表执行职务时不受干扰，为人大代表依法履行职责提供可靠法律保障。

潍坊市人大常委会关于加强自身建设的决定

（2012年3月20日市十六届人大常委会第一次会议通过）

市十六届人大常委会任期的五年，是潍坊建成全面小康的决胜期、建设现代化经济文化强市的关键期。为更好地履行宪法和法律赋予的职责，充分发挥地方国家权力机关的作用，全力推进科学发展新跨越，就进一步加强市人大常委会的自身建设作如下决定：

一、坚持党的领导，把握正确政治方向

高举中国特色社会主义伟大旗帜，以邓小平理论和“三个代表”重要思想为指导，深入贯彻落实科学发展观，坚持党的领导、人民当家作主、依法治国有机统一，在思想上、政治上、行动上与党中央保持高度一致。

自觉维护市委的领导核心地位，认真执行市委的决议、决定，坚持重大问题、重要工作和重大事项及时向市委请示报告制度，确保党的主张经过法定程序成为国家意志，确保党组织推荐的人选经过法定程序成为国家政权机关的领导人员。

坚持围绕中心、突出主题、讲求实效的人大工作总体思路，紧扣党委中心和全市大局开展工作，以科学发展为主题，以加快转变经济发展方式为主线，以富民强市为目标，以改革创新为动力，按照市十一次党代会和市十六届人大一次会议的决策部署，全力推动加快创新潍坊、文化潍坊、生态潍坊、幸福潍坊建设步伐，为实现更高水平更高质量的发展，建设现代化经济文化强市而努力奋斗。

二、加强学习，提升履职能力

适应新形势新任务要求，把加强学习作为一项重大而紧迫的任务，突出学习重点、创新学习方式、强化实践锻炼，努力提高常委会组成人员的整体素质和履职水平。

加强政治理论学习，深入学习中国特色社会主义理论体系和中央以及省、市委的重大决策，把握精神实质，强化战略思维，着力提高把握大局、服务大局的能力。

突出抓好业务学习，系统学习人民代表大会制度理论、宪法法律和人大工作知识，广泛学习当代经济、科技、文化、社会管理等多方面的新知识，不断强化做好人大工作、推动科学发展、促进社会和谐的能力。

发扬理论联系实际的马克思主义学风，紧密联系经济社会发展和人大工作实际，不断研究新情况、解决新问题、总结新经验，坚持学以致用，以用促学，努力把学习成果转化为谋划工作的思路、推进工作的措施、履行职责的能力。

三、健全完善制度，规范职能运作

贯彻民主集中制原则，充分发扬民主，严格依法办事，坚持集体行使职权、集体讨论和决定问题，提高决策的民主化和科学化水平。

按照法律规定，不断完善常委会审议决定重大事项、监督、人事任免以及代表工作等制度和规范，保证人大工作与时俱进、依法有序进行。

常委会组成人员要带头贯彻落实常委会作出的决议决定，自觉执行各项规章制度，遵守常委会组成人员守则，按时出席常委会会议和参加其他重要活动，提高办事效率和工作质量。

四、进一步转变工作作风，确保履职成效

切实增强责任感和使命感，更加负责地担当责任，保持强烈的事业心，以对党、对人民、对事业高度负责的态度，恪尽职守，勤勉敬业，奋发有为，卓有成效地履行好法定职责，努力创造

出经得起实践、人民和历史检验的业绩。

把实现好、维护好、发展好最广大人民的根本利益作为人大工作的出发点和落脚点，坚持以人为本，高度关注民生，督促解决好关系群众切身利益的现实问题，切实做到权为民所用、情为民所系、利为民所谋。

密切与人大代表和人民群众的联系，深入了解民情，充分反映民意，广泛集中民智，紧紧依靠人大代表和人民群众开展工作，自觉接受人大代表和人民群众的监督。

更加务实地推进工作，坚持一切从实际出发，坚持求真务实，重实际、说实话、办实事、求实效，深入开展调查研究，大力倡导高效节俭的会风、朴实清新的文风、真抓实干的作风，脚踏实地，敬业实干。

大力创新争优，按照建设“创新潍坊”的要求研究人大各方面工作，善于用开拓的思维、改革的办法、创新的举措寻求工作的突破，不断开创人大工作新局面。

五、加强廉政建设，树立良好形象

坚决贯彻执行中央和省、市委关于廉政建设的部署，把反腐倡廉工作摆在突出位置，旗帜鲜明地反对腐败。加强理想信念、党风党纪、廉洁勤政、艰苦奋斗教育，严格落实党风廉政建设责任制，建立反腐倡廉的长效机制。

常委会组成人员要牢固树立正确的世界观、人生观、价值观和权力观，自重、自省、自警、自励，模范遵守廉政准则，管好亲属和身边工作人员，自觉接受监督。外出调研和其他活动，要轻车简从，不搞边界迎送，不给基层增加负担。坚持为民、务实、清廉，自觉维护人大常委会的良好形象。

六、加强机关建设，增强服务效能

以创建学习型机关、创新型机关、和谐型机关为总抓手，以提升干部队伍整体素质能力为重点，创新机关建设和管理模式，不断增强服务效能，全面提高机关工作质量。

积极创造条件，关心爱护干部，搞好对机关干部的培养、选拔和使用，充分调动广大干部职工的积极性，增强机关活力。

适应保障人大常委会依法开展监督工作的需要，继续加强市人大各专门委员会工作机构建设，建立预算监督和规范性文件备案审查工作机构，改进完善相关工作机制。

潍坊市人大常委会关于进一步加强开发区人大代表工作的意见

（2012年6月18日市十六届人大常委会第五次主任会议通过）

为贯彻落实市人大常委会“围绕中心、突出主题、讲求实效”的工作总要求，以创新开发区人大代表工作为突破口，进一步做实开发区人大工作，根据潍坊市实际，提出以下意见。

一、进一步做好开发区人大代表工作的总原则

1. 开发区人大工作室在市人大常委会的指导和所在行政区人大常委会的协调下，负责闭会期间辖区内人大代表活动的组织工作。

2. 开发区人大工作室要根据工作职责，安排专人负责代表工作，定期联络辖区内的人大代表，有计划地组织代表开展活动，协调督促代表建议意见办理。

二、不断改进和完善代表工作机制，积极搭建代表活动平台

1. 加强代表小组建设，搭建代表活动平台。开发区人大工作室要结合实际，按照便于组织和便于开展活动的原则，将辖区内的各级人大代表进行混合编组，并按照有活动场所、有活动制度、有活动计划、有活动档案的“四有”要求，抓好代表小组软硬件建设和规范化建设。根据市人大常委会工作部署和开发区工作中心，围绕群众关心的热点难点问题，每季度至少安排一次小组活动，支持开发区管委会推进工作。代表小组活动要有针对性，做到有组织、有计划、有记录、有保障、有场地、有实效。

2. 畅通代表知情知政渠道，保障代表知情权。开发区人大工作室应按期给代表寄送有关开发区工作动态等方面的材料，定期或不定期地向辖区内人大代表通报工作和重要情况，为代表知情知政提供快捷、便利的服务。

3. 加强开发区人大工作室与代表、代表与选民的联系。要通过定期或不定期的走访联系，指导辖区内人大代表加强与选民的联系，确保人大代表能正确代表人民的意志和利益，及时收集反映人民群众的意见和要求。

三、加大代表活动的组织力度，丰富代表在闭会期间的活动

1. 根据市人大常委会的安排，组织人大代表列席市人大常委会会议、参加市人大常委会组织的视察、专题调研、执法检查等活动，组织代表参与有关听证会、行风评议、旁听法院庭审等活动。

2. 积极开展代表进社区活动，努力做好群众工作。根据市人大常委会的统一部署，在社区组建代表活动站（点），把代表进社区作为代表小组开展活动的重要形式，把做好群众工作作为重要内容纳入其中。积极帮助指导社区加强、创新、完善社会管理职能，形成有效的利益协调机制，妥善处理人民内部矛盾，切实维护群众合法权益。协助管委会和基层组织做好群众工作，化解矛盾、理顺情绪、维护稳定。

3. 根据市及所在行政区人大常委会的统一安排，配合所在行政区人大常委会搞好辖区内的人大代表述职评议活动。

四、认真做好代表建议办理工作

开发区人大工作室要协助代表积极提出代表建议，认真搞好与市及所在行政区人大常委会的工作协调，并强化代表建议办理的督促检查，及时向市及所在行政区人大常委会报告代表建议办理情况。

五、增强服务意识，为代表履职创造条件

1. 严格执行法律对代表的保护规定，及时处理代表执行职务时遇到的困难和问题，依法维护代表的合法权益。

2. 加强代表工作宣传，树立人大代表典型。大力宣传人大代表认真履行职责、密切联系选民、为群众办实事解难题的事迹，积极培植先进典型，深度挖掘先进素材，广泛宣传先进事迹。

3. 要有计划地组织代表外出考察学习，开阔视野、解放思想，进一步提高代表的素质和履职能力。

六、切实加强对街道人大工作的指导

进一步完善街道人大工作机构，并安排专人负责街道人大工作。加强对街道人大工作的指导和联系，指导街道人大工作室在自身建设上有新起色，在代表工作上有新特色。适时召开街道人大工作经验交流会，互相学习、共同进步。

七、其他

开发区人大工作室要加强与市及所在行政区人大常委会的联系，认真完成市及所在行政区人大常委会交办的其他工作任务。

潍坊市人民代表大会代表履职守则

（2012 年 8 月 24 日市十六届人大常委会第四次会议通过；2022 年 4 月 27 日市十八届人大常委会第一次会议修订）

第一条　为了保证潍坊市人大代表（以下简称代表）依法行使代表职权，履行代表义务，发挥代表作用，根据《中华人民共和国全国人民代表大会和地方各级人民代表大会代表法》等有关法律法规和中央、省委、市委有关文件规定，结合本市实际，制定本守则。

第二条　代表必须旗帜鲜明讲政治，坚持用习近平新时代中国特色社会主义思想武装头脑，深入学习贯彻习近平总书记关于坚持和完善人民代表大会制度的重要思想，坚定拥护“两个确立”，坚决做到“两个维护”，自觉在思想上政治上行动上同以习近平同志为核心的党中央保持高度一致。不得公开发表同党的路线方针政策相违背的言论，坚决反对和抵制各种错误言行。

代表应当深入学习贯彻习近平法治思想，模范地遵守宪法和法律，在自己参加的生产、工作和社会活动中，协助宪法和法律的实施，自觉接受人民群众和选举单位的监督。带头践行社会主义核心价值观，自觉遵守社会公德、职业道德、家庭美德和个人品德。自觉维护法律权威，坚持公道正派，勤勉尽责，维护新时代人大代表良好形象。

第三条　代表应当按时出席市人民代表大会会议，积极参加闭会期间的代表活动。履行职责应坚持围绕中心、突出主题、讲求实效，保持庄重的形象和严谨的作风，做到精神饱满、着装得体、举止文明。代表出席市人民代表大会会议，参加闭会期间统一组织的履职活动，应当安排好本人的生产和工作，优先执行代表职务。

第四条　代表在闭会期间的活动以集体活动为主，以小组活动为基本形式。代表应当积极参加代表小组活动，每年参加小组活动不少于四次。

第五条　代表应当通过潍坊市人大代表履职管理系统、手机 App 和潍坊人大杂志、信息、网站、微信公众号等媒体，及时了解市人大常委会的工作情况。根据安排按时列席市人大常委会会议，积极参加闭会期间统一组织的视察、调查、执法检查、立法调研、学习培训和代表主题实践活动、专业代表小组活动等履职活动，围绕会议议题和活动主题充分发表意见。

市人大常委会及市人大专门委员会组成人员应当带头参加闭会期间统一组织的履职活动。

第六条　代表应当主动密切联系人民群众，每位代表固定联系 10 名左右基层群众，每年与群众见面走访不少于 2 次。

担任代表的市级领导干部、市人大常委会组成人员带头密切与所在选举单位、基层干部群众的联系，听取和反映群众意见建议。

代表应当认真听取和反映人民群众的意见和要求，做到民有所呼、我有所应，积极提出代表议案以及建议、批评和意见，但不直接处理问题。对人民群众递交的申诉、控告和检举等信件，可以交由市人大常委会工作机构转有关机关或者组织研究处理。

第七条　代表应当按照市人大常委会的安排，参加与代表职责有关的社会活动，应邀担任市级行政执法机关、监察机关、审判机关、检察机关执法监督员等与代表职责有关的社会职务。

第八条　代表应当自觉接受所在选举单位和人民群众的监督。届内至少向所在选举单位述职一次，并接受评议。评议等次分为优秀、称职、基本称职和不称职。对被评议为不称职等次的，所在选举单位应当要求其限期改正并再次评议。对再次评议仍不称职的，建议所在选举单位劝其辞去代表职务。

代表有下列情形之一的，不能被评议为称职以上等次：

（一）届内一次未经批准或者两次因个人原因请假不出席市人民代表大会会议的；

（二）届内一次未经批准或者三次因个人原因请假不参加市人大常委会组织的闭会期间履职活动的；

（三）届内领衔或参与提出代表议案、建议少于 2 件的；

（四）其他不依法履行代表义务的。

市人大常委会及市人大专门委员会组成人员应当根据所在选举单位的安排，带头参加述职评议活动，述职时要将出席市人大常委会或者专门委员会会议、参加市人大常委会或者专门委员会组织的活动情况作为一项重要内容。

第九条　市人大代表应当配合小组召集人如实填写《代表履职档案》，录入市人大代表履职管理平台。每年年底前，市人大常委会以市人大代表履职管理平台录入的履职信息为主要依据，公布代表年度履职情况。

代表履职情况作为代表述职评议的重要依据，成绩突出的，可优先推荐为“履职优秀潍坊市人大代表”候选人。“履职优秀潍坊市人大代表”优先提名为下一届代表候选人人选。

第十条　代表因病、因事不能出席市人民代表大会会议的，在市人民代表大会会议召开前，应当填写请假报告单，由各代表团统一报市人大常委会人事代表工作机构审核，经市人大常委会秘书长审阅后，报市人大常委会主任或主持工作的副主任批准。在会议期间，应向大会秘书长请假。除下列情形外，原则上不得请假：

（一）参加中央和省、市委召开的重要会议和活动；

（二）参加抢险、救灾或处置突发事件；

（三）生病住院、进行手术或处于术后康复期；

（四）在孕产期或哺乳期不便参会；

（五）其他特殊情形。

代表届内两次请假不出席市人民代表大会会议的，由所在选举单位负责人约谈；三次请假的，视为不能正常履职，建议所在选举单位劝其辞去代表职务。

市人大代表届内一次未经批准不出席市人民代表大会会议的，由所在选举单位负责人约谈；两次未经批准不出席的，依法终止其代表资格。

第十一条　代表因病、因事不能参加闭会期间市人大常委会统一组织的履职活动的，应当通过市人大常委会人事代表工作机构向市人大常委会秘书长请假，或通过组织活动的市人大及常委会办事机构向市人大常委会分管副主任请假。

代表因个人原因，届内三次请假不参加闭会期间市人大常委会或市人大专门委员会统一组织的履职活动的，由所在选举单位负责人约谈；四次因个人原因请假的，视为不能正常履职，建议所在选举单位劝其辞去代表职务。

代表届内一次未经批准不参加闭会期间市人大常委会或市人大专门委员会统一组织的履职活动的，由所在选举单位负责人约谈，本人向市人大常委会作出书面说明；两次未经批准不参加的，建议所在选举单位劝其辞去代表职务。

第十二条　代表应当正确处理从事个人职业活动与执行代表职务的关系，不得利用代表身份，通过干预执法、干涉具体司法案件或者插手招标投标等，牟取个人、小团体和特定关系人的利益。执行代表职务时不得拉关系、办私事、变相从事商业活动，不得接受企事业单位组织、社会团体和个人的出资赞助。

第十三条 代表应当自觉遵守中央八项规定及其实施细则精神，力戒形式主义、官僚主义。在执行代表职务时，坚持厉行节约、反对浪费，不得参加与执行代表职务无关的活动，不得吃请请吃，不得赠送或接受礼品，不得借机旅游，不得给基层单位增加负担。

第十四条 驻潍解放军和武警部队的代表参照本守则执行。

第十五条 本守则自公布之日起施行。

潍坊市人民代表大会常务委员会专题询问办法

（2013 年 6 月 28 日潍坊市第十六届人民代表大会常务委员会第十一次会议通过；2020 年 12 月 8 日潍坊市第十七届人民代表大会常务委员会第三十八次会议修订）

第一条 为依法开展监督工作，增强监督实效，根据《中华人民共和国各级人民代表大会常务委员会监督法》等法律法规的有关规定，结合我市实际，制定本办法。

第二条 专题询问是市人大常委会举行会议时，常委会组成人员结合审议议案、有关报告，有计划、有组织、有重点地对市人民政府或者有关部门、市监察委员会、市中级人民法院、市人民检察院的相关工作进行询问的监督方式。

第三条 专题询问应当坚持依法有序、公开透明、突出重点、注重实效的原则，着力推进专题询问的常态化、规范化、公开化，不断增强工作实效。

第四条 专题询问由常委会主任会议负责组织实施。

第五条 专题询问的议题由常委会主任会议从事关全市工作大局的重要工作，市人大常委会年度工作计划安排的审议、评议事项，市人大代表对市人民政府及其有关部门、市监察委员会、市中级人民法院、市人民检察院工作提出的建议、批评和意见集中反映的问题，社会关注、群众关心的问题中研究确定。市人大常委会组成人员也可以根据在视察、执法检查、调研过程中发现的突出问题向常委会主任会议提出建议，由常委会主任会议研究确定。

第六条 专题询问实施前，由有关市人大常委会办事机构、市人大专门委员会工作机构研究提出专题询问工作方案，经常委会主任会议研究同意后实施。

第七条 专题询问的议题、时间确定后，有关市人大常委会办事机构、市人大专门委员会工作机构应当在开展专题询问三十日前告知市人民政府或者市监察委员会、市中级人民法院、市人民检察院，做好应询准备工作。

第八条 根据专题询问议题，市人民政府或者市监察委员会、市中级人民法院、市人民检察院应当在开展专题询问十日前将专项工作报告送交市人大常委会。

第九条 专题询问前，常委会主任会议应当组织市人大常委会组成人员和市人大代表，对有关工作进行视察、执法检查或者专题调查研究，并形成报告，提交市人大常委会。

市人大常委会组成人员根据视察、执法检查或者专题调查研究情况，提出拟询问事项，经有关市人大常委会办事机构、市人大专门委员会工作机构梳理汇总后，由常委会主任会议研究确定拟询问问题、询问人及应询人。

第十条 专题询问一般在市人大常委会听取市人民政府或者市监察委员会、市中级人民法院、市人民检察院有关专项工作报告后进行。

第十一条 开展专题询问时，市人大常委会组成人员、列席人员可以提出询问。市人民政府或者市监察委员会、市中级人民法院、市人民检察院的负责人回答询问。市人民政府也可以委托有关部门（单位）主要负责人回答询问。

第十二条　专题询问由市人大常委会主任或者副主任主持，采取一问一答的方式进行。

询问事项涉及两个或者两个以上机关时，应当分别进行询问，或者对承担主要职责的机关进行询问。

提出询问和回答询问，应当经主持人准许。

询问人在听取回答后，可以就同一问题补充询问。其他市人大常委会组成人员、列席人员也可以就同一问题补充询问。应询人应当场回答询问，不能当场回答的，应说明原因，经主持人同意后，在专题询问结束十日内将书面答复报市人大常委会。

第十三条　询问人要求提供相关材料的，有关机关应当依法按时提供。

询问的问题、要求提供的材料，如涉及国家秘密不便回答或者不便提供的，有关机关应当作出说明。

第十四条　专题询问可以现场对应询部门（单位）或者应询人回答问题情况进行满意度测评，测评结果以适当形式反馈。

第十五条　根据专题询问和审议、评议情况，形成审议、评议意见，交由有关机关研究处理。有关机关应当在两个月内将研究处理情况向市人大常委会提出书面报告。

第十六条　专题询问情况，应当以适当方式及时向社会公开。

第十七条　本办法未尽事宜，按照常委会主任会议的决定执行。

第十八条　本办法由常委会主任会议负责解释。

第十九条　本办法自通过之日起施行。

潍坊市人大工作理论研究会章程

（2015 年 10 月 13 日潍坊市人大工作理论研究会第一届第一次会员大会通过，2021 年 2 月 25 日潍坊市人大工作理论研究会第二届第一次会员大会修订）

第一章　总　则

第一条　本团体名称为：潍坊市人大工作理论研究会（以下简称“本会”）。英文全称为 Weifang Institute of Theory on the People's Congress System，缩写为：WITPCS。

第二条　本会是由潍坊市从事人民代表大会制度和人大工作理论研究的单位和个人自愿结成的地方性、学术性、非营利性社会组织。

第三条　本会宗旨是高举中国特色社会主义伟大旗帜，以马克思列宁主义、毛泽东思想、邓小平理论、“三个代表”重要思想、科学发展观、习近平新时代中国特色社会主义思想为指导，全面贯彻党的基本理论、基本路线、基本方略，增强“四个意识”，坚定“四个自信”，做到“两个维护”，深入学习研究宣传贯彻习近平总书记关于坚持和完善人民代表大会制度的重要思想，坚持中国特色社会主义政治发展道路，坚持党的领导、人民当家作主、依法治国有机统一，围绕中共潍坊市委总体部署和潍坊市人大常委会工作重点，积极开展人民代表大会制度理论与实践问题研究，开展人大工作对策研究，为坚持和完善人民代表大会制度，推动全市民主法治建设发挥参谋智囊作用。

本会遵守宪法、法律、法规和国家政策，践行社会主义核心价值观，遵守社会道德风尚。

第四条　本会根据《中国共产党章程》的规定，设立中国共产党的组织，开展党的活动，为党组织的活动提供必要条件，承担保证政治方向、团结凝聚群众、推动事业发展、建设先进文化、服务人才成长、加强自身建设等职责。

第五条　本会登记机关是潍坊市行政审批服务局，管理机关是潍坊市民政局，业务主管单位是潍坊市人大常委会办公室。本团体接受业务主管单位、社团管理机关的业务指导和监督管理。

第六条　本会会址设在山东省潍坊市。

第二章　业务范围

第七条　本会业务范围是：组织开展人民代表大会制度和人大工作调查研究、经验交流、学术交流，提供业务咨询等。

（一）围绕潍坊市委中心工作和潍坊人大工作实际，确定人民代表大会制度和人大工作理论研究方向，制定研究规划，拟定研究课题；

（二）组织开展人民代表大会制度和人大工作理论研究，壮大理论研究队伍；

（三）跟踪、反映人民代表大会制度和人大工作理论研究动态，反映研究工作者的意见、建议和要求，编辑出版会刊和研究资料；

（四）交流人民代表大会制度和人大工作理论研究成果，召开理论研讨会，评选优秀研究成果；

（五）加强同全国、省人大常委会和外地市人大常委会相关研究机构及社会团体，以及本市社会科学界的联系，邀请有关专家学者参加本会的研究活动，及时交流人民代表大会制度和人大工作理论研究信息；

（六）接受有关机关和单位的委托，开展人大工作对策性研究、咨询和培训工作；

（七）开展人民代表大会制度和人大工作宣传活动；

（八）完成潍坊市人大常委会交办的其他任务。

第三章　会　员

第八条　本会的会员种类：单位会员和个人会员。

第九条　申请加入本会，应当具备下列条件：

（一）坚持和贯彻党的基本理论和路线、方针、政策；

（二）拥护本会章程；

（三）有加入本会的意愿；

（四）在人民代表大会制度和人大工作理论研究方面有一定能力；

（五）有时间和精力参加本会活动。

第十条　会员入会的程序是：

（一）提交入会申请；

（二）理事会讨论通过；

（三）由理事会授权秘书处发给会员证书。

第十一条　会员享有下列权利：

（一）本会的选举权、被选举权和表决权；

（二）参加本会有关活动；

（三）获得本会服务，优先享受本会赠阅、订阅的刊物和资料；

（四）对本会工作的批评建议权和监督权；

（五）入会自愿，退会自由。

第十二条　会员履行下列义务：

（一）执行本会决议；

（二）维护本会合法权益和声誉；

（三）向本会反映有关信息，提交研究成果；

（四）完成本会委托的任务；

（五）向本团体反映情况，提供有关资料。

第十三条　会员退会应书面通知本会，并交回会员证。

会员如果 1 年不参加本会活动的，视为自动退会。

第十四条　会员如有严重违反法律和本章程的行为，经理事会表决通过，予以除名。

第四章　组织机构和负责人

第十五条　本会最高权力机构为会员大会。职权如下：

（一）制定和修改章程；

（二）决定本会方针、任务；

（三）选举和罢免理事、监事；

（四）审议理事会工作报告和财务报告；

（五）审议监事的工作报告；

（六）通过重要决议；

（七）决定本会终止事宜；

（八）决定其他重大事项。

第十六条　会员大会须有 2/3 以上会员出席方能召开，其决议须经到会会员半数以上表决通过方能生效。

第十七条　会员大会每届任期 5 年。因特殊情况需提前换届的，须由理事会表决通过，报业务主管单位审查并经社团登记机关批准同意。

第十八条　本会设理事会，理事会是会员大会的执行机构，在会员大会闭会期间领导本会工作，对会员大会负责。

第十九条　理事的权利：

（一）理事会的选举权、被选举权和表决权；

（二）对本会工作情况、财务情况、重大事项的知情权、建议权和监督权；

（三）参与制定内部管理制度，提出意见建议；

（四）向会长或理事会提出召开临时会议的建议权。

第二十条　理事应当遵守法律、法规和本章程的规定，忠实履行职责、维护本会利益，并履行以下义务：

（一）出席理事会会议，执行理事会决议；

（二）在职责范围内行使权利，不越权；

（三）不利用理事职权谋取不正当利益；

（四）不从事损害本会合法利益的活动；

（五）不得泄露在任职期间所获得的涉及本会的保密信息，但法律、法规另有规定的除外；

（六）谨慎、认真、勤勉、独立行使被合法赋予的职权；

（七）接受监事对其履行职责的合法监督和合理建议。

第二十一条　理事会的职权是：

（一）执行会员大会的决议；

（二）选举和罢免会长、副会长、秘书长；

（三）筹备召开会员大会；

（四）向会员大会报告工作和财务状况；

（五）决定会员的吸收或除名；

（六）决定设立办事机构、分支机构、代表机构和实体机构；

（七）决定副秘书长、各机构负责人的聘任；

（八）拟定工作规划和计划，领导本会各机构开展工作；

（九）制定内部管理制度；

（十）决定其他重大事项。

本会设学术委员会。

第二十二条　理事会须有 2/3 以上理事出席方能召开，其决议决定须经到会理事 2/3 以上表决通过方能生效。

第二十三条　理事会每年至少召开一次会议；情况特殊的，也可采用通讯形式召开。涉及改选换届、人、财、物等重大事项决议的理事会会议，不得以通讯方式召开。

第二十四条　本会会长、副会长、秘书长必须具备下列条件：

（一）坚持党的路线、方针、政策，政治素质好，在人民代表大会制度和人大工作理论研究方面有较深造诣，有丰富的实践经验，并有较大影响；

（二）最高任职年龄不超过 70 周岁；

（三）身体健康，能坚持正常工作；

（四）未受过剥夺政治权利的刑事处罚；

（五）具有完全民事行为能力。

第二十五条　本会会长、副会长、秘书长如

超过最高任职年龄的，须经理事会表决通过，报业务主管单位审查并经社团登记机关批准同意后，方可任职。

第二十六条　本会会长、副会长、秘书长每届任期5年，连选连任最长不超过两届。因特殊情况需延长任期的，须经会员大会2/3以上会员表决通过，报业务主管单位审查并经社团登记机关批准同意后方可任职。

第二十七条　本会副会长为本会法定代表人。法定代表人代表本会签署有关重要文件。

本会法定代表人不兼任其他团体的法定代表人。

第二十八条　担任本会法定代表人的执行机构负责人被罢免，或本会原任法定代表人不予配合办理法定代表人变更登记的，本会可根据会员大会同意变更的决议，报业务主管单位审查同意后，由新当选的法定代表人代为行使职权，向登记机关申请变更登记。

第二十九条　本会会长职权如下：

（一）召集和主持理事会会议、会长办公会议；

（二）检查会员大会、理事会会议决议决定落实情况；

（三）代表本会出席、参加有关活动；

（四）决定本会其他重要事项。

第三十条　本会秘书长职权如下：

（一）主持办事机构日常工作，组织实施工作规划和计划；

（二）协调分支机构、代表机构、实体机构开展工作；

（三）提名副秘书长以及办事机构、分支机构、代表机构、实体机构主要负责人，交理事会决定；

（四）决定办事机构、分支机构、代表机构、实体机构专职工作人员的聘用；

（五）处理本会其他日常事务。

第三十一条　本会下设秘书处，秘书处是本会的办事机构。

第三十二条　监事由会员大会选举产生，监事设1名，监事任期与理事会任期相同，期满可以连任。理事和财务管理人员不得兼任监事。

第三十三条　监事行使下列职权：

（一）列席理事会会议，并对理事会决议事项提出质询或建议；

（二）对理事执行社会团体职务的行为进行监督，对违反法律、行政法规和章程的负责人、理事提出依程序罢免的建议；

（三）检查财务和会计资料，监督理事会履行会员大会的决议；

（四）对理事、负责人、财务管理人员损害社会团体利益的行为，及时予以纠正；

（五）向管理机关以及税务、会计主管部门反映社会团体工作中存在的问题。

第三十四条　监事应当遵守有关法律法规和本会章程，忠实、勤勉履行职责。

第三十五条　监事可以对本会开展活动情况进行调查；必要时，可以聘请会计师事务所等协助其工作。监事行使职权所必需的费用，由本会承担。

第五章　分支机构、代表机构

第三十六条　本会在本章程规定的宗旨和业务范围内，根据工作需要设立分支机构、代表机构。本会的分支机构、代表机构是本会的组成部分，不具有法人资格，不得另行制订章程，不得发放任何形式的登记证书，在本会授权的范围内开展活动、发展会员，法律责任由本会承担。

分支机构、代表机构开展活动，应当使用冠有本会名称的规范全称，并不得超出本会的业务范围。

第三十七条　本会不设立地域性分支机构，不在分支机构、代表机构下再设立分支机构、代表机构。

第三十八条　本会的分支机构、代表机构名

称必须规范，分支机构以“分会”“专业委员会”“工作委员会”字样结束，代表机构以“办事处”“代表处”字样结束。

第三十九条　分支机构、代表机构的负责人，年龄不得超过 70 周岁，主要负责人连任不超过 2 届。

第四十条　分支机构、代表机构的财务必须纳入本会法定账户统一管理。

第四十一条　本会在年度工作报告中将分支机构、代表机构的有关情况报送管理机关。同时，将有关信息及时向社会公开，自觉接受社会监督。

第六章　管理制度和矛盾解决机制

第四十二条　本会与境外非政府组织在境内合作开展临时活动，在开展临时活动 15 日前向其所在地的公安机关进行备案。

第四十三条　本会建立健全各项内部管理制度，完善相关管理规程。

第四十四条　本会建立健全证书、印章、档案、文件等内部管理制度，并将以上物品和资料妥善保管于本会办公住所，任何单位、个人不得非法侵占。管理人员调动工作或者离职时，必须与接管人员办清交接手续。

第四十五条　本会证书、印章遗失时，经理事会 2/3 以上理事表决通过，在公开发布的报刊上刊登遗失声明后，可以向登记机关申请重新制发或刻制。如被个人非法侵占，应通过法律途径要求返还。

第四十六条　本会建立民主协商和内部矛盾解决机制。如发生内部矛盾不能经过协商解决的，可以通过调解、诉讼等途径依法解决。

第七章　资产管理、使用原则

第四十七条　本会经费来源：

（一）潍坊市人大常委会机关购买服务拨款；

（二）捐赠；

（三）政府资助；

（四）在核准的业务范围内开展活动或服务的收入；

（五）利息；

（六）其他合法收入。

第四十八条　本团体不收取会员会费。

第四十九条　本会经费必须用于本章程规定的业务范围和事业发展，不得在会员中分配，任何单位、个人不得侵占、私分和挪作他用。

第五十条　本会认真执行《民间非营利组织会计制度》，聘用兼职出纳、会计人员，建立严格的财务管理制度，保证会计资料合法、真实、准确、完整。

第五十一条　本会配备具有专业资格的会计人员。会计不得兼任出纳。会计人员必须进行会计核算，实行会计监督。会计人员调动工作或离职时，必须与接管人员办清交接手续。

第五十二条　本会的资产管理必须执行国家规定的财务管理制度，接受会员大会和有关部门的监督。资产来源属于国家拨款或者社会捐赠、资助的，必须接受审计机关的监督，并将有关情况以适当方式向社会公布。

第五十三条　本会重大资产配置、处置须经过会员大会或者理事会审议。

第五十四条　本会理事会决议违反法律、法规或章程规定，致使本会遭受损失的，参与审议的理事应当承担责任。但经证明在表决时反对并记载于会议记录的，该理事可免除责任。

第五十五条　本团体换届或更换法定代表人之前必须接受社团登记管理机关和业务主管单位组织的财务审计。本会法定代表人在任期间，本会发生违反《社会团体登记管理条例》《山东省实施〈社会团体登记管理条例〉办法》和本章程的行为，法定代表人应当承担相关责任。因本会法定代表人失职，导致本会发生违法行为或本会财产损失的，法定代表人应当承担个人责任。条件成熟时，可设立基金资助人民代表大会制度和人大工作理论研究。

第五十六条　本会的全部资产及其增值为本会所有，任何单位、个人不得侵占、私分和挪用，也不得在会员中分配。

第五十七条　本会专职工作人员的工资和保险、福利待遇，参照国家和我省的有关规定执行。

第八章　信息公开与信用承诺

第五十八条　本会依据有关政策法规，履行信息公开义务，建立信息公开制度，及时向会员公开年度工作报告、第三方机构出具的报告以及经理事会研究认为有必要公开的其他信息，及时向社会公开登记事项、章程、组织机构、接受捐赠、信用承诺、政府转移或委托事项、可提供服务事项及运行情况等信息。

第五十九条　本会建立年度报告制度，年度报告内容及时向社会公开，接受公众监督。

第六十条　本会重点围绕服务内容、服务方式、服务对象等建立信用承诺制度，并向社会公开信用承诺内容。

第九章　章程修改程序

第六十一条　章程的修改，须经理事会表决通过后报会员大会审议表决。

第六十二条　本会修改的章程，须在会员大会通过后 15 日内，经业务主管单位审查同意，并报社团登记机关核准后生效。

第十章　终止程序及财产处理

第六十三条　本会完成宗旨、自行解散或由于分立、合并等原因需要注销的，由理事会提出终止动议。终止动议须经会员大会表决通过，并报业务主管单位审查同意。

第六十四条　本会终止前，须在业务主管单位及其他有关机关指导下成立清算组织，清理债权债务，处理善后事宜。清算期间，不得开展清算以外的活动。

第六十五条　本会经社团登记机关办理注销登记手续后即为终止。

第六十六条　本会终止后的剩余财产，在业务主管单位和有关机关的监督下，按照国家有关规定，用于发展与本会宗旨相关的事业。

第十一章　附　则

第六十七条　本章程经 2021 年 2 月 25 日会员大会表决通过。

第六十八条　本章程解释权属于本会理事会。

第六十九条　本章程自社团登记机关核准之日起生效。

潍坊市乡镇人民代表大会工作规范

（2016 年 4 月 27 日潍坊市第十六届人民代表大会常务委员会第二十九次会议通过）

第一条　为了进一步加强和改进乡镇人民代表大会工作，更好地发挥乡镇人民代表大会作用，根据《中华人民共和国宪法》《中华人民共和国地方各级人民代表大会和地方各级人民政府组织法》《山东省乡镇人民代表大会工作若干规定》和其他有关法律法规，结合潍坊市实际，制定本工作规范。

第二条　乡镇人民代表大会是基层地方国家权力机关，由选民直接选举的代表组成，行使《中华人民共和国地方各级人民代表大会和地方各级人民政府组织法》规定的职权，对人民负责，受人民监督。

第三条　乡镇人民代表大会每届任期五年，从每届本级人民代表大会举行第一次会议开始，到下届本级人民代表大会举行第一次会议为止。

第四条　乡镇人民代表大会每届第一次会议，在本届人民代表大会代表选举完成后的两个月内举行。

第五条　乡镇人民代表大会会议每年举行两次，每次会议时间不少于一天。有选举事项时，会期适当增加。

经过五分之一以上代表提议，可以临时召集乡镇人民代表大会会议。

乡镇人民代表大会会议有三分之二以上的代表出席，始得举行。

第六条　乡镇人民代表大会每年第一次会议一般在第一季度举行，会议议程应当包括：听取和审议乡镇人民政府工作报告；审查和批准本级财政预算和本级预算执行情况的报告；听取和审议乡镇人民代表大会主席团在闭会期间工作的报告；选举等其他事项。

第二次会议一般在第三季度举行，会议议程应当包括：听取和审议乡镇人民政府的专项工作报告；审查和批准本级财政预算调整方案；审查和批准本级决算；听取和审议本级人民政府关于代表议案以及建议、批评和意见办理情况的报告；选举等其他事项。

第七条　乡镇人民代表大会设主席一人、副主席一至二人。主席、副主席由本级人民代表大会从代表中选出，任期与本级人民代表大会任期相同。

乡镇人民代表大会主席、副主席不得担任国家行政机关的职务；如果担任国家行政机关的职务，必须向本级人民代表大会辞去主席、副主席的职务。

乡镇人民代表大会主席、副主席的乡镇人民代表大会代表资格终止的，其主席、副主席的职务相应终止，由主席团予以公告。

第八条　乡镇人民代表大会每次会议举行预备会议，选举本次会议的主席团，通过会议议程、议案审查委员会和财政预算审查委员会组成人员名单，以及其他事项的决定。

第九条　乡镇人民代表大会举行会议的时候，由主席团主持会议并负责召集下一次的本级人民代表大会会议。

主席团一般由七至十一人组成，代表人数在九十人以上的乡镇，主席团成员不超过十三人。

乡镇人民代表大会主席、副主席为主席团成员。

主席团的决定，以主席团成员的过半数通过。

第十条　乡镇人民代表大会会议期间，主席团决定下列事项：

（一）会议日程；

（二）表决议案的办法；

（三）提出议案的截止时间；

（四）拟定选举办法草案；

（五）推选执行主席；

（六）其他有关事项。

第十一条　乡镇人民代表大会举行会议的时候，召开全体会议和代表团会议。全体会议由执行主席主持，代表团会议由各代表团推选一至二名召集人主持。

第十二条　乡镇人民代表大会代表团会议审议各项议案和报告，应当让代表充分发表意见。代表应当围绕会议议题作审议发言。乡镇人民政府应当派人到会，听取意见，回答询问。

第十三条　乡镇人民代表大会主席、副主席可以召开代表团召集人会议，就有关议案和报告的重大问题听取各代表团的审议意见，进行讨论；也可以就重大专门性的问题，召集代表进行讨论。乡镇人民政府应当派人参加会议，汇报情况，回答问题。会议讨论的情况和意见应当向主席团报告。

第十四条　乡镇人民代表大会审查财政预算草案，应当对预算安排的合法性、完整性、可行性，重点支出和重大项目是否适当等进行重点审查。

财政预算审查委员会根据代表的审查意见，对财政预算及预算调整方案和预算执行情况的报告进行审查，向主席团提出审查结果的报告，由主席团将预算审查及预算调整方案和预算执行情况的决议草案提请大会全体会议表决。

财政预算审查报告的内容应当包括：对上年度预算执行情况作出评价；对本年度预算及预算调整方案是否符合法律法规规定、是否可行作出评价；对本级人民代表大会是否批准预算草案、预算调整方案和预算执行情况的报告提出建议；对执行年度预算、改进预算管理、提高预算绩效、加强预算监督等提出意见和建议。

第十五条　不是代表的乡镇人民政府领导人员列席本级人民代表大会会议；经主席团决定，其他有关人员可以列席本级人民代表大会会议。

第十六条　乡镇人民代表大会举行会议的时候，主席团和乡镇人民政府可以向大会提出属于本级人民代表大会职权范围内的议案，由主席团决定提交大会审议表决。乡镇人民代表大会代表五人以上联名，可以向大会提出属于本级人民代表大会职权范围内的议案，由主席团决定是否列入会议议程。

列入会议议程的议案，在交付大会表决前，提案人要求撤回的，经主席团同意，会议对该项议案的审议即行终止。

提交本次会议的议案，须在大会规定的议案截止时间之前提出，也可以在乡镇人民代表大会会议举行前提出。议案应当有案由、案据和方案。

第十七条　乡镇人民代表大会代表向本级人民代表大会提出的对各方面工作的建议、批评和意见，由主席团交有关机关和组织研究处理并负责答复。能够在会议期间答复的，应当及时答复。需要进一步研究处理的，有关机关和组织应当负责在大会闭会之日起两个月内答复，遇有特殊情况至迟不超过四个月答复。

建议、批评和意见应当具体明确，注重反映实际情况和问题。

第十八条　乡镇人民代表大会举行会议的时候，主席团或者五分之一以上代表联名，可以提出对本级人民代表大会主席、副主席，乡长、副乡长，镇长、副镇长的罢免案，由主席团提请大会审议，作出决定。

罢免案应当写明罢免理由。

被提出罢免的人员有权在主席团会议或者大会全体会议上口头提出申辩意见，或者书面提出申辩意见。在主席团会议上口头提出的申辩意见，或者书面提出的申辩意见，由主席团印发全体会议。

第十九条　乡镇人民代表大会主席、副主席，乡长、副乡长，镇长、副镇长，可以向本级人民代表大会提出辞职，由主席团将其辞职请求交代表审议后，提请大会全体会议决定。

第二十条　乡镇人民代表大会举行会议的时候，代表十人以上联名，可以书面提出对本级人民政府的质询案。质询案应当写明质询对象、质询的问题和内容。

质询案由主席团决定交由乡镇人民政府在主席团会议、大会全体会议上口头答复，或者由乡镇人民政府书面答复。在主席团会议上答复的，提出质询案的代表有权列席会议，发表意见；主席团认为必要的时候，可以将答复质询案的情况报告印发会议。

质询案以口头答复的，应当由乡镇人民政府的负责人到会答复；以书面答复的，应当由乡镇人民政府的负责人签署，由主席团印发会议或者印发提质询案的代表。

提出质询案的代表半数以上对答复不满意的，可以提出要求，经主席团决定，由乡镇人民政府再作答复。

第二十一条　乡镇人民代表大会进行选举和通过决议，以全体代表的过半数通过。

会议表决议案采用投票方式、举手方式或者其他方式，由主席团决定。表决结果由会议执行主席当场宣布。

第二十二条　乡镇人民代表大会代表在本级人民代表大会各种会议上的发言和表决，不受法律追究。

第二十三条　乡镇每届人民代表大会第一次会议通过的代表资格审查委员会，行使职权至本届人民代表大会任期届满为止。

代表资格审查委员会依法对当选代表是否符合宪法、法律规定的代表的基本条件，选举是否符合法律规定的程序，以及是否存在破坏选举和其他当选无效的违法行为进行审查，提出代表当选是否有效的意见，向乡镇人民代表大会主席团报告。

主席团根据代表资格审查委员会提出的报告，确认代表的资格或者确定代表的当选无效，在每届本级人民代表大会第一次会议前公布代表名单。

第二十四条　乡镇人民代表大会主席团在决定召集本级人民代表大会会议前，应当做好下列筹备工作：

（一）确定会议召开的日期；

（二）拟定会议议程草案；

（三）提出下次会议主席团名单草案；

（四）提出议案审查委员会和财政预算审查委员会名单草案；

（五）决定列席会议人员范围；

（六）批准代表资格审查委员会关于代表资格的审查报告；

（七）督促本级人民政府做好提交会议审议事项的有关工作；

（八）其他有关筹备工作。

第二十五条　乡镇人民代表大会闭会期间，主席团根据需要开展下列工作：

（一）有计划地安排代表听取和讨论本级人民政府的专项工作报告，组织代表评议本级人民政府的工作，并可以受委托组织上一级人民代表大会代表评议县（市、区）驻本乡镇的有关部门的工作；

（二）对法律、法规实施情况进行检查；

（三）组织代表开展视察、调研和其他活动；

（四）密切同人大代表的联系，通过各种形式听取和反映代表和群众对本级人民政府工作的建议、批评和意见，并督促办理；

（五）听取代表建议、批评和意见办理情况的报告，并印发下一次本级人民代表大会会议；

（六）定期组织代表向原选区选民报告履职情况；

（七）受理代表对乡镇人民政府及基层国家工作人员的申诉，并负责转交有关机关和组织处理；

（八）协助县、乡两级选举委员会做好基层换届选举的有关服务和组织工作；

（九）有计划地组织代表学习培训，为代表执行职务提供必要的条件和服务；

（十）乡镇人民代表大会闭会期间的其他工作。

第二十六条　乡镇人民代表大会闭会期间，主席团一般每季度举行一次会议，听取乡镇人民代表大会主席、副主席的工作汇报，讨论决定本级人民代表大会闭会期间的重要工作。

主席团会议由乡镇人民代表大会主席召集，主席缺位时，由副主席召集。

第二十七条　乡镇人民代表大会主席、副主席在本级人民代表大会闭会期间，负责联系本级人民代表大会代表，根据主席团的安排组织代表开展活动，反映代表和群众对本级人民政府工作的建议、批评和意见，并负责处理主席团的日常工作。

第二十八条　各县（市、区）人民代表大会及其常务委员会可以根据本工作规范和实际情况，对执行中的问题作出具体规定。

第二十九条　本工作规范自公布之日起施行。

潍坊市人大常委会关于开放公共场所限时免费供市民停车的决定

（2021 年 6 月 23 日潍坊市第十七届人民代表大会常务委员会第四十五次会议通过）

为深入贯彻习近平新时代中国特色社会主义思想，践行以人民为中心的发展理念，充分挖掘和合理利用现有停车资源，有效缓解停车供需矛盾，进一步提升群众满意度，结合潍坊市实际，对开放公共场所限时免费供市民停车（以下简称“限时免费停车”）工作作出如下决定：

一、提高政治站位，充分认识做好限时免费停车工作的重要意义

1. 随着潍坊市经济的迅速发展，机动车保有量不断攀升，“停车难”日益成为困扰城市发展和管理的热点难点问题，也是群众急盼解决的烦心事。市委积极回应群众期盼，作出了限时免费停车的决策部署，充分体现了市委始终把群众利益摆在首位的为民情怀，显示了加快推进全市经济社会高质量发展、建设现代化高品质城市的坚定决心，彰显了庆祝中国共产党成立 100 周年、深化党史学习教育、开展“我为群众办实事”活动的具体成效。

2. 各级各有关部门、单位要充分认识做好限时免费停车工作的重要意义，把思想认识统一到市委的决策部署上来，将限时免费停车工作作为一项政治任务，切实增强紧迫感和主动性，靠前一步、主动作为、各尽其责、协同配合，用心用力用情把这件惠民利民的实事办实、办好、办到底，不折不扣将市委决策部署落实到位。

二、依法有序推进，最大限度满足市民停车需求

3. 在具体工作中应当坚持以下原则：一是应开尽开，能开尽开。对可用于免费停车的区域进行深度挖潜，不断开源、扩面、提质、增效，最大限度满足市民停车需求；二是精细管理，科学施策。区分不同区域、不同停车需求，依法科学制定相关管理政策，逐步实现停车管理规范化、精细化、科学化。三是安全畅通，稳妥有序。坚持安全底线，依法严格日常监管，保障各项工作稳妥规范有序推进，确保群众停车安全便捷通畅。四是数据赋能，科技支撑。发挥 12345 政务服务便民热线的民意民情征集功能，充分利用物联网、大数据等信息化手段，建设完善智慧停车服务平台，为便民服务提供科技支撑。五是志愿服务，全民参与。鼓励志愿者积极参与、文明劝导，引导市民依规有序停车，构建全社会共建共治共享的良好局面。

4. 突出工作重点，全面持续推进。机关事业单位发挥示范带头作用，最大限度开放现有停车泊位，带动其他公共场所有序开放；有关职能部门统筹考虑群众停车需求和正常交通、经营秩序、车位周转使用率等因素，依法科学制定城市道路限时免费停车政策和规定。运用法治手段解决好个别居民小区内部停车位只售不租的问题，满足居民停车需要；鼓励医疗卫生单位、学校及大型商超、企业等在不影响正常医疗、教学、经营、生产管理秩序的基础上，充分开放现有适宜停车资源；各县（市、区）及镇（街）积极跟进，持续推动限时免费停车工作规范有序全面推开，提高限时免费停车场所覆盖率。

三、统筹协调，齐抓共管，形成工作合力

5. 各级各有关部门要健全组织领导机构，制

定工作方案，加大工作力度，切实履行工作职责，着力形成共同参与、规划、管理的一体化运行机制。强化督导落实，依法处理相关问题，压实各级各有关部门、单位的主体责任，确保各项工作措施真正落到实处。

6. 公安机关要牵头制定限时免费停车管理办法，向社会公示限时免费停放的路段、时段，按照国家标准施划、设置标线、标志。坚持人性化管理，建立完善巡控机制，依法处理违法违规行为，让限时免费停车工作依法有序深入推进。

7. 开放公共场所所属单位应当严格落实安全管理主体责任，配齐安防设施，配强安保力量，细化安全防范措施，及时排查处理安全隐患，确保停车场所规范有序、安全运行。

8. 加强舆论引导，及时发布相关信息，宣传、表扬积极参与限时免费停车工作的单位和个人，为限时免费停车营造良好舆论氛围。

9. 各级人大代表要积极支持和参与限时免费停车工作，充分发挥表率作用，依法执行代表职务，积极反映群众诉求，及时提出建议意见，督促限时免费停车工作落地落实。

各级各有关部门、单位要以抓好限时免费停车工作为契机，把其中体现出的市委为民情怀转化为自己的具体行动，聚焦群众最关心最直接最现实的利益问题，转变工作作风，提升工作标准，一件事情接着一件事情办，一年接着一年干，履行好党和人民赋予的职责，着力提高和改善民生水平，让人民群众有更多获得感、幸福感、安全感。

本决定自公布之日起施行。

潍坊市人大常委会关于开展市人大代表“履职尽责、服务大局、争作表率”主题活动的实施意见

为深入贯彻落实中央和省委、市委人大工作会议精神，更好激励新一届市人大代表忠诚履职、担当尽责，市人大常委会研究决定，从现在开始，在全体市人大代表中开展“履职尽责、服务大局、争作表率”代表主题活动。现制定实施意见如下：

一、充分认识开展代表主题活动的重要意义

开展代表主题活动，是深入贯彻落实中央和省委、市委人大工作会议精神的需要。中央人大工作会议提出，要“丰富人大代表联系人民群众的内容和形式，更好接地气、察民情、聚民智、惠民生”。通过开展代表主题活动，可以有效组织代表深入学习贯彻中央和省委、市委人大工作会议精神，切实把思想和行动统一到习近平总书记关于人民代表大会制度重要地位和重要作用的深刻论述上来，深刻认识自身肩负使命，充分发挥代表主体作用，进一步密切联系人民群众，为推动全过程人民民主在潍坊市落地落实贡献力量。

开展代表主题活动，是组织代表积极融入全市经济社会发展大局的需要。2022 年是潍坊市保持强劲发展势头、朝着“一二三”目标迈进的关键一年。通过开展代表主题活动，可以引导代表紧扣市委中心工作，积极依法履职、担当作为，进一步增强代表融入潍坊建设的责任感和使命感；可以充分发挥人大代表密切联系人民群众的作用，推动全市各项工作更好地反映民意、顺应民心，凝聚起推进潍坊市高质量高速度发展的强大合力。

开展代表主题活动，是促使代表不断加强学习、全面提升依法履职能力的需要。今年是市十八届人大代表履职的第一年，市人大常委会结合

形势任务发展需要，及时修订了《潍坊市人民代表大会代表履职守则》(以下简称《代表履职守则》)。通过开展代表主题活动，可以使人大代表明确肩负的职责，认真执行《代表履职守则》，积极学习和熟练掌握履职方法，为依法履行职责奠定坚实基础。

二、明确开展代表主题活动的任务要求

开展代表主题活动的指导思想是：坚持以习近平新时代中国特色社会主义思想为指导，全面落实中央人大工作会议精神，按照省委“走在前列、全面开创”“三个走在前”的部署要求，锚定市委“一二三”工作目标，紧扣市第十三次党代会部署，以市人大常委会“工作创新年”和“能力素质提升年”活动为抓手，组织市人大代表广泛、直接地联系人民群众，听取群众诉求，解决群众困难，为建设人民满意的现代化品质城市做出积极贡献。

活动以市人大代表小组为基本单位，采取灵活多样的方式，围绕中心、服务大局、注重实效，着力提升代表的参与度。主题活动主要在全体市人大代表中开展，也可结合实际，吸收其他各级人大代表参与。主要任务是组织代表做到“六个带头”“六个争一流”：

（一）带头加强学习，在讲政治守规矩上争一流。认真学习贯彻习近平新时代中国特色社会主义思想，学习中央人大工作会议精神以及全国和省、市人代会精神，提高政治素质；学习宪法、代表法、选举法，以及新修订的地方组织法等法律法规，提高法律素养；学习新修订的《代表履职守则》等履职知识，提高业务水平。学习主要采取集中学习和个人自学相结合的方式，每季度至少1次组织代表开展学习。通过加强学习，不断提升政治素养和履职能力，引导代表更好地讲政治、守规矩，带头营造风清气正的社会环境。

（二）带头干事创业，在推动创新发展上争一流。结合自身优势和岗位特点，自觉对标王伯祥、王乐义、杨守伟、谭旭光等先模人物和身边典型，奋力干事创业、推动创新发展。带头弘扬创新精神，抓技改、创品牌、提质效，做大做强现有企业，争当“领头雁”；带头参与“双招双引”，通过以企招商、以商招商、人才引育等方式，吸引更多优质资源向潍坊市集中；带头立足岗位、勤恳工作，力争在所在单位、所处行业、所属领域争取一流业绩，努力营造求突破、开新篇的工作氛围。

（三）带头联系群众，在增进民生福祉上争一流。坚持履职为民，深入基层，积极为群众办实事、解难题。持续推动代表活动进社区、进农村、进企业、进校园等，组织代表通过召开见面会、个别走访、座谈了解等形式，固定与10名左右的基层群众保持经常性联系，每年与群众见面走访不少于2次，深入征求群众意见建议，力所能及地帮助群众解决实际问题，切实增强群众的满意度和幸福感。

（四）带头行使职权，在推进民主建设上争一流。牢固树立参与管理地方国家事务的主人翁意识，踊跃参加各级人大常委会组织的集中视察、专题调研、执法检查，以及专业代表小组活动等履职活动，积极参与地方立法工作，监督法律法规贯彻实施，每位代表每年至少参与1次视察、调研或小组活动等。通过带头依法开展监督，促进“一府一委两院”依法行政、公正司法，提高人大常委会科学、民主、依法决策水平，进一步推进全市民主政治建设进程。

（五）带头建言献策，在积极履职尽责上争一流。根据联系群众和视察调研等情况，紧扣市委“一二三四五”工作思路和市人大常委会工作要点，聚焦发展现代农业、先进制造业和乡村振兴、城市更新、海洋经济、文旅教育等领域，以及学有所教、老有所养、弱有所扶、病有所医等群众关心关注的社会热点难点问题，集思广益，踊跃提出有价值的代表议案建议。每位代表每年至少整理提出1件高质量的代表议案或代表建议、批评、意见。

（六）带头维护稳定，在促进社会和谐上争一流。充分发挥与人民群众联系密切的优势，积极投身促和谐、保稳定工作，在广泛参与社会治理、基层公共事务和公益事业发展中发挥更大作用。组织开展健康义诊、法律咨询、文明引导、法制宣传、疫情防控等志愿服务，带头践行文明风尚；密切关注安全生产、生态环境、信访稳定、意识形态等领域风险隐患，积极担任社会监督员、信访信息员等，在维护群众合法权益、保持社会和谐稳定、加强基层社会治理中展现代表形象。

三、切实加强对代表主题活动的组织领导

开展代表主题活动，是一项凝心聚力、强基固本的基础性工作，必须提高站位，切实加强组织领导。

一要高度重视，精心组织。要把开展主题活动作为践行全过程人民民主的有效载体，摆上重要议事日程，及时安排部署。要及时研究制定活动方案，成立工作专班，加强指导调度，确保活动迅速、规范、有序进行。要大力加强代表小组规范化建设，进一步丰富活动载体，活化活动形式，确保代表参与主题活动全覆盖、无缝隙。

二要示范引领，作出表率。市人大常委会组成人员要充分发挥示范带头作用，积极参与主题活动，带头执行《代表履职守则》，按照《市人大常委会组成人员联系人大代表分工》等要求，密切联系代表和群众，及时了解代表和群众所思所盼，每年到基层联系群众的时间不少于 10 天。各代表小组召集人要担当作为、认真负责，带头组织代表参加活动，作好表率。

三要注重总结，加强引导。要采取多种方式，切实加强对代表主题活动的宣传引导。及时总结提炼和宣传推广活动中的创新举措和经验做法，对活动中涌现出的先进代表事迹和活动典型事例、先进经验，充分利用新闻媒体和“两微一端”等阵地，予以宣传报道，讲好代表故事，扩大活动宣传，努力营造浓厚的活动氛围。

四要抓好落实，突出成效。要把代表参与主题活动的情况，作为代表履职管理和检验活动成效的重要标准，认真抓好落实、抓出成效。对代表在活动中提出的建议，要及时转有关部门办理或研究提出处理意见，抓好督促落实。要把代表参与主题活动情况进行量化管理，及时记入有关档案，其结果作为代表述职评议内容和评选“履职优秀代表”的重要依据。

各单位有关代表主题活动的典型经验做法和代表先进事迹，要及时整理上报市人大常委会人事代表工作室。

潍坊市人大常委会

2022 年 5 月 13 日

法规选编

潍坊市制定地方性法规条例

（2016 年 2 月 20 日潍坊市第十六届人民代表大会第五次会议通过；2016 年 3 月 30 日山东省第十二届人民代表大会常务委员会第二十次会议批准）

第一章 总 则

第一条 为了规范制定地方性法规活动，保证立法质量，发挥地方立法的引领和推动作用，全面推进依法治市，建设法治潍坊，根据《中华人民共和国立法法》《中华人民共和国地方各级人民代表大会和地方各级人民政府组织法》和《山东省制定和批准地方性法规条例》的有关规定，结合本市实际，制定本条例。

第二条 市人民代表大会及其常务委员会制定、修改、废止和解释地方性法规，适用本条例。

第三条 制定地方性法规应当坚持党的领导，发挥市人民代表大会及其常务委员会在地方立法工作中的主导作用，体现人民意志，维护社会主义法制的统一和尊严，遵循社会主义民主和公开的原则，主动适应经济社会发展和全面深化改革的要求，注重体现地方特色，科学合理地规定公民、法人和其他组织的权利与义务、地方国家机关的权力与责任。

第四条 市人民代表大会及其常务委员会根据本市的具体情况和实际需要，可以对城乡建设与管理、环境保护、历史文化保护等方面的事项制定地方性法规。

第五条 地方性法规可以就下列事项作出规定：

（一）为执行法律、行政法规、山东省地方性法规的规定，需要根据本市的实际情况作具体规定的事项；

（二）属于地方性事务需要制定地方性法规的事项。

第六条 规定下列事项的地方性法规，应当由市人民代表大会通过：

（一）本市特别重大的事项；

（二）市人民代表大会及其常务委员会制定地方性法规的程序；

（三）对市人民代表大会的法定职责和议事程序作出的具体规定；

（四）应当由市人民代表大会制定地方性法规的其他事项。

前款规定以外的事项，可以由常务委员会制定地方性法规。

在市人民代表大会闭会期间，常务委员会可以对市人民代表大会制定的地方性法规进行部分补充和修改，但是不得同该地方性法规的基本原则相抵触。

第七条 制定地方性法规，对上位法已经明确规定的内容，一般不作重复性规定。

第二章 市人民代表大会制定地方性法规程序

第八条 市人民代表大会主席团可以向市人民代表大会提出地方性法规案，由市人民代表大会会议审议。

市人民代表大会常务委员会、市人民政府、

市人民代表大会各专门委员会可以向市人民代表大会提出地方性法规案，由主席团决定列入会议议程。

第九条　市人民代表大会代表十人以上联名，可以向市人民代表大会提出地方性法规案，由主席团决定是否列入会议议程，或者先交有关的专门委员会审议、提出是否列入会议议程的意见，再决定是否列入会议议程。

专门委员会审议时，可以邀请提案人列席会议，发表意见。

第十条　向市人民代表大会提出的地方性法规案，在市人民代表大会闭会期间，可以先向常务委员会提出，经常务委员会会议依照本条例第三章规定的有关程序审议后，决定提请市人民代表大会审议，由常务委员会向市人民代表大会全体会议作说明，或者由提案人向大会全体会议作说明。

常务委员会依照前款规定审议地方性法规案，应当通过多种形式征求市人民代表大会代表的意见，并将有关情况予以反馈；市人民代表大会专门委员会和常务委员会工作机构进行立法调研，可以邀请有关的市人民代表大会代表参加。

第十一条　常务委员会决定提请市人民代表大会会议审议的地方性法规案，应当在会议举行的一个月前将地方性法规草案发给代表。

第十二条　列入市人民代表大会会议议程的地方性法规案，大会全体会议听取常务委员会或者提案人的说明后，由各代表团进行审议。

各代表团审议地方性法规案时，提案人应当派人听取意见，回答询问。

各代表团审议地方性法规案时，根据代表团的要求，有关机关、组织应当派人介绍情况。

各代表团对地方性法规案的审议意见，应当书面报送大会秘书处。

第十三条　列入市人民代表大会会议议程的地方性法规案，由有关的专门委员会进行审议，向主席团提出审议意见，并印发会议。

第十四条　列入市人民代表大会会议议程的地方性法规案，由法制委员会根据各代表团和有关的专门委员会的审议意见，对地方性法规案进行统一审议，向主席团提出审议结果的报告和地方性法规草案修改稿，对重要的不同意见应当在审议结果的报告中予以说明，经主席团会议审议通过后，印发会议。

第十五条　列入市人民代表大会会议议程的地方性法规案，必要时，主席团常务主席可以召开各代表团团长会议，就地方性法规案中的重大问题听取各代表团的意见，进行讨论，并将讨论的情况和意见向主席团报告。

主席团常务主席也可以就地方性法规案中的重大的专门性问题，召集代表团推选的有关代表进行讨论，并将讨论的情况和意见向主席团报告。

第十六条　列入市人民代表大会会议议程的地方性法规案，在交付表决前，提案人要求撤回的，应当说明理由，经主席团同意，并向大会报告，对该地方性法规案的审议即行终止。

第十七条　地方性法规案在审议中有重大问题需要进一步研究的，经主席团提出，由大会全体会议决定，可以授权常务委员会根据代表的意见进一步审议，作出决定，并将决定情况向市人民代表大会下次会议报告；也可以授权常务委员会根据代表的意见进一步审议，提出修改方案，提请市人民代表大会下次会议审议决定。

第十八条　地方性法规草案修改稿经各代表团审议，由法制委员会根据各代表团的审议意见进行修改，提出地方性法规草案表决稿，由主席团提请大会全体会议表决，由全体代表的过半数通过。

第三章　市人民代表大会常务委员会制定地方性法规程序

第十九条　市人民代表大会常务委员会主任会议可以向常务委员会提出地方性法规案，由常务委员会会议审议。

市人民政府、市人民代表大会各专门委员会，可以向常务委员会提出地方性法规案，由主任会议决定列入常务委员会会议议程，或者先交有关的专门委员会审议、提出报告，再决定列入常务委员会会议议程。如果主任会议认为地方性法规案有重大问题需要进一步研究，可以建议提案人修改完善后再向常务委员会提出。

第二十条　常务委员会组成人员五人以上联名，可以向常务委员会提出地方性法规案，由主任会议决定是否列入常务委员会会议议程，或者先交有关的专门委员会审议、提出是否列入常务委员会会议议程的意见，再决定是否列入常务委员会会议议程。不列入常务委员会会议议程的，应当向常务委员会会议报告或者向提案人说明。

专门委员会审议时，可以邀请提案人列席会议，发表意见。

第二十一条　提请常务委员会审议的地方性法规案，提案人应当在会议举行的一个月前，将提请审议的地方性法规案以及有关参阅材料送交常务委员会。

未在规定时间内送交的，不列入本次常务委员会会议议程。

第二十二条　市人民政府、市人民代表大会常务委员会组成人员五人以上联名提出的地方性法规案，主任会议决定列入常务委员会会议议程的，由有关的专门委员会对地方性法规草案进行审议，提出书面审议意见，印发常务委员会会议。

有关的专门委员会审议地方性法规草案时，可以邀请法制委员会和其他有关的专门委员会的成员列席会议，发表意见。

第二十三条　列入常务委员会会议议程的地方性法规案，除特殊情况外，应当在会议举行的五日前将地方性法规草案发给常务委员会组成人员。

常务委员会会议审议地方性法规案时，应当邀请有关的市人民代表大会代表列席会议。

第二十四条　列入常务委员会会议议程的地方性法规案，一般应当经两次或者三次常务委员会会议审议后再交付表决。

常务委员会会议第一次审议地方性法规案，在全体会议上听取提案人的说明，印发有关的专门委员会的书面审议意见，由分组会议进行初步审议。

常务委员会会议第二次或者第三次审议地方性法规案，在全体会议上听取法制委员会关于地方性法规草案修改情况的汇报或者审议结果的报告，由分组会议对地方性法规草案二次审议稿或者修改稿进行审议。

常务委员会审议地方性法规案时，根据需要，可以召开联组会议或者全体会议，对地方性法规草案中的主要问题进行讨论。

常务委员会审议地方性法规案时，应当保证常务委员会组成人员和列席人大代表有足够的时间充分发表意见。

第二十五条　列入常务委员会会议议程的地方性法规案，各方面意见比较一致的，可以经一次常务委员会会议审议即交付表决；调整事项较为单一或者部分修改的地方性法规案，各方面意见比较一致的，也可以经一次常务委员会会议审议即交付表决。

第二十六条　常务委员会分组会议审议地方性法规案时，提案人应当派人听取意见，回答询问。

常务委员会分组会议审议地方性法规案时，根据小组的要求，有关机关、组织应当派人介绍情况。

第二十七条　列入常务委员会会议议程的地方性法规案，由法制委员会根据常务委员会组成人员、有关的专门委员会的审议意见和各方面提出的意见，对地方性法规案进行统一审议，提出审议结果的报告和地方性法规草案修改稿，对重要的不同意见应当在审议结果的报告中予以说明。对有关的专门委员会的审议意见没有采纳的，应当向有关的专门委员会反馈。

法制委员会审议地方性法规案时，可以邀请有关的专门委员会的成员列席会议，发表意见。

第二十八条　专门委员会审议地方性法规案时，应当召开全体会议审议，根据需要，可以要求有关机关、组织派有关负责人说明情况。

第二十九条　专门委员会之间对地方性法规草案的重要问题意见不一致时，应当向主任会议报告。

第三十条　列入常务委员会会议议程的地方性法规案，法制委员会、有关的专门委员会和常务委员会工作机构应当听取各方面的意见。听取意见可以采取座谈会、论证会、听证会等多种形式。

地方性法规案有关问题专业性较强，需要进行可行性评价的，应当召开论证会，听取有关专家、部门和市人民代表大会代表等方面的意见。论证情况应当向常务委员会报告。

地方性法规案有关问题存在重大意见分歧或者涉及利益关系重大调整，需要进行听证的，应当召开听证会，听取有关基层和群体代表、部门、人民团体、专家、市人民代表大会代表和社会有关方面的意见。听证情况应当向常务委员会报告。

常务委员会工作机构应当将地方性法规草案发送相关领域的市人民代表大会代表、县市区人民代表大会常务委员会以及有关部门、组织和专家征求意见。

第三十一条　列入常务委员会会议议程的地方性法规案，应当在常务委员会会议后将地方性法规草案及其起草、修改的说明等向社会公布，征求意见，但是经主任会议决定不公布的除外。向社会公布征求意见的时间一般不少于三十日。征求意见的情况应当向社会通报。

第三十二条　列入常务委员会会议议程的地方性法规案，常务委员会工作机构应当收集整理分组审议的意见和各方面提出的意见以及其他有关资料，分送法制委员会和有关的专门委员会，并根据需要，印发常务委员会会议。

第三十三条　拟提请常务委员会会议审议通过的地方性法规案，在法制委员会提出审议结果报告前，常务委员会工作机构可以对地方性法规草案中主要制度规范的可行性、地方性法规出台时机、地方性法规实施的社会效果和可能出现的问题等进行评估。评估情况由法制委员会在审议结果报告中予以说明。

第三十四条　列入常务委员会会议议程的地方性法规案，在交付表决前，提案人要求撤回的，应当说明理由，经主任会议同意，并向常务委员会报告，对该地方性法规案的审议即行终止。

第三十五条　地方性法规案经常务委员会两次或者三次会议审议后，仍有重大问题需要进一步研究的，由主任会议决定，可以暂不付表决，交法制委员会和有关的专门委员会进一步审议。

第三十六条　地方性法规草案修改稿经常务委员会会议审议，由法制委员会根据常务委员会组成人员的审议意见进行修改，提出地方性法规草案表决稿，由主任会议提请常务委员会全体会议表决，以常务委员会全体组成人员的过半数通过。

表决前，应当将地方性法规草案表决稿印发出席会议的常务委员会组成人员，并由法制委员会在常务委员会全体会议上作修改情况的说明。常务委员会组成人员未提出实质性修改意见的，可以由常务委员会全体会议主持人作出说明。

地方性法规草案表决稿交付常务委员会会议表决前，主任会议根据常务委员会会议审议的情况，可以决定将个别意见分歧较大的重要条款提请常务委员会会议单独表决。

单独表决的条款经常务委员会会议表决后，主任会议根据单独表决的情况，可以决定将地方性法规草案表决稿交付表决，也可以决定暂不付表决，交法制委员会和有关的专门委员会进一步审议。

第三十七条　列入常务委员会会议审议的地方性法规案，因各方面对制定该地方性法规的必要性、可行性等重大问题存在较大意见分歧搁置审议满两年的，或者因暂不付表决经过两年没有再次列入常务委员会会议议程审议的，由主任会议向常务委员会报告，该地方性法规案终止审议。

第三十八条　对多部地方性法规中涉及同类事项的个别条款进行修改，一并提出地方性法规案的，经主任会议决定，可以合并表决，也可以分别表决。

第四章　地方性法规的报批与公布

第三十九条　市人民代表大会及其常务委员会通过的地方性法规，由市人民代表大会常务委员会报省人民代表大会常务委员会批准。

市人民代表大会常务委员会工作机构应当在省人民代表大会常务委员会会议召开前，及时将报请批准地方性法规的书面报告、地方性法规文本及说明和审议结果的报告，一并报省人民代表大会常务委员会。报请批准地方性法规的书面报告，由市人民代表大会常务委员会主任签署。

第四十条　市人民代表大会及其常务委员会制定的地方性法规报经批准后，由市人民代表大会常务委员会发布公告予以公布。

第四十一条　地方性法规应当自批准之日起十日内在《潍坊日报》和潍坊人大网上刊登，并及时在《潍坊市人民代表大会常务委员会公报》和中国人大网上刊载。

在《潍坊市人民代表大会常务委员会公报》上刊登的地方性法规文本为标准文本。

第四十二条　地方性法规被修改的，经省人民代表大会常务委员会批准后，应当公布新的地方性法规文本。

地方性法规被废止的，经省人民代表大会常务委员会批准后，除由其他地方性法规规定废止该地方性法规的以外，由市人民代表大会常务委员会发布公告予以公布。

第四十三条　地方性法规标题的题注应当载明通过机关、通过日期和批准机关、批准日期。经过修改的地方性法规，应当依次载明修改机关、修改日期。

第五章　地方性法规的解释

第四十四条　地方性法规解释权属于市人民代表大会常务委员会。

地方性法规有以下情况之一的，由市人民代表大会常务委员会解释：

（一）地方性法规的规定需要进一步明确具体含义的；

（二）地方性法规制定后出现新的情况，需要明确适用地方性法规依据的。

第四十五条　市人民政府、市中级人民法院、市人民检察院和市人民代表大会各专门委员会以及县市区人民代表大会常务委员会可以向市人民代表大会常务委员会书面提出地方性法规解释要求。

第四十六条　常务委员会工作机构研究拟订地方性法规解释草案，由主任会议决定列入常务委员会会议议程。

第四十七条　地方性法规解释草案经常务委员会会议审议，由法制委员会根据常务委员会组成人员的审议意见进行审议、修改，提出地方性法规解释草案表决稿，由主任会议提请常务委员会全体会议表决，由常务委员会全体组成人员的过半数通过。

第四十八条　市人民代表大会常务委员会通过的地方性法规解释，报省人民代表大会常务委员会批准后，应当由市人民代表大会常务委员会发布公告予以公布。

第四十九条　市人民代表大会常务委员会的地方性法规解释同地方性法规具有同等效力。

第六章　规章的备案审查

第五十条　应当制定地方性法规但条件尚不成熟的，因行政管理迫切需要，市人民政府可以先制定规章。规章实施满两年需要继续实施规章所规定的行政措施的，市人民政府应当提请市人民代表大会或者其常务委员会制定地方性法规。

第五十一条　市人民政府制定的规章，应当在公布后的三十日内，报国务院、省人民代表大会常务委员会和省人民政府、市人民代表大会常务委员会备案。报送备案的文件包括规章文本、说明和备案报告。

第五十二条　市中级人民法院、市人民检察院、县市区人民代表大会常务委员会认为规章同宪法、法律、行政法规和本省、市地方性法规相抵触的，可以向市人民代表大会常务委员会书面提出进行审查的要求，由常务委员会工作机构分送有关的专门委员会进行审查、提出意见。

前款规定以外的其他国家机关和社会团体、企业事业组织以及公民认为规章同宪法、法律、行政法规和本省、市地方性法规相抵触的，可以向市人民代表大会常务委员会书面提出进行审查的建议，由常务委员会工作机构进行研究，必要时，送有关的专门委员会进行审查、提出意见。

第五十三条　市人民代表大会专门委员会、常务委员会工作机构在审查、研究中认为规章同宪法、法律、行政法规和本省、市地方性法规相抵触的，可以向市人民政府提出书面审查意见、研究意见；也可以由法制委员会与有关的专门委员会、常务委员会工作机构召开联合审查会议，要求市人民政府到会说明情况，再向市人民政府提出书面审查意见。市人民政府在收到书面审查意见后，应当在两个月内研究提出是否修改或者废止的意见，并向市人民代表大会法制委员会、有关的专门委员会和常务委员会工作机构反馈。

市人民代表大会法制委员会、有关的专门委员会、常务委员会工作机构根据前款规定，向市人民政府提出审查意见、研究意见，市人民政府按照所提意见对规章进行修改或者废止的，审查终止。

市人民代表大会法制委员会、有关的专门委员会、常务委员会工作机构经审查、研究，认为规章同宪法、法律、行政法规和本省、市地方性法规相抵触而市人民政府不予修改或者废止的，应当向常务委员会主任会议提出予以撤销的议案或者建议，由主任会议决定提请常务委员会会议审议决定。

第五十四条　常务委员会会议审议规章撤销案，在全体会议上听取法制委员会或者有关的专门委员会审查意见的报告，进行审议，作出决定。

常务委员会对规章作出的撤销决定，经常务委员会全体组成人员的过半数通过，由常务委员会发布公告予以公布。

第五十五条　市人民代表大会有关的专门委员会和常务委员会工作机构应当按照规定要求，将审查、研究情况向提出审查要求或者审查建议的国家机关、社会团体、企业事业组织以及公民反馈，并可以向社会公开。

第七章　其他规定

第五十六条　市人民代表大会常务委员会应当在换届后的六个月内编制五年立法规划，每年第四季度编制下一年度立法计划。

立法规划和年度立法计划由常务委员会主任会议通过并向社会公布。

第五十七条　市人民代表大会常务委员会工作机构按照常务委员会的要求，拟订立法规划和年度立法计划，并负责督促落实。

市人民代表大会常务委员会有关工作机构应当加强与市人民政府法制工作机构之间的联系，就编制立法规划和立法计划、开展立法调研、地方性法规起草、修改、解释以及市人民政府规章的备案审查等建立常态化的协调协商机制。

第五十八条　公民、法人和其他组织可以向市人民代表大会常务委员会提出制定地方性法规的建议。

提出制定地方性法规的建议应当以立法建议书的形式提出。

立法建议书的主要内容包括：地方性法规名称、立法依据、立法必要性和可行性、需要解决的主要问题和采取的法律对策等。

第五十九条　市人民代表大会法制委员会应当组织协调有关的专门委员会、常务委员会工作机构对立法建议书进行审查，充分调研论证，提出是否列入立法规划和立法计划的意见，由法制委员会工作机构报请主任会议决定。

第六十条　提出地方性法规案，应当同时提出地方性法规草案文本及其说明，并提供必要的参阅资料。修改地方性法规的，还应当提交修改前后的对照文本。

地方性法规草案的说明应当包括制定或者修改地方性法规的必要性、可行性和主要内容，以及起草过程中对重大分歧意见的协调处理情况。

第六十一条　市人民代表大会有关的专门委员会、常务委员会工作机构应当提前参与有关方面的地方性法规草案起草工作。

综合性、全局性、基础性的重要地方性法规草案，可以由有关的专门委员会或者常务委员会工作机构组织起草。

专业性较强的地方性法规草案，可以吸收相关领域的专家参与起草工作，或者委托有关专家、教学科研单位、社会组织起草。

第六十二条　向市人民代表大会及其常务委员会提出的地方性法规案，在列入会议议程前，提案人有权撤回。

第六十三条　交付市人民代表大会及其常务委员会全体会议表决未获得通过的地方性法规案，如果提案人认为必须制定该地方性法规，可以按照本条例规定的程序重新提出，由主席团或者主任会议决定是否列入会议议程；其中，未获得市人民代表大会通过的地方性法规案，应当提请市人民代表大会审议决定。

第六十四条　地方性法规应当明确规定施行日期。

第六十五条　地方性法规的修改和废止程序，适用本条例的有关规定。

第六十六条　地方性法规案与其他地方性法规相关规定不一致的，提案人应当予以说明并提出处理意见，必要时应当同时提出修改或者废止其他地方性法规相关规定的议案。

法制委员会和有关的专门委员会审议地方性法规案时，认为需要修改或者废止其他地方性法规相关规定的，应当提出处理意见。

第六十七条　地方性法规明确要求有关地方国家机关对专门事项作出配套的具体规定的，有关地方国家机关应当自地方性法规施行之日起六个月内作出规定，地方性法规对配套的具体规定制定期限另有规定的，从其规定。有关地方国家机关未能在期限内作出配套的具体规定的，应当向市人民代表大会常务委员会说明情况。

第六十八条　市人民代表大会有关的专门委员会、常务委员会工作机构可以组织对有关地方性法规或者地方性法规中有关规定进行立法后评估。评估情况应当向常务委员会报告。

第六十九条　制定、修改的地方性法规公布实施满一年后，负责法规实施的机关、单位应当将法规实施情况书面报市人民代表大会常务委员会。

地方性法规实施后，上位法就同一事项作出新规定或者修改、废止的，负责法规实施的机关、单位应当及时书面报告市人民代表大会常务委员会。

第七十条　市人民代表大会常务委员会工作机构可以对有关地方性法规具体问题的询问进行研究予以答复，并报常务委员会备案。

第七十一条　地方立法活动所需经费应当列入本级财政预算。

第八章　附　则

第七十二条　本条例自公布之日起施行。

潍坊市禁用限用剧毒高毒农药条例

（2016 年 10 月 31 日潍坊市第十六届人民代表大会常务委员会第三十四次会议通过；2016 年 11 月 26 日山东省第十二届人民代表大会常务委员会第二十四次会议批准。根据 2019 年 12 月 24 日潍坊市第十七届人民代表大会常务委员会第二十九次会议通过并经 2020 年 1 月 15 日山东省第十三届人民代表大会常务委员会第十六次会议批准的《潍坊市人民代表大会常务委员会关于修改〈潍坊市禁用限用剧毒高毒农药条例〉等六件地方性法规的决定》修正）

第一章　总　则

第一条　为了加强剧毒、高毒农药管理，保障农产品质量安全，保护生态环境，维护公众健康，根据《中华人民共和国农产品质量安全法》《中华人民共和国环境保护法》《农药管理条例》《危险化学品安全管理条例》等法律法规的规定，结合本市实际，制定本条例。

第二条　在本市行政区域内储备、经营、使用剧毒、高毒农药的，应当遵守本条例。

第三条　本条例所称剧毒、高毒农药，是指农药登记毒性为剧毒、高毒的农药单剂及其复配制剂。

剧毒、高毒农药品种，按照国家公布的禁用、限用农药名录执行。

第四条　市、县（市、区）人民政府农业农村主管部门负责本行政区域内剧毒、高毒农药的监督管理工作。

市、县（市、区）人民政府其他有关部门，应当按照各自职责，做好相关工作。

镇人民政府（街道办事处）应当协助开展剧毒、高毒农药经营、使用的指导服务工作。

村（居）民委员会应当协助人民政府做好剧毒、高毒农药的相关工作。

第五条　本市行政区域内禁止经营、使用国家禁用农药。

第六条　本市行政区域内对国家限制使用的剧毒、高毒农药实行统一采购、统一储备、定点经营、实名购买制度。

第七条　市、县（市、区）人民政府应当加快淘汰剧毒、高毒农药，通过推广生物防治、物理防治、先进施药器械等措施，逐步减少农药使用量。对自愿减少农药使用量的农药使用者，应当给予鼓励和扶持。

第八条　市、县（市、区）人民政府及其有关部门应当加强对剧毒、高毒农药有关法律法规以及相关知识的宣传教育，提高公众安全意识和依法维权能力。

第九条　市、县（市、区）人民政府应当将剧毒、高毒农药监督管理经费、储备相关费用和应对突发性、大规模病、虫、草、鼠害的费用列入本级财政预算。

第二章　储备、经营和使用

第十条　储备单位和定点经营单位由市农业农村主管部门根据实际需要，科学规划、合理布局，实行总量控制、动态管理。

定点经营单位应当依法取得农药经营许

可证。

储备单位应当从定点经营单位中通过公开招投标的方式确定。

第十一条 储备单位和定点经营单位应当具备《农药管理条例》规定的条件，储备、经营属于危险化学品的剧毒、高毒农药的，应当同时具备《危险化学品安全管理条例》规定的条件。

第十二条 本市行政区域内经营和使用的剧毒、高毒农药，由市农业农村主管部门统一组织，指导统一采购和储备。采购、储备的具体办法由市人民政府按照有关法律法规制定。

第十三条 除定点经营单位外，任何单位和个人不得经营剧毒、高毒农药。

禁止伪造、变造、转让、出租、出借农药经营许可证等许可证明文件。

禁止流动经营剧毒、高毒农药。

第十四条 定点经营单位在采购时，应当查验产品包装、标签、产品质量检验合格证以及有关许可证明文件，不得向未取得农药生产许可证的农药生产企业或者未取得农药经营许可证的其他农药经营者采购剧毒、高毒农药。

第十五条 定点经营单位应当建立电子采购台账，如实记录剧毒、高毒农药的名称、有关许可证明文件编号、规格、数量、生产企业和供货人名称及其联系方式、进货日期等内容，即时上传县（市、区）农业农村主管部门。采购台账应当保存二年以上。

第十六条 购买剧毒、高毒农药的，应当出示居民身份证和本单位出具的合法用途说明。

定点经营单位应当建立电子销售台账，如实记录销售剧毒、高毒农药的名称、规格、数量、生产企业、购买人、销售日期等内容，即时上传县（市、区）农业农村主管部门。销售台账应当保存二年以上。

第十七条 定点经营单位不得向下列人员出售剧毒、高毒农药：

（一）未成年的；

（二）不能出示居民身份证和本单位出具的合法用途说明的；

（三）用药超出适用范围的。

第十八条 除下列情形外，禁止使用剧毒、高毒农药：

（一）市、县（市、区）人民政府为应对突发性、大规模病、虫、草、鼠害的；

（二）国家规定可以用于粮食仓储熏蒸、检验检疫熏蒸消毒、卫生杀鼠、烟草和林木花草病虫害防治的；

（三）国家规定可以用于土壤熏蒸的；

（四）法律法规允许使用的其他情形。

第十九条 定点经营单位应当为剧毒、高毒农药使用者提供统一防治服务或者派专业人员现场监督指导用药。

自然资源和规划、城市管理、住房城乡建设、发展改革、卫生健康、海关、烟草专卖等系统使用的剧毒、高毒农药纳入统一储备管理，可以由本系统组织专业化病虫害防治服务队伍实行统一防治。

市、县（市、区）人民政府为应对突发性、大规模病、虫、草、鼠害，应当启动应急预案，组织专业化病虫害防治服务队伍实行统一防治。

第二十条 使用剧毒、高毒农药，应当遵守防毒规程，正确配药、施药，及时设置明显的警示标识，防止剧毒、高毒农药污染环境和发生中毒事故。

使用剧毒、高毒农药，应当严格执行使用安全间隔期的规定，按照标签标注的使用范围、使用方法和剂量、使用技术要求和注意事项使用，不得扩大使用范围、加大用药剂量或者改变使用方法。

第二十一条 市、县（市、区）农业农村主管部门应当加强剧毒、高毒农药使用指导、服务工作，建立健全剧毒、高毒农药安全、合理使用制度，规范剧毒、高毒农药使用行为。

生态环境主管部门应当加强对剧毒、高毒农

药使用过程中环境保护和污染防治的技术指导。

第二十二条　定点经营单位应当将使用后的剧毒、高毒农药容器、包装物回收。

定点经营单位回收的剧毒、高毒农药容器、包装物，连同废弃、过期、失效的剧毒、高毒农药，应当按照国家、省有关规定，交由专门的机构或者组织进行处理，并接受所在地县（市、区）农业农村主管部门和生态环境主管部门的监督管理。

第二十三条　剧毒、高毒农药的运输、仓储应当遵守国家、省有关规定。

第三章　监督管理

第二十四条　市、县（市、区）农业农村主管部门应当对剧毒、高毒农药储备、经营、使用进行监督检查，建立诚信档案，并向社会公布。

自然资源和规划、城市管理、住房城乡建设、发展改革、卫生健康、海关、烟草专卖等单位应当加强对本系统采购和使用剧毒、高毒农药的监督管理，并及时将本系统采购和使用剧毒、高毒农药情况报送同级农业农村主管部门。

农业农村、公安、应急管理、市场监管、生态环境等部门应当建立剧毒、高毒农药相关信息通报制度。

第二十五条　行政执法人员依法实施监督检查，可以采取下列措施，有关单位和个人应当予以配合，不得拒绝和阻挠：

（一）进入经营、使用场所实施现场检查；

（二）对经营、使用的农药实施抽查检测；

（三）向有关人员调查了解有关情况；

（四）查阅、复制合同、票据、账簿以及其他有关资料；

（五）查封、扣押违法经营、使用的剧毒、高毒农药，以及用于违法生产、经营、使用剧毒、高毒农药的工具、设备、原材料等；

（六）查封违法经营、使用剧毒、高毒农药的场所。

第二十六条　市、县（市、区）人民政府应当建立和完善农产品质量安全检测体系。农业农村、卫生健康、市场监管和海关等部门应当组织实施农产品质量安全监测或者监督抽查，对检测结果含有剧毒、高毒农药残留的农产品，应当会同有关部门追查剧毒、高毒农药的来源。

第二十七条　使用剧毒、高毒农药造成农产品污染的，由县（市、区）农业农村主管部门或者市场监管部门会同同级生态环境等部门以及当地镇人民政府（街道办事处）依照下列规定处理：

（一）对采收上市前的作物及其产品，责令限期进行无害化处理或者予以监督销毁；

（二）对已经采收上市的农产品，责令停止销售、召回并进行无害化处理或者予以监督销毁。

第二十八条　农产品生产企业和农民专业合作经济组织在其产品上市前，应当自行或者委托农产品质量安全检测机构进行剧毒、高毒农药残留检测，检测不合格的，不得销售。

第二十九条　农产品、农药、食品类等有关行业协会应当按照章程建立健全行业规范和奖惩机制，加强行业自律，提供剧毒、高毒农药安全信息、技术等服务，引导和督促剧毒、高毒农药经营、使用者依法经营、规范使用，推动行业诚信建设。

第三十条　新闻媒体应当开展剧毒、高毒农药有关法律、法规以及相关安全标准和知识的公益宣传，并对违法行为进行舆论监督。

第三十一条　市、县（市、区）人民政府应当建立有奖举报制度。

农业农村、公安、市场监管等部门应当公布本部门的举报电话、通信地址、电子邮箱等，接受举报。对接到的举报，属于本部门职责的，应当立即受理并在法定期限内核实、处理、答复；不属于本部门职责的，应当负责移交有权处理的部门。有权处理的部门应当及时处理，不得推诱。对查证属实的举报，给予举报人奖励。具体奖励办法由市人民政府制定。

有关部门应当对举报人的信息予以保密，保护举报人的合法权益。

第四章　法律责任

第三十二条　违反本条例规定，定点经营单位以外的单位或者个人经营剧毒、高毒农药的，由市、县（市、区）农业农村主管部门责令停止经营，没收违法所得、违法经营的农药和用于违法经营的工具、设备等，违法经营的农药货值金额不足一万元的，并处五千元以上五万元以下罚款，货值金额一万元以上的，并处货值金额五倍以上十倍以下罚款。

未取得危险化学品经营许可证，经营属于危险化学品的剧毒、高毒农药的，由应急管理部门依据《危险化学品安全管理条例》予以处罚。

第三十三条　违反本条例规定，伪造、变造、转让、出租、出借农药经营许可证等许可证明文件的，由发证机关收缴或者予以吊销，没收违法所得，并处一万元以上五万元以下罚款。

第三十四条　违反本条例规定，定点经营单位向未取得农药生产许可证的农药生产企业或者未取得农药经营许可证的其他农药经营者采购剧毒、高毒农药的，由市、县（市、区）农业农村主管部门责令改正，没收违法所得和违法经营的农药，并处五千元以上五万元以下罚款；拒不改正或者情节严重的，由发证机关吊销农药经营许可证。

定点经营单位向未经许可从事危险化学品生产、经营活动的企业采购属于危险化学品的剧毒、高毒农药的，由市场监管部门依据《危险化学品安全管理条例》予以处罚。

第三十五条　违反本条例规定，定点经营单位未按照规定建立和保存采购台账和销售台账的，由市、县（市、区）农业农村主管部门责令改正；拒不改正或者情节严重的，处二千元以上二万元以下罚款，并由发证机关吊销农药经营许可证。

第三十六条　违反本条例规定，定点经营单位向未成年人等人员出售剧毒、高毒农药的，由市、县（市、区）农业农村主管部门责令改正，处三千元以上一万元以下罚款；造成严重后果的，处一万元以上三万元以下罚款。

第三十七条　违反本条例规定，有下列行为之一的，由市、县（市、区）农业农村主管部门责令改正，农药使用者为定点经营单位、专业化病虫害防治服务组织、农产品生产企业和农民专业合作经济组织等单位的，处五万元以上十万元以下罚款；农药使用者为个人的，处一万元以下罚款：

（一）未按照本条例第十八条规定情形使用剧毒、高毒农药的；

（二）未按照农药的标签标注的使用范围、使用方法和剂量、使用技术要求和注意事项、安全间隔期使用剧毒、高毒农药的。

第三十八条　违反本条例规定，定点经营单位未按照规定提供统一防治服务或者派专业人员现场监督指导用药的，由市、县（市、区）农业农村主管部门责令改正；拒不改正或者情节严重的，处二千元以上二万元以下罚款。

第三十九条　违反本条例规定，定点经营单位未按照规定回收剧毒、高毒农药容器、包装物的，由市、县（市、区）农业农村主管部门责令改正，处一万元以上十万元以下罚款。

第四十条　农药监督管理部门或者其他有关部门及其工作人员，有下列行为之一的，依法给予行政处分：

（一）履行监督管理职责不力，造成严重后果的；

（二）未按照规定查处违法经营、使用行为的；

（三）未按照规定开展剧毒、高毒农药监测的；

（四）未及时受理并处理举报的；

（五）泄露举报人信息的；

（六）其他滥用职权、玩忽职守、徇私舞弊的行为。

第四十一条　违反本条例规定，法律、行政法规有行政处罚规定的，从其规定；造成环境污染事故或者人身、财产损害的，依法承担民事责任；构成犯罪的，依法追究刑事责任。

第五章　附　则

第四十二条　本条例自2016年12月1日起实施。

潍坊市电梯安全条例

（2016年10月31日潍坊市第十六届人民代表大会常务委员会第三十四次会议通过；2016年11月26日山东省第十二届人民代表大会常务委员会第二十四次会议批准。根据2019年12月24日潍坊市第十七届人民代表大会常务委员会第二十九次会议通过并经2020年1月15日山东省第十三届人民代表大会常务委员会第十六次会议批准的《潍坊市人民代表大会常务委员会关于修改〈潍坊市禁用限用剧毒高毒农药条例〉等六件地方性法规的决定》修正）

第一章　总　则

第一条　为了加强电梯安全工作，预防电梯事故，保障人身和财产安全，根据《中华人民共和国安全生产法》《中华人民共和国特种设备安全法》《山东省特种设备安全条例》等有关法律法规，结合本市实际，制定本条例。

第二条　本市行政区域内电梯的生产（包括制造、安装、改造、修理）、经营、使用、维护保养、检验检测及其安全监督管理，适用本条例。

电梯的范围按照国务院批准的特种设备目录确定。

第三条　电梯安全工作应当坚持安全第一、预防为主、权责明确、综合治理的原则。

第四条　市、县（市、区）人民政府特种设备安全监督管理部门负责对本辖区内电梯安全实施监督管理。

发展改革、教育、公安、自然资源和规划、住房城乡建设、卫生健康、应急管理等部门依据法律法规规定，在各自职责范围内做好电梯安全相关工作。

第五条　市、县（市、区）人民政府应当督促和支持各职能部门依法履行电梯安全监督管理职责，建立协调机制，及时解决电梯安全工作中存在的问题。

镇人民政府（街道办事处）应当将电梯安全纳入安全生产检查范围，协助上级人民政府有关部门依法履行电梯安全监督管理职责。

第六条　市、县（市、区）人民政府及其有关部门应当加强电梯安全宣传教育，普及电梯安全知识，增强社会公众的电梯安全意识。

电梯生产、经营、使用、维护保养单位以及检验检测机构和有关社会组织应当加强对电梯安全知识的宣传，引导社会公众正确使用电梯。

学校、幼儿园应当将电梯安全知识作为安全教育的重要内容，培养学生、幼儿安全文明使用电梯的习惯。

新闻媒体应当开展电梯安全法律法规以及相关知识的公益宣传，对违反电梯安全管理规定的行为进行舆论监督。

第七条　电梯行业协会等有关社会组织应当建立行业自律机制，推进行业诚信体系建设，协助做好电梯安全工作。

第八条　鼓励电梯生产、使用、维护保养等单位和检验检测机构投保电梯安全责任保险。

第二章　生产、经营

第九条　建设单位应当委托具有相应资质的单位对电梯安装、运行所涉及的建筑结构进行设计。

建设工程的设计单位应当根据建筑物的用途、使用需求以及功能要求，对电梯安装、运行所涉及的建筑结构进行合理设计，提出电梯选型意见。

建设单位采购电梯的选型、配置应当与建筑结构、使用需求相适应，符合国家和省有关标准，满足消防、无障碍通行等要求。车站、机场等场所的自动扶梯和自动人行道，应当选用符合相关标准要求的公共交通型电梯。

建设单位、施工单位不得将电梯用于运载建筑材料、建筑垃圾等工程建设施工作业。

第十条　电梯制造单位应当保证电梯的质量、安全性能和能效指标符合法律法规、安全技术规范和相关标准要求，依法向电梯使用单位提供相关技术资料，保证电梯零部件的供应，并提供必需的技能培训以及其他技术指导和服务。

第十一条　电梯的安装、改造、修理，应当由电梯制造单位或者其委托的取得相应资质的单位进行。受委托单位不得转包、分包或者变相转包、分包。

原电梯制造单位已经注销或者不再具备相应资质的，电梯的改造、修理应当由电梯使用单位委托依法取得相应资质的单位进行。承担电梯改造、修理的单位，对电梯质量安全负责，并向电梯使用单位提供电梯改造、修理的技术资料。改造单位应当更换电梯产品铭牌，并承担电梯制造单位的义务。

第十二条　电梯安装、改造、修理的施工单位应当按照法律法规、安全技术规范和相关标准要求施工。

电梯的安装、改造、重大修理过程经监督检验合格并竣工验收后，电梯施工单位应当将电梯钥匙以及相关技术资料移交电梯使用单位，并办理书面交接手续。电梯交付使用前，电梯施工单位应当采取有效措施防止电梯被非施工人员使用。

第十三条　移装电梯应当符合法律法规、安全技术规范以及相关标准要求。有下列情形之一的，不得移装电梯：

（一）未办理使用登记的；

（二）超期未检或者经检验不合格的；

（三）出厂文件以及相关技术资料不齐全的；

（四）未经电梯检验检测机构安全评估，或者经安全评估存在事故隐患未消除的。

第十四条　既有建筑增设电梯应当符合规划、建设、安全、消防等法律法规、技术规范以及相关标准要求。

第十五条　电梯经营单位应当销售符合法律法规、安全技术规范以及相关标准要求的电梯，并建立销售记录制度。

在本市销售境外制造的电梯，制造单位应当明确在境内承担其义务的机构。

第三章　使用、维护保养

第十六条　电梯使用单位是指具有电梯管理权利和管理义务的单位或者个人。电梯使用单位按照下列规定确定：

（一）新安装电梯未移交给所有权人的，建设单位为电梯使用单位；

（二）委托物业服务单位或者其他单位管理的，受委托方为电梯使用单位；

（三）自行管理，属于单一所有权人的，所有权人为电梯使用单位；属于多个所有权人共有的，应当通过书面协议明确电梯使用单位；

（四）出租、出借配有电梯的场所的，应当书面约定电梯使用单位；未约定或者约定不明确的，出租、出借方为电梯使用单位。

电梯使用单位不明确的，由电梯所在地镇人民政府（街道办事处）协调电梯所有权人确定电梯使用单位。

未确定使用单位的电梯不得投入使用。

第十七条　电梯使用单位是电梯使用安全的责任主体，应当履行下列义务：

（一）建立电梯安全管理制度，配备电梯安全管理人员，按照有关规定管理电梯钥匙，保证电梯紧急报警装置有效使用，并保持与值班人员通讯畅通；

（二）制定电梯事故应急专项预案，并定期进行应急演练；

（三）在电梯显著位置张贴电梯使用、维护保养标识，电梯检验、安全警示等标志；

（四）对电梯使用情况进行日常检查，及时发现和处置存在的事故隐患，及时制止不安全乘用电梯行为；

（五）电梯发生故障或者发现影响电梯安全运行的事故隐患时，立即停止使用，在电梯口的显著位置设置停用标志，及时组织检修；

（六）发生乘客被困故障时，通知电梯维护保养单位，对被困乘客实施应急救援；

（七）电梯发生事故时，按照预案组织抢救，并及时向事故发生地特种设备安全监督管理部门和有关部门报告；

（八）电梯停止运行时，及时检查电梯轿厢，防止电梯轿厢内滞留乘客；

（九）对已经停用的电梯，应当在显著位置设置停用标志，落实必要的防护措施，防止违规使用；

（十）对运载家具、家用电器等容易造成电梯损坏的，采取有效的安全防护措施或者安排人员进行现场管理；

（十一）配置实时监控系统的电梯，监控数据保存不少于一个月；

（十二）法律法规以及安全技术规范规定的其他义务。

第十八条　电梯使用单位应当保持电梯通道畅通。禁止加装防盗门等影响电梯安全、应急救援、检验检测和维护保养的行为。

第十九条　对电梯轿厢进行装修时，应当采用不影响电梯安全运行的材料和工艺，电梯轿厢重量的变动应当符合电梯安全技术规范和标准。

第二十条　电梯使用单位应当依法办理电梯使用登记。

电梯使用单位变更的，应当在变更后三十日内到原使用登记机关办理登记变更手续。

电梯报废时，使用单位应当在三十日内到原使用登记机关办理注销手续。

第二十一条　电梯使用单位变更后，原电梯使用单位应当按照规定向新电梯使用单位移交电梯安全技术档案。变更后电梯使用单位不明确的，原电梯使用单位应当向电梯所有权人移交电梯安全技术档案。

第二十二条　电梯的维护保养应当由电梯制造单位或者依法取得资质的安装、改造、修理单位进行。维护保养单位应当按照规定聘用依法取得相应资格的人员从事维护保养作业。

电梯维护保养单位在本市首次开展维护保养业务前，应当书面告知市特种设备安全监督管理部门。

第二十三条　电梯维护保养单位应当履行下列义务：

（一）至少每十五日对电梯进行一次清洁、润滑、调整和检查等维护保养工作，真实记录维护保养情况，并经电梯使用单位安全管理人员签字确认；

（二）维护保养期间采取围蔽、警示等安全

防护措施，防止意外发生；

（三）发现事故隐患及时告知电梯使用单位，发现严重事故隐患及时报告所在地特种设备安全监督管理部门；

（四）在电梯的显著位置载明近期电梯维护保养信息；

（五）建立维护保养档案，档案保存不少于四年；

（六）制定应急措施和救援预案，针对维护保养的不同类别电梯，每半年至少开展一次应急演练；

（七）公布二十四小时值班电话，接到电梯困人故障或者事故报告后，在三十分钟内赶到现场实施应急救援；

（八）每年至少组织一次对本单位电梯作业人员的安全教育和技能培训，教育培训记录保存不少于二年；

（九）法律法规以及安全技术规范规定的其他义务。

第二十四条 公众聚集场所和使用年限超过十五年的电梯，电梯使用单位和维护保养单位应当根据电梯运行的实际状况，协商确定增加维护保养频次和项目。

第二十五条 电梯维护保养单位不得将业务转包、分包或者以授权、委托、挂靠等方式变相转包、分包。

禁止以恶意低价、商业贿赂等不正当竞争手段获取维护保养业务，降低维护保养质量，影响电梯安全。

第二十六条 电梯维护保养单位发生变更的，电梯使用单位应当在变更后三十日内到原使用登记机关办理变更手续，更换电梯内维护保养单位相关标识。

第二十七条 电梯使用单位负责落实电梯日常运行、维护保养以及检验检测等电梯运行费用。

住宅电梯更新、改造、修理费用从住宅专项维修资金中列支，列支程序按照住宅专项维修资金使用的有关规定执行；未交存住宅专项维修资金或者住宅专项维修资金交存不足的，由电梯所有权人承担。

电梯发生危及人身安全等紧急情况时，住房城乡建设等部门应当按照有关规定启动住宅专项维修资金应急使用程序。

第四章 乘 用

第二十八条 乘客应当遵守电梯乘用规范，安全乘用电梯。不得有下列行为：

（一）乘用明示禁止使用状态的电梯；

（二）违反安全警示乘用电梯；

（三）超过额定载荷使用电梯；

（四）在电梯内嬉戏、打闹、蹦跳或者在运行的自动扶梯、自动人行道逆行以及在其出入口滞留；

（五）强行开启电梯层门、轿厢门；

（六）拆除和损坏电梯标识标志、紧急报警装置以及电梯安全部件；

（七）其他危及人身安全或者电梯安全运行的行为。

监护人应当履行对被监护人安全乘用电梯的监护义务。

第二十九条 发生火灾、地震等影响电梯安全运行的突发性事件时，禁止乘用电梯逃生。

第三十条 乘客被困电梯轿厢内时，应当使用轿厢内报警装置、电话等通讯设备，及时报警求助。

第三十一条 乘客发现电梯运行异常的，有权向有关部门投诉举报，或者告知电梯使用单位。

第五章 检验检测、安全评估

第三十二条 电梯应当依法进行监督检验和定期检验，未经检验或者检验不合格的，不得使用。

第三十三条　电梯检验检测机构在本市首次开展电梯检验检测工作前，应当书面告知市特种设备安全监督管理部门。

第三十四条　电梯检验检测机构应当自受理电梯使用单位的检验申请之日起十个工作日内实施现场检验。

第三十五条　电梯检验完毕后，检验检测机构应当在十个工作日内出具检验报告，并将检验信息于三个工作日内上传特种设备安全监督管理部门信息化管理系统。

电梯检验检测机构及其检验检测人员应当客观、公正地出具检验检测报告，并对检验检测结果和鉴定结论负责。

第三十六条　电梯检验检测机构在实施检验检测活动中发现重大问题或者严重事故隐患的，应当及时书面告知电梯使用单位，并报告电梯所在地特种设备安全监督管理部门。

第三十七条　有下列情形之一的，电梯使用单位可以委托检验检测机构开展电梯安全评估，根据评估结论确定继续使用电梯的条件或者对电梯进行更新、改造、修理：

（一）电梯故障率高、影响正常使用的；

（二）电梯曾遭遇水浸、火灾、雷击、地震等灾害影响的；

（三）其他需要进行安全评估的。

电梯经安全评估后，使用单位应当将评估结论张贴在电梯轿厢内或者出入口处的显著位置。

第六章　监督管理

第三十八条　特种设备安全监督管理部门应当制定年度监督检查计划，按照规定对电梯生产、经营、使用、维护保养单位和检验检测机构实施监督检查。重点监督检查下列电梯使用单位：

（一）公众聚集场所；

（二）近两年发生过电梯安全事故的；

（三）其他需要实施重点监督检查的。

第三十九条　特种设备安全监督管理部门实施监督检查时，发现违反法律法规和安全技术规范要求的行为或者电梯存在事故隐患，应当以书面形式发出安全监察指令，责令有关单位及时采取措施予以改正或者消除事故隐患。

第四十条　特种设备安全监督管理部门应当建立电梯信息动态监督管理系统，实现电梯安全管理信息化、网络化。建立电梯安全信用制度，实现信用信息共享。

第四十一条　特种设备安全监督管理部门应当公开投诉举报电话、通信地址、电子邮箱等，受理电梯生产、经营、使用、维护保养、检验检测等违法行为的投诉举报，及时处理并反馈。

第四十二条　住房城乡建设部门应当监督设计单位按照相关标准进行电梯选型、配置，加强对在建项目电梯安装施工现场的安全生产监督，对电梯安装、运行所涉及的建筑工程质量实施监督，监督物业服务企业依法履行电梯日常安全运行管理义务。

第四十三条　特种设备安全监督管理部门接到电梯事故报告后，应当尽快核实情况，立即向本级人民政府报告，并按照规定逐级上报。

事故发生地县（市、区）人民政府应当按照应急预案组织本辖区内有关部门和单位做好事故救援、处置以及善后处理工作。

第七章　法律责任

第四十四条　违反本条例规定的行为，法律法规已规定法律责任的，依照其规定执行；法律法规未规定法律责任的，依照本条例的规定执行。

第四十五条　违反本条例规定，改造单位未按规定更换电梯产品铭牌的，由特种设备安全监督管理部门责令限期改正；逾期未改正的，处一万元以上三万元以下罚款。

第四十六条　违反本条例规定，电梯安装单位移装电梯的，由特种设备安全监督管理部门责令限期改正，处二万元以上十万元以下罚款。

第四十七条　违反本条例规定，电梯使用单位有下列情形之一的，由特种设备安全监督管理部门责令限期改正；逾期未改正的，处一万元以上五万元以下罚款：

（一）未建立电梯安全管理制度的；

（二）未保持电梯通道畅通，影响电梯安全、应急救援、检验检测、维护保养的；

（三）发生变更未移交电梯安全技术档案的；

（四）未办理电梯维护保养单位变更手续的。

第四十八条　违反本条例规定，电梯维护保养单位有下列情形之一的，由特种设备安全监督管理部门责令改正，处一万元以上十万元以下罚款：

（一）接到电梯困人故障或者事故报告后，三十分钟内未赶到现场实施应急救援的；

（二）安排未取得相应资格的作业人员进行维护保养的。

第四十九条　违反本条例规定，电梯检验检测机构未及时上传电梯检验信息的，由特种设备安全监督管理部门责令限期改正，处一万元以上五万元以下罚款。

第五十条　违反本条例规定，特种设备安全监督管理部门及其工作人员有下列情形之一的，由其上级机关或者监察机关责令改正；对直接负责的主管人员和其他直接责任人员，依法给予处分：

（一）发现违法行为未依法进行查处的；

（二）发现在用电梯存在严重事故隐患未依法进行处理的；

（三）接到报告或者投诉、举报未按照规定及时处理的；

（四）在电梯事故应急救援工作中失职的；

（五）违法实施行政处罚的；

（六）其他滥用职权、玩忽职守、徇私舞弊的行为。

第五十一条　违反本条例规定，其他有关部门及其工作人员未依法履行职责或者在电梯事故救援工作中失职的，由其上级机关或者监察机关责令改正；对直接负责的主管人员和其他直接责任人员，依法给予处分。

第八章　附　则

第五十二条　本条例所称公众聚集场所，是指学校、幼儿园、医院、机场、车站、客运码头、商场、体育场馆、展览馆、公园等场所。

第五十三条　本条例自2017年1月1日起施行。

潍坊市文物保护条例

（2016年10月31日潍坊市第十六届人民代表大会常务委员会第三十四次会议通过；2016年11月26日山东省第十二届人民代表大会常务委员会第二十四次会议批准。根据2019年12月24日潍坊市第十七届人民代表大会常务委员会第二十九次会议通过并经2020年1月15日山东省第十三届人民代表大会常务委员会第十六次会议批准的《潍坊市人民代表大会常务委员会关于修改〈潍坊市禁用限用剧毒高毒农药条例〉等六件地方性法规的决定》修正）

第一章　总　则

第一条　为了加强文物保护，传承利用优秀历史文化遗产，根据《中华人民共和国文物保护法》《中华人民共和国文物保护法实施条例》《山东省文物保护条例》等法律、法规，结合本市实际，制定本条例。

第二条　本市行政区域内文物保护及其相关活动，适用本条例。

第三条　本市行政区域内，下列文物受法律保护：

（一）具有历史、艺术、科学价值的古文化遗址、古墓葬、古建筑、石窟寺和石刻、壁画；

（二）与重要历史时期、重大历史事件或者著名人物密切相关的，以及具有重要纪念意义、教育意义或者史料价值的近现代重要史迹、实物、代表性建筑；

（三）历史上各时代珍贵的艺术品、工艺美术品；

（四）历史上各时代重要的文献资料以及具有历史、艺术、科学价值的手稿、图书资料和影音像资料等；

（五）反映历史上各时代、各民族社会制度、社会生产、社会生活的代表性实物。

具有科学价值的古脊椎动物化石和古人类化石同文物一样受法律保护。

第四条　市、县（市、区）、镇人民政府负责本行政区域内的文物保护工作，履行文物安全主体责任，并将文物保护工作纳入绩效考核内容。

市、县（市、区）人民政府文化和旅游部门负责本行政区域内文物保护的监督管理。

镇人民政府（街道办事处）在县（市、区）人民政府文化和旅游部门的指导下开展文物保护工作。村（居）民委员会协助人民政府做好文物保护工作。

发展改革、教育、公安、民政、财政、自然资源和规划、住房城乡建设、城市管理、交通运输、水利、海洋发展和渔业、生态环境、民族宗教、市场监管等部门和海关应当在各自职责范围内做好文物保护相关工作。

第五条　市、县（市、区）人民政府应当设立文物保护委员会。文物保护委员会由本级人民政府及其有关部门负责人组成，负责协调解决涉及文物保护的重大事项，并根据文物保护的实际制定工作职责。

市、县（市、区）人民政府应当建立文物保护专家咨询机制，对文物保护有关事项提供专业技术支持。

第六条　市、县（市、区）人民政府应当将文物事业纳入国民经济和社会发展规划。文物保护所需经费列入本级财政预算，并根据发展需要，逐步增加对文物保护的财政拨款。

文物保护经费用于下列支出：

（一）需由政府财政承担费用的文物考古调查、勘探、发掘；

（二）国有不可移动文物的修缮、保养；

（三）非国有不可移动文物的修缮、保养补助；

（四）非国有博物馆的免费开放及其藏品维护补助；

（五）保护管理责任人的相关费用；

（六）文物研究和宣传教育；

（七）对文物保护作出显著成绩和贡献的单位或者个人的奖励；

（八）其他文物保护方面的支出。

第七条　文化和旅游部门和教育、民政、自然资源和规划、住房城乡建设、民族宗教等部门以及新闻媒体应当开展文物保护宣传教育，增强全民文物保护意识。

鼓励公民、法人和其他组织开展文物保护志愿服务活动，文化和旅游部门应当提供必要的指导和支持。

第八条　市、县（市、区）人民政府应当对文物保护中作出显著成绩和贡献的单位或者个人给予表彰、奖励。具体办法由市人民政府制定。

第二章　保护利用

第九条　市、县（市、区）人民政府应当建立不可移动文物普查制度，定期组织普查，核定公布文物保护单位。

尚未核定公布为文物保护单位的一般不可移动文物，由县（市、区）人民政府文化和旅游部门登记公布，参照县级文物保护单位进行管理。

第十条 文化和旅游部门应当根据文物普查情况，会同自然资源和规划、水利、海洋发展和渔业等部门在埋藏文物丰富的区域依法划定地下文物保护区和水下文物保护区，报本级人民政府公布，并纳入国土空间规划。

第十一条 市、县（市、区）人民政府应当依法合理划定、公布文物保护单位的保护范围和建设控制地带，设立保护标志，埋设保护界桩，建立记录档案，确定保护管理责任人。

自然资源和规划部门应当将文化和旅游部门提供的文物保护单位的位置、保护范围和建设控制地带范围标注在天地图中。

禁止任何单位和个人损毁、擅自移动保护标志和保护界桩。

第十二条 在文物保护单位的保护范围内，禁止下列行为：

（一）擅自设置户外广告设施、修建构筑物或者栽植移植大型乔木；

（二）修建人造景点；

（三）存放易燃、易爆、有毒、有腐蚀性、有放射性等危害文物安全的物品；

（四）擅自进行爆破、钻探、挖掘等作业；

（五）建窑、取土、采石、开矿、毁林、排污、深翻土地；

（六）其他可能影响文物保护单位安全及其环境的行为。

第十三条 在文物保护单位的建设控制地带内，禁止下列行为：

（一）建设易燃、易爆、有腐蚀性以及污染文物保护单位及其环境的工程；

（二）经营易燃、易爆、有腐蚀性以及污染文物保护单位及其环境的项目；

（三）存储易燃、易爆、有腐蚀性以及污染文物保护单位及其环境的物品；

（四）进行其他可能影响文物保护单位安全、历史风貌及其环境的活动。

第十四条 市、县（市、区）人民政府应当保护具有较高历史文化价值或者鲜明地域特色的农业遗产、工业遗产、商业老字号、传统村落、革命遗址、历史文化街区等，确定保护名录和保护范围，编制相应的保护发展规划，促进保护和利用。

第十五条 不可移动文物按照下列规定确定保护管理责任人：

（一）国有不可移动文物，使用人为保护管理责任人；

（二）非国有不可移动文物，所有权人为保护管理责任人，使用人和所有权人有约定的，从其约定；

（三）不可移动文物所有权不明确、国有不可移动文物无使用人或者使用人不明确的，由当地县（市、区）人民政府指定保护管理责任人。

县（市、区）文化和旅游部门应当与不可移动文物保护管理责任人签订文物保护责任书。

第十六条 不可移动文物保护管理责任人有权依法合理利用不可移动文物，享有相关收益，并遵守下列规定：

（一）负责不可移动文物的修缮、保养及安全管理；

（二）不得擅自改变不可移动文物原建筑立面、结构体系、色彩色调、基本平面布局和有特色的内部装饰等，确需进行装饰、装修的，应当依法履行审批程序；

（三）不得损毁、擅自改建、添建或者拆除与不可移动文物相关的建筑物以及其他设施，确需进行改建、添建或者拆除的，应当依法履行审批程序；

（四）不得擅自改变文物保护单位的用途和管理体制，确需变更的，应当依法履行审批程序；

（五）不得以文物利用为名过度开发经营、

拆真建假，影响文物安全；

（六）发现危害不可移动文物安全的险情时，立即采取救护措施并向所在地的文化和旅游部门报告；

（七）法律、法规规定的其他保护责任。

第十七条　保护管理责任人修缮、保养非国有不可移动文物时，市、县（市、区）人民政府可以给予适当补助。县级非国有文物保护单位或者尚未公布为文物保护单位的非国有不可移动文物的修缮、保养补助的申请，保护管理责任人可以向文物所在地的县（市、区）文化和旅游部门提出。市级以上非国有文物保护单位的修缮、保养补助的申请，保护管理责任人可以向市文化和旅游部门提出。

非国有不可移动文物有损毁危险，其保护管理责任人具备修缮能力而拒不依法履行修缮义务的，市、县（市、区）人民政府可以进行抢救性修缮，所需费用由保护管理责任人承担。

第十八条　经批准同意迁移或者拆除不可移动文物的，建设单位应当会同文化和旅游部门做好测绘、摄像和文字记录等资料收集工作。

依照前款规定拆除的国有不可移动文物中具有收藏价值的壁画、雕塑、建筑构件等，由文化和旅游部门指定国有文物收藏单位收藏。

第十九条　市、县（市、区）人民政府应当制定扶持政策，鼓励支持公民、法人和其他组织参与文物的保护和合理利用，建立博物馆、纪念馆、展览馆或者用作旅游观光、休闲场所等。文化和旅游部门应当提供必要的信息、服务和技术指导。

具备开放条件的国有不可移动文物，应当依法向公众开放。

社会力量投资保护修缮市级以下国有不可移动文物，可以在约定期限内依法使用并享有相关收益，不得改变所有权。

第二十条　进行占地二万平方米以上的大型基本建设工程或者在地下文物保护区、水下文物保护区和历史文化名城范围内进行工程建设的，工程项目立项前，建设单位应当依法向所在地县（市、区）文化和旅游部门提出申请，由县（市、区）文化和旅游部门逐级报请省级文化和旅游部门组织考古调查、勘探。

第二十一条　市、县（市、区）人民政府应当将本级文化和旅游部门纳入国土空间规划协调决策机制成员单位，在实施旧城区改建、撤村并居和其他大规模城乡建设项目前，应当依法进行文物调查，保护新发现的文物。

第二十二条　在本市行政区域内进行考古调查、勘探、发掘工作前，考古发掘单位应当向县（市、区）文化和旅游部门交验国务院和省人民政府文化和旅游部门的批准文件。考古发掘工作结束后，考古发掘单位应当在省文化和旅游部门验收后十五个工作日内向县（市、区）文化和旅游部门提交考古发掘工作总结、出土文物清单，并提出保护工作建议。

第二十三条　在基本建设工程中发现重要文物需要实施原址保护的，市、县（市、区）人民政府与建设单位协商后，可以另行安排用地或者收回土地使用权、退还已交纳的土地出让金；造成建设单位经济损失的，依法给予补偿。

第二十四条　任何单位和个人在工程建设和生产活动中发现文物的，应当保护现场，报告当地文化和旅游部门和公安机关。文化和旅游部门和公安机关接到报告后，应当及时到达现场，依法采取保护措施。

第二十五条　博物馆、图书馆、纪念馆、档案馆、学校和其他文物收藏单位应当妥善保管收藏的文物，依法区分文物等级，设置文物档案，建立管理制度，并报所在地县（市、区）文化和旅游部门备案，接受文化和旅游部门的指导和监督。

第二十六条　文物收藏单位应当利用收藏的文物进行研究、展示、教育等活动。

鼓励文物收藏单位依法利用收藏的文物开发

文博创意产品。

鼓励私人将收藏的文物捐赠或者无偿用于公益事业，接受捐赠的单位应当尊重捐赠人的意愿，对捐赠的文物妥善保管和展示。

第二十七条 国有文物收藏单位被撤销或者变更为非国有的，收藏的文物和文物档案应当由其主管部门及时移交同级文化和旅游部门。

第三章 监督管理

第二十八条 文化和旅游部门应当建立文物违法举报制度，公开举报方式，加强监督检查，依法查处文物违法行为。

第二十九条 市、县（市、区）人民政府应当明确文物执法机构及其职能，配备相应的文物专业人员。

文物执法人员实施监督检查可以采取下列措施，有关单位和个人应当配合，不得拒绝、阻碍或者隐瞒：

（一）进入现场；

（二）查阅、复制有关文件资料；

（三）询问被检查单位主要负责人和有关人员；

（四）责令停止文物违法行为。

第三十条 文化和旅游部门应当将不可移动文物名单和有关信息告知同级发展改革、自然资源和规划、住房城乡建设、城市管理、交通运输、水利和审批服务等部门。

发展改革、自然资源和规划、住房城乡建设、城市管理、交通运输、水利等部门在建设工程立项、选址时，应当尽可能避开不可移动文物；因特殊情况不能避开的，应当依法实施保护。

审批服务部门应当将利用不可移动文物作为经营场所或者住所的工商注册登记信息告知同级文化和旅游部门。

第三十一条 在文物执法过程中，公安机关接到协助通知后，应当立即前往现场予以协助。

第三十二条 人民法院、人民检察院、公安机关、海关和市场监管等部门依法没收、追缴的涉案文物，应当登记造册，妥善保管，并在结案后三十日内无偿归还失主或者移交文化和旅游部门处理。

本条例实施前已结案的涉案文物，尚未依法处理的，在本条例实施后一年内无偿归还失主或者移交文化和旅游部门处理。

第四章 法律责任

第三十三条 违反本条例规定的行为，法律法规已规定法律责任的，依照其规定执行；法律法规未规定法律责任的，依照本条例的规定执行。

第三十四条 违反本条例规定，损毁、擅自移动保护标志和保护界桩，未造成严重后果的，由公安机关或者文化和旅游部门责令恢复原状，给予警告，可以并处二百元以下罚款；造成严重后果的，依法承担民事责任和行政责任；构成犯罪的，依法追究刑事责任。

第三十五条 违反本条例规定，在文物保护单位建设控制地带内，建设污染文物保护单位及其环境的设施，从事其他破坏文物保护单位历史风貌或者可能影响文物保护单位安全及其环境活动的，由生态环境部门会同文化和旅游部门依照有关法律、法规的规定给予处罚。

第三十六条 违反本条例规定，文物保护管理责任人无正当理由拒不与县（市、区）文化和旅游部门签订文物保护责任书或者不履行责任书规定义务的，由文化和旅游部门责令限期改正；逾期未改正的，处五千元以上两万元以下罚款；情节严重的，处两万元以上五万元以下罚款。

第三十七条 违反本条例规定，擅自改变不可移动文物原建筑立面、结构体系、色彩色调、基本平面布局和有特色的内部装饰，未造成文物损坏的，由文化和旅游部门责令恢复原状，可以处二万元以下罚款；造成文物损坏的，处二万元以上二十万元以下罚款；造成文物严重损坏的，处二十万元以上五十万元以下罚款。

第三十八条　违反本条例规定，拒不配合或者妨碍文物执法人员监督检查的，处警告或者二百元以下罚款；情节严重的，处五日以上十日以下拘留，可以并处五百元以下罚款。

第三十九条　文化和旅游部门和其他行政管理部门及其工作人员有下列行为之一的，对直接负责的主管人员和其他直接责任人员依法给予处分；构成犯罪的，依法追究刑事责任：

（一）违法实施行政许可或者行政处罚的；

（二）发现文物违法行为不予查处的；

（三）接到发现文物的报告不及时到达现场采取措施，造成损失的；

（四）非法借用、侵占国有文物的；

（五）贪污、挪用文物保护资金的；

（六）其他滥用职权、玩忽职守、徇私舞弊行为的。

第五章　附　则

第四十条　本条例自2017年1月1日起施行。

潍坊市大气污染防治条例

（2017年12月12日潍坊市第十七届人民代表大会常务委员会第七次会议通过；2018年1月23日山东省第十二届人民代表大会常务委员会第三十五次会议批准。根据2019年12月24日潍坊市第十七届人民代表大会常务委员会第二十九次会议通过并经2020年1月15日山东省第十三届人民代表大会常务委员会第十六次会议批准的《潍坊市人民代表大会常务委员会关于修改〈潍坊市禁用限用剧毒高毒农药条例〉等六件地方性法规的决定》修正）

第一章　总　则

第一条　为了防治大气污染，保护和改善大气环境，保障公众健康，推进生态文明建设，根据《中华人民共和国环境保护法》《中华人民共和国大气污染防治法》《山东省大气污染防治条例》等法律法规，结合本市实际，制定本条例。

第二条　本条例适用于本市行政区域内大气污染防治及其监督管理活动。

第三条　市、县（市、区）人民政府应当对本行政区域的大气环境质量负责，建立大气污染防治工作协调机制，统筹解决大气污染防治中遇到的重大问题。加大财政投入，强化大气污染防治措施。

第四条　市生态环境主管部门对大气污染防治实施统一监督管理。其他有关部门在各自职责范围内做好大气污染防治的监督管理工作。

县、镇两级人民政府按照上级人民政府和有关部门的工作安排，做好大气污染防治相关工作。

第五条　本市实行大气污染防治目标责任制和考核评价制度。

市、县（市、区）人民政府应当将大气污染防治目标任务完成情况作为对本级人民政府有关部门及其负责人和下一级人民政府及其负责人考核的重要内容。考核结果应当向社会公布。

第二章　监督管理

第六条　禁止新建、改建、扩建严重污染大

气环境的项目。市生态环境主管部门应当会同有关部门，制定和调整建设项目环境影响评价审批负面清单，经市人民政府批准后向社会公布。

新建排放主要大气污染物的工业项目，应当按照规划和环境保护规定进入指定园区。

市、县（市、区）工业和信息化主管部门应当会同发展改革、生态环境等部门，研究制定工业高质量发展的有关政策措施和严重污染大气项目退出计划，报本级人民政府批准后向社会公布。

对城市建成区大气环境质量造成明显影响的项目，在市、县（市、区）人民政府规定期限内未达到治理要求的项目，应当停产，限期搬迁或者关闭。

城市建成区内，禁止新建、扩建水泥厂、粉磨站和混凝土搅拌站。已建成的应逐步进行搬迁改造或者转型退出。

第七条 市、县（市、区）人民政府按照属地管理、分级负责、责权分明、全面覆盖的原则，实行市、县（市、区）、镇（街）、村（居）四级网格化监管，建立和完善网格化的大气环境保护监管机制，明确监管对象、监管内容、监管标准和责任人。

第八条 生态环境主管部门负责大气环境质量监测和大气污染源监督监测，建立和完善大气环境监测网络。

县（市、区）人民政府应当在各镇、街道和辖区内重点污染源核心点设置大气质量自动监测站点，对大气环境进行自动监测。在可能出现严重污染的区域，可以设置大气质量自动监测站点。

第九条 大气污染防治重点园区管理机构应当编制大气污染治理方案，完善环境基础设施，安装工业废气特征污染物监测系统，并与市生态环境主管部门的监控系统联网，对园区内污染源排放情况进行实时监控、及时预警。

大气污染防治重点园区名单由市生态环境主管部门确定，经市人民政府批准后公布执行。

第十条 推行排污协议制度。有下列情形之一的，生态环境主管部门可以与排污单位签订排污协议，明确污染物排放要求以及相应的权利和义务：

（一）根据本市环境治理要求，对排污单位提出严于国家、省有关标准，以及排污许可证规定的排放要求的；

（二）排污单位根据自身技术改进可能和污染防治水平，主动提出削减排放要求的；

（三）排污单位申请排放国家和省尚未制定排放标准的污染物的。

排污单位与生态环境主管部门签订排污协议，并实现约定的污染物减排目标的，生态环境主管部门应当给予奖励和支持。违反协议约定的，应当按照协议承担责任。

第三章 防治措施

第十一条 市、县（市、区）人民政府应当调整能源结构，积极推进气代煤、电代煤工作，推广清洁能源的使用，逐步削减煤炭消费总量。

市发展改革主管部门应当会同工业和信息化、生态环境等部门根据经济发展状况和大气环境质量要求，制定煤炭消费总量控制计划及削减目标、措施，报市人民政府批准后组织实施。

新建、改建、扩建涉煤炭项目应当符合本市煤炭消费总量削减要求，并实行煤炭等量、减量替代。

第十二条 禁止在本市行政区域内销售和燃用不符合国家标准、行业标准、地方标准的民用散煤。

市、县（市、区）人民政府推广使用清洁煤炭和节能环保炉具，建立完善的民用清洁煤炭配送中心和销售网络。

市场监管部门负责销售清洁煤炭质量的监督管理。

第十三条 市、县（市、区）人民政府应当制定整治计划，淘汰、拆除整治计划规定的直接燃煤、重油、渣油锅炉和直接燃用生物质的锅炉以及燃煤机组，并对现有的燃煤锅炉和燃煤机组进行超低排放改造。

除国家和省另有规定外，本市禁止新建额定蒸发量三十五吨以下的直接燃煤、重油、渣油锅炉、直接燃用生物质的锅炉和单机容量三十万千瓦以下的燃煤机组。

直接燃煤、重油、渣油锅炉以及直接燃用生物质的锅炉，应当安装大气污染物排放自动监测设备，与市生态环境主管部门的监控系统联网，并保证监测设备正常运行。

第十四条　废弃物焚烧企业应当安装包含二氧化硫、氮氧化物、氯化氢等污染因子以及焚烧设施运行状况的自动监测设备，与市生态环境主管部门的监控系统联网，每年开展二次以上的二恶英等特征污染物监测，并向社会公布监测结果。

焚烧危险废物的，其危险废物焚烧设施场所的选址、焚烧基本技术性能指标等应当符合《危险废物焚烧污染控制标准》，实现大气污染物达标排放。

废弃物焚烧企业应当在厂门口等明显位置设置显示屏，将炉温、烟气停留时间、烟气出口温度、一氧化碳等信息向社会公布，接受公众监督。

第十五条　排放大气污染物的单位和其他生产经营者，应当保持大气污染物防治设施的正常使用。

工业企业大气污染物防治设施拆除、闲置或者因检修暂停使用的，应当提前五个工作日书面报告当地生态环境主管部门；因突发故障不能正常使用的，应当采取措施确保排放达标，不能达标的，应当停产，并在二十四小时内向当地生态环境主管部门书面报告。工业企业大气污染物防治设施修复前，不得恢复生产。

第十六条　在本市行政区域内，禁止销售、使用挥发性有机物含量超过国家标准、行业标准、地方标准的产品。

政府采购应当优先采购纳入省规定的低挥发性有机物含量产品目录的产品。

城乡居民居住区等人口密集区域和医院、学校、幼儿园、养老机构等其他需要特殊保护的区域，禁止使用纳入省规定的高挥发性有机物含量产品目录的产品。

第十七条　市生态环境主管部门应当会同有关部门、行业协会等，根据挥发性有机物排放标准和行业特点，制定相关行业的治理标准和污染防治操作规程，化工、涂装、印刷、家具制造等重点行业应当使用低挥发性有机物含量的产品，控制气态污染物的排放。

在城乡居民居住区等人口密集区域和医院、学校、幼儿园、养老机构等其他需要特殊保护的区域，不得新上化工、涂装、印刷、家具制造等生产经营项目。现有化工、涂装、印刷、家具制造等项目应当按照计划逐步迁出。

迁出计划由市、县（市、区）人民政府制定。

第十八条　石油化工以及生产、使用和储存挥发性有机溶剂的企业在计划开工和维修、检修、停工过程中，应当按照规定对生产装置系统的停运、倒空、清洗等环节实施挥发性有机物排放控制。

第十九条　排放工业废气异味污染物的单位，应当按照国家有关规定和监测规范，对其排放的工业废气特征污染物进行监测或者委托有资质的监测机构进行监测。原始监测记录保存期限不得少于三年。

排放工业废气异味污染物的重点控制单位，应当按照相关技术规范安装特征污染物排放自动监测设备，与市生态环境主管部门的监控系统联网，保证监测设备正常运行，并对监测数据的真实性、准确性负责。

排放工业废气异味污染物的重点控制单位由市生态环境主管部门确定并公布。

第二十条　任何单位和其他生产经营者在生

产经营过程中，不得排放影响周边居民正常生活的有毒有害和异味气体。

下列行为应当在工业园区或者市、县（市、区）人民政府划定的区域内实施：

（一）新建、改建、扩建石化、焦化、制药、油漆、塑料、橡胶、造纸、饲料等易产生恶臭气体的生产项目；

（二）从事贮存、加工、制造或者使用、晾晒等产生异味、恶臭气体的生产经营活动；

（三）从事露天喷漆、喷涂、喷砂、制作玻璃钢和机动车摩擦片等易散发有毒有害气体的作业。

第二十一条　县（市、区）人民政府应当制定畜禽养殖污染综合整治方案，划定禁止建设畜禽养殖场的区域，规划建设种养结合畜禽养殖区，推动畜禽养殖向农牧循环园区集中。规模养殖场全部配套建设畜禽粪污处理设施。

第二十二条　排放油烟的餐饮服务业经营者和单位食堂应当安装油烟净化设施，保持正常使用，定期清洗、维护并保存记录，确保油烟达标排放。逐步推行对重点油烟排放单位和其他经营者的在线监测监控。

第二十三条　市、县（市、区）人民政府应当制定计划，对城区垃圾转运站实施改造、提升。达不到改造、提升要求的，应当制定搬迁计划，限期搬迁。加强对垃圾填埋场的规范管理，采取灭虫害、除臭以及封闭、围挡、覆盖、喷淋、防渗等措施，防止明显异味和扬尘。

新建城区应当实行地下排水系统雨污分流，老旧城区按照规划逐步实施地下排水系统雨污分流，防控地下管道异味散发。

第二十四条　倡导绿色出行。国家机关、事业单位、国有企业以及城市公共交通、环境卫生等行业，应当推广使用新能源或者清洁能源机动车，鼓励其他单位和个人使用新能源或者清洁能源机动车。每年新增或者更新的城市公共汽车应当全部选用新能源或者清洁能源汽车。

第二十五条　生态环境主管部门会同公安机关交通管理部门，可以通过遥感监测、定点抽测等技术手段对机动车尾气排放进行监督抽测。遥感监测结果超过规定标准的，由生态环境主管部门责令限期复检。

机动车环保定期检验、定点抽测、遥感监测复检不符合排放标准的，机动车所有人或者使用人应当在规定的期限内进行维修，并按照要求进行重新检测。逾期不复检、不维修或者重新检测不合格的，不得上路行驶。

第二十六条　生态环境主管部门应当会同公安机关交通管理、交通运输等部门建立机动车排气污染检验和维修数据信息管理系统，生态环境、公安机关交通管理、交通运输等部门和机动车排放检验机构、机动车维修单位应当联网运行，实现信息共享。

第二十七条　行业主管部门在各自职责范围内制定相关行业扬尘污染治理标准和规范并向社会公布，监督管理相关行业的单位和个人落实扬尘污染防治责任及措施。

各行业主管部门按照下列规定履行扬尘污染防治职责：

（一）城市管理部门负责城区道路扬尘、城区渣土运输扬尘、垃圾填埋场和建筑垃圾消纳场扬尘污染防治的监督管理；会同住房城乡建设等部门对城区房屋建筑、市政基础设施建设、建筑物拆除等扬尘污染防治实施监督管理，依法应当给予行政处罚的，由城市管理部门负责实施；负责对拒不执行停止工地土石方作业、建筑物拆除施工等重污染天气应急措施行为的行政处罚；

（二）公安机关交通管理部门负责城区外渣土、土方、砂石、垃圾、灰浆、煤炭等散装、流体物料的运输车辆防尘措施的监督管理；会同城市管理部门根据职责负责城区内散装、流体物料运输车辆防尘措施的监督管理；

（三）交通运输部门负责公路施工扬尘污染防治的监督管理，负责港口、码头、车站的堆场扬尘污染防治的监督管理；负责辖区内国道、省道扬尘污染防治管理；县（市、区）人民政府负责辖区内农村公路扬尘污染防治管理；

（四）水利主管部门负责河道整治、水利工程建设工地扬尘污染防治的监督管理；

（五）发展改革部门会同生态环境、市场监管部门负责储煤场扬尘污染防治的监督管理；

（六）自然资源和规划部门负责划定砂、石、粘土禁采区，负责露天矿山勘查、开采和禁采区内砂、石、粘土开采等扬尘污染防治的监督管理；

（七）生态环境主管部门负责工业企业内堆场扬尘污染防治的监督管理。

对于不属于前款规定的其他扬尘污染防治工作，由市人民政府确定的部门负责监督管理。

第二十八条　在城市建成区内规模以上建设工地施工现场，施工单位应当在主要扬尘产生点安装远程视频监控和扬尘在线监测设施，与住房城乡建设、城市管理、生态环境等部门的监控系统联网并保持正常运行。

第二十九条　城区道路、景观绿化地和市政工程应当按照海绵城市的要求逐步实施改造，防止水土流失和扬尘污染。

城市建成区内河道及河流沿线、道路沿线、公共区域、临时闲置土地、建设工地中的裸露地面及其他裸露地面，应当由下列单位或者个人采取绿化、硬化、遮盖或者透水铺装等方法防治扬尘污染：

（一）国有土地由使用人或者管理人负责；

（二）没有使用人或者管理人的国有土地，由市、县（市、区）人民政府确定的部门负责；

（三）城市建成区内的集体土地，由所有人或者使用人负责。

第三十条　禁止露天焚烧秸秆。生态环境主管部门负责农村秸秆焚烧的监督管理工作。镇人民政府和街道办事处按照农村环境综合整治的要求负责农村秸秆禁烧工作，对辖区内的露天焚烧行为组织巡查，发现后及时予以制止。

禁止焚烧沥青、油毡、橡胶、塑料、皮革、垃圾以及其他产生有毒有害烟尘和恶臭气体的物质，禁止露天焚烧树枝、落叶等产生烟尘污染的物质。城市建成区内由城市管理部门或者其他具有监督管理职权的部门负责监督管理；城市建成区外由镇人民政府和街道办事处加强巡查，发现后及时予以制止；工业企业内由生态环境主管部门负责监督管理。

禁止在人口密集区域未密闭或者未使用烟气处理装置加热沥青。

第四章　法律责任

第三十一条　违反本条例规定的行为，法律法规已规定法律责任的，从其规定；法律法规未规定法律责任的，依照本条例执行。

第三十二条　违反本条例规定，有下列行为之一的，由市场监管部门责令改正，没收产品和违法所得，并处货值金额一倍以上三倍以下的罚款：

（一）销售不符合国家标准、行业标准、地方标准的民用散煤的；

（二）销售挥发性有机物含量不符合国家标准、行业标准、地方标准的产品的。

第三十三条　违反本条例规定，对已建成的直接燃煤、重油、渣油锅炉和直接燃用生物质的锅炉以及燃煤机组，未按照规定淘汰、拆除或者进行超低排放改造，或者新建额定蒸发量三十五吨以下的直接燃煤、重油、渣油锅炉、直接燃用生物质的锅炉及单机容量三十万千瓦以下的燃煤机组的，由生态环境主管部门、发展改革主管部门根据各自职责责令限期拆除，并处二万元以上二十万元以下罚款。

第三十四条　违反本条例规定，有下列行为之一的，由生态环境主管部门责令改正，处二万元以上二十万元以下罚款；拒不改正的，责令停产整治：

（一）直接燃煤、重油、渣油锅炉以及直接燃用生物质的锅炉未安装大气污染物排放自动监测设备或者未按照规定与生态环境主管部门的监控系统联网，并保证监测设备正常运行的；

（二）排放工业废气异味污染物的单位，未对其排放的工业废气特征污染物进行监测或者委托有资质的监测机构进行监测，并保存原始监测记录的；

（三）排放工业废气异味污染物的重点控制单位未按照要求安装特征污染物排放自动监测设备或者未按照规定与生态环境主管部门联网，并保证监测设备正常运行的。

第三十五条 违反本条例规定，废弃物焚烧企业有下列行为之一的，由生态环境主管部门责令改正，并按照下列规定予以处罚：

（一）未安装在线监测系统或者未按照规定与生态环境主管部门联网的，处二万元以上二十万元以下罚款；

（二）未在厂门口等明显位置设置显示屏或者未按照规定向社会公布相关信息的，处二万元以上五万元以下罚款；

（三）未开展二恶英等特征污染物监测或者未按照规定向社会公布监测结果的，处二万元以上十万元以下罚款。

第三十六条 违反本条例规定，有下列行为之一的，由生态环境主管部门责令改正，并按照下列规定予以处罚：

（一）石油化工以及生产、使用和储存挥发性有机溶剂的企业在计划开工、维修、检修、停工过程中，未对生产装置系统的停运、倒空、清洗等环节实施挥发性有机物排放控制的，处二万元以上五万元以下罚款；情节严重的，处五万元以上二十万元以下罚款；拒不改正的，责令停产整治或者停业整治；

（二）在工业园区或者市、县（市、区）人民政府划定的区域之外，新建、改建、扩建石化、焦化、制药、油漆、塑料、橡胶、造纸、饲料等易产生恶臭气体生产项目的，处二万元以上二十万元以下的罚款；拒不改正的，责令停产整治；

（三）在工业园区或者市、县（市、区）人民政府划定的区域之外，从事贮存、加工、制造、使用、晾晒等产生异味、恶臭气体生产经营活动或者露天喷漆、喷涂、喷砂、制作玻璃钢和机动车摩擦片等易散发有毒有害气体作业的，处一万元以上十万元以下罚款；拒不改正的，责令停产整治或者停业整治。

第三十七条 违反本条例规定，城区内土地使用人或者管理人未对裸露地面依法采取扬尘防治措施的，由城市管理部门责令改正，处一万元以上三万元以下罚款；情节较重的，处三万元以上十万元以下罚款；拒不改正的，责令停工整治。

第三十八条 违反本条例规定，在人口密集区域未密闭或者未使用烟气处理装置加热沥青的，由城市管理部门责令改正，对单位处一万元以上十万元以下罚款，对个人处五百元以上二千元以下罚款。

第三十九条 市、县（市、区）人民政府及其负有大气环境保护监督管理职责的部门和工作人员，有下列情形之一的，由有权机关对直接负责的主管人员和其他直接责任人员依法给予处分；构成犯罪的，依法追究刑事责任：

（一）包庇大气环境违法行为的；

（二）未依法实施行政处罚、行政许可的；

（三）未依法履行审批或者其他监管职责的；

（四）未依照本条例规定公开环境信息的；

（五）对超标排放污染物、采用逃避监管的方式排放污染物、造成大气环境事故等行为，发现或者接到举报未及时查处的；

（六）篡改、伪造或者指使篡改、伪造监测数据的；

（七）其他滥用职权、玩忽职守、徇私舞弊、弄虚作假的行为。

第五章 附 则

第四十条 本条例自 2018 年 5 月 1 日起施行。

潍坊市海岸带保护条例

（2019年10月25日潍坊市第十七届人民代表大会常务委员会第二十七次会议通过；2019年11月29日山东省第十三届人民代表大会常务委员会第十五次会议批准）

目　录

第一章　总　则
第二章　保护规划
第三章　资源保护与利用
第四章　污染防治
　第一节　陆域污染防治
　第二节　海域污染防治
第五章　法律责任
第六章　附　则

第一章　总　则

第一条　为了保护和改善海岸带生态环境，合理开发利用海岸带资源，建设海洋强市，根据有关法律、法规，结合本市实际，制定本条例。

第二条　本市行政区域内海岸带的保护、利用与管理，适用本条例。

第三条　本条例所称海岸带是指海洋与陆地交汇地带，包括海岸线向海洋一侧延伸的近岸海域和向陆地一侧延伸的滨海陆地。

海岸带的具体界线范围由市人民政府依据海岸带保护治理与开发利用的实际情况划定，在全市海岸带保护专项规划中予以明确，并向社会公布。

第四条　海岸带的保护、利用与管理应当遵循科学规划、保护优先、陆海统筹、严格管理、可持续发展的原则。

第五条　市、县（市、区）人民政府应当建立海岸带保护、利用与管理工作的组织领导和统筹协调机制，加强各县（市、区）、镇（街）和有关部门之间的协同配合。

沿海县级市（区）人民政府应当全面做好本行政区域内的海岸带保护各项工作。内陆县（市、区）人民政府应当以本行政区域内入海河流综合整治为重点，确保陆域入海污染物达标排放，协同做好海岸带保护有关工作。

海岸带范围内的镇人民政府、街道办事处应当做好海岸带保护、利用与管理有关工作，并指导村（居）民委员会配合做好海岸带保护工作。

第六条　市、沿海县级市（区）人民政府应当将海岸带保护、利用与管理纳入国民经济和社会发展规划以及年度计划，所需经费列入本级财政预算。

第七条　自然资源和规划主管部门负责海岸带功能区划、保护与利用规划、自然资源调查监测评价、自然资源合理开发利用与保护、国土空间管制、指导生态修复、造林绿化与沿海防护林建设、湿地保护和开发利用监管，以及其他与海岸带保护有关的法定职责。

海洋发展和渔业主管部门负责海岸带范围内海洋产业发展布局、海洋资源高效利用、海域使用管理、监督管理海域海岛保护利用活动、组织开展海域海岛监视监测和评估、组织实施海域、海岛、海岸线修复工程、海洋预警监测和防灾工作，渔业监督管理和渔业资源保护、水生野生动植物保护、渔港及渔港水域安全、渔业船舶监督管理，以及其他与海岸带保护有关的法定职责。

生态环境主管部门负责海岸带范围内的建设

项目环境保护，规范入海排污口设置，防治海岸带污染，水功能区划分与监管，以及其他与海岸带保护有关的法定职责。

水利主管部门负责入海河流管理，负责入海河流水生态保护与修复、生态流量管理，指导河道、湖泊及河口、海岸滩涂的治理、开发和保护，指导防潮堤建设与管理，海岸带内淡水、非常规水资源统一监督管理、负责饮用水水源地保护、地下水开发利用和管理保护、负责地下水超采区综合治理、节约用水统一管理监督、负责中水等非常规水资源和雨洪资源开发利用，以及其他与海岸带保护有关的法定职责。

工业和信息化主管部门负责海岸带范围内化工园区和化工重点监控点产业规划的实施、指导、考核和监督管理，工业和信息化领域产业布局产业结构调整优化、资源节约、循环经济发展和资源综合利用、绿色发展指导，以及其他与海岸带保护有关的法定职责。

海事管理机构负责所辖港区水域内非军事船舶和港区水域外非渔业、非军事船舶污染海洋环境的监督管理，并负责污染事故的调查处理，以及其他与海岸带保护有关的法定职责。

发展改革委、住房城乡建设、城市管理、交通运输、农业农村、文化和旅游、公安、应急管理等部门按照各自职责，做好海岸带保护的相关工作。

第八条　市、沿海县级市（区）人民政府应当建立海洋监视监测系统，合理布局和建设沿海验潮站、气象观测场等观测监测设施，并采取以下防灾减灾措施：

（一）建立台风、风暴潮、海浪、海啸、海冰等自然灾害预警预防体系；

（二）建设渔港、避风港、避风锚地等避灾避险场所；

（三）对沿海防护堤、护岸等防护设施进行建设、整治、修复养护；

（四）建立海上溢油、有害有毒物质及危险化学品泄漏污染突发事故应急处置机制。

任何单位和个人不得损毁或者破坏海岸带防灾减灾设施设备。

第九条　市、沿海县级市（区）人民政府应当建立海岸带保护跨区域、跨部门综合执法和日常巡查机制，推广应用遥感、无人机等现代化技术手段开展海岸带保护执法检查，掌握海岸带生态保护与利用动态信息，建立海岸带生态保护与利用动态变化影像和文字档案，及时发现并制止违法行为。

第十条　市、县（市、区）人民政府及相关单位应当加强海岸带保护的科学研究和先进技术的推广应用，充分利用现代科学技术成果，提升海岸带保护的能力和水平。

第十一条　市、县（市、区）人民政府及有关单位应当加强海岸带保护宣传教育工作，提高全社会的保护意识。

在海岸带保护方面成绩显著或者贡献突出的单位和个人，由市、县（市、区）人民政府给予表彰和奖励。

第十二条　任何单位和个人都有遵守海岸带保护法律、法规的义务，并有权对违反海岸带保护法律、法规的行为检举、控告。检举、控告受理部门应当依法处理或者移交有权部门处理，并及时反馈处理结果。

第二章　保护规划

第十三条　市自然资源和规划主管部门应当会同海洋发展和渔业、生态环境、农业农村、发展改革委、住房城乡建设、交通运输、水利、海事管理机构等部门单位，组织编制本市海岸带保护专项规划。

全市海岸带保护专项规划经市国土空间规划委员会审议通过，报经市人民政府批准，向社会公开。

经批准实施的海岸带保护专项规划不得擅自修改。确需修改的，应当按照原编制批准程序执行。

第十四条　海岸带保护专项规划是海岸带保护的基本依据，各种保护、利用与管理活动都应当符合规划的要求。

海岸带保护专项规划应当确定海岸带保护范围、分类保护体系和管控要求。

第十五条　编制海岸带保护专项规划应当遵循国土空间规划，符合生态保护红线、生态环境保护规划、海洋功能区划，并与有关专项规划相衔接。

海岸带保护专项规划应当保持滨海湿地、滩涂、入海河口、沿海防护林及其他滨海独立生境单元的完整性，严格保护自然岸线，整治修复受损岸线，合理布局涉海产业，拓展公众亲海空间，达到生态效益、社会效益和经济效益的统一。

第十六条　海岸带保护专项规划应当根据海岸带自然环境保护及沿海地区经济社会发展需求，将海岸带划分为严格保护区域、限制开发区域和优化利用区域，分别制定保护目标及管控措施。

市人民政府应当根据海岸带保护专项规划，设立海岸带标识，明确海岸带及其内部各类区域的边界，公示管控要求。

第十七条　在海岸带范围内，下列区域应当划定为严格保护区域：

（一）自然保护区和海洋特别保护区；

（二）饮用水源地一级保护区；

（三）重点海洋生态功能区，生态环境敏感区、脆弱区，沿海防护林带，候鸟栖息地；

（四）海洋生物物种高度丰富的区域、水产种质资源重点保护区；

（五）具有特殊保护价值的海域、海岸、滩涂、入海河口和海湾，重要滨海湿地、典型地质地貌景观；

（六）具有重大科学文化价值的自然遗迹和文物保护单位保护范围；

（七）其他自然形态保持完好、生态功能与资源价值显著的区域。

第十八条　在海岸带范围内，下列区域应当划定为限制开发区域：

（一）传统渔场，重要海水养殖区；

（二）重要天然卤水资源矿藏区；

（三）未列入严格保护区域的自然岸线所在的海岸带区域、文物遗址；

（四）其他自然形态保持基本完好、生态功能较好和资源价值较高的区域。

第十九条　在海岸带范围内，除严格保护区域和限制开发区域外，划为优化利用区域。

第二十条　编制海岸带保护专项规划，应当进行科学论证，采取听证会、论证会或者座谈会等形式，公开听取社会各方面的意见及建议，保证规划的科学性和可行性。

第二十一条　市、沿海县级市（区）人民政府及有关部门负责海岸带保护专项规划的组织实施，保障规划落实。

第三章　资源保护与利用

第二十二条　严格保护区域内，除国防安全和整治修复需要外，禁止开展与保护无关的各类建设活动。限制开发区域内，坚持以保护为主，兼顾社会经济建设的需要，严格控制改变海岸自然地形地貌和生态环境的活动。优化利用区域内，应当依法严格审批、科学布局建设项目，合理控制建设项目规模，严格控制占用海岸线长度，提高投资强度和利用效率。

在严格保护区域和限制开发区域，鼓励开展退堤还海、退养还滩、生态廊道建设等活动，提升海岸带资源价值和恢复海岸带生态功能。

经依法确定为自然保护区、水产种质资源保护区、海洋特别保护区、饮用水水源保护区、湿地公园的，依照有关法律、法规的规定进行保护和管理，其他法律、法规有更严格规定的从其规定。

第二十三条　实施严格的自然岸线保有率控制。

市海洋发展和渔业主管部门应当会同自然资源和规划、生态环境等相关部门划定自然岸线保护范围，任何单位和个人不得破坏自然岸线保护范围内的地形地貌和景观，不得改变自然岸线保护范围内的自然岸线属性。

第二十四条　实施海岸建筑退缩线制度，严格控制在海岸线向陆一定距离内新建建筑物。

市人民政府应当按照（省、市）海岸带保护与利用规划要求，科学合理划定海岸建筑退缩线距离。

第二十五条　除国家重大项目外，全面禁止围填海。围填海活动应当执行法律、法规和国家有关规定。

第二十六条　依照法律、法规及有关规定，已经经过海域使用论证和建设项目环境影响评价并获得批准实施的围填海等建设项目，其配套的环境保护设施应当与主体工程同时设计、同时施工、同时投产使用。

禁止使用生活垃圾、医疗废物、化工废料及未经无害化处理的采矿废料或者其他损害海洋环境质量的填充材料建设围填海工程。

第二十七条　市、沿海县级市（区）人民政府应当对海岸带内的珍稀物种、特有物种和重要经济物种等进行分类排查，建立严格保护与利用制度。对海岸带内外来物种进行排查，建立有效防控制度。

第二十八条　科学管控天然卤水开采活动。新打天然卤水井应当同时符合下列条件：

（一）取得天然卤水采矿许可证；

（二）在批准的天然卤水矿区内开采。

第二十九条　天然卤水资源利用实行溴盐联产配套制度，天然卤水先提溴再进行储备或晒盐，不得直接排放。

制溴企业在原盐生产淡季一律停产、休产或限产。具体办法由沿海县级市（区）自然资源和规划主管部门负责制定。

第三十条　开采地下水应当经过科学论证，并采取措施，防止地面沉降和海水入侵。任何单位和个人不得擅自或过量开采地下水。

水利主管部门负责海岸带地下水资源状况的监测，生态环境主管部门负责地下水环境质量状况的监测，自然资源和规划主管部门负责因过量开采引发的地面层降等地质情况的监测。水利、生态环境、自然资源和规划主管部门应当建立监测信息共享机制，定期发布监测信息。

第三十一条　市、沿海县级市（区）人民政府应当制定海岸带生态修复计划，对因为海水入侵、海岸侵蚀、海洋自然灾害、岸滩损坏、人为活动等生态破坏或者功能退化区域，组织进行综合治理和生态修复。

综合治理和生态修复应当以保留或恢复原有自然风貌为原则，遵循自然规律，科学有序组织实施。

第三十二条　严禁损毁沿海防护林。

市、沿海县级市（区）人民政府应当根据沿海实际情况组织沿海防护林建设，明确沿海防护林养护管理主体，组织做好森林防火、病虫害防治、抚育、补植等日常养护工作。沿海防护林建设应当注重保护原生植被，优先选用乡土树种，以营造防风固沙林和保护性景观林为主，形成多树种、多层次的综合防护林带。

第三十三条　海滨旅游项目开发应当因地制宜，充分保护原有地形地貌、植被和海岸海滩自然环境。

公共休闲场所管理单位应当按照海岸带保护要求建立健全管理制度，科学合理设置服务项目，配备相应服务配套设施。

第四章　污染防治

第一节　陆域污染防治

第三十四条　化工项目（溴素除外）应当按

照国家和省有关规定进驻省政府认定公布的化工园区或者设立化工重点监控点。劳动密集型等不适合进入化工园区的新建化工项目，可以按照国家和省有关规定在工业园区（集聚区）集中。

化工园区、工业园区（集聚区）应当配套符合规定标准的污水集中处理设施和在线监控设施，建立完善的环境管理档案，保证园区内企业废水得到全部收集、全部处理、全部稳定达标排放。

第三十五条　海岸带严格保护区域内，禁止设置排污口。

海岸带限制开发区域或者优化利用区域内，新设入海排污口应当依照法律、法规和国家有关规定执行。生态环境主管部门应当对依法设置的入海排污口按照“一口一册”原则进行管理。

第三十六条　工业、农渔业和商业等单位及居住区排放的污水应当纳入城镇污水处理设施（厂）集中处理；城镇污水处理管网未覆盖的地区，应当建设独立或者区域污水处理设施，污水经处理达标后排放。村（居）应当实行无害化卫生厕所建设，对生活污水处理达标排放。

严禁向入海河流及海岸带排放未经处理，或者经处理未达到标准的污水。

第三十七条　沿海县级市（区）人民政府应当对海岸带陆域范围内畜禽养殖布局进行整体规划，科学划定禁养区和限养区。禁养区内禁止畜禽养殖活动。限养区内不得擅自新建畜禽养殖场（小区）。

限养区内现有畜禽养殖场（小区）应当采取必要的污染防治措施，建设与养殖规模和污染防治需要相适应的养殖废弃物综合利用和无害化处理设施并保持正常运行。已经委托他人对畜禽养殖废弃物代为综合利用和无害化处理的，可以不自行建设综合利用和无害化处理设施。

限养区内现有畜禽养殖场（小区）未建设污染防治配套设施、自行建设的配套设施不合格，或者未委托他人对畜禽养殖废弃物进行综合利用和无害化处理的，不得投入生产或者使用。

第三十八条　农田、林地、沿海绿化景观带等应当减少化肥、农药、植物生长调节剂等化学制剂的施用数量和次数，严格执行国家安全规定和标准，不得对环境造成污染。

鼓励和推广在海岸带内使用生物、物理等无公害措施，防治农业、林业病虫害。

第二节　海域污染防治

第三十九条　市、沿海县级市（区）人民政府应当划定海岸带范围内水产养殖区、禁养区和限养区，严格管控海水养殖空间与容量。

禁养区内禁止各类水产养殖活动。限养区内不得擅自新增水产养殖项目、改变养殖方式或者扩大养殖规模。毗邻海岸线的限养区，市、沿海县级市（区）人民政府可以划定一定的范围禁止筏式养殖、网箱养殖等水面设施养殖。

第四十条　水产养殖应当科学施肥、投饵、用药，严禁国家禁用药及其化合物的使用。养殖尾水排放应当符合相关污染物排放标准，防止对海洋环境造成污染。生态敏感脆弱区、赤潮灾害高发区、污染严重海域等禁止投饵式海水养殖。

海上养殖应当使用环保浮球。市、沿海县级市（区）人民政府应当引导现有网箱配备环保设施，新上深水抗风浪网箱应当配备废物收集装置等环保设施。因养殖污染海域或者严重破坏海洋景观的，养殖者应当予以恢复和整治。

第四十一条　船舶靠泊配备岸电设施的码头，符合改用岸电条件的，应当关停燃油发电机，使用岸电。

第四十二条　市人民政府应当建立船舶污染物接收、转运及处置联单制度。船舶与船舶污染物接收单位应当按照联单制度要求将船舶污染物接收、转运和处置情况报告有关主管部门。接收、转运及处置各主管部门应当对接收单位联单运行情况加强联合监管，确保联单制度有效运行。

第四十三条　禁止在海岸带海域范围内从事下列活动：

（一）除船舶加油作业外，进行船舶散装液体污染危害性货物的过驳作业；

（二）油轮清舱作业；

（三）拆船作业；

（四）使用焚烧炉；

（五）原油单点系泊高污染风险作业；

（六）未按照相关标准、规范、准则要求使用溢油分散剂。

第四十四条　船舶油料供给单位应当按照有关规定向海事管理机构和港口行政管理部门备案，确保所供燃油的质量符合相关标准要求，并将所供燃油送交有资质的单位检测。燃油质量的检测报告应当留存备查。

船舶燃油供给单位应当如实填写燃油供受单证，并按照有关规定向船舶提供燃油供受单证和燃油样品。

第四十五条　港口应当配备完善充足的环卫设施和船舶污染物接收处理设施，并使设施处于良好状态，确保到港船舶污染物均能实施岸上接收、转运及处置。

市、沿海县级市（区）人民政府应当建立港口污染防治监管机制，完善港口污染防治设施，防止含油污水、洗舱水、生活污水和垃圾、渔业垃圾等造成污染。

第四十六条　在近岸海域从事海上餐饮、住宿等休闲娱乐活动或者其他生产、运输、经营活动的单位和个人应当在生产经营场所设置垃圾回收设施，全部收集所产生的垃圾，并交由有资质的单位集中处理，不得直接排入海洋。

市、沿海县级市（区）人民政府应当组织建立海洋垃圾监测、收集、运输及处置机制，落实属地管理责任，对海洋垃圾进行治理。市生态环境主管部门应当会同市城市管理主管部门监督管理海洋垃圾的监测与清除。

第五章　法律责任

第四十七条　对违反本条例规定的行为，法律、法规已经规定法律责任的，适用其规定。

第四十八条　市、县（市、区）、镇人民政府或者有关部门及其工作人员在海岸带保护工作中滥用职权、玩忽职守、徇私舞弊的，对直接负责的主管人员和其他直接责任人员依法给予行政处分；构成犯罪的，依法追究刑事责任。

第四十九条　违反本条例第二十五条规定，由海洋发展部门责令退还非法占用的海域，恢复原状，没收违法所得，并处非法占用海域期间内该海域面积应缴纳的海域使用金十五倍以上二十倍以下的罚款。

第五十条　违反本条例第二十六条第二款规定，使用生活垃圾、医疗废物、化工废料及未经无害化处理的采矿废料或者其他损害海洋环境质量的填充材料建设围填海工程的，由生态环境主管部门予以警告，责令停止建设、限期整治和恢复，或者采取其他补救措施；情节严重的，处五万元以上二十万元以下的罚款；有违法所得的，没收违法所得。

第五十一条　违反本条例第二十八条的规定，未取得采矿许可证擅自打井开采天然卤水的，由自然资源和规划主管部门责令停止开采，赔偿损失，恢复原状，没收采出的矿产品和违法所得，可以并处违法所得百分之五十以下的罚款，没有违法所得的，可以并处五万元以下的罚款；拒不停止开采的，县级自然资源和规划主管部门可以封闭井口，查封采矿设备和工具。

违反本条例第二十八条的规定，超越批准的矿区范围打井开采天然卤水的，由自然资源和规划主管部门责令退回本矿区范围内开采，赔偿损失，恢复原状，没收越界开采的矿产品和违法所得，可以并处违法所得百分之三十以下的罚款，没有违法所得的，可以并处三万元以下的罚款；拒不退回本矿区范围内开采，造成矿产资源破坏的，吊销采矿许可证。

第五十二条　违反本条例第二十九条的规定，溴素企业未按时停产、休产、限产或擅自开机的，由自然资源和规划主管部门责令改正，并处三十万元以下的罚款。

第五十三条　违反本条例第四十三条第四项的规定，船舶使用焚烧炉的，由海事管理机构责令改正，并处三千元以上三万元以下的罚款。

第五十四条　违反本条例第四十六条第一款的规定，在近岸海域从事海上餐饮、住宿等休闲娱乐活动或者其他生产、运输、经营活动的单位和个人，未在生产经营场所设置垃圾回收设施，将产生的垃圾直接排入海洋的，由生态环境主管部门责令清除；拒不清除的，生态环境主管部门可以指定有关单位代为清除，所需费用由用海单位和个人承担，并处三万元以下的罚款。

第六章　附　则

第五十五条　本条例自 2020 年 5 月 1 日起施行。

潍坊市城市绿化条例

（2019 年 12 月 24 日潍坊市第十七届人民代表大会常务委员会第二十九次会议通过；2020 年 1 月 15 日山东省第十三届人民代表大会常务委员会第十六次会议批准）

目　录

第一章　总　则
第二章　规划和建设
第三章　保护和管理
第四章　法律责任
第五章　附　则

第一章　总　则

第一条　为了促进城市绿化事业发展，提高城市绿化水平，保护和改善城市生态环境，增进人民身心健康，根据国务院《城市绿化条例》和有关法律法规，结合本市实际，制定本条例。

第二条　本条例适用于本市城市规划区和县城规划区范围内的城市绿化规划、建设、保护和管理。

本条例所称的城市绿化，是指在城市规划区和县城规划区范围内栽种植物和利用自然条件以改善城市生态、保护环境，为居民提供游憩场地和美化城市景观的活动。

第三条　城市绿化应当遵循以人为本、生态优先，政府主导、全民参与，科学规划、严格保护，建管并重、共建共享的原则。

第四条　市、县（市、区）人民政府应当加强对城市绿化工作的领导，将其纳入国民经济和社会发展规划，落实城市绿化目标责任制，保障城市绿地系统规划的有序实施和城市绿化事业的健康发展。

市、县（市、区）人民政府应当建立城市绿化领导协调机制，对城市绿化工作中的重大问题和事项进行协调解决。

第五条　市城市绿化行政主管部门负责本市的城市绿化工作。

县（市、区）城市绿化行政主管部门负责本辖区内的城市绿化工作。

发展改革委、财政、公安、自然资源和规

划、住房城乡建设、城市管理、审批服务等部门根据各自职责，协同做好城市绿化工作。

街道办事处在其职责范围内负责辖区内的城市绿化工作。

第六条　鼓励和支持城市绿化科学研究，推广先进技术和优良植物品种，保护自然资源和生物多样性。发展节约型绿化，推进海绵型绿地建设，有序开展立体绿化。

第七条　任何单位和有劳动能力的公民，应当依照国家有关规定履行植树或者其他绿化义务。

倡导开展形式多样的社会绿化活动。鼓励开展园林式单位（居住区）等创建活动，引导单位、个人以捐资捐物、认建认养绿地、栽植纪念树、志愿服务等方式参与城市绿化。

第八条　任何单位和个人应当爱护城市绿地及绿化设施，并有权对损坏绿地及绿化设施的行为进行劝阻、投诉和举报。

第九条　城市绿化行政主管部门应当主动听取社会公众的意见和建议，改进城市绿化工作，提高绿化质量和水平，推动城市绿化不断适应社会发展和城市居民的需求。

机关、企事业单位、社区和新闻媒体应当加强绿化法律法规和绿化科学知识的宣传工作，增强公民履行绿化义务和保护绿化成果的意识。

第二章　规划和建设

第十条　市、县（市）城市绿化行政主管部门会同自然资源和规划行政主管部门依据市县国土空间总体规划组织编制城市绿地系统规划，主要内容纳入详细规划。

城市绿地系统规划应当确定城市绿化目标和布局，规定城市各类绿地建设的控制指标，按照规定标准确定城市绿化用地面积。

城市绿化行政主管部门应当按照城市绿地系统规划，编制年度城市绿化建设和养护计划，报本级人民政府批准后实施。

第十一条　市、县（市）自然资源和规划行政主管部门按照相关标准规范，结合城市绿地系统规划，在国土空间规划中划定城市绿线，按照法定程序批准后实施。

城市绿线内的用地，不得改作他用，不得违反法律法规、强制性标准以及批准的规划进行开发建设。

第十二条　依法确定的城市绿线不得随意调整。确需调整的，应当按照原审批程序报批。

城市绿线调整不得减少绿化规划用地的总量。因调整绿线而减少的绿地面积，应当予以补足。

第十三条　下列区域城市绿线的调整，不得减少绿线范围内的绿地面积：

（一）综合公园、专类公园等公园绿地；

（二）重要的防护绿地；

（三）城市风貌保护区、饮用水源地保护区、湿地以及其他对本市生态环境保护有重要意义的绿地；

（四）法律法规规章规定的其他区域。

第十四条　下列事项在报请批准前，应当经市、县（市）国土空间规划委员会审议：

（一）编制或者修改城市绿地系统规划；

（二）划定或者调整城市绿线；

（三）改变城市绿地性质；

（四）绿地面积达不到规定标准而确需建设的建设项目；

（五）重要的城市绿化工程设计方案；

（六）涉及城市绿化的其他重大事项。

对前款规定的事项，有关机关在依法作出审批或者批准决定前，应当按照规定组织专家论证并向社会公示，听取公众意见。

第十五条　城市绿地的规划和设计应当符合国家、省有关标准和规范。新建、改建、扩建工程项目应当按照规定的标准规划、建设城市绿地。建设项目绿地面积应当符合下列标准：

（一）新建居住区绿地率不低于百分之三十，

旧城改造居住区绿地率不低于百分之二十五；

（二）城市风貌保护区内绿地率不低于百分之四十；

（三）学校、医院、养老机构、机关团体、公共文化设施、科研设计等单位的绿地率不低于百分之三十五；

（四）交通枢纽、商业中心等绿地率不低于百分之二十；

（五）新建园林景观路绿地率不低于百分之四十；道路红线宽度大于五十米的，不低于百分之三十；红线宽度在四十米至五十米的，不低于百分之二十五；红线宽度小于四十米的，不低于百分之二十；

（六）其他建设项目用地的绿地面积应当符合国家相关规定。

法律法规和国家、省对绿地指标另有规定的，从其规定。

第十六条　工程建设项目的附属绿化工程设计方案，按照基本建设程序审批时，应当有市、县（市、区）人民政府城市绿化行政主管部门参加审查。审查内容包括：

（一）绿地面积是否符合规定标准；

（二）绿地布局是否合理；

（三）植物的种类、配置以及种植密度是否科学合理；

（四）绿化设计是否符合园林景观要求；

（五）绿地内道路、给排水以及其他设施的设计是否符合有关园林设计规范；

（六）对建设项目用地范围内现有树木的处置、保护措施。

第十七条　城市绿化应当体现生态要求，注重植物群落的多样性、合理性。优先选用适应本市自然条件、经济合理、节水耐旱的植物种类，合理设计植物种类的分布、密度，预防和减少病虫害。提高市树国槐、市花月季、菊花的种植比例，突出地方特色。

城市绿地建设选用外地植物种类和栽植胸径十五厘米以上的树木时，城市绿地建设单位应当对其可行性进行专业论证并制定相应的技术措施，加强对外来植物病虫害的检测和防治，除科研、专类公园建设特殊需要外，不宜栽植不适应本地生长环境的植物。

第十八条　工程建设项目与其附属绿化项目，应当同步设计、同步施工。绿化完成时间，不得迟于主体工程投入使用后的第二个年度绿化季节。

建设单位、施工单位应当按照批准的绿化工程设计方案和施工规范组织施工，接受城市绿化行政主管部门的监督检查。

第十九条　新建、改建、扩建城市道路时应当种植行道树。鼓励和提倡双排或者多排行道树种植。

种植行道树应当符合交通通行、道路照明、电力运行、管线安全等规范要求。

第二十条　新建公园绿地和道路附属绿地应当全面推广海绵城市建设技术应用，对原有公园绿地逐步按照海绵城市要求进行改造，建设雨水花园、下沉式绿地、植草沟、微地形、人工湿地等雨水滞留设施。城市绿地内道路、广场等的铺装，应当采用透气、透水的环保材料。

第二十一条　推行和鼓励城市立体绿化。

新建政府机关、学校、医院、文化体育场所等公共建筑及新建高架桥、人行天桥、城市道路围栏等市政公用设施，条件适宜的，应当按照相关标准和技术规范实施立体绿化。

鼓励对前款以外的新建建筑物、构筑物以及适宜实施立体绿化的既有建筑物、构筑物、公共空间及边坡、墙体实施立体绿化。

市、县（市、区）人民政府可以制定立体绿化奖励办法。

第二十二条　鼓励和支持盐碱地绿化新技术的开发和推广，引进和培育适宜盐碱地生长的植物品种，开展盐碱地绿化试验研究，提高盐碱地绿化水平。

第二十三条　建设项目用地范围内有树木的，自然资源和规划行政主管部门应当在土地使用权出让或者划拨前，会同城市绿化行政主管部门制定对树木的处置、保护意见，并将处置、保护意见纳入建设项目用地规划条件。用地单位应当按照国有建设用地使用权出让合同约定或者国有建设用地划拨决定书规定，落实对树木的处置、保护措施，接受城市绿化行政主管部门的监督。

闲置土地和半年内未开工建设的建设项目用地，土地使用权人、管理人或者建设单位应当采取绿化或者其他防治扬尘污染等措施。

第三章　保护和管理

第二十四条　城市绿地养护责任人按照下列规定确定：

（一）政府投资建设的公园绿地、广场用地、城市道路绿地等公共绿化，在建设质保期内由建设单位负责，验收合格后交由城市绿化专业养护单位或者城市绿化行政主管部门委托的单位负责；

（二）单位附属绿地，由单位负责；

（三）公路、铁路、河道、湖泊、水库、海岸带等用地范围内的绿地由相关管理部门或者单位负责；

（四）建设工程范围内保留的树木，在建设期间由建设单位负责；

（五）居住区绿地，实行物业管理的，由业主或者业主委托物业服务企业负责；未实行物业管理的，由产权人或者管理单位负责；

（六）闲置土地和半年内未开工建设的建设项目用地的绿化，由土地使用权人、管理人或者建设单位负责。

前款规定以外以及养护管理责任不清或者存在争议的城市绿地、零星树木，由所在地城市绿化行政主管部门提出意见，报本级人民政府确定养护责任人。

第二十五条　实行永久性绿地制度。永久性绿地主要在下列区域中确定：

（一）综合公园、社区公园、专类公园、游园、广场；

（二）山体、河（湖）堤绿地和湿地；

（三）城市中具有一定规模和较长树龄的成片林；

（四）其他需要永久保护的绿地。

永久性绿地的确定、变更，由市、县（市、区）人民政府提出，报本级人民代表大会常务委员会决定，并向社会公布。

第二十六条　任何单位和个人不得擅自改变城市绿化规划用地和已建城市绿地性质。

因国土空间规划调整或者城市基础设施建设确需改变的，自然资源和规划行政主管部门应当按照法定程序报批并向社会公布。经批准的，应当按照先补后占、占补平衡的原则，就近补建相同等级、面积的城市绿地。

第二十七条　任何单位和个人不得擅自占用城市绿地。

因城市基础设施建设与维护等原因需要临时占用城市绿地的，应当经负责城市绿化审批的部门批准，占用期限不得超过两年。占用期满，占用人应当清场退地，恢复原状。

经批准临时占用城市绿地的，占用人应当按照规定给予补偿，具体补偿办法由市、县（市、区）人民政府制定。对城市绿地及其设施造成损坏的，应当承担赔偿责任。

第二十八条　禁止下列损害城市绿化及绿化设施的行为：

（一）在绿地内焚烧物品、野炊，倾倒废水、垃圾、渣土；

（二）钉、拴、刻划、攀折树木、剥损树皮或者在树木上捆绑电缆、电灯以及其他物件；

（三）在绿地内抛撒、堆放、晾晒物品，设置广告；

（四）擅自采摘绿地内花果枝叶，损坏植被，硬化或者圈占绿地；

（五）在公园绿地水域、景观水体内游泳、洗涮衣物和在禁钓区垂钓等；

（六）在绿地内饲养家畜家禽、捕猎、耕种；

（七）在绿地内挖沙、取土、采石、筑坟；

（八）擅自在绿地内搭棚建房、停放车辆；

（九）擅自在绿地内摆摊设点、杂耍卖艺、进行大型集会、商业营销等；

（十）损坏树木支架、栏杆、花坛、座椅、园灯、建筑小品、给排水等绿化设施；

（十一）其他损害城市绿化及绿化设施的行为。

第二十九条　任何单位和个人不得擅自迁移和砍伐树木。

树木无迁移或者保留价值、需要砍伐的，应当向所在地负责城市绿化审批的部门提出申请。

经批准砍伐的，申请人应当按照伐一补三的标准补植相同品种、相同规格的树木或者采取其他补救措施。

第三十条　结合本市山水文化特色，实施显山、露水、透绿工程，加强城市绿道建设。绿道建设应当与运动健身、旅游观光相结合，方便居民亲近绿色、享受自然。

城市绿道的树木，除抢险救灾、死亡或者存在安全隐患需要更新外，不得迁移或者砍伐。

第三十一条　城市绿地养护责任人，应当定期巡检并及时修剪养护管理范围内的树木。其他任何单位或者个人不得擅自修剪城市绿地内的树木。

城市绿地内遮挡交通标志、交通信号灯、路灯等影响交通安全和道路通行的树木，养护责任人应当及时进行修剪。养护责任人认为交通标志、交通信号灯、路灯等设置不合理的，可以向相关管理部门提出建议。

城市绿地内的树木妨碍城市管线安全，需要修剪时，相关管线权属单位应当会同养护责任人进行修剪。

因安全或者严重影响居住采光、通风，需要修剪树木的，城市绿地养护责任人应当及时修剪。

城市绿地养护责任人在实施树木修剪、喷药、浇灌等养护作业时，应当合理安排时间，避免影响居民正常生活、休息及交通通行。

第三十二条　因抢险救灾等紧急情况需要修剪、迁移、砍伐树木或者临时占用公共绿地的，相关单位或者个人可以先行处理，并在抢险救灾等紧急情况结束之日起三个工作日内报告城市绿化行政主管部门，补办相关手续。

因交通、生产等事故损毁城市绿地树木花草或者绿化设施的，应当恢复原状或者赔偿损失。

第三十三条　古树名木保护按照有关法律法规规章执行。

树龄五十年以上一百年以下的古树后备资源，参照三级古树名木进行保护。

第三十四条　城市绿化行政主管部门应当会同有关部门加强对城市树木花草病虫害的调查与监测，做好城市植物病虫害以及其他自然灾害防治的监督管理工作。

第三十五条　城市绿化行政主管部门应当组织开展城市绿地普查，建立城市绿地数字化管理系统，对城市绿地实行动态管理。

第三十六条　城市绿化行政主管部门以及其他行政执法部门进行监督检查时，有权采取下列措施：

（一）要求有关单位和人员提供与监督检查事项有关的文件、资料；

（二）要求有关单位和人员就监督检查事项涉及的问题做出解释和说明；

（三）根据需要进入现场进行勘测；

（四）责令有关单位和人员停止城市绿化违法行为。

第三十七条　城市绿化行政主管部门应当加强与审批服务、公安、自然资源与规划、城市管理、城市绿化行政执法等部门的工作协调，建立日常巡查、信息共享、案情通报、案件移送等制度，依法查处城市绿化违法行为。

城市绿化行政主管部门发现城市绿化违法行为，应当于当日告知城市绿化行政执法等有关部门；城市绿化行政执法等有关部门应当将查处情况于七日内书面告知城市绿化行政主管部门。涉嫌犯罪的，应当移交公安机关。

城市绿化行政执法部门发现城市绿化违法行为，应当于当日书面告知城市绿化行政主管部门，并将处罚决定另行书面告知。

第四章　法律责任

第三十八条　违反本条例规定的行为，法律法规已规定法律责任的，从其规定；法律法规未规定法律责任的，依照本条例执行。

第三十九条　违反本条例规定，有下列行为之一的，由城市绿化行政主管部门责令限期改正，由城市绿化行政执法部门并处罚款，按照面积处每平方米五百元以上二千元以下罚款：

（一）工程建设项目主体工程竣工投入使用后第二个年度绿化季节未完成绿化工程的；

（二）经批准临时占用的城市绿地，超过期限和范围或者占用期满后未按照要求恢复原状的。

第四十条　违反本条例规定，擅自占用城市绿地的，由城市绿化行政主管部门责令限期退还、恢复原状，并由城市绿化行政执法部门处一万元以上十万元以下罚款；造成损失的，应当承担赔偿责任。

第四十一条　违反本条例规定，有下列情形之一的，由城市绿化行政主管部门责令停止侵害，城市绿化行政执法部门可以并处罚款；造成损失的，应当负责赔偿；应当给予治安管理处罚的，由公安部门依法处理；构成犯罪的，依法追究刑事责任：

（一）损坏树木花草和绿化设施的，处以赔偿费一至三倍的罚款；

（二）擅自迁移树木的，处以树木赔偿费二至三倍的罚款；

（三）擅自砍伐树木的，处以树木赔偿费三至五倍的罚款；

（四）擅自修剪树木的，处以二百元以上一千元以下的罚款；因擅自修剪造成树木死亡的，处以树木赔偿费三至五倍的罚款。

第四十二条　城市绿化行政主管部门以及其他管理部门工作人员玩忽职守、滥用职权、徇私舞弊的，由有权机关依法给予处分；构成犯罪的，依法追究刑事责任。

第五章　附　则

第四十三条　本条例所称城市绿地指本市城市规划区和县城规划区内已建成和在建的绿地，以及规划确定的绿地。包括：

（一）公园绿地，是指向公众开放，以游憩为主要功能，兼具生态、景观、文教和应急避险等服务设施的绿地。包括综合公园、社区公园、专类公园、游园等。

（二）广场用地，是指以游憩、纪念、集会和避险等功能为主的城市公共活动场地。

（三）防护绿地，是指用地独立，具有卫生、隔离、安全、生态防护功能，游人不宜进入的绿地。包括卫生隔离防护绿地、道路以及铁路防护绿地、高压走廊防护绿地、公用设施防护绿地等。

（四）附属绿地，是指附属于各类城市建设用地（除绿地与广场用地）的绿化用地。包括居住用地、公共管理与公用服务设施用地、商业服务业设施用地、工业用地、物流仓储用地、道路与交通设施用地、公用设施用地等用地中的绿地。

（五）区域绿地，是指位于城市建设用地之外，具有城乡生态环境以及自然资源和文化资源保护、游憩健身、安全防护隔离、物种保护、园林苗木生产等功能的绿地。

第四十四条　本条例下列用语的含义：

立体绿化，是指应用植物攀援以及采用牵引或者支撑等工程技术将植物栽植并依附、铺贴于各种建筑物、构筑物及其他空间结构上的绿化方式。

城市绿线，是指城市各类绿地范围的控制界线。

绿地率，是指城市一定地区内各类绿化用地总面积占该地区总面积的比例。

永久性绿地，是指本市行政区域内，符合城乡规划，生态功能、服务功能突出，具有长期保护价值，经市、县人民代表大会常务委员会审议决定，列为永久保护的绿化区域。

古树名木，是指百年以上树龄的树木，稀有、珍贵的树木，具有历史价值或者重要纪念意义的树木。

第四十五条　本条例自 2020 年 5 月 1 日起施行。

潍坊市道路交通安全条例

（2020 年 10 月 22 日潍坊市第十七届人民代表大会常务委员会第三十六次会议通过；2020 年 11 月 27 日山东省第十三届人民代表大会常务委员会第二十四次会议批准。2022 年 12 月 22 日潍坊市第十八届人民代表大会常务委员会第六次会议修订；2023 年 1 月 10 日山东省第十三届人民代表大会常务委员会第四十一次会议批准）

目　录

第一章　总　则
第二章　车辆和驾驶人
第三章　道路通行条件
第四章　道路通行规定
第五章　交通事故处理
第六章　法律责任
第七章　附　则

第一章　总　则

第一条　为了维护道路交通秩序，加强道路交通安全管理，保障道路交通安全、有序、畅通，保护人身和财产安全，根据《中华人民共和国道路交通安全法》《中华人民共和国道路交通安全法实施条例》等法律、法规，结合本市实际，制定本条例。

第二条　本市行政区域内的车辆驾驶人、行人、乘车人以及与道路交通活动有关的单位和个人，应当遵守本条例。

第三条　市、县（市、区）人民政府应当建立健全道路交通安全工作协调和信息共享机制，完善道路交通安全基础设施，保障道路交通安全经费投入。

利用现代先进技术手段建设完善智慧交通系统，实行智能化、精细化管理，提高通行效率。

第四条　市、县（市、区）公安机关交通管理部门负责本行政区域内的道路交通安全管理工作。

工业和信息化、自然资源和规划、住房和城乡建设、城市管理、交通运输、应急管理、生态环境、市场监督管理、行政审批服务、教育、农业农村、商务、气象、消防救援等部门，应当依据各自职责，做好道路交通安全相关工作。

第五条　各级人民政府及其有关部门、车辆所属单位应当依法落实道路交通安全责任制。

第六条　新闻、出版、广播、电视、互联网等有关单位，应当加强道路交通安全法律、法规宣传，及时播发道路交通安全管理、气象预警等公益信息。

第七条　鼓励单位和个人在公安机关交通管理部门的统一组织指导下，进行道路交通安全志愿服务，协助交通警察维护道路交通秩序，宣传道路交通安全法律、法规。

第八条　任何单位和个人有权对道路交通安全违法行为进行举报。

实行有奖举报制度，具体办法由市人民政府制定。

第二章　车辆和驾驶人

第九条　办理机动车登记和业务的申请人或者代理人，应当如实向公安机关交通管理部门提交规定的材料，对申请材料实质内容的真实性负责。提供虚假材料的，应当承担相应的法律责任。

第十条　上道路行驶的机动车不得有下列情形：

（一）加装、改装高音喇叭或者妨碍交通安全的光电设备；

（二）擅自拆除或者改装消音装置；

（三）法律、法规规定的其他情形。

第十一条　道路运输企业应当定期向所在地公安机关交通管理部门报送重点车辆驾驶人信息，督促驾驶人及时处理道路交通安全违法行为和交通事故。

第十二条　公安机关交通管理部门在调查处理道路交通安全违法行为和交通事故时，可以依据法律、法规、规章及相关标准，对车辆属性进行认定并书面告知当事人。

对车辆属性认定有异议的，当事人可以依法向有关机构申请鉴定。

第十三条　患有器质性心脏病、癫痫病、美尼尔氏症、眩晕症、癔病、震颤麻痹、精神疾病、痴呆以及影响肢体活动的神经系统疾病等妨碍安全驾驶疾病的驾驶人应当及时申请注销驾驶证；丧失民事行为能力的，应当由其监护人代为申请注销。

卫生健康部门应当与公安机关交通管理部门建立严重精神障碍患者信息共享机制，按照规定定期交换相关信息。

第十四条　公安机关交通管理部门查获机动车驾驶人有吸食、注射毒品后驾驶机动车行为的，应当注销其驾驶证并移送有关部门处理。

道路运输企业、校车服务提供者发现驾驶人有吸食、注射毒品行为的，应当立即停止其驾驶行为，并向公安机关报告。

第十五条　公安机关交通管理部门应当定期向农业农村部门通报拖拉机驾驶人的道路交通安全违法行为处罚信息。农业农村部门应当定期向公安机关交通管理部门通报拖拉机的登记、安全技术检验、驾驶证发放等信息。

第十六条　经营快递和外卖配送业务的企业应当落实道路交通安全主体责任，定期对驾驶人进行道路交通安全知识培训，加强交通安全教育管理；使用符合相关国家标准的车辆，对快递、外卖车辆统一标识、统一编号。

快递、外卖配送车辆驾驶人应当遵守道路交通安全法律、法规的规定，按照操作规范安全、文明驾驶。夜间驾驶车辆应当穿戴反光服饰。

第十七条　快递、外卖配送主管部门应当定期对经营快递和外卖配送业务的企业落实道路交通安全主体责任情况进行监督检查。

第三章　道路通行条件

第十八条　市、县（市、区）人民政府在编制详细规划时，应当征求公安机关交通管理部门的意见。

在批准城市道路沿线的大（中）型公共建筑、商业街区、居住区等重大建设项目前，市、县（市、区）人民政府应当组织公安机关交通管理等有关部门对道路交通影响进行评价。

未进行道路交通影响评价或者对道路交通有重大不利影响又无法消除的重大建设项目，自然资源和规划部门不予批准。

道路沿线大型建筑改为商场、会展、娱乐、餐饮、学校等可能影响道路交通的，有关部门应当在批准前征求公安机关交通管理部门的意见。

道路交通影响评价办法由市人民政府制定。

第十九条　新建、改建、扩建道路时，道路交通安全设施应当与道路建设主体工程同时设计、同时施工、同时投入使用；道路交通安全设施达不到规定标准的，不得通过竣工验收。

新建、改建、扩建道路时，建设单位在施工过程中应当预留交通信号灯、交通技术监控设备的设置空间。

第二十条　供电企业应当保障道路交通设施供电。因检修、错峰用电、系统升级等原因对道路交通设施采取停电措施，应当提前二十四小时通知公安机关交通管理部门。

第二十一条　道路沿线的机动车出入口应当按照道路交通安全、畅通的要求设置在交通流量相对较小的路段，并设置让行的交通标志、标线。

第二十二条　占用道路施工应当在经批准的路段和时间内施工作业。

临时占用道路进行维护、绿化、清洁等作业以及跨越、穿越道路架设管线设施的，应当避开交通流量高峰期，减少通行影响，作业车辆应当开启示警灯和危险报警闪光灯。

第二十三条　新建或者改建桥梁、铁路道口的宽度，应当不窄于道路宽度。

窄于道路宽度的桥梁、铁路道口，应当拓宽；尚未拓宽的，应当设置警示灯、警示标志或者安全防护设施。

第二十四条　加大智慧交通基础设施投入，实施道路交通设施智能化改造，实现联网联控，加快智慧型城市交通大脑建设和运营。

第二十五条　规范交通技术监控设备设置程序。交通技术监控设备的设置应当以预防道路交通事故、保障道路交通安全畅通为目的，遵循科学、合理、规范、系统、公开的原则。

交通信号相位、配时要科学、精细，根据交通流量的分布情况合理划分控制时段、确定控制方案。

公安机关交通管理部门应当科学合理运用控制方式，有效均衡交通流量，缓解拥堵，提高通行效率。

第二十六条　公安机关交通管理部门在道路交通管理过程中应当以人为本，增强服务意识，提高服务质量。

对发生同类交通违法行为或者道路交通事故较多的路段、路口，公安机关交通管理部门应当会同有关部门加强分析研判，改善道路交通设施，优化道路通行条件。

对道路通行条件或者道路交通设施实施限制性调整的路段、路口，公安机关交通管理部门应当及时向社会公告。

第二十七条　公共停车场（泊位）的规划、建设、施划应当符合道路通行条件，方便社会公众车辆停放。

鼓励大（中）型公共建筑、商业街区、居住区等重大建设项目充分利用地下空间，规划建设多层地下停车场。

鼓励多渠道投资建设公共停车场（泊位），实行多元化经营。

鼓励有条件的单位在满足本单位停车需求的情况下，将专用停车场（泊位）限时免费向社会开放，实行错时停车。

停车场（泊位）管理办法由市人民政府制定。

第二十八条　下列路段、路口应当设置交通技术监控设备，并向社会公布：

（一）危险或者道路交通事故多发的；

（二）违法行为多发或者交通秩序混乱的；

（三）执勤警力难以覆盖且交通流量较大的；

（四）其他需要设置交通技术监控设备的路段、路口。

第二十九条　推行城市智慧停车，提高现有停车场（泊位）使用效率。鼓励开发利用停车场（泊位）移动智能终端应用软件，方便社会公众查询停车场（泊位）信息和预定车位。

第三十条　对停车场（泊位）不足的城市街区，公安机关交通管理部门应当根据交通状况，在城市道路范围内施划机动车停车泊位，设置交通标志、标线，限定停车时间、停放车型。

公安机关交通管理部门施划或者调整道路停车泊位时，应当征求周边单位、居民的意见，并向社会公示。

第三十一条　非经营性道路停车泊位停放机动车，不得超过限时停车标志、标线标明的时间。尚未设置限时停车标志、标线的非经营性道路停车泊位上，机动车持续停放时间不得超过二十四小时。

第三十二条　公安机关交通管理部门可以在学校、幼儿园周边设置临时停车区域，供接送学生、幼儿的车辆临时停车。

第三十三条　设置或者调整公交站点的，应当征求公安机关交通管理部门和周边居民的意见。已设置的站点严重影响交通的，应当及时调整。

第三十四条　道路管理部门应当定期排查道路安全隐患，发现隐患及时整改。

对公安机关交通管理、应急管理等部门抄送的道路安全隐患，道路管理部门应当限期整改，并反馈整改情况。

第三十五条　自然灾害、事故灾难或者突发公共卫生事件发生后，在市、县（市、区）人民政府的统一领导下，公安机关交通管理部门应当依法对车辆和行人采取疏导、限制通行、禁止通行等交通管制措施。

第四章　道路通行规定

第三十六条　机动车在道路上行驶，应当遵守下列规定：

（一）在设有主路、辅路的道路上，进、出主路的机动车不得妨碍相关车道内正常行驶的车辆通行；

（二）通过有交通信号灯控制的交叉路口，先于本放行信号放行的车辆仍在路口的，应当让其先行；

（三）通过有方向指示信号灯并设置待行区的交叉路口，应当按照信号灯指示依次进入待行区停车等候；

（四）严禁在有路灯照明的城市道路或者有交通信号灯的路口使用远光灯；

（五）严禁互相追逐、竞驶、竞技、驾驶表演等危害道路交通安全的行为；

（六）通过学校、幼儿园门前应当减速慢行；

（七）不得故意在交通流量大的主、次干道上缓慢行驶；

（八）法律、法规规定的其他情形。

第三十七条　在设置公交专用车道的路段，公交车应当在专用车道内行驶；遇到转弯或者遇有障碍时，可以临时借用其他车道，但转弯或者超越障碍后应当及时驶回公交专用车道。

第三十八条　公交专用时段内，除交通标志、交通标线允许借用公交专用车道行驶的车辆外，其他车辆禁止在公交专用车道内行驶。

第三十九条　城市公交车辆进出停靠站应当遵守下列规定：

（一）按照交通标线停靠，无交通标线的应当距离道路右侧边缘一米以内单排停靠，安全上下乘客后立即驶离；

（二）暂时不能进入停靠站的，在最右侧机动车道单排等候进站；

（三）不得在停靠站以外上下乘客；

（四）驶离停靠站时，依次单排顺序行驶。

第四十条　出租汽车临时停车上下乘客应当在不影响交通的情况下按照顺行方向停靠，车身右侧距离道路边缘不得超过三十厘米。乘客应当从出租汽车的右侧车门上下。

第四十一条　遇有执行紧急任务的警车、消防车、救护车、工程救险车，其他车辆和行人应当在确保安全的前提下按照下列规定让行：

（一）同车道行驶的前方车辆应当及时变更车道；

（二）相邻车道行驶的车辆应当减速慢行，注意避让；

（三）通过交叉路口时，等待执行紧急任务的车辆通过后再通行。

第四十二条　在城市道路范围内，运输渣土、砂石等建筑材料或者建筑垃圾的机动车应当按照公安机关交通管理部门指定的时间、路线、速度通行。行驶过程中应当采取覆盖、密闭或者其他措施防止物料遗撒。

第四十三条　载运易燃、易爆化学物品以及剧毒、放射性等危险物品的车辆，应当在规定地点停放；在道路上行驶时，不得牵引车辆。

第四十四条　重中型货车、专项作业车在路口右转弯时应当注意观察，必要时停车让行其他车辆和行人。

道路管理部门、公安机关交通管理部门应当在路口设置提示标志、标线。

第四十五条　在城市快速路上行驶的机动车，遇有沙尘、冰雹、雨、雪、雾、结冰等影响道路交通安全的气象条件时，应当降低行驶速度，保持安全车距。能见度小于五十米时，应当从最近的出口驶离。

气象条件严重影响交通安全时，公安机关交通管理部门可以对城市快速路采取限制通行、禁止通行等交通管制措施，并及时向社会公布。

第四十六条　下列车辆不得上道路行驶：

（一）在工厂厂区、旅游景区、游乐场所等特定区域使用的场（厂）内专用机动车辆；

（二）非法拼、组、改装的机动车；

（三）具有动力装置驱动的滑板车、独轮车、自平衡车等。

城市快速路禁止通行的车辆由市、县（市）人民政府依法确定并公告。

第四十七条　未经公安机关交通管理部门依法登记的三轮车、四轮车、摩托车，不得在禁止其通行的道路上行驶。禁止通行的道路由市、县（市）人民政府划定。

第四十八条　机动车行驶时，驾驶人、乘坐人员应当按照规定使用安全带。

从事营运的机动车驾驶人应当督促乘坐人员按照规定使用安全带。

学龄前儿童乘坐小型汽车的，应当在后排座位设置的符合国家标准的儿童安全座椅上乘坐或者由驾驶人以外的成年人看护，并在后排乘坐。

驾驶人不得安排未满十二周岁的未成年人乘坐副驾驶座位。

第四十九条　在道路上驾驶非机动车，应当遵守下列规定：

（一）在没有划分非机动车道的道路，应当靠道路右侧边缘行驶，不得在排队等候或者缓慢行驶的机动车之间穿行；

（二）驾驶人不得以手持方式使用通讯工具，不得双手离把；

（三）经过公交停靠站时减速慢行，注意避让上下公交车的人员；

（四）与相邻行驶的车辆保持安全距离，在与行人混行的道路上注意避让行人；

（五）通过设有危险标志的路段时，减速慢行或者下车推行；

（六）不得牵引动物；

（七）法律、法规规定的其他情形。

电动自行车上道路行驶时，驾驶人、乘坐人员应当规范佩戴安全头盔。

第五十条　非机动车通过有交通信号控制的交叉路口，应当按照交通信号灯和交通标志、标线指示行驶；遇有停车信号时，应当停车等候，不得从路口外绕行。

第五十一条　市、县（市、区）人民政府应当对互联网租赁自行车运营企业加强监督管理。具体管理办法由市人民政府制定。

第五十二条　行人通过路口或者横过道路，应当走人行横道或者过街设施；通过有交通信号灯的人行横道，应当按照交通信号灯指示通行；通过没有交通信号灯、人行横道的路口或者在没有过街设施的路段，应当在确认安全后快速通过。

第五十三条　禁止在道路上放养家禽、家畜以及宠物。家禽、家畜以及宠物在道路上通行时，应当由动物饲养人或者管理人看管。

第五章　交通事故处理

第五十四条　市、县（市、区）人民政府应当建立健全道路交通事故应急救援体系、道路交通事故应急专业队伍和专家队伍，完善公安、应急管理、卫生健康、交通运输、生态环境、气象、消防救援等部门联动的道路交通事故应急救援机制。

第五十五条　未造成人身伤亡并且财产损失较小的道路交通事故当事人无正当理由不配合公安机关交通管理部门调查、处理的，公安机关交通管理部门可以根据收集到的证据，在法定期限内制作交通事故认定书或者事故证明，送达当事人。

第五十六条　医疗机构应当及时抢救道路交通事故中的受伤人员，不得因抢救费用未及时支付而拖延救治。

符合道路交通事故社会救助基金救助条件的受伤人员产生的尚未结算的抢救费用，医疗机构可以向救助基金管理机构依法提出申请，救助基金管理机构应当及时受理。

第五十七条　在城市快速路上发生交通事故造成路灯、供电、通讯及其他公共设施损坏的，应当立即报警等候处理；车辆可以移动的，应当采取拍照、录像等方式固定相关证据后，迅速通过最近的出口驶离，就近将车辆移至不妨碍交通的地点。

第五十八条　车辆在道路以外发生交通事故，公安机关交通管理部门接到报案的，参照有关法律、法规和本条例的规定，可以对事故造成的财产损失先行调解，经调解达成协议的，形成调解协议书，由各方当事人签收。

调解不成或者当事人不同意调解的，由公安机关交通管理部门出具出警证明，分别送达各方当事人，并告知事故当事人可以申请人民调解委员会进行调解或者依法向人民法院提起诉讼。涉嫌犯罪的，及时移送有关部门处理。

第六章　法律责任

第五十九条　对违反本条例规定的行为，法律、法规已经规定法律责任的，适用其规定。

对于情节轻微、未影响道路通行的道路交通安全违法行为人，公安机关交通管理部门及其交通警察指出其违法行为，给予口头警告后放行。

第六十条　违反本条例第十条第二项规定的，由公安机关交通管理部门责令恢复原状，并处以二百元以上五百元以下罚款。

第六十一条　违反本条例第三十一条规定，超过规定停车时限的，公安机关交通管理部门可以指出违法行为，并予以口头警告，令其立即驶离。

机动车驾驶人不在现场或者虽在现场但拒绝立即驶离，妨碍其他车辆、行人通行的，处以二十元以上二百元以下罚款，并可以将该机动车拖移至不妨碍交通的地点或者公安机关交通管理部门指定的地点停放。

第六十二条　违反本条例第四十六条第一款第一项、第四十七条规定的，由公安机关交通管理部门处以警告或者二十元以上二百元以下罚款。

第六十三条　违反本条例第四十六条第一款第三项规定的，由公安机关交通管理部门处以警告或者五元以上五十元以下罚款。

第六十四条　违反本条例第四十九条第一款第二项、第六项规定的，由公安机关交通管理部门处以警告或者五元以上五十元以下罚款；拒绝接受罚款处罚的，可以扣留其车辆。

违反本条例第四十九条第二款规定的，由公安机关交通管理部门给予口头警告，责令改正，并登记相关信息；再次违反且经责令改正仍拒不改正或者造成危害后果的，处以二十元罚款。

第六十五条　公安机关交通管理部门和其他行政管理部门及其工作人员有滥用职权、玩忽职守、徇私舞弊等行为的，对直接负责的主管人员和其他直接责任人员依法给予处分；构成犯罪的，依法追究刑事责任。

第七章　附　则

第六十六条　本条例下列用语的含义：

（一）道路交通设施，是指交通信号灯、交通标志、交通标线、交通技术监控设备等用于保证道路交通安全畅通的设施。

（二）重点车辆，是指大中型客车、重中型货车或者牵引车、危险品运输车、校车。

（三）三轮车、四轮车、摩托车，是指未列入《道路机动车辆生产企业及产品公告》目录，以动力装置驱动或者牵引，上道路行驶的供人员乘用或者用于运送物品以及进行工程专项作业的轮式车辆。

（四）城市快速路，是指在城市内修建的，实行中央分隔、全部控制出入、控制出入口间距及形式，具有单向双车道及以上的车道，并设有配套的交通安全与管理设施的城市道路。

第六十七条　本条例自 2023 年 3 月 1 日起施行。

潍坊市供热条例

（2020 年 12 月 8 日潍坊市第十七届人民代表大会常务委员会第三十八次会议通过；2021 年 1 月 28 日山东省第十三届人民代表大会常务委员会第二十五次会议批准）

目　录

第一章　总　则
第二章　规划与建设
第三章　供热用热管理
第四章　设施管理维护
第五章　投诉和争议处理
第六章　法律责任
第七章　附　则

第一章　总　则

第一条　为了规范供热用热行为，提高供热服务质量，维护供热用热双方的合法权益，节约能源，保障和改善民生，根据《山东省供热条例》和有关法律、法规，结合本市实际，制定本条例。

第二条　本市行政区域内的供热规划、建设、经营、使用及相关管理活动，适用本条例。

本条例所称供热，是指供热企业依靠稳定热源，通过管网为用户提供生活用热的集中供热行为。

第三条　发展供热事业应当遵循政府主导、企业经营、保障安全、节能环保的原则。

第四条　市人民政府城市管理部门负责全市供热及相关活动的监督管理，县级人民政府住房和城乡建设部门或者县级人民政府确定的供热管理部门（以下统称供热主管部门）负责本行政区域内供热以及相关活动的监督管理。

发展改革、财政、自然资源和规划、住房和城乡建设、城市管理、生态环境、市场监管、行政审批服务等部门按照职责分工，做好相关供热管理工作。

第五条　市、县（市、区）人民政府应当组织开展供热管网“汽改水”等节能改造，制定专项支持政策，鼓励发展清洁能源和可再生能源供热，鼓励和扶持供热新技术、新工艺、新材料、新设备的研究开发和推广使用。公共建筑优先采用可再生能源、清洁能源等方式供热。

市、县（市、区）人民政府应当制定天然气等清洁能源替代燃煤供热的规划，对本行政区域内的清洁能源利用区域、方式、规模和实施措施作出安排。具体由市、县（市、区）人民政府发展改革部门负责制定。

第六条　市、县（市、区）人民政府应当综合运用环保、土地、财政等政策，引导供热企业通过参股、控股、兼并等形式整合供热资源，推动供热规模化、集约化经营。

第二章　规划与建设

第七条　市人民政府城市管理部门负责组织编制奎文区、潍城区、坊子区、寒亭区等行政区域内的供热专项规划。县（市）人民政府供热主管部门负责组织编制本行政区域内的供热专项规划。

供热专项规划经自然资源和规划部门审查同意，报本级人民政府批准后实施。经批准的供热专项规划不得擅自变更；确需变更的，应当报原批准机关批准。

自然资源和规划等部门应当按照供热专项规划要求，预留热源、热力站、供热管网等供热设施配套建设用地。预留的供热设施配套建设用地，任何单位和个人不得擅自占用或者改变用途。

第八条　供热主管部门应当根据供热专项规划确定供热范围和供热方式。供热企业应当按照供热主管部门确定的供热范围和供热方式发展用户、提供热源，满足用户用热需求。

供热企业供热能力不能满足用热需求时，供热主管部门应当及时调整其供热范围。

在供热专项规划确定的工业余热和可再生能源、清洁能源供热发展区域内，供热企业因条件限制不能采用规划确定的供热方式供热的，供热主管部门应当调整其供热范围或者依法确定新的供热企业。

第九条　新建、改建、扩建工程需要接入供热管网的，建设单位应当在编制建设工程设计方案时就建设项目供热条件征求供热主管部门意见，在开工前向供热企业办理用热报装手续。

供热主管部门应当自受理之日起七个工作日内根据供热专项规划及其实施情况提出书面答复意见，明确工程是否具备供热条件。具备供热条件的，供热主管部门应当告知建设单位供热方式及供热企业，并提出供热分项设计技术要求。

第十条　新建住宅小区内的供热设施（包括供热管道、换热系统和用热计量装置），由供热企业负责投资建设、维护和管理。供热设施的施工，应当严格执行招投标法律、法规。房地产开发企业应当协调配合供热设施的施工，并承担相关管沟、设备用房等土建工程的配套建设，保证配套设施内具备通讯联网、水电单独立户条件。

供热设施的建设资金，并入城市基础设施配套费，由房地产开发企业按照规定缴纳，专项用于供热设施的投资建设。

第十一条　新建住宅小区的用热设施，由房地产开发企业负责建设。

房地产开发企业应当依法承担用热设施保修期内的整改、维修和调试等保修责任。房地产开发企业委托供热企业承担用热设施保修责任的，应当按照约定向供热企业缴纳相应的维修费用。

房地产开发企业与购房者在住宅销售合同中约定的用热设施保修期限不得少于二个采暖期。用热设施的保修期从住宅交付之日起计算。

第十二条　供热工程竣工后，工程建设单位应当依法组织竣工验收。住房和城乡建设部门、供热主管部门应当按照各自职责对供热工程竣工验收实施监督。

第三章　供热用热管理

第十三条　本市采暖期为每年的 11 月 14 日 12 时至次年的 3 月 15 日 12 时。市、县（市）人民政府可以根据天气变化，作出调整采暖期的决定。供热企业不得延迟或者提前结束供热。

第十四条　供热企业应当与用户签订供用热合同，明确双方的权利和义务，建立用户档案。供热主管部门应当会同市场监管部门制定供用热合同的示范文本。

第十五条　在室外温度不低于供热系统最低设计温度、建筑围护结构符合当时采暖设计规范标准和室内采暖系统正常运行条件下，供热企业应当保证采暖供热期内用户卧室、起居室的温度不低于十八摄氏度。供用热合同另有约定的，从其约定。

第十六条　供热企业应当向终端用户收取热费，用户应当按照供用热合同的约定交纳热费。

对低收入困难家庭和其他需要特殊照顾的家庭，由市、县（市、区）人民政府制定热费补贴办法。具体由市、县（市、区）人民政府财政部门负责。

第十七条　用户具备分户用热计量条件的，供热企业应当按照用热量收费，在采暖期结束后两个月内结清费用并公示；不具备分户用热计量条件的，按照供热面积收费。

新建民用建筑和既有民用建筑热计量改造时，应当在建筑物热力入口处设置热量表，作为该建筑物采暖耗热量的热量结算点。

供热计量整体改造完成前，供热企业对用户按照用热量收费的数额超过按照供热面积收费数额的，市、县（市）人民政府应当明确超过部分的收费上限。具体办法由市、县（市）人民政府发展改革部门负责制定。

第十八条　既有建筑申请接入集中供热管网，应当于每年的 7 月 31 日前向供热企业提出。住宅小区申请户数达到本小区总户数三分之二以上的，供热企业应当将住宅小区接入集中供热管网。

第十九条　对已具备供热条件的住宅小区，符合下列条件之一的，供热企业应当供热：

（一）建筑节能达到百分之五十的，申请用热户数达到小区总户数百分之四十以上的；

（二）建筑节能达不到百分之五十的，申请用热户数达到小区总户数百分之五十以上的。

第二十条　申请用热户数达不到第十九条规定比例，但符合下列情形之一的，供热企业应当供热：

（一）新建住宅集中交房之日起二个采暖期内，房地产开发企业向供热企业补足缺口户数的基础热价的；

（二）供热用热双方对供热温度、供热时间和缴费金额等协商后达成一致的。

第二十一条　供热企业应当在采暖期开始前对供用热设施充水试压，并确定试压时间，在试压七日前通知用户。充水试压时，用户用热设施发生漏水等异常情况的，用户可以委托供热企业进行检修，供热企业应当及时进行检修。

第二十二条　供热企业应当在采暖期开始五日前启动全系统低温运行，做好调试、排气、故障排除等工作。

第二十三条　采暖期内，供热企业应当按照有关标准和规范的规定以及供用热合同的约定，按时连续稳定供热，不得擅自中断或者停止供热。

因特殊原因需要连续停止供热超过二十四小时的，供热企业应当提前二日通知用户；因突发事件不能正常供热的，供热企业应当立即组织抢修，及时报告供热主管部门，并通知受影响区域的用户。连续停止供热二十四小时以上的，供热企业应当退还停止供热期间的热费；实行分户用热计量的，应当向用户退还停止供热期间的基本热费。

第二十四条　供热企业应当加快智慧供热建设，在热源厂、换热站设置在线监控设施，设置户内测温点，连续监测供热质量，并将监测数据实时上传供热主管部门监控管理平台。

第二十五条　未经批准，供热企业不得擅自停业。确需停业的，应当在当年采暖期开始六个月前向行政审批服务部门提出申请，行政审批服务部门应当自收到申请之日起二十日内作出是否批准的决定。

经批准停业的供热企业应当对供热范围内相关用户、设施维护管理以及热费等事宜做出妥善安排，在当年采暖期开始三个月前与承接的供热企业完成供热设施及技术档案、用户资料、热费等事项的交接工作，并向行政审批服务部门和供热主管部门提出书面报告。

第二十六条　对未经批准擅自停止供热、被依法吊销供热经营许可证，以及因不可抗力导致无法保障安全稳定供热的，经市、县（市、区）人民政府批准，供热主管部门应当及时组织应急接管，并在供热范围内公告。

第二十七条　市、县（市、区）人民政府应当设立供热政策性补贴资金，专项用于补贴供热企业成本与价格倒挂亏损、延长供热期限、供热系统节能和环保改造、旧住宅区供热设施改造等。

供热主管部门应当组织对供热企业进行年度评价，评价结果作为供热政策性补贴、供热范围调整的重要依据。

第二十八条　用户要求停止或者恢复供热的，应当在采暖期开始三十日前向供热企业提出申请并办理手续。

供热设施具备分户关闭条件的，供热企业应当免费办理停止或者恢复供热手续。

供热设施不具备分户关闭条件的，在不影响其他用户的情况下，供热企业可以对供热设施进行隔断处理。

第二十九条　用户应当妥善使用和维护自有用热设施，不得有下列行为：

（一）擅自改动热力管道、安装管道泵、增设散热器或者改变用热性质和方式；

（二）擅自在室内用热设施上安装放水阀、排气阀或者换热装置；

（三）擅自排放热力系统内的水；

（四）违反建筑设计安全标准新设、改换用热设施；

（五）其他妨碍供用热设施正常运行的行为。

第四章　设施管理维护

第三十条　住宅小区内用热分户计量装置或者入户端口以外的供热设施，属于供热企业建设的或者移交供热企业的，由供热企业负责养护、检定、维修和更新。

用户自有用热设施和用户共有的供热设施，由用户负责养护、检定、维修和更新。

第三十一条　非供热企业直管住宅小区内供热设施应逐步移交供热企业，由供热企业负责统一管理、并网运营、直供到户。

住宅小区供热设施移交时应当符合相关行业标准和规范；不符合相关行业标准和规范的，应当进行改造。市人民政府应当制定移交、改造办法，具体由市人民政府城市管理部门会同住房和城乡建设、自然资源和规划、财政部门负责。

第三十二条　供热企业应当定期进行供热安全检查，用户应当配合。需要入户检查的，供热企业应当征得用户同意并出示有效证件。

供热企业应当按规定对供热设施设置明显的安全警示标识，任何单位和个人不得擅自拆除、损坏、覆盖、移动、涂改安全警示标识。

第五章　投诉和争议处理

第三十三条　供热主管部门应当建立健全争议处理机制，及时协调处理供热争议。

供热企业应当公开供热服务电话，在采暖期内实行二十四小时值班，及时处理供热投诉。

第三十四条　供热企业接到投诉后，应当按照下列规定处理：

（一）对供用热设施漏水的投诉，应当在一小时内到达现场抢修或者协助用户维修；

（二）对供热温度等有关供热质量的投诉，在采暖期开始后的十日内，应当在五小时内到达现场处理；在采暖期的其他时间，应当在二小时内到达现场处理。双方另有约定的，从其约定。

第三十五条　用户认为室内温度不达标的，可以向供热企业提出温度检测的要求。检测应当如实填写检测记录。用户对检测结果无异议的，应当在检测记录上签字。

用户对测温结果有异议或者供热企业不按时入户测温的，用户可以向所在地县（市、区）供热主管部门投诉，也可以委托具备资质的检测机构测温。因供热企业原因导致室内温度不达标的，检测费用由供热企业承担。

第三十六条　测量供热温度，应当正常关闭门窗二小时以上，将测温器具置于被测房间中央距离地面之上一米处，测温器具的稳定读数为实际供热温度。

测温器具应当为经计量检定合格的数字式测温仪。

第三十七条　因供热企业原因导致室内温度不达标的，供热企业应当采取措施，保证供热温度达到规定标准，并按照下列标准向用户退还热费：

（一）卧室、起居室温度低于十八摄氏度、高于十六摄氏度（含）的，退还温度不达标天数热费的百分之五十；

（二）卧室、起居室温度低于十六摄氏度的，退还温度不达标天数的全额热费。

温度不达标天数为用户向供热企业提出检测申请之日至供热温度达标之日的期间。

第三十八条　因室内温度不达标向用户退还热费的，供热企业应当在采暖期结束后二个月内履行完毕。双方另有约定的，从其约定。

第六章　法律责任

第三十九条　违反本条例规定的行为，法律、法规已规定法律责任的，从其规定；法律、法规未作规定的，按照本条例规定执行。

第四十条　违反本条例第十七条的规定，供热企业对具备分户用热计量条件的用户不按照用热量收费的，由供热主管部门给予警告，责令限期改正；情节严重的，吊销供热经营许可证。

供热企业的价格违法行为由市场监管部门依法查处。

第四十一条　违反本条例规定，供热企业有下列行为之一的，由供热主管部门责令限期改正；逾期不改正的，处三万元以上三十万元以下罚款，有违法所得的，没收违法所得：

（一）拒绝供热范围内符合条件的住宅小区及其他建筑物接入供热管网的；

（二）无正当理由拒绝向供热范围内符合集中供热条件的用户供热的；

（三）擅自超出供热范围发展用户的。

第四十二条　违反本条例第二十二条的规定，供热企业在采暖期开始前不按时启动全系统低温运行的，由供热主管部门责令限期改正；逾期未改正的，处一万元以上三万元以下罚款。

第四十三条　用户违反本条例第二十九条规定的，由供热主管部门或者综合行政执法部门责令限期改正；逾期不改正的，对单位用户可以处一万元以上五万元以下罚款，对个人用户可以处二百元以上一千元以下罚款；造成损失的，依法承担赔偿责任。盗窃热能等构成违反治安管理行为的，由公安机关依照《中华人民共和国治安管理处罚法》予以处罚；构成犯罪的，依法追究刑事责任。

第四十四条 供热管理工作人员玩忽职守、弄虚作假、滥用职权、徇私舞弊的，由其所在单位或者上级主管部门给予处分；构成犯罪的，依法追究刑事责任。

第七章 附 则

第四十五条 本条例下列用语的含义：

（一）供热设施，是指用于供热的各种设施设备，包括热源、供热管网、换热站、泵站、阀门室（井）、计量器具及附件等。

（二）用热设施，是指用户室内供热管道、散热设备及附件等。

（三）建筑节能达到百分之五十，是指新建或者改造的住宅建筑符合《居住建筑节能设计标准》（DBJ14-022-2003），在1980—1981年住宅通用设计采暖节能的基础上节能百分之五十。

（四）具备分户用热计量条件，是指居住建筑达到百分之五十节能标准以上，供热系统设计、施工验收符合山东省地方标准设计规程和标准要求，供热系统完善、具备计量供热功能，热量表经检测合格。

第四十六条 本条例自2021年5月1日起施行。

潍坊市红色文化资源保护条例

（2021年4月29日潍坊市第十七届人民代表大会常务委员会第四十四次会议通过；2021年5月27日山东省第十三届人民代表大会常务委员会第二十八次会议批准）

目 录

第一章 总 则
第二章 调查认定
第三章 保护管理
第四章 传承利用
第五章 法律责任
第六章 附 则

第一章 总 则

第一条 为了加强红色文化资源保护，弘扬红色文化，传承红色基因，进行爱国主义和革命传统教育，培育和践行社会主义核心价值观，根据《中华人民共和国文物保护法》《中华人民共和国英雄烈士保护法》《山东省红色文化保护传承条例》等法律、法规，结合本市实际，制定本条例。

第二条 本市行政区域内红色文化资源的调查认定、保护管理和传承利用，适用本条例。

本条例所称红色文化资源，是指新民主主义革命以来，在传播马克思列宁主义和中国共产党团结带领各族人民进行革命、建设、改革开放过程中形成的具有纪念、教育意义或者历史、科学、艺术价值的物质、精神资源。包括：

（一）重要机构、重要会议、重要事件、重要战斗的旧址、遗址、遗迹及纪念设施；

（二）重要人物的故居、旧居、活动地、墓地、遗物及纪念设施；

（三）为纪念烈士修建的陵园、堂馆、碑亭、塔祠、牌坊、塑像、骨灰堂、墓地等设施；

（四）重要文献、音像资料、口述资料、文艺作品及其他可移动实物；

（五）在不同历史时期形成的具有积极意义、

激发人民群众团结奋斗的精神资源。

第三条　红色文化资源保护，应当坚持保护为主、抢救第一、传承发展、合理利用的原则，按照政府主导、社会参与的要求，正确处理经济建设、社会发展与红色文化资源保护的关系，确保红色文化资源真实、完整和安全。

第四条　市、县（市、区）人民政府负责本行政区域内的红色文化资源保护工作，将红色文化资源保护工作纳入本级国民经济和社会发展规划、国土空间规划。

市、县（市、区）文化和旅游行政主管部门、退役军人工作主管部门在各自职责范围内负责本行政区域内红色文化资源保护工作的指导、监督和管理。

发展改革、教育、公安、财政、民政、人力资源和社会保障、自然资源和规划、住房城乡建设、交通运输、农业农村、应急管理、生态环境以及党史史志、档案等部门，在各自职责范围内做好红色文化资源保护的相关工作。

镇人民政府、街道办事处在县（市、区）人民政府文化和旅游行政主管部门、退役军人工作主管部门的指导下开展红色文化资源保护工作。

村民委员会、居民委员会协助做好红色文化资源保护工作。

第五条　市、县（市、区）人民政府应当将红色文化资源保护工作经费列入本级财政预算，建立与经济发展相适应的经费保障机制。

第六条　市、县（市、区）人民政府应当建立红色文化资源保护专家咨询机制，充分发挥文化和旅游、退役军人事务、教育、自然资源和规划、住房城乡建设等方面专业人士和党史史志、文物、法律等方面专家的作用，为红色文化资源保护工作提供咨询、论证、评审服务和专业指导。

第七条　任何单位和个人有权对侵占、损毁红色文化资源的行为进行劝阻、举报。

第八条　市、县（市、区）人民政府及其有关部门应当加强红色文化资源保护的宣传教育，重视红色文化资源保护的研究和人才培养。

广播、电视、报刊、网站、自媒体平台等各类新闻媒体应当加强红色文化资源保护的公益宣传，增强全社会对红色文化资源的保护意识。

第二章　调查认定

第九条　市、县（市、区）人民政府应当建立红色文化资源调查认定制度，由文化和旅游主管部门会同同级退役军人工作、党史史志等部门，按照省有关办法定期组织实施红色文化资源调查认定。

鼓励单位和个人向文化和旅游行政主管部门或者退役军人工作主管部门提供红色文化资源相关线索。

第十条　建立红色文化资源保护名录制度。保护名录由市、县（市、区）人民政府分级分类公布。

市、县（市、区）红色文化资源保护名录，分别由本级人民政府文化和旅游主管部门会同同级退役军人工作、党史史志等部门从认定的红色文化资源中提出建议名单，报本级人民政府核定公布，并由本级人民政府报上一级人民政府备案。

第十一条　市、县（市、区）文化和旅游行政主管部门、退役军人工作主管部门应当在红色文化资源保护名录公布之日起三个月内，按照各自职责，为列入保护名录的不可移动红色文化资源设立保护标志。

任何单位和个人不得污损、破坏或者擅自设置、移动、拆除保护标志。

第三章　保护管理

第十二条　市、县（市、区）人民政府应当合理划定列入保护名录的不可移动红色文化资源保护范围，并予以公布。

根据保护的实际需要，经省人民政府批准，

可以在列入保护名录的不可移动红色文化资源周围划出一定的建设控制地带，并予以公布。

第十三条　不可移动红色文化资源保护范围和建设控制地带内应当严格控制项目建设和工程施工。

因特殊情况需要进行项目建设和工程施工的，建设、施工单位应当保证不可移动红色文化资源的安全和完整，不得破坏其历史风貌。

第十四条　市、县（市、区）人民政府可以根据不可移动红色文化资源保护的需要，对保护范围和建设控制地带内的房屋、林木等依法进行征收，按照规定给予补偿。

对危害不可移动红色文化资源安全、破坏不可移动红色文化资源历史风貌的建筑物、构筑物，所在地人民政府应当及时调查处理，必要时对该建筑物、构筑物予以拆迁。

第十五条　不可移动红色文化资源应当保持庄严、肃穆、清净的环境和氛围，在不可移动红色文化资源保护范围内，禁止下列行为：

（一）从事有损环境和氛围的娱乐、健身以及商业活动；

（二）损坏、刻划、涂污本体及其附属设施；

（三）擅自设置户外广告设施；

（四）生产或者存放易燃、易爆、有毒、有腐蚀性危险物品；

（五）擅自进行爆破、钻探、挖掘等作业或者栽植、移植大型乔木；

（六）取土、采石、开矿、毁林、排污、修坟立碑；

（七）其他影响、危害、破坏不可移动红色文化资源安全和环境的行为。

第十六条　红色文化资源所有人和使用人依法参与红色文化资源保护相关事务，并享有合法权益。

各级人民政府及党史馆、方志馆、博物馆、档案馆等财政投资设立的收藏单位，可以通过购买、产权置换等方式，抢救保护重要红色文化资源。

鼓励非国有红色文化资源所有人将红色文化资源捐赠或者出借给财政投资设立的收藏单位。

第十七条　列入保护名录的红色文化资源实行保护责任人制度。

红色文化资源所有人或者使用人为保护责任人；所有人或者使用人不明确的，由市、县（市、区）人民政府指定保护责任人。

第十八条　红色文化资源保护责任人应当履行下列职责：

（一）进行日常巡查、保养、维护；

（二）采取防火、防盗、防雷、防损毁等安全措施；

（三）发现重大险情或者隐患，立即向有关部门报告并采取相应抢救保护措施；

（四）配合有关部门进行监督检查、维修保养等工作；

（五）法律、法规规定的其他保护责任。

第十九条　红色文化资源的修缮、修复费用由保护责任人承担。

非国有红色文化资源保护责任人不具备修缮、修复能力的，可以向市、县（市、区）人民政府申请资助，市、县（市、区）人民政府应当给予资助。

第二十条　红色文化资源的修缮、修复，应当遵循尊重原貌、最小干预的原则。

列入保护名录的红色文化资源，在修缮、修复前应当按照省有关规定报批。

第二十一条　不可移动红色文化资源实施原址保护。任何单位和个人不得擅自迁移、拆除，不得擅自改变主体结构和外观，不得危害本体及其附属设施的安全。

因重大公共利益需要进行建设活动，必须异地保护的，应当按照有关法律、法规规定执行。

第二十二条　各级人民政府应当加强不可移动红色文化资源周边区域的生态环境保护，防止地质灾害、水土流失、环境污染等对不可移动红色文化资源生态环境和历史风貌造成破坏。

第二十三条　市、县（市、区）人民政府负责定期组织有关部门对本行政区域内不可移动红色文化资源、可移动红色文化资源收藏单位的用水、用电、用气以及防火、防盗、防雷等管理情况开展检查。

检查中发现存在安全隐患的，责令保护责任人及时采取措施，消除安全隐患。

第二十四条　发生突发事件造成或者可能造成红色文化资源重大损失时，保护责任人应当立即采取救护措施，并及时向所在地人民政府报告。

接到报告的人民政府应当迅速组织开展抢救工作。

第二十五条　在实施旧城旧村改造和重大工程建设前，市、县（市、区）人民政府应当组织红色文化资源调查，及时保护新发现的红色文化资源。

第四章　传承利用

第二十六条　市、县（市、区）人民政府应当加强对“王尽美革命精神”“渤海走廊”“潍县战役”“三个模式”等红色文化资源的发掘、研究、展示，发挥其社会教育功能。

鼓励社会各界开展红色文化资源的理论研究和传承利用，推进红色文化资源与党建工作、社会治理、乡村振兴、旅游产业等融合发展。

禁止歪曲、丑化、亵渎、否定红色文化资源。

第二十七条　具备条件的国有红色文化资源应当免费向社会公众开放，鼓励非国有红色文化资源免费向社会公众开放，开展形式多样的社会教育和服务活动。

使用红色文化资源举办陈列展览，拍摄影视剧、纪录片等影像资料，应当征得保护责任人的同意。

第二十八条　国家机关、企事业单位和社会组织应当利用红色文化资源开展爱国主义教育、党史教育、革命传统教育。

市、县（市、区）人民政府应当建立爱国主义教育基地、党史教育基地。鼓励建设红色文化展馆、红色文化主题公园、红色文化村庄、红色文化小镇。

教育行政主管部门应当将红色文化融入教育教学，开展以爱国主义教育、党史教育、革命传统教育等为主题的社会实践活动。

民政、交通运输、文化和旅游等行政主管部门制作辖区地图、命名道路和交通站点、设置旅游交通标志和设施标牌时，应当结合实际包含红色文化资源相关内容。

有关部门应当优化调整城乡公交线路，为促进红色文化资源的传承利用提供交通便利。

第二十九条　鼓励和支持社会资本参与红色文化资源的保护与利用，投资建设保护设施，打造多元传播平台，培育、推出红色旅游景区、线路和产品。

第三十条　市、县（市、区）人民政府应当立足红色文化资源，打造红色文化品牌，开展对外交流与合作。

第五章　法律责任

第三十一条　违反本条例规定的行为，法律法规已规定法律责任的，依照其规定执行；法律法规未规定法律责任的，依照本条例的规定执行。

第三十二条　违反本条例规定，污损、破坏或者擅自设置、移动、拆除不可移动红色文化资源保护标志的，由市、县（市、区）文化和旅游行政主管部门或者退役军人工作主管部门按照职责规定给予警告，责令限期改正；逾期不改正的，处二百元以上二千元以下的罚款。

第三十三条　违反本条例规定，在不可移动红色文化资源保护范围内从事有损环境和氛围的娱乐、健身以及商业活动的，保护责任人应当及时劝阻；经劝阻无效的，由市、县（市、区）人民政府文化和旅游行政主管部门或者退役军人工作主管部门按照职责规定给予批评教育，责令改正；构成违反治安管理行为的，由公安机关依法给予治安管理处罚。

第三十四条　违反本条例规定，刻划、涂污不可移动红色文化资源本体及其附属设施，或者损坏未造成严重后果的，由市、县（市、区）文化和旅游行政主管部门或者退役军人工作主管部门按照职责规定给予警告，责令限期改正；逾期不改正的，处五百元以上五千元以下的罚款。

第三十五条　违反本条例规定，有下列行为之一的，由文化和旅游行政主管部门或者退役军人工作主管部门按照职责规定责令限期改正；逾期不改正或者造成严重后果的，处一万元以上十万元以下的罚款；构成犯罪的，依法追究刑事责任：

（一）擅自在不可移动红色文化资源保护范围和建设控制地带内进行项目建设和工程施工的，或者因特殊需要进行项目建设和工程施工破坏其历史风貌的；

（二）擅自在不可移动红色文化资源保护范围内设置户外广告设施的；

违反本条例第十五条其他有关规定的，由文化和旅游、退役军人事务、自然资源和规划、住房城乡建设、应急管理、生态环境等部门按照各自职责，依据有关法律法规予以处罚。

第三十六条　违反本条例规定，擅自迁移、拆除不可移动红色文化资源或者改变其主体结构和外观的，由市、县（市、区）文化和旅游行政主管部门或者退役军人工作主管部门按照职责规定责令改正，造成严重后果的，处五万元以上五十万元以下的罚款；构成犯罪的，依法追究刑事责任。

第三十七条　违反本条例规定，歪曲、丑化、亵渎、否定红色文化资源，损害公共利益的，依法承担民事责任；构成违反治安管理行为的，由公安机关依法给予治安管理处罚；构成犯罪的，依法追究刑事责任。

第三十八条　国家机关及其工作人员在红色文化资源保护工作中滥用职权、玩忽职守、徇私舞弊的，对直接负责的主管人员和其他直接责任人员，依法给予处分；构成犯罪的，依法追究刑事责任。

第六章　附　则

第三十九条　本条例自 2021 年 7 月 1 日起施行。

潍坊市12345政务服务便民热线条例

（2021 年 10 月 21 日潍坊市第十七届人民代表大会常务委员会第四十八次会议通过；2021 年 12 月 3 日山东省第十三届人民代表大会常务委员会第三十二次会议批准）

目　录

第一章　总　则
第二章　机构设置与职责
第三章　服务对象的权利与义务
第四章　受理办理与督办考核
第五章　数据管理
第六章　法律责任
第七章　附　则

第一章　总　则

第一条　为了加强12345政务服务便民热线的建设和管理，提高政务服务水平，维护公民、法人和其他组织的合法权益，根据有关法律、法规规定，结合本市实际，制定本条例。

第二条　12345政务服务便民热线（以下简称12345热线），是指本市设立的由12345电话以及配套设置的微信、微博等通讯媒介共同组成的服务平台。

12345热线服务对象（以下简称服务对象），是指通过12345热线对本市政务服务领域提出咨询求助、办事服务、意见建议和投诉举报等事项（以下统称热线事项）的公民、法人或者其他组织。

第三条　12345热线工作坚持以人民为中心的发展思想和党委领导、政府主导、部门协同、社会参与的原则，接受新闻媒体以及社会各界的监督。

第四条　市人民政府应当编制12345热线工作发展规划，推进12345热线工作标准化、规范化、智慧化建设。

第五条　各级人民政府应当将12345热线工作所需经费列入本级财政预算。

第六条　市人民政府应当向市人民代表大会常务委员会报告12345热线工作。

第七条　12345热线工作中涉及的国家秘密、商业秘密、个人隐私以及有关个人信息，有关部门、单位和工作人员应当依法履行保密义务，不得泄露。

第二章　机构设置与职责

第八条　市12345热线工作机构负责全市12345热线工作的指导、协调、监督、考核，履行下列职责：

（一）拟订12345热线工作发展规划和年度计划；

（二）受理、转办、督办热线事项；

（三）监督、考核热线事项办理工作；

（四）分析研究通过12345热线反映的社情民意；

（五）负责12345热线服务平台的建设与维护；

（六）负责12345热线工作人员的培训；

（七）办理省级以上热线事项或者其他相关事项。

第九条　县（市、区）人民政府、市人民政府工作部门以及其他承担公共管理服务职能的企业、事业单位是热线事项承办单位（以下简称承办单位）。

承办单位应当明确12345热线工作机构（岗位）和工作人员，并履行下列职责：

（一）办理市12345热线工作机构转办的热线事项，指导和监督所属部门、单位做好有关热线工作；

（二）负责12345热线知识库信息的更新；

（三）负责12345热线工作人员的培训与管理；

（四）完成市12345热线工作机构交办的其他相关事项。

承办单位主要负责人对热线事项办理工作全面负责。

第三章　服务对象的权利与义务

第十条　服务对象可以通过12345热线提出以下非紧急类事项：

（一）对政务信息、公共服务信息等方面的咨询；

（二）依法应当由国家机关和承担公共服务职能的企业、事业单位解决的诉求；

（三）对经济调节、市场监管、社会管理、公共服务、生态环境保护等领域的意见建议；

（四）对国家机关和承担公共服务职能的企业、事业单位及其工作人员在工作作风、工作质量、工作效率等方面的投诉、举报。

第十一条　服务对象提出热线事项应当具体明确，文明友善，对真实性负责，不得歪曲捏造事实，不得诽谤、诬告和陷害他人，不得利用12345热线资源谋取不正当利益或者损害他人合法权益。

服务对象应当如实提供联系方式，热线事项有事发地的应当提供具体地址。

服务对象提出举报事项的，有权要求对个人信息进行保密。

第十二条　服务对象应当配合承办单位办理热线事项，自觉维护12345热线工作秩序，不得无正当理由反复使用、长时间占用12345热线资源，不得骚扰、侮辱、威胁12345热线工作人员。

第十三条　服务对象对其提出的热线事项办理进度和办理结果享有知情权，但涉及国家秘密、商业秘密、个人隐私以及有关个人信息的除外。

第十四条　服务对象对其提出的热线事项，有权要求回复办理情况；对逾期未回复或者对办理结果有异议的，有权要求作出说明；对办理质量和办理结果，有权如实进行评价。

第十五条　服务对象对12345热线工作人员的服务态度、工作效率和工作作风等，有权如实进行评价、投诉和举报。

第四章　受理办理与督办考核

第十六条　12345热线工作应当执行国家标准、规范，实行一号对外、集中受理、归口办理、分级负责、限时办结、监督考核的工作机制。

第十七条　12345热线提供二十四小时（含节假日）人工服务，全时段受理热线事项。

第十八条　12345热线受理人员接听来电时，应当认真倾听，使用普通话和规范用语，全面、准确记录相关信息。

对服务对象提出的热线事项，能够即时答复的，应当即时答复；不能即时答复的，应当及时、准确转交承办单位办理。

第十九条　热线事项有下列情形之一的，不予受理：

（一）依法应当通过诉讼、仲裁、纪检监察、行政复议、政府信息公开等程序解决的；

（二）已经进入信访程序的；

（三）涉及国家秘密、商业秘密、个人隐私和违反社会公序良俗的；

（四）承办单位已依法作出处理，且有合法、合理结论的；

（五）其他依法不予受理的情形。

不予受理的热线事项，12345热线受理人员应当说明理由；符合前款第一项所列情形的，应当同时告知服务对象相关办理途径。

第二十条　承办单位应当按照下列规定办理热线事项，并将办理情况及时回复服务对象（要求不回复的除外）、反馈市12345热线工作机构：

（一）能够在五个工作日内办理完毕的，应当办理完毕；

（二）法律、法规规定的办理时限超过五个工作日的，从其规定；

（三）受客观条件限制在规定时限内无法解决的，应当作出解释说明并提出解决方案。

省级以上热线事项或者其他相关事项办理时限按照相应规定执行。

第二十一条　承办单位在热线事项办理过程中，发现有本条例第十九条第一款所列情形或者服务对象拒不配合导致无法办理的，应当书面提请市12345热线工作机构审核后终止办理，并向服务对象作出解释。

第二十二条　承办单位对明确不属于本单位职责范围的热线事项，应当按照规定申请退回。

热线事项存在职责争议的，市12345热线工作机构可以组织有关部门研究确定或者直接指定承办单位。经研究确定或者直接指定的承办单位不得退回热线事项。

热线事项涉及多个承办单位的，市12345热线工作机构应当组织有关部门确定主办单位和协办单位。

第二十三条　承办单位不能解决的热线事项，应当由市人民政府办公室组织有关部门研究解决。经研究仍不能解决的，应当提交市人民政府常务会议研究处理。

第二十四条　县（市、区）人民政府与市人民政府工作部门在承办热线事项时存在职责交叉的，以市人民政府工作部门为主办单位。

县（市、区）人民政府在承办热线事项时，应当根据镇人民政府、街道办事处属地管理事项责任清单确定责任主体，不得将县（市、区）人民政府工作部门职责范围内的热线事项交由镇人民政府、街道办事处承担。

第二十五条　12345 热线工作实行回访制度，回访结果作为 12345 热线工作考核评价的依据。

第二十六条　市 12345 热线工作机构负责热线事项日常督办工作，有关部门负责热线事项挂牌督办、约谈督办工作。承办单位有下列情形之一的，列入督办范围：

（一）职责范围内的热线事项拒不接收的；

（二）热线事项逾期未办理的；

（三）依法应当解决的热线事项未解决的；

（四）热线事项办理不力造成负面影响的；

（五）其他需要督办的事项。

第二十七条　市人民政府应当建立 12345 热线工作考核评价制度，考核结果纳入全市经济社会发展综合考核。

市 12345 热线工作机构应当制定 12345 热线工作考核评价办法，对法定职责范围内的热线事项办理情况进行考核评价。

第五章　数据管理

第二十八条　市 12345 热线工作机构应当依法公开热线事项受理渠道、办理流程等信息。

第二十九条　市 12345 热线工作机构应当建立健全 12345 热线数据分析制度，定期对社情民意和事关经济社会发展的信息进行综合分析，并将分析结果向市人民政府报告。

第三十条　市人民政府应当建立热线信息共享机制，实现市 12345 热线服务平台与县（市、区）人民政府、市人民政府工作部门业务系统数据共建共享。

第三十一条　市 12345 热线工作机构应当建立和维护 12345 热线知识库，为服务对象提供咨询服务，并逐步实现自助查询功能。

承办单位应当及时更新 12345 热线知识库信息，实时向市 12345 热线服务平台推送最新政策和热线事项答复内容。

第六章　法律责任

第三十二条　对违反本条例规定的行为，法律、法规已经规定法律责任的，适用其规定。

第三十三条　承办单位及 12345 热线工作人员有下列情形之一的，由上级主管部门或者有关机关责令改正；情节严重的，对负有责任的领导人员和直接责任人员依法给予处分：

（一）有本条例第二十六条所列情形，经督办后仍未整改的；

（二）办理热线事项弄虚作假的；

（三）工作方式不规范，造成负面影响的；

（四）泄露不应当公开数据信息的；

（五）其他违反本条例的情形。

第三十四条　服务对象有下列行为之一，构成违反治安管理行为的，依法给予治安管理处罚；构成犯罪的，依法追究刑事责任：

（一）无正当理由反复使用、长时间占用 12345 热线资源，干扰 12345 热线正常运行的；

（二）骚扰、侮辱、威胁 12345 热线工作人员的；

（三）故意捏造事实诽谤、诬告、陷害他人的；

（四）采取不正当手段扰乱 12345 热线工作

秩序的。

第三十五条 被投诉、举报的单位或者个人对服务对象进行打击报复的，依法追究相关责任人的责任；构成犯罪的，依法追究刑事责任。

第三十六条 市12345热线工作机构、承办单位和其他参与热线事项办理的部门、单位及其工作人员，在12345热线工作中有滥用职权、玩忽职守、徇私舞弊等行为的，对负有责任的领导人员和直接责任人员依法给予处分；构成犯罪的，依法追究刑事责任。

第七章 附 则

第三十七条 本条例所称12345热线工作人员包括市12345热线工作机构和承办单位工作人员以及其他参与热线事项办理的工作人员。

第三十八条 本条例所称12345热线知识库，是指市12345热线工作机构组织建立的，包含与热线事项办理相关的法律法规、政策规定、案例解读、便民信息等数据的信息平台。

第三十九条 本条例所称非紧急类事项是指除应当通过110、119、120、122等紧急热线反映的事项之外的其他事项。

第四十条 其他部门、单位办理热线事项，参照本条例规定执行。

第四十一条 本条例自2021年12月15日起施行。

潍坊市物业管理条例

（2021年12月31日潍坊市第十七届人民代表大会常务委员会第四十九次会议通过；2022年1月21日山东省第十三届人民代表大会常务委员会第三十三次会议批准）

目 录

第一章 总 则
第二章 配套设施与前期物业
第三章 业主及业主组织
　第一节 业主及业主大会
　第二节 业主委员会
　第三节 物业管理委员会
第四章 物业服务
　第一节 物业服务人与物业服务合同
　第二节 物业服务收费
第五章 物业的使用和维护
第六章 法律责任
第七章 附 则

第一章 总 则

第一条 为了规范物业管理活动，维护物业管理相关主体的合法权益，营造文明和谐的生活和工作环境，推动物业服务向高品质和多样化升级，满足人民群众不断增长的美好生活需要，根据《中华人民共和国民法典》《物业管理条例》《山东省物业管理条例》等有关法律法规的规定，结合本市实际，制定本条例。

第二条 本市行政区域内的物业管理及相关监督管理活动，适用本条例。

本条例所称物业管理，是指业主通过选聘物业服务人或者自行管理等方式，对物业服务区域内的建筑物以及配套的设施设备和相关场地进行维修、养护、管理，维护相关区域内环境卫生和秩序的活动。

物业服务人包括物业服务企业和其他管理人。

第三条　物业管理应当遵循党委领导下的业主自治、专业服务和政府依法监督管理相结合的原则。

建立健全社区党组织领导下的居民委员会、业主委员会、业主、物业服务人等共同参与的治理体系。

推动在物业服务人、业主委员会中根据中国共产党章程的规定，设立党的基层组织，开展党的活动，发挥党建引领作用。

倡导将社会主义核心价值观融入临时管理规约、管理规约，弘扬优秀传统文化，增强居民的社区认同感、归属感、责任感和荣誉感。

第四条　市、县（市、区）人民政府应当建立物业管理综合协调工作机制，将物业管理纳入社区治理体系，统筹推进物业管理各项工作，协调解决行政区域内物业管理重大问题。

市、县（市、区）人民政府应当将物业服务业纳入现代服务业发展规划，推动物业服务行业专业化、规范化、市场化。

第五条　市住房和城乡建设主管部门负责本市行政区域内物业管理活动的监督管理工作，履行下列职责：

（一）制定或者拟定物业管理相关政策并组织实施；

（二）指导和监督县（市、区）住房和城乡建设主管部门开展物业管理工作；

（三）指导和监督专项维修资金的筹集、管理和使用；

（四）制定临时管理规约、管理规约、业主大会议事规则、物业服务合同等示范文本；

（五）制定物业服务标准、服务质量评价办法；

（六）建立全市统一的智慧物业管理服务平台，提供信息查询、服务质量评价、电子投票、信用监管和物业招投标管理等服务；

（七）指导旧住宅区的改造工作；

（八）其他监督管理职责。

县（市、区）住房和城乡建设主管部门负责本行政区域内物业管理活动的监督管理工作，履行下列职责：

（一）贯彻执行物业管理相关政策和制度；

（二）监督管理辖区内物业服务活动；

（三）负责辖区内专项维修资金的管理；

（四）指导、监督物业承接查验活动；

（五）负责对街道办事处、镇人民政府、居民委员会有关物业管理人员以及业主委员会成员的培训工作；

（六）指导街道办事处、镇人民政府实施物业管理相关工作；

（七）组织实施旧住宅区改造工作；

（八）其他监督管理职责。

发展改革、公安、民政、财政、自然资源和规划、城市管理、市场监管、人防、应急管理、消防救援等部门和机构，按照各自职责，负责物业管理相关工作。

第六条　街道办事处、镇人民政府统筹、协调、监督本辖区内物业管理活动，履行下列职责：

（一）组织、指导业主大会成立、业主委员会选举换届和物业管理委员会组建工作；

（二）指导、监督业主大会、业主委员会依法履行职责；

（三）监督物业项目交接；

（四）组织开展物业服务满意度测评和服务质量评价；

（五）召集物业管理联席会议，调解处理物业纠纷；

（六）与物业管理相关的其他职责。

街道办事处、镇人民政府应当明确相应机构承担物业管理工作。

第七条　居民委员会在街道办事处、镇人民政府指导下开展下列工作：

（一）指导、监督业主大会、业主委员会依法开展业主自治工作；

（二）指导、监督物业服务人依法履行义务，调解物业纠纷；

（三）组织实施旧住宅区业主大会成立前的物业管理工作；

（四）履行网格化管理职责，及时排查、化解物业管理纠纷；

（五）与物业管理相关的其他职责。

第八条　突发事件应对期间，街道办事处、镇人民政府指导物业服务人开展相应级别的应对工作，并依法给予应急物资和资金支持。

第九条　建立健全人民调解、行业调解、行政调解、司法调解构成的多元纠纷解决机制，化解物业纠纷。

第十条　业主、物业使用人、物业服务人等有权就违反物业管理规定的行为向有关部门投诉举报。有关部门应当对投诉举报的内容及时调查核实、依法处理，并按照规定予以回复。

第十一条　物业行业协会应当加强行业自律，依法制定和组织实施自律性规范，提高从业人员整体素质和技能水平，调解行业纠纷，维护会员合法权益，推动行业健康有序发展。

鼓励物业服务人加入行业协会。

第十二条　鼓励物业服务人运用物联网、云计算、大数据、区块链和人工智能等技术，建设物业服务平台，依法依规与相关部门实现数据共享应用，提升物业服务水平。

第十三条　结合城镇旧住宅区改造，引导业主协商确定旧住宅区的管理模式，推动建立物业管理长效机制。

鼓励产权单位将闲置的土地、房屋交由居民委员会统筹使用，用于配套社区公共服务设施，提升旧住宅区品质。

市、县（市、区）人民政府可以对旧住宅区物业服务相关费用给予适当补贴。具体办法由市人民政府制定。

第二章　配套设施与前期物业

第十四条　新开发建设工程项目，建设单位应当按照规划要求配置物业服务用房，满足物业管理需求。物业服务用房的配置应当符合下列规定：

（一）独立且相对集中，方便服务业主；

（二）属于地面以上成套装修房屋，具备水、电、暖、采光、通风等正常使用功能，预留通信、网络、安保预警等端口；

（三）建筑面积按照不少于建设工程项目总建筑面积的千分之三配置，且不得少于一百平方米；

（四）与建设工程项目同步设计、同步施工、同步交付使用；建设工程项目分期开发建设的，建设单位应当在先期开发的区域按照不少于先期开发项目总建筑面积千分之三的比例配置临时物业服务用房。

物业服务用房由建设单位无偿提供，属于全体业主共有。

第十五条　审批服务部门在核发建设工程规划许可证时，应当将物业服务用房的位置和建筑面积在许可证的附件或者附图上载明。建设单位在办理商品房预售许可或者现房销售备案时，应当注明物业服务用房的具体位置和建筑面积，不得将物业服务用房纳入可销售范围。

不动产登记机构在办理房屋所有权首次登记时，应当将物业服务用房及其占用范围内的建设用地依法登记为全体业主共有。

第十六条　物业服务区域内规划用于停放汽车的车位、车库应当优先满足业主、物业使用人停车需要。规划用于停放汽车的车位、车库的归属，由当事人通过出售、附赠或者出租等方式约定。当事人未有约定，业主、物业使用人要求承租尚未出售、附赠的车位、车库的，建设单位不得以只售不租为由拒绝出租。

建设单位应当在商品房销售时，将本物业服务区域内用于出售、附赠或者出租的车位、车库的数量予以明确并公示，在商品房买卖合同中载明。

物业服务区域内规划的车位、车库应当优先投入使用；尚未充分利用的，不得在物业服务区域内占用业主共有的道路或者其他场地设置规划以外的车位。

第十七条　住宅小区内的车位、车库原则上只停放本小区业主或者物业使用人的车辆。

鼓励物业服务人利用智能化停车管理系统，实现对同一车位的多车管理，方便业主或者物业使用人临时停车需要。倡导物业服务区域车位共享、错时停车。

第十八条　占用业主共有的道路或者其他场地设置临时停车位的，不得影响道路通行，不得妨碍消防、急救等特种车辆执行任务，不得损坏共用设施设备。

临时停车位使用人应当交纳车位场地使用费。

第十九条　物业服务区域内依法配建的人防工程平时用作停车位的，建设单位不得出售或变相出售、附赠。建设单位应当在人防工程停车位上作出人防车位、车库的明显标识。

第二十条　旧住宅区中，经业主共同决定，可以通过拓宽道路、改造绿地或者公共场地、建设立体停车库（位）等方式增加停车位。

新增停车位的设置应当符合消防等相关安全规范要求。依照法律法规规定需要办理审批手续的，应当经相关行政主管部门批准。

第二十一条　既有多层住宅增设电梯应当遵循业主自愿、充分协商、政府指导、确保安全的原则，业主应当就增设电梯拟选用品牌、样式、资金筹集方案、维护保养以及对相关业主补偿方案等事项进行充分协商，所在单元业主依法按照共同决定事项要求组织实施。

第二十二条　新建或者改扩建住宅项目应当按照规划要求配套建设电动车停放场所和充电设施，既有住宅区应当结合老旧小区改造等，完善电动车停放场所和充电设施。具体办法由市人民政府制定。

第二十三条　前期物业服务人承接新建物业前，应当按照有关规定和前期物业服务合同的约定，与建设单位共同对物业服务区域内的共用部位、共用设施设备进行查验，确认现场查验结果，形成书面查验记录，签订物业承接查验协议，并于物业交付使用时在物业服务区域内显著位置向业主公开承接查验结果。

对承接查验发现的问题，建设单位应当在三十日内予以整改或者委托前期物业服务人整改。

第二十四条　前期物业服务人应当自承接物业项目之日起三十日内，在物业服务区域内显著位置公告下列事项：

（一）物业服务区域的范围以及附图；

（二）公共活动场所、公共绿地的面积和位置；

（三）车位、车库的数量和位置；

（四）地下室、底层架空层、天台的面积以及权属；

（五）物业服务用房、业主委员会办公用房以及按照规划建设的居民委员会、社区服务中心、政务管理、幼儿园、养老服务等用房的面积、位置以及权属；

（六）共用设施设备权属；

（七）承接查验相关资料；

（八）建设单位售后服务机构地址及电话；

（九）其他应当公告的事项。

第二十五条　建设单位应当在销售物业前依法制定临时管理规约，临时管理规约不得侵害业主的合法权益。

建设单位应当将临时管理规约在其销售场所的显著位置进行公示。在签订物业买卖合同时，建设单位应当将临时管理规约中业主的权利义务等主要内容向业主予以说明，业主应当对遵守临时管理规约予以书面承诺。

第三章　业主及业主组织

第一节　业主及业主大会

第二十六条　房屋的所有权人为业主。

本条例所称业主还包括：

（一）尚未登记取得所有权，但是基于买卖、赠与、征收补偿等旨在转移所有权的行为已经合法占有建筑物专有部分的单位或者个人；

（二）因人民法院、仲裁机构的生效法律文书取得建筑物专有部分所有权的单位或者个人；

（三）因继承取得建筑物专有部分所有权的个人；

（四）因合法建造取得建筑物专有部分所有权的单位或者个人；

（五）其他符合法律法规规定的单位或者个人。

第二十七条　物业服务区域内的以下部分属于业主共有：

（一）道路、绿地，但是属于城镇公共道路、城镇公共绿地或者明示属于个人绿地的除外；

（二）占用业主共有的道路或者其他场地用于停放汽车的车位；

（三）建筑物的基础、承重结构、外墙、屋顶等基本结构部分，通道、楼梯、大堂等公共通行部分，消防、公共照明等附属设施、设备，避难层、架空层、设备层或者设备间等；

（四）物业服务用房和其他公共场所、共用设施设备；

（五）法律法规规定或者房屋买卖合同依法约定的其他共有部分。

第二十八条　业主在物业管理活动中，享有法律法规规定的选举权、被选举权、监督权、知情权、收益权等权利。业主应当按照法律法规以及临时管理规约、管理规约和业主大会议事规则等规定的程序行使业主权利，业主行使权利不得危及物业的安全，不得损害其他业主的合法权益。

第二十九条　业主应当履行下列义务：

（一）遵守临时管理规约、管理规约和业主大会议事规则；

（二）遵守物业服务区域内共用部位和共用设施设备的使用、公共秩序和环境卫生的维护以及应对突发事件等方面的制度；

（三）执行业主大会的决定和业主大会授权业主委员会作出的决定；

（四）配合物业服务人实施物业管理；

（五）按照国家和省有关规定交纳专项维修资金；

（六）按时足额支付物业费；

（七）履行物业安全使用责任；

（八）按照有关规定分类投放生活垃圾；

（九）法律法规规定的其他义务。

业主对建筑物专有部分以外的共有部分，享有权利，履行义务；不得以放弃权利为由不履行义务。

物业使用人根据法律法规、管理规约、业主大会依法作出的决定，以及其与业主的约定，享有相应权利，履行相应义务。

第三十条　建设单位或者前期物业服务人应当将业主入住情况及时报告县（市、区）住房和城乡建设主管部门以及街道办事处、镇人民政府。符合首次业主大会会议召开条件的，街道办事处、镇人民政府应当在六十日内组建业主大会筹备组。

筹备组由业主代表和街道办事处、镇人民政府、社区党组织、居民委员会、建设单位等委派的代表组成。筹备组人数应当为七人以上单数，其中业主代表所占比例不得低于筹备组总人数的二分之一。筹备组组长由街道办事处、镇人民政府的代表担任。

筹备组中的业主代表可以由业主自荐或者居民委员会推荐产生，由街道办事处、镇人民政府确定。

前期物业服务人应当协助筹备组开展筹备工作。

第三十一条　业主大会会议依照法律法规的规定召开。

下列事项由业主共同决定：

（一）制定和修改业主大会议事规则；

（二）制定和修改管理规约；

（三）选举业主委员会或者更换业主委员会成员和候补成员；

（四）选聘和解聘物业服务企业或者其他管理人；

（五）使用建筑物及其附属设施的维修资金；

（六）筹集建筑物及其附属设施的维修资金；

（七）改建、重建建筑物及其附属设施；

（八）改变共有部分的用途或者利用共有部分从事经营活动；

（九）确定业主委员会成员津贴或者补助的标准，对业主委员会实施任期、离任经济责任审计；

（十）有关共有和共同管理权利的其他重大事项。

业主共同决定事项，应当由专有部分面积占比三分之二以上的业主且人数占比三分之二以上的业主参与表决。决定前款第六项至第八项规定的事项，应当经参与表决专有部分面积四分之三以上的业主且参与表决人数四分之三以上的业主同意。决定前款其他事项，应当经参与表决专有部分面积过半数的业主且参与表决人数过半数的业主同意。

成立业主委员会的，业主委员会应当就本条第二款规定的事项向业主大会提出讨论方案。

第三十二条　业主大会会议可以采用集体讨论、书面征求意见或者通过信息化手段等形式召开。凡书面投票表决的，表决意见由业主本人签字；业主委托其他业主签字的，应当出具书面授权委托书，每一业主接受的委托不得超过三人。采用互联网方式表决的，应当通过市住房和城乡建设主管部门建立的电子投票系统进行。

业主大会会议召开十五日前，业主委员会应当通知全体业主，将会议议题及其具体内容、时间、地点、方式等在物业服务区域内显著位置公示，并同时告知居民委员会，居民委员会应当派代表列席会议。

业主委员会未按照规定召集业主大会会议的，业主可以请求物业所在地街道办事处、镇人民政府责令限期召集；逾期仍未召集的，由物业所在地街道办事处、镇人民政府组织召集。

第二节　业主委员会

第三十三条　业主委员会是业主大会的执行机构，依照有关法律法规规定和业主大会的授权开展活动，接受业主大会和业主的监督，履行下列职责：

（一）召集并主持业主大会会议，报告年度物业管理的实施情况、业主委员会履职情况；

（二）代表业主与业主大会选聘的物业服务人签订物业服务合同，与解聘的物业服务人进行交接；

（三）执行业主大会的决议、决定；

（四）拟订需要提交业主大会决定事项的方案；

（五）监督专项维修资金的使用以及组织专项维修资金的补建、再次筹集；

（六）及时了解业主、物业使用人的意见和建议，督促业主按时足额支付物业费，监督和协助物业服务人履行物业服务合同；

（七）监督管理规约的实施，对业主、物业使用人违反管理规约的行为进行劝阻、制止；

（八）制作和保管会议记录、共有部分的档案、会计凭证和账簿、财务报表等有关文件；

（九）定期向业主通报工作情况，每半年向业主公布业主共有部分经营与收益、维修资金使用、经费开支等信息，保障业主的知情权和监督权；

（十）协调解决因物业使用、维护和管理产生的纠纷；

（十一）配合、支持居民委员会依法履行职责，并接受其指导和监督；

（十二）业主大会赋予的其他职责。

业主委员会不得决定本条例第三十一条第二款规定事项；业主大会不得授权业主委员会决定本条例第三十一条第二款规定事项，国家和省另有规定的除外。

第三十四条 业主委员会人数由五人以上十一人以下单数组成，具体人数由业主大会根据本物业服务区域的户数和面积等实际情况确定。

业主委员会可以设候补成员，业主委员会成员缺额时，候补成员可以递补为业主委员会成员。候补成员的人数及递补规则应当在业主大会议事规则中规定，但人数不得超过业主委员会成员的人数。

业主委员会成员、候补成员应当为本物业服务区域的自然人业主或者单位业主授权的自然人代表。

第三十五条 业主委员会成员候选人通过下列方式产生：

（一）社区党组织推荐；

（二）居民委员会推荐；

（三）业主自荐或者联名推荐。

业主大会筹备组应当从前款规定方式推荐的人选中确定正式候选人名单，报街道办事处、镇人民政府。

引导和支持业主中的党员、人大代表、政协委员、公职人员、网格员、楼栋长积极参选业主委员会成员，通过法定程序担任业主委员会成员。

第三十六条 业主委员会成员不得实施下列行为：

（一）阻挠、妨碍业主大会行使职权或者不执行业主大会决定；

（二）虚构、篡改、隐匿、毁弃物业管理活动中形成的文件资料；

（三）拒绝、拖延提供物业管理有关的文件资料，妨碍业主委员会换届交接工作；

（四）擅自使用业主大会、业主委员会印章；

（五）违反业主大会议事规则或者未经业主大会授权与物业服务人签订、修改物业服务合同；

（六）将业主共有财产出售、出租、出借给他人或者设定担保等侵害业主共有财产权利；

（七）与物业服务人有可能影响其公正履行职责的经济往来或者利益交换；

（八）泄露业主信息；

（九）侵害业主合法权益的其他行为。

业主委员会成员有前款规定的第一项至第五项行为的，由街道办事处、镇人民政府督促业主委员会提请业主大会罢免其资格。在业主委员会成员资格被罢免前，业主委员会应当停止其履行职责，并在物业服务区域内显著位置公示。

第三十七条 业主委员会应当按照业主大会议事规则的规定定期召开会议，经三分之一以上业主委员会成员提议，业主委员会应当召开临时会议。

业主委员会会议由主任或者执行成员负责召集，有三分之二以上成员出席方可召开，业主委员会成员不得委托他人出席会议，作出决定时应当经全体成员过半数签字同意。候补成员可以列席业主委员会会议，但不具有表决权。

业主委员会应当在会议召开五日前将会议议题告知居民委员会，并听取意见和建议。居民委员会可以根据情况派代表参加。

业主委员会主任、执行成员无正当理由不召集业主委员会会议的，业主委员会其他成员或者业主可以申请物业所在地居民委员会或者街道办事处、镇人民政府督促限期召集；逾期仍未召集的，由物业所在地居民委员会或者街道办事处、镇人民政府组织召集。

第三十八条　业主委员会每届任期不超过五年，具体由业主大会议事规则明确。

任期内，业主委员会成员经递补人数仍不足总数的三分之二，或者业主委员会拒不依法履行职责损害业主权益的，街道办事处、镇人民政府应当组织召开业主大会临时会议，重新选举业主委员会。

第三十九条　业主大会、业主委员会应当依法履行职责。物业所在地的县（市、区）住房和城乡建设主管部门或者街道办事处、镇人民政府对业主大会、业主委员会作出的违反法律法规的决定，应当依法责令限期改正或者撤销其决定，并在物业服务区域内显著位置公示。

第四十条　业主委员会任期届满九十日前，应当召开业主大会会议进行换届选举；未按照规定进行新一届业主委员会选举的，业主委员会应当书面报告街道办事处、镇人民政府。街道办事处、镇人民政府应当在接到报告后三十日内组建换届小组，由换届小组组织召开业主大会会议，在换届小组成立之日起九十日内选举产生新一届业主委员会。

第三节　物业管理委员会

第四十一条　物业服务区域有下列情形之一的，可以成立物业管理委员会：

（一）不具备成立业主大会条件；

（二）具备成立业主大会条件但未成立，经街道办事处、镇人民政府组织、指导两次仍不能成立；

（三）未能选举产生业主委员会或者业主委员会出现任期届满、集体辞职等情形，需要重新选举，经街道办事处、镇人民政府组织、指导两次仍不能选举产生新的业主委员会。

第四十二条　物业管理委员会由街道办事处、镇人民政府负责组织成立，作为临时机构，组织业主共同决定物业管理事项，并推动符合条件的物业服务区域成立业主大会、选举产生业主委员会。具体办法由市人民政府制定。

第四十三条　物业管理委员会由居民委员会、业主、物业使用人代表等组成。其中业主代表不少于二分之一。

物业管理委员会主任由居民委员会代表担任，副主任由居民委员会指定一名业主代表担任。业主、物业使用人代表按照业主委员会成员候选人方式产生。物业管理委员会应当在物业服务区域内显著位置公示成员名单。

第四十四条　物业管理委员会自业主委员会选举产生之日起停止履行职责，并应当在七日内向业主委员会移交相关资料和财物，移交后自动解散。

第四章　物业服务

第一节　物业服务人与物业服务合同

第四十五条　业主可以自行管理物业，也可以委托他人管理；委托他人管理的，一个物业服务区域应当选定一个物业服务人提供物业服务。

电梯、消防等具有专业技术要求的设施设备的维修和养护，应当由符合条件的专业机构或者人员实施。

第四十六条　物业服务人在市场主体登记部门办理登记后，应当及时登录物业服务企业信用档案管理系统，录入相关信息，建立信用档案，自觉接受住房和城乡建设主管部门的指导和监督管理。

第四十七条　物业服务人应当落实物业服务质量主体责任，按照物业服务合同的约定提供物业服务，并且遵守下列规定：

（一）提供物业服务符合国家和省规定的标准、规范；

（二）及时向业主、物业使用人告知安全、合理使用物业的注意事项；

（三）定期听取业主的意见和建议，及时答复业主提出的询问，接受业主监督，改进和完善服务；

（四）定期向业主大会、业主委员会报告履行物业服务合同、维修资金使用、业主共有部分的经营与收益等情况；

（五）遵守安全生产、公共卫生、治安、消防、防灾管理等有关公共安全法律法规的规定，制定物业服务区域应急管理预案，执行政府依法实施的应急处置措施和其他管理措施，积极配合开展工作；

（六）加强对物业服务区域安全巡查，发现有安全风险隐患的，及时设置警示标志，采取措施排除隐患或者向有关专业机构报告，依法履行安全保障义务；

（七）不得泄露在物业服务活动中获取的业主信息；

（八）协助社区或者按照合同约定指导、监督业主和物业使用人依照规定进行生活垃圾分类投放；

（九）对违反有关治安、规划、环保、消防等法律法规的行为及时采取合理措施制止、向有关部门报告并协助处理；

（十）对业主、物业使用人违反临时管理规约、管理规约的行为进行劝阻、制止，并及时报告业主委员会；

（十一）配合街道办事处、镇人民政府、行政执法机关和居民委员会做好物业服务其他相关工作。

第四十八条　物业服务人应当指派项目负责人负责物业服务项目的运营和管理。项目负责人应当在到岗之日起十日内告知居民委员会，在居民委员会的指导、监督下参与社区治理工作。

第四十九条　物业服务人应当在物业服务区域内显著位置设置公示栏，如实公示并及时更新下列信息：

（一）营业执照、项目负责人、二十四小时服务电话、物业服务人网址、投诉电话；

（二）物业服务的等级标准、内容，收费的项目、标准，特约服务内容及收费标准等；

（三）电梯、消防等设施设备的维修保养单位的名称、信用信息、联系方式、维保方案和应急处置方案等；

（四）供电、供水、供热、供燃气、通信等专业经营单位的报修服务电话等；

（五）上一年度物业服务合同履行及物业服务项目总体收支情况、本年度物业服务项目收支预算；

（六）上一年度公共水电费用分摊情况、公共收益收支与专项维修资金使用情况；

（七）物业服务区域内车位、车库的出售和出租情况；

（八）其他应当公示的信息。

物业服务人可以同时将前款公示的内容通过信息化方式告知全体业主。

第五十条　物业服务合同终止的，原物业服务人应当在约定期限内退出物业服务区域，将物业服务用房、相关设施、物业服务所必需的相关资料等交还给业主委员会、决定自行管理的业主或者其指定的人，配合新物业服务人做好交接工作，并如实告知物业的使用和管理状况。未约定期限的，应当在合同终止之日起三十日内退出物业服务区域。

原物业服务人违反前款规定的，不得请求业主支付物业服务合同终止后的物业费；造成业主损失的，应当赔偿损失。

原物业服务人以业主欠交物业费、对业主共同决定有异议等为由拒不退出物业服务区域，或者拒不移交有关资料或者财物的，业主委员会可以申请物业管理联席会议协调解决，也可以依法提起诉讼或者申请仲裁。

新物业服务人不得强行接管物业，按照约定承接物业时应当对共用部位、共用设施设备进行查验。

第五十一条　物业服务区域发生失管状况时，街道办事处、镇人民政府应当组织召开物业联席会议，确定应急物业服务人，提供供电、供水、垃圾清运、电梯运行等维持业主基本生活服务事项的应急服务。

提供应急物业服务的，街道办事处、镇人民政府应当将服务内容、期限、费用等相关事项在物业服务区域内显著位置公示。应急物业服务期限不超过六个月，费用由全体业主承担。

应急物业服务期间，街道办事处、镇人民政府应当组织业主共同决定选聘新物业服务人，协调新物业服务人和应急物业服务人做好交接。

第五十二条　鼓励有条件的物业服务人向养老、托幼、家政、文化、健康、房屋经纪、快递收发等领域延伸，满足居民多样化多层次居住生活需求。引导物业服务人通过智慧物业管理服务平台，提供定制化产品和个性化服务。

第二节　物业服务收费

第五十三条　物业服务收费实行市场调节价和政府指导价。

实行市场调节价的，由业主与物业服务人在物业服务合同中约定服务价格，并根据服务标准和物价指数等因素动态调整。住房和城乡建设主管部门应当公布物业服务清单，明确物业服务内容和标准。物业行业协会应当监测并定期公布物业服务成本信息和计价规则，供业主和物业服务人协商物业费时参考。

实行政府指导价的物业公共服务费、机动车停放费等，发展改革部门应当会同住房和城乡建设主管部门，制定相应的基准价和浮动幅度，并向社会公布；每三年进行一次评估，根据评估结果适时调整基准价。具体收费标准在物业服务合同中约定。

第五十四条　建设单位应当拟定物业服务方案，并向物业所在地街道办事处、镇人民政府申请确定前期物业服务等级。街道办事处、镇人民政府应当会同县（市、区）住房和城乡建设、发展改革部门以及居民委员会、建设单位，依据小区规划建设情况、物业服务内容和标准，会商确定前期物业服务等级。

前期物业服务等级确定后，建设单位应当依法选聘物业服务人，签订前期物业服务合同。物业服务人应当于合同签订之日起十日内将前期物业服务合同向县（市、区）住房和城乡建设主管部门备案。

第五十五条　业主应当根据物业服务合同约定及时足额支付物业费。物业服务人已经按照约定和有关规定提供服务的，业主不得以未接受或者无需接受相关物业服务为由拒绝支付物业费。

物业服务人不得采取停止或者以限时、限量等方式变相停止供电、供水、供热、供燃气和限制车辆进出等方式催交物业费。

物业产权转移时，业主或者物业使用人应当结清物业费和其他相关费用。

第五十六条　业主违反物业服务合同约定逾期不支付物业费的，物业服务人可以催告其在合理期限内支付；合理期限届满仍不支付的，物业服务人可以提起诉讼或者申请仲裁。

第五十七条　专业经营单位应当按照与业主签订的服务合同，向最终用户收取费用，不得强制物业服务人代收费用，不得因物业服务人拒绝代收有关费用而停止向最终用户提供服务。

专业经营单位委托物业服务人代收费用的，应当签订委托代收合同，物业服务人可以根据约定向专业经营单位收取报酬，但不得向业主收取手续费等额外费用。

第五十八条　建设单位、物业服务人利用物业服务区域共用部位、共用设施设备进行经营的，其公共收益在扣除合理成本后归业主共有。下列收益属于公共收益：

（一）利用小区公共道路或者场地设置停车位收取的车位场地使用费；

（二）利用电梯、车库、场地、楼体等共用部位、设施发布广告的经营性收入；

（三）利用物业服务用房或者公共区域获取的出租费；

（四）其他应当归业主共有的收入。

建设单位、物业服务人利用共有部分从事经营活动的，应当将公共收益单独列账，其用途、使用办法由业主共同决定。

第五章　物业的使用和维护

第五十九条　业主、物业使用人、物业服务人、建设单位应当遵守法律法规和规章的规定以及临时管理规约、管理规约的约定，按照规划用途合理、安全使用物业。

物业服务区域内禁止下列行为：

（一）损坏房屋承重结构、主体结构，将卫生间改在下层住户客厅、厨房、卧室、书房的上方，下挖建筑物内底层地面，擅自改变门窗位置等违反房屋装饰装修规定的行为；

（二）擅自利用共用部位、共用设施设备进行经营；

（三）违法搭建建筑物、构筑物，破坏或者擅自改变房屋外观等违反规划规定的行为；

（四）违反国家规定，制造、储存、使用、处置爆炸性、毒害性、放射性、腐蚀性、燃烧、助燃性物质或者传染病病原体等危险物质；

（五）擅自拆改供水、排水、再生水、供燃气、供暖等管线；

（六）从建筑物中抛掷物品；

（七）任意弃置垃圾；

（八）制造超标噪音，制造震动、异响等干扰他人正常工作、生活；

（九）侵占绿地、毁坏绿化植物和绿化设施；

（十）擅自改变人防工程主体结构和平时使用功能，拆除、损坏人防工程设施设备等违反人防法律、法规的行为；

（十一）擅自通过设置地锁、石墩、栅栏等障碍物和乱堆乱放杂物等方式，占用、堵塞、封闭消防通道、疏散通道等共用部位，或者损坏消防设施等共用设施设备；

（十二）擅自改变物业规划用途；

（十三）携犬出户不系犬绳、不随时清除宠物粪便等不文明行为；

（十四）违反规定出租房屋；

（十五）法律法规、规章和临时管理规约、管理规约禁止的其他行为。

第六十条　在物业服务区域内，物业服务人应当加强电动车停放管理，引导电动车使用人有序停放。未设置停放场所的，电动车停放不得妨碍其他车辆和行人通行。

禁止电动车（电瓶）进楼入户（不含车库）停放或者充电，不得违规私拉电线、电缆为电动车等充电。

第六十一条　因特殊情况，需要将住宅、车库或者其他附属设施改变为经营性用房的，除遵守法律法规以及管理规约外，应当经有利害关系的业主一致同意。

第六十二条　业主转让、出租住宅物业专有部分、设立居住权或者依法改变共有部分用途的，应当十五日内告知物业服务人。

第六十三条　住宅专项维修资金专项用于住宅共用部位、共用设施设备保修期满后的维修和更新、改造。

房屋转让时，出让人应当告知买受人住宅专项维修资金交存及使用情况；办理转移登记后，该房屋账户中结余的维修资金余额随房屋所有权自动转移；房屋灭失的，业主交纳的维修资金结余部分按照产权关系返还相应业主。

第六十四条　购买商品房的业主应当在办理商品房交付手续前，一次性足额交存首期专项维修资金。尚未售出的房屋，由建设单位交存首期维修资金。

建设单位应当在商品房买卖合同中约定业主按照相关规定交存维修资金，并督促业主交存。

第六十五条　县（市、区）住房和城乡建设主管部门应当采用公开招标方式，综合存款利率、资产规模和服务效能等因素，择优确定专项维修资金专户管理银行，控制专户管理银行数量。

业主大会成立前，维修资金由县（市、区）住房和城乡建设主管部门代行管理。业主大会成立后，根据业主大会决定，选择代行管理或者自行管理。

业主大会选择自行管理维修资金的，应当接受县（市、区）住房和城乡建设主管部门的管理和监督，在县（市、区）住房和城乡建设主管部门选定的银行设立维修资金专户。

专项维修资金增值收益应当每年定期分配到业主房屋账户；县（市、区）住房和城乡建设主管部门、业主委员会应当于每年第一季度对上一年度增值收益和分配情况进行公示。

第六十六条　专项维修资金余额不足首期交纳额百分之三十的，业主应当及时续交。

专项维修资金续交方案和续交标准由业主共同决定。业主委员会、居民委员会负责组织续交。业主应当自收到续交通知之日起三十日内，将续交的专项维修资金存入专项维修资金专用账户。

业主逾期不续交专项维修资金的，业主委员会、居民委员会可以书面催告在合理期限内续交；合理期限届满仍不续交的，可以在物业服务区域显著位置公示。

第六十七条　维修、更新和改造共用部位、共用设施设备，需要使用专项维修资金的，维修、更新和改造费用由相关业主按照约定分摊；没有约定或者约定不明确的，按照各自专有部分面积所占比例分摊。

未建立专项维修资金或者专项维修资金专用账户余额不足的，维修、更新和改造费用由相关业主按照各自专有部分面积所占比例分摊。

第六十八条　供电、供水、供热、供燃气、通信、有线电视、宽带数据传输等专业经营单位，应当承担由其运营管理的相关管线和设施设备的维修、养护、更新责任。

专业经营单位对相关管线和设施设备进行维修、养护和更新时，业主、物业使用人和物业服务人应当予以配合。

第六章　法律责任

第六十九条　违反本条例规定的行为，法律法规已规定法律责任的，依照其规定执行；法律法规未规定法律责任的，依照本条例的规定执行。

第七十条　违反本条例第十六条第一款规定，对业主、物业使用人要求承租车位、车库，建设单位拒绝出租的，由市、县（市、区）住房和城乡建设主管部门责令建设单位限期改正；逾期不改正的，处五万元以上十万元以下罚款。

第七十一条　违反本条例第十六条第二款规定，建设单位在商品房销售时，未将物业服务区域内用于出售、附赠或者出租的车位、车库的数量予以明确并公示的，由市、县（市、区）住房和城乡建设主管部门给予警告，并责令限期改正；逾期未改正的，处一万元以上五万元以下罚款。

第七十二条　违反本条例规定，物业服务人有下列情形之一的，由市、县（市、区）住房和城乡建设主管部门或者其他相关部门给予处罚：

（一）违反本条例第二十四条、第四十九条规定，未公告或者公示相关内容的，给予警告，并责令限期改正；逾期未改正的，处一千元以上五千元以下罚款；

（二）违反本条例第五十五条规定，采取停止或者以限时、限量等方式变相停止供电、供水、供热、供燃气和限制车辆进出等方式催交物业费的，给予警告，并责令限期改正；逾期未改正的，处二千元以上一万元以下罚款。

第七十三条　违反本条例第六十条第二款规定，电动车（电瓶）进楼入户（不含车库）停放或者充电的，由消防救援机构和公安机关按照职责分工依法予以处罚。

违反本条例第五十九条第二款规定和第六十条其他有关规定的，由公安、住房和城乡建设、市场监管、应急管理、人防、城市管理、生态环境、自然资源和规划等部门结合各自职责，依据有关法律法规予以处罚。

第七十四条　对违反本条例的行为，相应的行政处罚已经按照综合执法的有关规定集中行使的，由集中行使行政处罚权的部门依法实施处罚。

第七十五条　住房和城乡建设主管部门、街道办事处、镇人民政府、居民委员会和其他有关部门、单位的工作人员在物业管理工作中，有滥用职权、玩忽职守、徇私舞弊行为的，依法给予处分；构成犯罪的，依法追究刑事责任。

第七章　附　则

第七十六条　本条例所称住宅共用部位，是指根据法律法规和房屋买卖合同，由单幢住宅内业主或者单幢住宅内业主及与之结构相连的非住宅业主共用的部位。一般包括：住宅的基础、承重墙体、柱、梁、楼板、屋顶以及户外的墙面、门厅、楼梯间、走廊通道等。

本条例所称共用设施设备，是指根据法律法规和房屋买卖合同，由住宅业主或者住宅业主及有关非住宅业主共有的附属设施设备。一般包括：电梯、天线、照明、消防设施、单元门及楼宇对讲、绿地、道路、围墙、大门、监控（门禁）设施、路灯、沟渠、共用排污（水）管道、落水管、池、井、非经营性车场车库及充电设施、公益性文体设施和共用设施设备使用的房屋等。

第七十七条　县（市、区）人民政府物业主管部门为住房和城乡建设主管部门以外的其他部门的，由县（市、区）人民政府确定的其他部门负责本行政区域内物业管理活动的监督管理工作。

第七十八条　村民委员会的物业管理职责参照本条例规定的居民委员会职责执行。

第七十九条　本条例自 2022 年 3 月 1 日起施行。

潍坊市海洋牧场管理条例

（2021 年 12 月 31 日潍坊市第十七届人民代表大会常务委员会第四十九次会议通过；2022 年 1 月 21 日山东省第十三届人民代表大会常务委员会第三十三次会议批准）

目　录

第一章　总　则
第二章　规划建设
第三章　开发利用
第四章　生态保护
第五章　监督管理
第六章　法律责任
第七章　附　则

第一章　总　则

第一条　为了规范海洋牧场管理，维护海洋生态安全，推动海洋经济高质量发展，根据《中华人民共和国渔业法》《中华人民共和国海洋环境保护法》《中华人民共和国海上交通安全法》《山东省海域使用管理条例》等法律、法规，结合本市实际，制定本条例。

第二条　本条例适用于本市管辖海域内海洋牧场的规划建设、开发利用、生态保护、监督管理等相关活动。

第三条　海洋牧场的发展应当遵循生态优先、科学规划、有序开发和协同管理的原则。

第四条　市、沿海县级人民政府应当加强对海洋牧场发展的组织领导，建立海洋牧场管理综合协调机制，将海洋牧场建设纳入本地区国民经济和社会发展规划和年度计划，需政府投入的海洋牧场建设资金和相关管理工作经费纳入本级财政预算。

第五条　市人民政府海洋发展和渔业行政主管部门负责全市海洋牧场建设、经营活动的监督管理。沿海县级人民政府海洋发展和渔业行政主管部门负责本行政区域管辖海域内海洋牧场的监督管理。

生态环境行政主管部门对海洋牧场环境保护工作实施指导、协调和监督。

文化和旅游行政主管部门依法对海洋牧场海域内旅游经营活动实施监督管理。

发展改革、交通运输、公安、应急管理、科技、审批服务、财政、自然资源和规划、海事、海警、消防、气象等部门，在各自职责范围内依法做好海洋牧场相关工作。

沿海镇人民政府、街道办事处应当按照职责做好海洋牧场监督管理工作。

沿海村民委员会、居民委员会等基层群众性自治组织应当协助做好海洋牧场监督管理相关工作。

第六条　本市与胶东经济圈其他设区的市协同推进以下海洋牧场管理工作：

（一）编制海洋牧场规划时相互衔接；

（二）建立海洋牧场管理信息沟通和重大事件通报制度，实现海洋牧场管理信息共享；

（三）建立执法联动响应和协作机制；

（四）其他协商确定的合作事项。

第七条　各级人民政府应当加强海洋生态保护法律、法规的宣传教育，提升全社会水生生物资源养护和水域生态环境保护意识。

新闻媒体应当及时准确宣传海洋牧场建设、运营和管理的措施和成效，推广典型经验，为保护海洋生态环境、合理利用海洋资源创造良好舆论氛围。

本市新闻媒体应当加强与胶东经济圈其他设区的市新闻媒体的联系和互动，宣传胶东经济圈各设区的市关于海洋牧场建设、运营和管理的政策措施，推广工作经验，营造合作共赢的良好社会环境。

第二章　规划建设

第八条　本市海洋牧场规划由市人民政府海洋发展和渔业行政主管部门会同有关部门编制，报请市人民政府批准后组织实施。

对海洋牧场规划中的位置、面积、布局、功能等内容作出重大调整的，应当重新报请市人民政府批准。

海洋牧场建设项目应当符合海洋牧场规划，并编制项目实施方案。

第九条　编制海洋牧场规划应当遵循统筹安排、科学布局、优化结构、完善功能的原则。

海洋牧场规划应当符合国土空间规划，与养殖水域滩涂、海上交通资源、生态环境保护、文化和旅游发展、港口、水利、海岛保护等规划相衔接。

第十条　海洋牧场规划应当包括下列内容：

（一）规划目标和依据；

（二）海域范围和功能区划；

（三）生态环境保护措施；

（四）人工鱼礁建设的技术要求；

（五）水生生物增殖放流物种名录；

（六）法律、法规规定的其他内容。

第十一条　市、沿海县级人民政府应当建立多渠道、多层次、多元化长效投入机制，在有关项目和资金安排上对海洋牧场建设予以重点倾斜，支持海洋牧场做大做强。

鼓励和支持符合条件的海洋牧场申报创建国家级、省级海洋牧场示范区。

对新创建的国家级、省级海洋牧场示范区，市、沿海县级人民政府可以对创建主体给予相应奖励。

第十二条　开发建设海洋牧场应当依法取得海域使用权，海域使用权人应当依法缴纳海域使用金。

由财政资金或者国有独资企业、国有资本控股企业投资建设的海洋牧场项目应当依法履行招投标程序。

海洋牧场的海域使用权期限届满，海域使用权人申请继续使用海域的，原批准用海的人民政府应当依法批准续期，但根据公共利益或者国家安全需要收回海域使用权的除外。

因公共利益或者国家安全需要提前收回海域使用权的，应当根据海域使用权人未使用的年限和海域的实际情况等给予相应的补偿。

第十三条　海洋工程建设项目应当依法进行海洋环境影响评价。

海洋牧场建设主体在项目竣工后，应当按照国家、省有关规定组织开展环境保护设施竣工验收工作。

海洋工程建设项目的环境保护设施，必须与主体工程同时设计、同时施工、同时投产使用。环境保护设施未经验收，或者经验收不合格的，建设项目不得投入生产或者使用。

第十四条　海洋牧场需要配套建设岸基设施、休闲渔业码头、游客服务中心等功能设施的，市、沿海县级人民政府应当依法对海洋牧场配套设施用地给予支持。

第三章　开发利用

第十五条　市人民政府应当确定从事公益性海洋牧场开发和建设的国有投资主体，鼓励社会资本通过自主投资、与政府合作等方式参与公益性海洋牧场建设；鼓励自然人、法人或者非法人组织依法开发和建设经营性海洋牧场。

在开发和建设海洋牧场过程中，属于生态保护修复项目的，按照规定享受有关支持政策。

在公益性海洋牧场海域内不得从事生产性捕捞活动。

第十六条　鼓励和支持海洋牧场经营者拓展海洋牧场功能，建设生产、观光、垂钓、餐饮、娱乐、文化、科普等多元融合发展的现代化海洋牧场。

第十七条　市、沿海县级人民政府及相关单位应当加强海洋牧场保护利用的科学研究和先进技术的推广应用，充分利用现代科学技术成果，提升海洋牧场的管理能力和发展水平。

本市会同胶东经济圈其他设区的市加强海洋牧场及相关产业基础研究、技术创新，引进和培养高层次科研团队和人才，合力打造高能级海洋牧场科技创新载体，联合推动海洋牧场科技成果转化，全面提升海洋牧场及相关产业创新能力。

市、沿海县级人民政府应当引导海洋牧场建设或者经营主体运用人工智能、大数据、云计算、卫星遥感等先进技术手段，打造“可视、可测、可控、可预警”的智慧型海洋牧场，推动海洋牧场信息化、自动化、智能化发展。

第十八条　在海洋牧场海域内从事观光、垂钓、娱乐、科普展示等休闲活动的，应当按照规定配备船舶、船员、码头，严格执行安全生产和消防安全管理的法律、法规，制定游客安全保护制度和应急预案，保障游客安全。

第十九条　海洋牧场平台应当符合有关法律、行政法规、规章以及强制性标准和技术规范的要求，经船舶检验机构检验，取得相应证书或者文书。未取得检验合格证书或者文书的海洋牧场平台不得投入运营。

海洋牧场平台应当按照规定的用途使用，依法定期进行安全技术检验。

第二十条　海洋牧场平台应当严格执行安全

生产、消防安全等管理规定，实际承载人数不得超过核定人数。

已报废或者弃用的海洋牧场平台，其所有人应当进行无害化处置。

第四章　生态保护

第二十一条　海洋牧场建设应当符合海洋环境保护规划和环境保护标准，不得影响海洋环境质量。

第二十二条　在海洋牧场海域内从事生产经营活动时，应当防止、减少环境污染和生态破坏，并遵守下列规定：

（一）从事海水养殖的，应当科学确定养殖种类和养殖密度，并应当合理投饵、施肥，正确使用药物，防止造成海洋环境污染；

（二）从事渔业捕捞的，应当遵守渔具准入、捕捞限额等管理规定，保持鱼类种群、资源平衡；

（三）从事垂钓、体验式捕捞等休闲经营活动的，应当采取合法的方式，防止破坏渔业资源和生态环境；

（四）法律、法规规定的其他要求。

第二十三条　禁止海洋牧场平台向海洋排放固体垃圾、生活污水、含油污水以及其他污染物。

第二十四条　市、沿海县级人民政府应当通过投放生态型人工鱼礁、增殖放流、创新管理等措施，保护和修复海洋生态环境，养护近岸渔业资源，推动海洋牧场绿色发展。

鼓励和支持打造海洋牧场立体生态牧渔养殖模式，推进田园型海洋牧场建设，构建鱼虾贝藻参多营养层级立体生态牧渔增养殖系统，实现完整的生物链构建和海域自我净化。

鼓励和支持有条件的海洋牧场配备水下在线监测系统，适时开展海洋牧场环境监测和渔业资源调查，及时掌握海洋牧场环境和资源变化情况。

第二十五条　自然人、法人或者非法人组织在海洋牧场规划区内开展海洋生物增殖放流活动的，应当严格按照水生生物增殖放流相关规定执行。

禁止使用外来种、杂交种、转基因种以及其他不符合生态要求的海洋生物物种进行增殖放流。

第五章　监督管理

第二十六条　市、沿海县级人民政府应当建立联合执法机制，海洋发展和渔业、生态环境、文化和旅游、交通运输、公安、应急管理、海事、海警、消防、气象等部门应当按照法定职责，加强协调配合，强化联防联控，运用现代信息技术手段加强智慧监督管理，建立健全信息沟通和重大事件报告、通报制度，实现对海洋牧场的有效管理。

第二十七条　市人民政府海洋发展和渔业行政主管部门应当建立海洋牧场信息库，实行海洋牧场管理信息公开制度。除涉及国家秘密、商业秘密和个人隐私以外，公众可以免费查询相关信息。

第二十八条　沿海县级人民政府应当落实海洋牧场安全生产属地管理责任，相关行政主管部门按照职责加强对海洋牧场平台运营安全的日常监督管理，定期登临平台实施现场检查。

第二十九条　在海洋牧场开发、建设和经营过程中，从事可能影响航行和公共设施安全的水上水下活动，应当遵守相关法律、法规的规定。

第三十条　市、沿海县级人民政府应当支持和引导发展休闲海钓俱乐部等模式，加强社会海钓船的规范管理。具体办法由市人民政府制定。

第三十一条　一切单位和个人都有保护海洋牧场生态环境的义务，并有权举报违反法律、法规和本条例规定的行为。有关行政主管部门应当依法及时查处，并为举报人保密。

第六章 法律责任

第三十二条 违反本条例规定的行为，法律、法规已规定法律责任的，依照其规定执行；法律、法规未规定法律责任的，依照本条例的规定执行。

第三十三条 违反本条例第十三条第三款规定，海洋工程建设项目未建成环境保护设施、环境保护设施未经验收或者经验收不合格即投入生产、使用的，由生态环境行政主管部门责令其停止生产、使用，并处五万元以上二十万元以下的罚款。

第三十四条 违反本条例第二十五条规定的，依照《中华人民共和国渔业法》《中华人民共和国野生动物保护法》等有关法律、法规的规定处罚。

第三十五条 依照本条例履行监督管理职责的部门和单位工作人员，有玩忽职守、滥用职权、徇私舞弊等行为的，依照有关规定给予处分；构成犯罪的，依法追究刑事责任。

第七章 附 则

第三十六条 本条例中，下列用语的含义是：

（一）海洋牧场，是指在特定海域，通过人工鱼礁、增殖放流、立体养殖等措施，构建或者修复海洋生物繁殖、生长、索饵或者避敌所需场所，增殖养护渔业资源，改善海域生态环境，实现渔业资源可持续利用的渔业模式。根据不同的建设主体和目的，海洋牧场可以分为公益性海洋牧场和经营性海洋牧场。

（二）人工鱼礁，是指为修复和优化海洋生态环境，保护和增殖渔业资源，有目的地在自然海域中设置的人工构筑物。

（三）增殖放流，是指采用放流、底播、移植等人工方式向海洋牧场释放海洋生物的亲体或者苗种的活动。

（四）田园型海洋牧场，是指以立体、生态、循环养殖为主要特色，推进渔业生态化发展，实现鱼虾贝藻参多营养层级科学增养殖的大型综合类海洋牧场。

第三十七条 本条例自2022年5月1日起施行。

潍坊市出租汽车经营服务管理若干规定

（2022年6月16日潍坊市第十八届人民代表大会常务委员会第二次会议通过；2022年7月28日山东省第十三届人民代表大会常务委员会第三十六次会议批准）

第一条 为了规范出租汽车经营服务行为，维护出租汽车市场秩序，促进出租汽车行业健康发展，根据有关法律、法规，结合本市实际，制定本规定。

第二条 本规定所称出租汽车包括巡游出租汽车（以下简称巡游车）和网络预约出租汽车（以下简称网约车）。

巡游车，是指可在道路上巡游揽客、站点候客或者以电信、互联网等方式预约揽客，喷涂、安装出租汽车标识，以符合条件的车辆和驾驶劳务为乘客提供出行服务，根据行驶里程和时间计费的出租汽车。

网约车，是指以互联网技术为依托构建服务平台，整合供需信息，使用符合条件的车辆和驾驶员，提供非巡游的预约出行服务的出租汽车。

第三条 出租汽车经营者应当使用符合规定

的车辆从事出租汽车经营。鼓励使用符合国家标准的新能源车辆从事出租汽车经营。

第四条　从事出租汽车客运服务的驾驶员，应当取得出租汽车驾驶员从业资格证，并按照规定办理注册。

取得出租汽车驾驶员从业资格证，应当具备下列条件：

（一）取得相应准驾车型机动车驾驶证且具有三年以上驾驶经历；

（二）无暴力犯罪记录，无交通肇事犯罪、危险驾驶犯罪记录，无吸毒记录，无饮酒后驾驶记录，最近连续三个记分周期内没有记满十二分记录；

（三）年龄不超过六十五周岁；

（四）具有本市户籍或者持有本市公安机关签发的有效居住证，或者在本市办理流动人口居住登记；

（五）按照规定经出租汽车驾驶员从业资格考试合格；

（六）法律、法规规定的其他条件。

第五条　出租汽车经营者应当建立服务监督制度，公布受理渠道，及时受理咨询、投诉、遗失物协助查找等事宜。

第六条　出租汽车驾驶员发现乘客遗失物应当妥善保管，及时联系失主归还；无法找到失主的，应当在二十四小时内交给出租汽车经营者或者有关部门处理。

第七条　巡游车驾驶员在机场、车站、港口等客流集散地应当服从调度管理，按序营运，不得擅自离开车辆，不得私自揽客。

第八条　巡游车驾驶员应当按照政府定价或者政府指导价收取车费。

网约车经营者应当按照依法确定并公布的计价规则收取车费。

第九条　禁止破坏、擅自改装出租汽车服务设施设备。禁止在出租汽车上设置影响安全驾驶、破坏车容车貌、覆盖营运设备的广告牌以及其他设施。

第十条　本规定自公布之日起施行。

潍坊市快递条例

（2022 年 12 月 22 日潍坊市第十八届人民代表大会常务委员会第六次会议通过；2023 年 1 月 10 日山东省第十三届人民代表大会常务委员会第四十一次会议批准）

第一条　为了规范快递业经营服务行为，保护快递用户、快递从业人员和经营快递业务的企业等各方主体合法权益，促进快递业高质量发展，根据《中华人民共和国邮政法》《快递暂行条例》等相关法律法规，结合本市实际，制定本条例。

第二条　本市行政区域内从事快递经营活动、接受快递服务以及对快递业实施监督管理，适用本条例。

本条例所称快递经营活动，是指依法取得快递业务经营许可的企业，在承诺的期限内快速完成物品收寄、分拣、运输、投递等环节的寄递活动。

第三条　市、县（市、区）人民政府应当将快递业发展纳入本级国民经济和社会发展规划，编制快递业专项规划应当充分衔接国土空间总体规划，合理安排快递基础设施的布局和建设。

大型商贸中心、相关产业园区等项目的规划与建设，应当统筹考虑快件集散、分拣场所等基础设施的用地和建设需求。

支持依法利用旧厂房、仓库和存量土地等资源建设快递产业园，发展快递业。

第四条 市邮政管理部门负责本市行政区域内快递业监督管理工作。

县（市、区）邮政管理部门负责本辖区内快递业监督管理工作；未设立邮政管理部门的，由市邮政管理部门与县（市、区）人民政府协商确定的部门负责本县（市、区）内快递业相关监督管理工作。

本条第一、二款规定的邮政管理部门、市邮政管理部门与县（市、区）人民政府协商确定的部门统称为快递业主管部门。

发展改革、工业和信息化、财政、人力资源社会保障、自然资源和规划、生态环境、住房和城乡建设、城市管理、交通运输、农业农村、商务、市场监督管理、公安、国家安全、海关、税务等部门，应当按照各自职责分工做好相关工作。

第五条 本市快递行业协会应当依法制定和组织实施行业规范，加强行业自律，引导企业守法、诚信、安全经营，维护企业合法权益，促进快递业健康发展。

第六条 市、县（市、区）人民政府应当按照有关规定，承担快递服务末端基础设施的规划、建设、维护、运营等具体事项相应支出责任，组织推进本行政区域内住宅区、商业区、办公场所、学校、医院、村庄等区域的快递末端服务设施的配套建设。

新建住宅区或者旧住宅区改造时，应当配套建设快递末端服务设施。

鼓励经营快递业务的企业、社会资本参与快递末端服务设施的建设和运营管理。

快递末端服务设施，包括智能快递柜，以及快递驿站、村邮站、便民服务中心、商店超市等提供快递末端服务的站点。

鼓励和引导经营快递业务的企业推广应用先进技术，推进智能化建设。

第七条 业主委员会、城市居民委员会、村民委员会应当支持经营快递业务的企业在住宅区、村庄设置智能快递柜等公益性快递末端服务设施，物业服务人应当予以配合。

县（市、区）人民政府可以通过购买服务或者给予财政补贴等方式，引导经营快递业务的企业建设智能快递柜等公益性快递末端服务设施。

第八条 机关、学校和企事业单位的办公场所，以及商业区、住宅区、工业区等封闭管理场所的物业服务人，应当根据实际情况为快递从业人员提供通行、临时停车、派送等必要便利。

第九条 鼓励快递业与先进制造业、商贸业、现代农业、电子商务等关联产业和业态建立协同发展机制，支持经营快递业务的企业入驻各类园区，推动融合发展。

第十条 市、县（市、区）人民政府应当将乡村寄递物流体系建设纳入公共基础设施建设范围，落实相应支出责任，优先推进乡村寄递物流综合服务站建设。

鼓励经营快递业务的企业开发农特产品线上销售寄递服务，建设、租用冷链仓储设施，提升末端冷链配送能力。

鼓励经营快递业务的企业采取合作共用末端配送网络等方式，开展共同配送、集中配送，降低乡村末端寄递成本。

推进城乡客运、邮政快递、乡村物流等既有网络、运力资源共享，实现客货邮深度融合发展，打造多站合一的基础设施体系，共享共建运输服务网络，为乡村群众提供便捷高效的快递服务。

鼓励经营快递业务的企业、仓储物流配送中心、商贸流通、供销等乡村物流服务网络和设施共享共用、信息互联互通，提升乡村寄递物流体系服务能力。

第十一条 快递业主管部门应当与商务、交通运输、海关、税务等部门建立快件跨境协作机制，推动国际快件进出境通关一体化，为国际快件通关提供便捷服务。

第十二条　鼓励经营快递业务的企业使用新能源或者清洁能源车辆，加快新能源汽车的推广运用，推进快递服务车辆的标准化、厢式化。

第十三条　经营快递业务的企业应当规范用工，建立快递从业人员实名管理制度，按照规定管理从业人员档案，依法与快递从业人员签订劳动合同，按时足额支付劳动报酬，缴纳社会保险费，规范使用劳务派遣。

经营快递业务的企业在快递业务量高峰时段临时聘用人员的，应当与其订立非全日制用工劳动合同，明确双方权利义务，履行劳动安全保护责任。经营快递业务的企业应当依法为临时聘用的非全日制用工参加工伤保险。

市、县（市、区）人民政府及其有关部门应当支持经营快递业务的企业加强对快递从业人员的教育培训，组织开展技能人才评价，对符合条件的经营快递业务的企业和快递从业人员按照规定给予职业培训补贴。

第十四条　经营快递业务的企业分拣作业时，应当按照快件的种类、时限分别处理，分区作业，规范操作，并及时录入处理信息，上传网络，不得在露天场地堆放快件，不得直接着地处理快件，不得占用道路分拣和投递快件。

第十五条　经营快递业务的企业应当将快件投递到约定的收件地址、收件人或者收件人指定的代收人，并告知收件人或者代收人当面验收。

快递运单上已注明上门投递要求的，经营快递业务的企业不得将快件投递到快递末端服务设施；收件人需要上门投递快件的，可以要求寄件人在快递运单上注明。快递运单上未注明上门投递要求的，经营快递业务的企业应当在投递前征求收件人意见；未征求收件人意见直接将快件投递到快递末端服务设施的，收件人在接到电话或者收到信息后有权要求其重新上门投递。

已标注为保价、生鲜产品、贵重物品、易碎品、代收货款或者外包装出现破损的，不得投递到快递末端服务设施，与收件人另有约定的除外。

经营快递业务的企业对于不能上门投递或者上门投递需要另行加收费用的，应当在揽收快件时事先告知寄件人或者与寄件人达成加收费用协议。

第十六条　经营快递业务的企业无正当理由不得低于成本价格提供快递服务。

第十七条　在重要节日前后或者电商平台大型促销活动等快递业务高峰期，经营快递业务的企业应当做好业务量监测分析和信息沟通，加强服务网络统筹调度，合理配置人员、资源，提高寄递效率，并及时向社会发布服务提示。

在快递业务高峰期，快递业主管部门应当与人力资源社会保障等部门建立健全经营快递业务的企业用工需求预测和信息发布机制，为经营快递业务的企业用工提供支持。

第十八条　经营快递业务的企业应当建立健全突发事件应急工作机制，制定突发事件应急预案，每年开展应急演练。发生重大服务阻断、安全事故等情形，应当及时开展应急处置工作，并向所在地人民政府和快递业主管部门报告。

经营快递业务的企业应当建立健全传染病疫情防控工作制度，结合当地传染病疫情防控形势和政策要求，制定疫情防控应急预案，接受培训、督导、检查，积极采取措施妥善处置，做好疫情防控期间快递从业人员必需防护用品保障。

第十九条　快递业主管部门应当建立和完善以随机抽查为重点的日常监督检查制度。

快递业主管部门应当充分利用计算机网络等先进技术手段，加强对快递业务活动的日常监督检查，提高快递业管理水平。

第二十条　快递业主管部门应当与商务、市场监督管理、公安、国家安全、海关等部门相互配合，建立健全快递业安全保障机制，加强对快递服务与信息安全、寄递渠道安全的监督管理。

第二十一条　快递业主管部门应当向社会公布联系方式，接受申诉和举报，及时核实处理，并在规定时限内给予答复。

第二十二条 违反本条例规定的行为，法律法规已经规定法律责任的，适用其规定。

第二十三条 经营快递业务的企业违反本条例第十四条规定，在露天场地堆放快件或者直接着地处理快件的，由快递业主管部门责令改正，予以通报批评，并可处二百元以上二千元以下的罚款；情节严重的，处二千元以上五千元以下的罚款。

第二十四条 行政执法人员和其他工作人员在快递监督管理中有滥用职权、玩忽职守、徇私舞弊行为的，依法给予处分；构成犯罪的，依法追究刑事责任。

第二十五条 本条例自 2023 年 3 月 15 日起施行。

《潍坊人大志》供稿及编校人员

（排名不分先后）

刘月甫	王　栋	谢晓娜	李欣欣	袁　雪	巴　杨	陈福堂
杜崇海	刘　静	李　帅	赵宗良	王　惠	吴　韬	孙业强
刘　军	张国一	方　毅	马宏业	刘吉良	于钦凤	王娜娜
李亚军	李录顺	高宁宁	郭文波	郭凤孝	李治红	张海鸥
杨小龙	肖　鹏	王　兵	袁　涛	岳明慧	张月奇	王文斌
李　炜	谭寿敬	齐延凯	林文刚	王玉倩	杨姗姗	韩　帅
张玉娟	郑大鹏	李　鹏	陶　金	王良辰	李　南	王廷亮
翟亚孟	刘　涛	刘景国	李少军	王剑南	孙凤云	王　亮
李小戈	张　也	李彦青	卢可华			

后　记

适值潍坊市人大常委会设立40周年之际，在多方共同努力下，《潍坊人大志》顺利编辑付梓了！作为一部真实记录和反映潍坊市人大及其常委会各方面工作的专著，目的是大力宣传人民代表大会制度、全面客观记载潍坊市人大及其常委会发展历程，总结经验，存史资政，以史鉴今。

《潍坊人大志》编纂工作自2022年初立项，4月正式启动，经过筹备、资料收集、编纂初稿、修改完善、评审定稿五个阶段，于2023年12月完成。在历时近两年的编写过程中，全体编写人员本着忠实于历史、忠实于法律、忠实于人大制度、忠实于志书体例的原则，力求高起点、高标准、高质量，广泛征集史料，多次研究论证，精心构思，严推细敲，努力使本志的体例、纲目脉络清晰，架构合理，内容翔实。该志作为集体智慧的结晶，是多方努力的结果，许多领导和同志为推动志书编写作出了贡献。市十七届人大常委会党组书记、主任苏立科同志大力支持，推动志书立项；时任市人大常委会秘书长、机关党组书记田素英，副秘书长、办公室主任闫凤林同志积极协调、加强调度，推动编辑工作顺利进行；常委会机关各委室和各县市区、开发区人员，认真负责，密切配合，认真完成所承担的编辑工作，付出了大量心血。许多老领导、老同志对志书编纂工作非常关心，提出了宝贵意见。潍坊市委党史研究院(市史志研究院)副院长、省修志业务专家咨询组成员吕俊峰，安丘市委党史研究中心(市史志研究中心)主任、潍坊市修志业务专家咨询组成员林卫成等同志对志书编辑、出版给予热情帮助和精心指导；多个兄弟市人大常委会提供志书以供学习借鉴。在此，一并表示衷心的感谢！

编纂《潍坊人大志》是一项开拓性的工作，在我市尚属首次。由于编纂工作时间紧、任务重，编纂人员水平、精力有限，加之部分资料查证困难，书中难免有疏漏差错之处，敬请读者批评指正。

《潍坊人大志》编纂委员会办公室

2023年12月